洛阳学研究

——洛阳学国际学术研讨会论文集

主　编　张占仓
副主编　袁凯声　张新斌　唐金培

中原学术文库·论丛

本书获河南省社会科学院哲学社会科学创新工程试点经费资助

经济管理出版社
ECONOMY & MANAGEMENT PUBLISHING HOUSE

图书在版编目（CIP）数据

洛阳学研究——洛阳学国际学术研讨会论文集/张占仓主编．—北京：经济管理出版社，2018．8
ISBN 978－7－5096－5931－1

Ⅰ．①洛…　Ⅱ．①张…　Ⅲ．①文化史—洛阳—文集　Ⅳ．①K296．13－53

中国版本图书馆 CIP 数据核字(2018)第 179890 号

组稿编辑：申桂萍
责任编辑：赵亚荣　梁植睿　高　娅
责任印制：司东翔
责任校对：张晓燕　陈　颖

出版发行：经济管理出版社
（北京市海淀区北蜂窝 8 号中雅大厦 A 座 11 层　100038）
网　　址：www．E－mp．com．cn
电　　话：（010）51915602
印　　刷：三河市延风印装有限公司
经　　销：新华书店
开　　本：880mm×1230mm/16
印　　张：46．75
字　　数：1346 千字
版　　次：2018 年 10 月第 1 版　　2018 年 10 月第 1 次印刷
书　　号：ISBN 978－7－5096－5931－1
定　　价：198．00 元

洛阳学国际学术研讨会
论文集编辑委员会

目　录

洛阳大古都与洛阳历史文化遗产的价值

洛阳历史名人与洛阳历史文化的传承

洛阳学构建与洛阳国际文化旅游名城的建设

洛阳大古都与洛阳历史文化遗产的价值

初论洛阳古都文化

朱士光

摘要：洛阳在我国历史上建都朝代之多、历时之长以及古都文化之丰厚，可与我国“八大古都”中另一大古都西安相提并论。洛阳古都文化主要表现在以下几个方面：夏都斟寻（二里头遗址）开启的“建中立极”的择中建都文化，夏商周三代都城汇集的礼乐文化，兴于东周时之春秋后期、盛于东汉、延及隋唐之尊儒重教文化，肇始于东汉、至隋唐仍兴盛不已的佛道文化，等等。

关键词：洛阳；古都；历史文化

一

洛阳，作为我国220多座古都中“八大古都”之一①，在历史上曾先后作为夏、商、西周、东周、东汉、曹魏、西晋、北魏、隋、唐、后梁、后唐、后晋13个王朝或政权之都城，建都历时1300多年②。可以说，洛阳在我国历史上建都朝代之多、历时之长以及古都文化之丰厚，可与我国“八大古都”中另一大古都西安相提并论。

就古都之文化，笔者曾在一篇论文中强调指出：③

历史上历代列国往往都是以自己的都城作为中心区域创造出代表一个时代或一个国家的最高水平的文化。这些文化不仅在当时是支撑该王朝与政权得以存在的内在精神支柱，还是构成国都乃至全国繁华兴盛气象的重要因素；同时，古都文化还对古都所在地区当今的社会生活产生深远的影响。由此可见，广义的古都文化内容十分丰富，在有关古都研究的各个方面都有所涉及，而且抓住古都文化研究可以统领有关古都研究的总体内容，推动有关古都的深层次研究。

在上述论述的基础上，笔者在同一论文中还对古都文化做了下列引申，即：

——古都文化是历史上一个王朝或一个时代文化之缩影。

——古都文化是历史上以至当今特定区域文化的中心。

——古都文化内涵丰富、规格甚高。

——古都文化空间辐射力、时间穿透力强劲。

由此可见，对古都文化之探讨与揭示是古都研究必不可少的部分。而对古都洛阳而言，其古都文化必然是其所在的河洛地区，甚或是中原地区地域文化的重要内容，也自是洛阳学不可或缺的重要组成

① 见笔者主编：《中国八大古都》之“序言”，人民出版社2007年版。

② 见朱绍侯主编：《中国地域文化通览·河南卷》之下篇第二章“四大古都与历史文化名城”的第一节“洛阳”，中华书局2014年版；吴迪、李德方、叶万松：《古都洛阳》，杭州出版社2011年版，称洛阳13个王朝建都历时1500年。本文采前者之说。

③ 拙文：《古都文化与现代城市文明》，《江汉论坛》2004年第8期。

部分。

笔者在倡导将古都文化列为古都学研究必备的内容后，也曾对与洛阳比肩的另一大古都西安之古都文化做了初步探讨，对西周都城岐邑和丰镐、秦都城咸阳、西汉都城长安、隋都城大兴与唐都城长安之文化内涵一一做了论列。[①] 现因感到对洛阳这么重要的一座古都之文化尚未见有较为充分的研讨与论述，也就不揣浅薄，对其做一初步的论述。

二

关于洛阳之古都文化，前已述及由于其在历史上建都朝代与政权较多，时间上跨度大，历时长逾千年，所以文化积累丰富多彩。现仅就笔者的综合思考，认为以下几方面最为突出，特论列于下：

其一，夏都斟寻（二里头遗址）开启的“建中立极”的择中建都文化。[②]

洛阳地处黄河干流自北向南流经山陕峡谷过潼关后折向东流之中游河道（又称“南河”）的南岸，恰又在河南省西北部黄河支流伊洛河下游盆地（伊洛盆地，又称洛阳盆地）中。四周环山，地势险要，北依邙山，南邻龙门，西控函谷关，东据虎牢关。因位居中原大地之腹里，盆地内有伊、洛、瀍、涧四河纵横交织，土地平衍肥沃，早在夏代时，洛阳所在区域即成为建都立国的政治中心。夏王朝奠基者夏禹所都之阳城，经文献考证与考古发掘证实，是距伊洛盆地东南不远之嵩山南麓及颍河上游的今登封告城镇王城岗遗址。[③] 且有学者论及当时大禹建都于兹，也是因为认定当地为“天下之中”而做出的选择。[④] 到夏禹的孙子太康即位后迁都至伊洛盆地，建立新都斟寻，即现之二里头遗址。之后商人亦在伊洛盆地中建有都城西亳，即现之偃师市尸乡沟偃师商城遗址[⑤]，再到西周武王灭商后在洛水之阳营建洛邑。回到镐京后更认定伊、洛河之间为夏都所在，是建都的好地方[⑥]，并自殷都迁九鼎于洛邑。[⑦] 最后在武王死后，由其弟辅佐其子成王实现了他的遗愿，“使召公复营洛邑”[⑧]，并由成王亲临洛邑，举行了重加安置九鼎的仪式，即如陕西宝鸡市出土的何尊铭文所载：“迁宅于成周”，“宅兹中国，自兹乂民”。对西周王朝将都城由镐京宗周迁往洛邑成周之举，周公曾明确解释道：“此天下之中，四方入贡道里均。”[⑨]由此可见，夏、商、西周三代君王中，均有于“天下之中”的伊洛盆地建都立国的思想；后为司马迁慧眼所识，在《史记·封禅书》中写下“昔三代之居皆在河洛之间”的名句。

正因为夏、商、西周三代均先后在今洛阳地区建都，后又有东周与东汉继之，“建中立极”观念遂成为后世一些帝王建都选址的指导思想。如北魏孝文帝由故都平城迁都洛阳时，即申陈原因是：“崤函帝宅，河洛王里，因兹大举，光宅中原。”[⑩] 又如隋炀帝于即位当年巡幸洛阳，并决定在当地建新都东京，为此在诏书中特地强调：“洛邑自古之都，王畿之内，天地之所合，阴阳之所和。控以三河，固以四塞，水陆通，贡赋等。”[⑪] 再如唐太宗也“以洛阳土中，朝贡道均，意欲便民”为由，主导改建洛阳

---

① 见黄留珠、徐晔主编：《中国地域文化通览·陕西卷》下编第一章“陕西帝都”，中华书局 2013 年版。

② “建中立极”说采自《中国地域文化通览·河南卷》上编第二章“夏商西周三代河南文化的形成”之第一节“立国河南的夏朝与二里头文化”。本文有所发挥。

③ 详见张新斌、王青山主编：《登封与大禹文化》中《禹都阳城》部分相关论文，大象出版社 2016 年版。

④ 王向辉：《“禹都阳城”的文化学的几点考察》，载张新斌、王青山主编：《登封与大禹文化》。

⑤ 见笔者主编：《中国八大古都》之《洛阳》部分（该部分由叶万松、李德方执笔撰写）。

⑥⑧⑨ 《史记》卷四《周本纪》。

⑦ 《左传》宣公三年。

⑩ 《魏书》卷十九中《任城王传》。

⑪ 《隋书》卷三《炀帝上》。

为洛阳宫，将之作为巡查东方的行宫。①

综上所述可知，“建中立极”作为洛阳古都文化的首项内容，的确在我国历史上作为众多王朝择地建都立国之理念，作用重大，影响深远。

其二，夏、商、周三代都城汇集的礼乐文化。

《尚书大传》记载，西周初年周公旦在辅佐其兄武王与其侄成王执政期间，除完成了救乱、克殷、践奄、建侯卫等多项重大功业外，还十分重视制礼作乐，即建设有关执政的典章制度，建立了礼乐文化。同时，《论语·为政》中又明言：“殷因于夏礼，所损益可知也，周因于殷礼，所损益可知也。”可见周公是在充分继承了夏礼、殷礼基础上，发展建立了周礼，使其成为我国奴隶社会时期最为完备的礼乐制度。对此，也可从汇集于洛阳附近的夏代斟寻、商代西亳与西周之成周三座都城之规制布局上得到印证。例如，夏都斟寻所在的二里头遗址，经考古发掘探明，不仅面积广达约300万平方米，而且还充分显示出其经过缜密规划，中心区分布着宫城和大型宫殿建筑群，有明显的中轴线，宫城外围有主干道路网，祭祀区、贵族聚居区等多种功能区拱卫在宫城周围，体现了礼制思想对于都城布局的决定性作用。② 同样，商都西亳所在的偃师商城遗址，也经考古发掘探明，当时不仅出现宫城、内城、外郭城等多重城垣之城市结构，宫城中还出现宫殿区、祭祀区和池苑等功能区，宫殿区又呈现出宫庙分离、中轴对称、布局严整、坐北朝南、单元封闭等特点③，应该说也体现出当时之礼制思想。再就西周成周与东周王城两座都城而言，成周虽是武王灭商后在洛水与伊水间匆匆“营周居于洛邑而后去”④，但正式建成还是在武王去世后，经周公劝导成王，又亲临涧水与瀍水占卜选址后营建而成，⑤ 其受到周公制作的礼乐文化的影响自不待言；而东周所建之王城，经对其西部城址考古发掘结果之分析，已表明其王城的布局完全符合《周礼·考工记》中“前朝后市”的规划原则，⑥ 也说明两周洛邑之都城规划与布设均充分彰显了礼乐文化。而之后在洛阳地区所建之东汉、魏晋以至隋唐诸代都城也都无一例外，融入了礼乐文化之精髓。

其三，兴于东周时之春秋后期、盛于东汉、延及隋唐之尊儒重教文化。

东周时期周王室衰微，诸侯林立，大国争霸，因而被史家分为春秋时期（公元前770～前476年）与战国时期（公元前475～前221年）。由于社会动荡剧烈，学术思想十分活跃，中原大地道、法、墨、儒等诸家学说纷纷兴起，相互争鸣，且竞相授徒。其中春秋后期鲁国人孔丘在周公礼乐文化的基础上创立了儒家学派，由于他周游列国时广泛传播儒学，上至王侯，下及平民，受其教诲者众多。《孔子家语·观周篇》曾记载，孔子为“观先王之遗制，考礼乐之所极”，特地远赴东周王城，“问礼于老聃，访乐于苌弘”。明末洛阳知县杜汝亮为此专门刻有“孔子入周问礼乐至此”碑，立于洛阳东关大街。⑦ 之后，经西汉武帝“卓然罢黜百家，表章六经”，儒学得以独尊。⑧ 到东汉时，因开国皇帝光武帝青年时期曾至长安学习《尚书》，即皇帝位后，重视儒学，爱好经术。建武五年（公元29年）冬十月，幸鲁

---

① 《资治通鉴》卷一九三《唐纪》九，太宗贞观四年；卷一九四《唐纪》十，太宗贞观十一年；卷一九五《唐纪》十一，太宗贞观十二年。

② 参见朱绍侯主编：《中国地域文化通览·河南卷》之上编第二章“夏商西周三代河南文化的形成”第一节“立国河南的夏朝与二里头文化”。

③ 参见吴迪、李德方、叶万松著《古都洛阳》之第二章“商都西亳”第三节“早商王畿史迹遗存综述”。

④ 《史记》卷四《周本纪》。

⑤ 《尚书》之《召诰》《洛诰》。

⑥ 参见笔者主编：《中国八大古都》之《洛阳》篇之《四、两周洛邑》。

⑦ 参见朱绍侯主编：《中国地域文化通览·河南卷》上编第三章“春秋战国时期河南文化的勃兴”第一节“百家争鸣中的思想学术”与笔者主编：《中国八大古都》之《洛阳》篇之《四、两周洛邑》。

⑧ 《汉书》卷六《武帝纪》。

时就派大司空祠孔子，并在都城雒阳建太学，还亲临太学，“赐博士弟子各有差”。[①] 及至战事稍平，政局略安，每旦视朝，数引公卿、郎、将讲论经理，且乐此不疲，还教导皇太子加以仿效。[②] 在诸帝力倡下，东汉一代经学大盛，重教兴学也大行其道。太学设博士祭酒一人、博士十四人。博士祭酒即太学校长，博士则为教师，主讲五经。[③] 太学生来源主要有以下几种：六百石以上官员皆可遣子入学；郡国所举明经者，或有朝廷所试明经下第者；郡国单独推荐与自荐者。因此太学生员众多，最多曾达3万多人。[④] 上述盛况，及至曹魏、西晋时期依然保持。以至到北魏时，尽管北方鲜卑族入主中原，但因孝文帝竭力推行汉化政策，也使洛阳一时“经术弥显”“学业大兴”。[⑤] 再到隋、唐时期，儒学虽不再独尊，而是与道教、佛教呈三足鼎立之势，但仍处于正统地位，唐太宗就曾明言：“朕今所好者，惟在尧舜之道，周孔之家。”[⑥] 特别是隋、唐两代也都十分重视教育，并推行科学制度，以之培养与选拔官吏。[⑦] 洛阳作为隋、唐两代之东都，地位仅略低于隋之大兴与唐之长安，其尊儒重教之文化风气自然也十分浓郁。

其四，肇始于东汉，至隋唐仍兴盛不已的佛道文化。

佛教自西汉与东汉之际从印度传入中国，东汉初即为皇室贵族所接受。光武帝刘秀的儿子楚王刘英，于建武十五年（公元39年）封为楚公，十七年（公元41年）进爵为王。在其晚年也就是汉明帝永平（公元58~75年）中就“学为浮屠斋戒祭祀”，并招聚沙门（和尚）讲经学佛。[⑧] 与之同时，汉明帝永平十年（公元67年），被汉明帝派往大月氏国（今阿富汗）求取佛法经典的蔡愔等人，将得到的佛像经卷用白马驮回；次年汉明帝即敕令在雒阳雍门外修建了我国第一座佛寺——白马寺。[⑨] 自此，洛阳在东汉、曹魏、西晋、北魏、隋、唐等王朝诸多皇室王侯的直接推动下成为了佛经翻译与佛教传播的中心，佛教文化十分兴盛。如北魏时，由于几代帝后皆礼佛，使都城洛阳城内外“昭提栉比”“法教如林”，有佛寺1367所；[⑩] 还开凿了多座石窟佛龛，最著名者即为龙门石窟。[⑪]隋、唐两代亦如是。由于隋代文帝、炀帝与唐太宗、武则天对佛教的支持，东都洛阳白马寺、大福先寺、香山寺等寺庙都成为译经、传教与创立宗派的重镇。[⑫]

同样，作为中国本土宗教的道教也形成于东汉时期。秦、西汉时期，如秦始皇、汉武帝等皇帝多崇信神仙，冀望长生不老，祭祀诸神。东汉初，黄老之学也如西汉得到皇族崇信。桓帝就曾于延熹八年（公元165年）正月与十一月两次派遣官员到苦县（今河南省鹿邑县）祠老子；次年七月又祠黄老于雒阳濯龙宫。[⑬] 自此之后，祠黄老即成为东汉后期之社会风习，并促进了道教的正式形成。北魏迁都洛阳后，也在城外设立道坊，行拜祠之礼。隋唐时道教更为兴盛，东都洛阳先后建了多所道观。如隋炀帝迁都洛阳后，即在城内及畿甸造观二十四所，度道士一千一百人。[⑭] 还为嵩山道士建嵩阳观，为茅山宗领

---

① 《后汉书》卷一上《光武帝纪》上。

② 《后汉书》卷一下《光武帝纪》下。

③ 《后汉书》志第二十五《百官志》二。

④ 《后汉书》卷六《孝顺帝纪》。又参见吴迪、李德方、叶万松著：《古都洛阳》第五章“东汉帝王之都”第四节“繁盛的文化创造”。

⑤ 见笔者主编：《中国八大古都》之《洛阳》篇之《七、北魏洛阳》。

⑥ （唐）吴兢：《贞观政要》卷六《慎所好第二十一》。

⑦ 参见张岂之总主编、张国刚与杨树森主编：《中国历史·隋唐辽宋金卷》第二章“隋唐五代的政治法律制度”，高等教育出版社2001年版，第54-55页。

⑧ 《后汉书》卷四二《光武十王列传第三十二》之《楚王英传》。

⑨⑪ 《魏书》卷一一四《释老志》。

⑩ 《洛阳伽蓝记》。

⑫ 吴迪、李德方、叶万松著：《古都洛阳》第六章“隋唐帝都”之第三节“隋唐帝都的文化经济盛象”。

⑬ 《后汉书》卷七《孝桓帝纪》。

⑭ 《历代崇道记》，载《正统道藏》（第二十二册），艺文印书馆1962年影印本，第3页。

袖王远知在洛阳设玉清玄坛。唐高祖李渊为神化皇权，尊奉老子（李耳）为先祖，尊崇道教。唐玄宗时下诏在洛阳兴建玄元皇帝庙，并置崇玄学，嵩山也成为道教名山。①

综上可见，洛阳在作为东汉、曹魏、西晋、北魏与隋、唐都城时，其都城内外佛道文化十分兴盛，特别是因系国都，其影响自亦大增。

还需论明的是，佛道文化中之道教，前已述及是产于我国本土，所以道教文化属于我国传统文化自不待言。而佛教系自古代印度传入，史有明载，那么它与我国传统文化有何关系呢？最近有学者强调指出，佛教传入中国后为适应中国文化进行了改变，已成功地实现了中国化，已是中国文化的组成部分。②笔者对之深以为然。

三

本文前两部分已就作为我国“八大古都”之一的洛阳的古都文化研究的必要性以及其古都文化的四个重要方面做了初步论述。本部分作为初论洛阳古都文化之余论，犹拟再申陈以下三点：

（1）本文对洛阳古都文化之内容只就其“建中立极”的择中建都文化、礼乐文化、尊儒重教文化、佛道文化四个方面做了初步论述，这当然是由于笔者认为这四个方面最为重要。至于洛阳古都文化是否还有其他方面的内容也很重要以及本文所初论的这四个方面的内容是否周全深刻，尚请学界同人予以深思与补苴。

（2）洛阳古都文化，仅就本文初步论及的这四个方面内容论，也必是作为地域文化之河洛文化甚至中原文化之重要内容，当成为洛阳学之重要组成部分。然而本文所论及的四个方面的洛阳古都文化究竟在河洛文化、中原文化以及洛阳学中占有何等地位、具有什么意义与作用，也还待学界同人深长思之，加以定位阐明。

（3）洛阳古都文化若仅就本文初论的四个方面论，将之揭示论明不仅具有学术文化研究意义，也有其现实的“为世所用”之价值。如何使这些古都文化发挥出对当今社会之咨政教化作用，更有待学界同人与社会各界有识之士的共同努力！

（作者为陕西师范大学教授）

① 朱绍侯主编：《中国地域文化通览·河南卷》上编第六章“隋唐五代时期河南文化的繁荣”的第二节“佛教、道教的兴盛与袄教、摩尼教、景教的传入”。

② 王亚荣：《佛教中国化是成功的文化融合》，《中国社会科学报》2017年8月28日。

从华夏民族的形成论“何以中国”

王震中

摘要：学界有关“最早中国”的争议值得关注，但最早的中国，并不能与中国文明的起源、国家的起源画等号。“中国”一词最早见于《何尊》，是与《尚书》《逸周书》等相关记载相对应的。中国的出现也是与华夏民族的形成与发展联系在一起的。华夏民族的形成经历了从“自在民族”到“自觉民族”的发展过程。东周时期已处在“自觉民族”的阶段，而“自在民族”阶段显然是指夏商时期。“中国”的概念，最早讲的是“国之中”，应该是复合制国家结构形成之初的夏朝时期。因此，作为“尧都”的陶寺遗址，显然早于这一阶段。最早的中国，只能与复合制国家结构形成的夏连在一起。

关键词：中国；自在民族；自觉民族；复合制国家结构；夏

近些年，有关“最早中国”的讨论在持续进行。有的学者主张“最早的中国是陶寺”，有的主张“最早的中国是二里头”，也有人把“最早中国”的讨论与中国文明的起源纠缠在了一起。

殊不知，中国文明的起源与“最早中国”是完全不同的两个命题。所谓“中国文明的起源”或“中国国家的起源”，探讨的是在现在的中国大地上与现在的中国有渊源关系的“文明社会的起源”或“国家的起源”。所谓“最早中国”，探讨的是“中国”这个概念最初指的是什么，它是如何出现的，它是如何演变为我们现在所说的“中国”的等问题。我们不能把两个不同层面的问题扯在一起。那种把“最早中国”与中国文明的起源纠缠在一起的讨论，显然属于概念不清。

就“中国”一词而言，“最早中国”与“何以中国”是既有联系又有区别的两个概念。在确定“最早中国”时，首先需说明“何以中国”。在我看来，作为国家意义上的“中国”概念的形成与华夏民族的形成，应该是同步的。

“中国”一词，最早出现在西周初年的青铜器《何尊》铭文，曰：“余其宅兹中国，自兹乂民。”意思是周武王要建都于“中国”，以便于统治人民。《何尊》铭文的意思可以与《尚书》和《逸周书》对读。《尚书·召诰》：“翼日乙卯，周公朝至于洛，则达观于新邑营。越三日丁巳，用牲于郊，牛二。越翼日戊午，乃社于新邑，牛一，羊一，豕一。越七日甲子……王来绍上帝，自服于土中。旦曰：‘其作大邑，其自时配皇天，毖祀于上下，其自时中乂，王厥有成命治民。’今休。”《召诰》是说周公按照武王的遗志，在洛邑修建了新的都城大邑，这是四土中心之地的“土中”，周王将在这里治国治民。同样的意思也见于《逸周书·作雒》，曰：“乃作大邑成周于土中。”《尚书·召诰》和《逸周书·作雒》所说的“土中”即四土之中，亦即“国之中”，就是《何尊》铭文所说的“中国”，指的就是都城洛邑。

从青铜器《何尊》铭文和《尚书·召诰》篇、《逸周书·作雒》篇可知，金文和早期文献中最初出现的“中国”这一概念是指位于中心的国都——雒邑（洛邑），也称作“作大邑于土中”。这与在早期文献中，最初的“国”指的是都城也是一致的。“中国”之称自此开始，但它不是我们今天意义上所说的整个国家的国土，而是指位于国土中心的都城。在周人意识中，“中国”处于四方之中，便于治理。“中国”这一概念是后来才拓展为意指以洛阳盆地为中心的中原地区和中原王朝。

无论最早的“中国”是指都城洛邑，还是后来的“中国”亦即拓展了的“中国”是指中原王朝，之所以称为“中国”，都与华夏民族的形成与发展联系在一起。《说文》：“夏，中国之人也。”这里的“夏”是指夏民族和夏王朝，“中国”指的是以中原为核心的三代王朝。这就涉及华夏民族的形成问题。

一般认为，华夏民族的形成是与华夏称谓的出现有关系的。例如，《左传》《襄公·襄公十四年》记载姜戎子驹支说：“我诸戎饮食衣服不与华同，贽币不通，语言不达。”戎人驹支称中原的华夏民族为“华”，称自己为“戎”。这说明“华”“华夏”等称呼，既是华夏民族的自称，也是他称；同样道理，“戎”“诸戎”等称谓，既是戎人的自称，也是他称。

春秋战国时期，人们称呼华夏民族时的用语有“华”“夏”“华夏”“诸夏”等。例如：《左传》襄公二十六年有“楚失华夏”，这是把“楚”与“华夏”相对应。《左传》闵公元年记载管仲对齐桓公说：“戎狄豺狼，不可厌也；诸夏亲昵，不可弃也。”《公羊传》成公十五年说：“《春秋》……内诸夏而外夷狄。”都称华夏民族为“诸夏”。《左传》僖公二十一年：“任、宿、须句、颛臾、风姓也，实司太皞与有济之祀，以服事诸夏……蛮夷猾（乱）夏，周祸也。”这里称“诸夏”，又称为“夏”。也有称“诸华”，如《左传》襄公四年魏绛对晋侯说：“劳师于戎，而楚伐陈，必弗能救，是弃陈也。诸华必叛。戎，禽兽也。获戎失华，无乃不可乎！”是称“诸华”或“华”。《左传》定公十年载孔子说：“裔不谋夏，夷不乱华。”这里的“华”亦即“夏”。总之，华夏、诸夏、诸华、华、夏等都是一个意思，都是对华夏民族的称呼。

由于上述华夏民族的称谓通行于春秋战国时期，因而许多学者主张华夏民族形成于春秋战国之际。笔者认为，春秋战国时期，人们用“华夏”“诸夏”“夏”“诸华”“华”等称谓来特意强调华夏民族与其他民族的区别，表现出华夏民族间强烈的文化一体性。这不仅表明华夏民族已经形成，更主要的是表现出了当时华夏民族所具有的民族意识上的自觉。在这种鲜明的民族意识中，我们看到当时的华夏民族已属一个自觉民族。前文列举管仲对齐桓公所说“诸夏亲昵，不可弃也”；鲁僖公母亲成风对僖公所说“蛮夷猾（乱）夏，周祸也”；魏绛对晋侯所谓放弃陈，“诸华必叛”，“获戎失华，无乃不可乎！”这些言论就是当时的华夏诸国对自己归属于华夏民族的自觉意识，它强烈地表现在与其他民族或部族交往中，人们对于本民族生存、发展、荣辱、安危等方面的关切和维护。

但是，如果把民族的形成和发展过程用“自在民族”与“自觉民族”两个阶段来表述的话，那么，春秋战国时的华夏民族已属于“自觉民族”，即有强烈民族自觉意识的民族。我们不能据此而说华夏民族最后形成于春秋战国时期或春秋战国之间，而应该说此时的华夏民族已经是一个“自觉民族”。“自觉民族”之前还有一个“自在民族”的阶段，民族形成的起始应该从“自在民族”阶段算起。

所谓“自在民族”，就是民族意识还处于朦胧、潜在状态的民族；自己作为一个民族已经存在，但自己还不知道，还没有完全意识到。夏、商时期的华夏民族就是这样的状态。西周时期，华夏民族的共同文化得到进一步扩充和发展，民族文化中的礼仪制度典章制度也更加完善，民族意识也开始显现，这才使周人自称“我有夏”，以夏为正统。再到春秋战国时期，以周天子为“天下共主”的复合制国家结构名存实亡，礼仪征伐不出自天子，天下处于混乱状态，在本民族共居之地时常出现异族的人们，致使“华夷之辨”思想和危机意识凸显，它强调华夏民族的一体性。

春秋战国时期的华夏民族非常强烈的民族意识，是在戎狄等异族的刺激下升华的。当时，“华夷之辨”中所“辨”的是华夏文化与蛮夷戎狄文化的不同，它通过“华夏”这样的民族称呼，强调根在中原的本民族衣冠服饰、礼仪制度、典章制度与四夷的不同。这样的“文化民族”当然是一个“自觉民族”。而夏商时期作为“自在民族”的华夏民族之所以能够出现，就在于夏商王朝是多元一体的复合制国家结构，在王朝国家的框架内容纳了众多的部族。

所谓复合制国家结构，是指在王朝内包含有王国和从属于王国的诸侯邦国两大部分：在夏代，它是由夏后氏（即夏王国）与其他从属的族邦所组成（同姓的有扈氏、有男氏、斟寻氏、彤城氏、褒氏、费氏、杞氏、缯氏、辛氏、冥氏、斟戈氏等，异姓的己姓昆吾、彭姓韦国、任姓奚仲、子姓商侯、姬姓的周族等）；在商代，它是由“内服”之地的王国与“外服”之地的诸侯邦国所组成；在周代，它是由位于被后世称为王畿之地的周邦（周王国）与各地的诸侯国所组成。

复合制的国家结构，使夏、商、西周三代王朝国家与华夏民族的形成具有对应关系。而“中国”这一概念，由最初指“国之中”转变为指中原王朝国家时，这样的国家，我们只能上推到具有复合制国家结构的夏朝，而不能上推到夏代之前的“万邦时代”。

这是因为，万邦时代还不存在多元一体的国家格局。以唐尧和陶寺为例，笔者也主张陶寺遗址可以和帝尧的都城联系起来，但陶寺时代属于中国历史上的万邦时代，帝尧具有双重身份——唐尧邦国的国君和尧舜邦国联盟的盟主，唐尧的国都虽然一度也是邦国联盟盟主所在地，它也可以以自己为中心而形成某些观念形态，但邦国联盟是不稳定的，随着盟主由尧向舜变动，联盟的中心也是转移的。更主要的是，万邦时代的邦国联盟之间是国与国的关系，而不是一个国家内的关系，无法与“国之中”的概念相对接。而王朝国家则不一样，它存在“多元一体”的整体结构，因而其国都也就被视为“国之中”。

如果把“中国”这一概念演变过程与华夏民族的形成过程加以对照，我们就会发现，“中国”这一概念最初的出现是与“多元一体的复合制王朝国家结构”密不可分的，《说文》所说的“夏，中国之人也”，就是把“中国”一词与夏王朝国家的出现和华夏民族的形成关联在了一起。也就是说，在复合制国家结构中，王朝与“天下”才具有了同一性；王朝的政治中心即国都与所谓“土中”和“国中”具有同一性。因此，我们说，“中国”一词的概念经历了这样一个演变过程：由单指位于洛邑的“国中”扩大为主要指“中原王朝”，即华夏民族所居住的黄淮江汉的共同地域，最后才延伸为指以中原为核心的历代封建王朝，近代以来，其已完全成为一个统一的多民族国家的称谓。

（作者为中国社会科学院学部委员，历史研究所原副所长、研究员）

“天地之中”的古都洛阳与“中”及“中国”

刘庆柱

摘要：三千年前洛阳作为都城被称为“國”，因其位于国家东西南北之中，故曰“中国”，因此可以说周成王时代的青铜器《何尊》铭文“宅兹中国”，佐证了三千年前洛阳已得名“中国”。古都洛阳开创的“中”的政治文化理念，在中国五千年中一脉相承，体现出多民族统一国家的文化认同。从北魏王朝到金、元、清王朝，其王朝缩影的都城，毫无例外地传承了古都洛阳“择中建都”“择中建宫”“择中建殿”及都城以“中轴线”为核心的理念，使“和合文化”“东西南北中”以“中”为核心、“中正”“公允”文化基因构成中国五千年不断裂文明的思想基础。

关键词：古都；洛阳；天地之中

古代洛阳历史是中国古代历史的重要组成部分，因为古代洛阳是中国历史上夏商周汉唐都城所在地。古代都城是古代国家的政治统治中心、经济管理中心、文化礼仪活动中心、军事指挥中心，夏商周时代是中华文明的形成、发展时期，汉唐王朝又是中国古代历史上的盛世，古代都城是古代国家的历史缩影，都城之宫城是古代国家的政治中枢，作为夏商周汉唐都城所在地的洛阳，其之于中国古代历史之重要性是显而易见的。

本文所说“古都洛阳”的空间范围较当代洛阳行政区范围要大一些，即“大洛阳”或现在学术界所说的“大嵩山”地区，亦“即广义的嵩箕山系及其所包括的周围地区”，也就是现在的“洛阳、嵩县、禹州、偃师、巩义、荥阳、郑州、中牟、新郑、新密、长葛、禹州、许昌、襄城、郏县、汝州、伊川等”①。

一、古代洛阳与“求中”理念、实践及得名“中国”

洛阳作为中国历史上的著名都城，是因为其空间位置居“中国”之“中”所决定的。“中”的本意是“中正”“中和”“公正”“公允”，“中”既是对“形而下”的“空间”而言，又是对形而上的“理念”而说。对“中”的空间“求中”，就是殷墟卜辞的相对东西南北的“立中”。“求中”所体现的“中正”“中和”是中国古代历史的核心政治观。

“中国”之“求中”历史，从目前考古发现资料来看，可以追溯到远古的仰韶文化时期，20世纪80年代，考古工作者在河南濮阳西水坡发掘了一座距今6400年的墓葬（编号M45），墓主人左右两侧放置着蚌塑青龙与白虎，脚底有“北斗周髀”遗迹。“北斗”为“天极”，即“天中”，“天中”是“地

① 张广志等：《大嵩山——华夏历史文明核心的文化解读》，大象出版社2016年版，第5页。

中”的坐标，据此学者推测M45的上述遗存，应该是墓主人“求中”的佐证[①]，进一步推测墓葬所在地六千多年前被墓主人认为是“地中”。这一“地中”测定，在其后《清华简·保训篇》记载四千多年前舜之“求中”于历山被重复[②]。古代文献记载，历山即今濮阳、定陶一带[③]。上述两个时期“求中”遗存，说明了从距今六千多年至四千多年前的“求中”一致性。在东周时代历史文献中记载的“陶为天下之中”的“陶”，亦为今之豫东北、鲁西南一带，可见濮阳、定陶一带作为古人“求中”之地，一直延续至春秋战国时代。

不过，陶寺墓葬考古发现与《清华简·保训篇》记载“五帝时代”末期，中国历史进入“王国时代”之初，“求中”方位发生了转换。距今4100年的山西襄汾陶寺遗址考古发现的一座墓葬（编号M22），出土了漆木杆1件、方形圆孔玉器1件、玉圭2件、骨箭镞7组[④]。冯时先生对上述遗物功用的基本看法是：“其一，漆木长杆的性质应是古人辨方正位的槷表；其二，方形圆孔玉器应与《考工记·匠人》‘置槷以縣’的悬物有关；其三，2件玉圭当即测影之土圭；其四，箭镞似有垂绳正表的作用。这些遗物真正展现了陶寺先民使用的观象授时的天文仪器。”[⑤] 陶寺遗址的墓葬出土的“槷表”“方形玉器”“玉圭”与“箭镞”的测中仪具，反映了新的“求中”结果：“地中”从豫东北、鲁西南转移至晋南。

《保训篇》记载商汤六世祖上甲微为夏“求中”于嵩山，确定了自夏王朝开始的中国历史上的“天地之中”于“大嵩山”，这里也成为了中国文明形成之圣地。

“大嵩山”也就是我们所说的“大洛阳”，“求中”于洛阳与“择中建都”密切相关。1963年陕西宝鸡发现的西周早期青铜器《何尊》铭文则是“中国”于“天下之中”的物证资料[⑥]。《何尊》铭文有12行122个字，记录了武王克商和成王营建成周的重要史实。铭曰：“唯王初迁宅于成周，复禀武王豊福自天。在四月丙戌，王诰宗小子于宗室曰：克逨文王。肆文王受兹大命，唯武王既克大邑商，则廷告于天曰，余其宅兹中或，自兹乂民……王咸诰，何赐贝卅朋，用作庾公宝尊彝。唯王五祀。”《说文·戈部》：“域，或又从土。”铭文表明，武王克商以后，即有“宅兹中或”之意。“中或”即“中国”，“中”为空间位置，“或”即“國”，亦即“都城”，《周礼·考工记》的“國中九经九纬”之“國”就是“都城”。都城要营建于“天下之中”，而洛阳就是“天下之中”，对此《史记·周本纪》有明确记载：“成王在丰，使召公复营洛邑，如武王之意。周公复卜申视，卒营筑，居九鼎焉。曰：‘此天下之中，四方人贡道里均。’”《尚书全解》亦有类似记载：“以土圭之法测土深，正日景以求地中，夫（天）地之所合也，四时之所交也，风雨之所会也，阴阳之所和也。然则百物阜安乃建王国焉。洛邑之地既有天地之中，故作新之，而四方之民莫不和悦，而来会也。”三千年前洛阳作为都城称为“國”，因其位于国家东西南北之中，故曰“中国”，因此可以说周成王时代的青铜器《何尊》铭文“宅兹中国”，佐证了三千年前洛阳已得名“中国”。

---

① 河南省文物考古研究所、濮阳市文物保护管理所：《濮阳西水坡》，中州古籍出版社、文物出版社2012年版。

② 李学勤：《清华大学藏战国竹简（壹）》，中西书局2010年版。

③ 《〈保训〉故事与地中之变迁》：“舜所求测的天地之中，地在濮州、范县、鄄城、定陶一带，其观念于后世尚见孑遗。”（《考古学报》2015年第2期）《史记·五帝本纪》载：“舜耕历山，历山之人皆让畔；渔雷泽，雷泽上人皆让居；陶河滨，河滨器皆不苦窳。一年而所居成聚，二年成邑，三年成都。”《史记·越王勾践世家》载：范蠡“止于陶，以为此天下之中，交易有无之路通”。裴骃《集解》引徐广曰：陶即“今之济阴定陶”。《史记·货殖列传》载：范蠡“之陶，为朱公。朱公以为陶天下之中，诸侯四通，货物所交易也”。司马贞《索隐》引服虔云：“陶”即“今定陶也”。

④ 中国社会科学院考古研究所山西队、山西省考古研究所、临汾市文物局：《陶寺城址发现陶寺文化中期墓葬》，《考古》2003年第9期。

⑤ 冯时：《陶寺圭表及相关问题研究》，《考古学集刊》第19辑。

⑥ 李民：《何尊铭文与洛邑——中国古代文明探索之二》，《郑州大学学报（哲学社会科学版）》1991年第6期。

二、“求中”于“大洛阳”的历代都城考古发现

1. “禹都阳城”与夏代早期都邑

目前，国内外学术界公认的中国古代文明起源与形成具有五千多年历史，始于历史上所说的“五帝时代”，形成于夏商王朝的“王国时代”。人类历史上的“国家出现”是“文明形成”的经典概括。而“国家”与“都城”是“同步”出现的。中国历史上的王国时代以夏王朝为起点，根据历史记载夏王朝的建立者是禹，而历史文献记载“禹都阳城”有多种说法，如山西太原、翼城与河南登封、禹州、开封王“禹都阳城”之地。1977 年以来，在洛阳附近的登封王城岗，考古发现了距今四千年左右的王城岗城址，城址面积约 34.8 万平方米，城址平面近方形，根据残存城墙复原，东、西城墙应各长 580 米，南、北城墙应各长 600 米。城内分布有大面积夯土建筑遗址，发现龙山文化晚期祭祀坑和白陶器、玉石琮等重要遗物。此城址时代上限不早于龙山文化晚期，下限不晚于二里头文化时期。这是目前河南省境内发现的河南龙山文化最大的城址①。在王城岗城址发现了“大城”与“小城”两个城址，小城位于大城东北部，大城的年代晚于小城②。目前关于王城岗城址大城兴建后，小城是否还在继续使用的问题，也还需要通过田野考古究明。有的学者进一步提出，“王城岗的小城有可能为‘鲧作城’，而王城岗大城有可能即是‘禹都阳城’”③。城址之中发现同时期的青铜鬶残器、玉石琮、白陶器等高等级遗物。在王城岗遗址附近出土了戳印有“阳城”“颍川仓器”陶文的战国时代陶片，为推断王城岗城址可能是夏王朝的最早都邑提供了有力证据④。

2. 新砦城址与夏代中期都邑遗址

1979 年以来，考古工作者对河南省新密市新砦遗址进行多次考古发掘，确定了这是早于二里头文化、晚于河南龙山文化晚期的遗存⑤。2003 年，新砦遗址考古发现了城址，城址平面呈圆角长方形，东西约 924 米、南北约 470 米。城址南面以双洎河为自然屏障，东、西、北三面筑城墙并置城壕。城墙一般宽 9 米以上。城壕宽 10 余米至数十米不等。在城址之外还发现了“外壕”遗迹。城内面积约 70 万平方米，如果包括“外壕”的话，面积可达 100 万平方米⑥。发掘者认为，新砦城址包括大城和小城，小城在大城西南部，其外围壕沟⑦。

关于考古发现的新砦城址性质，有的学者认为这座城址可能为夏启所在的都邑⑧。

---

① 北京大学考古文博学院、河南省文物考古研究所：《登封王城岗考古发现与研究（2002－2005）》，大象出版社 2007 年版，第 64 页。

② 北京大学考古文博学院、河南省文物考古研究所：《河南登封市王城岗遗址 2002、2004 年发掘简报》，《考古》2006 年第 9 期。

③ 方燕明：《登封王城岗城址的年代及相关问题探讨》，《考古》2006 年第 9 期；北京大学考古文博学院、河南省文物考古研究所：《登封王城岗考古发现与研究（2002－2005）》，大象出版社 2007 年版，第 787－788 页。王城岗遗址附近因出土的战国时代陶器有“阳城”陶文，因此一些学者推测王城岗遗址附近为战国时代的阳城所在地，进而推论历史文献记载的“禹都阳城”，即目前考古发现的夏代最早都城遗址——“王城岗城址”。

④ 李先登：《河南登封阳城遗址出土陶文简释》，《古文字研究》（第七辑），中华书局 1982 年版；方燕明：《“禹都阳城”——登封王城岗城址研究》，《中华之源与嵩山文明研究》（第一辑）。

⑤ 北京大学古代文明研究中心、郑州市文物考古研究院：《新密新砦——1999～2000 年田野考古发掘报告》，文物出版社 2008 年版；中国社会科学院考古研究所河南新砦队、郑州市文物考古研究院：《河南新密市新砦遗址 2002 年发掘简报》，《考古》2009 年第 2 期。

⑥ 中国社会科学院考古研究所河南新砦队、郑州市文物考古研究院：《河南新密市新砦遗址东城墙发掘简报》，《考古》2009 年第 2 期。

⑦ 赵春青等：《河南新密新砦遗址发现城墙和大型建筑》，《中国文物报》2004 年 3 月 5 日。

⑧ 赵春青：《新密新砦城址与夏启之居》，《中原文物》2004 年第 3 期。

3. 二里头遗址与夏代晚期都邑遗址

二里头遗址位于河南省洛阳市偃师翟镇乡，其分布范围南界在冉庄和褚家庄以北、北界在二里头村北部、东自圪挡头村东部、西至北许村以东，遗址区东西约2.4千米、南北约1.9千米，总面积约3平方千米。二里头遗址可分为宫庙区、祭祀与墓葬区、官手工业作坊区、贵族居住区、民众居住区等。

宫庙区位于遗址东南部，周围墙垣，形成宫城，宫城之外四面有与宫墙平行的道路，道路宽10～20米。宫城之中宫庙西东并列；宫城一号宫殿建筑院落南面辟门，门址发现“一门三道”遗迹。二里头遗址出土的大量青铜礼器、玉石礼器及象征王权的遗物，说明这是一座都城遗址，而根据考古发掘揭示的遗存可以判断这是一座距今3600～3750年（下限有可能延长至3520年左右）的都城遗址。学术界一般认为这是中国古代夏王朝晚期的都城遗址①。

4. 郑州商城与商代早期都城遗址

郑州商城由内外城组成。内城平面总体略呈方形，周长约6960米，其中东、南两墙各长约1700米，西墙长约1870米，北墙长约1690米。外城在内城之外约600米，夯土墙垣主要发现在内城东、西、南三面，现存长分别为2100米、435米、980米。郑州商城规模庞大，在内城东北部发现数十座夯土建筑基址构成的宫殿建筑群，规划得比较规整。外城中主要为手工业作坊和墓地、祭祀坑等，考古发现长期使用的铸铜遗址、遗迹及窖藏坑出土的青铜重器（尤以青铜大方鼎最为突出），在目前已知的同时期遗址中，其重要地位是显而易见的，充分说明它应为商王朝早期都城遗址②。关于郑州商城的性质，学术界有两种观点，20世纪80年代以前，多为“ao都”说；目前多数学者认为，因当地发现了东周时代陶文“亳丘”，郑州商城当为商汤之都城“亳城”。

5. 偃师商城与商代早期都邑遗址

1983年考古工作者在配合水电部河南洛阳首阳山电厂扩建工程中，在偃师塔庄一带考古发现了偃师商城遗址，究明了偃师商城范围、形制及布局，确定了城墙遗迹分布，发现了东、西、北三面的城门址及城内主要的宫庙建筑与府库遗址（第Ⅰ号建筑遗址、第Ⅱ号与第Ⅲ号建筑遗址）等遗存，判定了这是一座商代前期的“王都”。第Ⅰ号建筑遗址为宫殿区，即都城之宫城，宫城平面为方形，宫城与大城形成“回”字形，大城四面辟门，基本具备了古代都邑文化内涵与形制③。关于偃师商城性质，有“西亳”说、“太甲桐宫”说，即郑州商城与偃师商城的“两京说”④。

6. 成周与西周都城遗址

考古工作表明，成周城遗址在今洛阳瀍河两岸⑤，面积约6平方千米，分布有大型建筑基址、铸铜手工业作坊、贵族墓地、平民墓地、居址、祭祀遗存等遗迹。成周城宫城在洛阳老城东南部⑥。成周兴盛于西周早、中期，到西周晚期已经衰落。

西周初年周公平乱后认为洛阳居“天下之中”，“乃作大邑成周于土中”，即营建洛邑成周，洛阳成为西周王朝的东都所在地。周代将洛阳及其所在地区中原确定为“天下之中”，也就确立了自“五帝时代”以来的“中原历史文化”的“国家主导文化”与华夏的“根文化”地位，这在此后三千多年的中国历史发展上具有极为重要的政治意义与文化意义。

---

① 中国社会科学院考古研究所：《偃师二里头：1959～1978年考古发掘报告》，中国大百科全书出版社1999年版；中国社会科学院考古研究所：《二里头——1999～2006》，文物出版社2014年版。

② 河南省文物考古研究所：《郑州商城：1953～1985年考古发掘报告》，文物出版社2001年版。

③ 中国社会科学院考古研究所：《偃师商城考古发掘报告》，文物出版社2014年版。

④ 安金槐：《再论郑州商代城址——ao都》，《中原文物》1993年第3期；邹衡：《偃师商城即太甲桐宫说》，《北京大学学报（哲学社会科学版）》，1984年第4期；许顺湛：《中国最早的“两京制”——郑亳与西亳》，《中原文物》1996年第2期。

⑤ 叶万松、张剑、李德方：《西周洛邑城址考》，《华夏考古》1991年第2期。

⑥ 蔡运章、俞凉亘：《西周成周城的结构布局及其相关问题》，《中原文物》2016年第1期。

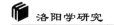

7. 王城与东周都城

1954 年，中国科学院考古研究所就在郑南洛北涧东瀍西范围内调查西周城址，确定王城位于涧水东岸一带①。这座城址后来经试掘证明为东周时期的城址②，即周平王营建的都城：洛阳“王城”。王城遗址应于“邙山以南，洛河以北，平面为长方形，南北长约 4000 米，东西宽约 3000 米，周长 15 千米。其宫殿区位于西南隅，今涧河以东、涧东路以西、行署路以南、九都路以北为核心区。在今瞿家屯一带发现有大面积的夯土建筑基址”。大型仓窖则位于宫殿区东南部，有的口径 10 米左右，深 10 米左右，已发现 74 座。王陵区分为周山陵区、金村陵区和王城陵区③。

1984 年，中国社会科学院考古研究所在对汉魏时期大城城墙进行发掘时，发现城墙由多个时期分别夯打而成，最早的城墙夯筑于西周。西周城址叠压在汉魏洛阳城下，位于汉晋时期洛阳城的中段，略呈长方形，东西 2500～2650 米，南北 1800～1900 米，大致合当时的东西六里，南北四里余。这是唯一的西周城址，初步认为，时代不会晚于西周中晚期，存在早于西周中晚期的可能性④。此城址可能为东周洛阳城。

8. 开启“帝国时代”都城文化的东汉、魏晋、北魏、隋唐洛阳城

秦汉时代开启了夏商周“王国时代”以后的“帝国时代”，多民族统一的中央集权国家与中华民族全面形成，缔造了当代中国核心的中华民族优秀历史文化，其物化载体就是属于古代“国家文化”的“中国古代都城文化”，古都洛阳就是这一文化的核心。汉魏以后的古都洛阳的都城文化，传承了先秦时代古都洛阳奠定的中国古代都城核心文化，又开启、深化了帝国时代中国古代都城文化。它们主要体现在半个多世纪以来的汉魏与隋唐洛阳城遗址考古工作中，这些考古发现反映了从东周王城到东汉洛阳城及其以后的魏晋、北魏、隋唐洛阳城，使国家“择中”建都、都城“择中”建宫、宫城“择中”营建大朝正殿即都城中轴线进一步规范化、制度化。

东汉雒阳城遗址考古发现都城平面为长方形，城址南部被北移的洛河冲毁。城墙夯筑，北城墙长 2700 米，其他三面城墙勘探实测和复原长度分别为南城墙 2460 米、东城墙 4200 米、西城墙 3700 米。文献记载雒阳城有 12 座城门，已发现的 8 座城门遗址中，北城墙西部的城门遗址勘探究明为 3 个门道，如推断无误的话，其他城门亦应为“一门三道”形制。据文献记载，城内各干道分为 3 股⑤，城内有南宫、北宫和永安宫，南宫和北宫始建于东汉定都雒阳之前的秦代，光武帝始都雒阳，南宫是都城的主要宫城，南北 1300 米、东西 1000 米。汉明帝永平三年至八年，大规模营建北宫，修建了北宫正门朱雀门、正殿德阳殿等，这时的北宫可能已作为都城的宫城使用了，而且其地位越来越重要。都城东北部有武库和太仓，西北部有皇家宫苑濯龙园，南宫西北部置金市，金市亦名大市，南宫东南部有中央主要官署。城外东郊有马市，南郊有南市及辟雍、明堂、灵台和太学等礼制建筑。明堂北距南城墙约 1000 米，北郊南距北城墙 1500～2000 米。东汉初年都城雒阳已有“左祖右社”的宗庙、社稷，但是具体位置目前还不清楚⑥。

曹魏定都洛阳，虽然都城规模基本上与东汉雒阳城相同，但是都城之内的布局结构已多有不同。曹

① 郭宝钧：《洛阳古城勘察简报》，《考古通讯》1955 年第 1 期。

② 中国社会科学院考古研究所：《洛阳发掘报告——1955～1960 年洛阳涧滨考古发掘资料》，北京燕山出版社 1989 年版。

③ 张广智等：《大嵩山——华夏历史文明核心的文化解读》，大象出版社 2016 年版，第 180 页。

④ 中国社会科学院考古研究所洛阳汉魏城队：《汉魏洛阳故城城垣试掘》，《考古学报》1998 年第 3 期。

⑤ 《太平御览》引《洛阳记》载：“宫门及城中大道皆分为三，中央御道，两边筑土墙，高四尺，余外分之；唯公卿、尚书章服从道中，凡行人皆行左右。”

⑥ 中国科学院考古研究所洛阳工作队：《汉魏洛阳城初步勘查》，《考古》1973 年第 4 期；中国社会科学院考古研究所：《新中国的考古发现和研究·汉魏洛阳城的调查与发掘》，文物出版社 1984 年版。

魏初年，在洛阳城北部营建宫室、池苑，这应属于东汉雒阳城的北宫故地，时称“洛阳宫”①。魏明帝时，在东汉雒阳城北宫德阳殿、朱雀门基础之上，修建了太极殿、阊阖门②，阊阖门成为洛阳宫宫城正门，其北对太极殿，南对都城的宣阳门，魏明帝置铜驼于阊阖门外的南北向大街，故此街亦称“铜驼街”，铜驼街成为都城的中轴线大街。西晋仍都洛阳，都城制度一如既往。都城的宗庙、社稷置于都城之内的宣阳门大街东西两侧③。

北魏太和十七年，孝文帝由平城迁都洛阳，在魏晋洛阳城基础之上，对洛阳城进行了重建。洛阳宫成为都城的宫城，宫城正门仍为阊阖门，太极殿仍为大朝正殿。太极殿基址东西 100 米、南北 60 米。阊阖门与宣阳门之间的铜驼街东西两侧分布有中央官署、寺院、贵族宅和宗庙、社稷等。北魏洛阳城的重大工程是外郭城的营建，宣武帝景明二年（501 年），在东汉洛阳城、魏晋洛阳城的基础上，扩建都城，营建了外郭城。洛河以南至圜丘间还有四夷馆、四夷里和四通市等④。外郭城之内的三条东西向干道横贯全城，它们分别与内城东西城墙上的城门相连通，三条干道可能又分别通至外郭城东、西城墙的各三座城门。外郭城的北城墙未发现城门遗迹。历史文献记载，在外郭城之中建设了 320 个里坊（或 323 个里坊）⑤，里坊的平面为方形，边长 500 米。里坊四周筑墙，四面辟门，里坊之中设置十字街⑥。

1999～2000 年，考古发掘的北魏洛阳城宫城阊阖门遗址，具有重要学术意义。阊阖门遗址的发掘说明，它不只是北魏洛阳城宫城的宫门，因为它始建于曹魏时代，因此它还分别是魏晋洛阳城宫城的宫门。阊阖门遗址是一座具有双阙的宫门，这是目前考古发现时代最早的双阙宫门遗址⑦。

北魏洛阳城外郭城的设置，对北魏以后历代都城影响深远。公元 534 年，北魏分裂为东魏和西魏，东魏定都于邺，根据“上则宪章前代，下则模写洛京”的原则⑧，营建了都城，因其位于曹魏邺城之南，又称邺南城。

考古勘查资料显示，隋唐长安城外郭城东西 9721 米、南北 8651. 7 米；宫城在外郭城北部，东西 2820. 6 米、南北 1843. 6 米；皇城（即相当于北魏洛阳城的内城）北邻宫城，东西 2820. 3 米、南北 1843. 6 米。作为隋唐洛阳城标示的宫城正门——应天门已经考古发掘，其完全继承了魏晋与北魏洛阳城宫城正门阊阖门形制。隋唐洛阳城的宫城、皇城与外郭城的“三城制”则继承了北魏洛阳城⑨。

三、古都洛阳之“中”文化基因及其传承

1. 古都洛阳开启的“择中建都”

《清华简·保训篇》记载，商汤六世祖上甲微为夏王朝“求中”于嵩山，洛阳及其附近地区考古发现的登封王城岗遗址（“禹都阳”）、洛阳东临新密新砦城址、洛阳偃师二里头遗址、洛阳偃师商城遗址、洛阳周代“成周”与“王城”遗址，实际上开启了“大洛阳”为中华古都所在地历史。陕西宝鸡

---

① 《三国志》卷二《魏书·文帝纪》：“黄初元年十二月，初营洛阳宫。”

② 《全三国文》之曹植《毁鄄城故殿令》：“故夷朱雀而树阊阖，平德阳而建泰极。”

③ 《水经注·谷水》：“谷水又南迳西明门，门左枝渠东派人城，迳太社南，又东迳太庙南，又东于青阳门右下注阳渠。”

④ 《洛阳伽蓝记》卷五。宿白：《汉魏洛阳故城研究》，《文物》1978 年第 7 期。《洛阳伽蓝记》卷三：“永桥（宣阳门外洛河上的浮桥）以南，园丘以北，伊洛之间，夹御路东有四夷馆……道西有四夷里……别立市于洛水南，号曰四通市……道东有白象、狮子二坊。”

⑤ 《魏书·广阳王嘉传》：“嘉表请于京四面，筑坊三百二十。”《魏书·世宗纪》：“发畿内夫五万人，筑京帅三百二十三坊。”

⑥ 《洛阳伽蓝记》卷五：“方三百步为一里，里开四门，门置里正二人，吏四人，门士八人。”

⑦ 中国社会科学院考古研究所洛阳汉魏故城队：《河南洛阳汉魏故城北魏宫城阊阖门遗址》，《考古》2003 年第 7 期。

⑧ 《北齐书·李业兴传》。

⑨ 刘庆柱：《中国古代都城考古发现与研究》，社会科学文献出版社 2016 年版。

出土西周初年青铜器《何尊》铭文记载的西周营建洛邑，使洛阳成为第一个有据可查的“择中建都”的“第一地”，也使“中国”成为洛阳的都城名称，以后随着历史发展“中国”又成为中华民族的国家名称。

2. 古都洛阳从“择中建都”到“择中建宫”

如果说从上甲微“求中”于嵩山，属于中国历史上在“大洛阳”地区“择中建都”阶段，那么洛阳偃师商城遗址考古发现揭示出，至少这时已经进入都城“择中建宫”阶段，偃师商城的都城的宫城位于早期大城南部东西居中位置。这一宫城构建理念，在魏晋洛阳城与北魏洛阳城全面形成①，其后对中国古代各王朝都城产生了深远影响，如东魏和北齐的邺南城、隋唐洛阳城、隋唐长安城、北宋开封城、金中都、元大都、明清北京城等。

3. 古都洛阳从“择中建宫”到“大朝正殿”的“居中”“居前”与都城中轴线的形成

“中”的观念在古都洛阳从先秦至唐宋，越来越突出、越来越深入。从上面所述“择中建都”“择中建宫”到“择中建殿（大朝正殿）”，“大朝正殿”营建于宫城中央，应该是从“王国时代”的“宫庙并列”发展到“帝国时代”的“正殿居中”与“左祖右社”都城平面格局。后者进一步强化了作为国家物化载体形象缩影的“大朝正殿”至高、至尊地位，以及涉及国家政治文化的“中央”“中正”“中和”思想体现。魏晋与北魏洛阳城宫城的太极殿已经形成完整的“大朝正殿”——太极殿“居中”“居前”规制，并以其为宫城及都城“基点”，产生都城的“中轴线”。“中”的“形而上”理念及“国家文化”至北魏洛阳城已达极致，对中国古代历史文化产生了极为深远的影响。

4. 古都洛阳“中”之传承与国家文化认同

古都洛阳的“择中建都”奠定了从“形而下”到“形而上”五千年不断裂的“国家文化认同”之“基因”：“中国”“中华”源于“中”，“中”是“多元一体”国家之魂，是中华五千年延续不断历史的核心文化基因。“中”相对“东西南北”空间是“对等”的，相对不同区域族群“中”是道义上的“中正”与“中和”。“中”的哲学理念是国家政治的“核心”的精髓，即国家统一的基因是“形而下”空间与“形而上”精神的集中体现——“中”。

“大洛阳”地区及其古都洛阳开创的中国历史上的“中”政治文化理念，在中国五千年不断裂历史中，一代又一代传承，这体现出多民族统一国家的文化认同。从鲜卑人由大兴安岭南下至中原建立的北魏王朝，至其后女真人和蒙古人先后建立的金、元、清王朝，其王朝缩影的都城，毫无例外地传承了古都洛阳“择中建都”“择中建宫”“择中建殿”及都城以“中轴线”为核心的理念，使中国古代的优秀历史文化传统——“和合文化”，“东西南北中”以“中”为核心，“中正”“公允”文化基因，构成中国五千年不断裂文明的思想基础。

（作者为中国社会科学院学部委员、历史学部主任，郑州大学历史学院院长、教授）

① 刘庆柱：《中国古代都城考古发现与研究》，社会科学文献出版社2016年版。

“中”的历史地理变迁及其文化意蕴

——“天地之中”与“天下之中”的比较研究

张新斌

摘要： 本文对文献中“天地之中”“天下之中”的地理变迁和文化意蕴进行了比较分析，指出“天地之中”与“天下之中”的认识不在一个层面，但都表现了“中”文化为代表的重要特点，深入研究这一特点对于认识中国文化本质基因，具有重要的意义。

关键词： 天地之中；天下之中；地点；内涵

“中”，是中国文化中的重要特质。“中”，不仅成为数千年来的中国之名，也成为在东方思想理念中，最深刻的文化意识和观念，成为有别于中外文明的本质特色。以“中和”“中正”“中庸”而形成的中文化体系，虽然得到历代儒者的诠释，但对“中”的本质认识，并没有得到当代学者新的认知。尤其是“中”的基础是历史地理中的“天地之中”“天下之中”。笔者认为，两者的比较研究，对于深刻认识“中”文化有重要意义。

一、“天地之中”的地理变迁及其含义

“天地之中”在文献中，有较多的认知，而“天下之中”在文献中所占比重较小，约为“天地之中”的1/3强，这种数量分布，反映了历史上对这两个概念在认知程度上是有明显差异的。

1. 洛阳为“天地之中”基本为文献中的特指说法

“天地之中”的说法，主要是指洛阳。《尚书日记》卷五：“结于中龙，则为洛阳，四时之所交，风雨之所会，阴阳之所和，天地之中也。”《钦定续文献通考》卷一百七：“洛阳乎？天地之中，阴阳之会也。为乐者而路也。”洛阳在古籍中有多种叫法，其所谈及“天地之中”的地理范围，基本上是一致的。

一是洛为“天地之中”。《尚书讲义》卷十五：“洛当天地之中，四方贡赋道里适均，而武王克商迁九鼎居之，已有意都洛矣。”《高氏春秋集注》卷十八：“雒者，天地之中而戎丑居之，著其乱华也。”《蜀中广记》卷七十二：“雒为天地之中，钟而为人，亦困其所也。”洛、雒，均指洛阳，《书蔡氏传旁通》《书纂言》《尚书精义》《尚书讲义》等均有类似的叫法。

二是洛地为“天地之中”。《夏氏尚书详解》卷十九：“谓洛地实得天地之中，而周公将归政而王自治也。”洛地，应为洛的引申。此种称谓，在文献中较为少见。

三是洛师为“天地之中”。《纪易纪闻》卷一：“洛师，天地之中也。夷惠吾道之正也，非中也。孔子吾道之中也。正者中在其外，中则正在其中。”《诚斋易传》卷一：“楚燕南北之正也，非中也。洛师，天地之中也。”师，京师。洛师，意为洛京，也是洛阳的又一称谓。

四是洛邑为“天地之中”。《明一统志》卷二十九：“洛邑为天地之中。南距商虢，北控大河。”《书

经大全》卷八：“洛邑，天地之中，故谓之土中。”《周礼集说》卷十：“又曰，其自时配皇天，则洛邑非特地之中，亦天之矣。唯其宅天地之中，以立而民，亦于是取中矣。”这里更进一步讲“天地之中”的“中”的含义。《宋史》卷八十五：“洛邑为天地之中，民性安舒而多衣冠旧族。”洛邑，为洛阳的最常用叫法，在文献中使用的数量也较多。《春秋分记》《春秋大全》《周礼注疏删翼》《钦定周官义疏》《周礼全经释原》《尚书埤传》等文献，均有类似记载。不过，《春秋集传》卷七：“雒邑天地之中而戎居之”，其中的“雒”是“洛”的又一种写法而已。

五是洛之邑为“天地之中”。《陕西通志》卷九十一：“高祖初定天下，悦，卜洛之邑为天地之中，有周室遗风，将都之。”将洛阳称为“洛之邑”，在文献中极为少见。

六是洛河之邑为“天地之中”。《唐会要》卷七十五：“关外诸州道里迢递，洛河之邑天地之中，伏望诏东西二曹……”洛河之邑，显然讲的也是洛阳，在文献中也极为少见。

七是洛水之涯为“天地之中”。《书蔡氏传旁通》卷四中：“洛水之涯，天地之中也。阴阳之交也，风雨之会也，也有神龟焉，乃能于此负书而出。”洛水之涯，也是洛阳的又一种叫法，在文献中也不常见。

八是洛邑之地为“天地之中”。《尚书全解》卷二十八：“洛邑之地既为天地之中，故作新之，而四方之民莫不和悦而来会也。”洛邑之地，在洛阳的称谓中也不多见。

九是河洛为“天地之中”。《周易象辞》卷十八：“河洛为天地之中，帝王受命所必经画，田赋差等壤土辨别必有定制。”又，见该书之《国学辩惑》：“河洛为天地之中，东西南北风土不齐。”河洛，文献中有多种说法。《周易》有“河出图洛出书，圣人则之”的说法，河洛为河图洛书。《易经蒙引》卷十上：“河洛又为天地之中也，是以天地许多至精极纯之气，尽种在此一物身上。”河出图洛出书的地方，又称河洛，也即洛阳，为“天地之中”的地方，这个地方与其他地方是不一样的。

以上的洛、洛地、洛师、洛邑、洛之邑、洛河之邑、洛水之涯、洛邑之地、河洛以及洛阳共十种“天地之中”的说法，都是讲洛阳为“天地之中”。这种说法不但时间可以早到西周初期，而且在文献中也为主流说法。

2. *以洛阳为核心的“天地之中”，在文献中也有一定的比例*

一是嵩山说。《徐霞客游记》卷一下：“二十一日晨谒岳神，出殿东向太室绝顶，嵩当天地之中，祀秩为五岳首，故称嵩高，与少室并峙。”嵩为嵩山，又为中岳，居于五岳之中，中岳地位的确定也是和洛阳的“天地之中”地位相关联的。

二是告成说。《太平寰宇记》卷一百七十二上：“李淳风曰：今洛阳告成县以土圭测天地之中也，然则四夷之距推此可知焉。”《河塑访古记》卷下：“测影台在登封县东南二十五里天中乡告成镇，周公测影台石迹存焉。告成，即古嵩州阳城之墟，是为天地之中也。”周公测景寻“天地之中”的说法，见于《尚书》等早期文献，测景之处在今登封市的告成镇，至今还保留有“周公测景台”，也即元代郭守敬的“观星台”。但《书经大全》卷八、《钦定书经汇纂》卷十四，有“是时洛邑告成，成王始政”的说法，显然这里的“告成”为动词，与前述的“洛阳告成县”所言的行政建置是有区别的。告成之名，源自武则天封嵩山大功告成之意，告成原为“阳城”，为禹都之所在，汉魏为县，虽曾隶属颍川郡，但其与洛阳的关系更为密切，明清时归属以洛阳为府治的河南府管辖。所以“嵩洛”在历史上是一体的，无论是嵩山的“天地之中”，还是洛阳的“天地之中”，都可以归之为“嵩洛”的“天地之中”。

三是豫州说。《元和郡县志》卷六：“《禹贡》豫州之域在天地之中，故三代皆为都邑。”《诗地理考》卷六也有同样的记载。《禹贡长笺》卷七：“周公以土圭测天地之中，则豫州为中。”反映禹贡九州中的豫州，为天地之中，而豫州中心也在洛阳。

以上嵩山说、告成说与洛阳说是一致的，洛阳为天地之中，无论是从古代地理大势，还是历史时期的行政建置讲，实际上讲的是嵩洛为天地之中。而豫州说的核心，仍是洛阳。

3. 天竺等说法在文献中所占数量极少

一是天竺说。《水经注》卷一："迦维卫国，佛所生天竺国也。三千日月，万二千，天地中央也。"又，"今去何时可到，几年可迴，梨言天竺去此，可三万余里，往返可三年踰，及行，四年方返，以为天地之中也"。这里的迦维卫国，也即天竺说，实际上是佛教传入中国后，对佛祖圣地的向往与追求，是外来文化本土化的表现。《水经注笺刊误》卷一："一清按天竺之中，《梁书》天竺国传作天地之中。"即"天地之中"应为"天竺之中"之误，《水经注》的诸多版本，也以"天竺"标识。

二是盘陀国说。《洛阳伽蓝记》卷五："汉盘陀国，正在山顶，自葱岭以西北皆西流，世人云是天地之中。"此说也是佛教东传后，中国化过程的具体体现。

三是浙闽说。《明儒说案》卷九："其可乎，天旋地转今浙闽为天地之中，然则我百粤其邹鲁与是故星临雪应天道章矣，哲人降生人事应矣，于焉，继孔子绝学以开万世道统之传，此岂人力也。"这里讲的是这一地区儒学的发展所形成的文化高潮，而用了"天地之中"的表述，但并不见刻意强调之词。

以上说法，一方面是佛教传入中国本土后，为神化佛祖圣地，而将圣地与中国本土的"天地之中"说法进行对接，不但显得生硬，且有明显的勘误之错；另一方面，虽有个别经济文化后起发达区以天地之中特意提升其地域的神圣性，但都缺少有力的论证。值得注意的是，中国历史上长期为都的西安与北京，也没有强调"天地之中"对本地的特指性，也加深了我们对洛阳为"天地之中"的认识。

二、"天下之中"的地理变迁及其认知

1. 洛阳为"天下之中"为文献中的主流说法

一是洛为"天下之中"。《增修东莱书说》卷二十二："土中者，洛，天下之中也。"《尚书精义》卷三十七："帝中天下而立，定四方之民，洛乃天下之中，召公又托周公之言以戒。"洛为洛阳的简称。

二是洛阳为"天下之中"。《通志》卷一百三十："弥谓曜曰：洛阳天下之中，山河四险之固，城池宫室无假营造，可徙平阳都之。"《洛阳名园记》原序："洛阳帝王东西宅，为天下之中，土圭日影得阴阳之和，嵩少浐涧钟山水之秀。"这里直接点名为洛阳，而且也提出了"阴阳之和"的说法。

三是洛邑为"天下之中"。《史记》卷九十九："武王伐殷，成王即位，周公之属傅相焉。廼营成周洛邑，以此为天下之中也。"《史记》卷四："成王在沣，使召公复营洛邑……此天下之中也。"《尚书埤传》卷十二："洛邑居天下之中，伊、洛、浐、涧实周流于其间。"《资治通鉴》卷十一："乃营洛邑，以为此天下之中也。"洛邑代表洛阳的说法，在文献中最为常见。

四是洛城为"天下之中"。《禹贡锥指》卷十三中之上："洛城为天下之中，欲明都道所凑，故举以为言，非谓在河之南也。"洛城也是洛阳的别称，在涉及"天地之中"的文献中似未看到。

五是洛下为"天下之中"。《尚书古文疏证》卷五下："遂把笔记之，洛下为天下之中，南北音词在此取正。"洛下之名，早期有类似称谓，如垓下、陈下等，也即指城邑及其附近地区，"洛下"的叫法亦较少见。

六是河洛为"天下之中"。《易图明辨》卷一："河洛为天下之中，凡四方所上图书，皆以河洛系其名也。"这里的"河洛"虽有河图洛书之意，但还是由此衍生的以洛阳为代表的地名。

七是洛水之地为"天下之中"。《尚书全解》卷三十六："周公之摄政，既以洛水之地居天下之中，四方诸侯之朝觐，贡赋道里为均，故建以为都。""洛水之地"，也指的是洛阳。

以上洛、洛阳、洛邑、洛城、洛下、河洛、洛水之地共七种说法，与"天地之中"所指的洛阳的

各种称谓大致相似，但“洛下”是一种新的叫法。总体而言，“天地之中”与“天下之中”涉及洛阳的各种叫法大体接近，而且洛阳为“天下之中”与洛阳为“天地之中”一样，都是文献中的主流叫法。

2. 以洛阳为核心的“天下之中”的若干地理称谓

一是豫州说。《禹贡》九州中有豫州，《尚书通考》卷七：“豫州居天下之中，四方道里适均。”《河南通志》卷五十七：“豫州居天下之中，自昔人文渊薮。”但也有将豫州简称“豫”者，如《河南通志》卷二十：“豫居天下之中，周初三恪咸在兹土，而姬姓之国且邻次焉。”豫州的核心是洛阳，也即是以洛阳为核心的豫州为“天下之中”。

二是河南说。《河南通志》卷七：“河南居天下之中，嵩岳表其峻，大河、淮、济萦流境内。”河南为地理概念，洛阳居河南，而长期为郡府所在地，明清以来的河南省，最早起始于洛阳。

三是三河说。《史记》卷一百二十九：“唐人都河东，殷人都河内，周人都河南，夫三河在天下之中。”而“周之都河南”，就是指洛阳。《通鉴地理通释》卷一：“三河在天下之中，若鼎足，王者所更居也。”河东为今晋南地区，河内为今豫北地区，河南为今洛阳一带，而洛阳是三河中的支点。

以上三种说法实际还是以洛阳为核心或支点形成的“天下之中”的概念，而这“三说”，也是以洛阳为中心的大中原的概念，从本质上讲与洛阳说为一回事。

3. “天下之中”遍及多地的说法及内蕴分析

一是开封说。《礼部志稿》卷八十四：“开封城隍致词，改其后曰睠此名城天下之中，定帝王之宅，金汤既甲于列郡，神号宣圣于他邦。”开封为洛阳之后的大古都，简称汴。《明儒学案》卷四十五：“汴为天下之中，不如金陵江夏漕运之易集也。”汴京为当时的政治中心，有完备的漕运水系，也是这种水系的中心点，“天下之中”的地位是帝都所在而形成的。

二是定陶说。今山东定陶，古称陶，东周时位于大梁（开封）之北不远。《史记》卷一百二十九：“朱公以为陶天下之中，诸侯四通货物所交易也。”陶朱公利用陶地的便捷交通而成为商圣。《前汉书》卷九十一：“朱公以为陶天下之中，诸侯四通货物所交易也。”在东周时，陶成为独立于各国政治中心之外的商业交通中心。《水经注》卷七：“范蠡……乃变姓名，寓于陶，为朱公，以陶天下之中，诸侯四通货物之所交易也。”《山东通志》卷七：“定陶县，陶邱四达者，称天下之中，菏泽平分，今在大河以北。”又，卷二十三：“菏泽县，陶天下之中，诸侯四通货物所交易也。”陶为今山东菏泽市定陶县，也是东周时的商业名城，陶为“天下之中”明确讲的是交通便利。

三是太行说。《通鉴地理通释》卷二：“太行，在汉属河内郡，壄王、山阳之间，在今属怀州，在天下之中，故指此山以表地势焉”。《大事记解题》卷九，太行“今属怀州，在天下之中，故指此山以表地势焉。”《山西通志》卷二十三：“秦汉之间，称山北、山南、山东、山西者，皆指太行，以其在天下之中，故指此山以表地势。”太行山，在古代处于核心地区的腹心地带，是明显的地理坐标，以“表地势”而著称。

四是冀州说。《天中记》卷十三：“冀州者天下之中州，自唐虞及夏殷皆都焉，是天子之常居。”《山西通志》卷三：“冀州者，天下之中州，唐虞夏殷皆都焉。”冀州与上古时政治中心有关，所以才有“天下之中州”的说法，但一般流行的观点还是豫州为中州。

五是中南说。《关中圣迹图志》卷二：“终南，周之名山，一名中南……在天下之中，居都之南也。”中南，又称终南山，为古都长安南部的名山，因其与长安古都有关，也号称“天下之中”。

六是济南说。《明史纪事本末》卷十六：“济南，天下之中，北兵南来，其留守者类老弱……”济南在华北，也是兵家必争之地，但与“天下之中”还有一定距离。

七是梧州说。《广西通志》卷一百七：“天下之中有粤，粤之中有悟。”所谓“天下之中”有两广，两广之中为梧州，这里讲的更是局部中心，小范围的中心而已。

“天下之中”的说法较之“天地之中”更为广泛，涉及山东、河北、山西、陕西、两广等地，但其内涵更多为表象的东西，比如都城所在、地理坐标、交通枢纽、区域中心，结合河南、豫州、三河诸说，以及洛阳说，可以看出更多为贡赋与道里均，也就是与交通便利有关。

三、“天地之中”与“天下之中”内涵的异同

1. 洛阳为“天地之中”与“天下之中”内涵的相同点

其一，两者都强调政治地位的都城性。

都城是一个国家的政治中心。在中国古代的行政体系中，政治中心包括都、郡治、县治所在地，其位置适中是一个基本条件。《路史》卷三十：“古之王者，择天下之中而立国，择国之中而立宫，择宫之中而立庙。”反过来看，那些多以都而著称的地方，则必然与“中”有联系。《元和郡县志》卷六：“豫州之域在天地之中，故三代皆为都邑。”《周礼订义》卷一，描述了周以前的建都史：“自古帝王都邑黄帝都涿鹿，少昊都曲阜，颛顼都濮阳，尧都冀州，舜都河内，禹都平阳，汤都亳，多不得天地之中，而转徙无定所。……武王克商，迁九鼎于洛邑，成王周召卒相与营之，将以建大中，立皇极一民，志而定大业也。”这里强调了“大中”，所以周初的测天地之中的举措，对于后世历朝政治中心的确立，都具有较大的影响力。

其二，两者都强调交通便利的均适性。

都城所在的关键是交通便利的均适度。“天下之中”特别强调了这一点，如《史记》卷九十九：“营成周洛邑，以此为天下之中也，诸侯四方纳贡职道里均矣。”《尚书全解》卷三十六：“洛水之地居天下之中，四方诸侯之朝觐、贡赋道里为均，故建以为都。”这里特别强调“道里为均”是建都的前提。“天地之中”，也有类似的表述。《尚书讲义》卷十五：“洛当天地之中，四方贡赋道里适均，而武王克商迁九鼎居之，已有意都洛矣。”西周初年都洛，是经过专门的准备的。“周公以土圭测天地之中，则豫州为中。……豫州当天下之中，四方道里适均，故古人以此定都，不但形势所在，亦以朝会贡赋之便”（《禹贡长笺》卷七），反映了两者在这一方面的一致性。

2. 洛阳为“天地之中”与“天下之中”内涵的不同点

其一，“天地之中”刻意强调了思想观念上的特殊性。

“天地之中”是有标准的，但标准的数量并不一致。《钦定续文献通考》卷一百七：“洛阳乎天地之中，阴阳之会也。”这里的“阴阳之会”为一个标准。《书蔡氏传旁通》卷五：“洛，天地之中，风雨之所会，阴阳之所和也。”《尚书日记》卷五：“洛阳，四时之所交，风雨之所会，阴阳之所和，天地之中也。”在这里形成了“交”“会”“和”三条“天地之中”的标准。《尚书全解》卷二十八：“以土圭之法测土深，正日景以求地中，夫（天）地之所合也，四时之所交也，风雨之所会也，阴阳之所和也。然则百物阜安乃建王国焉。洛邑之地既为天地之中，故作新之，而四方之民莫不和悦而来会也。”这里已经明确了四个标准，即“合”“交”“会”“和”。《太平寰宇记》则完整表述为“天地之所合”“四时之所交”“风雨之所会”“阴阳之所和”这完整的四条，这四条一般多与“天地之中”联系在一起，所谓天地、四时、风雨、阴阳，不仅表现了古人完整的宇宙观与认识论，也是一种综合的、立体的对世界万物的认知，这种认知汇集在一个地方，便形成了古人对理想大都选址的最佳认知。需要一提的是西安、南京、北京，虽然也是大古都，但都没有类似于洛阳为“天地之中”的高度认知，这是洛阳古都在中国古都史上的特有现象。

“天下之中”的认知表现为平面的、感性的、直观的特点，如“古都”“表地势”“道里适均”“四

通”等，反映了“天下之中”与“天地之中”相比，在认知上还停留在表层、直观的层面。当然，《尚书全解》卷三十，也有“夫天下之中，天地之所合也，四时之所交也，风雨之所会也，阴阳之所和也”这样的表述，但这种表述不占主流，且明显是受到“天地之中”表述的影响，笔者认为这反映了在一定时期古代学者对两者认识的趋同。

其二，“天地之中”着重关注了本质文化上的特指性。

“天地之中”的“合”“交”“会”“和”表现了万物间的相互作用。《周礼订义》卷十五：“天不足西北，地不足东南，有余不足皆非天地之中，惟得天地之中，然后天地于此乎合土播于四时，所以生长收藏万物一时之气，不至则偏而为害。惟得天地之中，然后四时于此而交，通风以散之，雨以润之，偏于阳则多风，偏于阴则多雨，惟得天地之中，然后阴阳和而风雨以序，而至独阴不生，独阳不成，阴阳之和不成则反伤夫形。”“天地之中”的本质性就是宇宙万物内部要素的和谐，物体与空间以及自然与社会间的和谐共生。因此，“天地之中”的关键在于“中”。文献中多将这种交合称为“土中”。《周礼集说》卷十：“唯其宅天地之中，以立而民，亦于是取中矣。”这里表达了“中”的地位的特殊性。洛邑的“天地之中”根本在于“中之中”，以及“中国之中”。《读易纪闻》卷一强调“中者道之精也”，而“正者中在其外，中则正在其中”。如《易像钞》卷十五所言：“中，人居天地之中，心居人之中。日中则盛，月中则盈，故君子贵中也。”由此可知，“天地之中”所表述的“中”文化是中国文化的本质。

其三，“天地之中”重点强化了政治统治上的正当性。

“天地之中”的测定，是中国早期历史上独有的文化性的政治活动。西周政权建立后，为了尽快确定偏居于西方“小邦周”的正统性，设立新都成为国之大事。《书经大全》卷八：“周公尝言作此大邑，自是可以对越上天，可以饗答神祇，自是可以宅中图治，成命者天之成命也。”在政权初定之时“作大邑”的关键是“对越上天”“饗答神祇”，以达到“成命者天之成命”的政治目的，取得上承天命的执政合法性。

四、余论：“天地之中”与“天下之中”是认知“中”文化的基础

在中国文化中，显示文化特色的重要基因便是“中”，与中相关的“中和”“中正”“中庸”等构成了中文化的完整体系。其中，“中和”是一种境界与道德规范；“中正”是一种目标与立身之本；“中庸”则是一种高度和规则。

从上古时黄帝的“允执厥中”，到西周初年的“天地之中”与“天下之中”“中”的理念已深深植根在民族的本质基因之中，“中国”的概念应运而生，“中”的理念浸润在民族的骨髓之中。“中”是“天下之大本”，是中国哲学的本体与根本。同时，“中”还“具有以非对抗的方式处理矛盾，在兼顾内容和相互对待中达成共识，在平衡和谐中实现公平正义的实践意义”①。

在中国古代社会，“中”的本质，还涉及天下观、服饰制与宗法制三层含义②。及至当代，“中”对中原地区影响至深，或者说，中原地区是“中”文化的最佳载体，河南人口头的“中”字，成为诠释“中”文化的具体范例。尤其是，“天地之中”历史建筑群申遗成功之时，学界以敏锐的视野，提炼出

---

① 徐克谦：《中道：“中”的哲学》，《中国社会科学报》2013年3月11日A05版。

② 安继民：《说“中”》，《中原文化与现代化》，大象出版社2002年版，第71－80页。

“大道为中”的理念①，并从自然与人文、宇宙与社会、历史与未来等方面，更全面地审视“中”文化的意义。

从我们的研究中可知，“天地之中”与“天下之中”是“中”文化的基础。“天下之中”，不但有洛阳的诸多说法，也涉及山东、山西、河北、山东、陕西、两广等地区，更多强调了位置、交通、气候等外在条件。而“天地之中”，主要集中在洛阳，以此强调宇宙认知、思想观念、政治统治的特指性，是一个综合的、立体的文化认知体系。真正探寻其内核与本质，对于我们准确认识中国文化的本质基因具有极为重要的意义。

（作者为河南省社会科学院历史与考古研究所所长、研究员）

① 周昆叔：《大道为中——试释中国传统的中文化》，《中州学刊》2012年第2期。

从三代洛阳历史地位的变迁看先秦择都理念的发展

李玲玲

摘要：夏、商、周三代均曾在今洛阳地区建都，但三代选择以洛阳为都的原因却有所不同，这种择都原因的差异直接反映着先秦都城观的发展。夏代选择在洛阳地区建都以族群的生存发展需求为主；商代早期在夏故都附近建立都城则出于确立国家正统地位的政治诉求；直到西周时，综合性的择都理念才日渐成熟，西周成周和东周王城在洛阳的兴建正是先秦成熟都城观的具体反映。

关键词：三代；洛阳；都城观

先秦时期洛阳地区历史地位的重要性古人早有论之，司马迁在《史记·封禅书》中曾提到“昔三代之（君）［居］皆在河洛之间”①，认为夏、商、周三代之君均居住于以洛阳地区为核心的古河洛区域。今天的考古发掘在洛阳地区找到了夏代晚期都城洛阳偃师二里头遗址、商灭夏后建立的最早的都城偃师商城遗址，大量西周遗址及东周都城王城遗址，进一步证实了司马迁对河洛地区历史地位的论证。至于古代的择都理念，春秋战国时的文献中已有所涉及，今人对此也多有论证，或认为都城居于天下之中的择都理念起于五帝时代，或认为天下之中的择都理念萌芽于夏商，或认为西周时期才开始全面有规划地营建都城。

本文以前人的研究成果为基础，将先秦洛阳历史地位的变迁与先秦择都理念的发展结合起来考证，因为夏、商、周三代洛阳地区的历史地位是有所变化的，这种变化与当时的国家政体和择都理念密切相关，不仅反映着先秦都城观的发展，也体现着先秦国家的发展历程。

一、自然环境抉择的夏代晚期都城

文献记载有夏一代其都城曾多次迁徙，今洛阳地区则是其重要的都城所在地，先后有几任夏王立都于此。结合文献记载和考古材料分析，夏代都城迁徙除因政治上政权更替被迫徙都外，其择都主要出于地理环境因素的考虑，即夏代都城的选择主要取决于聚集地的自然地理环境，目的在于寻求更适合的生存发展空间，而这种择都理念是由夏王朝的早期国家性质所决定的。

关于夏代多次所迁之都及都邑所在地，文献记载中有诸多分歧，其中较常见的有：禹、启、太康都阳城或阳翟，太康、仲康居斟寻，相居商丘或斟灌，少康居斟寻后迁原，帝杼居原又迁老丘，桀居斟鄩等②。至于这些都城的具体所在地更是诸说纷纭。文献中虽然对夏代屡次迁都有不少记载，但具体迁都

① 司马迁：《史记》，中华书局2003年版，第1371页。

② 郑杰祥：《夏史初探》，中州古籍出版社1988年版，第78－84页。

的原因则言之甚少，除了太康失国后羿代夏的政治动荡造成的都城变迁外，其他迁都原因直接提及的并不多，不过从考古材料中夏文化的发展历程，或可以对夏代迁都的原因进行更进一步的分析。

从现有考古材料显示的夏代政治中心转移情况来看，夏代的择都主要侧重于生态环境的优越性，目的在于加强本族群的实力。目前学界公认的先夏文化和夏代早期文化应该在河南龙山文化晚期文化中去找寻，而夏代中晚期文化尤其是晚期文化则是以偃师二里头文化为代表。因此，追溯偃师二里头文化的来源则可以直观看出夏文化的发展历程，并可与文献记载中夏都的不断迁徙进行印证。

对偃师二里头文化的来源，考古学界从不同的角度做过探讨，笔者认为，张东在《试论洛阳盆地二里头文化的形成背景》一文中所提出的，偃师二里头文化与嵩山东南麓夏代早期考古学文化的关系，能够很好地说明夏代政治中心的转移情况以及转移原因所在。张东认为，洛阳盆地的二里头文化和本地龙山文化之间有近500年的空白，二里头时期洛阳盆地是突然繁华起来的，聚落点增多，聚落范围增大，人口密度增加，呈现出明显的人口迁入现象。追溯二里头遗址的文化来源可追寻出夏族群迁徙的线索：夏族最初活动于嵩山东南麓颍河流域一带，随着代表东方族群的大汶口文化和山东龙山文化的逐步西进，嵩山东南麓的本地龙山文化开始北撤，形成了以本地龙山文化融合东方文化因素的新砦期文化，随后在二里头文化时期进入洛阳盆地发展，形成了大型的聚落中心。[①] 考古学文化中显示的夏族群的这种变迁情况虽然无法与文献记载中夏族多次迁徙完全吻合，但夏族群早期的中心位于嵩山东南麓与晚期中心位于偃师二里头，却与文献记载中的禹都阳城和桀居斟寻基本一致，可相互印证。

至于夏族群由嵩山东南麓向北迁入洛阳盆地的原因，除考古学文化中体现的东方文化西进的政治因素外，更重要的是寻求生境环境更优越的生存空间。对此，宋豫秦、王星光都从环境的发展变化角度进行过考证。宋豫秦等认为，以登封王城岗、禹县瓦店遗址为代表的颍河流域是夏代先民最早的活动地之一，在聚落初建之时，该地区有着比较优越的生态条件，山间河谷盆地和冲积平原形成的景观生态系统相对封闭，土质肥沃疏松，气候温和，降雨适中，光照充足，非常有利于农作物的生长。[②] 所以夏族群早期的社会生产力得以迅速发展，实力不断增强，最终确立了夏族群的主导权，建立夏王朝。但随着聚落的发展，族群规模不断扩大，人口密度日益增加，颍河流域生境的负面效应开始逐渐凸显。因为颍河河谷地区的平原面积比较小，其他的丘陵、岗地、台地地形土层浅薄，养分不足，该地区从新石器时代早期就开始的长期的粗放农业活动，必然会导致水土流失和土壤肥力下降。而以山地、丘陵、沟谷为主的地貌单元，因位于河谷台地，抗干扰能力差，易受自然灾害的胁迫。另外，空间环境相对封闭，对夏族先民的生存空间有很大限制，不利于与外界的交流和沟通，[③] 无法有效实现夏王朝对周边族群的控制。所以为了本族群的生存发展需求，日益发展壮大的夏族群必须寻求更适宜的生存空间，才能够保持自己的实力及夏族群的主导权，这也是文献记载中夏王朝不断迁徙的重要原因。从考古材料看，嵩山东南麓的聚落群衰落之后，随之而起的是双洎河流域的新密新砦期遗存，进而是洛阳盆地伊洛河流域的二里头遗址独树一帜、发展壮大。这三处相继兴盛的夏文化遗址，不仅体现着夏族群政治中心的转移历程，也说明了聚集地环境因素的重要性。因为，与夏代早期的政治中心颍河流域相比，位于洛阳盆地伊洛河交汇处的二里头遗址所在地，具有更加优越的生态环境，适应夏族群迅速扩张的需求。洛阳盆地内河网密布，伊、洛、瀍、涧等水系遍布全境，生态景观多样化，既有冲积平原、山间河谷盆地，又有众多的低山、丘陵、台地等，景观异质性较强，可耕、可牧、可渔、可狩，极大地扩展了夏族群的生存环境；另外，夏代晚期处于全新世大暖期期间，年均气温较现在高2℃左右，气候温和，降雨量充足，生物多样

① 张东：《试论洛阳盆地二里头文化的形成背景》，《中原文物》2013年第3期。

②③ 宋豫秦、虞琰：《夏文明崛起的生境优化与中国城市文明的肇始》，《中原文物》2006年第3期。

性丰富，有利于多元性农业经济的发展①。而且，洛阳盆地西有崤山、熊耳山，南有伏牛山、外万山，北依黄河邙山，东边又与华北大平原和黄淮平原相连，既有山险河险为天然的防御屏障，又有广阔的平原之地提供充足的发展空间，所以以此为都极大地增强了夏王朝的发展活力，其城市文明的影响范围更是北抵塞外，南越长江，东达海滨，西至河湟，充分表现出在洛阳定都后，夏族群实力和影响力前所未有的扩张。

夏代这种以自然生境优越性为主，寻求更合适生存发展空间的择都理念是由当时夏王朝的早期国家性质所决定的。夏代刚进入文明时代，其性质还是早期的王国，虽然建立了广域的主权国家②，但除了以夏族群为基础的直接统治区外，其他广大区域仍分布着由早期邦国发展而来的、有一定独立性的对夏王朝或叛或服的附属方国，国家的统治基础仍是以夏族为核心的血缘统治。与龙山文化晚期万邦林立的邦国时代相比，夏代最大的变化是实现了邦国联盟最高领导权的家族内继承，即夏王的统治权得到了继承上的正统和保证，夏王及夏族群的地位和统治权大大加强，对联盟方国和依附方国的控制比龙山文化晚期的邦国时代要强得多，而且拥有政治、经济、军事等方面的主动权和一定的支配权；但在整体的政治格局上，与邦国时期基本上还是相同的，即并没有彻底消除小国林立的状态。所以说以夏族为核心的夏王朝虽然取得了政治上的统治权，有协和万邦的力量和权力，但这种统治权并不稳定，其最大的保证还是夏族群自身实力的壮大，否则便会被其他实力更强大的方国或族群所取代，夏王朝历史上的太康失国便是这种政治局面的真实写照。因此对于夏王朝来说，寻求更好的生存发展空间，发展自身实力，才是保证自己统治权的基础。夏王朝多次迁都，也正说明其统治基础是以夏族群为核心的，所以才能够根据族群生存发展的需求，随时寻求资源更丰富、生态环境更优越的地区，寻求本族群更好的发展前景，因此，后世立足于整个国家统治的稳固的都城观在当时的局面下是不可能出现的。

二、政治原因打造的商代早期都城

商汤灭夏建立商朝后，曾作为夏代晚期都城和中心之地的洛阳盆地，并没有随着夏王朝的倾覆而被废弃，反而在灭夏之后，作为商代夏政取得天命的正统地位的彰显，而随即在夏都近旁，兴建了商代最早的都城，即偃师商城。偃师商城的建立，纯粹出于政治因素，即向天下宣告商代夏乃是天命所致，所以在夏都之地兴建商都以示商统治的正统，同时加强对夏统治中心地区的直接控制，以保证初生商政权的稳固。在偃师商城兴建的同时或稍晚时期，商人在离夏都不远的郑州建立了自己真正的都城，其规模、等级、影响都远大于洛阳地区的偃师商城。随着郑州商城的兴盛，洛阳偃师商城逐渐衰败，有商一代，洛阳地区虽然只在早期曾短暂地作为都城之地，但并没有脱离商王朝的王畿统治范围，是商王朝的重要领地。

文献中对商汤灭夏后在洛阳盆地夏都附近建立都城有明确的记载。《汉书·地理志》载："河南郡……偃师，尸乡，殷汤所都。"③《史记正义》引《括地志》云："亳邑故城在洛州偃师县西十四里，本帝喾之墟，商汤之都也。"④ 文献中对于商汤所都之亳，多认为在偃师附近，而偃师商城的发掘也进一步证实了文献记载的亳都地望。

文献记载和考古发掘均证实了洛阳地区在商代早期的重要历史地位。从洛阳偃师商城的性能、兴废

① 宋豫秦、虞琰：《夏文明崛起的生境优化与中国城市文明的肇始》，《中原文物》2006年第3期。

② 许宏：《大都无城——中国古都的动态解读》，三联书店2016年版，第205页。

③ 班固：《汉书》，中华书局2002年版，第1555页。

④ 司马迁：《史记》，中华书局2003年版，第93页。

时间来看，商王朝选择以此为都明显出于一种政治诉求，即占据前代王朝的都城所在地，获得其王朝正统地位，从而稳固新生王朝的统治。偃师商城遗址南临洛河，北依邙山，西南距二里头夏都遗址仅约6千米，其建筑年代稍早于东部100千米之处的郑州商城①。该城址最初兴建时有圈围面积约86万平方米的小城圈，而后向北、向东外扩，总面积约有1.9平方千米。大城城垣有木骨夯土城墙，城墙上发现有6座城门。遗址内有大型的宫殿区建筑基址，以及可能为府库的围垣建筑群和其他建筑基址，此外还有青铜器铸铜作坊遗址、祭祀场遗址及池苑区遗址。偃师商城的城垣宽厚并且有意设计出多处拐折，而且城门狭小，加上遗址内的府库类建筑基址，整个城址有着浓厚的战备色彩，② 体现的是偃师商城建立的政治内涵和军事内涵，即巩固和稳定商王朝在夏核心区域的统治。另外，偃师商城与紧随其后建立的郑州商城相比，两者的兴废历程也显示出以偃师为都的政治需求。偃师商城遗址可分为三个时期：第一期相当于二里头遗址二里头文化第四期和郑州二里岗文化早期早段，是其兴建期；第二期是其兴盛和扩展期，相当于郑州二里岗文化早期晚段；第三期是其由盛转衰期，第三期晚段彻底废弃成为一般城邑。③从始建年代上看，偃师商城稍早于郑州商城，其兴盛期也早于郑州商城，在郑州商城全面兴盛时，偃师商城开始走向衰败。从这两个商代早期并行存在的都邑兴废来看，郑州商城的规模和等级明显要大于偃师商城，这也说明在偃师二里头夏都附近建立都城主要出于确立商代夏的正统地位、稳定统治的政治需求，④ 不然不会随之在其附近同时修建另外一座大型都城。

从上述对偃师商城性质的分析可知，商代前期选择在偃师二里头夏都故地建立都城主要是出于稳固统治的政治需求，郑州商城的建立也是如此，所以在商代前期后世“天下之中”的都城观应该也还没有形成，因为文献记载中的商人与夏人一样，也是处于屡次迁都的状态，即文献中商人前八后五的迁徙历程；但到商代晚期甲骨文中出现了“天邑商”“大邑商”的称谓和“四方”的地理概念，说明时人开始出现都城为国家中心的地理概念和政治概念，这也是西周以后附加“天下之中”政治内涵和地理内涵的成熟择都观形成的重要基础。

商代建国之前，史载有八次迁徙，《史记·殷本纪》有“自契至汤八迁”。⑤ 商王朝建立以后，都城又有五次迁徙，《竹书纪年》对这五次迁徙的记载为：成汤仲丁前的商王建都于亳，“仲丁即位，元年，自亳迁都于嚣……河亶甲整即位，自嚣迁于相……祖乙滕即位，是为中宗，居庇……南庚自庇迁于奄……盘庚旬自奄迁于北蒙，曰‘殷’。殷在邺南三十里。……自盘庚迁殷，至纣之灭，二百七十三年，更不徙都”⑥。《尚书·盘庚》载：“先王有服，恪谨天命，兹尤不常宁，不常厥邑，于今五邦。”⑦可以说，直到商代中晚期盘庚迁殷之前，商族一直是迁徙无常。商代前期的多次迁都现象，与夏王朝一样，也是由商王朝的早期王国性质所决定的。尽管商王的权力比夏王朝时有所增强，但根本性质并未发生改变，也是以商族为基础的血缘政治，周边散居着多个或叛或服的联盟方国和依附方国⑧，所以为加强自身实力，巩固商族的统治地位，也会根据族群发展的需求，或追寻更好的生存之地，或寻求更好的自然资源，或躲避自然灾害，这就是文献中商人屡迁的原因所在。所以至少在屡次迁都的商代前期，“天下之中”、政治中心的都城观和择都观并未形成。到了商代中晚期，商王盘庚将都城迁往安阳殷墟，都城才由此稳定下来，这与商代后期王权的发展及商王统治力量的增强密切相关。盘庚迁殷以后，迎来

① 李久昌：《古代洛阳所置陪都及其时间考》，《三门峡职业技术学院学报》2007年第1期。
②③ 许宏：《大都无城——中国古都的动态解读》，三联书店2016年版，第185页。
④ 陈昌远：《河洛地区——华夏文明的策源地》，《史学月刊》1994年第1期。
⑤ 司马迁：《史记》，中华书局2003年版，第93页。
⑥ 范祥雍：《古本竹书纪年辑校订补》，上海古籍出版社2011年版，第16－22页。
⑦ 孙星衍：《尚书今古文注疏》，中华书局2004年版，第223页。
⑧ 李玲玲：《商代青铜文明特征》，《平顶山学院学报》2008年第3期。

了武丁时期的盛世。从甲骨文的相关记载看，商代后期，对外，商王对周边族群和方国的控制由于商王朝力量的强大而逐渐加强，商王朝在政治、经济和军事上对周边方国的主导权进一步加强；对内，商王王权的力量突破神权的制约日益加强，这些国家政治的变化促进了商王朝国家力量的强大，但也为商代晚期商王力量过分膨胀埋下了亡国的伏笔。但商代中晚期王权力量的增强确实促进了商王朝国家实力的增强，也保证了其都城的稳定性。正因为这种稳定性，所以商代晚期开始出现都城为国家中心的概念及四方区域的地理概念，成为西周时期都城观形成的重要基础。殷墟甲骨卜辞中对其都城有“大邑商”“天邑商”的称谓，同时还有“商”“东土”“南土”“西土”“北土”等涉及具体地理方位和地域概念的词语出现①，说明当时商人的地理方位认识已经有所发展并形成了一定系统，而且甲骨文中显示当时人已知道测日影、星辰以定方向和时辰，并编制历法用以指导四时农事。这些都是西周时期勘测技术和都城观念的重要基础。②

三、成熟都城观造就的大型周都

夏王朝时洛阳地区是其晚期的都城所在地，延续了近300年的繁华；商代时，洛阳地区仅作为灭夏后用以彰显正统地位和加强统治的早期都城而延续200年之久，虽然很快失去都城地位，但有商一代洛阳地区一直处于商王畿的直接统治区，历史地位依然重要；到周代以后，西周在洛阳营建成周以巩固统治以及东周东迁洛阳以之为都，使洛阳地区成为真正的国家政治、经济、文化中心和都城所在地，迎来了其全面的兴盛期，奠定了从周到宋洛阳在古代中国的核心地位。

与商代晚期商人自称都城为“天邑商”“大邑商”的朦胧的都城中心观相比，西周择洛阳为都，是经过实地勘测，立足于全国统治的政治、经济、地理上的真正的“天下之中”，立都于“天下之中”的都城观在此时正式成熟。

首先，西周成周城的营建，与夏商王朝以洛阳为都或生态或政治的相对简单的原因相比，文献记载是经过详细的地理勘测和统筹规划的，建成后与西周原有的都城丰镐二京东西呼应，共为都城③，体现的是西周时期对都城概念及功能定位认识的成熟。早在周武王刚灭商时，就有在洛阳兴建都邑的意图，说明武王在灭商之前对灭商后的都城问题已经有所思考，当时可能主要出于政治统治的考虑，因为周族之前的都邑位于西部关中地区，虽然山川险固，易守难攻，但难以对中原地区和东部的东夷族群进行有效控制，所以武王意图在夏商故地洛阳地区兴建都邑以加强对夏商旧地和广大东方地区的统治。《史记·周本纪》载：“自洛汭延于伊汭，居易毋固，其有夏之居。我南望三途，北望岳鄙，顾詹有河，粤詹洛伊，毋远天室。”④ 在此，可以看出武王在洛阳地区建立新都，既有延续夏之正统的政治意图，又考虑到了当地地势险要、易于攻防的地理优势。但武王并未能实现自己在洛阳建都的愿望，直到成王继位才得以实现武王之遗愿。成王继位后，周公辅政，引起了分封于殷商故地监管殷遗民的管叔、蔡叔、霍叔的不满，于是与纣王之子武庚和原殷商同盟东夷旧部联合，兴起叛乱，即“三监之乱”，周公联合召公共同东征，三年获胜。随后兴建洛邑加强对中原和东方地区的控制成为当务之急。周公首先进行占卜，确立了洛阳地区“天下之中”的地理交通优势，即《史记·周本纪》所载：“成王在丰，使召公复

① 叶万松、扈晓霞：《“中央之岳”与“三河鼎足”——解读先秦都邑居“天下之中”》，《三门峡职业技术学院学报》2015年第2期。

② 王克陵：《西周时期“天下之中”的择定与“王土”勘测》，《湖北大学学报（哲学社会科学版）》1990年第2期。

③ 刘庆柱：《洛阳夏商周与唐宋考古在中国考古学、历史学研究中的特殊意义》，《洛阳师范学院学报》2006年第3期。

④ 司马迁：《史记》，中华书局2003年版，第129页。

营洛邑，如武王之意。周公复卜申视，卒营筑，居九鼎焉。曰：‘此天下之中，四方入贡道里均。’”[①] 随后又使召公到洛阳地区进行实地勘测，确定确切的建都地址，即《尚书·召诰》所载，“越若来三月，惟丙午朏，越三日戊申，太保朝至于洛，卜宅。厥既得卜，则经营。三日庚戌，太保乃以庶殷攻位于洛汭”。[②] 召公勘察过后，周公也亲自前往洛地复查，考察其地理地形，并绘制成地图，对召公确定的建都之地进行占卜，《尚书·洛诰》载：“予惟乙卯，朝至于洛师。我卜河朔黎水。我乃卜涧水东、瀍水西，惟洛食。我又卜瀍水东，亦惟洛食。”[③] 并把考察结果一并汇报给成王，周成王看了卜兆与地图，对洛阳地区的地理环境进行综合衡量后，最后确定在涧水、瀍水与洛水相汇合的地方营建新邑。“公既定宅，伻来来。视予卜休，恒吉。”[④] 新邑建成之后，将殷商遗民迁往新建之洛邑，即《汉书·地理志》所载：“雒阳，周公迁殷民，是为成周。”[⑤] 并由周公向他们宣读成王之令，即《尚书·多士》载：“惟三月，周公初于新邑洛，用告商王士。”[⑥] 以加强对殷遗民的控制和管理，稳定中原和东方地区的统治。

从上述文献记载中成周的营建过程来看，周人选择在洛阳建立成周，既有延续夏之正统地位的政治内涵，又有加强控制商遗民和东方地区的统治需求，既考虑到洛阳地区“天下之中”的交通地理优势，又注重其资源物产丰富、环境优越的生境优势，所以，西周以洛阳为都反映的是当时择都理念的发展成熟。

而且，成周建成以后，从其功能和作用来看，确为当时的都城和政治、经济、文化中心[⑦]。文献明确记载当时的洛邑成周有“东都”之称。如《左传·昭公三十二年》载：“昔成王合诸侯城成周，以为东都。”[⑧]《史记·周本纪》有：“平王立，东迁于雒邑，辟戎寇。”《正义》：“即王城也。平王以前号东都。”[⑨] 成周不仅有“东都”之称，而且还是象征国家主权的九鼎所在之地，《左传·桓公二年》载，“武王克商，迁九鼎于雒邑”[⑩]，并建有西周的宗庙建筑和各级中央官僚机构，以加强对四方诸侯的管理。成周兴建有西周的宗庙之所，《逸周书·作雒解》云：“乃作大邑成周于土中（注：王城也於天下土为中）……乃位五宫，大庙、宗宫、考宫、路寝、明堂。”[⑪] 太庙，即祖庙；宗宫，为文王之庙；考宫，为武王之庙；明堂，为供奉祖先、施政教化之处。宗庙存在是洛邑都城性质的确切体现。[⑫]除了宗庙建筑，洛邑还修建有具体的各级管理机构，《令彝》铭文载：“惟八月，辰在甲申，王令周公子明保，尹三事四方，授卿事寮。丁亥，令矢告于周公宫，公令出同卿事寮，惟十月吉癸未，明公朝至于成周，出令舍三事令眔卿事寮，眔诸尹，眔里君，眔百工，眔诸侯，侯、甸、男，舍四方令。”这段铭文，记载了周公旦之子到成周，继周公之职任卿事寮，既管理京数内之政务，又管四方诸侯之事，[⑬]说明洛邑是有中央各级管理机构的。此外，洛邑还是周天子会见诸侯、举行贵族殷礼的地方。如《逸周书·王会解》有“成周之会”，孔晁注：“王城既成，大会诸侯及四夷也。”[⑭] 从上述文献所载洛阳成周的具体政治功能来看，其为当时的都城之一应该问题不大。除了政治上的中心地位，成周还驻扎有强大的军事力

---

① 司马迁：《史记》，中华书局2003年版，第133页。

② 孙星衍：《尚书今古文注疏》，中华书局2004年版，第392页。

③ 孙星衍：《尚书今古文注疏》，中华书局2004年版，第403页。

④ 孙星衍：《尚书今古文注疏》，中华书局2004年版，第405页。

⑤ 班固：《汉书》，中华书局2002年版，第1555页。

⑥ 孙星衍：《尚书今古文注疏》，中华书局2004年版，第423－424页。

⑦⑫⑬ 豫乔：《正确看待洛阳在中国古都中的地位》，《河南大学学报（社会科学版）》1993年第4期。

⑧ 杨伯峻：《春秋左传注》，中华书局2000年版，第1517页。

⑨ 司马迁：《史记》，中华书局2003年版，第149页。

⑩ 杨伯峻：《春秋左传注》，中华书局2000年版，第89页。

⑪ 王雲五：《丛书集成初编·逸周书》，商务印书馆1937年版，第139页。

⑭ 王雲五：《丛书集成初编·逸周书》，商务印书馆1937年版。

量以震慑四方诸侯、巩固国家统治，常见的便是文献和铭文中的“成周八师”；除成周八师之外还有其他军事力量，可以说洛邑兵力雄厚，足以稳固西周王朝的统治。在经济上，成周也是当时天下汇聚之所，《史记·货殖列传》云：“洛阳东贾齐、鲁，南贾梁、楚。”①《逸周书·作洛解》载，成周“城方千七百二十丈，郛方七百里，南系于洛水，地因于郏山，以为天下之大凑”②。成周还是当时的文化中心，《尚书大传》载，周公“五年营成周，六年制礼作乐，七年致政成王”。郑玄曰，周公“作六典之职，谓之周礼，营于土中，七年致成王，以礼受之，使居雒邑治天下”。周公在成周制礼作乐，对后世影响深远。③

其次，周代对洛阳地理和政治上天下之中的地位已经有了明确认识，而且对于都城的选择、都城营建规则、都城的功能地位等也有了系统认知，说明当时的择都理念已经成熟并系统化。周人对洛阳处于天下之中已有明确认识，《史记·周本纪》中周公认为洛阳“此天下之中，四方入贡道里均”④。《尚书·召诰》中，“王来绍上帝，自服于土中。（周公）旦曰：‘其作大邑，其自时配皇天’”，“土中”指洛邑为天下之中。⑤ 西周《何尊》铭文载，“唯王初迁宅于成周……唯武王既克大邑商，则廷告于天，曰：‘余其宅兹中国，自兹乂民’”。这充分说明在周人意识中洛阳不仅是地理上的“天下之中”，也是政治上的“天下之中”。而当时择都必立于“天下之中”已成为都城营建的重要法则之一，同时在都城的地理环境选择、都城的功能定位方面都已形成了系统认识。如《荀子·大略篇》载：“欲近四旁，莫如中央，故王者必居天下之中，礼也。”⑥ 这种“天下之中”的礼制思想，不仅在周代都城建设中已有体现，而且是后世建都的重要原则。《吕氏春秋·慎势》中有：“故之王者，择天下之中而立国，择国之中而立宫，择宫之中而立庙。”⑦ 这进一步阐明了“中”的概念和意义，越是重要的越是要立于中心之位。《春秋公羊传·桓公九年》有，“京师者何？天子之居也。京者何？大也。师者何？众也。天子之居，必以众大之辞言之”。⑧ 对都城的地理环境和自然条件也有详细论述，即《管子·乘马篇》所载：“凡立国都，非于大山之下，必于广川之上。高毋近旱而水用足，下毋近水而沟防省。”⑨ 都城的兴建之地既要有山险可据，又要有广阔的生存空间，既能保证充足的水源，又要有抗灾防洪能力。

西周时，洛阳虽然有着都城地位之实，但并非唯一之都城，而是与周人原有的都城宗周并为都城。到东周，洛阳才成为周王室唯一的都城，一直延续至周亡，在政治地位上实现了独尊。东周选择以洛阳为都，主要是因为政治上的动荡，仓促中只能选择已有王都基础、地理环境优越、交通区位优势明显的东都洛邑，以便尽快稳定下来，不至于发生大的动荡。《史记·周本纪》载：“平王立，东迁于雒邑，避戎寇。”⑩《括地志》云：“故王城一名河南城，本郏鄏周公新筑，在洛州河南县北九里苑内东北隅。自平王以下十二王皆都此城。”⑪ 洛阳的历史地位至此达到先秦时期的顶峰，也为后世多朝择取洛阳为都奠定了重要基础，而后世选择以洛阳为都的原因皆不出西周左右。

纵观三代时期洛阳历史地位的变迁，周代要远高于夏商时期。因为自商代晚期开始萌芽的都城中心观，在西周时期逐渐发展完善，周代的洛阳不仅是当时人心目中地域上的“天下之中”，同时也成为真

① 司马迁：《史记》，中华书局 2003 年版，第 3265 页。
② 影印文渊阁四库全书：《逸周书》，台湾商务印书馆 1986 年版，第 35 页。
③ 豫乔：《正确看待洛阳在中国古都中的地位》，《河南大学学报（社会科学版）》1993 年第 4 期。
④ 司马迁：《史记》，中华书局 2003 年版，第 133 页。
⑤ 孙星衍：《尚书今古文注疏》，中华书局 2004 年版，第 397 - 398 页。
⑥ 荀况：《荀子》，上海古籍出版社 1989 年版，第 153 页。
⑦ 吕不韦：《吕氏春秋》，上海古籍出版社 1989 年版，第 149 页。
⑧ 王维堤、唐书文：《春秋公羊传译注》，上海古籍出版社 1997 年版，第 72 页。
⑨ 管仲：《管子》，中华书局 1954 年版，第 13 页。
⑩ 司马迁：《史记》，中华书局 2003 年版，第 149 页。
⑪ 陈昌远：《河洛地区——华夏文明的策源地》，《史学月刊》1994 年第 1 期。

正意义上全国的政治、经济、文化中心。

四、先秦择都理念与国家的发展

从夏商至周，对洛阳地区历史地位的认知由重自然环境到政治选择再到综合考虑，体现的是先秦时期择都理念的发展进程、“天下之中”地理观念和政治观念的发展，同时也是先秦国家发展进程的一种体现。

夏代作为我国第一个早期王朝，其国家性质仍具有一定的原始性，即仍以血缘关系为社会的统治基础，整个国家是以夏族群为基础建立的，这种早期国家与秦汉以后的国家是有根本区别的，即其统治基础并不稳定，族群自身的实力发展是王朝统治的前提。当时所谓的都城主要是指以夏族人或是说以夏王族所在族群的聚集地为主建立起来的城邑，因此，早期的夏族人因各种原因迁移，寻找更合适的生存发展之地，夏代都城必然也有多处。只是到夏代晚期，夏人将都城迁至洛阳盆地，因其山环水抱，生态环境良好，有山险河险可据，所以才长期定居下来。因此，夏王朝早期国家的以夏族群为基础的不稳定的国家政体，决定了其选择洛阳为都邑聚集地，主要是出于环境和生态考虑，即选择更适宜夏族群的生存发展之地：靠近大江大河，有充足的水源；位于大河冲积平原之上，易于农耕发展；四面环山，又有天然河道防御，易于抵御外敌，保障安全；有山有水，自然资源充足。也就是说，洛阳盆地优越的自然地理环境满足了夏族群生存扩展的需求，是夏王朝选择在此长期定居为都的主要原因。

商代的国家性质与夏代一致，也是以商族为核心建立的联合制国家，但商王对周边族群的控制权比夏代有所加强，并且其直接控制的区域和文化影响所及的区域都要远大于夏王朝。从甲骨文来看，商王朝已经建立了内外服制度，对周边族群所建立的方国或是商族人建立的诸侯国具有一定的控制权，如经济上要向商王室纳贡，军事上商王族有一定的军事指挥权，商王室可以到周边族群领地巡视等，并且因为商王朝控制的区域有所增大，商族内部不断地扩展分化，建立小的诸侯城邑，所以商王朝时，已经有了中心的概念，即出现了都城中心观，商王所在的城邑为国家中心之所在，甲骨文中称之为“天邑商”或“大邑商”。具体到洛阳地区，因为洛阳地区是夏王朝后期的中心所在地，所以，商灭夏以后，首先要控制的便是夏族所在的核心区域，控制了夏族的核心区域便是替代了夏王朝的正统地位，因此偃师商城是商灭夏以后首先建立的具备都城性质的城邑，其目的便是政治上彰显商王朝对夏的取代，军事上加强对夏族核心区域的控制。可以说，商王朝选择洛阳盆地作为最早的商都，彰显代夏的政治目的是最主要的。但随着商王朝统治的逐渐稳定，必然要寻找更合适商族发展的聚集地，以扩大其影响力和对周边族群的控制力。距离洛阳不远的郑州，既具有洛阳地区的生态环境便利，便于商族的发展壮大，又离夏王朝的核心区域不远，便于加强对夏遗民的控制，于是就成为商代早期都城的重要所在地。但因商王朝与夏王朝一样，也是早期王朝，仍以商族为核心，所以尽管商族不断在周边地区建立军事重镇，如垣曲商城、湖北黄陂盘龙城等，来加强对周边族群的控制，但毕竟是一个联合政权国家，对周边族群方国的控制力时强时弱，不断变化，并不稳定，在考古学上也有体现，在二里岗早期势力扩展最大，后逐渐收缩，在晚期殷墟时期又有所加强，控制区域有所增大。正因为这种政权的不稳定性，所以其都城同夏代一样也是不稳定的，随着商族群的迁徙不断变换。文献记载商人前八后五的迁徙即是这种体现，这些迁都或是因为政治原因，或是因为自然灾害，或是因为追寻生存资源等，直到商王盘庚时将都城迁至今安阳，才逐渐稳定下来，形成了商代晚期的都城中心观，即甲骨文中的“大邑商”和“天邑商”概念。所以在商代早期时，商人以洛阳盆地为最早的都城，原因主要是代夏的政治示威以及对夏王朝核心区的统治，真正的都城观念当时并未形成。

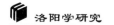

因为夏商王国主要是以夏族、商族为核心的血缘政治为统治基础，统治根基相对薄弱和脆弱，当时对都城的选择主要出于本族群自身力量壮大的考虑，选择生态环境优越、水源充足、利于农业发展、有山河之险用以阻挡外敌入侵、自然灾害影响小的台地或平原，其实这也是择都理念的重要内容，只不过是立足于小范围族群发展的以最基本的生存发展聚集地为要求的择都理念。因此，与夏商早期王国以本族血缘政治为核心的早期国家政体相伴随的是不成熟的都城观以及都城的迁徙无常，所以在夏代到商代晚期盘庚迁殷之前，夏商都城因多种原因处于经常迁徙的状态，直到商代晚期时，随着王权力量的逐渐加强，都城的作用和功能得以加强，建立于天下全局的都城观和择都理念开始有所发展。

周代对都城的概念已经有所变化，这主要是由于周王朝国家性质的变化。从真正的统一国家理念上来看，不管是国家政体还是都城规划择都理念，周代都是一个重大的转折期。周王朝处于夏商早期王朝和秦汉统一帝国之间的转折期，其国家性质具有承上启下之特点，同夏商王朝一样，周王朝依然是以周族为核心建立的，但不同之处在于周王朝实行宗法制和分封制。分封同姓王族和异姓功臣到全国各地封邦建国，首先，疆域扩大，对周边地区的控制远比夏商时期强得多；其次，周贵族就封之后，在封地因地制宜、因俗制宜的统治方式，使地缘统治逐渐开始打破纯粹的血缘政治，为秦汉的民族融合和大一统王朝的建立奠定了重要基础；最后，政权的稳定和巩固促成了都城观念的成熟。可以说，西周分封制的开创，实现了血缘政治和地缘政治的结合，与之相伴的是都城作用地位的凸显和加强，立足于整个国家统治的成熟的都城观和择都理念随之形成。由于国家疆域的扩大和实际控制权的增强，周代在都城位置的选择上、都城功能的发挥上、都城的整体布局上开始有了系统认识，对都城的选择既要是政治上的统治中心，又要是地理方位的“天下之中”、汇通四方，既要有便于社会发展的优越地理生态环境，又要有山河之便利，易守难攻，便于国家统治之稳定，择都已是一种立足于天下范围和全国统治上的综合理念，并加入了“天下之中”的地理概念和政治概念。所以，周代是先秦都城观和择都理念的发展成熟时期，也体现了国家的发展和王权的集中。

（作者为河南省社会科学院历史与考古研究所助理研究员）

《古诗十九首》与东汉洛阳都城文化

许智银

摘要：《古诗十九首》是东汉洛阳帝都文人都市生活的折射。“洛中何郁郁”概括了帝都繁盛奢华的市井风貌，“游子不顾返”是都城士子追求功名事业的时尚风气写照，“荣名以为宝”流露出了都市士子名垂千古、纵情享受的各种世俗情怀。

关键词：古诗十九首；帝都；士风；情怀

汉代无名氏所作的《古诗十九首》，历来受到人们的好评，被誉为汉代五言诗成熟的标志，代表了汉代五言抒情诗的最高成就，堪称建安诗风的前奏。论者多从诗歌的内容、艺术、时代背景等方面加以探讨，较少涉及对东汉洛阳都城文化的考察，其实诗中不乏反映洛阳都城风貌的内容。洛阳作为东汉政治、经济、文化活动的中心，可谓文人士子展示才华的大舞台，是文人五言诗产生的重要场地，《古诗十九首》的写作容纳了洛阳都城文化的广博信息。从洛阳都城文化的视角解读《古诗十九首》的丰富内涵，必能使我们有新的发现和识见。

一、“洛中何郁郁”的帝都气象

《古诗十九首》的文人以洛阳为活动中心抒发了他们的见闻感受以及爱恨情仇，洛阳帝都的宫阙城垣和市井风情给他们留下了深刻印象，已故马茂元《古诗十九首初探》一书将反映都城巍峨壮观景象的《青青陵上柏》放在了开篇。诗中“洛中何郁郁，冠带自相索。长衢罗夹巷，王侯多第宅。两宫遥相望，双阙百余尺。极宴娱心意，戚戚何所迫?”描写了洛阳的繁华景象，马茂元先生指出这几句是“分三层来写：冠带来往，是一；衢巷纵横，第宅众多，是二；宫阙壮丽，是三”①。此言极是，诗的语言为人们提供了丰富的想象空间，可以引领我们去复原东汉都城的繁盛气象。宫阙是都城的核心灵魂，巍峨壮丽是权力的象征，历代统治者建都的首要任务就是通过营建宫城，重塑帝都的威严，展现皇威的崇高。

东汉洛阳的南北“两宫制”是历史上唯一的双宫城制，突破了自夏都二里头以来的多宫城制，显示了权力的趋于集中。南宫的历史较长，秦、西汉、东汉一直沿用，正殿为却非殿，刘邦曾置酒南宫，刘秀曾临幸却非殿而定都。北宫的德阳殿规模极为宏大，《续汉书·礼仪志》刘昭注引蔡质《汉典职仪》云：“德阳殿周旋容万人，陛高二尺，皆文石作坛。……天子正旦节会朝百僚于此。……其上郁律与天连。”“南宫至北宫，中央作大屋，复道，三道行，天子从中道，从官夹左右，十步一卫。两宫相

① 马茂元：《古诗十九首初探》，陕西人民出版社1982年版，第54页。

去七里。”[1] 南宫与北宫居于都城的中心，巍峨雄壮，遥遥对峙，为都城平添了几分庄严神秘。拱卫宫城的大街小巷星罗棋布，其中王公大臣不同等级的住宅临街敞开，“洛中贵戚室第相望，金帛财产，家家殷积”[2]，格外引人注目，形成了都城的繁华景观。达官贵人们同气相求，自相往来，极宴娱乐，结成一个仕宦的群体，烘托出了都城的荣华富贵。“西北有高楼，上与浮云齐。交疏结绮窗，阿阁三重阶”，描写了城楼的高耸入云，飞檐重阁，精致华美，隐约透露出都城楼宇屋舍的不同凡间、高大雄伟、富丽堂皇、别具气派。正是帝都的郁郁繁华，吸引了无数士子文人奔赴洛阳。

城墙城门是都城的屏障和门户，城墙内外便是不同的天地。“东城高且长，逶迤自相属。回风动地起，秋草萋已绿”“驱车上东门，遥望郭北墓。白扬何萧萧，松柏夹广路。下有陈死人，杳杳即长暮”“出郭门直视，但见丘与坟……白扬多悲风，萧萧愁杀人”等诗，向人们展现了东汉城墙的高大雄伟、绵延不绝，以及上东门外郭北邙山墓地亡灵世界的森严。东汉洛阳的城墙为夯土结构，高九仞，宽十四至三十米，东城墙长约三千八百九十五米，西城墙长约四千二百九十米，北城墙长约三千七百米，南城墙因洛河移位被冲毁，已不可考。城墙外面还建有附属性的“马面”，向外凸出，以加强防御。洛阳城四面设门：东面三门，由北而南依次为上东门、中东门、望京门（亦称“旄门”“宣平门”）；南面四门，由东向西分别为开阳门、平城门、宣阳门和津阳门；西面三门，由南而北是广阳门、雍门和上西门；北面两门，东谷门和西夏门。

东汉洛阳的城墙经历了近两千年的风雨侵蚀，至今还有断壁残垣依稀可辨，隐约闪烁着昔日的逶迤风采。上东门之内是权门要族的居住区，出了上东门，但见外城北邙山上王侯卿相的墓群成片，坟冢比肩。阴森的墓地上白杨萧萧悲鸣，广阔的墓道旁松柏苍翠，逝者在悠悠长夜中安眠。北邙山是东汉王室的公墓，自光武帝建武十一年，城阳恭王刘祉死后葬于北邙，北邙山一带即成为东汉王室墓地。《太平御览》曰：“天子树松，诸侯树柏，卿大夫树杨，士树榆，尊卑差也。”[3] 遍地的松柏白杨昭示了墓地主人显赫的身份地位。后代诗人吟咏北邙往往意味深长，如唐朝诗人沈佺期有诗云：“北邙山上列坟茔，万古千秋对洛城。城中日夕歌钟起，山上唯闻松柏声。”王建诗写道：“北邙山头无闲土，尽是洛阳人旧墓。旧墓人家归葬多，堆着黄金无买处。”明代诗人薛瑄诗曰：“北邙山上朔风生，新冢累累旧冢平。富贵至今何处是，断碑零碎野人耕。”邙山留给人们的是沧海桑田无尽的感喟。

《凛凛岁云暮》是一首因相思而恍惚迷离的梦境之作，诗中“锦衾遗洛浦，同袍与我违”，显然是久别不相见的设想揣度。“洛浦”不仅泛指洛水之滨，作为“锦衾”赠送的对象，应该指向洛水之神。洛水是洛阳都城的一道风景，“洛书”和“洛神”为洛水增添了无限神圣和瑰丽。“洛神”即“宓妃”，《楚辞·离骚》云：“吾令丰隆乘云兮，求宓妃之所在。”张衡《思玄赋》曰：“召洛浦之宓妃。”曹植《洛神赋》序曰：“黄初三年，余朝京师，还济洛川。古人有言，斯水之神，名曰宓妃。感宋玉对楚王神女之事，遂作斯赋。”《文选》卷十九《洛神赋》注引《汉书音义》引如淳云：“宓妃，伏羲氏之女，溺死洛水，为神。”人神之恋成全了洛神故事的浪漫色彩，使之成为文人钟爱的意象，洛神也就成了美人的化身。诗的作者因为只是悬想猜测，所以隐约其辞曰“洛浦”以代美人。《行行重行行》又云，“浮云蔽白日，游子不顾返”，以浮云影射美人，担心良人被都市的繁华和美人迷惑而忘记结发共枕的妻子。这两首诗从一个侧面反映了都城市井犬马声色的繁荣景象。

《今日良宴会》中的“今日良宴会，欢乐难具陈。弹筝奋逸响，新声妙入神”，则展示了都城歌舞升平的华丽。宴会的隆盛欢乐虽不能一一俱陈，但那“新声”却令人难以忘怀。所谓“新声”，指都城

---

① 《后汉书》卷一上《光武帝纪》李贤注引蔡质《汉典职仪》。

② 《后汉书》卷七十《董卓传》。

③ 《太平御览》卷五百五十七《礼仪部三十六·冢墓一》。

最流行的音乐，应是从西北传来的胡乐。因筝源于秦，故有“秦筝”之称，适应于西北乐调，沈约《咏筝》云：“秦筝吐绝调，玉柱扬清曲。弦依高张断，声随妙指续。”白居易《邓舫张彻落第诗》云：“奔车看牡丹，走马听秦筝。”古筝不同凡俗、超逸的音响，醉人心魄，加上宴会华美，对酒听歌，折射了都城纸醉金迷的繁华。帝城大都市随处可以闻曲听歌，《西北有高楼》正是诗人高楼听曲的写照。“西北有高楼，上与浮云齐……上有弦歌声，音响一何悲！……清商随风发，中曲正徘徊。一弹再三叹，慷慨有余哀。”此处的“弦歌声”不同于“妙入神”的“新声”，而是“音响一何悲”“慷慨有余哀”，极为悲酸。“清商”与《东城高且长》中“被服罗裳衣，当户理清曲”所言“清曲”一样，皆泛指当时民间流行的音乐。苏武《诗》之三有句：“欲展清商曲，念子不能归。”《旧唐书》卷二十九《音乐志》记载，“清商曲”有“《平调》《清调》《瑟调》，皆周房中曲之遗声也。汉世谓之三调”。杜佑亦云：“清乐者，其始即清商三调是也，并汉氏以来旧曲。”① 都城中流行乐和民间调共存，或喜或悲取决于听者的喜怒哀乐即景感受，暗寓了都城繁华背后人们不同的遭遇。总之，“洛中何郁郁”一句饱含着诗人所见所闻所感，概括了帝都繁盛奢华的市井风貌。

二、“游子不顾返”的都城士风

东汉的洛阳城是文化高度发达集中的大都会，太学、东观、鸿都门学云集了大批硕儒名流，尤其是鸿都门学，吸引了大批能为文赋之士。都城的繁荣招致了各地前来游宦、游学的文人士子，他们游荡于京师，奔走于权门，“亲戚隔绝，闺门分离，无罪无辜，而亡命是效”。②《古诗十九首》多是游子思归之词和思妇闺怨之词以及客游所见之词，正反映了都城客游士子的普遍心态和时代风尚。《明月何皎皎》《涉江采芙蓉》《去者日以疏》等诗，将久客洛城的游子思归不得的心理刻画殆尽。“明月何皎皎，照我罗床帏。忧愁不能寐，揽衣起徘徊。客行虽云乐，不如早旋归”，明月当空的夜晚，引发了游子思乡的情怀，辗转难寐之际，游子道出了“客行虽云乐，不如早旋归”的心声苦衷。陈祚明《采菽堂古诗选》云：“客行有何乐？故言乐者，言虽乐亦不如归，况不乐乎！”朱筠《古诗十九首说》亦云：“把客中苦乐，思想殆遍，把苦且不提，‘虽云乐’亦是‘客’，‘不如早旋归’之为乐也。”此点出了为客的辛酸经历和客游的坎坷苦难。无奈的游子只能“出户独彷徨，愁思当告谁？引领还入房，泪下沾裳衣”，其中的进退两难、彷徨凄凉怎能不令人潸然泪下。然何为不归呢？“还顾望旧乡，长路漫浩浩”“思归故里闾，欲归道无因”，这正是诗人矛盾心理的个中苦味。客观上是因为路途遥远，道路漫长，可望而不可即，一如“回车驾言迈，悠悠涉长道”“行行重行行，与君生别离。相去万余里，各在天一涯。道路阻且长，会面安可知”等所言；主观上是没有归乡的缘由。朱筠进一步指出：“末二句一掉，生出无限曲折来。日月易逝，岁不我与，不如早还乡里……安可蹉跎岁月，徒羁他乡？无如欲归虽切，仍多羁绊，不能自主，奈何，奈何？此两句不说出欲归不得之故，但曰‘无因’，凡羁旅苦况，欲归不得者尽括其中，所以为妙。”这确是点睛之笔，为我们理解诗中的深意提供了线索。游子旅食京师，营求功名，仕途阻滞，遭遇动荡乱离，只有“悲歌可以当泣，远望可以当归”，以舒缓思乡的急切真情，无疑这应该是都城客游士子的共同境遇。

《古诗十九首》中的思妇之词皆出于文人的虚拟之作，从独守家园的女性角度以“虚拟”方式反映了客游士子的复杂情感纠葛，其实仍然是游子的心声。如《行行重行行》始言别离，“与君生别离”；

① 《通典》卷一百四十六《乐六·清乐》。
② 徐幹：《中论·谴交篇》。

次言相见无期，“会面安可知”；又言忍受思念折磨，“衣带日已缓”；再言担心揣度，“浮云蔽白日，游子不顾返”；最后归于勉励，“弃捐勿复道，努力加餐饭”。其将游子离开家乡、思念亲人、奔波奋斗、自我安慰的矛盾心理过程，用美好的希冀期待予以挽结，成为他们滞留京城的精神支撑。《青青河畔草》采用第三人称写作，借家常话语的口吻道出了思妇孤寂落寞的真实心理，“昔为倡家女，今为荡子妇，荡子行不归，空床难独守”，通俗浅白，体现了游子对家室的理解和愧疚。王国维论曰：“可谓淫鄙之尤。然无视为淫词、鄙词者，以其真也。”① 此一语中的，点出了其以真切感人的特点。《迢迢牵牛星》是对现实生活的摹写，通过思妇“纤纤擢素手，札札弄机杼。终日不成章，泣涕零如雨”的行为表现，活画出了其哀怨空落的孤寂形象。这种熟悉的劳动生活情景想象素描，正是游子对家庭生活的向往和对妻子无尽的思念，而这种情感在他们的客游生活中无处不在，给寄寓流离的京都游宦生活带来几多欣慰。《冉冉孤生竹》特写新婚久别，是写新婚别题材的第一篇，最后两句“君亮执高节，贱妾亦何为？”张玉穀认为是“代揣彼心，自安己分”②。诚然，这也是京城游子持守高节的自我表白，以此安慰独守空房的思妇妻子。《孟冬寒气至》与《客从远方来》素称姊妹篇，一云“客从远方来，遗我一书札”，一云“客从远方来，遗我一端绮”。思妇珍爱至极，前者“置书怀袖中，三岁字不灭”，后者“著以长相思，缘以结不解”。若从游子来说，则反映了他们想方设法为家里寄书捎物的惦念心理，希望通过这一方式带去对家里的关怀，增强与家里的联络。自然这“一书札”“一端绮”就成了双方爱情长久的象征，如漆似胶，分割不开。《涉江采芙蓉》与《庭中有奇树》可谓互文见义，游子“涉江采芙蓉，兰泽多芳草。采之欲遗谁？所思在远道”，思妇“庭中有奇树，绿叶发华滋。攀条折其荣，将以遗所思”，皆是触景生情，思念对方，表达了对爱情的忠贞。虽然“同心而离居”，虽然“此物何足贵”，“但感别经时”，宁愿“忧伤以终老”。常常惦念妻室，享受爱情的温馨，客游之士子因此稍感慰藉。

文人士子“驱车策驽马，游戏宛与洛”，奔走于满目繁华的街衢，身心疲惫，无处安居，“回车驾言迈，悠悠涉长道。四顾何茫茫，东风摇百草”。徘徊于东城门外，感慨“回风动地起，秋草萋已绿。四时更变化，岁暮一何速”！踯躅于西北高楼群中，倾听“上有弦歌声，音响一何悲！”“但伤知音稀”。马不停蹄地奔波，白天“驱车上东门，遥望郭北墓”，“出郭门直视，但见丘与坟”；夜晚“忧愁不能寐，揽衣起徘徊”，“出户独彷徨，愁思当告谁”！抑或参与“今日良宴会”，抑或“斗酒相娱乐，聊厚不为薄”，借酒去愁，求得片刻欢愉。无论是游子思归的迫切表白，还是思妇幽怨的美好期待，莫不是都城文人士子为了功名事业而毅然“不顾返”的时尚风气写照。

三、“荣名以为宝”的都市情怀

帝京大都市宫阙巍峨，第宅壮观，冠带往来，歌舞升平，皇都气派随处可见，市井气息扑面而来，游走于官宦之门的士子因其遭遇的不平、求宦的失败，不满现实，遂产生了种种关于时间、人生、死亡的思想感怀，殊不同于广阔田野自然质朴的乡村情怀而独具都市情调。

首先是对令名美誉的向往追求。汉代是儒家经学一统天下的时代，洛阳都城是鸿儒巨德荟萃的文化大展台，来此游学的文人总是择善而投，希望获得美名荣耀身后。《回车驾言迈》直言：“盛衰各有时，立身苦不早。人生非金石，岂能长寿考？奄忽随物化，荣名以为宝。”诗人由“立身”于世说起，希望一切都能卓然有成，想到人生易逝，不能如金石般长久，为了避免“奄忽随物化”，只有“荣名以为

① 王国维：《人间词话》，载《王国维文集》，线装书局2009年版，第17页。

② 张玉穀：《古诗赏析》卷四《古诗十九首》。

宝”，流芳百世，享誉千秋，以谢生命。追求荣名是传统士大夫的立身之本，《战国策·齐策六》云：“且吾闻，效小节者不能行大威，恶小耻者不能立荣名。”《淮南子·修务训》亦云：“死有遗业，生有荣名。”此均是言令誉美名对于人生之重要的，留名千古，方能不虚一生，汉代文人亦不例外。

其次是谋求富贵，及时行乐，纵情享受的世俗情怀。一旦仕途挫败，荣名无望，京城士子就会突破传统道德观念的束缚，暴露难以示人的颓废思想，毫不掩饰地陷入人生苦短、当及时行乐的享受欲望旋涡，以美酒、美人、快意豪语慰藉失意的惆怅和落魄。《今日良宴会》发出了“人生寄一世，奄忽若飙尘。何不策高足，先踞要路津？无为守贫贱，轗轲常苦辛”的快言直语，道出了“齐心同所愿，含意俱未伸”的众客心里话，这就是得权位谋富贵，摆脱个人的生活困境。陈祚明《采菽堂古诗选》云：“人情莫不思得志，而得志者有几？虽处富贵，慊慊犹有不足，况贫贱乎？志不可得而年命如流，谁不感慨？”可见此亦世人共有之情。《生年不满百》嘲笑“常怀千岁忧”之徒和吝惜金钱的愚者，“愚者爱惜费，但为后世嗤”，怀疑神仙道化，“仙人王子乔，难可与等期”，因为“服食求神仙，多为药所误”。呼吁及时行乐，“昼短苦夜长，何不秉烛游！为乐当及时，何能待来兹？”坦率地说，追求享乐本来就是人类的天性，在及时行乐的种种表现中，仍然充满着对生命的强烈眷恋以及对时光流逝无可奈何的心情。这些旷达之语给人以强烈冲击，否决了传统的价值观念，也包含着许多人生的痛苦体验。《驱车上东门》“遥望郭北墓”，直面死亡，感慨生命短促，“浩浩阴阳移，年命如朝露。人生忽如寄，寿无金石固。万岁更相送，贤圣莫能度”，奉劝生者“不如饮美酒，被服纨与素”。希望借饮酒来麻醉灵魂，暂时忘掉生活的烦恼。王世贞《艺苑卮言》卷三云：“至于被服纨素，其趣愈悲，而其情益可怜矣！”诗中以身体享受快活的颓废思想化解求名不得的精神苦闷，更彰显了士子的无奈、都市的潮流。《东城高且长》唱出了“荡涤放情志，何为自结束？燕赵多佳人，美者颜如玉”的纵情狂歌，以满足人性欲望替代精神追求的空落，代表了对“四时更变化，岁暮一何速”的回应。对于文人流露出来的这些世俗情怀，有研究者认为是表现了“人性之觉醒”，若由都城文化观之，其实质应该是游子人生没有出路的痛苦发泄与消极抗争。倘若有机会建功立业，积极的人生价值观自然会取而代之。

最后是反思交友之道，抱怨世态炎凉。大都市的繁华孕育了人情的淡薄和势利，也使人际关系蒙上了金钱权势的雾纱。《明月皎夜光》即展现了游子之间的残酷竞争以及友情的失落。“昔我同门友，高举振六翮。不念携手好，弃我如遗迹”，便是同门之友的怨恨牢骚。无助的诗人多么希望得志据位的友人能够提携自己，孰料友人却视自己如陌路遗迹，愤愤不平溢于言表。诗人化用“南箕北有斗，牵牛不负轭”的典故，自嘲友情是“良无盘石固，虚名复何益？”徒有其名，不如没有。张玉穀非常欣赏这几句比拟，论曰：“妙在忽蒙上文‘众星历历’，借箕、斗、牵牛有名无实，凭空作比，然后拍合，便顿觉波澜跌宕。”① 其他如“但伤知音稀”“去者日以疏”等思想，皆是诗人都城生活遭遇的愤激之语，共同反映了都市人情世故的沧桑变化。

《古诗十九首》是东汉末年洛阳都市文人的群体心声，其流露出的进取思想与颓废情感及市井情怀，折射了洛阳都城文化的种种矛盾和潜在危机，诸如经学统治思想面临冲击、安身立命人生价值遭遇摧毁、社会动荡不安的现实等。刘方喜认为：“危机而‘贫乏’的时代使个体的生存本质从遮蔽中诗意地彰显出来。《古诗十九首》的作者们在身体、精神双重的‘寄居外乡’的现实生存处境中诗意地言说出人的本质的生存境遇：无根、短暂、无常的‘寄居’——而在‘死’的彻照下，这‘寄居’更是豁然朗现。”②《古诗十九首》就是作者在都城流寓属意仕途时期，失意挫折不被接纳而失去认同感、家园感所发出的真挚咏叹。诗人们坦诚表白生活的无奈、情感的纠结、命运的迷茫，借友情、亲情、乡情、

① 张玉穀：《古诗赏析》卷四《古诗十九首》。

② 刘方喜：《人生意义的诗意彰显——古诗十九首人生主题的生存本体论解读》，《徐州师范大学学报》1995 年第 4 期。

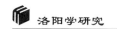

及时行乐、醉生梦死、诗意狂放宣泄排解苦闷彷徨，可谓“凿空乱道，读之自觉四顾踌躇，百端交集。诗至此，始可谓其中有物也已”[①]。“文温以丽，意悲而远，惊心动魄，可谓几乎一字千金!”[②] 诚如现代学者张中行所言《古诗十九首》：“写一般人的境遇以及各种感受，用平铺直叙之笔，情深而不夸饰，但能于静中见动，淡中见浓，家常中见永恒。”都城是时代的集成，《古诗十九首》实是东汉洛阳都城文化的诗意写照，是一代士子文人人生求索的心路历程，是东汉后期社会“世积乱离”危机的缩影。

（作者为河南科技大学人文学院教授）

① （清）刘熙载著、王国安点校：《艺概》卷二《诗概》，上海古籍出版社1978年版，第52页。
② 钟嵘：《诗品》卷上《上品·古诗》。

从“光武都洛”看我国古代的建都思想

张佐良

摘要：都城攸关王朝兴衰，其义甚巨。我国古代都城数量众多，建都思想极为丰富。洛阳地理环境优越，文化积淀深厚，建都优势明显。光武帝刘秀审时度势，建都洛阳，开创了东汉大一统王朝的百年基业。从东汉初年的军事形势、政治文化、社会思潮等因素综合考察“光武都洛”问题，有助于深化对我国古代建都思想的认识。

关键词：光武都洛；洛阳；建都思想

“立国之道，建都为本”①。作为“天子之居”的国家政治中心，都城与国运盛衰密切相关，历来受到统治者高度重视。我国历史悠久，王朝更迭频繁，都城分布广②、种类多③、数量大④，在长期实践中形成了丰富的建都思想⑤。相对于僻处一方或仅占据半壁河山的朝代而言，大一统王朝更能充分体现我国古代建都思想。“光武都洛”，于此别具典型意义⑥。

一、洛阳宜建都

洛阳是河洛文化的核心区，也是中华民族和中华文明的重要发祥地。古称“河洛为王者之里”⑦。

建都洛阳之宜，前人所论颇多，而以明代陈建之言最为精要。其《建都论》云：“按古今天下大都会有四：曰长安，曰洛阳，曰汴，曰燕。四者，自昔帝王建都之地也。然论时宜地势，尽善全美，则皆不如洛阳。何也？夫建都之要，一形势险固，二漕运便利，三居中而应四方。必三者备，而后可以言建

① 涂山：《明政统宗》附卷《建都总论》，明万历刻本，第12页a。

② “海南省和上海、天津两市”，“除过这一省两市不说，其他各省市区就都建立过古都。这样的普遍性是应该得到肯定的。”见史念海：《中国古都和文化》，中华书局1996年版，第173页。

③ 刘玉堂：《中国古都类别略析》（《长江建设》1996年第3、4期），将我国古都按性质分为“远古传说之都”“三代之都”“方国之都”“诸侯国之都”“统一的中央王朝之都”“偏安政权之都”“割据政权之都”“边疆少数民族之都”“农民起义政权之都”“别都”10种类型。

④ 史念海：《中国古都和文化》，中华书局1996年版，第164页；辛向阳、倪健中：《首都中国：迁都与中国历史大动脉的流向》（上册），中国国际广播出版社1997年版，第29页；朱士光《中国古都与中华文化关系研究》，《陕西师范大学学报（哲学社会科学版）》2004年第1期。三者分别认为我国古都数目为217个、350个左右、220个以上。

⑤ 侯丕勋：《中国古代建都思想述略》，《天水师专学报（社会科学版）》1997年第4期，将我国古代建都思想梳理为“天下之中”“头项”“扼亢”“四塞之地”“沃土”“三善皆备”“徙都”“风水”“丧乱”“守德”“万世”11说。

⑥ 东汉定都洛阳问题的相关研究成果主要有：朱志先、张霞：《析东汉定都洛阳的原因》，《洛阳师范学院学报》2004年第3期；廖伯源：《论东汉定都洛阳及其影响》，《史学集刊》2010年第3期；李久昌：《国家、空间与社会：古代洛阳都城空间演变研究》，三秦出版社2007年版；徐卫民：《秦汉都城研究》，三秦出版社2012年版；梁万斌：《东汉建都洛阳始末》，《中华文史论丛》2013年第1期。

⑦ 左思：《蜀都赋》，载韩格平等校注：《全魏晋赋校注》，吉林文史出版社2008年版，第337-338页。

都。长安虽据形势，而漕运艰难；汴居四方之中，而平夷无险，四面受敌；惟洛阳三善咸备。”①

陈建认为，洛阳“形势险固”“漕运便利”“居中而应四方”，三善兼备，“时宜地势，尽善全美”，实为帝王建都至善之地。从洛阳的自然地理和历史文献来看，其言确有所据。

“河、山控戴，形胜甲于天下”②。洛阳位于伊洛河盆地，凭据山水之险，控扼四方交通。周武王云，“南望三涂，北望岳鄙，顾詹有河，粤詹雒、伊”③，被视为“言洛阳形胜之祖”④。洛阳南临伊阙、伊河、洛水，北据黄河、邙山为屏，西接崤渑函谷要隘，东有虎牢、成皋之险，以山河环抱，关隘相连，自成一“其固足恃”⑤的四塞之区。清初历史地理学家顾祖禹认为，洛阳“形胜莫尚焉”⑥。

居“天下之中”，水陆四达。洛阳处于中原腹地，水陆交通发达。《史记》载周公营洛邑时言，“此天下之中，四方入贡道里均”⑦，明确了洛阳处“天下之中”的地理和交通优势。洛阳地区黄河、洛水、伊水、谷水、瀍水五水并流，水源充足，漕运便利；陆路南接荆襄，北通幽燕，西至关陇，东达江淮，自古有“处乎土中，平夷洞达，万方辐辏”⑧ 之称。

山环水抱，生态宜居。洛阳“前值伊阙，后据邙山，左缠（瀍）右涧，洛水贯其中”⑨，形成一个众山环绕、背山面水、负阴抱阳的良好自然环境。这既是传统风水学的选址典范，也符合现代城建科学理念。洛阳背山，可以阻挡冬季寒风；开阔平原可以接纳夏日凉风，得到充分日照；山上林木可以提供木材燃料，植被可以保持水土；河流可以保证生活灌溉用水，又可以获得丰富水产，无疑是一个很好的人类生产居住环境⑩。

唐初孔颖达认为，“洛阳处涧、瀍之中，天地交会，北有太行之险，南有宛、叶之饶，东压江、淮食湖海之利，西驰崤、渑据关、河之胜”⑪。其言分析了洛阳天下之中的地理位置、便利的经济交通条件和险要的山川形势，是对洛阳建都优势的具体阐释。据统计，洛阳先后有夏、商、西周、东周、西汉、东汉、曹魏、西晋、北魏、隋、唐、后梁、后唐、后晋 14 朝在此建都，时间长达 1667 年 4 个月，具有建都最早、时间最长的特点⑫。这也充分说明，洛阳在我国古代都城中占有非常重要的地位。

二、“光武都洛”缘由

建武元年（公元 25 年），刘秀于“冬十月癸丑，车驾入洛阳，幸南宫却非殿，遂定都焉”⑬。与西汉刘邦都洛仅三个月即“西都长安”不同，自“光武都洛”始，东汉于此开创了王朝大一统的百年基业。“光武都洛”缘由，史无明载，历来众说纷纭，莫衷一是⑭。从两汉之际的军事形势、政治文化、社会思潮等方面进行综合考察，或更有可能接近问题真相。

都洛以示“天下之所归”。刘秀都洛之日，天下犹乱而未定。彼时形势，颇如楚汉相争之际。当日

---

① 陈建：《建都论》，载陈子壮：《昭代经济言》卷九，中华书局 1985 年版，第 194 页。

②④⑤ 顾祖禹：《读史方舆纪要》卷四十八《河南》三，中华书局 2005 年版，第 2214 页。

③ 《史记》卷四《周本纪第四》，中华书局 2013 年版，第 129 页。

⑥ 顾祖禹：《读史方舆纪要》卷四十六《河南方舆纪要序》，中华书局 2005 年版，第 2083 页。

⑦ 《史记》卷四《周本纪第四》，中华书局 2013 年版，第 133 页。

⑧ 龚克昌等评注：《全汉赋评注·后汉（上）》，花山文艺出版社 2003 年版，第 217 页。

⑨ 余象斗著，孙正治、梁炜彬点校：《地理统一全书》上册，中医古籍出版社 2012 年版，第 106－107 页。

⑩ 李英全：《洛阳》，中国地质大学出版社 2011 年版，第 4－5 页。

⑪ 顾祖禹：《读史方舆纪要》卷四十八《河南》三，中华书局 2005 年版，第 2216 页。

⑫ 李久昌：《国家、空间与社会：古代洛阳都城空间演变研究》，三秦出版社 2007 年版，第 106 页。

⑬ 《后汉书》卷一上《光武帝纪第一上》，中华书局 2012 年版，第 25 页。

⑭ 梁万斌：《东汉建都洛阳始末》，《中华文史论丛》2013 年第 1 期，第 128 页。

谋士郦食其为刘邦进言："楚汉久相持不决，百姓骚动，海内摇荡，农夫释耒，红女下机，天下之心未有所定也。愿足下急复进兵，收取荥阳，据敖庾之粟，塞成皋之险，杜太行之道，距飞狐之口，守白马之津，以示诸侯形制之势，则天下知所归矣。"[①] 正是这一重要的战略指导思想，让刘邦在楚汉之争的棋局上走对了关键的一步，从而奠定了楚亡汉兴的大势。刘秀君臣稔知汉初故事，善于借鉴前朝经验，曾以所据河内比拟高祖刘邦的关中根据地[②]。此外，"他无疑地已从王莽和更始帝的下场中得到教训"，而"洛阳可以更方便地从大平原的关键经济区得到供应"[③]，是以称帝之初即夺洛阳而为都。历来兵家论洛阳，谓其"四面受敌，为天下所必争，兵法所称衢地者是也，不可居"，然一旦"天下有事，所以必争洛阳者，正以洛阳形胜，争洛阳即以争天下耳"[④]。清人朱云锦称："大约洛阳之险，可用以进取，而不可守以待弊，可以制一面之骚动，而不可以支四方之攻围；或守之而不足以当天下之争，而争之即以制天下之命。""洛阳西有崤险，再西而守函谷之险，则关中失其险矣。"[⑤] 建武三年（公元27年），刘秀遣冯异大破赤眉于崤底，以洛阳而趋定关中。此后，刘秀次第削平陇右隗嚣、巴蜀公孙述等割据势力，于建武十二年（公元36年）完成统一大业。作为重要的战略支点，洛阳在东汉王朝的统一进程中发挥了重要作用。

都洛以"系唐统，接汉绪"。以洛阳为中心的河洛地区，自古为"王者之里"，所谓"昔三代之居皆在河洛之间"[⑥]。西周成王时期，周公营洛邑为新都。后周平王迁都洛邑，史称东周。西汉刘邦称帝，亦曾短暂建都洛阳。至"光武都洛"，班固《东都赋》有云：

> 往者王莽作逆，汉祚中缺……上帝怀而降监，乃致命乎圣皇。于是圣皇乃握乾符，阐坤珍，被皇图，稽帝文。赫然发愤，应若兴云。霆击昆阳，凭怒雷震。遂超大河，跨北岳。立号高邑，建都河洛，绍百王之荒屯，因造化之荡涤。体元立制，继天而作。系唐统，接汉绪。茂育群生，恢复疆宇。勋兼乎在昔，事勤乎三五……且夫建武之元，天地革命，四海之内，更造夫妇，肇有父子，君臣初建，人伦寔始，斯乃伏羲氏之所以基皇德也。分州土，立市朝，作舟车，造器械，斯乃轩辕氏之所以开帝功也。龚行天罚，应天顺人，斯乃汤武之所以昭王业也。迁都改邑，有殷宗中兴之则焉。即土之中，有周成隆平之制焉。不阶尺土一人之柄，同符乎高祖。克己复礼，以奉始终，允恭乎孝文，宪章稽古，封岱勒成，仪炳乎世宗。案《六经》而校德，眇古昔而论功，仁圣之事既该，而帝王之道备矣。[⑦]

其大意有五：一是汉朝国统因王莽篡位而中断，刘秀上膺天命，下孚民望，都洛阳以居王者之都，正心立制以成帝王之业，上继唐尧之统，前接大汉之绪，功勋卓著；二是光武帝变革天命，重建人伦如伏羲之德，施治利民如轩辕之功，征伐无道如汤武之业；三是建都洛阳有盘庚迁殷中兴之意，居天下之中有周成隆盛之期；四是刘秀以布衣登皇位，同乎高祖刘邦；五是光武帝遵守礼制，效法典章，兼备仁圣之德、帝王之道。其中，建都河洛、承继统绪、取法殷周三点至为关键，蕴含着建都、道统等传统政

---

① 《汉书》卷四十三《郦食其传》，中华书局2013年版，第2108页。

② "光武谓恂曰：'河内完富，吾将因是而起。昔高祖留萧何镇关中，吾今委公以河内，坚守转运，给足军粮，率厉士马，防遏它兵，勿令北度而已。'"见《后汉书》卷十六《寇恂列传》，中华书局2012年版，第621页。

③ 崔瑞德、鲁惟一编，杨品泉等译：《剑桥中国秦汉史》，中国社会科学出版社1992年版，第268页。

④ 朱云锦：《豫乘识小录》卷上《汴洛二都说》，载《近代中国史料丛刊》，台湾文海出版社1969年版，第37辑，第111－112页。

⑤ 朱云锦：《豫乘识小录》卷上《汴洛二都说》，载《近代中国史料丛刊》，台湾文海出版社1969年版，第37辑，第114－115页。

⑥ 《史记》卷二十八《封禅书》，中华书局2013年版，第1371页。

⑦ 龚克昌等评注：《全汉赋评注·后汉（上）》，花山文艺出版社2003年版，第214－215页。

治文化核心思想。自周公营洛邑始，“天下之中”即成为古代都城重要的选址思想，而洛阳也因之具有了正统王朝的地标性意义。这种政治文化传统，对以后历代王朝统治产生了深远的影响。刘秀定都洛阳，正是文化心态上对洛阳这种特殊地位的认可①。都洛以居“王者之里”，即意味着对唐尧以来道统的传承。西汉初年，刘秀君臣有一种建都洛阳同乎周朝迁都洛邑的意象，认为两者均是对前朝国统的延续。对于建都洛阳，时人也常以盘庚迁殷相期许，视为大汉中兴之兆。史实也的确如此，刘秀“在兵间久，厌武事，且知天下疲耗，思乐息肩。自陇、蜀平后，非儆急，未尝复言军旅”，“退功臣而进文吏，戢弓矢而散马牛”②，以“柔道”治天下，使东汉社会经济得以恢复和发展，史有“光武中兴”之誉。

都洛以应“受命之符”。谶纬之说，在西汉哀平之际已发展成为一种社会思潮，而统治者“在夺取政权过程中利用谶纬迷信，使谶纬思潮进一步泛滥”③。汉元帝年间，随着社会矛盾的加深，已出现迁都洛阳之议。时中郎翼奉曾疏请徙都以更始改运：“昔者盘庚改邑以兴殷道，圣人美之……如令处于当今，因此制度，必不能成功名。天道有常，王道亡常，亡常者所以应有常也……臣愿陛下徙都于成周……按成周之居，兼盘庚之德，万岁之后，长为高宗……今东方连年饥馑，加之以疾疫，百姓菜色，或至相食。地比震动，天气溷浊，日光侵夺……故臣愿陛下因天变而徙都，所谓与天下更始者也。天道终而复始，穷则反本，故能延长而亡穷也。今汉道未终，陛下本而始之，于以永世延祚，不亦优乎！”④始建国四年（公元12年）夏，王莽称“昔周二后受命，故有东都、西都之居。予之受命，盖亦如之。其以洛阳为新室东都，常安为新室西都”⑤。次年二月，王莽又宣称迁都洛阳，乃是以应符命：“玄龙石文曰‘定帝德，国洛阳’。符命著明，敢不钦奉！以始建国八年，岁缠星纪，在洛阳之都。”⑥ 此后，他一再表示要“即土之中洛阳之都”⑦。王莽迁都计划虽未及施行，但当时在社会上引起了强烈反响，“是时，长安民闻莽欲都洛阳，不肯缮治室宅，或颇徹之。”⑧ 西汉末年，地方割据势力纷纷利用谶纬争取人心，致使此风愈演愈烈。“生活在如此大环境下的刘秀，自然不能不受时代的影响，笃信谶纬，而且还是真心实意的。”⑨“他依赖于图谶，几乎达到无孔不入的程度。史载，他用心读谶纬，竟至发病昏厥，足见其态度是何等虔诚了！”⑩ 刘秀以李通“刘氏复起，李氏为辅”⑪ 之图谶起兵反莽，以强华“刘秀发兵捕不道，四夷云集龙斗野，四七之际火为主”“卯金修德为天子”之《赤伏符》⑫ 登基称帝。他“笃信其术，甚至用人行政亦以谶书从事”。其笃“信谶书，几等于圣经贤传，不敢有一字致疑矣”⑬。有学者认为，“支持刘秀称帝的谶纬符命之说，‘多出于以《河图》《洛书》为号召的纬书’，而这些纬书又与洛阳有着密切的联系。刘秀这样一位迷恋谶纬的帝王，在都城选择问题上必然会受到影响，更多地考虑洛阳这座城市”⑭。可以肯定的是，西汉后期出现的“徙都于成周”之议，以及“定帝德，国洛阳”之类的符命之书，对善于利用谶纬之术的刘秀最终决策定都洛阳是产生过重要影响的。

---

① 西汉初年，刘邦建都洛阳，亦有“与周室比隆”之意。见《史记》卷九十九《刘敬叔孙通列传》，中华书局2013年版，第2715页。

② 《后汉书》卷一上《光武帝纪第一上》，中华书局2012年版，第85页。

③ 张岂之主编：《中国思想史》（上卷），西北大学出版社2012年版，第308－309页。

④ 《汉书》卷七五《翼奉传》，中华书局2013年版，第3175－3177页。

⑤ 《汉书》卷九九中《王莽传》，中华书局2013年版，第4128页。

⑥⑦⑧ 《汉书》卷九九中《王莽传》，中华书局2013年版，第4132－4314页。

⑨ 黄留珠：《刘秀传》，人民出版社2003年版，第42页。

⑩ 黄留珠：《刘秀传》，人民出版社2003年版，第380页。

⑪ 《后汉书》卷一上《光武帝纪第一上》，中华书局2012年版，第2页。

⑫ 《后汉书》卷一上《光武帝纪第一上》，中华书局2012年版，第21－22页。

⑬ 赵翼著，王树民校证：《廿二史札记校证》卷四《光武信谶书》，中华书局1984年版，第88页。

⑭ 徐卫民：《秦汉都城研究》，三秦出版社2012年版，第163页。

三、审时度势以建都

纵观中华发展史，古代都城变动极为频繁，建都思想也因之异常丰富。总的来看，都城选址需要从全局高度、历史角度，综合考虑地理环境、政治形势、经济基础、军事攻守、文化传统等多方面的因素。“但是，各个方面条件都十分优越、符合理想的首都，在我国历史上并不存在。所以每个王朝首都的选择，总是根据当时的主要矛盾，选择最有利的地点。首都的选定一般都反映了该时期总的形势，反过来，首都的位置，对此后历史的发展也会产生一定的影响。明白了这个道理，我们就不难理解，历代首都的迁移，是诸多因素综合的结果，是历史发展的必然趋势。”① 系统考察我国古代建都经验，以下三方面值得高度重视：

建都以审时度势为基本准则。清人徐元文认为，“卜都定鼎，计及万世，必相天下之势而厚集之”②。西汉都长安，东汉都洛阳，虽因形势不同而取舍有别，然皆殊途同归。汉高祖刘邦初登帝位，建都洛阳，“欲与周室比隆”。刘敬劝其都关中，一方面，汉“取天下与周室异”。成周营洛邑“为天下之中也，诸侯四方纳贡职，道里均矣，有德则易以王，无德则易以亡。凡居此者，欲令周务以德致人，不欲依阻险，令后世骄奢以虐民也”，而周室“积德累善十有余世”，方能“盛时，天下和洽，四夷乡风，慕义怀德，附离而并事天子，不屯一卒，不战一士，八夷大国之民莫不宾服，效其贡职”，及其“衰也，分而为两，天下莫朝，周不能制也”。其原因就在于形势不同，前盛而后弱也。刘邦以布衣起家，连年争战得国，失之“德薄”，虽“欲比隆于成康之时”而“不侔也”。另一方面，“秦地被山带河，四塞以为固，卒然有急，百万之众可具也。因秦之故，资甚美膏腴之地，此所谓天府者也”。刘邦“入关而都之，山东虽乱，秦之故地可全而有也”。“案秦之故地”，则“搤天下之亢而拊其背”，方能“全其胜也”③。时“左右大臣皆山东人，多劝上都洛阳：‘洛阳东有成皋，西有殽黾，背河乡洛，其固亦足恃’”。刘邦犹疑不定。谋士张良说，“洛阳虽有此固，其中小，不过数百里，田地薄，四面受敌，此非用武之国。夫关中左殽函，右陇蜀，沃野千里，南有巴蜀之饶，北有胡苑之利，阻三面而固守，独以一面东制诸侯。诸侯安定，河渭漕挽天下，西给京师；诸侯有变，顺流而下，足以委输。此所谓金城千里，天府之国”，肯定了刘敬的说法。于是刘邦“即日驾，西都关中”④。张良认为关中山川形胜，特别是当时的经济条件优于洛阳。然而这种经济优势到西汉末年却发生了逆转。“经过两百余年时间的开发利用，西汉末年关中地区的经济增长已经呈饱和趋势。关中地区在经过数百千年的生息繁衍后，土地等经济环境已经不能较好地满足人口的急剧增加，日益显现出地狭民众的迹象，与土地的负荷能力不相适应。”⑤ 特别是更始政权、赤眉军等势力在关中连年争战，“不仅破坏了长安城的城建设施，而且破坏了关中经济的发展，同时还造成严重的生态灾难”⑥。与之相反，洛阳在西汉时期获得了较快发展，成为仅次于长安的商业都会。而且秦朝在洛阳修建敖仓，西汉在洛阳设置武库，更强化了洛阳的重要战略地位。因此，“在战国、秦、西汉时期，洛阳虽然不是都城所在地，但一直是政治、军事、经济重镇，

---

① 叶骁军编：《中国都城历史图录》（第一集），兰州大学出版社 1986 年版，第 18 页。
② 顾炎武著、于杰点校：《历代宅京记》，“徐元文序”，中华书局 1984 年版，第 3 页。
③ 《史记》卷九十九《刘敬叔孙通列传》，中华书局 2013 年版，第 2715－2716 页。
④ 《汉书》卷四十《张良传》，中华书局 2013 年版，第 2032－2033 页。
⑤ 徐卫民：《秦汉都城研究》，三秦出版社 2012 年版，第 158 页。
⑥ 王明德：《从黄河时代到运河时代：中国古都变迁研究》，巴蜀书社 2008 年版，第 194 页。

称得上是关系天下安危的枢纽所在，其地位之特殊，远非一般区域性名城大邑所可比拟”①。正是由于上述形势的变化，促使东汉选择以洛阳为帝都。历史上都城之间彼此更易的情况屡见不鲜。“兴亡由人事，山川空地形。”② 国运兴隆之机，正始于审时度势建都之时。

建都以战略重心为根本之地。王朝建立之初，特别是在仍有强敌威胁的情况下，必须着重考虑国防安全问题，此时的都城应选在国家的战略重心位置。一般“应接近于当时最大的敌人，而不应迁就于当时的经济中心。首都接近于最大的敌人，则一切的政策和设施都是积极的、进取的；若迁就于经济的中心，则一切的政策和设施就自然趋向于消极的、退缩的。国运的盛衰和国都的选择是不可分离的关系”③。正所谓“无敌国外患者，国恒亡。然后知生于忧患而死于安乐也”④。将都城放在国家的战略重心位置，时时警醒于外敌的威胁，可以最大程度地激发活力和进取心，采取积极的策略加以应对。如果将都城放在经济中心，一味贪图富足安逸，往往会因缺乏进取精神，导致国家走向衰亡。此外，“首都位置的选定，能折射出国家实力与统治者的胆略，是强力与弱势的战略缩影。西方学者卡纳西根据对世界各国都城的考察，认为一国首都之地位，常常与敌人侵略的方向针锋相对。设在国防第一道防线之内，昂昂然向对手摆出应战的架势，显示国威军胆。明代选定北京为国都，正显示出明初的作为”⑤。西汉初年，刘敬、张良劝谏刘邦都关中，正是充分考虑到外有匈奴入侵、内有诸侯反叛的可能，是从对内安全、对外发展的角度考虑都城的位置。历史证明，以后平定山东诸侯的叛乱，武帝时降服匈奴、控制西域地区，正是得益于建都长安掌握了既利于制内又便于御外的战略主动权⑥。相对于西汉的积极性都城选址，东汉定都洛阳则颇有争议。缪钺认为，“建都一事，因时制宜，固不必尽遵祖宗旧制，而就国防论，东汉之都洛阳，实为失策。盖汉代外患，在西、北两方而不在东方。西汉建都长安，雄踞关中，故能北逐匈奴，西击西域，征服叛羌，拓地数千里。光武都洛，重心东移，关中陇右，变为边地，故羌人遂乘虚寇扰，自安帝至于汉末，叛乱相仍，为患甚烈。其大举者凡三次……若建都长安，重心在西，国防巩固，羌人为患，不至若斯之甚”⑦。此论虽仅就国防而言，未综观大势，但仍有警醒之义。侯甬坚曾提出中国古都选址的四项基本原则：区域中心地、内制外拓、故地人和、因地制宜。他认为，“国家励精图治，有作为于国内域外，当以第二项原则为主”⑧。考诸史实，历代王朝的精神品格，无不与都城选址是否为战略重心息息相关。

建都以战略发展为根本之计。“京师者，四方之腹心，国家之根本”⑨。王朝立国，必先为之计长久，当以战略眼光选择都城位置，以利于国家的长远发展。古人常于四塞之地建都。这种封闭性选址“最深刻的心理因素是安全性”，以及资源的相对富集性⑩。清人顾祖禹反对在过度封闭之处建都。其论云：“然则建都不贵于险固乎？曰：所谓险固者，非山川纠结，城邑深阻之谓也。使弃关、河之都会，远而求之奥窔之乡，是犹未见虎之入市，而先自窜于槛阱，知水之可以溺人，而坐槁于岩嵎也，岂所语于形势之常也哉？”⑪ 都城选址过分强调山川险固的安全性，则会故步自封，丧失先机，难以发展。一

① 孙家洲：《不为都畿　亦为重地——论洛阳在战国、秦、西汉时期的特殊地位》，《历史教学》1995年第3期。

② 刘禹锡：《金陵怀古》，载张颢瀚主编：《古诗词赋观止》（上册），南京大学出版社2015年版，第759页。

③ 史念海：《娄敬和汉朝的建都》，《河山集》四集，陕西师范大学出版社1991年版，第379－380页。

④ 孟子著、东篱子译注：《孟子》，北京时代华文书局2014年版，第221页。

⑤ 辛向阳：《解读中国：过去、现在及未来》，江西人民出版社2001年版，第152页。

⑥ 李久昌：《国家、空间与社会：古代洛阳都城空间演变研究》，三秦出版社2007年版，第117页。

⑦ 缪钺：《〈文选〉赋笺》，载《缪钺全集》（第2卷），河北教育出版社2004年版，第41－42页。

⑧ 侯甬坚：《中国古都选址的基本原则》，中国古都学会编：《中国古都研究》（第4辑），浙江人民出版社1989年版，第51页。

⑨ 韩愈著、马其昶校注、马茂元整理：《韩昌黎文集校注》第八卷《御史台上论天旱人饥状》，上海古籍出版社2014年版，第656页。

⑩ 陈爱平：《从风水的视角看中国古都分布》，《青海师范大学学报（哲学社会科学版）》2003年第6期。

⑪ 顾祖禹：《读史方舆纪要》卷四十六《河南方舆纪要序》，中华书局2005年版，第2086页。

般来说，一些原本拥有相当优越建都条件的古都，由于作为都城的时间过长，主要资源都被消耗殆尽，一定时期内已不适合再作为京师重地。当然，这样的地方由于基础条件较好，经过较长时期的休整或采取调集补充资源的政策，还是有机会复兴的。同时，随着疆域的开拓和生产力的发展，一些原本有潜力的地方也会迅速崛起，成为理想都城选址地。“国都与社会的生产力形态呈现出一种奇妙的关系。在农业社会中，首都首先表现为政治中心，其地理位置要求择中，道里适均。在工业社会中，首都首先表现为经济中心，它是社会财富与贸易的中心地带，尽管它在地理上未必是一国的中心。”① 这种情况是经济社会进步对“天下之中”建都观念的进一步发展。今天，从战略发展的角度重新审视明人陈建的《建都论》，可以看出，他“只是从交通和生存安全方面考虑建都的原则，这都没错，但国都选址更要考虑发展安全。发展，尤其是可持续发展的安全，是国家政治考虑的关键。以生存安全为安全的结果只能是在政治大舞台中日益自我边缘化并最终退出政治舞台”②。

（作者为河南省社会科学院历史与考古研究所副研究员）

① 辛向阳：《解读中国：过去、现在及未来》，江西人民出版社2001年版，第151－152页。

② 张文木：《中国地缘政治论》，海洋出版社2015年版，第99页。

汉魏洛阳城在中国古代都城建设史上的地位

聂晓雨　程有为

摘要：洛阳汉魏故城是东汉、曹魏、西晋和北魏四朝的都城。作为一座承前启后的都城，它因袭前代都城形制和布局，又有所改造和创新，对魏晋隋唐乃至以后诸代的宫城形制布局都有很大影响，它所开创的单一宫城、“建中立极”“五门三朝”等制度开启了都城布局和宫室制度的新时代，进而说明北魏洛阳城宫城形制对隋唐以降历代都城规划的影响及在中国古代都城建设史上的重要地位。

关键词：魏晋南北朝；洛阳；都城；制度

汉魏洛阳故城是中国东汉、曹魏、西晋和北魏四个朝代的都城遗址，它实际作为都城300余年，而从开始建都到完全废弃则前后延续五个世纪。汉魏洛阳城及其宫城情况，散见于古代文献，但语焉不详。1954年，中国科学院考古研究所调查发掘团对汉魏隋唐洛阳城遗址进行勘察，1962～1972年该所洛阳工作队对汉魏洛阳城进行全面勘探和发掘，此后，中国社会科学院考古研究所洛阳汉魏故城队（以下简称洛阳汉魏故城队）又进行了一系列的发掘调查。随着考古发掘的进展，学界也发表不少研究文章，有《汉魏洛阳故城研究》《汉魏洛阳城遗址研究》两本论文集面世，其中以宿白的《北魏洛阳城与北邙陵墓》、孟凡人的《北魏洛阳外郭形制初探》、段鹏琦的《汉魏洛阳城的几个问题》、刘庆柱的《北魏洛阳城的考古发现与研究——兼谈北魏洛阳城在中国古代都城发展史的地位》和钱国祥的《由阊阖门谈汉魏洛阳城宫城形制》等最有代表性。但由于汉魏洛阳城几经兴废，遗墟为多个朝代城址叠加，其形制布局和沿革情况极为复杂，文献记载较为简略，宫城的主要部分尚未发掘，相关研究仍存在许多缺陷与不足。

进入21世纪以来，洛阳汉魏故城队对北魏宫城南半区的阊阖门遗址、津阳门内大道遗址进行发掘，又与日本奈良文化财研究所组成联合考古队发掘了宫城二号、三号、五号及西墙等建筑基址。2012～2015年洛阳汉魏故城队启动以太极殿为中心的宫城中枢区的考古勘察，取得极为丰硕的成果，阊阖门和太极殿的发掘都被列入本年度全国十大考古新发现。本文依据近年来最新的考古发掘成果，结合文献资料，对洛阳汉魏故城的形制、布局、沿革重新加以探讨，着重阐述它在中国古代都城建设史上的地位和影响。

一、汉魏洛阳故城对前代都城形制布局的因袭与改变

中国古代统一王朝的都城，应首推西汉时期的长安城。其平面近正方形，城墙夯土筑成，外侧有壕沟。全城凡十二门，东西南北各有三门。城内八条大街呈直线交叉状，东南隅有长乐宫，东北隅有明光宫，西南隅有未央宫，西北隅北有西市和东市、南有桂宫与北宫。宫殿主要集中分布于都城的中南部，最主要的是未央宫和长乐宫。未央宫又称西宫，四面各有一司马门，东面和南面两门外有阙。宫内主要

建筑有前殿、宣室殿、清凉殿、麒麟殿、金华殿、承明殿、椒房殿、柏梁台、天禄阁和石渠阁等。前殿居全宫正中，其基址南北长约350米，东西宽约200米，常为皇帝朝会之处。长乐宫又称东宫，亦有四司马门，东、西两阙，宫内主要建筑有前殿、临华殿、长信宫、长秋殿、永寿殿、神仙殿、永昌殿和钟室等。汉初皇帝在此视朝，惠帝以后改为太后所居。

东汉王朝自以为是西汉王朝的延续，其都城建设多承袭西汉长安城形制，但也有所改变。西汉长安城平面大体呈正方形，东汉洛阳城则大体呈长方形。西汉长安城四面各设三门，东汉洛阳城东西各三门，南面四门，北面两门。长安城两宫居城内南部，东西并列；洛阳城两宫在城内中部，分居南、北，以覆道相通。城西北有濯龙园及金市，城东步广、永和等里，是达官显贵住宅区；东北有太仓、武库及永安宫，东南有司徒、司空、太尉三府；城南有灵台、明堂、辟雍及太学。

曹魏王朝在东汉洛阳城的废墟上重建新都，形制布局部分保留东汉宫城之旧制，但对曹操建安年间所建邺都北城却有更多的因袭。位于今河北临漳西南的邺都北城平面呈东西向长方形，西北角有三台。城内有一条东西大街将全城分为南北两部分："北部中央是宫殿区和官署区，西边是苑囿，东边是只供贵族居住的戚里，南部分思忠、永平、吉阳、长寿等里，是居民区。全城应以形成中轴线，区划对称，是棋盘式街道布局的雏形。"① 曹魏洛阳城一是仿照邺北城的单一宫城形制，"在东汉南宫崇德殿的旧基上建太极殿，在太极殿的后方建昭阳殿，并在北宫北面增饰芳林园。南宫太极殿的建立，为此后各代皇宫正殿称太极殿开创了先例"②。二是效仿曹操在邺城西北角筑铜雀台、金虎台和冰井台"三台"的经验，在洛阳城的西北角建造金墉城。它由南、中、北三个互相连通的城堡组成，在城墙外壁上设置墩台，以适应当时战乱频仍的防卫需要。曹魏洛阳城对东汉洛阳城最突出的改变是将南、北两宫合为一座宫城。

西晋时期对曹魏洛阳城虽有增建，但形制布局变化不大。北魏洛阳城利用魏晋洛阳城的旧基，又仿效平城修筑外郭城，形成了宫城、内城和外郭城三重城垣和里坊制。

魏晋南北朝时期洛阳城的规划强化了宫城的城市中心地位。它既未采纳秦汉的多宫制，也废除了东汉洛阳的南北两宫的分散布局，把宫城集中在大城北部的南北中轴线略偏西部分，保留大城及大城东西、南北各四条街的格局，并使阊阖门至建春门的东西干道经过宫城南的阊阖门前，与宫城南背轴线的铜驼街相交，形成城市的东西轴线。中轴线的铜驼街东西两侧则布置寺、尉、曹、府、官署和社庙，并箭直向南，经过永桥、华表、四夷馆，直到最南的圜丘，形成了大城南北中轴线。"中轴线表明了城市的中心，它不仅在空间上表明了城市空间景观的控制作用，也表明了这个中心在社会中至高无上的王权作用，使封建的王权政治在城市平面和城市空间上表达了出来。"③

二、汉魏洛阳故城对同期都城制度的影响

魏晋洛阳城宫城形制、布局对魏晋南北朝时期的所有都城几乎都有影响，特别是魏晋洛阳城规制对东晋建康城和北魏平城的影响，北魏洛阳城对东魏、北齐邺南城的影响。

东晋政权是西晋政权的延续，其都城建康（今江苏南京）的建设亦延续西晋之制。建康台城也有太极殿及东西堂，成帝咸和四年（公元329年）正月，苏硕攻台城，尽焚太极东堂、秘阁。次年又造新

① 俞伟超：《中国古代都城规划的发展阶段性》，《文物》1985年第2期。
② 王仲殊：《中国古代都城概说》，《考古》1982年第5期。
③ 王铎：《北魏洛阳规划及其城史地位》，《华中建筑》1992年第2期。

宫，缮苑城。孝武帝时谢安以宫苑俭狭，遂予以增益修补。太元三年（公元378年）二月，“内外军六千人始营筑，至七月而成。太极殿，高八丈，长二十七丈，广十丈”。“宫室用成，皆仰模玄象，合体辰极”，① 即承袭曹魏、西晋的单一宫城和太极殿、东西堂制度。此制在南朝宋、齐、梁、陈得以延续不替。

北魏洛阳城宫城太极殿与阊阖门等的发掘，改变了过去的一些看法，以往认为孝文帝迁都修建洛阳城时参照了平城的建筑形制，事实上平城的修建参照了洛阳城、邺城及汉长安城。北魏政权初都平城（今山西大同），宫庙建筑依照曹魏西晋时的邺城、洛阳以及长安规制。但平城有东宫、西宫和北宫等诸多宫苑，又有外郭城，周回三十二里。史称：“后太祖欲广宫室，规度平城四方数十里，将模邺、洛、长安之制，运材数百万根，以（莫）题机巧，征令监之。”② 孝文帝即位后，将于平城“营太庙、太极殿，遣少游乘传诣洛，量准魏晋基址”③。太和十六年（公元492年），“破安昌诸殿，造太极殿，东、西堂及朝堂，夹建象魏、乾元、中阳、端门、东西二掖门、云龙、神虎、中华诸门，皆饰以观阁”④。可见北魏平城宫庙是模仿魏晋洛阳宫庙而建。

东魏初迁邺，高欢以尚书右仆射高隆之和辛术共典营构宫室。“迁邺之始，起部郎中辛术奏曰：‘今皇居徙御，百度创始，营构一兴，必宜中制。上则宪章前代，下则模写洛京。’孝静帝天平二年（公元535年），高欢嫌邺北城过于窄隘，便动员数万人，在北城南营建新宫，即邺南城。兴和元年（公元539年）秋九月，发畿内民夫十万人城邺城，拆洛阳宫殿材木，运抵邺地建造宫城。冬十一月，新宫成。”（东）“魏以阊阖、云龙为宫门，皆仿洛阳之旧也”⑤。据无名氏《邺中记》记载：邺南城宫东西四百六十步，东西南北表里，合二十一阙，高一百尺。止车门内次端门，端门之内次至阊阖门。清都观在阊阖门上。其观两向屈曲，为阁数十间，连阙而上。观下有三门。端门之内，太极殿前，东西有街，东出云龙门，西出神虎门。阊阖门之内有太极殿。太极殿后三十步至朱华门，门内即昭阳殿。东魏北齐的邺都南城规划与北魏洛阳很相似，宫城位于北部中央，南部是居民区，街道也作棋盘格式。

三、汉魏洛阳城对隋唐长安城和洛阳城的直接影响

陈寅恪先生说：“夫北魏洛都新制其所以殊异于前代旧规之故，虽不易确知，然北魏邺都南城及隋代大兴城即唐代长安之都邑建置全部宜受北魏洛都之影响。”⑥ 隋唐长安城承袭了北魏洛阳平面呈横长方形的形制，并将北魏洛阳外郭城居民区与内城宫苑、主要衙署隔开的做法发展成外郭城和皇城的设计；隋唐长安城还承袭了北魏洛阳的里坊制，而且更加规整，排列井然有序；同时还承袭了北魏洛阳在主要居民区设置固定市场的做法。“隋唐的许多礼仪制度承自北齐，西京城即模仿邺南城的规划而建。主要宫殿区太极宫位于全城北部的中央”，“宫城之南设皇城，是官署区。在宫城与皇城的左右及其南部，设了一百多个坊和东、西两市，坊即相当于过去的里。全城以对准宫城和皇城正门的明德门大街为中轴线，全部纵横街道，形成一个极为整齐的棋盘格网”。⑦

---

① 徐广：《晋纪》，转引自顾炎武《历代宅京记》卷十三《建康》，中华书局1984年版，第193页。《晋书》卷七十九《谢安传》，中华书局1974年版，第2074页。

② 《魏书》卷二十三《莫含传》，中华书局1974年版，第604页。

③ 《魏书》卷九十一《术艺传》，中华书局1974年版，第1971页。

④ 郦道元著、陈桥驿校证：《水经注校证》卷十三《漯水》，中华书局2007年版，第313页。

⑤ 《邺都记》，载许作民：《邺都佚志辑校注》，中州古籍出版社1996年版，第137页。

⑥ 陈寅恪：《隋唐制度渊源略论稿》，上海古籍出版社1982年版，第70页。

⑦ 俞伟超：《中国古代都城规划的发展阶段性》，《文物》1985年第2期。

隋唐的东都洛阳城为了使宫城中轴对准伊阙龙门，把宫城设于全城西北部。除此以外，格局同西京城基本相同。“宫城、皇城在郭城的西北角，宫城在皇城之北。宫城北面是两座小城前后重叠，又有东西隔城分列左右，皇城两侧形式也非常对称。”① 大片夯土基址遗存前与应天门、端门、定鼎门相对应，后与玄武门、圆壁南门、龙光门相对列，正在中轴线上，为中央各殿的殿址。其宫城正门为应天门，以城门楼（紫薇观）为主体，两侧辅以垛楼，向外伸出阙楼，其间以廊庑相连的建筑群体，规模宏大、形式复杂、雄伟壮观。

北宋东京城的宫室建设则依照唐朝洛阳城的宫殿制度。赵匡胤以后周之旧京为都，建隆三年（公元962元）“始广皇城东北隅，命有司画洛阳宫殿之制，按图修之，而皇居始壮丽矣”②。东京开封正南门内正殿原名崇元殿，重修后先后改称乾元殿、朝元殿和天安殿，明道二年（公元1033年）改名大庆殿，乃正旦至大朝会、策尊号之所；其北有紫宸殿，是视朝之前殿；西有垂拱殿，为常日视朝之处。

综上所述，东汉洛阳城已由秦西汉都城的多宫城制变为南、北两宫城。魏晋南北朝时期洛阳城的形制与布局与两汉相比，发生了划时代的变革。三国时期曹魏的都城洛阳开创了单一宫城制，形成了城市的中轴线。洛阳城宫城中所建的太极殿是中国历史上第一座太极殿，它集中体现了“建中立极”“君权神授”的统治理念，是中国古代由多宫形制向居中的单一宫城发展的重要转折点。宫城以主殿太极殿及东西堂为核心，成为王朝的权利中枢。这种制度，西晋沿用未改。北魏洛阳城集秦汉魏晋都城之大成，又新修筑外郭城，从而发展为外郭城、内城（即隋唐时代及其以后的皇城）和宫城的三城制都城。“三城制”都城作为“成熟”帝国时代历史缩影的物质文化载体，最早出现于河洛地区的北魏都城。

汉魏洛阳城“所开创的以太极殿为核心的都城单一建筑轴线、单一宫城居中南向、主殿太极殿居中的布局，以太极殿为大朝、太极东西堂为常朝的东西堂制度、中心正殿前设三道宫门的‘五门三朝’制度等，开启了中国古代都城布局和宫室制度的新时代”③。

北魏洛阳城的形制和布局的主要方面，均为隋唐长安城和洛阳城所承袭，而隋唐长安城和洛阳城又对以后各朝都城的设计产生了深远的影响。“北魏洛阳城的形制和布局影响了东魏和北齐的邺南城、隋唐长安城和隋唐洛阳城、北宋开封城、元大都及明清北京城。”④ 不仅如此，这一“建中立极”的宫城形制和太极殿及东西堂制度，也影响到日本和韩国的都城形制。因此可以说，北魏洛阳城的形制承上启下、继往开来，在中国城市发展史中占有重要地位。

（作者分别为洛阳市白马寺汉魏故城文物保管所副研究馆员、河南省社会科学院研究员）

---

① 中国社会科学院考古研究所洛阳工作队：《隋唐东都城址的勘察和发掘续记》，《考古》1978年第6期。

② 《宋史》卷八十五《地理志一》，中华书局1977年版，第2097页。

③ 中国社会科学院考古研究所洛阳汉魏故城队：《河南洛阳市汉魏故城太极殿遗址的发掘》，《考古》2016年第7期。

④ 刘庆柱：《中国古代都城考古反映的河洛文化历史地位》，《河洛文化与汉民族散论》，河南人民出版社2006年版，第5－6页。

中国古代都城的“洛阳模式”

——兼及洛阳学研究的基本问题

李久昌

摘要：在中国古代都城中，洛阳的地位无疑是极其重要的。“洛阳模式”是指洛阳古都发展的历程、内容和经验，它是中国古代都城发展史上一段重要的历史时期。在道路上体现为洛阳古都发展的道路，也是中国古代都城前期发展历程的缩影；在制度上体现为古代洛阳都城空间是中国古代都城空间的“原型”，奠定了中国古代都城空间前期的基本模式和制度的基础；在思想上体现为以“天下之中”为核心的建都理论建构、发展和指导；在形象上体现为成熟的中土、仁德都城，代表了德和政治性，为后来统治者所无比艳羡。“洛阳模式”具有开创性、整体性、集大成性、包容性、辐射性的特点。以古都洛阳命名的洛阳学，虽然是涵盖面相当宽泛的学问，但洛阳古都无疑是其最基本、最重要的研究对象之一。洛阳学是以洛阳的历史文化和社会变迁为主要研究对象，探索古今洛阳城市发展规律的综合性学问。

关键词：古代都城；洛阳模式；内涵；洛阳学

在中国数以百计的古都中，洛阳的地位无疑是极其重要的。从中国古都发展史来看，洛阳都城的发展具有鲜明的特征：一是建都时间最早、立都时间最长、建都朝代多；二是古都洛阳对中国古都制度有许多重要的开创和发展之功，所体现的中国古代建都观念与都城制度对后世有重要的影响。笔者曾撰《国家、空间与社会——古代洛阳都城空间演变研究》①，对洛阳古都空间发展特点及其与中国古代都城空间的关系进行梳理，总结和提出了中国古代都城发展的“洛阳模式”新见解。拙作出版后，学术界给予了较大的关注和评论②，促使笔者对此展开进一步的思考。本文意在旧稿基本观点的基础上，就中国古代都城发展的“洛阳模式”的核心内涵及特点略述一二，为方兴未艾的洛阳学研究提供一种视角，以求教于方家指正。

一、何谓“洛阳模式”

“洛阳模式”是中国古代都城发展史上一段重要的历史时期。洛阳号称“天下之中”，“河山拱戴，形胜甲于天下”，在古代长期被视为理想的都城之所在，在中国古代建都时间最早、立都时间最长。历

① 李久昌：《国家、空间与社会：古代洛阳都城空间演变研究》，三秦出版社2007年版。

② 朱士光：《近年来中国古都学研究的新探索》，《社会科学报》2009年12月24日；肖爱玲：《〈国家、空间与社会：古代洛阳都城空间演变研究〉评析》，《西北大学学报（自然科学版）》2008年第5期；肖爱玲：《评〈国家、空间与社会：古代洛阳都城空间演变研究〉》，《社会科学评论》2008年第4期；毛曦：《洛阳都城历史地理研究的视野与创获：〈国家、空间与社会：古代洛阳都城空间演变研究〉简评》，《文博》2010年第1期；王杰瑜：《古都研究的一部力作——读李久昌〈国家、空间与社会：古代洛阳都城空间演变研究〉》，《文物世界》2008年第4期。

史上先后有夏、商、西周、东周、西汉、东汉、曹魏、西晋、北魏、隋、唐、后梁、后唐、后晋共14个朝代在此建都，合计时间长达1667年4个月。加上历代在洛阳设置的陪都，洛阳在古代的建都史有夏、商、西周、东周、西汉、东汉、新莽、曹魏、西晋、北魏、后赵、北周、隋、唐、后梁、后唐、后晋、后汉、后周、宋、金21个朝代（去掉5个重叠朝代），合计2207年①。其间虽也有一些朝代和时间上的缺环，但在夏、唐间的各个重要历史时期，洛阳几乎都能成为相应王朝的都城。时间持续，都城建设脉络紧密相承。都城建置上则包括了三代都城、统一的中央王朝之都、分裂时期区域性都城、少数民族建立的都城和陪都等中国古代都城的主要类别。夏都斟寻二里头遗址、商都西亳偃师商城遗址、周王城遗址、汉魏洛阳城遗址及隋唐洛阳城遗址，沿洛水之北自东向西30公里内，一字排开，形成"五都荟洛"的恢宏气势。都城遗址分布之密集，联系之密切，时间跨度之大，均为世上所罕见。在一定意义上说，宋以前的几千年的中国历史的关键事件、重大场面，许多都与洛阳这座古都有直接联系。

中国古代都城发展历史若以都城空间规制来划分，大致包括两个时期：封闭式都城时期和开放式都城时期。前者历夏、商、周、秦、汉、隋、唐，后者含宋、辽、金、元、明、清。在空间组织形式上，中国古代都城则大致经历了单一宫城的都城（夏时期）、城郭形态的"双城制"都城（商周至春秋战国时期）、宫城、皇城和郭城的"三城制"都城（魏晋至明清时期）等历史阶段。其空间布局也经历了各种功能区相对分散存在（夏商周三代时期）、密封式结构（东周至两汉时期）、棋盘格形封闭式结构（曹魏至隋唐时期）和开放式街道布局（宋至明清时期）等诸多变化。洛阳作为古代一个持续为都的都城，其发展进程几乎贯穿了整个中国古代都城前期发展史，历史延续脉络清晰。而上述空间组织形式和布局的变化，有许多是首先在洛阳都城形成或成熟的：洛阳是中国古代都城的出发点，二里头遗址是迄今所知中国最早的王朝都城——夏都斟寻，也是唯一一座单一城制的都城；商都西亳和周都洛邑形成了中国古代最早的城郭双城制都城空间结构形态；北魏洛阳城最早奠定了由宫城、皇城、郭城构成的中国古代都城三城制的基础，并由隋唐洛阳城等加以完善和推进……虽然古代洛阳城都城的发展远非中国古代都城发展前期的全部内容，但从都城空间发展角度看，它是一个较为完整的都城空间整体演化的历史过程，代表了相应时期中国古代都城发展的基本特征。中国古代都城空间模式有许多可以在洛阳都城中相应找到它的"原型"。因而，古都洛阳在中国古代都城发展史上有重要的开创和发展之功，其发展链条构成了中国古代都城发展史的一条鲜明的主线，反映了中国古代都城前期发展史的基本特征，并深刻地影响了后世乃至外域都城的发展，具有奠基性的地位。

可见，从夏商至隋唐的中国古代都城前期发展史上，洛阳占有突出而重要的地位，其都城形制和格局的变化轨迹清晰，都城呈现不断沿承和逐渐完善的创新格局。所谓"洛阳模式"便是指这一时期洛阳都城发展的历程、内容和经验，是古都洛阳在这一时期逐渐发展起来的一套适应历史与社会变化的都城发展战略和都城空间模式。

二、"洛阳模式"的内涵与特点

"洛阳模式"的内涵是十分丰富的。作为一个完整的概念，"洛阳模式"至少包括了"环境—文化"的都城选址模式，宫城制度与都城形制的持续演进模式，都城社会空间的建构与控制模式，都城经济空间的布局与调控模式，都城礼制建筑空间的布局与建设模式和以"天下之中"为核心的建都理论建构、发展和指导等基本内容。

① 李久昌：《国家、空间与社会：古代洛阳都城空间演变研究》，三秦出版社2007年版，第105－108页。

第一，“环境—文化”的都城选址模式。关于都城的选址原则，中国古代已有“择中论”“便利论”“形胜论”等①。当代历史地理学家史念海先生总结出古都形成的自然环境、经济因素、军事因素和社会因素等的特征②。洛阳屡屡被选作都城，优越的地理环境显然是一个重要因素，这里所说的地理环境优越，既包括从宏观上看洛阳所在的伊洛河平原在全国的地理形势，也包括从微观上看洛阳地区在伊洛河平原所独具的地理特征③。适宜的地理环境为洛阳古都的兴起创造了优越条件。但仅有优越地理环境，并不能一定被选作都城。从历史的角度看，洛阳屡屡被选作都城，不仅反映了处于黄河中游伊洛河平原的洛阳具有良好的地理条件，同时也反映了丰厚的传统文化积淀是洛阳成为千年帝都的文化基础和保障。洛阳是“河图”“洛书”的出现地和中华文明的重要发祥地，而且是多种文化的交流融合地和包容文化的滥觞地。传统中国人在空间选择上一贯热衷的“尚中”“择中”观念，经周公总结发展为中国古代第一个系统的建都学说——“天下之中”理论（下详)。“天下之中”所具有的“交汇点”特征与深厚的文化积累结合，给洛阳罩上了一种神奇的向心力，具体化为众多王朝对洛阳空间特质所具有的“天下之中”区位和文化内涵的认知和认定，而具有强烈的政治认同感和文化归属感。因此，作为千年帝都，洛阳虽具有良好的自然地理环境，但洛阳都城的兴起和发展，实际上主要得益于其得天独厚的“天下之中”区位优势和政治早熟、三代定都带来的深厚文化积淀，文明发祥和国家形成时期所积累的综合优势和古代经济地理格局的东西与南北变化，给洛阳带来了历史的发展契机。

第二，宫城制度与都城形制的持续演进模式。中国古代都城的演进首先表现为都城空间的嬗变。在中国古代都城的发展中，包括宫城、里坊和市场在内的这几个部分，构成了中国古代都城空间的基本构成要素与空间主体，它们在都城中各自的结构形态和相互位置关系的变化，决定了都城空间变化的基本态势。洛阳古代都城的演进史，正体现了这几个部分的演变轨迹，其持续的演进和不断的创新，奠定了中国古代都城空间模式的基础。

宫城是古代都城的核心空间和政治中枢，也是都城空间建设与展开的原点。文献和考古资料都显示，古代都城最早是以宫城形态出现的。在中国古代都城发展史上，宫城大体经历了“多宫城”制—“双宫城”制—“单一宫城”制的变化，而每一次变化，实际上都是都城核心空间发展和重构的过程。最早的多宫城制形成于二里头夏都斟寻。二里头遗址总面积近 11 万平方米的宫城是迄今所知中国最早的宫城遗存，它和它所圈围起的大型宫殿建筑，构成整个都邑的核心。受当时祭政合一的国家结构和早期“朝会”形态的影响，多宫城制流行于商周及秦和西汉时期。都城内由若干个体的宫城组成，且排列较紧密，各种殿堂楼阁遍布城内，鳞次栉比。东汉雒阳城则实行以南北两宫为主的宫城布局形制，是古代唯一的“双宫城”制都城，可视为过渡性形态。单一宫城制是我国古代宫城制度的定型形态。近年来曹魏至北魏洛阳宫城的考古发现，证实古代都城的单一宫城制始于曹魏洛阳城，而非传统认为的始于曹魏邺北城④。曹魏洛阳城废除了东汉以来南北两宫的制度，在东汉北宫基础上建立了居北居中的单一宫城，时称“洛阳宫”。北魏洛阳城在此基础上，重新加以营建，进一步确立和完善了单一宫城制，成为此后古代宫城的基本制度和都城核心空间的范式。宫城从分散的“多宫城”到相对集中的“双宫城”再到集中的“单一宫城”，使宫城在都城整体空间结构中的重要地位更加突出，反映了宫城封闭程度逐渐增强、皇权地位至高无上的整体发展过程。

由于宫城制度发生的“多宫城”—“双宫城”—“单一宫城”的变化，古代都城布局形制也经历

① 李久昌：《国家、空间与社会：古代洛阳都城空间演变研究》，三秦出版社 2007 年版，第 113－114 页。

② 史念海：《我国古代都城建立的地理因素》，载《中国古都研究》（第 2 辑），浙江人民出版社 1986 年版，第 1－30 页。

③ 李久昌：《国家、空间与社会：古代洛阳都城空间演变研究》，三秦出版社 2007 年版，第 138－163 页。

④ 李久昌：《国家、空间与社会：古代洛阳都城空间演变研究》，三秦出版社 2007 年版，第 250－251 页；刘庆柱：《中国古代都城考古发现与研究》，社会科学文献出版社 2016 年版，第 883 页。

了"单城制"—"双城制"—"三城制"的变迁。最早的"多宫城"制下都城二里头遗址，实际是由多座宫庙构成，四周围以宫墙的"卫君"之城，其余的居民区和手工业作坊区则未围筑墙垣，迄今考古也未发现周围有"郭城"的遗迹，此时的宫城实质上就是最早的都城，都城形制呈现城宫一体化的格局。偃师商城始建时，只有"宫城"和小城两座城址，这里的"小城"也是宫城。此时的偃师商城与二里头一样，属单一宫城制都城。直到偃师商城晚期大城（即郭城）建成，始出现宫城、郭城并存的"双城制"都城。偃师商城的郭城是迄今发现的中国都城中最早的郭城，它的出现，改变了二里头以来都城仅有宫城的城宫一体化格局，都城不再仅仅是帝王和贵族们居住和施政的场所，而且也是一般百姓居住生活的地方。这是都城空间一次重大的变革与发展，并为此后很长时间内的都城规划所沿用。伴随着单一宫城制的巩固与完善，北魏洛阳城又最早形成了中国古代都城中涵盖宫城、内城（皇城）、外郭城的"三城制"布局。宣武帝在营建洛阳都城时，将中央官署等从宫城中整体迁出，将旧有的汉晋洛阳大城改造成内城，专门用以集中安置中央官署，形成了相对于宫城与郭城之间的内城，即隋唐以后的"皇城"。以此为中心，又在其周围新建一圈城郭，作为专门用于安置一般官宅、寺院、民居、手工业作坊和市场等的新的城市功能区。北魏洛阳城外郭城的出现，是汉魏洛阳城形制演变中一次最重要变化，由此形成的由郭城、内城（皇城）与宫城组成的"三城制"都城形制，以后一直为历代王朝都城所遵循，与中国古代封建社会相始终。

宫城从"多宫城"到"双宫城"再到"单一宫城"，也使古都的空间规划进入了一个新的阶段，即以明显"中轴线"为核心的整体规划都城空间结构的阶段。古代都城轴线是中国古代都城的重要特点。早在二里头时期，二里头宫城内建筑群的中轴对称已孕育着都城中轴线布局萌芽。二里头宫城遗址的二号宫庙遗址与一号宫殿遗址并列于宫城东西，是目前考古发现时代最早的都城轴线。偃师商城在早期都城中出现了目前已知最早的都城中轴线布局，从南城门向北经宫城南宫门、北宫门至北城门（小城北门）；东汉洛阳城前期是大朝正殿与南宫的南宫门、外郭城南城门——平城门形成南北向的都城"中轴线"，晚期是大朝正殿与北宫的南门、外郭城南城门形成南北向的都城"中轴线"，开创了最早以大朝正殿为基点，宫城轴线与都城轴线重合的新模式；魏晋洛阳城、北魏洛阳城废除了东汉以来的南北两宫制度，建立了单一的宫城，融合内城、外郭城的出现等新因素，使中轴线布局在大规模的南北向都城中得以实现，形成了自南向北依次为外城正门——宣阳门、铜驼街、宫城正门——阊阖门、大朝正殿——太极殿的中轴线，较此前的都城中轴线更为接近"居中"位置。中轴线伸展和延长了都城空间，使宫城、皇城和郭城更为紧密地结合成一体，形成帝国都城的整体空间。魏晋洛阳城、北魏洛阳城中轴线在中国古代都城史上具有里程碑意义，是隋大兴、唐长安城、宋开封城、明清北京城中轴线的重要源头。

第三，都城社会空间的建构与控制模式。《吴越春秋》云："筑城以卫君，造郭以守民。"城与郭，构成了中国古代都城空间的主要和基本单元。偃师商城的郭城是迄今发现的中国古代都城中最早的郭城。当时对都城居民的管理是以族属血缘组织为基础分片、分等级进行的，其居民区划是以血缘为纽带的聚族而居的都城居住区划，但并未加工改造为制度化的形式，居民区分布较为分散，片区之间往往还有较大的空疏地带，这正是都城发展尚处初期的表现。作为都城内的聚居单位，"里"出现在西周时期。由原来作为农村聚居组织形式的"里"发展成为都城居民聚居形态和管理制度，契机在于这一时期出现的城市发展高潮以及"内城外郭"都城形制的实行。汉晋时期洛阳都城的里，作为一种都城内的基层行政组织的功用日益凸显，里与市在功能上相互渗透，而都城形制经过宫城制度的调整，也呈现出向平正规整方向发展的趋势，这就为里制向里坊制度过渡铺敷了契机。虽然还有学者认为整齐的里坊制都城规划始于曹魏邺北城，但比较明确的整齐的里坊制都城规划确实开始于北魏洛阳城。北魏洛阳城设置外郭城，创造性地将西周以来的里制和汉代以来出现的坊结合起来，将外郭城大规模地辟为里坊区，按新的里坊制度布局与管理外郭城，在外郭城之中建设了220个里坊（一说320个或323个）①，里坊形制整齐统一，平面呈方形，长宽各一里，四周围以墙垣，四面辟门，里坊之中设置十字街。这是中国古代都城建设史上第一次有计划地把都城居民的里整齐地建成。不仅将都城划分出若干方形的空间，而且对每个空间都做了适当的安置与有效的管辖。它在划分都城居民居住空间的同时，也划分了都城社会结构空间。由周代发端的古代里坊制度至此基本定型。古代都城发展也因此成为布局严整、中轴对称的封闭式里坊制城市。隋唐长安城、洛阳城沿袭了北魏洛阳城外郭城及其里坊制，而且更加整齐划一、布局严谨，在制度上和形式上达到了极致的统一和完善，使统治者在空间和时间两方面对城市严加控制达到了最高境界，代表着以社会政治功能为基础的都城聚居制度的成熟。里坊格局下所产生的人类生活和社会文化，反映了当时社会的群体面貌，甚至长久地影响着中国文化传统。

第四，都城经济空间的布局与调控模式。自先秦以来，市场便是古代都城整体空间的基本要素之一。从市场分布位置来看，在中国古代都城前期发展史中，都城市场大致经历了“前朝后市”“前市后朝”两个阶段。先秦至秦汉时期，都城市场一般分布在宫城的北部，即《周礼·考工记》所说的“前朝后市”。考古发现，偃师商城的宫城在都城南部，都城中部和北部则是大面积的手工业作坊遗址，工商相连，都城市场的位置应当就在上述遗址区附近，宫城与市场南北排列，形成“前朝后市”格局。东周洛阳王城宫殿区位于王城西南部瞿家屯一带，王城北部分布有大量手工业作坊遗址，推测市场可能在其附近。准此，东周洛阳王城仍属于“前朝后市”格局。东汉洛阳城主要有金市、马市和南市三大市场。最主要的金市即大市，在城内南宫西北部，其与南宫的相对位置，基本仍是南北排列的形制，还属于“前朝后市”格局。但对实行南北两宫的东汉而言，金市对北宫，又在其南，已不是“前朝后市”格局。其余的马市和南市两大市场，一在城外东部，一在城外南部，这样的市场分布，已不是严格意义上的“前朝后市”格局，而且还“使洛阳的市场突破了城区的空间而向城郊发展，在古代城市规划史上不能不说是一种革新的尝试”②。到了北魏洛阳城，创立了宫城、内城、外郭城三重城垣的新都城形制，市场布局随之发生了根本性变化，市场已不在内城，被全部安排到外郭城之中。其中大市在西郭，马市和小市在东郭，四通市在南郭，四大市场均处于宫城以南的区域，先秦以来传统的“前朝后市”格局被彻底打破，取而代之的是“前市后朝”制度。这一制度为以后的隋唐长安城和洛阳城所继承，并且市制与坊制紧密结合，形成坊市制度，发展更趋于繁荣，直到安史之乱后，才逐渐松懈、瓦解，最终进入了市场的“街市”阶段。

第五，都城礼制建筑空间的布局与建设模式。礼制建筑是中国古代都城建设的必要组成部分，也是礼制文化物化的重要形式。根据文献记载，三代时期，盛行宫殿与宗庙共存于宫城之中，平面形制也基本相同，体现了当时祭政合一的国家政治结构特点。考古发现的最早的都城宗庙建筑遗址，是二里头遗址宫城的二号大型夯土建筑基址，它与宫城内的一号宫殿建筑基址整体规模、布局、结构近同，后者比前者还要更规整些、严密些，封闭性更强，透露出宗庙的地位似乎还稍高一些。偃师商城继承了二里头遗址宫庙共存的传统，其宫城内的大型夯土建筑，以二、三、七号为东组，四、五号为西组，前者为宗庙建筑，后者属宫殿建筑。随着秦汉大一统王朝的建立，传统的祭政合一的国家政治结构被打破，象征着王权和“地缘政治”物化载体的宫殿建筑地位上升，本质上属“血缘政治”物化载体的宗庙地位下降，从都城之中、宫城之内逐渐移至都城之外。在此方面，东汉和北魏洛阳城可称为一个重要节点。东汉的宗庙社稷，是按照“左祖右社”规划建设布局的，这也是秦汉以来有可靠文献记载的最早实例③。

① 李久昌：《北魏洛阳里坊制度及其特点》，《学术交流》2007年第7期。

② 宋镇豪：《中国古代“集中市制”及有关方面的考察》，《考古》1990年第1期。

③ 姜波：《汉唐都城礼制建筑研究》，文物出版社2003年版，第88页。

明堂、辟雍、灵台等礼制建筑，即所谓“三雍”，被安排在洛阳城南郊平城门大街的左右两侧，即都城主轴线两侧。建武五年（公元29年），光武帝又在辟雍之东北建立太学。“三雍”在人们心目中的形象、地位以及东汉皇帝在“三雍”经常活动的影响，再加上平时太学生在太学及其周围的生活、活动，洛阳城东南事实上已成为洛阳城的新兴文化区。它的出现对后世影响很大，其后历代在都城城南的文化区的源头都可追溯至东汉。北魏洛阳城由于三城制的建立，宗庙是安置在都城和内城之中、宫城之外的，这一宗庙布局制度对后世历代影响深远。而灵台、明堂、辟雍和太学的礼制性建筑仍在都城南部，后世统称为“南郊礼制性建筑群”。这一区域是汉魏时期多个朝代举行国家祭祀等礼仪大典的重要场所。宗庙等祭祀礼制建筑失去与宫城、宫殿平起平坐的政治地位，人君听政居住的宫城与祭祀神鬼的礼制建筑，在空间上有了明确的划分，礼制建筑日益沦为皇权政治的附庸。这是古代王权不断发展、逐步强化、趋于极致过程的反映。

第六，“天下之中”为核心的建都理论建构、发展和指导。“洛阳模式”的内涵远不止表现在都城空间发展方面，“洛阳模式”是由一定的思想理论促成的，“天下之中”建都理论正是这一模式的理论支柱，“洛阳模式”则是“天下之中”建都理论指导下的实践结果。因此，我们还必须从思想理论角度分析探讨“洛阳模式”出现的原因。

“尚中”“择中”是中国古代长久存在着的一个根深蒂固的观念。从仰韶文化的建筑遗迹中，我们已经可以看出当时人们对中心的重视，尧舜时期可能已经初步形成了“尚中”“择中”的观念，这种观念在夏商时期已十分盛行，只是还不系统。西周初年，围绕营建洛邑，周公在继承“尚中”“择中”观念和夏商都城建设经验及文化传统基础上，加以发展和创新，提出并阐发了“天下之中”的概念，建构了我国古代第一个建都理论——“天下之中”建都理论。其主要内容包括：“择中建都”的区域中心地思想；“居天下之中以均统四方”的政治中心地思想；“为天下之大凑”的经济中心地思想；“定天保，依天室”、均教化的文化中心地思想；等等。虽然“天下之中”建都理论的提出主要是围绕营建洛邑的政治实践活动而阐发的，但是在周公的阐发和实践中，这一理论涵摄了政治、经济、文化和地理等多重内容。他不仅把它作为自己建都思想实践的理论指导，同时又以此作为营建洛邑的方法论，这就使“天下之中”成为一个内容丰富、具有普遍指导意义的建都理论学说和方法论①。

周公历来被儒家奉为政治上的楷模，周公营洛无疑为“天下之中”建都理论罩上了一层神圣的光环。“天下之中”建都理论本身带来的非常丰富的科学内涵和十分特殊的历史过程，成就了洛阳文化形成与积淀的历史，成为影响千年帝都的最为重要的因素。西周以来的两汉、曹魏、西晋、北魏、隋唐等列朝建都洛阳，无一不是受到“天下之中”建都理论的指导与影响，它构成了列朝都洛独特理论的基础和神圣性、合理性的依据②。《左传》桓公三十二年云：“昔成王合诸侯，城成周以为东都，从文德焉。”这里，“天下之中”不仅是一种建都理论，而且是一种施政理念和治国方略。这种理念和方略因为周公营洛和随后成康之世的繁盛，其正确性得到认同。这种施政理念和治国方略的物理载体就是洛阳。于是，洛阳都城被塑造成了一个带有神性色彩的中土、仁德的都城形象，被看作“即土之中，有成周隆平之制”③，“有德则易以王，无德则易以亡”的“德政”之都④，形象上体现为成熟的中土性都城，代表了德和政治性。象征着以文德治理国家的洛阳都城，与象征着依靠武力治理天下的关中长安，形成了对比鲜明的不同都城形象。中土、仁德的洛阳都城形象，为后来统治者所无比艳羡。

“天下之中”建都理论构成了古代中国最初的都城观，对中国古代都城选址及其建设产生了深远的

①② 李久昌：《周公“天下之中”建都理论研究》，《史学月刊》2007年第9期。

③ 班固：《东都赋》，载龚克昌等评注：《全汉赋评注·后汉上》，花山文艺出版社2003年版，第214页。

④ 司马迁：《史记》卷九十九《刘敬叔孙通列传》。

影响。周公之后，许多思想家、政治家沿着先哲的思维路径，分别从不同角度表示了对“天下之中”的执着追求，如成书于战国人之手的《尚书·禹贡》总结“天下之中”观念，提出了以王都为中心向四方推衍的回字形天下疆域结构。荀子则将居中所体现的尊尊含义上升到礼制的高度。《吕氏春秋》明确地把“择天下之中而立国，择国之中而立宫”作为选择都城地址和处理郭城与宫城关系的基本原则。西汉贾谊进一步提出了择中建都可在次级区域内实现的构想，即“贾氏圆形布局体系”等，进一步丰富和发展了周公“天下之中”建都理论。周公之后，虽然“天下”的版图时有盈缩，“天下”的概念也有所变化，都城形式也不断变化，但“天下之中”作为一种建都理论，两千年间一直是指导古都选址建都的基本理论。从这种都城观中，还发展出中国古代一整套关于都城建设的思想体系，以及一系列已经被体制化的建都实践。不仅如此，“天下之中”建都理论本身具有的巨大涵盖力和扩张力，还直接影响到古代都城空间及宫室布局，引申和发展出“择中立宫”和“择宫之中轴线立朝”等制度，成为历代统治者选择宫城、宫殿等位置的规划准则。三“中”重叠，层层推进，从而把礼制秩序和王权至上观念推向极致。

在中国古代都城研究中，学者们曾总结出了许多种都城模式，如曹魏的邺城模式、隋唐的长安模式、元明清的北京模式，还有“中世纪都城”模式、中古规整封闭式城市模式等。通过上面对古代洛阳都城发展的梳理，我们可以说，在中国古代都城发展史上，的确存在着一个令人瞩目的“洛阳模式”。它是中国古代都城发展史上一段重要的历史时期，反映了洛阳古都发展的历程、内容和经验，在道路上体现为洛阳古都发展的道路，在中国古代都城前期发展的每一个重要阶段，古都洛阳都发挥着重要作用，是中国古代都城前期发展历程的缩影，在制度上体现为中国古代都城空间前期的基本模式和制度。古代洛阳都城空间是中国古代都城空间的“原型”，奠定了中国古代都城空间模式的基础，成为古代都城空间政治性、神圣性、规划性与文化性的典型代表。在思想上体现为以“天下之中”为核心的建都理论的建构、发展和指导。在形象上体现为成熟的中土、仁德都城，代表了德和政治性，为后来统治者所无比艳羡。“洛阳模式”具有开创性、整体性、集大成性、包容性、辐射性的特点，是洛阳历史文化中最具特色、最为闪光的亮点，也是洛阳历史文化在中国历史上最为突出的特征。

三、“洛阳模式”与洛阳学研究

长期以来，中外学界围绕历史时期洛阳的考古遗迹、城市规划、城市建筑、空间布局及民众的社会生活、宗教信仰等诸多问题，从考古学、历史学、地理学、宗教学、建筑学等不同领域做了许多研究，取得了丰硕的成果。但正如有学者所说的，学界仍然较普遍地“对洛阳的地位及作用没有足够重视，仅视其有辅助功能”。“倘若聚焦洛阳，重新评价中国历史的话，将可能呈现出与以往所建构的历史不同的情况。”①

洛阳学的提出，不仅为我们全面综合探讨洛阳的历史发展规律提供了新思路，为中国史研究提供了一个新的方向，而且为我们探索中华民族传统文化的传承与创新提供了新的思路。那么，方兴未艾的洛阳学究竟是一门什么样的学问？在中国历史文化研究和地方学研究领域，洛阳学应处在一个什么位置？其存在价值是什么？如何认识洛阳学在中国历史学和地方学研究领域中的特殊性和价值？这涉及洛阳学的基本问题。

毫无疑问，洛阳学的核心是洛阳，以古都洛阳命名的洛阳学，虽然是涵盖面相当宽泛的学问，但洛

---

① ［日］气贺泽保规：《“洛阳学”在日本诞生》，陈涛译，《中国社会科学报》2011年2月22日。

阳古都无疑是其最基本、最重要的研究对象之一。“都城是国家的政治中心，在每一时代，均为全国士庶之所仰望、民心之所牵系，它又是经济中心和文化中心。因此都城的确定、建设与其指挥号令的通畅无阻，往往直接关系到一代之盛衰兴亡。”因此，“都城对于历史研究和文化研究具有特殊的重要意义”①。“古都文化浓缩了中华文化之精髓，深入至中华文化之核心，也渗透到中华文化的方方面面。通过研究古都文化，可以集中而又深入地认识与把握历史上一个王朝或一个政权的文化以及由它们统治过的一个区域的文化之内容及其特质，同时还可以通过研究古都文化推进对中华文化多个层次、多个侧面的深入研究。”② 这些观点，虽都有各自的学科基础和视角，但具有重要的科学意义。

在3000多年的洛阳城市史中，2000多年的都城史，无疑是最重要、最关键的，其所创造的“洛阳模式”是洛阳历史文化中最具特色、最为闪光的亮点，也是洛阳历史文化在中国历史上最为突出的特征，是历史留给我们的宝贵财富。只有对洛阳都城的历史进行系统的研究，才能阐释清楚洛阳学的特殊存在和价值，也才具有建立洛阳学这门新的学科的价值。当然，这样说并不是要把洛阳学研究对象局限在都城这个范围，也不是要放弃后都城时代洛阳的研究，更不是为发思古之幽情，而是说洛阳学研究离不开洛阳都城，洛阳学应当是以洛阳都城为核心，以洛阳的历史文化和社会变迁为主要研究对象，探索古今洛阳城市发展规律，促进现代城市发展的综合性学问。

（作者为三门峡职业技术学院副校长、教授）

①② 朱士光：《中国古都学的研究历程》，中国社会科学出版社2008年版，第1、7页。

论中国古代多京体系中的两京主体制

丁海斌

摘要：两京主体制发源于殷商，此后经历了东西平衡型和南北平衡型两个发展阶段。东西平衡型两京主体制是中国古代多京体系下两京主体制的主要形式。它肇始于西周，中历两汉、新朝，直至隋、唐等朝代；元、明、清三代则实行了较明显的南北平衡型两京制。两京主体制一般伴随着形式、完整程度有所不同的政治体制双套制。两京主体制的形成主要有政治、经济、军事、自然条件、文化等方面的原因与作用。由于两京主体制在中国古代长期存在，古人已形成了较成熟的两京观念和较高的对两京主体制的认同度。两京的交通是一件重要的事情，特别是皇帝来往于两京之间，不但规模宏大、礼仪隆重，还需建有大量行宫等。

关键词：中国古代；都城；陪都；两京制；多京制

中国古代的都城制度，总体上以多京制为主，形成了多元化的都城体系。但在实行多京制的过程中，大多又以两京（京师与某一重要陪都）为主体，其他陪都则居于次要地位，形成了多京制都城体系中的两京主体制。它们在中国古代都城发展史上具有重要的历史地位。

一、两京制发展之两个历史阶段
——东西与南北平衡型两京制

在古代社会管理能力较低下的背景下，出于管理国家的需要，特别是管理一个大国的需要，国家常常在首都之外设立另外的都城——陪都来提高管理国家的能力或满足某种特殊需要（军事的、政治的、经济的需要等）。而如果某一陪都地位比较突出，就与首都一起形成了都城体系中的两京主体制。

在唐以前（包括唐朝），中国国家管理中东西方关系的矛盾（指黄河流域的东方和西方）比较突出，所以在两京设置上以东西平衡型两京制为主；此后，政治、经济、军事的格局发生了转变，南北矛盾日益突出，所以在两京设置上以南北平衡型两京制为主。以上两种两京制格局是中国古代都城体系的主要格局。其中又以东西两京制在中国古代史上持续时间最长、影响最为深远，反映了中国古代早、中期的主要政治格局。

（一）最早的两京制——商朝的两京制

商朝是中国历史上的第二个朝代，目前所知中国最早的陪都出现于商朝。商朝开始形成了中国古代最初的陪都制度，是中国古代陪都制度的起源时期。

商朝最初在夏遗址上建都偃师商城（也有人认为是别都），这是出于震慑夏人、巩固统治的需要。在夏族人的居住地建都，固然有其建国初期的合理性，但也有不安定因素和心理上的排斥。此为他乡非故乡，作为新政权的主人，商族人当然希望首都建在自己的老家。于是，在营建了初期的都城——偃师商城之后不久，商王朝又营建了一座形制和规模都较偃师商城更为庞大的新都城——郑州商城。迁都郑州商城后，在商朝的早、中期就形成了两座都城（偃师商城与郑州商城）并存于世、同时存在的特殊格局，即后世所称的两京制格局。在这个两京制的设置中，偃师商城作为陪都，既可以辖摄伊洛平原，同时也是商王室向关中平原、晋南平原进行军事扩张的前哨重镇①。

由于商朝的统治区域还比较狭小，这两座都城之间的距离很近，与后世的两京制相比，其实际意义相对较小。偃师商城在商迁都郑州商城之后，仍作为陪都存在，主要是出于监视夏人的需要，军事意义较大。

需要特别说明的是，从现有资料（主要是考古资料）来看，商朝早中期实行两京制是较为明确的，但它是否是多京制体系中的两京制，还存有很大的疑问。因为，在偃师商城与郑州商城两京并存于世的商代早中期，似乎未见其他具有陪都地位的城市，因而也就未形成多京制。也就是说，这时是单纯的两京制，而非多京制体系下的两京主体制。至于商朝中后期的情况，因为文献记载不足，较深入的问题就难以说清了。

（二）东西平衡型两京主体制

两京主体制的基本走向反映了中国政治、经济的大趋势。中国古代的早、中期，黄河流域是中国政治、经济的核心区域，黄河中游沿河东西走向是中国政治、经济的大动脉，这个大动脉的两端矗立着东西两京，即渭河平原的长安和河洛盆地的洛阳，并由此形成了东西平衡型两京主体制。东西平衡型两京主体制是中国古代多京制体系下两京主体制的主要形式。自西周初起，迄唐末止，除三国时期吴都建业（今南京）、蜀都成都（今成都），东晋和南朝宋、齐、梁、陈都建康（今南京）外，雄踞伊洛平原的洛阳和雄踞泾渭平原的长安，常常是互为首都和陪都。东西两京，相辅相成，占据了中国古代约4000年都城史的一半时间，从而成为这段时间里中国都城发展变化的轴心。

在东西平衡型两京主体制中，洛阳是其中的一个关键点。优越的地理位置、悠久的文明史以及繁荣的经济，使洛阳在漫长的历史发展进程中多次被设为都城或陪都。洛阳号称“天下之中”，《史记·封禅书》载：“昔三代之居，皆在河洛之间，故嵩高为中岳，而四岳各如其方，四渎咸在山东。”② 洛阳在黄河中游的特殊地理位置，使其成为中国古代早、中期政治、经济的一个关键点，也就成为了东西平衡两京制的东京，是历代王朝控制中原及中国东部、南部的统治据点。

（三）东西平衡型两京制向南北平衡型两京制的过渡

从东西平衡型两京制向南北平衡型两京制的过渡，最早始于唐代。唐代总体上实行多京制，其中首都长安与先后设立的东京洛阳、北京（北都）太原、南都江陵这东西南北四京构成了一个“十”字形结构。在这个结构中，东西走向的两京重于南北走向的两京，所以仍然是东西平衡型两京主体制，但南北走向的两京已开始显现。

南北走向的两京在唐代初露端倪后，北宋则进入从东西平衡两京主体制向南北平衡两京主体制转换的时期。其都城体系的特点是：在黄河中游并不广阔的地区（今河南、河北），设东南西北四京，形成了兼具东西与南北走向的多京体制。即东京开封府（今河南开封）与西京河南府（今洛阳）形成的东西走向，北京大名府（今河北大名）、东京开封府、南京应天府（今河南商丘）形成的南北走向，共同形成了“┤”形多京体系，呈现出明显的从东西两京主体制向南北两京主体制过渡的特征。

但这一东西两京制与此前之东西两京主体制有所不同：长安—洛阳的两京制，从全国看意义重大，

① 中国社会科学院考古研究所编著：《中国考古学论丛中国社会科学院考古研究所建所40年纪念》，科学出版社1993年版，第233页。

② （汉）司马迁：《史记》卷二十八，《封禅书》第六，中华书局1982年版，第1371页。

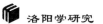

两京相连形成千里王畿，其辐射面包括了整个中原地区，东西平衡的主体作用明显；而开封—洛阳的东西两京制中，洛阳已由东京变为西京，两京相距不远，局促在同一地区，其在全国的辐射控制作用并不明显，东西平衡的主体作用不大。当然，这主要是当时的政治、经济大势所致：宋代，中国政治经济大势日趋向东、向南，长安已失去都城意义，被抛弃也是历史之必然。

（四）南北平衡型两京主体制

元、明、清三代实行了较明显的南北平衡型两京制，且两京中的陪都皆为留都。但它们有明显的区别：明代实行的是较典型的南北平衡型两京主体制；元、清两代则是在北方地区实行的南北两京制，重心明显偏北；元代实行的是两都（大都与上都）巡幸制；清代虽然也号称两京（北京与盛京），但盛京在全国来说，地位并不重要，难以与北京形成真正的两元。

南北平衡型两京主体制有两种基本形态：在汉族统治下、大运河串联下的基于黄河中下游、长江中下游两大政治经济核心区的南北平衡型两京主体制；在少数民族统治下基于中原统治中心和本民族肇兴区、根据地的南北平衡型两京主体制。在这两种类型的南北平衡型两京主体制中，北京成为首都的最佳选择和平衡轴心。当汉族统治时，主要在江南经济力量的作用下，陪都设于江南，如明朝的南京；在少数民族统治时期，主要在北方政治意义的作用下，陪都设于北方少数民族地区。正如于敏中等《日下旧闻考》卷五《形胜》引《图书编》曰：“高皇帝定鼎金陵，文皇帝迁都金台，则跨江、河南北而各为一大都会。盖天下财赋出于东南，而金陵为其会；戎马盛于西北，而金台为其枢：并建两京，用东南之财赋，会西北之戎马，无敌于天下矣。”① 总的看来，南北两京制陪都的特点是：汉族政权向南设陪都，少数民族政权向北设陪都，这是他们的政治重心不同、发祥地不同等原因造成的。

二、两京主体制下的政治体制双套制

在两京主体制的都城体制中，首都的体制设置在以往的研究成果中已阐述得较为清楚了，所以本文重点是谈谈两京主体制中陪都的体制建设。

我们之所以称之为两京主体制，之所以将主都、陪都称为双主体，很重要的是表现在政治体制方面，即很重要的原因在于政治体制的双套制。两京主体制下的政治体制双套制主要表现在两个方面：行政体制的双套制与皇家机构的双套制。当然，由于资料的局限和实际发展有一个逐步完善的过程，我们对这些两京主体制中陪都机构设置的了解也有所不同。总体来说，早期各朝代机构设置不够完善、我们了解得也相对较少，晚期各朝代机构设置渐趋完善、我们了解得也相对较详细。以下因篇幅所限，择两例简要介绍之②。

（一）隋、唐东都洛阳的机构设置

隋朝时，杨广在营建东都洛阳的诏书中就写道：“今可于伊洛营建东京，便即设官分职，以为民极也。”③ 可见，在建东都洛阳的同时，隋炀帝就着手在陪都设置一套中央行政体系。《隋书》卷三十中对东都洛阳行政机构的变更也有记载：“有汉已来旧都。后魏置司州，东魏改曰洛州。后周置东京六府、洛州总管。开皇元年改六府，置东京尚书省。其年废东京尚书省。二年废总管，置河南道行台省。三年

---

① 何法周主编：《中州名家集·侯方域集校笺》（上册），中州古籍出版社1992年版，第445页。

② 关于陪都的政治体制，也请参看笔者和刘文静所作《中国古代陪都留守官制演变初探》（《武汉科技大学学报（社会科学版）》，2016年第4期）。

③ （唐）魏徵：《隋书》卷三，《帝纪》第三，北京：中华书局2000年版，第42页。

废行台，以洛州刺史领总监。十四年于金墉城别置总监。炀帝即位，废省。”①

唐代，东都洛阳同京师长安一样，亦设置了一套中央衙署。皇帝离开洛阳时，委派官吏担任“东都留守”，统领这套衙署，保障其正常运作，并视情况的缓急，定期或飞速向皇帝汇报工作。东都留守例加某部尚书或检校某部尚书判东都尚书省事，如《太平广记》载：“唐崔珙为东都留守，判尚书省事。”② 所以“留守”实际为东都分司百官之长，负责东都百司的行政事务。唐玄宗之后，皇帝不再巡幸洛阳，东都留守成为常设职务，代表中央在洛阳主持日常工作。因东都几次更名，故东都留守又曾称洛阳宫留守、神都留守和东京留守等。东都留守的地位在唐代前期和后期发生了很大变化，与后期相比，前期东都留守的地位甚高。东都留守统领的中央衙署，有尚书省及所属六部、御史台、国子监等。东都尚书省是唐代东都分司机构的重要组成部分。东都尚书省并不全盘照搬长安官制，而是根据实际需要设置。东都尚书省不设尚书令与左右仆射，以东都留守为长官。东都尚书省虽也设有吏、户、礼、兵、刑、工六部，但六部之下所设各司往往不齐备，六部的具体工作也和长安官制有所区别。东都的御史台负责监察东都留守官（京官）和洛阳地方官（外官）。开元七年（公元719年），监察御史分为左右巡，纠察违失，左巡主管两京以内，右巡主管两京以外，包括两京所在的地方雍州、洛阳全境。开元二十五年（公元737年），以监察御史察看两京的馆驿。大历十四年（公元779年），两京以御史一人主管驿馆，称为管驿使。龙朔二年（公元662年），又在东都设置国子监，号称东监。后来，又设置了国子馆、太学、四门馆、广文馆、律馆、书馆、算馆和崇玄学等学校，由官员管理，教师授课，培养人才。

唐代洛阳作为陪都之外，还有其他两个行政级别，也设有相应的行政机构。即唐代陪都洛阳共有三个行政级别：一为都城，即洛阳宫、东都、神都、东京；二为一级地方行政区划，即府、州；三为介于都与一级地方行政级别的总管、行台、都督府。其中，洛阳作为府、州的行政级别最为稳定。这点我们大致可以从《唐会要》及《新唐书》中得以了解。《唐会要》卷六八“河南尹”条载：

> 武德四年，平王世充，废东都，置总管府，以淮阳王道元为之。其年十一月十一日，置洛州大行台，改为东都。六年九月二十六日，改东都为洛州。九年六月十三日，废行台，置都督府，以屈突通为之。贞观十一年三月十日，改为洛阳宫。十七年五月十三日，废都督府，复为洛阳州，以裴怀节为长史。
>
> 显庆二年六月五日敕，洛阳州及河南洛阳二县官，同京官，以段宝元为长史。其年十二月十三日敕，宜改洛阳州官为东都州县官員，阶品并准雍州。光宅元年九月五日，改为神州都。神龙元年二月五日复为都。开元元年十二月一日，改为河南府，以李傑为尹。天宝元年二月二十日，改为东京。上元元年九月二十日，停东京之号。元年建卯月，改为中都。③

《新唐书》对此也有相关记载，但不若《唐会要》详细：东都，隋置，武德四年废。贞观六年号洛阳宫，显庆二年曰东都，光宅元年曰神都，神龙元年复曰东都，天宝元年曰东京，上元二年罢京，肃宗元年复为东都。河南府河南郡，本洛州，开元元年为府。④

（二）清朝盛京的机构设置

清朝统治者为了突出盛京地位、隆重陪都体制，模仿明制，设立了盛京礼、工、户、刑、兵五部。

① （唐）魏徵、令狐德：《隋书》卷三十，《志》第二十五，中华书局1973年版，第834页。
② （宋）李昉：《太平广记》卷二四四，《崔珙》，中国文史出版社2003年版，第570页。
③ （宋）王溥：《唐会要》卷六八，“河南尹”，中华书局1955年版，第1189页。
④ （宋）欧阳修、宋祁：《新唐书》卷三十八，《地理》二，中华书局1975年版，第981－982页。

盛京五部直接对中央负责。顺治十五年（公元 1658 年）在盛京设礼部，次年又设户部、工部。康熙元年（公元 1662 年）设刑部，三十年（公元 1691 年）设兵部，并设侍郎以下各官。至此，始成盛京五部之制①。同时，由于盛京有强烈的留都性质，所以为管理皇家事务，特设立盛京总管内务府。它是清政府在其陪都盛京设立的皇家服务机构，其主要职责是掌管盛京三旗包衣与宫禁等有关事务，隶属北京总管内务府。清廷迁都北京时，内务府也随迁北京。但盛京仍保留并扩建有皇宫、皇陵，并经常准备接待皇帝东巡祭祖活动等，有相当数量的包衣在粮庄、果园、采捕山场等为皇室服务，所以需设立相关管理部门。顺治十三年（公元 1656 年），清廷铸发关防，设“盛京上三旗掌关防佐领”，由三佐领中选一人掌印理事，实际是盛京内务府的前身。乾隆十三年（公元 1748 年）仿照北京总管内务府对其机构进行了改组，形成了盛京总管内务府。清朝灭亡以后的一段时间里，盛京地区的宫殿、庄园、产业等仍由盛京内务府管理。

三、两京主体制的形成原因与历史作用

辅助首都进行国家管理是两京制陪都得以形成的基本原因和发挥的基本作用，即所谓“邦畿连体，各有采任”②。在这些方面，东西平衡型两京主体制陪都的作用比较明显，它也是洛阳作为著名古都存在的重要意义所在。总体而言，两京制的都城体系是为了建立统一的国家。唐太宗《入潼关》诗云：“崤函称地险，襟带壮两京。”两京使东西或南北连通，建立统一的王畿。《汉书》载：“初洛邑与宗周通封畿，东西长而南北短，短长相覆为千里。”③《资治通鉴》中唐代名臣褚遂良的一段话特别能说明这一点：“天下譬犹一身：两京，心腹也；州县，四支也；四夷，身外之物也。”④

具体来说，我们又可以分以下几方面来谈两京主体制形成的原因与作用：

（一）政治方面

什么是政治？学术界并没有一个公认的确切答案。本文主要是指各种权力主体维护自身利益的特定行为以及由此结成的特定关系。并且，这种政治关系与国家的经济、军事、文化等皆有所关联，它以政治集团为主要表现形式，以经济、军事为主要支撑。

在社会政治、经济等欠发达的时期，政治集团的形成数量少、独立性强。原始社会后期，随着社会的发展，不同地域、不同种族、不同共同体的政治集团日益形成，这些政治集团之间的争斗也就开始了。两京制体制的本质，是占据统治地位的政治集团为加强对现实的或潜在的敌对政治集团的控制与防御设立的。两京之间的平衡首先是政治的平衡。

具体地看：商朝的偃师商城主要是为了防止夏人的反抗保留的；周朝的东都洛阳首先是为了囚禁殷贵族（“殷顽民”）和接受东方诸侯朝拜而设立的；秦汉至唐，两京制都城是东西方政治集团平衡的产物，统治集团多居于黄河中游的西部，他们为了控制东部政治势力，多在黄河中游的东部设陪都；两宋以后，西部政治集团日益衰弱，中国成为以军事实力为基础的北方政治集团和以经济、文化为基础的南

---

①（清）纪昀等：《历代职官表（下）》卷四十九，盛京五部等官，上海古籍出版社 1989 年版，第 935 页。另据《奉天通志》记载：“因仿明南京之制，初设户部侍郎一员，继而次第设立礼、兵、刑、工侍郎各一员。陪京之制始备。其未设吏部者，以其地官员无多仍由京中铨选，故不备。”（金毓黻：《奉天通志（一）》卷二十九，《大事志二十九·清三·圣祖上》，辽海出版社影印本 2003 年版，第 582 页）

②（东汉）班固：《汉书》卷九十九中，《王莽传》第六十九中，中华书局 1962 年版，第 4128 页。

③（汉）班固：《汉书》卷二十八下，《地理志》第八下，中华书局 1962 年版，第 1650 页。

④（宋）司马光：《资治通鉴》卷一百九十七，《唐纪》十三，太宗贞观十八年（公元 644 年），中华书局 1956 年版，第 6207 页。

方政治集团的角逐之地，南北平衡型两京制体系建立。

（二）经济方面

两京之制，事关重大，与经济必然密切相关。列宁在《哲学笔记》中写道："地理环境的特性决定着生产力的发展，而生产力的发展又决定着经济关系的以及随在经济关系后面的所有其他社会关系的发展。"① 经济是基础，如果没有稳定的经济基础，就不可能有稳固的上层建筑。

1. 长安之经济意义

在中国古代早期文明中，西北地区比较发达，尤其是西北的关中平原是黄河流域古代文明的重要发祥地，也曾是我国古代早期经济最为发达的地区。这在很大程度上得益于该地区良好的自然生态环境。正因为如此，先秦、秦汉、隋唐等多个朝代定都城于长安。

据考古发现和文献记载，秦汉时期，黄河流域气候温和，降水充沛，土地肥沃，适于人类生存发展。从上古到两汉，黄河中下游地区，特别是关中地区，一直是经济发达的地区。先秦时，周人崛起于陕西渭河流域，建立了西周王朝，创造了灿烂的文明。春秋战国时代，秦人在此建立了秦国并发展壮大，最终统一了整个中国。西部地区举世闻名的郑国渠、灵渠、都江堰，就是在此前后建立的，对当地农业发展起到了重要作用。而长安位于黄河流域中部的关中盆地，平原舒展，土地肥沃，河流密集，泾、渭、灞、浐、潏、沣、滈、涝等水流经境内，有"八水绕长安"之说，形成沃野千里，十分宜于农耕，能为人口众多的京城提供充足的生活资料，这也成为在此定都的重要因素。司马迁在《史记·货殖列传》中说道："关中自汧、雍以东至河、华，膏壤沃野千里，自虞夏之贡以为上田……故其民犹有先王之遗风，好稼穑，殖五谷，地重，重为邪。……天水、陇西、北地、上郡与关中同俗，然西有羌中之利，北有戎翟之畜，畜牧为天下饶。然地亦穷险，唯京师要其道。故关中之地，于天下三分之一，而人众不过什三；然量其富，什居其六。"②

比较而言，此时的南方还很落后，生产力低下，关中的优势则较为突出。特别是西汉时期西域地区比较繁荣，开辟了贯通中西的大动脉——丝绸之路。这条商路东起长安，向西可达地中海沿岸，促进了东西方经贸往来和不同文明间的交流。唐朝定都长安，以关陇地区作为全国的政治、经济、文化中心。唐朝的西部疆域超过了汉朝，在西域地区设置了安西和北庭两个督护府，统辖西域。当时的长安城是著名的国际大都会、东西方文明交汇的中心。但是，成也萧何，败也萧何。长安虽处关中平原，但关中平原面积有限，当都城人口尚未膨胀之时，粮食供应尚可，而隋唐之际，都城人口急剧膨胀，粮食供应日趋紧张，甚至出现了"逐粮天子"，经济问题反成长安继续承担都城角色的重大障碍之一。

2. 洛阳之经济意义

千年东都洛阳之建制，与其经济地位息息相关。一个王朝自始至终都需要解决经济问题，而经济问题中最重要的就是粮食问题。都城建立后，由于城内人口众多，仅靠附近地区的粮食生产常常是难以充足供应的，因此就需要将粮食从其他生产地转运至京城。在东西两京中，长安虽位于关中平原，土地肥沃，但仍不足自给；而洛阳不但需要通过粮食外运解决自身问题，更重要的是它是全国粮食转运的中心。

西周时，成周成为全国征收贡赋的中心。据《兮甲盘》铭文，周宣王命令兮甲（即尹吉甫）"政（征）司成周四方责（积）"③，所谓"四方积"是指诸侯上缴的贡赋。成周不仅是对周围"郊甸"征发人力、物力的中心，而且是对四方诸侯征收贡赋的中心，更是对四方被征服的夷戎部族征发人力、物力

---

① 列宁：《哲学笔记》，人民出版社1974年版，第173页。

② （汉）司马迁：《史记》卷一百二十九，《货殖列传》第六十九，中华书局1982年版，第3261－3262页。

③ 徐中舒：《禹鼎的年代及其相关问题》，《考古学报》1959年第3期。

的中心。自西周至隋唐，洛阳一直扮演着长安经济主要支撑者的角色。

东汉时期，洛阳逐步成为了丝绸之路的东起点。而隋唐之际，号称盛世，长安靡费极甚，对洛阳的经济依赖更为强烈。《通典·食货十·漕运》载："天宝中，每岁水陆运米二百五十万石入关。"①

虽然两京之间有发达的水陆交通，但一旦关中地区闹饥荒，就难以负担，连皇帝都要携宫廷百僚到洛阳"就食"。在公元594年的一次灾荒中，隋文帝就被迫到洛阳就食，所以他也成为了我国历史上第一个"逐粮天子"，而唐太宗、唐高宗、唐玄宗也因粮食问题多次到洛阳就食，唐高宗也因"逐粮"而死于洛阳。景龙三年（公元709年）关中饥荒："是岁，关中饥，米斗百钱。运山东、江、淮谷输京师，牛死什八九。群臣多请车驾复幸东都，韦后家本杜陵，不乐东迁，乃使巫觋彭君卿等说上云：'今岁不利东行。'後复有言者，上怒曰：'岂有逐粮天子邪！乃止。'"② 由此可以看出隋唐时期，粮食的供给问题已成为朝廷最大的困扰和难题。

3. 经济大势的转变与两京主体制的转换

漕运在古代中国经济中具有重要作用。自秦始皇统一中国后，转漕问题就是运东方的粮食以实长安（宋以前），运南方的粮食以实开封（北宋）、北京（元明清），漕运的格局与两京制的格局是一致的。从全局来看，最重要的转运中心在中原的洛阳等地，从秦朝开始，这一带就建有大型粮仓。所以，在洛阳设立两京制陪都与漕运关系颇大。魏晋南北朝时期，北方屡经战乱，南方相对安定，在生产开发方面有着明显的进展。但北方毕竟有雄厚的经济文化基础，只要局势稍稳定，各方面就又能比较迅速地恢复，仍然成为全国的经济重心。

隋唐时期，长安和洛阳虽然是政治中心，但已说不上是经济中心了，西北地区经济逐渐衰落，长江流域的加速发展使经济中心逐渐转移至此，尤其是当时的扬州和益州，其经济上的繁荣富庶应该是超过了长安和洛阳，故而有"扬一益二"的说法。后来，经过五代和北宋时期约三百年的继续增长，到南宋时，全国的经济重心终于转到了长江中下游地区。这种经济大势的转变，成为长期存在的东西走向的两京主体制转换为南北走向的两京主体制的重要因素。

（三）军事与自然条件方面

古代设都，军事控制力常常是首先考虑的因素。两京制陪都作为都城体系中的重要组成部分，不具备军事意义是不可想象的。我们仍以东西两都为例：古代中国地域广大，一个都城难以统御全国。特别是都城偏居边地（如长安）时，不利于统治者管辖全境，有必要在位置适中的地方设置陪都，平衡设都，两都分别控制东西方，如唐太宗《入潼关》诗云："崤函称地险，襟带壮两京。"两京各具天险，并且东西连片，形成对全国的控制。就中国古代历史上两京制的主角——长安和洛阳来说，特殊的地理条件是长安、洛阳得以为都的自然原因。

西安四面环山，有"四塞之固"之称，"夫秦地被山带河，四塞以为固……此亦搤天下之亢而拊其背也"③。隋唐以后，中原政权的军事威胁主要不再来自西北，而是逐渐转移到北方和东北。长安的军事意义被逐渐削弱，不再成为都城或陪都也就理所当然。

洛阳地处河南省西部黄河中下游以南的伊洛盆地。它北临黄河、南据嵩岳、西接崤函、东邻虎牢。函谷、伊阙、广成、大谷、轩辕、旋门、孟津、小平津八关环卫于外，伊河、洛河、瀍河、涧河四河纵横于内。邙山、秦山、龙门山、万安山雄踞四方，可谓河山拱戴，形势甲天下，所以洛阳素有"四险之国"之誉。洛阳凭险足以固守，又因交通便利，广蓄物资可持久。清人顾祖禹认为洛阳"河山拱戴，

① （唐）杜佑：《通典》上，岳麓书社1995年版，第118页。
② （宋）司马光：《资治通鉴》卷二〇九，《唐记》二十五，中华书局1956年版，第6639页。
③ （汉）司马迁：《史记》卷九十九，《刘敬叔孙通列传》第三十九，中华书局1959年版，第2716页。

形胜甲于天下”①，正是洛阳地理优势的真实写照。隋炀帝在营建洛阳陪都的诏书中说：“然洛邑自古之都，王畿之内，天地之所合，阴阳之所和。控以三河，固以四塞，水陆通，贡赋等。故汉祖曰：‘吾行天下多矣，唯见洛阳。’”② 从整体上看，长安位于与西北少数民族征战的前线，凭险以拒西北；而洛阳地处天下之中，凭险以控中原。

（四）文化方面

就两京制都城体系而言，该体系中的两京由于具有良好的政治经济条件，文化的发展与繁荣也就成为应有之义了。“故西京有六学之美，东都有三本之盛，莫不纷纶掩蔼，响流无已。逮自魏晋，拨乱相因，兵革之中，学校不绝，遗文灿然，方轨前代。”③ 我们以洛阳为例说明两京制都城文化的发展与繁荣：

作为华夏文明的重要发祥地，中国古代伏羲、女娲、黄帝、唐尧、虞舜、夏禹等神话，多传于此。1959 年以来，陆续在古洛阳范围内的偃师、登封、巩县、渑池、孟津一带，发现了属于新石器时代的裴李岗文化遗址和仰韶文化、河南龙山文化遗址计 200 多处，可知洛阳所处的河洛地区早期文明之绚烂，是中华民族率先迈进文明历史的重要地区，河洛文化也常常被奉为中华“人文之祖”。我国古代科技、教育、文学、历史、哲学等方面的许多重大成就，都曾滥觞于此。东周礼乐在中国古代社会影响深远；道学、佛学、理学都与此地大有渊源；地动仪、浑天仪、候风仪发明于此；《汉书》在此修成，魏晋文学在此兴盛；而隋代洛阳宏丽至极，史载“炀帝即位，迁都洛阳，以恺为营东都副监，寻迁将作大匠。恺揣帝心在宏侈，于是东京制度穷极壮丽”④。

四、古人对“两京”的认知

——两京观念和制度渐成传统

自周朝以降，经秦汉，至隋唐，“两京”的观念日益成熟。并且，这种观念一直延续到中国古代社会的结束。在这里，我们首先可以从文献中“两京”一词的使用情况考察一下古人两京观念的发展情况：笔者检索大量古籍，发现“两京”作为一个专门名词，是从南北朝时开始出现的。如谢灵运《会吟行》诗云：“两京愧佳丽，三都岂能似。”唐代是“两京”一词第一次爆发式出现的时期，是唐代两京主体制意义显著的标志。“两京”一词爆发式出现时期还包括宋、明、清等朝。但这些朝代的文献中所说的“两京”一词，除指代本朝的两京外，有许多指代此前各朝的两京。而且，越是时间靠后的朝代，文献中反映此前朝代内容越多，如清朝文献中绝大多数的“两京”一词指代的此前各朝，尤其是唐、明两朝的两京。

下面，我们简单分析一下中国古代各时期人们对“两京”的认知情况：

在西周，虽然两京业已形成，但西周文献中未见“两京”一词，盖因其遗留文献数量少、两京形成时间短之故也。

秦汉之际，虽然两京主体制已出现多时，东京、西京、东都、西都等名称已出现，但“两京”并称还很少见，在所检索的秦汉文献中未检索到“两京”一词。汉代有著名的《两京赋》（张衡撰）和《两都赋》（班固撰），但其本名分别为《西京赋》《东京赋》与《西都赋》《东都赋》，《两京赋》《两

① （清）顾祖禹：《读史方舆纪要》卷四十八，《河南》三，中华书局 2005 年版，第 234 页。
② （唐）魏徵等：《隋书》卷三，《帝纪》第三，《炀帝上》，中华书局 1973 年版，第 61 页。
③ （南北朝）魏收：《魏书》卷六十六，《列传》第五十四，中华书局 1974 年版，第 1471 页。
④ （唐）魏徵等：《隋书》卷六十八，《列传》第三十三，《宇文恺》，吉林人民出版社 2005 年版，第 1051 页。

都赋》是后人赋予的合称。但是，尽管目前我们尚未在汉代文献中检索到“两京”并称的情况，其观念已渐趋成熟。

汉晋以后，经过西周、两汉历时一千多年两京制的不断发展，“两京”逐渐成为一个专有名词，南北朝时期开始出现“两京”一词。如南朝谢灵运《撰征赋》有云：“窃强秦之三辅，陷隆周之两京。”

南北朝后，“两京”的观念在唐朝人的脑海中已经十分清晰，检索到的唐代文献中的“两京”一词达471处之多（见图1）。在唐朝帝王和大臣的头脑中，“两京”的存在似乎是天经地义的事情。唐高祖言：“天下一家，东、西两都，道路甚迩。”① 唐太宗言，“崤函称地险，襟带壮两京。”② 唐高宗言：“两京朕之东西二宅，来去不恒。”③ 唐玄宗言，“帝业初起，崤函乃金汤之地；天下大定，河雒为会同之府”④，“三秦九雒，咸曰帝京，五载一巡，时惟邦典”⑤。这些都说明在唐朝皇帝的头脑中，有着清晰的东西两京的意识。

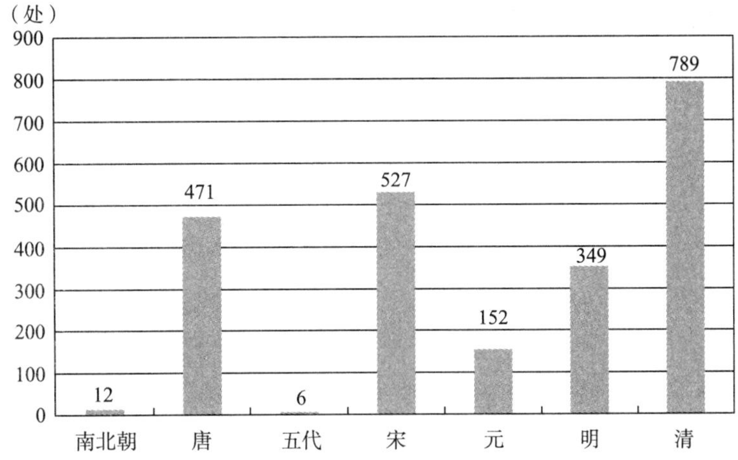

图1　中国古代各时期文献中出现“两京”一词的数量

注：图中数据以《国学宝典古籍数据库》的4903种文献为检索对象，以其分期为基本依据，但将该数据库的部分文献的归属关系做了调整。该数据库以文献形成的时间为准，笔者做了部分调整，编纂于清代的《全唐文》和后晋修撰的《旧唐书》因其文献来源于唐代，调整到唐代。但由于各种文献的复杂性，文献归属朝代难以完全准确，所以，以上数据亦难以达到完全准确，但可以说明“两京”一词被使用的大致情况。

宋代文献遗存较多，文献中“两京”一词出现的数量也较多，达527处，所指代的主要是西周、汉、唐及本朝的两京。如明人陈全之《蓬窗日录》卷一载：“太祖以金陵为南京，汴梁为北京，当动深长思矣。欲联属两京以制天下。”⑥

元虽也实行两京主体制，但元代的汉语文献中所说的两京多指唐宋两京，而非本朝两京。如脱脱主持编写的《文献通考》《宋史》中分别出现64处、47处“两京”字样，所指主要是唐宋两京。

辽、金的多京制中往往没有占主体地位的两京，除首都外，其他四京或五京常常没有地位突出的一京与首都并称两京。所以，辽、金文献中的两京，非两京主体制之两京，而是辽、金多京中的某两京。

---

① （北宋）司马光：《资治通鉴》卷一百九十一，《唐纪》七，高祖武德九年（公元626年），中华书局1956年版，第6004页。

② （唐）李世民：《入潼关》，载（清）彭定求等编：《全唐诗》卷一，《太宗皇帝》，中州古籍出版社2008年版，第3页。

③ （北宋）李昉等：《太平御览》卷一五六，《州郡部二》，“叙京都下”，中华书局1960年版，第760页。

④ （清）董诰等：《全唐文》卷二十，《元宗皇帝》，“幸东都制”，中华书局1983年影印版，第238页。

⑤ （清）董诰等：《全唐文》卷二十三，山西教育出版社2002年版，第159页。

⑥ （明）陈全之：《蓬窗日录》，上海书店出版社1985年版，第22－23页。

如《金史》中有“中、西两京”① 之句，这里的中、西两京显然不是我们所说的两京主体制的两京。

明代人士亦有清晰的本朝“两京”的观念。明代文献中出现349处“两京”字样，除指代此前各朝之“两京”外，亦有大量是指代本朝的“两京”，并有明确的“南北两京”的说法。如明代刘侗、于奕正在《帝京景物略》略例中写道：“周二京，汉两都，非其盛也。我朝两京峙建，方初方盛，猗欤胜矣。《帝京》编成，适与刘子薄游白下，朝游夕述，不揆固陋，将续著《南京景物略》，已属草矣。博物吾友，尚其助予。”②

清之两京是仿明制形成的，但盛京实则留都，实际功能有所不足，难以形成真正的两京主体制。因此，虽清代文献中出现的“两京”字样最多，但多指代周、唐、明等前代之两京。当然，清承汉制，并对自己的龙兴之地颇为重视，所以，文献中谈及本朝两京也是有的。如乾隆《帝都篇》中有“幅员本朝大无外丕基式廓连两京”③ 之句。

总之，通过考察“两京”一词在古文献中出现的频率，我们可以看到，中国古人关于“两京”的观念，经历了西周、两汉等朝的酝酿，唐宋两朝之渐趋成熟，以及明清之际的继承延续的发展过程。这一过程贯穿了中国古代社会的大部分时间，是中国古人关于京都观念的重要组成部分。

（作者为辽宁大学历史学院教授）

① （元）脱脱等：《宋史》卷八十，《列传》十八，中华书局1975年版，第1808页。

② （明）刘侗、（明）于奕正：孙小力校注《帝京景物略》略例，上海古籍出版社2001年版，第26页。

③ 高凯军著：《乾隆御制〈帝都篇〉、〈皇都篇〉碑文注释》，载《高凯军历史文博论集》，中华书局2010年版，第261页。

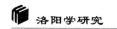

长安与洛阳：都城区位的竞争与互补

武亨伟

摘要：作为唐代以前中国历史上的两个主要都城，长安和洛阳各有其作为地域支撑的区域空间，两者之间的地位呈现既竞争又互补的关系。将两者的关系置于国都区位论之区域选择层面的讨论发现：区域结构的分异是其都城区位竞争与互补的深层原因。关东与关西的东西对立决定了双方都城区位的竞争，这种竞争突出表现在有关定都与迁都的分歧上；关东与关西地域结构的劣势决定了双方都城区位的互补，因此当一方为都时往往以另一方为陪都，以加强统治。随着东西对立的渐趋消融，两者之间的互补因素增强，到唐代，关中与伊洛同为都畿之地，成为唐王朝的都城轴心。但从总体来看，以长安为都时国家力量较以洛阳为都时相对强盛，体现出首都的选择依旧起着决定性的作用。

关键词：长安；洛阳；都城区位；竞争；互补

在唐以前的中国历史中，都城往往在长安和洛阳之间更替，呈现东西往复的特点。在这一过程中，两者或前后相继，或同时为都，伴随期间的还有若干选都与迁都的争议，学界在以往的研究中虽对此有所认识①，但缺乏深入的探讨。此外，在研究长安与洛阳之间的都城地位转变时学界往往存在着两种趋向，即在研究具体时段之都城变迁时，多将都城视作一个孤立的城市，注重讨论都城所在的微观地理形势；而在总述都城变迁规律时，则多从政治、经济等宏观角度进行分析。前者在分析过程中难免就都城论都城，忽略了区域结构在其中所起的重要作用；而后者则不免泛泛而谈，难以具体。实际上，虽然长安与洛阳各有其可资立都的地理基础，但以关中为中心的关西和以洛阳为中心的关东才是支撑两者立都的深层原因，正是这两个不同区域结构之间的分野决定了两者都城区位的竞争与互补，对此前贤虽有研究②，但尚不够深入。本文即以此为出发点，从区域结构的角度对长安与洛阳都城区位竞争与互补的关系进行深入探讨。

都城的区位选择是政治地理学的研究内容之一，既然涉及区位，自然也在区位论的讨论范畴之内。区位论最初是用来解释经济活动区位的一组理论③，其后被相继引入人文地理学各分支领域。民国学者沙学浚④较早从区位论的角度对都城选择进行了考察，其于1943年在《中国之中枢区域与首都》一文中从国策和力源两大因素分析了北京与南京各自的空间价值与位置价值，同时提出了“先确定区域，再

---

① 尹钧科：《略论北京、长安、洛阳三大古都之异同》，《中国古都研究》（第八辑），中国书店出版社1993年版，第198－211页；王守春：《双中心：中国都城变迁启示录》，《地理知识》1996年第3期；周振鹤：《东西徘徊与南北往复——中国历史上五大都城定位的政治地理因素》，《华中师范大学学报（哲学社会科学版）》2009年第1期；等等。

② 相关研究有史念海、史先智：《长安和洛阳》，载《中国古都和文化》，中华书局1998年版，第493－540页；李久昌：《国家、空间与社会——古代洛阳都城空间演变研究》，三秦出版社2007年版，第151－157页；胡方：《汉唐时期长安、洛阳地域空间研究》，陕西师范大学博士学位论文，2012年；梁万斌：《从长安到洛阳——汉代的关中本位政治地理》，复旦大学博士学位论文，2013年。

③ ［英］R. J. 约翰斯顿主编，柴彦威等译，柴彦威、唐晓峰校：《人文地理学词典》，商务印书馆2004年版，第395页。

④ 本文对前贤学者非常敬仰，但出于行文需要，文中所涉及的各位学人均不加先生，特此说明。

确定都城”的择都步骤[①]，颇具启发意义。侯甬坚[②]在多年研究的基础上借鉴区位论的工作原理，提出了“国都区位论”的理论构想，并提出了“区域选择、城址确定及区位优化”[③] 的建构要领。这些颇具创新的研究跳出了以往“就都城论都城”的窠臼，将都城区位之研究提升到了区域选择的层面，同时借用区位优化之思想，丰富了对都城选择的认识。本文在研究中受此启发，试图运用国都区位论的思路对长安与洛阳这一组既竞争又互补的都城从区域空间结构的层面进行考察，希望能够对两者之间的都城区位变迁有更加深刻的认识，同时也希望对国都区位论有所丰富。近年来，各地地方学日渐兴起，西安和洛阳也相继提出了“长安学”和“洛阳学”。作为我国古代定都时间最长的两个都城，对长安与洛阳之间的关系加以审视也是“长安学”与“洛阳学”研究的题中应有之义。故本文不揣侧陋，将长安与洛阳之间竞争与互补的关系置于区位论的视阈下进行重新审视。不当之处，尚祈指正。

一、都城定位以区域结构为支撑

历代王朝或割据政权均会面临都城选择的问题，如何在其有效控制的疆域范围内选择都城是考验统治者政治智慧的重大命题。如前所述，先选择区域，再确定都址的都城选择步骤已经为学界所认同。因此，都城选择首先是一个区域问题，无论统一王朝还是割据势力，均努力将国都置于能够最大限度实现其对内控制与对外拓展的位置。但是，很多时候一个政权的疆域内往往存在多个可资定都的区域，如何在这些区域中进行选择，不仅要对每个区域之优劣进行比较，还要对该区域与周边区域所形成之区域结构进行权衡。一个相对稳固的区域结构对都城的定位会起到非常重要的支撑作用。

对此，从西汉定都关中的论辩过程可以有明确认识。公元前202年，齐人娄敬劝说高祖刘邦定都关中，但群臣以“雒阳东有成皋，西有殽黾，倍河，向伊雒，其固亦足恃”[④] 为由进行明确反对。对此，张良指出：“雒阳虽有此固，其中小，不过数百里，田地薄，四面受敌，此非用武之国也。夫关中左殽函，右陇蜀，沃野千里，南有巴蜀之饶，北有胡苑之利，阻三面而守，独以一面东制诸侯。诸侯安定，河渭漕輓天下，西给京师；诸侯有变，顺流而下，足以委输。此所谓金城千里，天府之国也。”[⑤]

张良以洛阳所在的伊洛河平原与关中及其周边近邻如巴蜀、陇右等区域所形成的大关中[⑥]区域做比较，显然是为了突出关中的优势，但也说明了区域结构在都城定位中的重要作用。秦汉时期的“大关中”是以今天的关中为中心，巴蜀、陇右和陕北为圈层组成的。在这一区域结构中，首先，所谓“巴蜀之饶”与“胡苑之利”，揭示了巴蜀与陇右可以为关中提供充足的粮食与马匹等战略资源；其次，所

① 其原文表述为：“本文根据历史与地理两个因素，确定新首都应在何区域，再就国策与力源两个因素，确定新首都应在何都市。”详见沙学浚：《中国之中枢区域与首都》，载《地理学论文集》，台湾商务印书馆1972年版，第136页。

② 前贤学者从历史地理的角度对古代都城已经做了非常多的研究，如谭其骧：《中国历史上的七大首都（中）》，《历史教学问题》1982年第3期；史念海：《我国古代都城建立的地理因素》，载《中国古都和文化》，第213－240页；等等。侯甬坚先生亦有许多研究，如侯甬坚：《中国古都选址的基本原则》，载《中国古都研究》（第4辑），浙江人民出版社1989年版，第45页；侯甬坚：《区域空间权衡——以定都关中为例》，载《陕西历史博物馆馆刊》（第7辑），三秦出版社2000年版，第144－151页；侯甬坚：《周秦汉唐之间：都城的选建与超越》，《唐都学刊》2007年第2期；等等。

③ 侯甬坚：《国都区位论——以长安都城的政治地理实践为例证》，载黄留珠、贾二强主编：《长安学研究》（第一辑），中华书局2016年版，第53－65页。

④⑤ 司马迁：《史记》卷五十五《留侯世家》。

⑥ 关中的含义有狭义和广义两种，而且在汉武帝时，随着河西四郡、河东、上党、太原以及西南犍为、牂牁、越巂等郡的设置，关中的地域范围也进一步扩大，对此学界多有研究。详见王子今：《秦汉区域地理学的“大关中”概念》，《人文杂志》2003年第1期；辛德勇：《两汉州制新考》，《文史杂志》2007年第1期；邢义田：《试释汉代的关东、关西与山东、山西》，载《治国安邦：法制、行政与军事》，中华书局2011年版，第200－203页；梁万斌：《从长安到洛阳——汉代的关中本位政治地理》，复旦大学博士学位论文，2013年，第71－79页。

谓“阻三面而守”说明陇西、巴蜀还是关中的防卫区，依靠这些区域的拱卫可以防范来自西北游牧民族的侵扰，巩固关中的统治。司马迁在《史记·货殖列传》中叙述关中经济时认为巴蜀、陇右等地“唯京师要其道”，并指出“故关中之地，於天下三分之一，而人众不过什三；然量其富，什居其六”①，形象地描述了以关中为中心的“大关中”地域结构。秦汉隋唐等王朝的统治者均注意到这种稳定的区域结构，并积极将其运用到自己的政治实践中，终得以完成其统一大业。对此侯甬坚也指出：“就历史上建都关中的统一王朝而论，关中及全国其他地区在长期经济发展中已形成彼此相互接触、促进或制约的区域关系，和由不同的区位、经济实力、政治作用及其影响所组成的区域格局，事实上选建国都正是基于这种区域格局所做出的时代最佳选择。”②

出身于关东的群臣未能将洛阳的优势地位提高到区域结构的层面，自然难以说服刘邦。事实上，以洛阳为中心的区域结构在唐代以前的中国历史中同样引人注目。洛阳处于“天下之中”是西周时期就存在于时人心中的观念，班固称其“处乎土中，平夷洞达，万方辐辏”③。伊洛平原与周边地区如冀、青、兖、徐、豫州以及河内、上党等地同处于黄河下游冲积平原上，相似的地理条件为其地域结构提供了基础；而其背靠崤函山地，地势较关东④其他地区高，又形成了对关东地区的地理优势，所谓“绝成皋之口，天下不通。据三川之险，招山东之兵”⑤。而从历史发展来看，洛阳凭借其都城地位所带来的巨大政治影响力形成了与关东其他地区较为一致的地域认同，汉初的关东群臣之所以一致要求以洛阳为都，也是这种认同的潜在反映。这些条件共同决定了以洛阳为中心的区域结构的形成。唐人陈子昂叙述关中形势时曾言，“臣闻秦都咸阳之时，汉都长安之日，山河为固，天下服矣。然犹北取胡、宛之利⑥，南资巴蜀之饶。自渭入河，转关东之粟；逾沙绝漠，致山西之储。然后能削平天下，弹压诸侯，长辔利策，横制宇宙”；又说洛阳“况瀍、涧之中，天地交会，北有太行之险，南有宛、叶之饶，东压江、淮，食湖淮之利，西驰崤、渑，据关河之宝”⑦。两相比较，可见两者俱有其区域结构作为都城区位之支撑。

从历史发展的角度讲，一个适合建都的区域必定会在长期的历史过程中与周边区域形成相互联系又相互制约的区域结构，这一结构以相似的地理环境为基础，逐渐形成经济生活、社会风俗、文化传统等方面的相互认同。以此地域结构为基础的都城不仅拥有较为深厚的统治基础，而且可以获得更加广阔的政治运作空间。关东与关西的东西对立是唐代以前中国历史中显著的政治地理现象，以长安和洛阳为中心的区域结构也正是在这一历史背景下形成的，但是汉唐间都城在长安与洛阳之间的往复显然并不能够完全归结于东西对立，因此从区域结构的层面进行考察就显得尤为必要。

从区位论的角度来讲，每一个区位的利益不仅表现在该地点上，还包括与其相关的在其他地点的好处⑧。因此在都城选择时就不能取决于单个区域的优劣。事实上，自战国以降，随着政治经济的发展，

① 司马迁：《史记》卷一百二十九《货殖列传》。

② 侯甬坚：《区域空间权衡——以定都关中为例》，载《陕西历史博物馆馆刊》（第7辑），第144页。

③ 班固：《东都赋》，载费振刚、仇仲谦、刘南平校注：《全汉赋校注》，广东教育出版社2005年版，第498页。

④ 关于关东地区的范围，从战国时人的观念来看，毫无疑问是指齐、楚、燕、赵、韩、魏六国之故地，这种观念在汉代依旧存在。但关东地区的范围也随着历史进程的变化而发生演变，对此邢义田先生认为：汉代的关东是有一个范围较小的核心区域，即以青、冀、兖、豫、徐五州为核心，加上荆的北端、司隶的东部以及并州东南角。详见邢义田：《试释汉代的关东、关西与山东、山西》，载《治国安邦：法制、行政与军事》，中华书局2011年版，第199页。此说较为合理，本文以广义上的关东为准，但不论广义还是狭义，洛阳都在其中处于区域中心之地位。

⑤ 司马迁：《史记》卷一百一十八《淮南衡山列传》。

⑥ 此处两唐书俱作“胡、宛之利”，但“宛”做何解，难以理解。《前汉纪》卷三亦为“胡宛之利”，但考察原文与《史记·留侯世家》一致，《史记·留侯世家》的记载为“胡苑之利”，“宛”“苑”形似，可能在传抄过程中出现失误。

⑦ 刘昫等：《旧唐书》卷一百九十中《陈子昂列传》。

⑧ 梁进社：《地理学的十四大原理》，《地理科学》2009年第3期。

各地形成了诸多带有明显地域特征的区域，这些区域亦具备作为都城的潜在优势，有的甚至一度成为都城。但是由于缺乏稳固的地域结构做支撑，因此难以作为大一统王朝的国都。长安和洛阳皆因其稳固的区域结构支撑而具备立都所需要的条件，但国都的唯一性决定了两者不可能同时为都，两者各有其缺陷，并不存在一个区域能够满足国家政治统治的所有要求。因此国都的选择就需要在两者之间进行权衡，历代围绕两者所展开的政治运作正是其具体表现。综合来看，两者之间的关系主要表现为竞争与互补两种不同的形式，这两种形式一直伴随两个城市都城史之始终，是我国古代都城史上非常有意思的现象。

二、长安与洛阳都城区位的竞争

作为国家的首善之区，都城的选择往往经过慎重的考虑，而在定都以后，如非遇到非常深重的危机，一般不会轻易迁都。因此，一朝在定都时如果在两个潜在的都城位置之间难以权衡，而在国家统治遭遇危机时，又出现建议迁都另外一处的情形时，即可视两者在都城区位中处于竞争状态。以此来考察长安与洛阳的都城区位时可以发现在两者都城史上往往出现如下三种情形：即王朝建国之前对两者的权衡、王朝统治中对两者优劣的争论，以及王朝末期的迁都。这三种情形在历史上多次上演，清晰有力地表现出两者在都城区位中存在着强烈的竞争。其中两汉间有关长安与洛阳之间的选择、争论与迁都史实将上述情形完整展现（见表1），对两汉间都城变迁的史实进行分析有助于我们清晰认识长安与洛阳都城区位的竞争关系。

表1　两汉间定都与迁都论争史实

时间	事件	依据	结果	资料出处
公元前202年	汉高祖欲都雒阳，娄敬、张良等主张迁都关中	关中形势险固，沃野千里，阻三面而守，独以一面东制诸侯	定都关中	《史记》卷五十五《留侯世家》、卷九十九《刘敬叔孙通列传》
汉元帝初元三年（公元前46年）	翼奉奏请迁都洛阳	（洛阳）临近敖仓，经济无忧，既可以有效控制关东，同时远离西北羌胡之乱	未被采纳	《汉书》卷七十五《翼奉传》
新莽始建国四年（公元12年）	王莽计划迁都洛阳	仿效西周，实行复古改制，以长安和洛阳为东、西都	未实现	《汉书》卷九十九《王莽传中》
东汉建武元年（公元25年）	东汉定都	当时关中未平，光武帝据河北而有天下，遂以洛阳为都	定都洛阳	《后汉书》卷一《光武帝纪上》
光武帝建武十八年（公元42年）至章帝元和年间	以赋作形式讨论迁都问题	杜笃以关中为守国之利器，认为应该迁都长安；但王景等人认为以洛阳为都是继承周代的德政，反对迁都	未迁都	杜笃《论都赋》、王景《金人论》、傅毅《反都赋》、崔骃《反都赋》、班固《两都赋》
汉献帝初平元年（公元190年）	董卓胁迫汉献帝迁都关中	关中肥饶，据之可以与关东诸割据势力相抗衡	迁都关中	周天游辑注《八家后汉书辑注》第637页

以上即是两汉间关于长安与洛阳都城变迁的若干史实，从中可以看出两者都城地位的变动轨迹。两汉建国之初，都城在关中与伊洛两个区域进行选择；而在两汉建国以后，关于迁都的争论也围绕这两个区域展开；两汉末年，都城又在两个区域之间迁移，有力地说明了关中和伊洛确实是当时两个适合建都

的关键区域，非此即彼，难以有绝对的取舍。因此本部分内容主要从区域结构的角度对两汉间长安与洛阳都城地位变动的史实进行探讨，以期对两者都城区位的竞争有深入的认识。

如前所述，长安与洛阳均有其可资依赖的地域空间，这一地域空间在其建都过程中起到了非常重要的作用。自西周以降至西汉，三代王朝皆立足关中而完成统一。西周时期大关中的地域结构尚不明显，秦人入主关中后，通过对周边区域的征服，取得了“得其地足以广国，取其财足以富民”① 的良好效果，同时也形成了以关中为中心的大关中区域。如范雎所言：“大王之国，四塞以为固，北有甘泉、谷口，南带泾、渭，右陇、蜀，左关、阪。”② 可以说，大关中区域结构的建立是秦国最终能够统一六国的关键所在。汉高祖刘邦自汉中起兵时专门派萧何收取巴蜀等地的租税③，为其提供兵员与粮食的保证，同时陇右及关中北部地区的防卫作用也使其免受北方匈奴势力的侵扰，可见大关中的区域结构在秦汉建国过程中均发挥了非常重要的作用，因此关中本位的战略思想就成为秦汉王朝统治的重要政策。西汉在定鼎关中以后，继续强化关中本位的统治策略，采用徙民“实关中”④、广关等一系列措施，继续优化关中的都城区位，保证汉王朝对全国的稳定统治。

反观东汉的建国历程，则是以河北、河内为根据地发展起来的。这些地区在秦汉时期一直保持了较高的发展水平，光武帝曾对寇恂说：“河内完富，吾将因是而起。昔高祖留萧何镇关中，吾今委公以河内，坚守转运，给足军粮，率厉士马，防遏它兵，勿令北度而已。”⑤ 刘秀将河内比之于西汉初年的关中，虽有鼓励下属之意，但也表明这一地区经济之发达。以此两者为根据地，刘秀最终得以占据洛阳，建立东汉王朝。其后就以洛阳为中心逐渐翦灭各地割据势力，完成国家的统一。从这一历史过程中可以看出，河北、河内优良的经济禀赋是刘秀得以崛起的重要基础，而两者作为以伊洛平原为中心的关西圈层结构的重要组成部分，对洛阳的都城区位起着举足轻重的支撑作用。

依靠不同的区域结构均可以达到设置首都、建立国家之目的，正说明长安和洛阳均具备成为都城的优势条件。两者在两个区域结构中的中心地位是其得以成为都城的关键所在，这一中心作用将这些看似分散的区域整合起来，使各区域可以相互配合，共同为其都城区位提供必要的地域空间支撑。

作为共同区域而存在的崤函山地对两者的都城区位起着重要的作用。崤函山地是关中与伊洛两区的分界。对关中而言，其“左殽函，右陇蜀，沃野千里”，而对伊洛而言则是“东有成皋，西有崤渑”，故崤函山地虽为关东与关西之分界，但也可以看作两者地域结构的共有区域。此处控制着关中与关西交通的通道，属于咽喉要地，故无论定都哪一方都非常注重对该地的控制。嬴秦正是由于控制了函谷关才得以东出中原，扫灭六国；到汉武帝时将原函谷关东移，以扩大关中的控制范围，使其更加方便地控制关东地区。东汉则将关防西移，潼关的重要性大大凸显。除关防外，崤函山地的行政区划设置也随朝代更迭而多有改变⑥，或犬牙交错，或因势乘便，其目的均是巩固首都周边的区域结构，拓展其政治空间，以便增强京畿地区的力量。两汉间对崤函地区关防与政区的调整是两者对其共有区域加强控制以完善区域结构，进而稳固都城区位的重要措施。

都城是王朝在其可以控制的有效疆域范围内所做出的时代最佳选择，都城定都时间之长短是其都城选址正确与否的一个重要标准。西汉都城长安与东汉都城洛阳均历时百年之久，而且这两个王朝国力均

① 司马迁：《史记》卷七十《张仪列传》。

② 司马迁《史记》卷七十九《范雎蔡泽列传》。

③ 班固：《汉书》卷一《高祖纪》。

④ 《史记》卷九十九《刘敬叔孙通列传》有言：“徙齐诸田，楚昭、屈、景，燕、赵、韩、魏後，及豪桀名家居关中。无事，可以备胡；诸侯有变，亦足率以东伐。”

⑤ 范晔：《后汉书》卷十六《寇恂传》。

⑥ 对于两汉间弘农郡的设置变化详见胡方：《汉唐时期长安、洛阳地域空间研究》，陕西师范大学博士学位论文，2012 年。

极强盛，正说明以关中为中心的关西地区和以伊洛为中心的关东地区均具备立都的区域空间。关中与伊洛在都城区位上各有优劣，任何一方都不占据绝对的优势，支撑两者都城区位之区域结构的变化是导致两者都城区位之间存在竞争关系的深层原因。西汉王朝以关中为根据地逐步统一全国；东汉王朝则以关东的河北、河内、南阳为根据地建立王朝。西汉王朝奉行“以关中御关东”的政策，主要看中了关中四塞之固的地理优势，而东汉王朝则以关东发达的经济条件作为立国的支撑，其中也反映了两个王朝不同的建国思想。学界往往将两汉之间的都城转移解释为关东与关西之间的东西对立，但如果缺乏一定的地域结构作为支撑，这样的东西对立难免成为空谈，因此地域结构的支撑是两汉间都城在长安与洛阳之间摆动的深层原因。

综上，关中与伊洛都城区位的竞争更多地体现在各自区域所代表的区域结构中。定都关中的王朝积极发挥巴蜀、陇右等周边区域的支撑作用，增强关西区域结构的优势，而定都伊洛的王朝则加强与河北、河内等周边区域的协同与配合，努力巩固伊洛地区的都城区域。作为两者的共有区域，对于崤函地区的控制也是两者都城区位相互竞争的重要表现。

三、长安与洛阳都城区位的互补

都城在国家政治生活中承担着重要角色，因此统治者不得不在其有效控制的范围内对都城定位予以权衡，以便可以兼顾内外，对全国进行很好的统治。但事实上，由于很难找到一个区位能够符合国家统治各方面的需要，因此在都城确定之后还需要一些其他的方式予以优化。

关东与关西两个对立的区域之间亦存在各自难以克服的劣势。以关中为中心的关西地区和以伊洛为中心的关东地区分属于我国地势的第二和第三阶梯。关西虽位居上游，地势险要，有控御之便；但其与关东地区的物资与人员的交流却颇为不便。西汉中期已感漕运不便，遂有开褒斜水道之议；到唐代时“土地狭，所出不足以给京师，备水旱，故常转漕东南”[①]。关东地区却恰恰相反，其对全国的控制力稍弱，尤其在面对西北游牧部族时，往往有鞭长莫及之感。由此可见，两者各自的劣势又是彼此的优势，可以相互补充。所以历代王朝不仅面临着在两者之间如何选择的问题，而在定都之后还面临着如何将两者结合起来，以便有效对所选择的都城之区位予以优化，使国家统治发挥最大职能。

都城区位优化的措施当有很多，侯甬坚曾经指出“具有国防意义和镇抚作用的都址难以被替代，对此总还有一些可以分担督抚和防御职责的办法，加强京畿之地经济实力的手段就更多了”，并列举了多都制、充实人口、运输漕粮、改善生产条件四种措施[②]。显然，陪都制度作为分担督抚和防御职责的办法就是在区域选择层面的优化措施。长安和洛阳在历史上多次互为首都与陪都的历史，正是该优化措施的具体表现，同时也说明了两者在都城区位上存在互补之关系。

历史上定都长安的王朝往往以洛阳为陪都，究其原因就是看中了洛阳独特的地理位置。西周以其“天下之中，四方入贡道里均”[③] 为由营建了成周洛邑；北周以此处“上则于天，阴阳所会；下纪于地，职贡路均”[④] 而设置陪都；隋炀帝时亦指出洛阳“控以三河，固以四塞，水陆通，贡赋等”[⑤] 的区位优势。洛阳优越的地理区位可以保证国家对贡赋的全力征收，稳固其统治基础；同时也可以通过对贡赋征

---

① 欧阳修、宋祁：《新唐书》卷五十三《食货三》。

② 侯甬坚：《中国古都选址的基本原则》，载《中国古都研究》（第4辑）。

③ 司马迁：《史记》卷四《周本纪》。

④ 令狐德棻等：《周书》卷七《宣帝纪》。

⑤ 魏徵、令狐德棻：《隋书》卷三《炀帝纪上》。

收的控制来达到对各地的政治控制。唐代对洛阳的依赖更甚，每当关中遭遇粮荒，唐帝不得不赴洛阳“就食”，洛阳成为维系国运的根本所在。事实上，即便是没有设置陪都的秦汉时期，洛阳附近的敖仓也仍然是当时非常重要的粮仓，是当时的战略要地，洛阳之所以被看作“天下冲阨”，与此亦有非常重要的关系。

东汉定都洛阳，而以长安为陪都，除有表明自身正统性之用意外，更重要的则在于控制关中以便以此为基地加强其对关西地区之统治。东汉初年正是以关中为基地才得以西平隗嚣、南击公孙述，进而完成统一之目标；而到了三国，曹操占据关中，击败马超；司马懿据关中与蜀军对峙，使诸葛亮七出祁山而不果均是这一史实的重演，无怪乎杜笃称之为“帝王之渊囿，守国之利器”①。此外，关中也是防御西北游牧民族之前线，依靠关中的防守可以大大减轻游牧民族对关东的军事威胁，保证伊洛之安全。东汉时为防备羌人，在关中先后设立雍营和长安营，用以守卫三辅地区，也在客观上起到了保卫京畿的作用，大大减轻了京畿地区的军事防御压力。因此，定都洛阳的王朝往往会考虑到关中四塞之固的形势而加以利用，用以优化其区位，尤其是在应对西部地区的割据政权或少数民族时，这一优势更为重要。

从表2可以看出，在唐末以前以洛阳为陪都的六个朝代中，仅有后赵建都在邺，其余五朝皆都长安，时间合计520年5个月，占这一时期洛阳陪都史的98.2%；而在以长安为陪都的五朝中，也仅有后赵、赫连夏国分别建都在邺和统万，其余各朝全部都于洛阳，共计272年4个月，约占长安陪都史的94.1%。其中自东汉至西晋，都城一直在洛阳，而以长安为陪都；自北周至唐末，都城大部分时间在长安，而以洛阳为陪都；后赵虽定都邺城，但将长安与洛阳都设为陪都。双方互为陪都时间如此之长雄辩地说明：在长安的都城史中，洛阳是其不可或缺的一部分，反之亦然。从区域结构的角度来讲，这种政治实践也是中央王朝试图将两者纳入同一区域结构，以便对都城所在区域进行优化的一种尝试。

表2　长安、洛阳作为陪都的历时统计②

以长安为陪都的朝代统计			以洛阳为陪都的朝代统计		
朝代	都城	历时	朝代	都城	历时
东汉	洛阳	190年	西周	丰镐	267年
曹魏	洛阳	45年	新莽	长安	12年7个月
后赵	邺	9年	后赵	邺	9年
赫连夏	统万城	7年	北周	长安	3年3个月
武周	洛阳	21年4个月	隋	长安	5个月
		—	唐	长安	228年2个月
合计		272年4个月	合计		520年5个月

关中和伊洛之所以能够在区位上形成如此明显的互补，与两者之间的崤函山地有极为紧密的关系。如前所述，崤函山地为关中和伊洛两个区域所共有。伊洛平原背靠崤函山地，恰好处于关中出函谷的要道上，而关中也恰好控制着关西地区通往关东的要道，正是崤函山地将这两个中心区域联系起来，进而

① 杜笃：《论都赋》，载费振刚、仇仲谦、刘南平校注：《全汉赋校注》，第388页。

② 吴宏岐、李久昌分别对长安和洛阳作为陪都的时间做了统计，详见吴宏岐：《历史上西安所建的陪都》《中国历史地理论丛》，1996年第1辑；李久昌《国家、空间与社会——古代洛阳都城空间演变研究》，三秦出版社2007年版，第105页。但吴宏岐仅统计年限，未将月份计入；而李久昌则在对西周和唐代洛阳陪都的时间统计中多次将洛阳作为陪都的时间算入首都之内，其结论不足信据。本文经过重新计算，唐代以洛阳为陪都的时间年限为228年2个月，并非李久昌所言166年6个月。此外，商代虽有陪都，但其时并未有陪都之名号，而且地点亦有争议，故本文并未将其列入。

将关东与关西联系起来，故此唐太宗也称赞道："崤函称地险，襟带壮两京。"① 而这两个区域结构的中心城市——长安和洛阳也就形成了国家统治的双都轴心，以此为中心，外可以进取西北，内可以控制中原，有利于国家政治结构的稳固。

长安、洛阳互为首都与陪都的时间之长证明了两者的都城区位存在着明显的互补关系，缺一不可。但同时也可以发现：历史上以长安为首都、以洛阳为陪都的王朝，往往可以形成较好的统治格局，洛阳的区位优势也可以得到很好的发挥；而在以洛阳为首都、以长安为陪都的王朝中，长安的区位优势往往并不能得到很好的发挥，有时甚至形同虚设。这当然不是说两者之间的互补难以奏效，其原因大致有以下两点：首先，定都洛阳又以长安为陪都的朝代往往时间短暂，而且多处乱世，仅有东汉一朝为大一统的王朝。但东汉一朝奉行儒家思想，对外拓展的积极性不高，而且其国力与西汉相比确实较弱，因此东汉一朝虽然也注重对关中的经营，但总体而言仅限于守成而已。但定都长安又以洛阳为陪都的王朝不仅统治时间长，而且国力较强，对中原地区控制力亦很强，因此伊洛的区位优势得以充分展现。其次，关西的优势在于其政治军事上的战略意义。但这些优势的体现需要一定数量的军队和相应的政府机构作为支撑，这样就很容易造成割据势力的出现，东汉末年迫使汉灵帝迁都的董卓即是凉州军阀，这是中央集权的王朝所不愿意看到的；同时关中形势之重要也为定都洛阳的统治者所忌惮，故此当光武帝刘秀西巡长安时，"是时山东翕然狐疑，意圣朝之西都，惧关门之反拒也"②。而且东汉时期还将函谷关西移，潼关也在这一时期逐渐重要起来，这些都显示出东汉王朝一方面希望借关中的区位优势作为西北方的屏障，另一方面也忌惮于关中的区位优势而不得不有所防范。实际上，定都关中的朝代往往也会对洛阳有所防范，但不同的是，由于都城设置在关中，国家只要控制了进出关中的要道，自然就可以控制伊洛。其四战之地的区位劣势使其难以形成割据的形势，即便有变，还是可以自关中出兵予以弹压。因此，虽然从区位论的角度来看，关中、伊洛之间的区位可以相互补充，但从实际情况来看，起主要作用的还是首都，首都的选择决定了陪都区位优势的发挥。

综上所述，关中和伊洛地区各自的地域结构中均存在难以克服的劣势，因此两者之间需要互相补充以达到国家统治的最好目的。随着历史进程的发展，两者之间的分野逐渐趋同，对立态势逐渐消弭而互补形势更加明显，到唐代时更多以两京相称。但长安为都时，洛阳的陪都功能发挥得更加充分，显示出首都的选择依旧是决定性的。

四、余论

国都区位论是将区位论思想应用于中国古代都城选址的一种理论，本文以国都区位论的思想为中心，从区域结构的层面对长安与洛阳都城区位的竞争与互补进行了阐释。如果说前贤对长安、洛阳都城区位的变迁是从微观（区域）或宏观（国家）的层面进行的讨论，那么本文的研究则是从中观（区域结构）的层面进行的疏说。这一研究的目的，除了对长安与洛阳都城区位的竞争与互补有新的认识外，更重要的则在于将都城选址中的区域结构因素揭示出来，以此丰富对国都区位论的认识。事实上，除了长安和洛阳外，其他都城在选址时亦非常重视区域结构在其中的重要作用。元明之际亦有人讨论北京的都城区位称"右拥太行，左注沧海，抚中原"③"南控江淮，北连朔漠"④。由此可见，对区域结构的考

---

① （唐）李隆基《幸东都制》，载《全唐文》卷二十三。
② 范晔：《后汉书》卷八十上《文苑列传》。
③ （元）陶宗仪著，王雪玲点校：《南村辍耕录》，辽宁教育出版社 1998 年版，第 245 页。
④ （明）宋濂等：《元史》卷一一九，中华书局 1976 年版，第 2942 页。

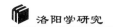

察在国都选址中具有普遍的意义。

通过将区位论引入都城选址的研究中，对都城变迁过程中的区域因素予以解析，可以大大丰富国都区位论的理论和认识。本文从区域结构的层面对长安与洛阳之间都城区位的竞争与互补进行研究，从中也可以看出，对于都城区位的优化不仅体现在具体城址上，在区域层面上亦非常重要。通过区域层面对都城区位进行优化，不仅可以弥补都城所在区域之区位劣势，同时也可以大大拓展国家政治活动之空间。其具体措施除设置陪都外，调整行政建制与军事部署等也是其重要手段。限于篇幅，本文对于调整行政建制和军事部署这些措施均未进行阐述，但毫无疑问这些手段对于都城区位在区域层面的优化也具有非常重要的作用，对此留待以后再行研究。

（作者为陕西师范大学西北历史环境与经济社会发展研究院博士生）

东汉洛阳的国际化市场[*]

王子今

摘要：自张骞“凿空”之后，被后人称为“丝绸之路”的交通线路提供了东西文化交流的新的条件。“商胡贩客”纷纷入塞，参与了汉地都市经济生活，促进了市场在国际因素影响下的繁荣。都城洛阳作为东汉王朝的政治、经济、文化中心，具有世界性都市的地位，也成为“西域贾胡”们活跃表演的商贸据点。而洛阳居民对域外商品的高等级消费需求，也通过市场得到满足。东汉洛阳市场的国际化倾向，应当受到经济史、丝绸之路史以及中国古代文化交流史研究者的关注。

关键词：丝绸之路；东汉；洛阳；市场；胡客；贾胡

汉武帝时代张骞“凿空”，开通西域道路之后，多有来自西北的“商胡贩客”往中原经营商业活动，成为改变东方经济生活面貌的重要历史现象。洛阳作为东汉王朝的政治、经济、文化中心，具有世界性都市的地位，也为数量可观的“胡客”提供了进行活跃表演的舞台。而洛阳居民对“外国之物”多方面的高等级消费需求，也通过市场得到满足。关注洛阳市场的国际化特点，有助于深化对丝绸之路史的认识，推进都市史、商业交通史、历史商业地理等学术方向的研究，对于东汉历史文化的理解，也可以通过世界史视角的考察而有所深入。

1. “外国之物内流”

汉武帝任用霍去病清除匈奴控制河西的军事力量，置四郡，进而经营西域。张骞对西北方向的交通探索，史称“张骞凿空”。“于是西北国始通于汉矣。”裴骃《集解》：“苏林曰：‘凿，开；空，通也。骞开通西域道。’”司马贞《索隐》：“案：谓西域险阨，本无道路，今凿空而通之也。”①都强调“凿空”即“开通”或者“通之”的意思。明代学者杨慎《丹铅总录》卷一四《订讹类》“空有四音”认为，“《张骞传》‘楼兰、姑师小国当空道’”，“《大宛传》曰‘张骞凿空’”，“空”的读音都应当是“孔”。②《地湾汉简》可见“□当空道便处廪食如律……”（86EDT8：14A）简文③，此“当空道”即《史记》卷一二三《大宛列传》“当空道”。

“西北国始通于汉”，“西北国”商人随即进入中原寻找商机。正如陈连庆所说，“在中西交通

＊ 基金项目：中国人民大学科学研究基金（中央高校基本科研业务费专项资金资助）项目“中国古代交通史研究”成果（项目编号：10XNL001）。

① 《史记》卷一二三《大宛列传》：“乌孙使既见汉人众富厚，归报其国，其国乃益重汉。其后岁余，骞所遣使通大夏之属者皆颇与其人俱来，于是西北国始通于汉矣。然张骞凿空，其后使往者皆称博望侯，以为质于外国，外国由此信之。”（《史记》，中华书局1959年版，第3169页）

② 文渊阁《四库全书》本。参看土子今：《张骞凿空》，《光明日报》2017年5月18日。

③ 甘肃简牍博物馆、甘肃省文物考古研究所、出土文献与中国古代文明研究协同创新中心中国人民大学中心：《地湾汉简》，中西书局2017年版，第19页。

开通之后，西域贾胡迅即登场”[①]。东汉时，则出现“商胡贩客，日款于塞下”的情形。[②]

《盐铁论·力耕》载录“大夫”赞美“中国”与“外国”开发贸易之意义的言辞：“汝、汉之金，纤微之贡，所以诱外国而钓胡、羌之宝也。夫中国一端之缦，得匈奴累金之物，而损敌国之用。是以，咸为国之宝。是则外国之物内流，而利不外泄也。异物内流则国用饶，利不外泄则民用给矣。《诗》曰：‘百室盈止，妇子宁止。’”[③]《太平御览》卷九〇一引《盐铁论》曰：“齐、陶之缣，南汉之布，中国以一端之缦，得匈奴累金之物，骡驴馲駞，可使衔尾入塞。”[④] 不言“汝、汉之金”，而说“齐、陶之缣”，强调“中国”输出的物资主要是丝绸。所谓“外国之物内流”，“异物内流”体现贸易入超情形的发生。而“内流”的外国商品，即“骡驴馲駞”“驒騱騵马”等可以充作生产动力和运输动力的西方“奇畜”[⑤]，“鼲貂狐貉，采旃文罽”等毛皮及其制品以及毛织品等，还有“璧玉珊瑚琉璃”等作为上层社会消费对象的珍宝。

2.“通货羌胡，市日四合”

据《汉书》卷九六上《西域传上》记载，汉成帝时，罽宾“复遣使献谢罪，汉欲遣使报送其使”，杜钦发表反对意见，特别强调罽宾使团中杂有商人：“奉献者皆行贾贱人，欲通货市买，以献为名，故烦使者送至县度，恐失实见欺。”[⑥] 所谓“奉献者皆行贾贱人”，指出其商贾身份。所谓“欲通货市买”，指出西域商人基于经济谋求努力促进市场繁荣的积极性。

丝路沿途同样“当空道”者如河西地方的市场形势首先发生变化。《后汉书》卷三一《孔奋传》肯定光武初年“守姑臧长”者孔奋能够“身处脂膏”而“力行清絜”：“遭王莽乱，奋与老母幼弟避兵河西。建武五年，河西大将军窦融请奋署议曹掾，守姑臧长。八年，赐爵关内侯。时天下扰乱，唯河西独安，而姑臧称为富邑，通货羌胡，市日四合，每居县者，不盈数月辄致丰积。奋在职四年，财产无所增。”李贤解释所谓“市日四合”：

> 古者为市，一日三合。《周礼》曰：“大市日侧而市，百族为主。朝市朝时而市，商贾为主。夕市夕时而市，贩夫贩妇为主。”今既人货殷繁，故一日四合也。[⑦]

姑臧“市日四合”，“人货殷繁”的发达的市场，自然得益于“通货羌胡”的经济地理优势。来自“羌胡”的“商贾”和“贩夫贩妇”们的活跃，繁荣了当地的“市”。姑臧市场的繁荣，可以因“时天下扰乱，唯河西独安，而姑臧称为富邑”看作特例，然而就“通货羌胡”的普遍情形来说，又是有一定代表性的。《汉书》卷九六上《西域传上》三次出现“市列”字样：“罽宾……有金银铜锡，以为器。市列。”[⑧]“乌弋……其草木、畜产、五谷、果菜、食饮、宫室、市列、钱货、兵器、金珠之属皆与罽宾

---

① 陈连庆：《汉唐之际的西域贾胡》，载《中国古代史研究：陈连庆教授学术论文集》，吉林文史出版社1991年版。

② 《后汉书》卷八八《西域传》：“论曰：西域风土之载，前古未闻也。汉世张骞怀致远之略，班超奋封侯之志，终能立功西遐，羁服外域。自兵威之所肃服，财赂之所怀诱，莫不献方奇，纳爱质，露顶肘行，东向而朝天子。故设戊己之官，分任其事；建都护之帅，总领其权。先驯则赏籝金而赐龟绶，后服则系头颡而衅北阙。立屯田于膏腴之野，列邮置于要害之路。驰命走驿，不绝于时月；商胡贩客，日款于塞下。”（《后汉书》，中华书局1965年版，第2931页）

③ 王利器校注：《盐铁论校注》（定本），中华书局1992年版，第28页。

④ 《太平御览》，中华书局用上海涵芬楼影印宋本1960年重印本，第4000页。

⑤ 《史记》卷一一〇《匈奴列传》：“其奇畜则橐駞、驴骡、駃騠、騊駼、驒騱。”（《史记》，中华书局1959年版，第2879页）

⑥ 《汉书》，中华书局1962年版，第3886页。

⑦ 《后汉书》，中华书局1965年版，第1098页。

⑧ 颜师古注：“市有列肆，亦如中国也。”（《汉书》，中华书局1962年版，第3885页）

同。”“疏勒国……有市列，西当大月氏、大宛、康居道也。”[①] 西域许多部族善于商业经营，形成了区域特色和民族特色。如“自宛以西至安息，其人……善贾市，争分铢”[②]，安息“有市，民商贾用车及船，行旁国或数千里”[③]，大夏“善贾市”，都城“有市贩贾诸物”[④] 等。精于“贩贾”“行旁国或数千里”的“商胡贩客”，活动空间绝不只限于“塞下”，即使遭遇“天下扰乱”，他们也会继续向东发展，介入中原重心地方的社会经济生活。史籍明确言，“通货羌胡，市日四合”虽然是“称为富邑”的“姑臧”，然而“在中西交通开通之后”，“迅即登场”的“西域贾胡”们必然会向东扩展其经营空间。洛阳作为“为天下之大凑”[⑤]，“街居在齐秦楚赵之中”[⑥] 的“天下冲阸”“天下咽喉”[⑦]“天下之中”[⑧]，即所谓“即土之中雒阳之都”[⑨] 的经济地位，不可能不受到“善贾市”的“商胡贩客”们的重视。而洛阳“贵财”“高富”“憙为商贾”的区域文化传统[⑩]，或许也有益于提供适宜“胡客”“贾胡”们活跃经营的条件。

3. 洛阳的“胡客”“贾胡”

西汉长安曾经有“胡客”活动。《汉书》卷一〇《成帝纪》记载：“（元延二年）冬，行幸长杨宫，从胡客大校猎。”[⑪]《汉书》卷八七下《扬雄传下》保留扬雄的“笔墨”，又有更为详尽的记载：“明年，上将大夸胡人以多禽兽，秋，命右扶风发民入南山，西自褒斜，东至弘农，南驱汉中，张罗罔罝罘，捕熊罴豪猪虎豹狖玃狐菟麋鹿，载以槛车，输长杨射熊馆。以罔为周阹，纵禽兽其中，令胡人手搏之，自取其获，上亲临观焉。”扬雄《长杨赋》也有相关记录。[⑫]《成帝纪》“胡客”，此作“胡人”。汉成帝在长杨宫接待的“胡客”“胡人”，当与服务于汉王朝的“胡巫”[⑬]“胡骑”[⑭] 有别。“胡客”“胡人”可能包括外交人员，很可能也包括胡族商人。

东汉长安仍有数量可观的“西域贾胡”。《太平御览》卷二六四引《东观汉记》记述京兆功曹杨正的故事，涉及汉光武帝刘秀去世后长安“西域贾胡”的活动：“杨正为京兆功曹，光武崩，京兆尹出，西域贾胡共起帷帐设祭。尹车过帐，胡牵车令拜，尹疑，止车。正在前导，曰：‘礼：天子不食支庶，况夷狄乎。’敕坏祭，遂去。”[⑮] 吴树平校注《东观汉记》据《太平御览》卷二六四引文，断句作：“杨正为京兆功曹，光武崩，京兆尹出西域，贾胡共起帷帐设祭。尹车过帐，胡牵车令拜，尹疑止车。正在

---

① 《汉书》卷九六上《西域传上》，第3885、3889、3898页。

② 《史记》卷一二三《大宛列传》，第3174页；《汉书》卷九六上《西域传上》，第3896页。

③ 《史记》卷一二三《大宛列传》，第3162页。

④ 《史记》卷一二三《大宛列传》，第3164页。

⑤ 《逸周书·作雒》。

⑥ 《史记》卷一二九《货殖列传》，第3279页。

⑦ 《史记》卷六〇《三王世家》和《史记》卷一二六《滑稽列传》褚先生补述，说到汉武帝所幸王夫人为其子刘闳请封洛阳，汉武帝以洛阳“天下冲阸”“天下咽喉”的重要战略位置予以拒绝。（《史记》，中华书局1959年版，第2115、3209页）

⑧ 娄敬说：“成王即位，周公之属傅相焉，乃营成周洛邑，以此为天下之中也，诸侯四方纳贡职，道里均矣。”《史记》卷九九《刘敬叔孙通列传》，第2716页。

⑨ 《汉书》卷九九中《王莽传中》，第4134页。

⑩ 《汉书》卷二八下《地理志下》在分析各地区域文化特征时指出，“周地”风习，有“巧伪趋利，贵财贱义，高富下贫，憙为商贾，不好仕宦”的特点。班固说，这是“周人之失”（第1651页）。然而，如果承认商业对于增益经济活力的积极作用，则“周人”对于经济流通的贡献，其实是值得肯定的。汉武帝时代的理财名臣桑弘羊，就是洛阳商人之子。《史记》卷一二九《货殖列传》说：“洛阳东贾齐、鲁，南贾梁、楚。”（第3265页）因商路成为经济中心。当地取得特殊成功的富商如白圭、师史等，其行为风格其实也表现出鲜明的区域文化特征。师史“转毂以百数，贾郡国，无所不至”，“能致七千万”（第3258－3259、3279页）。而按照《盐铁论·力耕》的说法，周地“商遍天下”，“商贾之富，或累万金”。《盐铁论·通有》又说，“三川之二周，富冠海内”，“为天下名都”。

⑪ 《汉书》，中华书局1962年版，第327页。

⑫ 《汉书》卷八七下《扬雄传下》，第3564页。

⑬ 王子今：《西汉长安的“胡巫”》，《民族研究》1997年第5期。

⑭ 王子今：《两汉军队中的“胡骑”》，《中国史研究》2007年第3期。

⑮ （宋）李昉等：《太平御览》，中华书局用上海涵芬楼影印宋本1960年2月复制重印本，第1234页。

前导曰：‘礼，天子不食支庶，况夷狄乎！’敕坏祭，遂去。”[①] 以为“京兆尹出西域”，分断“西域贾胡”，则故事发生地点在“西域”，不在“京兆尹”。这显然是不合理的。“京兆尹出西域”事有可能发生，而“京兆功曹”一同“出西域”益为可疑。即使“贾胡”可能在“西域”为“光武”“共起帷帐设祭”，“京兆尹”及“京兆功曹”“勑坏祭遂去”也是不可能的。杨正据“礼”支持京兆尹“敕坏祭”的故事，反映长安地方东汉初年“西域贾胡”数量相当集中，所谓“西域贾胡共起帷帐设祭”，形成事实上的群体性活动，甚至在“尹车过帐”时，“牵车令拜”，表现出强霸特征。这种活动的规模和性质，竟然使地方高级行政长官心中生“疑”，一时难以决断。“西域贾胡”竟然敢于蔑视国家行政的代表，“牵车令拜”的强势特征，体现出这一特殊社会群体已经在长安积聚了相当强悍的力量。

《后汉书》卷八九《南匈奴传》记载北匈奴使团“诣阙”贡献，“更乞和亲”时提出的一项特殊请求：

> （建武）二十八年，北匈奴复遣使诣阙，贡马及裘，更乞和亲，并请音乐，又求率西域诸国胡客与俱献见。[②]

北匈奴使团来到洛阳，“诣阙，贡马及裘”，其实是特殊形式的贸易行为。而“并请音乐”，则体现文化交往的内容除物质文化外，是包括“音乐”的。《续汉书·五行志一》：“灵帝好胡服、胡帐、胡床、胡坐、胡饭、胡空侯、胡笛、胡舞，京都贵戚皆竞为之。”[③] 事实上，除了“胡空侯、胡笛、胡舞”等艺术形式自西而东传播而外[④]，也有汉地“音乐”自东而西传播的史例。如《汉书》卷九六下《匈奴传下》，“乌孙公主遣女来至京师学鼓琴”，“龟兹王绛宾”“入朝”，“赐以车骑旗鼓，歌吹数十人”，“后数来朝贺，乐汉衣服制度，归其国，治宫室，作徼道周卫，出入传呼，撞钟鼓，如汉家仪”[⑤]。

北匈奴“遣使诣阙”“求率西域诸国胡客与俱献见”的情形，尤其值得我们注意。这一情形，说明拓展至“西域诸国”的丝绸之路文化交流，吸引诸多“胡客”前来洛阳从事以“献见”为形式的活动。“帝下三府议酬苔之宜”，时任司徒掾的班彪上奏，主张“可颇加赏赐，略与所献相当”。他为皇帝草拟了回复文字，其中就北匈奴使臣的请求，做了如下回答：“单于数连兵乱，国内虚耗，贡物裁以通礼，何必献马裘？今赍杂缯五百匹，弓鞬韇丸一，矢四发，遣遗单于。又赐献马左骨都侯、右谷蠡王杂缯各四百匹，斩马剑各一。”看来大致确是“赏赐略与所献相当”。对于“请音乐”，即所谓“前言先帝时所赐呼韩邪竽、瑟、空侯皆败，愿复裁赐”的要求，予以拒绝。而所谓“求率西域诸国胡客与俱献见”，班彪所拟回复文字言：“今单于欲修和亲，款诚已达，何嫌而欲率西域诸国俱来献见？西域国属匈奴，与属汉何异？”似乎理解“西域诸国胡客”是“西域诸国”使节。《资治通鉴》卷四四“汉光武帝建武二十八年”大致采用《后汉书》的处理方式，北匈奴遣使“求率西域诸国胡客俱献见”与班彪草拟刘秀回复“何嫌而欲率西域诸国俱来献见”并见。[⑥] 多种文献均据《后汉书》，作“求率西域诸国胡客与

---

① （东汉）刘珍等撰，吴树平校注：《东观汉记校注》，中州古籍出版社1987年版，第379页。文渊阁《四库全书》本《东观汉记》卷一六“况夷狄乎”作“况夷乎”。

② 《后汉书》，中华书局1965年版，第2946页。

③ 《后汉书》，中华书局1965年版，第3272页。

④ 《后汉书》还记载了洛阳接受来自“海西”的艺术家“幻人”们特殊的文化传播的史实。《后汉书》卷五一《陈禅传》：“永宁元年，西南夷掸国王献乐及幻人，能吐火，自支解，易牛马头。明年元会，作之于庭，安帝与群臣共观，大奇之。”（第1685页）《后汉书》卷八六《西南夷列传·哀牢》也有记述（第2851页）。王子今：《海西幻人来路考》，载《秦汉史论丛》（第8辑），云南大学出版社2001年版。

⑤ 《汉书》，中华书局1962年版，第3916页。

⑥ 《资治通鉴》，中华书局1956年版，第1420－1421页。

俱献见”。这些“胡客”可能与前引杜钦言“奉献者皆行贾贱人，欲通货市买，以献为名”情形类似。

东汉名将马援远征“武陵五溪蛮夷”，因进军缓慢，属下中郎将耿舒在私信中有所批评：“伏波类西域贾胡，到一处辄止，以是失利。”关于所谓“伏波类西域贾胡，到一处辄止”，李贤解释说：“言似商胡，所至之处辄停留。”耿舒对马援的意见，在《与兄好畤侯弇书》中有所表露。值得我们特别注意的是“帝大怒，追收援新息侯印绶”[①]，导致君臣关系恶化。“帝”与耿舒、耿弇对“伏波类西域贾胡，到一处辄止，以是失利”的共同认可，体现身居洛阳的最高执政人士对于“西域贾胡”且行且止的生活习性与经营方式，似乎都是大体熟悉的。

“西域贾胡”在洛阳地方的活跃，又见于《后汉书》卷三四《梁冀传》关于梁冀“菟苑”的记载：“……又起菟苑于河南城西，经亘数十里，发属县卒徒，缮修楼观，数年乃成。移檄所在，调发生菟，刻其毛以为识，人有犯者，罪至刑死。尝有西域贾胡，不知禁忌，误杀一兔，转相告言，坐死者十余人。”[②] 误杀梁冀“菟苑”中“兔”的“西域贾胡”“转相告言，坐死者十余人”，说明他们在洛阳地方是有一定规模的社交圈的。

4. “天下四会”的洛阳市场

桑弘羊曾经推行“均输”制度，以改善运输业的管理。而两汉之际河南郡荥阳仍然存留“均输官”的行政影响，刘盆子“以为列肆”，得“食其税终身”[③]，也可以反映河洛地区经济地位的特殊，以及商业税收数额之可观。《汉书》卷二四下《食货志下》记载，王莽“于长安及五都立五均官”。“五都”，即洛阳、邯郸、临菑、宛、成都，而“洛阳称中，余四都各用东西南北为称”[④]，也说明随着关东地区经济文化的发展，洛阳的地位愈益重要。东汉时期，洛阳及其附近地区在全国经济格局中居于领导地位，商业活动尤其繁荣。《后汉书》卷四九《仲长统传》载《昌言·理乱》指出“豪人”们的超强经济实力：

> 豪人之室，连栋数百，膏田满野，奴婢千群，徒附万计。船车贾贩，周于四方；废居积贮，满于都城。琦赂宝货，巨室不能容；马牛羊豕，山谷不能受。妖童美妾，填乎绮室；倡讴伎乐，列乎深堂。

其中“船车贾贩，周于四方”，言其商业活动。所谓“废居积贮，满于都城”，强调了“都城”。李贤注：“《史记》曰：‘转毂百数，废居蓄邑。’注云：‘有所废，有所蓄，言其乘时射利也。’”[⑤]

《后汉书》卷四九《王符传》引《潜夫论·浮侈》批评世俗消费生活的奢靡，明确说到“都邑”“洛阳”：

> 王者以四海为家，兆人为子。一夫不耕，天下受其饥；一妇不织，天下受其寒。今举俗舍本农，趋商贾，牛马车舆，填塞道路，游手为巧，充盈都邑，务本者少，浮食者众。“商邑翼翼，四方是极。”今察洛阳，资末业者什于农夫，虚伪游手什于末业。是则一夫耕，百人食之，一妇桑，

① 《后汉书》卷二四《马援传》，第844页。

② 《后汉书》，中华书局1965年版，第1182页。《艺文类聚》卷九五引张璠《汉记》曰：“梁冀起兔苑于河南，移檄在所，调发生兔，刻其毛以为识。”（唐）欧阳修撰，汪绍楹校：《艺文类聚》，上海古籍出版社1965年版，第1650页。

③ 《后汉书》卷一一《刘盆子传》：“帝怜盆子，赏赐甚厚，以为赵王郎中。后病失明，赐荥阳均输官地，以为列肆，使食其税终身。”李贤注：“肆，市列也。”（第486页）

④ 《汉书》，中华书局1962年版，第1180页。

⑤ 《后汉书》，中华书局1965年版，第1648－1649页。

百人衣之，以一奉百，孰能供之！天下百郡千县，市邑万数，类皆如此。本末不足相供，则民安得不饥寒？饥寒并至，则民安能无奸轨？奸轨繁多，则吏安能无严酷？严酷数加，则下安能无愁怨？愁怨者多，则咎征并臻。下民无聊，而上天降灾，则国危矣。①

论者以“浮侈”可能导致“国危”警告最高执政集团，提示他们从日常熟见的洛阳城市风情看到潜在的社会危机。

《昌言·理乱》和《潜夫论·浮侈》言社会奢华风习，前者说“都城”，后者说“都邑”“洛阳”，均言及“四方”，后者更一说“四海”，三说“天下”，都强调洛阳市场联系极广阔空间的经济形势。“贾胡”对洛阳经济生活的参与不宜忽视。

东汉晚期京师地方“贾胡”聚居的情形，可以通过《三国志》卷二一《魏书·傅嘏传》裴松之注引《傅子》的记述得以说明：

河南尹内掌帝都，外统京畿，兼古六乡六遂之士。其民异方杂居，多豪门大族，商贾胡貊，天下四会，利之所聚，而奸之所生。②

前说误杀梁冀“兔”的“西域贾胡”故事，有“转相告言，坐死者十余人”情节，说明了他们在洛阳地方的社交规模。这正是所谓“利之所聚”。笔者著文曾经指出，所谓“商贾胡貊，天下四会”，体现了当时洛阳作为世界都市的文化气象。③ 其实，以经商业逐利为生业的“胡客”，由洛阳向“天下”“四方”辐射式扩张其经营空间的活跃表现，可能已经形成了经济生活的新的风景。其活动方式，或即如所谓“到一处辄止”，“所至之处辄停留”描述的情形。

河南南阳地方出土的汉画像石和汉画像砖，画面多见胡人面貌。在南阳活动的胡商，或许从长安沿武关道而来，但是也不能排除自洛阳南下的可能。

《后汉书》卷五一《李恂传》写道：“复征拜谒者，使持节领西域副校尉。西域殷富，多珍宝，诸国侍子及督使贾胡数遗恂奴婢、宛马、金银、香、罽之属，一无所受。”李贤注：“《袁山松书》曰：‘西域出诸香、石蜜。’罽，织毛为布者。”④ 所谓“贾胡数遗”“奴婢、宛马、金银、香、罽之属”，应是一种违法的贿赂行为。也许这种行为曲折体现了匈奴占领时期特殊经济形式的历史惯性。⑤ 所谓“诸国侍子及督使贾胡数遗恂奴婢、宛马、金银、香、罽之属”，体现“贾胡”介入政治生活的情形，也体现“贾胡”行为方式的特征。《傅子》所谓“商贾胡貊”居于洛阳即“奸之所生”，应当是有一定道理的。

前引梁冀菟苑故事“尝有西域贾胡，不知禁忌，误杀一兔，转相告言，坐死者十余人”情节固然反映梁冀的横暴，但是或许也可以从一个特殊侧面说明“西域贾胡”的言行方式或许与汉地农耕人有所不同。他们在有的情况下或许有并非“不知禁忌”而有意冲越“禁忌”的可能。

司马迁《史记》卷一二九《货殖列传》分析富贵追求对有些社会层次的强烈影响，有“不避法禁，

① 《后汉书》，中华书局1965年版，第1633页。

② 《三国志》，第624页。《太平御览》卷二五二引《魏志》曰：“傅嘏，字兰石，为河南尹，内掌帝都，外统宗畿，兼主六乡六遂之士。其民异方杂居，多豪门大族，商贾胡貊，天下四会，利之所聚，而奸之所生也。”（第1188页）

③ 王子今：《汉代的“商胡”“贾胡”“酒家胡”》，《晋阳学刊》2011年第1期。

④ 《后汉书》，中华书局1965年版，第1683页。

⑤ 王子今：《“匈奴西边日逐王”事迹考论》，《新疆文物》2009年第3－4期；《论匈奴僮仆都尉“领西域”“赋税诸国”》，《石家庄学院学报》2012年第4期；《匈奴“僮仆都尉”考》，《南都学坛》2012年第4期。

走死地如骛者，其实皆为财用耳”的心理分析与行为分析。[①]“西域贾胡”的进取意识和勇敢精神，也许可以看作“不避法禁，走死地如骛者”的典型。

5. 洛阳市场的西域“珍宝”交易

前引《李恂传》“西域殷富，多珍宝，诸国侍子及督使贾胡数遗恂奴婢、宛马、金银、香、罽之属”，透露出中原人喜爱的“西域”物产，包括“奴婢、宛马、金银、香、罽之属”。“西域”“珍宝”在洛阳市场无疑也受到欢迎。《后汉书》卷八八《西域传》：“诸国所生奇异玉石诸物，谲怪多不经，故不记云。”[②]所谓“奇异玉石诸物”，应当包括前引《盐铁论》所言“骡驴馲駞”“驒騱騵马”“鼲貂狐貉，采旃文罽”以及“璧玉珊瑚琉璃”等。

《后汉书》卷四九《王符传》载王符《潜夫论·浮侈》：“王者以四海为家，兆人为子。一夫不耕，天下受其饥；一妇不织，天下受其寒。今举俗舍本农，趋商贾，牛马车舆，填塞道路，游手为巧，充盈都邑，务本者少，浮食者众。‘商邑翼翼，四方是极。’今察洛阳，资末业者什于农夫，虚伪游手什于末业。是则一夫耕，百人食之，一妇桑，百人衣之，以一奉百，孰能供之！天下百郡千县，市邑万数，类皆如此。”“昔孝文皇帝躬衣弋绨，革舄韦带。而今京师贵戚，衣服饮食，车舆庐第，奢过王制，固亦甚矣。且其徒御仆妾，皆服文组彩牒，锦绣绮纨，葛子升越，筩中女布。犀象珠玉，琥珀玳瑁，石山隐饰，金银错镂，穷极丽靡，转相夸咤。”[③]王符的警告，明确指向“今察洛阳”“而今京师”。所谓“资末业者什于农夫，虚伪游手什于末业”的社会风习，或有受到“善贾市，争分铢”“有市贩贾诸物”外来影响的可能。所谓“犀象珠玉，琥珀玳瑁，石山隐饰，金银错镂”等消费追求，可能来自域外。

当时洛阳社会外来商品消费需求的实例，有班固《与弟超书》言及“月氏马、苏合香”以及“杂罽”“月支毹”“闟登”的购入：“窦侍中令载杂彩七百疋，市月氏马、苏合香。”“窦侍中前寄人钱八十万，市得杂罽十余张也。”[④]“月支毹大小相杂但细好而已。”“今赍白素三百疋欲以市月支马、苏合香、闟登。”[⑤]曹植《辩道论》也写道：“（甘始）又言：‘诸梁时，西域胡来献香、罽、腰带、割玉刀，时悔不取也。’”[⑥]也说到“西域胡”商品经营的内容。洛阳居民对“外国之物”多方面的高等级消费需求，通过“西域胡”的市场行为得到满足。

《后汉书》卷八八《西域传》记载“大秦国”物产：“土多金银奇宝，有夜光璧、明月珠、骇鸡犀、珊瑚、琥珀、琉璃、琅玕、朱丹、青碧。刺金缕绣，织成金缕罽、杂色绫。作黄金涂、火浣布。又有细布，或言水羊毳，野蚕茧所作也。合会诸香，煎其汁以为苏合。凡外国诸珍异皆出焉。”[⑦]这些所谓出自“大秦国”的物资，其实未必皆来自一国，称之为“外国诸珍异”，可能是适宜的。

《史记》卷一二九《货殖列传》说，岭南地方便于得到“珠玑、犀、瑇瑁、果、布”。[⑧]《汉书》卷二八下《地理志下》也写道：“（粤地）处近海，多犀、象、毒冒、珠玑、银、铜、果、布之凑，中国往商贾者多取富焉。”[⑨]《三国志》卷五三《吴书·薛综传》说交阯地方行政任务包括远国“宝玩”的“供办”：“裁取供办，贵致远珍名珠、香药、象牙、犀角、玳瑁、珊瑚、琉璃、鹦鹉、翡翠、孔雀、奇

① 《史记》，中华书局1959年版，第3271页。

② 《后汉书》，中华书局1965年版，第2929页。

③ 《后汉书》，中华书局1965年版，第1633－1635页。

④ 《太平御览》卷八一六引班固《与弟超书》曰：“窦侍中前寄人钱八十万，市得杂十余张也。”

⑤ 《汉魏六朝百三家集》卷一一，文渊阁《四库全书》本。

⑥ （魏）曹植著，赵幼文校注：《曹植集校注》，人民文学出版社1984年版，第188、193页。断句作“西域胡来献香罽腰带、割玉刀”，注释：“香罽，具有香气之毛织物。”《太平御览》卷八一六引曹植《辩道论》曰：“甘始谓王曰：诸梁时西域胡来献罽，悔不取也。”

⑦ 《后汉书》，中华书局1965年版，第2919页。

⑧ 《史记》，中华书局1959年版，第3268页。

⑨ 《汉书》，中华书局1962年版，第1670页。

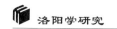

物、充备宝玩，不必仰其赋入，以益中国也。”① 由于海上丝绸之路的畅通，史书有“南海多珍，财产易积，掌握之内，价盈兼金”之说。② 在东汉时代，因洛阳作为“中国”之中心，密集居住着消费欲望甚高的皇族权贵，又强力吸引着交易能力甚强的富商大贾，作为这些来自海外的种种“奇物”“珍异”“宝玩”“供办”“致”“入”的首要目的地，是很自然的。

（作者为中国人民大学国学院、出土文献与中国古代文明研究协同创新中心教授，陕西理工大学汉江学者）

① 《三国志》，第1251页。

② 《后汉书》卷七六《循吏传·孟尝》，第2474页。

从聚落分布试析汉代两京间的道路交通

——以汉河东郡南缘区域为例

程嘉芬

摘要：汉代道路交通多以文献记载为后人所知，如三川东海道便是文献所载当时最为重要的一条沟通关中与关东的东西向道路。然而，随着考古资料的不断累积，大量的汉代聚落遗址被发现，为研究汉代交通提供了新的视角。本文拟利用GIS技术结合DEM高程模型，以汉代河东郡南缘区域为例，从聚落分布的视角探析此区域内可能存在的沟通长安与洛阳的其他道路交通，通过空间分析发现聚落集群的黄河北岸应该存在有一条东西向北岸通道，通过黄河津渡两渡黄河，便可以将关中平原与河洛地区连通起来。该道路是以聚落分布的视角发现的一条可能真实存在却鲜见于文献记载的交通通道。

关键词：河东郡南缘；道路交通；聚落；空间分析

汉代，从都城到各级郡县治所乃至乡间庐落，四通八达的道路交通网络被建立起来，有如血管脉络般把政令和资源高效率地传输到帝国的每个角落[①]，成为实现中央集权统治的重要工具。作为汉帝国核心的京畿之地，长安洛阳间的道路网络更是承载着当时天下最重要的交通职能。另外，汉代是中国古代聚落发展的一个重要时期。西汉初年，高祖“令天下邑城”，在全国范围内兴起了一场城市建设的高潮，随着各级行政中心的建立，城市成为行政网络中的节点，从制度上确立了全国性的郡县城市（聚落）体系。[②] 可以认为，发达的道路交通网络和完备的聚落体系，共同构成了中央政府对帝国疆域的有效统治工具，那么，道路与聚落间的关系也随之显而易见。因此，有别于以往多以交通考古遗迹为基础进行的有关研究，本文拟以汉代河东郡南缘区域，即中条山以南、黄河以北地区为例，从聚落空间分布的视角探析一下该区域可能存在而未见于记载的能够连通两京的交通道路，为交通考古研究从方法论方面提供一种新的思考。

两汉时期，连接关中与关东地区的最便捷通道是三川东海道，该道路也是当时天下最重要的道路，[③] 洛阳城正坐落于此道路的中点。从已经发现的各级汉代聚落遗址的空间分布情况可以印证该道路的具体走向，即出洛阳城后沿涧水往西，至黄河岸边后，沿其南岸西行至灵宝旧函谷关城，叩关而入直接进入关中，该路线沿线的聚落分布详情见于笔者他文，在此不再赘述。[④] 通过聚落空间分布与见于记载的三川东海道比照，可以印证聚落与道路之间存在有密切关系，一定程度上，聚落的空间分布能够反映出当时的道路交通情况。

---

① ［日］盐野七生：《罗马人的故事》，计丽屏译，中信出版社2011年版。

② 许宏：《先秦城市考古学研究》，北京燕山出版社2000年版。

③ 王子今：《秦汉交通史稿》，中央党校出版社1994年版；史念海：《山河集》（第四集），陕西师范大学出版社1991年版。

④ 程嘉芬：《汉代司隶地区聚落体系研究》，吉林大学博士学位论文，2015年。

一、研究区域及数据来源

本项工作所选案例区域位于汉代河东郡最南端，主要指位于中条山以南、黄河以北的一条长度约100千米、宽度不足20千米的狭长区域。在这一不大区域内，已经调查发现汉代各类聚落遗址超过70座，是一处极具特色的聚落集中区域。另外，文献中关于此区域的不论是聚落还是交通道路都鲜有记载。因此，通过对该区域内聚落空间分布情况进行考察，或许能够提供一些关于汉代交通通道网络新的线索和思路。

该工作的考古数据主要来自已经出版的山西省文物地图集①，地图集详细记录了每个遗址的位置信息和所属年代。本项工作中所使用地形数据主要来自美国太空总署（NASA）和美国国防部国家测绘局（NIMA）联合开展的SRTM项目，该项目采集获取了覆盖地球80%以上陆地的地面高程信息。我们引用的是2009年公布的全球范围、空间分辨率为30米的数字高程信息，具体数据通过中国科学院地理空间数据云平台获得。②

本项工作着重从聚落空间分布的视角，探讨该区域可能存在的连通通道网络模式。研究区是面积为2000平方千米的终南山南部山区，具有一定空间尺度。虽然文物地图集中记录的遗址位置存在因调查工作限制所造成的约百米级别的误差，但与30米精度的SRTM数据配合使用，足以反映遗址的宏观地貌背景。此外，还需要说明的是，由于河东郡南缘区域经考古调查所发现的超过70处聚落遗址均未经过正式的田野发掘，绝大部分仅仅是依据调查中发现的遗物被笼统地定为汉代。其中，45处遗址仅见汉代遗存，约占该区域聚落遗址总数的63%；24处遗址中并存有汉代与早于汉代的遗存，约占遗址总数的33%；其余2处遗址中并存有汉代与晚于汉代的遗存，约占遗址总数的0.02%。可见，该区域不论汉代城址还是非城市聚落遗址，与整个汉代司隶地区的情况基本一致，即该区域内城址和非城市聚落遗址的发展皆可能具有较强的延续性，在现有研究资料存在局限性的情况下，我们将已经发现的汉代城址和非城市聚落遗址作为一个“共时”整体是合理的。同时，相对于史前聚落研究中许多被视为“共时”的某一期或某一文化的年代跨度，两汉四百余年的年代跨度要小得多。如果将该研究区域内聚落遗址视为一个整体，则其所对应的应相当于西汉晚期人口极盛到东汉末年分裂动荡之前聚落系统的大体状况。③

二、研究方法和结果

目前，根据已经发表或公布的相关资料，河东郡南缘即终南山以北、黄河以南这一狭长区域内，已经发现各类汉代聚落遗址超过70处，其中城址3座，分别是东陌城址面积2.25万平方米、杨家寨城址面积0.4万平方米、北垣城址面积不明；非城市聚落遗址中面积超过65万平方米的遗址有3处，其中西祈遗址面积300万平方米、老城遗址面积100万平方米，以及上郭城址面积90万平方米。三座城址的年代皆为汉代，而大型非城市聚落遗址则多具有延续性。

---

① 国家文物局主编：《中国文物地图集·山西分册（上、中、下）》，中国地图出版社2006年版。

② 数据来源于中国科学院计算机网络信息中心国际科学数据镜像网站，http：//www.gscloud.cn。

③ 程嘉芬：《汉代司隶地区聚落体系研究》，吉林大学博士学位论文，2015年。

根据《中国文物地图集·山西分册》以及各类考古报告、简报、年鉴等提供的数据，建立研究区域内汉代城址和非城市聚落遗址信息统计表，这些数据表中，不仅包含遗址的基本信息，还包括各遗址准确的空间位置地理坐标。然后利用 ArcGIS 软件，根据《中国历史地图集》提供的西汉晚期行政区划地图①，数字化生成研究区即河东郡南缘区域的数字化地图；并根据聚落信息统计表提供的遗址地理坐标信息，生成该区域范围内全部聚落遗址分布数字地图，将遗址基本信息与分布信息数字地图直接关联，以建立汉代河东郡南缘区域聚落遗址的空间信息数据库。根据从中国科学院地理空间数据云平台所获得的 30 米数字高程信息，利用 ArcGIS 软件，建立分辨率为 30 米的河东郡南缘区域数字高程模型。此空间信息数据库和数字高程模型，将作为本项工作提供数据分析基础。

还需要说明的是，由于自然、历史条件以及考古研究机构工作水平和侧重点的差别，目前已经发现的汉代聚落遗址资料的数量和分布情况皆存在一定不足，相比遗址资料的相对匮乏，汉代墓葬长期以来一直是考古调查与发掘的主要内容，其数量相当庞大。因此，本项工作也将引入墓葬资料以补充聚落遗址，本项工作认同墓葬与聚落存在密切联系，即墓地附近应当存在其所埋人群生前居住活动的聚落。具体研究方式采用已有研究成果②，以 2 千米作为研究区聚落与墓地间距离最大值，模拟（Simulation）建立可能存在的与聚落有关的空间位置点（本项工作中称其为 S 点），该项模拟是一种假设，希望尽可能减小城址和非城市聚落遗址在空间分析时因材料缺失等因素而造成的误差，使分析结构更加接近历史真实。

本项工作采用已有关于汉代城址和非城市聚落遗址等级划分的成果（见表 1、表 2）③，可以看到，本研究区域内的城址皆属于第四等级；特大型聚落遗址一处，即西祈遗址，是司隶地区内三座特大型非城市聚落遗址之一，另外两处特大型非城市聚落遗址皆坐落于三辅地区内；大型非城市聚落遗址两处，从而形成了一处非常具有地域特色的聚落集中分布区域。

表 1　汉代司隶地区城址等级划分

城址等级	面积区间（万平方米）	城址数量（座）	平均面积（万平方米）
第一级	>900	2	2280
第二级	350～900	6	507.9
第三级	130～350	14	249.3
第四级	<130	61	42.5
其他		33	0
总计		116	118.0

表 2　汉代司隶地区非城市聚落遗址等级划分

非城市聚落遗址等级	面积区间（万平方米）	非城市聚落遗址数量（个）	平均面积（万平方米）
特大型	>299	3	323.3
大型	65～299	21	105.1
中型	11.9～65	200	20.8
小型	<11.9	1355	3.0
不明		74	0.0
总计数		1653	6.9

① 谭其骧：《中国历史地图集（二）》，中国地图出版社 1982 年版，第 15－16、43 页。

②③ 程嘉芬：《汉代司隶地区聚落体系研究》，吉林大学博士学位论文，2015 年。

另外，由于本项工作的目的是从聚落空间分布探讨汉河东郡南缘可能存在的连通长安与洛阳的交通通路，因此，我们也在与研究区相接壤地区建立有关聚落遗址的空间信息数据库和数字高程模型，即西北缘隔黄河相望的渭水入黄河地区和东南缘隔黄河相望的洛阳地区，具体方法同上。

渭水下游入黄河区，在东西、南北皆20千米左右的一片面积不大区域内，集中分布有三座第四等级城址和两座等级不明城址，其间还分布着五处中小型非城市聚落遗址，形成一处小规模聚落集群。

洛阳城周围地区，则以洛阳城为中心方圆40千米左右范围内，涵盖汉河南郡西部的绝大部分聚落遗址，除了第一等级的洛阳城外，还包括有一座第三等级城址、两座第四等级城址和一座等级不明城址，10余处中、小型非城市聚落遗址，以及30多个S点，形成了一处具有自身特色的聚落分布区域。需要指出，该区域内由墓葬地理位置模拟所获得的S点数量远大于城址和非城市聚落遗址的数量加和，这种情况与该地区历史渊源、文化传统以及具体考古工作状况等关系密切，也暗示这一区域范围内实际上应该还存在有许多已经被破坏或尚未被发现的汉代聚落，因此，观察该区域的聚落分布时，需要将S点考虑进聚落空间分析进行整体考量。

三、讨论

中条山以南、黄河以北聚落集中分布区内，形成关系密切的东西两部分。三座汉代城址皆分布于西部区域，其中，北垣城址紧邻黄河拐点处，应与汉风陵渡口关系密切，该城址与关中平原东端的渭水汇入黄河处聚落集群隔黄河相望。其他两座第四等级城址所处位置略偏东，其中杨家寨城址同样紧邻黄河河道，可能与大禹古渡存在一定关系。在这两座城址周围分布有数个大、中、小型非城市聚落遗址。可以看到，东部区的聚落遗址皆为北依中条山、南邻河河道，显示出聚落对黄河河道及其沿岸通道的控制力。同时，集中于此处的三座城址似乎皆与津口要冲存在关联，发挥着重要作用，汉代城市的集中出现，凸显了该地战略位置的重要性。虽然有关黄河北岸存在通道的情况鲜见于文献记载，但是此区域内密集的城市和聚落分布，则能够为北岸通道的存在提供证据。另外，从地势走向上观察，黄河北岸这条东西向通道，只要两渡黄河便可以成为沟通长安与洛阳间的一条交通通路。虽然按此道路情况来看，相比于文献所载黄河南岸当时连接关中与关东最便捷的三川东海道西段，略显曲折，但黄河北岸密集分布的各类聚落遗址则显示着北岸通道存在的真实性，并且该通道在当时可能还相当发达，因为三座建于汉代的城址的存在昭示着中央政府对该地区的关注与重视。并且，黄河北岸相对平坦的地理环境，也显示着北岸通道或许较黄河南岸弘农郡崇山峻岭间道路要更为便于通行的可能性，正是由于交通道路的存在，才能够在其沿线汇聚起如此具有特色的聚落集群。

此外，潼关至三门峡之间的黄河河谷，河道开阔，河势相对较稳，其两岸古渡口林立，黄河著名的三大古渡便皆位于此段，为黄河航运提供便利的同时，实际上也为南北渡河提供了直接条件。其中，山西平陆境内的茅津渡和山西芮城境内的风陵渡应该与中条山以南的黄河北岸通道直接相关，连通关东与关中需要两渡黄河的线路很可能便是由此东、西两渡口通行。茅津渡位于今山西平陆县西南二十里黄河北岸太阳渡村附近，属于汉河东郡大阳县的黄河津渡。又因渡口南岸属陕县境内，也称“陕津渡”。茅津渡对面便是黄河南岸的会兴镇，由于古时平陆属于陕县辖下，故南岸的会兴渡也统称为茅津渡。茅津古渡应该是黄河两岸最古老的渡口，商代便于此处始设渡口，春秋至西汉期间，此处名为矛槽沟口，而其对岸的会兴渡年代也不晚于秦汉时期。①《平陆县志》载，“茅津当水陆要冲，晋豫两省通衢，冠盖之

① 白利权：《黄河中游古代渡口研究》，郑州大学硕士学位论文，2010年，第14－15页。

络绎，商旅之辐辏，三晋云盐尤为孔道”①，可见晋南商旅自古便利用茅津渡口向中原地区进行转运，该渡口作为连接晋豫两省的交通要冲具有重要意义。风陵渡位于今山西芮城西南端，黄河东转的拐角处，与陕西潼关隔河相望②，属于汉河东郡蒲坂县的黄河津渡。据新公布的秦代“封陵津印”有关研究，已经可以确定封陵渡早在战国、秦时已经作为津渡而存在③，是关中地区通往河东与河南的重要渡口。黄河中段南北两岸津渡的存在，为沟通黄河南北提供了便利，也为关于存在利用黄河北岸通道通过两渡黄河而连接关中平原与河洛地区的交通通道提供了间接证据。

中条山以南聚落分布区偏东部分还形成有一个小范围聚落集群，具体位置在中条山中部与黄河之间，此狭小区域内分布有聚落遗址 20 余处，其中包括一座特大型非城市聚落遗址，即面积 300 万平方米的西祈遗址和一座大型非城市聚落遗址，即面积 100 万平方米的老城遗址。聚落集群的分布形势提示着该地区存在交通通道的可能性与必然性，结合高程模型考察可见，此处山势平缓，天然形成一条南通临汾盆地、北越黄河沟通河洛的重要通道。而超大型聚落遗址在该区域的出现也显示着该通道的存在性和重要性，非城市大型聚落在此处可能替代城市承担着扼守交通以及军事防御等重要职能。

对于渭水下游汇入黄河的小范围聚落集群区域，我们在此也稍做讨论。该区域内的聚落遗址绝大多数分布在渭水南岸，仅有第四等级拜家城址坐落在渭水以北。整个聚落集群区内，城址所占比例明显高于非城市聚落遗址，显示着城市在该聚落集群中的主角地位。还需要指出的是，位于该聚落集群区东北端、渭水以南、邻近黄河的一座第四等级城址，根据相关考古工作已经基本可以认定是京师仓城所在④，而另一座位于聚落集群西南部的第四等级城址则被认为可能是秦汉时期的华阴县城⑤。从该区域聚落空间分布情况，我们可以探讨一下风陵渡南渡黄河进入关中后通往长安的道路走向。该聚落集群位于潼关要冲附近，其间见于记载的“华阴评舒道”是连通长安的重要道路，其时代不晚于秦而至少沿用至东汉末年。⑥ 根据记载，该道路经由华阴城畔而过，恰好与本聚落集群渭水以南区域内的聚落分布情况相吻合。此外，武帝时开凿直渠，“自长安至华阴”，直接东向入黄河，承担京城漕运的重要职能。⑦ 直渠位于渭水以南，伴随漕运的繁荣，本区域聚落遗址多分布在渭水南岸也便有迹可循了。因此，沿风陵渡南渡黄河后，陆路通道会沿华阴平舒道经华阴城西行至长安，水路通道则可沿漕运航路即直渠西入京师。

四、结论

通过对河东郡南缘中条山以南、黄河以北区域的汉代聚落空间分布情况的分析，可以看到，在黄河北岸应该存在有一条比较发达的、不见于文献记载的交通道路，该通道附近密集分布着不同等级的汉代聚落。同时，黄河南北两岸林立的津渡则为渡黄河提供了直接条件。因此，除了当时天下最重要的三川东海道于黄河南岸沟通东西外，应该还存在另一条能够连通关中与关东的东西向通路，即黄河北岸通道，虽然该道路需要两渡黄河略显复杂，但是北岸沿河的密集聚落、地理环境皆呈现出该道路可能更加

① 清乾隆二十八年（1763 年）版《平陆县志》。

② 《元和郡县图·关内道二》：潼关“河之北岸则风陵津，北至蒲关六十余里”。

③ 熊长云：《秦“封陵津印”考——兼论风陵渡之得名》，《文博》2015 年第 2 期。

④ 陕西省文物考古研究所：《西汉京师仓》，文物出版社 1990 年版。

⑤ 国家文物局主编：《中国文物地图集·陕西分册》，中国地图出版社 1998 年版，第 585 页。

⑥ 司马迁：《史记》卷六《秦始皇本纪》第六，第 259 页；《史记》卷二十八《封禅书》第六，第 1375 页。

⑦ 司马迁：《史记》卷三十《平准书》第八，第 1424 页；《汉书》卷二十四下，第 1161 页。

便于通行的特征。因此，我们可以勾勒一下洛阳与长安间可能存在的东西向通道的情况：从洛阳城出发沿涧水西行，经汉河南县城，出新函谷关到达黄河岸边。该线路通过涧水沿岸散布的城址、非城市聚落遗址以及模拟S点皆可反映出来。到达黄河岸边后，存在不同选择：可以沿黄河南岸通道走传统的三川东海道西路，即经位于灵宝的旧函谷关城，叩关而入，直接进入关中平原；也可以由三门峡的会兴渡（属茅津渡）北渡黄河至其对岸茅津古渡，然后沿黄河北岸、中条山以南聚落分布区的北岸通道西行，至风陵渡再次南渡黄河，至潼关而进入关中。之后，可以沿华阴平舒道经华阴城继续西行，最终到达长安城，也可以随漕运走水路沿直渠直达长安。

由此可见，在出新函谷关城后与关中平原之间的东西向直接通道实际上应该存有两种可能，即三川东海道和黄河北岸通道。虽然黄河北岸通道不见于文献记载，但我们以GIS技术为支持，通过对有关聚落遗址分布情况的整体性空间分析，获得了与聚落密切相关的交通道路的重要线索。该研究思路和方法，也为理解汉代的交通网络提供了新思路和新方法。还需说明的是，利用黄河航运实现关东与关中间的转漕一直是汉代中央政府的一项重要措施，黄河航线同样是连接长安与洛阳的重要通道，但是由于其与本项工作的研究目的并不同一，故不再赘述。

（作者为河南科技大学人文学院讲师）

东汉建都洛阳与关西的没落[①]

梁万斌

摘要：东汉建都洛阳是中国历史上的大事，前人多有论及，但从新的视角或可看到以前所未能看到的面相，本文从政治地理的角度，考察东汉建都洛阳之影响。东汉改都洛阳，核心区亦随之东移，关中不复为王畿，关中乃至整个关西在帝国政治地理中的地位下降，大量的边疆异族开始以各种方式进入关中及其周围地区，这不仅直接导致了整个关西地区的没落和帝国边塞的内移，而且为后来之“五胡乱华”开启了先路。

关键词：东汉；洛阳；政治地理

自西周以来的千余年间，关中始终是统一王朝最为重要的政治重心所在地，东汉则一反常态，改都洛阳，此为中国历史上的大事，前人多有瞩目。顾祖禹、吕思勉、钱穆、谭其骧和傅乐成都以其敏锐的史识在不同场合附带论及东汉建都洛阳之重要影响。[②] 无疑，他们的见解对进一步深入研究这一问题具有重要的作用。对东汉建都洛阳的原因及影响做专题研究的是廖伯源先生，廖先生在其《论东汉建都洛阳及其影响》一文中，除分析东汉都洛的原因外，并论东汉都洛阳造成放弃西域等方面之影响。[③] 但诚如廖先生所说：“此历史之重大事件，其原因与影响必然甚多而复杂，今之考论与推测，仅为一家言，

---

① 原文篇幅过长，不符参会要求，本文是笔者《东汉建都洛阳之影响》一文的第一部分，虽经修饰，但节选之痕迹犹在，于此说明，尚祈见谅。

② 顾祖禹认为：“汉之东也，以河南而弱。”（（清）顾祖禹撰，贺次君、施和金点校：《读史方舆纪要》，第2083页）吕思勉先生认为：“其（东汉）运祚略与前汉相等，然其国力的充实，则远不如前汉了。这是因为后汉移都洛阳，对于西北两面的控制，不如前汉之便；又承大乱之后，海内凋敝已极，休养未几，而羌乱即起，其富力亦不如前汉之盛之故。”（吕思勉：《吕著中国通史》，上海古籍出版社2009年版，第352页）钱穆先生认为：“两汉是中国史上第一次因统一而臻国力全盛之时期，但因种种关系，东汉国力已不如西汉。先就建都而论，中国古史活动场面，大体上主要的在黄河流域。其西部上游武力较优，东部下流则文化、经济较胜。此种形势，自虞、夏、殷、周直到秦并六国皆然。西汉承秦而都关中，长安为全国之头目，东方的文化、经济不断向西输送，使与西方武力相凝合，而接着再从长安向西北伸展。（驱逐匈奴，开通西域）西汉的立国姿态，常是协调的、动的、进取的。光武中兴，关中残破，（因王莽末年乃至更始、赤眉的大骚扰）改都洛阳，从此东方的经济、文化不免停滞，不再向西移动；（中国国力以政治推动，则长向西北发展，由外寇强敌所在也；此如西汉与唐皆是。若社会自由进展，则长向东南，以气候较佳，土壤较肥，又无强敌临前；如东汉、宋、明皆是）而西方武力失其营卫，亦不免于转弱。（因而虽小小的西羌，竟成东汉西边之大患）东、西两方人口密度不调节，社会经济易生动摇，正如在一端极热、一端极冷的不调和空气下激起了大旋风，东汉国运遂于东方的饥荒（黄巾）与西方的变叛（凉州兵与董卓）两种势力冲荡下断送。东汉的立国姿态，可以说常是偏枯的、静的、退守的。此乃两汉国力盛衰一总关键。”（钱穆：《国史大纲》，商务印书馆1996年版，第192－193页）谭其骧先生认为：“东汉一代无论对内对外，武功都远不及西汉。特别是对西北边界，大有鞭长莫及之势。西域三绝三通，合计设有都护、长史的时间不过二十余年。安帝后历次羌乱，兵连师老，费用至数百亿，并凉为之虚耗，三辅亦遭残破。当然，东汉国力之不竟是由多种原因造成的，但首都建在远离边境的洛阳，以致对经营边境有所忽略，不能不是原因之一。”（谭其骧：《中国历史上的七大古都》，载《长水集续编》，人民出版社1994年版，第33－34页）傅乐成先生认为：“东汉定都洛阳后，山东变成军事、政治、经济合一的地区，而山西则沦为军事地区。东西的界限，日益分明，渐成为两个极其不同的文化区，而致发生偏枯的现象。最后汉室对山西逐渐放弃，而胡族乃日益进迫。东汉所以亡于山西军阀，以及后来五胡之乱的发生，都与此有关。所以西汉之强，在于以山东的财富开发山西；东汉之衰，在于全力专保山东。”（傅乐成：《汉代的山西与山东》，原刊于《食货复刊》1976年第9期，后收入作者论文集《汉唐史论集》，台北：联经出版事业公司1977年版，第75页）

③ 廖伯源：《论东汉建都洛阳及其影响》，《史学集刊》2010年第3期。

不到之处，恐比所论为多。”[①] 由于问题本身的复杂性等因素，不论是东汉都洛的原因，还是都洛后之影响，都仍有进一步深入探讨之必要。都城与核心区是政治地理的重要研究对象，而且从新的视角可看到以前所未能看到的面相，本文是笔者《东汉建都洛阳始末》一文的续篇，[②] 在已有研究的基础上，从政治地理的视角，考察东汉建都洛阳之影响，期望能对这一重要问题的认识有所推进。

一、帝国核心区的东移

建武元年（公元25年），东汉定都洛阳。由于政治中心的东移，关中亦不复为核心区，随着统一进程的结束，朝廷开始在东部重建核心区。

首先，在洛阳周围的内郡大规模修筑障塞、烽燧等军事防御工事。建武十二年（公元36年），即完成统一之当年，光武帝“遣骠骑大将军杜茂将众部弛刑屯北边，筑亭堠，修烽燧”[③]；次年，又诏王霸“将弛刑徒六千余人，与杜茂治飞狐道，堆石布土，筑起亭障，自代至平城三百余里”[④]；建武十四年（公元38年），马成“又代骠骑大将军杜茂缮筑障塞，自西河至渭桥，河上至安邑，太原至井陉，中山至邺，皆筑堡壁，起烽燧，十里一堠”[⑤]。

其次，在京师洛阳的四周设置所谓的“八关”。这“八关”的具体名称见于《后汉书》卷七一《皇甫嵩传》：“诏敕州郡修理攻守，简练器械，自函谷、大谷、广城、伊阙、轘辕、旋门、孟津、小平津诸关，并置都尉。”[⑥] 函谷关在洛阳西，伊阙在洛阳的西南，大谷、轘辕在洛阳东南，旋门在洛阳东，孟津、小平津为洛阳北黄河上的重要渡口，广城的具体位置不是很清楚，但洛阳南有广成聚，[⑦] 似应在洛阳南。这八关中的函谷关是都洛以前就有的，其他诸关的具体修筑时间不是很清楚，但这八关直接关系到京师洛阳的安危，因此八关之设置必在都洛后不久。

此外，据应劭《汉官仪》记载：

> 世祖以幽、并州兵骑定天下，故于黎阳立营，以谒者监之，兵骑千人，复除甚重。[⑧]

这说明，在魏郡的黎阳还设置了黎阳营，由克定天下的幽州、并州精锐驻守。

上述的每一亭障、烽燧、堡壁、关隘及驻军自然都有其各自具体的作用，但为了进一步考察朝廷构筑这些防御工事及黎阳置营的用意，我们不妨依据上述的记载在地图上复原出它们的具体地理分布。

我们从复原的障塞、关隘及军队驻防图可以清楚地看到：通过自西河至渭桥和河上至安邑的两道障

---

① 廖伯源：《论东汉建都洛阳及其影响》，《史学集刊》2010年第3期。

② 梁万斌：《东汉建都洛阳始末》，《中华文史论丛》2013年第1期。

③ 《后汉书》卷一下《光武帝纪下》，第60页。

④ 《后汉书》卷二十《王霸传》，第737页。

⑤ 《后汉书》卷二二《马成传》，第779页。另外，李贤注曰：“《前书》曰，河上，地名，故秦内史，高帝二年改为河上郡，武帝分为左冯翊。”这可能有误，河上并非是左冯翊，而是对某一黄河段的泛称。例如《后汉书》卷一七《冯异传》：“时更始遣舞阴王李轶、廪丘王田立、大司马朱鲔、白虎公陈侨将兵号三十万，与河南太守武勃共守洛阳。光武将北徇燕、赵，以魏郡、河内独不逢兵，而城邑完，仓廪实，乃拜寇恂为河内太守，异为孟津将军，统二郡军河上，与恂合執，以拒朱鲔等。”（第642页）显然，这里的“河上”就不是指左冯翊，而是泛称洛阳北面的一段黄河。类似的例子在《后汉书》中还有很多。因此，笔者认为，“河上至安邑”的“河上”是指安邑以南的黄河，而且这段黄河本身也是易渡河段，例如，著名的茅津渡和风陵渡就在这段黄河。

⑥ 《后汉书》卷七一《皇甫嵩传》，第2300页。《后汉书》卷八《孝灵帝纪》亦云：“三月戊申，以河南尹何进为大将军，将兵屯都亭。置八关都尉官。”（第348页）

⑦ 谭其骧：《中国历史地图集》第二册之“东汉司隶校尉部图”，中国地图出版社1982年版，第42－43页。

⑧ 《后汉书》卷一一四《百官志》注引应劭《汉官仪》，第3558页。

塞，在都城洛阳的西北方向形成了两道防线；通过自代至平城和太原至井陉的两道障塞，在洛阳北面形成了两道防线；通过中山至邺的障塞和太行山的天然屏障，在洛阳的东北面也形成了两道防线。这些防线与洛阳周围的函谷、大谷、广城、伊阙、轘辕、旋门、孟津、小平津诸关以及洛阳盆地本身的山河地理条件相配合，实际上形成了对洛阳的重重防护；此外还在距京师洛阳不远的河津重镇黎阳设置黎阳营，屯驻重军，不仅可以护卫京师，而且可以策应中山至邺的整个东部防线。因此，尽管上述的每一亭障、烽燧、堡壁、关隘、驻军都有其各自具体的作用，但由它们组成的整体防御体系的共同目标则是牢固控制洛阳所在之河南及其周围的河东、太原、上党、河内等地区，并进而确保都城洛阳的安全。而此前的帝国核心区关中，其绝大部分则在这一防线之外。① 也就是说，此前的帝国核心区关中已不再是重点防护的对象，取而代之的则是以洛阳为中心的“三河”地区。至此，我们可以清楚地看出：中兴以后，随着政治中心的东移，“三河”已取代三辅，成为了帝国的核心区。近世以来，许多学者都曾论及东汉建都洛阳的影响，在笔者看来，由于都洛而直接导致的帝国核心区的东移乃是其中最为重要的影响之一，并由此导致了其他多方面的影响。下面对此问题做进一步考察。

二、关西的地位降低

随都城、核心区的东移，关中乃至整个西州在帝国政治地理中的地位亦随之下降，朝廷不再像西都时代一样重视对关中及其周边地区的经营。这从如下的史实可以看出。例如，《后汉书》卷八九《南匈奴列传》：

> 先是朔方以西障塞多不修复，鲜卑因此数寇南部，杀渐将王。单于忧恐，上言求复障塞，顺帝从之。②

朔方以西的障塞直接关系到关中乃至整个西州地区的安危，都洛后，东汉对“朔方以西障塞多不修复”，而且这种情况一直持续到边患已很严重的顺帝时才得以改变。

此外，都洛后，关中及西州地位的降低也表现在匈奴和羌不仅得以入居关中周边诸郡，甚至大量进入了三辅地区。我们先看匈奴的情况。《后汉书》卷八九《南匈奴列传》：

> 二十四年春，八部大人共议立比为呼韩邪单于，以其大父尝依汉得安，故欲袭其号。于是款五原塞，愿永为蕃蔽，捍御北虏。帝用五官中郎将耿国议，乃许之。……于是复诏单于徙居西河美稷，因使中郎将段郴及副校尉王郁留西河拥护之，为设官府、从事、掾史。③

又《后汉书》卷八九《南匈奴传》：

> 乌居战将数千人遂复反畔，出塞外山谷间，为吏民害。秋，庞奋、冯柱与诸郡兵击乌居战，其

---

① 《后汉书》卷五《孝安帝纪》注引《汉官仪》曰：“京兆虎牙、扶风都尉以凉州近羌，数犯三辅，将兵卫护园陵。扶风都尉居雍县，故俗人称雍营焉。”（第215页）可见，虽然在关中也设置了雍营和京兆虎牙营，但这是在羌乱极为严重时的安帝时期才设置的，而且其主要目的是护卫陵园，因此这与东部黎阳营之设置有很大的不同。

② 《后汉书》卷八九《南匈奴列传》，第2959页。

③ 《后汉书》卷八九《南匈奴传》，第2942－2943页。

众降，于是徙乌居战众及诸还降者二万余人于安定、北地。①

可见，入塞的匈奴已被安置在直接与三辅接壤的西河、安定、北地等关中周围地区，即西都时代的“郊畿”重地。

羌人则甚至被直接迁徙到原来京师所在之三辅。《后汉书》卷八七《西羌传》：

十一年夏，先零种复寇临洮，陇西太守马援破降之。后悉归服，徙置天水、陇西、扶风三郡。②

又《后汉书》卷八七《西羌传》：

永平元年，复遣中郎将窦固、捕虏将军马武等击滇吾于西邯，大破之。事已具武等传。滇吾远引去，余悉散降，徙七千口置三辅。③

东汉不仅让匈奴移居西河、北地、安定、天水、陇西等关中周边地区，甚至大量迁徙羌人至关中三辅，这与西汉武帝时虽然也“分徙降者边五郡”，但却将其明确限定在“故塞外”，元帝时则被汉廷婉拒，甚至不使其入塞的情况形成鲜明对比。④ 在笔者看来，之所以有如此重大的政策转变，显然与都城东迁，三河取代了三辅，不仅关西的地位降低，而且三辅的地位亦随之降低有直接的关系。试想，如果都城不东迁，汉廷怎么敢让异族大规模入居京畿重地？

三、关西残破，边塞内移

匈奴、羌人的大量入塞直接导致了并、凉二州及三辅的残破和帝国边塞的内移。《后汉书》卷八七《西羌传》：

时诸降羌布在郡县，皆为吏人豪右所徭役，积以愁怨。⑤

熟悉边事的班彪亦说：

今凉州部皆有降羌，羌胡被发左衽，而与汉人杂处，习俗既异，言语不通，数为小吏黠人所见

① 《后汉书》卷八九《南匈奴传》，第 2956 – 2957 页。

② 《后汉书》卷八七《西羌传》，第 2878 页。

③ 《后汉书》卷八七《西羌传》，第 2880 页。

④ 《史记》卷一一一《卫将军骠骑列传》：“居顷之，乃分徙降者边五郡故塞外，而皆在河南，因其故俗，为属国。”又《汉书》卷九四下《匈奴传下》：“单于自言愿汉氏以自亲。元帝以后宫良家子王墙字昭君赐单于。单于欢喜，上书愿保塞上谷以西至敦煌，传之无穷，请罢边备塞吏卒，以休天子人民。……使车骑将军口谕单于曰：‘单于上书愿罢北边吏士屯戍，子孙世世保塞。单于乡慕礼义，所以为民计者甚厚，此长久之策也，朕甚嘉之。中国四方皆有关梁障塞，非独以备塞外也，亦以防中国奸邪放纵，出为寇害，故明法度以专众心也。敬谕单于之意，朕无疑焉。为单于怪其不罢，故使大司马车骑将军嘉晓单于。’单于谢曰：‘愚不知大计，天子幸使大臣告语，甚厚。’”（第 3803 – 3805 页）可见，武帝时虽然“分徙降者边五郡”，但却将其明确限定在“故塞外”，元帝时则被汉廷婉拒，甚至不使其入塞。

⑤ 《后汉书》卷八七《西羌传》，第 2886 页。

侵夺，穷恚无聊，故致反叛。夫蛮夷寇乱，皆为此也。①

这就是说，被迁徙到关中及其周边地区的降羌与汉人杂处，由于“习俗既异，言语不通”，“皆为吏人豪右所徭役”，积以愁怨，最终在安帝时导致了羌人的大规模叛乱。《后汉书》卷八七《西羌传》：

永初之间，群种蜂起……毂马扬埃，陆梁于三辅；建号称制，恣睢于北地。东犯赵、魏之郊，南入汉、蜀之鄙，塞湟中，断陇道，烧陵园，剽城市，伤败踵系，羽书日闻。并、凉之士，特冲残毙……自西戎作逆，未有陵斥上国若斯其炽也。②

而自此以后，“小有际会，辄复侵叛”，于是朝廷先后任命邓骘、任尚、马贤、皇甫规、张奂、段颎等人进行征讨，但“羌寇转盛，兵费日广”③。《后汉书》卷八七《西羌传》说：

自羌叛十余年间，兵连师老，不暂宁息。军旅之费，转运委输，用二百四十余亿，府帑空竭。延及内郡，边民死者不可胜数，并凉二州遂至虚耗。④

又：

自永和羌叛，至乎是岁，十余年间，费用八十余亿。诸将多断盗牢禀，私自润入，皆以珍宝赂左右，上下放纵，不恤军事，士卒不得其死者，白骨相望于野。⑤

对羌战争不仅使朝廷“府帑空竭”，而且，长期战争的结果，也使“并凉二州遂至虚耗”。仅就凉州人口而言，“凉州西汉时有人口一百五十多万，东汉只有十余万，所存仅1/15。人口消耗原因就是羌战”⑥。羌乱一直延续至灵帝年间，羌战的结局，正如范晔所总结：“羌虽外患，实深内疾，若攻之不根，是养疾疴于心腹也。惜哉寇敌略定矣，而汉祚亦衰焉。”⑦ 最终使东汉元气大伤，动摇了帝国的根基。

除了羌人，入塞的匈奴也不时瞄准机会反叛寇掠，给东汉以沉重打击。《后汉书》卷八九《南匈奴传》：

永初三年夏，汉人韩琮随南单于入朝，既还，说南单于云：“关东水潦，人民饥饿死尽，可击也。”单于信其言，遂起兵反畔，攻中郎将耿种于美稷。⑧

顺帝永和五年秋，句龙吾斯等立句龙王车纽为单于。东引乌桓，西收羌戎及诸胡等数万人，攻

① 《后汉书》卷八七《西羌传》，第2878页。
② 《后汉书》卷八七《西羌传》，第2899－2900页。
③ 《后汉书》卷五一《李陈庞陈桥列传·庞参》，第1688页。
④ 《后汉书》卷八七《西羌传》，第2891页。
⑤ 《后汉书》卷八七《西羌传》，第2897页。
⑥ 何兹全：《中国古代社会》，北京师范大学出版社2007年版，第375页。
⑦ 《后汉书》卷八七《西羌传》，第2901页。
⑧ 《后汉书》卷八九《南匈奴传》，第2957页。

破京兆虎牙营，杀上郡都尉及军司马，遂寇掠并、凉、幽、冀四州。①

汉安元年秋，吾斯与薁鞬台耆、且渠伯德等复掠并部。②

至永寿元年，匈奴左薁鞬台耆、且渠伯德等复畔，寇钞美稷、安定，属国都尉张奂击破降之。③

延熹元年，南单于诸部并畔，遂与乌桓、鲜卑寇缘边九郡。④

会灵帝崩，天下大乱，单于将数千骑与白波贼合兵寇河内诸郡。⑤

从以上的列举可以看出，入塞的匈奴自安帝以来直至汉末，只要有机会就会起兵反叛，寇掠并、凉、幽、冀四州，尤其是缘边诸郡。正如时人所言："匈奴贪利，无有礼信，穷则稽首，安则侵盗。"⑥

边疆异族的入塞不仅导致了并凉二州及三辅的残破，也导致了边塞内徙，致使朝廷放弃了对并凉二州的实际控制。《后汉书》卷八十九《西羌传》：

羌既转盛，而二千石、令、长多内郡人，并无守战意，皆争上徙郡县以避寇难。朝廷从之，遂移陇西徙襄武，安定徙美阳，北地徙池阳，上郡徙衙。百姓恋土，不乐去旧，遂乃刈其禾稼，发彻室屋，夷营壁，破积聚。⑦

又《后汉书》卷八九《南匈奴传》：

（顺帝永和五年）秋，句龙吾斯等立句龙王车纽为单于。东引乌桓，西收羌戎及诸胡等数万人，攻破京兆虎牙营，杀上郡都尉及军司马，遂寇掠并、凉、幽、冀四州。乃徙西河治离石，上郡治夏阳，朔方治五原。⑧

据廖伯源先生的考证：至东汉末，"金城、陇西、安定、北地、上郡、西河、朔方、五原、云中、定襄诸郡大多省废，或失其大半属县"⑨。"政策虽不弃凉州，实际仅维持凉州诸郡之行政组织，羌祸较严重之郡县，仍是弃土而徙其吏民以避难。"⑩ 结果，边塞内徙，内郡成为前线。安帝、顺帝时，朝廷不得不在内郡构筑新的防御线。《后汉书》卷八七《西羌传》：

五年春，任尚坐无功征免。羌遂入寇河东，至河内，百姓相惊，多奔南度河。使北军中候朱宠将五营士屯孟津，诏魏郡、赵国、常山、中山缮作坞候六百一十六所。⑪

元初元年春，遣兵屯河内，通谷冲要三十三所，皆作坞壁，设鸣鼓。⑫

"任尚遣兵击破先零羌于丁奚城。秋，筑冯翊北界候坞五百所。"⑬

---

① 《后汉书》卷八九《南匈奴传》，第2961－2962页。

②⑧《后汉书》卷八九《南匈奴传》，第2961－2962页。

③④ 《后汉书》卷八九《南匈奴传》，第2963页。

⑤ 《后汉书》卷八九《南匈奴传》，第2965页。

⑥ 《后汉书》卷一八《吴盖陈臧列传·臧宫》，第695页。

⑦⑪ 《后汉书》八七《西羌传》，第2887－2888页。

⑨ 廖伯源：《东汉西北边界之内移》，《白沙历史地理学报》，2007年第3期（历史地理理论、秦汉历史地理专号），第119页。

⑩ 同⑨，第109页。

⑫ 《后汉书》卷八七《西羌传》，第2889页。

⑬ 《后汉书》卷八七《西羌传》，第2890页。

又《后汉书》卷六《孝顺帝纪》：

> 九月，令扶风、汉阳筑陇道坞三百所，置屯兵。[①]

新修筑的防线“北起中山国，向南经常山国、赵郡，至魏郡凡六百一十所坞候，形成一条南北走向之防御线。此防御线到河内郡转为自东北向西南筑三十三所坞堡，往西接筑左冯翊‘北界候坞五百所’，再西接筑于右扶风、汉阳郡之‘陇道坞三百所’。并州、凉州位于此防御线外，盖此二州匈奴、羌、氐等民族之人口多于汉人，汉廷难于防守，乃向东向南后退，筑此新防御线”[②]。

边疆民族的大规模入居塞内以及边塞的内移，为后来之所谓“五胡乱华”开启了先路，并最终酿成了永嘉年间的大乱。所以目睹了这一事件尘埃落定的范晔在《后汉书》卷八九《南匈奴传》篇末发论说：“自后经纶失方，畔服不一，其为疢毒，胡可单言。降及后世，玩为常俗，终于吞噬神乡，丘墟帝宅。”[③]

此外，这里必须要提到的是：随着帝国核心区的东移，关中也不再是人口迁入区，人口密度下降，相反，由于边塞内移，大量戎狄进入并凉二州及关中，不仅使并凉二州及关中地区的民族构成发生了巨大的变化，[④] 而且人口的总数也大为减少，凡此都使黄土高原的植被发生了根本变化，而这种地理环境的变化则使历史上以“善淤、善决、善徙”著称的黄河在此后的近800年间出现了惊人的安流现象，对此谭其骧先生已有详论，[⑤] 在此不再赘述。

（作者为河南大学中国古代史研究中心副教授）

---

① 《后汉书》卷六《孝顺帝纪》，第269页。

② 廖伯源：《东汉西北边界之内移》，《白沙历史地理学报》，第109－110页。

③ 《后汉书》卷八九《南匈奴传》，第2967页。

④ 《晋书》卷九七《四夷传·北狄传附匈奴传》：侍御史西河郭钦上疏曰：“戎狄强犷，历古为患。魏初人寡，西北诸郡皆为戎居。”（第2549页）《晋书》卷六五《江统传》江统说：“关中之人百余万口，率其少多，戎狄居半……并州之胡，本实匈奴桀恶之寇也。……今五部之众，户至数万，人口之盛，过于西戎。”（第1533－1534页）

⑤ 谭其骧：《何以黄河在东汉以后会出现一个长期安流的局面》，载《长水集》（下册），人民出版社1987年版。

因袭与创新：隋代都城大兴与洛阳的规划思想比较

潘明娟

摘要： 隋代大兴和洛阳都是平地起建，能够有效地体现规划者的意图，代表了隋代最为先进的城市建设观念，也表现出一定的承继关系。大兴和洛阳表现出一定的等级思想，在城市建设过程中有明显的象天思想，两座都城充分利用微地形，有科学的分区设计，布设较为明显的中轴线。同时，两座都城的规划思想也有差异。研究两座都城规划思想的发展与演变，可以得出隋代都城规划的共通性思想及发展性探索。

关键词： 隋代；大兴；洛阳；都城规划

大兴城是隋文帝开皇二年（公元 582 年）正式颁诏营建的都城。洛阳城始建于隋炀帝大业元年（公元 605 年）。两座城市的建设前后相距 23 年。这两座城市的修建有其共通之处：第一，这两座城市都是作为都城营建的，在一定程度上动员了全国力量，代表了隋代最为先进的城市建设观念。第二，大兴和洛阳都是平地起建、在新城址上营建的，不受原来城市发展的制约，能够有效地体现规划者的意图。第三，这两座城市的建设团队中均有著名规划师宇文恺，在一定程度上体现了宇文恺都城规划的基本思想及其发展变化，也表现出两座都城的承继关系。

学界对大兴和洛阳也有诸多研究，《两京记》《唐两京城坊考》是把两座城市同时记录并研究的较早著述。今人的相关研究颇为丰硕。著作方面，平冈武夫、今井清的《唐代的长安与洛阳》资料篇、索引篇、地图篇①以及杨鸿年《隋唐两京考》② 将隋唐长安与洛阳的资料几乎搜罗殆尽，并有考证研究。论文方面，《隋唐长安城和洛阳城》③《唐代长安与洛阳》④ 等叙述了长安与洛阳的考古概貌，《长安与洛阳》⑤ 则揭示了两者的历史发展。更有诸位学者对两座城市的规划与建设分别做了详尽的研究与探讨。

以上研究都为本文以隋代大兴城和洛阳城为标本考察都城规划思想的发展与演变提供了资料与方法，可以由此得出隋代都城规划的共通性思想及发展性探索。

---

① 平冈武夫、今井清：《唐代的长安与洛阳》资料篇、索引篇、地图篇，上海古籍出版社分别于 1989 年、1991 年、1991 年出版。
② 杨鸿年：《隋唐两京考》，武汉大学出版社 2005 年版。
③ 宿白：《隋唐长安城和洛阳城》，《考古》1978 年第 6 期。
④ 马得志：《唐代长安与洛阳》，《考古》1982 年第 6 期。
⑤ 史念海、史先智：《长安与洛阳》，载《唐史论丛》，1998 年。

一、隋代大兴城与洛阳城的修建

大兴为都城、“西京”，是作为主要都城兴建的；而洛阳开始被称为“东京”，后来改为“东都”①。《太平御览》卷一五六引《两京记》：“（洛阳）初谓之东京，有诣阙言事者，称一帝二京，事非稽古，乃改为东都。”可见由“京”改“都”是有原因的，而“都”较“京”的政治地位稍逊一筹。

（一）大兴城的选址与兴建

开皇二年（公元582年），隋文帝决定营建新都，名为“大兴城”。大兴城兴建的主持人是高颎、宇文恺。《太平御览》卷一五六《州郡部·叙京都》记载：“左仆射高颎总领其事，太子左庶子宇文恺创制规模。”高颎领新都大监，宇文恺为营新都副监，《隋书·高颎传》《隋书·宇文恺传》《太平御览》卷九五四、《册府元龟》卷六二零、《通志》卷一六零、《长安志》卷一二、《玉海》卷一六等都有记载，当无疑问。另外，参与营建大兴城的还有营新都总监虞庆则②、营新都副监贺娄子干③、将作大匠刘龙④、营新都监丞张煚⑤等人。

大兴城选址在龙首原之南。《隋书·高祖纪》记载了隋文帝的诏书：“龙首山川原秀丽，卉物滋阜，卜食相土，宜建都邑，定鼎之基永固，无穷之业在斯。”这块平原也就是今西安城及其附近郊区所在地，大致在400~450米等高线区间。这里平原坦荡，六坡起伏，又能从东西两面引水入城，其有利条件远远胜过了龙首原以北的汉长安城。

大兴城的建设顺序，按照《类编长安志》卷二记载：“先修宫城，以安帝居；次筑子城（皇城），以安百官，置台、省、寺、卫，不与民同居；又筑外郭京城一百一十坊两市，以处百姓。”形成三重城垣的城市形态。

从整体上来看，隋代的大兴城是一座东西略长、南北略窄的长方形城市。《隋书·地理志》《唐六典》卷七、《旧唐书·地理志》《新唐书·地理志》《长安志》卷七、《类编长安志》、《唐两京城坊考》等均有记载，东西、南北的长度，数字不一。其中，《隋书·地理志》记载最早，应该是较为准确的数字：“京兆郡：开皇三年置雍州，城东西十八里一百一十五步，南北十五里一百七十五步。”考古实测，大兴城西北角在今任家口村以北，东北角在今胡家庙的西北，西南角在今木塔寨以西，东南角在今新开门村西北。由东墙的春明门到西墙的金光门距离为9721米，当然，这包括了城墙厚度；南北距离，由南墙的明德门到宫城北面玄武门偏东处，长8651米，这也包括了城墙厚度。⑥ 大兴城的面积约为84平方千米。

大兴城的政治区域集中在外郭城的北部。宫城位于北面正中间，东西向长方形，面积4.2平方千米；宫城之南为皇城，是官署区，也为东西向长方形，面积为5.2平方千米。

（二）隋代洛阳城的选址与兴建

公元604年，隋炀帝杨广在都城大兴即位，当年年底，他就迫不及待地亲自来到洛阳，登上邙山，察看地形。洛阳盆地四周群山环抱，西连崤山，东傍嵩岳，南亘熊耳，北依邙山，伊洛二河蜿蜒流淌，

---

① 魏徵、令狐德棻等：《隋书》卷三，《帝纪》第三。
② 魏徵、令狐德棻等：《隋书》卷四十，《列传》第五；《通志》卷一六一。
③ 魏徵、令狐德棻等：《隋书》卷五十三，《列传》第十八；《通志》卷一六一。
④ 《册府元龟》卷九〇八。
⑤ 魏徵、令狐德棻等：《隋书》卷六十四，《列传》第二十九；《通志》卷一六二。
⑥ 宿白：《隋唐长安城和洛阳城》，《考古》1978年第6期。

先后汇入黄河。这里水陆交通便利，军事地势险要，正是所谓“河山拱戴，形势甲于天下”之地。隋炀帝勘察之后，认为洛阳盆地是“自古之都，王畿之内，天地之所合，阴阳之所和。控以三河，固以四塞，水陆通，贡赋等”①，是帝王建都的理想之地。所谓“阴阳之所和”，是指这里洛水中流，北有邙山、南为伊阙、东流瀍水、西有涧河，山之阴阳、水之阴阳，在这里融合为一城；所谓“控以三河，固以四塞”，是指这里处于黄河、洛河、伊河和太行、崤函、熊耳、虎牢等津渡险关。

因此，大业元年（公元605年）隋炀帝诏令尚书令杨素为营东京大监，纳言杨达与将作大匠宇文恺等共同营建东京，同时参与营建洛阳的还有裴矩②。与营建大兴诸人相比，宇文恺是唯一一个参与两座都城营建的规划师。因此，隋都大兴与洛阳在一定程度上都体现了宇文恺的都城规划思想，其不同之处也在一定程度上表现出宇文恺规划思想的发展与变化。

隋炀帝的诏令中还提出营建东都洛阳的基本原则，即“宫室之制，本以便生……高台广厦，岂曰适形”，要求规划建设者既要遵从前代的典章制度，又不必过于拘泥，食古不化，在实际操作中可根据实际要求和洛阳的地形物貌，便宜行事。

东都规划和西京大兴一样，并未利用原来的旧有城池，而是避开旧城，在“东去故都十八里”的新址建新城，正如马得志先生所言：“东都洛阳城，是隋统一全国后，隋炀帝于大业元年在汉魏洛阳城故城西面所建的新城。”③

洛阳城的形状也不如同时期的大兴城规整，它的平面为南宽北窄的形状，与文献所记“南广北狭”的说法相吻合。整座洛阳城包括外郭城、宫城、皇城及东城、含嘉仓城等附属小城。对于洛阳的规模，《新唐书·地理志》《旧唐书·地理志》《唐六典》卷七、《唐两京城坊考》卷五均有记载，杨鸿年先生考证后，认为《唐两京城坊考》的“周五十二里”之说较为接近事实。由中国科学院考古研究所的勘测可以得知隋代洛阳城的轮廓：洛阳城的东北角在唐寺门，东南角在城角村，西北角在苗沟东南，西南角在古城村西。洛阳外郭城（亦称罗城）的东墙长达7312米，南墙为7290米，西墙长约6776米，北墙最短，长为6138米，合计周长27516米④。面积约47.3平方千米。与大兴城的84平方千米相比，洛阳的规模小了很多。

宫城位于洛阳的西北隅。平面近乎长方形，东西长，南北宽，面积较之大兴城的太极宫要小一些。宫城的东墙长1275米，西墙长1270米，南墙长1710米，北墙长1400米，周长5655米，总面积2.73平方千米。洛阳皇城的情况比较复杂。因为洛水北移，皇城东南部已被冲毁，现西墙保存较好，长1670米，南墙仅存西段540米。假设皇城南墙与宫城南墙相等，为1710米，则皇城面积大约为2.86平方千米。

二、隋代都城规划思想的继承与发展

大兴和洛阳都是在隋代由宇文恺参与的在新城址上规划的政治性都城，其建设时间前后相距23年。因此，这两座都城体现了隋代的都城规划思想，同时，这两座都城在规划方面的差别也在一定程度上说明了隋代都城规划思想的继承与发展。洛阳在大兴之后建设，总结了大兴城在规划与建设方面的经验与教训。

---

① 魏徵、令狐德棻等：《隋书》卷三，《帝纪》第三。
② 魏徵、令狐德棻等：《隋书》卷六十七，《列传》第三十二。
③ 马得志：《唐代长安与洛阳》，《考古》1982年第6期。
④ 宿白：《隋唐长安城和洛阳城》，《考古》1978年第6期。

（一）等级思想

城市的规划和形态代表着空间秩序，所以，城市本身已经不仅仅是一座居住、生活的场所，而是社会关系和秩序的反映。隋代是等级分明的社会，政治地位的不同，造成了等级的差异。大兴和洛阳两座城市规模的不同，体现了政治地位的不同。

第一，大兴和洛阳的城市规模相差较大。

大兴城周长为37644米，洛阳周长只有27516米，仅为大兴周长的73.1%，大兴城周长是洛阳的1.34倍；大兴外郭城面积为84.01平方千米，洛阳外郭城面积为47.3平方千米，占大兴面积的56.31%，大兴城面积是洛阳的1.78倍；从政治区面积来看，大兴城的宫城与皇城面积为9.4平方千米，洛阳宫城与皇城面积为5.59平方千米，是大兴政治区的59.47%，大兴城的政治区面积是洛阳的1.68倍。城市规模的不同，体现出政治地位的不同：大兴是作为隋代的主要都城修建的，而洛阳则被称为“东都”，是陪都。

当然，洛阳城市规模的缩小，也可能体现出规划者对于都城规模的反思。因为大兴城市规模过大，居民分布有“东多西少，南虚北实”的特点，也就是说，南边和西北几座里坊中几乎无人居住，《隋书》《长安志》等文献均有大兴城里坊荒芜、阡陌相连的记载①，尤其是城南诸坊显得格外荒凉。23年后再建洛阳，虽然没有文字记载，我们可以推测，规划者可能就吸取了大兴城规模太大的教训，有意识地缩小洛阳的规模，使城市面积与城市人口较为吻合，因此，在隋代甚至唐代初年，洛阳几乎没有无人居住的里坊。

第二，城市的等级不仅体现在城市的规模方面，还表现在城门和门洞的数量方面。城门和门洞的数量也体现着城市的等级。

大兴城共有12座城门，东、南、西、北四面城墙各开3门，其中东、西城墙上的城门是完全对称的，充分体现了《周礼·考工记》的“旁三门”设计。从门洞的建设来看，大兴城的城市大门位于南面正中，称“明德门”，一门五洞，这是隋代最高规格的城门，其余的城门均为一门三洞。

东都洛阳共有8座城门，南墙3座、东墙3座、北墙2座、西墙没有城门，南北、东西城门均不对称；南墙中间的城门建国门一门三洞，是洛阳的正门。

与大兴相比，洛阳的城门和门洞的数量较少，且布设也比较随意，作为都城缺少了政治上的庄严感，生活化气息较为浓厚。

第三，政治区占总城区的比例在11%～12%。

我国古代城市具有突出的政治性，几乎所有的城市都是政治中心，是为了巩固统治而存在的。因此，城市最重要的区域是政治区。规划一座都城，首先要规划政治区域。从大兴城先修宫城，再建皇城，后建郭城的修筑顺序，也能看出都城政治区的重要性。

大兴和洛阳的政治区都包括宫城和皇城，宫城为皇帝所居，皇城是百官衙署。宫城在北，皇城在南，相对位置不变；同时，皇城略大于宫城。大兴城的宫城与皇城面积比为4.2∶5.2＝0.81，洛阳城的宫城与皇城面积比为2.73∶2.86＝0.95，可见，洛阳的城市规划中增加了宫城所占的比重。大兴是在隋代初年由隋文帝下诏建设的，洛阳是在隋炀帝即位之后下诏建设的，洛阳宫城比重的增加，是隋炀帝时期皇权进一步集中在都城规划方面的体现。

大兴城的政治区宫城与皇城的总面积为9.4平方千米，占总城区面积84.01平方千米的11.19%；洛阳城的政治区面积为5.59平方千米，占总城区面积47.3平方千米的11.82%。大兴、洛阳两座城市

---

① 如《长安志》卷七在开明坊下记载：“自朱雀门街南第六横街以南，率无居人地宅。”又注曰：“自兴善寺以南四坊，东西尽郭，虽时有居者，烟火不接，耕垦种植，阡陌相连。”“隋文帝以京城南面阔远，恐竟虚耗，乃使诸子并于南郭立第。”

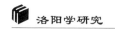

的政治区（宫城、皇城）占总城区面积的比例基本一致，都在11%～12%，比例较为接近，表现出隋代在都城规划或建设理念方面对于政治区规模的既定认识。洛阳城的政治区比重稍高于大兴城，也说明了隋炀帝时期的皇权集中（见表1）。

表1　大兴与洛阳的城市规模

	城市轮廓	城市规模			
		城墙周长（C）	总面积（D）	政治区面积（E）	政治区/总城区(E/D)
大兴（A）	东西向长方形	37644米	84.01平方千米	宫城+皇城=9.40平方千米	11.19%
洛阳（B）	南宽北狭	27516米	47.30平方千米	宫城+皇城=5.59平方千米	11.82%
A/B		A/B=1.34	A/B=1.78	A/B=1.68	

注：小数点后取两位。

（二）象天思想

在隋代，“建邦设都，必稽天象”的象天思想是非常流行的。因此在都城的规划设计中，宇文恺突出体现了象天思想。

大兴城着重通过宫城的位置来体现象天思想。整座大兴城分成三部分：北边最中间的是宫城，这是皇帝的工作区和生活区，因为古人以为皇帝就像是北极星，在正北方的最中间，众星拱之。宫城南面，一街之隔，是皇城，这是中央官衙的所在地，文武百官在这里集中办公，象征拱卫北极星的紫微星座。最大的城是郭城，百官贵族和平民百姓的生活居住区，从东西南三个方向把宫城和皇城包围起来，意味着众星捧北斗。宫城、皇城、郭城，三重相依，就是“城上凭临北斗悬”，把宫城、皇城、郭城分别看作北极、紫微和众星，形象地反映了以北极为天中而众星捧之的思想。

洛阳城的象天思想主要通过“洛水贯都”来实现。《唐两京城坊考》卷五记载：“东京城……前直伊阙，后倚邙山，东出瀍水之东，西出涧水之西，洛水贯都，有河汉之象也。”这句话有注：“按《三辅黄图》云：‘始皇筑咸阳宫，端门四达，以象紫宫。引渭水贯都，以象天汉。’隋炀帝盖仿秦之为也。”也就是说，隋代洛阳城建造的时候，效仿秦咸阳的“渭水贯都”，形成“洛水贯都，有河汉之象”的格局。隋代的东都洛阳，跨洛水南北两岸，这也是水之阴阳的融合，又具有“河汉之象”，即洛水被视为天上的银河。从天人合一的角度来看，“洛水贯都”既然被看作天际的银河，那么整齐的里坊自然就是银河两岸的繁星。官署所在的皇城从东、南、西三面拱卫皇帝所居的宫城，其目的当然就是“以象北辰藩卫”，皇城是北斗星，宫城就是居于天之中央的北极星，因此，宫城也被称为“紫微城”。

仔细区分，象天思想在大兴和洛阳的都城规划中还是有差别的。大兴由于是主要都城，宫城和皇城严谨地布设于外郭城的北部正中的位置，象征北极星与紫微星垣；而洛阳城，则突出了“河汉之象”，以洛水象征银河，宫城和皇城虽然处于城市北部，但为了占据制高点，却偏离了正中的位置。

（三）对地形的利用

隋代，在大兴和洛阳的都城规划设计中，对“因天材就地利”思想的表达，体现为巧妙利用高差、利用地利，形成城市的空间立体形态。

大兴城有效利用了“帝城东西，横亘六岗（六爻）”的地形，对六道高坡及坡间低洼地带的运用独具匠心。大兴城的建设规划的最大创意就是把《易经》中的乾卦爻辞与六道高坡结合起来，这也是后世对大兴城的设计最为称道的地方。大兴城的地形并不是一马平川，而是有一定起伏，有高坡也有洼陷地带。把其中的六条高坡看作阳爻，六条阳爻组成了乾卦。根据爻辞来布设城墙、宫城、皇城、寺庙道观等标志性大型建筑物。坡与坡之间的低地除安置居民区外，还开辟湖泊发展名胜风景区或挖运河漕渠，为城市给水做准备。利用周易理论设计城市，这在城市发展史上是最早的一次，一方面切合了当时流行的风水思想，另一方面也是为了占领京城中的有利地形制高点。六爻对地形的利用及宫城、皇城、郭城的分置，显露出浓浓的文化气息，其核心就是儒家的君尊臣卑思想。

洛阳城的规划建设则充分利用了周遭的山水环境和东西向的洛水。从隋唐洛阳城的山水环境来看，从北至南呈现出“水—山—城—水—山”的自然格局。规划者根据洛阳城区西北高东南低的地势和伊阙的位置，将中轴线移至洛阳城偏西的地方，轴线北起邙山，穿过宫城、皇城、洛水，一直向南延伸至龙门双阙，使整个南北中轴线高低起伏、错落有致。在东西方向，突出了“洛水贯都”的观念，隋唐洛阳城跨洛水南北两岸，这是水之阴阳的融合，又具有“河汉之象”，即天上银河的意象。同时，洛水横贯洛阳城，有效地促进了城市的供水、排水、漕运、商业等活动，甚至，洛水这样的大水体对于城市游赏文化和环境美化也极其有利。

可以说，在对地形的应用方面，大兴和洛阳各有特点。大兴城对地形的应用局限于城市内部，与大兴相比，洛阳的规划将城市与周遭的山水融为一体，对地形的应用更趋成熟和宏大。

（四）科学的分区设计

大兴城和洛阳城都是把都城分为三部分：宫城、皇城、外郭城。宫城处于皇城和外郭城的环绕之中，有利于保护皇帝的安全；皇城在宫城之南，利于政府各部门集中办公；在外郭城中，布设居民居住的里坊和集中的市场。这样，皇帝居住的宫殿、百官办公的衙署、百姓生活的里坊、百业所安的市场等，各有不同的区域，体现了“官民不相参”的规划思想，改变了汉长安城“人家在宫阙之间”的居住混杂状况。这种制度，北宋吕大防曾有论述：“隋氏设都，虽不能尽循先王之法。然畦分碁布，闾巷皆中绳墨。坊有墉，墉有门，逋亡奸伪无所容足。而朝廷、官寺、民居、市区，不复相参。亦一代之精制也。”①

这种分区设计，在隋代大兴城建设中首次采用，之后又应用于洛阳城的建设。当然，洛阳城的相关规划也做了一定的修改完善。大兴城的宫城和皇城位于外郭城北部正中，这样，虽然有利于强调皇权的至高无上，但是，宫城和皇城阻碍了城市的东西交通，对于宫城和皇城东西的几座里坊来说，交通并不便利。而在洛阳城的建设当中，宫城和皇城位于外郭城的西北角，对各里坊的交通没有阻碍。这应该是洛阳较之大兴在城市规划方面的一个发展。

（五）中轴线的设置

从空间结构来说，大兴城的建设，采用了严格的中轴对称形态，其南北中轴线也是城市建设规划的主轴，南起郭城的明德门，经朱雀门大街，到皇城朱雀门、宫城承天门，通过宫城太极殿，南北贯穿全城，总长约7.5千米，充分显示了皇家道统的一以贯之，令人肃然起敬。以这条中轴线为界，大兴城被分割为东西相等的两部分，分别由万年、长安两县管辖。

兴建洛阳时，根据洛阳城区西北高东南低的地势和伊阙的位置，没有强调南北中轴线和完全对称。因此，洛阳城市轴线的布设改变了大兴城南北中轴线居中的惯例，将轴线移至洛阳城偏西的地方，轴线北起邙山，穿过洛阳城中高大奇伟的建筑，包括宫城、皇城、洛水、天津街、建国门，一直向南延伸至龙门双阙。这条偏西的轴线对城市的分割作用并不明显，反而是由西而东穿城而过的洛水，把隋代洛阳城分割为南北两半。

从大兴城中轴线分割城市为东西两部分到洛水分割城市为南北两部分，可以看出中轴对称观念在都城规划中的逐渐淡化。

---

① 杨鸿年：《隋唐两京考》，武汉大学出版社2005年版，第57页。

隋代大兴与洛阳城的建设时间相差 23 年，都是平地起城，因此，在都城规划思想上有一定的共通之处。但是，由于政治地位、地理环境等差异，两座都城也体现了隋代规划思想的发展与变化。现代城市的建设与发展，已经无法完全做到隋代大兴和洛阳的平地建城。但是，隋代的规划思想，如城市规模与人口相适应、对地形的有效利用、科学分区以及城市中轴线的布设等，都对现代城市的规划与发展产生了一定的影响。

（作者为西安电子科技大学关中历史文化研究所教授）

考古学视野下的隋东都洛阳城初探

韩建华

摘要：宇文恺设计修建的新都洛阳城，是隋炀帝施展宏图大略的起点，成为全国的政治文化中心、交通枢纽以及国际性大都市，战略地位十分重要。本文梳理隋东都城历年零散的考古发现，结合相关文献，就隋东都洛阳城的军事防御体系、宫皇城形制与布局、漕运与仓储等问题进行初步探讨。

关键词：隋东都；考古发现；军事防御；宫皇城形制；漕运

洛阳位于黄河中游南侧、河南省西部的洛阳盆地，优越的地理位置和山川形势，决定了其是古代帝王建都的首选之地。6世纪末，隋王朝结束了数百年的分裂局面，国家重归统一，中国封建社会进入了前所未有的盛世。在洛阳，一座新兴的城市崛起在帝国的东方。隋炀帝新建的东都城，成为全国的政治中心、文化中心、交通大动脉以及国际性的大都市，其战略地位十分重要。

隋炀帝以东都洛阳为中心，修驰道开运河，通漕运储粮仓，征高丽，巡塞北，实施一系列的强国措施，其宏图伟略虐用民力，加速了隋王朝的灭亡。规制宏伟的东都洛阳城被取而代之的唐王朝继续沿用。隋朝短祚，隋东都洛阳城也被淹没在唐帝国的辉煌之中。作为存续15年的隋代东都城，其考古工作难度可想而知。对于隋代东都城的研究，多忽略之，或隋唐同述，或只言唐代洛阳城，隋代洛阳城的布局等问题鲜有述及。笔者试图通过梳理零散的考古发掘成果，结合有关文献，就隋东都洛阳城的相关问题进行初步探讨，以期抛砖引玉。

一、营建东都

仁寿四年（公元604年）七月，隋文帝崩，隋炀帝在仁寿宫即位。同年十一月，隋炀帝下诏，营建东京洛阳城。诏曰："……洛邑自古之都，王畿之内，天地之所合，阴阳之所和。控以三河，固以四塞，水陆通，贡赋等。"① 大业元年（公元605年）"三月丁未，诏尚书令杨素、纳言杨达、将作大匠宇文恺营建东京。二年春正月辛酉，东京成"②。前后历时不到一年。

东都城的营建，工程非常浩大，"每月役丁二百万人"③。"以越国公杨素为营东京大监，安德公宇文恺为副。"④纳言杨达"领营东都副监"⑤。由专人负责宫皇城的建设。"卫尉卿刘权、秘书丞韦万顷总监筑宫城，一时布兵夫周匝四面，有七十万人。城周匝两重，延袤三十余里，高四十七尺，六十日成。其内诸殿基及诸墙院，又役十余万人。直东都土工监常役八十余万人，其木工、瓦工、金工、石工又役

①②④ 《隋书》卷三《炀帝纪》，中华书局1975年版。
③ 《资治通鉴》卷一百八十《隋纪四》。
⑤ 辛德勇：《〈大业杂记〉辑校》，三秦出版社2006年版。

十余万人。”①

隋炀帝营建东都洛阳城是根据实地勘察和科学规划而设计的。此前，他曾率领苏威等人到洛阳来相宅。炀帝登邙山，观伊阙曰：“此龙门耶。自古何为不建都于此？”苏威曰：“以俟陛下。”② 隋炀帝任用规划设计大兴城的宇文恺规划东都洛阳城。宇文恺“揣帝心在宏侈”③，规划设计中，根据洛阳周围的山势、河流、水陆交通、自然风景等都做了精心的选择，充分利用了自然地理条件，吸取了长安的经验，布局上不拘于方整对称，而是配合地形，因地制宜，“其宫北据邙山，南道伊阙之口，洛水贯都”④。城内以街道分割成众多里坊，形成一种棋盘式的城市布局，把东都洛阳城规划设计得十分宏大。“初造东都，穷诸巨丽。帝昔居藩翰，亲平江左，兼以梁陈曲折以就规模。曾锥逾芒（邙），浮桥跨洛，金门象网，咸竦飞观。”⑤ 甚得炀帝的欢心。

新洛阳城作为都城营建，城内功能分区就严格按照都城的标准进行。隋东都洛阳城跨河而建，洛河北岸建造宫城、皇城和其他重要建筑，洛河南岸大面积区域布置里坊区。将宫城、皇城置于郭城西北隅高地，前临洛河，后倚邙阜，东、西、北三面又有东城以及圆璧、曜仪等众城围护，其西与西苑毗连，宫廷防御措施远较长安严密，既从城市布局上形象地体现了东都洛阳低首都长安一等的实际地位，严密的防御设施也与其作为东方军事重镇的客观要求相符；在皇城、宫城近旁，设有大型粮仓（如隋子罗仓和隋唐含嘉仓）和商业市场（北市），可确保粮食和其他生活必需品充足无虞。规模宏大，布局有序。然后隋炀帝又“徙天下富商大贾数万家于东京”⑥，洛阳城市发展到了一个新的高度。“既营建洛邑，帝无心京师。”⑦ 隋东都城建成后，炀帝把政府及皇室迁到洛阳，并在城西修建了西苑，“周长二百九十里一百三十八步”⑧。内开龙麟渠，沿渠设十六院，每院备有堂皇富丽的阶庭，并植名花、奇树。并沿洛河两岸建有显仁、冷泉、凌波、积翠等离宫。“还造山为海（亦曰积翠池），周十余里，水深数丈。中有方丈、蓬莱、瀛洲诸山相去各三百步。山高出水百余尺，上有通真观、集灵台、总仙宫分在诸山。别有浮桥、水殿（龙舟）泛滥往来。”⑨ 西苑是炀帝宴饮游乐之所，“每秋八月月明夜，帝引宫人三五十骑，开阊阖门入西苑，歌管达旦”⑩。

《隋书·炀帝纪》记载：“大业元年三月辛亥，发河南诸郡男女百余万，开通济渠，自西苑引谷、洛水达于河，自板渚引河通于淮。”通济渠，又名通远渠、通津渠，是隋朝南北大运河的四段之一，它北接永济渠以通琢郡，南接山阳读、江南河以通余杭。公元610年，历时五年的隋大运河竣工。大运河以洛阳为中心，把钱塘江、淮河、黄河、河海、长江连接在一起，“商旅往返，船乘不绝”。东都洛阳真正成了“处乎中土，平夷洞达，万方辐奏”⑪“水路通，贡赋等”的王者之都。

洛阳在隋代还是全国几大粮仓所在地，据《隋书·食货志》载：“开皇三年，朝廷以京师仓廪尚虚，议为水旱之备……于卫州置黎阳仓。陕州置河阴仓，华州置广通仓，转相灌注，漕关东及汾、晋之粟，以给京师。”炀帝时，又在东都洛阳建含嘉仓与回洛仓。这些官仓规模巨大，“储米粟多者千万石，少者不减数百万石”⑫。可见所储粟数量之巨，而且这些官仓均分布在北方黄河流域。

---

① 辛德勇：《〈大业杂记〉辑校》，三秦出版社2006年版。

②④ （唐）李吉甫撰，贺次君点校：《元和郡县图志》，中华书局1983年版。

③ 《隋书》卷六十八《宇文恺传》，中华书局1975年版。

⑤ 《隋书》卷二十四《食货志》，中华书局1975年版。

⑥⑦ 《隋书》卷三《炀帝纪》，中华书局1975年版。

⑧⑨⑩ （清）徐松辑、高敏校：《河南志》，中华书局1994年版。

⑪ （汉）班固：《东都赋》。

⑫ （唐）杜佑撰，王文锦点校：《通典》卷七《食货典》，中华书局1988年版。

二、隋东都洛阳城的考古发现

东都洛阳城的考古工作始于1954年。1954年，由国家文化部文化事业管理局和中科院考古研究所等单位组成调查发掘团，首次对隋唐洛阳城进行实地的考古勘察。自此以后，东都城的考古工作便陆续展开，近60年来，取得大量考古资料，丰富了对隋唐洛阳城的认识。其中关于隋代洛阳城的资料很少，且比较零散，主要有城墙、城门、建筑基址、仓窖等，这些资料对研究和认识隋代洛阳城至关重要。

（一）城门遗址的发掘

1. 建国门的发掘

建国门是隋东都城郭城正南门。《隋书·地理志》记载了郭城的五座城门："东面三门，北曰上春，中曰建阳，南曰永通。南面二门，东曰长夏，正南曰建国。"《大业杂记》亦记五座城门，对其所在位置记述较详："其一，建国门，自重津南行，尽六坊。有建国门，即罗城正南门也。"武德四年改为定鼎门。

建国门为隋洛阳城的郭城正门，其南对伊阙，向北与建国门街、皇城端门、宫城则天门、乾阳殿、玄武门、龙光门南北一线，组成了隋洛阳城的南北轴线，在中国都城建设史上具有重要的地位。

遗址为三门道过梁式建筑结构，是一座以城门楼为主体，两侧辅以朵楼，其间以城垣相连的一组宏大建筑群。遗址由门道、门址墩台、朵楼、马道、水涵道、郭城南垣、门外南北向路和东西向路等遗迹组成。

隋代门址仅残存城门墩台与朵楼之间的连接夯墙、朵楼及城垣夯土。隋代城门墩台较唐代规模小，其基础部分东西两侧皆内收2.4米，东西长39米，南北进深皆为唐代所破坏。墩台与朵楼间城垣宽约5米，朵楼东西长16米、南北宽12米。隋代郭城南垣宽仅2.2米。隋代东朵楼东侧有洞穿城垣的砖砌水涵道，其南北进深2.2米、东西宽0.62米。涵道中间有砖砌分水墙①。

2. 则天门的发掘

则天门，"宫城正门曰则天门，南去端门五百步"②，"两重观，观上曰紫微观，左右连阙，阙高百二十尺"③。

1960年，中国科学院考古研究所洛阳发掘队首次对应天门遗址进行勘察，确定了应天门遗址的位置和大体范围。确定应天门遗址在周公庙西侧，定鼎南路穿过该遗址，在定鼎路东侧还残存三排门道基石，每排相距3.5~4米，基石大小不等，基石下压夯土，当是门道基础。在门址东西两侧的宫墙上有向南突出的南北向夯墙两道，形式极为对称，各宽17.5米，相距83米，北端与宫墙相接处加宽为21米，南端突然加宽至30米后即被断崖破坏。两道夯土墙保留长为45米。左右两侧突出的夯土墙垣与宫城南墙，无论从土色土质还是夯筑结构上并无差别，两都当无早晚关系。据此确认两道夯土墙是左右两阙的残迹遗存。发掘队还认为左右连阙的建筑形式保留到唐代。这是对应天门遗址最初的认识。

1980年、1990年、2001年、2010年分别进行局部发掘，通过发掘确认则天门是一组规模宏大、形式复杂、雄伟壮观的组合式建筑群。推算台基的范围东西达120米，南北达60米以上，城门进深近25米，阙高应在35米以上。结合文献资料推断则天门是一组以城门楼为主体，两侧辅以朵楼，向外伸出

---

① 石自社：《隋唐洛阳城定鼎门遗址》，《中国考古学年鉴》文物出版社2007年版。

② 辛德勇：《〈大业杂记〉辑校》，三秦出版社2006年版。

③ （清）徐松辑、高敏校：《河南志》，中华书局1994年版。

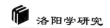

阙楼，其间以廊庑相连的建筑群体，其外观形制当与北京明清紫禁城午门相似。隋代则天门相对唐代应天门、晚唐北宋的五凤楼，其规模要小很多，表现在南廊相对较短，仅有七米左右，阙楼基础呈东西长方形，推测其阙可能和含元殿的翔鸾阁形制相同，为单向三出阙。

3. 德猷门的发掘

德猷门，在驾鸡沟村西、岳村北的邙山脚下，西距仓城西北角约 60 米处，为单门洞土木结构，1980 年发掘。地面保存的城墙宽 17 米，门洞长度应与城墙宽度相等。除城门南部被公路所压未发掘外，实际发掘南北长 12.46 米，东西宽 4.9 米，方向北偏西 5°。据发掘情况分析，门址分为隋、唐两期修筑和使用。该门址始建于隋大业年间，重修于盛唐，有可能废弃堵塞于中唐，即安史之乱晚期史朝义战败、唐军收复洛阳城之际①。

（二）马面的发掘

马面，是突出在城垣外侧的一种台状的城垣附属性设施。马面既可以加固城体，又利于观察和防御。

隋洛阳城的东城东墙、宫城北墙和西墙共发现 7 处马面，其中东城东墙 4 处，宫城北墙 1 处，宫城西墙 2 处，形状作长方形。其中东城东墙、宫城北墙和西墙的马面均进行过发掘。东城马面依东墙夯土而筑，平面呈方形，通体夯筑，马面仅存基础，现存夯土总厚度为 1.1～1.45 米，马面基础与城墙基础连体夯打，夯土颜色、质量和打法均与城墙相同，内含少量绳纹瓦片。其始筑于隋大业九年，唐时沿用。这是首次在隋唐两京城上发现的马面遗迹，是继汉魏洛阳城之后在中原地区的城址上又一次重要发现②。

宫城北墙马面分三期，其中第一期为隋代始建时的马面。马面依北墙夯土而筑，平面呈方形，通体夯筑，马面现存夯土总厚度为 5.1～6.8 米，由基础和地上两部分组成。基础部分用黄褐色土夯就，马面基础宽 10.5 米。地上部分是从基础部分的东、西两面分别内收。东西宽 10.2 米，南北长 13.4 米③。

（三）仓窖的发掘

1. 回洛仓的发掘

回洛仓，亦称“迴洛仓”，炀帝所置，储粮极丰。其性质属于太仓，主要供应东都城内粮食需要。《通鉴》卷一八〇隋炀帝大业二年（公元 606 年）：“十二月，置回洛仓于洛阳北七里，仓城周回十里，穿三百窖。”

大业十三年（公元 617 年），“（四月）癸巳，李密陷回洛东仓”④。《资治通鉴》卷一百八十三隋恭帝义宁元年（公元 617 年）：“（四月）癸巳，密遣裴仁基、孟让帅二万余人袭回洛东仓，破之；密自率众屯回洛仓，东都兵尚二十余万人，乘城击柝，昼夜不解甲，密攻偃师、金墉皆不克……乙未，还洛口……越王侗使人运回洛仓米入城，遣兵五千屯丰都市，五千屯上春门，五千屯北邙山，为九营，首尾相应，以备密……己亥，密率众三万复据回洛仓……会密为流矢所中，尚卧营中。（五月）丁丑，越王侗使段达与庞玉等夜出兵，阵于回洛仓西北，密与裴仁基出战，达等大破之，杀伤太半，密乃弃回洛，奔洛口。”“（六月）李密复率众向东都，丙申，大战于平乐园。密左骑右步，中列强弩，鸣千鼓以冲之，东都兵大败，密复取回洛仓。”⑤ 李密四月癸巳取回洛，乙未失之，己亥复得，五月丁丑再失，六月丙申又取，数易其手。此后回洛仓之得失史书不载，大概如前双方争夺，不恒其守。

2004 年，原洛阳市文物工作队为配合洛阳一拖东方红轮胎厂区的建设，在洛阳市东北郊瀍河乡小

---

① 洛阳博物馆：《隋唐洛阳含嘉仓城德猷门遗址的发掘》，《中原文物》1981 年第 2 期。

②③ 该资料为中国社会科学院考古研究所洛阳唐城队发掘资料，笔者为发掘参与者。

④ 《隋书》卷三《炀帝纪》，中华书局 1975 年版。

⑤ 《资治通鉴》卷一百八十四《隋纪八》。

李村以西、邙山大渠以南区域钻探，钻探出仓窖71座、道路4条；仓窖位于探区南半部，排列规整有序，东西成排，南北成列，共计12排9列，仓窖间距8～10米。在已探明仓窖之间，发现路土4条，呈十字形分布，总长449米、宽3米、厚0.1米，可能与仓储有关。这处仓窖向东、向南、向西均超出探区，仓窖的全部数量要超过71座，大概在南北长约330米、东西宽约480米的范围内分布着仓窖①。

2004年9月至2005年6月，对编号为C56、C63和C64的3座仓窖进行了发掘；发掘面积近1200平方米，发现的遗迹有灰坑、沟、房址、道路、仓窖等。此次发掘的3座仓窖，整体结构都呈口大底小的缸形，口径在13～15米，窖深7.3～9.6米，每窖可储粮15万～25万公斤。窖底平坦，可分两层：在平整夯实的黄白色窖底上涂抹有一层厚约1厘米的青膏泥，与窖壁相连；泥层上铺设木板，以达到防潮的目的。3座窖内均未发现粮食朽痕。其中C56窖内出土一块带字砖，刻有“大业元年”字样，仓窖内的包含物均为隋至初唐时期的遗物，因此这处仓窖遗址的年代不晚于初唐②。

回洛仓呈长方形，东西长1140米，南北宽355米，仓城墙宽3米。分为管理区、仓窖区、道路和漕渠几部分。仓窖成组分布，整齐排列，根据对仓窖分布规律的推算，整个仓城仓窖的数量在700座左右。

2. *子罗仓的发掘*

子罗仓位于隋东都皇城西南隅，《〈大业杂记〉辑校》：右御卫府“府西抵右掖门街。街西有子罗仓，仓有盐二十万石。子罗仓西，有粳米六十余窖，窖别受八千石，窖西至城”。

1974年1月，在洛阳市委家属宿舍的改建工程中，钻探出东西成行的古代地下仓窖4座（自西向东编为1～4号窖）。仓窖大小相似，深度相近，各窖相距较近。为了弄清仓窖时代与结构，先后于1974年1月和1975年5月对一、二号窖进行了发掘。仓窖位于洛阳市西工区凯旋东路南侧、七一路东侧、玻璃厂南路西侧范围内，即隋唐洛阳右掖门内街西、皇城西南隅。形制皆为口大底小的椭圆形土窖，一号窖口径10.6米、底径7.6米、深5.4米；二号窖口径9.7米、底径6.9米、深4.6米，口径与底径之比大约为3∶2。两窖均开口于第五层下，分为窖顶、壁及底三部分，窖底防潮层皆分为五层，铺设材料略有不同。窖内填土较为纯净，遗物较少，计有侈口直颈陶罐、陶纺轮、铜饰及隋五铢铜钱1枚。结合历史文献资料来看，可知上述四座仓窖与文献所记方位吻合，属于隋子罗仓。其东西范围大致从右掖门街至皇城西城墙，南北范围不详。文献记载子罗仓有盐仓和粮仓两类，盐仓在东，粮仓居西③。

（四）通济渠与通津渠的钻探

通济渠是炀帝营建东都洛阳的第三项重大工程。据《隋书·炀帝纪》载：“大业元年三月辛亥，发河南诸郡男女百余万，开通济渠，自西苑引谷、洛水达于河（黄河），自板渚引河通于淮。又通过邗沟直达苏杭，谓之御河。河畔筑御道，树以柳。”这是我国历史上流程最长的人工河道，后人多称其为南北大运河，是东都洛阳城对外的重要水上通道。据记载，隋炀帝于大业元年八月率领皇亲、百官及仆人等，乘坐各类船只上万艘从东都洛阳城出发，顺着刚完工的通济渠南下江都。

通济渠位于洛阳城西南，开凿于隋炀帝大业元年三月，“发河南诸郡男女百余万，开通济渠，自西苑引谷、洛水达于河”。据《河南志》载，通济渠从通济坊南入外郭城，故名通济渠。关于通济渠在城内的流向，《唐两京城坊考》中有较为详细的记载：“过通济坊，又东北流经西市，东折而东流至河南县之西，又北流至宽政坊之西北隅，东流过天门街，经宜人、正平坊，北流至崇政坊西，过河南府、宣范、恭安坊西北，又东北抵择善坊西北，东流经道德、惠和、通利、富教、睦仁、静仁六坊之南，屈而

---

① 谢虎军、张敏、赵振华：《隋东都洛阳回洛仓的考古勘察》，《中原文物》2005年第4期。

② 洛阳市文物工作队：《河南洛阳市东北郊隋代仓窖遗址的发掘》，《考古》2007年第12期。

③ 洛阳博物馆：《隋唐东都皇城内的仓窖遗址》，《考古》1981年第4期。

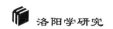

北流，过官药园、延庆坊之东，入洛水。”它是洛阳通往南北各方的重要水道，由它可入洛水和黄河，通过永济渠而北通琢郡，入淮河则可直达江南。唐玄宗天宝中，由于长期壅蔽不通，通济渠遂涸绝。1966 年，对通济渠和通津渠进行钻探。钻探结果表明，通济渠自郭城西南城角入城，沿郭城南墙向东。这与文献记载完全吻合。渠道宽 25 ~ 30 米，深 4.8 ~ 7.5 米，堆积层由上至下主要是淤土、细沙、卵石。通济渠在大同坊中部与通津渠汇合，曲折向东北流。后折向东南流，这与文献复原的继续东流方向不同。渠道宽度不同，基本宽 40 ~ 44 米，最宽处达 80 米，最窄处仅 30 米。渠道深 4.6 ~ 7.1 米。

通津渠位于城南，隋大业元年开凿。《唐两京城坊考》记载：“于午桥庄西南二十里分洛堰引洛水……洛水一支西北流，名千步碛渠，又东北距离河南县三里，名通津渠。”通津渠由外郭城南面的厚载门东进入城内，从定鼎门街西第二街第一坊从政坊之东向北流过，再折而东经宽政坊之南到达天街，即定鼎门街，后直向北流至天津桥南，汇入洛水。1966 年对其进行钻探，钻探范围从郭城南墙厚载门至定鼎门街向北直至洛河南岸。钻探结果表明，通津渠由从政坊与宁人坊的坊间大道东侧北向流，过永通门大街入大同坊，在大同坊中部与通济渠汇合后，折向东北流，经宽政坊西北角，顺淳风坊南部向东流至定鼎门街，折向北流，从淳风坊东北流至淳化坊西，折向北流至安业坊西南。再向北则因地下水位增高无法钻探。渠宽各段不同，最窄 20 米，最宽达 70 米，渠深 4.7 ~ 6 米。渠底南北稍有不同，从渠入城处至大同坊东街段，渠底为卵石，往北渠底则是生土底。

三、相关问题探讨

（一）隋代东都的军事防御

隋文帝时，为稳定河北、山东的高齐旧地，淡化河北、山东之地与其他地域的隔阂，特将河北之地与并州、营州合为一区，遣汉王杨谅镇守。“汉王谅有宠于高祖，为并州总管，自山以东，至于沧海，南距黄河，五十二州皆隶焉。”①

仁寿四年（公元 604 年）七月杨广即位，八月“自以所居天下精兵处……阴蓄异图”② 的汉王杨谅就起兵。炀帝却因“关河悬远，兵不赴急”③，很是被动。

待平定杨谅叛乱，炀帝于十一月巡幸洛阳，“发丁男数十万掘堑，自龙门东接长平、汲郡，抵临清关，度河，至浚仪、襄城，达于上洛，以置关防”。这项举措，将洛阳围合在中心，不仅有利于巩固东都的安全，也在军事上大大加强了内卫力量。

地处伊洛平原的洛阳，北侧邙山成为洛阳盆地北面的屏障，西侧有秦岭的支脉崤山、熊耳山和伏牛山，南侧有龙门山。这些山脉层层包围，形成四面环山的险要地势，洛阳可凭借诸多山脉据险而守。东汉末年环洛阳设置的八关，是洛阳军事防卫的要地。凭借自然地形和人工的关隘和关防，形成外围的军事防线，是隋代东都洛阳军事之都的重要特征。

东都城的设计和营建，突出军事防御的功能，特别是宫城和皇城有着非常严密的防御体系。依据自然地理条件，把宫城和皇城设计在郭城西北部高地之上，北依邙山，西连禁苑，南临洛河，有着天然的安全屏障，非常利于防御。东都洛阳城北依邙山、南对伊阙形成的都城轴线，并非对称地布置郭城，而是巧妙地将此轴线设计成宫城、皇城的南北中轴。

隋代开创了皇城置于宫城之南的布局模式，不仅是功能区的划分，也是出于安全防卫的目的。“自

①② 《资治通鉴》卷一百八十《隋纪四》。

③ 《隋书》卷三《炀帝纪》，中华书局 1975 年版。

两汉以后，至于晋、齐、梁、陈，并有人家在宫阙之间，隋文帝以为不便于民，于是皇城之内，唯列府寺，不使杂人居止，公私有便，风俗齐肃，实隋文新意也。”①

宫城、皇城是都城最核心的部位，也是都城防御的核心，其中又以宫城为中心。隋东都初建时就是以宫城和皇城为重点，宫城和皇城修建得比较完备。宫城是皇帝处理政务和起居的地点，皇城是中央衙署所在地。宇文恺在兴建东都城时，在北依邙山、南对伊阙的轴线上，确定了一个中心点，就是隋乾阳殿的中心②。以此中心点，按前朝后寝的原则布置宫城的内朝、中朝、外朝，由北向南依次排列，构成全城的中心。宫城又划分为若干城，居于正中的是宫城的核心部分，即“大内”，基本为方形。它的东西侧对称布置太子的东宫和主要为王子、公主居住和游玩之地的西隔城，在东宫、西隔城之外侧又各有一夹城，夹城外侧之城墙即宫墙之东西墙。在大内、东宫、西隔城、夹城的北墙之北，为曜仪城。曜仪城之北为圆壁城，其北墙即东都外郭之北墙西端。宫城北面的二重小城，及大内东西两面各两重小城，南与皇城一同对宫城构成拱围之势，形成了严密的防御网。

皇城北接宫城，位置重要。皇城与宫城连接在一起，城墙建制与宫城相同，常常作为一个防御整体，为宫城提供有力的支援。加之皇城南临洛河，成为天然的屏障，加强了皇城的防御。由于“洛水贯都”皇城南临洛水，城内用地受到地理条件的限制，形成东西狭长的皇城。随着中央衙署机构的庞大，以及职能区划的不同，皇城不能满足衙署机构的空间拓展与延续。大业九年三月，隋炀帝“发丁男十万城大兴”③，引起杨玄感叛乱，“六月乙巳，礼部尚书杨玄感反于黎阳。丙辰，玄感逼东都”④。“丙辰，玄挺直抵太阳门，弘策将十余骑驰入宫城，自余无一人返者，皆归于玄感”⑤。当时没有修建东城，杨玄感率兵自外郭城上春门入，经上春门街，可直抵皇城东太阳门，直接威胁宫城的安全。待平定杨玄感叛乱之后，在宫城之东增修东城。“东城，大业九年筑”⑥，将一些中央衙署置于其中。东城的修筑，“在很大程度上是出于军事目的，为了防卫宫城而设”⑦。东城东墙发现的马面，更进一步说明了东城的防御功能。

文献中也能看出东都洛阳城宫城和皇城防御设施的坚固。“唐武德四年，秦王世民围洛阳宫城，城中守御甚严，世民四面攻之，昼夜不息，旬余不克。”⑧ 而与之相对应的是郭城，“初，隋炀帝作东都，无外城，仅有短垣而已”。《隋书·李密传》载：“长白山贼孟让掠东都，烧丰都市而归。武贲郎将裴仁基以武牢归密，因遣仁基与孟让率兵二万余人袭回洛仓，破之，烧天津桥，遂纵兵大掠。”据此可以看出，东都城的郭城在战争中基本上起不到防御作用。

隋代宫城和皇城是防御的重点。宫城和皇城之东构筑了东城和含嘉城，与宫城和皇城一同形成了更为牢固的安全防御体系。宫城和皇城的防御不但有地形地势之利，而且有严密坚固的城防布局。考古发现，东城东墙和宫城北墙上均有防御的马面设施。

城门是东都城重要的防御部位。隋代建国门经科学考古发掘，遗址为三门道过梁式建筑结构，是一组以城门楼为主体，两侧辅以朵楼，其间以城垣相连的宏大建筑群。其形制独特，不同于以往的城门，在城门两侧的城墙上增设朵楼。朵楼的出现加强了城门的防御功能。从目前考古资料来看，最早的朵楼就出现在隋东都洛阳城的建国门和则天门。城门和朵楼均发现包砖，增加了牢固程度，抗打击能力

① 宋敏求：《长安志》卷七《唐皇城》，三秦出版社2014年版。
② 傅熹年：《隋唐长安洛阳城规划手法的探讨》，《文物》1995年第3期。
③ 《资治通鉴》卷一百八十二《隋纪六》。
④ 《隋书》卷四《炀帝纪》，中华书局，1975年。
⑤ 《隋书》卷三《炀帝纪》，中华书局，1975年。
⑥ （清）徐松辑、高敏校：《河南志》，中华书局1994年版。
⑦ 霍宏伟：《隋唐洛阳东城形制布局的演变》，载《文化传承与历史记忆学术研讨会论文集》，2007年。
⑧ 《资治通鉴》卷一百八十八《唐纪四》。

更强。

（二）隋东都洛阳宫城形制

由于文献记载的矛盾，隋代东都宫城的形制，就成为困扰学界的问题之一。《大业杂记》载："出含嘉城西，有圆壁门。门西有圆壁城。城正南有曜仪门，门南即曜仪城。城南玄武门，门内即宫。"这说明宫城北面有两座小城。《河南志·隋城阙古迹》也有相同的记载："（宫城）北面一门曰玄武门，玄武门北，曰曜仪门。其北曰圆壁门。"这些记载均以玄武门作为坐标，在玄武门北有二重城，即曜仪城和圆壁城。但实际的考古发掘，在宫城背面发现三重城，由南而北为玄武城、曜仪城和圆壁城。与这三座城相对应的三道城墙也被考古工作者发现了。城墙相对的中部位置均有城门。其中玄武门经考古勘探确定其位置，位于宫城大内北墙正中，其北侧为玄武城，玄武城北门为曜仪门，门虽然未发现，但门两侧的城墙被确定。曜仪门北为曜仪城，其北门为圆壁南门。"曜仪城北则圆壁城，城三门：南面曰圆壁南门，北面曰龙光门，东面曰圆壁门。"1985年钻探确认了圆壁城东墙上的圆壁门遗址。门址距北墙约318米，大部分压在房屋下。钻探表明，门址为单门道结构。门道南北两侧均发现城墙夯土，经复原城墙宽20米。门道内外均发现路土。

1997年对圆壁南门遗址进行了发掘。从圆壁城南门的考古发掘情况看，在"唐代城门墩台基槽的底部，发现长达40余米的南北向路土遗迹，说明在这座城门兴建之前，这里早就有一条南北向的通道"①。隋至唐初，此处并无门。文献中也没有隋代圆壁城南门的名称。圆壁城南门是唐代改造隋代圆壁城时，新增加的一道城门，把隋代的圆壁城分隔为二，将隋代的曜仪城改称玄武城。隋代圆壁城的规模应是唐代圆壁城加上曜仪城。

隋代宫城以大内为中心，东、西、北三面各两重隔城。大内，平面呈方形，边长1040米。大内东面是东隔城，即东宫，平面呈长方形，南北长970米，东西宽350米。东宫东面为东夹城，即左、右藏，呈南北长方形，南北长同东宫，东西宽180米。大内西面为西隔城，与东宫东西对称，规模相同。西隔城西为西夹城，与左、右藏东西相对，规模相同，东西宽180米。

近年对东城北墙和东墙进行考古发掘，可以确认东城北墙与含嘉城北墙平行，均呈西南—东北向。在东城北墙与东墙交接处，发现有马面，同时两墙相交处之间并无打破关系，而是一次完成。通过考古资料，我们可以确信隋东都洛阳城的东城和含嘉城是同时进行增修的。《河南志·隋城阙古迹》记载："东城，大业九年筑。"可以说，含嘉仓城可能也是大业九年筑成②。

笔者通过对隋唐洛阳城宫城区域考古发掘资料的梳理，结合有关文献记载，对隋代洛阳城宫皇城的布局情况进行了分析，认为大业元年初建的东都城的宫城是由大内及其东、西、北三面的两重隔城组成。皇城位于宫城之南，呈东西长方形，东西与宫城同宽，从南面拱卫着宫城，符合皇城位于宫城之南的新创制。大业九年，随着形势发展，在宫皇城之东修筑东城和含嘉城，其筑建时代是文献记载的隋大业九年。

（三）隋代的仓储与通济渠、漕渠

隋王朝重视大型官仓建设，在隋文帝时代，就在黄河沿岸设置了四处粮仓。据《隋书·食货志》载："开皇三年，朝廷以京师仓廪尚虚，议为水旱之备。于卫州置黎阳仓，陕州置河阴仓，华州置广通仓，转相灌注，漕关东及汾、晋之粟，以给京师。"隋炀帝兴建东都洛阳，围绕东都城，增设洛口仓和回洛仓。这些官仓规模巨大，"储米粟多者千万石，少者不减数百万石"，可见所储粟数量之巨，而且这些官仓均分布在北方黄河流域。洛口仓，一名兴洛仓，位于洛州巩县（今县东北旧巩县）东面洛水

① 中国社会科学院考古研究所洛阳唐城队：《洛阳唐东都圆璧南门遗址发掘简报》，《考古》2000年第5期。

② 李永强：《隋东都洛阳宫皇城考》，《三门峡职业技术学院学报》2011年第1期。

东岸，因地处洛水入黄河之口，故有是称。大业二年置，筑仓城周围二十余里，穿三千窖，每窖容八千石，置监官并镇兵千人守卫。全仓储米约有二千四百万石，是隋代最大的一个粮仓。苏轼称："汉以来丁口之蕃息与仓凛府库之盛，莫如隋。"洛口仓既是东都洛阳的外围粮仓，又是用兵东北的军粮转运站，在隋一代地位极为重要。回洛仓，大业二年十二月置于洛阳城北七里，仓城周围十里，穿三百窖，是隋代东都洛阳的粮库，隋末为李密和隋军激烈争夺的目标。入唐以后，其地位才为含嘉仓所代替。近年回洛仓考古发掘成果显著。回洛仓呈长方形，东西长1140米，南北宽355米，仓城墙宽3米。分为管理区、仓窖区、道路和漕渠儿部分。仓窖成组分布，整齐排列，根据对仓窖分布规律的推算，整个仓城仓窖的数量在700座左右。

在隋东都城内设置子罗仓，是炀帝时期的创举。子罗仓位于隋东都皇城西南隅，《〈大业杂记〉辑校》："（右掖门街）街西有子罗仓，仓有盐二十万石。子罗仓西，有粳米六十余窖，窖别受八千石，窖西至城。"1974年洛阳博物馆钻探发现4座仓窖，并对其中的2座进行发掘。其东西范围大致从右掖门街至皇城西城墙，文献记载子罗仓是一座储盐储粮，可能是直接为供应皇宫而建造的大型仓窖。

唐代建设东都时，吸取隋代大型粮仓分布在洛阳城外、城内严重缺粮的教训，重视城内粮仓的建设，利用隋代的含嘉城，建设含嘉仓，改变了隋代大型粮仓分散的局面，含嘉仓成为洛阳唯一的一座国家大型官仓。

通济渠是炀帝营建东都洛阳的第三项重大工程。据《隋书·炀帝纪》载："大业元年三月辛亥，发河南诸郡男女百余万，开通济渠，自西苑引谷、洛水达于河（黄河），自板渚引河通于淮。又通过邗沟直达苏杭，谓之御河。河畔筑御道，树以柳。"这是我国历史上流程最长的人工河道，后人多称其为南北大运河，是东都洛阳城对外的重要水上通道。据记载，隋炀帝于大业元年八月率领皇亲、百官及仆人等，乘坐各类船只上万艘从东都洛阳城出发，顺着刚完工的通济渠南下江都。

大运河以洛阳为中心，把钱塘江、淮河、黄河、河海、长江连接在一起，"商旅往返，船乘不绝"。东都洛阳真正成了"处乎中土，平夷洞达，万方辐奏""水路通，贡赋等"的王者之都。

通济渠自西苑引谷、洛水后沿什么样的线路达于黄河，是学界关心的问题，同时关于通济渠与隋东都城，以及与洛河、漕渠之间的空间位置关系，也是学界讨论的焦点。苏健先生认为，通济渠上段"起自东都洛阳以西的西苑，引谷水（涧河）、洛水（洛河）贯洛阳城，即在洛水北岸开一条漕渠，东出循周、汉时开凿的阳渠故道，然后至偃师与鸿池相汇，入于洛水"[①]，洛水与通济渠是两回事。方孝廉先生认为，"隋通济渠的源头就在东城南门承福门外，向西与皇城南城前的黄道渠相接。也就是说西苑内的谷水和洛水是通过黄道渠进入通济渠的"，通济渠、洛水和漕渠是一回事，主要依据是没有找到漕渠遗迹。

其实，20世纪60年代，中国科学院考古研究所依据文献记载，在隋东都城南侧钻探发现了通济渠与通津渠。渠道走向基本与文献记载相同，略有出入，渠道宽度40～44米，最宽处达80米，最窄处仅30米，渠道深4.6～7.1米。显然至少隋建东都时通济渠与洛河不是一回事。

隋建东都时，是否引发洛河改道？方孝廉先生认为，现在的洛河，其走向与隋代所开通济渠的走向是一致的，也就是说，今洛河就是古代的通济渠，是人工开挖的运河，而非天然河道；隋代以前，洛水的走向是由宜阳县进入洛阳市境内后，经周山、三王陵南，再经隋唐洛阳城南东去[②]。段鹏琦先生指出："从现状看，在洛阳附近，洛河流向仍与《水经注》记载基本相符。"[③]

---

① 苏健：《洛阳与大运河》，《河洛春秋》2007年第3期。
② 方孝廉：《隋开通济渠与洛河改道》，《考古》1999年第1期。
③ 段鹏琦：《汉魏洛阳与自然河流的开发和利用》，载《庆祝苏秉琦考古五十五年论文集》，文物出版社1989年版。

洛河是黄河的重要支流，发源于今陕西南部洛南县，东流，入河南境，沿崤山与熊耳之间穿行，多峡谷，两岸悬崖陡壁，谷深在200米左右，滩险流急，经卢氏县，东流入洛宁，在宜阳入洛阳境。综观洛河沿岸地理形势，其上游多为丘陵山地，河床窄而高。在宜阳界内，洛河脱离山区，水面渐宽，洛河穿流在海拔200~250米的丘陵间，河床海拔高度160~170米。到洛阳境，洛河在伊洛河平原上流淌，河床高度降至海拔150米以下。今洛河自宜阳进入洛阳境后，沿龙门西山北麓的二级阶地，东北流经周灵王冢和三王冢南，过今洛阳城南，左合涧谷和瀍水，向东经汉魏故城南，左合伊水，又向东经偃师商城南，至巩县界内，注入黄河。

有关洛阳地区水系的记载，主要见于汉代桑钦所著的《水经》和北魏郦道元为其所撰之注。这些有关汉魏时期洛阳水系的记载，为我们复原汉魏故城以西洛河的流经地提供了很好的帮助。《水经·洛水注》载：洛水过宜阳县后，“又东北出散关南，洛水东，迳九曲南，其地十里，有坂九曲。洛水又东，枝渎左出焉。枝渎又东，迳周山，上有周灵王冢。又东北，迳三王陵。又东北过河南县南。又东过洛阳县南，伊水从西来注之”。由此段文献看，北魏时洛水和洛水枝渎皆由周山和三王陵南东北流。方孝廉先生在20世纪90年代通过实地考察，指出：“至于北魏洛水和洛水枝渎的具体地望，显然应在周山、三王陵至非山北麓二级阶地间为一条状低地，而这一条状低地今尽为洛河河道所占据，要在此处查明北魏时期的洛水水道和洛水枝渎实不可能，但由此可以认定，当时的洛水当在今洛河河道处。”① 这一条状低地，是洛河由山区丘陵进入伊洛河平原的最后通道，随着河床高度的陡然降低，洛河会在此处呈喇叭状向伊洛河平原上奔流。洛河在伊洛河平原的河床的南北界，是确定洛河是否在隋代兴建东都城时改道的关键。

洛水南面是龙门西山北麓的二级阶地，地势较高。根据地理形势，龙门西山北麓二阶地是洛水在此区域的最南边界。洛河南界超不过龙门西山二级阶地，洛河考古调查，也基本确定了这个边界。

洛水北界，至少可以说隋建东都以前，洛水北界也经考古发掘证实，是在今洛阳市老城区贴郭巷位置。此处是邙山的二级台地，在此形成一个断崖，此断崖南发现有河道堆积的泥沙和卵石。同时，隋代夯土就建在河道堆积上。所以有理由认为隋建东都以前，洛河在很长时间里，摆动在南至龙门西山、北至贴郭巷的范围内。同时在发掘隋唐洛阳城定鼎门遗址时，发现门址南北两侧的隋代道路下面均为厚约50厘米的黄土，黄土下面为卵石和泥沙等河道堆积。在对南市遗址钻探时，发现也有卵石堆积。在隋唐洛阳城遗址上的一些村庄调查获悉，董庄、赵村和茹凹等村居民在打井挖坑时，也都发现有卵石堆积，卵石距地表深1.5~4米不等。这些现象说明，今洛河以北至贴郭巷，洛河以南至龙门西山北麓，在地下普遍存在着卵石堆积。所以洛河改道之说不成立。所以说隋在营建洛阳城之前，洛水的位置与今洛河基本一致，隋洛阳城是跨洛水而建。

漕渠，本名通远渠，大业二年（公元606年）“四月，敕土工监丞任洪则开东都漕渠。自宫城南承福门分洛水，东至偃师入洛。又迮洛水湍浅之处，名千步、陂渚两碛，东至洛，通大船入通远市”②。《河南志·唐城阙古迹》“漕渠”条：“本名通远渠。自斗门下枝分洛水。东北流至立德坊之南，西溢为新潭。又东流，至归义坊之西南，有西漕桥。又东流，至景仁（行）坊之东南，有漕渠。又东流，经时邕、毓财（材）、积德三坊之南，出郭城之西南。”主持漕渠修建工程者为土工监丞任洪则，参与者为官奴。修建的原因是洛水多石碛，不通舟航，故开漕渠。“当洛水中流立堰，令水北流入此渠。有余水，然始东下。时令官奴捺此堰，亦号蜀子堰。亦隋炀帝以为水滩波，多石碛，不通舟航，乃开此渠。

① 方孝廉：《隋开通济渠与洛河改道》，《考古》1999年第1期。
② 辛德勇：《〈大业杂记〉辑校》，三秦出版社2006年版。

下六十余里，至偃师之西，复与洛合。”① 这段记载说明漕渠与洛河是相关的，漕渠分洛水而成，其分洛的位置在东城南门承福门外，即今洛阳南关附近。此处洛河向北有个很大的拐弯，附近现在仍保存着明清的南关码头，其位置应该是一直延续下来的。

20 世纪 90 年代中期，修建洛阳市九都路老城段，于老城南关花园附近开挖管沟，在地下约 2 米处发现长方形青石，排列整齐；在洛阳民俗博物馆西侧修建新街时，也露出排列规整的青石，根据地望推测有可能为漕渠遗迹。为配合大运河申遗，2011 年 11 月 10 日，考古所洛阳唐城队和洛阳市文物工作队组成联合调查队，对隋唐洛阳城内漕渠遗址进行了调查。此次调查先后发现洛河至九都路段漕渠遗迹、老城风化街建筑工地遗迹、洛阳老城贴廓巷小学家属院内淤土沟遗迹和路土遗迹。漕渠与洛河相接处因洛河的北移而无法确定，但漕渠在隋洛阳城的路线基本可以确定，与文献记载一致。

洛河至九都路段漕渠遗迹为西南—东北走向，位于南关码头西 35 米处，宽 80 米左右。其西南起始于现洛河北堤北凸转弯处，东北至九都路与风化街交叉口，全长 300 米左右，距地表深 3 ~ 4 米，最深处距地表深 5. 25 米，海拔高 126. 86 米，其正南洛河底海拔高 127 米左右。

贴廓巷小学家属院内为淤土沟遗迹，淤土沟呈东西向，已探出东西长 26 米，南北宽 40 米左右，为青灰色淤土，内有少量炭灰、陶渣、布纹里瓦片、蚌壳片等。南有东西向路土。此处遗迹北距宣仁门大街 430 米左右，东距东城东墙 300 米，位置在立德坊的东偏南。柳林街和小石桥南路土遗迹，在东西线上，从走向看，与漕渠南北两岸道路有关。

考古调查基本能复原漕渠在隋洛阳城内的线路，其位置在洛河以北，并不与洛河重合。

运河的开凿使洛阳城内的漕运交通也极为便利。在纵横的大街小巷和一百多个里坊间，河渠如网。整个漕运系统以洛水为中轴，南北两翼遍布着弯弯曲曲的河渠，处处通漕。在洛水北有漕渠、泄城渠和瀍河，这三条河渠相汇的立德坊，成为漕运的主要集中点，其繁荣可想而知。在洛水南有通济渠、通津渠、运渠、分渠，还南引伊水形成两条小渠与运渠相通。这样精心安排都市漕运交通与大运河相通，无疑会促使工商业更加繁荣。隋代，位于运河中心的洛阳逐渐成为国际性的商业都市，与南北大运河的开凿和漕运的畅通是相通的。

（作者为中国社会科学院考古研究所副研究员）

① （清）徐松辑、高敏校：《河南志》，中华书局 1994 年版。

考古学视野中的古都洛阳

王建华

摘要：黄河流域是中华文明的核心发源地之一，位于黄河中下游的伊洛地区则是中华民族发祥地的腹地。经过几代考古人的不懈努力，洛阳发现了大量的文化遗迹和遗物，这些地下出土的文物，用它们特有的“语言”向我们展示了辉煌灿烂的洛阳古代历史文化。历代居住于此的人们创造了丰富多彩的物质文化，而通过考古工作者的努力，洛阳物质文化史中所反映的“人”的历史轨迹也逐渐显现出来。通过梳理这条轨迹，我们能够看到洛阳在中国历史上的重要地位的变化轨迹。

关键词：洛阳；考古；历史地位；变迁

洛阳在中国历史上的重要地位毋庸置疑，无论是研究文明起源，还是探讨历代都城的发展，洛阳都是一个绕不开的话题，更不用说历代累积的洛阳地区创造的丰富的物质文化和精神文化，这些从文献层面都有相当丰富的论述。我们拟从从洛阳考古的角度，对有史以来洛阳的考古发现和研究进行梳理，以期从不同于历史叙述的另一个全新角度来论证洛阳辉煌灿烂的历史文化，从而确认洛阳在中国历史上独一无二的重要地位。早在石器时代，洛阳出土的数量庞大的遗址群和内涵丰富的文化遗存，就在向我们昭示着彼时此地的文化的繁荣。

一、历代洛阳考古成就

旧石器时代，人类刚刚脱离了动物界，开始迈出漫长的人类历史的第一步，利用自然、改造自然的历程才刚刚开始。这时候人类对于生存环境的选择就显得相当重要。丰富的水源、温暖湿润的气候、良好的自然环境就成为人类生存的首选佳地。洛阳地区大约在新生代第四纪的更新世初期，便已经有人类居住。在距今 60 万年至 20 万年左右的更新世中期，洛阳一带的气候温暖湿润，大致属于亚热带气候，这从洛宁县涧口乡发现的中国犀化石①和伊川县发现的德永氏象化石、梅氏犀牛化石②等都能够看得出来。

在距今 10 万年左右的更新世晚期（相当于旧石器时代的中晚期），洛阳地区虽仍然保持了温暖的主要气候特点，但从洛阳市区发现的古菱齿象、水牛、鸵鸟等化石和征集的普氏野马化石等③，都反映出此时自然景观已然复杂多变，既有较大的水域，又有草原和丛林，还有一定范围的沙丘地形。1979 年在洛阳市区凯旋路东段发现的石核、石片、单刃刮削器、砍砸器以及诺氏古菱齿象化石④，经裴文中先

---

① 周军、王献本：《洛阳地区首次发现中国犀化石》，《中原文物》1991 年第 2 期。

②③ 周军、王献本：《洛阳发现的第四纪哺乳动物化石及其意义》，《中原文物》1988 年第 4 期。

④ 张森水等：《洛阳首次发现旧石器》，《人类学学报》1982 年第 1 卷第 2 期。

生鉴定并依据大象化石的石化程度，推断其年代距今5万年。这批石器有石核9件，其中单台面石核3件、双台面石核4件、三台面石核2件。从多台面石核分析，部分石核尚可继续打片，所以当时的打片技术应该达到了一定的水平。石片共17件，基本上都是使用锤击法生产。它们虽多为自然台面，但形态比较规整，较薄，背面石片疤浅平，显示当时的锤击法也已经达到了相当水平。经过修理的工具仅2件，一件是石片做的单刃刮削器，刃口较平直而薄锐，刃角54°，可作切割之用；另一件是用石核做的砍砸器，左右两侧刃在前端相交，形成尖刃，供砍砸和挖掘之用。

时间来到了距今1万年左右的全新世时期，原先生存在洛阳地区的大象、犀牛、水牛等喜暖的哺乳动物都已绝灭，草原和丛林为大片的黄土所覆盖，洛阳一带的气候发生了比较大的变化，开始由湿暖转向干旱。

洛阳地区的先民们告别了漫长的旧石器时代，步入了新石器时代。从考古发现来看，在整个新石器时代，洛阳地区人口急剧增多。裴李岗文化时期，在偃师高崖和宫家窑等地就发现了新石器遗存①。裴李岗文化的后续文化为仰韶文化。伊洛地区仰韶文化跨越的年代为距今6500年至5000年，并大致可分为早、晚两个大的发展阶段。早期阶段以王湾遗址的王湾一期②、西高崖遗址的仰韶一期③、矬李遗址的矬李一期④为代表。仰韶文化晚期阶段以王湾遗址的王湾二期早段、西高崖遗址的仰韶二期为代表。这些典型遗址所出土的遗存表明了新石器时代中期伊洛地区的生产力已经发展到相当的水平，社会结构也日趋复杂化，和旧石器时代人们松散的社会关系形成明显的区别。

关于仰韶文化的社会性质，在20世纪50年代大多数学者坚持“母系说”，至60年代初许顺湛先生首次提出“仰韶时期已进入父系社会”的观点，讨论逐渐展开。从1979年起，持仰韶文化“父系说”或仰韶中晚期“父系说”的学者日渐增多。在1985年11月召开的仰韶村遗址发现65周年学术讨论会上，学者们会聚一堂，就“父系说”与“母系说”展开了热烈的讨论。与会的多数学者认为仰韶早期为母系社会，之后为父系社会；也有学者认为在仰韶文化晚期，父权制已发展到相当成熟的阶段；还有学者认为仰韶文化时期已发展到军事民主制时期⑤。从伊洛地区发现的考古材料来看，可以推测，仰韶文化的经济形态是较为发达的锄耕农业，但还不足以确定仰韶文化的社会性质。对于此区域当时所处的社会形态的推断，则还有赖于考古发现的继续深入和研究的进一步推进。

伊洛地区的龙山文化是继仰韶文化之后而逐步发展起来的一种新石器时代晚期文化，年代在公元前2500年前后至公元前2100年前后。这一地区龙山遗址的分布非常密集，其中在伊、洛、瀍、涧诸水沿岸的分布密度，已经大致与现代人所居村落的分布密度相当。这当然得益于伊洛地区得天独厚的自然地理条件和十分适宜人类生存的自然环境。关于伊洛地区龙山文化的社会性质，亦即它在中国历史中所处的社会发展阶段问题，随着学术界对夏文化的探讨，中国文明探源工程不断取得进展。有的学者认为龙山文化中晚期和二里头类型文化是夏文化；有的学者则认为二里头文化即夏文化，龙山文化不是夏文化；又有学者认为中国文明起源于二里头文化，龙山文化则是文明前夜。这些基于相同材料得出的不同认识，既缘于对文明的概念、内涵的不同理解，也多因对考古材料的不同认识和研究者个人的学术偏好。相信随着研究的深入，这个问题的认识也会渐趋一致。

中原地区是中国古代文明形成与早期国家发展的核心地区，洛阳又处于中原地区的核心位置。夏商周时代是中国古代文明形成与早期国家发展的重要时代，洛阳地区的夏商周时代考古遗存数量庞大、内

---

① 方孝廉：《洛阳市1984年古文化遗址调查简报》，《中原文物》1987年第3期。

② 北京大学考古实习队：《洛阳王湾遗址发掘简报》，《考古》1961年第4期。

③ 洛阳博物馆：《洛阳西高崖遗址试掘简报》，《文物》1981年第1期。

④ 洛阳博物馆：《洛阳矬李遗址试掘简报》，《考古》1978年第1期。

⑤ 《论仰韶文化》，《中原文物》1986年特刊。

涵丰富。夏代都城偃师二里头遗址、商代早期都城偃师商城遗址、洛阳成周与东周王城遗址为洛阳在三代时期的重要代表性遗址，这些遗址所彰显的三代文明，奠定了中华文明的基础。以河洛地区为中心的华夏文明核心区，其文化影响力和辐射力巨大，在周边其他许多文化区域中，都能找到中原文明的文化因素。

夏王朝是目前学术界普遍认可的中国古代历史上的第一个王朝，是中国历史上最早的国家。20 世纪 50 年代末，徐旭生先生根据历史文献记载，在豫西开展了寻找“夏墟”的考古调查，经过细致认真的工作，在今洛阳偃师市二里头村附近发现了二里头遗址。20 世纪 60 ~70 年代，考古工作者发掘了二里头第一号和第二号大型宫殿建筑基址，这是迄今所知时代最早、保存最好、布局形制最完整的中国古代宫殿建筑遗址。此外，这一时期考古勘探还发现了 30 多处夯土建筑基址，发掘了与制陶、铸铜有关的遗存，清理了一批中型墓葬。20 世纪 80 年代初至 90 年代中后期，二里头遗址中的各类房址、祭祀遗存、青铜器铸造作坊遗址、制陶和制骨遗存以及墓葬大量被发现，学术界对二里头遗址文化的内涵有了更为全面深入的了解。21 世纪以来，二里头遗址的考古工作持续展开，进一步搞清楚了遗址范围、布局形制、宫城和道路的分布，还勘探和发掘了多座宫殿建筑遗址，清理了一批重要墓葬，发现了制玉等高级手工业遗址作坊区。二里头遗址作为“最早的中国”——夏王朝的都城遗址，逐渐向世人展示了它的全貌。也正因为此，伊洛地区也奠定了其在中国文明史上不可替代的重要核心地位。

20 世纪 80 年代初，继夏王朝之后建立的商王朝都城之一的偃师商城遗址在偃师尸乡沟被发现，此后开展了大量考古工作。通过考古勘探、发掘，我们知道了偃师商城遗址分为早期小城和晚期大城。早期小城四面中部各辟一门，小城中部偏南置宫城，小城西南部为府库建筑区遗址。晚期大城在早期小城基础之上扩建而成，并在宫域东北部修建了新的府库建筑群。30 多年来，考古工作者对偃师商城遗址的城墙、城门、宫殿、府库、居址和墓葬等进行了持续考古发掘，对宫城之中的宫殿建筑群遗址、池渠遗迹、祭祀遗存进行了大规模的、系统的、全面的考古发掘，基本上已经揭示出这座宫城遗址的布局形制及其相关的考古学文化内涵。偃师商城是目前考古发现的先秦时代中国古代都城遗址之中遗迹保存最好、考古勘探和发掘规模较大、文化内涵最为丰富完整的古代都城遗址。偃师商城遗址的考古发掘，也为中国古代都城遗址考古提供了丰富的科学经验。这座城址的丰富的考古学研究成就，为我们了解早商时期伊洛地区的文化面貌提供了科学系统的完整资料。

周武王灭商后，定都镐京（今陕西省西安市），距离中原还有相当距离。夏商王朝的政治、经济、文化中心均在中原地区，周王朝为了维护自己的统治，在居“天下之中”的洛阳建立了“成周”，“成周”建成之后，都城镐京改称“宗周”，“成周”与“宗周”同时作为西周王朝的都城。东周时期“成周”更名“王城”。作为两周的都城所在地，洛阳地区发现了多种类型的大量周代墓葬及其他遗存。几十年来，考古工作者对洛阳地区的周代都城遗址进行考古调查、勘探和试掘，发现了城内的一些大型夯土建筑基址、道路遗迹、手工业作坊遗址，清理了大量的周代墓葬。据统计，近 50 年来洛阳地区发掘的西周墓葬有 800 多座，东周墓葬发现近 8000 座，其中发掘的近 2000 座之多，随着考古工作的持续展开，这些数字还可能会持续增加。有些大型墓葬还有车马坑陪葬。历年来洛阳地区发掘了众多青铜器、陶器、原始瓷器、玉器、铁器等手工业作坊遗址，清理了大面积的储粮仓窖遗址等。作为西周“成周”与东周“王城”的洛阳地区有如此众多的考古发现，充分说明其作为周王朝的“两京”之一的重要地位。

秦汉魏晋南北朝时期，洛阳考古发现与研究在中国考古学中仍然占据极其重要的地位，重大发现层出不穷，研究成果卓著。其中，汉魏洛阳城考古是这一时期考古学研究的重点，通过对其建造、形制、演变和废弃的历史探索，可以窥见当时的文化发展脉络。汉魏北朝时期的墓葬也是此时期考古发掘和研究的重要内容，通过对墓葬的分期、葬俗、葬制的研究，可以推知当时洛阳的社会变迁概况。

西周初年周公营建洛邑，在瀍水以东、洛水北岸兴建了“成周”城。此后，东汉、曹魏、西晋、北魏诸朝先后在这里建都，至公元538年毁于战祸，经历了数百年的兴废。汉魏洛阳故城遗址位于今洛阳市东约15千米处。对于汉魏洛阳城，通过多年的考古发掘，已初步掌握了其平面形状和城内布局，探明了城垣形制，确定了城门的数量、位置和形式，对该城从东汉至北魏历代的兴废变迁情况也有了一定的了解。特别是通过对位于城南的礼制建筑明堂、辟雍和国家最高学府太学及当时的天文观测处灵台遗址的深入勘查和重点发掘，对它们的范围、形制、规模等都已有了概括性的认识。1964年在偃师发掘的东汉刑徒墓地，通过522座刑徒墓的发掘和整理，以及对出土的800多块铭砖的考释，对东汉时期刑狱制度的研究起到了一定的推动作用①。1979～1981年，考古工作者对北魏洛阳城内最大的寺院永宁寺遗址进行了发掘，使我们目睹到了永宁寺建筑艺术的大体轮廓。遗址中出土的大量造型优美、工艺精湛的陶塑，又为我国古代佛教艺术宝库增添了瑰宝②。在汉魏洛阳城遗址中还出土了大批砖瓦、瓦当、石雕等建筑材料及其他文物。其中一批刻于瓦片上的北朝“瓦削文字”，对于研究北魏手工业管理制度具有重要的史料价值③。近年来，为了对汉魏洛阳城有更全面的了解，又陆续对城外周围地区的古代遗迹进行了勘查。在城西发现谷水旧道遗迹数千米，为探明金谷园遗址提供了线索；还部分地发掘了位于陈屯新村东侧2.5千米处的东汉陵园遗址。在城北发现了路土和大面积布局规整的建筑遗址，对确定河阴古城和黄河渡桥的位置及探索当时的“北郊”兆域提供了线索。总之，历年来持续对汉魏洛阳城的考古工作，不仅让我们对城址本身有了具体的了解，也对当时的经济、文化、社会生活，乃至宗教艺术等方面都有了较为详细的了解。这些考古成果表明，洛阳在东汉、曹魏、西晋、北魏时期持续不断的使用过程中，尽管朝代更替，但伊洛地区的战略地位丝毫没有削弱，反而不断得到加强。

汉河南县城遗址于1954年春季被发现④，到1960年秋季，先后进行了四次较大规模的发掘，发现了房基、粮仓、水井、道路、制石场等遗迹，出土了大量汉代建筑材料、生活用具和生产工具等遗物，确定了城址的位置、范围和城墙，为进一步了解汉河南县城的全貌打下了一定的基础。近年来，在配合基本建设的考古发掘工作中，陆续发现了道路、水管道、城墙等城市设施的遗迹。2005年，在洛阳中州路南约30米、涧河东岸约20米处，发现一段汉河南县城西城墙。其始建年代应为西汉早期偏晚，废弃年代应为东汉晚期。

墓葬方面，2005年，洛阳市文物工作队为配合洛南新区基本建设，在关林皂角树村西侧的龙康安置小区工地发掘清理出秦墓共计132座。这批墓葬具有较明显的属于秦墓风格的葬式、葬俗，同时又具有东周当地常见的随葬品组合和器形特征。该种墓葬形制以前在东周王城内未有发现。这是洛阳发掘数量最多、分布最集中的一处具有秦墓风格的墓葬区，为研究洛阳秦墓的分布区域、墓葬特征、器物组合等提供了宝贵的资料⑤。

洛阳汉墓考古工作，最值得一提的当属烧沟汉墓群的发掘与研究。洛阳烧沟汉墓的分期研究，反映了从西汉中期（武帝以后）至东汉末年洛阳汉墓墓制和随葬器物的演变状况，从而建立起洛阳汉墓年代的标型序列，也为中原地区乃至全国汉代考古学的分期断代树立了标尺。大量的发掘，使洛阳汉墓考古资料更加丰富、全面，也为更进一步的研究工作创造了条件。洛阳汉墓中另一个重要现象是出土丰富

---

① 中国社会科学院考古研究所洛阳工作队：《东汉洛阳城南郊的刑徒墓地》，《考古》1972年第4期；吴荣曾：《汉刑徒砖志杂释》，《考古》1977年第3期。

② 中国社会科学院考古研究所洛阳工作队：《北魏永宁寺塔基发掘简报》，《考古》1981年第3期。

③ 黄士斌：《汉魏洛阳城出土的有文字的瓦》，《考古》1982年第9期；中国社会科学院考古研究所洛阳工作队：《汉魏洛阳城一号房址和出土的瓦文》，《考古》1973年第4期。

④ 阎文儒：《洛阳汉魏隋唐城址勘察记》，《考古学报》1955年第9期；郭宝钧：《洛阳古城勘察简报》，《考古通讯》1955年创刊号。

⑤ 王炬：《洛阳市关林秦墓》，载《中国考古学年鉴》（2006），文物出版社2007年版，第294－295页。

多彩的壁画墓。这些壁画墓的发掘和研究，已成为我国美术考古学的重要内容。

东汉王朝建造了12座帝陵，其中11座分布在洛阳附近。根据文献记载，汉魏洛阳故城的西北邙山地区有5座陵，故城的东南洛南地区有6座陵。洛南的6座陵分别为明帝显节陵、章帝敬陵、和帝慎陵、殇帝康陵、质帝静陵和桓帝宣陵。除了帝陵之外，陵区内还埋葬着众多的后妃和王公贵族的陪葬墓。目前，邙山地区已经完成了古墓冢的文物普查工作，与洛南陵区的考古新发现结合在一起，东汉帝陵的基本情况逐渐明晰①。

考古工作者经过多年的调查勘探和研究探索，对位于汉魏洛阳城以西，今偃师县南蔡庄北邙山南麓一线的西晋帝陵的分布情况，也已有了一定的了解，并初步确定了晋武帝峻阳陵和晋文帝崇阳陵的位置②。

今洛阳市东北邙山一带的瀍河两岸，是北魏迁都洛阳以后的大型墓区所在地。1966年，郭建邦先生通过考古调查，首次确定了孝文帝拓跋宏的长陵和文昭皇太后高氏陵的位置③。此后，黄明兰先生综合分析各方面资料，进一步考定出位于瀍河以西、冢头村东侧之大冢即为宣武帝拓跋恪之景陵，该陵墓于1991年由中国社会科学院考古研究所和洛阳古墓博物馆联合进行了发掘。此外，还推测位于景陵西南约3千米、谷水东北岸、上砦村以东的大墓可能为孝庄帝拓跋攸之静陵④。

除了城址和陵墓之外，仓储建筑也是秦汉这一阶段洛阳考古发现的重要内容。1998～1999年，在新安县盐东村发现了大型的汉代仓库建筑遗址。发掘者通过对该遗址内出土的大量筒瓦、板瓦和“关”字瓦当以及其独特的建筑形制，初步推断它是西汉中期构筑的一处属于汉函谷关体系并与黄河漕运密切相关的国家仓库遗址，其使用年代延续至东汉。因此，该遗址的发掘对于研究汉代政治、军事、经济等各方面都具有十分重要的意义⑤。

隋唐时代的洛阳与长安为东西“两京”，这是历史上“两京制”的典型形态。洛阳与长安在隋唐时代的对比研究，有助于我们深入了解其地位变迁的过程和原因，也有助于我们了解当时的历史发展过程。隋文帝仁寿四年（公元604年），隋炀帝登基，改洛阳为东京，进行建设。与此同时，隋炀帝又下令开凿了大运河，更加凸显了洛阳的重要地位。入唐之后，隋洛阳城继续沿用，洛阳城保持了前朝的基本格局。武则天于天授元年（公元690年）称帝，改国号为周，称洛阳为神都。武则天当政时期，洛阳达到了历史上的发展顶峰。五代时期的后梁、后唐、后晋均建都洛阳，北宋定都开封，开封与洛阳又成为北宋“两京”，分称东京和西京，这说明了在北宋时期，洛阳仍然居于十分重要的地位。

自20世纪50年代初以来，考古工作者对隋唐五代宋洛阳城遗址进行了长期大规模的考古勘探、发掘和研究，取得了丰硕的学术成果⑥。根据考古学的研究成果，隋唐洛阳城是一座规模宏大、布局完整、结构复杂的城址，主要由外郭城、皇城和宫城组成。皇城位于外郭城西北隅，宫城在皇城北部。宫城北部有圆璧城、曜仪城，东部有东城、含嘉仓城，宫城东西两侧有东、西隔城。已经考古发掘的各类城门十多座，其中以都城正门定鼎门、宫城正门应天门遗址最为重要。宫城之中的武则天明堂遗址⑦、圆形建筑基址的发掘，九州池遗址的清理，宫城中轴线上6座大型宫殿建筑遗址的勘探，这些都是宫城遗址

---

① 史家珍等：《洛阳偃师发现东汉帝陵陵园和陪葬墓园遗址》，《中国文物报》2007年10月26日。

② 中国社会科学院考古研究所洛阳汉魏故城工作队：《西晋帝陵勘察记》，《考古》1984年第12期。

③ 郭建邦：《洛阳北魏长陵遗址调查》，《考古》1966年第3期。

④ 黄明兰：《洛阳北魏景陵位置的确定和静陵位置的推测》，《文物》1978年第7期。

⑤ 洛阳市第二文物工作队：《黄河小浪底盐东村汉函谷关仓库建筑遗址发掘简报》，《文物》2000年第10期。

⑥ 阎文儒：《洛阳汉魏隋唐城址勘查记》，《考古学报》1955年第9期；中国社会科学院考古研究所洛阳工作队：《隋唐东都城址的勘查和发掘》，《考古》1961年第3期；中国社会科学院考古研究所洛阳工作队：《隋唐东都城址的勘查和发掘续记》，《考古》1978年第6期。

⑦ 中国社会科学院考古研究所洛阳唐城工作队：《唐东都武则天明堂遗址发掘简报》，《考古》1988年第3期。

考古中最为重要的考古发现。据文献记载，隋唐洛阳城共有 103 坊、3 市，由于今市区现代建筑覆压和洛河泛滥，不可能全部揭露，只勘查出一部分。1992 年，考古工作者配合建立白居易纪念馆，对履道坊进行了大规模勘探和发掘，不仅确定了白居易故居的位置，同时也弄清了里坊的布局①。考古工作者对隋唐东都含嘉仓②、子罗仓③和常平仓④遗址的考古勘查、发掘，为隋唐两京的都城国家级粮仓遗址考古提供了翔实的资料。隋唐东都洛阳在全国的政治、经济、文化地位非常重要，因此在东都洛阳附近留下许许多多重要墓葬，如洛阳郑开明二年墓⑤、唐睿宗贵妃豆卢氏墓⑥、唐定远将军安菩夫妇墓⑦、伊川唐齐国太夫人墓⑧和洛阳关林、偃师杏园、孟津西山头等地的唐代墓葬群等。关于隋唐洛阳的佛教考古，近年也多有发现。如闻名于世的龙门石窟、禅宗七世祖神会身塔塔基⑨，对于深入了解洛阳地区的佛教文化，具有积极的意义。

五代皇陵中，后梁太祖朱温的宣陵位于伊川县白沙乡朱岭村南侧，陵园原来规模颇大，地势南高北低，其气势宏伟壮观。据《洛阳古今谈》记载，宣陵封土圆周为 122 弓，高 5 丈（15 米），占地 9 亩 8 分。陵南面从园门到陵墓有南北向神道，神道东西两侧有两排石翁仲⑩。目前陵墓上的封土残高 5 米，面积约 50 平方米，石刻仪仗早已荡然无存。

洛阳地区的五代时期墓葬，是这一时期考古的主要内容，其中比较重要的墓葬有后梁高继蟾墓⑪、洛阳东郊史家湾村的后唐墓⑫、洛阳邙山⑬和伊川窑底⑭的后晋纪年墓及洛阳的后周墓葬⑮。这些五代墓葬考古资料，为我们了解洛阳地区的五代时期政治、经济、文化和社会生活提供了丰富的资料。

北宋时期，西京洛阳城因袭隋唐东都洛阳城，考古工作者在开展隋唐东都考古工作时，自然也就发现了大量北宋西京建筑遗迹及其他北宋遗存。目前考古发现的北宋西京遗存，主要有西京宫城之中的宫殿建筑遗址、西京城中的衙署及庭院遗址，以及城郊的官府的制陶作坊遗址。

1995 年底至 1996 年初，为配合洛玻集团基建工程，中国社会科学院考古研究所洛阳唐城工作队发掘了一座宋代大型建筑基址。基址地面设施破坏殆尽，磉墩遗址多数尚存。这个发现对于了解宋代西京宫城布局具有一定意义。此次发掘出的宋代大型建筑群，所获资料相对较为完整，这为我们研究宋代西京的大型建筑的平面布局、建筑风格、建筑式样、采光和排水设施等，有较为重要的意义。结合文献及一些考古发掘资料，发掘者推测唐宫中路宋代大型建筑遗址应为宋西京宫城中的重要建筑——文明殿建筑群的组成部分。宋文明殿建筑群是在唐武安殿建筑群基础上兴建起来的⑯。

洛阳宋代衙署庭园遗址，位于隋唐洛阳东城之东南隅，即今洛阳市老城区中州路南侧，东邻集市街，西邻乡范街，南接西大街。东城在唐代曾是重要衙署的办公之地，北宋时洛阳改称西京，“因唐东

---

① 中国社会科学院考古研究所洛阳唐城工作队：《洛阳唐东都履道坊白居易故居发掘简报》，《考古》1994 年第 8 期。

② 河南省博物馆、洛阳市博物馆：《洛阳隋唐含嘉仓的发掘》，《文物》1972 年第 3 期；洛阳市文物工作队：《洛阳含嘉仓 1988 年发掘简报》，《文物》1992 年第 3 期。

③ 洛阳市博物馆：《洛阳隋唐东都皇城内的仓窖遗址》，《考古》1981 年第 4 期。

④ 方孝廉：《四十年来洛阳隋唐以降的考古发现与研究》，载《洛阳考古四十年》，科学出版社 1996 年版。

⑤ 曾亿丹：《洛阳发现郑开明二年墓》，《考古》1978 年第 3 期。

⑥ 洛阳市文物工作队：《唐睿宗贵妃豆卢氏墓发掘简报》，《文物》1995 年第 8 期。

⑦ 洛阳市文物工作队：《洛阳龙门唐安菩夫妇墓》，《中原文物》1982 年第 3 期。

⑧ 洛阳市文物工作队：《伊川鸦岭唐齐国太夫人墓》，《文物》1995 年第 1 期。

⑨ 洛阳市文物工作队：《洛阳唐神会和尚身塔塔基清理》，《文物》1992 年第 3 期。

⑩ 李健人：《洛阳古今谈》，中州古籍出版社 2014 年版。

⑪ 洛阳市文物工作队：《洛阳梁高继蟾墓发掘简报》，《文物》1995 年第 8 期。

⑫ 洛阳市文物工作队：《洛阳出土后唐雕印经咒》，《文物》1992 年第 3 期。

⑬ 高祥发：《洛阳清理后晋墓一座》，《文物参考资料》1957 年第 11 期。

⑭ 侯鸿钧：《伊川县窑底乡发现后晋墓一座》，《文物参考资料》1958 年第 2 期。

⑮ 洛阳市文物工作队：《洛阳发现一座后周墓》，《文物》1995 年第 8 期。

⑯ 中国社会科学院考古研究所洛阳唐城工作队：《河南洛阳市唐宫中路宋代大型殿址的发掘》，《考古》1999 年第 3 期。

都旧制，广袤稍损，而城中增筑宫室，颇盛于隋唐”[①]。北宋时的东城，布局和功能都无太大变化，仍是重要衙署和官邸之所在。衙署庭园遗址的发现，证实史籍记载之不谬。其布局之巧妙、营建之讲究，充分反映了当时的造园艺术。1984 年，洛阳市文物工作队发现的一处宋代门址[②]，位于该庭园遗址之南，两者同属衙署的组成部分。其营建制度与宋《营造法式》所载大致吻合，是典型的宋代官府建筑。这一发现，对于全面研究和复原衙署风貌有着非常重要的意义。遗址大约毁弃于北宋末年，这也与金人的数次大举入侵中原的历史事实相吻合。《宋史》等文献中都有金人入侵洛阳时大肆烧掠官民宅舍的记载。遗址第 3 层堆积中大量红烧土块和木炭的出土，说明衙署宅院可能就是在金人入侵的大火中被焚毁的[③]。

1982 年在洛阳市纱厂路中段发现的北宋砖瓦窑场遗址，其位置在隋唐洛阳城宫城正西约 2 千米处。这处砖瓦窑址堆积仅有两层，1 层为近代层，2 层即为窑址所在的宋代层，根据 2 层所出的钱币分析，最早的为宋神宗时所铸的“皇宋通宝”，最晚的是宋徽宗时所铸的“政和通宝”，据此推断，其始建年代不会早于北宋，废弃时间则应在北宋晚期（公元 1111 ~ 1126 年）。史载：“（宋太祖开宝八年十月）遣庄宅使王仁珪、内供奉李仁祚与知河南府焦继勋同修洛阳宫室。”[④]“政和元年十一月，重修大内，至六年九月毕工，朱胜非言：……以蔡攸妻兄朱升为京西都漕，修治西京大内，合屋数千间，尽以真漆为饰，工役甚大，为费不赀。”[⑤] 根据此处窑址所出的瓦文多有“内西”“官工”等字样，推断此窑址当是北宋时期专为宫城烧制居住材料的官营窑场。这处砖瓦窑场的发掘，为我们研究北宋洛阳宫城的修葺情况提供了重要资料[⑥]。

洛阳地区的宋代墓葬有石室墓、雕砖壁画墓、土洞墓和竖穴土坑墓等类型，其中石室墓中的伊川窑底村王拱辰墓[⑦]、雕砖壁画墓中的新安李村纪年墓比较重要。宋代豫西是土洞墓主要分布地区，洛阳地区也多有这类墓葬发现。洛阳涧河附近清理了不少竖穴土坑墓，其中以洛阳北窑村宋墓考古发掘的学术意义尤为突出。

宋代以后，随着中国政治、经济重心的东移和南下，洛阳逐渐淡出人们的视野。1999 年，在洛阳发现金代洛阳老城北垣，史载，金中京是在隋唐洛阳城东城的基础上东扩而成，元明清沿用，明代始筑砖墙。发掘表明，该段城墙在原东城之东，属金代扩建部分。明代洛阳城的北墙利用了金中京的北垣，但向南收缩，宽 13 余米。该段城垣的发掘，丰富了洛阳古城址研究的资料，它为研究洛阳地区城址的变迁、沿用及筑法等方面提供了重要资料[⑧]。2001 年在洛阳民族路又发现一段金代中京东城垣[⑨]。

二、考古学视野中的洛阳

回顾洛阳考古的发现和研究，我们看到，从“三代”开始，洛阳的历史基本上就是由“都城”串联起来的。每一个时代的考古成就，都是以都城为核心工作内容。二里头遗址从 1959 年徐旭生先生在

① 《元河南志》古代洛阳图，《永乐大典》卷九五六一。
② 洛阳市文物工作队：《洛阳发现宋代门址》，《文物》1992 年第 3 期。
③ 中国社会科学院考古研究所洛阳唐城工作队：《洛阳宋代衙署庭园遗址发掘简报》，《考古》1996 年第 6 期。
④ 《续资治通鉴长编》卷十六。
⑤ 《宋史 · 地理志》。
⑥ 洛阳市文物工作队：《洛阳纱厂路北宋砖瓦窑场遗址发掘简报》，《中原文物》1984 年第 3 期。
⑦ 洛阳市文物工作队：《北宋王拱辰墓及墓志》，《中原文物》1985 年第 4 期。
⑧ 徐昭峰：《洛阳市老城金代城垣》，载《中国考古学年鉴》（2000），文物出版社 2001 年版，第 204 页。
⑨ 吴迪：《洛阳金中京东城垣》，载《中国考古学年鉴》（2002），文物出版社 2003 年版。

豫西考察“夏墟”算起，迄今已近60年。在这数十年间，二里头的考古工作几无间断。时至今日，二里头的考古发掘和研究工作仍在持续。2017年6月11日，二里头遗址博物馆奠基，计划于2019年10月建成，届时将成为全国大遗址保护、展示和利用的示范区，中国早期国家形成和发展研究展示中心，夏商周断代工程和中华文明探源工程研究、展示基地。二里头考古遗址公园与博物馆同步建设，将对宫城城墙、宫殿建筑基址群、“井”字形道路、铸铜作坊遗址、绿松石作坊遗址、祭祀遗址等进行保护展示①。这一举措标志着二里头遗址作为“三代”王都之首，将以新的面貌展示给世人。

偃师商城作为商代早期的王都，距离二里头遗址仅6千米，关于这两者之间的关系，偃师商城考古队队长谷飞研究员这样总结：“就表征文化属性的陶器群来看，偃师商城（尤其是初期）文化遗存中包含有大量二里头文化因素，反映出两大遗址因时间交错、地域邻近而表现出的文化面貌上的密切关系。但两者之间的差别也是显而易见的，主要表现在炊器组合等方面的差异。”谷飞还指出，偃师商城第一期中属于二里头文化系统的陶器不是单纯的模仿而是略有改造，形成了自己的特征，因此，和二里头四期同类陶器相比，给人以似是而非的感觉。并且相比一期早段，一期晚段的陶器群中具“先商文化”的陶器数量明显呈上升趋势，最终在偃师商城商文化第二期时形成了十分成熟而独具特色的早商文化②。有学者猜测，二里头遗址和偃师商城的兴废，可能就是夏商王朝更替在考古学文化上的反映。截至目前，对其宫城10余年的持续发掘，是中国考古史上首次对宫城的全面揭露，为研究商代乃至中国早期国家的宫室制度提供了前所未有的完整实例。

两周的洛阳则由成周城和东周王城串联起来。西周初年营建的成周城是西周王朝的东都，在西周历史和中国古代都城发展史上占有极为重要的地位。平王东迁洛邑所兴建的“王城”延续了洛阳历史的辉煌。汉代至魏晋北朝，洛阳屡次作为都城，东汉洛阳城为这时期都城的基础，随着朝代的更替，洛阳城屡有兴废，但其大体格局不变。汉魏洛阳城是中国古代都城的典型代表，前后有五个朝代在此建都，时间长达540余年，在中国都城发展史上具有承上启下、无可比拟的重大作用，在世界都城发展史上也具有深远影响。

隋唐均以洛阳为东都，武则天时期的洛阳一度达到洛阳历史上的全盛时期。此后，五代、北宋洛阳城继续沿用。五代时期，从洛阳本身的城市演变来考察，时为首都，时为陪都，大体上保持着都城的地位，所以在唐末破坏之后，不断地有所恢复，其地位已远在长安之上。正因为如此，北宋时期把洛阳这个陪都的地位摆在了南京（河南商丘）和北京（河北大名）之前，继续加以扶持，使洛阳在全国有着特殊的历史地位③。金灭掉北宋以后，洛阳受到很大的打击，随着中国政治格局的变迁、经济重心的东移，洛阳降格为一般性地方城市，这在考古学上有所反映，金代中京洛阳的遗迹有少许发现，此后明清时代已经鲜有洛阳城的相关遗迹出土。

夏代的二里头遗址、商代的偃师商城遗址、周代的“成周”与“王城”、汉魏北朝的洛阳城、隋唐东都洛阳、北宋西京洛阳一脉相承，共同勾勒了洛阳的历史脉络。唐末五代之后，洛阳作为都城的历史一度衰落，而北宋作为“西京”的复兴又使洛阳被注入了新的活力，在政治、经济和文化方面仍然保持了鲜明的特色。

同时，我们也看到，每一个时代的“都城”遗址都不是孤立存在的。二里头和偃师商城内外出土有大量的墓葬和手工业作坊遗址；周代的洛阳出土了数量众多的墓葬和车马坑；汉魏洛阳城内外出土了居住遗址、仓储遗址、寺庙、帝陵、墓葬、窑址；隋唐五代至北宋时期洛阳城附近出土了园林、里坊、

---

① 孙自豪：《二里头遗址博物馆奠基》，《洛阳日报》2017年6月12日第1版。
② 孙妙凝：《夏商考古的“双子星座”》，《中国社会科学报》2015年8月14日。
③ 周宝珠：《北宋时期的西京洛阳》，《史学月刊》2001年第4期。

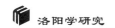

寺庙、墓葬、仓储、窖穴、窑址、佛教遗迹等。这些都和都城遗址本身共同构成了一幅幅立体的、鲜活的历史画卷。上述各种遗存的大量出土，说明了当时各代都城的繁盛情况。规模庞大、功能完善的都城遗址和相配套的各种生产、生活设施遗迹的共同出土，形成了一个人口密度较高的地区社会运转所必需的基本条件，这类遗址发现的种类和数量决定了城址的规模和承载能力。考古发现表明，从夏代到北宋时期，历代洛阳“王都”都具有复杂的配套结构和较强的承载能力，这也是洛阳在中国古代长期保持稳定繁荣的必要条件。

总之，通过回顾梳理历年来洛阳都城考古的成果，我们可以勾勒出洛阳历史发展的清晰脉络。尽管在一些微观问题上学术界还存有争议，譬如二里头遗址与偃师商城的关系问题、二里头遗址与郑州商城的关系问题、“成周”与“王城”的地望问题、汉以后洛阳设陪都的时间段问题等，这些问题随着考古材料的增多和研究的深入，必然会逐步趋同认识，得到圆满的解决。而为学术界所广泛认可的，则是洛阳以“都城”为核心载体的政治、经济、文化方面的历史脉络千百年来从未断绝，洛阳作为“文化之都”时至今日依然有着独特而持续的魅力。

（作者为河南省社会科学院历史与考古研究所助理研究员）

从墓葬看古代洛阳的经济文化

张　艳

摘要：洛阳古墓众多，依托现有的古墓发掘与研究，我们可以从古代墓葬文化一窥古代洛阳城的政治与经济文化地位。不同年代众多王陵的存在，直接反映出洛阳作为都城的政治中心地位；墓葬中的精彩壁画和大量陪葬品，则能够让人们了解到古代洛阳的经济文化的发展与繁盛。古人"事死如事生"的丧葬习俗，让后世有机会借此去认识一个历史长河中的洛阳城。

关键词：古代洛阳；墓葬；壁画；经济文化

按照年代顺序，从两汉、魏晋、隋唐直到宋金不同朝代的墓葬依次看来，形制结构、随葬物品、雕刻壁画，无一不向人们展示古人的思想与生活。古人重视孝道，"事死如事生"，尽可能让逝者过着如同在世的奢华生活，随葬的各式生活用品满足方方面面的物质需要，而精美的雕刻壁画既表达了升仙飞天的精神追求，也充满了对宴饮赏曲等世俗欢乐的享受与眷恋。接触这些墓葬文化，我们可以走近生活在这片土地上的先民，去了解前人的生活与思想，了解这片土地上曾经发生过的各种故事，切实感受洛阳这座城市的厚重历史。

洛阳自古被誉为"天下之中"，从西周初年周公营建洛邑开始，至今已有3000余年的历史。平王东迁，定都洛阳，之后近2000年间先后有19代政权在洛阳建都，其中主要朝代有东周、东汉、曹魏、西晋、北魏、隋、唐和五代时期的后梁、后唐9代，号称"九朝古都"，加上夏、商、西周以及五代时期的后晋也曾在这里建都，洛阳就是"十三朝古都"了。北宋时期，洛阳被称为"西京"，与都城东京汴梁并称。作为都城，洛阳的政治地位不言而喻。而这一点，从洛阳地区密集的历代帝陵也可以看出。

洛阳历代的帝陵有九个分布区，分别是西郊三山东周陵区，东郊金村东周、东周王城陵区，邙山东汉陵区，偃师万安山东汉陵区，邙山北魏陵区，偃师首阳山曹魏、西晋陵区和偃师景山唐代陵区。在同一片土地上，如此密集地分布多个朝代的帝陵，在全国其他地方也是很少见的。洛阳被多个政权看中，建都或陪都于此，具有重要的政治地位，首先得益于洛阳得天独厚的地理交通位置。洛阳依山傍水，据"天下之中"，扼咽喉之地，洛阳城素有武库敖仓之名，厚实高大。在过去交通不便的年代，据守洛阳，无论是向西向东，都十分便利，南北交通，东西来往，多是从洛阳经过。为了有效统治东部的广大区域，西周、西汉时期，即使不在洛阳定都，也以洛阳为陪都，统治者经常巡视，在此处理政事，接见地方诸侯的朝拜。历史上多次用兵，多以控制洛阳求主动，以地理优势换得军事上的主动权。因此，作为兵家必争之地，洛阳发生过无数次动乱，尤其是魏晋北朝时期，洛阳城内政权更迭频繁，即使是统治阶级上层人物，也不免惨遭横祸。

古墓博物馆里，有西晋裴祗墓，一家老幼，三代四口，被葬于同一墓室，裴祗的母亲为长辈，葬居主室，裴祗夫妇居侧室，裴祗的女儿葬在侧室之旁的耳室，体现出严格的长幼尊卑次序。由墓志内容可以得知，裴祗一家老少三代四口，同时死于晋惠帝元康三年（公元293年），时值西晋"八王之乱"初期，身为大司农，关中侯裴祇和家人的死，应该与动乱有关。北魏的元祀墓、元暐墓，墓主人元祀、元暐，均为皇族子孙，身居高位，是统治阶级的上层人物，都死在政治动乱和阶级斗争之中。元暐墓志，记载了元暐的生平概况，反映了北魏社会动乱、阶级矛盾极端尖锐的社会现实，为后人研究北魏历史提供了重要资料。

作为都城的洛阳，不仅是政治中心，更是经济和文化中心。据考古资料，夏商周时期，洛阳一带的手工业已经相当发达，酿酒、铸铜、制陶等作坊很多，道路四通八达，不同种类的商品汇聚洛阳，又从洛阳出发，被送往四面八方，商业经济十分繁荣，出现了一批拥有巨额财富的富商巨贾。《史记·货殖列传》记载了两个洛阳的大富豪：一个叫白圭，善于捕捉赚钱时机；另一个叫师史，以车载货贩运赚钱，车辆数以百计，经商于各郡诸侯之中，无所不至。《左传》中还提到了郑国商人弦高，他到洛邑贩牛，途中正好遇到想要偷袭郑国的秦军，于是借郑君之名犒劳秦军，并派人回国报信，化解了郑国的一次危机。

自从西汉张骞开通同西域各国的联系，丝绸之路开通。洛阳作为丝绸之路的东端起点，始于东汉，魏晋继之，历北魏、隋、唐而达于鼎盛，是当时世界上首屈一指的繁华都市，吸引着众多的西域及海外各国客商长途跋涉前来贸易、交流。洛阳城内，人口密集，店铺林立；洛水码头，船来船往，络绎不绝。有不少西域人来到中原生活、经商、做官，甚至死后也葬在这里。

古墓博物馆里的唐代安国相王孺人唐氏墓中，有几幅非常珍贵的壁画，画面上的几个胡人形象非常引人注目。其中，牵骆驼的胡人，高鼻梁、深眼窝、络腮胡，头戴尖尖的卷沿胡式毡帽，身穿翻领窄袖袍服，脚蹬黑色高筒靴，是典型的胡人服饰。他身后的骆驼高大健壮，背上驮着用绳子捆着的丝绸卷，正迈步向前。这幅画生动地再现了丝绸之路上的场景：西域各国商人来到洛阳，捆好一匹匹精美的绸缎，装上驼背，然后组成浩浩荡荡的商队，西行走上了丝绸之路。一个牵马的虽是胡人长相，穿着却完全是汉人的装束，头戴幞头，身穿圆领袍服。东西方贸易，不仅是商品货物的交流，更有服饰等方面文化的相互影响和渗透。

唐安菩墓，墓志显示，墓主人安菩，本是西域安国人，其家世代为安国大首领。唐太宗贞观年间，唐军大破东突厥，安菩跟随父亲率领自己的部族归附大唐，被封为定远将军，官阶五品。归顺大唐以后，安菩接受皇命，曾经率部族参加了剿灭北狄薛延陀的战争。据墓志记载，他“一以当千，独扫蜂飞之众”，表现十分神勇，为击败薛延陀立下大功。后来，安菩在京城长安去世，安葬于长安。武周时期迁都洛阳，安菩的儿子安金藏，到洛阳为官，安菩的夫人何氏随儿子移居洛阳。何氏逝世于洛阳，五年后，安金藏把父亲安菩的遗骨迁移到洛阳，与何氏合葬。陪葬品中的唐三彩，是唐代汉族墓室里经常见到的，有马、骆驼、武士等各种造型，生动逼真，釉色均匀，有着很高的艺术水平。安菩墓里还出土了一枚罗马金币，十分罕见，可以想象，当时的大唐与西方国家来往十分密切，商品的交换流通也非常频繁。唐安菩墓反映了唐代汉民族与西域各民族之间的交往与融合，显示出洛阳对外交往中的国际化地位。

一个地区的经济繁荣，会有力地推动当地的文化发展。洛阳自古就是中华文明的发源地，有着灿烂悠久的历史文化。在经济繁荣的推动下，在很长时期内，洛阳也是文化中心，东西方文化在此交流碰撞，古老的东方文化不断向前发展。古墓博物馆里，精美的壁画与雕刻，向人们展示了古代洛阳文化的厚重。

洛阳汉墓壁画中，有被尊奉为中华民族始祖的伏羲和女娲形象。想知道他们长得什么样，完全可以去亲眼看看，看他们与传说中的样子是否相符，与你想象的样子有多少差距。代表中华民族图腾的龙，寓意吉祥的凤，还有镇守四方的四方神灵——东青龙、西白虎、南朱雀、北玄武，这些后人耳熟能详的神灵，都能在壁画中找到他们的早期形象。而天上的王母娘娘，汉代时又是什么样？与《山海经》《淮南子》的记载相比，发生了哪些变化？我们也可以去一探究竟。月亮上的蟾蜍是怎么来的？太阳中的鸟又是什么鸟？人们羽化成仙，是怎样升天的？真像电视里拍的那样腾云驾雾吗？……我们现在头脑中根深蒂固的神话传说，在历代的诗词文章中不断出现，通过汉代壁画，我们会有更清晰、更深入的了解。

在墓葬壁画中，还有许多日常生活场景的展示，如新莽壁画墓中的宴乐图和庖厨图，汉代壁画的出行图，宋墓中的开芳宴和杂剧图，无不栩栩如生，充满浓郁的生活气息，仿佛让人亲眼看到了古人的生活，走近他们，感受到他们的喜怒哀乐。古墓中的花鸟图、牡丹图，不仅可以让我们看到传统美术的技法，而且可以体会到古人的生活情趣。生活在牡丹之城，看到墓室中绚烂绽放的牡丹，你是否有意外相逢的惊喜呢？了解了古代洛阳牡丹的盛况，我们又怎能不对今天的洛阳牡丹怀有更美好的期待和祝愿呢？

（作者为洛阳理工学院人文学院讲师）

古代洛阳水环境变迁与城市经济发展

田　冰

摘要：作为“十三朝古都”的洛阳，正是因为其拥有丰富的天然河流，自古便有“八面环山，五水绕洛”之说，加之“天下之中、十省通衢”之称，成为帝王建都的重要选地之一。由于都城的政治优势，进一步促进了水源的开发利用，形成了四通八达的水运网，推动了城市经济的发展繁荣。随着洛阳都城地位的丧失和水运的衰落，城市经济也随之萧条。明清时期，随着全国商品经济的发展和陆路交通的开发，洛阳城市经济得到了发展。

关键词：古代；洛阳；都城；水运；城市经济

水环境是一个具有伸缩性的概念。依朱士光所言，它包含了河流、湖泊、沼泽、湿地等自然水体及运河、陂塘、沟渠等人工水体①，基本涵盖了存在于地表之上的各类水体。刘翠溶则将之扩大至国家各项水利事业及其对周遭环境的影响②。汪雅梅将其进一步宽泛化，地理位置、气候概况、植被等地理环境及政治经济制度、文化状况、管理行为、法律法规、人口因素等人文环境均被纳入其中③。在这些内涵中，天然河流、人工运河对城市经济发展至为重要。就城市经济而言，天然河流是城市发展不可或缺的宝贵资源，尤其是以水运为主的古代，为发展人工运河提供了得天独厚的优势。良好的水运交通利于城市的对外贸易往来，是城市经济发展的生命线。作为“十三朝古都”的洛阳，正是因为其拥有丰富的天然河流，自古便有“八面环山，五水绕洛”之说，加之“天下之中、十省通衢”之称，成为帝王建都的重要选地之一，“崤函有帝皇之宅，河洛为王者之里”④。由于都城的政治优势，进一步促进了水源的开发利用，推动了城市经济的发展繁荣。本文将就古代洛阳水环境变迁与城市经济发展繁荣之间的相互关系进行探讨。

一、古代洛阳优越的水环境成就了千年帝都

古都洛阳处于黄河流域的中枢，位于开阔的伊洛河平原，北濒中国第二大河——黄河，伊河、洛河、涧（谷河）、瀍河环绕其中，是洛阳成为千年帝都的重要因素之一。有史记载的周公营建洛阳城，其中一点即是看中所处区域有水源充足的天然河流，“我南望三涂，北望岳鄙，顾詹有河，粤詹洛、伊，毋远天室”⑤。周公营建的城就叫王城，位于洛水北岸的涧水之东、瀍水之西，其城址在今洛阳市劳动

① 朱士光：《清代生态环境研究刍论》，《陕西师范大学学报（哲学社会科学版）》2007 年第 1 期。

② 刘翠溶：《中国环境史研究刍议》，《南开学报（哲学社会科学版）》2006 年第 2 期。

③ 汪雅梅：《渭河流域水环境管理浅谈》，《陕西水利》2010 年第 4 期。

④ 左思：《三都赋》。

⑤ 《史记》卷四《周本纪》。

公园的下面。继之周公又在洛水北岸、瀍水之东建城，叫成周。周公把殷人从商地迁到这里，派八师（每师2500人）军队驻扎以监视商民。公元前770年，周平王东迁雒邑（今河南洛阳），至此，西周结束，东周建立。东周先后以王城和成周为都城，经历了350多年的统治。刘邦建立西汉，其本人及其大臣皆山东人，多劝他定都洛阳，认为洛阳背靠黄河、面向伊洛河，“洛阳东有成皋，西有殽黾，倍河，向伊雒，其固亦足恃”①。由于娄敬、张良相继陈述洛阳不宜为都城的弊端，致使刘邦定都长安。但是洛阳发达的水运交通，仍吸引着后世统治者定都于此。东汉开国皇帝光武帝刘秀建都洛阳，原因很多，其中一点是洛阳发达的交通，“出乎土中，平夷洞达，万方辐辏”②。后王景等人治理汴河成功，洛阳与江淮之间的漕运通畅；还有通往西域的丝绸之路，成为南北水陆交通的中心。

自西晋永嘉五年（公元311年），匈奴攻陷洛阳，掳走怀帝，杀王公士民三万余人，洛阳残破不堪，没有任何政权在此建都。公元386年，拓跋珪建立北魏政权，想建都中原。在攻下邺城之后，登城而观，游览宫苑，顿生定都邺城之想法，但终因眷恋创业起家的故土，而定都平城（今山西大同）。明元帝拓跋嗣期间，平城一带曾发生严重灾荒，牲畜及粮食等各种物资极度匮乏，有意迁都邺城，由于条件不够成熟而搁置。到孝文帝时，孝文帝与御史崔光曾探讨都城的选址情况，崔光主张迁都邺城，认为邺城平原千里，漕运四通，可作为都城。而孝文帝并不赞同，反驳崔光等人称：“君知其一，未知其二，邺城非长久之地。石虎倾于前，慕容灭于后，国富主奢，暴成速败。且西有枉人，山东有列人，县北有栢人，城君子不饮盗水，恶其名也。”也就是邺城不能成为“长久之地”，后赵、前燕先后建都邺城，后赵仅存在16年（公元335~350年），前燕（公元352~370年）仅存19年，可见邺城作为都城的时间确实短暂。孝文帝依然决定迁都自然环境优越、人文基础丰厚的洛阳，并说出了迁都洛阳的原因，“平城虽富有四海，文轨未一。此间用武之地，非可文治，移风易俗，信为甚难。崤函帝宅，河洛王里，因此大举，光宅中原”③。就是为了易旧习，行文治，完成“制驭华夏，辑平九服”④的大业。其实，孝文帝迁都洛阳最重要一点就是洛阳发达的水运，他说：“朕以恒、代无漕运之路，故京邑民贫。今移都洛伊，欲通运四方。”⑤

隋朝结束魏晋南北朝四百多年的分裂局面，重新走向统一。隋炀帝即位后，深感关中“关河悬远，兵部赴急”⑥，不便于控制东南地区。为加强中央对东方和南方的控制，隋炀帝决定以洛阳为东都，下诏营建东都。在营建东都的诏书中，炀帝说明了洛阳拥有的天然河流及水运交通的重要性，“洛邑，自古之都；王畿之内，天地之所合，阴阳之所和；控以三河，固以四塞；水陆通，贡赋等”⑦。大业元年（公元605年），开始营建东都洛阳，十月修成。东都在旧洛阳城之西，规模宏大，周长五十余里，分宫城、皇城和外郭城三部分。宫城是宫殿所在地，皇城是官衙所在地，外郭城是官吏私宅和百姓居处所在地。外郭城有居民区一百余坊，每坊一里见方，也称里坊。

唐初，仍以洛阳为东都。武则天改制，更把洛阳作为神都。“朕应此符命……绍隆周之睿业，因陪洛之鸿基。相彼土中，实帷新邑。五方入贡，兼水陆之骏奔；六气运行，均霜露之调序。山川形胜，祥祉荐臻。远悟乾心，近收甿欲。式建宗社，大启神都。”⑧其时武则天不但把洛阳作为神都，而且把郑汴陕虢等州列入王畿之内，并于垂拱四年（公元688年）“于神都立高祖、太宗、高宗三庙，四时享祀

① 《史记》卷五五《留后世家》，第2043-2044页。
② （汉）班固：《东都赋》。
③④ 《魏书》《任城王澄传》。
⑤ 《魏书》卷七九《成淹传》。
⑥ 《隋书》《炀帝纪》。
⑦ （唐）魏徵、令狐德棻等：《隋书》卷三《炀帝纪上》，中华书局1973年版，第61页。
⑧ 《全唐文》卷九五《以郑汴等州为王畿制》。

如西庙之仪。又立崇先庙以享武氏祖考”[①]。武则天身亡洛阳，不但钟情于洛阳山川险阻，物产富饶，交通发达，而且也有大运河开通的因素。隋朝修建的大运河，此时已经南通江淮，北抵幽燕，成为沟通南北的重要水路。隋唐时，洛阳能够纳天下之财富，通四方之物流，盛极一时，与此也不无关系。

总之，夏、商、西周、东周、东汉、曹魏、西晋、北魏、隋、唐（武周）、后唐等朝在洛阳建都，但城址不尽相同。在洛河沿岸东西不足100里的范围内有五座都城遗址，自西向东依次是：二里头夏都遗址、尸乡沟商城遗址、东周王城遗址、汉魏古都遗址和隋唐东都城遗址。

洛阳作为都城的最早城址是偃师二里头夏都斟寻城遗址，“自洛汭延于伊汭，居易毋固，其有夏之居”。《史记·正义》对其释义：“《汲冢古文》云：‘太康居斟寻，羿亦居之，桀又居之。’《括地志》云：‘故鄩城在洛州巩县西南五十八里也。’”[②] 这说明夏都斟寻在洛河与伊河之间的平原上。尸乡沟商城遗址即商都西亳，亦居河洛地区，“汤始居亳”。《史记·正义》释义：“河南偃师为西亳，帝喾及汤所都，盘庚亦从都之。……《括地志》云：‘亳邑故城在洛州偃师县西十四里，本帝喾之墟，商汤之都也。’”[③] 从《括地志》记载的斟寻与西亳的位置可知，西亳城址与斟寻城址是不同的，二者相距约6公里。西亳城位于洛河北岸，靠近邙山黄河。东周王城遗址是以西周成周城址为基础建立的，居于洛阳北部高地，即涧水之东，跨瀍水东西两岸。汉魏古都遗址是在东周成周城址基础上扩建的，即周公在瀍水东迁顽民之下都，西周时未筑城，东周周敬王为避王子朝之乱，从王城逃到下都，“欲徼福假灵于成王，脩成周之城……士弥牟营成周，计丈数，揣高卑，度厚薄……”[④]。

汉魏洛阳城在东周王城基础上扩建而成，位于洛水以北，达邙山南麓高地，其范围“东西六里十一步，南北九里一百步”[⑤]，距离今洛阳市白马寺东1公里。北魏时洛阳城比汉魏规模更大，北靠邙山，南临伊水，东至七里桥，西到张方桥，“东西二十里，南北十五里”[⑥]。东汉、曹魏、西晋、北魏等朝代定都于此，与其优越的地理条件有关，环山面水，东有虎牢、成皋之险，西有函谷崤渑要隘，北有邙山屏障，伊、洛、瀍、涧纵横其间。城中的阳渠是一条人工河，于建武十五年（公元39年）河南尹率民人沿邙山脚下凿渠，西引谷水入城。永平十三年（公元70年）夏，王景等人治理汴河成功，洛阳与江淮之间的漕运通畅。东汉时，通往西域的丝绸之路延伸到洛阳。洛阳成为南北水陆交通的中心，西通秦陇，北接幽燕，南至江淮，东达齐鲁。北魏孝文帝迁都洛阳正是由于此，他说：“朕以恒、代无漕运之路，故京邑民贫。今移都洛伊，欲通运四方。”[⑦] 加上邙山之南的伊洛河平原宽阔，适合东汉经济繁荣、城市人口增多以及城市规模扩大的需要，这也是东汉对洛阳自然环境的利用和改造。

东汉的都城洛阳在西汉为陪都，居天下之中，扼关中与山东交通之咽喉，绾毂东西南北，地理位置十分重要，故其商业繁华程度不亚于西京长安，“船车贾贩，周于四方，废居积贮，满于都城”[⑧]。洛阳商人“东贾齐、鲁，南贾梁、楚。故泰山之阳则鲁，其阴则齐”；洛阳商业的繁荣造就了诸如师史之类的大商人，他们利用地域优势，从商致富，“周人既纤，而师史尤甚。转毂以百数，贾郡国，无所不至。洛阳街居在齐秦楚赵之中。贫人学事富家，相矜以久贾。数过邑不入门，设任此等，故师史能致七千万”。[⑨] 自东汉建都于此，城市规模日益扩大，全国的商业中心也由长安转到洛阳。张衡《东京赋》谓

① 《资治通鉴》卷二〇四。
② 司马迁：《史记》卷四《周本纪》，第129－130页。
③ 司马迁：《史记》卷三《殷本纪》，第93页。
④ 《春秋左氏传》，昭公三十二年。
⑤ 《续汉文·郡国志》注引《帝王世纪》。
⑥ 《洛阳伽蓝记》卷五。
⑦ 《魏书》卷七九《成淹传》。
⑧ 《后汉书·仲长统传》。
⑨ 《史记》卷一二九《货殖列传》，中华书局1959年版，第3265页。

当时的洛阳："溯洛背河，左伊右瀍，盟津达其后，太谷通其前。回行道乎伊阙，邪径捷乎轘辕。"班固《东都赋》亦谓当时洛阳："超大河，跨北岳。"真是"京邑翼翼，四方所视"。曹魏、司马氏的统治中心洛阳，在东汉末年的战乱中几乎被彻底毁掉，此时又恢复生机，"其民异方杂居，多豪门大族，商贾胡貊，天下四（方）会"①。

总之，洛阳历经夏、商、周、东汉之后，在魏晋南北朝时期，是曹魏、西晋、北魏的都城，在朝代更替过程中，时兴时衰。隋朝统一后，隋文帝以洛阳为中心开通的南北大运河，使洛阳成为仅次于长安的大都市。大业元年（公元605年），隋炀帝迁都洛阳，在东周王城以东、汉魏故城以西18里处，新建洛阳城。唐代自高宗始仍以洛阳为都，称东都。武则天光宅元年（公元684年）始，改东都为神都。武则天称帝后，改国号为周，定都洛阳。隋唐时期的洛阳城是仅次于唐都长安的全国第二大城市，天下辐辏，总八方而为之极，齐集来自海内外的人，是一座国际性的大都市。唐末，洛阳也遭到黄巢农民军和藩镇割据势力的破坏，不过没有长安城那么惨败。天佑元年（公元904年），朱温强迫昭宗迁都洛阳。后唐建都洛阳；后晋初都洛阳，后迁开封，从此以后洛阳也结束了作为都城的历史。后汉、后周以洛阳为陪都，北宋以洛阳为西京，金代定洛阳为中京。元代以后，随着都城北移北京，洛阳远离全国的政治中心，仅是一个府治所在地，其发达的水运也衰落下去。

二、古代洛阳水运与城市经济繁荣

洛阳水运早在先秦时期就已经发展起来了。春秋以前，黄河、淮河二水各成一系，互不相通。到春秋末期，吴国在长江、淮河之间开凿了人工河邗沟，沟通了长江、淮河；在济水、泗水之间开凿了人工河菏水，沟通泗水和济水，泗水下游入淮水，济水是黄河一大支流，这样江、淮、河、济四水沟通。战国时，魏国从荥阳北黄河南岸起开凿人工河鸿沟，引黄河水向东南流，"以通宋、郑、陈、蔡、曹、卫，与济、汝、淮、泗会"②，从而把中原地区的济水、汝水、淮河、泗水、颍水、汴水、睢水、涡水、濮水、菏水等都连起来了，互相通航，形成更大的水运网络，洛阳位于这个水运网的西部，便利的水运交通条件，"东贾齐、鲁，南贾梁、楚"，和我国东部、南部广大地区都发生了经济联系。如当时洛阳大商人师史，"转毂以百数，贾郡国，无所不至"，致使洛阳当时成为"富冠海内"的"天下名都"③。西汉开国皇帝刘邦本人及其下属都想定都洛阳，左右大臣都是广东人，也劝刘邦定都洛阳，陈述洛阳有优越的自然条件，水环境是其中之一，"洛阳东有成皋，西有殽黾，倍河，向伊雒，其固亦足恃"④。尽管刘邦谋士娄敬、张良相继陈述洛阳不宜为都城的弊端，致使刘邦定都长安，但是洛阳优越的水环境不可否认，为西汉政权提供漕粮支撑。汉高祖时，"漕运山东粟，以给中都官，岁不过数十万石"。到汉武帝时漕运量急剧增长，元封元年（公元前110年）"山东漕益岁六百万石"⑤，这比西汉初年增加十几倍。洛阳是都城长安与关东之间的水运枢纽，境内的黄河和洛河是当时漕运的主要水道，正如东汉杜笃在《论都赋》中说的："大船万艘，转漕相过，东综沧海，西控流沙。"这是对当时洛阳漕运繁盛的形象描述，也反映了当时洛阳发达的水运。东汉开国皇帝刘秀定都洛阳，其后代一方面开发城内新的水运，另一方面加强对前代人工河的治理。建武十五年（公元39年）河南尹率民人沿邙山脚下凿渠，西

① 《三国志》卷二一《傅嘏传》，第624页。
② （汉）司马迁：《史记》卷二九《河渠书》，中华书局1959年版，第1407页。
③ 《史记·货殖列传》。
④ 《史记》卷五五《留后世家》，第2043－2044页。
⑤ 《汉书·食货志》。

引谷水入城，名之阳渠。永平十三年（公元70年）夏，王景等人治理汴河成功，洛阳与江淮之间的漕运通畅，成为南北水陆交通的中心，西通秦陇，北接幽燕，南至江淮，东达齐鲁。北魏孝文帝迁都洛阳正是由于此，他说："朕以恒、代无漕运之路，故京邑民贫。今移都伊洛，欲通运四方。"① 洛阳有发达的水运，也有发达的陆路交通，特别是通往西域的"丝绸之路"，远达中亚、南亚、西亚以及地中海沿岸和南欧、北非等地，更加密切了与各国间的关系，扩大了海内外贸易。

洛阳发达的水运促成了城市经济的繁盛。洛阳在春秋战国时期都是黄河流域的商业城市。秦、西汉时作为长安的外府，商业得到了发展，西汉时洛阳就涌现出诸如师史之类的大商人，他们利用地域优势，"东贾齐、鲁，南贾梁、楚"，从商致富，"周人既纤，而师史尤甚。转毂以百数，贾郡国，无所不至。洛阳街居在齐秦楚赵之中。贫人学事富家，相矜以久贾。数过邑不入门，设任此等，故师史能致七千万"②。东汉定都洛阳，城市规模相应扩大。张衡《东京赋》谓当时的洛阳："溯洛背河，左伊右瀍，盟津达其后，太谷通其前。回行道乎伊阙，邪径捷乎轘辕。"③ 东汉政权的创立者刘秀以及开国元勋都出身富商大贾，对洛阳乃至全国商业及商业大都市的迅速恢复起到促进作用，当时的洛阳发展成为全国最大的商业城市，"船车贾贩，周于四方，废居积贮，满于都城，琦赂宝货，巨室不能容。马牛羊豕，山谷不能受"④，以至会集了众多的豪门大族和富商大贾，"河南尹内掌帝都，外统京畿，并古六乡六遂之士。其民异方杂居，多豪门大族，商贾胡貊，天下四（方）会，利之所聚，而奸之所生"⑤。东汉的洛阳城内出现了综合市场和专业市场，如陆机《洛阳记》载："洛阳旧有三市，一曰金市，在宫西大城内；二曰马市，在城东；三曰羊市，在城南。"金市应该是综合市场，《河南志》卷二引华延儁《洛阳记》对"金市"有解读，"大市名金市，在城中，南市在城之南，马市在大城之外"⑥。东汉洛阳见诸文献记载的还有西市⑦、粟市⑧等，从中可看出洛阳城商业之盛。魏晋时的洛阳，虽然地处战乱中心，也促进了中原地区与西域及北方少数民族联系的加强，富豪商贾云集洛阳，物货相易，并竞相争奇斗富，促进了洛阳市场的繁荣发展，当时洛阳就有金市、南市、马市三大市，小市更是无数。至北魏孝文帝迁都洛阳后，洛阳迅速成为商业发达的大都会，"洛阳大市，周回八里"⑨。胡人商贾来往居住洛阳者万余家。京师洛阳为安置这些四方来客，专门设置四夷馆接待："西夷来附者，处之崦嵫馆，赐宅慕义里。自葱岭以西，至于大秦，百国千城，莫不欢附。商胡贩客，日奔塞下，所谓尽田地之区已。乐中国风土，因而宅者，不可胜数。"⑩ 胡贾不但集中于洛阳，而且流居于丝绸之路沿线。

隋炀帝营建东都洛阳，看重的是"水陆通，贡赋等"，在营建东都的同时，下令开凿大运河。以洛阳为中心的永济渠、通济渠两段贯通南北，北至涿郡（今北京），南至杭州。通济渠段即唐宋所说的汴河，其流经的城市在《元和郡县志》有记载，"隋炀帝大业元年更令开导（汴渠），名通济渠，自洛阳西苑引谷、洛水达于河，自板渚引（黄）河入汴口，又从大梁（今河南开封市）之东引汴水入于泗（水），达于淮（水），自江都宫入于海"⑪，即经过陈留（今陈留镇）、雍丘（今杞县）、襄邑（今睢

① （北齐）魏收：《魏书》卷七九《成淹传》，中华书局1975年版，第1754页。

② （汉）司马迁：《史记》卷一二九《货殖列传》，中华书局1959年版，第3265页。

③ （南朝梁）萧统编，（唐）李善注：《文选》卷三《东京赋》，文渊阁四库全书，第1329页，第47页。

④ （南朝宋）范晔：《后汉书》卷四九《仲长统传》，中华书局1975年版，第1648页。

⑤ （晋）陈寿：《三国志》卷二一《傅嘏传》裴注引《傅子》，中华书局1964年版，第624页。

⑥ （清）徐松：《河南志》卷二《成周城阙宫殿古迹》引华延儁《洛阳记》，见（民国）缪荃孙辑：《藕香零拾》，光绪年间刻本，第11页。

⑦ （南朝宋）范晔：《后汉书》卷二六《蔡茂传》，中华书局1962年版，第907页。

⑧ （唐）房玄龄：《晋书》卷二六《食货志》，中华书局1974年版，第781页。

⑨ 《洛阳伽蓝记》卷四《城西》。

⑩ 《太平广记》《大唐新语》。

⑪ （唐）李吉甫：《元和郡县志》卷五《河南道一·汴渠》，中华书局1983年版，第137页。

县）、宁陵、考城、宋城、虞城、砀山、萧县、徐州等城市，也有说经过柽柳、雍丘、襄邑、宁陵、宋城（今商丘县）、谷熟（今商丘县东南）、永城、临涣（今永城东南）、甬桥（今宿州市）、虹县（今泗县）、泗州（今盱眙）等。永济渠段流经城市有武陟、汲县、黎阳（今河南浚县）、临河（今濮阳县西六十里）、内黄、魏（今大名县西十里）、馆陶、永济（今临清县南）、临清（今临清县南）、清河、清阳（今清河县东）、武城（今武陟县西十里）、漳南（今恩县西四十里）、长河（今德县）、吴桥、东光、南皮、清池（即沧州，今沧县东南四十里）、范桥镇（今青县南三十里）、乾宁军（今青县）等城镇①。洛阳处于南北大运河的枢纽，加之东都洛阳建成后，隋炀帝迁天下富商大贾数万家、河北工艺户三千余家以充实东都，使洛阳成为仅次于长安的商业中心。城内有三市，即丰都市、通远市、大同市，"河南县在政化里，去宫城八里，在天津街西。洛阳县在德茂里，宣仁门道北，西去宫城六里。大同市周四里，在河南县西一里。出上春门，傍罗城南行四百步，至漕渠，傍渠西行三里，至通远桥。桥跨漕渠，桥南即入通远市，二十门分路入市，市东合漕渠。市周六里，其内郡国舟船，舳舻万计。市南临洛水，跨水有临寰桥。桥南二里，有丰都市，周八里，通门十二。其内一百二十行，三千余肆，甍宇齐平，四望一如，榆柳交阴，通渠相注。市四壁有四百余店，重楼延阁，牙相临暎，招致商旅，珍奇山积"②。其中丰都市是全城最大的市场，位于洛河之南偏东，亦称东市，"东西南北居二坊之地，四面各开三门，邸三百一十二区"③。大业元年（公元605年）就有"诸番请入丰都市交易"④，唐时改称为南市。位于洛河之北的通远市，又称北市，规模略小于南市，因市南临洛河，可通大船入市，又近宫城，所以更为繁华。位于城西南的大同市，初称南市，唐移旧址西南固本坊，故称西市，是最小一市，唐初不久即废。因此，洛阳主要还是南北两市最繁盛，此外在北市南面洛河与漕渠两岸，因是南北运河交汇之地，"为天下舟船所集，常万余艘，填满河洛，商旅贸易，车马填塞"⑤。这里云集来自全国各地的货物，成了全国商品集散中心，是丝绸之路最东方的起迄点，也是世界商贸中心，吸引了天下商人来此贸易。隋炀帝时，就有"西域诸蕃，往来相继"的记载。隋大业三年（公元607年）冬，令洛阳"三市店肆皆设帷帐，盛列酒食，遣掌蕃率蛮夷与民贸易，所至之处，悉令延邀就座，醉饱而散"⑥。唐王朝统一中国的二百多年间，虽然只有武周政权正式将洛阳作为都城，但洛阳的对外经济交往几乎不逊于长安，其手工业生产水平在全国也是最发达的。外国商人沿丝绸之路东来后，有的在长安稍作停留，便来到洛阳，有的则径奔洛阳，购买或贩卖商品。唐政府为加强对这些胡商的管理，专门在洛阳设立鸿卢寺、来庭县廨等行政机构，"以领四方蕃客"⑦。武则天"造天枢于定鼎门，并蕃客胡商聚钱百万亿所成"⑧，由此可见洛阳胡商之富裕程度。

三、余论

作为中国大古都之一的洛阳，拥有五条自然河流，且背靠中国第二大河流——黄河，在以水运为主的古代，为洛阳成为千年古都提供了得天独厚的条件。由于都城的政治优势，促进了天然河流的开发与

① 岑仲勉：《黄河变迁史》，人民出版社1957年版，第309-311页。
② （唐）杜宝撰、辛德勇辑校：《〈大业杂记〉辑校》，三秦出版社2006年版，第15页。
③ 《太平御览》卷一九一引《西京记》。
④ 《资治通鉴·隋纪》。
⑤ 《元河南志》卷四。
⑥ 《隋书》《裴矩传》。
⑦ （元）《河南府志》卷一。
⑧ 《太平广记》《大唐新语》。

利用，进一步繁荣了洛阳城市的经济。历史的车轮进入唐朝末年，长安城被毁之后，朱温于天佑元年（公元904年）正月迁都洛阳，于天佑四年篡夺皇位，建立梁朝，建都开封，史称“后梁”，仅存14年，被后唐取得。后唐建都洛阳，也仅存14年。之后的后晋、后汉、后周都建都开封。统一王朝的分裂，加之战乱，使洛阳水运遭到不同程度的破坏，城市经济处于低迷状态。北宋建国后，视洛阳为西京，很重视洛阳的政治功能，但洛阳水运没有得到有效开发，城市经济虽相对五代十国分裂割据时代要好得多，却与隋唐时期的洛阳不能相提并论。

到明清时期，随着全国商品经济的发展以及陆路交通的发展，洛阳城市经济得到复苏和发展。此时期的洛阳是河南府治所，是河南省的第二大城市，仅次于省会开封，但发展远远落后于开封，更落后于江南许多市镇。明代洛阳城的规模只恢复到隋唐时的1/5，与当时省内比较繁荣的县城差不多，手工业只有家庭丝织业、棉纺织业、制酒业，城内酒馆多于商肆。茶由山西商人从武夷山区或江西铅山运入，棉布从江南输入，洛阳人楮卫专在江南贩布营生，“装着大船布匹，出镇江，望河南进发”①。洛阳还是文人聚会之处，文房四宝、书籍玩物也是从江南运进。经过明末战争，城市皆毁。清代的洛阳城商业有较大发展。《河南府志》载，清初洛阳县牙税银很低，只有3两；至乾隆年间新增税钱208两，盈余税钱1038.488两。② 百余年间商业税额增加了数百倍，这固然和清初洛阳处于恢复重建阶段税额基数设立过低有关，但从数额增加迅猛中也的确可以看到洛阳的城市经济发展在清代取得了相当大的成就。洛阳商业大概兴起于康熙时期，到清代中叶达到鼎盛。当时洛阳南关是城市最为繁华的商业区，其中仅马市街就具有商业店铺数百家，铁锅巷还有定期集市，非常热闹。早在清朝建立之初就有客商前来经营贸易，至嘉道年间，洛阳城中外地行商坐贾会聚一堂。这些客商中以秦、晋商人最多，而在秦、晋商人中又以山西潞泽府商人最强。据山陕会馆所存《捐款碑》记录，嘉道年间参与集资修建会馆的秦、晋商号高达652家。而潞泽会馆所存乾隆二十一年（公元1756年）《关帝庙新建碑文》记载，当时在洛阳经营的山西潞泽府商号有225家，这应该还只是坐贾的数量。故而许檀先生结合其他资料分析认为，清嘉道年间，在洛阳经商的山陕两省的商贾当有千家，再加上其他省份的商人，应该会更多。可见，清代洛阳仍然是中原地位较为重要的一个城市，但是其地位已经和唐宋及其以前不可同日而语了。

（作者为河南省社会科学院历史与考古研究所研究员）

---

① （明）冯梦龙：《喻世明言》卷一，中华书局2014年版。

② （清）《河南府志》卷四《疆域志》。

“堰洛通漕”与“国阳胜地”：北魏洛阳城南新城区的开发

王　静

摘要： 北魏迁都洛阳后，修复了前代“堰洛通漕”等水利工程，有效控制了洛水等河流，使城南新城区的开发成为可能。由于统治者对水资源的合理开发利用，城南洛水两岸错落分布着渔业市场、贵族里坊区、寺庙园林及“三雍”文化区等，加上城南傍漕渠，这里迅速发展为经济文化繁盛的地区，堪称“国阳胜地”。北魏洛阳城由此开跨洛水营建新城区的先河，为隋唐洛阳城所效仿，对后世影响深远。

关键词： 堰洛通漕；水资源；洛阳城；北魏

北魏洛阳，在中国都城发展史上有重要地位①，不仅表现在城郭里坊、寺院、市场、文化区等城市规划建设上②，更重要的是在城南新城区开发上，出现了划时代的变革，为隋唐洛阳跨洛水建城开创了先例，对后世影响极大。前贤对北魏洛阳城的规划建设有着较为全面、深入的研究，但或多或少存在一些不足，主要是偏重对宫城空间的论述，兼及郭城里坊区、市场、寺院等方面，但在城南新城区开发方面着墨较少，诸如张乃翥仅对城南洛水沿岸寺院、市场、里坊等进行了复原描述；贺业矩、张中印等虽然详述了北魏洛阳城的空间布局分区，但同样对城南少有论及。本文在前贤研究基础上，试图从北魏洛阳城周围水环境入手，运用历史文献、考古新资料对该城的水资源利用进行重新梳理，分析“堰洛通漕”工程，为跨洛水开发新城区提供可能，使城南发展成为“国阳胜地”，以期再现城市水资源开发利用在古代都城规划中的重要性，对当前城市规划建设有所裨益。

一、北魏洛阳城周围地形与水环境

北魏洛阳城，其前身最早可追溯到西周初年营建的洛邑，后经过周秦扩建，东汉、曹魏、西晋不断

---

① 宿白：《北魏洛阳城和北邙陵墓——鲜卑遗迹辑录之三》，《文物》1978 年第 7 期；徐金星、杜玉生：《汉魏洛阳故城》，《文物》1981 年第 9 期；王仲殊：《中国古代都城概说》，《考古》1982 年第 5 期；段鹏琦：《汉魏洛阳城的几个问题》，载《中国考古学研究——夏鼐先生考古五十年纪念论文集》，文物出版社 1986 年版，第 244 - 251 页；陈桥驿：《中国七大古都》，中国青年出版社 1991 年版，第 149 - 160 页；史念海：《汉魏洛阳故城在历史上的地位和作用》，载《中国古都研究》（第十三辑），1995 年。

② 宿白：《北魏洛阳城和北邙陵墓——鲜卑遗迹辑录之三》，《文物》1978 年第 7 期；张乃翥：《元魏畿下的洛水两岸绎述》，《中州学刊》1985 年第 6 期；贺业钜：《中国古代城市规划史论丛》，中国建筑工业出版社 1986 年版，第 154 - 200 页；王铎：《北魏洛阳规划及其城史地位》，《华中建筑》1992 年第 2 期；张中印：《东汉—北魏时期洛阳城市形态与内部空间结构演变》，陕西师范大学硕士学位论文，2003 年；（韩）金大珍：《试论北魏洛阳城建规模及特点》，《扬州大学学报（人文社会科学版）》，2004 年第 6 期；赵振华、孙红飞：《汉魏洛阳城——汉魏时代丝绸之路的起点》，三秦出版社 2015 年版，第 16 - 19 页；刘涛：《北魏洛阳城的规划与改建》，《唐都学刊》2016 年第 7 期。

修缮增筑，至北魏时规模达到最大①。永熙三年（公元534年），北魏分裂为东魏、西魏，国都他移，此城开始衰微。之后该城继续被利用，如北周复营洛阳宫、隋末李密踞洛阳金墉城、唐初在此设洛阳县等。贞观六年（公元632年），洛阳县治所移到隋唐洛阳城郭城的毓德坊，至此，历时近1600年的洛阳城，不再见于文献记载，其残垣遗址至今仍依稀可辨。

北魏洛阳城坐落于洛阳盆地中部，今洛阳市区以东15千米的洛河北岸。这里地势开阔平缓，北依邙山，南跨洛河，北高南低，海拔高程120～140米，宫城及内城坐落在邙山南麓至洛河以北高地上②，城南伊、洛河交汇地带，是全城最低处，海拔高程120米以下。北魏洛阳城附近的地形和河流水系，除了当时伊、洛二水交汇于城南的位置及洛水水道较今稍偏南外，古今变化不大。

北魏时期，伊、洛二水在城南交汇的地点，即今偃师市东大郊村附近，而非杨村③。北魏郦道元《水经注》对伊、洛二水的经流记载为，“洛水……又东北过河南县南，又东过洛阳县南，伊水从西来注之”④，“伊水……又东北过伊阙中，又东北至洛阳县南，北入于洛”⑤，明确了二水在洛阳县南交汇。洛阳县治的位置是判断二水交汇点关键，关于当时洛阳县的方位，《洛阳伽蓝记》有描述，“（建春门外）阳渠北有建阳里”⑥，“建阳里东有绥民里，里内有洛阳县。临渠水”⑦。可见，北魏洛阳县是在城东建春门阳渠的北面，这与《水经注》所说有悖。王学荣认为，“很多文献中将洛阳城又称作洛阳县”⑧，若按此理解，《水经注》所指洛阳县就是北魏洛阳城，那么，二水交汇于城南的描述，就合情合理了。对于二水交汇的具体位置，已得到考古发掘证实，在今汉魏故城南的偃师东大郊一带⑨。实测结果显示，当时洛水与伊水交汇处河床宽800米左右⑩，这也从侧面反映了北魏洛阳城的水环境是相当优越的。

北魏时期洛阳城南的洛水水道与今水道不同。今洛水水道在汉魏洛阳城的流向是穿该城的南城垣东流，而北魏时期的洛水是流经城南四里之外而过，这在《洛阳伽蓝记》中记载非常明确，“宣阳门外四里，至洛水上，作浮桥，所谓永桥也”⑪。段鹏琦认为北魏洛水的水道走向，“在今偃师佃庄和东大郊村南、西大郊和翟镇村北的东西一线，北距汉魏洛阳南垣近2公里”⑫。考古勘查与段氏的论断也基本吻合：“古洛河的确切方位，在酒务村北向东延伸，经西石桥与东石桥村之间东流，又经大郊寨与西大郊村之间继续东流。”⑬ 对这条古河道的确认，有益于我们对北魏洛阳城南新城区的开发进行全面认识。

洛水在北魏洛阳城的流向及伊、洛二水在城南交汇处的地理复原，显示出北魏洛阳城建城区周围水资源条件是较为优越的。北魏洛阳城所在的洛阳盆地内最大的河流洛水，是“浩浩大川，泱泱清洛”⑭，可见当时水量可观、水质较好。伊、瀍、谷（涧）水作为洛水的支流，在盆地内纵横，尤其是城南的

① 宿白：《北魏洛阳城和北邙陵墓——鲜卑遗迹辑录之三》，《文物》1978年第7期；王铎：《北魏洛阳规划及其城史地位》，《华中建筑》1992年第2期；徐金星等：《河洛文化论衡》，中国文史出版社2014年版，第5页；赵振华、孙红飞：《汉魏洛阳城：汉魏时代丝绸之路起点》，三秦出版社2015年版，第8页。

② 宿白：《北魏洛阳城和北邙陵墓——鲜卑遗迹辑录之三》，《文物》1978年第7期。

③ 康为民：《〈水经注〉中的偃师水系》，载《中国古都研究》（第十六辑），1999年。

④ （北魏）郦道元著，（清）王先谦校：《合校水经注》卷十五《洛水》，中华书局2009年版。

⑤ （北魏）郦道元著，（清）王先谦校：《合校水经注》卷十六《谷水》，中华书局2009年版。

⑥ 杨衒之撰，周祖谟校释：《洛阳伽蓝记·城南·龙华寺》，中华书局2010年版，第56页。

⑦ 杨衒之撰，周祖谟校释：《洛阳伽蓝记·城东·景兴尼寺》，中华书局2010年版，第64页。

⑧ 王学荣：《偃师商城与二里头遗址的几个问题》，《考古》1996年第5期。

⑨ 孟凡人：《北魏洛阳外郭城形制初探》，《中国国家博物馆馆刊》1982年；中国社会科学院考古研究所洛阳汉魏故城工作队：《北魏洛阳外郭城和水道的勘查》，《考古》1993年第7期。

⑩ 洛阳文物考古研究院：《洛阳汉唐漕运水系考古调查》，《洛阳考古》2016年第4期。

⑪ 杨衒之撰，周祖谟校释：《洛阳伽蓝记·城南·龙华寺》，中华书局2010年版，第112页。

⑫ 段鹏琦：《汉魏洛阳与自然河流的开发与利用》，载《庆祝苏秉琦考古五十五年论文集》，文物出版社1989年版，第505页。

⑬ 中国社会科学院考古研究所洛阳汉魏故城工作队：《北魏洛阳外郭城和水道的勘查》，《考古》1993年第7期。

⑭ 杨衒之撰，周祖谟校释：《洛阳伽蓝记校释·城南·龙华寺》，中华书局2010年版，第113页。

伊、洛水交汇，给城市发展提供了良好的水环境。洛阳盆地的水资源虽然较为充足，但空间分布不均匀，谷、瀍水距离北魏洛阳城较远，伊、洛水又在城南地势最低处经流，城市主体部分在洛水以北高地，这给水资源利用带来不便，特别是随着城市人口不断增多，城南空间开发成为大势所趋。为满足都城生产、生活用水需求，兴利除害，需要修建水利工程对天然水资源进行再分配。

二、千金堨与“堰洛通漕”：城市水利工程的修复疏通

北魏孝文帝以“恒代无运漕之路，故京邑民贫。今移都伊洛，欲通运四方”[①] 为目的，于太和十七年（公元493年），在魏晋旧址上营建新洛阳城。在营造过程中，北魏修复疏通了千金堨、“堰洛通漕”等阳渠水利工程[②]（见表1），以发挥城市供排水和漕运功能。

表1　汉魏洛阳城水利工程修建一览

朝代	修建时间	水利工程	具体内容
东汉	建武五年（公元29年）	—	穿渠引谷水注洛阳城下，东写巩川。及渠成而水不流
	建武二十四年（公元48年）	堰洛通漕	穿阳渠，引洛水为漕，百姓得其利
	阳嘉四年（公元135年）	城东漕渠、马宪桥	东通河济，南引江淮，方贡委输，所有而至
曹魏	太和五年（公元231年）	千金堨（五龙渠）	积石为堨而开沟渠五所，谓之五龙渠
西晋	泰始七年（公元271年）	代龙渠（九龙渠）	大水迸瀑，出常流上三丈，荡坏二堨……更于西开泄，名曰代龙渠
	—	长分桥	谷水浚急，注于城下，多坏民家，立石桥以限之
	—	九曲渎（城东漕渠）	都水使者陈狼凿运渠，从洛口入，注九曲，至东阳门
	元康二年（公元292年）	皋门桥	改治水巷、水门、除竖枋，更为函枋，立作覆枋屋，前后辟级续石障，使南北入岸，筑漱啮处，破石以为杀矣
北魏	太和年间	千金堨	水积年，渠堨颓毁，石砌殆尽，遗基见存……修复故堨
	太和二十年（公元496年）	堰洛通漕	丁亥，将通洛水入谷，帝亲临观
	太和年间	阳渠渠系	经构宫极，修理街渠，务穷（幽）隐，发石视之，曾无毁坏。又石工细密，非今之所拟，亦奇为精致也，遂因用之

资料来源：《后汉书·王梁传》《后汉书·张纯传》《合校水经注·谷水》《洛阳伽蓝记·城西·永明寺》《魏书·高祖纪下》。

1. 千金堨渠系：城市用水

北魏洛阳城市用水，主要依靠谷水和瀍水。虽然二水距城较远，但其海拔多在150米以上，可以开渠引水自流入城。东汉时期，谷、瀍二水就被东引入城了，北魏都洛后，修复疏通了千金堨这一渠系工程（包括引水和泄水两大工程）。

千金堨，是解决北魏洛阳城市用水的重要水利工程，始建于曹魏，西晋增修相关配套工程，到北魏都洛时，“水积年，渠堨颓毁，石砌殆尽，遗基见存，朝廷太和中修复故堨”[③]。千金堨修复疏通后，仍

① 《魏书》卷七十九《成淹传》。

② 段鹏琦：《汉魏洛阳与自然河流的开发与利用》，载《庆祝苏秉琦考古五十五年论文集》，文物出版社1989年版，第507－508页；周勋：《曹魏至北魏时期洛阳用水研究》，陕西师范大学硕士学位论文，2016年。

③ （北魏）郦道元著，（清）王先谦校：《合校水经注》卷十六《谷水》，中华书局2009年版。

对城市用水起重要作用，郦道元描述得恰如其分："计其水利，日益千金，因以为名。"① 北魏杨播墓志中也有千金堨重修的记载："高祖始建都之始，君参密谋焉……又修成千金堨，引谷、洛水以灌京师。"② 另外，《洛阳伽蓝记》则记载了"昔都水使者陈协所造，令备夫一千，岁恒修之"③ 的岁修管理制度，说明了统治者的高度重视。关于千金堨的具体位置，文献没有明确记载，考古勘查已确定在今洛阳一中附近④。这里地势开阔高远，也与段鹏琦推测的在今瀍河下游东侧、塔湾村以西约0.5千米处基本符合。⑤

千金堨的引水渠首是在东周王城西北处"湖沟"。这里是山区进入平原的谷口，谷（涧）水河道稳定，河床纵比降大，易获得落差，引水方便，可满足整个城市自流引水需要。《水经注》记载的千金堨石人上的刻文"若沟渠久疏，深引水者当于河南城北、石碛西，更开渠北出，使首狐丘。故沟东下，因故易就，碛坚便时"⑥，说的就是该"湖沟"："谷水之右有石碛，碛南出为死谷，北出为湖沟。"⑦北魏时期，应是按照刻文重新利用"湖沟"引水，然后顺着王城北墙平行东去⑧，沿渠拦截瀍水，以抬高水位，迫使谷、瀍水交汇后东流，修建千金堨。

从千金堨以东到北魏洛阳城西北的这段渠道，称为千金渠，"水历堨东注，谓之千金渠"⑨。该渠线合理地利用了地形条件，显示了较高的规划水平和测量水平，考古勘查也已证实⑩。

为了保障水道畅通，千金渠沿线修建有泄洪工程。文献明确记载北魏洛阳城的泄洪工程是长分沟，"出阊阖门外，有长分桥。中朝时以谷水浚急，注于城下，多坏民家，立石桥以限之。长（涨）则分流入洛，故名曰长分桥。……朝士送迎，多在此处"⑪。长分桥下有长分沟，长分沟作为泄洪工程，考古已勘查证明，至今仍发挥作用。⑫ 泄洪工程除长分沟外，文献记载还有谷、瀍水故道。至于前代沿渠修建的五龙渠、代龙渠、皋门桥等泄洪工程，文献没有记载，考古也尚未发现遗迹，北魏是否修复类似工程，就不得而知了。总之，"有了这些措施，无论哪里出现异常水量，都可以就近泄入洛河，从而减轻对人工渠道的压力，有利于将水患消灭在渠水入城之前"⑬。可见，这一系列配套泄洪工程的持续修建维护，保证了千金堨的安全和洛阳城免受洪水之灾。

2. 阳渠渠系：环城水系

千金堨渠系从西来入北魏洛阳城，有三重功效：一是作为环绕城垣的护城河；二是从城西北枝分三支入城，流遍全城，既满足城内用水需要，又是城区排水干渠；三是作为漕运水道。环城水系，文献中有多种称呼：阳渠、谷水、洛阳沟等。⑭ 为了行文方便，这里以阳渠作为谷水环绕洛阳城流段的称谓。⑮

千金渠从城西北枝分入城，基本上是魏晋水利工程的疏浚重修，《水经注》《洛阳伽蓝记》记载较

---

① 杨衒之撰，周祖谟校释：《洛阳伽蓝记校释·城西·永明寺》，中华书局2010年版，第163页。

② 赵超：《汉魏南北朝墓志汇编》，天津古籍出版社1992年版，第86页。

③ 杨衒之撰，周祖谟校释：《洛阳伽蓝记校释·城西·永明寺》，中华书局2010年版，第163页。

④⑩ 洛阳文物考古研究院：《洛阳汉唐漕运水系考古调查》，《洛阳考古》2016年第4期。

⑤ 段鹏琦：《汉魏洛阳与自然河流的开发与利用》，载《庆祝苏秉琦考古五十五年论文集》，文物出版社1989年版，第511页。

⑥⑦⑨ （北魏）郦道元著，（清）王先谦校：《合校水经注》卷十六《谷水》，中华书局2009年版。

⑧ 孔祥勇、骆子昕：《北魏洛阳的城市水利》，《中原文物》1988年第4期。

⑪ 杨衒之撰，周祖谟校释：《洛阳伽蓝记校释·城西·永明寺》，中华书局2010年版，第162页。

⑫ 中国社会科学院考古研究所洛阳汉魏故城工作队：《北魏洛阳外郭城和水道的勘查》，《考古》1993年第7期。

⑬ 段鹏琦：《汉魏洛阳与自然河流的开发和利用》，载《庆祝苏秉琦考古五十五年论文集》，文物出版社1989年版，第509页。

⑭ 《洛阳伽蓝记》："谷水周围绕城，至建春门外，东入阳渠石桥。"《水经注》，"谷水又东屈，南迳建春门石桥下……又自乐里道屈而东出阳渠"；"谷水又城东南隅枝分北注，迳青阳门东……又北迳东阳门东……又北迳故太仓西……又北入洛阳沟"。

⑮ 中国社会科学院考古研究所洛阳汉魏故城工作队：《北魏洛阳外郭城和水道的勘查》，《考古》1993年第7期；王学荣：《偃师商城与二里头遗址的几个问题》，《考古》1996年第5期。

为详细，学界也多有阐述①，且已为考古发掘所证实。②

阳渠绕城周流向。北魏郦道元《水经注》对谷水绕城的阳渠水系有详细记载：“谷水于洛阳城西北枝分，一东流迳金墉城北……迳洛阳小城北……又东历大夏门下……又东迳广莫门北又东出屈，南迳建春门石桥下”；“谷水自城西北枝分，其一水南注，自阊阖门而南……迳西阳门……又南迳西明门……谷水又南，东屈迳津阳门南，又东迳宣阳门南……又东迳平昌门南……又东迳开阳门南……谷水于城东南隅枝分北注，迳青阳门东……又北迳东阳门……又北，入洛阳沟”③。关于谷水在北魏洛阳城西北分流入城的地点，考古发掘认为在今翟泉村东北的寨墙里④。谷水从这里向东、南枝分两条绕城四面：一是从金墉城北，历大夏门、广莫门，东向折南，至建春门石桥下出城；二是从金墉城南，迳阊阖门、西阳门、西明门，南下东折，至津阳门、宣阳门、平昌门、开阳门，在城东北隅枝分，其一北注，迳青阳门、东阳门，最后注入洛阳沟，即阳渠。两个支流在建春门外与阳渠汇合，注入城外漕渠，最后流入洛水。

阳渠不仅绕城周流，还从城之北、西向枝分三条渠道入城：一是由北穿城入华林园，注天渊池、翟泉，最后出城东阳渠；二是自城西阊阖门入城，在宫城外分两支，一支由宫墙涵洞入城，注入灵芝九龙池，另一支沿宫墙外南下折东，至阊阖门，又分两支，分别流入城南、东阳渠；三是从城西西明门入城，穿铜驼街，东入青阳门，注入阳渠。入城三条渠道，枝分流转，水网密布，遍及全城。《洛阳伽蓝记》有关城北华林园的描述，“凡此诸海，皆有石窦流于地下，西通谷水，东连阳渠，亦与翟泉相连。若旱魃为害，谷水注之不竭；离毕滂润，阳谷泄之不盈”⑤，从侧面说明了引谷水入城，水脉畅通，泄洪迅速，不盈不竭，水资源利用效率较高。

3. 堰洛通漕工程：漕运用水

堰洛通漕，就是修建堤堰，迫使部分洛水流入城南阳渠，增大渠水流量，以便漕运。⑥ 太和二十年（公元496年）九月，“将通洛水入谷，帝亲临观”⑦，这是继东汉张纯“堰洛通漕”工程，谷、洛水再次通畅，孝文帝亲自督观，可见该工程的重要性。源于东汉建武二十四年（公元48年）的“堰洛通漕”工程，历经曹魏、西晋、北魏，屡废屡修，历经约500年的历史，至少在北魏永熙三年（公元534年）以前，仍然起着城东漕运和城内供水的功能。对于堰洛的具体方位，史书没有确切记载，2014年考古人员在今偃师市佃庄和河头村一带东侧，确认了堰洛通漕遗址⑧。有关堰洛通漕的具体工程及其成效，文献也没有说明，考古勘查告诉我们，“堰洛通漕以后，引洛渠位于津阳门大街东侧，直对汉魏城南墙，洛水的主流输入城南漕运阳渠中，如有洪灾，洪水必然直达津阳门附近，直接危及津阳门，而通过洛河故道的水量相对较小，因此文献上不见永桥水灾记载”⑨，同时还认为该工程导致洛水因缺水干涸，逐渐改道与城南阳渠合二为一了。⑩ 也就是说，“堰洛通漕”使洛水水量逐渐减少，加上河流本身淤积而逐渐缺水干涸，最终导致洛河北移改道，城南的阳渠渐渐成为洛河主流，也就是我们今天看到的洛河流向。至于古洛水何时完全干涸改道，文献不见记载，考古勘查认为最迟应是在隋唐洛阳城修建大

① 郑连第：《古代城市水利》，水利电力出版社1985年版，第32页；孔祥勇、骆子昕：《北魏洛阳的城市水利》，《中原文物》1988年第4期；段鹏琦：《汉魏洛阳与自然河流的开发与利用》，载《庆祝苏秉琦考古五十五年论文集》，文物出版社1989年版，第509页；周勋：《曹魏至北魏时期洛阳用水研究》，陕西师范大学硕士学位论文，2016年。

② 中国社会科学院考古研究所洛阳汉魏故城工作队：《北魏洛阳外郭城和水道的勘查》，《考古》1993年第7期。

③（北魏）郦道元著，（清）王先谦校：《合校水经注》卷十六《谷水》，中华书局2009年版。

④ 中国社会科学院考古研究所洛阳工作队：《汉魏洛阳城初步勘查》，《考古》1973年第4期。

⑤ 杨衒之撰，周祖谟校释：《洛阳伽蓝记校释·城内·景林寺》，中华书局2010年版，第53－54页。

⑥ 段鹏琦：《汉魏洛阳与自然河流的开发与利用》，载《庆祝苏秉琦考古五十五年论文集》，文物出版社1989年版，第511页；周勋：《曹魏至北魏时期洛阳用水研究》，陕西师范大学硕士学位论文，2016年。

⑦《魏书》卷七《高祖纪》。

⑧⑨⑩ 洛阳文物考古研究院：《洛阳汉唐漕运水系考古调查》，《洛阳考古》2016年第4期。

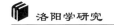

运河时，利用了北魏洛阳城城南引洛入谷的漕运通道。[①]

段鹏琦明确指出，“汉魏时期对城周围自然河流的开发利用，正是以引谷溉洛、堰洛通漕这两大工程为重点，围绕解决城市用水和漕运这两大中心问题展开的”[②]，两者相辅相成，以实现对天然水资源的再分配。“堰洛通漕”不仅实现了城东漕渠水运的畅通，更为重要的是，有助于控制洛水，防止水患，使城南新城区开发成为可能。[③] 吴庆洲也根据大量文献资料统计，认为东汉至北魏都洛期间，以北魏水灾最少，仅有一次谷水泛滥，还是北魏末年水利工程失修所致[④]，这从侧面反映了当时城南跨洛水营建新区的可能性。

三、“国阳胜地”：城南新城区的开发

北魏洛阳城的水利工程，虽沿袭前代，但到北魏时，渠系工程不断完善，综合效益有增无减，水灾也相对减少，致使北魏洛阳城开创了跨洛水建城南新城区的先河。

1. 开创跨水建城的先河——“国阳胜地”

太和十九年（公元495年），北魏孝文帝迁都洛阳后，在洛水上建桥，“经构宫极，经始务广，兵民运才，日有万计，伊洛流澌，苦于厉涉，淹遂启求敕都水造浮航，高祖容纳之”[⑤]。《洛阳伽蓝记》称此桥为“永桥”：“宣阳门外四里，至洛水上，作浮桥，所谓永桥也。”[⑥] 永桥的修造，使洛水南北两岸变为通途，城南自然也逐渐成为北魏洛阳城拓展的场所。

随着社会经济的发展，景明二年（公元501年），宣武帝诏令在旧城周围扩建外郭城，“发畿内夫五万人，筑京师三百二十三坊，四旬而罢”[⑦]。其时将城区扩展至洛河以南，拥有洛河两岸开阔空间。为了安置四方附化之民，营建了以四夷馆、四夷里为代表的里坊区，北魏洛阳城由此开创了跨洛水而建的先河。《洛阳伽蓝记》如是记载：“永桥以南，圜丘以北，伊、洛之间，夹御道。东有四夷馆，一曰金陵，二曰燕然，三曰扶桑，四曰崦嵫。道西有四夷里，一曰归正，二曰归德，三曰慕化，四曰慕义。吴人投国者，处金陵馆，三年已后，赐宅归正里。”[⑧]

建城之初，官僚贵族以居洛水南岸城区为耻。景明初年（公元500～504年），南人建安王萧宝夤来降，“为筑宅于归正里……宝夤耻与夷人同列……求入城内，世宗从之，赐宅永安里”。[⑨] 随萧宝夤归化的会稽山阴人张景仁，也居归正里，“民间号为吴人坊，南来投化者多居其内。……景仁以住此为耻，遂徙居孝义里焉”[⑩]。以上史料表明，当时以萧宝夤为代表的官僚贵族，耻居城南，纷纷要求移居城东，想必并非少数。李久昌指出，当时城南北里坊分区等级化明显，城内远离洛水，等级地位最高，是皇室和高级官员居住地；城南伊洛水交汇地带地势为全城最低处，等级地位也最低，为相对独立的四夷里区。[⑪] 张金龙认为这种社会现象是民间社会风尚使然，而非政府行为，“虽然北魏朝廷并未规定里坊之

---

① 洛阳文物考古研究院：《洛阳汉唐漕运水系考古调查》，《洛阳考古》2016年第4期。
② 段鹏琦：《汉魏洛阳与自然河流的开发与利用》，载《庆祝苏秉琦考古五十五年论文集》，文物出版社1989年版，第506页。
③ 段鹏琦：《洛阳古代都城城址迁移现象试析》，《考古与文物》1999年第4期。
④ 吴庆洲：《汉魏洛阳城市防洪的历史经验及措施》，《中国名城》2012年第1期。
⑤ 《魏书》卷七十九《成淹传》。
⑥ 杨衒之撰，周祖谟校释：《洛阳伽蓝记校释·城南·龙华寺》，中华书局2010年版，第112页。
⑦ 《魏书》卷八《宣武帝纪》。
⑧⑨ 杨衒之撰，周祖谟校释：《洛阳伽蓝记校释·城南·龙华寺》，中华书局2010年版，第114－115页。
⑩ 杨衒之撰，周祖谟校释：《洛阳伽蓝记校释·城东·景宁寺》，中华书局2010年版，第89页。
⑪ 李久昌：《北魏洛阳里坊制度及其特点》，《学术交流》2007年第7期。

等级高低，更没有对四夷里一类里坊的歧视，但形成的风尚是人们不愿与归化之民同居”[①]。可见，当时外郭城里坊区的划分，城南地位较低，已成为时人普遍看法。本文认为这应当与“堰洛”之前城南地势较低、易遭水患、不适合居住的历史传统有关。

后经过二十余年的发展，时人对居于此地，已有很大改观。正光四年（公元523年），南人萧衍之子萧正德归附，“处金陵馆，为筑宅归正里，正德舍宅为归正寺”[②]，并没有萧正德耻居于此的记载。可见，从景明初年到正光四年，城南已非昔比，《洛阳伽蓝记》中有颍川荀子文与李才对话一事可为明证：

> （城南）高阳宅北有中甘里。里内颍川荀子文，年十三，幼而聪辨……正光初，广宗潘崇和讲《服氏春秋》于（城）东昭义里……时赵郡李才问子文曰：“荀生住在何处?”子文对曰：“仆住在中甘里。”才曰：“何为住城南?”城南有四夷馆，才以此讥之。子文对曰：“国阳胜地，卿何怪也?若言川涧，伊洛峥嵘。语其旧事，灵台石经。招提之美，报德、景明。当世富贵，高阳、广平。四方风俗，万国千城。若论人物，有我无卿!”[③]

这段文字说明，城南已成为“国阳胜地”了，荀子文的观点体现了当时人们对于城南地位的看法。另外，城南皇家寺院景明寺，到正光年间（公元520~523年），胡太后在寺中增建七层浮屠一所，“装饰华丽，侔于永宁”[④]，此塔装饰精美，可与城内的皇家首刹永宁寺相媲美，从中可以看出城南受到统治者重视的程度。同时也表明，北魏对洛水水性认识和实际控制能力有了大幅度提高，开创了跨水营建新城区的先河。

2. 城南新城区的空间发展

（1）市场商业区。

洛阳自古有经商传统。伊洛平原较为狭小，“洛阳虽有此固，其中小，不过数百里，田地薄”[⑤]，历史上农业相对不是很发达，不像关中平原有大规模的水利灌溉工程，但它拥有“居天下之中”的区位优势，加上丰沛的水资源带来的水运交通之便，能促进城市商业的发展[⑥]，司马迁曾有“东贾齐、鲁，南贾梁、楚”[⑦] 的描述。这里的人们历来有经商习俗，“洛阳街居在齐、秦、楚、赵之中，贫人学事富家，相矜以久贾、数过邑不入门”，[⑧] 由此形成了水资源利用偏重于商业交通漕运，而非农业灌溉的用水结构。

设置“四通市”“鱼鳖市”。“四通市”，由于邻近永桥，又称永桥市，靠近伊、洛二水，水陆交通便利，“天下难得之货，咸悉在焉”[⑨]，尤其是渔业经济较为发达。从伊、洛水里捕来的鱼，基本上在这里出售，城里人吃鱼也多到这里购买，“伊洛之鱼，多于此卖，士庶须脍，皆诣取之。鱼味甚美”[⑩]。许多南人投靠北魏政权时，将喜欢吃鱼的习惯带到了北方，他们“常饭鲫鱼羹，渴饮茗汁”[⑪]，却不习惯羊肉、乳酪，为适应他们的生活需求，在靠近伊、洛二水的归正里，规划了专门出售水产品的市场“鱼

---

① 张金龙：《北魏迁都后官贵之家在洛阳的居住里坊考》，《河洛史志》2000年第1期。

② 杨衒之撰，周祖谟校释：《洛阳伽蓝记校释·城南·龙华寺》，中华书局2010年版，第116页。

③ 杨衒之撰，周祖谟校释：《洛阳伽蓝记校释·城南·高阳王寺》，中华书局2010年版，第125-126页。

④ 杨衒之撰，周祖谟校释：《洛阳伽蓝记校释·城南·景明寺》，中华书局2010年版，第98页。

⑤ 《汉书》卷四十《张良传》。

⑥ 曹尔琴：《洛阳：从汉魏到隋唐的变迁》，《唐都学刊》1986年第1期。

⑦⑧ 《史记》卷一百二十九《货殖列传》。

⑨⑩ 杨衒之撰，周祖谟校释：《洛阳伽蓝记校释·城南·龙华寺》，中华书局2010年版，第117页。

⑪ 杨衒之撰，周祖谟校释：《洛阳伽蓝记校释·城南·正觉寺》，中华书局2010年版，第109-110页。

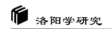

鳖市”，“里三千余家，自立巷市。所卖口味，多是水族，时人谓之鱼鳖市也”①，以满足南人对水族之货的习俗所需。随着这一习俗的南北日益交融，食鱼人数越来越多，当时朝野内外有“洛鲤伊鲂，贵于牛羊”② 俗谚，虽然价格高昂，但鱼味鲜美，仍深受士庶喜爱。

另外，皇家寺院景明寺，出现了具有经济效益的碾硙，“至正光年中……碾磑舂簸，皆用水功”③。这应该是当时洛阳城内最早用水力驱动加工粮食的寺院，也说明了至少到正光年间，城南经济得到快速发展，比城北毫不逊色。

陈寅恪认为，“北魏洛阳城伊洛水旁及市场繁盛之区，其所以置市于城南者，殆由伊洛水道运输于当日之经济政策及营运便利有关”④。宿白也指出：“这里扼洛阳水路要道，是当时洛阳最繁盛的所在。”⑤ 特别是丰富的水资源及良好的水环境，使这里的渔业具有了经济意义，也促进了商业繁盛。

（2）侨居区。

发达的水运，不仅促进了城南经济发展，移民也很多，五方杂处。“永桥以南，圜丘以北，伊、洛之间，夹御道。东有四夷馆，一曰金陵，二曰燕然，三曰扶桑，四曰崦嵫。道西有四夷里，一曰归正，二曰归德，三曰慕化，四曰慕义。吴人投国者，处金陵馆，三年已后，赐宅归正里。……北夷来附者，处燕然馆，三年已后，赐宅归德里。……东夷来附者，处扶桑馆，赐宅慕化里。西夷来附者，处崦嵫馆，赐宅慕义里”⑥，统治者为了方便统治，对城南附化之民进行分区管理。

移民众多，且大都定居并从事工商业。归正里，民间号为“吴人坊”，“南来投化者多居其内。近伊洛二水，任其习御。里三千余家，自立巷市”⑦，从事工商业；永桥以南的四通市，“自葱岭以西，至于大秦，百国千城，莫不款服。胡商贩客，日奔塞下。所谓尽天地之区也。乐中国土风因而宅者，不可胜数。是以附化之民，万有余家”⑧，这里至少有万余人家被该地吸引而定居下来，其时城南通达四海，盛况空前。移民数量之多，来源之广，影响之大，也从某种程度上反映出发达的城市经济对外来人口的吸引。此外，陈建军等对《洛阳伽蓝记》所记载的坊里做了简单统计：城内有 9 个里、城东有 12 个里、城西有 12 个里、城南有 15 个里（包括四夷馆）⑨。这组数据从一定侧面反映了当时城南经过开发，人口是较为众多的。

（3）园林风景区。

杨衒之笔下的洛阳城南，繁华而美丽。由于伊、洛水在城南交汇，水资源丰沛，地下水位高，水文条件适合园林建设，造就了满城流水景观，可休憩、可游赏。皇家寺院景明寺，在宣阳门外一里御道东，“至正光年中……寺有三池，萑蒲菱藕，水物生焉。或黄甲紫鳞，出没于蘩藻，或青凫白雁，沉浮于绿水”⑩，优越的水环境，给水生动植物提供了良好的生态环境，种植菱荷茭蒲，养殖鱼虾龟鳖；景明寺南一里的秦太上公寺，也是由皇家出资修建用于祈福的寺庙，“临洛水，林木扶疏，布叶垂阴”⑪，景色宜人；秦太上公寺以东的龙华诸寺，园林茂盛，是其他寺庙无法比拟的，“京师寺皆种杂果，而此三寺（龙华寺、追圣寺等），园林茂盛，莫之与争”⑫；劝学里内有大觉、三宝等寺，“周回有园，珍果

---

① 杨衒之撰，周祖谟校释：《洛阳伽蓝记校释·城东·景宁寺》，中华书局 2010 年版，第 89 页。

②⑥⑧ 杨衒之撰，周祖谟校释：《洛阳伽蓝记校释·城南·龙华寺》，中华书局 2010 年版，第 114 - 117 页。

③⑩ 杨衒之撰，周祖谟校释：《洛阳伽蓝记校释·城南·景明寺》，中华书局 2010 年版，第 98 页。

④ 陈寅恪：《隋唐制度渊源略论稿》，中华书局 1963 年版，第 67 页。

⑤ 宿白：《北魏洛阳城和北邙陵墓——鲜卑遗迹辑录之三》，《文物》1978 年第 7 期。

⑦ 杨衒之撰，周祖谟校释：《洛阳伽蓝记校释·城东·景宁寺》，中华书局 2010 年版，第 89 页。

⑨ 陈建军、王莉萍、周华：《北魏洛阳城里坊新考》，《黄河科技大学学报》2016 年第 2 期。

⑪ 杨衒之撰，周祖谟校释：《洛阳伽蓝记校释·城南·秦太上公寺》，中华书局 2010 年版，第 103 页。

⑫ 杨衒之撰，周祖谟校释：《洛阳伽蓝记校释·城南·龙华寺》，中华书局 2010 年版，第 112 页。

出焉。……承光寺亦多果木，柰味甚美，冠于京师"①，这里的果树为京师洛阳之冠；"贵极人臣"的高阳王元雍，在津阳门外舍宅为寺，极具奢华，"居止第宅，匹于帝宫。……竹林鱼池，侔于禁苑，芳草如积，珍木连阴"②，富兼山海，居住的宅邸，可与皇宫匹敌，修建的竹林鱼池，和帝王的宫苑相似。

可见，北魏洛阳城南水环境较好，无论是数量还是质量，都是较为优越的，园林遍及城南，曲池环流，一派水乡风光。

（4）文化区。

拓跋统治集团南迁洛阳的目的，是加强统治黄河南北，继而统一全国。③ 迁都洛阳，必然加速北魏政权封建化过程，这在城南规划建设上表现鲜明。

修建华表，彰显汉文化。前文提到，孝文帝初营洛阳城，就修建永桥以沟通洛水南北。作为一座重要的桥梁，永桥南北两岸有华表作为装饰，"举高二十丈，华表上作凤凰似欲冲天势"④，造型精美，栩栩如生。作为中国汉民族传统文化的象征，华表增添了永桥的威严和光彩，也是城南的地标性建筑。

重建礼制文化区，加强民族融合，强化统治。洛阳自古是汉文化中心地区，东汉时，城南洛水北岸就设有祭祖祈天的明堂、辟雍、灵台等礼制建筑物，俗谓"三雍"文化区。孝文帝迁都洛阳后，继承曹魏旧制，在委粟山修建了圜丘；宣武帝景明二年（公元501年），把圜丘移到伊水之阳，又增修了明堂、太学等礼制建筑。⑤ 这必然会加速民族融合和北魏政权封建化的进程。

体现北魏鲜卑族统一全国的政治抱负。北魏洛阳城经过规划修建，出现了"从太极殿出发……出内城宣阳门后径直向南，过永桥，渡洛河，经华表，四夷馆，直到专事祭天的圜丘。太极殿与圜丘南北呼应，充分体现了'君权神授''皇权至上'的统治理念……使得封建王权政治在城市平面和空间上表达出来"⑥，进一步强化了统一中国的"汉化"思想。永安二年（公元529年），会稽山阴人陈庆之从洛阳回到南土，感慨万千："自晋、宋以来，号洛阳为荒土，此中谓长江以北，尽是夷狄。昨至洛阳，始知衣冠士族，并在中原。礼仪富盛，人物殷富，目所不识，口不能传。"⑦ 由此可见，北魏鲜卑族"汉化"程度之深，与统治者进行城南规划时的"封建化"意识密不可分。

段鹏琦精辟地指出，"正是因为有了这一大型综合性水利工程，尤其是堰洛通漕工程，使洛河等自然河流得到了合理而有效的控制，北魏时期才敢于突破洛河的局限，跨过洛河在伊、洛河之间开辟新的居民区……使以往不敢问津的多水患地带，变成了四方附化之民聚居的繁华区域"⑧。北魏洛阳城丰富的水资源，经过科学开发利用，使城南迅速发展为"国阳胜地"。洛水两岸错落分布着渔业市场、贵族官僚里坊区、侨居区、寺庙园林以及"三雍"文化区等，且城南傍漕渠，这里俨然成为经济文化繁荣的地区，又因在洛河上架设了永桥，使城南城北紧密联系在一起，形成一个统一且结构严谨的有机整体，这些都是在合理开发利用水资源基础上形成的。

---

① 杨衒之撰，周祖谟校释：《洛阳伽蓝记校释·城南·报德寺》，中华书局2010年版，第108页。

② 杨衒之撰，周祖谟校释：《洛阳伽蓝记校释·城南·高阳王寺》，中华书局2010年版，第123页。

③ 宿白：《北魏洛阳城和北邙陵墓——鲜卑遗迹辑录之三》，《文物》1978年第7期；陈桥驿：《中国七大古都》，中国青年出版社1991年版，第152页；（韩）金大珍：《北魏都城洛阳在中国历史文化上的地位——〈洛阳伽蓝记〉研究之一》，《大同职业技术学院学报》2003年第3期。

④ 杨衒之撰，周祖谟校释：《洛阳伽蓝记校释·城南·龙华寺》，中华书局2010年版，第114页。

⑤ 中国社会科学院考古研究所：《汉魏洛阳故城南郊礼制建筑遗址》，文物出版社2010年版，第348-366页。

⑥ 刘涛：《北魏洛阳城的规划与改建》，《唐都学刊》2016年第7期。

⑦ 杨衒之撰，周祖谟校释：《洛阳伽蓝记校释·城东·景宁寺》，中华书局2010年版，第93页。

⑧ 段鹏琦：《汉魏洛阳故城》，文物出版社2009年版，第172页。

四、结语

对于北魏洛阳城南新城区的空间开发，前人的研究相对较少。本研究利用历史文献并结合考古新材料，复原出了北魏时期伊、洛二水交汇于城南以及当时洛水水道的具体位置，详细论证了“堰洛通漕”水利工程使城南新城区开发成为可能，并通过对市场商业区、侨居区、园林风景区以及文化区等的勾勒，显现出“国阳胜地”。

通过本研究的深入探讨，有助于我们全面认识北魏洛阳城南新城区空间格局，这一规划手法应引起学术界的关注，它在我国都城规划史上有着重要意义，尤其在水资源利用方面，首跨洛水营建城南新城区，为隋唐洛阳城跨洛水建城开创了先例。

（作者为陕西师范大学西北历史环境与经济社会发展研究院博士研究生）

试论“底柱隘”对三门峡漕运的影响*

祝昊天

摘要：在长安、洛阳两京格局之下，三门峡所处位置自是尤为重要，为往来漕运所必经，但运输不畅的问题却也由来已久。从西汉杨焉“镌广”治河一事可见：因为砥柱客观的存在，使黄河河道过于狭窄，故有“底柱隘”之称。在此基础上，本文结合“砥柱山崩”所导致的“壅河”现象展开分析，试从地质构造上予以解释；同时，参照典章制度提供的数据信息，计算出运输效率，从而进一步论证“底柱隘”对漕运造成的限制，如“砥柱之限”所语，是三门峡漕运不畅的根本原因。有鉴于此，为避免与天险较力，唐代在砥柱附近另外开辟出三条辅助线路用于转载，虽看似绕道而行，却从实际上增加了运量。

关键词：三门峡；漕运；底柱隘；砥柱山崩；河道狭隘

自先秦以来，河、渭水道上即有“泛舟之役”，作为连接东西之间的重要通道，如汉初“河渭漕挽天下，西给京师”①，但凡有建都于关中者，必然要予以高度重视。但众所周知，黄河水道尤以三门峡段最是险要，受阻于此，沿途漕运其实并不畅通，从而极大限制了东西之间的运输往来。有鉴于此，历代居于长安的统治者皆为之所困扰，不计成本地投入到河道修治，只为疏通这条关乎都畿供应的经济动脉。

事实上，关于三门峡漕运的问题已有不少论著，② 常言漕运艰险，但就河道狭隘的问题，却鲜有关注，仍有待做一进步讨论。

一、“底柱隘”与“镌广”治河

有汉一代，三门峡漕运始初成规模。自武帝执政起，就不断增加关东漕粮的输入，最多时“山东漕益岁六百万石，一岁之中，太仓、甘泉仓满”，③ 其后仍有“岁漕关东谷四百万斛以给京师”之“故事”。④ 然而，如河东太守番系所述：“漕从山东西，岁百余万石，更砥柱之限，败亡甚多，而亦烦费。”⑤ 基于运输损失严重的事实，当时已经感觉到“砥柱之限”的影响。

---

* 基金项目：国家社会科学基金重大项目“多卷本《中国生态环境史》”（项目批准号：13&ZD080）；科技部科技基础性工作专项“中国运河图志编研”（项目批准号：2014FY210900）。

① 《史记》卷五十五《留侯世家》，中华书局1959年版，第2044页。

② 李久昌主编：《崤函古道研究》，三秦出版社2009年版，第369－496页。

③ 《史记》卷三十《平准书》，第1425页。

④ 《汉书》卷二十四《食货志》，中华书局1962年版，第1141页。

⑤ 《史记》卷二十九《河渠书》，第1410页。

其后，据《汉书·沟洫志》载：成帝初，因“屯氏河塞”，导致黄河泛滥，至鸿嘉四年（公元前17年），“从河上下，患底柱隘”，为缓解下游河防的压力，丞相史杨焉提议“可镌广之”，意欲将河道拓宽，以疏缓水势；但“镌之裁没水中，不能去”，反倒造成大量碎石壅塞河道，“而令水益湍怒，为害甚于故”，结果适得其反。[①] 于此时，曾明确指出“底柱隘”的存在。

又以郦氏《水经注》所述，有详细描写此段河道的情况：

> 河水翼岸夹山，巍峰峻举，群山叠秀，重岭干霄……自砥柱以下，五户已上，其间百二十里，河中竦石桀出，势连襄陆，盖亦禹凿以通河，疑此阏流也。其山虽辟，尚梗湍流，激石云洄，澴波怒溢，合有十九滩，水流迅急，势同三峡，破害舟船，自古所患。[②]

就地质构造而言，“三门峡北为太行山系，南为秦岭山脉，南北两山夹持，使三门峡成为黄河水系东流入海的重要通道”，[③] 因两侧山地持续抬升，水流下切侵蚀加剧，发育成深切峡谷；又以黄河地堑不断下降，构成盆地底部，表现出了较为显著的堆积作用。据此，与《水经注》文字描述联系，如“河水翼岸夹山”语，河道经三门峡段已明显收窄，加之从上游携带下来的河流堆积物沿途沉积，在河床上堆积成了诸多深浅不一的河滩，让原本就并不宽阔的水域更显“拥堵”；而受此影响，河水也收束成“阏流”，每每经此峡谷隘口，水势稍有增大，极易形成洪流冲下，这点尤其对逆流而上的漕船构成严重的安全威胁。

同例，引《后汉纪》所载：兴平二年（公元195年），献帝逃亡至陕，遭李傕所部围攻，于此危急形势下，别将李乐“欲令车驾御船过砥柱出孟津”，太尉杨彪曰：“臣弘农人也。自此东有三十六滩，非万乘所当登也。”宗正刘艾亦曰：“臣前为陕令，知其险。旧故有河师，犹有倾危，况今无师。”[④] 就其所述，可见东汉时已有设置专门负责导航的“河师”，但即便如此，航行仍“犹有倾危”，以至于连一般航行都不能保证，可见通行条件确实恶劣。

另据郦氏《水经注》所引《五户祠铭》：

> 魏景初二年二月，帝遣都督沙丘部、监运谏议大夫寇慈，帅工五千人，岁常修治，以平河阻。晋泰始三年正月，武帝遣监运大中大夫赵国、都匠中郎将河东乐世，率众五千余人，修治河滩。[⑤]

可知魏晋时期已“岁常修治”，当是利用枯水期时间，对河道堆积物进行清理。只不过，这些工程多“功卒不集”，故“虽世代加功，水流漰济，涛波尚屯”，效果并不明显，而“及其商舟是次，鲜不踟蹰难济，故有众峡诸滩之言”。[⑥]

那么，诚如番系所言“砥柱之限”一语，砥柱势必对三门峡漕运造成限制。

① 《汉书》卷二十九《沟洫志》，第1687－1690页。

② （北魏）郦道元著，陈桥驿校证：《水经注校证》卷四《河水篇》，中华书局2007年版，第117页。

③ 王均平：《黄河中游晚新生代地貌演化与黄河发育》，兰州大学博士学位论文，2006年。

④ （东晋）袁宏：《后汉纪》，中华书局2002年版，第544页。

⑤⑥ 《水经注校证》卷四《河水篇》，第117－118页。

二、“砥柱山崩”导致“壅河”

值得注意的是，类似于汉代情况，隋初也对砥柱进行过一次穿凿。据《隋书·高祖纪》载：开皇十五年（公元595年）六月戊子，隋文帝“诏凿砥柱”，[①] 并下令修复沿线的栈道，意欲重新疏通三门峡漕运航道。但遗憾的是，限于《隋书》未修《沟洫志》文，有关此次工程的记载已不甚详细，仅《食货志》有载：开皇时，“诸州调物，每岁河南自潼关，河北自蒲坂，达于京师，相属于路，昼夜不绝者数月”[②]，似是东西之间运输畅通的表现。

然而，这种情况并未能持续太久。此前，一般以隋末动荡做解释，但却很可能忽略了一项重要的史实，即“砥柱山崩”导致“壅河”。据《隋书·五行志》所载：大业七年（公元611年），“砥柱山崩，壅河，逆流数十里”[③]。这本是一次灾异记录，但却与“底柱隘”有着直接联系：按“砥柱山崩”所述，势必会产生大量碎石落入黄河中，只因河道狭隘，积塞住水口，形成“壅河”现象，致使河水倒流数十里之距。无独有偶的是，《史记》中也有类似于“山崩”“壅河”的记录，据《魏世家》所载：（魏文侯）二十六年（公元前400年），“虢山崩，雍河”。按正义注所引《括地志》云：“虢山在陕州陕县西二里，临黄河。今临河有冈阜，似是穨山之余也。”[④] 如是说，这次“虢山崩”应与大业七年“砥柱山崩”的情况基本相同，那么类似情况的发生也就绝非偶然。

事实上，三门峡所处正当汾渭地震带活动范围，参照《中国历史地震图集》统计，[⑤] 这里历史地震活动频繁而强烈，仅有记载的破坏性地震就达87次。[⑥] 有鉴于此，自是常有“壅河”现象发生，对河道形成不同程度的堵塞；所以，也就有“岁常修治”的需要，若不及时进行清理，恐怕只会使“底柱隘”的问题变得越来越严重，直至航道彻底断绝。显然，经过这次“砥柱山崩”，三门峡漕运再度中断，隋代为修治河道所付出的努力几乎作废。

至唐初，经行砥柱已被往来船只视作畏途。据《新唐书·艺文志》载：武德五年（公元622年），“王世充平，得隋旧书八千余卷，太府卿宋遵贵监运东都，浮舟泝河，西致京师，经砥柱舟覆，尽亡其书”[⑦]。同引《历代名画记》述，此行还有“两都秘藏之迹，维扬扈从之珍”，包括大量珍贵书画在内，皆“忽遭漂没，所存十亡一二”。[⑧] 考虑到这次运输的特殊性，行船时必定十分小心，在排除人为因素后，仍不可避免倾覆损失，则只能证明航道确实早已残破不堪，甚至根本无法安全通行。

面对如此情况，在相当长一段时间里，唐朝都只能“自洛到陕皆运于陆，自陕至京乃运于水”，等同于放弃了三门峡漕运，“以避底柱之险也”，[⑨] 但这显然不是解决问题的办法。

---

① 《隋书》卷二《高祖纪下》，中华书局1973年版，第40页。
② 《隋书》卷二十四《食货志》，第681－682页。
③ 《隋书》卷二十三《五行志下》，第665页。
④ 《史记》卷四十四《魏世家》，中华书局1959年版，第1841页。
⑤ 国家地震局地球物理研究所等：《中国历史地震图集》，中国地图出版社1990年版。
⑥ 冯兴祥：《三门峡盆地的新构造运动与地震活动》，《河南师大学报（自然科学版）》1982年第1期。
⑦ 《新唐书》卷五十七《艺文志》，中华书局1975年版，第1422页。
⑧ （唐）张彦远：《历代名画记》卷一《叙画之兴废》，上海人民美术出版社1964年版，第10页。
⑨ （清）顾祖禹：《读史方舆纪要》卷四十六《河南》一，中华书局2005年版，第2101页。

三、"底柱隘"对运输效率的限制

继前文所述，"底柱隘"的存在，仅就运输而言，最直接的影响莫过于对效率的限制：经此峡谷隘口，不仅"阙流"为险，航道也相应收窄，这在很大程度上限制了三门峡漕运单位时间内漕船通行的数量。对此，可试以数据推算来进行初步论证。

首先，是对漕运运量进行估算。以唐代漕运为例，主要以玄宗时期作参照：开元二十一年（公元733年），按裴耀卿所提"节级取便"方案，[①] 开辟"北运"线路，"凡三岁，漕七百万石"，[②] 年均约230万石；而"开元初，河南尹李杰始为陆运使"，设"八递"用车，"每岁冬初起，运八十万石，后至一百万石"，[③] 是为陆运数额；至天宝中，"每岁水陆运米二百五十万石入关"，但遭安史之乱破坏以后，唐后期漕运状况已大不如前，仅"水陆运每岁四十万石入关"，[④] 尚且不能保证。据此分析，在扣除陆运部分后，推算运量可达到130万～200万石。同理，按度量衡标准折算，[⑤] 汉代运额亦在此范围内。

其次，是对漕船载重与数量的计算。据《宋书》载：刘裕率水军主力西进，经陕城至潼关，以"龙骧将军王镇恶伐木为舟，自河浮渭"，[⑥] 直攻长安。考虑到"镇恶所乘皆蒙冲小舰"，[⑦] 可见砥柱一段并不通大船。但即便是一般漕船，却也有明确的载重限制，如入门栈道摩崖题刻（人Ⅵ段T6）记载：

> 大唐贞观十六年四月三日，岐州郿县令侯懿、河北县尉古城师、前三门府折冲侯宗等奉勅造船两艘，各六百石，试上三门。[⑧]

就这次试航所见，较之"造船一艘，计举七百石"所述，应与实际大体相符。若按此计算，则以往对漕船的需求量当在2000～3000艘。

值得注意的是，另引《新唐书·食货志》所载：

> 晏为歇艎支江船二千艘，每船受千斛，十船为纲，每纲三百人，篙工五十，自扬州遣将部送至河阴，上三门，号"上门填阙船"。

为确保漕运的恢复，刘晏曾在扬州定制"上门填阙船"，载重可达1000石，几乎是一般漕船的两倍。很明显，之所以要更大的容量，只能是为缩减船只的数量：考虑到"底柱隘"的存在，经行漕船在数量上必然受到限制，若是容量太小，导致所需数量过多，就会在砥柱之侧造成拥堵；所以，这才要造"歇艎支江船二千艘"，增加单次通行的运量，是为提高运输效率所用。

最后，是对通行时间的推算。据载：宋初为营建汴京，曾在岐、陇以西采伐大量木材，彼时"以春

---

① 何汝泉：《唐代转运使初探》，西南师范大学出版社1987年版，第10页。
② 《新唐书》卷五十三《食货志》三，第1366页。
③ （唐）杜佑：《通典》卷十《漕运》，中华书局1992年版，第224页。
④ （唐）李吉甫：《元和郡县图志》卷二《关内道二》，中华书局1983年版，第35页。
⑤ 吴慧：《中国历代粮食亩产研究》，农业出版社1985年版，第233－236页。
⑥ 《宋书》卷二《武帝本纪中》，中华书局1974年版，第42页。
⑦ 《宋书》卷四十五《王镇恶传》，第1369页。
⑧ 《三门峡漕运遗迹》，第44页。

秋二时联巨筏自渭达河，历砥柱以集于京师”。[①] 相较之，冬季本是明显的枯水季节，如“此冬闲月，令疏通咸讫，比春水之时，使运漕无滞”，[②] 常整治河道；而夏季则有伏秋夏汛，引裴耀卿描述：“窃见每州所送租及庸调……至六七月始至河口，即逢黄河水涨，不得入河。又须停一两月，待河水小，始得上河。”[③] 可见于汛期航行确实危险。所以说，仅春秋时节才相对适宜运输，则每年也只有五个多月时间可供通行。

那么，如何在限定时间内完成相当数量的运输，也就成了三门峡漕运所必须要面对的难题。对此，引唐人李繁所撰《邺侯家传》记述：

> 唐时运漕，自集津上至三门，皆一纲船夫并牵一船，仍和雇侧近数百人挽之。河流如激箭，又三门常有波浪，每日不能进一二百船。触一礁石，即船碎如末，流入旋涡中，更不复见……故三门之下，河中有山名米堆谷堆。每纲上三门，无损伤，亦近百日方毕，所以漕运艰阻。[④]

据考，此处“一二百船”似将“十”误写作“百”，[⑤] 按数量计算，则与《新唐书》记载大体相符：时以“运舟入三门”，而“一舟百日乃能上”，稍不慎，即“覆者几半”。[⑥] 就实地所见，假以人力纤挽，漕船只能逐一排队通过三门，考虑到纤引的过程并不轻松，若真是按“每纲上三门，无损伤，亦近百日方毕”来推算，则数千艘船只必定会拥堵于三门之下。

实际上，在相对理想的状况下，每日漕船过砥柱者尚且不足20艘，即便是按单程运输，在限定时间内，全年通行量至多也就3000艘左右，这与之前推算的数字基本相符。但是，对河道的清理难以长期维持，何况还不时会有“山崩”导致“壅河”；在更多时候，河道拥堵反倒是三门峡段漕运所要面临的常态，像安史之乱后，河工废弃已久，而运量也就萎缩到不足40万石的规模，可见运输效率已降至低点。所以说，因“底柱隘”的存在限制了运输效率，实乃三门峡漕运不畅的根本原因。

四、辅助线路的开辟

有鉴于此，基于对“砥柱之限”的认知，当低效率的运输不能满足需求时，就只能选择另辟线路。据《新唐书·食货志》记载，[⑦] 在唐玄宗统治下，为扩大运量，至少开辟过三条辅助线路：

其一，“北运”线路。如前文所述，按裴耀卿所奏，开元二十二年（公元734年），在“三门东置集津仓，西置盐仓，凿山十八里以陆运”，经此船漕车转，过十八里陆道，“以避三门之水险”；事实上，正是由于这两处仓址均在黄河北岸，故“自河阴西至太原仓，谓之北运”。至贞元时，为恢复漕运，陕虢观察使李泌“益凿集津仓山西迳为运道，属于三门仓”，与前作十八里陆道并行，专“治上路以回空车”，而另设下路以行载重，如此形成对流运输，更进一步提高了效率。

其二，“八递”南路陆运。开元二年（公元714年），自“河南尹李杰为水陆运使”算起，即“从

① （北宋）李焘：《续资治通鉴长编》，中华书局2004年版，第633页。
② 《魏书》卷一一〇《食货志》，第2858－2860页。
③ 《旧唐书》卷四十九《食货志下》，中华书局1975年版，第2114－2115页。
④ 王汝涛：《类说校注》，福建人民出版社1996年版，第46页。
⑤ 姚汉源：《黄河三门峡以下峡谷段两岸的堆台》，《人民黄河》1982年第4期。
⑥ 《新唐书》卷五十三《食货志》三，第1370页。
⑦ 《新唐书》卷五十三《食货志》三，第1365－1374页。

含嘉仓至太原仓，置八递场，相去每长四十里”，[①] 其间“用车千八百乘”，往来于各“递场”转接，是黄河南岸主要的陆运线路。及裴耀卿罢相后，“北运颇艰”，“八递”运输自是更加繁忙；然而，“河南尹裴迥以八递伤牛”，为减少运输对畜力资源的占用，“乃为交场两递，滨水处为宿场”，仍是借以船漕车转的方式进行漕运。

其三，“开元新河”。显庆元年（公元656年），“苑西监褚朗议凿三门山为梁，可通陆运”，意欲直接在入门左岸开辟出一条道路来，无奈“乃发卒六千凿之，功不成”，可见这在工程设计上仍有不小难度。继其后，开元二十九年（公元741年），又有“陕郡太守李齐物凿砥柱为门以通漕”，如“开其山巅为挽路，烧石沃醯而凿之”所述，这是难度和规模最大的砥柱整治工程，[②] 用工着实费力，这才好不容易穿凿出来一条人工石渠，史称“开元新河”。经此“新门”，漕运得以“辟三门巅，逾岩险之地，俾负索引舰，升于安流”，[③] 从而省却不少转运劳烦。

总体而论，这三条辅助线路的开辟不仅是为改善运输条件所用，除绕行砥柱以求安全外，更大意义还是在于拓宽漕粮运输的渠道，以增加运量。但必须指出的是，这些增运线路的开辟往往因时所需，受条件所限，与预期尚且存有一定的差距：仅以“开元新河”为例，按《唐会要》所述，工程自开元二十九年十一月始，至天宝元年（公元742年）正月二十五日“渠成放流”，[④] 工期仅三个月的时间，不免略显仓促；虽已完工，“然弃石入河，激水益湍怒，舟不能入新门”，这与杨焉“镌广”治河情况较类似；此外，由于人工石渠穿凿的深度明显不足，实际上仅容黄河水流漫过，却无法载舟承重，只得“候其水涨，以人挽舟而上”，还是需要借助于人力纤引；故此，“天子疑之，遣宦者按视”，只因“齐物厚赂使者，还言便”，[⑤] 最终不了了之，但仅数年过后，石渠便因“河泥旋填淤塞，不可漕而止”，[⑥] 可见这条新开辟的线路其实也未能使用多久。

五、结论

综上所述，“底柱隘”是造成三门峡漕运一直不畅的根本原因。

就环境构造而言，因水流的下切侵蚀作用与周边山地持续抬升，遂在三门一带发育出深切峡谷，由于黄河河道经此开始明显收窄、比降趋缓，导致从上游携带而下的大量河流堆积物沿途沉积，占据原本就不宽阔的水域，使河道更显“拥堵”；受此影响，河水收束成“阏流”，加之“砥柱山崩”影响，于砥柱之下形成激流险滩，已被经行于此的船只视作畏途。

对此，考虑到河道航行过于艰险，为确保关内漕运的输入，古人或修栈道以供纤挽，或设门匠沿途导航，或用河师定期清理，几乎想尽办法；然而，虽使漕船得以安全渡过砥柱之险，却仍不能改变三门峡漕运不畅的现状。归根结底，还是因为河道狭隘，从客观上限制了运输通行的效率，这才是关乎整个三门峡漕运的“瓶颈”所在，即“砥柱之限”所指。

所以说，正是基于实践积累中的认识，才会有杨焉“镌广”治河的想法，所言“底柱隘”者，亦是对三门峡地势的准确描述，只是受限于当时的工程技术水平，尚且难以达到预期效果，故虽有大力投

---

① 《通典》卷十《漕运》，第224页。
② 王双怀：《唐代水利三题》，收录于《古史新探》，陕西人民出版社2013年版，第155页。
③ 《旧唐书》卷四十九《食货志下》，第2116页。
④ （北宋）王溥：《唐会要》卷八十七《漕运》，中华书局1955年版，第1598页。
⑤ 《新唐书》卷五十三《食货志》三，第1365－1367页。
⑥ （宋）王若钦：《册府元龟》卷四九七《邦计部·河渠》。

入，但还是难以解决实际问题。有鉴于多次穿凿砥柱的工程失败，唐代漕运开始转变思路，通过船漕车转的方式，灵活转运，绕行于砥柱之侧，另行开辟辅助线路运输，水陆并行，从而拓宽了运输渠道，并在很大程度上提高了效率，最终实现了运量增加的目的。

（作者为陕西师范大学西北历史环境与经济社会发展研究院硕士研究生）

洛阳“圣地圣城说”考论

王云红

摘要：洛阳“圣地圣城说”从最初一些地方学者的立论倡说，经过不断发展，已经先后得到学界、政界和商界的关注和支持。本文通过纵向的历史脉络，对洛阳“圣地圣城说”进行梳理，考察相关学者的立论基础和论证依据，同时从国家文化高度对洛阳“圣地圣城说”加以反思，认为：民族圣地概念内涵、流变考察不足，仍未能将洛阳与中华民族圣地唯一对应起来；论证过程也存在立论不够严谨，论证不够深入，难以服人的现象；洛阳“圣地圣城说”还面临其他城市的挑战，如何在历史文化资源利用方面扬长避短，在历史文化研究领域避免地方主义，超越地方性，还有较多的事情要做。

关键词：洛阳；圣地；圣城；考论

洛阳作为中外知名的历史文化名城，有着悠久的历史和灿烂的文化。从夏代开始先后有13个王朝在此建都，有着4000多年城市建设史，建都时间最早、朝代最多、历史最久。在洛阳东西绵延30余公里的盆地中心地区，自西向东分别排列有东周王城、隋唐洛阳城、汉魏洛阳城、夏都二里头遗址、偃师商城五大都城遗址，形成了“五都荟洛”的人文奇观。近年来，在洛阳的城市研究中，逐步兴起了一种观点，把洛阳视为中华民族的圣地或华夏文明的圣城。洛阳“圣地圣城说”从最初一些地方学者的立文倡说开始，经过不断的讨论，目前已经引起了相关政府部门的重视。由于该学说已经不仅仅局限于地方史或城市史研究的范畴，而是已经上升为中国文化研究的内容，所以有相当多的问题需要讨论和回答。如洛阳“圣地圣城说”的立论依据何在？中国文化有没有或者说需不需要圣地圣城文化？从民族文化意义上看，中国的圣地或圣城究竟在哪里？对此，我们一方面要做好学术史的回顾总结，另一方面还要持续展开讨论，把问题引向深入。本文将对洛阳“圣地圣城说”的观点进行梳理，考察相关学者的立论基础和依据；同时从文化角度予以分析，一则为进一步研究提供新的理论，二则为相关政府决策提供一定的参考依据。

一、洛阳“圣地圣城说”的由来

以洛阳为中心的河洛地区是中华文化的中心地区。洛阳代表最早的中国，也是最本色的中国，根据出土的国宝级青铜重器《何尊》记载，“中国”就是指以洛阳为中心的河洛地区。《尚书·召诰》曰：“王来绍上帝，自服于土中。”这里“土中”和“中国”意思相同，指东南西北“四土”之中，孔安国《注》洛为天地之中。[①] 司马迁在《史记·封禅书》中也说：“昔三代之居，皆在河洛之间。”三代即

① 有学者也已经指出，“天下之中”说是我国古代第一个系统的建都理论，其内容丰富、涵盖了都城选址中的地理、政治、经济、文化诸方面。“天下之中”理论形成于洛阳，又反过来指导着历代王朝在洛阳的建都实践。参见李久昌《国家、空间与社会：古代洛阳都城空间演变研究》，三秦出版社2007年版，第186页。

夏、商、周，而这三个王朝处于国家形制的早期阶段，都以洛阳为都城。从汉魏起，洛阳逐渐发展成为国际性大都会，曾先后六次进入世界大城市之列。陈建在《建都论》中指出：“夫建都之要，一形势险固，二漕运便利，三居中而应四方，必三者备，而后可以建都，惟洛三善咸备。”① 洛阳地理位置的重要和历史文化的辉煌，史不绝书，但一直未有圣地或圣城的记载当属无疑。

有之，当是洛阳曾在历史上被冠以“神都”的称谓。洛阳长期作为帝都，早在魏晋之际，就有士人以“神京”“神州”称之。如北魏元苌墓志就有“三翊皇甸，再尹神京”② 之语。《晋书·王导传》记载王导的话：“当共戮力王室，克服神京。”西晋左思《咏史》诗其五有：“皓天舒白日，灵景耀神州。”吕向注：“神州，京都也。”初唐王勃的《秋晚入洛于毕公宅别道王宴序》也有：“山人卖药，忽至神州，惊帝室之威灵，伟皇居之壮丽。”这里“神州”也指帝都。大唐光宅元年（公元684年）九月，武则天改东都洛阳为“神都”。武则天在《改元光宅赦文》中曾对此进行过解释，之所以改洛阳为“神都”是因“镇星之在太微，已历年载，著土精之美应，表坤祚之元符，宜同感帝，以时荐享。又东都改为神都，宫名太初宫，但列署分司，各因时而立号，建官置职，感适事以标名”。人们长期认为洛阳的分野与天上太微垣对应，洛水贯都，恰与天上银河对应，镇星（即木星）停在太微，“表坤祚之元符”，是说有女主当政的征兆。这是为武则天称帝制造舆论。武则天之所以改洛阳为“神都”，也是相信洛阳作为她称帝的都城，乃上天神力所赋予，而她也是天帝选定的统治者，在“神都”应天而治，必然也顺承天意民心。

宋元以后，洛阳逐渐失去政治中心地位，长期以古都地位受到世人青睐。宋代大史学家司马光诗云：“若问古今兴废事，请君只看洛阳城。”③ 宋儒邵雍之孙邵博生活于两宋之际，经历了靖康之变，目睹了中原沦陷，也发出感慨：“天下之治乱，候于洛阳之盛衰而知；洛阳之盛衰，候于园囿之兴废而得。”④ 以上两句皆是时人长期生活于洛阳，观察洛阳城市历史的总结，极为精辟地概括了洛阳城市的特色和历史地位。以后，洛阳由“九朝古都”而“十三朝古都”，由“四大古都”“七大古都”而“十大古都”，城市地位即由其历史地位决定，厚重的历史文化即是其城市发展的重要资源。

20世纪90年代开始，随着文化热的不断升温和区域文化的发展，不断有地方城市借助其历史资源，提出各自的城市发展战略。其中，多数是“文化搭台，经济唱戏”的政府行为，少有理性而深入的文化研究，但无疑也在一定程度上促进了区域文化的进一步开展。也正是在此过程中，有关洛阳圣城圣地的学说逐渐开始时现报端。1999年7月，洛阳市洛阳旅游局与洛阳历史文物考古研究所发起并组织召开了“洛阳市旅游发展战略研讨会”，会议收到河南省内外各行业专家学者提交的论文数十篇，其中《洛阳与世界各圣地比较研究》一文，从学理层面纵论洛阳的圣地地位，受到与会专家的重视，会后该文重新修订，定名为《简论洛阳的朝圣旅游》，收入第二年出版的论文集《洛阳旅游发展战略研究》一书。⑤ 该文可以说是从战略层面首次提出洛阳“圣城圣地说”的学术论文，后经媒体不断传播，影响较大，也得到了地方政府层面的关注。

---

① 陈子壮编著：《昭代经济言》卷九，商务印书馆1936年版，第194页。

② 薛海洋、陈辉主编：《北魏元苌墓志》（初拓本），河南美术出版社2007年版，第2页。

③ 司马光撰，李之亮笺注：《司马温公集编年笺注》卷六《过故洛阳城二首》，第307页。

④ （宋）李格非：《洛阳名园记》附邵博跋语，参见《笔记小说大观》（13），江苏广陵古籍刻印社1983年版，第2682页。

⑤ 仝红星、郑贞富：《简论洛阳的朝圣旅游》，首收入《河洛春秋》1999年第4期，后编入张纯俭主编：《洛阳旅游发展战略研究》，中州古籍出版社2000年版。该文可以说是集体智慧的结晶，代表了洛阳一批学者的观点。仝红星先生指出，首次鲜明提出洛阳“圣地”命题的还有洛阳师范学院的陈功伟先生，他在1997年就在《洛阳师范学院学报》发表了《洛阳是东方文化圣地》一文，但此文并未检索到，未见原文；徐金星先生长期从事洛阳历史和河洛文化的研究，他的一系列著作和论文实际上已经隐含了“洛阳是中华民族圣地”的思想，也是洛阳“圣城圣地说”的热情支持和实际倡导者。参见仝红星：《河洛文化研究中的“圣地说”及其发微》，载张素环等编：《河洛文化研究·第五届河洛文化国际研讨会论文集》，解放军外语音像出版社2006年版，第143－144页。

2001年，洛阳市旅游发展委员会、北京大学专家在参与编制《洛阳市旅游发展规划》的组织讨论过程中，与会部分专家学者再次提出“洛阳圣城圣地说”，得到采纳，在规划中把“中华文明圣地”作为洛阳的“一级理念形象”提出。之后不久，“洛阳是中华民族圣地”“洛阳是中华民族圣城”“天下之中，华夏圣城”等宣传口号先后被洛阳地方政府打出。

2009年6月，洛阳河洛学与民族圣地研究会成立，计划每年举办一届年会，专题研讨洛阳、河洛学与民族圣地；系统整理出版河洛学研究成果，逐步完善河洛文化体系，积极与市内外河洛学与民族圣地研究者和爱好者进行交流，扩大研究队伍等，以此来推动河洛学与民族圣地研究的深入，提高洛阳的知名度和美誉度，并通过组织寻根问祖等活动，促进洛阳旅游业的发展。① 一批洛阳地方学者，对于“洛阳圣地圣城说”继续进行了论证工作，先后又发表一系列研究成果。如徐金星的《河洛学与民族圣地研究》（大众文艺出版社2008年版）、张赞恭的《洛阳：华夏民族圣地、东方文化圣城》（中州古籍出版社2015年版）等都颇见功力。可以说，“洛阳圣地圣城说”提出以来，已经先后得到学界、政界和商界的关注和支持。相关学者持续产出了一批研究成果，进行了较为深入的论证；地方政府密切关注论证工作，适时进行一定的宣传推广；洛阳企业界、商界也以“圣城圣地”为切入点，进行了部分文化产业的开发和打造。其中，文化产业方面比较突出的如洛阳天堂明堂复原开发项目、洛阳老君山老子文化项目、洛阳二程故里开发改造项目等，都已经初见成效。不足之处是迄今为止，各类项目并未形成合力，缺乏城市意象整体规划，离打造洛阳圣城形象仍有较大差距。

二、洛阳“圣地圣城说”的反思与检讨

洛阳“圣地圣城说”从提出迄今，已有近20年的时间了。在学术史上，尽管20年不算太长，但还是能够较为清晰地看出一种观点从酝酿、产生到发展的整个过程。洛阳“圣地圣城说”命题较大，不仅涉及洛阳地方文化的内容，更重要的是已经上升到了国家文化的高度，不仅是一个地方概念，而且具有了国家文化的意义。为此，需要站在国家甚至国际视野的角度加以回应，给予一定的重视，然而非常遗憾的是，至今仍未见得这样的反馈性文字。笔者作为地方学者，多次亲身经历相关论题的讨论，对该命题有过一定程度的思考，方不揣浅陋，提出一些不太成熟的反思和浅见，以抛砖引玉，引发更加深入的讨论。

首先，有关圣地或圣城概念的界定应是核心问题。对此，徐金星先生在展开论证时即先界定了概念，指出“所谓圣地，一般来讲，或指在宗教史上有特殊意义而为宗教徒奉为神圣的地方，如伊斯兰教的麦加、麦地那，犹太教、基督教、伊斯兰教的耶路撒冷等；或指在革命史上有重大意义和重大作用，如革命圣地井冈山、延安等”；他又指出，“作为民族圣地，她的特殊意义和特殊作用则主要体现在对民族历史、民族文化、民族精神、民族发展的作用和影响等方面”。② 从民族历史文化和民族精神的角度进行论证，这是主张洛阳“圣城圣地说”学者普遍采取的策略。从徐金星先生的论证文章也可看出，他主要从以下几个方面加以立论：①洛阳地处“天下之中”，是本来意义的“中国”；②河洛地区史前文化传承有序，又率先跨入“文明门槛”；③王者之里，政治、经济、文化、交通中心；④华夏族形成于以河洛地区为核心的中原大地；⑤众多姓氏源于河洛；⑥河洛文化——中华民族的根文化。文章强调

① 张亚武：《洛阳河洛学与民族圣地研究会成立》，《洛阳日报》2009年6月11日。

② 徐金星：《“洛阳——中华民族圣地”说》，载张素环等编：《河洛文化研究·第五届河洛文化国际研讨会论文集》，解放军外语音像出版社2006年版，第101页。

洛阳作为中华民族圣地，主要体现在其历史悠久，又长期是政治、经济、文化和交通中心，华夏民族根在河洛等。

然而，学者们对于洛阳圣地圣城的内涵和流变传承情况，多语焉不详。根据《辞海》对“圣地”的解释：“宗教徒奉为神圣的地方，常是宗教传说中重要纪念地。”① 所谓“圣地”仅指宗教徒因宗教信仰而视为神圣的地方，如基督教徒称耶路撒冷为圣地，伊斯兰教徒称麦加为圣地。耶路撒冷在阿拉伯语中，就是圣地之意。《现代汉语词典》对“圣地”之意有所扩展，指“具有重大历史意义和作用的地方”②。这里主要是指革命圣地，如中国人民的革命圣地延安。当然，进一步扩大其内涵，将对于每个民族有着重要历史意义和文化意义，民族成员精神和灵魂归宿之地称为“民族圣地”，也是应有之义。既然如此，有关中华民族圣地的考察，则必须要围绕何为“中华民族”，中华民族是否有一个人心所向的共同的文化和精神圣地，洛阳是否可以担当中华民族圣地的重任等问题层层推进，加以论证。

这些问题这里不便完全展开，只是感觉相关问题还有继续探讨的必要。如官方对中华民族的定义是中华人民共和国境内获得认定的以汉族为主体的56个民族的统称。费孝通先生在一篇文章中也谈到，“中华民族作为一个自觉的民族实体，是近百年来中国和西方列强对抗中出现的，但作为一个自在的民族实体则是几千年的历史过程中所形成的”，中华民族有一个“多元一体格局的形成过程”。③ 如果要讨论中华民族圣地的问题，我们就不能回避早期自在的民族实体形成过程，以及近代自觉的民族实体形成过程。显然，洛阳只是在早期以华夏族为主体不断进行民族融合形成更大的民族实体过程中发挥了重大作用的地方。这样讲绝不是要贬低洛阳的城市地位，而是要更加科学地进行论证，实事求是，真正做到以理服人。

其次，还要做到论证过程的科学性，如果证据不足，论证不当，也难以得到一致认同。值得注意的是，持有相关看法的学者往往把洛阳与耶路撒冷、麦加、雅典并列，称之为“世界四大圣城”。④ 甚至还有学者提出“洛阳与耶路撒冷、麦加、雅典被联合国教科文组织命名为世界四大圣城”，不知来源何处。⑤ 姑且不论联合国教科文组织是否会评选并命名四大圣城，就是这四个城市历史文化地位也并非一致。耶路撒冷和麦加属于宗教发源地，雅典则是“西方文明的摇篮”“西方民主的起源地”。从城市文化属性而言，洛阳和雅典较为一致，和耶路撒冷、麦加两个宗教城市则有着很大的不同。从宗教意义而言，耶路撒冷、麦加这样的城市的确可以被其宗教徒称为圣城。将这四个城市并列称为世界四大圣城，仍需进一步合理论证，如随意宣传难免会闹笑话。

同时，在论证过程中也切忌立论言过其实，论点不够严谨非常容易造成误解。对此，朱绍侯先生已有告诫，在河洛文化研究中要实事求是，信者传信，疑者传疑，切忌强下结论。⑥ 如有学者指出黄河、洛河是中华民族的圣河；还有学者指出嵩山、邙山是中华民族的圣山。这一方面会造成圣地泛化的现象，让人感觉不严肃；另一方面就是圣河或圣山是否具有唯一性，“圣”在何处自证不足。仅举圣山的例子来说，历史上从未有嵩山或邙山被国家视为神圣的记载。即使有王朝在嵩山封禅祭天，或帝王归葬邙山，也只是统治者的短期行为，将其论证到整个民族的行为和信仰体系则难以为继，更不具有唯一性。如早在民国时期，就已经有学者提出了所谓“泰山国山论”，以传统中国以泰山为王朝“宗山”的

---

① 辞海编辑委员会：《辞海》，上海辞书出版社1999年修订版，第1400页。

② 中国社会科学院语言研究所词典编辑室编：《现代汉语词典》（第6版），商务印书馆2012年版，第1167页。

③ 费孝通：《中华民族的多元一体格局》，见《费孝通全集》第十三卷（1988～1991），内蒙古人民出版社2009年版，第109－128页。

④ 张景华主编：《中国文化概要》，北京师范大学出版社2009年版，第186页；金涛、李晓丹编著：《中国古都》，吉林文史出版社2014年版，第170页。

⑤ 网络上相关提法较多，皆未注明来源，这里仅举一例，洛平：《用文化品牌讲好洛阳故事》，《洛阳日报》2015年9月15日。

⑥ 朱绍侯：《如何科学深入地研究河洛文化》，载《朱绍侯文集》，河南大学出版社2005年版，第43－44页。

历史脉络，通过自然风景、文化积淀与民族品德象征三个方面，细致论证了泰山独具的"中华国山"之地位，在当时引起了一定的社会关注，这在21世纪"国山"新论中也产生了深远的影响。季羡林、任继愈等多位学者也共同倡议评选"国山"，2007年全国"两会"期间，百余位全国人大代表联名提交议案，建议确定泰山为国山，引发公众的热烈讨论。[①] 反观这些讨论和之后有关中华名山的评选，洛阳政学两界的参与度都不高，也没有积极应对相关议题。当然，还有就是中国人的宗教观念普遍比较淡薄，尽管传统的历史意识和爱国思想较为强烈，但一般人除了故乡之外，少有对某地尊称的观念。要想依托"根在河洛"的文化资源，打造国人的归属意识，还有很多的工作要做。

最后，我们还可以看到，洛阳"圣地圣城说"还面临国内其他城市的挑战。随意浏览各种宣传文章，近年来提出的中华民族圣地，除了洛阳之外，还有河南新郑市、陕西黄陵县、陕西延安、山东济宁等。

早在1993年，新郑市依托河南炎黄事业发展有限公司，就正式推出了《关于兴建炎黄历史文化城的论证报告》，报告提出打造"炎黄历史文化城"是一项中华民族的伟大工程，是海内外炎黄子孙期待和支持的事业，是中华五千年历史的一座里程碑，是一个亟待开发的项目。要高举炎黄大旗，尽快使新郑成为全世界华人寻根拜祖朝圣的中心。1997年，新郑市成立了始祖山中华圣地建设促进会，首倡"大炎黄"思想，提出"全国炎黄一盘棋"主张，将全国各地有关炎黄文化圣迹组合为统一的"中华圣地"总概念，根据史实功能划分为三种类型，即：以黄帝诞生、发祥、建都之地的河南新郑作为"拜祖圣地"，以陕西黄帝陵作为"祭祖圣地"，以河北涿鹿和各地的炎黄圣迹遗址作为"纪念圣地"。[②] 从2006年起，黄帝故里拜祖大典从县级举办上升为省级层面主办，并逐步形成了由省政府、省政协、国务院台办、中国侨联、全国台联、中华炎黄文化研究会共同主办，郑州市政府、郑州市政协、新郑市政府共同承办的格局，目前已成功举办12届，已经成为推动中华优秀传统文化传承与发展、积极参与世界文化对话交流互鉴的重要载体，成为华人世界第一圣典。

2000年，山东省济宁政府携部分著名学者提出在孔孟故里修建一座中国圣城"中华文化标志城"，并认为中华文化的主要代表是儒家文化，因此建议将中华文化标志城选址在山东曲阜（孔子故里）与邹城（孟子故里）之间的九龙山地区。[③] 但该方案的持续推进并不顺利，2008年十一届人大和政协会议上，遭到了一百多位政协委员和人大代表联名上书反对，互联网上更是出现了一边倒的反对声浪。[④] 一篇质疑文章更是激烈地指出：投资300亿元就有望提升中华民族的核心价值观、核心精神理念及核心道德信仰，并附带使中国人凭空多出一座"东方文化圣城和共有的精神家园"，以中国目前跻身世界前列的GDP总量，我甚至觉得这件事价廉物美。……问题的核心在于，这件事是否确实不算忽悠？作者还认为，试图将中华文化风物猬集于一地，容易；试图将民族精神羁押于一处，妄想。[⑤] 尽管遇到如此巨大的阻力，济宁地方政府仍在小心翼翼推动该工程的进行，力图全面整合儒家文化，再造中国人的文化圣地。

以上两个案例充分说明，打造民族圣地或圣城绝非易事，既要充实可靠的历史文化资源加以支持，还要各级政府的全力配合推动打造。同时，在论证的过程中，还务必要做到和国内其他文化资源的交流比较，寻找自身优势，扬长避短。目前，河洛地区的历史资源优势明显，但优势资源过于分散，不太容

---

① 周郢、张琰：《泰山"国山"议的历史考察》，《东岳论丛》2017年第3期。

② 李华鹏主编：《伟大的民族凝聚力工程》，河南人民出版社2007年版，第353－393页。

③ 魏刚：《修建中国圣城》，《北京科技报》2008年3月10日。

④ 具体情况介绍可参见：《"中华文化标志城"惹争议》，载东北财经大学公共管理学院、东北财经大学公共管理硕士（MPA）教育中心编著：《公共管理案例》（第1辑），东北财经大学出版社2009年版，第187－198页。

⑤ 周泽雄：《蠢行，以文化的名义——"中华文化标志城"质疑》，《中国图书评论》2008年第7期。

易集中，如果胡子眉毛一把抓，就难以集中力量，不好体现出自身特色。

一部洛阳史就是一部浓缩版的中国史。在河洛文化研究群体中，的确有一些国内外名家学者参与其中，但长期坚守在河洛文化研究阵线的还是以地方学者为主。洛阳“圣地圣城说”从提出到不断论证，讨论的学术圈子也还以地方为主，域外学者参与回应度不够。一种学术观点，尤其是具有全国性影响的战略观点，只有超越地域性，经过反复检验，才有希望被接受。有关河洛文化和洛阳学的研究，要做到立足河南，放眼国际，克服地方主义思想，有的放矢，才能把河洛文化和洛阳学发扬光大。窃以为，只有先踏踏实实做好团队建设和平台建设，既要“引进来”，还要“走出去”，注重和国内外学界的交流沟通合作，才有希望把河洛文化和洛阳学做大做强。某些学术观点，既要敢于提出，也要善于反省，能够接受学术批评和社会检验。如此，学术才能够健康发展，学术服务于社会才能够真正落到实处。

（作者为河南科技大学人文学院副教授）

唐宋时期洛阳政治地位的变迁

杨世利

摘要：唐代东都洛阳一度上升为都城，其政治地位与西京长安难分轩轾，而宋代西京洛阳则成为一个具有浓厚文化氛围、休闲性质的城市，唐宋之际是洛阳城市定位的一个转折期。武则天的统治创造了洛阳的辉煌历史，这种辉煌一直保持到安史之乱爆发。洛阳的伟大在于它结束了一个门阀士族统治的旧时代，开创了一个新兴的科举出身的士大夫统治的新时代。洛阳既是盛唐历史的见证者，同时也是唐宋变革的见证者。唐代以洛阳为中心的东方地区代表了先进经济、制度和文化的发展方向，关中政权则在军事上占有优势，关中本位政策是统一天下的政策，国家统一以后，历史的天平就开始向以洛阳为中心的东方倾斜，这就是唐代洛阳政治地位如此重要的原因。宋代皇权的阶级基础是平民地主阶级，宋代皇权的武装基础是庞大的职业军队，因为平民地主阶级与职业募兵都脱离了对宗族乡里社会的依附，所以“以地为险”的时代过去了，“以兵为险”的时代来临了，长安、洛阳作为国家都城的时代也结束了。洛阳政治地位在唐宋时期发生的变迁放在这个巨大社会变革的背景下才可以理解。

关键词：唐宋；洛阳；关中本位

洛阳居于“天下之中”，向有“九朝古都”之称。司马迁在《史记·封禅书》中指出，“昔三代之居，皆在河洛之间”，洛阳在中国的古都中资格是最老的，唯一一个可与洛阳地位相提并论的古都是西安，历史上称为“长安”。作为古都，洛阳与长安并称为东西两京，在唐代以前，往往是两京轮流做都城，洛阳在不是都城的朝代，也往往是陪都。但两京的这种密切关系在唐宋之际发生了转折，长安从五代开始与都城无缘，洛阳与开封组成了一对新“搭档”，轮流作为国都。北宋时期的洛阳称作西京，成为陪都，而且也是其都城史上最后的陪都时期，北宋灭亡后，其地位迅速下降，与长安一样沦为一个区域性城市。可见唐宋之际是洛阳都城史的一个转折时期，这一转变有什么具体表现？为什么会发生这种转变？本文就试图探讨这个问题。

一、唐宋时期洛阳政治地位的转变

唐代洛阳在武则天统治时期，正式成为国家的都城，其余长时期内是作为陪都存在。但即使作为陪都，洛阳的政治地位也是非常重要的。洛阳在唐代政治地位的重要表现为皇帝经常“巡幸”“驻跸”洛阳，洛阳的宫殿建筑规模宏伟，洛阳的中央政府机构健全，许多重要的事件发生在洛阳，等等。

唐代经常巡幸、驻跸洛阳的皇帝有太宗、高宗、武则天、玄宗等。隋代洛阳的宫殿在隋末战乱中被焚毁。唐太宗即位后，于贞观四年（公元630年）下令修建洛阳宫以备巡幸，因谏官反对而作罢。次年，太宗又命令修洛阳宫，虽遭官员谏阻而不为所动。官员反对的理由是劳民伤财，太宗对自己坚持修建洛阳宫的解释是“洛阳土中，朝贡道均，意欲便民”①。洛阳宫竣工后，太宗三次巡幸洛阳。贞观十一年（公元637年），太宗首次巡幸洛阳，次年返回长安。贞观十五年（公元641年）太宗第二次巡幸洛阳，准备到泰山举行封禅大典，因出现彗星而未能成行，于当年返回长安。贞观十八年（公元644年），太宗第三次到达洛阳，在这里整军备战，于次年亲率大军远征辽东，但这次战争以失败而告终。

唐高宗在位共33年，其间巡幸洛阳7次，累计时间长达11年之久。显庆二年（公元657年），高宗首次巡幸洛阳，诏改洛阳为东都。高宗称两京为自己的“东西二宅，来去不恒”②，经常往来于洛阳、长安两都之间。高宗长住洛阳，自然要对洛阳的宫殿进行大规模修建，并设立中央政府机构。洛阳的宫城和皇城的布局基本上和长安相似，宫城中也有含元殿，皇帝常朝所在宣政殿在含元殿的西边，门下省和中书省分在含元殿和宣政殿的东西两方，尚书省则设在洛阳东城。高宗时期，在皇城的西南修建了上阳宫，高宗常在此听政，相当于长安的大明宫。高宗在洛阳处理的大事主要是策划远征朝鲜半岛的三个国家——高丽、百济、新罗，并取得了决定性的胜利。另外，高宗于乾封元年（公元666年）到泰山进行了封禅大典，这些都是唐太宗想做而没有做到的事情。弘道元年（公元683年），高宗病逝于洛阳。

在唐代帝王中，武则天对洛阳的重视无人可比。从高宗去世到公元705年武则天在政变中被赶下台，武则天共执政22年，其间只有长安元年（公元701年）到长安三年（公元703年）回长安2年，其余时间全部在洛阳居住。光宅元年（公元684年），武则天改东都为神都，洛阳正式成为都城。垂拱四年（公元688年），武则天在神都洛阳建武氏崇先庙，又修建了华丽的明堂。永昌元年（公元689年），武则天举行明堂典礼，明堂典礼是帝王功德勋业、至高无上统治权力的象征。明堂不仅用于祭祀，也是帝王对大臣的训政之所，也可接待蕃夷使节，可举行儒、释、道三教辩论会。天授元年（公元690年），武则天称帝，改国号为周，在洛阳建武氏七庙，即皇族武氏的太庙。同年，武则天“策贡士于洛城殿”，“贡士殿试自此始”③。天册万岁二年（公元696年），武则天到嵩山举行了封禅大典。同时期契丹和东突厥军队先后入侵河北，武则天调动军队成功进行了反击。神龙元年（公元705年）十一月，武则天病逝于洛阳上阳宫。

唐玄宗生于洛阳，在位期间共巡幸洛阳5次。开元五年（公元717年），玄宗首次巡幸洛阳，这次的主要任务是清理武则天时期的一些不合礼制的建筑，为被武则天镇压的李唐宗室进行平反，也就是开展“拨乱反正”的工作。另外，玄宗还处理了同奚、契丹等东北少数民族政权关系的相关事情。玄宗第二次巡幸洛阳在开元十年（公元722年），处理了同契丹相关的事情，并北上巡幸了山西。开元十二年（公元724年），玄宗第三次巡幸洛阳，这次主要是到泰山进行封禅大典。其间改封两位契丹郡王，并将两位公主嫁给二王。开元十九年（公元731年），玄宗第四次巡幸洛阳，其间巡幸了唐朝的龙兴之地北都太原，同时策划了攻打奚、契丹的战役，并取得胜利。开元二十二年（公元734年），玄宗第五次巡幸洛阳，主题依然是关注东北同契丹的战事。玄宗频繁地巡幸洛阳，一方面是顾及东北的国防安全，另一方面也是为了到洛阳“就粮”，以减轻关中漕运的负担。但晚年的玄宗有怠政情绪，日益厌倦了巡幸。恰好在这个时候，大臣裴耀卿改革了漕运，使漕运的成本大大下降。并且开元二十五年（公元737年）关中开始实行和籴法，减轻了对江淮漕运的依赖，史称：“自是关中蓄积羡溢，车驾不复幸东都矣。”④ 从开元二十四年（公元736年）自洛阳返回长安后，玄宗再也没有巡幸洛阳。安史之乱后，唐朝的国力大大衰落，关东大部分地区沦为节度使割据、混战的场所，唐廷无暇东顾，洛阳受到冷落，其重要性大大降低。

---

① 《资治通鉴》卷一九三，贞观四年六月乙卯，中华书局2011年版，第6191页。

② 李昉：《太平御览》卷一五六《州郡部二》，载《影印本文渊阁四库全书》，台湾商务印书馆1986年版，第894册，第537页。

③ 《资治通鉴》卷二〇四，天授元年二月辛酉，第6578页。

④ 《资治通鉴》卷二一四，开元二十五年九月壬申，第6950页。

宋代西京洛阳是陪都，与都城东京开封并称二京。如上所述，唐代东都洛阳政治地位很重要，并一度成为都城。宋代洛阳的政治地位则不如唐代高，正如学者指出，洛阳结束都城的历史，成为典型的陪都后，“淡化政治，走向新的发展道路”，“政治失落，文化又崛起了；朝廷迁走，园林则发展了；权力削弱，魅力却突出了”①。宋代洛阳政治地位下降集中表现在朝廷关于迁都的几次争论中。

开宝九年（公元976年），宋太祖巡幸洛阳，此行有三项议程，拜谒安陵，举行祭祀天地的南郊典礼，考察迁都洛阳事宜。前两项议程都很顺利，唯独迁都洛阳的想法遭到了大臣的一致反对。大臣李怀忠劝阻道：“东京有汴渠之漕，岁致江、淮米数百万斛，都下兵数十万人，咸仰给焉。陛下居此，将安取之？且府库重兵，皆在大梁，根本安固已久，不可动摇。若遽迁都，臣实未见其便。”晋王赵光义也认为“迁都未便”。宋太祖不为所动，迁都的态度很坚决，“迁河南未已，久当迁长安”，“吾将西迁者无它，欲据山河之胜而去冗兵，循周、汉故事，以安天下也”。最后晋王说：“在德不在险。”太祖不得不放弃迁都的想法，但发出了“不出百年，天下民力殚矣”② 之叹。宋代最坚决的一次迁都洛阳的动议就此流产。

真宗是宋代唯一两次巡幸洛阳的皇帝。宋代洛阳人对本地光辉的帝都历史记忆犹新，所以非常希望恢复以往的光荣。景德三年（公元1006年），“西京父老再诣阙，请车驾朝陵毕临幸”③，得到了真宗的召见。景德四年（公元1007年）真宗到巩县祭祀皇陵后，巡幸洛阳，修建太祖神御殿，设置国子监、武成王庙。“西京父老恳祈驻跸”，无奈真宗根本没有这个意图，对宰相说“周公大圣人，建都据形胜，得天地正中，故数千载不可废，但今艰于馈运耳”④，在洛阳停留不到一个月便匆匆离去。大中祥符四年（公元1011年），真宗到汾阴祭祀后土，顺路巡幸洛阳，真宗对随行大臣说：“洛阳宫阙壮丽，然城北地隘，谷、洛浅滞，辇运艰阻，谅非久居之所，第因行礼，暂巡幸耳。”⑤ 皇帝两次巡幸洛阳，都表达了洛阳不宜久居的意思，想必洛阳父老相当失望。

景祐三年（公元1036年），迁都之议再起。大臣孔道辅建议迁都西洛，仁宗征求范仲淹的意见，范仲淹认为不必迁都，但可以在洛阳广积粮草，以备急难之需，“国家太平，岂可有迁都之议。但西洛帝王之宅，负关、河之固，边方不宁，则可退守。然彼空虚已久，绝无储积，急难之时，将何以备。宜托名将有朝陵之行，渐营廪食”，“太平则居东京通济之地，以便天下；急难则居西洛险固之宅，以守中原”⑥。范仲淹显然很看重洛阳的险要地形，认为当战争来临时可以退守洛阳，但宰相吕夷简认为范仲淹的建议很迂阔，不切实际，所以这个建议未被采纳。

仁宗庆历年间，宋朝与西夏的战争久拖不决，北方的契丹觉得有机可乘，于是派使节到宋朝进行讹诈，要求宋朝归还关南十县的土地。这次外交危机虽然因大臣富弼出使契丹而得到解决，但宋朝边防薄弱的问题却完全暴露了。为解决这个问题，迁都之议又被提了出来。一些官员想起了景祐年间范仲淹“建议城洛阳以备急难”这个事，请求按范仲淹的主意办。宰相吕夷简依然表示反对，“契丹畏壮侮怯，遽城洛阳，亡以示威，必长敌势。景德之役，非乘舆济河，则契丹未易服也。宜建都大名，示将亲征，以伐其谋”⑦。范仲淹不同意吕夷简的建议，他认为建都大名只能是虚张声势，因为大名根本守不住，不过修建洛阳来不及了，当务之急是加固东京开封。吕夷简则认为，如果契丹兵临东京城下，那就彻底

① 程民生：《宋代洛阳的特点与魅力》，《河南大学学报》1994年第5期。

② 李焘：《续资治通鉴长编》（以下简称《长编》）卷一七，开宝九年四月癸卯，中华书局2004年版，第369页。

③ 《长编》卷六四，景德三年十二月己卯，第1436页。

④ 《长编》卷六五，景德四年二月乙酉，第1446页。

⑤ 《长编》卷七五，大中祥符四年三月庚辰，第1715页。

⑥ 《长编》卷一一八，景祐三年五月戊寅，第2783页

⑦ 《长编》卷一三六，庆历二年五月戊午，第3260页。

完了，城墙再高也没有用，“故设备宜在河北”。最后，朝廷接受了吕夷简的建议，建大名府为北京。

吕夷简的建议虽然最终成为朝廷的决策，但赞成范仲淹观点的人还是很多的，史称“议者多附仲淹议”。范仲淹上疏重申自己的观点：“朝廷未修东京，而先修北都，臣谓东京根本也，北都枝叶也”，“若巡幸北京，六军尽出，回顾京师，亿万之中，或奸凶窃发为乱，陛下之心能安于外乎?”，“至于西洛，帝王之宅，太祖修营，盖有意在子孙，表里山河，接应东京之事势，连属关陕之形胜”，“愿朝廷留意，常委才谋重臣，预为之备”①。韩琦也赞同范仲淹的观点：“如欲驻跸北京，以张军势，臣恐敌众由德、博渡河，直趋京师，则朝廷根本之地，宗庙、宫寝、府库、仓廪、百官、六军室家所在，而一无城守之略，陛下可拥北京之众却行而救之乎?”韩琦提出的对策同样是“营洛邑”，“今帝都无城隍之固以备非常，议兴葺则为张皇劳民，不若阴葺洛都以为游幸之所，岁运太仓羡余之粟，以实其廪庾，则皇居壮矣”②。范、韩等官员都认为建大名为北京，危急时巡幸北京是军事冒险行为，只有依靠洛阳的险要地形才能固守中原。主张营建洛阳、倚重洛阳的声音虽然很大，但终宋一代这种意见从来没有被采纳，毕竟形势比人强。

宋代洛阳政治地位的下降还表现在洛阳设置的官僚机构级别低。唐代洛阳设置了中书省、门下省、尚书省等最高中央机构，而宋代洛阳只设置了御史台、国子监等机构。设置在洛阳的西京留守也是没有实权的荣誉头衔，以安置那些级别高但政治上失势的官员。在王安石变法时期，洛阳聚集了大批因反对变法而在野的士大夫，他们组成了“耆英会”“真率会”“同甲会”等会社组织诗酒唱酬。宋代洛阳以文化和园林著称，政治上的重要性降低。

总之，唐代东都洛阳一度上升为都城，其政治地位与西京长安难分轩轾，而宋代西京洛阳则成为一个具有浓厚文化氛围、休闲性质的城市，唐宋之际是洛阳城市定位的一个转折期。为什么会发生这样巨大的转变呢？下文将做具体分析。

二、唐代洛阳政治地位特别重要的原因

唐代东都洛阳的地位非常重要，尤其是从高宗朝到安史之乱爆发这段时间，既是唐代国力最为强盛的时期，同时也是洛阳地位最高的时期。可以这样说，盛唐的历史是与洛阳联系在一起的，盛唐时期洛阳的光芒甚至盖过了长安。

唐代洛阳为什么会如此重要？这要从陈寅恪先生所谓“关中本位政策”说起。关中本位政策，指的是北魏分裂为东魏和西魏后，西魏政权割据于关陇一隅之地，无论经济、军事实力还是文化实力，西魏都比不上东魏和南朝，在这种不利的情况下，西魏为了与东魏、南朝相抗衡，制定并实行了关中本位政策。具体说，就是“融合其所割据关陇区域内之鲜卑六镇民族，及其他胡汉土著之人为一不可分离之集团，匪独物质上应处同一利害之环境，即精神上亦必具同出一渊源之信仰，同受一文化之熏习，始能内安反侧，外御强邻”③。关中本位政策的创立者是西魏权臣宇文泰，地域范围是以长安为中心的关中地区，民族是以鲜卑族为主体融合了关中的汉族豪强，内容包括礼制、官制、兵制、刑律和财政等方面，所涵盖的朝代包括西魏、北周、隋、唐，直到唐玄宗天宝年间被完全破坏。实行关中本位政策使原本落后的西魏、北周强大起来，最后消灭了北齐，统一了中国北方，隋朝代北周后，南下消灭了陈，实

① 《长编》卷一三六，庆历二年五月戊午，第3263、3264页。

② 《长编》卷一四二，庆历三年七月甲午，第3413、3414页。

③ 陈寅恪：《隋唐制度渊源略论稿·唐代政治史述论稿》，生活·读书·新知三联书店2015年版，第198页。

现了国家的统一。在隋末的群雄争霸中，李渊集团继承了关中本位政策，所以能够取得最后的胜利，建立了唐朝。

关中本位政策核心是人的因素，即鲜卑贵族把关中的汉族豪强纳入府兵系统形成统一的军功贵族，这样关中勋贵便具有了共同的利益和信仰，能够团结起来共同战斗。与此相对，东魏、北齐虽然在经济、文化方面更先进，但其内部鲜卑贵族与山东士族的矛盾始终没有得到解决，不能形成合力一致对外，所以最后被北周消灭。关中本位政策是关中地方政权打天下的利器，一旦统一了全国，这个政策的狭隘性就显露了出来，所以必须进行适时的调整。仁寿四年（公元604年），隋炀帝下诏营建洛阳，指出"关河悬远，兵不赴急"，"南服遐远，东夏殷大"[①]，以洛阳为中心，最便于控制全国。炀帝在洛阳周围修建了洛口仓、回洛仓，以洛阳为中心开挖了沟通南北的大运河。炀帝常住洛阳，洛阳成为政治、军事和交通中心。唐代重视洛阳在政治上的作用是隋代政策的延续，本质上是对关中本位政策的修正和调整。

李渊虽然在太原起兵，但其家族与隋朝皇室同属关陇集团，因此他首先设法进入关中，定都长安，争取到关陇贵族的支持，有了巩固的后方，然后再谋求统一全国。李渊称帝后，派秦王李世民出关平定山东。在山东地区争霸的群雄，史籍中称之为"山东豪杰"，陈寅恪先生认为所谓山东豪杰"乃一胡汉杂糅，善战斗，务农业，而有组织之集团，常为当时政治上敌对两方争取之对象"[②]。实际上山东豪杰就是山东地区的地方豪强，社会身份上属于寒族，区别于山东高门士族。要平定山东地区，就要争取这些山东地方豪强的支持，以山东人安抚山东，否则仅靠武力镇压不能从根本上解决问题。

于是李世民首先带领归唐的山东豪杰徐世勣打败刘武周，收复并州；接着又带领徐世勣东征，一举消灭了窦建德和王世充，收复洛阳，奠定了统一全国的基础。洛阳是战略要地，"翟让、徐世勣之系统人物实以洛阳为其政治信仰之重心"[③]，李世民占领洛阳后，以洛阳为中心的广大地区成为其个人的势力范围。在与李建成争夺皇位的斗争中，山东豪杰发挥了重要作用。据旧唐书记载，"会建成、元吉将起难，太宗以洛州形胜之地，一朝有变，将出保之，遣亮之洛阳，统左右王保等千余人，阴引山东豪杰以俟变，多出金帛，恣其所用"[④]。也就是派山东人张亮到洛阳联络山东豪杰，以备争夺皇位失败后的退守之策。李渊为了避免李世民与李建成的直接冲突，一度想派李世民出关镇守洛阳，但因李建成的阻挠而作罢，"建成、元吉相与谋曰：秦王今往洛阳，既得土地甲兵，必为后患。留在京师制之，一匹夫耳。密令数人上封事曰：秦王左右多是东人，闻往洛阳，非常欣跃，观其情状，自今一去，不作来意。高祖于是遂停"[⑤]。在决定皇位归属的玄武门之变中，李世民之所以能够取得胜利，"其关键实在太宗能利用守卫宫城要隘玄武门之山东豪杰，如常何辈"[⑥]，而常何正是徐世勣一派的将领。

可以这样认为，洛阳是李世民的福地，是他的龙兴之地。太宗即位后，刻意压抑山东士族，但对山东豪杰则是着意笼络和重用。这就不难理解，为什么在遭到屡次谏阻的情况下，唐太宗还是坚持要大力营建洛阳宫。因为这是对关中本位政策的修正和调整，长安是关中集团的中心，洛阳是山东集团的中心，要保持大唐的稳定，长安和洛阳缺一不可。

唐高宗生性懦弱，太宗为其选定的辅政大臣也兼顾了关中与山东之间的平衡，长孙无忌、褚遂良是关陇贵族的代表，徐世勣是山东豪杰的代表。这两股势力的对立在高宗废后事件上完全显露了出来。高宗要废掉王皇后，立武则天为后。王皇后家族本与李唐皇室有联姻关系，皇后舅父柳奭又属于关陇贵

① 《隋书》卷三《炀帝纪》，中华书局1973年版，第61页。

② 陈寅恪：《论隋末唐初所谓"山东豪杰"》，载《金明馆丛稿初编》，生活·读书·新知三联书店2015年版，第243页。

③⑥ 陈寅恪：《论隋末唐初所谓"山东豪杰"》，载《金明馆丛稿初编》，生活·读书·新知三联书店2015年版，第252页。

④ 《旧唐书》卷六九《张亮传》，中华书局1975年版，第2515页。

⑤ 《旧唐书》卷六四《隐太子建成传》，第2417－2418页。

族，可见王皇后家族根基深厚，而武则天父亲只是一个木材商人，属于山东寒族。这样，皇后废立之争遂演变成关陇集团与山东集团之间的一场斗争。当高宗征求太尉长孙无忌、司空徐世勣、左仆射于志宁和褚遂良的意见时，由于长孙无忌、于志宁、褚遂良三人属于关陇集团，所以极力反对。褚遂良谏阻道："陛下必欲易皇后，伏请妙择天下令族，何必武氏。"① 徐世勣一人为山东地域之代表，所以是赞成派，徐世勣密奏曰："此陛下家事，何必更问外人！" 高宗"意遂决"②。"世勣在当时为军事力量之代表，高宗既得此助，自可不顾元舅无忌等关陇集团之反对，悍然行之。然则武曌之得立为皇后乃决定于世勣之一言，而世勣所以不附和关陇集团者，则以武氏与己身同属山东系统，自可不必反对也。"③ 高宗立武则天为皇后是关系唐朝政治走向的一件大事，从此以后，在关陇集团与山东集团的对立中，天平开始向山东集团倾斜。

武则天是不世出的政治奇才，她是绝对不会满足于当皇后的。但武则天要在政治上继续前进面临着两个障碍，那就是她的女性身份和山东寒族身份，这都是关陇贵族反对她的理由。所以武则天要在政治上大显身手，必须对关陇贵族痛下杀手。如果说唐太宗的政策是平衡关中集团和山东集团的话，那么武则天就是利用山东集团打击关中集团。以长安为中心的关中是关陇贵族的大本营，为了摆脱关陇贵族的阻挠，武则天决定把政治中心从长安迁到洛阳。高宗7次巡幸洛阳都是立武则天为皇后以后的事。高宗死后，以武则天为首的朝廷常驻洛阳，改洛阳为神都，洛阳成为大唐名副其实的政治中心。武则天当权后，首先把反对她当皇后的长孙无忌、褚遂良贬官、流放。王皇后的舅舅柳奭被杀，裴炎因反对武则天立武氏七庙，并劝武则天归政于子而被杀。武则天任用酷吏，鼓励告密，实行恐怖政治，重点打击反对她的以李唐宗室为首的关陇贵族。

武则天在打击关陇贵族的同时，大力提拔庶族地主充任各级官吏。关陇贵族主要通过门荫制入仕，出将入相，文武不分。武则天大力发挥科举制在选拔官员中的作用，是对关陇贵族入仕的一种抑制。在太宗统治的23年中，共录取进士205人，而在高宗和武则天统治的55年中，据不完全统计，"进士即有一千余人，平均每年录取人数较贞观时增加一倍以上"④。武则天为取得下层士人的支持，还开不定期的制科选拔人才，并命令朝臣荐举人才，允许官吏和一般士人自荐。大臣陆贽指出："往者则天太后践祚临朝，欲收人心，尤务拔擢，弘委任之意，开汲引之门，进用不疑，求访无倦，非但人得荐士，亦许自举其才。"⑤ "武后命官猥多，而开元中有名者皆出其选"⑥，"太后虽滥以禄位收天下人心，然不称职者，寻亦黜之，或加刑诛。挟刑赏之柄以驾御天下，政由己出，明察善断，故当时英贤亦竞为之用"⑦。陈寅恪先生指出，"武后柄政，大崇文章之选，破格用人，于是进士之科为全国干进者竞趋之鹄的。当时山东、江左人民之中，有虽工于为文，但以不预关中团体之故，致遭屏抑者，亦因此政治变革之际会，得以上升朝列，而西魏、北周、杨隋及唐初将相旧家之政权尊位遂不得不为此新兴阶级所攘夺替代"⑧。可见，武则天之所以在面临巨大反对力量的情况下，还能够牢牢掌握政权，一步步登上皇位，除了用铁腕手段打击政敌外，还借助于积极推动士族地主衰落、庶族地主上升这个历史潮流。

武则天的用人政策不仅打击了关陇军功贵族，也打击了山东士族。陈寅恪先生对安史之乱前河北（山东）地区文化的"胡化"现象非常不解，"夫河北之地，东汉、曹魏、西晋时固为文化甚高区域，

① 《资治通鉴》卷一九九，永徽六年九月戊辰，第6403页。
② 《资治通鉴》卷一九九，永徽六年九月戊辰，第6405页。
③ 陈寅恪：《记唐代之李武韦杨婚姻集团》，载《金明馆丛稿初编》，第278页。
④ 翦伯赞主编：《中国史纲要》（上册），人民出版社1995年版，第374页。
⑤ 《旧唐书》卷一三九《陆贽传》，第3803页。
⑥ 《新唐书》卷一五二《李绛传》，中华书局1975年版，第4842页。
⑦ 《资治通鉴》卷二〇五，长寿元年正月丁卯，第6593页。
⑧ 陈寅恪：《隋唐制度渊源略论稿·唐代政治史述论稿》，第202页。

虽经胡族之乱，然北魏至隋其地之汉化仍未见甚衰减之相，何以至玄宗文治灿烂之世，转变为一胡化地域？其故殊不易解”①。其实，这种现象正是实行科举制造成的结果。实行科举制以后，选拔官员的权力由地方士族手中集中到了中央，士族子弟要做官，必须到京城谋求发展，这样士族不得不离开乡里迁向京畿地区。唐代，大批关东士族迁居长安、洛阳，“最大的迁徙风潮是在高宗、武后及玄宗间开始的，到安史之乱前已基本完成；在这些大士族的著支迁徙中，迁移到河南府者比移到京兆府者几乎多了一倍，河北（山东）大士族的著支向两京一带迁移的迹象尤为明显”②。士族的根基在乡里，一旦脱离宗族乡里，士族就将失去势力依托而走向衰落。伴随着士族的衰落，出身寒族、以文词之科为进身之阶的进士阶层兴起了。门阀士族衰落，庶族地主兴起是唐宋社会变革的一项重要内容，也是中国历史的一大进步。武则天促进并利用了这个进步登上了权力的顶峰，而这个进步是与洛阳联系在一起的。

府兵制是唐朝关中本位政策的重要内容，破坏府兵制是武则天破坏关中本位政策的重要途径。贞观十年，在全国各地设置折冲府，“凡天下十道，置府六百三十四，皆有名号，而关内二百六十有一，皆以隶诸卫”③。军府的设置以关中地区为中心，贯彻内重外轻的原则，中央兵力足以控制全国，所谓“举关中之众，以临四方”④。陆贽在奏议中指出：“王畿者，四方之本也。太宗列置府兵，分隶禁卫，大凡诸府八百余所，而在关中者殆五百焉。举天下不敌关中，则居重驭轻之意明矣。”⑤ 武则天执政后，“徙关内雍、同等七州户数十万以实洛阳”⑥。为保障关中有充足的府兵兵源，唐朝是禁止移民出关的。武则天敢于违反这个禁令，把数十万户移民到洛阳，目的是把国家的军事重心从关中移到山东。为防止来自东方的叛乱，贞观年间在河北是不设军府的，“河北之地，人多壮勇，故不置府”⑦。为抵御契丹、突厥的入侵，武则天破例在河北地区设置军府。另外，由于突厥、契丹经常骚扰河北，边境经常告急，府兵征发频繁，逃亡日益增多，普遍征兵制难以为继，军制改革势在必行。改革的实质是由兵农合一的征兵制转为兵农分离的职业军制，改革从武后时期开始，到玄宗时完成，结果是内地府兵制破坏，东北边防节度使坐大，“唯边州置重兵，中原乃苞其戈甲，示不复用，人至老不闻战声”⑧。唐朝的兵力部署由内重外轻转变为外重内轻，关中本位政策彻底被破坏。

玄宗虽然对武则天的过激做法进行了一定的修正，但那都是表面现象，关中本位政策的破坏是不可逆转的。科举制的壮大，进士集团的出现，府兵制的破坏，募兵制的兴起，这些都是历史发展的大趋势。开元盛世正是在武则天时期打下的人才和制度基础上出现的。武则天的统治创造了洛阳的辉煌历史，这种辉煌一直保持到安史之乱爆发，此后洛阳的光辉就慢慢暗淡了下来。但是这没有什么可遗憾的，任何一座城市都不可能永远保持辉煌，洛阳已经创造了伟大的历史。洛阳的伟大在于它结束了一个门阀士族统治的旧时代，开创了一个新兴的科举出身的士大夫统治的新时代。洛阳既是盛唐历史的见证者，同时也是唐宋变革的见证者。洛阳为什么能够有这样重要的地位？“天下之中”的优越地理位置、便利的交通和漕运，或表里山河的险要地形等，诸如此类的客观条件都不能解释这个问题，客观条件必须与人的因素结合起来才能起作用。以洛阳为中心的东方地区代表了先进经济、制度和文化的发展方向，关中政权则在军事上占有优势，关中本位政策是统一天下的政策，国家统一以后，历史的天平就开始向以洛阳为中心的东方倾斜，这就是唐代洛阳政治地位如此重要的原因。

---

① 陈寅恪：《隋唐制度渊源略论稿·唐代政治史述论稿》，第212页。
② 冯尔康：《中国宗族史》，上海人民出版社2009年版，第150页。
③ 《新唐书》卷五〇《兵志》，第1325页。
④ 马端临：《文献通考》卷一五一《兵考》三，中华书局2011年版，第4528页。
⑤ 《资治通鉴》卷二二八，建中四年八月乙卯，第7467－7468页。
⑥ 《旧唐书》卷六《则天皇后纪》，第122页。
⑦ 王应麟：《玉海》卷一三八《兵志》，载《影印本文渊阁四库全书》（第946册），第638页。
⑧ 马端临：《文献通考》卷一六一《兵考》十三，第4825页。

三、唐宋时期洛阳政治地位转变的原因

唐代洛阳政治地位特别重要，而宋代洛阳则成为一个具有浓厚文化氛围和休闲性质的城市，此后更是下降为一个区域性城市。在很短的时间内发生如此巨大的变化，其中原因值得探讨。

由于在历史上的重要地位，洛阳在北宋时并没有被忘记，宋太祖曾极力推动迁都洛阳以去冗兵。仁宗朝每当边境吃紧的时候，总会有人提出迁都洛阳的建议，原因自然是洛阳有表里山河的险要地形。以至于后人将北宋的亡国归罪于未能迁都洛阳，“宋祖开基，大臣无周公宅洛之谋，小臣无娄敬入关之请，因循前人，不易其故，逮至九朝，遂有靖康之难”[①]。而反对迁都洛阳的最大理由就是开封有漕运之便利。其实，山河形胜是否对都城的安全真有那么重要，漕运为什么成了建都最重要的因素，这些本身都是需要探究的问题。

在长安、洛阳、开封三个城市建都的利弊得失上，宋人秦观提出了独到的见解，值得重视。他在《进策·安都》中首先提出了当时人的主流观点：“臣闻世之议者皆以谓，天下之形势莫如雍（长安），其次莫如周（洛阳），至于梁（开封）则天下之冲而已，非形势之地也。故汉、唐定都皆在周、雍，至五季以来，实始都梁，本朝纵未能远规长安，盍亦近卜于洛阳乎?”秦观不认可这种主张建都洛阳的观点，接着便分析了三个城市的特点，他认为长安所在的关中地区地形险要，“四塞之国也，故其地利守，自古号为天府”；开封的特点是交通便利，“四通五达之郊也，故其地利战，自古号为战场”；洛阳是东西方之间的要道，“以守则不如雍，以战则不如梁，然雍得之可以为重，自古号为天下之咽喉”。最后秦观提出了自己的观点，“臣以谓汉、唐之都必于周、雍，本朝之都必于梁而后可者，汉、唐以地为险，本朝以兵为险故也”[②]。秦观认为汉、唐没有那么多军队，所以必须定都在四塞之国，而宋朝驻扎数十万军队于京师，军费又全部由国家供给，所以必须建都在漕运便利之开封。宋人张方平也有类似的看法，“臣窃惟今之京师，古所谓陈留，天下四冲八达之地者也，非如函秦天府百二之固，洛宅九州之中，表里山河，形胜足恃”，“祖宗受命，规摹毕讲，不还周、汉之宇而梁氏是因。非乐是而处之，势有所不获已者，大体利漕运而赡师旅，依重师而为国也。则是今日之势，国依兵而立，兵以食为命，食以漕运为本”[③]。开封有漕运之利不是什么新观点，宋朝“以兵为险”“依重师而为国”是独到之见，这确实是宋朝出现的新现象。

为什么汉、唐的“以地为险”到宋朝就转变为“以兵为险”？笔者认为，这个问题与唐宋之间的社会变革有关系。唐宋变革的一个重要表现是士族地主退出历史舞台，平民地主成为社会的统治阶级；另一表现是寓兵于农的普遍征兵制退出历史舞台，兵农分离的募兵制正式形成。[④]“以地为险”的实质是在一定的历史时期，人对土地有一种依附性，正因为人不能离开一定的地域，所以为了政权的安全，必须寻找一个险要的地形作为根据地。安史之乱前的唐朝正好符合这种情况。唐朝政权的核心集团是关陇贵族，关陇贵族是门阀士族的一种，即士族中的军功贵族。士族是不能离开乡里的，因为士族的力量在于以家族为核心控制了大量土地，以及土地上的依附人口部曲、佃客，这些部曲、佃客是亦兵亦农的。关陇贵族的特殊性在于其依附人口中有大量的部落兵，所以战斗力很强。李唐皇族本身就是军功贵族，

---

① 郑樵：《通志》卷四一《都邑略》，载《影印本文渊阁四库全书》，第373册，第516－517页。

② 秦观：《淮海集》卷一三《进策·安都》，载《影印本文渊阁四库全书》，第1115册，第486－487页。

③ 张方平：《乐全集》卷二三《论京师军储事》，载《影印本文渊阁四库全书》，第1104册，第228页。

④ 关于唐宋变革研究参见李华瑞：《“唐宋变革”论的由来与发展》（上），《河北学刊》2010年第4期；《“唐宋变革”论的由来与发展》（下），《河北学刊》2010年第5期。

又得到了关中其他贵族的支持，所以最后统一了全国。另外，府兵是唐朝统治倚重的核心武装力量，府兵制与均田制相互配合，府兵其实就是国家的部曲、佃客，亦兵亦农。唐朝军府的部署贯彻了内重外轻的原则，全国共634个折冲府，其中261个部署在关中。府兵属兵农合一制，当然也是不能脱离土地的，所以必须坚持“以地为险”，集中在以长安为中心的关中，保卫中央政府。

唐朝这种以关中为本位的政策，从武则天统治时期开始被破坏，到安史之乱爆发前已经被破坏殆尽。表现之一，在用人方面，原来是关陇贵族出将入相，亦文亦武，后来关陇贵族没落，以宰相为首的文官由科举出身的下层士人担任，玄宗时的名相姚崇、宋璟、张说、张九龄等就是其中的代表。武将则由边境的藩将担任，安禄山就是代表。表现之二，府兵制彻被破坏，唐朝军队集中在北方边境，都是招募的职业军人，安史之乱爆发前内地已经无兵可派，内重外轻的军队部署原则转变为了外重内轻。“以地为险”的基础已经被掏空，所以关中与洛阳地区的险要地形已经不再发挥作用，很快被安史叛军攻破。

任何一个政权必须有武装力量作后盾。唐朝后期，地方军队掌握在节度使手中，不听中央调度，作为中央禁军的神策军掌握在宦官手中，皇帝手中没有任何武装，所以成了傀儡。最后，节度使朱温灭掉唐朝，建立后梁，军阀正式登上政治舞台。在士族社会中，皇族本身是士族，皇权统治想要稳固，还必须得到其他士族的支持，可谓得士族者得天下。中唐以后，士族瓦解，军阀成了政治上的主角，得军队者得天下。五代政权的更替，便是军阀角逐的结果。后晋大将安重荣公然声称：“天子，兵强马壮者当为之，宁有种耶!”① 军阀的军队都是脱离土地的职业兵，这是与以前兵农合一的征兵制的不同之处。职业兵的特点是“全家随军，脱离农耕，子孙也只能把从军视作出路，从而出现父终子继、世袭为兵的现象”，由于职业军人“仰赖粮饷、衣赐为生，如果藩镇节帅不能按时发放足够的粮饷、衣赐，或‘优奖不如意’，兵士就会诉诸武力，喧哗求索，甚至变易主帅有如儿戏”②，这就是职业募兵制下的骄兵悍将现象。在职业兵制下，除了要发放士兵本身的衣赐口粮以及伤残退役后的生活保障外，还要发放兵士家属的粮饷，所以国家的军费负担大大加重，这也是与府兵制不同之处。募兵制下，得军队者得天下，这就是秦观所谓“以兵为险”。

所有这一切都是北宋面临的现实问题。赵宋皇权本身就是军阀通过兵变建立的政权。赵匡胤是后周大将，在军队中经营多年，势力越来越大，私下里结成的“义社兄弟”③ 是陈桥兵变的核心力量。宋朝建立后，太祖最大的焦虑就是怎样防范军队将领效仿自己发动兵变，如何才能避免让宋朝成为第六个短命王朝。答案只有一个，那就是收兵权。杯酒释兵权的实质是用经济收买的办法解除高级将领的兵权。宋太祖可以用经济手段收买兵权，而以前没有类似情况发生，原因也在于唐宋之间的变革。士族此时已经退出了历史舞台，军队将领并没有宗族背景，士兵与将领之间只有经济关系，并没有宗法依附关系，这为解除大将的兵权提供了便利条件。

解除大将的兵权后，庞大的募兵队伍却不能像以前那样复员归农，而是要集中兵权于中央。据史载，“太祖起戎行有天下，收四方劲兵，列营京畿，以备宿卫，分番屯戍，以捍边圉。于时将帅之臣入奉朝请，犷暴之民收隶尺籍，虽有桀骜恣肆，而无所施于其间。凡其制，为什长之法，阶级之辨，使之内外相维，上下相制，截然而不可犯者，是虽以矫累朝藩镇之弊，而其所惩者深矣”④。通过一系列制度的建立，有效解决了中唐、五代以来的骄兵悍将问题。

骄兵悍将问题解决了，“冗兵”问题又产生了。宋初军队有22万，太祖开宝年间（公元968～976

① 《旧五代史》卷九八《安重荣传》，载《二十五史》，上海古籍出版社、上海书店1986年版，第4994－4995页。
② 唐长孺：《魏晋南北朝隋唐史三论》，武汉大学出版社1993年版，第437页。
③ 李攸：《宋朝事实》卷九《勋臣》，中华书局1955年版，第157页。
④ 《宋史》卷一八七《兵》一，中华书局1985年版，第4569－4570页。

年）达到37.8万，此后直线攀升，太宗至道年间（公元995～997年）是66.6万，真宗天禧年间（公元1017～1021年）是91.2万，仁宗庆历年间（公元1041～1048年）达到最高数额125.9万，宋夏战争结束后略有下降，也维持在110万的水平上。[①] 维持庞大的职业军队给国家的财政带来了沉重负担，仁宗朝大臣贾昌朝上疏指出："江、淮岁运粮六百余万石，以一岁之入，仅能充期月之用，三分二在军旅。"[②] 如此巨额的军费负担，决定了宋朝只能建都在漕运便利的开封，迁都洛阳只能是一句空话。

宋朝为什么要维持如此庞大的军队？一方面是因为边境面临契丹、西夏的强大军事压力，另一方面是为了维持政权内部的稳定。宋朝实行荒年募兵政策，据宋人邵博记载，宋太祖曾说："吾家之事，唯养兵可为百代之利，盖凶年饥岁，有叛民而无叛兵，不幸乐岁变生，有叛兵而无叛民。"荒年把饥民中的强壮者招募为兵，可以有效避免民变；丰年如果发生兵变，衣食无忧的农民不会追随，这是兵农分离的募兵制下有利的一面。所以邵博指出，"议者以本朝养兵为大费，欲复寓兵于农之法，书生之见，可言而不可用者哉"[③]。话虽如此，但沉重的军费负担让尚处于农业经济时代的宋朝政府着实吃不消。

如何减少军队数量是宋朝君臣一直在讨论的问题。宋太祖执意迁都洛阳，就是为了"据山河之胜而去冗兵"。但如上所述，定都长安、洛阳"以地为险"，那是兵农合一制度下的事，宋朝的形势是募兵制下"以兵为险"，即便定都长安、洛阳也不可能减少军队数量，山河形胜必须与人的因素相配合才能发挥作用。恢复兵农合一制才能"去冗兵"，这一点宋朝大臣也认识到了。范仲淹庆历新政中有一项措施"修武备"，就是想逐步恢复唐代的府兵制，"请约唐之法，先于畿内并近辅州府，招募强壮之人充京畿卫士，得五万人以助正兵，足为强盛。使三时务农，大省给赡之费，一时教战，自可防御外患"[④]。想法虽好，但这一项改革措施是新政中唯一没有被付诸实施的建议。王安石变法中有保甲法，也是想以保甲代替正规军，恢复兵农合一的兵制，结果"正兵不可代，而保甲化天下之民皆为兵，于是虚耗之形见，而天下之势愈弱"[⑤]。募兵制的出现是经济社会发展的结果，开历史倒车没有出路。

宋代皇权的阶级基础是平民地主阶级，这个阶级主要通过科举制进入政权。平民士大夫在地方社会没有强大的宗族乡里势力，所以对皇权有了更大的依附性，这是他们与门阀士族相区别的地方。宋代皇权的武装基础是庞大的职业军队，募兵制是兵农分离的兵制，军队对乡里社会也没有依附关系，这是与唐代府兵制的不同之处。宋代实行"重文抑武"政策，正是基于其政权基础做出的理性选择。因为平民地主阶级与职业募兵都脱离了对宗族乡里社会的依附，所以"以地为险"的时代过去了，"以兵为险"的时代来临了，长安、洛阳作为国家都城的时代也结束了。洛阳政治地位在唐宋时期发生的变迁放在这个巨大社会变革的背景下才可以理解。

（作者为河南省社会科学院历史与考古研究所副研究员）

① 白寿彝总主编：《中国通史》第七卷《中古时代·五代辽宋夏金时期》（上），上海人民出版社1999年版，第253页。

② 马端临：《文献通考》卷二四《国用考二》，第699页。

③ 邵博：《邵氏闻见后录》卷一，中华书局1983年版，第1页。

④ 《长编》卷一四三，庆历三年九月丁卯，第3441页。

⑤ 马端临：《文献通考》卷一五四《兵考》六，第4617页。

浅议洛阳文化在中国文化史上的地位

张宪功

摘要：本文从洛阳文化源远流长、原生性显著，类型多样、内涵丰富，泽被全国、影响深远三个方面分析了洛阳文化在中国文化史上的地位，认为洛阳文化是中华文化之源，是中华文化的核心文化，具有重要的历史地位。

关键词：洛阳文化；中国文化史；地位

洛阳文化是产生于洛阳地区的中国古代传统文化，是华夏文化的核心，是中华民族的摇篮。从广义上而言，其与河洛文化相等同。河洛文化是指以洛阳为中心的黄河与洛水交汇地区的物质与精神文化的总和①，就今日之地理范围而言，则具体指今“黄河由河曲、渭水而东，中经砥柱之险，过孟津、荥阳，直达郑州，这段大河以南，以洛阳为中心的地区，包括洛河、伊河流域及登封、嵩山周围等地的古代传统文化。狭义上说，指现今洛阳市所辖的一市（堰师）、八县（孟津、新安、宜阳、伊川、汝阳、洛宁、嵩县、栾川）、六区（涧西、西工、老城、瀍河、洛龙、吉利）共1.5万平方公里土地上的古代传统文化”②。那么广义的洛阳文化则“泛指以嵩山、洛阳为中心的河南、河内、河东诸地区，包括北及晋南、冀中，西至关中，南达汉水，东到鲁西、江淮这样一个范围更广的地域”中的文化。③ 洛阳文化与邻近的以雄壮为特点的关中秦文化相比，则显得相对柔和而内敛。这与建都于此的王朝自身的实力有着莫大的关系。建都西安的王朝，多以雄健著称，而建都于洛阳的王朝则显得文气稍重，力量不足。但是，这并没有削弱洛阳文化在中国文化史上的地位，反而加强了其在中国文化史上的地位。本文以此为出发点，从以下三个方面对洛阳文化在中国文化史上的地位以及对中国文化的影响进行阐述，亦就教于方家。

一、洛阳文化源远流长、原生性显著

从史前考古学文化来看，洛阳一带拥有丰富的史前文明。且“田野考古揭示，河洛地区的河南龙山文化就是华夏文化的母体文化”。“从探索中国古代文明形成源头来说，夏文化直接渊源于河南地区的河南龙山文化；从对夏王朝以后的中国古代历史发展而言，河洛地区的河南龙山文化、夏文化是孕育华夏文明、中华民族文化、汉文化的核心文化。”④

从历史上来看，洛阳文化是中华文化之源、中华文明之根，是中华民族人文始祖诞生之地、华夏文

① 李国英：《“一带一路”背景下河洛文化资源开发新模式》，《安阳工学院学报》2016年第5期。

② 赵金昭：《论洛阳文化与洛阳经济》，《中华文化论坛》2002年第1期。

③ 徐金星：《河洛文化：中华民族之根文化》，洛阳网，http：//news. lyd. com. cn/system/2009/05/08/000622701. shtml.

④ 刘庆柱：《河洛文化是中华民族的核心文化》，《光明日报》2004年8月31日。

明的重要发祥地之一。有着四千多年悠久历史的洛阳，先后有夏、商、东周、东汉、曹魏、西晋、北魏、隋、唐、武周、后梁、后唐、后晋13个王朝在此建都，历时1500余年，是中国建都最早、历时最长、朝代最多的古都，[①] 因此有“永怀河洛间，煌煌祖宗业”之称。

从文化角度来看，洛阳是中华元典的诞生之地，更是历代科学泰斗、学术流派、鸿生巨儒、翰墨精英的著述扬名之区。中国古典传说——昆仑体系中的伏羲、女娲、黄帝、尧、舜、禹等神话多在此流传并广布天下；老子在此著《道德经》，洛阳可被誉为道家之源；孔子问道于老子，并周游天下，广布学说，创立儒学，观其游览区域，主要在今日以洛阳为中心的文化区域之内，可以说，洛阳文化是儒家文化的母体。正如梁晓景先生所说：“孔子适周，曾问礼于老聃，学乐于苌弘，观先王之遗制，目的是要广泛地学习礼乐知识，这对孔子思想的形成，是有重大意义的。”[②] 魏晋玄学，就是于曹魏时期在洛阳产生并随着晋人南渡而遍布全国的。宋明理学，虽大成于朱熹，但其发端于洛阳是无疑的。至于对我国影响深远的佛学，也是由洛阳走向天下的。我国第一座佛教寺院即洛阳白马寺，被誉为中国佛教的“祖庭”。此外，从《诗经》到贾谊，三班（班彪、班固、班超）在此修成《汉书》，司马光在此编成《资治通鉴》，张衡在此发明浑天仪、地动仪等；陈寿的《三国志》、许慎的《说文解字》、欧阳修的《新唐书》等鸿篇巨著，三曹、二程、建安七子、竹林七贤、唐初四杰等无不在此留下名篇；大诗人李白、杜甫、白居易、刘禹锡、韩愈、范仲淹，书法家颜真卿、柳公权、王铎，画家展子虔、吴道子、张旭、武宗元，高僧玄奘，酒圣杜康，诸多历史文化名人，或生于此，或长于此，或游历于此，或终老于此，[③] 均对中华文化做出了巨大的贡献。

中华姓氏文化源远流长，据考证，“洛阳是中华民族姓氏诞生比较集中的地方，东周时期王、刘、李等几十个姓氏形成于洛阳，北魏时期鲜卑族汉化有180多个姓氏在洛阳形成”[④]。此外，我国的阴阳五行来源于、产生于此的“河图洛书”，书法、绘画、雕塑、舞蹈、戏剧亦多由此发源。可以说，洛阳文化不仅在史前时期为中华文化的发展奠定了坚实的基础，在历史的发展长河中，也处处处于领先的地位，构成了中华文化的源头与根基。

二、洛阳文化类型多样、内涵丰富

洛阳文化类型多样，有的学者简单地将其概括为“物质文化”和“非物质文化遗产”两大类，这虽然无可厚非，但却不能显示洛阳文化的独特性以及洛阳文化的内涵。有的学者将洛阳文化概括为“汉礼文化、宗教文化、名人文化、服饰文化、科教文化、建筑文化、河洛文化、文学艺术”等。[⑤] 徐光春则在《中原文化与中原崛起》一书中对中原文化进行了系统的梳理与介绍，大致概括为十八种文化形态。[⑥] 徐金星则将洛阳文化划分为了史前考古学文化、三皇五帝文化、河图洛书传说、史官文化等十种文化类型。[⑦] 李红霞[⑧]、李国英[⑨]等人根据宋朝丽在《河洛文化，从那个久远的传说谈起》中的归纳，将洛阳文化概括为遗址文化、思想宗教文化、民俗文化等八种类型（如表1所示）。

---

① 王小龙：《繁荣社会主义文化视域中的文化产业发展研究——以洛阳文化产业发展为例》，河南科技大学硕士学位论文，2010年。

② 梁晓景：《孔子入周问礼及其相关问题》，载《河洛文化论丛》（第一辑），河南大学出版社1990年版。

③ 洛阳市委宣传部主编：《洛阳》，现代出版社1995年版，第1－39页。

④⑤ 谢寅睿：《浅议洛阳古都文化之发掘及推广》，《语文知识》2012年第3期。

⑥ 徐光春：《中原文化与中原崛起》，河南人民出版社2007年版。

⑦ 徐金星：《河洛文化：中华民族之根文化》，洛阳网，http：//news. lyd. com. cn/system/2009/05/08/000622701. shtml.

⑧ 李红霞：《洛阳传统文化创新发展研究》，《文化学刊》2016年第9期。

⑨ 李国英：《“一带一路”背景下河洛文化资源开发新模式》，《安阳工学院学报》2016年第5期。

表 1　河洛文化资源类型及形态

文化资源类型	文化资源形态
遗址文化	史前文化遗址：洛阳堰师二里头文化遗址、天子驾六等 古代都城文化：夏、商、西周洛邑、东周王城、汉魏洛阳故城、隋唐洛阳城等 13 朝古都
思想宗教文化	物质形态：释源祖庭白马寺、关林、龙马负图寺、洛阳龙门石窟 非物质形态：武术文化、周易文化、佛教文化、太极文化、华夏文明之源、道家文化、儒学文化、理学
民俗文化	民间工艺品：面塑、泥塑、糖塑、唐三彩、草编、香袋、宫灯等 民间表演艺术：河洛大鼓、汝阳折子戏、舞狮、高跷、杂技等 其他：洛阳水席、民间传说、民间游戏、节庆风俗、婚嫁娶风俗
名人文化	众多历史文化名人故居、故里、故事传说、姓氏文化、根文化
诗文化	代表诗人：曹植、唐初四杰、杜甫、白居易等 诗歌：《洛神赋》以及大量唐诗名篇 汉字书法艺术：魏唐碑文、瓦砾图案、字画 传说典故：洛阳纸贵、杜康造酒等
花文化	牡丹花会、工艺品、传说典故
丝绸之路文化	丝路起点、陶瓷、茶文化、对外文化交流
工业文化	改革开放以后洛阳一拖制造等工业文化

其实，最后一项“工业文化”与历史上洛阳地区所取得的科技成就相贯穿，可以概括为“科技文化”。然而，历史时期的“科技文化”又以名人文化、民俗文化、遗址文化等具象事物亦可以归入其他相应类别当中。由此看来，对于洛阳文化的这一分类相对简便，且易于接受。

种类繁多的洛阳文化，都拥有无比深厚的内涵。以其都城文化而言，“洛阳现有的五大都城遗址，即夏都斟寻、商都西亳、周都王城、汉魏古城、隋唐古城，它们分布于河洛之滨。像洛阳这种密集分布、代代相继的古城遗址密布区，不仅中国，而且在全世界范围内也是独一无二的”①。而且每一个时期的都城，在中国历史上都占据重要地位。这些大遗址群包含了“自夏至唐近三千年中华文明与文化重要起源和发展阶段的大规模遗存，不仅在历史文化方面具有一定的文明发展延续性，而且，在分布区域上具有显著的关联性，是我国文明发展史上极为重要的区域”②。

再如“河图洛书”，是“河洛文化的源头和标志”。在河洛交汇处，一清一浊，两水相互撞击，形成太极图“阴阳鱼”。《周易·系辞》中所言“河出图，洛出书，圣人则之”即由此而出。传说上古伏羲氏见到这种情形，受到启发，画出“阴阳图”，此后又据“河图洛书”推演出“先天八卦”，开创“中华文明”的先河。③

总之，种类繁多的洛阳文化，无疑蕴含着深厚的内蕴在其中，其内在的生命力和张力，是不容小觑的。这正是洛阳文化孜孜不息、源源不断的根源所在。

---

① 赵金昭：《洛阳文化与洛阳经济》，中州古籍出版社 2001 年版。
② 虞春隆、周若祁：《河洛文化的建筑诠释——洛阳新区博物馆设计竞赛感想》，《四川建筑科学研究》2010 年第 1 期。
③ 李国英：《“一带一路”背景下河洛文化资源开发新模式》，《安阳工学院学报》2016 年第 5 期。

三、洛阳文化泽被全国、影响深远

洛阳文化在历史的长河中，不断通过与外界的交融，将洛阳文化向外传播，同时，不断吸收外来文化，将其改造升级，形成新的文化，并再次向外传扬。在长期的历史演进过程中，洛阳文化以其“正统性和中华民族古代文化内核的稳定性，通过社会发展和时代变迁而广泛扩散开来。这种扩散过程，是洛阳文化的文化特质和文化丛以洛阳为中心向周边逐步传播的过程”①。首先，以周礼而言，此为“西周初年周公摄政时期在洛阳形成的‘敬德保民’治国思想和周公所制定的一整套体系完备的礼乐文明”②。周公之子伯禽代父到鲁国上任之时，将整套的西周典章制度以及完备的周礼带到了鲁国，在此基础之上，开创了儒家学派。可以说，儒家学说是对周礼的一种继承。其次，再言佛教在我国的传播。佛教从印度传入洛阳，东汉永平十一年（公元68年）在此建白马寺，是为我国佛教祖庭。在政府的组织下，开始翻译大量佛经，并组织人员学习消化，佛教文化由此向周边扩散，进而遍布全部，流布东亚、东南亚。再次，由于洛阳在历史上有着极高的政治和经济地位，尤其是我国历史上的三次大的人口南迁，其中洛阳地区的人在文化上对于迁入地产生了巨大而深刻的影响。江南文化本与北方河洛地区大不相同，门阀士族的南迁，将曹魏、西晋以来的玄学主流也带到了以建康为中心的江南地区，南方守旧的世家经学也不免受其影响，转而研习玄理。一时间，玄学清谈之风盛行江南，“复闻正始之音”③。最后，大量士人南渡，也将洛阳音带向了南方诸地。其实在两周时期，已经形成了以洛阳音为基准音的中华雅言。随着中原士人的大量迁徙，洛阳音的影响力逐渐在全国范围内显现出来，基本奠定了清代以前，以洛阳音为基准因的汉语发音规则。历史上称一个地区的人由于仰慕洛阳文化，相继学习洛阳人读书说话的腔调，并将此称为“洛生咏”，甚至在丧礼上，也以洛阳音为准。

宋代时期，洛阳“逐渐完成了从政治型都市文化到休闲娱乐型文化的嬗变”④。大量文人、退休官员等集聚洛阳，置地修园。从人文条件来看，“洛阳古帝都，其人习于汉唐衣冠之遗俗，居家治园池，筑台榭，植草木，以为岁时游观之好”⑤。洛阳牡丹甲天下之说，由此广布天下，因此，“北宋时期是洛阳牡丹蜚声全国甚至海外的重要时期，也是我国牡丹文化形成的重要时期”⑥，为今日洛阳牡丹的盛誉打下了良好的基础。

四、结语

洛阳文化诚如洛阳的地理位置。洛阳“为天下之中，土圭日影，得阴阳之和；嵩少泸涧，钟山水秀。名公大人，为冠冕之望；天匠地孕，为花卉之奇”⑦，居于中华文化的中心位置，在中国文化的发生发展中居于核心的地位。文化是一种软实力，强大的洛阳文化，必定在历史的长河中继续发挥其重要作用。

（作者为内蒙古民族大学政法与历史学院讲师）

① 赵金昭：《论洛阳文化与洛阳经济》，《中华文化论坛》2002年第1期。
② 徐正英：《论河洛文化的根源性特征》，《河南社会科学》2010年第6期。
③《晋书》卷三十六《卫玠传》，转引自冯天瑜等编：《中国文化史》，高等教育出版社2005年版。
④ 张显运：《从政治型都市文化到休闲娱乐型文化的嬗变》，《洛阳师范学院学报》2012年第7期。
⑤ 苏辙：《栾城集》卷二十四，北京图书馆2004年版。
⑥ 白茹冰：《北宋洛阳牡丹文化初探》，《商丘师范学院学报》2016年第4期。
⑦ 文彦博：《潞公文集》卷七，载《四库全书本》（第1100册），上海古籍出版社1987版。

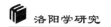

洛阳邙山出土竞诸器系联研究

黄锦前

摘要：本文对20世纪20年代河南洛阳邙山庙沟西周墓葬出土的竞诸器进行了系联和研究，着重对此组器物的组合及铭文所涉及的西周时期御史制度方面的问题进行了讨论，对相关问题获得了一些新的认识，厘清了过去一些不准确看法。

关键词：竞；御史；制度；组合

竞诸器系1925年（或1926年）河南洛阳邙山庙沟西周墓葬出土，后流散海外。其铭文或涉及西周时期一些重大的制度方面问题，本文拟对有关材料进行梳理、系联，以对相关问题获得一些新的认识，厘清过去一些不准确的看法。

为便于讨论，先将有关材料列举如下：（1）竞卣①：唯伯屖父以成师即东，命伐南夷，正月既生霸辛丑，在坯，伯屖父皇竞，格于馆，竞蔑历，赏竞璋，对扬伯休，用作父乙宝尊彝，子孙永宝。西周中期（穆王）。（2）御史竞簋②：唯六月既死霸壬申，伯屖父蔑御史竞历，赏金，竞扬伯屖父休，用作父乙宝尊彝簋。西周中期（穆王）。（3）竞尊③：竞作父乙旅。西周中期（穆王）。（4）竞卣④：竞作父乙旅。西周中期（穆王）。（5）竞盉⑤：竞作父乙旅。西周中期（穆王）。（6）竞鼎⑥：竞作〔父乙〕。西周中期（穆王）。（7）竞鬲⑦：竟作父乙。西周中期（穆王）。（8）父乙爵⑧：父乙。西周中期（穆王）。（9）作从彝甗⑨：作从彝。西周中期（穆王）。（10）作从彝盘⑩：作从彝。西周中期（穆王）。（11）贤尊⑪：唯十又三月既生霸丁卯，贤从师雍父戍于珊师之年，贤蔑历，仲竞父锡赤金，贤拜稽首，对扬竞父休，用作父乙宝旅彝，其子子孙孙永用。西周中期（穆王）。

上述（2）御史竞簋至（10）作从彝盘皆系1925年或1926年河南洛阳邙山麓庙沟（或作“苗沟”“苗湾”，当系一地）出土，后陆续为怀履光购得⑫，现藏加拿大多伦多皇家安大略博物馆。（1）竞卣原藏日本住友氏，现藏日本京都泉屋博古馆，据云与上述（2）~（10）诸器系同出⑬，后流散至不同

---

① 《殷周金文集成》（中国社会科学院考古研究所：《殷周金文集成》，中华书局1984－1994年版；《殷周金文集成》（修订增补本），中华书局2007年版。以下或简称“集成”）10.5425；陈梦家：《西周铜器断代》，中华书局2004年版，第660页；吴镇烽编著：《商周青铜器铭文暨图像集成》（第24卷），上海古籍出版社2012年版，第297－298页。

② 吴镇烽编著：《商周青铜器铭文暨图像集成》（第11卷），上海古籍出版社2012年版，第61－63页。

③ 陈梦家：《西周铜器断代》，中华书局2004年版，第663页。

④ 陈梦家：《西周铜器断代》，中华书局2004年版，第662页。

⑤⑥ 陈梦家：《西周铜器断代》，中华书局2004年版，第120页。

⑦ 吴镇烽编著：《商周青铜器铭文暨图像集成》（第6卷），上海古籍出版社2012年版，第69－70页。

⑧ 吴镇烽编著：《商周青铜器铭文暨图像集成》（第15卷），上海古籍出版社2012年版，第368页。

⑨ 吴镇烽编著：《商周青铜器铭文暨图像集成》（第7卷），上海古籍出版社2012年版，第88页。

⑩ 吴镇烽编著：《商周青铜器铭文暨图像集成》（第25卷），上海古籍出版社2012年版，第364页。

⑪ 陈佩芬：《夏商周青铜器研究》（西周篇），上海古籍出版社2004年版，第345－346页。

⑫⑬ 陈梦家：《西周铜器断代》，中华书局2004年版，第119页。

地点。

（1）竞卣横断面呈椭圆形，下腹向外倾垂，矮圈足外撇，盖沿有一对犄角，顶上有圈状捉手，提梁两端呈貘头状。盖沿、器颈均饰云雷纹填地的分尾长鸟纹，器颈前后增饰浮雕牺首。属王世民等《西周青铜器分期断代研究》卣的Ⅱ型3式①，时代为西周中期前段，为穆王时器。（2）御史竞簋侈口束颈，鼓腹，圈足外侈，兽首双耳，下有方形垂珥。颈饰浮雕牺首和云雷纹组成的兽面纹，圈足饰两道弦纹。属王世民等《西周青铜器分期断代研究》簋的Ⅰ型3式②，与段簋③形制近同，为穆王时器。

（1）竞卣铭曰“唯伯屖父以成师即东，命伐南夷”，与下述彔尊、彔卣铭文可对读：（a）彔尊（彔䧹尊、彔䧹卣）④：王令䧹曰：㪤淮夷敢伐内国，汝其以成周师氏戍于辪师。伯雍父蔑彔历，锡贝十朋，彔拜稽首，对扬公休，用作文考乙公宝尊彝。西周中期（穆王）。（b）彔或卣（彔䧹卣）⑤：王令䧹曰：㪤淮夷敢伐内国，汝其以成周师氏戍于珅师。伯雍父蔑彔历，锡贝十朋，彔拜稽首，对扬伯休，用作文考乙公宝尊彝。西周中期（穆王）。

对照上揭（a）彔尊与（b）彔卣“王令曰：㪤淮夷敢伐内国，汝其以成周师氏戍于辪师”等有关记载，可知：二者所记乃同一件事；（1）竞卣的“伯屖父”与（a）彔尊、（b）彔卣的“䧹”应系一人，即下文的“伯雍父”；（9）竞卣的“成师”应即（a）彔尊、（b）彔卣的“成周师氏”之省称；（1）竞卣的“南夷”即（a）彔尊、（b）彔卣的“淮夷”，金文常又称“南淮夷”或“淮南夷”。“以成师即东”与（a）彔尊、（b）彔卣的“以成周师氏戍于师”所言相当，换言之，“即东”即“戍于师”，以伐淮夷。

卣铭云“正月既生霸辛丑，在坯”，遹甗⑥铭曰“六月既死霸丙寅，师雍父戍在由师”，则（a）彔尊、（b）彔卣所记“王令曰……汝其以成周师氏戍于珅师”的时间应稍早于此，推测师雍父奉命出征的时间约在六月初或稍早一些时候，因此（1）竞卣铭文所记，应非上述诸器所云“师雍父戍于珅师之年”之事，或系其下一年之正月。

卣铭又云“伯屖父皇竞，格于馆，竞蔑历，赏竞璋”，可见与上揭遹甗、彔尊、彔卣及贤尊等之禹、彔及贤系“虎臣”之长“师氏”或“成周师氏”不同，竞并非伯屖父的僚属，铭文所记乃竞至伯屖父驻守之地巡省之事，竞与伯屖父系宾主关系。（2）御史竞簋云“伯屖父蔑御史竞历，赏金”，可见竞的身份为“御史”。

西周金文的“御史”，除（2）御史竞簋外，又见于伯绅簋⑦和涾御事罍。据文献记载，春秋战国时期列国皆有御史，为国君亲近之职，掌文书及记事。《周礼·春官·宗伯》：“御史，掌邦国都鄙及万民之治令，以赞冢宰。凡治者，受灋令焉。”序官“御史”郑玄注云：“御犹侍也、进也。”秦设御史大夫，职副丞相，位甚尊；并以御史监郡，遂有纠察弹劾之权，盖因近臣使作耳目。汉以后，御史职衔累有变化，职责则专司纠弹，而文书记事乃归太史掌管。《史记·萧相国世家》：“秦御史监郡者与从事，常辨之。何乃给泗水卒史事，第一。”张亚初等认为西周的御史之职上承殷制，此西周穆王时的御史与东周及后世的御史的职掌是否相同，尚须进一步研究。以后世同类职官的职掌来推测西周时代的御史说它的监察和执法之官，尚难肯定。应该说这是较为审慎的态度。不过他将御史归于史官类，认为本铭的

---

① 王世民、陈公柔、张长寿：《西周青铜器分期断代研究》，文物出版社1999年版，第126页。

② 王世民、陈公柔、张长寿：《西周青铜器分期断代研究》，文物出版社1999年版，第62－65页。

③ 陈佩芬：《夏商周青铜器研究》（西周篇），上海古籍出版社2004年版，第287－289页。

④ 吴镇烽编著：《商周青铜器铭文暨图像集成》（第21卷），上海古籍出版社2012年版，第279－280页。

⑤ 集成10.5420；Jessica Rawson，*Western Zhou Ritual Bronzes from the Arthur M. Sackler Collections*，Volume IIB，pp. 524－525，No. 74，Cambridge：Havard University Press，1990；马承源主编：《商周青铜器铭文选》（三），文物出版社1988年版，第114页。

⑥ 陈梦家：《西周铜器断代》，中华书局2004年版，第659页。

⑦ 吴镇烽编著：《商周青铜器铭文暨图像集成》（第11卷），上海古籍出版社2012年版，第23－25页。

御史竞是伯屖父手下的属官①，当非是。

据（1）竞卣“唯伯屖父以成师即东，命伐南夷”来看，伯屖父应系武职，而竞系御史，两者当非同一系统，因此，认为御史竞是伯屖父手下的属官，伯屖父为竞的上司②，自然也就不能成立。

（1）竞卣云“伯屖父皇竞，格于馆，竞蔑历，赏竞璋”，璋在古代朝聘、祭祀、丧葬、治军时用作礼器或信玉。《书·顾命》：“秉璋以酢。”伪孔传：“半圭曰璋。”《周礼·考工记·玉人》：“大璋亦如之，诸侯以聘女。”《周礼·考工记·玉人》：“牙璋中璋七寸，射二寸，厚寸，以起军旅，以治兵守。”《左传》昭公五年：“朝聘有珪，享眺有璋。”（1）竞卣铭所云之“皇竞，格于馆”“赏竞璋”等，当为宾主之间所行礼仪，而非简单的上下级之间的行为。（11）贤尊“唯十又三月既生霸丁卯，贤从师雍父戍于珅师之年，贤蔑历，仲竞父锡赤金”，与（1）竞卣所记伯屖父与竞正式相见是在第二年的“正月既生霸辛丑”不同，竞与贤相见系在此之前；尊铭曰“贤蔑历，仲竞父锡赤金”，仲竞父既然在会见征淮夷的主帅伯雍父之前会见贤，又“贤蔑历”，且锡之“赤金”，推想有两种可能：一是仲竞父是贤的上级，二是仲竞父是另外一个系统临时来王师驻守处巡省的王朝官员。结合上揭（1）竞卣铭来看，第一种可能性似乎不存在，那么剩下的就只有第二种可能，即竞系临时来王师驻守处巡省的王朝官员。据上述分析来看，御史竞的职掌，很可能与监察有关。西周时期御史具有监察职能，于此或可见端倪。

（2）御史竞簋云“唯六月既死霸壬申，伯屖父蔑御史竞历，赏金”，上揭遇甗“唯六月既死霸丙寅，师雍父戍在由师”，二铭皆云“唯六月既死霸”，但具体日期则一为“壬申”，一为“丙寅”，可见两者所记当非同一年之事，如上揭（1）竞卣、（2）御史竞簋所记同样与“师雍父戍于珅师之年”也并非一年之事。

上述师雍父戍于由在六月，由（1）竞卣铭可知，直至第二年的正月，伯屖父仍于由师驻守，可见伐夷之战尚未结束。由（2）御史竞簋铭可知，该年（据簋所记“六月既死霸壬申”，或在公元前923年）的六月，御史竞至于堂师巡视，可见伯屖父班师应在此后。

（11）贤尊云“唯十又三月既生霸丁卯，贤从师雍父戍于珅师之年，贤蔑历，仲竞父锡赤金”，上文指出，竞与贤相见系在前一年的十三月，推测其至由师应不晚于十三月；（1）竞卣云“正月既生霸辛丑，在坯，伯屖父皇竞，格于馆，竞蔑历，赏竞璋”，上文已指出，此系次年的正月；（2）御史竞簋曰“唯六月既死霸壬申，伯屖父蔑御史竞历，赏金”，据铭文所记有关历日来看，此“六月”亦非上述“十三月”的次年，而系再往后某年（或系公元前923年）的六月，据下文有关𢦚器铭文看，此时竞或至于堂师。总之，据铭文可知，头一年的十三月，第二年的正月，御史竞皆在由师一带。自头一年的十三月至第二年的正月，此当系一个连续的行程。再往后某年（或即公元前923年）的六月，竞应至于堂师，则其间应有多次巡师。

（3）竞尊大口垂腹，颈饰弦纹两道，前后面各有一浮雕羊首。属王世民等《西周青铜器分期断代研究》尊的Ⅱ型3式③，时代为西周中期偏早。与上揭贤尊形制、纹饰近同，为穆王时器。（4）竞卣椭方形体，侈口束颈，下腹向外倾垂，矮圈足弇外侈，貘头扁提梁，盖上有一对犄角和圈状捉手。盖沿和器颈均饰云雷纹填地的长鸟纹。属王世民等《西周青铜器分期断代研究》卣的Ⅱ型2式④，时代为西周中期偏早。（5）竞盉分裆四足式。侈口长颈，盖隆起，上有半环形钮（残），盖沿上另有一钮套接链条与鋬相连（残），管状流，兽首鋬。盖沿和颈饰夔龙纹带。属王世民等《西周青铜器分期断代研究》盉

① 张亚初、刘雨：《西周金文官制研究》，中华书局1986年版，第31页。

② 吴镇烽：《金文人名汇编》（修订本），中华书局2006年版，第157页。

③ 王世民、陈公柔、张长寿：《西周青铜器分期断代研究》，文物出版社1999年版，第119－120页。

④ 王世民、陈公柔、张长寿：《西周青铜器分期断代研究》，文物出版社1999年版，第124－125页。

的Ⅱ型[①]，与克盉[②]形制近似，时代为西周中期偏早。

（3）竞尊、（4）竞卣及（5）竞盉同铭，皆作“竞作父乙旅”，与上揭（1）竞卣及（2）御史竞簋铭分别作“用作父乙宝尊彝（簋）”可互相印证。

（6）竞鼎敛口，窄沿，立耳，底近平，三柱足较矮，上粗下细。素面。属王世民等《西周青铜器分期断代研究》鼎的Ⅳ型3式[③]，与宪鼎[④]、䨻鼎（师雍父鼎）[⑤] 等形制可比照，应为西周中期偏早器。（7）竞鬲侈口束颈，溜肩分裆，立耳，三足下端作圆柱形。通体光素。属王世民等《西周青铜器分期断代研究》鬲的Ⅰ型1式[⑥]，时代为西周中期偏早。与茹家庄1号墓出土的强伯鬲（M1乙：33）[⑦] 形制、纹饰近同，为穆王时期。过去一般定其时代为西周早期[⑧]，不确。

鼎、鬲铭曰“竞（竟）作父乙”，与上揭竞诸器可以印证。结合器物时代及出土地点来看，应系一人之器无疑。所不同者，鬲铭之“竟”字分别作[illegible]、[illegible]，与上述诸竞器之“竞”皆作[illegible]不同。我们知道，早期古文字中，偏旁繁简往往无别，两者应系一字之异构无疑。

（8）父乙爵长流槽，曲口尖尾，口沿上有一对束伞形立柱，长卵形杯体，内侧有兽首鋬，三棱锥足外撇。时代约为西周中期前段。腹饰云雷纹组成的兽面纹带。其铭文作“父乙”。从时代、铭文及出土地点来看，应与上揭竞诸器为同人所作。或将其时代定为殷或西周早期[⑨]，应偏早。

（9）作从彝甗连体式，侈口深腹，立耳，束腰分裆，内置心形箅，箅上有四个十字孔，三足下部呈圆柱形。颈饰云雷纹组成的兽面纹。据形制纹饰看，应为西周中期前段器。过去皆定为西周早期[⑩]，当偏早。甗铭曰“作从彝”，与下揭（10）作从彝盘同。据时代和出土地点来看，应与上述竞诸器为一组，或为竞所作。

（10）作从彝盘窄沿方唇，敛腹，高圈足，腹部有一对附耳。属王世民等《西周青铜器分期断代研究》盘的Ⅱ型1式[⑪]，时代为西周中期偏早。形制与长甶盘[⑫]接近，为穆王时器。过去皆定为西周早期[⑬]，不确。盘铭曰“作从彝”，不具作器者名。同样，据时代和出土地点来看，应与上述竞诸器为一组，或为竞所作。

吴镇烽《商周青铜器铭文暨图像集成》“作从彝甗”条“备注”中指出：“此器出河南洛阳邙山，同出十四件，除甗外，尚有鼎一、簋二、盘一、觯一、盉一、卣一、爵二、觚二，均归加拿大多伦多皇家安大略博物馆。”[⑭] 关于此组器物的组合，此前陈梦家也有讨论。据陈书云，“1946年3月，我在加拿大的多伦多博物馆得见此群的大部分，但该馆所称一墓所出共14件之说，并不可信”[⑮]。陈氏所列之器计有上揭之（1）竞卣、（2）御史竞簋（两件）、（4）竞卣、（3）竞尊及铭文未见著录之盉与鼎各一件，共七器。其中盉盖内有铭文同（4）竞卣（“竞作父乙旅”），因修理失迹，鼎破裂，铭五字仅存

① 王世民、陈公柔、张长寿：《西周青铜器分期断代研究》，文物出版社1999年版，第145－146页。
② 中国青铜器全集编辑委员会：《中国美术分类全集·中国青铜器全集》（第6卷），文物出版社1997年版，第21页。
③ 王世民、陈公柔、张长寿：《西周青铜器分期断代研究》，文物出版社1999年版，第29页。
④ 集成5.2749；陈梦家：《西周铜器断代》，中华书局2004年版，第651页。
⑤ 集成5.2721；吴镇烽编著：《商周青铜器铭文暨图像集成》（第5卷），上海古籍出版社2012年版，第107页。
⑥ 王世民、陈公柔、张长寿：《西周青铜器分期断代研究》，文物出版社1999年版，第49－52页。
⑦ 吴镇烽编著：《商周青铜器铭文暨图像集成》（第6卷），上海古籍出版社2012年版，第73页。
⑧ 中国社会科学院考古研究所：《殷周金文集成》（第3册），中华书局1989年版，第7页。
⑨ 中国社会科学院考古研究所：《殷周金文集成》（第13册），中华书局1994年版，第60页。
⑩ 中国社会科学院考古研究所：《殷周金文集成》（第3册），中华书局1989年版，第45页。
⑪ 王世民、陈公柔、张长寿：《西周青铜器分期断代研究》，文物出版社1999年版，第151页。
⑫ 吴镇烽编著：《商周青铜器铭文暨图像集成》（第25卷），上海古籍出版社2012年版，第367页。
⑬ 中国社会科学院考古研究所：《殷周金文集成》（第16册），中华书局1994年版，第31页。
⑭ 吴镇烽编著：《商周青铜器铭文暨图像集成》（第7卷），上海古籍出版社2012年版，第88页。
⑮ 陈梦家：《西周铜器断代》，中华书局2004年版，第119页。

“竞作”二字①，此二器器形图陈书皆有著录②。

此组器物目前所见者，如上揭，有鼎1、鬲2［（7）竞鬲］、甗1［（9）作从彝甗］、簋2［（2）御史竞簋］、尊1［（3）竞尊］、卣2［（1）竞卣、（4）竞卣］、爵1［（8）父乙爵］、盘1［（10）作从彝盘］、盉1，计十二器。其中炊器现存有鼎、鬲、甗，水器有盘、盉，从当时铜器的一般组合情况来看，或未全。

吴镇烽所云“鼎一、簋二、盘一、觯一、盉一、卣一、爵二、觚二”，加上作从彝甗，实则十二件，而与吴氏所说的“同出十四件”不符。据上揭陈书云“该馆所称一墓所出共14件”，可见吴书“同出十四件”之说，当本自怀履光③。就吴书实际所著录者而言，卣著录有两件，爵一件，与所云“卣一、爵二”不符，或系讹混所致。而觯、觚则不知所指，不知是否系其未统计的尊1、鬲2之讹误。

（10）作从彝盘铭“作从彝”之“作”字上据拓本看似有残划，作，似是“竞”字。果如是，则与上揭陈梦家所云鼎铭四字仅存“竞作”二字相合，盘铭或即“竞作从彝”。同样，（9）作从彝甗之“作从彝”或亦本作“竞作从彝”。（8）父乙爵之“父乙”或如（7）竞鬲“竞作父乙”，而本作“竞作父乙”。

以上竞所作诸器皆出自河南洛阳邙山庙沟，当出自同一墓地或墓葬，墓主当与竞关系密切，或即竞之父或竞本人。

综上，本文对20世纪20年代河南洛阳邙山庙沟西周墓葬出土的竞诸器进行了系联和研究，着重对此组器物的组合及铭文所涉及的西周时期御史制度方面的问题进行了讨论，对相关问题获得了一些新的认识，厘清了过去一些不准确的看法。

（作者为河南大学历史文化学院副教授）

① 陈梦家：《西周铜器断代》，中华书局2004年版，第120页。

② 陈梦家：《西周铜器断代》，中华书局2004年版，第663页。

③ William Charles White，*Bronze Culture of Ancient China*：*An Archaeological Study of Bronze Objects from Northern Honan*，Dating from about 1400 B. C. －771 B. C. Toronto：University of Toronto Press，1956.

洛阳太学汉石经周易研究与经碑复原

晁会元

摘要：汉熹平石经为洛阳最珍贵的文化遗产之一，所刻七经是印刷术发明之前最早的传统文化儒学典籍，且《周易》残石为七经残字字数最多一石，备受研究者的重视。由于残字仅存部分，未知之处甚多，造成百年研究诸家认识各异。本文以数十年之力，收集补充周易残石拓本至三十六石共计1454字。研究以碑林唐《开成石经》石本文本为基础，以存世汉代诸文献为工具，重新校刊经文，确认汉石经文本与唐石经文字同异，并汇集百年研究之成果，正者承之，误者正之，阙者补之，伪者辨之，据此恢复汉石经的本来面貌，重新复原为经碑四石八面。第一石三十九行，二至四石均三十八行，校记十行，行均七十三字，与文献关于汉熹平石经经碑“广一丈，宽四尺”记载相吻合。

关键词：碑林；汉熹平石经；周易；经碑复原

在我国历史上有文字可考的儒家石刻经籍有七种，汉熹平石经是最早的一部。汉代儒学被定为官学，设五经博士，《经》《传》传授有严格的师法和家法。当时经学以皇室所藏“兰台漆书”为评定正误之标准。经文章句在传抄过程中多有舛误。桓、灵之际，经学之争激烈，甚至以贿改易经籍而合私文。为纠正弊端，熹平四年议郎蔡邕和中郎将堂溪典、光禄大夫杨赐、谏议大夫马日磾等人，乃“奏求正定六经文字，灵帝许之，邕乃自书册于碑使工镌刻立于太学门外”①。历时九年至光和六年告成，刊刻《鲁诗》《周易》《尚书》《仪礼》《春秋》《春秋公羊传》和《论语》。太学在都城洛阳开阳门外（遗址在今河南偃师朱家圪垱村）前。镌刻四十六碑，高一丈许，广四尺，两面刻，骈罗相接。“及碑始立，其观视及摹写者，车乘日千余辆，填塞街陌。”可见当时盛况。②

汉石经之毁亡，始于战乱。汉末董卓挟献帝迁都长安，纵火焚毁宫庙及人家，而太学所立石经亦被延及，太学荒废③。晋永嘉之乱及晋室南迁，汉石经又被摧残④。北魏之初，冯熙、常伯夫相继为洛州刺史，毁取太学经石以建寺塔，石经致颓落⑤。“后魏之末，齐神武执政，自洛阳徙于邺都，行至河阳，值岸崩，遂没于水，其得至邺者，（经石）不盈大半。”“隋开皇六年，又自邺京载入长安，置于秘书内省，议欲补缉。立于学，寻属隋乱，事遂寝废，营造之司，因用为柱础。”⑥

汉石经残石之收集始于唐，“贞观初，秘书监臣魏征始收敛之，十不存一”。劫后之余的石经先被置于长安九成宫秘书监内，武后时移于著作院⑦。其后至宋，时有残石残字面世，据宋洪适《隶续》记

① 范晔：《后汉书·蔡邕传》，清同治韩江书局刻本卷六十下，第5页。

② 范晔：《后汉书·蔡邕传》，清同治韩江书局刻本卷六十下，第6页。

③ 董逌：《广川书跋》卷五《丛书集成初编》（第1511册），中华书局1985年版，第56页。

④ 房玄龄等：《晋书》，中华书局1974年版，第2610页。

⑤ 魏收：《魏书·冯熙传》，中华书局1974版，1495页。

⑥ 魏徵等：《隋书·经籍志》，中华书局1974版，第947页。

⑦ 姚宽著，孔凡礼点校：《西溪丛语》，中华书局1993年版，第35页。

载，共计2130余字。惜仅有《尚书》《诗经》《仪礼》《公羊传》《论语》五种，而《周易》经碑未见一字①。由于实物资料的缺乏，关于熹平石经《周易》原石的尺寸和每碑的刻字行数难以稽考，成为疑案。因此，自唐至民国千余年间，寻找《周易》经碑成为经学研究者的愿望。

民国间洛阳汉石经《周易》残石出土，立即成为学界关注的热点，百年间对其研究者众。但由于所存石经仅八百余字，关于经碑数量、行数、字数，诸家认识不一。本文对百年来对汉石经《周易》残石的研究情况进行汇总，根据白河书斋补充残石拓本之收集，依据碑林藏唐石经本校文，对重新复原等略作论述，敬请方家斧正。

一、周易残石之收集

近代石经残石之出土，始于清末。光绪年间，洛阳城南龙虎滩有黄氏家族，为明嘉靖年太监黄锦之后。黄锦曾将朝廷赏赐之金修复早已毁没的洛阳白马寺，该寺今之规模，即始于此，现明时建筑遗迹犹存。洛阳城东关之大石桥亦为黄锦捐建，数百年间，黄氏后人受河洛人之尊重，至清末仍为一方大族。光绪年间，该村黄占敖修房挖基，得石碑一方，有古篆隶书三种文字，知为石经文字，黄氏以为蔡邕书之汉石经，藏于密室，并撰《掘地得石经残碑》一文收入龙虎滩《黄氏族谱》。民国十一年（公元1922年）冬，有残石于距洛阳城东30里的朱家圪塆村出土，考之乃知为魏三体石经残石，马衡曾得一未断拓本，精工装裱，现藏故宫博物院。这引起了其对洛阳出土汉魏残石的重视，1924年马衡与徐森玉由北京至洛，通过洛阳孟津郭玉堂，高价搜求汉魏石经残石。一时此洛阳出土之残石售价暴涨，数村乡人一时以“刨石”为业，其间汉魏残石则大量出土。马衡《集拓新出汉魏石经残字序》言：乃属洛中友人郭玉唐君代觅碎石，约得二百块，与徐君分购之。马衡《集拓新出汉魏石经残字目》记载甚详。其中汉石经残石共七十二石。内有周易一石，山东王献唐《汉魏石经残字叙》记载民国二十二年游洛阳，于郭玉堂家见汉魏石经残石150余枚，购买125枚。据马衡《汉石经集存》记载，民国间共出土汉石经经石546石合计残字8257字，包含易经36石共计1454字。

其中最大一块俗称“大三角”，最为著名。1925年洛阳偃师东大郊出土汉石经《周易》残石一块。双面刻字，内容为易经中《文言》《说卦》《家人》《归妹》等篇，为有史以来发现的东汉石经残石保存最好的一块，由古董商人张定业1930年转售国民革命军少将处长文素松，现藏于上海博物馆。1929年出土汉石经《周易》残石一块，为文素松藏石之下半段。石高33.5厘米、宽69厘米、厚16.5厘米，阳阴两面刻字。阳面二十八行共二百七十三字，内容为《周易》下经中《家人》至《小过》篇二十六卦。碑阴刻《周易》中《系辞下》《文言》《说卦》三篇共二百二十一字。此石四百九十四字，所涉篇幅与字数为《熹平石经》残石之最，原为洛阳王道中收藏②。于右任慨然商定以四千银元购买。因难辨真伪，加之交通不便，便付半价定金。1933年夏，西安绥靖公署主任杨虎城去南京将途经洛阳。于右任立即发报，请杨虎城将经石带往南京。王道中听说杨虎城乘专列来洛声势浩大，怕专车将残石带走不给钱，到郑州接站试探，残石尚留在洛阳。杨虎城得知派马文彦押车，命专车车头挂一辆客车返回洛阳，用杨虎城的名义开了一张条据，补两千银元运至南京。于右任收到非常高兴，1940年抗战期间，经石由上海转运至西安，为确保安全，又运往三原老家沉入水井中珍藏。1952年，陕西省文管会将其

---

① 洪适：《隶续》卷十四，中华书局1985版，第151页。

② 郭玉堂访记，王广庆校录：《洛阳出土时地记》1940年版。

置放西安碑林①，现存第三展室东侧。于右任藏石与文素松藏石在洛阳期间曾有合璧拓本，为汉石经拓本大名珍品，存世极罕，为汉石经研究最为重要的实物文献。

1932年，日本侵略上海的“一·二八”事变发生后，国民政府于1月30日迁都洛阳。其间国民党元老张继来到洛阳，曾主持举办河洛国学专修馆，对洛阳文物十分重视。

二、汉石经《周易》版本之辩

汉石经残字原石出土，使世人了解了七经局部原貌，从出土残字看出，汉石经文本以一家本为主，除《春秋》而各有校记，备列学官所立诸家异同于后。《周易》为汉儒学经典，曾为重要的一部著作，关于篇章所传，古云：“昔仲尼没而微言绝，七十子丧而大义乖，故《春秋》分为五，《诗》分为四，《易》有数家之传。”②。《汉书·艺文志》著录《易经》十二篇，包括上经三十卦、下经三十四卦。《易传》彖传上、下，象传上、下，系辞上、下，文言、说卦、序卦、杂十篇。东汉末年郑玄将彖传、象传及文言整理合于经文，每段前加“彖曰”“象曰”“文言曰”，唐开成石经本与今文本从之，比古本经多1020字。石经残字复原是为汉儒古本，无1020字，证汉石经非郑玄本。既为《易经》十二篇③。《后汉书·儒林列传》记载：汉“立五经博士，各以家法教授，《易》有施、孟、梁丘、京氏”四家。其后历史上《周易》论经有“两派六宗”之说，汉儒言象数，去古未远也；至宋为陈抟、邵雍所继承。王弼尽黜象数，说以老、庄，而由胡瑗、二程继承与发展④。可见石经立时可用版本诸多。隋志谓施氏、梁丘之学，亡于西晋。孟、京两氏，至隋时亦有书无师，而后书亦并亡。汉熹平石经残字有“孟、施、京氏”等文字，可证汉儒所传流传。但家学界考证不一，成为经学公案。

1929年马衡先生撰《汉喜平石经残字跋》发表于北大图书馆月刊，谓：残石蹇卦“大蹇朋来”为“大蹇崩来”；困卦“于鵰卼”作“剑刖”；说卦“坎者水也”之“坎”作“欿”。与《释文》所举京氏本合。从《易经》残石有关文字差别上认定易为京氏本⑤。京氏本即汉京房传本，汉元帝时为魏郡太守，开创了京氏易学，自成一派，作为中国《易经》学术源头之一。其间，学者钱玄同、胡适之、顾颉刚等先生都同意马氏的说法。据马衡《凡将斋金石丛稿》中《钱玄同读汉石经周易残字而论及今文易的篇数》一文记载：钱玄同于1933年撰文称，用《经典释文》校勘石经文字，虽然只有一个字，但非常重要，肯定“马先生的意见是很对的”⑥。后马衡先生又撰《从实验上窥见汉石经之一斑》进一步认定京氏本说⑦。

其后屈万里撰《汉熹平石经为梁丘本考》发表于中央图书馆刊复刊号。其文对马衡之考证逐字排除，指出用“欿”“崩”“剑刖”等异体字断石经周易为京氏本牵强，并对照诗经“坎坎”亦作“欿欿”等谓：“马衡所论若铁证如山，莫能动摇，而审之实皆不足据。”又引经据典挑出京氏本“拯”作“承”，“吝”作“遴”等京氏本与石经不同文字，证马氏之无据⑧。隋志谓施、梁、孟、京之学立于学宫，至隋时四家师、书亦并亡。京房有《易传》存，《汉志》作十一篇，《文献通考》作四卷，均与此

① 李虎：《于右任与文物》，《咸阳师范学院学报》2009年第1期。
② 班固：《汉书·艺文志》，清同治金陵书局刻本卷三十，第1页。
③⑧ 屈万里：《汉石经易经残字集证》，台湾史语所1988年版。
④ 黄忠天：《史事宗易学研究方法析论》，《周易研究》2007年第5期。
⑤⑥ 马衡：《凡将斋金石丛稿》，中华书局1977年版，第231页。
⑦ 马衡：《从实验上窥见汉石经之一斑》，中华书局1997年版，第199页。

传不同。然《汉志》所载古书，卷帙多与今互异，无法对石经进行校正。梁丘贺本今已不传。《汉书·儒林传》云："梁丘贺，字长翁。……从太中大夫京房受易。房出为齐郡太守，贺更事田王孙。宣帝时，闻京房为易明，求其门人，得贺。"又载：贺子临，从父学《易》，宣帝时说《易》，为黄门郎。甘露三年（公元前51年），问学于石渠阁，专行京房法，又授徒五鹿、充宗，充宗授徒士孙张、邓彭祖、衡咸。可知，梁丘贺师从京氏，子"行京房法"所传与京氏《易》一脉相承。文献尚无梁丘本、京本内容特征之记载。从马氏、屈氏二位先辈考证所引《经典释文》举二家异同之文字，主要是同音字、通假字之异，或抄写文本个别字的错误，而非文本自身或内容词义上的不同，以此证实石经梁丘本或京氏本之区别均证据不足。可以说，以现有文献，汉石经《易》为梁丘氏本，从学术上考证亦无法定论。如称之为"梁丘临本""梁氏传京氏本"亦似无不妥，但均无证据。因为从《经典释文》中个别文字之异同无法确认京氏本、梁丘本的可靠文本与石经校正。可见依据实际上所传记载，今人尚无法确认石经为何本。

罗振玉《汉石经残字集录续补》著录山东图书馆藏"易经梁"残石一方，表里双面有字，正面比卦至履卦残字三行，为"六比无、近望君、旋元吉"；背面校记三行"革去故、济男之、易经梁"。罗氏以此首次据为梁丘氏本，对此屈万里先生初云"顾以他无佐证，学者多不之信"。屈万里1931年末始服务于山东省图书馆，1940年冬入北平图书馆。1947年发表《汉石经周易为梁丘氏考——跋张溥泉先生藏汉熹平石经周易残石》一文，所凭借的是国民党元老张溥泉先生所藏熹平石经周易后记残石。此石存五行残文，其中有"施京氏""革·孟施京氏""养·孟施京氏"三段文字。屈氏认为：易经汉立太学者施、孟、梁丘、京氏四家，校记中已出施、孟、京氏三家，则主本必梁丘氏本无疑，并以此说推翻了顾颉刚先生关于《说卦传》及《系辞传》中《尚象制器》十三卦这一章为京房之徒所伪作等说法。马衡《汉石经集存》所录249号图版《易》后记残石为梁丘氏说又增实证。该石六行，残字同时出现"施、孟、京氏"等字。马衡在注文中认真对照每行文字所校对的经文，并检讨自己"此等残石尚未出现时，仅据经文中有与京氏合者，随定汉石经用京氏本，可谓轻率武断"，表现了一代石经学巨匠的探索与求真。其随即转变观点，撰《汉石经易用梁丘本证》，其文引释文于《归妹》下云"几苟作既"，《中孚》下云"几京作近，石经不作近，可谓非京氏之反证亦故祥辩之"。汉石经易经用梁丘氏本成为定论。这一长达十数年之辩说明，古籍之注疏，可以作为参考，唯经石原石之残字，为考证之可靠依据。

三、汉石经《周易》经碑复原百年研究

汉石经《周易》经碑具体记载，最早见晋陆机《洛阳记》"太学在洛城南开阳门外。讲堂长十丈，广二丈。堂前石经四部，本碑四十六枚。西行，《尚书》《周易》《公羊传》十六碑存"①。惜未见《周易》个经之数。经碑复原，最早论及为民国王国维。王氏研魏石经，有《魏石经考》"魏石经碑图考"，前文且论及汉石经之碑、行、字数甚多，惜仅限于宏观。1936年张国淦所著《汉石经碑图·易经》为易经复原开篇之作，其经碑复原为四石八面，正反旋读，为百年来易经复原最重要的研究成果。但由于历史局限，张氏所见残石数量有限，部分复原图为其后出土残字证实有误。如第一石正面《碑图》复原为39行，行73字，其中"近望月""人于野""国之五"三石经文与文本不合。观卦至剥卦一残石

① 范晔：《后汉书·蔡邕传·李贤注引》，清同治韩江书局刻本六十卷下，第6页。

下少复原五行二十字，复原图将一石分为二段。可见此图复原为失败之作[①]。

1984 年台湾学者屈万里发表《汉石经周易残字辑证》一书，针对张国淦《碑图》复原中存在的问题，重新研究复原。屈氏首先对《碑图》经文与残字不符合问题进行修正，利用唐石经本全面校文，查找今古文字同异，使易经研究前进一大步，在此基础上重新绘制复原图。之前，因马衡、屈万里石经周易版本之辩，在汉石经为梁丘本问题上成果卓著，成为一时石经研究著名学者。盛名之下，对《汉石经周易残字辑证》的著述倍加重视，遂尽心收集汉《易经》资料。由于历史原因，屈氏仅有碑林藏《周易》残石之资料，而不知石藏何处，更没见过实物，因此对原刻文字疏于考究。台湾“中央图书馆”存有一套《旧雨楼藏汉熹平石经拓本》。其中《周易》残石四石，多达三千余字，残字多于碑林残石数倍。屈万里大喜，称“稀如星凤、皆世人所未见者”。遂作为重要依据，收入该书，并将复原图朱墨二色套印，出版发行。遗憾的是《旧雨楼藏汉熹平石经》为伪刻。旧雨楼为民国学者收藏家方若书斋[②]。据《方家长物》一书记载，方若藏古钱万枚，集珍稀品上始东周至于清，上下二千余年，所选之钱皆精绝之品。亦爱金石。曾著有《校碑随笔》传世。抗战期间山东宋氏以张国淦《汉石经碑图・易经》为范本，伪刻熹平石经七经，共一万余字[③]。据传 1934 年春方若购这批“石经”时资金不足，将所藏全部古钱以十万元转让给上海收藏家陈仁涛。解放前夕由陈仁涛携至香港，20 世纪 50 年代国家以重金收回，由中国历史博物馆收藏，为后来中国钱币博物馆的藏品基础。而旧雨楼藏石不久就被认伪。1935 年北京师范大学国文系教授吴承仕撰文，指认旧雨楼藏石伪刻，惜屈万里未见此文，视伪为宝，《易经》以此复原十分遗憾。后屈万里发表《汉熹平石经尚书残字辑证》后得见此文，便撰写《旧雨楼本汉石经尚书残字之僞》收入《屈万里全集》，而《易经》《尚书》之复原图屈氏已无力重新修改，仍以伪刻复原之碑图收入《屈万里全集》。

1992 年学者范邦瑾发表《西安碑林的熹平石经周易残石补释》一文[④]，对碑林《周易》残石、文素松藏残石全面深入研究，范先生逐字校勘，在经文方面，成果丰厚，但复原图十分遗憾。除上述二石外，范文收录上海博物馆藏《周易》下经残石。该石原为旧雨楼藏石，流散后此石由上海治印名家金铁芝收藏，金氏与于右任、张继等上层人物相从甚密，受其影响收藏石经，但不识真伪，1951 年金氏将经石上交上海文管会，后转上海博物馆。

综上所述，马衡、张国淦、屈万里、范邦瑾诸家，是对碑林《周易》残石最为关注的学者，其研究成果代表了百年来汉石经《周易》学说的最高水平，亦不乏经验与教训。然经验与教训都是该经研究的宝贵财富，总结前人之成果，正者承之，误者正之，阙者补之，伪者辨之。据此恢复汉石经的本来面貌，成为当前研究的重要课题。

四、经石校文

洛阳白河书斋长期进行熹平石经残字拓本之收藏，至今，熹平石经《易经》拓本收集三十六石共计 1454 字，其中包括碑林藏石 494 字，文素松藏石 487 字，占总字数之大半。校文以唐开成石经民国皕忍堂本和北京大学出版社重刻宋版王弼、韩康伯注，唐孔颖达正义《周易正义》为底本，以《经典

---

① 张国淦：《汉石经碑图・周易》，1931 年版，第 15 页。

② 方若（1869—1954），字药雨，富收藏，尤好古泉，曾任知府、北洋大学堂教授、《国闻报》主笔等；天津沦陷时期，曾出任天津伪治安维持会筹备委员兼伪高级地方法院院长等职。

③ 吴承仕：《新出土伪熹平石经尚书残碑疏证》，《国学丛编》1932 年第 5 期。

④ 范邦瑾：《西安碑林的熹平石经周易残石》，《上海博物馆集刊》1990 年第 1 期。

释文》为工具，校勘唐石经本与汉石经文字之同异，此举为经碑复原之前期基础工作。

周易经碑复原共八面。第一面三十八行，行七十三字。其中第一行坤卦“坤元亨利”石经本“坤”作“巛”，释文谓：“坤，本又作巛，今字也。”马衡注：“今汉碑坤字皆作巛，无作坤者。”① 第四行蒙卦，汉石经“渎则不告”唐石经作“渎则不吉”。第六行需卦，“有不速之客”至“敬之终吉”，屈万里谓“疑石经本无终字”②，复原从之。汉石经本为十一字，唐石经十二字，复原衍一字。第十行师卦，“九五显比王用”，唐石经本作“九五显比之王用”多一之字，复原删之。经石正面第十一行比卦，汉石经有“六比无”三字，唐石经原文是“上六，比之无首”，此句《象传》为“比之无首，无所终也”③，证汉石经缺一“之”字。第十二行，汉石经有“近望君”，唐石经作“几望君”。第十二行履卦，“视履考”唐石经刻石“考”字之下毁一字，《经典释文》云“本亦作详”。第十三行“泰小往”至行之下部“其孚于”残字间唐石经本比汉石经衍一字。第十三至十四行，同人卦“克功”至“无悔”间汉石经上下二石应为二十五字，唐石经为二十六字，衍一何字，尚无法考证。第十六行谦卦以唐石经本复原，行衍一字。唐石经“行师征邑国”句，宋版孔颖达撰《周易正义》魏王弼、韩康伯注本“谦卦”注曰：《释文》出“征国”云“征邑国”④ 者，非，以此删去“邑”即与行字数合。

第二面，三十八行，行七十三字。第一行家人卦“终吝（口上二乂）”，唐本“吝”作“吝”。《释文》于说卦“为吝”下云“京作遴”。《说文》辵部，遴下引易曰：“以往遴”，而口部吝下引易则作“以往吝”。三行蹇卦之“蹇”，今本皆作“蹇”。蹇、謇、蹇三字古多通用。“崩来”，唐石经本“崩”作“朋”。六行益卦“利用攸往”之“用”，经本作“有”。十一行升卦“孚乃利沦”唐石经本“利”下有“用”字。“沦”作“禴”。十三行困卦，“于剑刖”，今本作“于臲卼”。十五行革卦虎辩、豹辩之“辩”，唐石经本皆作“变”。十六行鼎卦“其刑剧”，唐石经本作“形渥”。十七行震卦，“跻九陵”，唐石经本“跻”下有“于”字。“省”，唐石经本作“眚”。十八行艮卦“止”，唐石经本作“趾”。“抍”，唐石经本作“拯”。十九行渐卦“鸿（无三点）”，唐石经本皆作“鸿”，“般”今本作“磐”。“衎衎”，唐石经本作“衎衎”。二十行归妹卦“味”，唐石经本作“妹”；“跛（左兀）”作“跛”。二十一行丰卦之“丰”作“豊”，二十三行旅卦“齐斧”，唐石经本作“资斧”。二十五行兑卦“憙”，唐石经本作“喜”。另第十行萃卦，以唐石经本复原图“萃亨”至“初六有孚不”比汉石经图衍一字。《释文》谓：（翠）亨，王肃本同，马郑、陆、虞等并无“亨”字。证汉石经本亦无“亨”字。第二十六行涣卦，以唐石经本复原欠一字。《释文》曰：“拯马壮吉”，子夏作“抍”，古本此后有“悔亡”二字。增二字则行七十四字，尚多一字为字体大小不一所致。

第三至六面，无石经残石出土，经文无法校勘，暂以唐开成石经本经文复原。每面均三十八行，行七十三字。

第七面为第四石碑阴，行七十三、七十四字不等。其中二十二行欠二字，二十四行欠四字，三十七行衍六字，其原因尚无文献考证。此面文字同异为：第二十二行“睹”唐石经本作“覩”，《说文》言：“睹，见也。覩，古文从见。”二十九行“臣试其君子试其父”唐石经本“试”并作“弑”。《说文》：“弑，臣杀君也。”《释文》于臣弑下云：“本或作杀，音同。”石经于《春秋》“弑”皆作“杀”。“非一朝一夕之故也”，唐石经本无“也”字。三十行“而以从王事”，唐石经本无“而”字。三十一行“美在中”今本下有其字。《说卦》分章与今本不同。“穷理尽性以至于命”，接“昔者圣人之作易也”不分章；“故易六画而成章也”及“盖取诸此也”，下皆空格加点，各为一章。前者与唐石经本同，后

① 马衡：《汉石经集存》，上海书店出版社 2004 年版，第 25 页。

② 屈万里：《汉石经易经残字辑证》（第二卷），台湾史语所 1988 年版，第 2 页。

③ 王弼注，孔颖达疏：《周易正义》，北京大学出版社 1999 年版，第 57 页。

④ 王弼注，孔颖达疏：《周易正义》，北京大学出版社 1999 年版，第 82 页。

者则异。三十四行《说卦》“生肴”之“肴”，唐石经本作“爻”。三十五行“故易六画而成章也”，唐石经本“画”作“位”，下无“也”字。三十七行“乡明而治”之“乡”，唐石经本作“向”，汉曹全碑两用此文，字皆作“乡”，盖乡、向古今字也。三十八行“欿者水也”之“欿”，今本皆作“坎”，《释文》于坎卦“习坎”下云：“京、刘作欿。”《毛诗》“坎坎伐轮兮”《鲁诗》亦作欿，知此经坎卦字皆作欿矣。

第八面为第一石之碑阴，因张氏《碑图》序卦第十六至二十二行经文与残石文字不合，屈万里根据马衡《汉石经集存》所存残石校正重新复原。复原图第十六至二十二行衍十一字，为伪刻残石文字所致。《集存》收录易经序卦第246图为二石组合[①]。残字笔画纤细，结字横宽，字体与《易经》残石文字形成强烈反差，且排比不正。第一行首字上无字位置1.7厘米，而该石字径为1.4厘米。第二行“以”“小”二字上下间距1.6厘米，而汉石经《周易》文字，上、下间距仅为0.5~0.9厘米。汉石经文字虽无界格，但章法严谨，与此石不类。因此删去伪石，以唐石经本文字复原。

杂卦第二十五行衍二字，宋本《周易正义》杂卦注云：“萃聚”“聚”后古本有“也”字，下“谦轻”“渐女归”后并同。校勘唐石经本，《周易正义》本“萃聚”后未见“也”，仅有“而”字，“渐女归”后亦不见“也”[②]，以此分析，“萃聚而”“谦轻而”均多“而”字，删二字则与行字数合。亦证汉石经为“萃聚”“谦轻”“渐女归”，均无“而”矣。第二十六行，衍二字，文献未见有注，从文句风格看应多副词。疑“大壮则止遯则退也”为“大壮止遯退也”，暂存疑依此复原。第二十七行，衍六字，杂卦全文仅246字，三行有余，其中一行衍六字绝不可能，应为章句移位所致。该行“既济定也”之后，有“归妹女之终也”句六字，应移至次行“未济男之穷也”之后，汉石经原文应为：“未济男之穷也，归妹女之终也。”

五、经碑复原

前述《汉艺文志》著《易经》十二篇，即上下经及十翼。今所集汉石经周易36石1454字，涉及经文有上下经、上下彖、系辞下、文言、说卦、序卦、杂卦。马衡《集存》考证篇目为：上经第一、下经第二、上彖第三、下彖第四、上象第五、下象第六、上系第七、下系第八、文言第九、说卦第十、序卦第十一、杂卦第十二。其行款为：每行约七十三字，上下经及每卦之首画卦象，占一字之位不空格。十翼中分章处空格加点[③]。

本文重新复原，参考张国淦《碑图》、屈万里《辑证》之成果，对二人复原图中存在的问题进行修正。并根据石经残石文字和上述校文重新复原。第一石碑阳包括上经三十二行，下经七行；第二石碑阳包括下经三十三行，上彖五行；第三石碑阳包括上彖十四行，下彖二十三行，上象一行；第四石碑阳包括上象三十一行，下象七行；第四石碑阴（第五面）包括下象二十七行，上系十一行；第三石碑阴（第六面）包括上系二十三行，下系十五行；第二石碑阴（第七面）包括下系十六行，文言十六行，说卦六行；第一石碑阴（第八面）包括说卦九行，序卦十四行，杂卦五行。本经有校记二石，篇题以残石复原为“易经梁孟施京同异”。比照碑阳三十九行，所余十一行当为校记。

（作者为洛阳师范学院洛河文化研究中心副教授）

① 马衡：《汉石经集存》，上海书店出版社2004年版，第38页。

② 王弼注，孔颖达疏：《周易正义》，北京大学出版社1999年版，第339页。

③ 马衡：《汉石经集存》，上海书店出版社2004年版，第29页。

洛阳孟津象庄石象性质再探讨

商春芳

摘要：洛阳市北面邙山南麓的孟津县平乐镇象庄村南门外东侧有一座石象，多被认为是东汉帝陵前的神道石刻。但随着考古发掘和文献研究的不断深入，此说越来越显得证据不足。本文结合近年来邙山东汉帝陵的考古发掘，并结合文献资料，认为此石象应为与佛教有关的纪念性雕塑，并就石象所在的位置结合其他的考古发现对东汉洛阳城西门外做了推测，认为那里可能是东汉时期与佛教有关的宗教道场。

关键词：象庄石象；东汉帝陵；佛教；纪念雕塑；中西交流

洛阳市北面邙山南麓的孟津县平乐镇象庄村南门外东侧有一座石象，是洛阳地区所见不多的早期大型石刻雕塑。多年前笔者曾经对此石象的雕造年代撰文述及，其中还推论说，它可能是邙山上某座帝陵的石象生，鉴于彼时考古和研究资料所限以及个人的才疏学浅，此说只是重复了当时杨宽先生和洛阳考古界的一般看法，并没有多少自己的见解。多年来，随着考古发掘和文献资料的不断深入，笔者越来越觉得这种看法多有臆测，并无可靠依据。尤其是当我们将这一孤立的文物实例放在文化人类学的背景下做动态考量之时，更觉此说的证据欠缺。据此，笔者不揣冒昧，以抛砖之姿，以期能够稍稍探及这一珍贵文物的真实面貌和其背后的人文背景。

一、石象雕造年代考略

为了更加准确地判断其性质，有必要将当年笔者对其雕造年代的判断再做一交代。象庄石象位于孟津县象庄村南场院西侧，南距白马寺约1000米。石象身长3.57米、宽1.20米、高2.55米，系整块石灰岩雕刻而成，石质为洛阳本地所产的石灰岩。从尺寸上看，此石象体格硕大、比例适当、雕刻洗练，达到了完美的艺术效果。石象头向东方，粗颈前伸，大耳后翻，双目平视，嘴角两侧象牙吐露，夹着下垂的长鼻（惜牙与鼻均残）；颈部和后腿部均刻有皮皱，用以描绘大象松弛的皮质感；粗壮的四肢承托着浑圆笨重的身躯，作稳步前行状。观之，给人的突出印象是其小眼、长鼻、大耳、小尾及皮皱等部分的刻画生动，在这一躯巨大的石刻上起到了点睛的作用。

从其雕造技法来看，这尊石象基本上采用的是原始的直刀刻法，只不过在雕刻后又进一步进行了修整，使其棱角显得光平。石象的腹部以下是镂空的，较之那些依石拟形、略加雕凿、腹下不镂空的西汉石刻（如霍去病墓前的石雕），在雕造工艺上无疑前进了一大步，故可认为它是晚于西汉的作品。

从造型特征看，古人对于这一巨型石刻的身躯和四肢的雕凿相当简略，且又简中有精地刻画了大象的耳、鼻、尾、目等部位，其弧形耳轮清晰，小眼圆睁，甚而眼睫毛也精工细刻。虽然如此，从整体来看，大象身体诸部位的比例适度，收到了既高度概括又留意于小、既粗犷古拙又洒脱写神的造型效果。

二、石象与东汉帝陵位置关系辨析

如果这座石象是东汉帝陵前的石象生，那么就要回答到底是哪座帝陵前的石象生。众所周知，邙山地势起伏平缓，高敞而空旷，中间高而四周低，黄土土层深厚，黏结性好，坚固致密，渗水率低，周围河流潺潺，是理想的营茔之所。历代达官贵人以能在此安葬为荣。邙山古墓葬有数十万之多，号称“无卧牛之地”，其分布之密、数量之多、延续年代之久，堪称中国之最。这其中的陵墓群又是全国最大的陵墓群遗址之一，是中国帝陵体系的重要组成部分。2004年开始，洛阳市的考古工作者对邙山陵墓群进行名为“邙山陵墓群考古调查与勘测”项目的考古调查与勘测，经过近十年艰苦卓绝的工作，对邙山帝陵的分布和陵园遗址所在取得了重大突破。根据目前最新的考古研究结果，东汉帝陵在洛阳经认定的有11座，其中在邙山上的有五座，即位于刘家井的汉冢（M067）（恭陵?）、大汉冢（M066）（原陵?）、二汉冢（M561）（文陵?），以及位于朱家仓村的朱仓大冢（M722）（顺帝宪陵）和朱仓升子冢（M707）（冲帝怀陵），而原来认定的三汉冢及灵帝文陵则有可能另有其主人。五座帝陵以及陪葬墓都应分布在海拔170~210米的邙山中段的制高点上，大约位于西起西山头，东至天皇岭，南起平乐乡，北至送庄乡，东西8公里、南北7公里的范围之内，符合帝王择陵的地理条件，其封土规模也较为一致。这五座帝陵的分布大致是：大汉冢、二汉冢呈南北纵列，一字形排列；刘家井汉冢位于大汉冢北偏西，朱仓两座帝陵则位于二汉冢南偏东，其中大汉冢距离北边的刘家井汉冢1500米，距离南面的二汉冢1000米。将这五座帝陵与石象所在的平乐镇象庄村做一比对，可以发现，石象与这五座帝陵中大汉冢、二汉冢及朱仓两座帝陵偏离较远，没有正南北的对应关系，与刘家井汉冢稍有南北对应关系，但直线距离近6公里，这么远的距离不符合神道石刻的基本要件。换言之，如果我们多年来的考古发现和研究无误的话，那这座石象从距离和位置上看都与这五座帝陵都没有直接对应关系。

至于位于铁谢村的刘秀坟，早已被证实不是汉代帝陵，甚至根本不是陵墓。那有没有可能是某座陪葬墓前的石刻呢？根据考古发现，后妃陪葬墓主要在帝陵之北、之西，赐葬或陪葬于洛阳的贵族、大臣墓均存在集中分布的大型陪葬墓群，都主要分布于帝陵区的东部、东北部，据不完全统计，北陵区孟津邙山陵区墓冢约380座。目前，邙山陵区核心区域内发现的大型东汉墓主要有孟津送庄黄肠石墓、朱仓汉墓群（10座墓中7座有大型封土），以及连霍改扩建大汉冢南两座东汉墓和朱仓一座东汉玉衣墓。以上墓葬中，孟津送庄黄肠石墓、朱仓汉墓群中3座墓葬、连霍改扩建朱仓东汉墓中均出有铜缕玉衣片。墓葬规格之高，一般仅限于皇族所用。文献中还有一些赏赐玉衣的记载，对象绝大部分为外戚。这些墓葬规格较高，比较符合陪葬的等级。据发掘者的研究，它们的位置无一例外都位于邙山东汉陵区的东北部，南部即邙山南麓较为稀疏，尤其是帝后陵区的西部，更是绝无仅有。对此研究者认为：“这里应属帝陵的后备区。而陪葬墓区只能在其外围，随着时间推移，陪葬墓的分布也越发向更外围的区域扩散。”也有研究者认为，“北兆域的几座大冢均是单独的陵冢，附近没有发现像西汉皇后陵那样可以匹配的大冢，也反证出一些东汉皇帝、皇后可能合葬一墓的礼俗”。据此，也基本排除了石象为某座大墓前石刻的可能性，但研究者对帝后陵西部、南部陪葬墓较为稀少的推论却未必尽然，其中或许有更为实际的情形，将另文论及。

三、汉代帝陵前石刻问题的文献回溯与考古资料分析

对于东汉帝陵神道前石象生的问题，考古发现如此，有没有文献支持呢？这需要我们做文献回溯和考古学资料的再分析。以往认为它是东汉帝陵神道的文献证据只有一条，即《水经注·阴沟水》称曹操之父曹嵩墓前“夹碑东西，列对两石马，高八尺五寸，石作粗拙，不匹光武隧道所表象马也”。汉代以前情况如何呢？有人认为，从文献上看，秦代陵墓前应该已经有了石象生，而且已经能够雕造约合3米的大型石兽。理由是，《西京杂记》卷三中记载：“五柞宫有五柞树，皆连三抱，上枝荫覆数十亩。其宫西有青梧观，观前有三梧桐树，树下有石麒麟二枚，刊其胁为文字，是秦始皇郦山墓上物也。头高一丈三尺，东边者前左脚折，折处有赤如血。父老谓其有神，皆含血属筋焉。”这里说的石麒麟就是秦始皇郦山墓上物，但语义并不十分清楚，甚至十分含混。

传说，秦始皇在咸阳兰池宫中还雕造有一条大石鱼，是仿照海中的大鲛鱼所造。1973年，西安市三桥北六村堡乡高堡子村太液池故址西北挖出了这条大石鱼，用砂岩雕刻，呈橄榄形，全长4.9米，最大直径1米左右。同时出土的还有“长乐未央”等汉代砖瓦，被疑为秦时旧物。秦都咸阳渭河桥附近有两尊秦力士像。另外还有秦始皇巡游东方时在八个地方的封禅勒石。这一切表明，秦代已经有了雕造大型石刻的能力，为后代大型石刻的发展奠定了基础。大规模地将石头用作建筑和艺术，始于西汉时期，有学者认为这是受欧亚草原民族或外来文化的影响，这一时期无论数量还是种类都多于前代。据唐人封演《封氏闻见记》，“秦汉以来，帝王陵前有石麒麟、石辟邪、石象、石马之属；人臣墓前有石羊、石虎、石人、石柱之属；皆以表饰坟垄，如生前之仪卫耳”。除了帝王陵墓和权臣墓前，还用于多种场所，比如皇家宫苑、祭祀场所、封禅刻石等。但从考古发现来看，西汉帝陵前是否有此类大型石雕尚不明确。目前所见只有西汉霍去病墓前的大型石雕，它们为由片麻状花岗岩雕刻的马踏匈奴、卧马、卧象、人抱熊等，多为森林、草原常见的动物。从它们的位置来看，分布在沿墓葬封土山顶到山坡下，有学者认为这些设施是“在特定年代与特定事件和特定人物的观念相关的工程，而不一定从陵墓制度等方面去寻求答案”，也就是说，它们应该是与封土一起作为“象冢为山”的西方仙山的景观雕塑的一部分，而不是作为墓葬制度中的神道使用的。东汉时期，是陵寝制度发生重大变革的时期，《后汉书》卷二《明帝纪》云：“永平元年春正月，帝率公卿以下朝于原陵，如元会议。”为了适应“上陵礼”的需要，陵墓建置规模不断扩大，形制也随之发生不同的变化。“明帝对陵寝制度的改革，扩大‘寝’的建筑而举行上陵朝拜祭祀之礼，就是把原来豪强大族的‘上墓’、祭祀祠堂的办法加以扩大而搬到了陵园中来。”这样，陵墓前地上建筑及神道石刻应运而生。墓上建置依次为墓阙、神道、神道柱、石象生、祭堂、墓碑、墓垣等。在这里，除了祠堂、庙宇、碑、阙等设置，代表着祥瑞的带翼神兽就成为最形象、最具象征性的实物，因此，汉代尤其是东汉时期墓前石兽的建立便成为时尚潮流。考古发现河南、四川、山东等地的东汉墓也发现过许多石阙、石祠、石人、石羊、石辟邪等，皆表明了东汉时期是石刻象生制度的发生与发展的重要时期。关于汉代宗资墓前的天禄、辟邪，唐代章怀太子李贤所注《后汉书》中云：“案，今邓州南阳县北有宗资碑，旁有两石兽，镌其膊一曰天禄，一曰辟邪。据此，即天禄、辟邪并兽名也。汉有天禄阁，亦因兽以立名。”如山东嘉祥东汉武氏墓前的石兽、山西太原北郊出土的辟邪石雕、四川德阳和雅安高颐墓四川芦山樊敏墓前石兽、杨君墓前二石兽、佚名墓三石兽等。

1955年，在洛阳孙旗屯一带修建洛河防洪渠时，出土一对石兽——独角“天禄”、双角“辟邪”，完整无损。天禄现在北京国家博物馆，辟邪移至洛阳关林石刻艺术陈列室。

石辟邪高109厘米，长166厘米，其为状也，身若虎豹，头类狮子，额上生双角，嘴大牙锐，下颌

一束卷须，身生双翼。它昂首舐唇，倏来忽往，瞋目电曜，发声雷响。尤其是它那作弧形的长尾撑住石底板，大有用力一蹬、一跃而起之势。可见细节的真实是艺术的生命。

1963 年，在洛阳伊川彭婆镇东高屯村，还发现一件石辟邪，高 114 厘米，长 172 厘米。它除有孙旗屯石辟邪的特征外，不同之处在于双角高竖，羽翼翘起，似借势啸呼飞扑，猛气逼江河震荡。该石辟邪，亦在关林石刻艺术陈列室。

毋庸置疑，它们应当是东汉墓前的石刻。从考古发现来看，东汉陵墓前石刻象生的组合中，石辟邪应该是权臣墓前必不可少的石刻。

《水经注》里记载了不少东汉达官贵人的墓前有石刻（石人、石兽），称曹操之父曹嵩墓前“夹碑东西，列对两石马，高八尺五寸，石作粗拙，不匹光武隧道所表象马也”。其中的“隧道”即神道。于此可知，刘秀墓前神道两侧陈列有精美高大的石象、石马等石刻。

杨宽先生在《中国古代陵寝制度史研究》一书中，经对历代帝陵的考察，并结合古书记述，认为只有东汉的帝陵前才列置象、马（东汉时臣下的墓前则不能列置象、马），东汉之后的南朝帝陵前列置的则为麒麟、辟邪。但遗憾的是，至今因为考古材料的匮乏，尚不能肯定在东汉帝陵前到底有哪些石象生存在。

四、对象庄石象性质以及东汉洛阳城西门外宗教道场的推断

既然我们不能肯定石象与帝陵的关系，那么它是否还有另外的意义呢？查阅文献和考古材料我们发现，象与佛教有不可分割的关系。比如：“象驾”本义用来喻指佛法由来已久，佛教在古籍中也有“象教”之称。

据《太平广记》记载：“后魏洛水桥南道东有白象坊，白象者，永平二年，乾陁罗国所献，背设五彩屏风、七宝坐床，容数十人，真是异物，常养于乘黄。象常曾坏屋毁墙，走出于外，逢树即拔，遇墙亦倒。百姓惊怖，奔走交驰，太后遂徙象于此坊。”

唐武则天《大周新译大方广佛华严经序》：“及夫鹫岩西峙，象驾东驱。”澄观疏：“言象驾者，畧有二义：一者，一千年后，像法之时，佛教方被故；二者，象驮经故，初虽白马来仪，本用象故。”

佛图澄在注释中明确指出，之所以用象驾来比喻佛法，大致有两个意思，其中之一说的就是用大象驮经的缘故。虽然我们都知道佛法传入是白马驮经而来，其实本来驮经都是用大象的。

另外，遍查地方史志，关于洛阳象庄石象的文献记载大致有以下几处：

《大明一统志》记载：“相传汉时，西僧以象驮经来洛阳，后化为石，今有石象。”

《天中记》卷三十六：“则天华严经序云：鹫岩西峙，象驾东驱。注云谓：白象驮经东来。山川纪异云：河南府有象庄，象至洛阳化为石，今石象犹存。据此则白马之説法苑似是。”

上述文献中所谓“象至洛阳化为石”，当然有传说的成分，而石象实际上是指东汉艺术大师根据现实生活中的大象雕刻成的石象。但它给我们提供了一条可循的线索是，象庄的石象与佛教有关。考古发现表明，东汉时期大象的形象无一例外都是外来形象，且与宗教密切相关。

2009 年，南京博物院发掘的大云山一号西汉墓中出土了鎏金铜象与驯象俑，同时出土的还有犀牛与驯犀俑，这是目前国内考古发现最早的外来大象。1965 年新安县古路沟东汉墓出土一件骑象俑，骑象人双手展开，通高 7.5 厘米、象身长 7.8 厘米。1956 年洛阳还出土过一件骑象俑（编号 M72：74），骑象人着红衣，身体向前端坐，通高 10.7 厘米。这件象俑也作站立行进状，其造型和神态与象庄石象极为相似：亦是四肢和身躯雕塑简略；耳、目、尾、鼻等局部较为精工；其腹部用雕刀刻画的褶皱也和

石象腹部的富有皮肤质感的褶皱相近，观之会怀疑象庄石象即是这件陶象的扩大版。另外两件东汉鎏金象，一件高4.8厘米、长7厘米、宽3.5厘米，另一件残高3.8厘米。两者形态相近，温顺可人。

长期以来，人们对于上述骑象俑的文化内涵语焉不详。直至内蒙古和林格尔东汉壁画墓中出土的骑象俑图像为我们解开了此中的谜团。在这座墓南壁西侧的一幅壁画中，有一尊骑在白象身上、身着红衣、头部残的佛或菩萨像，右上角榜题为“仙人骑白象”，其中象的形象与洛阳东汉墓出土的骑象俑如出一辙。

它无疑对洛阳东汉墓中出土的象俑做了准确的注释。它们都是与佛教有关的活动，但在汉魏时期，中原人对佛教等外来宗教不甚了了，便将它们与道家的仙人归为一类。在出土文物中我们也屡屡发现此类信息，例如出土于太学遗址第二层即北魏层中的双翼童子造像背后也有篆书“仙子”二字铭文，即是这类实例。

《涅槃经》卷六云：“象喻佛性，盲喻一切无明众生。”象为转轮圣王和普贤菩萨的坐骑。可见大象在佛教文化中享有很高的地位。由史书记载又知，随着佛教文化的传入和发展，东汉京都洛阳的僧侣教徒在释迦牟尼诞辰之日，还要举行“行象”活动，背驮佛经的大象游街串巷，以百戏的形式弘扬佛法。上述骑象俑的文化内涵便不言而喻了。

另有一个不容忽视的地方，即石象所处的位置象庄村，距东汉的皇家寺院白马寺的西北面仅2公里许，其地势处于邙山缓坡之上。东汉时期，都城洛阳西门外有平乐观，雄伟壮丽，是皇帝检阅三军、观赏百戏、展示国威的地方，遂称“平乐”，亦名“汉园”，号称“东都重篱”“大汉屏障”。汉明帝取长安飞廉、铜马移洛阳西门外，置平乐观。《文选·张衡〈东京赋〉》：“其西则有平乐都场，示远之观。”薛综注：“平乐，观名。”晋袁宏《后汉纪·灵帝纪下》：“进以为然，乃言於上，大发兵讲武於平乐观。”东汉永平五年（公元62年），汉明帝为迎接西域进贡的“飞廉并铜马”而筑平乐观，观下建平乐馆，作为帝王将相看散乐百戏、设宴的场馆。《资治通鉴》记载：“望气者以为京师当有大兵，两宫流血。帝欲厌之，乃大发四方兵，讲武于平乐观。”

东汉和帝时期的李尤曾写下著名的《平乐观赋》，描写的就是东汉洛阳平乐观中表演的角抵戏“秘戏连叙”的情形：“戏车高橦，驰骋百马，连翩九仞，离合上下。或以驰骋，覆车颠倒。乌获扛鼎，千钧若羽。吞刃吐火，燕跃乌跱。陵高履索，踊跃旋舞。飞丸跳剑，沸渭回扰。巴渝隈一，逾肩相受。有仙驾雀，其形蚴虬。骑驴驰射，狐兔惊走。侏儒巨人，戏谑为耦。禽鹿六驳，白象朱首。鱼龙曼延，㠉（左山右延）山阜。龟螭蟾蜍，挈琴鼓缶。”

平乐观所处的位置即今象庄村附近，这里一直与东都洛阳城的关系密切。民俗学考察证实，据《象庄古镇轶事》记载，在东汉时期，洛阳城东建有白虎观，城西建有青龙观。象庄村即青龙观所在地。后来，青龙观渐渐倾塌，附近一尊形体巨大、历史悠久的石雕大象便成为这里的地标，村子也由此更名为“象庄”。

我们知道，宗教作为一种文化现象，它的形成和文化内涵与地理环境有着直接关系，而宗教一旦形成，又会营造出独特的人文景观。这些人文景观与宗教信仰以及宗教氛围具有同一性，成为大地上最具特色、最具魅力、最具影响的文化表征。据此，我们发现，如果将白马寺、平乐观、象庄石象以及东汉二高僧摄摩腾、竺法兰圆寂处结合起来看，洛阳故城西面应该是当时皇家举行重大活动的重要场所，甚或是重要的宗教道场。

基于上述文献及考古材料，我们有理由相信，这尊石象应该是一个重要的纪念性雕塑，与东汉时期蓬勃兴起的佛教密切相关。石象位于邙山缓坡之上，头向东方，象征着从西方缓缓而来，具有强烈的象征意义。它与白马寺、平乐观等共同营造出东汉洛阳城西门外宗教文化的人文景观。

与之相左的是，在四川成都出土过一件东汉时期大型圆雕石瑞兽，通体近似犀牛，为整块的红砂岩雕刻而成，作站立状，侧身掩埋于坑内，头东尾西，头部略呈圆锥形，刻有较清晰的耳朵、眼睛、下颌及鼻部，局部装饰简单的卷云图案，风格粗犷，躯干部分显得丰满圆润、四肢短粗，长3.3米、宽1.2米、高1.7米、重约8.5吨，被专家认为是东汉时期李冰为治水而制作的大型水则（中国古代衡量水位的水尺），同时又是镇水石神。可见东汉时期，时人是有制作大型石瑞兽雕刻作为纪念雕塑的习俗和能力的。我们不妨称其为“在特定年代与特定事件和特定人物的观念相关的工程”，这便是它作为纪念性的雕塑而存在的历史意义。

五、象庄石象与东汉时期中西文化交流的时代背景

查考历史文献证明，我们上述推断是有其特定的社会历史背景的。

东汉时期，佛教来华，洛阳成为胡人聚集的地方。文献表明，此时洛阳佛教兴盛一时。史书记叙：“世传明帝梦见金人，长大，顶有光明，以问群臣。或曰：‘西方有神，名曰佛，其形长丈六尺而黄金色。’帝于是遣使天竺问佛道法，遂于中国图画形像焉。楚王英始信其术，中国因此颇有奉其道者。后桓帝好神，数祀浮图、老子。百姓稍有奉者，后遂转盛。”

“摄摩腾，本中天竺人。……汉永平中，明皇帝夜梦金人飞空而至，乃大集群臣以占所梦。通人傅毅奉答：‘臣闻西域有神，其名曰“佛”，陛下所梦，将必是乎。’帝以为然，即遣郎中蔡愔、博士弟子秦景等，使往天竺，寻访佛法。愔等于彼遇见摩腾，乃要还汉地。腾誓志弘通，不惮疲苦，冒涉流沙，至乎雒邑。明帝甚加赏接，于城西门外立精舍以处之，汉地有沙门之始也……后少时卒于雒阳。有记云：腾译《四十二章经》一卷，初缄在兰台石室第十四间中。腾所住处，今雒阳城西雍门外白马寺是也。”当时“洛中构白马寺，盛饰浮图，画迹甚妙，为四方式”。史载当年明帝时，曾“遣使天竺，问其道术而图其形象焉”。摩腾弘法洛阳之史踪，延至唐宋时代尚有遗迹可供凭吊。“洛都塔者，在城西一里，故白马寺南一里许。古基俗传为阿育王舍利塔，即迦叶摩腾所将来者”。

“竺法兰，亦中天竺人，自言诵经论数万章，为天竺学者之师。时蔡愔既至彼国，兰与摩腾共契游化，遂相随而来。……既达雒阳，与腾同止，少时便善汉言。愔于西域获经，即为翻译《十地断结》《佛本生》《法海藏》《佛本行》《四十二章》等五部。移都寇乱，四部失本，不传江左。唯《四十二章经》今见在，可二千余言，汉地见存诸经，唯此为始也。愔又于西域得画释迦倚像，是优田王栴檀像师第四作也。既至雒阳，明帝即令画工图写，置清凉台中及显节陵上。”

在千百年后的唐代，在著名的中国美术史籍中，这一历史事件仍为时人所乐道：昔“汉明帝梦金人，长大，顶有光明，以问群臣。或曰：‘西方有神名曰佛，长丈六，黄金色。’帝乃使蔡愔取天竺国优填王画释迦倚像，命工人图于南宫清凉台及显节陵上。以形制古朴，未足瞻敬。阿育王像，至今亦有存者”。

有关东汉时期国内祀奉佛教的事例，古籍文献间或亦有披露：“建和元年（公元147年），月氏国沙门支谶至洛阳译《般舟三昧》《阿閦佛经》等二十一部。二年（公元148年），安息国沙门安世高至洛阳译《五十校计》等百七十六部。自永平以来，臣民虽有习浮图者，天子未之好，至（桓）帝始笃好之。于禁中铸黄金浮图、老子像，亲于濯龙宫设华盖之座，用郊天之乐。”

释“安清，字世高，安息国王正后之太子也。……出家修道，博晓经藏，尤精阿毗昙学。讽持《禅经》，略尽其妙。既而游方弘化，遍历诸国。以汉桓之初，始到中夏。才悟机敏，一闻能达，至之未久，即通习华言。于是宣译众经，改胡为汉。出《安般守意》《阴持入》《大》《小》《十二门》及《百六十品》。初外国三藏众护，撰述经要为二十七章，高乃剖析护所集七章，译为汉文，即《道地经》是也。其先后所出经论，凡三十九部。义理明晰，文字允正，辩而不华，质而不野。凡在读者，皆亹亹

而不倦也”。

初唐时期道宣法师曾回忆此事谓：“右并后汉桓帝元嘉元年（公元151年），有安息国太子名清，字世高。次当嗣王，让位与叔。既而舍国出家，怀道游方，弘化为务。以桓帝建和二年（公元148年），振锡来仪，届于雒邑。少时习语，便大通华言。慨法化犹微，广事宣译。至灵帝世，二十余年，凡译一百七十余部，合一百九十余卷。其《释道安录》《僧佑录》《三藏记》《慧皎高僧传》等，只云高出经三十九部。义理明晰，文字允正。辩而不华，质而不野。凡在读者，皆亹亹然而不倦焉。”

释“安玄，安息国人也。志性贞白，深沉有理致。为优婆塞，秉持法戒，毫厘弗亏；博诵群经，多所通习。汉灵帝末，游贾洛阳。有功，号‘骑都尉’……渐练汉言，志宣经典”。

这是古代西亚“帕提亚”帝国（Parthian Empire）来华侨民弘化佛法的著名史迹。

释“支谦，字恭明，大月支人也。祖父法度，以汉灵帝世率国人数百归化，拜率善中郎将”。法度“率国人数百归化”于中原，这在中西交通史上实属一次值得一书的事件。

20世纪30年代，洛阳出土了一件佉卢文井阑题记石刻。经对此石断裂残块之缀合，可以见到以下的文字内容：“唯……年……月15日，此地寺院……祈愿人们向四方僧团敬奉一切。”有学者认为，这件石刻题记的出现，与灵帝年间自犍陀罗地区内徙洛阳的贵霜僧团有着密切的关联。研究者认为，法度此次率领如此庞大的国人群体来至洛阳，曾以佛教信众创立寺院，这件佉卢文井栏刻石就记录了贵霜大月氏移民在洛阳建立寺院的史实。

“支楼迦谶，亦直云支谶，本月支人。……汉灵帝时，游于雒阳。以光和、中平之间（公元178～189年），传译梵文，出《般若道行》《般舟》《首楞严》等三经。又有《阿阇世王》《宝积》等十余部经，岁久无录。安公校定古今，精寻文体，云‘似谶所出，凡此诸经，皆审得本旨，了不加饰，可谓善宣法要弘道之士也’。后不知所终……时有天竺沙门竺佛朔，亦以汉灵帝时，赍《道行经》来适雒阳，即转梵为汉。……朔又以光和二年（公元179年）于雒阳出《般舟三昧》，谶为传言，河南雒阳孟福、张莲笔受。……又有沙门支曜、康巨、康孟详，并以汉灵、献之间（公元168～220年），有慧学之誉，驰于京雒。曜译《成具定意》《小本起》等；巨译《问地狱事经》，并言直理旨，不加润饰；孟详译《中本起》及《修行本起》。先是沙门昙果于迦维罗卫国得梵本，孟详共竺大力译为汉文。安公云：‘孟详所出，奕奕流便，足腾玄趣也。’”

内典记载，东汉“《道行经》一卷，右一部，凡一卷，汉桓帝时，天竺沙门竺朔佛赍胡本至中夏。到灵帝时，于洛阳译出”。

又“《道行经》后记：……光和二年（公元179年）十月八日，河南洛阳孟元士口授。天竺菩萨竺朔佛时传言者译。月支菩萨支谶时，侍者南阳张少安、南海子碧、劝助者孙和、周提立”。

东汉末年，又有天竺人维祇难、竺律炎、昙柯迦罗等先后来到洛阳译经。其中维祇难译天竺佛教大型譬喻文学诗集《法句经》初出本，集中为数众多的佛教譬喻故事及其优美跌宕的韵文语言，极大地激发了中国传统文学向通俗化叙事方向发展。

毋庸置疑的是，在官方的大力倡导下，洛阳佛教译经事业蓬勃发展，而与佛教有关的活动也应是在官方操纵之下进行的，在如此蓬勃的佛教事业发展情势下，以石象作为纪念性雕塑亦应是情理之中的事，进一步而论，象庄石象也只能是官方行为所致。

综上，我们可以得出以下结论：象庄石象非东汉帝陵前的石刻，而应为与佛教有关的纪念性雕塑，它与白马寺、平乐观等一起作为东汉洛阳城西的宗教人文景观，成为东汉时期洛阳佛教兴盛和中西文化交流的历史见证，值得后人珍视和进一步研究。

（作者为洛阳市文物考古研究院副研究员）

洛阳汉魏石经与十六国北朝的政治演进及文教发展

王东洋

摘要：作为汉文化的重要载体，洛阳汉魏石经具有不可估量的政治和文化价值。十六国北魏统治者重视汉魏石经的作用，或派人抄写，或亲自观瞻，或奏请重立，或校勘修补。北齐、北周和隋为宣扬正统，发展文教，展开对汉魏石经的激烈争夺。北朝社会形成浓厚的石经文化氛围。洛阳汉魏石经见证了十六国北朝的政治演进、民族融合和文教发展的过程，对于北朝儒学文化的复兴、南北朝文化交融与南北文化认同，均起到重要的促进和推动作用，并对隋唐教育发展产生了深远影响。洛阳汉魏石经对于"洛阳学"之构建具有重要学术价值。

关键词：汉魏石经；十六国北朝；政治演进；文化认同

"汉魏石经"概念之提出，始于北魏国子祭酒郑道昭上宣武帝疏。《魏书·孝静帝纪》载东魏静帝武定四年八月，"移洛阳汉魏《石经》于邺"，则沿用了郑道昭"汉魏石经"之说，并于前冠以"洛阳"二字，[①] 由此洛阳与汉魏石经紧密联系在一起。洛阳汉魏石经由朝廷下诏刊刻，立于太学，供天下儒生观瞻临摹，在中国文化史上具有重要意义。在纸质书写材料尚未普及的汉魏时期，汉魏石经起到统一经学、保存文化、宣扬教化的作用。[②] 汉魏石经具有重要的历史价值、文献价值和艺术价值，故引起古今学者持续关注和研究，并在石经版式、文本考订、残字辑录等方面取得了丰硕成果，[③] 为进一步研究提供了便利。近年来学界对汉魏石经的自身价值和影响进行了研究，[④] 但对汉魏石经在十六国北朝的作用与影响却关注不够，至今尚无专文论述。有鉴于此，本文梳理十六国北朝各政权利用与争夺汉魏石经之史实，探讨洛阳汉魏石经与十六国北朝政治演进及文教发展之关系，以期深化对十六国北朝政治史与文化史的认识。不当之处，敬请方家指正。

---

① 《魏书》卷十二《孝静帝纪》，第308页。

② 王东洋：《汉魏石经杂考》，《河南科技大学学报（社会科学版）》2017年第1期。

③ （宋）洪适《隶释》（中华书局2003年版）、（清）顾炎武《石经考》（景印文渊阁四库全书（第683册））、（清）万斯同《石经考》（景印文渊阁四库全书（683册））、（清）杭世骏《石经考异》（景印文渊阁四库全书（684册））、（清）孙星衍《魏三体石经残字考》（《丛书集成初编》（131册））、王国维《魏石经考》（《观堂集林》，收入《王国维全集》，浙江教育出版社、广东教育出版社2009年版）、吴宝炜辑《魏三体石经录》（石印本，1923年版）、张国淦《历代石经考》（燕京大学国学研究所1930年版）、孙海波《魏三字石经集录》（北平大业印书局1937年版）、马衡《汉石经集存》（科学出版社1957年版）、《历代石经研究资料辑刊》（全八册，北京图书馆出版社2005年版）则为以往石经研究的集成汇编。

④ 王继祥：《汉熹平石经的镌刻及其意义》，《图书馆学研究》1991年第2期；萧东发：《儒家石经及其影响》，《紫禁城》1995年第4期；曾昭聪：《中国古代的石经及其文献学价值》，《华夏文化》2002年第1期；黄洁：《〈熹平石经〉与汉末的政治、文化规范》，《中国文化研究》2005年秋之卷；王传林：《儒家"石经"之史考论》，《孔子研究》2015年第5期；宋廷位：《儒家太学石经对书籍发展的影响》，《中国编辑》2016年第4期。

一、洛阳汉魏石经成为十六国北朝早期汉化的载体和标志

汉魏石经的重要作用是校订儒家经典中的谬误，统一文字，统一经学，并使之易于保存和流传，其立于太学，可视为朝廷为天下儒生及学子颁布的统一的标准的官方钦定教材。永嘉之乱后，洛阳落入少数民族政权之手，汉魏石经的历史命运值得关注。西晋时期“夷狄不足为君论”盛行，该论点宣扬胡人为臣子则可，为帝王则自古未有。[①] 受传统夷夏君臣观的影响，被称为“夷狄”的五胡，为何能够建国？其首领有何资格称帝？这是当时汉人普遍的质疑，也是胡人自身的疑虑。五胡首领欲建国称帝，必须敢于冲破“夷狄不足为君论”之魔咒，加强对己有利的舆论宣传，构建其政权合法性的基础。重用汉人，模仿汉制，乃至汉化改革就成为摆在少数民族首领面前的紧要任务，而立于旧都洛阳太学的汉魏石经遂成为其学习汉文化的重要载体和标志。

十六国时期，主要体现在后赵对洛阳石经的利用上。《晋书》卷一〇六《石季龙上》：“季龙虽昏虐无道，而颇慕经学，遣国子博士诣洛阳写石经，校中经于秘书。”

需要注意：其一，“写石经”为魏晋时期常用语言，如曹魏时赵至“年十四，诣洛阳，游太学，遇嵇康于学写石经”。[②]《世说新语》注嵇绍《赵至叙》曰“时先君在学写石经古文”。《说文》：“写，传置也。”黄生《字诂》云，“传此本书，书于他本，亦谓之写”。嵇康游太学见石经，传写其古文，非刻写石经。[③] 因此石季龙遣使“写石经”，非刻写石经，而是用纸张或简帛临拓石经，抄录石经。拓写或抄录石经，有利于经学文本的流传，大大方便胡汉文化的交流。其二，《中经》及《中经新簿》为魏晋时期整理皇室所藏图书而编写的目录学著作，其对当时群书进行甲乙丙丁四部分类。[④] 晋《中经新簿》数量庞大，“四部书一千八百八十五部，二万九百三十五卷”。[⑤] 西晋灭亡后，许多典籍散佚，部分被五胡政权所收藏。其三，“写石经”与“校中经”之关系。后赵石季龙在位时，虽曰残暴，但重视儒学，羡慕经学，设置国子博士和国子祭酒，秘书省收藏不少中经典籍。石季龙遣国子博士去洛阳抄录石经，并以汉魏石经为标准校勘秘书省所藏图书。汉魏石经为朝廷钦定的标准经学，用石经来校对存世文献正是其功能之一。当然，石季龙遣国子祭酒去洛阳抄录石经，并非一时心血来潮，而是内心长期思虑使然。作为少数民族首领，置身北方乱局，石季龙对“天王”与“皇帝”的本质区别有清醒的认识。石季龙掌握后赵政权后，下属奏请称帝，季龙下书曰：“朕闻道合乾坤者称皇，德协人神者称帝，皇帝之号非所敢闻，且可称居摄赵天王，以副天人之望。”[⑥] 所谓“天王”者，可以靠武力夺取政权，与一般王侯无异。所谓“皇帝”者，必须“道合乾坤”和“德协人神”，获取天命和民心，也就是要有“道”、有“德”。称皇帝必须获取天命，否则就是僭逆，这是汉人早就广泛认同的政治观念。石季龙对皇帝的认识，代表了五胡首领对汉人政治文化的认同。为获取天命和人心，石季龙除主动对应“天子当从东北来”的谶语外，[⑦] 也积极利用汉魏石经。石季龙遣使诣洛阳抄录石经之举，表明汉魏石经已成为后赵乃至十六国学习儒学和汉文化的重要载体，这对于五胡政权由单纯倚重武力征伐而转向武力与文教

① 如刘琨谓“自古以来诚无戎人而为帝王者”；王子春谓“自古诚胡人而为名臣者实有之，帝王则未之有”；羌人姚弋仲自言“自古以来未有戎狄作天子者”。分见《晋书》卷一〇四《石勒载纪上》，第2715、2721页；《晋书》卷一一六《姚弋仲载纪》，第2961页。

② 《晋书》卷九二《文苑传·赵至》，第2377页。

③ 余嘉锡：《世说新语笺疏》，中华书局2011年版，第68页。

④ 《隋书》卷三二《经籍一》：“魏氏代汉，采掇遗亡，藏在秘书中、外三阁。魏秘书郎郑默，始制《中经》，秘书监荀勖，又因《中经》，更着《新簿》，分为四部，总括群书。”（第906页）

⑤ （唐）释道宣：《广弘明集》，景印文渊阁四库全书（第1048册），台湾商务印书馆1985年版，第263页。

⑥⑦ 《晋书》卷一〇六《石季龙载纪上》，第2762页。

并重的政策具有重要的影响，最终对其政权合法性的宣传意义重大。

北魏平城时代，皇帝多次巡幸洛阳，观瞻汉魏石经，借以表达新的治国理念。明元帝拓跋嗣泰常八年（公元423年），外出巡行，“遂至洛阳，观《石经》”。[①] 所谓“观”，即恭敬地观看，表达明元帝对待汉魏石经之态度。[②] 明元帝“礼爱儒生，好览史传”，其观瞻洛阳《石经》之举，显然与其对汉文化的看法有关。作为北魏复国英雄拓跋珪之后的第二位皇帝，明元帝观瞻汉魏《石经》具有重要的象征意义，传递其新的治国理念，也暗示拓跋鲜卑必将进一步汉化。洛阳汉魏《石经》，成为北魏明元帝沟通鲜卑现实与汉化理想的桥梁和纽带。

北魏迁都洛阳前，孝文帝也曾观瞻《石经》。《魏书》卷七《高祖纪下》载太和十七年（公元493年）九月，“幸洛阳，周巡故宫基趾。……壬申，观洛桥，幸太学，观《石经》。……丁丑，戎服执鞭，御马而出，群臣稽颡于马前，请停南伐，帝乃止。仍定迁都之计”。当时洛阳虽经破乱“而旧三字石经宛然犹在”。[③] 孝文帝南伐途中，巡幸洛阳，周游魏晋洛阳城遗迹，又亲临太学，观瞻《石经》。太学遗址矗立的残破石经，向孝文帝无声地诉说着洛阳城昔日的繁华与荣耀，以及曾经的文化辉煌。孝文帝此行感慨万千，向大臣宣示自己的政治理想，发誓要做“修德”之君。洛阳是统一帝国的首选都城，孝文帝迁都洛阳正是看中了洛阳的政治象征意义和文化价值。[④] 对于拓跋鲜卑来说，汉魏石经则是汉文化的代表和象征。可以说，洛阳太学残存的汉魏石经，进一步坚定了孝文帝迁都洛阳的决心。

二、汉魏石经促进北魏洛阳时代儒学文化复兴

北魏洛阳时代，有识大臣充分认识到汉魏石经在政权对峙与文化传承中的作用，上奏朝廷，请求校勘、增补汉魏《石经》，汉魏石经仍为天下学子所临摹，对北魏儒学复兴产生积极影响。

北魏宣武帝时期，国子祭酒郑道昭上表朝廷，[⑤] 请求重立汉魏石经。《魏书》卷五六《郑羲附弟道昭传》载道昭表曰：“今国子学堂房粗置，弦诵阙尔。城南太学，汉魏《石经》，丘墟残毁，藜藿芜秽，游儿牧竖，为之叹息……求重敕尚书、门下，考论营制之模，则五雍可翘立而兴，毁铭可不日而就。树旧经于帝京，播茂范于不朽。斯有天下者之美业也。”当时国子学房舍简陋，典籍阙如，而城南太学所存汉魏《石经》遗迹，荒废不堪，杂草丛生，令人叹息。郑道昭请求朝廷诏令尚书省、门下省考论、校勘石经，如此则儒学复兴指日可待，并将整理、修复后的石经重新立于京城，借以宣扬王化，延揽天下学子之心，此乃万世之美业。郑道昭由此正式提出“汉魏石经”之说，表明北魏当时残存石经有东汉熹平石经和曹魏正始石经两种，也包括曹丕《典论》石刻，而这几种石经对鲜卑人所建北魏政权均有重要的价值。郑道昭充分认识到汉魏石经的作用，强烈建议朝廷充分利用汉魏石经的文化价值和象征意义，所谓“树旧经于帝京，播茂范于不朽”。郑道昭所奏尽管不被朝廷采纳，但对北魏君臣重新认识汉魏石经起到重要的推动作用。

孝明帝神龟元年（公元518年），复有崔光上表朝廷，奏请校勘、修补石经之事。《魏书》卷六七

---

① 《魏书》卷三《太宗纪》，第63页。

② 《资治通鉴》卷一一九《宋纪一》胡三省注曰“《石经》，后汉蔡邕所书者”，即认为明元帝所观《石经》仅为东汉熹平石经（第3756页）。笔者对此不敢苟同，明元帝所观瞻《石经》，不仅是熹平石经，而且包括汉魏石经其他种类。

③ 《魏书》卷八三上《外戚·冯熙传》，第1819页。

④ 王东洋：《北魏孝文帝迁都洛阳原因补论》，《河南科技大学学报》2010年第3期。

⑤ 刘汝霖进一步将郑道昭上表时间考定为宣武帝景明三年（公元502年）。刘汝霖等：《东晋南北朝学术编年》，华东师范大学出版社2010年版，第288页。

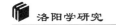

《崔光传》载光表曰："寻石经之作，起自炎刘，继以曹氏《典论》，初乃三百余载，计末向二十纪矣。昔来虽屡经戎乱，犹未大崩侵。如闻往者刺史临州，多构图寺，道俗诸用，稍有发掘，基跖泥灰，或出于此。皇都始迁，尚可补复，军国务殷，遂不存检。……今求遣国子博士一人，堪任干事者，专主周视，驱禁田牧，制其践秽，料阅碑牒所失次第，量厥补缀。"

崔光纵论石经发展史，认为石经之作始于东汉熹平石经，曹丕《典论》继其后，这些石经已经有几百年的历史了。[①] 由此可见，崔光将曹丕《典论》刻石视为石经发展的重要阶段和石经形式。[②] 汉魏石经前后相继，体现了内在的文化传承和学术延续。虽经多次战乱，汉魏石经仍没有出现大的破坏，但在北魏迁洛前后，洛州刺史为建佛寺之需，加之民间征用，多拆除石块，石经及其文字遭到严重破坏，石经数量减少，文字缺失，周围杂草丛生。即便如此，北魏迁都洛阳时"尚可补复"。有鉴于此，崔光请求派遣博学之国子博士前去巡查，禁止周围垦田和放牧，并对散落石经进行整理、增补。对此，朝廷诏曰："此乃学者之根源，不朽之永格，垂范将来，宪章之本，便可一依公表。"

值得肯定的是，北魏朝廷充分认识到汉魏《石经》之作用。所谓"学者之根源"，指汉魏石经的内容为朝廷钦定和认可的儒家经典，也是读书之人求学问道的根据和来源。所谓"不朽之永格"，指汉魏石经这种保存和传承文化的法式和标准，必将长久影响后世。前者突出了汉魏石经具有的典籍保存之功能，后者更突出了其文化传承之作用。北魏朝廷将汉魏石经提高到关乎政权存亡和治乱兴衰的高度，凸显汉魏石经的正统性和神圣性。得到朝廷允许，崔光"乃令国子博士李郁与助教韩神固、刘燮等勘校石经，其残缺者，计料石功，并字多少，欲补治之"，可惜其后因政局混乱而未能实施。

尽管上述郑道昭和崔光上疏朝廷之建议，没有有效付诸实施，但汉魏石经之残石对迁都洛阳后的北魏文教发展仍起着重要引领作用。北魏末年，张景仁为儿童时，"在洛京，曾诣国学摹《石经》"。[③] 由此可知，经过校勘与修补，时至北魏末年，汉魏石经仍矗立在北魏国子学前，供天下学子临摹学习，此功能如同汉魏时期石经立于太学引起天下学子临摹一样。

三、洛阳汉魏石经成为北朝后期竞相争夺的正统文化符号

北齐、北周和隋为宣扬正统、发展文教，竞相展开对洛阳汉魏石经的争夺。汉魏石经随着政治重心的变动而迁转：北齐时期由洛阳迁至邺城，北周时期由邺城迁至洛阳，隋时由洛阳迁至长安。在南北朝对峙的大背景下，汉魏石经遂成为各政权标榜正统和争取政权合法性的文化符号。获取汉魏石经，如同获取天命，获取人心，对于本政权的正统性和合法性宣传，对于其文教发展，有着至关重要的意义。

北魏分裂后，东魏与西魏展开了激烈争斗，既有军事征伐，也有政治与文化争夺，《魏书》卷十二《孝静纪》："（武定四年）八月，移洛阳汉魏《石经》于邺。"《洛阳伽蓝记》卷三《城南》"报德寺"："武定四年，大将军迁《石经》于邺。"

孝静帝武定四年（公元546年），高欢令人将汉魏《石经》迁至邺城，这一方面有重振文化的考虑，另一方面有政治上争夺正统的考虑。邺城为东魏首都，实际掌权者大将军高欢将霸府建在晋阳，形成事实上的两都制（邺—晋阳），这一体制为北齐所继承。[④] 北齐建立后，高洋和高演两位皇帝先后下

---

① 顾炎武：《石经考》："按汉熹平四年乙卯至魏神龟元年戊戌，计三百四十三年。魏文帝黄初七年丙子崩，至后魏神龟元年戊戌，计二百九十二年。"景印文渊阁四库全书（第683册），台湾商务印书馆1985年版，第836页。

② 《北史·崔光传》所载崔光上表，与此记载略同，独缺"曹氏《典论》"之句（第1620页）。

③ 《北史》卷八一《儒林·张景仁传》，第2732页。

④ 谷川道雄：《隋唐帝国形成史论》，上海古籍出版社2011年版，第302页。

诏将石经安置于学馆。

《北齐书》卷四《文宣纪》：“（天保元年）八月，诏郡国修立黉序，广延髦俊，敦述儒风。其国子学生亦仰依旧铨补，服膺师说，研习《礼经》。往者文襄皇帝所运蔡邕石经五十二枚，即宜移置学馆，依次修立。”

《北史》卷七《齐本纪》：“（皇建元年）又诏国子寺可备立官属，依旧置生，讲习经典，岁时考试。其文襄帝所运石经，宜即施列于学馆。外州大学，亦仰典司，勤加督课。”

北齐承北魏设置国子寺，掌管天下教育。[①] 北齐文宣帝天保元年（公元550年），即高洋称帝当年，为发展学校教育，振兴儒学，诏令将昔日文襄皇帝（即高澄）从洛阳迁移的东汉熹平石经52枚，依序安放于国子学馆，供儒生学习。由“蔡邕石经”可知，此为东汉熹平石经。皇建元年（公元560年）八月，即高演即位之时，为发展儒学、讲习经典之需，再次诏令将文襄皇帝所运熹平石经安放于国子学馆。北齐两位皇帝即位之初，均高度重视石经的作用，诏令安置石经于学馆。

上引诸文献，可注意者有三：其一，《魏书》与《洛阳伽蓝记》均载高欢当政时“移洛阳汉魏《石经》于邺”，而《北齐书》与《北史》却载“文襄皇帝”所运石经，《资治通鉴》也谓文襄帝迁洛阳石经。[②] 史载不一，难道高欢和高澄先后两次迁转《石经》了吗？据刘汝霖先生推测，《北齐书·文宣帝纪》和《孝昭帝纪》皆云文襄帝高澄转运石经，大概高欢于东魏孝静帝武定四年命令转移石经，但当时战争频仍，迁转石经没能立即实施；高欢死后，由高澄完成高欢迁转石经之愿望。[③] 其二，《魏书》载“洛阳汉魏《石经》”，而《北齐书》载仅为“蔡邕石经五十二枚”。另据《隋书》卷三二《经籍一》：“后魏之末，齐神武执政，自洛阳徙于邺都，行至河阳，值岸崩，遂没于水。其得至邺者，不盈太半。”对此，顾炎武认为：“按《水经注》《伽蓝记》所列碑数，东二十五，西四十八，共七十三枚，而《北齐书》所纪在邺者五十二枚，则不过失其二十一枚耳，未至于不盈太半也。”[④] 马衡认为，当日高氏迁邺者或只有汉石经而不包括魏石经，《北齐书》所言尚有52枚亦不可信。[⑤] 高澄通过水路转运洛阳石经，遇河岸崩溃，不少石经坠入水中，即便如此，到达邺城者仍达52枚。熹平石经总数为46枚，[⑥] 显然52枚石经中也包括其他石经，而非仅为熹平石经。高澄所运这批石经，定包括多种汉魏石经。[⑦] 其三，国子学生欲“服膺师说”，首先要有标准权威的版本或教材，而汉魏石经恰具备这个功能。中国儒学传承的特点，重视家学和师承关系。纠正谬误，正本清源，朝廷钦定，立于太学，这本是汉魏石经开刻之目的，也是儒学统一的重要途径。高氏迁移洛阳汉魏石经至邺城，立于中央学馆，这对于北齐儒学发展、汉魏文化传承、南北朝文化融合，均具有重要的促进作用。

北周武帝灭北齐后，旧都洛阳纳入北周版图，周宣帝大象元年（公元579年），诏令将石经由北齐旧都邺城迁回洛阳。《周书》卷七《宣帝纪》：“辛卯，诏徙邺城石经于洛阳。”所谓“邺城石经”，即昔日东魏、北齐从洛阳迁移的汉魏石经。这些石经本来存放于洛阳，现在又重新被迁移至洛阳。周宣帝认识到洛阳的地位，诏令邺城石经迁回洛阳后，征发关东多州民众，修复洛阳城，建立洛阳宫，并移相州六府于洛阳，称“东京六府”，进一步恢复洛阳之地位。[⑧] 周宣帝迁转北齐邺城石经之举，既有振兴

① 《旧唐书》卷四四《职官》三，第1890页。

② 《资治通鉴》卷一五九《梁纪》十五，第4940页。

③ 刘汝霖：《东晋南北朝学术编年》，华东师范大学出版社2010年版，第388页。

④ 顾炎武：《石经考》，景印文渊阁四库全书（第683册），台湾商务印书馆1985年版，第837页。

⑤ 马衡：《汉石经概述》，《考古学报》1955年第10期。

⑥ 《后汉书》卷六十下《蔡邕传》注引《洛阳记》，中华书局1965年版，第1990页。

⑦ 另范邦瑾先生认为，西晋惠帝时裴頠为国子祭酒，刻石写经，是为《晋石经》。高氏所迁洛阳石经，除了《汉石经》外，还应有《魏石经》和《晋石经》的碑石在内。范邦瑾：《〈晋石经〉探疑》，《史林》1988年第4期，第14页。

⑧ 《周书》卷七《宣帝纪》，第119页。

学术的实际意义，也有宣示政权合法性的象征意义。

隋文帝开皇六年，汉魏石经从洛阳被移至长安。《隋书》卷七五《儒林·刘焯》："六年，运洛阳《石经》至京师，文字磨灭，莫能知者，奉敕与刘炫等考定。"洛阳石经几经周转，损坏严重，文字多磨灭不清，隋文帝遂敕令刘焯等人考定石经。此次迁运洛阳石经，包括时存多部汉魏石经。

不过，《隋书·经籍一》却另有记载："隋开皇六年，又自邺京载入长安，置于秘书内省，议欲补缉。立于学，寻属隋乱，事遂寝废，营造之司，因用为柱础。"其后唐人封演《封氏闻见记》亦云"隋开皇六年，又自邺载入长安，置于秘书内省，议欲补葺"，① 则隋文帝迁徙汉魏石经的路线是由邺城直接至长安，而不是由洛阳至长安。那么，开皇六年迁至长安之汉魏石经，究竟源于何地？由上引《周书·宣帝纪》"诏徙邺城石经于洛阳"和《隋书·刘焯》"六年，运洛阳《石经》至京师"记载可知，周宣帝诏令石经从邺城迁回洛阳，则邺城不应存有石经，隋文帝开皇六年所迁石经确实源出洛阳。《封氏闻见记》所云"自邺载入长安"之说有误，显然系沿袭《隋书·经籍一》之误。顾炎武认为，《隋书·经籍一》"失载周大象元年徙洛阳一节，史书之疎也，《刘焯传》言自洛阳运至京师者为信"。② 另外，对于汉魏石经迁转至长安，曾有学者表示怀疑。如马衡认为史载汉魏石经两次迁徙，其终点在长安，但是后世发现残石均在洛阳原址，而长安无所闻，着实让人怀疑。③ 但是1957年在西安出土的魏石经残石上有"始二年三"字样，可以推知是"正始二年""三体"石经，④ 据此可知隋文帝开皇六年确曾迁转汉魏石经至长安。

汉魏石经迁至长安，至唐后期遂有"西京石经"之说。⑤ 所谓西京石经，即隋文帝开皇六年由洛阳运至长安的汉魏石经。汉魏石经几经周转，至唐代后期，西京之石经遭到破坏，成为市场可以用重金购买的货物，其命运令人扼腕。

四、洛阳汉魏石经促进南北文化交融与文化认同

南北文化交融与文化认同的重要前提是文字的统一，而洛阳汉魏石经对中国古文字发展产生了重要影响。熹平石经的镌刻是我国书法史上的创举，正始石经因用古文、篆、隶三种书体刻成，又称《三体石经》或《三字石经》，更对文字发展产生深远影响。众所周知，秦始皇焚书，古文灭绝，造成文化上的重大损失，西汉时鲁壁藏书重见天日，但科斗文世人多不能识，后藏书于秘府，普通士人无法看到。西晋卫恒《四体书势》，其序"古文"曰："魏初传古文者，出于邯郸淳。……至正始中，立三字石经，转失淳法。因科斗之名，遂效其法。"⑥

正始三字石经，古文、隶书、篆书三种文字互相对照，有利于梳理中国古文字的发展演变轨迹。曹魏初年邯郸淳演习古文，广为流传，但正始三字石经所用古文，偏离邯郸淳之法，遂成后世古文正法，并沿着这条路径进一步规范古文书写，流传天下。

北魏宣武帝延昌三年，江式上表朝廷，纵论中国文字发展史。《魏书》卷九一《艺术·江式传》："又建《三字石经》于汉碑之西，其文蔚炳，三体复宣。校之《说文》，篆隶大同，而古字少异。……

① （唐）封演撰，赵贞信校注：《封氏闻见记校注》，中华书局2005年版，第11页。
② 顾炎武：《石经考》，景印文渊阁四库全书（第683册），台湾商务印书馆1985年版，第837页。
③ 马衡：《凡将斋金石丛稿》，中华书局1977年版，第215页。
④ 刘安国：《西安市出土的"正始三体石经"残石》，《人文杂志》1957年第3期。
⑤ 《新唐书》卷一九〇《钟傳传》，第5487页。
⑥ 《三国志》卷二一《刘劭传》注引《文章叙录》，第621页。

辄求撰集古来文字，以许慎《说文》为主，爰采孔氏《尚书》、《五经》音注、……《三字石经》、《字林》、《韵集》、诸赋文字有六书之谊者，皆以次类编联，文无复重，纠为一部。”

江式指出《三字石经》的重要贡献是“三体复宣”，即篆书、隶书和古文书一并呈现，相互对照，并因此可用三字石经与《说文》相对校，发现篆书、隶书大体相同，而古文少异，由此可以考察中国文字的发展演变轨迹。江式宣誓继承父祖之业，奏请“撰集古来文字”，撰写综合性的字典《古今文字》。文字为文化之载体，字典之编撰意义重大。该字典以《说文》为蓝本，同时参考借鉴了当时流传的多种字书，《三字石经》也是其参考文本之一，由此可见三字石经对北魏文字学及文化发展之影响。

汉魏石经立于旧都洛阳，东晋南朝偏安江南，无法迁转汉魏石经，但汉魏石经对其并非没有影响。永嘉之乱后，北人大量南迁，其中有多人曾在太学求学，目睹汉魏石经，甚至抄录石经文本，因此东晋君臣和一般士大夫对于汉魏石经是熟悉的。南朝士人对于汉魏石经也不陌生，如萧梁保存多卷汉魏石经之拓本。《隋书》卷三二《经籍一》：

> 《一字石经周易》一卷（梁有三卷）、《一字石经尚书》六卷（梁有《今字石经郑氏尚书》八卷，亡）、《一字石经鲁诗》六卷（梁有《毛诗》二卷，亡）……《一字石经春秋》一卷（梁有一卷）……《一字石经论语》一卷（梁有二卷）……《三字石经尚书》九卷（梁有十三卷）……《三字石经春秋》三卷（梁有十二卷）。

由此可见：其一，由隋志在每种石经下均标注卷数（若干卷表示纸质拓本的数量）可以看出汉魏石经对于传拓及印刷术之影响。马衡先生认为，《隋书·经籍志》所载《一字石经》若干卷、《三字石经》若干卷，则为秘府相承传拓之本；“拓石之法盖始于石经，发明时期当在六朝，自后宋时发见汉魏残石，传拓之外，往往覆刻”①。石经的出现导致捶拓方法的发明，“而捶拓技术恰恰是雕版印刷术的先驱”。② 儒家太学石经在书籍的发展过程中不仅是雕版印刷术的源头之一，在书籍的发展过程中也为书籍装帧提供了借鉴。③ 中国古代书写材料由石刻转向纸张，印刷方式大体经历“石经—传拓—雕版印刷”诸阶段，在这一伟大转变历程中，汉魏石经功不可没。其二，隋志明载萧梁保存卷数，以及亡佚情况。萧梁保存某些石经卷数超过北方，说明汉魏石经拓本曾大量传入南朝，并在萧梁保存较好，而这可能与梁武帝重视文教的统治政策有关。梁武帝博学多识，颇为自负，在经、史、子、集和佛学各方面均有研究。④ 梁武帝进行官制、礼制改革，以与北朝争夺正统，就连北朝高欢也感慨“江东复有一吴翁萧衍，专事衣冠礼乐，中原士大夫望之以为正朔所在”。⑤ 梁武帝重视文教，招引士人，必然重视汉魏石经，以与北朝争夺正统。当然，汉魏石经在南北朝均有大量拓本流传，有利于南北朝经学统一和文化认同。

北朝精通五经之人，被冠于“石经”称号，这是南北时人均认可的赞誉。如《魏书》卷五五《刘芳传》：“王肃之来奔也，高祖雅相器重，朝野属目。芳未及相见。高祖宴群臣于华林……高祖称善者久之。肃亦以芳言为然，曰：‘此非刘石经邪？’昔汉世造三字石经于太学，学者文字不正，多往质焉。芳音义明辨，疑者皆往询访，故时人号为刘石经。”

---

① 马衡：《凡将斋金石丛稿》，中华书局1977年版，第216页。

② 萧东发：《儒家石经及其影响》，《紫禁城》1995年第4期。

③ 宋廷位：《儒家太学石经对书籍发展的影响》，《中国编辑》2016年第4期。

④ 据《隋书》卷三二《经籍一》，仅在经学方面，梁武帝撰有《周易大义》《周易讲疏》《周易系辞义疏》《尚书大义》《毛诗发题序义》《毛诗大义》《礼记大义》《中庸讲疏》《制旨革牲大义》《乐社大义》《乐论》《孝经义疏》《孔子正言》等。

⑤ 《资治通鉴》卷一五七《梁纪十三》，第4881页。

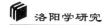

按，汉代所造熹平石经，乃一字石经，非三字石经。孝文帝太和十七年，王肃自建邺北奔，不久就与北魏刘芳论辩有关礼仪，这场辩论实际上是南北朝文化的碰撞与交流。北魏刘芳因儒学功底深厚，博学多闻，学者若有疑多向其咨询，而被时人赞为“刘石经”。王肃对刘芳大为赞赏，赞同北人所论，也赞之为“刘石经”，显示出南北朝对“石经”称谓的一致认同。再如陆乂：“于《五经》最精熟，馆中谓之石经。人为之语曰：‘《五经》无对，有陆乂。’”① 陆乂精通《五经》，被人赞为“陆石经”，可与《五经》文本相对校。

汉魏石经立于太学，供儒生后学观瞻学习，若有疑难问题，必以石经为标准。石经为官方钦定的标准，用于核对查询。“刘石经”和“陆石经”之称谓，反映了南北朝对“石经”文化的认可，也标志着北朝儒学文化的复兴。北朝儒学大家被冠以“石经”称号，在北朝社会形成了浓厚的石经文化氛围，而这种氛围对于北朝儒学复兴与发展是十分有利的。洛阳汉魏石经对于南北朝文化融合与文化认同，起到重要的推动作用。

五、洛阳汉魏石经影响隋唐教育发展

洛阳汉魏石经对隋唐教育也产生了深远影响，主要表现如下：

其一，《三字石经》成为唐代“书学”教育之专业。《旧唐书》卷四四《职官》三“国子监”：“书学博士二人，学生三十人。博士掌教文武官八品已下及庶人之子为生者。以《石经》《说文》《字林》为专业，余字书兼习之。”

《新唐书》卷四四《选举志上》：“凡书学，《石经三体》限三岁，《说文》二岁，《字林》一岁。”

唐代国子监为中央教育管理机构，下辖国子学、太学、四门学、律学、书学和算学，其中后三者属专门教育。②《旧唐书》所引《石经》，即《新唐书》所谓《石经三体》，也就是曹魏三字石经。理由如下：两唐书均先谓《石经》，再说《说文》和《字林》，顺序完全对应；因唐开成石经开凿较晚，且字体乖谬，素为名儒轻视；③ 唐代国子监“书学”博士，以《石经》等为专业，教授生徒，所引《石经》应指用三种文字书写的《三字石经》。唐代将《三字石经》作为国子监所辖“书学”之专业，且规定三年内修完。研修时间超过《说文》之二岁、《字林》之一岁，足见《三字石经》在书学教育中的地位。唐宋时期之古、籀文字，“溯此体之源，当自三字石经始矣”④。《三字石经》既是唐代官学教育（书学）之专业和钦定教材，也是未来科举考试（书学）的科目之一。

其二，汉魏石经成为唐代“小学”之教材。“小学”，一般指研究文字字形、字义及字音的学问，包括文字学、声韵学及训诂学，“小学”在隋唐可谓“字学”。《隋书》卷三二《经籍一》谓“相承传拓之本”，加上“秦帝刻石”，成为唐初“小学”之教材，其中包括：“《一字石经周易》一卷、……《一字石经论语》一卷、《一字石经典论》一卷、《三字石经尚书》九卷、《三字石经尚书》五卷、《三字石经春秋》三卷。”钱大昕认为，隋书经籍志载一字、三字石经，“其编次，一字在三字之前，是一

① 《北史》卷二八《陆俟附陆乂传》，第1019页。

② 《新唐书》卷四四《选举志上》，第1159－1160页。

③ 《旧唐书》卷十七下《文宗纪》：“时上好文，郑覃以经义启导，稍折文章之士，遂奏置五经博士，依后汉蔡伯喈刊碑列于太学，创立《石壁九经》，诸儒校正讹谬。上又令翰林勒字官唐玄度复校字体，又乖师法，故石经立后数十年，名儒皆不窥之，以为芜累甚矣。”（第571页）

④ 杭世骏：《石经考异》，景印文渊阁四库全书（第684册），台湾商务印书馆1985年版，第493页。

字为汉刻，三字为魏刻也"[①]。尤其值得注意的是，"《一字石经典论》一卷"之书写，表明隋志认为曹丕《典论》亦为汉魏石经之一种。[②] 由此可知，《隋书·经籍志》所云《一字石经》指熹平石经和《典论》石经，《三字石经》指正始石经。《旧唐书》卷四六《经籍上》明确列举"小学"书目："《今字石经易篆》三卷；《今字石经尚书》五卷；《今字石经郑玄尚书》八卷；《三字石经尚书古篆》三卷；……《三字石经左传古篆书》十三卷；《今字石经左传经》十卷；《今字石经公羊传》九卷；《今字石经论语》二卷……"

清代学者侯康于《补三国艺文志》中认为，"唐志所云今字者，皆一字，盖指隶书一体也"，[③] 而《隋书·经籍志》所云"一字石经"主要指熹平石经。两唐书所云"今字石经"，仍指熹平石经，所谓"三字石经"，即曹魏正始石经。由汉至唐，跨越时空，历经战乱，但以洛阳汉魏石经为载体所保存的儒家文本、文字演变和书法艺术成为唐代发展文教事业的重要基础。

六、结语

十六国北朝多为胡人所建，其早期社会发展程度较低，文化较为落后，汉化成为其不可避免的选择。相对于以汉魏文化正统自居的南朝，十六国北朝尤其需要学习汉人的典籍和文化。汉魏石经作为汉文化的重要载体和象征，具有不可估量的政治和文化价值，对十六国北朝统治者具有很强的吸引力，他们或派人抄写，或亲自观瞻，或奏请重立，或校勘修补。十六国北朝统治者由最初的武力杀戮转为重视儒学和人文教化，在这个转变过程中，洛阳汉魏石经的作用不容忽视。

北齐、周和隋为宣扬正统、发展文教，展开对汉魏石经的激烈争夺。汉魏石经随着政权重心的变动而移动，由洛阳至邺城，由邺城至洛阳，再由洛阳至长安。汉魏石经在北朝后期的历史命运，凸显出汉魏石经的政治与文化价值。洛阳汉魏石经成为北朝儒学复兴与发展的重要标志，也成为各政权争夺正统的重要文化象征。

总之，洛阳汉魏石经见证了十六国北朝的政治演进、民族融合和文教发展的过程，其流转经历了国家由"统一"至"分裂"，再由"分裂"走向"统一"的过程。汉魏石经对于十六国北朝的汉化改革和文教发展，对于北朝隋唐文字之发展方向，对于南北朝文化交流和融合，进而对于南北民众心理及胡汉文化认同，均起到重要的促进和推动作用，并对隋唐教育发展产生了深远影响。基于此，洛阳汉魏石经对于今日"洛阳学"之构建具有重要的学术价值。

（作者为河南科技大学人文学院副教授）

① （清）钱大昕：《十驾斋养新余录》，上海书店出版社 1983 年版，第 504 页。
② 王东洋：《汉魏石经杂考》，《河南科技大学学报》2017 年第 1 期。
③ （清）姚振宗：《隋书经籍志考证》，二十五史补编，中华书局 1955 年版，第 5227 页。

从洛阳出土墓志看粟特人的祖先认同

李　乔

摘要：通过对在洛阳出土的57方粟特人墓志分析可以看出，进入中原地区的粟特人为了融入汉族群体，他们对自己的祖先来源进行了重新建构，在姓氏起源上追求与汉族同姓一致，在郡望堂号上攀附同姓望族，但不同姓氏在同化进度和程度上又表现出较大的差异。

关键词：粟特人；祖先认同；融合；同化

中古时期活跃在丝绸之路上的粟特民族进入中原后，逐步与汉民族融合，并最终在宋元时期被汉民族同化，消失在历史长河中。关于粟特人汉化问题的研究，此前已有多篇论著从生活方式、思维意识等的转变方面做过论述。[①] 然而，对于影响汉化的最重要因素——祖先认同的研究，已有著述要么没有述及，要么浅尝辄止。中古时期，洛阳是粟特人的重要聚集区，20 世纪以来，在这里出土了大量粟特人墓志及相关石刻资料，使对粟特人的深入研究成为可能。

通过对各种相关文献的爬梳比对，共获得洛阳出土的粟特人墓志 57 方，其中康姓墓志 22 方，分别是康达、康敦、康固、康敬本、康郎、康老师、康留买、康磨伽、康婆、康氏、康庭兰、康威、康武通、康仙昂、康杴、康续、康元敬、康远、康赞羡、康昭、康智、康子相墓志；安姓墓志 16 方，分别是安备、安崇礼、安度、安怀、安静、安菩、安神俨、安师、安氏、安守忠、安思节、安思温、安万金、安孝臣、安延、安重遇墓志；史姓墓志 9 方，分别是史多、史瓘、史诺匹延、史乔如、史然、史氏（2 人）、史陁、史孝章墓志；曹姓墓志 6 方，分别是曹德、曹公、曹谅、曹氏（2 人）、曹晔墓志；何姓墓志 4 方，分别是何澄、何夫人、何摩诃、何盛墓志。本文即以上述墓志为基础，对粟特人祖先认同问题做一探讨。

一、粟特人的族源认同

对于自己的出身，早期粟特人是不避讳的，他们直言自己来自西域。康姓人称自己为康国之后，如《康婆墓志》称：“君讳婆，字季大，博陵人也，本康国王之裔也，高祖罗，以魏孝文世，举国内附，朝于洛阳，因而家焉，故为洛阳人也。”[②]《康老师墓志》载：“君讳老师，其先康国人也。以国为姓，

---

① 荣新江：《中古中国与粟特文明》，生活·读书·新知三联书店 2014 年版；陈海涛、刘慧琴：《来自文明十字路口的民族——唐代入华粟特人研究》，商务印书馆 2006 年版；陆庆夫：《唐宋间敦煌粟特人之汉化》，《历史研究》1996 年第 6 期；程越：《从石刻史料看入华粟特人的汉化》，《史学月刊》1994 年第 1 期；毛阳光：《唐代洛阳粟特人研究——以出土墓志等石刻史料为中心》，《郑州大学学报（哲学社会科学版）》2015 年第 4 期；高文文：《唐河北藩镇粟特后裔汉化研究》，中央民族大学博士学位论文，2012 年；等等。

② 吴钢主编：《全唐文补遗》（第 6 辑），三秦出版社 1999 年版，第 240 页。

燕齐赵魏之流；因官命族，司马司徒之号。”①《康氏（安君夫人）墓志》亦称：“夫人康国大首领之女也，以本国为氏。”②

墓志中所说的康国，西汉时称康居国，其王本月氏人，旧居祁连山北昭武城（今甘肃临泽），因被匈奴所破，西逾葱岭，支庶分居各地，皆以昭武为姓，总称昭武九姓，以康国为首。《魏书》云：“康国者，康居之后也。迁徙无常，不恒故地，自汉以来，相承不绝。其王本姓温，月氏人也。旧居祁连山北昭武城，因被匈奴所破，西逾葱岭，遂有其国。枝庶各分王，故康国左右诸国，并以昭武为姓，示不忘本也。”③ 康国，亦称萨末鞬，又作飒秣建，北魏称悉万斤，《新唐书·西域传》曰：“康者，一曰萨末鞬，亦曰飒秣建，元魏所谓悉万斤者。其南距史百五十里，西北距西曹百余里，东南属米百里，北中曹五十里。在那密水南，大城三十，小堡三百。君姓温，本月氏人。始居祁连北昭武城，为突厥所破，稍南依葱岭，即有其地。枝庶分王，曰安，曰曹，曰石，曰米，曰何，曰火寻，曰戊地，曰史，世谓‘九姓’，皆氏昭武。”④

一些康姓墓志则直称为康居国之后，如《康子相墓志》载：“君讳子相，河南洛阳人也。其先出自康居，仕于后魏，为颉利发，陪从孝文，粤自恒安入都瀍洛。”⑤《康元敬墓志》曰：“君讳元敬，字留师，相州安阳人也。原夫吹律命氏，其先肇自康居，毕万之后。因从孝文，遂居于邺。”⑥《康敦墓志》称：“夫人讳敦，其先康居国人也。晋太始年中奉表献真珠宝物，因留子孙，遂为河南洛阳人焉。”⑦《康夫人（曹公妻）墓志》：“郱郯之系，康居之裔。好合宜家，栖心弃世。”⑧

安姓人称自己为安国之后，如《安备墓志》称：“君名备，字五相，阳城县龙口乡曹刘里人。其先出于安居耶尼国，上世慕中夏之风，大魏入朝，名沾典客。”⑨《安菩墓志》曰：“其先安国大首领，迫匈奴衙帐，百姓归中国。”⑩ 安备墓志中的“安居耶尼国”，就是安国，《汉书》称为“罽城”⑪，北魏译为忸密，《魏书·西域传》载：“忸密国，都忸密城，在悉万斤西，去代二万二千八百二十八里。”⑫ 隋代，译作安国，《隋书·西域传》载：“安国，汉时安息国也。王姓昭武氏，与康国王同族。”⑬ 唐时，除称安国外，又有布豁、捕喝等异名，《新唐书·西域传》记载：“安者，一曰布豁，又曰捕喝，元魏谓忸蜜者。”⑭《大唐西域记》称安国为捕喝、中安国，称东安国为屈霜你迦国。⑮ 安国与唐朝关系密切，唐高祖武德年间，安国就遣使朝贡，贞观二十一年（公元647年），唐将阿史那社尒破龟兹时，安国与西突厥、焉耆争相犒劳唐军⑯。

史姓人称自己为史国之后。《史诺匹延墓志》称：“祖父西蕃史国人也。积代英贤，门称贵族，本乡首望，总号达官，渴仰长安，来投朝化。将军生在大唐，京兆人也。”⑰《史多墓志》云：“公讳多，

---

① 乔栋等编：《洛阳新获墓志续编》，科学出版社2008年版，第54页。
② 周绍良、赵超主编：《唐代墓志汇编续集》，上海古籍出版社2001年版，第353页。
③ 《魏书》卷一〇二，《西域传》，中华书局1974年版，第2281页。
④ 《新唐书》卷二二一下，《西域传下·康传》，中华书局1975年版，第6239页。
⑤ 曹建强、马旭铭：《唐康子相墓出土的陶俑和墓志》，《中原文物》2010年第6期。
⑥ 周绍良：《唐代墓志汇编》，上海古籍出版社1992年版，第571页。
⑦ 毛阳光：《新见四方唐代洛阳粟特人墓志考》，《中原文物》2009年第6期。
⑧ 周绍良、赵超主编：《唐代墓志汇编续集》，上海古籍出版社2001年版，第667页。
⑨ 葛承雍：《祆教圣火艺术的新发现——隋代安备墓文物初探》，《美术研究》2009年第3期。
⑩ 周绍良：《唐代墓志汇编》，上海古籍出版社1992年版，第1104页。
⑪ 冯承钧编，陆峻岭增订：《西域地名》，中华书局1980年版，第15－16页。
⑫ 《魏书》卷一〇二，《西域传》，中华书局1974年版，第2270页。
⑬ 《隋书》卷八三，《西域传》，中华书局1973年版，第1849页。安国与安息国混为一谈，是错误的。
⑭ 《新唐书》卷二二一，《西域传》，中华书局1975年版，第6244页。
⑮ （唐）玄奘：《大唐西域记》，上海人民出版社1977年版，第13页。
⑯ 《新唐书》卷一一〇，《阿史那社尒传》，中华书局1975年版，第4111页。
⑰ 毛阳光：《两方唐代史姓墓志考略》，《文博》2006年第2期。

字北勒，西域人也。建土鹿塞，代贵龙庭；交贽往来，书于曩策，公其后也。”① 史国，又名竭石国、坚沙、奇沙、羯霜那国，为旧康居国之后，《隋书·西域传》称：“史国，都独莫水南十里，旧康居之地也。”②《大唐西域记》称为羯霜那国。③《新唐书·西域传》载：“史，或曰佉沙，曰羯霜那，居独莫水南康居小王苏薤城故地。”④

何姓人称自己为何国之后。《何盛墓志》云：“君讳盛，字多子，洛阳人也。其先出自大夏之后。物产珍奇，邑居填衍。自张骞仗节而往，班超旋旆以来，命氏开家，衣冠礼秩，备诸国史。”⑤ 大夏为西域古国，《史记》载：“大夏在大宛西南二千余里妫水南。其俗土著，有城屋，与大宛同俗。”⑥ 后为月氏建立的贵霜王朝所取代，其后有何国，《新唐书·西域传》曰：“何，或曰屈霜你迦，曰贵霜匿，即康居小王附墨城故地。”⑦

更多的粟特人墓志在追溯墓主族源时，以其发源、繁衍地的一些标志性山川名称来标识自己的出身。因狭义的西域，系指天山以南、昆仑山以北、葱岭以东、玉门关以西的地方，即《汉书》所说“西域以孝武时始通，本三十六国，其后稍分至五十余，皆在匈奴之西、乌孙之南。南北有大山，中央有河，东西六千余里，南北千余里。东则接汉，阸以玉门、阳关，西则限以葱岭。其南山，东出金城，与汉南山属焉。其河有两原：一出葱岭，一出于阗。于阗在南山下，其河北流，与众岭河合，东注蒲昌海”⑧，这里说的南北大山指的就是南面的昆仑山和北面的天山，因而昆仑山、天山、玉门关、葱岭、蒲昌海等就成了粟特人标识自己出身的代名词。如《安延墓志》载：“君讳延，字贵薛，河西武威人也。灵源浚沼，浪发昆峰……望重玉关，族高昆岳。”⑨《安延墓志》称：“君讳延，字贵薛，河西武威人也。……望重玉关，族高昆岳。”⑩ 《史夫人墓志》曰：“岩岩远岫，浩浩长源，昆山玉颖，汉水珠泉。”⑪《康婆墓志》云：“开华昆岫，发秀琼柯。”⑫ 这里的昆峰、昆岳、昆山、昆岫就是昆仑山，以其表明墓主来自西域。

天山在两汉至宋代史籍中被称为“金山”“阴山”⑬，《安菩墓志》“夫人何氏，其先何大将军之长女，封金山郡太夫人……君贤国宝，妻美金山”⑭，《史瓘墓志》“其先阴山之系”⑮，表明何夫人、史瓘家族来自西域。

玉门关又称玉关、鹿塞、玉塞、金塞，在粟特人墓志中也多有出现，如《史多墓志》曰：“公讳多，字北勒，西域人也。建土鹿塞，代贵龙庭……夙使玉关，作镇金塞。”⑯《康达墓志》云：“原夫玉关之右，金城之外。”⑰《康老师墓志》谓：“金方拓境，玉塞承家。”⑱

---

①⑯ 赵振华：《唐代粟特人史多墓志初探》，《湖南科技学院学报》2009 年第 11 期。

② 《隋书》卷八三，《西域传·史国传》，中华书局 1973 年版，第 1855 页。

③ （唐）玄奘：《大唐西域记》，上海人民出版社 1977 年版，第 14 页。

④ 《新唐书》卷二二一下，《西域传·史国传》，中华书局 1975 年版，第 6247 页。

⑤ 周绍良：《唐代墓志汇编》，上海古籍出版社 1992 年版，第 188 页。

⑥ 《史记》卷一二三，《大宛列传》，中华书局 1959 年版，第 3164 页。

⑦ 《新唐书》卷二二一下，《西域传下·康传》，中华书局 1975 年版，第 6244 页。

⑧ 《汉书》卷九六上，《西域传上》，中华书局 1962 年版，第 3871 页。

⑨⑩ 周绍良：《唐代墓志汇编》，上海古籍出版社 1992 年版，第 180 页。

⑪ 周绍良：《唐代墓志汇编》，上海古籍出版社 1992 年版，第 584 页。

⑫ 吴钢主编：《全唐文补遗》（第 6 辑），三秦出版社 1999 版，第 240 页。

⑬ 李树辉：《突厥原居地“金山”考辨》，《中国边疆史地研究》2009 年第 3 期。

⑭ 周绍良：《唐代墓志汇编》，上海古籍出版社 1992 年版，第 1104 页。

⑮ 毛阳光：《两方唐代史姓墓志考略》，《文博》2006 年第 2 期。

⑰ 周绍良：《唐代墓志汇编》，上海古籍出版社 1992 年版，第 503 页。

⑱ 乔栋等编：《洛阳新获墓志续编》，科学出版社 2008 年版，第 54 页。

唐时蒲昌海（今新疆罗布淖尔）附近是康居人的重要聚落，① 因此，蒲昌、蒲山、蒲海也被用作粟特人出身的代名词。如《康武通墓志》云："蒲昌贵族，酒泉华裔。"②《安静墓志》曰："寂寥蒲海，迢递葱河。"③《康郎墓志》谓："葱岭尘惊，唯欣逐乌；蒲山雾起，情切鹰鹊。……功著葱山，效彰蒲海。"④

还有一些粟特人墓志虽然没有直接表明自己来自西域的出身，但从其家族武功见长以及游牧生活方式上，还是很容易判断其粟特人身份。如《安延墓志》"跃银鞍而得俊，飞白羽而称雄，故得冠冕酋豪"⑤，《安师墓志》"随水引弓之人，著土脾刀之域"⑥，《康续墓志》"控弦飞镝，屯万骑于金城；月满尘惊，辟千营于沙塞。举葱岩而入款，宠驾侯王；受茅土而开封，业传枝胤"⑦，《康磨伽墓志》"公侯继出，玉塞以握铜符；考绩无穷，誓山河而锡茅土"⑧ 均流露出其以马背上民族为荣的自豪感。

另外，因西域位于中原的西北方，因此金方、西州、西土、朔北等表示西方、北方方位的词语也多被用来标明墓主来自西域。金方，指西方，此指西域，在史籍中多有记载，《后汉书·臧洪传》云："先零扰疆，邓、崔弃凉。诩、燮令图，再全金方。"⑨《隋书·地理志上》称："河西诸郡，其风颇同，并有金方之气矣。"⑩《康老师墓志》称其"金方辟境，乌弋控于龙沙；玉胜临庭，槐江接于葱岭。……金方拓境，玉塞承家"⑪，表明其家族来自西域。《安思节墓志》"府君讳思节，其先长沙人也。家世西土，后业东周，今为河南人也"⑫，《安静墓志》"君讳静，字处冲，河南洛阳人也。昔夏后承天，派隆基于朔北"⑬ 以及《康留买墓志》"公讳留买，本即西州之茂族，后因锡命，遂为河南人焉"⑭，则表明安思节、安静和康留买家族来自西域，后落籍洛阳。

从上述征引诸多墓志来看，在唐朝初年粟特人并不回避其胡族出身，相反有的还以胡族出身为荣。

二、粟特人的姓源认同

入华粟特人归化唐朝后，接受唐廷的官职，但在"非我族类，其心必异"的华夏中心观念的主导下，夷族的身份总被另眼相看，因此，他们渴望融入华夏族中，而唐廷有意将其与华夏族区别开来的做法，更加剧了他们融入华夏族的步伐。唐中宗时期为婚嫁、铨选、授勋、定爵编制的《大唐姓族系录》，就将"蕃夷"单独列为一类。柳冲等"仍令取其高名盛德，素业门风，国籍相传，士林标准；次复勋庸克懋，荣绝当朝，中外相辉，誉兼时望者，各为等列。其诸蕃酋长晓袭冠带者，亦别为一品，目为《唐姓族系录》二百卷"⑮。《新唐书·柳冲传》亦载："初，太宗命诸儒撰《氏族志》，甄差群姓。其后门胄兴替不常，冲请改修其书，帝诏魏元忠、张锡、萧至忠、岑羲、崔湜、徐坚、刘宪、吴兢及冲

① 伯希和：《沙洲都督府图经及蒲昌海之康居聚落》，载冯承钧译《史地丛考》，商务印书馆 1931 年版，第 73 – 78 页。当时康居人曾筑典合城、新城、蒲桃城、萨毗城四城，其首领有康艳典。

② 周绍良：《唐代墓志汇编》，上海古籍出版社 1992 年版，第 545 页。

③⑬ 周绍良：《唐代墓志汇编》，上海古籍出版社 1992 年版，第 267 页。

④ 周绍良：《唐代墓志汇编》，上海古籍出版社 1992 年版，第 1017 页。

⑤ 周绍良：《唐代墓志汇编》，上海古籍出版社 1992 年版，第 180 页。

⑥ 周绍良：《唐代墓志汇编》，上海古籍出版社 1992 年版，第 385 页。

⑦ 周绍良：《唐代墓志汇编》，上海古籍出版社 1992 年版，第 658 页。

⑧⑭ 周绍良：《唐代墓志汇编》，上海古籍出版社 1992 年版，第 694 页。

⑨ 《后汉书》卷五八，《臧洪传》，中华书局 1965 年版，第 1893 页。

⑩ 《隋书》卷二九，《地理志上·河源郡》，中华书局 1973 年版，第 817 页。

⑪ 乔栋等编：《洛阳新获墓志续编》，科学出版社 2008 年版，第 54 页。

⑫ 周绍良：《唐代墓志汇编》，上海古籍出版社 1992 年版，第 1180 页。

⑮ 《册府元龟》卷五六○，《国史部·谱牒》，中华书局 1989 年版，第 6728 页。

共取德、功、时望、国籍之家，等而次之。夷蕃酋长袭冠带者，析著别品。”① 在传统华夏中心观念的影响下，粟特人融入华夏族的观念愈加强烈，而寻找一个华夏祖先就成了重要突破口，于是他们开始着手对自己的姓氏起源进行建构。

康姓粟特人找来了康叔，如《康智墓志》载：“君讳智，字感，本炎帝②之苗裔，后有康叔，即其先也。自后枝分叶散，以字因生，厥有斯宗，即公之谓矣。”③《康远墓志》曰：“君讳远，字迁迪，其先卫康叔之门华，风俗通之叙述。”④《康昭墓志》云：“公讳昭，字德明。自卫康叔初封于康，其后氏焉。”⑤《康杴墓志》谓：“君讳杴，字仁德，河南巩县人也。原夫吹律命系，肇迹东周，因土分枝，建旟西魏。英贤接武，光备管弦。”⑥《康续墓志》称：“公讳续，字善，河南人也。昔西周启祚，康王承累圣之基；东晋失图，康国跨全凉之地。”⑦

汉族康姓的始祖亦为康叔。《广韵》载：“康，又姓。卫康叔之后。”⑧《元和姓纂》曰：“康，卫康叔之孙，以谥为姓也。”⑨《姓解》云：“康，周文王子康叔之后。”⑩《通志》谓：“康氏，姬姓，卫康叔支孙，以谥为氏。”⑪《古今姓氏书辨证》谓：“康氏，出自姬姓，周文王子封为卫侯，谥曰康叔，支孙以谥为氏。或云康叔初食采于康，故谓之康叔，其地颍川康叔城是也。”《姓氏急就篇》称：“康氏，卫康叔之后。”⑫《姓觿》曰：“康，《姓纂》云，卫康叔之后。”⑬《姓氏寻源》云：“康氏，《广韵》云，康，卫侯康叔之后，支姓以谥为氏。一云康叔初食采于康，其地在颍川，是以地为氏。”⑭ 这样的姓氏起源建构，实现了与汉族康姓的接轨。

安姓粟特人则把始祖追溯至入侍汉朝的安息国王子。《安师墓志》称：“天孙出降；侍子入朝。……君讳师，字文则，河南洛阳人也。十六代祖西华国君，东汉永平中，遣子仰入侍，求为属国，乃以仰为并州刺史，因家洛阳焉。”⑮“遣子仰入侍”指的就是东汉时安息王子入侍之事。梁慧皎《高僧传》云：“安清，字世高，安息国王正后之太子也……让国与叔，出家修道。博晓经藏，尤精阿毗昙学，讽持禅经，略尽其妙。既而游方弘化，遍历诸国，以汉桓之初，始到中夏。”⑯《魏书·安同传》曰：“安同，辽东胡人也。其先祖曰世高，汉时以安息王侍子入洛。历魏至晋，避乱辽东，遂家焉。”⑰ 据此可知，安氏本西域安息胡，汉世来归，以国为姓。其后或避乱辽东，或宅居凉土。

仅仅追到安息国这样一个外来的民族，粟特人还算不上正宗的汉族后裔，为了能够实现与汉族的对接，安姓人又将安息国与轩辕黄帝建立了联系，唐张说《唐河西节度副使安公碑》云：“公讳忠敬，武威人也。轩辕帝孙，降居弱水；安息王子，以国为姓。世高之违汉季，自河南而适辽东；高阳之受魏

---

① 《新唐书》卷一九九，《柳冲传》，中华书局 1975 年版，第 5673 页。

② 炎帝当为黄帝。

③ 周绍良：《唐代墓志汇编》，上海古籍出版社 1992 年版，第 855 页。

④ 吴钢主编：《千唐志斋新收墓志》，三秦出版社 2006 年版，第 136 页。

⑤ 郑友甫：《洛阳新出土唐代粟特人康昭墓志考释》，《河南科技大学学报（社会科学版）》2014 年第 3 期。

⑥ 周绍良：《唐代墓志汇编》，上海古籍出版社 1992 年版，第 680 页。

⑦ 周绍良：《唐代墓志汇编》，上海古籍出版社 1992 年版，第 658 页。

⑧ 周祖谟：《广韵校本》卷二，中华书局 1960 年版，第 182 页。

⑨ （唐）林宝撰，岑仲勉校记：《元和姓纂》卷五，中华书局 1994 年版，第 606 页。按：康乃国号，系以国为姓。

⑩ （宋）邵思：《姓解》卷三，中华书局 1985 年版，第 90 页。

⑪ （宋）郑樵撰，王树民点校：《通志二十略》，《氏族略第四·以谥为氏》，中华书局 1995 年版，第 162 页。

⑫ （宋）王应麟：《姓氏急就篇》卷上，文渊阁四库全书本。

⑬ （明）陈士元：《姓觿》卷三，中华书局 1985 年版，第 110 页。

⑭ （清）张澍编纂：《姓氏寻源》，岳麓书社 1992 年版，第 223 页。

⑮ 周绍良：《唐代墓志汇编》，上海古籍出版社 1992 年版，第 385 页。

⑯ （南朝梁）慧皎：《高僧传》卷一，《安清传》，中华书局 1992 年版，第 4 页。

⑰ 《魏书》卷三〇，《安同传》，中华书局 1974 年版，第 712 页。

封，由阴山而宅凉土。”① 在《新唐书·宰相世系表》里，安息国则是黄帝之孙安建立的国家：“武威李氏，本安氏，出自姬姓。黄帝生昌意，昌意次子安，居于西方，自号安息国。后汉末，遣子世高入朝，因居洛阳。晋魏间，家于安定，后徙辽左以避乱，又徙武威。”② 至此，安姓完成了华夏族起源的建构。五代时期，更有粟特安姓人将始祖塑造成一个平定犬戎之乱的将军，《安万金墓志》载：“公本自稷契之苗裔也。始因周平王治国，六蕃来侵，将军夺剑一挥，万夫胆碎；操戈直指，八表晏清。上旌功劳，乃命氏族焉。”③

史姓粟特人认为华夷同源，为史佚之后。《史孝章墓志》载：“史氏枝派，或华或裔。在虏庭为贵种，出中夏为著姓，周卿以史佚为族望，卫国则朱驹为宗门。汉复姓有青史氏，著一家之说；新丰令，垂百代之范。降及吴晋，亦封东莱侯。其后子孙繁衍，散食他邑，流入夷落。獯鬻以十氏为鼎甲，蕃中人呼阿史那氏，即其苗蔓也……其先北海人。”④ “史氏枝派，或华或裔”说明，史姓族人华夷同源，其后分为华、夷两支，联系《史怀训墓志》“其先周之诸公子，代为史官，因而命氏”⑤，以及《广韵》“史，亦姓，周卿史佚之后”⑥，《元和姓纂》“史，周太史史佚之后”⑦，《新唐书·宰相世系表》“史氏，出自周太史佚之后，子孙以官为氏”⑧，《古今姓氏书辨证》“史，周太史佚之后，以官为氏”⑨，《通志·氏族略》“史氏，周太史史佚之后，以官为氏”⑩ 可知，粟特史姓亦为西周史官史佚之后。

曹姓粟特人的汉化程度较深，在6方墓志铭中均无粟特人身份的明确记载，相反对华夏族源均有比较强烈的认同。《曹谅墓志》将始祖追溯至晋代西平太守，“君讳谅，字叔子，济阴定陶人，晋西平太守曹祛之后也”⑪；《曹德墓志》认西汉开国丞相曹参之子曹茁为始祖，“君讳德，字建德，谯人也。今贯河南洛、汭乡兴化里焉。汉相茁者，即君之先也”⑫；《曹氏（康君妻）墓志》则把曹参认作始祖，“夫人曹氏者，沛郡谯人也。汉相曹参之后，实当涂之苗胤”⑬；《曹氏墓志》认为曹姓为周王室后裔，“夫人曹氏，洛阳河南人也。其先有周之苗裔”⑭；《康氏（曹君夫人）墓志》则认为曹姓为陆终之后，“曹氏之先，盖六终之别族，邾郯君之远裔也”⑮。粟特曹姓起源与姓氏史籍关于曹姓陆终、振铎之后的两个起源完全一致。《元和姓纂》载：“曹，颛顼元孙陆终第五子安为曹氏。至曹挟，周武王封之于邾，为楚所灭，遂复曹氏。周文王第十三子振铎，封曹，亦为曹氏。因宋所灭，子孙以为氏。”⑯《新唐书·宰相世系表》曰：“曹姓，出自颛顼。五世孙陆终第五子安，为曹姓。至曹挟，封之于邾，为楚所灭，复为曹姓。”⑰《姓解》云：“曹，文王十六子封十六国，曹叔振鲜第十一。又云：本颛顼玄孙陆终之子，居六安，是为曹姓。盖其望两出。”⑱《通志·以国为氏》谓：“曹氏，叔振铎，文王子而武王弟也。武

---

① 《全唐文》（第3册），中华书局1982年版，第2331页。
② 《新唐书》卷七五下，《宰相世系五下》，中华书局1975年版，第3445页。
③ 洛阳市文物工作队：《洛阳出土历代墓志辑绳》，中国社会科学出版社1991年版，第724页。
④ 郭茂育、赵振华：《唐〈史孝章墓志〉研究》，《中国边疆史地研究》2007年第4期。
⑤ 吴钢主编：《全唐文补遗》（第6辑），三秦出版社1999年版，第356页。
⑥ 周祖谟：《广韵校本》卷三，中华书局1960年版，第254页。
⑦ （唐）林宝撰，岑仲勉校记：《元和姓纂》卷六，中华书局1994年版，第822页。
⑧ 《新唐书》卷七四上，《宰相世系四上》，中华书局1975年版，第3152页。
⑨ （宋）邓名世著，王力平点校：《古今姓氏书辩证》，江西人民出版社2006年版，第312页。
⑩ （宋）郑樵撰，王树民点校：《通志二十略》，《氏族略第四·以官为氏》，中华书局1995年版，第148页。
⑪ 周绍良：《唐代墓志汇编》，上海古籍出版社1992年版，第135－136页。
⑫ 周绍良：《唐代墓志汇编》，上海古籍出版社1992年版，第504页。
⑬ 周绍良：《唐代墓志汇编》，上海古籍出版社1992年版，第633页。
⑭ 周绍良：《唐代墓志汇编》，上海古籍出版社1992年版，第187页。
⑮ 周绍良、赵超主编：《唐代墓志汇编续集》，上海古籍出版社2001年版，第667页。
⑯ （唐）林宝撰，岑仲勉校记：《元和姓纂》卷五，中华书局1994年版，第564页。
⑰ 《新唐书》卷七五下，《宰相世系五下》，中华书局1975年版，第3416页。
⑱ （宋）邵思：《姓解》卷一，中华书局1985年版，第38页。

王克商，封之于陶丘，今广济军定陶是也。……至二十四世伯阳立，为宋景公所灭。子孙以国为氏。”①《古今姓氏书辨证》曰：“曹，出自高阳之后，陆终第六子安，为曹姓。裔孙曹挟，周武王封之于邾，其地鲁国邹县是也。……或曰姬姓，周文王子振铎封为曹伯，至伯阳为宋所灭，子孙以国为氏，魏太祖即其后也。”②《姓氏急就篇》云：“曹姓，出陆终子安，周武王封曹叔挟于邾。又，文王子曹叔振铎后，以国为氏。”③《姓觿》称：“曹，《姓考》云，颛顼玄孙陆终之后，封曹，因氏……又，周成王封母弟振铎于曹，因氏。”④

何姓墓志铭虽没追溯至汉族何姓源头，但《何澄墓志》“粤若寻阳公源流自远，水部则词华于梁代，都尉则名重于汉朝。膳费齐于宰臣，风烈光于后嗣”还是将其与汉族何氏连接到了一起。“水部则词华于梁代”指南朝梁人何逊，长于诗文写作，著有《何水部集》，官至尚书水部郎，因称其何水部。⑤“都尉则名重于汉朝”指西汉何比干，武帝时任廷尉正，追求持平宽仁，“所济活者以千数”，后任丹阳都尉。⑥“膳费齐于宰臣”指西晋武帝时期的太傅何曾，生活奢华，其厨房所制作的馔肴，胜过王侯帝戚之家。晋武帝每次举办宫廷盛宴，何曾都不食用太官烹制的馔肴，认为它们不如自己家制作的味美，无法下咽。晋武帝特许他自带家厨烹制的菜肴。他每天用于饮食的钱财超过万金，即便如此，仍然感到味道不佳，说无下箸处。⑦何澄附会汉族何姓名人，欲掩盖其夷族的身份不言自明。

三、粟特人的郡望认同

在门阀制度下，不仅士庶界限十分严格，而且不同姓氏也有高低贵贱之分，甚至在同一姓氏的士族集团中，不同郡望的宗族也有贵贱、尊卑之分，如陇西李氏就比赵郡李氏显贵，而所有王氏的郡望中，以太原、琅琊最为尊荣。为标榜自己是某地的望族，他们特意在姓的前面标出自己家族所在的地域，显示贵族身份，以示与其他同姓者的区别。正如清钱大昕《十驾斋养新录·郡望》所说：“自魏、晋以门第取士，单寒之家屏弃不齿，而士大夫始以郡望自矜。”⑧

隋唐时期尽管开始实行开科取仕制度，但士族仍然矜夸门第，崔、卢、李、郑、王等旧时大族彼此联姻，自矜高贵。唐太宗为打破纯以郡姓作为门第等差的传统，诏吏部尚书高士廉、御史大夫韦挺、中书侍郎岑文本、礼部侍郎令狐德棻，以及各地谙练谱学的文人，在全国普遍蒐求谱牒，参照史传辨别真伪，评定各姓等第。书成以进，唐太宗不满意将山东士族崔干等列入第一等，认为应当重唐朝冠冕，根据当朝官职的高下确定等第，命高士廉等重新刊定。高士廉等依照皇帝的旨意重修谱牒，编成《贞观氏族志》，书中将崔干降为第三等。⑨但由于崇尚旧族望的习惯势力根深蒂固，房玄龄、魏徵及李勣等功臣新贵依然力求与山东氏族联姻，借以提高自身的社会地位。唐代诗人郑颢出身荥阳郑氏，考中状元后，恰逢宣宗皇帝为公主选婿，时任宰相的白敏中就向皇帝推荐了他，但他“不乐为国婚”，因此与白敏中结怨。由此可见，当时名门望族在社会上享有常人难以企及的特殊荣耀。

---

① （宋）郑樵撰，王树民点校：《通志二十略》，《氏族略第二·以国为氏·周同姓国》，中华书局1995年版，第45页。
② （宋）邓名世著，王力平点校：《古今姓氏书辩证》，江西人民出版社2006年版，第162页。
③ （宋）王应麟：《姓氏急就篇》卷上，文渊阁四库全书本。
④ （明）陈士元：《姓觿》卷三，中华书局1985年版，第95页。
⑤ 《梁书》卷四九，《文学传上·何逊传》，中华书局1973年版，第693页。
⑥ 《后汉书》卷四三，《何敞传》，中华书局1965年版，第1480页。
⑦ 《晋书》卷三三，《何曾传》，中华书局1974年版，第998页。
⑧ （清）钱大昕著，陈文和、孙显军点校：《十驾斋养新录》卷十二，《郡望》，江苏古籍出版社2000年版，第246页。
⑨ 《旧唐书》卷六五，《高士廉传》，中华书局1975年版，第2443－2444页。

不管是南北朝时期的旧门阀体系，还是唐代以功臣新贵为核心的新门阀体系，强调的都是门第观念。因此，人们习惯于以姓氏、郡望标明出身门第贵贱和社会地位的影响。清代王士祯《池北偶谈·族望》云："唐人好称族望，如王则太原，郑则荥阳，李则陇西、赞皇，杜则京兆，梁则安定，张则河东、清河，崔则博陵之类。虽传志之文亦然。迄今考之，竟不知为何郡县人。"①

可见，在隋唐讲究门第的社会里，仅仅与汉族同一个起源还不够，还必须有最显赫的家族出身才行。为此，粟特人开始攀附名门望族。曹姓粟特人开始以谯郡为郡望，如《曹德墓志》曰："君讳德，字建德，谯人也，今贯河南洛、汭乡兴化里焉。"②《曹氏墓志》云："夫人曹氏者，沛郡谯人也。汉相曹参之后，实当涂之苗胤。"③《曹晔墓志》载："公讳晔，谯郡人也。"而且，题头亦称"谯郡曹公"。④粟特曹姓人附会谯郡曹氏，是因为谯郡为曹氏最重要的郡望。谯郡，东汉建安末年分沛国置郡，治所在谯县（今安徽亳州市）。三国魏黄初元年（公元220年）改称谯国，不久又改回谯郡。辖境相当于今安徽、河南两省灵璧、五河、蒙城、萧县、鹿邑、永城一带。西晋时为谯国，辖境缩小，仅有今安徽亳州、涡阳、蒙城及河南永城等市、县地。东晋末移治蒙县（今蒙城县西北）。其后或为亳州，或为谯郡、谯州，其地均不出安徽、河南交界一带。谯郡成为曹姓的郡望，与曹操家族的崛起有密切关系。东汉后期，凭借宦官曹腾的势力，谯郡曹氏家族在汉末逐渐发展成为豪强势族，其后曹操起兵反对董卓，乘势逐鹿中原，挟天子以令诸侯，统一北方，与孙权、刘备三足鼎立。延康元年（公元220年），曹丕逼迫汉献帝禅让，正式取代汉王朝，建立曹魏政权。曹魏在三国中占据中原地区，国力远胜于蜀汉和东吴，其政治上推行的九品中正制，对两晋南北朝的政治产生深远影响。谯郡曹氏是曹姓人的骄傲。《古今姓氏书辩证》则将谯郡曹氏追溯至汉相曹参，"今望出谯国者，汉丞相平阳侯参，始居沛国谯县"⑤。到唐代，谯郡曹氏依然为名族，《唐贞观八年条举氏族事件》中，曹姓为谯国八姓之一："谯国郡八姓：戴、夏侯、桓、嵇、曹、娄、庞、□。"⑥ 敦煌遗书S. 2052号《新集天下姓望氏族谱》中，曹姓居谯郡十姓之首："亳州谯郡出十姓：曹、丁、娄、戴、夏侯、嵇、奚、桓、薄、汝。"⑦ B. 8418号《姓氏录》记谯国郡八姓有曹姓："谯国郡八姓：戴、夏侯、桓、嵇、曹、娄、庞、□。"⑧ P. 3191号《郡望姓望》亦云曹姓出于谯国郡："亳州谯国郡九姓：戴、李、石、醮、曹、安、桓、庞、夏。"⑨《广韵》曰："曹……出谯国、彭城、高平、钜鹿四望。"

何姓粟特人以庐江郡为郡望。《何夫人墓志》称："夫人庐江人也。"题头作"庐江郡夫人"。⑩ 庐江郡，楚汉之际分秦九江郡置郡，西汉时领有寻阳、灊、舒、居巢、龙舒、临湖、雩娄、襄安、枞阳、睆、松兹等12县，大致相当于今安徽巢湖、舒城、霍山等市县以南，长江以北及湖北武穴、蕲春、罗田、麻城等市县以东，以及河南商城等县地。三国时期，魏国、吴国各于其境置庐江郡。西晋时期，再次统一，治舒城（今安徽舒城县）。隋开皇九年（公元589年）废。大业及唐天宝、至德时，又曾改庐州为庐江郡，治合肥县（今安徽合肥市西）。庐江何氏起家于西晋光禄大夫何桢，《三国志·魏志·管宁传》"何桢"裴松之注引《文士传》曰："桢字元幹，庐江人，有文学器干，容貌甚伟。历幽州刺史、

① （清）王士禛撰，勒斯仁点校：《池北偶谈》卷二二，《族望》，中华书局1982年版，第540页。

② 周绍良：《唐代墓志汇编》，上海古籍出版社1992年版，第504页。

③ 周绍良：《唐代墓志汇编》，上海古籍出版社1992年版，第633页。

④ 毛阳光、余扶危主编：《洛阳流散唐代墓志汇编下》，国家图书馆出版社2013年版，第399页。

⑤ （宋）邓名世：《古今姓氏书辩证》卷一一，江西人民出版社2006年版，第162－163页。

⑥ 王仲荦：《〈唐贞观八年条举氏族事件〉残卷考释》，载《文史》（第九辑），1980年，第98页。

⑦ 王仲荦：《〈新集天下郡望氏族谱〉考释》，载北京大学中国中古史研究中心编：《敦煌吐鲁番文献研究论集》（第二辑），北京大学出版社1983年版，第141页。

⑧ 郑炳林校注：《敦煌地理文书汇辑校注》，甘肃教育出版社1989年版，第345页。

⑨ 郑炳林校注：《敦煌地理文书汇辑校注》，甘肃教育出版社1989年版，第353页。

⑩ 毛阳光：《新见四方唐代洛阳粟特人墓志考》，《中原文物》2009年第6期。

廷尉，入晋为尚书光禄大夫。桢子龛，后将军。勖，车骑将军。恽，豫州刺史。其余多至大官。自后累世昌阜，司空文穆公充，恽之孙也，贵达至今。”① 庐江郡因此成为何氏主要郡望，《新集天下姓望氏族谱》中，何姓居庐江郡四姓之首：“庐州庐江郡出四姓：何、况、门、俞。”②《广韵》载：“何氏出庐江、东海、陈郡三望。”③《古今姓氏书辩证》亦云何氏“望出庐江、丹阳、东海、齐郡”④。

通过上述分析可以看出，进入中原地区的粟特人，为了融入汉族群体，对自己的来源做了重新建构，表现为在姓氏起源上追求与汉族同姓一致，在郡望堂号上攀附同姓望族，但不同姓氏在同化进度和程度上又表现出较大的差异。

（作者为河南省河洛文化研究中心副主任、研究员）

① 《三国志·魏书》卷一一，《管宁传》，中华书局1959年版，第362页。

② 王仲荦：《〈新集天下郡望氏族谱〉考释》，载北京大学中国中古史研究中心编：《敦煌吐鲁番文献研究论集》（第二辑），北京大学出版社1983年版，第130页。

③ 周祖谟：《广韵校本》卷三，中华书局1960年版，第163页。

④ （宋）邓名世：《古今姓氏书辩证》卷一二，江西人民出版社2006年版，第170页。

隋唐荥阳郑氏北祖幼麟房墓志与世系构建

张应桥

摘要：荥阳郑氏北祖幼麟第七房，北朝时期地位显赫，史书共载五世22人。隋唐之世稍显衰微，无人为相，《新唐书·宰相世系表》缺载其世系。通过对该家族39篇志文的梳理与连缀，辑考出家族成员共十一世95人名讳或事迹。据此构建该家族世系，以补史阙。

关键词：隋唐；幼麟房；墓志；世系构建

荥阳郑氏是中国古代山东著名五大“郡姓”之一，北朝时期，逐渐分化为北祖晔、中祖恬、南祖简三祖。北祖最为显赫，又繁衍为白驎、小白、洞林、叔夜、归藏、连山、幼麟七房。其中幼麟于兄弟排行第七，故其裔孙又以北祖第七房自称。北朝时期幼麟房以儒业见著，相当荣耀。《魏书》《北史》《周书》共载其五世22人，其中女性6人。

隋唐之世，幼麟房式渐衰微，已鲜有载诸正史者。更因无人为相，其世系遂不见于《新唐书·宰相世系表》（以下简称《新表》），《元和姓纂》等姓氏书籍亦阙而不载，致使其世系断缺。所幸近年来出土的大量墓志为研究该家族谱系提供了宝贵的史料，通过对幼麟房族人墓志的集中整理，结合传世文献，辑考人物事迹，可重新构建该家族谱系，以补史阙。

一、墓志辑录

检索历年出土墓志，辑得属于幼麟房墓志文39篇（含夫人和女儿），拓片大多见《隋唐五代墓志汇编》，录文多载《全唐文补遗》及《唐代墓志汇编》。其中传世志文6篇，载《全唐文》。兹将这些墓志著录情况表列如下，凡文中征引，不再注明出处（见表1）。

表1　隋唐幼麟房墓志登记

序	名称	著录及页码
1	隋崔昂后妻郑仲华墓志	隋补：118
2	荥阳夫人郑氏墓志铭	全唐文：2346
3	大唐故赠博州刺史郑府君（进思）墓志并序	补遗4：412
4	大唐朝议郎行周王西阁祭酒上柱国程务忠妻郑氏墓志铭并序	补遗2：236
5	唐华州潼关防御判官朝请郎殿中侍御史内供奉骁骑尉赐绯鱼袋杨汉公故夫人荥阳郑氏（本柔）墓志铭并序	补遗8：132
6	唐故亳州刺史郑公（愿）故夫人河南独孤氏墓版文	全唐文：3992
7	大唐故侍御史江西道都团练副使郑府君（高）墓志并序	补遗6：123

续表

序	名称	著录及页码
8	唐故江南西道都团练副使侍御史荥阳郑府君（高）夫人清河崔氏权厝志铭并序	补遗 6：128
9	唐故江南西道都团练副使侍御史内供奉荥阳郑府君（高）合祔墓志铭并序	补遗 4：104
10	唐故淮南道采防支使河东郡河东县尉荥阳郑府君（宇）墓志铭并序	补遗 2：558
11	唐故朝散大夫绛州刺史上柱国赐紫金鱼袋郑公（敬）墓志铭并序	补遗 1：226
12	唐山南西道节度行军司马殿中侍御史内供奉赐紫金鱼袋郑公故夫人范阳卢氏墓志文	拾零：482
13	唐试大理评事郑公故夫人范阳卢氏墓志铭并序	补遗 1：226
14	唐故朝散大夫尚书工部郎中荥阳郑公（易）墓志铭并序	搜续：1057
15	唐故工部郑郎中（易）夫人阳武县君卢氏合祔墓志铭并序	搜续：1158
16	唐故郑氏嫡长（郑易长子）殇墓记	补遗 1：228
17	唐故右金吾仓曹参军郑府君（鲁）墓志铭并序	补遗 1：433
18	唐右金吾卫仓曹参军郑公故夫人陇西李氏墓志铭并序	补遗 3：176
19	唐故荥阳郑氏女墓记	拾零：509
20	唐故荥阳郑氏男（绲）墓志铭并序	补遗 1：273
21	唐故金州刺史郑公故夫人范阳卢氏墓志铭并序	补遗 1：226
22	唐故太子典膳丞荥阳郑公墓志文	补遗专：286
23	唐故硖州司马荥阳郑府君前夫人范阳卢氏墓志	补遗 1：344
24	卢御史夫人荥阳郑氏玄堂铭志	补遗 8：193
25	唐故荥阳郑氏女（党五）墓志铭并序	补遗 1：309
26	故宋州砀山县令荥阳郑府君（纪）墓志铭并序	补遗 1：327
27	唐故宋州砀山县令荥阳郑府君（纪）故范阳卢氏夫人墓志铭并序	补遗 1：381
28	唐泗州下邳县尉郑君故夫人清河崔氏（琪）墓志铭并序	补遗 1：380
29	唐故商州録事参军郑府君（密）墓志铭	全唐文：3986
30	唐故尚书库部郎中荥阳郑公（宠）墓志铭	全唐文：3983
31	大唐故著作郎贬台州司户参军郑府君（虔）并夫人琅琊王氏墓志铭并序	补遗专：249
32	大唐故滑州白马县尉郑府君（忠佐）墓志铭并序	补遗 8：103
33	故滁州刺史赠刑部尚书荥阳郑公墓志铭并序	全唐文：6939
34	（郑鼎妻）代国长公主碑	全唐文：2826
35	大唐故银青光禄大夫卫尉卿赠工部尚书驸马都尉上柱国荥阳郡开国公郑府君（鼎）墓志铭	搜续：760
36	唐河南元府君（宽）夫人荥阳郑氏墓志铭并序	全唐文：6806
37	大唐故荥泽县君郑氏（韦怀构妻）墓志铭并序	新出未刊
38	大唐故汾州崇儒府折冲荥阳郑府君（仁颖）墓志铭并序	补遗 1：114
39	唐故郑处士（液）墓志铭	补遗 8：88

注：表中书目及简称：赵理洲《全隋文补遗》简称《隋补》，三秦出版社 2004 年版；《全唐文》，中华书局 1983 年版；吴钢《全唐文补遗》（第 1 辑）简称《补遗 1》，三秦出版社 1994 年版；吴钢《全唐文补遗》（第 2 辑）简称《补遗 2》，三秦出版社 1995 年版；吴钢《全唐文补遗》（第 4 辑）简称《补遗 4》，三秦出版社 1997 年版；吴钢《全唐文补遗》（第 6 辑）简称《补遗 6》，三秦出版社 1999 年版；吴钢《全唐文补遗》（第 8 辑）简称《补遗 8》，三秦出版社 2005 年版；吴钢《全唐文补遗》（千唐志斋新藏专辑）简称《补遗专》，三秦出版社 2006 年版；赵君平《河洛墓刻拾零》简称《拾零》，北京图书馆出版社 2007 年版；赵文成、赵君平《秦晋豫新出土墓志搜佚续编》简称《搜续》，国家图书馆出版社 2015 年版。

表 1 中 2《荥阳夫人郑氏墓志铭》未载郑氏夫名讳，但载其子为中大夫、中书舍人崔湜。据两唐书

《崔仁师传》和《新表》崔湜家族世系表，知郑氏之夫为崔挹。

表1中6《唐故亳州刺史郑公（愿）故夫人河南独孤氏墓版文》未载郑公名讳。据《郑高墓志》“度支尚书述祖七代孙，晋州襄陵县令、赠博州刺史进思之曾孙，金部郎中、坊亳二州刺史愿之元孙，大理评事窦之长子”，知为郑愿。

表1中12《唐山南西道节度行军司马殿中侍御史内供奉赐紫金鱼袋郑公故夫人范阳卢氏墓志文》未载郑公名讳。志文不见卢氏夫郑公名讳。据志文“易以长娅履行，且外族诸妹，信以传可得而详”，知志主为撰者郑易之长兄。郑公职“山南西道节度行军司马殿中侍御史内供奉赐紫金鱼袋”，与《郑敬墓志》“寻而山南观察使相国严公辟公为支使，授大理评事。俄迁监察御史、观察判官，寻授殿中兼祠部员外郎，充行军司马，且授金印紫绶”相合。卢氏从夫仕，卒所“兴元府”，正是郑敬任山南西道节度行军司马之治所。卢氏年24无嗣而终与《郑敬墓志》载“公娶妻卢氏，无子，继室以其娣”相符。按《郑易墓志》《郑敬墓志》，郑敬正为郑易长兄。总此数点，足证卢氏之夫即郑敬。

表1中13《唐试大理评事郑公故夫人范阳卢氏墓志铭并序》未载郑公名讳，但据《郑易墓志》和《郑易及妻卢氏合祔墓志》，知卢氏为郑易前妻。

表1中18《唐右金吾卫仓曹参军郑公故夫人陇西李氏墓志铭并序》未载郑公名讳，但所载李氏世系“齐州长史思整之曾孙，博州司户参军皓之孙，宋州楚丘县尉宣之次女也”，与《郑鲁墓志》所载夫人李氏世系完全一样，故郑公即郑鲁。

表1中21《唐故金州刺史郑公故夫人范阳卢氏墓志铭并序》未载郑公名讳，但载“嗣子前怀州参军方”。《卢占妻郑群墓志》载“夫人弥讳方，皇宋州虞城县令。祖讳贾，皇金州刺史”，可见郑公即郑贾。

表1中23《唐故硖州司马荥阳郑府君前夫人范阳卢氏墓志》未载卢氏之夫名讳，但据卢氏卒地“江陵府庄敬坊之私第”和葬地“河南县梓泽乡续村郑氏之先茔”，判断卢氏之夫乃郑易家族成员。因为，从郑易为官江南开始，就在江陵置办田产。郑鲁继续经营江陵府别业，其家族成员曾从二京会聚于此，这里一度为该支郑氏的主要居地之一（见《郑易墓志》《郑鲁墓志》）。唐河南县梓泽乡续村为郑易家族主要墓地之一，从天宝十二年（公元753年）郑易伯父郑宇葬于此地算起，到大中四年（公元850年）郑隗郎葬于此，该茔地已经使用近百年。按卢氏卒于元和五年（公元810年），其夫似与郑易同辈。郑敬、郑易兄弟虽都先后娶卢氏姐妹为妻，但此二人均未曾任硖州司马之职。此一悬案，俟以新资料再解。

表1中24《卢御史夫人荥阳郑氏玄堂铭志》未载郑氏夫名讳，对照《卢占墓志》，知其为卢占。

表1中28《唐泗州下邳县尉郑君故夫人清河崔氏（琪）墓志铭并序》未载崔琪夫之名讳，但载其终官“泗州下邳县尉”。《郑纪妻卢氏墓志》载“长子总曾任泗州下邳县尉，总妻望出清河崔氏，同于崔琪郡望”。郑总父母葬“河南府河南县新泽乡续村北邙原”，与崔琪归葬地“河南县梓泽乡续村郑氏之先茔”完全相同，公婆媳三人同葬一地。《郑纪妻卢氏墓志》又载“长新妇疾恙不疗，以大中十四年孟春月，夭丧于长水县之旧宅”。大中十四年与咸通元年同为公元860年，与崔琪卒地“河南府长水县之里第”亦同。由此判定，崔琪之夫为郑总。

表1中33《故滁州刺史赠刑部尚书荥阳郑公墓志铭并序》，志主及其先人名讳皆以“某”代替，但载其子云逵等名讳职官较详。据《郑虔及夫人合祔墓志》《郑仲佐墓志》等所载世系，知志主五代祖述祖、曾祖道援（瑗）、王父怀节、王考镜思，为郑虔之弟。《新唐书·郑云逵传》载，“郑云逵，系本荥阳。父昈，为鄜城尉，州刺史移职，民之暴謷者遮道留，昈诛杀六七人。采访使奇之，言状，擢北海尉。安禄山反，县民孙俊驱市人以应，昈率众击杀之。改登州司马。李光弼表为武宁府判官，迁沂州刺

史，谕降贼李浩五千人。终滁州刺史”[①]。本传与志文相互参证，故知志主名昈。

表1中37《大唐故荥泽县君郑氏（韦怀构妻）墓志铭并序》，未见著录。据洛阳赵君平先生藏拓片，该志为方形，边长约62厘米。志文正书，共13行，满行20字，录文附后。

二、人物辑考

考察表1所列墓志，隋唐时期幼麟房其他支房均湮没无闻，唯郑述祖一枝独秀。除元德外，郑述祖还有叔武和武叔二子。叔武见载于《程务忠妻郑氏墓志》，历银青光禄大夫、北豫州大中正、青光二州刺史、谥平简公。既袭父爵，当为长子。武叔见载于《（崔挹妻）荥阳夫人郑氏墓志铭》和《郑进思墓志》，历北齐洛州刺史、冠军将军、中牟公，应为叔武之弟。

但是，上述三志又载叔武和武叔均有子名道援者，有人视二者为同一人[②]。但是上引三志却载二者历职迥异、爵封和名字皆不同，绝非一人。合理的解释可能是，叔武和武叔有一人无子，道援为其中某人之子，后过继给了无子者，惜我们暂无法判断道援生父是叔武还是武叔。

郑道援，《（崔挹妻）郑氏墓志》载“祖道援，隋宋城令”；《郑进思墓志》载为“祖道援，隋广林、下邳二郡守”；《程务忠妻郑氏墓志》载“祖道瑗，密州高密县令、泗州下邳郡守、朗州武陵郡丞”；《郑虔及夫人王氏墓志》载“曾父道瑗，随朗州司法参军”；《郑鼎墓志》载“曾祖道援，隋武陵郡守”。道援裔孙在追述其名讳和职官中颇不一致，若从字义，“道援”胜于“道瑗”。按唐人墓志追述先人职官惯例，一般都要提到平生最高职官；由于时代久远记不清，可能把历官和赠官混为一谈。所以，郑道援于隋季可能历宋城令、唐任高密县令、武陵郡丞、朗州司法参军，后累赠广林、下邳二郡守。武陵郡守应该是武陵郡丞志误。有世基和怀节二子，长幼不详。

世基，见载《（崔挹妻）荥阳夫人郑氏墓志铭》，终官吉阳县令，娶左仆射安吉公杜淹之女为妻。其女郑氏（公元642—705年）继室户部尚书崔挹，太宗、高祖朝宰相崔仁师之子，中宗宰相崔湜之父。

怀节，《郑进思墓志》载“父怀节，皇朝沣州司马、赠卫州刺史”；《程务忠妻郑氏墓志》载“父怀节，绛州曲沃县令、舒州望江县令、扬州六合县令、贝州鄃县令、邢州钜鹿县令”；《郑宇墓志》载“曾祖怀节，皇朝卫州刺史”；《郑虔墓志》载“大父怀节，皇澧州司马，赠卫州刺史”；《郑仲佐墓志》载“曾祖怀节，唐赠卫州刺史”；《郑鼎墓志》载“祖怀节，皇赠使持节卫州诸军事、卫州刺史”。综合诸志，郑怀节历任绛州曲沃县令、舒州望江县令、扬州六合县令、贝州鄃县令、邢州钜鹿县令、沣州司马，后累赠使持节卫州诸军事、卫州刺史。

怀节有四子一女。女嫁唐名将程务挺之弟程务忠[③]，咸亨二年卒于毓德里第，享年34岁。长子进思，余镜思、远思、锐思长幼不详。

郑进思（公元712—761年），字光启，举孝廉，释褐授韩王府典籤，历任梁州南郑丞、洛州河阳丞、襄陵县令等职，卒赠博州刺史。其妻右监门将军、千金伯权文奖长女，九子。

子宜尊，邠州三水令，赠太子少保。宜尊子实，少府监主薄。子昂，字千里。昂子俊。子颎，字三明，太子通事舍人。子绮，荆州江陵县丞。绮子备，荆州江陵县丞。子繇、云、戎、愿、游。开元十年（公元722年）权氏卒时，宜尊、昂、颎、绮及实、俊皆已亡故。云、戎二人暂不可考。

① 欧阳修、宋祁：《新唐书》卷一六一《郑云逵传》；刘昫等：《旧唐书》卷一三七《郑云逵传》。

② 邢学敏：《隋唐时期的荥阳郑羲房》，载《唐史论丛》，2009年。

③ 刘昫等：《旧唐书》卷八十三《程务挺传》。

繇，嗣圣元年登进士第。开元初累转右拾遗，迁监察御史。六至八年，为岐王长史。十七年，自陈州刺史转湖州刺史。十八年前后，迁博州刺史。其间曾任金部郎中。工五言诗，所作《失白鹰诗》，当时以为绝唱。《全唐诗》卷一一〇录其诗二首。《全唐文》卷三二八录其赋一篇。生平事迹散见《旧唐书》卷九五《惠文太子传》《唐诗纪事》卷一五、《唐郎官石柱题名考》卷一五、《嘉泰吴兴志》卷一四①。

繇子审，亦善诗咏，乾元中任袁州刺史②，开元间任监察御史、殿中侍御史、司勋员外郎、吏部员外郎、吏部郎中、秘书监等职。《唐诗纪事》："审有诗名，与杜子美善。"以文章知名③。

审子逢，抚王府长史。逢子薰，字子溥，两唐书有传。历漳州刺史、太常少卿、吏部侍郎、太子少师等职④。薰能诗善文，《全唐诗》存诗1首，《全唐诗外编》补诗1首，《全唐文》存文3篇⑤。咸通二年（公元861年）十一月，撰《杨汉公墓志》⑥，三年（公元862年）四月，撰《皇甫鉟墓志》，均署"正议大夫、守尚书刑部侍郎、上柱国、赐紫金鱼袋"⑦。薰子谷，郑畋秉政，"擢为给事中，至侍郎"⑧。

逢女本柔（公元792—823年），薰之姐，嫁银青光禄大夫、检校户部尚书、使持节郓州诸军事、郓州刺史、充天平军节度、郓曹濮等州观察处置等使、御史大夫、上柱国、弘农郡开国公食邑二千户弘农杨汉公。

愿，曾任司勋员外郎、金部郎中⑨、坊亳州刺史等职，娶独孤及之姐（？—公元766年）。独孤氏永泰二年卒于钜鹿郡，生二男二女。长子季华，次子子华⑩。据《郑高墓志》，郑高为愿元孙。那么，高父寞应为愿长子，原名季华，后改为寞，终于大理评事。二女之一嫁朝议郎、湖州刺史太原王浦为妻⑪。

寞长子高（公元745—805年），字履中。大历中进士，调补太子正字，历协律郎、大理评事、监察御史、侍御史、内供奉、江西道都团练副使等职。夫人清河崔氏（公元769—806年），宪宗宰相崔群之姐。无子，堂侄小阳为嗣，亦早卒。寞子爽，贞元二十一年（公元805年）任试太子通事舍人，为其兄高主办丧事。

游，《郑宇墓志》载"父游，晋州临汾县令"；《郑敬墓志》载"祖游，太常卿"；《郑易墓志》《郑鲁墓志》均载"游，皇晋州临汾县令，赠太常少卿"。故知郑游终官晋州临汾县令，赠官太常少卿。五子：宇、密、宣、宝、宠。

宇（公元699—743年），历任枣强县尉、常山县録事参军、河东郡河东县尉、山南採访支使、淮南支使等职。夫人陇西李氏。长子韬，明经及第。次子霸。

密（公元714—763年），字慎微。历赵州柏乡尉、商州洛南令、寿王府户曹参军、上津令专知转运水陆漕輓、大理评事、商州录事参军等职。御史中丞王延昌表荐任御史，未任而卒。夫人清河崔氏，生

① 郁贤皓：《唐刺史考全编》，安徽大学出版社2000年版，第1941页；劳格、赵钺：《唐尚书省郎官石柱题名考》，中华书局1992年版，第722页。

② 刘昫等：《旧唐书》卷九十五《惠文太子范传》。

③ 劳格、赵钺：《唐尚书省郎官石柱题名考》，中华书局1992年版，第130页。

④ 刘昫等：《旧唐书》卷八十三《程务挺传》。

⑤ 董浩等：《全唐文》，中华书局1984年版，第8274页。

⑥ 吴钢：《全唐文补遗》（第6辑），三秦出版社1999年版，第178页。

⑦ 吴钢：《全唐文补遗》（千唐志斋新藏专辑），三秦出版社2006年版，第405页。

⑧ 欧阳修、宋祁：《新唐书》卷一八五《郑畋传》。

⑨ 劳格、赵钺：《唐尚书省郎官石柱题名考》，中华书局1992年版，第415页。

⑩ 郁贤皓：《唐刺史考全编》，安徽大学出版社2000年版，第904－905页。

⑪ 赵君平：《秦晋豫新出土墓志搜佚三编》，国家图书馆出版社，待刊。

子雅、弟、幹。密有女嫁同州刺史博陵崔颋，元和六年（公元811年）十月，先夫卒于长安招国里第①。

宣，曾任尚书刑部郎中，见载《郑密墓志》。

宝，《郑敬墓志》载“父宝，常侍”；《郑易墓志》载“父宝，皇秘书省著作郎，赠散骑常侍”；《郑鲁墓志》载“父宝，秘书省著作郎，赠左散骑常侍”。综合诸志记载，郑宝终于秘书省著作郎，赠左散骑常侍。

宝子敬（公元756—815年），字子和。贞元元年九月，贤良方正能直言极谏科，与韦执谊、郑利用、穆质、杨邵、裴复、柳公绰、归登、李直方、崔邠等同榜及第，授京兆府参军。后历山南观察支使、殿中侍御史、内供奉赐紫金鱼袋、大理评事、监察御史、观察判官、殿中兼祠部员外郎、行军司马、漳州刺史、尚书金部员外郎、户部郎中、左司郎中、虢州刺史、京兆尹、绛州刺史等职。其职漳州刺史和虢州刺史，《唐刺史考全编》有载②；职左司郎中、户部郎中、金部员外郎，《唐尚书省郎官石柱题名考》有考③。宪宗时，以左司郎中出任为江淮宣慰使④，元和四年正月，以左司郎中使湖南宣歙⑤。

宝子易（？—公元816年），字子庄。年十四，通诗礼，登明经之第。历右清率府兵曹参军、大理评事、监察御史、殿中侍御史、侍御史、辰州司马、起居郎、长安县令、汀州刺史、忠州刺史、尚书工部郎中等职。郑易善文，虽其撰《上传异同》十七卷今已不存，但其所撰志文已见五例：贞元十一年二月，《唐山南西道节度行军司马殿中侍御史内供奉赐紫金鱼袋郑公故夫人范阳卢氏墓志文》；贞元十一年十二月，《唐故太子典膳丞荥阳郑公墓文》；贞元十二年三月，《唐故金州刺史郑公故夫人范阳卢氏墓志铭并序》；元和十一年，《唐故朝散大夫绛州刺史上柱国赐紫金鱼袋郑公（敬）墓志铭并序》；元和十一年四月，《唐故郑氏嫡长殇墓记》。前夫人范阳卢氏（公元765—792年），和州历阳县令卢擢女，早世无子。继室堂妹，洛阳主薄卢援之长女（公元774—827年）。有子二人：絪、三峒。女三人：启、蓁、栗。

宝子贾，贞元十二年（公元796年），检校司勋郎中，终官金州刺史，见载《卢占妻郑群墓志》及《唐刺史考全编》⑥。夫人范阳卢氏（？—公元795年），吏部尚书卢从愿之孙、给事中、河中少尹卢允之女。贾长子方，曾任怀州参军，终于宋州虞城县令。方女郑群（？—公元858年），会昌二年（公元842年），嫁前徐泗等州观察支使、试大理评事、兼监察御史卢占为妻。

宝子鲁（公元764—820年），字子隐。历怀宁沣阳二县尉、右金吾卫仓曹参军等职。夫人陇西李氏（公元772—818年），齐州长史思整之曾孙，博州司户掾皓之孙，楚丘尉宣之女。三子二女：长子绩，商州上洛尉；中子绛，小名彬郎；幼子纁，小名小彬；一女阙名，另一女曰观音。

据郑纁撰《唐故荥阳郑氏女墓记》，志主为郑鲁另一女，元和三年（公元808年）卒于江陵县。由于先父母而卒，父母墓志阙而不书。据郑纁撰《唐故荥阳郑氏男（绲）墓志铭并叙》：公讳绲（公元796—820年），曾祖讳游，赠太常少卿；祖讳宝，赠左散骑常侍；父鲁，前任右金吾卫仓曹参军；公即仓曹之次子。结合郑鲁夫妇墓志，可知绲即郑鲁中子绛。

《唐故荥阳郑隗郎墓志》载，郑隗郎（？—公元841年），会昌元年卒于岳州之私第。父缮，太子校书；祖鲁，金吾卫胄曹参军；曾祖宝，秘书省著作郎。按郑鲁墓志、郑鲁妻李氏墓志具载有三子名

① 赵文成、赵君平：《秦晋豫新出土墓志搜佚续编》，国家图书馆出版社2015年版，第1066页。
② 郁贤皓：《唐刺史考全编》，安徽大学出版社2000年版，第822、2208页。
③ 劳格、赵钺：《唐尚书省郎官石柱题名考》，中华书局1992年版，第43、558、762页。
④ 刘昫等：《旧唐书》卷一六二《潘孟阳传》。
⑤ 王溥：《唐会要》卷七十七，中华书局1955年版。
⑥ 郁皓贤：《唐刺史考全编》，安徽大学出版社2000年版，第2757页。

讳，但没有名缮者，然缮必为其三子之一。鲁次子绛改名绲，25岁夭殇，应无子嗣。长子绩，元和十三年（公元818年）已官商州上洛县尉，大中四年（公元850年）如还是太子校书，似乎不合情理。故缮最有可能是郑鲁幼子纁，后改名缮。此公能文，符合其太子校书身份，曾为其姐和次兄撰志。该志作者虽没有署名，但很可能亦出自其手。

另有《唐故太子典膳丞荥阳郑公墓志文》未载志主名讳，据志文应为郑宝第五子，丙子岁即贞元十二年（公元796年）卒，享年31岁，推算其生于公元766年。子继郎。

宠（公元717—765年），字若惊。二十举明经高第，解褐郿尉，后历虢县令、监察御史、原户曹、太谷令、平遥令、华原令、尚书工部员外郎、太原少尹、库部郎中等职。

宠子正，扬州江阳县主薄，娶同州刺史陇西李敷之女。正子纪（公元790—841年），字龟年。弱冠以荫补太庙斋郎，释褐授洪州参军，转陕州芮城县尉、河南府长水县主薄、宋州砀山县令。纪夫人范阳卢氏（公元795—860年），扬州江都县令范阳卢士阅之女，生子总和惠。总任泗州下邳县尉，其夫人清河崔琪（公元815—860年），字润之，南昌军副使、试大理评事，累赠工部侍郎税之孙、秘书省秘书郎章之女。大中三年（公元849年）嫁郑总，生子刚儿和女张七。总另有庶子掌儿。惠后改名特，明经登第，选授许州郾城县主薄，娶清河崔氏。正子缜，大和九年（公元835年），书堂妹《郑党五墓志》。宠子直，河南县主薄。直子绶，明经及第，大和八年（公元834年）而夭。直女党五，大和九年（公元835年）夭卒。

景龙二年（公元708年）崔湜撰《大唐赠韦城县主韦氏墓志铭并序》载："乃降□□韦城县主，仍与故赠尚衣奉御荥阳郑戭□幽婚焉。戭即隋高密县令道援之曾孙、沣州司马怀节之孙、晋州襄陵县令进思之第八子也。"① 可证郑进思尚有一子名戭早夭，其志未载。

郑镜思，《郑虔并夫人王氏墓志》载"父镜思，皇秘书郎，赠主客郎中、秘书少监"；《郑忠佐墓志》载"祖镜思，秘书少监"；《郑昈墓志》载"王考讳某（镜思），秘书郎，赠郑州刺史"。综合诸志，郑镜思，终官秘书郎，累赠主客郎中、秘书少监、郑州刺史。四子：虔、昈、曙、三老。虔为次子，昈为第三子，曙、三老在兄弟中排行不详。

虔（公元691—759年），字趍庭。《新唐书》卷二〇二有传。弱冠举秀才，进士高第。解褐补率更司主簿，二转监门卫录事参军，三改尚乘直长，四除太常寺协律郎，五授左青道率府长史，六移广文馆博士，七迁著作郎。安禄山陷二京，遂陷身戎虏。任伪兵部郎中、国子司业。安史之乱平，贬台州司户。夫人琅琊王氏（公元702—726年），凤阁侍郎平章事方庆之孙、皇侍御史晙之女。嗣子元老、野老、魏老②。虔子仲佐（公元729—795年），字元老。历任彭王府咨议、瀛州河间尉、白马尉等职。夫人范阳卢氏，遗孤一男二女。

郑虔有弟名曙，"博学多能，好奇任侠"③。《唐故衡王府长史致仕石府君（解）墓志铭并序》："公与郑氏，世为婚姻。夫人秘书监镜思之孙，梁县尉三老次女。"④ 由此可知，郑镜思除上述虔、昈和曙三子外，尚有一子三老，官梁县尉。郑三老次女嫁衡王府长史石解。

昈（公元700—777年），镜思第三子。进士及第，历任郾城尉、浚仪主簿、大理评事、节度判官、光化尉、向城尉、登州司马、朝散大夫、太子左赞善大夫、尚书屯田员外郎、太子中允、淄州刺史、莱州刺史、检校司勋郎中兼侍御史、充青莱登海密五州租庸使、徐州刺史、充海登沂三州招讨使、正议大夫，赐紫金鱼袋、卫尉少卿、秘书少监兼滁州刺史、本州团练使等职。郑昈善五言诗，与王昌龄、王之

---

① 吴钢：《全唐文补遗》（第7辑），三秦出版社2000年版，第260页。

② 陈尚君：《郑虔墓志考释》，载《传统中国研究集刊》（第3辑）。

③ 李昉等编，汪绍楹点校：《太平广记》卷二八"郗鉴"条，中华书局1986年版，第182－185页。

④ 赵君平、赵文成：《秦晋豫新出土墓志搜佚》，国家图书馆出版社2011年版，第865页。

涣、崔国辅辈联唱迭和，撰《思旧游》诗百篇。前夫人清河崔氏，赠清河郡太君；后夫人博陵崔氏，赠博陵郡君。生七子七女。

长子云逵，两唐书有传。大历初年进士，官至刑部侍郎、京兆尹，元和五年五月卒①。郑云逵善书，贞元庚辰岁明年（贞元十六年）八月，书杜黄裳撰《大唐故金紫光禄大夫左散骑常侍驸马都尉上柱国袭代国公赠工部尚书郭府君（暖）墓志铭并序》②，结衔“正议大夫行尚书刑部侍郎上柱国原武县开国男赐紫金鱼袋”；贞元十一年五月，书杜黄裳撰《大唐故开府仪同三司检校工部尚书兼太子宾客上柱国赵国公赠兵部尚书郭公（晞）志铭并序》③，结衔“正议大夫行秘书少监上柱国原武县开国男赐紫金鱼袋”。还曾为元稹之父元宽撰志④。

次子微，终润州司马。子公逵，累任侍御史、上柱国、沧景节度参谋。子方逵，累任衡州司士参军、太仆丞、诏锢死黔州⑤。子震，当阳丞。子文弼，幽州参军。子安逵，率府仓曹参军。

郑远思，《郑鼎墓志》载“父思远，皇赠使持节博郑二州诸军事、郑州刺史、太常卿”；《元宽夫人郑氏墓志》载“曾祖讳远思，官至郑州刺史，赠太常卿”。显然，思远和远思为一人。联系其兄弟名皆“思”字置后，当以“远思”为是。子瞌和鼎。女（公元679—725年），嫁太中大夫、申王府咨议京兆韦怀构。

瞌，朝散大夫、易州司马；子济，睦州刺史，皆见载《元宽夫人郑氏墓志》。济夫人范阳卢氏，京兆府泾阳县令平之女。济女郑氏（公元747—806年），即著名诗人元稹之母。《旧唐书·元稹传》载：“其母郑夫人，贤明妇人也，家贫，为稹自授书，教之书学。”⑥

鼎（公元663—720年），字万钧，年十七，孝廉擢第。历拜尚衣直长、奉御、银青光禄大夫、荥阳郡开国公、国子司业、太常少卿、驸马都尉、秘书监、左散骑常侍、许州刺史、绛州别驾、晋州别驾、亳州刺史、开州别驾、洋曹二州别驾、秘书少监、青州别驾。卒赠工部尚书，谥曰章。夫人李华（公元687—734年），字花婉，睿宗李旦第四女，封代国长公。鼎长子潜曜，《新唐书》有传⑦。尚临晋公主，银青光禄大夫、光禄卿、驸马都尉、荥阳县开国男。少子晦明，中散大夫、太子洗马、清平县开国公。长女嫁范阳卢氏，二女琇嫁博陵崔氏，三女璜嫁范阳卢氏，四女嫁太原王氏。

《郑鼎墓志》尾署“犹子朝议郎右补阙如朏撰”，知郑鼎兄弟有子名如朏者，惜不知其父名讳。

郑愔《大唐故赠荆州大都督上蔡郡王（韦泚）墓志铭并序》：“又下制，冥婚荥阳郑氏，即隋高密县令道援之曾孙，沣州司马怀节之孙，贝州清河县尉锐思之女，尚舍奉御万钧之妹。”⑧ 可证郑怀节尚有子锐思，终于贝州清河县尉，其女冥婚于韦泚。这里的“尚舍奉御万钧之妹”应是郑万钧之堂妹。

三、世系构建

综上考述，共得幼麟房人物十一世95人，其中女性12人。据此，构建其世系如表2所示。

---

① 刘昫等：《旧唐书》卷一三七《郑云逵传》；欧阳修、宋祁：《新唐书》卷一六一《郑云逵传》。
② 荣新江等：《郭子仪家族及其京城宅第》，《北京大学学报（哲学社会科学版）》2013年第4期。
③ 赵力光等：《新见唐代郭晞夫妇墓志及相关问题》，载《唐研究》（第16卷），北京大学出版社2010年版。
④ 董浩等：《全唐文》，中华书局1984年版，第7873页。
⑤ 欧阳修、宋祁：《新唐书》卷一六一《郑云逵传》。
⑥ 刘昫等：《旧唐书》卷一六六《元稹传》。
⑦ 欧阳修、宋祁：《新唐书》卷一九五《潜曜传》。
⑧ 吴钢：《全唐文补遗》（第3辑），三秦出版社1996年版，第39－42页。

表 2　隋唐荥阳郑氏北祖幼麟房世系

述祖	叔武	道援	世基	女嫁崔挹						
			怀节	进思	宜尊	实				
					昂	俊				
	武叔				颖					
					绮	备				
					繇	审	逢	薰	谷	
								杨汉公妻		
					云					
					戎					
					愿	寞	高	小阳		
							爽			
						子华				
					游	宇	韬			
							霸			
						密	雅			
							弟			
							幹			
							崔頲妻			
						宣				
						宝	敬			
							易	紃		
								三峒		
							贾	方	卢占妻	
							鲁	绩		
								绲（绛）		
								縼（缮）	隗郎	
								观音		
							？太子典膳丞	继郎		
						宠	正	纪	总	刚儿
										掌儿
									特（惠）	
								缜		
							直	绥		
								党五		
					戭					

续表

述祖	武叔	道援	环节	程务忠妻	虔	仲佐				
				镜思		野老				
						魏老				
					昈	云逵				
						微				
						公逵				
						方逵				
						震				
						文弼				
						安逵				
					曙					
					三老	石解妻				
				远思	瞌	济	元宽妻			
					?	如朏				
					鼎	潜曜				
						晦明				
						卢君妻				
						琇，崔君妻				
						璜，卢君妻				
						王君妻				
				锐思	韦泚妻					

四、余论

《大唐故汾州崇儒府折冲荥阳郑府君（仁颖）墓志铭并序》载：仁颖，字惟一，荥阳开封人。曾祖鼎，隋朝散大夫、凤州司马。祖怀，隋宣议郎、定州北平县丞。父素，唐明经擢第。仁颖解褐左金吾长上，后历河涧府别将、上柱国、期城上党二府果毅、崇儒府折冲都尉等职。开元十五年六月二十四日卒于洛阳怀仁里私第，享年 70 岁。夫人陇西董氏，常州录事参军无忌之女，开元五年十二月十八日先卒。子崇业等。

该志所载世系与上述构建世系不能系联，志主似乎不属于该家族成员。但撰者自署“堂弟、左监门录事参军郑虔撰”，表明志主为郑虔之堂兄，应属幼麟房成员。

《唐故郑居士（液）墓志铭》载：公讳液（公元 723—776 年），字液，荥阳开封人也。有若后魏中书令幼龄者，文为师表。公则幼龄之裔孙也。曾祖奉先，永州治中。祖整仁，同州冯翊主簿。父皦，抱德不士。有子曰仑，苦节之士。

“魏中书令幼龄”当指第七房始祖郑羲字幼麟，然奉先、整仁、皦、液皆不见载籍，亦不能同上述谱系接连。但郑液为幼麟裔孙应无问题。

郑仁颖、郑液虽属幼麟房成员，但不知其出于何支，姑置于此，俟以待考。

（作者为洛阳理工学院社会科学系及洛阳公共文化研究中心副研究员）

2000年以来洛阳唐代墓志的收藏、整理与研究

毛阳光

摘要：2000年以来，洛阳新出土了大量唐代墓志，为中古史研究提供了大量新的史料，具有极高的学术和文献价值，还有相当数量的墓志流散民间，亟待整理与研究。而在新出土墓志整理和研究取得丰硕成果的同时，也存在着整理不够规范、新资料重复刊布、墓志的造假与辨伪、研究成果水平参差不齐等问题。由于大量高校学者的关注与加入，相关研究也出现了一批注重墓志史学分析与解读的高质量的研究成果，为21世纪的洛阳唐墓志研究注入了新的活力。

关键词：洛阳；唐代；墓志

内容丰富的石刻文献一直是洛阳学深入推进的重要基础。[①] 近代以来，地下文字材料的出土犹如打开了新史料库的大门，前所未闻的资料令人目不暇接。学者们纷纷发现新资料，解决新问题，在学术上“预流”，开辟了学术研究新的门径，产生了一批新成果。而地下出土墓志的收集整理与研究，就是中古史研究开拓史料范围的重要方向，成为史学研究新的潮流。饶宗颐更是将碑志与商代甲骨、汉晋简牍、敦煌文书、大库档案并称为新出史料之渊薮，“碑志之文，多与史传相表里，阐幽表微，补阙正误，前贤论之详矣”[②]。

洛阳作为中国中古时期重要的都城，对这一时期的政治、经济、文化产生了深远的影响。而从20世纪以来洛阳出土的大量墓志资料无疑又极大地推进了中古历史研究。这其中的唐代墓志由于数量大，时间跨度长，涉及社会各个阶层，内容丰富，艺术价值与史料价值高而受到学术界的广泛关注。20世纪前半叶动荡年代出土的唐墓志，虽然命运多舛，但在众多有识之士的努力下，绝大多数经过辗转递藏，最终都进入了国内诸多博物馆。中华人民共和国成立后，洛阳周边散落的唐墓志又多被洛阳博物馆、洛阳文物工作队等机构征集。而大量考古发掘的唐墓志也被相继整理发表。目前，这些资料由诸多学者进行了大量的整理与研究，出版了大量的图录和相关研究文章，取得了不少的成果。[③]

正当学者们认为大量唐墓志的出土已然成为历史的时候。[④] 20世纪八九十年代以来，随着城市化进程的加剧，城市框架的急速扩大，再加上非法盗掘的猖獗，大量唐墓志在陕西、河南、河北、山西等地出土，数量已然超过了之前出土的总和。而洛阳地区唐墓志的出土仍旧突出，不仅数量大，也引起了学术界的广泛关注。相关整理和研究成果目不暇接。然而，在新出土史料受到学术界追捧的同时，也存在

---

① 张佐良：《洛阳学研究的文献基础与思路》，《中州学刊》2016年第12期。

② 饶宗颐编著：《唐宋墓志：（法国）远东学院藏拓片图录·引言》，香港中文大学出版社1981年版，第3页。

③ 可参考任昉：《二十世纪墓志整理与研究的问题》，载张忠培、许倬云主编：《中国考古学跨世界的回顾与前瞻——1999年西陵国际学术研讨会论文集》，科学出版社2000年版；赵振华：《洛阳地下墓志的发现流徙与收藏著录研究》，载杨作龙、赵水森主编：《洛阳新出土墓志释录》，北京图书馆出版社2004年版，第3－63页。

④ 郁贤皓：《唐刺史考全编订补》，《南京师范大学学报》2001年第3期。

着不少值得我们思考的问题。笔者长期从事洛阳唐墓志的整理与研究，故而不揣浅陋，将相关问题加以总结与阐释，求教于各位学者。

一、新出洛阳唐墓志的收藏与流散

从20世纪末以来，洛阳除了城北赫赫有名的邙山仍有相当数量唐墓志出土之外，城南的龙门山、万安山以及洛阳东郊、南郊平原、偃师等地也出土了数量众多的唐墓志。一方面，由于地方经济发展带动大量的基础建设，使洛阳周边许多唐代墓葬被考古发掘。如中国社会科学院考古研究所河南第二工作队1983年以来在偃师市西2.5公里处的杏园村唐代墓地进行了系统的发掘，共发掘了69座唐墓，出土唐代墓志46方。相关资料均已发表。① 目前这些墓志收藏在中国社会科学院考古研究所洛阳工作站及偃师商城博物馆。再如洛阳文物考古研究院在洛阳北郊红山乡发掘的贾敦赜等唐墓。② 零星唐墓的发掘也比较多，如王雄诞妻魏氏、斛骨诚节、卢照己、相王唐氏孺人、武攸宜夫人李氏、張承嗣、达奚珣、薛丹、萧讜、崔元略等。而民间企业烧砖取土等活动也出土了一些极为重要的墓志，如偃师出土的《郭虚己墓志》。③ 这些资料也都进行了一定的整理，发表在各类文物考古的专业期刊上。

另一方面，盗墓的猖獗也使大量唐代墓志被盗掘出土。就出土地点而言，邙山、万安山以及龙门山仍旧是唐墓志最为重要的出土地。此外，洛阳城南、城南的平原地区、宜阳以及偃师等地也有大量唐墓志被盗掘出土。对于这些盗掘出土而流散民间的唐墓志，洛阳地方文博单位及高校做了大量的征集工作。

其中千唐志斋新征集的洛阳唐墓志数量最大，相关资料见《全唐文补遗·千唐志斋新藏专辑》《新中国出土墓志·河南三·千唐志斋（一）》二书。④ 据笔者的调查，近年千唐志斋新收的唐墓志共527方，加上原有唐代墓志的收藏1209方，数量达到1736方。因此，千唐志斋目前是国内收藏唐代墓志数量最多的机构。

洛阳文物考古第二工作队（现洛阳文物考古研究院）也对民间出土墓志进行了大量的征集工作。如1999年从伊川县吕店乡万安山南麓征集到《张说墓志》。⑤ 这一阶段该机构新的征集品都收入《全唐文补遗》（第八辑）、《洛阳新获墓志续编》。经统计，新征集唐墓志共192方。⑥ 此外，该单位还有一定数量发掘出土品，具体数字不详。

洛阳师范学院河洛古代石刻艺术馆从2002年以来开始征集洛阳新出土历代墓志，其中洛阳唐墓志共209方、西安唐墓志2方、山西唐墓志28方，重要的有《高真行墓志》《桓臣范墓志》《徐峤墓志》《陈希望墓志》《杨元卿墓志》《薛兼训墓志》《苑咸墓志》《陆亘墓志》《陈君赏墓志》《赵宗儒墓志》《史孝章墓志》等。洛阳师范学院收藏的全部墓志的图版和录文目前已经整理完毕，该书稿已经纳入王素先生2012年申报的国家社科基金重大项目“新中国出土墓志整理与研究”的子课题，目前正在进行后期的校对工作，预计2017年底在文物出版社出版。

偃师商城博物馆近年来在原有馆藏的基础上，也努力地征集洛阳偃师首阳山地区出土的唐代墓志，

① 中国社会科学院考古研究所主编：《洛阳杏园唐墓》，科学出版社2001年版。
② 洛阳市文物考古研究院：《洛阳红山唐墓》，中州古籍出版社2014年版。
③ 樊有生、鲍虎欣：《偃师出土颜真卿撰并书郭虚己墓志》，《文物》2000年第10期。
④ 《新中国出土墓志·河南三·千唐志斋（一）》，文物出版社2007年版。
⑤ 李献奇：《唐张说墓志考释》，《文物》2010年第10期。
⑥ 乔栋、李献奇、史家珍编著：《洛阳新获墓志续编》，科学出版社2008年版。其中《杨元卿墓志》为翻刻品，未计入。

目前馆藏洛阳唐墓志共80方，其中重要者如《郭虚己墓志》《严仁墓志》《薛丹墓志》《卢元福墓志》《杜并墓志》等。

洛阳理工学院图书馆征集的唐墓志数量有24方，其中洛阳唐墓志22方。重要的有《支谟墓志》《姚爱同墓志》《李释子墓志》，其墓志拓本多数散见各种墓志图录。

随着国内民间文物收藏热的兴起，唐代墓志由于其高超的书法艺术、精湛的刻工，相对数量较多，逐渐受到各类藏家的追捧，成为收藏界的新宠。一些著名文人、书法家参与撰文、书丹的墓志更是炙手可热。这导致相当数量具有很高的史料价值和艺术价值的洛阳唐墓志流散民间。其中洛阳地方一些有识之士也进行了大量征集，并通过建立民营博物馆的形式加以展示。其中比较著名的有龙门博物馆、九朝刻石文字博物馆、洛阳金石文字博物馆。

位于龙门石窟外的龙门博物馆，2013年对外开放。藏品主要为龙门石窟艺术及周边自北魏至唐的重要佛教文化遗存。近年来，该馆也致力于洛阳古代石刻碑志的收藏，尤其关注东汉黄肠石以及与洛阳古代丝绸之路内容相关墓志的征集与收藏。目前馆藏墓志210多方，其中洛阳唐墓志60余方，有《王仲玄墓志》《崔礎墓志》《康璀墓志》《郭湛（虔瓘）墓志》等。这里还展示原洛阳碑志拓片博物馆寄存在这里的392方墓志，《刘宪墓志》《刘宪妻卢氏墓志》《花献墓志》《张具瞻墓志》《李恬墓志》《李潜墓志》等均在其中。

洛阳九朝刻石文字博物馆，位于洛阳市东北的马坡古玩城，成立于2016年。该馆以展示古代石刻与拓片为主，收藏墓志数量较大，收藏北朝、隋唐、宋墓志100余方。洛阳唐代墓志为其大宗藏品，约40多方。精品有《严复墓志》《杜荣观墓志》《司马邵墓志》《李隐之墓志》等。

位于洛阳中国国花园内的洛阳金石文字博物馆，成立于2012年，博物馆从事文字类文物的收藏、保护、研究、展示和交流工作。展品中也包含相当数量的墓志，其中洛阳唐墓志有30余方。比较著名的如席豫撰《张敬舆墓志》，房休撰文、刘秦书丹《严希庄墓志》，唐后期天德军防御使《李逵墓志》，李邕撰《裴冬日墓志》、冯图撰《王宰墓志》等。

偃师张海书法艺术馆，以展示张海先生书法成就为主。近年来也从洛阳私人收藏家手中征集了一些唐墓志，数量约30方。[①] 其中也有来自河北及陕西的唐墓志。洛阳出土唐墓志，重要者如《萧元祚墓志》等。

而流落到私人收藏家手中的唐墓志数量更是庞大。尊汉堂张氏藏洛阳唐墓志32种，重要者如韦述撰《薛重阳墓志》，还有以陀罗尼经文入墓志的《徐景威墓志》。立雪堂程氏收藏洛阳唐墓志20余种，其中精品有许景先撰、郭谦光书《崔日用墓志》，苏颋撰《何彦先墓志》，湛然书《宋昌墓志》等。无篱园石雕艺术馆藏洛阳唐墓志4方，分别是《张彖墓志》《游玄墓志》《长孙侹墓志》《郭颖秀墓志》。洛阳财源阁张氏收藏洛阳唐墓志29种，重要者如《寇知古墓志》《史思光墓志》《李序墓志》《薛郑宾墓志》等。洛阳侯氏收藏洛阳唐墓志40余方，其中重要的如《杨收墓志》《韦东真墓志》《崔涣墓志》。洛阳尚德堂齐氏藏洛阳唐墓志7方，有李邕撰《尹元綍墓志》、衡守直撰《齐抗夫人萧氏墓志》等。洛阳锦石苑李氏藏洛阳唐墓志20余方，重要者如《张有德墓志》《崔郸墓志》《张履冰墓志》《孟蒲墓志》《张具瞻墓志》《李浑金墓志》《卢大琰墓志》等。洛阳魏凤轩孟氏藏洛阳唐墓志40余方，重要者有宋儋书《裴友直妻封氏墓志》。洛阳邱氏藏《冯审墓志》《柳从俗墓志》等洛阳唐墓志35方。洛阳莫氏藏唐墓志20余方，其中有《支谟妻朱氏墓志》《支谟墓志盖》《严复墓志盖》《萧德珪墓志》等。洛阳乱墨斋王氏藏唐墓志104方，其中洛阳唐墓志53方，重要者有《沈全交墓志》《冯中庸墓志》等。洛阳胡氏藏《崔岳墓志》《崔玄泰墓志》《米钦道墓志》等洛阳唐墓志40余方。洛阳国宝斋郭氏藏《李宝会

① 张永强：《镌石传芳，千龄有述——张海书法艺术馆馆藏墓志述略》，《中国书法》2016年第2期。

墓志》《王仙墓志》等 103 种。洛阳郭氏藏《郑烈（惟忠）墓志》《裴向墓志》《李朝弼墓志》等洛阳墓志 5 方。洛阳宗氏藏《孙守谦墓志》《豆卢钦肃墓志》《尼志弘墓志》《朱令节墓志》《马崇墓志》《呼延宗墓志》《呼延宗妻王氏墓志》。洛阳序堂韩氏 5 方，精品有《司马翥墓志》。汉唐斋周氏藏 5 方，洛阳左氏藏唐墓志 30 余方，洛阳朱氏藏洛阳唐墓志 20 多种，谢氏藏洛阳唐墓志 20 方，李氏藏洛阳唐墓志 45 方，韩氏藏洛阳唐墓志 8 方。此外，洛阳王木铎、赵光潜、赵君平等学者都有一些墓志收藏，如赵君平收藏的徐浩撰书《徐浚墓志》以及元稹撰《段夫人墓志》。

还有相当数量的唐墓志沉淀在民间。从民国以来，洛阳就形成了收藏、赏玩古代墓志的风气。除了古玩商人、有实力的收藏家之外，一些人也将墓志作为保值、升值的不动产。因此，收藏数方墓志的人数量极多。还有相当一部分收藏家并不张扬，收藏的墓志也很少制作拓本。其中最为典型的如孟津翟泉镇的宋鸿道先生，其人是洛阳知名企业家，具有一定的经济实力，收藏有 300 方左右的墓志，都是前些年以较低价格收购的，可谓洛阳私人收藏墓志中的翘楚。但这些墓志都是其个人收藏，不对外展示，拓本外界也难得一见。笔者曾专程上门进行调研，其墓志大多数都堆放在其家的仓库中，无法确知唐代墓志具体数量和内容。有一个略小的屋子展示了其中几件精品。其中有刘宪撰《符凤子墓志》、萧诚书丹《耿仁忠墓志》、李守礼撰《屈突奴儿墓志》、杨於陵撰《李衆墓志》、谢叔弼撰《鲍思温墓志》、胡霈然撰书《杨慈力墓志》，其他还有《袁仁敬墓志》《郭大恩墓志》《柳诚言墓志》等。从笔者所见部分拓本来看，其收藏墓志以早年洛阳地区唐代墓志为大宗。情况大致相同的还有洛阳叶氏，收藏墓志 100 余方，但具体情况未得其详。

还有相当部分的洛阳唐墓志被辗转售卖到外地，或被民营博物馆收藏，或被私人购买。如巩义一苇草堂马氏藏唐墓志 20 多种，精品有《王鲁复自撰墓志》、马吉甫撰《崔嘉墓志》等。巩义羽林山房袁氏藏唐墓志 26 种，其中就有李训撰文的《裴清墓志》。郑州专门收藏砚台的黄姓收藏家藏有《韦师墓志》。北京北庵草堂刘氏，藏洛阳唐墓志 13 方。但还有许多下落不明，如韦述撰、徐浩书丹的《张埱墓志》，据称被卖到河北收藏家手中。再如颜真卿书丹的《王琳墓志》，出土后被翻刻多方，其中中国农业博物馆、洛阳师范学院河洛古代石刻艺术馆收藏的俱为翻刻品，而真品至今下落不明。

郑州大象陶瓷博物馆也有一定数量的唐墓志收藏，数量为 60 余方。其中洛阳出土的有《郑嫣墓志》《姚閄墓志》《秦晙墓志》等①，西安出土的唐墓志有《梁昇卿妻薛氏墓志》，该馆还收藏有西安出土的柳公权撰文墓志数种，具体情况不详。

而西安大唐西市博物馆是目前外省收藏洛阳唐墓志最多的机构，这是由于该馆曾经于 2009 ~ 2010 年到洛阳大规模征集唐代墓志，使相当数量流散洛阳民间的唐墓被征集到该馆。根据《大唐西市博物馆藏墓志》所刊布墓志内容的统计，该书收入洛阳唐墓志共 157 种，实际数量应该还要多些。②

宁夏固原博物馆也收藏有两方出土于洛阳龙门地区的唐墓志，分别是《孟戡墓志》《薛祭酒夫人赵洁墓志》。这批墓志原来由河南一位书法家收藏，之后赠送给已故的唐研究基金会会长罗杰伟先生。罗杰伟去世后，唐研究基金会将其捐赠给固原博物馆。③ 中国农业博物馆近年来也征集到一些唐代墓志，其中就有洛阳出土的《康子相墓志》。④

近年洛阳唐代墓志亦有流散海外者。其中知名者如香港中文大学所藏《王洛客墓志》⑤ 以及台湾大

① 《秦晙墓志》已经刊布，参何一昊、原暇、何飞：《秦琼嫡孙秦晙与唐代高僧湛然》，《中原文物》2015 年第 6 期。

② 胡戟、荣新江主编：《大唐西市博物馆藏墓志》，北京大学出版社 2013 年版。

③ 史睿：《罗杰伟旧藏唐代墓志考释》，载荣新江主编《唐研究》二十卷“罗杰伟先生纪念专号”，北京大学出版社 2014 年版。

④ 曹建强、马旭铭：《唐康子相墓出土的陶俑与墓志》，《中原文物》2010 年第 6 期。

⑤ 李志刚编：《中国古代碑帖拓本》，北京大学图书馆、香港中文大学文物馆 2001 年版，第 105 页；黄清发《〈王洛客墓志〉考》，载《纪念西安碑林九百二十周年华诞国际学术研讨会论文集》，文物出版社 2008 年版。

学叶国良教授在1992年在台北寒舍古玩店所见的《杜嗣先墓志》及其妻《郑氏墓志》，只是二者目前下落不明。① 而美国大都会博物馆也收藏一方洛阳唐墓志，为《徐德闰墓志》，该墓志据称为某基金会1993年捐赠。徐德闰高宗时期为舒州同安县令，永昌元年十月葬于洛阳北部乡。②

总而言之，21世纪以来洛阳出土唐墓志数量巨大，目前数量已经达到3000方左右，已然超过了20世纪洛阳唐墓志出土的数量。而且，目前还有许多墓志散落在民间，不为人知。如肃宗时期的宰相崔涣，葬于邙山，墓志有两方，一方是大历三年在道州刺史任去世时归葬洛阳时制作，另一方则是合祔墓志。而德宗时期的宰臣齐抗墓志也已在洛阳出土，但下落不明，其妻萧氏墓志目前就在私人收藏家手中。因此，对洛阳流散唐代墓志的寻访、收集与整理还是一项长期的工作，也是洛阳地方史学工作者义不容辞的责任。

二、新出土洛阳唐墓志的文献价值

就整体而言，洛阳现存唐墓志不仅数量最多，而且内容也非常丰富。此时洛阳的地位虽然不能与长安相比，但从高宗显庆年间开始，洛阳成为唐朝的东都。武周时期，这里是神都。玄宗天宝之前，玄宗也曾五次巡幸洛阳。且当时的洛阳经济非常发达，人文荟萃，交通便利，有大量的王子皇孙、官僚贵族、文人学士在此居住。即便安史之乱后，洛阳受到战争的破坏，仍聚集了大批的退隐官员、世家大族，仍具有较高的政治地位。③ 加之洛阳历史积淀形成的浓厚的丧葬文化，对当时的士庶各阶层具有相当大的吸引力。而新出土的唐墓志也是这一时期洛阳城市地位与文化的真实反映。

第一，长期以来，名人墓志以及名家撰文书丹墓志一直是学术界关注的对象。毕竟这些人物都是中古社会的精英阶层，其经历丰富，涉及当时政治、经济、军事、文化的诸多方面，即便主体内容与传统正史记载差别不大，但毕竟由于书写角度和侧重点不同，仍旧具有较高的文献价值。此类墓志在洛阳流散墓志中占据相当数量，许多志主都在两《唐书》中有传。近年来出土的就有《刘祎之墓志》《傅游艺墓志》《刘宪墓志》《张履冰墓志》《李适之墓志》《张具瞻墓志》《柳秀诚墓志》《姚彝墓志》《萧谅墓志》《尹元綍墓志》《姚合墓志》《狄兼谟墓志》《崔汉衡墓志》《李逵墓志》《卢士玫墓志》《李虞仲墓志》《崔郸墓志》《李益墓志》《王宰墓志》《杨收墓志》《李当墓志》《李涿墓志》《郑太素墓志》等。

新近发现的玄宗时期名将《郭虔瓘墓志》，墓志长宽均73厘米，正书，未见志盖，首题为“大唐故冠军大将军左卫大将军凉州都督御史大夫同紫微黄门平章兵马事安西大都护上柱□潞国公墓铭”。墓志由玄宗时期知名文士苏晋撰文，诸葛嗣宗书丹。郭虔瓘其人两《唐书》均有传记，但都较为简略。《旧唐书》主要记载其开元初年担任北庭都护，斩杀突厥默啜可汗同俄特勤的事迹。《新唐书》则详细些，还增加了在西域军政事务上郭虔瓘与阿史那献的矛盾。④ 但其他则甚少涉及，尤其是郭虔瓘前半生的情况。而新发现的墓志极为详细地记载了其生平情况，很好地纠正和补充了传统文献。我们知道郭虔瓘本名郭湛，字虔瓘。可见郭虔瓘和同时期许多名人一样，都是以字行。而且郭虔瓘出身官宦世家，其祖郭晟曾任太常卿，其父郭庆则任右监门卫将军，封义章县开国子。因此，郭虔瓘是以门荫入仕，在麟德二年高宗往泰山封禅时，郭虔瓘在左亲府充任辇脚。墓志还记载了郭虔瓘的功勋：“破阿波啜二万帐，

---

① 叶国良：《唐代墓志考释八则》，《台大中文学报》1995年第7期。

② 唐红炬：《美国大都会博物馆藏唐徐府君墓志》，《文物》2012年第9期。

③ 郭绍林：《洛阳与隋唐政治》，《洛阳大学学报》1996年第1期；郭绍林《唐五代洛阳的科举活动与河洛文化》，《洛阳大学学报》2001年第1期。

④ （后晋）刘昫：《旧唐书》卷一〇三，中华书局1975年版；（宋）欧阳修、宋祁：《新唐书》卷一三三，中华书局1975年版。

克拔汗那十六城。斩同俄特勤，枭吐蕃赞普。”此更为详尽。关于郭虔瓘的去世，《旧唐书》记载“寻迁右威卫大将军，以疾卒”。《新唐书》载“久之，卒军中”。而墓志记载，他以年老为由，上表请退，得到玄宗恩准，“禄俸等并令全给”。此后，他回到长安，开元十四年九月二日卒于长安大宁里第，享年八十三岁。从郭虔瓘墓志的官称来看，他还曾任“同紫微黄门平章兵马事”，这点也是史书失载的。从郭虔瓘的生平宦迹来看，其事迹主要在西域，回到长安也年届八旬，因此这应该是玄宗为表优宠之意给予的差遣之职。

而曾在睿宗朝短暂出任宰相，以权谋机变助力玄宗讨平韦后及太平公主的崔日用的墓志也在洛阳被发现，墓志长 76 厘米、宽 75 厘米，未见志盖。著名文人许景先撰文，书法家郭谦光隶书书丹。崔日用列传见《旧唐书》卷九九、《新唐书》卷一二一。与两《唐书》比较来看，墓志主要记载了其善于审时度势、随机应变，弹劾郑普思，反对韦后乱政，最终投靠玄宗，取得功名的权谋之术。“深则洞彻，隐括同乎体道；明必先识，玄鉴合乎知机。”而对于崔日用奉承宗楚客，中宗时期结交安乐公主、武三思等人的行径则讳莫如深。墓志还浓墨重彩地刻画了崔日用与玄宗君臣的互动，“公之在冢宰也，尝奏《封禅书》，陈以盛德之事。后之从朝觐也，尝赋《五君咏》，叙以君臣之际。明诏优答，锡以缯彩。皆体兹至公，茂昭前训”。墓志还记载“有文集十六卷”，体现出这位以权谋著称的高官的文学才能。崔日用开元十年任并州大都督府长史，之后他到东都觐见玄宗，得病后希望去职，在玄宗的勉励下又回到太原，不久去世。开元十一年二月十三日归葬邙山旧茔，这里也是崔日用的家族墓地。根据墓志记载，崔日用的神道碑由张说撰写，“忠公政事，世德叙官。已载于丰碑，或陈于诏策。志兹神道，故不备存”，因此墓志中对于其家世和仕宦情况记载不多。可惜，神道碑未见文献著录，早已无存了。郭谦光亦是唐代隶书大家，欧阳修在《集古录》中称其“工书，其字画笔法不减韩、蔡、李、史四家，而名独不著”。

新近发现的武周时期宦官符凤子的墓志也非常有趣。墓志可谓皇皇巨著，长 87 厘米、宽 86.5 厘米。志盖篆书“大周故符君墓志之铭”，四周装饰着繁复的花纹。墓志由中书舍人刘宪撰文。墓志详细刻画了一位贞观末年入宫，经历高宗、武后时期政治风云的宦官的人生。墓志记载，他“篆隶包程子之工，纸墨尽蔡侯之妙”，因此他是以书法技艺在贞观年间进入内侍省。在高宗时期，他主要是以有品直官的身份在内侍省侍奉。其散官也由从九品上的陪戎校尉一直到从六品上的奉议郎，但一直没有职事官。弘道元年十二月，高宗死后，由于符凤子在废黜中宗的过程中起到了重要作用，“先怀立顺之图，首参建桓之策”，文明元年，他升迁为朝散大夫、行内谒者监，开始进入职事官系统。此后他青云直上，一直受到武则天宠信，“上秩承宠，中涓罕群”。到神功元年，位至银青光禄大夫、行内给事、上柱国、天水县开国伯，食邑五百户。这在武周时期，应该是极为罕见的。符凤子久视元年十一月卅日卒于神都观德里第，春秋七十有二，大足元年正月廿八日葬于龙门东山。符凤子墓志是唐前期较为少见的高品宦官的墓志，从中反映出宦官在武周建立中的独特作用。其墓志由著名文士刘宪撰文，也可以显示其身份的不凡。

而文人墓志中值得关注的则有何彦先墓志。何彦先在《旧唐书》中仅仅略有提及，只知道是齐州人，与当时文士员半千以著名学者王义方为师，“及义方卒，半千与彦先皆制服，丧毕而去”①。除了上述内容外，《新唐书》卷一二〇《王义方传》后有“彦先，齐州全节人。武后时，位天官侍郎”②。此外，《册府元龟》卷五百五十六《国史部·采撰门》有“何彦先，为地官侍郎，撰《三国战策》十二卷，行于代”。《金石录》则著录了其撰文的《襄州静真观碑》《瑞气观天尊像碑》。而新发现的何彦先

① （后晋）刘昫：《旧唐书》卷一九〇中《员半千传》，第 5014 页。

② （宋）欧阳修、宋祁：《新唐书》卷一二〇，第 4161 页。

墓志长宽各87厘米，著名文士苏颋撰文。墓志详细记载了这位文士家世儒业，由庐江迁居山东的经过。何彦先十七岁师事王义方，“覃思百家，研精一纪。藏山坏壁，蠹简漆书。陈农之所求，倚相之所读。靡不发挥幽赜，刊正柢梧”，上元二年，应制举“藻思清华，词殚文律”中第，之后，先后任监察御史、侍御史、天官员外郎、凤阁舍人、洛州司马、太州刺史、天官侍郎、地官侍郎。墓志详细记载了其在武周时期，执法平允，举荐人才，兢兢业业的宦迹。何彦先长安三年九月二十五日卒于长安宣阳里，景龙三年与妻裴氏合葬于偃师石桥东首阳原。墓志还记载了何彦先的文学成就，“所著《帝图秘録》十卷、《三国战策》十二卷、《政论》两卷、《文集》廿卷”。而同时出土的还有其弟何彦则墓志。

唐后期节度使的墓志，新近发现的有宣武节度使李万荣墓志和昭义节度使刘悟墓志。其中《李万荣墓志》长宽约74厘米，楷书，寇奭撰。李万荣由于任宣武节度使仅一年就因病去世，因此两《唐书》的记载颇为简略。[①] 而墓志对于李万荣的生平以及贞元十一年至十二年五月的汴州军乱都有较为细致的记载。墓志称其为陇西人，为汉将李广利之后，世代为将，之后来到滑州匡城。从其祖父李珪没有仕宦、父李贞因子贵而得到太子洗马的职务来看，陇西人之说显系伪托。此后，李万荣作为军将先后跟随令狐彰、李勉，任濮州刺史，之后又跟随刘玄佐参与了讨伐李希烈的战事，封洋阳郡王。而李万荣于贞元十年五月取得宣武节钺，在贞元十二年五月一日夜得病，“上嗟叹久之。遂降方士就医，手诏存问。中贵织路，天书盈箧箧”。而《旧唐书·李万荣传》载是在十一年八月。墓志记载其少子李乃乘机夺权，事败之后，德宗罪只及李乃，并加李万荣太子少保，且让其到东都疗疾。李万荣最终于贞元十二年七月六日才去世，去世时年七十，去世前还向德宗上奏遗表。这与《资治通鉴》载七月丙申（七日）去世的记载基本一致。[②] 贞元十二年十一月二十日由其子李向安葬于偃师西原。

《刘悟墓志》2006年左右出土于孟津十里铺，一直归洛阳张姓收藏家珍藏。墓志形制巨大，长宽达1.35米，2000余字。在目前已经知道的唐代墓志中，是除却何弘敬墓志、王元逵墓志、王士真墓志、刘济墓志之外最大者。毕竟前面这些都是河北藩镇节度使。而刘悟生前是昭义军节度使，并非河北藩镇，却有如此规格的墓志，从中可见刘悟去世之后唐朝中央政府的礼遇。墓志正书，未见志盖。韦处厚奉敕撰，曹郢奉敕书。可惜的是，除墓志下部八行外，其余文字悉被人为凿毁，该墓志的毁坏明显出自故意。众所周知，会昌四年，刘悟子昭义节度使刘从谏去世，其侄刘稹企图承袭节钺，不听朝命。武宗在李德裕的支持下派军平定泽潞刘稹。从墓志被凿毁的情况来看，唐中央政府还在东都进行了毁墓行动。值得庆幸的是，大部分被凿毁的内容可按照字形并结合传世文献进行释读。墓志对刘悟的家族世系、刘悟在平定淄青李师道过程中起到的重要作用、刘悟去世及刘从谏接掌昭义军的情况，都有正面而细致的记载。毕竟这是韦处厚奉敕撰文。当然，事实并非完全如墓志所记载的那样。结合两《唐书》《资治通鉴》的相关记载，我们知道刘从谏的接任并非墓志所载的那么冠冕堂皇，敬宗君臣是非常纠结的。

晚唐时期，由于政局动荡，战乱频仍，导致史书撰修荒废，大量文献未能传世。因此两《唐书》的相关记载于此相当疏略，而晚唐墓志由于文风的变化，高级官僚的墓志记载则极为详尽，能够很好地弥补传世文献的不足。而晚唐时期的宰相孙偓及其妻郑氏墓志，2013年出土于洛阳邙山。孙偓其人，以科第状元而闻名，《新唐书》卷一八三有传，但记载极为简略，尤其是其后半生，仅记其被贬黔州司马，此后并无记载。而墓志洋洋洒洒近2000字，极为细致地记载了孙偓的生平仕宦、文学、交游等情况。墓志还着重强调其忠于唐朝、不仕宦后梁的忠臣节操，“天祐之后，大臣全名节寿终者一人而已”。

---

① （后晋）刘昫：《旧唐书》卷一四五《刘玄佐传附李万荣传》，第3933－3934页；（宋）欧阳修、宋祁：《新唐书》卷二一四《刘玄佐传》，第6001－6002页。

② （宋）司马光：《资治通鉴》卷二三五，中华书局1956年版，第7573页。《新唐书·德宗纪》记载其六月己丑去世。

该墓志对于晚唐史的研究具有极为重要的意义。

第二，中古时期的洛阳和长安一样，都是世家大族会聚的重要城市，他们在两京仕宦，体现出此时大族中央化的倾向。而陇西李氏、姑臧李氏、范阳卢氏、博陵崔氏、荥阳郑氏所谓“五姓七望”之家家族墓地都在洛阳周边的邙山、万安山和偃师首阳山。这些家族成员的墓志近年来大量出土，对于中古家族史的研究具有重要的意义。如“甘露之变”的策划者李训（仲言）撰文的其母《裴清墓志》近年在偃师首阳山出土。墓志是在大和六年五月其母去世后，在洛阳居丧期间，应其兄姊的要求撰写的，其兄李仲京书丹。从墓志记载来看，李训出身姑臧李氏。其祖、父名讳墓志虽然没有明言，但其祖曾在建州任职，其父曾在贞元年间出任泉州刺史，并于贞元十九年卒于泉州。查《唐刺史考全编》卷一五三《江南东道・泉州》，贞元中有刺史李震。[①] 李震其人在《新唐书・宰相世系表》陇西李氏姑臧房也有记载，并任泉州刺史。两李震应该是同一人。其父李皆，曾任司封员外郎。[②] 而检《唐刺史考全编》，李皆在大历年间确曾出任建州刺史。[③] 李皆只有一子李震。因此，墓志中的建州府君就是李皆，泉州府君则是李震。李皆与肃宗宰相李揆为兄弟，李揆居长，李皆行五，其父是秘书监李成裕。李震正是李揆的亲侄，与宪宗朝宰相李逢吉是从兄弟。这一点与两《唐书・李训传》所记李训是李揆族孙、李逢吉从子吻合。而从血缘关系上而言，李训与李揆关系更近，而李逢吉确切地讲应该是李震的四从兄弟，可见两《唐书》中李训家族背景的记载基本上是准确的。[④] 李训的确出自姑臧李氏。而李训兄弟除了文献记载其兄仲京、弟仲褒外，还有兄婴甫，异母兄仲文、仲宣。墓志记载，李训、李仲京弟兄二人俱中进士。从墓志记载李训父李震及诸兄弟姊妹的婚姻状况看，皆为河东裴氏、太原王氏、范阳卢氏、博陵崔氏等高门大族，从中可以一窥世家大族的婚姻与家风。而墓志的记载也说明了文献中对于李训的家族门第记载是准确的。墓志还反映出甘露之变前李训的家庭变故以及当时的心态，对于甘露之变以及李训的研究具有极高的史料价值。

2009 年，洛阳偃师出土了中唐著名诗人李益及妻卢氏的墓志，引起了古代文学研究者的关注。2013 年，李益父李存世、李益次子李当及妻卢氏等人墓志均在洛阳偃师出土。《李当墓志》2500 余字，内容极其丰富，可以极大地丰富晚唐政治史的资料，而且可以进一步深入对李益家族的了解。有趣的是李当与李训同出姑臧李氏，是从兄弟的关系。

位于万安山南麓许营村姚崇家族墓近年来由于疯狂盗掘导致大量墓志流散。除姚崇妻刘氏墓志、父姚懿墓志分别在洛阳文物考古研究院及千唐志斋之外，其余姚崇继室郑嫣，姚崇弟姚景之，姚崇二子姚彝、姚异，姚彝妻李媛，孙姚闉、姚闬、姚閗，曾孙姚伾、姚侑、姚栖云，三世孙姚偁，四世孙姚勖，五世孙姚缙等人的墓志均流散民间。新近发现的《姚闬墓志》为徐浩撰文、书丹，收藏在郑州大象陶瓷博物馆。《姚偁墓志》，其人是姚閗之孙、姚勖之父。墓志记载“太常（姚閗死后被追赠太常卿）当逆燕僭盗，抱正劲立。妖光积炽，遂歼忠烈”，说明姚閗是忠于唐朝而遇祸的。

第三，中古时期，洛阳也是丝绸之路上的重镇。有较多的外来移民，也有外来宗教的传播，因而，涉及丝绸之路的外来移民的墓志比较多。早在 20 世纪，向达在其名著《唐代长安与西域文明》中就注意到了洛阳出土的西域移民墓志。20 世纪以来，洛阳出土了大量中古时期来自中亚粟特地区粟特移民后裔的墓志，对于我们了解中古时期丝绸之路与洛阳的关系具有重要的意义。近年来，此类墓志仍大量出土，如《安君夫人康胜墓志》《安公夫人康敦墓志》《康昭墓志》《安玉墓志》《安氏夫人（花献妻）墓志》《曹乾琳墓志》《石公夫人康媛墓志》《康璀墓志》《康绪墓志》《安义墓志》《曹晔墓志》《史惟

① 郁贤皓：《唐刺史考全编》，安徽大学出版社 2003 年版，第 2192 页。

② （宋）欧阳修、宋祁：《新唐书》卷七二《宰相世系表二上》，第 2453 页。

③ 郁贤皓：《唐刺史考全编》卷一五二《江南东道・建州》，安徽大学出版社 2003 年版，第 2177 页。

④ （后晋）刘昫：《旧唐书》卷一六九，中华书局 1975 年版，第 4395 页；《新唐书》卷一七九，中华书局 1975 年版，第 5310 页。

清墓志》等。其中,《曹乾琳墓志》2015 年 2 月出土于洛阳龙门张沟附近,志主不仅具有粟特何氏、曹氏联姻的背景,且是盛唐时期供奉宫廷,“万乘亲教殊绝之艺”,受玄宗亲自指点的梨园弟子。安史之乱中,曹乾琳离开宫廷,先在淮西节度使李忠臣幕府,之后又居住在洛阳陶化里,死后葬于洛阳龙门天竺寺,是目前唯一一方粟特人梨园弟子的墓志,对于研究这一时期唐朝与西域的文化交流具有重要意义。而《石公夫人康媛墓志》是 2016 年 5 月新发现的洛阳粟特人墓志,墓志记载“本族西国,后因输质,枝叶相传,飘寄年多,今为洛阳人也”。墓志还记载了安史之乱时期,洛阳“万姓波逃,士庶失业”的景象。此次收集的几方粟特人墓志都是唐后期的洛阳居民,对于我们了解安史之乱后粟特人的动向,当时洛阳粟特人的宗教信仰、婚姻和丧葬都有一定的意义,对于研究这一时期洛阳粟特人的汉化与社会生活意义重大。

而《花献墓志》在唐代中外文化交流研究中意义更为重大。花献是一位居住在洛阳的景教徒,墓志明确记载其“常洗心事景尊,竭奉教理,为法中之柱础,作徒侣之笙簧。而内修八景,外备三常,将证无元,永祇万虑”。这是继《李素墓志》《米继芬墓志》之后,唐两京地区发现的第三方唐代景教徒墓志。该墓志可以印证、补充 2006 年洛阳出土的景教残经幢的相关记载,同时又为中古时期洛阳景教徒的生活以及洛阳景教传播的情况提供了新的数据。有趣的是,花献墓志的撰文者却是圣善寺的沙门文简,从中可以窥见洛阳景教徒与佛教徒之间的微妙关系。

除了粟特人之外,唐代的洛阳还有大量其他族系移民居住。流散墓志中也有突厥人的墓志。新近出土的有《阿史那明义之墓志》。墓志载阿史那明义之“曾祖缬繄施,任本藩可汗。祖惠真,本藩特懃”,其父阿史那承休“司徒、同中书门下平章事、云中郡王”。从墓志记载来看,该家族在唐朝强盛时归附唐朝,“远慕汉宣之化,遂逐呼韩之朝”,之后为唐朝守卫幽燕之地。由于战功卓著,阿史那明义之先授右领军卫左郎将,又转左司御率府率,又转左骁卫将军,又转左威卫大将军。安史之乱中,由于其父投靠安禄山,得到了上面的职务和封号。因此,阿史那明义之得到了司膳卿的职务。他圣武二年八月卒于洛阳尊贤里,之后葬于洛阳城南。这支家族的情况史书未见记载。以往我们知道安史叛军中的突厥将领只有阿史那承庆,那么他与墓志中的阿史那承休是什么关系?阿史那明义之家族属于突厥哪一系?这些还有待深入研究。另一方突厥后裔墓志则揭示了这些游牧民族的结局,《剧诲如夫人史氏墓志》载其“其先阴山达官,在高宗朝内附,郁为中华之豪族”,说明史氏祖上是高宗时期内附的突厥贵族,但到了其父史昭,家道中落,只是代州水运押衙,史氏也只能嫁给曾任邠州录事参军的剧诲做妾,但史氏谨守妇道,“事长上以敬立,抚幼弱以慈闻。举按而岂止齐眉,进贤而无非后已。中表宗族,曾无间言”,已经是典型的汉族妇女形象了。

反映唐代东亚关系的墓志近来亦有一方出土,即日本入唐使臣撰写的,开元十五年葬于北邙的《唐故鸿胪寺丞李训墓志》,可惜目前仍在私人手中,未见拓本面世。

第四,新见洛阳墓志涵盖了社会各个阶层,除却贵族官僚、文人墨客之外,僧道、商人、外域移民,乃至乐人、乳娘、奴婢,许多都有墓志,可以说全方位、多层次地展现了唐代社会,也具有很高的史料和艺术价值。如《周胡儿墓志》和《孙继和墓志》,墓志尺寸较小,但志主都是世代从业的石工,一个“室如悬罄,王事相仍,供职不堪,流君洛邑”,一个二十三岁就早逝,揭示了唐代下层社会人民的生存状态。《李叔良墓志》则是新发现的洛阳商贾墓志,墓志记载他“有仁信之行,无险诐之诚。守道自安,济弱扶倾”,俨然是一位义商。《董氏墓志》则刻画了一位勤勤恳恳、“内外长幼,至于辈流,无不敬伏”的乳母形象。

第五,洛阳流散唐墓志中许多墓志撰文者都是唐代著名官员及文人,除了之前提到的之外,还有刘宪、岑羲、石抱忠、苏瓌、苏颋、席豫、苏晋、许景先、李华、吕向、褚庭诲、孙处约、杜友晋、马吉甫、韦述、李邕、徐浩、萧诚、卢若虚、李君房、唐衢、萧昕、魏启心、梁宁、苏源明、穆员、元德秀、姚弈、姚勖、崔尚、达奚珣、衡守直、裴坦、彭偃、李君何、李训、崔铉、崔彦昭、令狐绹等。这些墓志文章以前都未见传世。如盛唐时期知名文人与书法家李邕，以善写碑志文字著称。《旧唐书·李邕传》记载："早擅才名，尤长碑颂。虽贬职在外，中朝衣冠及天下寺观，多赍持金帛，往求其文。前后所制，凡数百首，受纳馈遗，亦至钜万。"据载李邕前后撰碑八百首。故杜甫有诗云："干谒满其门，碑版照四裔。丰屋珊瑚钩，麒麟织成罽。紫骝随剑几，义取无虚岁。"20世纪以来，洛阳出土唐代墓志近万方，但李邕撰写的仅见三种。其一为《张之辅墓志》，现藏私人手中；另外两方为尹元綷、裴冬日夫妇墓志，两方墓志均为开元十八年十一月其子子羽、子产将夫妻二人安葬邙山时请李邕撰写。

流散墓志中，著名书家书丹墓志亦有不少。如盛唐书家徐浩的作品已经发现多方。如姚彝妻《李媛墓志》《姚閍墓志》《崔贲墓志》。而《张埱墓志》则是洛阳新近发现的韦述撰文、徐浩书丹的墓志，墓志出土于伊川万安山张说家族墓地。张埱是张说第三子，因天宝十三载受其兄张均、张垍牵连，被贬宜春郡司马，行至汝州驿舍去世，之后葬于万安山祖茔。宋儋书丹的《裴友直妻封氏墓志》2012年出土于万安山北麓。宋儋在唐代书法理论家窦臮的《述书赋》中有"擅美中州……开元末，举场中后辈多师之"的记载，也有"作钟体而侧戾放踪，迹不副名"的评价。宋儋传世作品极少，以至于宋人黄庭坚有"儋书清劲姿媚，惜不多见"的感慨。目前知道的只有嵩山会善寺的《道安禅师碑》，但上半部已经漫漶不清。① 而新出土的《裴友直妻封氏墓志》完成于开元十五年三月，与《道安法师碑》完成时间在同一年，两者书法风格极为近似，只是碑刻书法老辣，而墓志更为乖张，个性十足，是极为珍贵的宋儋墓志书法。新近在洛阳发现的徐彦伯撰文的《卢璥墓志》，长宽均88厘米，志主是武周时期名臣卢藏用之父。虽然未署书丹者，但根据墓志隶书风格与传世的卢藏用《纪信碑》的文字特点来看，该墓志应为卢藏用书法作品。

三、整理研究的情况以及存在的问题

随着大量唐墓志的出土，一些学者以及收藏机构也开始了墓志的整理和研究工作，取得了丰硕的成果。就墓志整理形式而言，分为以下几个类别：

（1）图录类：赵君平等的《邙洛碑志三百种》《河洛墓志拾零》《秦晋豫新出墓志搜佚》《秦晋豫新出墓志搜佚续编》，张乃翥的《龙门区系石刻文萃》，齐运通等的《洛阳新获七朝墓志》《洛阳新获墓志2015》。以上几部图录都收录了大量洛阳2000年以来出土的唐墓志，资料都比较新，且不乏名家名作，不足之处是内容重复较为严重，且每部中都有个别伪志或翻刻墓志。②

（2）释文类：吴钢的《全唐文补遗》（第八辑）。其中共收入洛阳新见唐墓志310方，主要是偃师杏园发掘唐墓志以及洛阳文物工作二队新征集的唐墓志。③《全唐文补遗·千唐志斋新藏专辑》，该书收入该馆新入藏的洛阳唐墓志516方，但只有录文。李永强的《洛阳出土少数民族墓志汇编》收录了洛阳出土少数民族墓志500余方，其中有部分新出土唐墓志。④

① 黄明兰、朱亮：《洛阳名碑集释》，朝华出版社2003年版，第157－159页。

② 赵君平：《邙洛碑志三百种》，中华书局2004年版；赵君平：《河洛墓志拾零》，北京图书馆出版社2007年版；赵君平、赵文成：《秦晋豫新出墓志搜佚》，国家图书馆出版社2012年版；赵文成、赵君平：《秦晋豫新出墓志搜佚续编》，国家图书馆出版社2015年版；张乃翥：《龙门区系石刻文萃》，国家图书馆出版社2011年版；齐运通：《洛阳新获七朝墓志》，中华书局2012年版；齐运通、杨建峰：《洛阳新获墓志2015》，中华书局2016年版。

③ 吴钢主编：《全唐文补遗》（第八辑），三秦出版社2005年版。

④ 吴钢：《全唐文补遗·千唐志斋新藏专辑》，三秦出版社2006年版；李永强：《洛阳出土少数民族墓志汇编》，河南美术出版社2011年版。

（3）图版、释文对照类：赵跟喜的《新中国出土墓志·河南三·千唐志斋（一）》，收入唐墓志共333方，与《全唐文补遗·千唐志斋新藏专辑》重复。其优点是既有图版，也有录文参照。剩余没有刊布图版的部分原计划作为《新中国出土墓志·河南四·千唐志斋（二）》的内容，只是该书因故尚未出版。胡戟、荣新江的《大唐西市博物馆藏墓志》，该书收入的是大唐西市博物馆近年征集的历代墓志，其中以长安地区历代墓志为主，但也收入该馆从洛阳征集到的唐墓志157种。郭茂育、赵水森的《洛阳出土鸳鸯志辑录》收入洛阳出土的历代夫妻墓志，唐代占据了主要部分，共69种。毛阳光、余扶危的《洛阳流散唐代墓志汇编》，该书主要收入近年来洛阳出土并散落民间的唐代墓志，共322种。①

（4）图版及释文考证类：乔栋等的《洛阳新获墓志续编》，共收入唐墓志258方，图版清晰，并附有录文和长短不一的考释，便于使用，但其中包含部分洛阳私人收藏墓志以及藏拓。杨作龙、赵水森的《洛阳新出土墓志释录》，该书展示了洛阳师范学院河洛古代石刻艺术馆入藏的部分唐志，发表了15方重要墓志的研究文章，刊布了30方新出土墓志的录文，并附录了当时的馆藏品目录。②

这些墓志整理著作基本展现了20世纪90年代以来洛阳唐墓志的出土情况，从中也可以看到洛阳唐墓志的文献价值，受到了学术界的广泛关注。③ 除了千唐志斋、洛阳第二文物工作队等文博单位整理出版相关工具书之外，地方高校、民营博物馆、地方学者也成为洛阳唐墓志收集整理的重要力量。尤其是赵君平、齐运通两位先生凭借一己之力进行墓志资料的收集整理，付出了巨大努力。两人先后编纂了多部大型墓志图录，其中绝大多数是新出唐墓志。赵君平主编图录更是达到4部，为洛阳唐墓志资料的整理做出了相当大的贡献。

当然，在取得成绩的同时，我们也应该看到其中存在的不足：

整理不够规范，缺乏统一的标准。由于各自编纂体例的不同，既有只刊布录文的，也有只刊布图版的，还有录文和图版都刊布的。笔者认为，编辑墓志拓片数据，不仅是供书法家和爱好者欣赏的，更重要的是提供给学术界进行研究。因而，高质量的拓本和图版至关重要。许多墓志经过数千年的岁月，自然环境和人为因素都会导致墓志的侵蚀和损坏，本身就漫漶不清，不易释读。而且，一些拓片制作水平较低，有些就是在墓志出土现场制作，加大了读者释读的困难。并且一些高级别的唐墓志由于本身尺寸比较大，受书籍开本的限制，刊印到书本上往往无法看清。就唐代墓志文本而言，都是用骈文和古文撰写，其间使用大量典故和当时的用语，且都有较多的俗体字，还有文字误写与脱漏现象，释读起来具有相当的难度。因此，作为拓本的拥有者与整理者，有责任对这些拓本进行仔细的释读，这样才更具有实用价值。故而图版、录文、人名索引都是墓志整理中必不可少的要素。④ 这方面，《大唐西市博物馆藏墓志》《新中国出土墓志·河南三·千唐志斋（一）》由于有大量专业研究者参与整理并把关，拓本清楚，录文准确，效果就好得多。

---

① 赵跟喜：《新中国出土墓志·河南三·千唐志斋（一）》，文物出版社2008年版；胡戟、荣新江：《大唐西市博物馆藏墓志》，北京大学出版社2012年版；郭茂育、赵水森：《洛阳出土鸳鸯志辑录》，国家图书馆出版社2012年版；毛阳光、余扶危：《洛阳流散唐代墓志汇编》，国家图书馆出版社2013年版。

② 乔栋、李献奇、史家珍：《洛阳新获墓志续编》，科学出版社2008年版；杨作龙、赵水森：《洛阳新出土墓志释录》，北京图书馆出版社2004年版。

③ 对于这些工具书，相关书评可见陈尚君：《唐代石刻文献的重要收获——评〈全唐文补遗·千唐志斋新藏专辑〉》，载《碑林集刊》（第12辑），陕西人民美术出版社2006年版；陶敏：《吴钢主编〈全唐文补遗·千唐志斋新藏专辑〉书评》，载《唐研究》（第十四卷），北京大学出版社2008年版；陈尚君：《〈洛阳新获七朝墓志〉新史料评述》，《洛阳师范学院学报》2011年第12期；王素、任昉：《读〈河洛墓刻拾零〉断想》，《古籍整理出版情况简报》2008年第6期；毛阳光：《从〈河洛墓刻拾零〉的编纂看新出土文献的整理与研究》，载《唐研究》（第十七卷），北京大学出版社2011年版；郭桂坤：《〈秦晋豫新出墓志蒐佚〉〈洛阳新获七朝墓志〉书评》，载《唐研究》（第十八卷），北京大学出版社2012年版；胡可先：《胡戟、荣新江主编〈大唐西市博物馆藏墓志〉书评》，载《唐研究》（第十九卷），北京大学出版社2013年版；毛阳光：《评〈洛阳新出土墓志释录〉》，《河南科技大学学报》2006年第4期。

④ 对于墓志整理的最新探讨参见王素、任昉：《墓志整理三题》，《故宫博物院院刊》2013年第6期。

墓志资料重复情况较为严重。由于许多著作编辑整理的主要依据是墓志拓本而不是原石，而许多墓志出土后流散民间，制作了数量较多的拓本，故而许多著作中墓志拓本重复情况极为严重。如《邙洛碑志三百种》《河洛墓志拾零》《秦晋豫新出墓志搜佚》《秦晋豫新出墓志搜佚续编》《龙门区系石刻文萃》《洛阳新获七朝墓志》《洛阳出土鸳鸯志辑录》《洛阳流散唐代墓志汇编》所收入墓志拓本就存在大量的重复情况。如《王宰墓志》在《洛阳新获七朝墓志》《秦晋豫新出墓志搜佚续编》均可见到拓本。《麴建泰墓志》先后见于《洛阳新获七朝墓志》《大唐西市博物馆藏墓志》《秦晋豫新出墓志搜佚》《洛阳流散唐代墓志汇编》等书。《蔡郑客墓志》在《河洛墓志拾零》《龙门区系石刻文萃》《洛阳新获七朝墓志》《洛阳出土鸳鸯志辑录》中均有收入，但只有后者为原石拓本，其余均为翻刻本。

整理中的伪刻问题。近年来，由于墓志的文物价值被收藏界所认可，因此被盗掘后价格居高不下，加之流散墓志多在私人手中，拓本制作便利，也导致了翻刻和伪刻墓志大量出现的情况。尤其是洛阳伊川、偃师、孟津等地翻刻墓志的情况非常严重，这些翻刻品许多都流入民营博物馆和私人收藏者手中，为害不浅。总的来说，目前出版的整理著作，大多经过编者的初步审核，大多数拓本都是可靠的，但仍有一些翻刻和伪刻墓志窜入一些墓志图录中。如笔者所见伪刻《贾励言墓志》，是在翻刻原石基础上，在墓志第二行添加“河南伊阙县尉李华撰文并书”，企图以此抬高身价，由于伪刻水平不高，文字拙劣。而该志真品现藏洛阳师范学院河洛古代石刻艺术馆，原志根本没有这行字。而多种图录都收入的伪刻《蔡郑客墓志》，也是先翻刻原石，然后将原石位于首题下方的“郑州阳武县主簿萧昕撰”挪至第二行，并在其下添加“前汲郡新乡尉李颀”，作伪痕迹明显，文字生涩，而原志现藏大唐西市博物馆。再如《后唐故版授汝州刺史郭府君墓志铭》，首题称“后唐”就已露出马脚，且文字丑陋，书法拙劣，应为伪刻。又如《唐右豹韬卫大将军燕郡夫人独孤氏墓志铭》实为篡改《全唐文》卷二三二张说《右豹韬卫大将军赠益州大都督汝阳公独孤公燕郡夫人李氏墓志铭》而成。作伪者将独孤公姓氏张冠李戴到李氏头上，并随意篡改张说原文，如将原文中的“李感之女”换为“独孤感之女”，诸如此类，手法拙劣。而伪刻还将墓志做成八棱经幢形制，更是不伦不类，而这两方伪刻都收入到《洛阳新获七朝墓志》中，后者又收入《秦晋豫新出墓志搜佚续编》。而《李宝会墓志》，原石并没有撰书人的相关信息，但目前市场上已经出现了在墓志首题下方添加“右拾遗徐浩撰”的拓本，添加文字与原石文字差异明显，该墓志已经被收入《秦晋豫新出墓志搜佚续编》。[①] 再如晚唐名臣崔安潜之兄崔彦冲，以廉洁守正而著称，但收入《秦晋豫新出土墓志搜佚》中的《崔彦冲墓志》拓本，翻刻痕迹明显。《河洛墓刻拾零》收入的《薛郑宾墓志》拓本也是翻刻品。[②] 洛阳师范学院收藏有该翻刻品。而原石目前就在洛阳师范学院河洛文化中心张存才墓志精品馆中展出。对比两者，差别还是非常明显的。《洛阳出土鸳鸯志辑录》中亦有翻刻，如《裴向墓志》《裴向妻郑氏墓志》均为翻刻品，原石仍在洛阳私人手中，亦有拓本流传。也有在刊物上发表的情况，如赵振华先生曾经进行过研究的《张羲之妻阿史那氏墓志》也是有问题的翻刻志，翻刻者将阿史那氏误为何史那氏，是最为明显的硬伤。[③] 因此，在整理和使用这些唐墓志资料时，一定要注意仔细地辨析。

与大量的墓志整理著作相映成趣的是：在洛阳唐墓志的研究方面，也出现了一大批专业论文。根据笔者统计，近20年间，就刊布了200多篇研究文章，这个数量已经远远超过了20世纪洛阳唐墓志的研究数量。这其中包括相关研究论文集《洛阳出土墓志研究论文集》《洛阳新出墓志释录》《唐史论丛》（第十四辑）三部，从中可以窥见目前唐代新出土石刻文献的热度，也体现出新出土唐墓志受到了学术

---

① 原石墓志参见《洛阳流散唐代墓志汇编》，载赵文成、赵君平：《秦晋豫新出墓志搜佚续编》四九二，国家图书馆出版社2016年版。

② 赵君平、赵文成：《河洛墓刻拾零》，北京图书馆出版社2007年版，第421页。

③ 赵振华：《唐张羲之夫人阿史那氏墓志与胡汉联姻》，《西域研究》2006年第2期。

界的广泛关注，这一点是20世纪无法比拟的。

从研究者来看，以往墓志由于多数为考古发掘出土，其资料的单一来源导致其整理研究主要由文博以及考古等专门机构的研究者来进行。而随着2000年以来，大量新资料的整理刊布，这些新史料引起了高校等科研机构从事历史、文学、艺术、宗教、中西交通史等领域学者的广泛关注。他们利用他们较为深厚的专业素养和学术功底，积极投入对新出土墓志资料的研究。

从研究内容上看，相当数量的文章仍旧是在单篇墓志考证的基础上，以墓志所反映的志主的家族世系、仕宦经历、婚姻等内容来补充、纠正传统文献记载的不足与疏漏。目前成果主要集中在著名政治人物、文士、书家、入唐异族首领及移民相关的墓志等领域。

陆扬在评价罗新、叶炜《新出魏晋南北朝墓志疏证》一书时曾指出该书的出现体现出魏晋南北朝墓志的研究“从内容和方法上比较单一的史料考证走向对墓志的内涵作全面的史学分析”①。我们高兴地看到，这种趋势同样也适用于洛阳唐墓志的研究。从冻国栋、鲁才全诸先生开始，之后又有王素、吴丽娱、陈尚君、仇鹿鸣、唐雯。这些学者已然能够跳出墓志文献研究单纯补史、证史的窠臼，在充分理解、熟悉传统文献的基础上，钩沉不同史源的记载，开展对新资料历史学的分析，去研究墓志所反映的深层次的社会问题，剖析墓志所揭示的历史不为人所知的另一面，在深度和广度上都有所提高，使新资料得到充分的利用，标志着目前唐墓志的研究达到了一个新的高度。如2006年在洛阳出土的《麹建泰墓志》，由于墓志主人高昌贵族的特殊背景，引起了学术界的广泛关注，出现了多篇研究论文。② 而王素却独具慧眼，利用其深厚的西域文史功底，通过对麹建泰墓志的细致考证，并结合吐鲁番出土文书和传世文献中的相关线索，将高昌“义和政变”家族与唐王朝平定高昌、治理西州的谋略，置于隋唐之际中原王朝与西域民族关系的宏大背景下重新审视，得出了与其他公开发表论文截然不同的结论，填补了高昌末年和唐朝初年的整个西域史研究的空白。③ 仇鹿鸣则利用《严复墓志》的相关记载提出安禄山利用天宝九载四星聚尾的天象作为其发动叛乱的政治号召，并分析了这种号召产生的历史根源。他敏锐地指出，安禄山在发动叛乱的同时，必须寻找一个适当的方法，争取以尊奉儒学为基本文化底色的汉族吏民的支持，构造其政治意识形态的内外两面，利用新资料对安史之乱的发动背景提出了新的见解。④ 唐雯则利用王宰墓志中相关记载与两《唐书》记载的巨大差异，揭示了代表私人立场的墓志文献存在的曲笔与溢美，体现出不同立场的双方对于同一历史事件的不同表述，提醒研究者注意墓志内容解读过程中所秉持的客观和审慎态度。⑤ 这些学者利用他们深厚的学术功底和开阔的历史视野，为未来更好地利用新出土墓志资料并进行相关领域的研究提供了新的思路与范式。

还有学者通过对大量墓志资料的阅读进行综合的分析来揭示唐代社会制度与礼俗风气，如吴丽娱利用洛阳士族墓志对唐代归葬问题进行的深入剖析，李锦绣对唐代直官制度的考订，赵振华、马强对唐代洛阳县乡里的考订，陈尚君、胡可先对于唐代文学家族与交游等问题的研究，都开拓了洛阳唐墓志研究的新视野与思路。

而在研究中存在的主要问题是：由于目前较为功利的学术环境，许多研究者片面追求新资料的发表速度，急于刊布相关研究成果，导致墓志研究文章虽然数量大，但质量参差不齐，经常出现释读方面的

---

① 陆扬：《从墓志的史料分析走向墓志的史学分析——以〈新出魏晋南北朝墓志疏证〉为中心》，载《清流文化与唐帝国》，北京大学出版社2016年版。

② 如龚静：《高昌平灭后的麹氏王姓》，《社会科学战线》2015年第5期；翟旻昊：《〈麹建泰墓志〉发微》载《中国中古史研究——中国中古史青年学者联谊会会刊》（第三卷），中华书局2013年版。

③ 王素：《唐麹建泰墓志与高昌“义和政变”家族——近年新刊墓志所见隋唐西域史事考释之二》，载《魏晋南北朝隋唐史资料》（第三十辑），上海古籍出版社2014年版。

④ 仇鹿鸣：《五星会聚与安史起兵的政治宣传——新发现燕〈严复墓志〉考释》，《复旦学报》2011年第2期。

⑤ 唐雯：《从新出王宰墓志看墓志书写的虚美与隐恶》，《复旦学报》2014年第5期。

硬伤。由于墓志等石刻文献的整理涉及大量历史、文学、文字、民俗等领域的专门知识以及较高的古文献阅读能力，还牵涉大量的古代俗体字，因此，我们经常能够看到这样一个耐人寻味的现象，即在一方墓志整理研究文章发表后，通常就会出现一些校订其文字的纠错文章。而且，在研究中过度求新、求快，对于墓志资料缺乏深入的消化和理解，导致相关问题分析和研究不够深入，只见树木，失之肤浅。这些都是我们在之后的研究中所应该注意的。

（作者为洛阳师范学院河洛文化研究中心副主任、教 授）

韩国史料中的洛阳印迹

禹成旼

摘要：作为一种新兴学问，洛阳学备受中国、日本等国学界重视。韩国学界虽然在古代都城学以及洛阳新出土的古代韩人的墓志铭等方面出现一些研究成果，但是还没有涉及洛阳学的发展和变化；韩国文献史料中虽然不乏洛阳方面的记载，但还缺乏比较系统的整理和分析。通过对《韩国古代金石文》《韩国古代金石文资料集》《三国史记》《三国遗事》《高丽史》《朝鲜王朝实录》《承政院日记》等史料的梳理，不仅可以了解古代韩人对洛阳的认识，而且可以促进韩国学界对洛阳学研究的进一步发展。

关键词：洛阳学；韩国；文献研究

最近“洛阳学”在中国和日本学界成为引人注目的新兴课题，韩国学界也慢慢在历史学、考古学、美术、文学、建筑学等各方面取得了研究成果。

“洛阳”是中国历史上有名的古都之一，现今韩国人也普遍知道。如古代韩中交流的遗迹所显示，韩国国内有些地方还留着“洛阳”这一地名，如韩国京畿道议政府市的洛阳洞、全罗北道高敞郡星松面洛阳里、庆尚北道安东市玉洞洛阳村、全罗北道金堤市金沟面青云里洛阳祠、忠清北道槐山郡青川面沙潭里洛阳山的洛阳寺、世宗特别自治市全义面御天路洛阳寺、釜山市北区白杨大路1050号、庆尚南道昌宁郡游渔面牛浦1大路、庆尚北道盈德郡江口面江山路等。

还有，“洛阳纸贵”是关心中国历史和文化的韩国人所熟悉的成语。现今韩国传统节日的民俗游戏和音乐中有一种口传京畿民谣叫“城主解”，歌词大意如下：“洛阳城十里外，高高矮矮坟墓，有多少英雄豪杰，有多少绝代佳人，我们的人生一去，也跟他们一样，噢，万寿，噢，大神。”这说明作者知道洛阳的北邙山上埋葬着王侯将相，讽喻了人生的无常。

而且，前近代的文献资料和最近从洛阳新出土的考古学成果中也有不少韩国人对洛阳的认识和理解的事例。虽然韩国的文献史料中有关洛阳记事的史料比较多，但是对它们进行整理和分析并介绍到国内外学界的事例却难找。

因此，本文首先从韩国文献史料中以《韩国古代金石文》、《韩国古代金石文资料集》、《三国史记》、《三国遗事》、《高丽史》、《朝鲜王朝实录》、《承政院日记》等为中心，了解古代韩国人对洛阳的认识，同时也简单介绍现在韩国学界有关洛阳的研究成果，以指出它作为今后韩国国内学界关注的研究课题的意义。

据韩国的国史编撰委员会提供的韩国史数据库，韩国前近代、近现代有关图书、文书、编年资料等引用“洛阳”的次数有数千次，但是本文只介绍《三国史记》、《三国遗史》、《帝王韵记》、《高丽史》、《朝鲜王朝实录》等最有代表性的资料和反映最新考古学成果的金石文资料。

一

现存韩国古代史的最古老的史书是奉高丽仁宗之命由金富轼等人于1145年（仁宗23年）完成的纪

传体史书《三国史记》，由本纪、表、志、列传构成，有关洛阳的记事有4次以上。

(1)《三国史记》第十九高句丽本纪第七520年2月（阴历）。

二月，梁高祖封王爲宁东将军、都督营平二州诸军事、高句丽王，遣使者江法盛，赐王衣冠劒佩，魏兵就海中执之，送洛阳。

二月，梁高祖封王为宁东将军、都督营平二州诸军事、高句丽王，派遣使者江法盛，赐给王衣冠、刀剑、佩物，却被魏兵在海上抓住，送到洛阳。这一记录里出现现今中国河南省洛阳市。

但是，与《三国史记》卷十九高句丽本纪第七520年2月（阴）条的记录对应的《魏书》列传高句丽传神龟年间（A. D. 518～519；高句丽文咨王27～安藏王）上把洛阳换成京师。

《魏书》卷一百传第八十八列传高句丽传神龟年间（A. D. 518～520；高句丽文咨王27～安藏王）。

神龟（518～520）中，云死，灵太后爲舉哀于东堂，遣使策赠车骑大将军、领护东夷校尉、辽东郡开国公、高句丽王。又拜其世子安爲安东将军、领护东夷校尉、辽东郡开国公、高句丽王。正光初，光州又于海中执得萧衍所授安宁东将军衣冠剑佩，及使人江法盛等，送于京师。[①]

《北史》卷九十四传第八十二列传高句丽传神龟年间（A. D. 518～520；高句丽文咨王27～安藏王）上也是洛阳换成京师。[②]

魏孝文帝在位的494年已经迁都到洛阳，所以本记事的520年洛阳是都城。因此《三国史记》所记的洛阳、《魏书》《北史》的京师都互相交叉地确认。而引人注目的是，这是在现存韩国文献史料中较早提到洛阳的史料。

(2)《三国史记》卷二十一高句丽本纪第七644年11月（阴历）。

宝藏王三年冬十一月唐太宗动员兵力攻击高句丽。

十一月，帝至洛阳。前宜州刺史郑天璹已致仕，帝以其嘗從隋煬帝伐高句丽，召诣行在问之。对曰："辽东道遠，粮转艰阻，东夷善守城，不可猝下。"帝曰，"今日非隋之比，公但聴之。"以刑部尚书张亮爲平壤道行军大摠管，帅江、淮、岭、硖兵四万，长安、洛阳募士三千，战舰五百艘，自莱州泛海趣平壤。

这是唐太宗到洛阳，和刺史郑天璹讨论远征高句丽动员兵力，在洛阳也募兵的事例。中国隋唐初期征伐时，路上让大总管、总管监督军队。江、淮、岭、硖的兵力有4万，长安和洛阳招募的兵力有3千，还准备了战舰5百艘。

而《资治通鉴》卷一九七《唐纪》十三也叙述了从长安、洛阳募士三千的内容：

"……以刑部尚书张亮为平壤道行军大摠管，帅江、淮、岭、硖兵四万，长安、洛阳募士三千。战舰五百艘，自莱州泛海趋平壤。"

从以上可知洛阳动员的规模和背景。从东莱出海破了卑沙城，但是攻击建安城失败返回。这战舰5百艘上服役的兵力说明在洛阳也招募了水军。

---

① 《魏书》卷一百传第八十八列传高句丽传，中华书局1997年版。

② 《北史》卷九十四传第八十二列传高句丽传，中华书局1974年版。

（3）《三国史记》卷三十四杂志第三地理一新罗。

记录在《汉书》《后汉书》上的新罗东部边界，按两汉志："樂浪郡，距洛陽東北五千里。"注曰："屬幽州，故朝鲜國也。"则似与鸡林地分隔絶。又相传，"东海絶岛上，有大人国。"而人无见者，岂有弩士守之者。

《汉书》和《后汉书》上说"乐浪郡位于洛阳东北部5千里外"，注释上说"属于幽州，是古代朝鲜国"，可能离鸡林很远，相传"东海孤岛上有大人国"，但是没有人见过，怎么能让弓箭手守着？

《三国史记》里引用《汉书》《后汉书》来说明新罗东部边界，提及至今还被韩国学界议论纷纷的乐浪郡。有趣的是，它记录着"距洛阳东北五千里"。这里将大人国等中国古典《山海经》里出现的假想国也包括进去，需要通过地理学、文献学等多种方法来考证。

（4）《三国史记》卷三十七杂志第六地理四高句丽。

高句丽初期都城纥升骨城和卒本（公元前37年，阴历）。

按《通典》云，"朱蒙以汉建昭二年，自北扶余东南行，渡普述水，至纥升骨城居焉，号曰句丽，以高爲氏。"古记云："朱蒙自扶余逃难，至卒本。"则纥升骨城、卒本似一处也。汉书志云："辽东郡，距洛阳三千六百里，属县有无虑。"则周礼北镇医巫闾山也，大辽于其下置医州。"玄菟郡，距洛阳东北四千里，所属三县，高句丽是其一焉。"则所谓朱家所都纥升骨城、卒卒者，盖汉玄菟郡之界，大辽国东京之西，汉志所谓玄菟属县高句丽是欤。昔大辽未亡时，辽帝在燕景则吾人朝聘者，过东京涉辽水，一两日行至医州，以向燕蓟，故知其然也。①

《通典》说："朱蒙于汉代建昭二年（公元前37年）从北扶余下到东南，过普述水到纥升骨城建国，国号称为句丽，姓为高氏。"古代有记载："朱蒙逃离扶余到了卒本。"所以，纥升骨城和卒本是同一地方。《汉书志》说："辽东郡离洛阳三千六百里，属县有无虑。"即《周礼》说的北镇医巫闾山，大辽时在它下面设了医州。（《汉书志》里又说）"玄菟郡离洛阳东北四千里，有三个属县，高句丽就是其中之一。"所以，朱蒙建的都城纥升骨城和卒本可能是汉朝玄菟郡的边界，大辽国东京的西部，是《汉志》所说玄菟的属县高句丽。过去大辽还没有灭亡的时候，辽帝在燕京，我们朝聘的人经过东京，过辽水，一两天后到医州，再到燕蓟，所以能知道。

这里也像上面说的《三国史记》卷三十四杂志第三地理一新罗所引用的事例，记录了辽东郡离洛阳三千六百里，玄菟郡离洛阳东北四千里。特别要注意的，就是它根据《后汉书》卷二十三《郡国志》和《汉书》卷二十八《地理志八下》等说明地理也都是以洛阳为标准的。

二

洛阳从夏朝开始，其后有商、西周、东周、东汉、曹魏、西晋、北魏、隋、唐、后梁、后唐、后晋十三个朝代建都。可以推断，中国历代在洛阳定都以后洛阳成为地理标准。

下面是1449年（世宗三十一年）开始编撰，1451年（文宗一年）完成，把高丽时代的政治、经

① 《通典》卷一八六《边防》二《东夷下·高句丽传》，中华书局1988年版。

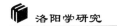

济、社会、文化、人物等内容以纪传体形式整理的官方史书《高丽史》里引用的事例。《高丽史》是高丽时代历史研究的基本资料，编撰的政治目的是朝鲜建国的合理化，还为了劝诫前王朝高丽武臣政权期禑王昌王时期的弊政，并吸取教训。从此可以推测高丽时代帝王与臣僚对中国古典知识的理解。

（1）《高丽史》卷三世家卷第三，成宗九年十月（公元990年10月22日，阴历，甲子），王于西京下诏抚慰百姓。

冬十月甲子幸西都，教曰："虞舜巡泰岳之年，诸侯麏至，唐皇幸洛阳之日，四海咸苏。是以，遐开展义之风，大擧省方之礼，缅征古列，属在时行。朕纂御灵图，思崇宝业，自卽真于南面，十换炎凉，未展礼于西巡，再思行迈。遵祖先之轨，顺时令之宜，亲省关河，历观黎庶，农桑豊稔，人物阜宁。其沿路县吏州司、田夫野老，懽呼路左，拜舞驾前，竞陈执贽之仪，共表来苏之意。是穹苍之所佑，非冲眇之敢当。合施大赉之仁，俾庆中兴之运。"

冬十月甲子，王于西都下教书说："舜巡守泰山时，诸侯象鹿群一样集结，唐代皇帝在洛阳时，四海都复苏。所以（王）要兴起德义之风，举行查访各地的礼仪，是借鉴古代之例，用于当下的。我虽然想要继承王位，高举先王们的伟业，可是自从南面10年以来，还没有开展西巡之礼，总是想着要实行。"

高丽时代的三京是开京、西京（平壤）、东京（庆州），上述的西京是平壤，而这可以说是中国古代多京制的影响。成宗按照唐代皇帝行幸洛阳的事例，第一次巡幸西京，颁布教书。

（2）《高丽史》卷六十一·志卷第十五·礼三·礼曹，恭让王二年（公元1390年），恭让王设立积庆园安放西原君以下四代神主。

恭让王二年正月，礼曹上议曰："按朱文公论天子宗庙，假诸侯之制，明之。天子诸侯，势殊而理同。今西原君以下四代，封崇立园，置祠官事宜，谨依前代典故，议之。汉末，王莽僭位，光武中兴，匡复汉室，孝元皇帝，世在第八，光武皇帝，世在第九。故以元帝，爲考庙，别立四亲庙于洛阳，祀父南顿君以上，至舂陵节侯。"

恭让王二年正月在礼曹上议说："朱文公论天子宗庙，就是借着诸侯之制的。天子和诸侯看起来不同，其实是一样的。如今封西原君以下四代，立园置祠官，是要根据前代的典故来讨论。汉末王莽篡位，光武帝中兴，恢复汉王室，孝元皇帝是第八代，光武皇帝是第九代。所以，以元帝为考庙，另外在洛阳设立四亲庙，祭祀了父亲南顿君以上到舂陵节候的祖先。"

高丽太祖以来三韩统一，过400年到恭愍王。可是恭愍王无后而死，为了防止辛禑（高丽32代王，禑王）篡位，给恭让王建议设立积庆园安放西原君以下四代的神主，并设祠官祭祀。这里说，汉末王莽篡位后光武帝为了恢复汉王室，以元帝为考庙，另设四亲之庙于洛阳，就提到了洛阳。

可见，在高丽时代成宗采纳了儒教思想作为政治和教育的指导理念，将中国尧舜时代政治作为理想。[①] 尤其是成宗想通过宗庙确立王位继承的正统性。这样的背景下涉及在洛阳设立四亲之庙的事情。

（3）《高丽史》卷七十一·志卷第二十五·乐二·唐乐·洛阳春。

洛阳春

纱窗未晓黄莺语。蕙炉烧残炷。锦帷罗幕度春寒，昨夜里、三更雨。绣帘闲倚吹轻絮。敛眉山

① 崔仁杓：《高丽成宗时期的儒教政治理念的采取和历史上的意义》，《国学研究》2004年第5期。

无绪。把花拭泪向归鸿，问来处、逢郎否。

洛阳春
纱窗还未亮，却听见黄莺叫
蕙草香炉烧着残炷
锦帷罗幕里度过了春寒
昨夜三更下雨
悠闲地倚着绣帘吹吹轻絮
敛眉山无心情
手捧花朵，抹泪问归来大雁
你来时见到我的郎君没有？

《洛阳春》是宋代诗人欧阳修写的诗词，是高丽时代从中国宋朝来的词乐之一，也叫《其寿永昌之曲》，收录在《高丽史》乐志唐乐条里。但是，推测为朝鲜后期所编撰的《俗乐原谱》里没有歌词，只有乐谱。长期作为无歌词的器乐流传下来的《洛阳春》，到1960年被历任韩国国乐学会以及首尔大学音乐大学教授的李惠求的《洛阳春考》贴上了歌词之后，开始以大型器乐伴奏的合唱形式被演奏。①

（4）《高丽史》卷八十二·志卷第三十六·兵二·站驿·京山府道所属25个驿。

京山府道掌二十五。安堰、踏溪（京山）、安林（高令）、水鄉·缘情（八莒）、舌火（花园）、茂淇（加利）、金泉（金山）、属溪（黄闲）、长谷（知礼）、顺阳（阳山）、土岘（利山）、利仁（安邑）、增若（管城）、作乃（知礼）、洛阳·洛山（尚州）、会同（永同）、猿岩·舍林（报令）、秋风（御侮）、常平（中牟）、安谷（善州）、长宁（化令）、扶桑（开令）。

京山府道掌管25个驿。安堰、踏溪（京山）、安林（高令）、水乡、缘情（八莒）、舌火（花园）、茂淇（加利）、金泉（金山）、属溪（黄闲）、长谷（知礼）、顺阳（阳山）、土岘（利山）、利仁（安邑）、增若（管城）、作乃（知礼）、洛阳、洛山（尚州）、会同（永同）、猿岩、舍林（报令）、秋风（御侮）、常平（中牟）、安谷（善州）、长宁（化令）、扶桑（开令）。

京山府道是高丽时代22个驿道之一，中心驿是星州的安堰驿。这个驿道的管辖范围是以星州为中心向北到金泉—秋风岭—永同—沃川一线，向东北到尚州，向西到报恩的线路。这里可确认尚州的洛阳和洛山等地名。这跟上面提到的现今地名有联系，现在的庆尚北道尚州市洛阳洞就是这里。

三

下面是以编年体按年月日顺序记录朝鲜太祖到哲宗的25代472年历史的1893卷888册《朝鲜王朝实录》所引用的几个事例。据韩国史数据库，洛阳出现460次以上，但是这需要原文对比，以后再具体操作。

① 李惠求：《韩国音乐序说》，首尔大学出版社1967年版。

表 1 《朝鲜王朝实录》所记录的洛阳①

编号	出处	标题	日期	原文
1	朝鲜王朝实录	上命诸宰相，各上书议迁都之地。判三司事郑道传	1394 年 8 月 12 日（太祖三年）明洪武二十七年	……自是宇文周、杨隋相继都关中，唐亦因之，德与汉配。由是言之，人有治乱，地无盛衰，可知矣。一，中国之爲天子多矣。所都之地，西则关中，如臣所言；东则金陵，而晋、宋、齐、梁、陈，以次都之；中则洛阳，梁、唐、晋、汉、周继都此地，宋又因之，而大宋之德，不下汉、唐；北则燕京，而大辽、大金、大元皆都之。且以天下之大，历代所都，不过数四处，其当一代之兴，岂无明术者乎？
2	朝鲜王朝实录	丁巳/礼曹与仪礼详定提调同议，进乐调	1402 年 6 月 5 日（太宗二年）明建文四年	……国王宴使臣乐：王与使臣坐定，进茶，唐乐奏《贺圣朝令》。进初盏及进俎，歌《鹿鸣》，用《中腔调》。献花，歌《皇皇者华》，用《转花枝调》进二盏及进初度汤，歌《四牡》，用《金殿乐调……进八度汤及十盏，歌《南有嘉鱼》，用《洛阳春调》。进九度汤及十一盏，歌《南山有台》，用《风入松调》，或《洛阳春调》……
3	朝鲜王朝实录	丁亥/使臣马麟、田畦、裵整还京师	1403 年 9 月 12 日（太宗三年）明永乐一年	上出迎宾馆饯之，三府会饯于西普通。赠麟《思亲堂》诗轴，麟感喜无已。初，麟谓馆伴曰："予本洛阳人也，偏母在堂。岁癸酉登第，即拜给事中。……"
4	朝鲜王朝实录	己巳/贺正使金辂、副使柳沂，回自京师，钦录诏勅二道以来	1409 年 3 月 26 日（太宗九年）明永乐七年	其一，永乐六年八月十一日，诏曰："成周营洛，肇啓二都；有虞勤民，尤重巡省。……"
5	朝鲜王朝实录	议营敬德宫视事之所	1418 年 2 月 11 日（太宗十八年）明永乐十六年	上谓议政府曰："国家设书云观术学，以占吉凶也。然无精学其业，而先告其吉凶者，况《史记》具载离宫避方之事。……柳廷显、朴訔、韩尚敬等对曰："历代皆有二都，成周万世之所仰法，而有镐京、洛阳，今皇帝亦有南北二京……"
6	朝鲜王朝实录	礼曹判书许稠等啓：恭靖大王祔祭之期将至	1421 年 4 月 26 日（世宗三年）明永乐十九年	……一，《王制》曰："诸侯五庙，二昭二穆与太祖之庙五。"汉元帝建昭元年，丞相韦玄成等奏："太上皇庙主亲尽，宜瘗园。"奏可。唐玄宗开元十年，中书令姚元之、吏部尚书宋璟以爲："义宗追崇之帝，不宜列昭穆，而其葬在洛州，请又别庙于东都，而有司时享，其京庙主，藏于夹室。"前朝太祖以上，无迁主所藏处，唯太祖之祢，追尊爲世祖，祭于陵所，太祖以下迁主，皆奉祀于诸陵署……
7	朝鲜王朝实录	兵曹啓：今考筑城时，并筑敌台之状	1430 年 9 月 24 日（世宗十二年）明宣德五年	兵曹啓：今考筑城时，并筑敌台之状，《唐书》《马燧传》，设二门爲谯橹；陆机《洛阳记》曰："城上百步有一楼橹，外有沟渠。"……
8	朝鲜王朝实录	礼曹啓：今以集贤殿所啓坛壝之制，佥议可否	1432 年 9 月 1 日（世宗十四年）明宣德七年	……臣窃疑二仪规模所以不同，反覆参详，唐、宋行事仪略，无一路及于壝之内外者，大社无壝明矣。历考唐、宋前后历代之制，汉光武建武二年，立大社稷于洛阳，在宗庙之右方，坛无屋，有门墙而已，高丽社稷坛，亦无壝，臣尝亲见之，其遗基今尚存……
9	朝鲜王朝实录	上谓河演曰：此献陵西岭穿岘防塞利害之议	1437 年 8 月 6 日（世宗十九年）明正统二年	乙亥/受常参，视事。初，术士崔扬善上书曰："献陵西山外主山，来脉低微，又有大路，人马通行，大有害于陵室，宜塞此路，以成主山之脉。"上命河演等，遍考诸书，定其通塞可否以啓。……上曰："阴阳风水之学，非圣贤所言，予固不信也。然昔周公营洛，相其地理，卜其吉凶，后世龟法不传，朱文公亦曰：'从俗择地可也。'"

① 据韩国的国史编撰委员会提供的韩国史数据库。

续表

编号	出处	标题	日期	原文
10	朝鲜王朝实录	丙寅/议政府据吏曹呈啓曰，开城留后司，改称开城府，留后、副留后，改称留守、副留守	1438年10月15日（世宗二十年）明正统三年	丙寅/议政府据吏曹呈啓曰："窃谓昔周成王命周公留后治洛，留后之名昉于此，非以是爲称号也。开城乃高丽旧都，今称留后司，而官职又称留后、副留后，殊无意谓。……
11	朝鲜王朝实录	朝廷使臣慰宴时，传旨惯习都监	1442年2月22日（世宗二十四年）明正统七年	传旨惯习都监： 自今朝廷使臣慰宴时，无呈才。行酒时则以《洛阳春》《还宫乐》《感君恩》《满殿春》《纳氏歌》等曲，相间迭奏
12	朝鲜王朝实录	丙寅/反对风水说的集贤殿校理鱼孝瞻上疏曰	1444年12月21日（世宗二十六年）明正统九年	夫运祚之倏短、国家之祸福，皆系于天命人心之去留，固无关预于地理。……三代以后，都长安者则西汉历年二百一十四，西魏、后周、隋高祖皆二十余年，唐家至于二百九十年。都洛阳者则东汉历年一百九十六，曹魏、西晋四五十年，隋炀帝仅十三年
13	朝鲜王朝实录	议政府据礼曹呈啓：世子受朝参，时鼓吹乐	1445年2月2日（世宗二十七年）明正统十年	议政府据礼曹呈啓："前此朝参鼓吹乐，陞座时奏唐乐《圣寿无疆》，群臣拜时奏唐乐《太平年》，还宫时奏唐乐《步虚子》。今世子受朝参，鼓吹量减以定，出宫时，奏唐乐《五云开瑞》，朝用尾后；群臣拜时，奏唐乐《水龙吟》；入宫时，奏唐乐《洛阳春》
14	朝鲜王朝实录	睦孝智上书曰：论扬州麻田县的风水	1448年4月19日（世宗三十年）明正统十三年	甲戌/睦孝智上书曰： 地理之术于人，吉凶祸福最大也，而或者不究其理，反以阴阳书爲诬诞，略不加意，诚可笑也。其法源于赤松子《青囊之经》，今其经旣亡，不传于世。三代而上，其见于经者，曰相其阴阳，曰相宅卜洛，此皆圣贤著书立言之深意也
15	朝鲜王朝实录	郑麟趾问使臣占候之法	1450年1月7日（世宗三十二年）明景泰一年	郑麟趾问使臣曰："洛阳，天下之中，故曩者，中国测日影，皆于洛邑爲之。今北京定都已久，不识当今何处推测乎？"使臣曰："北京有占候之法。"因问曰："朝鲜亦有占测乎？"麟趾曰："有之。东国北极，出地上三十八度。"使臣曰："北京北极，出地上四十度，差二度也。"又曰："直指和林省，乃四十五六度也。"麟趾曰："一寸差一千里，以八尺之臬推之，故乃八万里也。"又问曰："东海无潮，何也？"使臣曰："不知。"
16	朝鲜王朝实录	右议政南智上言曰：褒贬逐出管理的意见	1450年9月26日（文宗即位年）明景泰一年	谨按古史，魏崔亮，爲吏部尚书，奏爲格制，不问士之贤否，专以停解日月爲断，沈滞者皆称其能。洛阳薛琡上书言："惟取年劳，不简贤愚，义均行鹰，次若贯鱼。执簿呼名，一吏足矣，数人而用，何谓铨衡？"
17	朝鲜王朝实录	猖獗黄海道地域的传染病的李先齐上书	1452年6月28日（端宗即位年）明景泰三年	臣观《宋鉴》，徽宗三年七月，黑眚见于禁中，记者曰："元豊末尝有物，大如席，夜见寝殿上，而神宗崩。元符末又见，哲宗崩。……又洛阳府畿内，或有物如人，或蹲居如犬，其色正黑，不辨眉目，始夜则掠小儿，食后虽白昼，入人家爲患，所至喧然不安……"
18	朝鲜王朝实录	击新锺，聚入番军士，卫将、部将等进退时失律的卫将沈安罚以酒	1457年7月16日（世祖三年）明天顺一年	丁丑/受常参，视事……昔唐太宗如洛阳，使房玄龄留守，有人告玄龄反，太宗曰："朕旣信之，复有何疑？"……

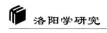

续表

编号	出处	标题	日期	原文
19	朝鲜王朝实录	兵曹据庆尚道观察使啓本啓：请合洛西于洛阳驿，龙山、常平于洛平驿	1459年7月28日（世祖五年）明天顺三年	丁未/兵曹据庆尚道观察使啓本啓："尙州洛西、常平、龙山等三驿，使客往来稀少，又无文书递送等事，洛阳、洛平等驿，使客络绎，转输不絶，日渐凋敝。请合洛西于洛阳驿，龙山、常平于洛平驿。"从之
20	朝鲜王朝实录	大驾至南大门内耆老进謌谣	1460年11月4日（世祖六年）明天顺四年	词曰： 圣王西狩爲民游，辇路尘淸露冕旒。日角辉辉明蔀屋，天威肃肃震群侯。……风传仙仗銮声近，云护金舆日色新。一部洛阳吹法曲，三呼嵩岳舞神人。更催青鸟邀王母，愿献蟠桃不计春

如表1所示，查看《朝鲜王朝实录》有关洛阳的记录20事例，大致可分为三种。洛阳分为一般名词和固有名词使用，洛阳作为别称所使用的事例也有。一般来说，指现今的洛阳地名，偶尔作为别称使用。

首先，朝鲜太祖李成桂与宰相们讨论迁都之事，其中提到洛阳。

判三司事郑道传强调国家的治乱在于人不在于地理的盛衰的时候提到在周平王时从关中迁都到洛阳的事例。

接着说明中国历代定都的方向的时候引用"中则洛阳，梁、唐、晋、汉、周继都此地，宋又因之，而大宋之德，不下汉、唐"。从此看高丽，朝鲜一般谈到帝王的首都的时候都重视洛阳的例子。

其次，表1编号3所举的太宗三年，明永乐一年，明使臣马麟向王介绍自己说是洛阳人。

而据马麟所说的内容，马麟是明朝建文帝时，以直谏谪于云南，而永乐即位，召还复职了。对马麟记录从《明史》卷九十七列传四十八等中国文献上可以对照。而有关马麟是洛阳人的记录待考。

接着太宗九年（公元1409年），明永乐七年，出使明朝回来的贺正使金辂，副使柳沂，回自京师，记录上告知皇帝巡幸北京的诏书上介绍为"成周营洛，肇啓二都"。在此成周营洛指的是洛阳。

最近在韩国学界韩中关系研究领域里很重视朝鲜时期对明陆路使行的形态的实像。① 因此朝鲜时期通过贺正使、冬至使等使臣的活动能把握朝鲜对明朝的理解。而太宗十八年，明永乐十六年，在议政府讨论建设敬德宫"视事之所"的王命时提到历代都是两个都城，比如周代的镐京和洛阳，可见洛阳在朝鲜的历代帝王和臣仆、知识分子心里作为中国著名古都的地位。

到世宗时期也能看到多次提到洛阳古都，尤其是在世宗和朝廷臣僚们谈论宗庙的时候被引用。

比如世宗三年，明永乐十九年，礼曹判书许稠等所报告的啓上说"恭靖大王祔祭之期将至"。

这时候许稠等所举的例子中唐玄宗开元十年中书令姚元之、吏部尚书宋璟提到了唐高宗李治第五子义宗是追崇之帝，因此葬在洛州，在东都建别庙。

在此洛州、东都都指的是洛阳。虽然礼曹判书许稠引用了姚元之、宋璟等上奏的内容。但是可以说当时朝鲜廷臣们对洛阳的历代历史和迁都的背景很有把握。

到世宗十四年，作为研究学问机构，集贤殿里讨论坛壝制度时提到汉光武帝建武二年建大社稷于洛阳的事例。

到世宗十九年，世宗为了建立父亲太宗和母亲元敬王后的双陵，与文臣河演一起讨论献陵的风水地

① 具都暎：《朝鲜前期对明陆路使行的形态的实像》，《震檀学报》2013年第4期。

理时亲自介绍周公建设洛阳详考地理占卜吉凶的事例。

《朝鲜王朝实录》有关洛阳的记录当中主要有朝鲜臣仆等所讨论的内容，而这次值得注意的是世宗直接引用洛阳的例子。

接着世宗二十年，在议政府改称开城留后司为开城府时提到：周成王让周公留在洛阳治理，由此有了“留后”的故事，洛阳简称为“洛”。

到世宗三十年风水家睦孝智上书，以中国秦朝风水之书《青囊之经》为根据引用了“相其阴阳，曰相宅卜洛”，这里的“洛”说明它被普遍认为是首都之意。

1450 年文宗即位之后，右议政南智上言讨论京外官吏中可陟可黜的标准，就以中国的文献为根据，提到北朝洛阳人薛琡的事例。而据《资治通鉴》卷一四九“洛阳令代人薛琡，上书”，薛琡是洛阳人。①

四

最近洛阳学在中国学界从历史、考古学、地理、地名、天文学等角度引人注目。尤其是从天文学方面，洛阳的地理位置很受重视。因此《朝鲜王朝实录》上能得到旁证的史料也值得注意。

1450 年，即世宗三十二年，明景泰一年，文臣郑麟趾在和明代使臣的对话里说，洛阳是“天下之中”，比较了中国测日影和朝鲜的占候，从天文学的角度反映了洛阳的重要性。

公元前 770 年周平王东迁洛邑，据文献周公于迁都前便在洛阳和登封之阳城测验了天日影，然后验证了“天下之中”以后做了决定。目前登封县还存在“观景台”。朝鲜初期代表性的儒学学者郑麟趾 1439 年作为谢恩使来往明朝，在天文、历法方面有著作，从中可以了解郑麟趾和明代使臣对话中所反映的天文学的知识背景。

另外洛阳被一般名词化，用在中国和朝鲜的官名、地名、乐曲名上的事例也不少。

上面《高丽史》提到的《洛阳春调》在朝鲜时代的礼仪中作为主要的音乐被使用。国王摆宴席请使臣演奏唐乐就演奏《洛阳春调》。

还有，端宗即位年，庆昌府尹李先齐上书，以《资治通鉴》为根据介绍洛阳府畿内的怪气成像，引用了“洛阳府”。目前在安阳市老城叫洛阳府，从此找到“洛阳府”的痕迹。

世祖五年，兵曹据庆尚道观察使的啟书上说，尚州的洛阳驿和洛平驿等驿站因使客来往不断，提议把洛西驿合并到洛阳驿，这可能是如今庆尚北道尚州有洛阳地名的背景。

此外，1430 年，即世宗十二年（明宣德五年），兵曹啓报告建城时建筑地台的方法，引用了西晋著名文学家陆机的《洛阳记》。《洛阳记》也像《洛阳春》一样，为洛阳的地名用在作品标题的事例。

接着要说明与《朝鲜王朝实录》共同登在联合国世界文化遗产上的《承政院日记》里被引用的事例。《承政院日记》是朝鲜时代掌管王命之出纳的承政院记录每天处理的文书和事件的日记。原先是从朝鲜开国初期就有，在壬辰倭乱时被销毁，只留下 1623 年（仁祖一年）到 1894 年（高宗三十一年）270 年间的日记。据韩国史数据库，《承政院日记》上洛阳一词出现 300 次以上，但是跟《朝鲜王朝实录》一样，这需要原文比较，在这里只按顺序介绍几个事例（见表 2）。

① 《资治通鉴》卷一四九《梁纪》五，中华书局 2011 年版。

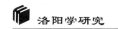

表2 《承政院日记》所记录的洛阳

编号	出处	标题	日期	原文
1	承政院日记	上御资政殿，昼讲，吴允谦等入侍，进讲孟子	1625年10月19日（仁祖三年）明天启五年	……我国虽有贤人，谁能表而传后世乎？允谦曰，当世之人，能知圣贤，难矣。横渠，乃程子缺初背之及到洛阳，见程子而解悟而后，尽弃前习，得返是道，盖道不同则不兼容，髡辈但知功实，岂识义理乎？
2	承政院日记	言及时政因着老病的严重邀请递职的李埈的上疏	1635年1月3日（仁祖十三年）明崇祯八年	……臣偶读汉史，伏见光武中烈，有爲后世法者非一，闻张纯之言，而毁庙于洛阳，闻朱勃之言，而解怒于勋旧
3	承政院日记	权知训鍊奉事黄大器上疏防备胡贼的十七浅谋	1636年8月10日（仁祖十四年）明崇祯九年	……一，胡贼，既审我国之路边城数与大小，及山川险夷远近广狭之形，而且贼之谋难测，或惊东而击西，或欲春而秋来，则必有不及防备之失。一，胡贼之马，虽五七日不饲刍秣，一日之行，几至千里，出其不意，以某万兵，各围各城，以某万精甲，缺指洛阳，则应塞前后左右相救之路而困穷
4	承政院日记	君德的修养，人才的收用，立志，纪纲的确立，朋党的革罢，大同的实施，派遣暗行御史等［崔有海］的疏曰	1638年3月9日（仁祖十六年）明崇祯十一年	……未知其时所使之人，岂皆如今暗行御史出入三司者乎？东汉时蜀郡太守，仰观天象，知二人自洛阳入蜀，未知其时所使之人，岂皆如今暗行御史出入三司者乎？殿下之前，伶俐解事者，不爲不多，可以给资粮，云游八方，使之细诇监、兵使、守令、边将居职贪廉，政令得失，及民间利病
5	承政院日记	权諿等官职除授	1639年3月11日（仁祖十七年）明崇祯十二年	……有政。吏批，判书李景奭进，参判金槃病，参议金世濂进……军器判官黄应吉今加通政。赵后亮爲宁边府使，申景禋爲一字缺城君，哲纯爲银山君，哲明爲浔原副守［银原副守］，哲敏爲银溪副守，瞎爲龟山副守，炯远爲鸡林令，锡胤爲洛阳令，金冈立爲军器判官，李秀林爲活人别提，成以性爲副修撰
6	承政院日记	特进官尹履之入侍，议论，最近人心不好。武科开场之后培养人才的问题等	1650年11月10日（孝宗一年）清顺治七年	上，御夜对厅昼讲，入侍，特进官尹履之……汉英曰，明人以爲，北京爲上，长安次之，洛阳次之，建业又次之云矣
7	承政院日记	李硕胤的上疏	1655年5月25日（孝宗六年）清顺治十二年	洛阳令硕胤上疏。大概，宣庙御笔簇子二幅奉进事。答曰，省疏具悉。尔之敬爱之诚，深用嘉尚矣。仍传曰，此人之诚可嘉，令该寺相当赏典，禀处
8	承政院日记	弘文馆副校理金寿兴的上疏	1661年1月10日（显宗二年）清顺治十八年	宋司马光，以清德，退居洛阳，康节邵雍，亦隐居谢聘，与之相从，忠厚之风，闻于天下，里中后生，皆知畏廉耻，欲行一事，必曰无爲不善，恐司马端明、邵先生知，夫司马光、邵雍，特士大夫之行于家者，而其风声气习，能使人见惮如此，况人主，都君师之位，柄风化之权，世道之责，爲如何哉？

续表

编号	出处	标题	日期	原文
9	承政院日记	同知郭希泰的上疏：由于旱灾审理冤狱	1661年4月9日（显宗二年）清顺治十八年	噫，昔二字缺理天下之冤枉，邓后羣洛阳之囚徒于公五字缺眞卿决平原之狱，皆致卽日七八字缺足伤和气，天人交感，捷于影响，五六字缺者哉？
10	承政院日记	尹抃疏曰：停止在温泉上建宫室	1665年8月5日（显宗六年）清康熙四年	……昔者唐太宗，欲幸洛阳，将修宫阙，张玄素争之，太宗曰，后至洛阳，露处何伤？
11	承政院日记	洪万容，进讲通鉴	1666年9月1日（显宗七年）清康熙五年	……洪万容曰，渐不如贞观初之言，亦讽谏之道也。上曰，此作洛阳宫后欤？金宇亨曰，此在十渐疏未出之前也。尹深曰，营缮微多云者，其时，或有微细之事也。金万基曰，诚有是事之言，可见气像之如青天白日也……
12	承政院日记	在昼讲闵熙，入侍	1676年2月28日（肃宗二年）清康熙十五年	二十八日昼讲入侍，知事闵熙，特进官具镒，玉堂李堂揆、俞夏益，承旨吴始复，注书申瀞，假注书韩泼，吏官崔锡鼎、李后沆，宗臣洛阳君硕胤、灵门都正翼贤
13	承政院日记	迎接都监言啓：金莫立等获得丢失的副勅马鞍。令刑曹囚禁科治	1676年3月17日（肃宗二年）清康熙十五年	又以迎接都监言啓曰，卽见京畿监司牒呈，则副勅马鞍，今始觅得，竝其得鞍人金莫立、洛阳等二名送来
14	承政院日记	领议政许积初度呈辞	1677年7月17日（肃宗三年）清康熙十六年	晋公久居于绿墅，未继贞观之治，司马复起于洛阳，遂致元祐之盛
15	承政院日记	参赞官申厚载等，入侍议论风俗的变化，文武两班的区别，武班的起用	1678年11月11日（肃宗四年）清康熙十七年	李湜进读纲目，自汉以萧何爲承相，止还都洛阳
16	承政院日记	特进官南龙翼等，入侍议论择用清白吏等的子孙等问题	1681年8月20日（肃宗七年）清康熙二十年	敏叙曰，洛阳，去河不远，方六百里，则过河渐冀南矣
17	承政院日记	申暠等的啓：请姜万铁的依律处断	1681年11月25日（肃宗七年）清康熙二十年	而副摠管洛阳君硕胤，本以贱宗，性且阴悖，多行不义，见弃于人类，久矣
18	承政院日记	申暠等的啓：请姜万铁的依律处断，没有报告地震的观象监的官员，拿问处之	1681年11月26日（肃宗七年）清康熙二十年	摠府宿卫之地，爲任甚重，从前择授，意非偶然而副摠管洛阳君硕胤，本以贱宗，性且阴悖，多行不义，见弃于人类，久矣。及授本任，物情莫不爲骇，请副摠管洛阳君硕胤递差

续表

编号	出处	标题	日期	原文
19	承政院日记	申暈等的啓：请姜万铁的依律处断	1681年11月27日（肃宗七年）清康熙二十年	臣等，以洛阳君硕胤摠管递差事，累日论列，不卽允兪，臣等窃未晓也
20	承政院日记	姜鋧等人侍议论奢侈必为亡国的害	1681年11月27日（肃宗七年）清康熙二十年	宋相琦，伏读，自起兵攻洛阳至秦梁州刺史潘猛弃汉中

资料来源：韩国的国史编撰委员会提供的韩国史数据库。

查考《承政院日记》所引用的以上几个事例，比起《朝鲜王朝实录》，其活用范围比较简单，大部分直接沿用了洛阳地名。

首先，朝鲜第16代仁祖在庆熙宫的便殿——资政殿与领议政吴允谦讨论的时候谈到张载到洛阳见到程子的历史，而《宋史》卷四二七列传一八六《张载传》可以找到背景。

其次，朝鲜文臣李竣上疏引用了东汉光武帝时任太中大夫的张纯所谈到的从古代帝王祭祀制度里毁庙在洛阳的例子。另外，朝鲜显宗二年，弘文馆副校理金寿兴的上疏中提到宋司马光退居于洛阳的故事。同年，同知中枢府事郭希泰的上疏中提到，据邓太后，京师旱灾，邓绥察觉洛阳之囚徒有冤狱情况，而天就下了及时雨的例子。

从上面介绍的例子来看，《承政院日记》所引用的事例主要为朝鲜文臣的上疏文的内容。

接着可以看到朝鲜第16代仁祖十六年（明崇祯十一年）行副司果崔有海跟仁祖上疏弊政12条中有为了整顿吏治派遣暗行御史的重要性，而引用了“东汉时蜀郡太守，仰观天象，知二人自洛阳入蜀，未知其时所使之人，岂皆如今暗行御史出入三司者乎？”在此提到“二人自洛阳入蜀”。

朝鲜第18代显宗六年时文臣尹抃疏曰停止在温泉上建宫室的时候，引用了唐太宗，欲幸洛阳，将修宫阙，当时给事中张玄素上书谏奏的例子。因此太宗命令后至洛阳，露处何伤卽命勿治的内容。显宗七年时，侍讲官洪万容给显宗讲通鉴的时候提到讽谏之道不如贞观初。这时候显宗问“是否唐太宗修复洛阳宫”的事情。对此献纳金宇亨回答十渐疏未出之前。

此外，也有把洛阳作为首都之意的固有名词来使用的事例。

仁祖十四年，权知训鍊奉事黄大器上疏说防备胡贼之马的对策，提到洛阳，这里指的是现在的首都。

“胡贼之马，虽五七日不饲刍秣，一日之行，几至千里，出其不意，以某万兵，各围各城，以某万精甲，缺指洛阳，则应塞前后左右相救之路而困穷。”还有，朝鲜第17代王孝宗一年（顺治（清世祖）七年），讨论中国历代帝王的古都时，在经筵厅讲经书的侍读官曹汉英说，明人“北京为上，长安次之，洛阳次之，建业又次之云矣”，从此说明了明人对洛阳的认识。

朝鲜第19代王肃宗二年，1676年康熙（清圣祖）十五年，据都监言的啟书，对金莫立、洛阳二名觅得副勅马鞍一事请求囚禁并科治，这里洛阳是金洛阳人名。

除此之外，表2引用最多的事例是4次以上使用的肃宗二年1676年康熙（清圣祖）十五年李硕胤的官名，如“洛阳令硕胤、洛阳君李硕胤、副总管洛阳君硕胤”等。

关于洛阳令的例子主要在引用汉光武帝洛阳令董宣的故事的时候出现，而洛阳君的官名在韩国文献中很少出现。在“副总管洛阳君硕胤”中的洛阳指的是目前韩国叫洛阳的地方，需要考证。

五

以上是高丽、朝鲜时代文献史料上有关洛阳的记录。下面是属于考古学资料的金石文事例。本文要介绍 1992 年发行的《译注韩国古代金石文》的数据化资料中被引用的洛阳。

译注韩国古代金石文统合整理了高句丽、百济、乐浪、新罗、伽耶、统一新罗、渤海等韩国古代国家的主要金石文，所以，与《高丽史》和《朝鲜王朝实录》相同，能证明留在韩国古代文献史料里有关洛阳记录的发展和继承。

据韩国国史编撰委员会提供的韩国史数据库，韩国古代金石文有 50 次以上有关洛阳的记录，这里只介绍高句丽、百济、新罗各一事例。①

1. 高句丽壁画事例，平安南道大安市德兴里壁画古坟（公元 408 年）

德兴里壁画古坟是于 1976 年在平安南道南浦市江西区域德兴里（旧称江西邑）舞鹤山西麓进行灌溉施工时发现的高句丽时代的石室封土坟。德兴里古坟引人注目的地方是 56 个所 600 多字的墨书的发现。墨书分为墓主的墓志铭和壁画说明文，内容是墓主的故乡、姓名、历任官职、享年、安葬日以及祈愿后代繁荣内容。

《德兴里高句丽壁画古坟》，第 53 页转载：

西壁上端：①此十三郡属幽州部县七十五，州治广蓟今治燕国去洛阳二千三百，里都尉一部并十三郡。②六郡太守来朝时通事吏。③奋威将军燕郡太守来朝时。④范阳内史来朝论州时。⑤鱼阳太守来论州时。⑥上谷太守来朝贺时。⑦广宁太守来朝贺时。⑧代郡内史来朝贺时。

关于这一古坟的墓主学界有争论，但是这里集中查考洛阳地名。

提及幽州的州治广蓟，记录着离洛阳 2300 里，以后汉的都城洛阳为标准的其他事例可以与之比较。据朝鲜学者孙永钟的研究，《后汉书》郡国志五说是 2000 里，对广蓟等地名需要具体研究。

2. 有关百济流民的金石文

中国河南省洛阳出土的扶余隆墓志铭是公元 682 年制作的，于 1920 年中国洛阳的北邙出土，收藏在河南图书馆。出土地点是北邙清善里，扶余隆是义慈王的儿子，他的行迹见于《旧唐书》《新唐书》《三国史记》《唐平百济碑》《刘仁愿纪功碑》等，但是，由于这一墓志铭的发现补充了文献资料，也可以修正错误的记录了。举个例子，《旧唐书》的《百济传》、《新唐书》的《百济传》以及《资治通鉴》里说他在高句丽居住后死亡，可是通过碑文可以确认他是回到洛阳后死亡的。还有，把百济和高句丽合称为两貊等反映了与高句丽的一体意识，引起国内学界的重视。②

扶余隆是义慈王第三个儿子，于百济武王十六年（公元 615 年）出生，唐显庆五年（公元 660 年）百济灭亡，与义慈王一同被押送到洛阳，成为司农卿，龙朔二年（公元 662 年）7 月进军平定周留城后返唐，麟德二年（公元 665 年）被任命为熊津都督、百济郡公、熊津道总管兼马韩道安抚大使，赴任熊津城。

① 据韩国的国史编撰委员会提供的韩国史数据库。

② 宋基豪：《扶余隆墓志铭》，载《译注韩国古代金石文 1——高句丽，百济，乐浪篇》，驾洛国史迹开发研究院，1992 年。

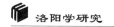

另外，1929年10月中国河南省洛阳的邙山出土了黑齿常之和其子黑齿俊的坟墓，收藏在南京博物馆。黑齿常之和其子黑齿俊的墓志铭上记录着，他于神龙二年（公元706年）五月二十三日因病死于洛阳县从善坊的家中。

大唐故人　右金吾卫　守翊府中郎将　上柱国　黑齿府君　墓志铭

公讳俊卽唐左领军卫大将军燕国公之子焉分邦海滨见美玄虚
之赋称酋泽国取重太冲之词炽种落于遐荒积衣冠于中国立功
立事悬名于昼月之旗爲孝爲忠纪德于系年之史曾祖加亥任本
鄉刺史祖沙子任本鄉户部尚书并玉挺荆山珠光蔚浦耀锦衣于
日域风化大行抚仙署于天涯□台时叙父常之爲皇朝左武卫大
将军上柱国燕国公赠左领军卫大将军材冠孤旺行光金氏功盖
天地仲孺之任将军赏茂山河邵奭之封燕国死而可作褒赠载荣
公稟训将门夙怀武略陶谦儿戏卽列旌旗李广所居必图军阵由
是负鷁领之远略挺猿臂之奇工弱冠以别奏从梁王孁西道行以
军功授游击将军任右豹韬卫翊府左郎将俄迁右金吾卫翊府中
郎将上柱国高践连云之阁俯从秋省之游珥晋代之华貂盛汉年
之车服方冀七叶贻庆以享西汉之荣岂啚二竖□□俄从北升之
名以神龙二年五月廿三日遘疾终洛阳县从善之□春秋卅一乌
呼城府飒焉邦国殄瘁惟公志气雄烈宇量高深虽太上立功劬劳
苦战而数奇难偶竟不封侯奄及歼良朝野痛惜卽以神龙二年岁
次景午八月壬寅朔十三日葬于北邙山原礼也途移楚挽路引周箫
窀穸将开黄腸遽掩封崇卽毕翠栢方深纪余恨于□玉庶碑字之

生金铭曰

有关黑齿俊的生涯没有文献记录，只有这个墓志铭《黑齿常之墓志铭》可供参考，所以这是有关黑齿常之和其子在百济和唐活动的重要资料。

3. 凤巖寺智证大师塔碑

塔碑是从庆北闻庆郡加恩面院北里凤巖寺出土的，为了显彰智证大师道宪，于真圣王七年（公元893年）撰述，景哀王一年（公元924年）建立，现位于庆尚北道闻庆市加恩面院北里凤巖寺内。字体是受王羲之体影响的行书，撰者是崔致远，书者和刻者是芬皇寺的释慧江。这碑文把新罗佛教史分成三个时期，有关第三期的叙述相当于一种新罗下代禅宗史，是了解新罗时代禅宗史的最重要的史料。

大唐新罗国故凤巖山寺

教谥智证大师寂照之塔碑铭幷序

入朝贺正兼奉皇花充瑞书院学士赐紫金鱼袋　臣崔致远

五常分位，配动方者曰仁，三教立名，显净域者曰佛，仁心卽佛，佛目能仁，则也。

道郁夷柔顺性源　达迦卫　慈悲教海，寔犹石投水　雨聚沙然。矧东诸侯　之外守者　莫我大，而地灵旣好生爲本　风俗亦交让爲主　熙熙太平之春。隐参释种　遍头　居寐锦之尊，语袭梵音　弹舌足多罗之字。是乃　天彰西顾　海引　东流，宜君子之鄉也

法王之道 日日深又日深矣。且自鲁纪陨星，汉征佩日 像迹则百川含月 法音则万籁号风，或缉懿 缣缃 或彩华琬琰 故滥雒宅，镜秦宫，之事迹，照照焉 如揭合璧 苟非三尺喙。

这里的滥雒宅的典故为“滥觞洛宅”，雒同洛，洛宅指的是洛阳，由周昭王时洛阳的江河和井水泛滥的典故来的滥洛宅。从金石文可确认的有关洛阳的事例与文献一同将成为古代韩国和中国对洛阳理解和认识的重要根据。

以上查考了韩国文献史料里出现的洛阳，不仅是单纯的地名，还有表示首都的事例，用于官名、作品名、人名、古代韩国地名等事例。而从此看到有关洛阳学不少领域值得韩中共同展开研究。今后韩中学界要关注的内容就留作以后的课题。

最后，韩国学界虽然没有集中研究洛阳的研究成果，有关洛阳的论文最近有增加的趋势，需要对它另作整理和分析，本考只做出简略的图表（见表3），期待韩中学界从洛阳的地名、地理、古代音乐发展等各方面进行广泛的研究。

表3　韩国学界有关洛阳的论文目录（一部分）

番号	论文题目	发表人	学会志	发表时间
1	后汉洛阳城的构造和都城布局——正殿崇德殿的位置为中心	朴汉济	东洋史学研究　第129辑	2014年12月，57－105（49 pages）
2	洛阳龙门石窟所在有关百济铭文资料	吴泽贤	木简和文字　第13号	2014年12月，227－238（12 pages）
3	洛阳龙门石窟中有关古代韩国佛龛的考证问题	朴现圭	新罗文化　第42辑	2013年8月，507－523（17 pages）
4	中国北魏平城，洛阳地区佛教寺刹的分析和鲜卑族习俗对佛事活动带来的影响	杨恩敬	古文化　第80号	
5	隋唐代洛阳的都城构造和它的性质——“中世的”都城构造的终焉	朴汉济	中国古中世史研究22	2009年8月，359－423（65 pages）
6	北魏后期北边胡人的胡俗维持和它的影响——雁臣和洛阳胡俗的关系为中心	崔珍烈	人文学研究　第22辑	2014年12月，147－174
7	《洛阳伽蓝记》中的戯曲活动	金光荣	中国文化研究　第24辑	2014年5月，121－140
8	《洛阳伽蓝记》的神怪故事研究	徐贞姬	中语中文学　第36集	2005年6月，175－193
9	魏晋南北朝时期各王朝的首都选择和它的意义——洛阳和邺都	朴汉济	历史学报	2000年12月，117－150
10	中国洛阳新出土古代韩人墓志铭研究：高质墓志铭为中心	闵庚三	新罗史学报15	2009年4月，215－246（32 pages）
11	魏洛阳时代胡太后的胡化和它的背景	崔珍烈	人文学研究　第25辑	2016年6月，131－161（31 pages）
12	洛阳香山寺北谷的圆测塔调查	卞麟锡	实学思想研究　第14辑	2000年1月，981－984
13	国立国乐院古乐器复原现状以及成果研究	李允珠	韩国国乐教育学会，国乐教育40	2015年12月，95－114（20 pages）

续表

番号	论文题目	发表人	学会志	发表时间
14	6~7世纪东亚都城制和高句丽长安城	金喜善	韩国古代史研究43	2006年9月，39-81
15	《桂苑笔耕集》与崔致远的交友关系	张日圭	民族文化　第34辑	2010年1月，7-50
16	新罗知识分子的入唐·归国路	金福顺	庆州史学　第36辑	2012年12月，21-45
17	新罗有关唐金石文的基础研究	权德荣	韩国史研究　第142号	2008年9月，33-67
18	唐代中期洛阳地区诗会：诗会史的意义为中心		韩国中语中文学会学术大会资料集	2016年11月

资料来源：http：//www.dbpia.co.kr/韩国论文检索站台。

（作者为韩国东北亚历史财团研究员）

洛阳东汉时期高等级墓葬的发现与研究

张鸿亮

摘要：洛阳发现的东汉时期高等级墓葬主要位于孟津邙山陵区和偃师洛南陵区内。根据墓主身份不同主要分为诸侯王级别、列侯级别、"二千石"官吏、低级官吏或一般地主几个等级，区别依据主要是墓葬形制、随葬玉衣的类型、壁画、墓壁的厚度。墓葬等级差异的特点，主要表现为高级别墓葬等级较为森严，而一般墓葬则差异不大。产生这种差异的历史背景主要是渐趋薄葬的理念、事死如事生的观念。

关键词：洛阳；东汉；高等级墓葬；等级特点；历史背景

东汉时期的洛阳地区，作为当时的国都所在地，是重要的政治、经济、文化中心。作为统治的核心区域，其物质文明的发展也代表了当时的最高水平，以留存至今的城址、墓葬最具代表性。墓葬本身所反映出的丧葬制度、礼俗等也是当时社会等级观念的折射，这一点尤以高等级墓葬表现最为突出。因此，本文拟以洛阳地区东汉时期的高等级墓葬为研究对象，就墓葬制度的发展演变、历史背景做一简要分析。

目前，由于东汉时期的帝陵并不明确，也没有发掘，本文所指的"高等级墓葬"主要指一般的官吏（约六百石至两千石）、贵族（包括列侯、诸侯王，以及相应级别的皇族、外戚等）墓葬。

一、墓葬发现概况

墓葬主要位于孟津邙山陵区和偃师洛南陵区内。邙山陵区的墓葬有 DM1、DM4①，朱仓东汉墓群 10 座②，孟津送庄汉墓③，洛阳东关汉墓④，四座东汉玉衣墓⑤，洛阳机车工厂 C5M483 壁画墓⑥，洛阳东北郊朱村 BM2⑦，洛阳城西东汉墓⑧，偃师首阳山华润电厂 M89、M107⑨。

洛南陵区的墓葬有偃师吴家湾 M3⑩、偃师阎楼 M34⑪。

---

① 洛阳市文物考古研究院：《洛阳孟津卅里铺东汉墓发掘简报》，《文物》2016 年第 11 期。

② 郭培育、王利彬：《洛阳朱家仓汉墓群考古取得重要收获》，《中国文物报》2004 年 7 月 21 日。

③ 郭建邦：《孟津送庄汉黄肠石墓》，《河南文博通讯》1978 年第 4 期。

④ 余扶危、贺官保：《洛阳东关东汉殉人墓》，《文物》1973 年第 2 期。

⑤ 洛阳市文物工作队：《洛阳发掘的四座东汉玉衣墓》，《考古与文物》1999 年第 1 期。

⑥ 洛阳市文物工作队：《洛阳机车工厂东汉壁画墓》，《文物》1992 年第 3 期。

⑦ 洛阳市第二文物工作队：《洛阳市朱村东汉壁画墓发掘简报》，《文物》1992 年第 12 期。

⑧ 国社会科学院考古研究所洛阳汉魏故城工作队：《汉魏洛阳城西东汉墓园遗址》，《考古学报》1993 年第 3 期。

⑨ 洛阳市文物考古研究院：《偃师华润电厂考古报告》，中州古籍出版社 2012 年版，第 77、78、353 页。

⑩ 洛阳市第二文物工作队、偃师市文物局：《河南偃师市吴家湾东汉封土墓》，《考古》2010 年第 9 期。

⑪ 洛阳市第二文物工作队、偃师市文物局：《河南偃师市阎楼汉魏封土墓》，《考古》2011 年第 2 期。

1. 大汉冢 DM1、DM4

DM1 位于大汉冢南 200 米，为长斜坡墓道砖券多室墓。无封土。由墓道、甬道、前室、后室、西侧室、东耳室组成。方向 185°。墓圹内收 5 级台阶。墓圹南北总长度 35 米，东西最宽处 16.2 米。墓道钻探长度 21.7 米，墓室土圹南北长 13.3 米、东西宽 16.2 米。墓道上口宽 2.5 ~6.35 米，底部宽 2.05 米。甬道长 1.46 米、宽 1.52 米、高 1.4 米。墓道北端、甬道南端、甬道北端分置三道封门。前室横列，拱形顶。东西长 4.06 米、南北宽 2.74 米、高 3.2 米。后室为东西并列双后室，形制、尺寸相同。单室南北长 3.88 米、东西宽 1.48 米，西后室顶高 1.68 米。西侧室东西长 3.88 米、南北宽 1.48 米，券顶高 1.52 米。东耳室为南北并列双耳室，形制、尺寸相同。单室东西长 1.72 米、南北宽 1.2 米。南耳室券顶高 1.4 米。棺痕 3 处，东后室、西后室、西侧室各 1 处。西后室棺痕长 2.15 米，底宽 0.46 米。出土遗物 42 件。陶碗、瓮、铜拈灯、铺首、合页等，铁刀、削、剑等，玉剑璏。

DM4 为长斜坡墓道砖券多室墓。无封土。由墓道、甬道、前室、后室、西耳室、东耳室和东侧室组成。方向 185°。墓圹内收 5 级台阶。墓圹南北总长度 32 米，东西最宽处 16.8 米。墓道钻探长度 19.4 米，墓室土圹南北长 12.9 米、东西宽 16.8 米。墓道上口宽 2.45 ~6 米，底部宽 2.08 米。甬道长 1.46 米、宽 1.52 米、高 1.4 米。墓道北端、甬道北端分置二道封门。前室横列，拱形顶。东西长 4.06 米、南北宽 2.74 米、高 2.97 米。后室南北长 3.88 米、东西宽 1.48 米。西耳室长 1.8 米、宽 1.3 米、高 1.24 米。东耳室长 1.72 米、宽 1.2 米、高 1.65 米。东侧室长 3.7 米、宽 1.5 米、高 1.7 米。棺痕 2 处，后室 1 处，东侧室各 1 处。出土遗物 32 件。陶四系罐，铜铺首等。

2. 朱仓东汉墓群

此墓群位于洛阳市孟津县平乐镇朱家仓村西北。发掘汉墓 10 座，其中 7 座有大型封土，另外 3 座无封土，最大的封土底边周长约 120 米，封土高约 9 米，多为土坑竖穴砖室墓，由墓道、甬道、回廊、前室、主室、侧室 6 部分组成。墓道最长的 M6 约长 28 米，墓室最大的 M8 为 15 米 ×15 米，墓砖分为 2 种，条形砖、嵌形砖，有的两头也发现有印章；印章内容有“北张卿”“北谷园”“丈四二寸”等。遗物主要有金环 1、铜环 5、铜镞、铜车马饰件、铜熨斗 1、鎏金铜饰片、铜泡、铜管、五铢铜钱；玉璧、玉坠、玉猪、铜缕玉衣片；铁镜、铁剑、铁锛、铁镢；陶罐、陶盘、陶豆、陶壶、陶杯、陶楼、陶鸭、陶鸡、陶鸽、陶猪等。

3. 孟津送庄汉墓

此墓位于孟津县送庄西南邙山上，俗称“塌冢”；河南省文物局文物工作队于 1964 年发掘。砖石混筑券墓，180°，由墓道、横前室（带东耳室）、后室组成，总长 8.9 米（不含墓道），通宽约 12 米，深 10.3 米，壁厚不详；墓道呈斜坡状，宽 2.6 米，长度不详；横前室 3.34 米 ×7.78 米；东耳室 3.48 米 ×2.74 米；后室 4.18 米 ×6.9 米。各室墙壁均用石材砌筑，石块 0.7 米 ×0.7 米 -0.47 米并刻有字，被盗。陶器：盆 1、罐 1、仓 1、釉陶鸡 1 等。铜器：镜 1、铺首 13、盖弓帽 2、五铢钱 60、车饰、环等。铁器：铲 1、棺钉 4；玉片 30、铜缕等。横前室北壁石面上发现有壁画，但已脱落。

4. 洛阳东关汉墓

此墓位于洛阳市东关，洛阳市博物馆于 1971 年发掘。发现第一台阶面下边的夯土层中有 10 人殉葬，殉人遗迹的正下面 0.8 米处有殉狗。南耳室内置棺一具，已朽；后室内南北并列置二棺，均朽，南棺外置椁，髹漆朱绘，但已脱落。长方形砖一般 0.47 米 ×0.23 米 -0.1 米，背面饰粗绳纹，其余各面磨光。砖石混筑多室券墓，墓门向东，由墓道、墓门、甬道、横前室、后室、南耳室、车马室组成，通长约 12 米（不含墓道），通宽约 12.4 米；墓道呈斜坡形，残长 27 米，口宽 4 米，底宽 2.1 米，近墓门处深 6.85 米，两侧各筑有 2 级台阶，填土经夯实；车马室在墓道下部的墓门外北侧，南北长方形，3 米 ×1.35 米 -1.4 米；甬道 3.25 米 ×2 米 -1.35 米；横前室 9.5 米 ×2.75 米 -4.25 米；后室东西长，3.3

米×2.5米-3.5米；南耳室在横前室南端，南北长，2.35米×1.6米-1.85米；被盗；陶风车与米碓1、陶仓楼1、陶井1、陶灶1、陶壶4、陶方盒8、陶方案1、陶圆案1、陶盘2、伎乐俑3、陶俑19、陶鸡4、陶鹅4、陶狗1、铜泡2、马衔镳1、银花2、铅軎10、铅盖弓帽38、铅片20、玉片42。

5. 四座东汉玉衣墓

中州路主干线商业局M4904，1955年发掘，在洛阳市西关花坛西约300米。出土有壶4、罐5、仓8、灶2、井2、樽1、方奁4、圆奁3、案5、盘1、耳杯9、魁3、圈厕2、鸡4、鸭2、狗2、兽形帐座2、人俑26、铜车马器1组、玉猪4、鎏金铜缕衣片1100、五铢钱等。

机车工厂启明小区东北M1，该墓原有封土堆，称“无名冢”，其东边还有2个“无名冢”。双室砖墓，182°，由墓道、前甬道、前室（带东耳室）、后甬道、后室组成，全长约13米（不包括墓道），通宽约13米，墓顶弧券；墓道平面长方形，未发掘；前甬道2.8米×1.6米；前室平面横列长方形，3.46米×8.7米，耳室近方形，2.4米×2.12米；后甬道长方形，2.3米×1.6米-1.32米；后室长方形，3.84米×3.04米-3.5米；壁砖长方形，0.45米×0.24米-0.1米。被盗。陶器：平底罐3、盒1、瓦当3。金银器：银饰1、金片1、金饰1。玉器：玉枕1、汉白玉玉衣片近千片、鎏金铜缕。

机车工厂职工医院C5M346，与上述洛阳机车工厂启明小区东北M1在同一区域，1988年发掘；封土高大，呈自上而下相互叠压逐节递减的圆台形，通高6.8米，底部东西径17.48米，南北径17.4米，顶平坦，东西径5.3米，南北径5米，腰部有上下平行的台阶2周，由剖面推测其是用逐段、逐片一次性夯打而成。双室砖券墓，183°，由墓道、前甬道、前室（带东耳室）、后甬道、后室组成，全长约13.2米（不含墓道、壁厚），通宽约9.5米（不含壁厚）；墓道呈长斜坡状，20米×1.24米，仅发掘4.2米；前甬道长方形，3.7米×1.8米-1.7米；前室长方形，3.56米×7米，残高3.58米；东耳室2.48米×1.6米-1.7米；后甬道2.86米×1.28米-1.62米；后室长方形，3.1米×2.48米-2.66米。被盗。陶器：罐4、仓5、瓮6、壶1、盆1、盘3、鐎斗2、洗2、盒1、耳杯12、勺2、案4、仓楼1、猪圈1、鸡2、猪1、俑2、瓦当2、砖础1、戳印砖1、泥饼85。铜器：羽人1、灸斗1、甑釜1套、洗1、盘1、碗1、熏炉1、刀1、刀环1、弩机1、合页1、构件2组、耳饰5套、扣12、环16、钉10、泡钉22、箍49、方形饰件2、圆饰1、扣饰31、叶形饰1、四蒂花饰3、盖弓帽27、轴头6、軎4、当卢1、衔镳7、铺首4、帽1、钩1。铁器：灯1、镜3、刀1、剑1、盏1、片1、棍1、钩1、圈4。银箍1、耳杯银扣饰1、铅饼35、铅人3、铅盖弓帽18、石猪5、鹅卵石1、玻璃环、玉、玉饰、玉衣片、鎏金铜缕。

北郊吕庙村铁路编组站玉衣墓，位于邙山南麓的杨文铁路编组站工地，北距东汉皇陵区约4公里，1990年发掘。双室砖券墓，90°，由墓道、前甬道、前室（两侧各有一侧室）、后甬道、后室组成；墓道为长方形斜坡，长约33米，两壁各有三级台阶；前甬道长方形；两侧室内均有棺床；后甬道北壁与后室北壁在同一立面上，呈“刀”形，后室1.88米×1.33米。该墓被破坏严重，仅存一残石榻、数百片玉衣片、银缕、鎏金铜缕等。

6. 洛阳机车工厂C5M483壁画墓

此墓位于洛阳市东郊机车工厂厂区东南角，1990～1991年发掘；地表现存黄土夯筑的椭圆形封土堆，长径62米、短径35.5米、高10.5米，夯层厚0.25～0.75米。砖石结构多室券墓，180°，由墓道、墓门、甬道、前室（附东、西耳室）、中门、中甬道、中室（附东、西侧室及南耳室）、后甬道、后室组成，全长19.12米（不含墓道），通宽16.65米，深6.54米；墓道宽2.32米，未全部发掘；石墓门高、宽均1.76米；甬道0.85米×1.44米，残高2.32米；前室4.72米×2.73米；东耳室3.68米×2.3米-2.2米；西耳室3.74米×2.28米；石中门1.68米×1.62米；中甬道3.25米×1.42米-2.56米；中室6.32米×3.12米；西侧室5.23米×3.24米；东侧室3.7米×1.8米-2米；南耳室2.53米×1.86

米－1.98 米；后甬道 3.48 米×1.44 米－2.3 米；后室 7.28 米×3.04 米－4.12 米；门、甬道壁、墓室壁底部用石块，石材最大的 2.6 米×0.4 米－0.63 米，最小的 0.25 米×0.2 米－0.08 米。被盗。陶罐 1、陶瓦当 3，罐、瓮、鼎、盘、仓、奁、案、猪圈、畜禽俑等陶器残片；石灯 1、铁镜 1、铁镢 1、铜甑 1、铜矛 1、铜钱 4。此墓壁画多被毁，残存部分主要分布于门楣、前室、中甬道、中室的石壁上，内容主要有镇宅的武士、持灯或捧盘的侍者、杂耍的艺人、出行图、云气、瑞禽、瑞兽图等。

7. 洛阳东北郊朱村 BM2

BM2 北靠邙山，南临洛河，西南距洛阳市区 6.5 公里，东距汉魏故城 6.5 公里；1991 年发掘。地表原有封土已被夷平。砖石结构，5°，由墓道、墓门、甬道、墓室、耳室组成，全长约 7 米（不含墓道），通宽约 11.2 米；墓道为斜坡式，9.6 米×（1.2～1.8 米）－6.2 米，填土夯筑；石墓门 3.1 米×1.4 米；甬道 2.04 米×1.22 米－1.4 米；墓室 8.48 米×3.1 米－3.26 米；东耳室 2.3 米×1.76 米－1.6 米；墓门、棺床东沿用青石。被盗。陶耳杯 8、陶盆 1、陶盘 1、陶勺 1 等。仅墓壁上 3 幅壁画保存较完整，有墓主夫妇宴饮图、车马出行图、吉祥动物图。

8. 洛阳城西东汉墓

墓园位于洛阳东郊铁道部十五工程局电务处院内，汉洛阳城西垣以西 2500 米处。1987～1988 年发掘；遗址为长方形，190 米×135 米，四周有夯筑土垣，转角处增设附属建筑，墓园内东部布置以大型殿基为主体的墓侧建筑群，西部为墓园主人墓。该墓封土采黄土夯筑而成，圆形，直径 48 米，现存高度 1 米，夯层厚 0.1～0.15 米。多室砖券墓，191°，由墓道、甬道、耳室、横前室、后室组成，全长约 13 米（不含墓道），通宽约 13.6 米。墓道土圹斜坡式，宽约 2 米，总长不详，能测的 10 米；甬道长方形，3.6 米×1.92 米；横前室为东西长的长方形，11.7 米×3 米；耳室在甬道以东，横前室南侧，门道开在横前室南壁，2.9 米×2.4 米；后室 5.4 米×（1.91～2.04 米）。砖壁厚 0.93～0.94 米，甬道北口、后室和耳室门口皆以长方形青石砌壁，石之诸侧面长度不一，大面一般长 0.71～0.76 米，最长者 0.8～0.9 米，小面一般长 0.62 米，厚度约 0.36 米。被盗。陶器：鼓腹平底罐 25、八棱圈足壶 4、三足圆陶奁 10、平底圆陶奁 4、甑 1、碗 8、方案 4、圆案 14、圆形器盖 2、鸭 2、鸡 2、狗 1、猪 1、螭首器柄 3、盆、盒、耳杯、猪圈、铺首衔环等。铜器：铺首 5、铃 4、环 1、凿 1、方棒形器 1、泡钉 5、圭形器 1、筒形器 1、盖弓帽 2、衔 1、镳 1、扣饰。铁器：臿 1、铁刀、铁钉。玉器：玉片。货币：23 枚，有五铢、小泉直一两种。铭文砖（字多不可识）。

9. 偃师首阳山华润电厂

M89，壁砖长 37 厘米、宽 18 厘米、厚 8 厘米，墓壁厚 37 厘米，底砖两层，底层侧立、上层平铺，壁厚一尺半，有壁画。出土玉片 18，金缕，东汉晚期。

M107，砖构，壁厚近一尺，出土玉片 12，铜缕，东汉晚期。

10. 偃师吴家湾 M3

M3 有封土，原始直径 21 米，墓葬形制为长斜坡墓道前后砖室墓。方向 185°。由墓道、前甬道、前室、后甬道、后室组成。墓道长 20 米、宽 2.72 米。3 级台阶。前室横列，长 8.6、宽 3.2 米。后室长 3.7 米、宽 2.7 米。

11. 偃师阎楼 M34

M34 有封土，原始直径 28 米，墓葬形制为长斜坡墓道单室土洞墓。方向 95°。墓道残长 8.6 米、宽 2 米。2 级台阶。由墓道、甬道、墓室组成。墓室长方形土洞墓，长 7.5 米、宽 2.5 米。东汉晚期。

二、墓葬等级

该时期墓葬形制比较稳定，随葬器物变化也较少，并且由于地处政治中心，各项制度执行较为严格，因此，墓葬等级的考察，可参考文献中的相关制度记载。

（一）玉衣制度所对应的墓葬等级

《后汉书·礼仪志》载："登遐，皇后诏三公典丧事。……守宫令兼东园匠将女执事，黄绵、缇缯、金缕玉柙如故事。""诸侯王、列侯始封、贵人、公主薨，皆令赠印玺、玉柙银缕。大贵人、长公主铜缕。"

可知，东汉帝、后才能使用金缕玉衣，诸侯王、初封的列侯、贵人、公主使用银缕玉衣，大贵人、长公主使用铜缕玉衣。需要补充的是，实际发掘中还发现"鎏金铜缕玉衣"，等级可能相当于或略低于银缕玉衣，而高于铜缕玉衣，此外，铜缕玉衣的使用应当是最广泛的，还包括嗣封的列侯，及诸侯王、列侯的妻子等。以上发掘情况与文献记载基本相符，各地发现的东汉诸侯王墓无一例金缕玉衣，无列侯身份的"两千石"高级官吏则均无玉衣，说明东汉玉衣制度的实施是较为严格的。因此，通过玉衣敛服的特征来区分高级贵族墓的墓主身份等级最为直接、客观（见表1）。

表1　洛阳东汉墓出土玉衣情况一览

序	墓葬	墓葬形制	玉衣情况	年代	备注
1	孟津送庄黄肠石墓	Ed 型	玉片 30，铜缕	永兴二年 东汉晚期	砖石，壁厚三尺，有壁画
2	洛阳东关殉人墓	Eb 型Ⅱ式	玉片 42	东汉晚期	砖石，壁厚二尺
3	洛阳老城环卫站 M82	Ea 型Ⅲ式	玉片 454，铜缕	东汉晚期	砖构，有石门，壁厚二尺
4	洛阳白马寺墓园东汉墓	Ea 型Ⅲ式	玉片 5	东汉晚期	砖石，壁厚四尺，有壁画
5	洛阳中州路商业局 M4904	Eb 型Ⅰ式	玉片 1100 余，鎏金铜缕	东汉晚期	砖构，壁厚近一尺，有壁画
6	洛阳机车工厂 M1	Eb 型Ⅰ式	玉片近千，鎏金铜缕	东汉晚期	砖构，壁厚二尺，有白灰
7	洛阳机车工厂 C5M346	Eb 型Ⅰ式	玉片 750 余，鎏金铜缕	东汉晚期	砖构，壁厚一尺
8	洛阳杨文 C10M575	Eb 型Ⅰ式	玉片 530 余，银缕、鎏金铜缕	东汉晚期	砖构，壁厚二尺
9	孟津朱仓村西东汉墓群 3 座	方形回廊，Eb 型Ⅰ式	铜缕玉衣片	东汉	可辨 1 座为砖构，壁厚三尺
10	孟津朱仓村北 M9	Eb 型Ⅰ式	铜缕石衣片	东汉晚期	砖构，壁厚近一尺
11	孟津朱仓村东 M683	方形回廊	玉片 20，疑银缕	东汉早期	砖石，壁厚三尺
12	偃师华润 M50	F 型Ⅰ式	石片 6，铜缕	东汉晚期	砖构，壁厚近一尺
13	偃师华润 M89	Eb 型Ⅰ式	玉片 18，金缕	东汉晚期	砖构，壁厚一尺半，有壁画
14	偃师华润 M92	F 型Ⅰ式	玉片 1	东汉晚期	土洞

续表

序	墓葬	墓葬形制	玉衣情况	年代	备注
15	偃师华润 M107	Eb 型Ⅰ式	玉片 12，铜缕	东汉晚期	砖构，壁厚近一尺
16	偃师华润 M132	F 型Ⅰ式	玉片 35，铜缕	东汉晚期	砖构，壁厚一尺半
17	偃师华润 M133	Eb 型Ⅰ式	玉片 70，铜缕	东汉晚期	砖构，壁厚一尺半

注：1 汉尺 =23.5 厘米，砖长有二尺（47 厘米）、一尺半（36 厘米），近一尺为 18 厘米。

目前，洛阳地区发现出土玉衣（有些材质已完全为石质，但所代表的等级性仍在，一并作为玉衣统计）的墓葬有 20 余座（见表 1），发表的材料主要有孟津送庄黄肠石墓、洛阳东关殉人墓、洛阳老城环卫站 M82①、洛阳白马寺墓园东汉墓②、洛阳中州路商业局 M4904、洛阳机车工厂 M1、洛阳机车工厂 C5M346、洛阳杨文 C10M575、孟津朱仓村西东汉墓群 3 座、孟津朱仓村北 M9③、孟津朱仓村东“李密冢”（M683）④、偃师首阳山镇华润电厂东汉墓 6 座⑤等。

由以上统计可知，金缕玉衣墓 1 座，推测墓主为少帝刘辩⑥，其墓穴本为爵封列侯的宦官赵忠为自己准备的，墓葬型式为 Eb 型Ⅰ式。银缕玉衣墓 2 座，其中孟津朱仓 M683 墓主可能为东汉早期诸侯王，形制为方形回廊式，另一座墓型式为 Eb 型Ⅰ式。铜缕、鎏金铜缕玉衣墓 12 座，墓葬型式有 Eb 型Ⅰ式、F 型Ⅰ式、Ea 型Ⅲ式、Ed 型等。

结合各地的东汉诸侯王墓⑦，形制较多为回廊式，但核心仍为前室横列、后室纵长的布局。列侯等级的墓室结构与前者相比，多不带回廊，晚期还出现纵长单室墓。以上墓葬的规模一般较大，建筑材料多为砖石或条形大砖，对应墓壁厚度甚至达到四尺（94 厘米），一般为一尺半至三尺，工程量远超过一般墓葬。

高等级墓还多有封土，参考偃师东汉洛南陵区的勘探情况⑧，封土规模基本分四个等级，即直径 130～150 米、70～80 米、50～60 米、20～30 米，大致对应帝后、诸侯王、列侯与两千石的一般高等级墓。

（二）墓葬壁画题材中“车马出行图”所反映出的墓葬等级

《后汉书·舆服上》中有关于不同身份使用等级不同的出行导从、轺车的记载⑨。最为典型的壁画题材，如邻近洛阳的荥阳苌村东汉晚期壁画墓⑩，现存封土直径约 57 米、高约 10 米，形制为斜坡墓道

① 中国社会科学院考古研究所洛阳唐故城工作队：《1984 至 1986 年洛阳市区汉晋墓发掘简报》，载《考古学集刊》（第 7 集），科学出版社 1991 年版，第 51－78 页。

② 中国社会科学院考古研究所洛阳汉故魏城工作队：《汉魏洛阳城西东汉墓园遗址》，《考古学报》1993 年第 3 期。

③ 李继鹏：《孟津县朱仓东端东汉北魏墓葬》，载《中国考古学年鉴》（2010），文物出版社 2011 年版，第 295 页。

④ 张鸿亮：《洛阳孟津朱仓李密冢东汉墓园》，载国家文物局主编：《2014 中国重要考古发现》，文物出版社 2015 年版，第 72－75 页。

⑤ 洛阳市文物考古研究院：《偃师华润电厂考古报告》，中州古籍出版社 2012 年版；张鸿亮、史家珍：《偃师华润电厂东汉墓相关问题探析——兼谈洛阳东汉高等级墓的特点》，《洛阳考古》2014 年第 4 期。

⑥ 张鸿亮：《试析洛阳偃师一座东汉金缕玉衣墓的性质》，《洛阳考古》2014 年第 2 期。

⑦ 刘尊志：《汉代诸侯王墓研究》，社会科学文献出版社 2012 年版，第 347－405 页。

⑧ 洛阳市文物考古研究院：《洛阳偃师东汉洛南陵区 2008 年考古勘探简报》，《洛阳考古》2015 年第 2 期。

⑨ 《后汉书》志第二十九《舆服上》中关于出行导从，“公卿以下至县三百石长导从，置门下五吏、贼曹、督盗贼功曹，皆带剑，三车导；主簿、主记，两车为从。县令以上，加导斧车。公乘安车，则前后并马立乘。长安、雒阳令及王国都县加前后兵车，亭长，设右騑，驾两。璅弩车前伍伯，公八人，中二千石、二千石、六百石皆四人，自四百石以下至二百石皆二人”。关于轺车形制，“中二千石、二千石，皆皂盖，朱两轓。其千石、六百石，朱左轓”；“中二千石以上右騑，三百石以上皂布盖，千石以上皂缯覆盖，二百石以下白布盖，皆有四维杠衣。贾人不得乘马车”。（刘宋）范晔：《后汉书》，中华书局 1965 年版，第 3651、3647、3648 页。

⑩ 郑州市文物考古研究所、荥阳市文物保护管理所：《河南荥阳苌村汉代壁画墓调查》，《文物》1996 年第 3 期；王芹：《荥阳发现一大型东汉壁画墓》，《中国文物报》1995 年 1 月 15 日。

多室砖石墓，双重石门，墓壁厚约1米，前室横列，三后室纵长。壁画中有墓主人不同时期乘坐的轺车、斧车等车马图像，分别在车盖上墨书题榜“郎中时车”“供北陵令时车”“长水校尉时车”“巴郡太守时车”“济阴太守时车”“齐相时车”等，记录了墓主人一生中重要的仕宦经历。由此可知，墓主身份为“两千石”[①] 的高级官吏。又如河北省安平县逯家庄东汉壁画墓[②]，有汉灵帝熹平五年（公元176年）题记。现存封土直径40余米，形制为多室砖墓，多达十室二龛，核心部分中室为横列、双后室纵长。前二室壁画将墓主人的四次升迁，通过车马出行的形式进行了描绘。根据墓葬形制和壁画出行图分析，该墓主也属于“二千石”的高级官吏。

目前洛阳地区比较典型的东汉壁画墓均为晚期，主要有5座，分别为Eb型Ⅰ式墓偃师杏园M17、Ec型Ⅰ式墓洛阳唐宫路C1M120、洛阳朱村BM2、洛阳光华路C1M3850、Ed型墓洛阳机车工厂C5M483。其中偃师杏园M17，砖石结构，壁厚二尺，壁画总长12米，共计画了9乘安车、70余个人物、50余匹奔马，该壁画被刻意覆盖，可能涉嫌“越制”；墓主车前骑吏六人、伍佰六人，原属“两千石”高官。洛阳朱村BM2，砖构，墓有石门，壁厚一尺半，壁画出行图中有2人、6辆安车、1骑吏，墓主可能为“六百石”左右的官吏。

通过对比，壁画所表现的车马出行仪仗，基本与墓主身份相符，尤其是在等级制度较为严格的洛阳地区，因此可以作为判断墓主身份的参考。

（三）碑刻墓志等铭文材料所反映的墓葬等级

目前洛阳出土汉碑、铭文砖、买地券的东汉墓有5座，分别为偃师龙府社区M20（韩君墓）[③]、洛阳涧西东方红拖拉机厂东汉墓（王当墓）[④]、偃师南蔡庄M3（肥致墓）[⑤]、偃师城关镇M1（姚孝经墓）[⑥]、洛阳民族路C3M226（黄晨、黄芍合葬墓）[⑦]。

偃师龙府社区M20，封土直径约20米，砖构，有石门，壁厚一尺，有壁画，出土残碑，墓主为司空韩棱第五代孙，官职可能为“父城长”，即“父城县长”，秩“六百石”。王当墓，土洞，出土铁买地券，墓主为王当与父亲、兄弟三人，身份可能为一般平民。偃师南蔡庄M3，砖构，壁厚近一尺，出土肥致石碑，墓主为肥致与弟子等7人，肥致作为著名方士，曾拜“掖庭待诏”。偃师城关镇M1，砖构，有石门，壁厚半尺，墓主为姚孝经等3人，身份可能为一般平民。洛阳民族路C3M226，砖构，壁厚近一尺，墓主为黄晨、黄芍姐妹，身份可能为一般平民。

综上分析，大致可以归纳出洛阳东汉不同等级墓葬的特点。诸侯王级别墓葬，一般封土直径70～80米，墓室布局为方形或长方形回廊式，砖石结构，墓壁厚三到四尺，墓主使用银缕玉衣。列侯级别墓葬，一般封土直径50～60米，墓室多为前室横长、后室纵长型，砖石结构或砖构，墓壁多厚一到二尺，少数厚达三到四尺，少数有壁画，墓主主要使用鎏金铜缕或铜缕玉衣，个别为银缕玉衣。“二千石”官吏墓葬，与列侯级别墓葬相比，除无玉衣外，其他差别不大。“三百石”至“千石”官吏（可能包括地方豪强）墓葬，一般封土直径20～30米，墓室多为前室横长、后室纵长型，砖构，或有石门，墓壁多厚一到二尺，少数有壁画。低级官吏或一般地主、平民墓，现存多无封土，墓室仍以前室横长为主，根

---

① 《后汉书》志第二十八《百官五》：“凡州所监都为京都，置尹一人，二千石，丞一人。每郡置太守一人，二千石，丞一人。郡当边戍者，丞为长史。王国之相亦如之。”（刘宋）范晔：《后汉书》，中华书局1965年版，第3621页。

② 河北省文物研究所：《安平东汉壁画墓》，文物出版社1990年版；河北省文物研究所：《安平东汉壁画墓发掘简报》，《文物春秋》1989年第Z1期。

③ 偃师市文物旅游局、洛阳市文物考古研究院：《河南偃师龙府社区东汉墓发掘简报》，《文物》待刊。

④ 洛阳博物馆：《洛阳东汉光和二年王当墓发掘简报》，《文物》1980年第6期。

⑤ 河南省偃师县文物管理委员会：《偃师县南蔡庄乡汉肥致墓发掘简报》，《文物》1992年第9期。

⑥ 偃师商城博物馆：《河南偃师东汉姚孝经墓》，《考古》1992年第3期。

⑦ 洛阳市文物工作队：《河南洛阳市东汉孝女黄晨、黄芍合葬墓》，《考古》1997年第7期。

据合葬人数，或多个后室或侧室，或无后室，墓壁有砖构，壁厚多半尺或近一尺，也有土洞墓，一般无壁画。

洛阳东汉墓葬等级差异的特点，主要表现为高级别墓葬等级较为森严，如墓园建筑、回廊式墓型、玉衣制度、封土规模等。而一般墓葬则差异不大，如横列式墓型的使用范围相当广泛，上至列侯、下至平民，具体差别主要体现在因财力强弱或合葬人数多少而造成的建筑规模、墓内装饰的不同；各个层次的墓葬，甚至随葬陶器的种类也大体相同，差别主要体现在铜器、漆木器等其他材质较为贵重的器物上。

三、等级差异的历史背景

从等级最高的帝陵看，两汉帝陵形制变化较大，主要表现有：封土由覆斗形变为圆丘形，且体量大幅度缩小；墓道由四条以东向为主变为一条南向；墓室由“黄肠题凑”木椁墓变为“黄肠石”墓；帝后由异穴合葬变为同穴合葬；随葬器物均以“金缕玉衣”最具等级性，但东汉仅限帝后；陪葬方式由以单个帝陵为核心变为以帝陵区为核心的集中式陪葬。

对比发现，两汉时期帝陵变化突出表现为渐趋“薄葬”。固然与王朝创立者的个人素质有关，也与当时社会流行的生死观念有关。

该时期对待死亡的两种态度，即自然主义与迷信思想①，前者视死亡为不可避免的事实，后者则认为死亡只是此世的终结，相信存在死后的另一个世界。两种观点不能简单地与道教、儒学画等号，事实上儒、道均存在“灵魂不灭”论，并在汉晋时期一直占据主导，人们普遍认为死后世界是人间的延续，这是社会各个阶层都奉行“事死如事生”的理论基础。

就帝陵而言，“薄葬”最为典型的是西汉文帝霸陵，当时为道家思想流行之时。在统治者的个人思想中也有所反映，如汉文帝认为“死者天地之理，物之自然”。② 而且汉文帝的做法对东汉帝陵也有影响，如光武帝刘秀原陵“皆如孝文皇帝制度，务从约省”③，由此也奠定了整个东汉陵寝的基本格局。

汉晋时期“事死如事生”的丧葬观念一直流行于社会各个阶层，如此一来，“厚葬”也就成为必然选择，只是各阶段表现方式不同而已。

西汉武帝时，思想上独尊儒术，治国理念突出表现为“以孝治天下”，用人的选拔制度也是以儒取士④、以孝取士⑤。“举孝廉”是两汉时期步入仕途的重要途径，据统计，“两《汉书》中可考见者不下一

---

① 余英时著，何俊编，侯旭东等译：《东汉生死观》，上海古籍出版社2005年版，第78页。

② 《汉书》卷四《文帝纪第四》，遗诏曰：“朕闻之：盖天下万物之萌生，靡不有死。死者天地之理，物之自然，奚可甚哀!”（汉）班固：《汉书》，中华书局1962年版，第131－132页。

③ 《后汉书》卷一下《光武帝纪第一下》载，建武二十六年（公元50年），“初作寿陵。将作大匠窦融上言：‘园陵广袤，无虑所用。’帝曰：‘古者帝王之葬，皆陶人瓦器，木车茅马，使后世之人不知其处。太宗识终始之义，景帝能述遵孝道，遭天下反覆，而霸陵独完受其福，岂不美哉！令所制地不过二三顷，无为山陵，陂池裁令流水而已。’”中元二年（公元57年），遗诏曰：“朕无益百姓，皆如孝文皇帝制度，务从约省。刺史、二千石长吏皆无离城郭，无遣吏及因邮奏。”（刘宋）范晔：《后汉书》，中华书局1965年版，第77－78、85页。

④ 《汉书》卷六《武帝纪第六》：“建元元年（公元前140年）冬十月，诏丞相、御史、列侯、中二千石、二千石、诸侯相举贤良方正直言极谏之士。丞相绾奏：‘所举贤良，或治申、商、韩非、苏秦、张仪之言，乱国政，请皆罢。’奏可。”《汉书》卷五十六《董仲舒传第二十六》：“自武帝初立，魏其、武安侯为相而隆儒矣。及仲舒对册，推明孔氏，抑黜百家。立学校之官，州郡举茂材孝廉，皆自仲舒发之。”真正开始实施则是6年之后，“元光元年（公元前134年）冬十一月，初令郡国举孝廉各一人”。（汉）班固：《汉书》，中华书局1962年版，第155－156、160、2525页。

⑤ 《后汉书》卷二十六《伏侯宋蔡冯赵牟韦列传第十六·韦彪传》：“夫国以简贤为务，贤以孝行为首。孔子曰：‘事亲孝故忠可移于君，是以求忠臣必于孝子之门。’”（刘宋）范晔：《后汉书》，中华书局1965年版，第917－918页。

百余人"[①]。这种以"孝道"为重要考核条件的推荐制在惠帝、吕后时已出现，即"孝弟（悌）、力田"[②]，从形式上看，可看作察举制度的先声。无论"孝廉""孝悌"，都突出儒家的核心思想之一——孝，也被认为是各种道德中最根本的。而"孝"的重要表现形式之一就是"厚葬"，"令先人坟墓俭约，非孝也"[③]。

为博得"孝子"之名的"厚葬"，后来不少都是沽名钓誉，其弊端在昭帝时期已经显露。《盐铁论·散不足》："古者，事生尽爱，送死尽哀。故圣人为制节，非虚加之。今生不能致其爱敬，死以奢侈相高；虽无哀戚之心，而厚葬重币者，则称以为孝，显名立于世，光荣著于俗。故黎民相慕效，至于发屋卖业。"[④]

这种功利主义的驱使，使东汉厚葬之风在初期就已弥漫，屡禁不止。从光武帝、明帝、章帝，到和帝、桓帝，几乎历任成年皇帝（除顺帝外）都颁布有禁止厚葬的诏令[⑤]，而实际情况则是"禁者自禁、行者自行"，厚葬之风愈演愈烈。尤其是桓帝时期，正式规定了刺史、二千石的丧期为三年，本就是对厚葬"重丧"的公开支持，违背了"薄葬"精神。

东汉晚期厚葬极盛，以至于倾家荡产者不计其数[⑥]。这种奢侈浪费的程度，可以通过丧葬用品的开销与当时的物价进行对比。据学者分析[⑦]，两汉时期户均口数总在 5 人上下浮动。自耕农家庭年收入合计约 140 石粮食、9219. 37 钱，支出合计约用谷 124 石、用钱 6688. 93 钱，收支相抵，尚余约谷 16 石、钱 2530. 44 钱。需要注意的是，这基本是收入的上限，且无天灾人祸的情况之下。

总的看来，两汉帝陵制度直观地表现为前后相对渐趋"薄葬"，但相对于同时期其他墓葬，则又表现出"厚葬"，以体现出新政权的先进性与墓葬制度的等级性，厚葬与薄葬具有相对性。

而东汉的帝陵制度、墓葬的等级性、渐趋薄葬等，对魏晋时期的墓葬制度产生了深远影响，丧葬礼仪的重心逐渐由"地下"转为"地上"，由"重葬"变为"重丧"，地面墓园、祠堂、墓碑大肆流行。

（作者为洛阳师范学院历史文化学院讲师）

---

① 安作璋、熊铁基：《秦汉官制史稿》，齐鲁书社 2007 年版，第 806 页。

② 《汉书》卷二《惠帝纪第二》载，四年"春正月，举民孝弟、力田者复其身"。《汉书》卷三《高后纪第三》载，元年"二月，赐民爵，户一级。初置孝弟、力田，二千石者一人"。（汉）班固：《汉书》，中华书局 1962 年版，第 90、96 页。

③ 《汉书》卷九十二《游侠传第六十二·原涉传》："涉自以为前让南阳赙送，身得其名，而令先人坟墓俭约，非孝也。乃大治起冢舍，周阁重门。"（汉）班固：《汉书》，中华书局 1962 年版，第 3716 页。

④ （汉）桓宽：《盐铁论》，载王利器校注：《盐铁论校注（定本）》卷六《散不足第二十九》，中华书局 1992 年版，第 354 页。

⑤ 《后汉书》卷一下《光武帝纪第一下》载，建武七年，诏曰："世以厚葬为德，薄终为鄙，至于富者奢僭，贫者单财，法令不能禁，礼义不能止，仓卒乃知其咎。其布告天下，令知忠臣、孝子、慈兄、悌弟薄葬送终之义。"《后汉书》卷二《显宗孝明帝纪第二》载，永平十二年（公元 69 年），诏曰："昔曾、闵奉亲，竭欢致养；仲尼葬子，有棺无椁。丧贵致哀，礼存宁俭。今百姓送终之制，竞为奢靡。生者无担石之储，而财力尽于坟土。伏腊无糟糠，而牲牢兼于一奠。糜破积世之业，以供终朝之费，子孙饥寒，绝命于此，岂祖考之意哉！又车服制度，恣极耳目。田荒不耕，游食者众。有司其申明科禁，宜于今者，宣下郡国。"《后汉书》卷三《肃宗孝章帝纪第三》载，建初二年（公元 77 年），诏曰："比年阴阳不调，饥馑屡臻。深惟先帝忧人之本，诏书曰'不伤财，不害人'，诚欲元元去末归本。而今贵戚近亲，奢纵无度，嫁娶送终，尤为僭侈。有司废典，莫肯举察。《春秋》之义，以贵理贱。今自三公，并宜明纠非法，宣振威风。朕在弱冠，未知稼穑之艰难，区区管窥，岂能照一隅哉！其科条制度所宜施行，在事者备为之禁，先京师而后诸夏。"《后汉书》卷四《孝和孝殇帝纪第四》载，和帝永元十一年（公元 99 年），诏曰："吏民逾僭，厚死伤生，是以旧令节之制度。顷者贵戚近亲，百僚师尹，莫肯率从，有司不举，怠放日甚。又商贾小民，或忘法禁，奇巧靡货，流积公行。其在位犯者，当先举正。市道小民，但且申明宪纲，勿因科令，加虐羸弱。"《后汉书》卷五《孝安帝纪第五》载，永初元年（公元 107 年），诏："三公明申旧令，禁奢侈，无作浮巧之物，殚财厚葬。"元初五年（公元 118 年），诏曰："旧令制度，各有科品，欲令百姓务崇节约。遭永初之际，人离荒厄，朝廷躬自菲薄，去绝奢饰，食不兼味，衣无二采。比年虽获丰穰，尚乏储积，而小人无虑，不图久长，嫁娶送终，纷华靡丽，至有走卒奴婢被绮谷，著珠玑。京师尚若斯，何以示四远？设张法禁，恳恻分明，而有司惰任，讫不奉行。秋节既立，鸷鸟将用，且复重申，以观后效。"《后汉书》卷七《孝桓帝纪第七》载，永兴二年（公元 154 年），二月辛丑，初听刺史、二千石行三年丧服。……诏曰："比者星辰谬越，坤灵震动，灾异之降，必不空发。敕己修政，庶望有补。其舆服制度有逾侈长饰者，皆宜损省。郡县务存俭约，申明旧令，如永平故事。"（刘宋）范晔：《后汉书》，中华书局 1965 年版，第 51、115、134 - 135、186、207、228 - 229 页。

⑥ 如《后汉书》卷五十二《崔骃列传第四十二·崔寔传》："初，寔父卒，剽卖田宅，起冢茔，立碑颂。葬讫，资产竭尽，因穷困，以酤酿贩鬻为业。"（刘宋）范晔：《后汉书》，中华书局 1965 年版，第 1731 页。

⑦ 杨国誉：《两汉经济生活诸问题考论——以官员为中心》，南京师范大学博士学位论文，2012 年。

洛阳墓志所见唐代家族认同与情感表达

闵祥鹏　赵　玲

摘要：归葬是唐代中原丧葬的重要形式，一方面体现了民众对宗族传统的继承，另一方面表达了至亲间生死相守的情感寄托。诗圣杜甫子孙历经四十余年，将杜甫灵柩回迁中原就是该观念的具体体现。从类似的墓志可见，回迁中原、归葬故土不能单纯视为宗法体制下的教条，而是中原民众家族、宗亲、姓氏认同与亲情表达的主要方式之一，是中原独特思想观念、社会习俗的具象表达，还是寻根观念、溯祖情怀的直观写照，其中深刻揭示出历久弥坚的中原根脉意识以及根深蒂固的家族人文情怀。

关键词：杜甫；洛阳墓志；归葬中原

回迁归葬是隋唐五代民众重要的丧葬观念，主要是指在异地去世的民众选择回葬故土。归葬观念承自先秦，《史记·管蔡世家》："悼公死于宋，归葬。"① 秦汉魏晋时期，宗族体制逐渐完善，门阀体制、士族观念兴起，这些都加深了基于血缘的家庭、姓氏、宗亲关系，归葬故土成为古人寻根观念、溯祖情怀的直观写照。隋唐的中原腹地、河洛之间，一直是国家政治、经济和文化中心之一。中原民众或因商旅，或因战乱，或因征伐，或因官仕等，迁播各地，但多数死后却耗费巨资、盘桓数代、历尽波折、归葬中原。② 诗圣杜甫在湖南去世后，其子孙不顾路途艰辛，历经四十余年才将灵柩从岳阳迁回中原。归葬中原是丧葬的外在形式，但内核却是隋唐民众对宗族传统的继承，对家庭血脉认同的具象表达。归葬中原又彰显了"尚中贵和"的民族观念、"祭祖崇远"的文化认同。因此，归葬中原成为审视中国根亲观念、宗族传统、家庭伦理的缩影。在此以杜甫归葬为例，结合墓志材料探讨归葬中原的观念。

一、客死与回迁：杜甫归葬的历程

归葬是中原民众个体的丧葬习俗，史书文献记载并不详细。但从杜甫的归葬经历中，也可窥知归葬中原民众所经历的艰辛，以及对故土情怀的执着守望。杜甫字子美，襄阳人，"后徙河南巩县。……甫天宝初应进士不第"③。安史动乱后，杜甫及家人一直漂泊在南方，辗转于荆、楚之间，依靠亲友的扶持生活，"甫以其家避乱荆、楚，扁舟下峡，未维舟而江陵乱，乃泝沿湘流，游衡山，寓居耒阳"④。其

① （西汉）司马迁：《史记》卷35《管蔡世家》，中华书局1959年版，第1573页。

② 近年来关于归葬中原的相关研究有：邓紫琴：《中国风俗史》，巴蜀书社1988年版；钟敬文：《中国民俗史》，人民出版社2008年版；陈华文：《民间丧葬习俗》，中国社会科学出版社2011年版；李斌城：《隋唐五代社会生活史》，中国社会科学出版社1998年版；徐吉军、贺云翔：《中国丧葬礼俗》，浙江人民出版社1991年版；张捷夫：《中国丧葬史》，文津出版社1995年版；丁凌华、杨晓勇、徐吉军：《中国殡葬史》，中国社会出版社2008年版；陈忠凯：《唐代人的生活习俗——合葬与归葬》，《文博》1995年第4期；齐东方：《唐代的丧葬观念习俗与礼仪制度》，《考古学报》2006年第1期。

③ （后晋）刘昫：《旧唐书》卷190下《杜甫传》，中华书局1975年版，第5054页。

④ （后晋）刘昫：《旧唐书》卷190下《杜甫传》，中华书局1975年版，第5055页。

间，杜甫“甫尝游岳庙，为暴水所阻，旬日不得食。耒阳聂令知之，自棹舟迎甫而还”①，杜甫终日漂泊江上、旅居各地，但从未放弃在有生之年北归中原的想法。

然而，八年的安史之乱，给北方造成了动荡不安的凋敝局面，《旧唐书·郭子仪传》记载：“夫以东周之地，久陷贼中，宫室焚烧，十不存一。百曹荒废，曾无尺椽，中间畿内，不满千户。井邑榛棘，豺狼所嗥，既乏军储，又鲜人力。东至郑、汴，达于徐方，北自覃怀，经于相土，人烟断绝，千里萧条。”② 北方战事阻碍了杜甫北归中原的进程，他只能将忧愤之思寄予诗歌中，“轩辕休制律，虞舜罢弹琴。尚错雄鸣管，犹伤半死心。圣贤名古邈，羁旅病年侵”③。这是一代诗圣杜甫在落魄的旅途中的吟唱，也是他此生最后一首诗《风疾舟中伏枕书怀三十六韵奉呈湖南亲友》。诗中杜甫深刻抒发了对北归中原的渴望之情，“书信中原阔，干戈北斗深。畏人千里井，问俗九州箴。战血流依旧，军声动至今”④，面对北归路途遥远、战乱纷争，以及穷困潦倒的苦难窘境，杜甫留下了自己将命丧于此的人生预言，“葛洪尸定解，许靖力难任。家事丹砂诀，无成涕作霖”⑤，想到自己和葛洪一样的命运，无法如许靖般力挽狂澜，杜甫只能徒增悲伤，将北归之心留于诗中。

唐大历五年（公元770年）夏⑥，“扁舟下荆、楚间，竟以寓卒，旅殡岳阳，享年五十九”⑦，本想前往郴州依附自己舅舅的杜甫，旧疾复发，不幸病逝，结束了他苦难的一生，终年五十九岁。“李杜文章在，光焰万丈长。”杜甫的诗歌早已超越了这个动荡不安、兵乱交加的时代，但他的生活却无法超脱这个弱肉强食、冷酷无情的社会现实，再伟大的文人，也会死得如此悄无声息。

客死他乡，这对于杜甫及其家人都是难以接受的现实。由于家境贫困，加之北方战乱弥久，杜宗武只能将父亲暂葬于岳阳，自己则流浪于湖湘之间，直至病死，也无力将父亲的灵柩回迁中原。《旧唐书》载：“子宗武，流落湖、湘而卒。”⑧但归葬中原的信念并没有随着他的病亡而消失，他仍然叮嘱自己的儿子杜嗣业一定要完成自己的未了心愿，将自己父亲的灵柩带回中原。

元和八年（公元813年），中原已经逐渐恢复了安定，而这时距离杜甫死去已有四十余年。杜甫的孙子杜嗣业为了完成两代人的心愿，启灵北归中原。《旧唐书》载：“元和中，宗武子嗣业，自耒阳迁甫之柩，归葬于偃师县西北首阳山之前。”⑨从湖南到中原，路途遥远，杜嗣业自己也是穷困潦倒，无依无靠，只能四处乞讨过活。在历尽数千里跋涉后，终于将杜甫的灵柩迁回了故土，归葬在了偃师西北首阳山之前。

杜嗣业路经荆楚时偶遇元稹，于是请他为杜甫写下墓志。在元稹为杜甫写的《唐故工部员外郎杜君墓系铭并序》中，元稹高度评价了杜甫的诗篇：“至于子美，盖所谓上薄风骚，下该沈宋，言夺苏李，气吞曹刘，掩颜谢之孤高，杂徐庾之流丽，尽得古今之体势，而兼人人之所独专矣。诗人已来未有如子美者。”⑩ 他认为杜甫的诗歌前无古人，这也成为后世评价杜甫一生诗歌成就的重要篇章。

从流落异地、客死他乡，到回迁故土、归葬中原，杜甫终于回到家乡，埋在了首阳山下，邙岭之间。历经四十余年，千里之遥，两代人的努力。《唐故工部员外郎杜君墓系铭并序》中写道：“嗣子曰

①⑧⑨（后晋）刘昫：《旧唐书》卷190下《杜甫传》，第5055页。

②（后晋）刘昫：《旧唐书》卷120《郭子仪传》，第3457页。

③（唐）杜甫著，（清）仇兆鳌注：《杜诗详注》，中华书局1979年版，第2091页。

④⑤ 同③，第2096页。

⑥《旧唐书·杜甫传》：“永泰二年，啗牛肉白酒，一夕而卒于耒阳，时年五十九。”《新唐书·杜甫传》：“大历中，出瞿唐，下江陵，泝沅、湘以登衡山，因客耒阳。游岳祠，大水遽至，涉旬不得食，县令具舟迎之，乃得还。令尝馈牛炙白酒，大醉，一昔卒，年五十九。”根据元稹为杜甫所题墓志，以及后世众多学者的考证，《旧唐书》所作“永泰二年”是错误的，应为“大历五年（公元770年）”。

⑦（唐）元稹：《元氏长庆集》，上海古籍出版社1994年版，第278页。

⑩ 同⑦，第277－278页。

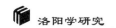

宗武，病不克葬，殁，命其子嗣业。嗣业贫，无以给丧，收拾乞丐，焦劳昼夜，去子美殁后馀四十年，然后卒先人之志，亦足为难矣。”① 即便如此艰辛，也不能阻挡他把先人的尸骨回葬故土的信念。这种执着的信念的背后，是古人宗族观念、乡土情怀的真实体现。

二、洛阳墓志所见中原归葬观念源流与类型

其实，回迁故土、归葬中原不仅是杜甫一家人的心愿，也是当时不少外迁民众的共同观念。归葬的观念在隋唐五代以前便已经存在，特别是在门阀士族崛起、重视家族门第的魏晋南北朝时期。如《三国志》的作者陈寿，《晋书·陈寿传》记载：“以母忧去职。母遗言令葬洛阳，寿遵其志。又坐不以母归葬，竟被贬议。”② 陈寿的母亲临死前遗令陈寿将其葬于洛阳，陈寿听从母亲的遗命而不归葬其家乡巴蜀地区，结果因不归葬母被朝廷罢官，而且受到当时士人的贬斥。尤其在永嘉之乱后，士人大量南迁，背井离乡。当时许多南迁之人死后，都暂且葬于所卒之地，期待着有朝一日王师能恢复中原故土，届时再归葬故土。《谢鲲墓志》记载：“晋故豫章内史，陈［国］阳夏，谢鲲幼舆，以泰宁元年十一月廿［八］亡，假葬建康县石子冈。在阳大家墓东北［四］丈。妻中山刘氏，息尚，仁祖，女真石。弟褒幼儒。弟广幼临。旧墓在荥阳。”③ 谢鲲的墓碑不仅记载他的籍贯和家庭成员，还记载他家族的“旧墓在荥阳”，这就为以后改迁归葬提供了方便条件。

隋唐五代时期归葬中原的思想就是对这一观念的继承，但随着唐中期士族阶层的逐渐解体，归葬观念也逐渐丧失了其原有的家族基础。但从总体来看，唐代士人归葬中原的思想依旧盛行，但是归葬的原因不尽相同。根据唐代洛阳地区墓志的记载，归葬中原一般有以下几种情况：

首先，旅途死亡归葬中原。《大唐故将仕郎段府君墓志铭》记载，墓主人段洽因忠孝仁义被授予侍郎一职，“忠孝之德，因心必践；仁义之道，率由斯至。授将仕郎”。“龙朔元年七月十五日感疾，途次江州，卒于逆旅，春秋四十。其年十一月十一日壬寅，卜窆于北芒之山礼。”④ 他在四十岁那年即龙朔元年（公元661年），于一次旅途中身患重疾，在当时落后的医疗条件及交通不便的情况下，病逝于江州下榻的旅舍。在近四个月之后的十一月十一日归葬洛阳邙山。

其次，战乱客死异乡后归葬中原。如《唐故北海郡守赠秘书监江夏李公墓志铭并序》记载，墓主人李邕一生历经高宗、武周、中宗、睿宗、玄宗五朝，为人正直而勇敢，常言他人不敢之言。“时广平公璟为御史中丞，劾易之且挠。公抗音离次，极谠言，轩陛惴恐，太后不能为辞，直臣勇于立辟矣。”⑤ 在平定谯王李重福谋反、韦后之乱中，李邕屡立大功。天宝年间，李邕因柳勣案受牵连下狱，本无可厚非，但时任宰相李林甫向来忌恨李邕，因而故意加罪于他，“年七十三，卒于强死”，被就郡杖杀。但死后就遇到了长达八年之久的安史之乱，受此影响，不能及时归葬，而“留于郓东卅里”。“扬州长史韦公遇公从子暄，谋葬有阙，以钱廿万及赙灵之物备用。夫人太原郡君温氏，以大历三年十一月廿日，同窆于洛阳之北原，从兆顺也。”安史之乱后，其子在凑齐了归葬费用以后马上将其归葬于洛阳。这种例子在当时并不少见，很多中原人因为躲避战乱而客死异乡，等战乱结束之后再归葬中原故土。

再次，边塞军官归葬中原。如《故京兆府宣化府折冲摄右卫郎将横野军副使樊公（庭观）墓志铭

① （唐）元稹：《元氏长庆集》，第278页。
② （唐）房玄龄：《晋书》卷82《陈寿传》，中华书局1974年版，第2138页。
③ 南京市文物保管委员会：《南京戚家山东晋谢鲲墓简报》，《文物》1965年第6期。
④ 周绍良、赵超：《唐代墓志汇编》上，上海古籍出版社1992年版，第352页。
⑤ 周绍良、赵超：《唐代墓志汇编》下，上海古籍出版社1992年版，第1766页。

并序》记载，墓主人樊庭观生前投笔从戎，在绝域屡立战功，因之充任横野军副使，但军中毫无纲纪可言，士兵不勤于操练，而是懒散成习，甚或偷盗军中财物。樊庭观秉公执法，使“奸吏于是息心，贪夫以之侧目”①。但是军中腐败成习，自上而下无法找到与其志同道合之人，因而他郁郁寡欢，致使“开元十二纪正月廿六月，暴亡于军城宫舍，春秋卌有六”。死后，“种柩自塞至都，五月二日，迁窆于洛城东北平阴里平原”。家人及部下不远千里从边塞将其运回中原，最终葬于洛城平阴里。边塞军人归葬的情况应该不在少数，但是，普通士兵则因经济等原因，一般不直接归葬，而是采用招魂的方式。如张籍的《征妇怨》有“万里无人收白骨，家家城下招魂葬”的诗句。所以我们今天所见军人的墓志多为军官归葬。

最后，家族归葬中原。在唐代，家族成员死亡以后就暂且安置在葬地，数年后几位家庭成员同时归葬中原。如墓主人崔黄左于贞元十二年（公元796年）九月十六日，身患重病，逝于京兆府同官县的旅店当中，“既三日，窆于县之西偏，从权也”②，死后先葬在所卒之地。二十年后，崔黄左的侄子崔景裕，“诗礼本于庭训，孝敬出乎家风”，文德兼备，以孝闻名。“遂先启曾王母陇西郡君夫人李氏之殡于扬州、前夫人卢氏早岁祔矣。李夫人克生司直，今陪葬焉。王父王母于湖州、先妣于润州、世父于同官，共以其年八月廿七日，安神于洛阳北邙山之大茔”③。他将家庭成员一起安葬在洛阳北邙山，这样家族式的归葬中原，受到当时人的羡慕和赞扬。

如果单纯依靠碑刻资料说明隋唐时期归葬中原习俗盛行未免有点牵强，因为死后能立碑者至少为当时小有名气或家境殷实的人家，是否贫穷人家也会归葬中原呢？答案是肯定的，这可以从文字资料中得到佐证。如《旧唐书·列女传》记载：

> 女道士李玄真，越王贞之玄孙，曾祖珍子，越王第六男也。先天中得罪，配流岭南。玄真祖、父，皆亡殁于岭外。虽曾经恩赦，而未昭雪。玄真进状曰：“去开成三年十二月内得岭南节度使卢钧出俸钱接措，哀妾三代旅榇幕露，各在一方，特与发遣，归就大茔合祔。今护四丧，已到长乐旅店权下，未委故越王坟所在，伏乞天恩，允妾所奏，许归大茔。妾年已六十三，孤露家贫，更无依倚。”④

这段文字记载，李玄真的先人在先天年间因罪被流放岭南，祖、父都死在岭南，过了一百二十余年，到了开成三年（公元838年），即使李玄真已经出家为道士，而且年过花甲，但是她还是不顾“孤露家贫，更无依倚”，请求朝廷开恩，允许其亲自迎护其先人遗骨归葬长安。与李玄真情况类似的还有郑神佐的女儿，虽然当时她已经订婚，但是为了归葬战死的父亲，亲自从庆州护丧归葬，并发誓不再嫁人，因此列于《旧唐书·列女传》。这也足以证明归葬在当时社会上有相当的基础。

三、回迁归葬：家族认同与情感表达的方式

《礼记·檀弓上》曰：“礼，不忘其本。古之人有言曰：狐死正丘首，仁也。”⑤ 自古以来，客居之民便有在自己行将枯槁之时，落叶归根、归正首丘的人文情怀。即便是岁月沧桑、异地漂泊，也不能改

① 周绍良、赵超：《唐代墓志汇编》下，上海古籍出版社1992年版，第1294页。
②③ 周绍良、赵超：《唐代墓志汇编》下，上海古籍出版社1992年版，第2013页。
④ （后晋）刘昫等：《旧唐书》卷193《李玄真传》，第5151页。
⑤ （东汉）郑玄注，（唐）孔颖达等正义：《礼记正义》，上海古籍出版社1990年版，第124页。

变对桑梓之地的永恒记忆与深深追思。探求其根源，一方面有宗族观念的支配，另一方面也有魂归故土与至亲生死相守的情感寄托。刘先维曾对《唐代墓志汇编》所收3607方墓志进行统计，“发现其中属于归葬的墓志占27.2%，这个比例是相当大的。而且唐代归葬阶层也十分广泛，上至皇亲国戚、王公大臣，下至平民百姓，无不采纳。迁入中原的少数民族也采纳了归葬习俗”①。这些表明归葬故土习俗在这一时期的盛行。

一般而言，归葬中原者多数情况是客居异地，中原是其故乡，祖祖辈辈居住于此，祖坟也在这里，回迁先茔是家族观念的体现。严损之广德二年六月二十五日终于襄阳。“是岁八月，权窆楚山西原。……大历三年岁在戊申五月二十九日，返葬洛阳先茔，礼之至也。”② 这种回迁先茔在唐代较为常见，也是逝者认祖归宗、家族身份认同的客观展现。

归葬后的亲友相送也是血脉亲情的情感表达。卢迈之从弟卒于成都，“归葬于洛阳，路由京师，迈奏请至城东哭于其柩，许之。近代宰臣多自以为崇重，三服之亲，或不过从而吊临；而迈独振薄俗，请临弟丧，士君子是之”③。卢迈与从弟的亲情通过归葬的临吊得以充分表达。而最能表达唐代归葬情感的是韩愈为其侄子所作的《祭十二郎文》。韩愈三岁丧父，与兄嫂相依为命，家族传至韩愈与侄子韩老成，人丁不旺，虽两世一身，但对归葬非常重视。其兄殁于南方后，韩愈与侄韩老成随“从嫂归葬河阳”。韩愈嫂郑氏卒于元贞元九年（公元793年），侄子奉其母郑氏灵柩归葬河阳，韩愈亦临丧，“吾往河阳省坟墓，遇汝从嫂丧来葬”④。韩老成盛年早夭后，韩愈悲痛欲绝，韩愈与兄嫂侄子自幼相依为命，患难与共，“零丁孤苦，未尝一日相离”，感情深厚。文中最后，韩愈情真意切地表达出愿与侄生死相依的意愿：

> 汝病吾不知时，汝殁吾不知日；生不能相养于共居，殁不得抚汝以尽哀，敛不凭其棺，窆不临其穴；吾行负神明而使汝夭，不孝不慈，而不得与汝相养以生，相守以死；一在天之涯，一在地之角，生而影不与吾形相依，死而魂不与吾梦相接：吾实为之，其又何尤！彼苍者天，曷其有极！自今已往，吾其无意于人世矣。⑤

因此，韩愈立志将侄子回迁祖坟：“吾力能改葬，终葬汝于先人之兆，然后惟其所愿。”⑥ 以了却夙愿。因此，古人的归葬观念，不能单纯地视为宗法体制下的教条。还有着对先人至亲的依恋，以及希望死后可以与亲人亲情相守的情感寄托。从洛阳地区的墓志上可见，回迁中原不仅是杜甫家人的心愿，也是当时外迁贵族、官僚、士绅、平民等各阶层的共有观念。王建曾作《北邙行》：

> 北邙山头少闲土，尽是洛阳人旧墓。旧墓人家归葬多，堆著黄金无买处。天涯悠悠葬日促，冈坂崎岖不停毂。高张素幕绕铭旌，夜唱挽歌山下宿。洛阳城北复城东，魂车祖马长相逢。车辙广若长安路，蒿草少于松柏树。涧底盘陀石渐稀，尽向坟前作羊虎。谁家石碑文字灭，后人重取书年月。朝车马送葬回，还起大宅与高台。⑦

---

① 刘先维：《墓志资料所见唐代归葬习俗研究》，华东师范大学学位论文，2010年。

② （清）董诰：《全唐文》卷392《唐故银青光禄大夫太子左庶子严公墓志铭》，中华书局1983年版，第3990页。

③ （后晋）刘昫：《旧唐书》卷136《卢迈传》，第3754页。

④ （唐）韩愈撰，马其昶校注：《韩昌黎文集校注》，上海古籍出版社1998年版，第337页。

⑤⑥ （唐）韩愈撰，马其昶校注：《韩昌黎文集校注》，上海古籍出版社1998年版，第340页。

⑦ （唐）王建：《王建诗集》，中华书局1959年版，第2页。

这首诗歌固然带有反讽意味，却相对真实地反映出唐代归葬观念的盛行，有学者认为这与魏晋以后门阀制度兴起所带来的宗族观念密不可分。但唐代中后期，士族制度已经逐渐衰落。许多归葬中原的民众，还是受到故土情节和洛阳为“天下之中”的思想的影响。在“坟丘累累，青冢相继”的邙山之上有不少坟冢，他们来自陇西、江南、岭管、巴山等地区，他们属于不同的社会阶层，有贵族官僚，也有平民百姓。他们离开故土的原因各不相同，有的是被贬流放，有的是旅途病逝，有的是征发兵役，有的是躲避战乱。他们的墓志中都在诉说自己归葬中原的共同心愿。他们生于斯，长于斯，因此希望葬于斯，长埋于斯。另外也有一些祖籍在中原，祖坟也在中原的世家大族，他们的子孙更是希望能够归葬故里。当然还有一些外地氏族以归葬中原为荣。但随着士族阶层的逐渐没落及对其长期生活地区认同感的加强，到了后来，士人归葬中原地区的思想观念越来越淡薄，归葬中原的情况也就已然没有唐代常见。但基于宗亲却代代沿袭，随着历史变迁，中原民众迁播海内外，但家庭观念与血脉认同却从未消退，寻根溯祖仍是其共同的文化记忆，家园故土仍是其魂绕梦牵的心灵归宿。中原文化思想体系下“尚中贵和”“祭祖崇远”的文化认知，在其心中牢不可破、根深蒂固，已成为家族共同记忆的组成部分。

四、结语

唐代归葬中原的观念在前代的影响下仍旧盛行，诗人杜甫就是典型的事例，杜甫大历年间卒后，历经两代人四十年方才归葬首阳。其间历经艰辛、屡遭磨难。唐代许多因战乱、征戍、官仕等外迁的中原民众，死后多耗费巨资、盘桓数代、历尽波折归葬中原。

回迁与归葬风俗不仅是中原民众血脉认同的外在表征，而且是中原独特思想观念、社会习俗等的具象表达，深刻揭示出中原根脉意识、中和观念的根深蒂固，以及“尚中贵和”“祭祖崇远”的家族人文情怀。因此，古人的归葬观念不能单纯视为宗法体制下的教条，还有着对先人至亲的依恋，以及希望死后可以与亲人亲情相守的情感寄托，回迁归葬成为家族认同与家庭亲情表达的重要方式。

（作者为河南大学黄河文明与可持续发展研究中心副教授）

从巩义出土墓志铭看北宋宗室妇女的风范

谢翠维

摘要：从北宋臣子奉敕撰写的墓志铭来看，北宋宗室子媳大多出身名门，具有性情柔淑、妇德不缺、治家有方、识见高远等特点。北宋上层社会对这些方面颂扬的原因，除政治、经济因素外，主要是其家世背后优越教育条件较易培养出高素质女性，尤其是符合社会对女性身份角色的定位。当今探讨北宋宗妇风范对于我们重新认识传统社会女性文化、建立新时代婚姻关系，以及对教育内容的调试都具有重要的意义。

关键词：北宋；宗室；妇女；价值

墓志铭是为逝者而写。自古以来，中国人就讲究死者为大，因此墓志资料记载难免有溢美之词，但墓志铭的赞誉，也非浪得虚名。河南巩义是北宋皇陵的聚居地。这里不仅埋葬了北宋 7 位皇帝和 20 多位皇后，以及数千名功臣名将，而且还出土了许多北宋宗室的墓志铭。这些宗室的墓志铭，都是当朝臣子根据记录奉敕撰写，其中宗室妇女的墓志铭充分反映了北宋主流社会对女性的完美期望和要求。这些对女性的完美期望和要求是中国古代传统社会非常重要的价值观之一，对当时和后世都产生了重要的影响，甚至对于当今的婚恋观都有重要的启迪作用。

有关北宋女性研究论文成果颇丰，涉及婚姻、教育、法律等诸多方面，但就笔者目前掌握的资料而言，研究北宋主流社会评判女性的标准，则显得较为薄弱。仅有《抑扬之间：宋代女性的社会评价研究》①《宋代女性价值观研究——以士大夫阶层女性为中心》②《浅论宋代不同阶层妇女的贡献》③《宋代妇女价值取向论略》④ 等数篇文章。这些研究成果各有所长，为本文写作提供了诸多参考。拙作在前贤研究的基础上，以北宋皇陵出土的宗室妇女墓志铭为研究对象，拟从北宋宗妇的风范、北宋宗妇风范被认可的原因、探讨北宋宗妇风范的意义三个方面来研究北宋社会的妇女评价体系，以期为北宋女性的研究提供一个全新的视角和思路。

本文研究对象主要是宗室妇女，仅限于皇室近亲中的妇女，后妃等不在此限；主要依据的材料是河南省文物考古研究所编写《北宋皇陵》。该书所收录女性墓志铭中，19 篇为未嫁女和夭亡女，大部分记载极其简单，只有皇帝女儿记载较为详细，但属特例，对当时社会普遍价值评判意义不大，故忽略不计。为行文方便，宗室妇女本文一律简称宗妇。

---

① 顾红芬：《抑扬之间：宋代女性的社会评价研究》，四川师范大学硕士学位论文，2012 年。

② 孔曼：《宋代女性价值观研究——以士大夫阶层女性为中心》，郑州大学博士学位论文，2016 年。

③ 来桂佩：《浅论宋代不同阶层妇女的贡献》，《三门峡职业技术学院学报》2010 年第 4 期。

④ 孔曼：《宋代妇女价值取向论略》，《中州学刊》2015 年第 2 期。

一、北宋宗妇的风范

宗室是皇族近亲，他们选择媳妇的标准，就是整个社会评判女性的主要标准。通过探析北宋宗妇的墓志铭，我们就可以看到北宋主流社会认可的女子风范。

1. 世家渊源，综合素养高

处于社会中上层的宋人对家世看得很重。宗妇们就是最为明显的例子，大多出身于官宦高门。如宗室右骁卫大将军、窦州刺史（赵世谟）夫人，山阳县君王氏①，四代祖王审琦，忠武军节度使，同中书门下平章事、赠尚书令；曾祖王承衍，护国军节度使、驸马都尉、赠尚书令；祖王世隆，六宅使、平州刺史、赠中书令；父王克基，引进使、陵州团练使。夫人出身贵族，显赫身世是其被选为宗妇的主因之一。又如《故高平郡夫人薛氏墓志铭》② 记载：薛氏的曾祖薛居正，位居宰相；祖父薛惟吉，左领军卫大将军；父薛安民，右班殿直。薛氏后来嫁给宋太祖的嫡长曾孙赵从郁。最典型的例子就是楚王赵元佐的夫人冯氏③，出生于"三世公侯"之家：曾祖冯萼，留侯，死后赠太子少傅；祖冯晖，卫王，死后赠太师；父亲冯继业，定国军节度使，开府仪同三司，检校太师，死后赠中书令。

宗妇们的魅力，不仅在于出身名门，更在于性情柔淑，具备雍睦家族的能力和涵养。如前文提到的赵元佐的夫人冯氏，"故其年在孩提，则心怀柔顺，礼从傅姆，则性益贤明。女仪过目以皆通，壶德经心而曲妙。习频繁之事，所以奉祭祀之恭；效缔绍之工，所以备衣巾之用。加以孝承父母，仁接姻亲"④。从字里行间我们可以看出，冯氏性情柔顺，恭敬老师，孝敬父母，知书达礼，精于女红。加之冯氏有"邦媛之形容，得家人之系象"，遂被选为元佐之妻。又如皇侄孙右卫率府率赵世昌的夫人钱氏，"惟夫人生而洵淑，幼而纯静。德容充于内，亲党间推之。善女红剪制之事，颇留心毫翰，洞晓音律。繇门阀之懿，豫藩房之选"⑤。钱氏之所以婚配皇家宗室，主要是因为其"洵淑""纯静"的性格气质、有目共睹的德行以及书法、音律、女红等才情技艺。从墓志铭描写次序中，我们可以看出宋人对女性的评价首看性情，再看其德，然后才是才情技艺。前文冯氏虽未明言，其实质也与此同。因她们性情柔淑，具备雍睦家族的能力，加之"繇门阀之懿"，所以被选为宗妇。

2. 妇德不缺，伦理关系处理得法

皇家宗妇虽然地位极高，但在实际生活中都恪守传统社会的规范要求，如孝敬公婆、恪守妇道、教子传家等，堪称当时主流社会的模范标杆。

宗妇们婚后德行所为，首以孝敬公婆、雍睦宗族为佳。如宗室博陵郡公仲伋夫人故彭城县君刘氏，"事姑以礼，顺爱丈夫，和上下左右，获誉于宗妇间"⑥。又如感德军节度使、尹国公赵令谷的妻子刘氏，侍奉公婆如父母。公公感疾，刘氏亲调汤剂，至刺血为疗。及公公去世，刘氏因哀伤过度导致生病。宗室赠华州观察使、华阴侯赵世将的妻子李氏，"爰自相门，来嫔帝族。既荣且贵，不以为骄"，

---

① 河南省文物考古研究所：《北宋皇陵附录三·宋宗室右骁卫大将军窦州刺史（赵世谟）夫人山阳县君王氏墓志铭》，中州古籍出版社 1997 年版，第 527 页。

② 河南省文物考古研究所：《北宋皇陵附录三·故高平郡夫人薛氏墓志铭》，中州古籍出版社 1997 年版，第 528 页。

③④ 河南省文物考古研究所：《北宋皇陵附录三·大宋楚王（赵元佐）故夫人冯氏墓志铭》，中州古籍出版社 1997 年版，第 522 页。

⑤ 河南省文物考古研究所：《北宋皇陵附录三·皇侄孙右卫率府率（赵世昌）夫人钱氏墓志铭》，中州古籍出版社 1997 年版，第 525 页。

⑥ 河南省文物考古研究所：《北宋皇陵附录三·宋宗室博陵郡公仲伋夫人故彭城县君刘氏墓志铭》，中州古籍出版社 1997 年版，第 534 页。

“事舅姑以礼，睦族人有恩。宫邸称美之”①。此类墓志铭不胜枚举，无一例外是对孝敬长辈、和睦亲族的宗妇们高度一致的表彰和赞美。

宗妇们婚后德行所为，中以顺爱丈夫，恪守妇道为本。丈夫在世，顺爱丈夫，不嫉妒丈夫另有所爱。如前文所提赵仲伋的夫人刘氏，“顺爱丈夫”，“不嫉妒，为丈夫广媵妾之数”，“丈夫病危，祷告毁肤发，夫丧，哀号尽礼”②。夫妻感情至深，伤心哭泣，伪装难成。又如宗室博州防御使、博平侯令赵骕的夫人刘氏，也是“顺从丈夫，不嫉妒”③。再如赵令谷的妻子刘氏，“丈夫尹国公（赵令谷）去世，哀悲昼夜不息。丈夫死后，与他人绝往来”④。赵世将的妻子李氏，在丈夫死后，“扫一室独处，屏去华丽”⑤。

宗妇们婚后德行所为，下以抚育诸子、教子传家为旨。宗妇们以抚育子女、勉学子弟为己任。如宗室右千牛卫将军赵士奄的夫人陈氏，抚育爱怜先房王氏襁褓中的孩子胜过自己的孩子，以经史教育子女，不看重珍贵物品。再如皇叔益端献王（赵頵）妻魏国夫人，“抚诸子，慈爱以有义”，“王薨，诸子尚幼，夫人勉之以学，朝夕无倦色，诸子奉承，砉壹不懈”⑥。皇从侄金州观察使赵从郁妻薛氏在这方面最为突出。薛氏“抚教诸子，不以富贵骄”，其家子女，男儿“孝谨肥家”，女儿“贤淑以有行”⑦。薛氏心好儒释，自身德行深厚，不但治家有方，而且能感化子孙，奉德遵礼以持身。

3. *治家有方，识见高远*

宗妇们不仅婚后德行不缺，人际关系处理得当，而且具有很强的治家和办事能力。如宗室监亳州卫真县盐酒税、左班殿直妻潘氏“主内有法”⑧。宗室右武卫大将军、池州团练使（赵令委）妻宋氏，事无巨细礼仪合适，深得谨严的婆母认可，家族事务悉是宋氏管理。办理婆母和育姆二位丧事，礼仪甚熟。又如宗室赵世将妻李氏，“治家益有法。三十年间，内外无间言。闻人急难，恻然赒恤。雅好儒释之学，颇通其义。子孙敬畏，承志检身，皆有美誉”⑨。再如宗室赵士宇妻王氏，出自太原王氏，家世显赫，父亲早逝。因家无男兄弟，她辅佐母亲治理家事，让人赞叹。王氏不仅治家本领高超，而且巧成难事，可见其才能的确不一般。“初大夫公官睢州，丁其父观察公忧，奔讣……问家室。夫人乃省装携幼，贷舟追行。前殡一夕，就簇集。”⑩

这些宗妇虽足不出户，但识见却很高远，甚至当时的士大夫也自愧不如。如宗室赵令委的妻子宋氏即是一例。“池州（赵令委）喜交游，来者多知名士，或疏客行告之，夫人必曰：甲后当尔，乙将如是。后皆果然。”⑪ 宋氏识人之高由此可见一斑。又如宗室赵士宇的妻子王氏，丈夫因为公事用度紧张，榷酒吴兴，传言朝廷要治其罪，深以为忧。王氏曰：“公之为官也，持身廉，奉法公，治民恕，俯仰无

---

①⑤⑨ 河南省文物考古研究所：《北宋皇陵附录三·宋宗室赠华州观察使华阴侯世将妻寿安县君李氏墓志铭》，中州古籍出版社1997年版，第550页。

② 河南省文物考古研究所：《北宋皇陵附录三·宋宗室博陵郡公仲伋夫人故彭城县君刘氏墓志铭》，中州古籍出版社1997年版，第534页。

③ 河南省文物考古研究所：《北宋皇陵附录三·宋宗室博州防御使博平侯令骕夫人昌元县君刘氏墓志铭》，中州古籍出版社1997年版，第541页。

④ 河南省文物考古研究所：《北宋皇陵附录三·宋宗室感德军节度使尹国公（赵令谷）妻普宁郡君刘氏墓志铭》，中州古籍出版社1997年版，第549页。

⑥ 河南省文物考古研究所：《北宋皇陵附录三·宋皇叔益端献王（赵頵）妻魏国夫人墓志铭》，中州古籍出版社1997年版，第551－552页。

⑦ 河南省文物考古研究所：《北宋皇陵附录三·故高平郡夫人薛氏墓志铭》，中州古籍出版社1997年版，第528页。

⑧ 河南省文物考古研究所：《北宋皇陵附录三·宋宗室监亳州卫真县盐酒税左班殿直妻潘氏墓志铭》，中州古籍出版社1997年版，第548页。

⑩ 河南省文物考古研究所：《北宋皇陵附录三·宋宗室士宇妻蓬莱县君王氏墓志铭》，中州古籍出版社1997版，第553页。

⑪ 河南省文物考古研究所：《北宋皇陵附录三·宋宗室右武卫大将军池州团练使（赵令委）妻容县君宋氏墓志铭》，中州古籍出版社1997版，第546页。

所愧，□达命耳！非人所□。”① 后来此事未成为事实，实则是虚惊一场。临事有主见，小小妇人心胸坦荡，其格局不下于士大夫之流。

弥留之际，很多人都会带着遗憾和挂念离开人世，正值青春壮年的宋代宗妇们面对生死，展现出来的平静与坦然着实令人赞叹。如赵仲伋夫人刘氏，享年39岁。生死之际，刘氏谓诸子曰：“汝父尝请吏而以近属法不许，汝曹倘得补外者，当尽力职事，以报朝廷敦睦之恩，且以成汝父之志。能若是，吾无恨矣。”② 弥留之际，刘氏不忘以忠义教诸子，行为非一般人所能及。又如赵士奄的夫人陈氏，年仅27岁，“临终之际，神气自若，虽深知性命者，有所不及”③。宗室左班殿直（赵士燕）妻范氏，临死谓其夫曰：“凡囿形于天地之间者，始合终难，殆有数焉固不可逃。然去住无常，而有常者固在，何足虑乎。”④ 范氏语毕而亡，享年只有22岁。范氏深信佛法，所以能够坦然面对生死。但从墓志铭记述来看，陈氏疾卒，实无信佛之事，竟然神气自若，静待生死，实属不易。

综上所述，北宋认可的女子风范主要表现在性情柔淑、孝敬姑舅、妇德无缺、治家有方、见识高远等方面。宋朝宗妇们的墓志铭反映出当时社会中上层主要从内涵德行评价女性的魅力，尤其重视女性对伦理关系处理的能力，外在美貌不是没有注意，只是绝非主要标杆，办事能力和高远见识等综合素养才是王道。

二、北宋宗妇风范被认可的原因

北宋宗妇展现的风范着实令人佩服，其被古代社会认可的深层原因值得进一步探讨，就是对当今也有很好的借鉴意义。

1. 优越的教育条件，才可能培养出世家风范

宗室子媳的选择，大多看重门第。一方面是作为皇族，出于巩固政权的需要；另一方面则是因为出身名门的女子，才可能有世家风范。

这些宗妇大多都是官宦子弟，出身名门，有的甚至代有显名。只有这样家庭的子女，才有可能具备较好的世家风范。时人认为祖宗德泽所致，才能生此佳人。如赵元佐的夫人冯氏，墓志铭明言因“百年惠爱，积仁累德，生兹令人”⑤。不仅对冯氏评价颇高，也是在彰显祖宗德泽恩厚，蒙荫子孙，才生此佳人。无独有偶，皇侄孙赵世昌夫人钱氏的墓志铭也言“庆祥下钟，为令男，为贤女，果不诬已”⑥。由此可知宋人对家世的看重，除了政治上的原因外，实质也是对教育子女品行的家庭或者家族教育环境的高度重视。

这些出身名门的女子，言行符合当时社会的礼仪规范，女红、书法、音律等技艺水平较高，综合素养上乘。这些非常切合当时男子理想女伴的标准。而这一结果的获得则应归功于出身名门。这样的家庭或者家族，有条件重视和施行专门的教育，即使家道中落，也会因本身的素养潜移默化影响子女。在宋代女性教育不是很普及的情况下，名门出身的女子最有可能自小就能接受到相关的教育。如宗室赵元佐

---

① 河南省文物考古研究所：《北宋皇陵附录三·宋宗室士宇妻蓬莱县君王氏墓志铭》，中州古籍出版社1997版，第553页。

② 河南省文物考古研究所：《北宋皇陵附录三·宋宗室博陵郡公仲伋夫人故彭城县君刘氏墓志铭》，中州古籍出版社1997年版，第534页。

③ 河南省文物考古研究所：《北宋皇陵附录三·宋宗室右千牛卫将军士奄夫人故崇安县君陈氏墓志铭》，中州古籍出版社1997年版，第536－537页。

④⑤⑥ 河南省文物考古研究所：《北宋皇陵附录三·宋宗室左班殿直（赵士燕）妻范氏墓志铭》，中州古籍出版社1997年版，第546页。

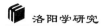

的夫人冯氏，在德行、女仪、女红等方面都曾受到严格的训练。宗室赵世昌的夫人钱氏，“德容充于内，亲党间推之。善女工剪制之事，颇留心毫翰，洞晓音律”①。这里虽没有明言有教师，但从本身具备素养来说，应该是有专门老师或者父母教导。

2. “三从四德”，符合传统社会对女性身份角色的定位

三从四德，是“三从”与“四德”的合称。具体来讲，“三从”指未嫁从父、出嫁从夫、夫死从子；“四德”则是指妇德（德行）、妇言（言辞）、妇容（容貌）、妇功（技艺）。“三从四德”，是中国古代女性的一种道德规范，实质是为适应家庭稳定、维护父权—夫权家庭（族）利益需要，根据“内外有别”“男尊女卑”的原则，由儒家礼教对妇女的一生在道德、行为、修养上进行的规范要求。

在宋代男主外、女主内是常态。女性的职场就在家庭。公婆、丈夫、子女、家族其他人都是她们每天需要面对的对象。这些女子未嫁时在娘家按照儒家礼教“三从四德”的要求，接受相关的训练和培养，尤其是高门女子。如赵元佐夫人冯氏，在娘家就接受傅姆的教育，孝敬父母，女仪、女红、祭祀礼仪等很精通。赵世昌的夫人钱氏，德行很高，亲戚赞誉，尤善于裁缝、书法和音律。这类女子婚前大多进行过相对系统的教育，具备四德素质，以便能较好地适应婚后的生活。

宗妇们在生活中表现得最为淋漓尽致的是“出嫁从夫”。孝敬公婆、雍睦宗族，顺爱丈夫、恪守妇道，抚育诸子、教子传家等，都是以夫权家庭利益为重的。人际关系在今天也是一门很深的学问，要让上至公婆，下至儿女，丈夫以及宗族都能称道的宗妇们，得有多大的涵养和克己耐力？女子出嫁后孝敬公婆，侍奉丈夫，抚育子女，和睦家人，能妥善处理家族事务的道德行为规范，在很大程度上解决了男子在外谋生的后顾之忧，最大化地满足和维护夫权家族的利益需求，所以受到男权社会的普遍认可和赞扬。

3. 治家有方，远见卓识，深得士大夫钟爱

中国古代社会特别重视丧礼。一般而言，丧礼隆重而烦琐，尤其是上流社会。要成功举办一次丧事，方方面面的事情确实很多。前文提到的赵令委妻子宋氏，礼仪甚熟，为成功举办婆母及育姆两人的丧事出力最多。这样的事情即便是当时的很多男子也未必能办到。华阴侯赵世将妻李氏，治家三十年，内外无间言。墓志铭即便有虚美之嫌，但这决不是一般人所能够轻易得到的赞誉。家庭事务看似简单，实则复杂。过去都是大家庭，方方面面的人和事多而杂，要做到治家有方，更属不易。

在女性受教育程度普遍不高、很少外出打拼的社会里，女子有识人之明，见识高远，即使是正值盛年也能坦然面对生死，这样的素质仅具其一，都是非常不易的。前文提到赵令委的妻子宋氏有识人之明，赵士宇的妻子王氏临事有主见，赵士奄夫人陈氏、赵士燕妻子范氏20多岁临终就能够坦然面对生死，等等。即便是现代男女，也未必做得到，更何况是在一千多年前各方面资源获得相对较少的古代女性。

宗妇中的佼佼者们之所以具备这些素养，多来源于自幼不断的学习、日积月累的实践，以及自身有较高的领悟能力。这些女性一旦面临事情，就表现非凡，不得不令士大夫们叹服，从而成为男权社会女子的标杆。

三、探讨北宋宗妇风范的意义

整体上来看，北宋宗妇们颇具世家风范：性情柔淑、妇德不缺、治家有方、见识高远，极其优秀者

① 河南省文物考古研究所：《北宋皇陵附录三·宋宗室左班殿直（赵士燕）妻范氏墓志铭》，中州古籍出版社1997年版，第546页。

还拥有书法、音律等才情技艺。北宋宗妇墓志铭中透露出的这些标准，充分代表了中国传统社会对女性完美的期待和要求。探讨北宋宗妇风范对于我们重新认识传统社会女性文化、建立新时代婚姻关系以及教育内容的调试都有重要的意义。

1. 有助于我们客观认识和评价中国传统社会对女性的要求和期待

北宋是中国典型传统社会的代表。男尊女卑，男主外、女主内是社会常态。北宋社会对女性的评价标准，都是以最大化地满足男性的权利、社会职场需求为立足点的，更深层的原因则是为了满足传统封建农业经济和男权社会稳定发展的需求。这样的评价标准，对古代社会来说，有其合理性的一面：男女分工明确，女性安于家庭事务，男性专心在外谋生，有利于家庭的稳定与和谐。但是从社会性别角度来看，这样的评价标准有不合理的一面：古代社会所认可的妇德是以男性需求为主要标准的，甚少甚至并未考虑到女性的合理需求。如在婚姻关系里，主流社会要求丈夫在世，妻子不能嫉妒。这样似乎保护了婚姻的排他性，然而丈夫却可以在一妻多妾制下“寻花问柳”。丈夫去世，妻子衣着不能过于华丽，甚至要与他人断绝往来，实际上造成很多女性年轻守寡，生活在家如同出家。究其原因在于北宋社会大多数女性生活基本上都是依附于男性，没有独立的经济来源，没有独立的人格，本身只是为男性传宗接代、理家治家的帮手。此外，因职场分工两性界限分明，女性即使才情很高，也只能安守家园，不能在社会中展现和发挥应有的才能，更不可能改变这一现状。

2. 为当下成功经营婚姻带来启示

社会发展到现在，女性地位已经出现了前所未有的提升，社会分工已然彻底打破男女的界限，过去的大家族已经成为普遍的小家庭。然而在这一切发展的同时，作为社会最小细胞的家庭却出现了诸多的矛盾和不和谐，离婚率居高不下，成为严重的社会问题。传统社会对女性的评价标准合理性一面却给我们诸多启示。

（1）北宋主流社会择妇标准对当今具有引导风尚的现实意义。北宋宗妇的选择是看重家世家风、先德行后才貌、综合素养高。看重家世家风有对女子教育环境重视的进步因素；先德行后才貌是对将来处理复杂人际关系进行考量，综合素养高是对女性优中择优的再现。当今社会的择婚，男子只重女子的才貌，女子只重男方的财貌，不重德行世风，为婚姻的不稳定埋下了诸多隐患。因为婚姻仅靠美貌、技能以及财富是不可能经营好的。现代婚姻种种不幸的根源在于我们择偶标准的选择以及先后排序上出现了问题。传统社会择妇标准里有更长久、更客观的合理性方面，对当今择偶有非常重要的启示作用。

（2）家庭角色中素位而行，是正确处理新时代男女婚姻关系的关键。传统社会男女两性分工明确，职场与家庭角色要求基本一致，不存在非常大的冲突。当今社会，众多女性走进社会，与男性一起进入竞争日益激烈的社会职场。然而两性的家庭角色与过去相比依然没变，双方需求也未发生实质改变。职场与家庭角色要求的不一致，因为惯性使然，导致很多人用职场要求替代家庭需求，从而引发了婚姻的诸多不和谐。传统社会对女性的家庭定位很明确，深受颂扬的北宋宗妇们最优秀的品质就是在家庭里素位而行。当今的人们，更主张自己的权益和享受。但是无论社会如何变化，男女在外处于何种职位，从事何种职业，在家庭角色中，如果都能素位而行的话，婚姻关系相对稳定，一般不会走向破裂。

此外，探讨北宋宗妇风范的意义还在于给改革教育带来曙光。北宋宗妇们之所以能在婚后表现得如此优秀，关键是从小教育内容与教育实践一直紧密相连。在娘家的实习和在婆家的长年实践，使得教育衔接性非常之强。目前我国正在如火如荼地进行各类的教育改革，力度、广度以及深度日益扩大，但依然满足不了人们对教育改革的期望。这在很大程度上表现在教育内容与社会生活实践脱节上。尽管古代女子接受的不是正规的学校教育，但一直以来传统女子教育培养的目标是最大限度地满足社会对完美女性的需求，是直接为女子未来的家庭和生活需求服务的。这一点值得教育改革者深思。

四、结语

北宋当朝臣子撰写的宗妇们的墓志铭，展现出宗室妇女整体风范，反映出当时整个社会评判女性的主要标准。这些标准既有精华，也有糟粕。我们主张客观看待传统社会的女性文化，吸收合理的一面为当今工作和生活提供借鉴。当然，墓志铭大多溢美之词，我们也不能过高地估计墓志铭的资料价值。

（作者为洛阳师范学院历史文化学院讲师）

宋代西京分司官制度述论

张祥云

摘要：西京分司官制度的存在，是西京陪都政治生活的重要体现，与当时的社会政治环境息息相关，有其存在的历史必然性。这一制度源于唐、五代时期，在宋代有了新的发展变化。从概念上来说，已与唐代所谓任职于东都中央分司机构，即为西京分司官的判定标准有所不同。西京分司官是宋代官僚队伍中一个十分特殊的官僚群体，在形式、名义上起到陪衬西京陪都的作用。他们不是一般的正任官员，政治前途基本丧失。随着西京分司机构职事的日趋虚化，尤其是宋神宗和宋徽宗时期，曾两度废除该制度。但作为宋代一项长期存在的制度，仍具有优老礼贤、劝退、养廉、责降、警示，以及充当政治缓冲器，促进社会和谐的积极现实作用。

关键词：北宋；西京；分司官制度

分司制度，宋代以前就已有之。徐光烈等编《中国历代职官辞典》解释说："唐建都长安，以洛阳为东都，朝廷官员之分在东都执行职务者，称为分司，但除侍御史之分司东都者有实权外，仅以分司之名优待退闲之官而已，并无实际职权。宋分司之制略同，亦用以侍退闲之官。又清在盐运使下设分司，以运同或运副兼领。"① 持类似看法的还有徐东升，认为"宋代官员分司制度既承袭了前代的做法，也有自己的创新，形成了比较完备的体系，但对宋代以后的作用并不明显"②。以上解释和看法实际上是偏颇不全的。事实上，宋代不仅继承和发展了唐代在陪都设置分司官的制度，形成了富有宋代特色的"三京分司官"制度，且在财税等其他领域也同样存在分司制度。这在宋代史籍中均有记载："诏三京依旧置分司官"③，"终乞分司洛阳去，就泉依竹水南居"④。这是对前一种分司方式的记载。对于后一种分司形式，则有"盖分司，即本司一干官在外者耳"⑤ 的新定义，表明"新制重分司，谁云筦榷卑"⑥的记载绝非虚言。另外，宋人还把出任西京宗正寺和任职崇福宫都认为是分司，"嘉名已录于御屏，褒诏分司于仙籍"⑦，"仍分务（崇福宫）于留司，既积岁时，累更优叙"⑧。可见分司制度在宋代得到更为广泛的应用，尤其在财税领域中的推行，更是开后世之先河。深入剖析和了解这一制度的发展变革和分司官员们的政治生活，将有助于我们对陪都西京政治功能的认识和了解。

---

① 徐光烈等编：《中国历代职官辞典》，"分司"条，上海辞书出版社 1992 年电子版。

② 徐东升：《宋代官员分司制度》，《史学月刊》2007 年第 1 期。

③ 李焘：《续资治通鉴长编》卷 378，哲宗元祐元年五月甲戌，中华书局 1992 年版，第 9177 页。

④ 李至：《小子秪自夜来风气……不亦可乎》，载北京大学古文献研究所：《全宋诗》（第 1 册），北京大学出版社 1998 年版，第 558 页。

⑤ 黄震：《黄氏日抄》卷 71《提举司差散本钱申乞省罢华亭分司状》，文渊阁四库全书本第 708 册，第 695 页。

⑥ 赵汝鐩：《野谷诗稿》卷 5《送同官叶榷院造朝》，文渊阁四库全书本第 1175 册，第 120 页。

⑦ 王迈：《臞轩集》卷 8《上西外宗使启》，文渊阁四库全书本第 1178 册，第 555 页。

⑧ 王洋：《东牟集》卷 7《左中大夫提举西京崇福宫张征复端明殿学士制》，文渊阁四库全书本第 1132 册，第 415 页。

一、西京分司制度的承袭与发展

1. 宋代西京分司官制度是对唐、五代制度的沿袭

洛阳分司官之设始于唐代，“居其官者，谓之分司，大抵皆闲秩”①，“不关政事而食其禄，本以处罢黜之人，或既远黜，复量移于此，而性乐恬退者，亦或反从而求为之”②。唐宪宗时，大臣皇甫镈“自请以散官，自东宫庶子至少保，分务洛京者二十有五年”③。诗人白居易也称赞分司生活说：“散秩留司殊有味，最宜病拙不才身。”④ 可见，在当时谋求分司对于官员们来说是一种优于告老还乡的选择。之所以会出现这种情况，当与“唐致仕官，非有特敕，例不给俸”⑤ 的致仕制度有关，也与出任此官虽属微责，但对以后的仕途影响甚微有关。⑥ 因而，分司官在唐代既有优贤养老的作用，也有作为政治缓冲器的作用。

五代时期，这一制度得到了延续。如后晋高祖时曾命宋偓分司就养，“敕有司供给，至于酰醢率有加等”⑦。卢詹等也在天福年间分司于洛阳⑧。后周初年，王延“以疾求分司西洛”⑨。入宋，西京分司制度仍得到沿用。最明显的一个例证是，赵宋政权刚刚建立后的建隆元年（公元 960 年）二月，宋太祖就“以左骁卫大将军致仕李彦崇为右羽林大将军，分司西京”。这样，就现有史料来看，李彦崇也就有幸成为宋代第一个被委任为西京分司官的人。

2. 宋代西京分司官制度的发展演变

宋太宗以后，虽然继续设置西京分司官，但对其任用和政治态度发生了变化。宋太宗曾对近臣言：

> 朕每日后殿自选循吏，候选及三二百人，天下郡县何愁不治。迂懦因循之人，并与诸州副使、分司西京，或且给俸禄，不与差遣，然此辈又如何消国家禄食也。⑩

显然，此时的西京分司官已经成了懦弱无能的代名词，成了国家财政的包袱，受到帝王的鄙视。到宋真宗时，西京分司官又进一步成为国家“摈弃”之人，政治前途基本丧失。景德三年（公元 1006 年），“御史台引都官员外郎窦諲者，前知长安县，颇恣苛虐。诏劾其罪。上曰：‘亲民之官，不循理道，酷用刑罚，宜摈弃也。’遂令分司西京”⑪。再往后，任命分司官则成了惩罚犯罪的方式之一了，所谓“公论靡容，其分务于别都，用少伸于邦宪，以惩不恪，以警无良”即是。⑫

正是基于上述官方认识，宋政府对于那些自请分司的国家勋臣要员，通常都不会答应，而给予其他

① 徐度撰，尚成点校：《却扫编》卷上，宋元笔记小说大观本，上海古籍出版社 2001 年版，第 4488 页。
② （清）王鸣盛撰，黄曙辉点校：《十七史商榷》卷 85，上海书店出版社 2005 年版，第 747 页。
③ 沈作喆：《寓简》卷 3，文渊阁四库全书本第 864 册，第 123 页。
④ （唐）白居易撰，顾学颉点校：《白居易集》卷 23《分司》，中华书局 1979 年版，第 521 页。
⑤ （清）彭元瑞辑：《宋四六话》，续修四库全书本第 1715 册卷 12，第 4 页。
⑥ 苏小华：《文献所见唐东都制度考略》，陕西师范大学硕士学位论文，2002 年。
⑦ （元）脱脱：《宋史》卷 255《宋偓传》，中华书局 1977 年版，第 8906 页。
⑧ 薛居正等：《旧五代史》卷 93《卢詹传》，中华书局 1976 年版，第 1231 页。
⑨ 薛居正等：《旧五代史》卷 131《王延曾传》，中华书局 1976 年版，第 1726 页。
⑩ 李焘：《续资治通鉴长编》卷 36，太宗淳化五年五月戊寅，中华书局 1992 年版，第 788 页。
⑪ 李焘：《续资治通鉴长编》卷 62，真宗景德三年四月丙戌，中华书局 1992 年版，第 1395 页。
⑫ 汪藻：《浮溪集》卷 12《王襄赵野分司制》，文渊阁四库全书本第 1128 册，第 113 页。

安排。治蜀名臣张咏在宋真宗大中祥符年间，因“头疮甚，饮食则楚痛增剧”①，多次请求分司西京，终不获允许。大臣孙何求改少卿监、分司西京养疾，同样没有得到允许。② 政治革新者王安石因受到政治攻击而要求分司，也被拒绝：“臣逮侍先帝，未许分司，则乞除臣一留台宫观差遣，冀便将理，终获有疗。”③ 不得不申请其他职任。这样的例子还有很多，不再一一列举。

随着致仕官员给俸和宫观祠禄官制度的实行及其他政治等因素的影响，西京分司官制度在宋神宗和宋哲宗时期还发生了废止和恢复事件。元丰四年（公元 1081 年），“诏见分司官三年罢，自今更不许分司”。哲宗元祐元年（公元 1086 年），“诏三京依旧置分司官”④。此后的徽宗大观年间，西京分司官制度又再一次被废，并“著为令”⑤。稍后又被恢复，具体时间史无明载。这表明西京分司官制度在社会政治生活中的存在似乎可有可无了，所谓“若令分司，便是致仕”⑥，即是说分司实质上也就是致仕了。到南宋时期，西京河南府已经不在南宋实际统治范围内，虽然仍然存在西京分司制度，但对于西京洛阳来说，已经成为虚化的概念。

二、西京分司官的任用、叙复及居住

1. 西京分司官的任用类型

从类型上来说，可分为文官分司和武官分司两种方式。宋真宗咸平五年（公元 1002 年），右仆射张齐贤为太常卿、分司西京，属于文官分司。而范昭祚于宋太祖建隆三年（公元 962 年），以左卫将军、分司西京，⑦ 显然属于武官分司。对于武官分司，宋神宗时还做了进一步的规定，元丰元年（公元 1078 年）诏：“自今武臣遥郡已上分司，如历任不因战功转官，及不曾任管军及横行，并除南班官分司。”⑧ 显示武官分司内部情况也较为复杂。

从分司取得的方式上看，大体可以分为留任分司、归明分司、祈请分司、责降分司、叙复分司和特权分司六种类型。

第一，留任分司。五代后周时就有西京分司制度，宋代周而立，也必然会有一部分西京分司官员继续留任。第二，归明分司。宋初在统一全国的战争中，常安置和笼络部分归降官员分司西京。如宋太祖开宝九年（公元 976 年），“以江南伪命崔万安为太府少卿、分司西京”⑨。太原平，宋太宗以太原人马峰为将作监，迁太府卿分司西京。⑩ 宋神宗时进一步加强了对归明分司人员的管理，元丰二年（公元 1079 年）规定：“近诏北界归明人守官致仕、分司及牙校、军民、僧人，各具所在并元归明年月、见今职位、姓名奏上。其西界投来及送到人口准此。”⑪ 第三，祈请分司。就是本人或他人代请分司，这种分司的原因多为当事人本人及家人老病，或者逃避政治现实等。如陈汝奭“性恬静”，“乞分司西京”。⑫ 宋仁宗天圣元年（公元 1023 年），李宗谅代其侄上言说：“侄国子博士昭迪，昨自汾州通判就差监颖

---

① 李焘：《续资治通鉴长编》卷 78，真宗大中祥符五年八月丁酉，中华书局 1992 年版，第 1778 页。

② （元）脱脱：《宋史》卷 306《孙何传》，中华书局 1977 年版，第 10100 页。

③ 王安石著，秦克等点校：《王安石全集》卷 17《辞知江宁府状》，上海古籍出版社 1999 年版，第 148 页。

④⑧（清）徐松辑：《宋会要辑稿·职官》46 之 5，中华书局 1957 年版，第 3416 页。

⑤ 李焘：《续资治通鉴长编》卷 321，神宗元丰四年十二月甲戌，中华书局 1992 年版，第 7748 页。

⑥ 赵鼎：《忠正德文集》卷 8《丁巳笔录》，文渊阁四库全书本第 1128 册，第 746 页。

⑦⑨（清）徐松辑：《宋会要辑稿·职官》46 之 1，中华书局 1957 年版，第 3414 页。

⑩ （元）脱脱：《宋史》卷 482《北汉刘氏》附《马峰传》，中华书局 1977 年版，第 13944 页。

⑪ 李焘：《续资治通鉴长编》卷 296，神宗元丰二年正月庚申，中华书局 1992 年版，第 7219 页。

⑫ 佚名：《京口耆旧传》卷 1，文渊阁四库全书本第 451 册，第 126 页。

(颍)州正阳镇盐酒税兼兵马都监，为患乞就除分司西京，且在私家求医，損日却赴西京。”获得允许。[①] 神宗熙宁时，河北提点刑狱孔嗣宗为逃避新法督责“求分司而去”[②]。第四，责降分司。官员因施政不力、犯罪或政治原因被责降分司西京。这种分司方式自宋初就有，宋神宗以后逐步增加，直至“唯责降而已”[③]。如李昌龄在宋真宗景德元年（公元1004年），因“转运司言其病不任事”[④] 而分司西京。又如王辅之刚从分司官擢升为处州知州，因所写诗句“欲把一麾江海去，乐游原上望昭陵”有“属意怨望”之嫌，而被“复令分司”[⑤]。第五，叙复分司。宋代官员犯罪受到惩罚的名目很多，如分司、致仕、编管、安置、除名等。相对来说，责降分司属于对官员的一种轻微的惩罚方式。因此，一些受到责罚较重的官员在叙复时，往往被授予分司官。如宋太宗太平兴国七年（公元982年），“以除名人张炳为殿中侍御史，分司西京”[⑥]就是一例。第六，特权分司。这一类型的分司往往用来安置那些犯罪较重的皇亲国戚或不愿工作的高官亲属等。宋太祖开宝三年（公元970年），孝章皇后的弟弟王继勋，由流放登州而被“改命分司西京”[⑦]，以薄其责。如太常博士、知邕州侯仁宝，“因其父益居洛阳有大第良田，优游自适，不欲亲吏事”[⑧]，因是赵普妻弟的缘故而得以分司西京。再如吕端之子吕藩“病足请告凡数年，当落籍”[⑨]，但宋真宗仍推恩而特命其分司西京。由此可见，分司西京也常常被一些贵族子弟所觊觎，以求安逸自适。

2. 西京分司官的叙复

西京分司官像其他类型的犯罪官员一样，在一定条件下，也可以通过法定程序得以叙复，仍有可能重新获得任用。宋人言“分司者，叙复皆有常法”[⑩]。但史籍中并没有这些常法的详细记载，所以只能通过有关史料来分析归纳。第一，国家的需要。某些分司官特别是那些在宋初属于优遇养老的功臣勋将，在国家需要的时候，随时可以恢复正官身份出任要职。宋真宗时张永德以太子太师分司西京，因“以车驾北征，召永德为东京城内外都巡检使”[⑪]，再次获得重用。第二，受到皇帝的怜悯和赏识。有些分司官员有幸获得皇帝召见，得到隆恩赏赐而获得实职。如张思钧在景德年间获“召对行在，上悯其老，授唐州防御副使徙郑州”[⑫]。乐史之父以郊祀毕奉留守司表入贺，皇帝“嘉其筋力不衰，且笃学，好著书，故授以旧职”[⑬]。分司西京谢景初，也因受到宋神宗的爱悯，而破格“牵复任使”，“权蕃郡通判”[⑭]。第三，分司官上书自请。杨亿曾以“以疾愈，求入朝”[⑮]，被任命为汝州知州。此外，宋真宗咸平四年（公元1001年），都官郎中、分司西京杨坦“上言分务不便”[⑯]，而被改授检校秘书少监，充安远军节度副使。当然，这种情况较为少见。第四，宰执的赏识。有些分司官因为与当权者政治观点一致，往往很快会落分司。如韩缜“分司不数月，召判铨，牵复最速。王安石德其助王韶故也”[⑰]。第五，

---

① （清）徐松辑：《宋会要辑稿·职官》46之4，中华书局1957年版，第3415页。

② 魏泰撰，李裕民点校：《东轩笔录》卷11，中华书局1983年版，第124页。

③ 徐度：《却扫篇》卷上，宋元笔记小说大观本，上海古籍出版社2001年版，第4488页。

④⑥⑪ （清）徐松辑：《宋会要辑稿·职官》46之1，中华书局1957年版，第3414页。

⑤ 司马光撰，邓广铭等点校：《涑水记闻》卷14，中华书局1989年版，第274－275页。

⑦ 李焘：《续资治通鉴长编》卷11，太祖开宝三年三月庚申，中华书局1992年版，第244页。

⑧ 李焘：《续资治通鉴长编》卷21，太宗太平兴国五年六月己亥，中华书局1992年版，第476页。

⑨ （清）徐松辑：《宋会要辑稿·职官》46之2，中华书局1957年版，第3414页。

⑩ 李焘：《续资治通鉴长编》卷427，哲宗元祐四年五月丙午，中华书局1992年版，第322页。

⑫ （元）脱脱：《宋史》卷280《张思钧传》，中华书局1977年版，第9509页。

⑬ 李焘：《续资治通鉴长编》卷53，咸平五年十一月癸丑，中华书局1992年版，第1164页。

⑭ 李焘：《续资治通鉴长编》卷285，神宗熙宁十年十月乙卯，中华书局1992年版，第6988页。

⑮ 李焘：《续资治通鉴长编》卷83，真宗大中祥符七年八月丙寅，中华书局1992年版，第1891页。

⑯ （清）徐松辑：《宋会要辑稿·职官》46之1、2，中华书局1957年版，第3414页。

⑰ 李焘：《续资治通鉴长编》卷227，神宗熙宁四年十月甲子，中华书局1992年版，第5528页。

遇到朝廷大赦，可以叙复。如宋太宗时的刘茂忠，因为“赌博事露，左迁分司西京。未几，会赦复资任”①。南宋时，政府仍设名义上的西京分司官，如南宋绍兴年间的颜岐、李邴也“皆以赦叙也”②。第六，经由刑部检举。如南宋黄潜厚就因刑部检举而“落分司，提举江州太平观便居”③。

以上是西京分司官可以得到叙复的几种情况，其叙复后的差遣情况是，有的可以官复原职，有的或差为监当官④，或差提举宫观⑤，或差某州副使⑥等。一般来说，宋初起复后获得较重要任职的可能性比宋末及南宋的要大，显示分司官的政治地位呈逐步下降趋势。

此外，在分司官起复当中，往往有“落分司”的说法，这种提法多见于宋仁宗以后，之前很少出现，通常就是直接说“起授”某某官职。请看史料：

夏竦《文庄集》卷二十八《赠太师中书令冀国王公行状敕制》：“舆疾还第，除司农卿、分司南都。今上即位，改秘书监，分司如故。旋起授太常卿、知濠州。”

余靖《武溪集》卷十四《虔州谢上表》：“臣某言，九月六日，进奏院递到敕牒壹道，蒙恩落分司南京，守本官，就差知虔州军州事。”

王安礼《王魏公集》卷三《尚书礼部郎中分司南京杨绘可落分司朝奉大夫提举江州太平观制》：“敕，具官某，旧繇材望，入践禁庭。坐法左迁，出分留务。能用循省，以补厥愆。锡官制之号名，总祠庭之职事。往愈饬励，以需甄收。可。”

郑獬《郧溪集》卷六《殿中丞分司南京马渊可国子博士加勋落分司制》：“而汝以疾恙分务留都，今既已完壮，则亦欲引吾之德泽，复出以就职，其可不从乎。成均博士，与其勋品，皆为新恩，以光旧服。可。”

以上史料显示，落分司其实与授予新职就是同一道诏旨，但前后时期的“起”与“落”提法的差别，至少反映了当时人们的一种心态，即宋中后期的西京分司官更多地带有贬斥责降的色彩，故人们喜欢用落分司来强调对过去的割舍和划清界限。

3. 西京分司官的居住地、分司署衔及任期限定

宋人言：“散官则安置，追降官分司则居住，祖宗制也。”⑦ 即是说，宋廷在授予某人分司官的同时，往往指定其生活供职的地点，是其一贯的定制。一般来说，宋初西京分司官的供职和生活的地点当然是在西京，故往往不需特别说明。如有特殊情况需要在其他地方居住，则需要申请。尤其是，随着西京分司机构职能的弱化和分司官人数的增加，出现了虽名为分司西京但并不在西京任职居住的现象。请看下面史料：

太祖建隆元年（公元960年）二月，以左骁卫大将军致仕李彦崇为右羽林大将军，分司西京。

大中祥符二年（公元1009年）三月，吏部尚书致仕宋白言：“母氏年八十五岁，臣弟炎见任职方员外郎、分司西京，欲望除一致仕官，带分司俸给，以遂侍养。”诏令依旧分司，支给请受，

---

① 龙衮：《江南野史》卷10，文渊阁四库全书本第464册，第117页。
② 李心传：《建炎以来系年要录》卷58，绍兴二年九月甲戌，中华书局1988年版，第1009页。
③ 李心传：《建炎以来系年要录》卷59，绍兴二年十月乙未，中华书局1988年版，第1020页。
④ （清）徐松辑：《宋会要辑稿·职官》46之4，中华书局1957年版，第3415页。
⑤ 李心传：《建炎以来系年要录》卷45，绍兴元年六月癸巳，中华书局1988年版，第819页。
⑥ 王偁：《东都事略》卷38《胡旦传》，文渊阁四库全书本第382册，第249页。
⑦ （元）脱脱：《宋史》卷409《高斯得传》，中华书局1977年版，第12327页。

许赴东京侍养。

大中祥符六年（公元1013年）六月，以翰林学士、户部郎中、知制诰杨亿为太常少卿，分司西京，阳翟养疾，俟校（损）日赴西京。

仁宗天圣元年（公元1023年）七月，主客员外郎、判三司度支勾院李宗谅言：侄国子博士昭迪昨自汾州通判就差监颍（颍）州正阳镇盐酒税，兼兵马都监，为患乞就除分司西京，且在私家求医，损日却赴西京。诏给假百日将治，候痊损发赴西京。①

（熙宁）四年（公元1071年），诏宫观、岳庙留官一员，余听如分司、致仕例，从便居住。②

上述史料显示了自宋初以来，西京分司官从必须于西京供职生活居住到自由选地居住的逐步变化过程，同时也体现了西京分司机构职能的衰微过程。

分司官以何种官衔分司西京也是一个需要注意的问题，因为，这是认定在分司机构任职的官员是否为分司官的一个标志。前文已经提到，宋代西京御史台、国子监等虽然是分司机构，但任职于此的未必就是分司官。如司马光曾多次判西京御史台，但他并非分司官，而是被闲置安排的朝廷正官、闲散官。相反，张齐贤虽然贵为宰相，一旦分司西京，则被授予卿监官“太常卿”。曾权西京留司御史台的陈象舆因与西京留守争位次，也即被授予“卫尉卿，分司西京”③。所以，宋代的分司官基本上都以卿监官官衔分司。所谓“其正名于中秘，以分务于陪京”即是。这正是与唐代以任职分司机构作为认定分司官的标准不同之处。否则，则是不正常的失误，朱胜非曾以“中大夫、分司南京，江州居住”，属于以寄禄官分司，结果被认为是“不带卿监官，中书失之也”④。

所以，有些学者习惯用唐代“分司官”的概念来认定宋代的分司官，这是不准确的。前文已经说过，宋代任职国子监、御史台的官员未必就是分司官。请看王安石的一句话，就很清楚了：“倘以臣逮侍先帝，未许分司，则乞除臣一留台、宫观差遣，冀便将理，终获有瘳。”⑤ 很明显，在王安石眼中，留台国子监官为正官差遣，而非分司官。故清代王鸣盛就指出，唐代之分司官制度与宋代的奉祠制度在政治功能上有相似之处。⑥

另据史料显示，宋政府在哲宗元祐时期，为了鼓励官员自请分司，减少正官中的老弱病员，曾一度规定“自是应自请分司，并带职事官”⑦。

下面再来看看西京分司官的任期问题。西京分司官也有一定的任期规定：王得臣《麈史》卷三载：“予里集贤张君房，年六十三分司，六十九致仕。”可见，分司官三年为一任。另据《宋会要辑稿·职官》四六《分司》条载，“诏见分司官三年罢，自今更不许分司”。可证明分司官为三年一任。至于分司官的连任问题，从王得臣所言“予里集贤张君房，年六十三分司，六十九致仕”来看，应该是能够连任的。

① （清）徐松辑：《宋会要辑稿·职官》46之1至4，中华书局1957年版，第3414–3416页。
② （元）脱脱：《宋史》卷170《职官志》10，中华书局1977年版，第4081页。
③ （清）徐松辑：《宋会要辑稿·职官》46之3，中华书局1957年版，第3415页。
④ 李心传：《建炎以来系年要录》卷48，绍兴元年十月丙寅，中华书局1988年版，第856页。
⑤ 王安石著，秦克等点校：《王安石全集》卷17《辞知江宁府状》，上海古籍出版社1999年版，第148页。
⑥ （清）王鸣盛：《十七史商榷》卷85，上海书店出版社2005年版，第747页。
⑦ （清）徐松辑：《宋会要辑稿·职官》46之6，中华书局1957年版，第3416页。

三、西京分司官的职责、权利及待遇

1. 职责

宋代分司官一般以卿监官分司，很少带职事官。[①] 由于分司官职闲安逸，故当时人言“有三京分司之官，乃退闲之禄也”[②]。如果皇帝临幸的话，有关分司官和机构也要发挥正常官司之职能。但通常情况下，其日常职事只有行香、拜表，这是分司官的最基本的职责。“留司百官每五日一上表起居，质明，并集长寿寺立班，置表于案，再拜以遣。其春、秋赐服及大庆瑞并如之。或令分司官赍诣行在，或止驿付。”[③] 表章送到后，朝廷还会给予一定的奖赏，甚至有些分司官还可能得到觐见皇帝的机会，例如乐史之父就曾以递送拜表而获得皇帝的接见，而被重新起用。

2. 政治权利及限制

西京分司官或者说宋三京分司官的政治地位呈下降的趋势，明显体现在其于中央集会合班中有没有自己的一席之地。宋太祖建隆三年（公元962年）十二月班簿人员共224员，其中留司人员占了21员，几乎占了10%。[④] 而到宋神宗元丰八年（1085年）七月御史台班簿中，三京分司官所占比例就微乎其微了，还不足2%：“银青光禄大夫二员，光禄大夫二员，正议大夫六员，通议大夫九员，大中大夫四员，中大夫六十员，朝散大夫七十三员，朝奉大夫八十七员，朝请郎一百二十一员，朝散郎二百一十四员，朝奉郎二百八十四员，承议郎三百六十七员，奉议郎四百八十九员，通直郎二百三十五员，分司官四十员。”[⑤] 由此可见，分司官在宋代社会生活中虽然还有一席之地，但其地位却是一落千丈。

分司官整体政治地位的降低，并不妨碍其仍可享受一些政治权利。第一，上书言事的权利。如宋真宗咸平四年（公元1001年），分司西京杨坦“上言分务不便”[⑥]，而被改授检校秘书少监，充安远军节度副使。乾兴元年（公元1022年）明文规定：“分司、致仕官表章，许在所通奏。”[⑦] 第二，加恩进阶的权利。在国家举行籍田、明堂等大礼活动时，分司官僚仍可以沐浴皇恩。正如田锡所撰《致仕分司等官加恩勅》言：“或洛邑分曹，荷朝章于结绂，或燕居优秩，得礼典于悬车。增其井赋之荣，茂以勋阶之赏。”[⑧] 宋真宗天禧四年（公元1020年），分司官裴庄由太府卿升为光禄卿，依旧分司。[⑨] 值得注意的是，并不是所有的分司官都可以得到提升阶位，像其他官员一样，要看其政治表现如何。如李昌龄就因皇帝认为“素无清誉，不可牵复丞郎”[⑩] 而以秘书监致仕。第三，分司官员死亡，享有朝廷辍朝哀悼、赙赠的权利。如分司官欧阳迥、薛映等死亡时，朝廷都曾暂停上朝，以示哀悼。对于分司官员的赙赠，宋廷也有相应的制度规定：“诸文臣卿监以上、武臣元系诸司使以上，分司、致仕身亡者，其赙赠并依见任官三分中给二，限百日内经所在官司投状，召命官保关申，限外不给。待制、观察使以上更不召保。”[⑪] 宋神宗熙宁三年（公元1070年），再次明文规定：“见任少卿监以上并分司致仕少卿监、宗室小

---

① （清）徐松辑：《宋会要辑稿·职官》46之2，中华书局1957年版，第3414页。
② 赵升撰，王瑞来点校：《朝野类要》卷5，中华书局2007年版，第101页。
③ （元）脱脱：《宋史》卷120《礼志》23，中华书局1977年版，第2818页。
④ 宋敏求撰，诚刚点校：《春明退朝录》卷下，中华书局1980年版，第37页。
⑤ 庞元英：《文昌杂录》卷6，中华书局1958年版，第72页。
⑥ （清）徐松辑：《宋会要辑稿·职官》46之1~2，中华书局1957年版，第3414页。
⑦ 李焘撰：《续资治通鉴长编》卷99，真宗乾兴元年九月庚辰，中华书局1992年版，第2298页。
⑧ 田锡：《咸平集》卷29《致仕分司等官加恩勅》，文渊阁四库全书本第1085册，第556页。
⑨ （清）徐松辑：《宋会要辑稿·职官》46之3，中华书局1957年版，第3415页。
⑩ 李焘：《续资治通鉴长编》卷60，真宗景德二年五月癸丑，中华书局1992年版，第1338页。
⑪ （元）脱脱：《宋史》卷124《礼志》第27，中华书局1977年版，第2908页。

将军以上身亡孝赠，并札下入内内侍省支赐，乞在京委三司，在外委所在州军支给。”① 进一步完善了对分司官的赙赠制度。第四，参与国家朝会。分司官可以参加朝堂集会：“节度使至刺史、军职四厢都指挥使以上，三司副使、文班京朝官、武官郎将以上，分司官、枢密都承旨、诸使副、医官带正员官者并文东武西相向，重行序立，余如常朝。”② 第五，享受岁时礼遇慰问。如谢涛分司西京，“岁时，河南官属诣门请见，惨然肃洁，有威仪，不若老且病者”③。

分司官就是分司官，必然有不同于正官的地方，或者说必然有某种政治权利被限制。首先，表现在分司官没有荐举权。宋仁宗嘉祐元年（公元1056年），“吏部流内铨请入令录选人，举主不犯赃滥及非致仕分司者听用之，奏可”④。分司官没有荐举其他官员资格。其次，分司官员较之一般的正官得到皇恩的机会受到一定限制。如神宗熙宁三年（公元1070年）规定：“未出官京朝官、分司、致仕人，更不加恩。”

3. 西京分司官的荫封子弟权利及俸禄待遇

“白头厌郎署，病眼欲分司。寸心犹未决，所顾在妻儿。”⑤ 王禹偁的这首《偶题》诗，大概最为真实地反映了宋代官员祈请分司的复杂心情：既年老病疾欲分司，又为后代子孙和妻儿的生计而焦虑。可见，深入了解分司官员所享受的荫封子孙权及俸禄待遇情况，是我们了解分司官制度的重要切入点。

下面先来看一看其荫封子孙权利。荫封子孙是西京分司官的一项重要政治权利，这一权利在宋代的不同时期多有变化。分司官可以奏荫子弟的权利，在宋真宗天禧三年（公元1019年）以前是不存在的。天禧三年（公元1019年），“诏西京分司官、太府卿裴庄、职方郎中韩昌龄，将来郊禋各许奏荫一子。时庄等上封陈乞，中书言分司官无此例。上闵其年高，特有是命”⑥。允许裴庄、韩昌龄各奏荫一子，是出于皇帝的特恩，是特例而非制度性的。但这一做法无形中开启了分司官奏荫子孙的先河。至宋真宗大中祥符七年（公元1014年）就已经形成了制度：“特许西京分司官，郊禋奏荫一子。自是分务西洛者得以为例，南京则否。”⑦ 说明西京分司官相对于陪都南京分司官享有一定的特权，也表明西京陪都地位的优越性。

但下面一条史料表明，宋仁宗时期对因责降分司者有所限制：“至于因事责降分司，或老病不任官职之事，或居官犯法，或以不治为所部劾奏，冲替而求致仕者，子孙更不推恩。虽或推恩，其除官例皆降等。若耆老旧臣体貌优异，赏或延于子孙，俸或全给半给，岁时问劳，皆有礼意。”⑧ 皇祐四年（公元1052年）又规定，对官员年过70岁而被“体量罢官，或分司、致仕者，更不推恩子孙”⑨。至和元年（公元1054年）规定，南郊大礼时“其余分司、致仕官，更不得陈乞”⑩。这一规定在嘉祐元年（公元1056年）又有变化：“尝任两府分司致仕，遇郊奏听旨。分司大两省官以上降一等，郎中以上子孙未有官许荫一人止。”⑪ 宋神宗时期，由于大臣子弟谋求差遣严重影响了正常的官僚差遣秩序，所以陈襄建议：“乞先自两府，以至文武臣僚及分司、致仕故臣僚之家，如合陈乞弟侄儿男及异姓骨肉恩泽并奏荐人差遣等，并令一例于季阙已前一月内，指射合入优便之处，依例等待。即不得临时陈乞非次见阙及

① 李焘：《续资治通鉴长编》卷214，神宗熙宁三年八月甲申，中华书局1992年版，第5225页。
② （元）脱脱：《宋史》卷116元《礼志》19，中华书局1977年版，第2753页。
③ 欧阳修撰，李逸安点校：《欧阳修全集》卷63《太子宾客分司西京谢公墓志铭》，中华书局2001年版，第915页。
④ 李焘：《续资治通鉴长编》卷182，仁宗嘉祐元年二月辛亥，中华书局1992年版，第4397页。
⑤ 王禹偁：《小畜集》卷10《偶题》，四部丛刊本第3册，第18页。
⑥ 李焘：《续资治通鉴长编》卷94，真宗天禧三年十月庚子，中华书局1992年版，第2196页。
⑦ （元）脱脱：《宋史》卷159《选举志》5，中华书局1977年版，第3728页。
⑧ （元）脱脱：《宋史》卷170《职官志》10，中华书局1977年版，第4090页。
⑨ 李焘：《续资治通鉴长编》卷172，仁宗皇祐四年正月戊辰，中华书局1992年版，第4130页。
⑩ 李焘：《续资治通鉴长编》卷177，仁宗至和元年十月戊午，中华书局1992年版，第4288页。
⑪ 李焘：《续资治通鉴长编》卷182，仁宗嘉祐元年四月丙辰，中华书局1992年版，第4403页。

冲改已授差遣……庶使权贵绝侥求之望，寒士无被夺之患，而稍获均济矣。”① 对当时臣僚子弟差遣的特权要求予以规范，以免冲击正常的官僚差遣秩序。南宋建炎间，对分司官陈祈子弟差遣再次作了限制规定，即“今后臣寮须有急切事故，如委任边寄不许般家，及致仕、分司、丁忧、病患之类，方许陈乞子弟差遣”②。

总之，宋代对分司官奏荫子弟的制度经历了从无到有，从宽到严格限制的复杂过程，这既体现了宋代官僚子弟荫封之滥的一个方面，同时也表明了宋代分司官制度发展和衰微过程。

俸禄待遇是包括西京分司官在内的所有三京分司官所关注的。郑獬指出：

> 又以臣下至病眊，不欲去者，顾禄而已。至不得已，乃求宫观、留台、监当，是终无去意。臣欲乞分司、致仕官，其俸钱皆勿夺，俾终其身，病眊者有所养，则必有相引而去。彼居闾里，待次累年，俸钱亦不绝也。县官何惜一二十千钱，俾之得以礼而引退，且有优遇老臣之恩。至于贪赃酷吏，一有所犯，此可终身勿令仕，兹亦有省官之术焉。③

这里，郑獬直接不讳地指出，俸禄的取得与否，不仅关系到官僚是否自愿休退，而且关系到国家对老臣的恩礼，甚至上升到国家人事制度层面。因此西京分司官的俸禄的给否、高低，实际上正体现了宋代政治运作的一个方面。宋代分司官名列班簿，是众多官员中一个特殊群体，享有一定的俸禄待遇。④其俸禄多少在不同的时期多有不同：宋初给半俸，如太平兴国八年（公元 983 年），胡旦任商州团练副使时，“依分司官例支给半俸”⑤。后来有所变化，至少在宋仁宗景祐年间已经给全俸。当时的工部郎中、兼侍御史知杂事司马池曾言：“文武官年及七十者，乞并令自陈致仕，依旧敕与一子官，如分司官给全俸，若不自陈，许御史台纠察以闻，特令致仕，更不与子官及全俸。”⑥ 嘉祐年间，又发展到俸钱以现任官例支付。

任何事情都有一个发展的过程，史料表明从半俸到全俸有一个渐进的过程。如韩宗训于宋真宗大中祥符三年（公元 1010 年），以左龙武军大将军、韶州防御使、分司西京，诏其俸钱“依见任例支给”⑦。显然，现任例就是给全俸。当然，这是皇帝专门下诏才这样的，属于特殊情况。而到宋仁宗嘉祐年间，则已经明著于令：“正任刺史以上致仕，于嘉祐禄令，料钱衣赐依分司官例，分司官依见任官例支给。”⑧ 之后，这种俸禄支付的方式可能直接导致宋哲宗元祐元年（公元 1086 年）的诏令：“自是应自请分司，并带职事官。”⑨ 也就是说给其俸禄的支取正了名分，也体现了宋代官员整体增俸的趋势及元祐更化期间分司官政治地位的微升状况。有时皇帝为体现皇恩浩荡，还常常以特恩的方式赐予某些分司官钱物。如宋仁宗庆历五年（公元 1045 年），“赐司封员外郎、分司西京赵希言三品服，仍赐钱十万”⑩。需要指出的是，很大一部分西京分司官自宋真宗大中祥符四年（公元 1011 年）就享受料钱“三分中特给一分见钱”⑪的优待了，不知后来变化如何。

---

① 陈襄：《古灵集》卷 8《乞止绝权贵非次陈乞恩例札子》，文渊阁四库全书本第 1093 册，第 550 页。
② 胡铨：《论臣僚陈乞子弟差遣疏》，载（明）杨士奇等：《历代名臣奏议》卷 142，文渊阁四库全书本第 437 册，第 1 页。
③ 郑獬：《郧溪集》卷 12《论冗官状》，文渊阁四库全书本第 1097 册，第 221 页。
④ （清）徐松辑：《宋会要辑稿·职官》46 之 3，中华书局 1957 年版，第 3415 页。
⑤ 钱若水撰，燕永成点校：《宋太宗实录》卷 27，甘肃人民出版社 2005 年版，第 11 页。
⑥ 李焘：《续资治通鉴长编》卷 118，仁宗景祐三年六月甲戌，中华书局 1992 年版，第 2791 页。
⑦⑪ （清）徐松辑：《宋会要辑稿·职官》46 之 2，中华书局 1957 年版，第 3414 页。
⑧ 李焘：《续资治通鉴长编》卷 383，哲宗元祐元年三月乙卯，中华书局 1992 年版，第 9026 页。
⑨ （清）徐松辑：《宋会要辑稿·职官》46 之 6，中华书局 1957 年版，第 3416 页。
⑩ （清）徐松辑：《宋会要辑稿·职官》46 之 4，中华书局 1957 年版，第 3415 页。

总之，分司，就意味着官员的被疏远、冷落，决定了其政治经济待遇与正官待遇还有相当的差距。同时，由于各分司官的分司原因、本官高低等方面存在差异，其待遇差别也必然很大，这些差别在上文叙述当中已经很清楚。在管理方面，西京分司官要受到西京留守司及留司御史台的管理和监督。如司马光曾对分司官柴咏因“管勾周陵，祭祀不遵依式，无肃恭之心”而加以弹劾，“乃诏留守司劾咏罪以闻”。[①] 同时，在宋英宗时，朝廷对分司官的管理有了进一步的加强。枢密院曾言：“见有合门班簿照会外，其文臣两省官已下至京朝官隶御史台、中书门下、两省或审官院，每身亡、致仕、分司、刑犯黜降之人，本院别无关防，无由得见。”于是朝廷特诏：“仍仰逐处，今后有枢密院帖子批问官员存亡事故，限当日内批答赴院。”[②] 要求随时通报有关情况。

四、西京分司官制度的社会政治功能

西京分司官虽然曾一度被废，但整体上来说是一直存在的，不仅在北宋设置而且还沿用到南宋。作为一项长期存在的制度，必然有其存在的现实原因和政治作用。

其一，有优老礼贤作用。尤其是在宋初致仕官没有俸禄的情况下，所谓“非特劳在事之勤，亦以礼天下之贤者”[③] 即是。咸平年间张永德以太子太师的身份分司西京，“仍授其孙大理寺丞文蔚厘务洛下，以便就养”[④]。天禧五年（公元 1021 年），萧芳分司西京“仍以其子殿直国真监西京牧马监，以便侍养”[⑤]。这些案例说明宋政府确有优贤之意。也正是如此，很多人以分司西京为解脱：“休官众未许，分政且归闽。”“酬唱恰成刘与白，分司且住莫言归。”[⑥] “累去千忧尽，中恬四体轻。”[⑦] 一系列咏唱分司悠游生活的诗句很好地体现了这一点。

其二，劝退、养廉政治功能。如宋仁宗皇祐三年（公元 1051 年），光禄卿句希仲，吏部郎中、直昭文馆陆轸等“并以年高，特与分司”，其目的就是要树立典型，“初欲风动群伦”[⑧]，促使那些久居高位的年老之人自觉离职，提高行政效率。宋神宗时宰相王安石也曾言：“如（何）郯者，既衰病不能治事，遂肯分司致仕，夫岂不善？”[⑨] 劝诱之旨极为明了。在朝廷政策导向下，很多官僚也自觉行动起来加以效仿。如宋仁宗、英宗之际的大臣余靖言：“臣揆才至薄，负罪则深，上无补于国家，下阙奉于温凊，一身之责，万死何逃。臣今欲乞落职分司，归乡侍养。伏圣天慈，特赐矜允。”[⑩] 高调自愿分司归乡闲居。其他臣僚也对这种举动表示赞许倾慕，“慕子文逃富之志，恳辞贵仕，荣保令名”[⑪]。认为是贤者之所为：“连公分司之归安陆，予有以谓之贤也。盖贤，夫世之有归者焉。”[⑫] 政府则往往以“易退之臣”[⑬] 为名，增秩以赏。

---

① 李焘：《续资治通鉴长编》卷 228，神宗熙宁四年十二月乙亥，中华书局 1992 年版，第 5560 页。
② 李焘：《续资治通鉴长编》卷 202，英宗治平元年六月辛亥，中华书局 1992 年版，第 4891－4892 页。
③ 王安石撰，李之亮笺注：《王荆公文集笺注》卷 15《分司致仕正郎以下京官等制》，巴蜀出版社 2005 年版，第 556 页。
④ （清）徐松辑：《宋会要辑稿·职官》46 之 1，中华书局 1957 年版，第 3414 页。
⑤ （清）徐松辑：《宋会要辑稿·职官》46 之 3，中华书局 1957 年版，第 3415 页。
⑥ 汪藻：《浮溪集》卷 32《熊使君垂和漫兴诗次答》，文渊阁四库全书本第 1128 册，第 329 页。
⑦ 夏竦：《文庄集》卷 33《送吴兴使君郎中分务归姑苏》，文渊阁四库全书本第 1087 册，第 317 页。
⑧ 李焘：《续资治通鉴长编》卷 170，仁宗皇祐三年四月甲申，中华书局 1992 年版，第 4088 页。
⑨ 李焘：《续资治通鉴长编》卷 211，神宗熙宁三年五月乙巳，中华书局 1992 年版，第 5129 页。
⑩ 余靖：《武溪集》卷 14《乞分司状》，文渊阁四库全书本第 1089 册，第 138 页。
⑪ 胡宿：《文恭集》卷 31《上分司李侍郎》，文渊阁四库全书本第 1088 册，第 893 页。
⑫ 郑獬：《郧溪集》卷 14《送连君锡分司归安陆序》，文渊阁四库全书本第 1097 册，第 247 页。
⑬ 郑獬：《郧溪集》卷 3《司门员外郎分司李微之可库部员外郎制》，文渊阁四库全书本第 1097 册，第 131 页。

其三，警示惩戒功能。前文已经谈到，分司常常是对有罪官员进行的一种轻微惩罚，目的是“正其罪以示劝惩，锡之禄以养衰病”①。是促使其进行反思悔过、感激皇恩浩荡的一种手段。王明清《挥麈前录》卷二的这段话：“国朝凡登从班，无在外闲居者。有罪则落职归班，亦奉朝请或黜守偏州，甚者乃分司安置，不然则告老挂冠。”惩罚警示的目的很明显，反映了宋政府在对政府高官采取分司手段时的态度。同时，由于责降分司在宋代分司官中所占比重很大，所以责降被废的思想顾虑很重。那些想申请分司的官员也往往得反复权衡利弊，才能突破被废的社会舆论压力而要求分司。下面一条史料就很清楚地表现了这一点：“曾乞解官侍养，适蒙朝廷恩命，授臣分司。外议虽若弃捐，于臣实为私便。官无曹事，月有俸钱。内奉旨甘，聊亦温足。”②

其四，政治缓冲器的功能。分司对于那些受到责降的官员来说，无论在经济上还是政治上都属于可以接受的一种政治安排。同时，对于宋廷来说，也是一种策略之举，即可以随时起用他们，而不会受到很大政治阻力。这样该制度就发挥了一种政治缓冲器的作用，既显示朝廷的威严，又能收取人心。如前文提到的张永德分司西京，但由于真宗北征，就重新任命其为东京城内外都巡检使，加以重用。王安石当政之时，曾让狠戾的韩缜分司，但很快就提拔重用等，就是例证。

其五，促进社会和谐的功能。由于分司制度确实可以让一些官员“既假职于别都，仍即安于善地”，为他们提供一种可以悠游、方便生活的制度保障，让其“敬服宽恩，交流感涕”③。对于缓解当时的政治矛盾，促进社会和谐确实起到了一定的作用。所谓“分司饱余味，经世忘远忧”“人生苟适性，不羡万户侯”④，就是这个意思。黄庭坚、郑獬等则把官员分司后的闲适生活描述得十分诱人：“遥知得谢分西洛，无复肯弹冠上尘。园地除瓜犹入市，水田收秫未全贫……还与老农争坐席，青林同社赛田神。”⑤“河南少尹鬓如丝，角里先生是吏师。花下放衙因试酒，竹间留客为寻棋。年劳只许钞书数，月俸长留买药资。已说开春须上表，终南山下乞分司。”⑥

应该指出，一些作奸犯科的分司官员聚集到西京洛阳，也会给当地的社会治安造成危害。如受到宋太祖保护的王继勋到西京后，不但不思悔改，反而“残暴愈甚，强市民家子女备给使，小不如意，即杀食之，而棺其骨弃野外。女侩及鬻棺者出入其门不绝，洛民苦之，而不敢告”⑦。造成了严重社会危害。

五、结语

西京分司官制度的实行和大量分司官员在西京的存在，是其陪都政治生活的重要体现。这一制度源于唐、五代时期，在宋代有了新的发展变化。其一，从概念上来说，已与唐代所谓任职于东都中央分司机构即为西京分司官的判定标准有所不同。北宋时期的西京分司官的认定标准是，既要具备分司官的身份，还要任职于（至少在名义上）西京中央分司机构，只有这样的官员才是西京分司官。其二，西京分司官是宋代官僚队伍中一个十分特殊的官僚群体，他们名列官簿，享受一定的俸禄和政治待遇，但不是一般的正任官员，政治前途基本丧失。其职能基本上只限于参加拜表、行香等事务，在形式、名义上起到陪衬西京陪都的作用。其三，宋初的西京分司官需要在西京某分司机构任职，但随着西京分司机构

①③ 吕陶：《净德集》卷7《谢责分司表》，文渊阁四库全书本第1098册，第56页。

② 余靖：《武溪集》卷14《让南班第一状》，文渊阁四库全书本第1089册，第140页。

④ 冯山：《安岳集》卷3《和李曼修孺职方谢梓守张靖子立龙图游春》，文渊阁四库全书本第1098册，第301页。

⑤ 黄庭坚：《类编增广黄先生大全文集》卷4《和师厚秋半时复官分司西都》（第2册），北京图书馆出版社2006年版，第12页。

⑥ 郑獬：《郧溪集》卷27《戏学张水部赠河南少尹》，文渊阁四库全书本第1097册，第358页。

⑦ （元）脱脱：《宋史》卷463《王继勋传》，中华书局1977年版，第13542页。

职事的日趋虚化，他们中的很多人名义上是西京分司官，但可以在西京洛阳以外的地方任便居住。其四，宋神宗和宋徽宗时期，曾两度废除三京分司官制度，表明该制度在社会政治生活中已经变得可有可无，所谓分司，便是致仕，逐步成为一种舆论共识。其五，西京分司官制度不仅在北宋，且沿用到南宋，作为一项长期存在的制度，必然起到现实政治作用，主要表现为：优老礼贤、劝退、养廉、责降、警示，以及充当政治缓冲器，促进社会和谐。北宋西京分司官制度与当时的社会政治环境息息相关，有其存在的历史必然性，并发挥了一定的积极政治功能，但不可否认，在某种程度上也有一定的负面作用。

（作者为河南大学历史文化学院讲师）

钱幕文人集团的雅文化品位与洛阳地域环境的关系

曹颂今

摘要：钱幕文人集团是北宋初期聚居西京洛阳的文人群体。他们在交游和诗文创作上，都体现了较高的文学素养和文化品位。本文从洛阳的地域环境和文化因素等方面探究了他们的精神追求，并将“雅”作为他们最大的审美特征进行分析。

关键词：钱幕文人集团；雅文化；洛阳；地域环境

钱幕文人集团，是北宋初期西昆体诗人钱惟演以谪相留守西京洛阳时，在其府幕及其交游范围内形成的。不同于晋代的“金谷二十四友”、唐代的“九老会”等结社文人群体的是，钱幕文人集团并没有明确的文学主张，且存在时间不长，只有三年左右（公元1031~1034年），留下作品的数量也有限，但它对于两宋文学的影响却是深远的。影响北宋近百年的诗文革新运动的许多文学观念，最初大都萌芽于此。

从汉代儒学大兴开始，对雅正精神的追求就成为文人的修身之道，他们在文学创作之外，也讲求正风俗、通文雅的社会责任，并在行为上相互浸淫。把士大夫式的生活方式如交游与雅集唱和活动，作为一种品位活动，在他们中间常常会形成极为接近的审美标准，那就是以“雅”为主调的创作，“雅”在这里是他们具有品格意义的道德认同，也是他们群体性的精神诉求。

按照文学地理学的观点，作家的创作活动与风格的形成，与其生活归属地的自然环境（山水、气候等）、文化环境（风物、民俗等）等有着不可忽视的关系。“若乃山林皋壤，实文思之奥府。……然屈平能够所以能洞《风》《骚》之情者，抑亦江山之助乎！”①（《文心雕龙·物色》）环境因素不仅对创作心态具有一定的影响，其感觉特征也决定着作家的审美观。洛阳成为历代文人墨客的聚居之地，并有大量的高品位文学作品出现，与本地区优越的自然环境和人文环境密切相关。钱幕文人集团聚居洛阳的这一段时期，正是宋代文学风气雅化至上的孕育期。

一、雅居：洛阳的地理文化环境特征与文人聚居的关系

历史上的洛阳，以其优越的地理环境和悠久文化传统，很早便成为文人乐于群居之地。从地理上看，洛阳位于中原腹地，北负邙山，南临伊阙，东依虎牢，西望潼关；有伊、洛、瀍、涧之水流经其间；土地肥沃，物产丰美。是最早作为都城的城市，其历史可追溯到夏商时期，自古被称为“天下之中”。《尚书·召诰》：“王来绍上帝，自服于土中。”孔安国传云：“言王（周成王）今来居洛邑……地

① 刘勰著，周振甫译注：《文心雕龙选译》，中华书局1980年版，第183页。

势正中。”长期以来，以洛阳为国之中的说法逐渐成为了一种观念。种种因素造就了洛阳在全国优越的文化地位，也使得洛阳成为历代文人趋之若鹜的闲居、修身聚居之地。西晋时期的“竹林七贤”“金谷二十四友”，唐代以白居易为首的“九老会”，在当时都有着很大的影响力。洛阳重名教的传统并非形成于一朝一代，而是不同时期各类文人营造的文化氛围。

北宋初立之时，宋太祖出于多种因素的考虑，将都城定于东京开封。但洛阳在政治、文化上的地位依然重要。朝廷以洛阳为陪都，称西京河南府。下辖河南、偃师、永安、巩等十三县。与北京大名府、南京应天府并称三陪都。和南北二京相比，洛阳的政治地位最为优越。首先，洛阳是赵宋王朝的始祥之地。宋太祖赵匡胤出生于洛阳，乾德元年（公元963年），又将其父赵弘殷的陵墓从开封迁到了巩县。这就使得北宋每年大型的祭祖仪式都要在洛阳举行，因此，朝廷对洛阳的宫室城阙等城市建筑进行了不遗余力的修缮。就连开封皇城的建筑修建，宋太祖也参照洛阳故宫的样式，“命有司画洛阳宫殿，按图修之，皇居始壮丽矣”（《宋史》卷八十五《地理志·京城》）。这种对洛阳的心结，甚至使北宋的几代皇帝数次动了迁都的念头。这足以说明宋人对洛阳优越性的看重。其次，洛阳的人文环境也最为优越。洛阳在历朝历代，多居住望族贵胄，私人建筑的园林众多。绍圣二年（公元1095年），“后苏门四学士”的李格非所撰《洛阳名园记》中记载洛阳著名的园林19处，其中18处为私人园林，且大多建于唐人旧址之上，充分说明洛阳园林建筑的文化承载。南宋张琰《洛阳名园记序》：“夫洛阳，帝王东西宅，为天下之中土。圭日影得阴阳之和；嵩少瀍涧钟山水之秀，名公大人，为冠冕之望，天匠地孕，为花卉之奇。加以富贵利达、优游闲暇之士，配造物而相妩媚，争妍竞巧于鼎新革故之际，馆榭池台，风俗之习，岁时嬉游，声诗之播扬，图画之传写，古今华夏莫比。”从文化底蕴和人文景观的留存来看，北宋初期，没有一个城市的文化品位可以与洛阳相提并论，洛阳是一个名副其实的雅居之地。

北宋初期，在洛阳的文人数量大大增加，宋朝的几任宰相，赵普、文彦博、司马光等，都曾经闲居洛阳。富弼、欧阳修则是钱惟演幕府的主要成员。在这种文化环境的支持下，文人结社的现象也大大多于前朝，除了钱惟演外，其后有文彦博组织的“耆英会”、司马光发起的“真率会”等。司马光《竚瞻堂记》云：“西都缙绅之渊薮，贤而有文者，肩随踵接。”（《司马文正公传家集》卷71）邵雍《伊川击壤集》亦云：“洛实别都，乃士人之区薮。”[①] 这些人居住洛阳的原因虽然不尽相同，但有一个共同的特点，都是经历了政治斗争的风暴后，欲于此地寻找林下泉间的清静之所，而西京“山林之胜，泉流之洁，虽其闾阎之人与其公侯共之”（《洛阳李氏园池诗记》）[②]。这样的自然环境也就成了达官显贵、政坛名宿向往的地方。

和这些“相逢各白首，共坐多清谈”[③] 的文人社团相比，钱幕文人集团是一个年轻化的群体，也是一个具有前途的集团。成立之初，除钱惟演（公元977年生人）年逾五十，张先（公元992年生人）、谢绛（公元995年生人）、尹源（公元996年生人）年近不惑外，其余的人都在三十岁上下。其后在文坛上呼风唤雨的欧阳修（公元1007年生人）、梅尧臣（公元1002年生人）更是二十多岁的青年才俊。与“白发清德，冠盖相望”的达官名宿相比，其社会声望和影响力都较弱。但他们在洛阳期间的文学活动却异常活跃，不仅交游广泛，而且每个人都为自己起了一个居士式的称谓：尹洙为“辨老”，杨愈为“俊老”，王顾为“慧老”，王复为“循老”，张汝士为“晦老”，张先为“默老”，梅尧臣为“彭老”，欧阳修初先称“逸老”，后改为“达老”（《与梅圣俞书·欧集》卷149）。正是这些年轻的读书人，在洛阳修竹绿水、名园紧簇以及群贤毕至所形成的文化氛围中，以个性张扬的群体性的行为，书写

① 王孝鱼点校：《二程集》附《明道先生行状》，中华书局1981年版。

② 苏辙著，曾枣庄、马德富点校：《栾城集》卷24，上海古籍出版社2010年版。

③ 邵雍：《伊川击壤集》，古籍出版社影印本1988年版，第490页。

着影响宋代文学走向的文字。

二、雅相：钱幕文人西京文学活动的内容

宋仁宗天圣九年（公元1031年），钱惟演以谪相的身份担任西京留守。钱幕文人集团的文学活动也就在这一年开始。关于钱惟演的身份，有两个特殊的地方。第一，钱惟演是南朝降臣，是五代十国时期吴越王钱俶之子，他随父北归降宋，是一个为宋王朝统一全国做出贡献的人物，因此受到朝廷的格外优待。他的西京留守的官职也是皇帝格外恩宠的结果。《宋史·钱惟演传》："（惟演）明年来朝，上言先垅在洛阳，愿守宫钥，即以判河南府。"（《宋史》卷三百一十七）从这条史料上看，钱惟演认为自己降臣的身份不可能在朝廷上有所作为。与其在朝廷之上处于尴尬的地位，不如离开京师，躲开政治上的纷争。第二，钱惟演在文学上的名望甚高。他年少时就才思敏捷，早年参与过《西昆酬唱集》文人之间的酬唱活动，显示了较高的文学素养。在蛰居洛阳后，政治抱负上的散淡和对文学的兴趣，使他很快在吟诗弄文与山水徜徉之间找到了乐趣。加之"尤喜奖励后进"（《宋史·本传》），使他的周围很快就聚集了一批志趣相投的文人。他在担任西京留守期间，在政事上散淡处之，但在行为上刻意追求名士风度。据说他曾经仿唐代驿马传送荔枝与杨贵妃之旧事，命人传送洛阳牡丹的珍品"姚黄"供内廷玩赏，人称"洛阳使相"。苏轼曾写《荔枝叹》，诗云："洛阳相君忠孝家，可怜亦进姚黄花。"以此讽刺他。另据欧阳修《归田录》记载：钱惟演家藏有一座珊瑚笔格，经常将其置于几案上欣赏，一日，笔格被窃贼偷去，他竟然不惜花费一万钱赎回。这种假痴作癫、放浪形骸的做派，一半是钱惟演自身的文人本性使然，另一半或许是通过这样的行为，向朝廷证明自己的心迹，颇有点儿乐不思蜀的意味。

钱惟演对待士人的态度是很宽容的。欧阳修后来评价说"文禧公善待士，未尝责以吏职，而河南又多名山水，竹林茂树，奇花怪石，其平台清池上下，荒墟草莽之间，余得日从贤人长者。赋诗饮酒以为乐"①。钱惟演不是钱幕文人集团核心，他甚至不是这个集团中的人，但他为这些人提供的宽松的环境，尤其是在创作品位方面的引导，却是不能被忽视的。

钱幕文人集团的文学活动，大致可以分为三种情形：一是宴乐之中的文人雅集唱和活动，以诗作的唱和或抒怀、或凭吊、或自娱。他们"日相往来，饮酒歌呼，上下角逐，争相先后，以为笑乐"②。二是相与邀约的游乐活动，洛阳附近多山地，且历史名胜众多，文人们用访僧问道、寻古觅碑、谈诗论文的方式，追求一种高品位的文化生活，是他们人生的一大乐趣。三是借景抒怀，以洛阳的风物美景作为诗文的写作对象，这种陶醉于洛阳美景之下的吟哦，正是钱幕文人共同的创作心态。

首先说雅集唱和活动，它实际是士大夫文人的一种诗文沙龙式的创作。这种活动需要胜景、良友、乐事等条件。钱惟演治下的西京文人会聚唱和，是他们的一种生活方式，更是一种文化品位的自我标榜。在钱幕文人集团存在的有限的几年中，文献记载的大型唱和活动就有多次。例如天圣九年六月，普明寺后园避暑吟诗会。关于这次唱和活动，欧阳修《游大字院记》载："引流穿林，命席当水，红薇始开，影照波上，折花弄流，衔觞对弈。非有清吟啸歌，不足以开欢情，故与诸君子有避暑之咏。"③《张子野墓志铭》亦记载："天圣九年，予为西京留守推官。是时，陈郡谢希深、南阳张尧夫与吾子野，尚皆无恙。于时一府之士，皆魁杰贤豪，日相往来，饮酒歌呼，上下角逐，争相先后，以为笑乐。"④ 他

---

① 欧阳修著，李逸安点校：《欧阳修全集》，中华书局2001年版，第715页。
② 欧阳修著，李逸安点校：《欧阳修全集》，中华书局2001年版，第368页。
③ 欧阳修著，李逸安点校：《欧阳修全集》，中华书局2001年版，第928页。
④ 欧阳修著，李逸安点校：《欧阳修全集》，中华书局2001年版，第401页。

们在唱和时“分题赋诗”“体用五律”，显然是预先的约定。除这次唱和活动之外，还有明道元年春，在龙门的诗歌唱和集会，以及明道元年春末和秋天的两次嵩山之会等。雅集唱和作诗，以和韵、次韵、依韵为主。这种文人的唱和活动，用韵严格，因难见巧，既有竞技的含义，也容易形成一定的氛围，促使创作活动中审美品位的趋同化，有利于诗歌群体的形成。洛阳在不同时期，都有文人结社的现象，这与这一地区独特的文化品位有直接的关系。

其次是群体性的交游。史料记载的钱幕文人的交游活动很多。在钱惟演宽松的吏治下，梅、欧、尹、张诸人，都摆脱了琐事的烦扰。他们“优游洛中，不屑世务”，携三五好友，或登山，或观景，或小聚宴乐、吟诗作对，风花雪月，乐不思归。明道元年春，欧阳修与好友杨愈、秀才陆经同游龙门，作《游龙门分题十五首》，并题《送陆经秀才序》。其序云：“夜宿西峰，步月松林间，登山上方，路穷而返。明日，上香山石楼，听八节滩，晚泛舟，傍山足夷犹而下，赋诗饮酒，暮已归。”[①] 这种交游多是随性而为，没有固定的同游之人。在游山玩水的时候，多有赋诗作文宴乐之事。梅尧臣回忆他们的嵩山之游：“又忆游嵩山，胜趣无不索。各具一壶酒，各蜡一双屐。登危相扶牵，遇平相笑噱。石捣云衣轻，岩裂天窗窄。上饮醒心泉，高巅溜寒液，下看峰半雨，广甸飞甘泽。夜宿岳顶寺，明月人户白，分吟露气冷，猛酌面易赤。”[②] 十分真实地再现了当年他们聚友游山的场面。

钱幕集团在洛阳的文学活动，可用两个“雅”字形容：其一曰做雅人，其二曰行雅事。

先说做雅人。钱幕集团自钱惟演以下，都有着较高的文化素养。钱惟演本人就是西昆体诗的重要代表人物。欧阳修、梅尧臣、张先、谢绛等也都是进士出身。这些人在自身的文化身份的认定上，都表现出了高格调的追求，并在行为上体现出“雅”的自觉意识。他们在结社之初，以“老”相称，在生活上也乐于把自己包装成“雅人”。赏花、饮酒、唱和诗章，不惜以不入俗流的行为直接标榜自己。据梅尧臣《梅尧臣集编年校注》卷二记载：明道元年，梅尧臣迁任河阳县主簿，在普明院竹林饯行，梅作《新秋普明院竹林小饮诗序》一篇，其文云：“……酒既酣，永叔曰：‘今日之乐，无愧于古昔，乘美景，远尘俗，开口道心胸间，达则达矣，于文则未也。’命取纸写昔贤佳句，置坐上，各探一句，字字为韵，以志兹会之美。咸曰：‘永叔言是。不尔，后人将以我辈为酒肉狂人乎！’顷刻，众诗皆就，乃索大白，尽醉而去，明日第其篇请余为叙云。”[③] 这些“西洛才子”将“酒肉狂人”视为劣俗，充分显示了他们的生活格调。在洛阳这个特定文化背景下，做“雅人”不仅显示了一种文化格调，也是一种处世态度。天圣、明道年间政治环境的相对宽松、优越的生活条件和闲适的状态，使这些人的创作充满了超脱的气息。

再说行雅事。尽管欧阳修声称自己结识的是“以道义相交”的朋友，但毕竟不同政事，以意气相投的成分居多。在这个群体中，钱惟演本人的态度无疑是一个决定性的导向，政治上的散淡和文学素养，决定了他对雅事极力推崇的行为特点。在相府里，他常常为这些文人分韵作诗，以饰其雅，还以作歌诗的方式作为处罚，“强迫”这些人进行创作。《邵氏闻见录》卷八载：欧阳修等游嵩山归洛，途经龙门香山时，已是幕雪纷落，他们又登石楼抒怀，乐不思归。钱惟演不仅不责难，反而让人送去厨子与歌伎，嘱咐他们留宿龙门，尽情玩乐，并让人传话说：“山行良劳，当少留龙门赏雪，府事简，无遽归也。”如此的雅事，也只有当时的“西京钱相”能做出来。

钱幕文人集团在西京活动期间，过的多是闲居散淡的日子，由于生活范围的狭窄，文学创作上不可能有贴近现实的创作。他们之中的佼佼者如欧阳修、梅尧臣等，多以咏物唱和的作品为主。正是他们所

---

① 欧阳修著，李逸安点校：《欧阳修全集》，中华书局 2001 年版。

② 北京大学古文献研究所编：《全宋诗》，北京大学出版社 1991 年版，第 3267 页。

③ 朱东润：《梅尧臣集编年校注》，上海古籍出版社 1980 年版，第 32 页。

醉心的摆脱尘世的生活方式，才于其间形成了品相兼备的文风。由于欧、梅二人后来在北宋诗坛上特殊的地位，使西京时期不仅成为他们自身文学实践的起点，也直接影响了宋诗发展的走向。被称为“宋诗之祖”的梅尧臣和提倡诗文革新运动的欧阳修，在以雅相为主流的士人文化圈子里，通过自身的努力，终于使宋代诗坛一扫西昆体遗留的“浮华纂组”之气，开一代诗风。

三、雅品：钱幕集团文学活动美学特性

钱幕文人集团这一时期的创作，在艺术特征上也具有雅的品位。首先是诗作，钱惟演是西昆体大家，其诗风固然以“工丽”为主要特征：比如讲求格律、句式雕琢、用事典赡博雅等。他的诗文受人诟病最多也缘于此。但从另一角度看，这种特征也凸显了西昆体精雅绮丽的美学特点。由于钱惟演的文学态度，在这一时期，梅尧臣、欧阳修等的创作也趋于相同的审美指向，并且在创作实践中，他们努力改造西昆体“优游坦夷之辞”，向清淡闲雅风格转变。欧阳修曾经评价梅诗：“本人情、状风物，英华雅正，变态百出，哆兮其似春，凄兮其似秋；使人读之，可以喜，可以悲，陶畅酣适，不知手足之将鼓舞也。”①（《居士外集》卷二十三）其中提到的“雅正”审美特征，正是这一时期钱幕文人在艺术坚持上的自觉行为。他们常以儒家的风雅观来判定诗的优劣，谢绛谈梅尧臣诗《希深惠书言与师鲁、永叔、子聪、几道游嵩因诵而韵之》，曾经赞其“亡有一字近浮靡而涉缪异，则知足下于雅颂为深”。无论是雅正之态还是雅颂之旨，都合乎儒家传统的温柔敦厚的诗教标准。

其次在文章写作上也呈现出雅的特征。宋初的文风淫艳浮华，古文衰落，骈文复兴。科考之中骈文也占相当的比例。连主张诗文革新的欧阳修也不能免俗：“欧阳文忠公早工偶俪之文，故试于国学、南省，皆为天下第一。”（《邵氏闻见录》卷十五）但是，这些人聚集在钱惟演幕府之后，却都无一例外地推崇明道复古的文学思想，尹洙和尹源兄弟早年学习过古文，受韩愈的影响颇大，他们将韩柳创作宗旨总结为“兴雅颂、续经典”，从品位上为宋代文章奠定了博雅的基础。这一时期，西京文人创作古文的简古之风，与诗歌创作中的清雅平淡的特性是一脉相承的，它实际反映了宋代儒学复兴给士人带来的思想上的自觉。

只要总结一下钱幕文人集团的创作就会发现，尽管他们的作品社会内容不集中，但创作上的心理倾向还是一致的：心胸豁达、关怀社会；善于反省人生，不拘形役，不断地追求精神上的自由。这些内容为什么出现在他们聚居洛阳的时期？答案似乎是复杂的。从社会思想大背景来说，在经历了五代十国的动荡变乱之后，文人的参政意识提高，渴望通过自身的行为实现社会的变革。这些主张首先在诗文创作中表现出来。他们在诗文中表现出来的风雅观念，以及将文风教化视作政治革新重要部分的观念，完全是强烈的社会责任感的释放。这种正统的明道观，影响着钱幕文人集团所有人的创作，成为北宋诗文革新的一个起点。

从地域文化形成的环境中或许更能找到答案，这些蛰居西京的文人，不仅具备了良好的生活条件和宽松的政治环境，也有着优越的创作环境，如西京的名园、楼台、佛寺等文化遗迹，不仅成了他们聚集交游、宴乐的场合，也成了他们相互促动、相互交流的场合。而闻名天下的绿竹景观与牡丹，更是他们创作灵感的原发之处。欧阳修诗“曾是洛阳花下客，欲夸风物向君羞”（《欧阳文忠公文集》卷十一）。梅诗有云：“池上暑风收，竹间秋气早，回塘莫苦留，已变王孙草。”（《梅尧臣集》卷二）在这里，名园修竹、楼台花树“表现了人类回归自然的审美要求，追求生活环境的艺术化，这是促使现实人生转化

① 欧阳修：《欧阳文忠公文集》卷七十三，中华书局2001年版。

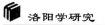

为艺术人生的重要一环”①。作为环境体系中的园林、山水等自然物，已不复作为原生态的纯自然物而出现，而成了这个群体进行精神活动的文化资源。徜徉在西京洛阳的名山秀水之间时，文人对自然、人生的冥然相契，历史与现实悠然相融的状态就完全形成了。置身于前贤营造的文化氛围之中，种种感受、情怀和思绪会纷涌而来，这无疑是创作的最佳状态。这样的创作，是离不开西京洛阳的地域文化元素的。

钱幕文人集团形成的因素，从表面来看，是文人对洛阳的名山秀水有留恋之意，但实际还是出于仕宦的因素，欧阳修等闲居于钱惟演幕府，不过是一时的权宜之计。从他们在创作理论上对西昆末流的弊端进行的抨击与摒除中，就可以领略到这些年轻的知识分子求变创新的思想。如欧阳修在离开西京之后，就积极支持范仲淹的政治革新，成为北宋革新派的主要人物。这些人在诗文创作中所显示的特有的“雅”的品质，不单纯是一种美学坚持，而是在社会思想背景下的文化身份的明证。创作上的风雅观念不仅反映民生疾苦，也是以勇敢的态度直面个人穷愁的人生态度，钱幕文人们的创作当属后者。他们热衷于宴乐唱和、游山玩水的行为的背后，则是儒学兼济天下的文化自信。欧阳修在《梅圣俞诗集序》中云：“内有忧思感愤之郁积，其兴于怨刺，以道羁臣寡妇之所叹，而写人情之难言，盖愈穷则愈工。”②（《居士外集》卷二十三）一语道破他们居留西京的共同心态。

结束语：客观地说，钱幕文人集团在洛阳期间，对北宋文坛的贡献是有限的。相比之下，同一时期的京东士人群体柳开、王禹偁等对当时文风的影响就较为明显。然而，这些聚居西京的文人在洛阳特有的文化环境里，以他们独有的生活方式和创作维持了较高的文化品位，在五代之后纷乱的文学价值观面前，坚持了传统诗教的雅正的观念。正是这种可贵的坚持，为他们在诗文方面的成就奠定了基础，也对宋代的文学风气产生了积极的影响。

（作者为洛阳理工学院人文学院副教授）

① 王水照：《北宋洛阳文人集团与地域环境的关系》，《文学遗产》1994年第3期。
② 欧阳修：《欧阳文忠公文集》卷七十三，中华书局2001年版。

洛阳历史名人与洛阳
历史文化的传承

以身观身：老子群己观的一种释读视角探赜

王敏光

摘要：群己关系是中国古典哲学中的重要哲学命题，先秦诸家从不同视角对此问题给予了深入探究。老子在审视群己关系时彰显了己（个体）之地位及其价值，他把群体价值放在了次要位置。在老子群己观中，“自”“我”“吾”等概念是“己”在不同向度下的体现，它们与“身”均有着密切关联，这些概念簇彰显了老子群己观的特色。但老子的群己观缺乏在实践中把个体与群体关联起来的深入探索。

关键词：身；老子；群己观

一系列有关先秦道家[①]文献的出土，为我们进一步研究老子[②]提供了更多佐证材料。本文认为从思想义理、传世文献与出土材料等方面综合考辨老子群己观，当为可行。基于此，本文认为《老子》基本反映了老子的思想主张及价值。

群己关系是中国古典哲学中的重要哲学命题，先秦诸子从不同视角对此问题给予了深入探究，尤以儒、道、墨、法等诸家为代表。总体而言，先秦时期儒、墨、法等学派以群体及其价值为主导，而先秦道家尤其是老子则在审视群己关系时彰显了己（个体）之地位及其价值。笔者认为老子审视群己关系的视角需多方位展开，基于此，本文拟以“身”概念为切入点深入考察老子群己观的思想特征。

在老子群己观中“自”“我”“吾”等概念是老子哲学视域中“己”在不同向度下的体现，它们与“身”均有着密切关联，这些概念簇系统彰显了老子群己观的特色。依《老子》文本可知，“身”是老子群己观中的一个重要概念，对己德的重视，是老子从内在维度展现对自我的关注，但老子同时意识到，己身处乱世之末，己生命之外化具体是通过自我之身来体现的。因此，对己之身的重视，亦是老子对己关怀之重要展现，这些突出表现在老子对“我”“吾”“身”“自”等的深度诠释上，而它们在现世中之关联与展现，无疑是直接依托“身”这一符号来加以实现的。

一、“自”之定位

一个语词在哲学家思想体系中能否成为重要概念范畴之标准，一是看其作为概念出现之频率高低，二是看它蕴含及体现之内涵，三是如何定位它在哲学家整个思想体系中之位置，以及此概念与核心概念

---

① “道家”之称谓，并非首现于先秦时期，据现有文献记载，（西汉）司马谈在其《论六家要旨》中最早提出儒、道、墨、名、法、阴阳六家之说，是出于研究上之方便，遂把先秦诸子学说中主张相近者归为一类，称之为某一家，后人多承袭之。

② 对于老子其人及其书，笔者认为从思想义理、出土材料、传世文献等方面综合系统考察老子，较为合理。正是基于此，笔者认为老子为春秋末期人，《老子》体现了其基本思想及价值倾向，当可信。

群间的关联。依此三个标准来看，“自”① “我” “吾”② 在老子哲学体系中应是较为重要的概念范畴，也正是基于此，有学者认为老子“全书表现出鲜明的自我意识与个体精神，建立了一套较为完整的自我学说”③，此论结合《老子》自身文理内涵特征，较有说服力，但仍需具体、深入展开论述。

在《老子》文中，“自”内涵之体现是通过“圣人”“侯王”“民”等来具体落实并展开的，主要通过以下章节来体现：如“是以圣人自知不自见；自爱不自贵”（《老子·第七十二章》）。此句帛书甲本残损较多，但乙本保存完好，与王弼本基本相同，楚简本不见此句，此章重在阐明清静无为对于自我本身及治理天下所具备的重要意义，并通过对圣人修养境界之描述，依此来警示世人恰当处理自我与他人及自我与外物之关系。对于此章精义，宋代王元泽释之为“自见则矜成，自贵则贱物。……自知则明乎性而不为妄，自爱则保存其身而不为非”④，王氏此论阐释了老子通过“不自见”“不自贵”等正言若反之形式，来显示圣人所体现之价值对于一般“自”之引导意义；明代释德清则概括其要义为此章“教人遗形去欲，为入道之功夫，以造圣人无知之地也”⑤。此释义从“自”体道、悟道出发，着重突出过分执于“形”“欲”“知”所带来的危害，并指出只有收敛对外在事物之欲望，才能既不伤物，又不损害自我。对此，今人蒋锡昌认为：

> “自知”与“自爱”词异谊同，“自见”与“自贵”词异谊同，“自爱”即清净寡欲，“自贵”即有为多欲。此言圣人清净寡欲，不有为多欲，故去后而取前者也。⑥

此解甚合老子深意，笔者以为，老子此论一是阐明了一般“自”之“有为”对自身及周围世界造成的干扰及伤害，二是阐述圣人采取无为方式所产生之目的与效果的有机统一，通过对比，意在凸显“自”所代表、所隐含的不同层次内涵。

自我价值的真正实现，在于对自我有着清晰认知，对此老子提出了：

> 知人者智，自知者明。胜人者有力，自胜者强。知足者富，强行者有志。不失其所者久。死而不亡者寿。（《老子·第三十三章》）

在老子看来，“自”在世间确立的前提是要做到“自知”“自强”“自足”“自行”，这样才能进一步超越自我之限，得大德，行大道。因此，对一般的“自”而言，要避免“自见者不明，自是者不彰，自伐者无功，自矜者不长”（《老子·第二十四章》）对自我的珍视，并非自高自大，目空一切，以自我为本位的利己主义，而是有着清醒的自我认识能力，有着较高精神境界追求的个体。此外，“自”在五千言中，在相异区域通过不同组合方式，表达了不同层次“自”的境界及价值，这在《老子》不同章节中有着具体体现，如“自见”“自是”“自宾”“自知”“自胜”“自为”“自正”“自富”“自朴”“自贵”“自然”“自化”等，这些从不同方面展现了“自”所展示的老子群己观意蕴。

---

① “自”在《老子》中单独出现二十六次，多为介词与代词，但大多数作代词用，代指圣人、侯王、民、远离大道之人、万物等，因语境不同而体现的内容不同。（此来源于卢育三：《老子释义》，天津古籍出版社1987年版，第359－360页。）

② “我”在《老子》中计十七次（但笔者据王弼本“我”出现计19次），“吾”计二十二次。（此见朱哲：《先秦道家哲学研究》，上海人民出版社2000年版，第142页）

③ 朱哲：《先秦道家哲学研究》，上海人民出版社2000年版，第142页。

④ 转引自高明：《帛书老子校注》，中华书局1996年版，第183页。

⑤ （明）释德清，黄曙辉点校：《道德经解》，华东师范大学出版社2009年版，第138页。

⑥ 蒋锡昌：《老子校诂》，商务印书馆1937年版，第428页。

二、“我”之彰显

在老子思想世界中，自我所面对的不仅是“我”本身，而且面临着如何处理好自我与外物、自身与万物的关联，因此，对“我”之合理定位至为重要。“我”在《老子》文中所代指的对象可以分为一般的“我”，如民、人、侯王、圣人等，笔者认为当作如下厘析：“功成事遂，百姓皆谓我自然”（《老子·第十七章》），此句王弼本与帛书本义同，楚简本[①]个别字与此有差异，但义理与前两种版本无区别。此处之“我”是指百姓[②]自己，老子通过对治世三个层次的对比，认为百姓最为理想的生存方式是不知道有统治者之存在，只是依照自身本然之朴悠然生活。

在老子思想体系中，有时“我”代指圣人，全面展现这一情形的为：

> “绝学无忧，唯之与阿，相去几何？善之与恶，相去若何？人之所畏，不可不畏。荒兮其未央哉！众人熙熙如享太牢，如春登台。我独泊兮其未兆，如婴儿之未孩，儽儽兮，若无所归。众人皆有余，而我独若遗。我愚人之心也哉，沌沌兮！俗人昭昭，我独昏昏；俗人察察，我独闷闷。澹兮其若海，飂兮若无止。众人皆有以，而我独顽且鄙。我独异于人，而贵食母。”（《老子·第二十章》）

此章之“我”[③]当指圣人，在此老子通过第一人称“我”代指圣人，体现了老子哲学中圣人与大道之关联以及圣人超拔、脱俗之态。对此，日本学者福永光司认为这里的“我”是“跟‘道’对话的‘我’，不是跟世俗对话的‘我’”[④]，能够与大道对话的“我”，无疑是得道的圣人，圣人展现给一般的“我”之面向是多重向度的。这里老子通过对世俗社会及其价值的批判，来昭示世俗社会中美与丑、人君与百姓之间转化之不稳定，但这正是世俗社会中一般的“我”所忽视之处。

大道无穷无尽，圣人以淡泊、本朴之态，于无声无形中体悟大道，但这里所展现的是圣人对大道在现实社会中无奈的一种感慨。由此可见，老子视野中的圣人是孤独的，他儽儽无所归，且独若遗，如愚人一般，昏昏、闷闷、澹若大海、飂且长久。世俗社会中一般的“我”孜孜以求于功名、利禄，而唯独圣人看似无所作为、顽且鄙，这与执着于外在事物的“我”形成鲜明对比，这种“由相对到绝对，由世俗而进入圣境，表现了老子对社会、对人生的漠然态度”[⑤]，这种漠然一方面体现了老子对一般的“我”偏离大道之批判，是其“小国寡民”式构想倾向之体现；另一方面也蕴含着圣人丰富的多重面向，圣人在这种看似孤独的形态中，以“自然”与“无为”之方式，表达了对世俗社会中依靠外力强加于“我”，以致扭曲“我”本性做法的强烈批判，在《老子》文中与此章相应的有《老子》第四十二章、第五十三章、第六十七章、第七十章等。

---

① 陈鼓应、刘笑敢、廖名春等对此意见较为一致，认为此句当为“成事遂功，而百姓曰我自然也”。

② 对于此处“我”之所指，古今释见不一，河上公本释为百姓，王弼对此无明确释义，吴澄、今人高亨、蒋锡昌、张松如、卢育三、陈鼓应、廖名春均认为当为百姓，独今人刘笑敢认为解释为百姓，文义不通，当为圣人解，此论是建立在以“自然”为老子哲学最高价值基础上的，但在现实政治层面，“无为”之最高境界正是百姓不知圣人之存在而能够自然而然生存，故此说非是。

③ 对于此章的“我”，历来诸家注解不一，河上公本、王弼本无明确所指，唐代成玄英认为是指“老子”自称，宋代范应元从其说，宋代苏辙解为“圣人”，明代释德清释为“圣人”，今人高亨、张松如、卢育三、陈鼓应均认为当指老子自己，今人蒋锡昌、高明释为“圣人”。

④ 转引自陈鼓应：《老子今注今译》，商务印书馆2003年版，第152页。

⑤ 卢育三：《老子释义》，天津古籍出版社1987年版，第109页。

三、“吾”之凸显

“吾”在老子思想中亦是一个具有较强自我个体意识的概念，“吾”所论及的领域为理想与现实，所代表的内涵为圣人、理想式的侯王及老子自身，这在《老子》文本中体现为：以强烈的自我意识来打破商周以来的神学天命观，确立自然性的大道为天地、万物之母，如：

“道冲而用之或不盈，渊兮似万物之宗。挫其锐，解其纷，和其光，同其尘。湛兮似或存，吾不知谁之子，象帝之先。”（《老子·第二章》）

此句王弼本与帛书本同，楚简本无此句。对于“吾”，蒋锡昌认为“‘吾’者，老子自谓”[①]，此章以第一人称明确描述了大道在宇宙中之至上地位，以及大道之性状，同时也表达了“吾”作为察道之“吾”以明确主体眼光打破天命神学对人之束缚。对此，高明认为：“这是先秦学者第一次将这位主宰宇宙、至高无上的帝，降到与万物相等的地位，视帝产于道后，为道所生。”[②] 此解甚合老子文义。

《老子》中第十四章、第二十一章、第二十五章可与此章互为印证。“吾”的另一层内涵代指圣人，如老子主张“贵身”，他认为，只有真正爱身的“吾”，才可以把天下委任于他加以治理，正所谓“吾所以有大患者，为吾有身，及吾无身，吾有何患”（《老子·第十三章》）。那么，应当以什么样的心境对待自身与万物呢？老子认为是周而复始的“虚极”与“静笃”。

时代背景决定了老子哲学有着关怀天下的一面，但对于如何“取天下”，老子有着自己独到的政治观，那就是首先以对“吾”生命重视为前提，如：

“道常无为，而无不为。侯王若能守之，万物将自化。化而欲作，吾将镇之以无名之朴。无名之朴，夫亦将无欲。不欲以静，天下将自定。”（《老子·第三十七章》）

“圣人无常心，以百姓心为心。善者，吾善之；不善者，吾亦善之，德善。信者，吾信之；不信者，吾亦信之，德信。圣人在天下，歙歙焉，为天下浑其心。百姓皆注其耳目，圣人皆孩之。”（《老子·第四十九章》）

通过对一切“吾”生命之珍视，表达了老子对群体的看法，那就是以重视“吾”为基础，体现对家、乡、邦、天下的莫大关怀之情，如：

“善建者不拔，善抱者不脱，子孙以祭祀不辍。修之于身，其德乃真；修之于家，其德乃余。修之于乡，其德乃长。修之于邦，其德乃丰。修之于天下，其德乃普。故以身观身，以家观家，以乡观乡，以邦观邦，以天下观天下。吾何以知天下然哉？以此。”（《老子·第五十四章》）

在治理国家、天下过程中，老子并没有对用兵表示一味反对，他主张：

---

① 蒋锡昌：《老子校诂》，商务印书馆1937年版，第33页。

② 高明：《帛书老子校注》，中华书局1996年版，第242页。

“用兵有言，吾不敢为主而为客，不敢进寸而退尺。是谓行无行，攘无臂，扔无敌，执无兵。祸莫大于轻敌。轻敌几丧吾宝。故抗兵相加，哀者胜矣。”（《老子·第六十九章》）

对于战争，老子主张采取“慈”“俭”“不敢为先”的态度，老子此三项主张蕴含着对“吾”生命的重视，对无端战争之批判，以及对和平之期望。可见，在老子思想中，无论治国、用兵、取天下，均蕴含着无为、收敛欲望之因子存在，正是“以正治国，以奇用兵，以无事取天下”。（《老子·第五十七章》）

总之，以整体、系统眼光看待“自”“我”“吾”在老子思想中之所指及关系，我们发现，从宏观方面讲三者均是指存在于天地间“己”的生命不同载体方式，同时彰显、提升了“己”在宇宙间之地位；而从微观上来讲三者所指称之内涵则有着明细区分，在整体文义及具体语境中呈现不同面貌。虽如此，“自”“我”“吾”与“身”紧密联系在一起，彰显了老子群己观的多重向度。

四、贵身若大患：老子对自我生命之珍视

“身”的概念在老子哲学思想中并无肉体与灵魂的区分，有学者主观认为“身”当为身体、肉体，甚至单单一个外在躯壳①，显然是对老子思想的过度诠释。其实我们细究《老子》文本，会发现老子对“己之身”有以下几个层面看法：一是贵身，但并非仅仅执着于身；二是主张形、神合一，在老子思想中还没有对形与神做明细区分；三是以珍视身为根基，表达对一般的己陷溺于名、货等物欲的批判，并在此基础上展现了老子群体观的特征。较能体现以上义理章节的为：

“宠辱若惊，贵大患若身。何谓宠辱若惊？宠为下。得之若惊，失之若惊。是谓宠辱若惊。何谓贵大患若身？吾所以有大患者，为吾有身，及吾无身，吾有何患。故贵以身为天下，若可寄天下。爱以身为天下，若可托天下。”（《老子·第十三章》）

由于此章各版本内容出入颇大，因此对于此章释义纷繁复杂，原因在于对“忘身”与“贵身”、“有身”与“无身”理解上的差异。河上公对此之释义从人君治国视角出发，执着于“有身”与“无身”，言：

吾所以有大患者，为吾有身，有身忧者，勤劳念其饥寒，触情从欲，则遇祸患也。……使吾无有身体，得道自然，轻举昇云，出入无间，与道通神，当有何患。②

此解虽对“有身”与“无身”存在之状况做了精细之解析，但显然没有解决“有身”与“无身”间的矛盾。王弼从自身修养的角度给予了解读，曰：“无物可以易其身，故曰‘贵’也……无物可以损其身，故曰‘爱’也。”③ 王弼认为，只有对自我之身真正爱惜、珍爱的“己”，方可以把天下之事委托于他，此说着重强调自我修身的重要性，是局限于对“有身”的拘泥，对老子提出的“无身”一说，仍没有给予透彻说明。

---

① 古棣、周英：《老子通·老子校诂》，吉林人民出版社 1991 年版，第 434 页。
② （汉）河上公：《宋麻沙本老子道德经·河上公章句》，故宫博物院影印版 1932 年，第 27 页。
③ （魏）王弼著，楼宇烈校释：《王弼集校释》（上、下），中华书局 1980 年版，第 29 页。

主张“有身”“贵身”之说，固然凸显了老子对“己”的重视，但无法圆融老子对“无身”的论说。对此，唐代陆希声认为老子提出“有身”是为论述“无身”做一铺垫，有消解“身”之义，曰：

有身者，大患之本。是以执有身则有大患，故知贵其身者，乃贵大患也……惟能贵用其身为天下，爱用其身为天下者，是贵爱天下，非贵爱其身也。夫如此则得失不在己，忧患不失身，似可以大位寄托之，犹不敢使为之主，而况据而有之哉？此大道之行，公天下之意也。①

此番释义认为老子提出“有身”，并非执于“身”，而是警惕一般的“己”以贵用其“身”方式来爱天下，由此推出“无身”“无我”之论，表达了老子利他、利天下的理论倾向，但此说却在一定程度上忽视了对“有身”的阐发。唐代乃是儒、释、道汇通的时代，此说显然有以儒释道之倾向，但亦显现出老子思想由珍视己生命到关怀天下的博大政治情怀，此说对后人解老有着较大影响，现代学者高亨从其说，认为：

贵者，意所尚也，爱者，情所属也。以身为天下者，视其身如天下人也。……视其身如天下人，是无身矣，是无我矣，是无私矣；如此者，方可以天下寄托之。②

高先生进一步认为老子把珍爱自身生命之情推广到爱天下，正是一种利他精神体现。

观以上各家所论，笔者认为均没有从根本上解决老子“无身”“贵身”之关键连接点为何。今人蒋锡昌对此有精细释解：

老子之意，以为圣人在事实上既有此身矣，而天下有不得不治，则惟有先治其身，然后再及治天下也。……老子以为圣人所最贵者为治身，治国则其余事也。然唯以治身为最重要，清静寡欲，一切声色货利之事，皆无所动于中，然后可受天下之重要寄，而为万民所托也。③

蒋先生此说认为老子提出的“有身”与“无身”，“贵身”与“忘身”是站在圣人视角看待“身”，意在警醒世俗社会中之“己”不要为声色所迷惑而丧失本性，并指出只有真正重视“身”，才可以以天下之事寄托之，此说阐释出了“有身”与“无身”之关联点在于如何对待外物，看待外物之心境与审视自我、寄托天下有密切关联。刘笑敢在蒋先生所论基础上做了进一步明晰解析，他认为关键在于：

“无身”之“身”与“贵身”之“身”实有不同。“无身”之“身”重在一己之利，是世俗利益之身，必然会引起利益纠葛，祸患缠身，因此与“大患”同等。“贵身”之“身”是生命之真，是脱离世俗利益之纠缠的真身。④

此解对合理阐释老子所论“身”有着深刻启发。可见，老子所谈之“身”，有着多重层次内涵，体现在世俗层次为执着于“有身”“无身”而有大患，而展现在理想治世层面则为“贵身”“忘身”而可寄天下。老子对“身”之阐发，在其他各章亦有体现，如：

---

① （唐）陆希声撰，（清）阮元辑：《宛委别藏之道德真经传》，江苏古籍出版社1988年版，第15－16页。

② 高亨：《老子正诂》，开明书店印行1934年版，第30－31页。

③ 蒋锡昌：《老子校诂》，商务印书馆1937年版，第71、74页。

④ 刘笑敢：《老子古今：五种对勘与析评引论》（上、下卷），中国社会科学出版社2006年版，第180－181页。

“是以圣人后其身而身先，外其身而身存（《老子·第七章》）

名与身孰亲？身与货孰多？（《老子·第四十四章》）

修之于身，其德乃真……故以身观身……”（《老子·第五十四章》）

这些对“身”之论述，集中体现了“身”有如下特点：第一，由于一般的“己”在世俗社会中执迷于物欲，多对“身”刻薄、固执，打着重“身”、爱“身”之名号，实在是对“自身”、外物、群体的一种伤害，并非真正之“贵身”；第二，圣人及理想状态下之人君，抛弃世俗之身，实是对名利、财货之舍弃，是一种本真的“贵身”“爱身”之情，是对自我本朴之性的一种自然守护；第三，老子由“身”进而讲到家、乡、国以至于天下，此说与《大学》中“身修而后家齐，家齐而后国治，国治而后天下平”有着区分。虽然帛书、郭店楚简《老子》出土后，楚简本《老子》中无过多批判仁、礼等主张，孔子与老子思想均产生于中国传统文化土壤中，因此在某些方面，两者有共通之处，但这并不能否认在学理主旨上，孔子与老子思想之差别仍是主导的事实。比如儒道均认为对个体品德修养是治理家、国、天下之根基，但我们应当注意到孔老的自我个体修养之方法及其落脚点有着明显区分，儒家主张个体通过不断地修持自身之品德，来达到“齐家、治国、平天下”的群体性目标，是以群体价值为主导，以群体至上为主、为先的群己观思想，往往给人一种以“道德责任为中心，给个人和社会带来过高的要求和紧张，并且会滋长个人代表绝对正义，因而可以所向披靡的假象”①。儒家的这种倾向对个体本性往往带来压抑与禁锢；而道家以个体为出发点的论述，是以个体修身之真为根基的扩充，把个体摆放在首要位置，主张个体价值至上，家、乡、国、天下的长久不衰，反过来又是为个体自由创造条件，其落脚点仍在于个体。

五、小结

老子群己观思想的具体展开，不仅体现在对己之德的论述上，而且老子从整体视角出发对“自”“我”“吾”进行了哲学意义上的提升，老子第一次从哲学高度对三个概念间的区度与关联开展了探讨。老子群己观中的个体并非孤零零之独立存在，这通过老子对“身”的论述可以得知，个体脱离群体就无法成为个体。个体在社会中之作用如何，也是老子关注的课题之一，老子对“身”的强调，是为了凸显对个体之重视。我们从老子自身文本理路中，可见他对于一般的“己”生存之家、乡、国及天下，同样有着深沉关切之情，但与儒法等诸子却有着显著区分，这表明老子对群体、对社会同样有着关怀之心。

诚然，老子视野中的个体隐含着独立、独特的内涵及对平等、自由的诉求。老子在考究个体与群体关系时，其首要出发点在于以个体价值为先、为主导，也就是说在老子群己观思想中，他把群体价值放在了次要位置，并没有明确以社会价值为参考坐标，他缺乏在现实层面把个体与群体关联起来加以实践的思考。这具体展现在老子所构想的小国寡民设想中，在小国寡民构想中，自然与无为得到了充分之展现，在此情景下每个个体生命都是平等、自由的。但我们从“民至老死不相往来”的描述中又能感觉到老子所言的个体是一个个孤立的存在者，这些个体在现实社会中的生存状态不断引发着后人做进一步的深思。

（作者为洛阳师范学院马克思主义学院副教授）

① 刘笑敢：《老子古今：五种对勘与析评引论》（上、下卷），中国社会科学出版社 2006 年版，第 532 页。

老子洛邑出走的人生智慧探秘

刘可馨

摘要：老子洛邑出走是他人生道路智慧的选择。他如果仍然在没落的东周王室，后果不堪设想，也不会有伟大的《道德经》问世和流传。老子领悟了自然之道，他出走是追寻自然之道，实践他的生命价值，希望得道、永生。

关键词：老子；道；生命哲学

老子曾任东周守藏室之史，相当于国家图书馆馆长。他一生阅读整理了大量的图书，熟谙掌故和礼制。晚年时，他看到国家丧乱，遂弃官从洛邑出走，不知所终。老子的出走，有东周政治上衰落的原因，更多的是他主动的、积极的人生选择，完全符合他的道家智慧。他的《道德经》一书语精义深，蕴含了老子博大精深的生命思想。老子追求的生命本然状态，意蕴中包含着深刻的生死智慧，其出走高瞻远瞩，深深影响着中国人的思想文化，启发后人对生命的思考与探索。

一、追求自然的人生归宿

东周后期日益衰落，风烛残年，“礼崩乐坏”“民不聊生”，为官者也同样处境难堪。作为一个智者，而非具体王事实践者的老子，也就只有选择出走一途，才可能绵延其晚年的生存，有更好的人生前途，如此，才会有了“老子出关”的故事。“三十六计，走为上计”，出走是老子深思熟虑、人生情趣使然。老子出走，也是去寻求自然之道的奥秘，从自然、社会中，感悟知识和规律，自由地追求永恒的大道，觉悟“道”的终极性，也即“玄德”之“道”。《道德经》中说：“出生入死。”出世就是生，入地就是死，这一切在老子看来不过是自然而然的变化，不只是人才有生死变化，万事万物都有生死的变化，哪怕是天地山川也有“生死”的变化，“飘风不终朝，骤雨不终日，天地尚不能久，而况于人乎?”老子将变化看成是万物的普遍规律，所以人之生死也不值得大惊小怪了。为了顺应自然之道，老子提出个人应该以顺其自然的态度来看待生死，而不应人为地避死求生，“万物将自化”，人也应顺应这普遍的自然而然的变化，因为人终归只是这自然界中的一员。所以老子主张人对待死亡不必动什么感情，只需“沌沌兮”，闲散地对待这一切，就像未知未觉的万物一样。老子以万物自然变化的普遍规律来削弱由人的死亡意识所带来的生命反差，让人们像万物一样顺从地接受自然必然的变化。

出走方向——西方。老子向西出走，符合他的自然之道。老子要离开洛阳时，面临着走向的选择。东边是他的家乡，但他没往东走，因为那里熟悉他的人多，不好归隐；也没往南走，南边是楚国，在诸侯国中锋芒毕露，早就“不服周”，自己作为东周的臣属，无颜到达不理会自己的地方；老子更没考虑往北走，北方的严寒对于老者多有不便；他独自把目光投向了西方。西方最有吸引力，可以了解太阳到底怎么落山、自然怎么演化，探讨自然之规律。老子从文献中，知道西方有函谷关、大散关，有世界上最高的山脉，而在更远的地方，流淌着两条神秘大河，河流流经的地方，有一种宗教在召唤人们……这，无疑在召唤老子。他骑上青牛，往西边走去，夕晖直接涂抹在他脸上，两道长长的白眉毛，宛若两道白色瀑布，顺着陡峭的脸颊，夸张地飘落；而那长长的白胡须，被风往前吹着，好像探路的触角，指向了西方。历代绘制的《老子出关图》，基本上都是这个形象。向西去，象征自然之道的运行。太阳从东方升起，向西方落下，古人认为自然的秩序是从东向西运行，再回到东方，周而复始。当然，“老子化胡”也是一种解读方式，暗喻圣人老子要去未开化的西方传道。

出走交通工具——青牛。老子倒骑青牛，田园牧歌，悠然自乐。青牛厚重、沉稳，与百姓生产和生活息息相关，体现了自然的、生气勃勃的状态，正是道家的精神所在。选择青颜色的牛，符合传统的习俗。中国文化里，东、西、南、北、中，五个方位分别以五种颜色来象征。东方是青色，属木；西方是白色，属金；南方是红色，属火；北方是黑色，属水；中央是黄色，属土。同时，青木又代表生机勃发的春天。牛，中国自古以来都是农业文明，牛这种动物是人民耕地、负重的帮手，亲近人类和土地，而且性情沉默温和，颇有“厚德载物”的象征意义。所以，“青牛”既代表东方，又代表生机、大地之德（自然之道），老子骑青牛，暗喻圣人老子是掌握自然大道的东方圣人。

有传说，青牛也是神仙，会走会飞，专门下凡陪伴老子这个仙人。老子骑的青牛，过了函谷关，知道自己已经成仙，青牛也会说人话了，于是青牛飞回老子家乡，帮助治理那座座荒山。到了家乡，老子挥鞭打山，山顶削去了，并且飞到了山东，成了泰山；再一鞭子打去，把山腰打到了河南，成了平顶山。这时鞭梢甩断，甩断的鞭子飞到了山西。老子一看手中的鞭子只剩下一个杆子，就顺手插在地上，这就是这个“铁拄子”的来历。老子又乘青牛飞走了，而那鞭子杆就永远留在了那儿，成为“赶山鞭”。百姓感谢老子前来赶走大山，从这以后老子家乡成为平原，老百姓安居乐业，世代耕作，五谷丰登，过起了风调雨顺的好日子了。

关于老子的青牛，民间还流传着一段故事。相传春秋时期，老子故里苦县东部有一座高入云霄的隐阳山，主峰东南侧有个不大显眼的小峰。这小峰远看像牛，近看像牛，左看像牛，右看像牛，不但形状像牛，而且春夏秋冬四季常青，所以有人给它起名叫“青牛峰”。青牛峰下，曲仁里一带村庄，有一年里突然出了一桩怪事：这里庄户人家的麦秸垛一个接一个地失踪，头天晚上还是好好地堆在那里，第二天早起一看，已经没影啦！人们感到十分惊奇，男女老少议论纷纷，谁也说不清是怎么回事，心里十分害怕，天不黑就上门睡觉，第二天日出上竿才敢出门。曲仁里村上有一个姓张的大汉，上山敢打虎，下海敢擒龙，天不怕，地不怕，人送外号“张大胆”。张大胆这几天故意晚睡早起，有时半夜起来走走，想探个究竟。这天张大胆五更起来拾粪，刚到村边，一抬头，见西北天空青光一闪，一大团黑云向这边飞来落到一个大麦秸垛上，转眼间，麦秸垛全不见了。张大胆百思不解。他就赶紧去请教村里生下来就白发白胡、好读书、爱动心思、善观天象、聪明过人的李耳，看到底是怎么回事。他找到李耳，把看到的情况从根到梢说了一遍。李耳想方设法捉住青牛，询问实情，青牛才说自己偷偷来到隐阳山，化作青牛峰，等了百年还不见自己的主人到来，耐不住就离开青牛峰，化作了白麒麟下山吃草，把老百姓草垛私吞。现在主仆相遇，多有冒犯，望恕罪。说罢，把嘴一闭，成了一头凡牛，再也不会说话了。李耳牵着青牛回村里去了，从此青牛始终相伴。①

倒骑青牛，老子悠然自得。那是因为老子出关时年龄已经很大了，白发白须，一个老人如果骑马奔驰，就会显得格外引人注目，这与老子无为自隐的思想不相符。再说，马跑得快，没牛稳；驴子虽然没马快，但比牛要快，没牛稳。老子西行，不急于赶路，悠闲地坐在牛背上，可以怡然自得，回归牧童短笛的童年时光，也可以随意打盹，或者尽情琢磨问题。也许只有骑牛，才能衬托出一幅圣者从容的姿

① 老子和他的青牛［EB/OL］. http：//www. china. com. cn/culture/txt/2009 - 01/24/content_ 17182060. htm。

态。倒骑青牛，不是因为个性，而是暗喻老子自然之道的贯彻和追求。牛一直在走，老子不去管它，不去驾驭，也不回头看，顺应自然之意也。倒骑，取一正一反、一阴一阳之意，牛向前，老子向后，前后呼应，达到一种平衡，相得益彰，自然和谐。想象一下坐火车的感觉，人坐着不动，车一直向前开，人的视野一直在扩大，人虽然看不见背后的景象，新事物却不断进入视野。牛通人性、懂人性，可以理解时代和人的需要，随着时代和人性的进步，认识、记忆“道”，与人交流“道”。人以牛作为交通工具，可以更好地接近、领悟真正的“道”，并且是平和而没有危险的。反过来，如果人转过身来，试图驾驭青牛，不让青牛顺应它该走的、想走的路，那就意味着不自然，人性被欲望所驱使，迷失本心，德不配位，就是远离自然大道了。按照现在的说法就是，人性与人类掌握的力量不匹配。

二、返璞归真的生命之道

老子认为“婴儿之未孩”是一种最纯朴无邪，最无拘无束的时期，婴儿之心，纯朴无欲，清静无为，处于一种与宇宙浑然一体的自然状态，故能道法自然。要使人复归到婴儿之心，首先要做到清心，清心方能寡欲，老子认为清心寡欲是达到长寿的法门。“清静为天下正”（《道德经》第四十五章），并不是常人难以达到的高深境界，如果我们长存清心一念，自然能够远离杂欲，保持健康的心灵。返璞归真的第二步是要做到虚心，老子的《道德经》第三章说：“虚其心，实其腹，弱其志，强其骨。”其“虚心”所指与今日有所不同，意指心灵绝对的宁静与清静，没有忧虑和私欲。憨山大师曾在《道德经》注中说：“是则财色名食，本无可欲。而人欲之者，盖由人心妄想思虑之过也。是以圣人之治，教人先断妄想思虑之心，此则拔本塞源，故曰虚其心。”

如果说“清心”和“虚心”为老子对生命肉体的保养之“道”，那么“长生久视”可视为他对生命之精神可达到的一种境界。对于人来说，死是必然的，但也是可以超越的。老子从“名与身孰亲？身与货孰多？得与亡孰病？”的贵身思想出发，极力主张“见素抱朴”“去甚、去奢、去泰”，要求“知足不辱，知止不殆”“至虚极，守静笃”，以求能够“长生久视”。老子的“长生久视”可谓是一种对生命最真切的把握，把握了生命的真谛就意味着人的精神层面的“生存”之永恒性得到了实现，这里，老子要求个体生命自觉放弃对名利的追逐，淡泊肉体生命的相对有限性，从而使生命回归到一种自然本真的清净透明境界。

三、超越死亡的永生之道

在老子的思想中，“死”与“亡”的意思并不相同，“死”指的是生命活力和机能的消失，生命运动的终止，它着重指人的形体而言；而“亡”指消亡，不存在，归于无。在老子看来，一个人的生命就肉体方面来说，有生必然有死，因为其生命活力和机能的存在时间是有限的，但肉体的死亡并不等于整个生命迹象的完全消失，因为生命存在中还包括精神的因素，生命机体可以死亡，但是精神仍然可以继续发挥作用。如果说“长生久视”谓之生之境界，那么“死而不亡”则谓之死之境界。老子的超越生死观并不是要求人刻意去追求长生不死，而是鼓励人们追求有限的长生久视，主张爱惜生命，爱惜精神，以尽人之天年。从某种意义上看，这表现了老子对人的生命的重视与关怀。老子对死亡的感悟和探索，体现了他对生命的注重和关怀。他对人生的关怀并不仅停留在尘世的层面，而是达到了“道”的高度。老子不但认命，更能做到“知命”，因此他能真正地勘破了生死，从生命中超然而出，不为生死而拘束，使形而下的生命从此有了形而上的超越。

在《道德经》第六章中说："谷神不死，是谓玄牝，玄牝之门，是谓天地根。绵绵若存，用之不勤。""谷"是形容空虚，是存水的地方，这里的"谷"与"道"是一个意思。老子在这里继续以谷"几于道"来说明"道"是永恒不死的母性，是天地之根本，它的存在所发生的作用是无穷无尽的。老子的"道"具有明显的超越性，"道"是不可见的虚体，但它的作用却无穷尽，好似汪洋大海永远装不满。它又像深渊那样沉邃，是万物的宗室。这里的汪洋大海，这里的深渊，无疑都是盛水之物，充满生机，永不枯竭。

生死问题是与人的一生始终伴随的问题。一般的人总是重生而恶死，尤其在封建时代，大多数帝王都求助于各种方术而求长生不死。而老子却把生死看成自然变化的必然轨迹，并教人以一种坦然的态度去面对死亡，老子生死哲学中透露出对生命存在的理性态度和对死亡困境的达观态度，对我们后世的启迪应该是深刻的。老子并没有将我们引向宿命论的歧途，而是让生命从狭窄、困扰、惶恐和死亡的自我冲突中解脱出来，让心灵与自然凝聚成永恒的存在，使人的心灵走向绝对自由的精神家园。

我认为老子洛邑出走是他人生道路智慧的选择。他如果仍然在没落的东周王室，后果不堪设想；也不会有伟大的《道德经》问世和流传。一部《道德经》论述老子的生死"道"，涵盖了他对生命本质的认识、对生死价值的感悟和对生死的非凡超越。老子对生死问题的重视和探究是一个不容忽视的问题，探寻老子的生死哲学，领悟和借鉴老子的自然之道，追寻自然之道，实现真正的生命价值，得道、永生，对现在有极其重大的启发意义。

（作者为武汉科技大学马克思主义学院硕士研究生）

洛阳之行对孔子一生志向及人格的影响

赵志浩

摘要：孔子向往周代文德政治和礼乐文明，其平生之志是欲用恢复周礼的方式实现平治天下的目的，早年到东周洛邑"问礼于老聃"和系列的参访考察奠定了他一生的政治志向和人格品质。孔子一生的言行和处事方式表明了他实际上遵从了老子的忠告，那就是既要全力以赴地做好人子和人臣的职责，尽到忠孝之伦理义务，又要时刻保持谨慎避世的心态，以免被恶俗的世道人心所害。因此可以说，外在的积极进取和内在的超然脱俗并行不悖地存在于孔子的精神人格上面。

关键词：平治天下；德性修养；知进知退；无为而治

一、孔子"适周问礼"

《孔子家语》记载，孔子谓南宫敬叔曰："吾闻老聃博古知今，通礼乐之原，明道德之归，则吾师也，今将往矣。"于是南宫敬叔对鲁君曰："今孔子将适周，观先王之遗制，考礼乐之所极，斯大业也！君盍以乘资之，臣请与往?""至周，问礼于老聃，访乐于苌弘，弘周大夫历郊社之所，考明堂之则，则法察庙朝之度。宗庙朝廷之法度也于是喟然曰：'吾乃今知周公之圣，与周之所以王也。'"①

《庄子》中的《天地》《天道》《天运》《田子方》和《知北游》等篇中，皆记载有孔子向老子问礼的情节，《礼记·曾子问》《史记·孔子世家》《史记·老子韩非列传》《吕氏春秋·当染》等篇中也都有孔子向老子问礼的记载。从诸多典籍的记载可知，孔子前往东周洛邑（今河南洛阳）学习考察当属史实。因老子是"周守藏室之史"②，《史记》所载"孔子适周，将问礼于老子"③，表明孔子是到周都洛邑向老子求教的。

《史记》记载了孔子"年少好礼"，为了解和学习周礼，在"年十七"时，与鲁国人南宫敬叔"适周问礼"④，《史记》又载，"及厘子卒，懿子与鲁人南宫敬叔往学礼焉"。杨伯峻据此考证，认为孔子去周问礼时年龄应为"三十四岁"⑤。另外，"据老教育家匡亚明同志著的《孔子评传》和吉林省社会科学院张秉楠同志所著的《孔子传》中比较一致的说法，孔子是在他34岁左右在鲁国贵族的资助下去京师雒邑的。雒邑（故此在今洛阳市王城公园一带），古又名王城，为周天子的首都，是春秋时全国最大的都会之一和政治文化中心，其文物典籍之丰居全国之冠，且保存了当时最完备、最典型的国家礼仪制

① 王国轩、王秀梅：《孔子家语》，中华书局2009年版，第87页。

②③ 司马迁：《史记》，岳麓书社2012年版，第943页。

④ 司马迁：《史记》，岳麓书社2012年版，第754-756页。

⑤ 杨伯峻：《春秋左传注》，中华书局1981年版，第1295页。

度"[①]。虽然《庄子·天运》篇中记载有"孔子行年五十有一而不闻道，乃南之沛见老聃"[②]，但并不能据此说明孔子到了51岁才开始拜见老子。

孔子早年到东周洛邑"问礼于老聃"和系列的参访考察，表明了他对周代文德政治和礼乐文明的向往和追寻。孔子对周代文化的认知一方面来自典籍的记载，另一方面来自他本人的亲身考察，《孔子家语》记载了孔子入周后的所见所闻：

> 孔子观乎明堂，睹四门墉，有尧舜之容，桀纣之象，而各有善恶之状，兴废之诫焉。又有周公相成王，抱之负斧扆南面以朝诸侯之图焉。
>
> 孔子徘徊而望之，谓从者曰："此周之所以盛也。夫明镜所以察形，往古者所以知今。人主不务袭迹其所以安存，而忽怠所以危亡，是犹未有以异于却走而欲求及前人也，岂不惑哉。"
>
> 孔子观周，遂入太祖后稷之庙，庙堂右阶之前，有金人焉，三缄其口，而铭其背曰："古之慎言人也，戒之哉！无多言，多言多败；无多事，多事多患。安乐必戒，无所行悔。勿谓何伤，其祸将长；勿谓何害，其祸将大；勿谓不闻，神将伺人。焰焰不灭，炎炎若何？涓涓不壅，终为江河。绵绵不绝，或成网罗。毫末不札，将寻斧柯。诚能慎之，福之根也。口是何伤，祸之门也。强梁者不得其死，好胜者必遇其敌。盗憎主人，民怨其上，君子知天下之不可上也，故下之。知众人之不可先也，故后之。温恭慎德，使人慕之；执雌持下，人莫踰之。人皆趋彼，我独守此。人皆或之，我独不徙。内藏我智，不示人技，我虽尊高，人弗我害。谁能于此？江海虽左，长于百川，以其卑也。天道无亲，而能下人，戒之哉！"
>
> 孔子既读斯文也，顾谓弟子曰："小人识之，音志此言实而中，情而信。诗曰：'战战兢兢，如临深渊，如履薄冰。'行身如此，岂以口过患哉？"[③]

孔子平生之志是欲用恢复周礼的方式实现平治天下的目的，这与他去东周洛阳的参访游学经历有密切关系。周之名堂、庙堂处处彰显着周代的文德之治，令孔子禁不住发出感叹，促使他把天下太平的希望寄托在周礼的恢复上。

《论语》中记载孔子对周代文德政治的赞扬，如："周监于二代。郁郁乎文哉，吾从周。"[④]"周之德，其可谓至德也已夫！"[⑤]他甚至希望自己能够再造一个类似于周代的文明，"如有用我者，吾其为东周乎！"[⑥]所以他一生为恢复周代文德政治和礼乐文明奔走于诸侯国之间，当感到恢复周礼无望时，不禁发出叹息："甚矣，吾衰也久矣！吾不复梦见周公。"[⑦]到了晚年，以著述《春秋》的方式，臧否历史人物、抑恶扬善，意在表明自己的王道政治立场。所以，司马迁认为，"夫《春秋》，上明三王之道，下辨人事之纪，别嫌疑，明是非，定犹豫，善善恶恶，贤贤贱不肖，存亡国，继绝世，补敝起废，王道之大者也。"[⑧]

---

① 晓风：《档案文化史上一段鲜为人知的佳话："孔子问礼于老子"的故事》，《湖南档案》1994年第1期。
② 陈鼓应注译：《庄子今注今译》，商务印书馆2007年版，第438页。
③ 王国轩、王秀梅：《孔子家语》，中华书局2009年版，第90-92页。
④ 张燕婴译注：《论语》，中华书局2006年版，第32页。
⑤ 张燕婴译注：《论语》，中华书局2006年版，第114页。
⑥ 张燕婴译注：《论语》，中华书局2006年版，第264页。
⑦ 张燕婴译注：《论语》，中华书局2006年版，第87页。
⑧ 司马迁：《史记》，岳麓书社2012年版，第1778页。

二、谨言慎行，谦卑恭敬

周文化对孔子的影响是多方面的，待人处事上的谦卑及涵养是其中的重要方面，《盐铁论·崇礼》中记载“昔周公处谦卑士，执礼以治天下”①，《韩诗外传》记载的“周公戒子”主要强调的就是谦虚谨慎这一品德：

成王封伯禽于鲁。周公诫之曰：“往矣，子无以鲁国骄士。吾，文王之子，武王之弟，成王之叔父也，又相天子，吾于天下亦不轻矣。然一沐三握发，一饭三吐哺，犹恐失天下之士。吾闻德行宽裕，守之以恭者，荣。土地广大，守之以俭者，安。禄位尊盛，守之以卑者，贵。人众兵强，守之以畏者，胜。聪明睿智，守之以愚者，哲。博闻强记，守之以浅者，智。夫此六者，皆谦德也。夫贵为天子，富有四海，由此德也。不谦而失天下，亡其身者，桀、纣是也。可不慎欤？”②

孔子认为周之德是“至德”，上文提到的在东周洛阳太祖后稷之庙看到的铭文，是让人慎言谦卑、修德修福，孔子赞之曰“实而中，情而信”，又以《诗经》之言概括其内涵，从孔子一生的为人处世来看，无不遵从于“多言多败”“强梁者不得其死，好胜者必遇其敌”“温恭慎德，使人慕之；执雌持下，人莫踰之”等的教诲。周文化之“谦德”对孔子一生言行的影响从《论语》不同篇章的记载中可以看得出来，比如《论语·乡党》篇描述了孔子无论在任何场合都表现出谨言慎行、温恭谦卑的样子：

孔子于乡党，恂恂如也，似不能言者；其在宗庙朝廷，便便言，唯谨尔。

朝，与下大夫言，侃侃如也；与上大夫言，訚訚如也。君在，踧踖如也，与与如也。

君召使摈，色勃如也，足躩如也。揖所与立，左右手，衣前后，襜如也。趋进，翼如也。宾退，必复命曰：“宾不顾矣。”

入公门，鞠躬如也，如不容。立不中门，行不履阈。过位，色勃如也，足躩如也，其言似不足者。摄齐升堂，鞠躬如也，屏气似不息者。出，降一等，逞颜色，怡怡如也；没阶，趋进，翼如也；复其位，踧踖如也。

执圭，鞠躬如也，如不胜。上如揖，下如授。勃如战色，足蹜蹜如有循。享礼，有容色。私觌，愉愉如也。③

在乡党、宗庙朝廷等，孔子都表现得温和恭敬和谦恭谨敬，皇侃认为那是“孔子平生德行也”④，故而孔子认为，“君子泰而不骄，小人骄而不泰”⑤“巧言乱德，小不忍则乱大谋”⑥“巧言令色，鲜矣

---

① 陈桐生译注：《盐铁论》，中华书局2015年版，第375页。

② （汉）韩婴撰，许维遹校释：《韩诗外传集释》，中华书局1980年版，第117页。

③ 张燕婴译注：《论语》，中华书局2006年版，第134－137页。

④ （梁）皇侃撰，高尚榘校点：《论语义疏》，中华书局2013年版，第130页。

⑤ 张燕婴译注：《论语》，中华书局2006年版，第200页。

⑥ 张燕婴译注：《论语》，中华书局2006年版，第242页。

仁"[①]"巧言、令色、足恭，左丘明耻之，丘亦耻之"[②]"如有周公之才之美，使骄且吝，其余不足观也已"[③]。孔子的谨言慎行和谦虚恭敬源于其内在的"毋意、毋必、毋固、毋我"[④]，也即是"不悬空揣测，不绝对肯定，不拘泥固执，不唯我独是"[⑤]，按照钱穆先生的解释，是说孔子"一无亿测心，二无期必心，三无固执心，四无自我心"[⑥]。不以自我为中心、唯我独是，当然就会表现得谦虚谨慎。

据《说苑·敬慎》记载：

> 孔子观于周庙，而有欹器焉，孔子问守庙者曰："此为何器？"对曰："盖为右坐之器。"孔子曰："吾闻右坐之器，满则覆，虚则欹，中则正，有之乎？"对曰："然！"孔子使子路取水而试之，满则覆，中则正，虚则欹，孔子喟然叹曰："呜呼！恶有满而不覆者哉！"子路曰："敢问持满有道乎？"孔子曰："持满之道，挹而损之。"子路曰："损之有道乎？"孔子曰："高而能下，满而能虚，富而能俭，贵而能卑，智而能愚，勇而能怯，辩而能讷，博而能浅，明而能闇；是谓损而不极，能行此道，唯至德者及之。易曰：'不损而益之，故损，自损而终故益。'"[⑦]

这里依然是说要谦虚而不能自满。孔子受周文化影响还直接来自于老子，老子作为周代"周守藏室之史"，必定汲取了周文化的丰富营养。老子倡导"致虚极守静笃"[⑧]"知其雄，守其雌"[⑨]"不敢为天下先"[⑩]等，他认为，"上德若谷强梁者，不得其死"[⑪]"大巧若拙，大辩若讷"[⑫]"弱之胜强，柔之胜刚"[⑬]。因此，当孔子将问礼于老子时，老子告诫孔子说："吾闻之，良贾深藏若虚，君子盛德，容貌若愚。去子之骄气与多欲，态色与淫志，是皆无益于子之身。"[⑭]孔子离开周国时，老子又告诫说："凡当今之士，聪明深察而近于死者，好讥议人者也；博辩闳达而危其身，好发人之恶者也。"[⑮]因专程前往洛阳问礼于老子，老子之言不可能不对孔子产生影响。

三、天下有道则见，无道则隐

一般认为儒家是积极进取的典范，而道家则是顺其自然、顺势而为的代表，但从《论语》中可以发现，儒家创始人孔子并非一味地追求仕途或者追求进取，比如孔子认为，"危邦不入，乱邦不居，天

---

① 张燕婴译注：《论语》，中华书局2006年版，第272页。
② 张燕婴译注：《论语》，中华书局2006年版，第65页。
③ 张燕婴译注：《论语》，中华书局2006年版，第110页。
④ 张燕婴译注：《论语》，中华书局2006年版，第118页。
⑤ 杨伯峻：《论语译注》，中华书局1980年版，第88－89页。
⑥ 钱穆：《论语新解》，三联书店2002年版，第163页。
⑦ 刘向著、向宗鲁校正：《说苑校正》，中华书局1987年版，第242页。
⑧ 陈鼓应注译：《老子今注今译》，商务印书馆2003年版，第134页。
⑨ 陈鼓应注译：《老子今注今译》，商务印书馆2003年版，第183页。
⑩ 陈鼓应注译：《老子今注今译》，商务印书馆2003年版，第310页。
⑪ 陈鼓应注译：《老子今注今译》，商务印书馆2003年版，第233页。
⑫ 陈鼓应注译：《老子今注今译》，商务印书馆2003年版，第243页。
⑬ 陈鼓应注译：《老子今注今译》，商务印书馆2003年版，第339页。
⑭ 司马迁：《史记》，岳麓书社2012年版，第943页。
⑮ 王国轩、王秀梅：《孔子家语》，中华书局2009年版，第87页。

下有道则见，无道则隐”[①]“邦有道，危言危行；邦无道，危行言孙”[②]“用之则行，舍之则藏”[③]“饭疏食，饮水，曲肱而枕之，乐亦在其中矣。不义而富且贵，于我如浮云”[④]“富而可求也，虽执鞭之士，吾亦为之，如不可求，从吾所好”[⑤]“忠告而善道之，不可则止，无自辱焉”[⑥]等。这说明孔子并非“知其不可为而为之者”，而是能够根据实际情况知进知退，甚至主张过一种安贫乐道、回归自然的生活。

因此，面对遽伯玉的“邦有道，则仕，邦无道，则可卷而怀之”[⑦]，孔子称之为“君子”。对自己知足常乐的学生颜回，孔子也是赞扬有加的，“贤哉回也！一箪食，一瓢饮，在陋巷，人不堪其忧，回也不改其乐。贤在回也！”[⑧]在《论语·先进》篇中，孔子问了几个弟子志向：

子路、曾皙、冉有、公西华侍坐。

子曰：“以吾一日长乎尔，毋吾以也。居则曰：不吾知也。如或知尔，则何以哉？”

子路率尔对曰：“千乘之国，摄乎大国之间，加之以师旅，因之以饥馑，由也为之，比及三年，可使有勇，且知方也。”

夫子哂之。

“求，尔何如？”

对曰：“方六七十，如五六十，求也为之，比及三年，可使足民。如其礼乐，以俟君子。”

“赤，尔何如？”

对曰：“非曰能之，愿学焉。宗庙之事，如会同，端章甫，愿为小相焉。”

“点，尔何如？”

鼓瑟希，铿尔，舍瑟而作，对曰：“异乎三子者之撰。”

子曰：“何伤乎？亦各言其志也。”

曰：“暮春者，春服既成，冠者五六人，童子六七人，浴乎沂，风乎舞雩，咏而归。”

夫子喟然叹曰：“吾与点也。”[⑨]

不同于孔子另外几位弟子的“进取有为”，曾点只想过一种远离现实政治、回归自然的“浴乎沂，风乎舞雩，咏而归”的生活，而孔子唯独赞赏曾点的志向，足可见孔子内心的向往是回归于自由自在和自然而然的生活状态，而不是一味地追求仕途或平治天下等宏愿。故而他认为，“贤者辟世，其次辟地，其次辟色，其次辟言”[⑩]。

即便是在治理天下层面，孔子也是追求一种德治和仁政基础上的“无为而治”。历史上的舜和周文王是孔子心目中圣人的典范，在孔子看来，他们都是“无为而治”“无为而成”的代表，“无为而治者，其舜也与？夫何为哉。恭己正南面而已矣”[⑪]。“大哉文王之道乎！其不可加矣！不动而变，无为而成，

---

① 张燕婴译注：《论语》，中华书局2006年版，第111页。

② 张燕婴译注：《论语》，中华书局2006年版，第205页。

③⑤ 张燕婴译注：《论语》，中华书局2006年版，第90页。

④ 张燕婴译注：《论语》，中华书局2006年版，第92页。

⑥ 张燕婴译注：《论语》，中华书局2006年版，第183－184页。

⑦ 张燕婴译注：《论语》，中华书局2006年版，第234页。

⑧ 张燕婴译注：《论语》，中华书局2006年版，第75页。

⑨ 张燕婴译注：《论语》，中华书局2006年版，第165－166页。

⑩ 张燕婴译注：《论语》，中华书局2006年版，第224页。

⑪ 张燕婴译注：《论语》，中华书局2006年版，第232页。

敬慎恭己而虞、芮自平。"[①]

孔子认为,"天何言哉?四时行焉,百物生焉。天何言哉?"[②] 舜和周文王之治无疑符合天道的"无为"法则。

《礼记·哀公问》篇中记载,(哀)公曰:"敢问君子何贵乎天道也?"孔子对曰:"贵其不已,如日月东西相从而不已也,是天道也。不闭其久,是天道也。无为而物成,是天道也。已成而明,是天道也。"[③] 孔子意在说明,为政之道在于遵从"无为而成"的天道,如此方可长久。

当然,孔子所主张的这种"无为而治""无为而成"是以"德政"为基础的,也就是孔子认为的"为政以德,譬如北辰,居其所而众星共之"[④],朱熹认为,"为政以德,则无为而天下归之",引程子曰:"为政以德,然后无为",又引范氏曰:"为政以德,则不动而化、不言而信、无为而成。所守者至简而能御烦,所处者至静而能制动,所务者至寡而能服众。"[⑤] 这也即孔子所谓的"其身正,不令而行;其身不正,虽令不从"[⑥],也就是说,"上好礼,则民莫敢不敬;上好义,则民莫敢不服;上好信,则民莫敢不用情。夫如是,则四方之民襁负其子而至矣"[⑦]。

孔子要求自身有极高的德性修养,同时保持顺其自然、无为而为的超然心态,即"不怨天,不尤人,下学而上达,知我者其天乎!"[⑧] 所以他认为自己五十岁就已经知天命了,"吾十有五而志于学,三十而立,四十而不惑,五十而知天命,六十而耳顺,七十而从心所欲不逾矩"[⑨]。"发愤忘食,乐以忘忧,不知老之将至云尔。"[⑩] 当孔子被围困在匡地时,他说:"文王既没,文不在兹乎。天之将丧斯文也,后死者不得与于斯文也;天之未丧斯文也,匡人其如予何!"[⑪] 而当感到自己所主张的大道不能推行于世时,孔子说他将"乘桴浮于海"[⑫]。可见孔子保持了一种超越的心态与心境。

孔子"有道则见,无道则隐"的处世精神,与老子对孔子告诫的精神内涵是一致的,《史记·老子韩非列传》记载了孔子到周问礼于老子,老子向孔子说了下面一段话:"子所言者,其人与骨皆已朽矣,独其言在耳。且君子得其时则驾,不得其时则蓬累而行。吾闻之,良贾深藏若虚,君子盛德容貌若愚。去子之骄气与多欲,态色与淫志,是皆无益于子之身。吾所以告子,若是而已。"[⑬] 我们发现,孔子一生的言行无不是奉行了"得其时则驾,不得其时则蓬累而行"的精神,从"其犹龙邪"的赞叹也足见老子对孔子影响之深:"鸟,吾知其能飞;鱼,吾知其能游;兽,吾知其能走。走者可以为罔,游者可以为纶,飞者可以为矰。至于龙,吾不能知,其乘风云而上天。吾今日见老子,其犹龙邪!"[⑭]

① 刘向著,向宗鲁校正:《说苑校正》,中华书局2009年版,第9页。
② 张燕婴译注:《论语》,中华书局2006年版,第272页。
③ 李慧玲、吕友仁注译:《礼记》,中州古籍出版社2010年版,第205页。
④ 张燕婴译注:《论语》,中华书局2006年版,第12页。
⑤ 朱熹:《四书章句集注》,中华书局1983年版,第53页。
⑥ 张燕婴译注:《论语》,中华书局2006年版,第189页。
⑦ 张燕婴译注:《论语》,中华书局2006年版,第188页。
⑧ 张燕婴译注:《论语》,中华书局2006年版,第223页。
⑨ 张燕婴译注:《论语》,中华书局2006年版,第13页。
⑩ 张燕婴译注:《论语》,中华书局2006年版,第94页。
⑪ 张燕婴译注:《论语》,中华书局2006年版,第118页。
⑫ 张燕婴译注:《论语》,中华书局2006年版,第54页。
⑬⑭ 司马迁:《史记》,岳麓书社2012年版,第943页。

四、积极进取与超然处世并行不悖

孔子将要离开东周洛阳的时候，老子送之曰："吾闻富贵者送人以财，仁人者送人以言。吾不能富贵，窃仁人之号，送子以言，曰：'聪明深察而近於死者，好议人者也。博辩广大危其身者，发人之恶者也。为人子者毋以有己，为人臣者毋以有己。'"① 老子送给孔子的这几句话包含着积极有为和超然无为的出世入世精神，既要全力以赴地做好人子和人臣，尽到忠孝之伦理义务，又要时刻保持谨慎避世的心态，以免被恶俗的世道人心所害。我们发现，孔子一生的言行和处事方式表明了他实际上遵从了老子的忠告。

"为人子者毋以有己，为人臣者毋以有己"，人子和人臣做到极致无非如此。老子的这句话在孔子那里就变为了"孝"和"忠"，强调家庭伦理和政治秩序的孔子对其所倡导的"孝"和"忠"也有着极高的要求。

比如在"孝"方面，孔子认为，"弟子入则孝，出则悌，谨而信，泛爱众而亲仁，行有余力，则以学文"② "父在，观其志。父没，观其行"③ "三年无改于父之道，可谓孝矣"④ "孝哉，闵子骞。人不间于其父母昆弟之言"⑤。

在《论语·为政》篇中，面对孟懿子、孟武伯、子游、子夏等的"问孝"，孔子从不同侧面给予了阐释：

> 孟懿子问孝。子曰："无违。"樊迟御，子告之曰："孟孙问孝于我，我对曰：'无违。'"樊迟曰："何谓也?"子曰："生，事之以礼，死，葬之以礼，祭之以礼。"
>
> 孟武伯问孝。子曰："父母，唯其疾之忧。"
>
> 子游问孝。子曰："今之孝者，是谓能养，至于犬马，皆能有养，不敬，何以别乎?"
>
> 子夏问孝。子曰："色难。有事，弟子服其劳，有酒食，先生馔，曾是以为孝乎?"⑥

在"忠"方面，孔子强调，"君使臣以礼，臣事君以忠"⑦ "居之无倦，行之以忠"⑧ "居处恭，执事敬，与人忠"⑨ "言忠信，行笃敬，虽蛮貊之邦行矣"⑩ "君子有九思：视思明，听思聪，色思温，貌思恭，言思忠，事思敬，疑思问，忿思难，见得思义"⑪ 等。

可见，在孔子那里，无论是"孝"还是"忠"，其最高境界也就是达于老子所谓的"毋以有己"。孔子在现实政治层面强调要"尽人事"，同时也强调要认清自身的处境，做到"知天命"，即奉行老子所谓"得其时则驾，不得其时则蓬累而行"的教导，而不是一味地追求"有所作为"或者"强为妄为"。

---

① 司马迁：《史记》，岳麓书社 2012 年版，第 756 页。
② 张燕婴译注：《论语》，中华书局 2006 年版，第 4 页。
③ 张燕婴译注：《论语》，中华书局 2006 年版，第 7 页。
④ 张燕婴译注：《论语》，中华书局 2006 年版，第 48 页。
⑤ 张燕婴译注：《论语》，中华书局 2006 年版，第 153 页。
⑥ 张燕婴译注：《论语》，中华书局 2006 年版，第 14－16 页。
⑦ 张燕婴译注：《论语》，中华书局 2006 年版，第 34 页。
⑧ 张燕婴译注：《论语》，中华书局 2006 年版，第 178 页。
⑨ 张燕婴译注：《论语》，中华书局 2006 年版，第 196 页。
⑩ 张燕婴译注：《论语》，中华书局 2006 年版，第 233 页。
⑪ 张燕婴译注：《论语》，中华书局 2006 年版，第 257 页。

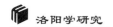

《论语·宪问》篇记载，子路宿于石门，晨门曰："奚自?"子路曰："自孔氏。"曰："是知其不可而为之者与?"① 可见孔子在他的时代就被认为是"知其不可而为之者"，这从其周游列国十余载、处处碰壁而不忘初衷中可见一斑。周游列国宣扬自己的政治主张和治国方略，虽不被当时的诸侯国所接纳和采纳，但并不气馁，这是一种积极进取的精神和行为。

然而，孔子是否为自己的主张得不到实施、抱负无法施展而焦灼烦心呢？从其"不怨天，不尤人，下学而上达，知我者其天乎"② 的说法中可知，孔子对自己的努力保持着一种超然洒脱的境界，这是一种"尽人事，听天命"的精神。外在的积极进取和内在的超然脱俗，言辞上的褒贬分明和内心的谦卑谨敬，并行不悖地存在于孔子的精神人格上面。

积极地救世济世和平治天下并不妨碍内心的超然平静，并且有助于根据实际情况选择进退行止，孔子的这种精神品格得益于他的笃学慎思和躬身践行，不断地参学拜访和长期的政治实践，造就了孔子的精神境界和为人处世态度。

深受孔子向往和推崇的周文化和学问境界都较高的老子必然会引起孔子的高度注意，前往东周洛阳调查学习及向老子问礼，无疑对孔子一生的政治志向和人格品质产生了较为重大的影响。《史记》记载孔子"自周反于鲁，弟子稍益进焉"③，以及称赞老子"其犹龙邪"④，表明了老子对孔子的深刻影响，由此也足见先秦儒学自开创之日起就保持了开放并蓄之精神，这是儒家文化历经贬斥而经久不衰的原因之所在。

（作者为河南省社会科学院哲学与宗教研究所副研究员）

① 张燕婴译注：《论语》，中华书局2006年版，第224页。
② 张燕婴译注：《论语》，中华书局2006年版，第223页。
③ 司马迁：《史记》，岳麓书社2012年版，第756页。
④ 司马迁：《史记》，岳麓书社2012年版，第943页。

从《伯夷叔齐列传》解读司马迁的人生价值观

尚伟芳

摘要：司马迁《史记》蕴含丰富的文化理想。《伯夷叔齐列传》作为列传之首，名为传记，实为传论，概括了司马迁全部思想纲要，包含了中国文化的基本精神。司马迁在其中有怨愤、有困惑，更有公正的秉性及背后的道德坚守，我们从文字背后体会到了他独特、深刻的人生价值观。

关键词：怨愤；困惑；坚守；人生价值观

司马迁一部《史记》横绝千古。它不像后代历史著作有着直接的现实功利目的，而是蕴含极为丰富的文化理想。鲁迅说它是“史家之绝唱，无韵之《离骚》”，尽管后人对“无韵之《离骚》”的理解不尽相同，但是每每读到这些抒情长诗，总是让人掩卷沉思，久久不能平静。

翻开《史记》七十列传，第一篇看到的就是《伯夷叔齐列传》，伯夷叔齐没有攻城略地之功，济民救世之利，司马迁却将其放在列传之首，特别耐人寻味。我一直以为《史记》强于《汉书》等的地方在于它不是辑录历史，而是为历史招“魂”。这使得《史记》中的人物特别鲜活，情感特别饱满。《伯夷叔齐列传》是其中最有代表性的。作为列传第一篇，内容形式均与众不同：本传不足千字，记载伯夷叔齐事迹仅一段，不到三百字，就事而言，无非“避位，谏言，饿死”三事，剩余为司马迁大段议论，太史公自己的发挥特别多，远远超过传文的内容，在《史记》中很是少见。综观本纪、世家、列传篇末，都有太史公赞语，唯《伯夷叔齐列传》无。满纸议论、咏叹夹以叙事。史家的通例是凭借翔实的史料说话，而或于叙述之中杂以作者意见，就算变例了。所以，本文实开史家先河，亦为本纪、世家、列传仅有。传文字数寥寥，但评论成百上千，汪洋恣肆，这是什么缘故？其中隐含了司马迁怎样的思想？

本文虽多赞论，但纵横捭阖，彼此呼应，回环跌宕。伯夷、叔齐事实，在中间一顿即过，“如长江大河，前后风涛重叠，而中有澄湖数顷，波平若黛，正以相间出奇”。“时有鲜明比照，一目豁然；时有含蓄设问，不露锋芒却问题尖锐又耐人寻味。太史公润笔泼墨之中，可略见其笔力之一斑。”文章从尧、舜禅让及许由、卞随、务光不就帝位写起，司马迁感叹吴太伯、伯夷事迹有记载，由、光品德高尚，记载却少见，为什么？随后记述伯夷、叔齐争让国君之位，逃到周地，劝说武王放弃战争，武王没有采纳，两人在周取天下后不食周粟，最后饿死首阳山。司马迁叹道：“由此观之，怨邪非邪？”从其充满感情的记述中，我们大致可以了解他将之放在列传之首的目的。司马迁在其中有怨愤、有困惑，更有公正的秉性及背后的道德坚守，我们从中看到了一个妄图穷究天命的太史公，也体会到了他的人生价值观。

南怀瑾曾说《伯夷叔齐列传》真难懂，它概括了司马迁全部思想纲要，包含了中国文化的基本精神，司马迁关于历史哲学的全部观点，都体现在这篇传记里，应该好好读，反复读。司马迁在此讲到上古中国文化，以礼让为国，但告诉我们，尧让位于舜，舜让位于禹，都不是那么简单，都经过“典职数十年”，认为他实在行了，然后才让位给他。“传天下若斯之难也”，中国文化“公天下”个个让位的过程，是这样不容易——德业的建立，需要经过长久考察。但他明白地说从此以后就有问题了。武王统一天下，“伯夷、叔齐叩马而谏”，告诉武王，“你不能这样做”，原因如何如何。武王以后，礼让为国的精神就更没有了。不过说得没有这么明显，必须你自己去体会。所以有人说《史记》是汉代谤书。实际不只是汉代谤书，还是对中国历史严厉批评的一部谤书。伯夷叔齐，司马迁是将之作为具有高尚道德的榜样立传的，他们代表了一种价值取向，其意是：做人要做这样的人。然而，人们往往不肯这样做人。原因是好人未必有好报。司马迁于此感慨良深，在字面上甚至发出“倘所谓天道，是邪非邪”的质疑。“天道无亲，常与善人。”屈原曾对天道进行质问，然而没有谁回答他。郑詹尹说“数有所不逮，神有所不通”。而司马迁对所谓天道不仅是质问，而是质疑。世上到底有天道吗？如果有，天道是什么？天道难道不是是非有别，善恶有分？难道不是仁爱者有所成，德行者有所为吗？如果是这样，伯夷叔齐难道不是善人吗？积仁洁行，然而却被饿死。儒家七十多个贤徒，孔子单单认为颜渊好学，而颜渊吃糟糠都无法吃饱，终于早夭。难道上天对于善人就这样回报吗？而横行天下暴戾恣睢的盗跖，聚集党徒数千人，每天都杀好多无辜的人，竟然寿终正寝，这又是遵循了什么样的仁德？太史公是困惑的，所以他不断地问，不断地怀疑，却不能探得天道，真乃汉之《天问》。《左传》云“天道远，人道近”。天道毕竟是缥缈虚无的！一味依靠天道，注定是无法根本解决问题的，所有的还要依靠人道！我们不要据此以为司马迁在否定天道，不，他写《史记》的目的之一便是“究天人之际”，“究”即弄清人怎样作用于天道，是战国秦汉时代士大夫所追求认识的一个大问题，是司马迁史学思想一盏高照的明灯；人道可以配合、促进天道，也可以妨碍、扭曲天道。司马迁的感慨实际不在天道之存与不存，而在天道横遭人为扭曲，造成坏人“富厚”、好人“遇祸灾”的现实。但他看到还有孔子在表彰伯夷叔齐。孔子代表着文化传统，如此看来，还是做好人价值大。只可惜不是任何“岩穴之士”都能被像孔子那样的人看到，其名便遭“堙灭”。有声望的人士应表扬好人，最好的人才能坐王位，造成大家向好的风气：司马迁衷心这样希望。

司马迁对天道如此激愤、怀疑，有他自己遭遇使然，这种遭遇加深了他对天道的怀疑。他为伯夷叔齐质疑，同时也是对自己质疑，他是“借他人之酒杯，浇心中之块垒”。司马迁在追逐理想的道路上是寂寞的、悲情的，他的寂寞、悲情来自两个方面，一是历史之悲，二是身世之悲。他在《伯夷叔齐列传》里借伯夷叔齐遭遇对所谓“天道”提出质疑，在试图拨开历史重重迷雾时，注入了自己的道德坚守，对整个中国历史提出了严厉批评；而他本人又因为说了几句真话惨遭宫刑之难，人格遭受极大侮辱，他在《报任安书》里曾说，“最下腐刑极矣”，一个“最”，一个“极”，可以说把耻辱写到了极点。“故祸莫憯于欲利，悲莫痛于伤心，行莫丑于辱先，而诟莫大于宫刑。”“仆以口语遇遭此祸，重为乡党所笑，以污辱先人，亦何面目复上父母之丘墓乎？虽累百世，垢弥甚耳！是以肠一日而九回，居则忽忽若有所亡，出则不知其所往。每念斯耻，汗未尝不发背沾衣也！”即便如此，他仍未放弃生命。他说：“人固有一死，或重于泰山，或轻于鸿毛，用之所趋异也。”有时，死是一种牺牲，生也是一种牺牲。死，可以明志，生，却可以践志。司马迁对待生死是严谨的，对生死的选择也是理性的。生与死之间，他选择了生。司马迁之所以有这样的生死观，正是因为他有完成《史记》的理想与抱负支撑。他懂得，人生可以创造价值，只要不死，脚下便有路，尽管“腐刑”后的躯体是卑微的，然而，他有伟大的思想和满腹的文才，只要通过奋斗，创造非凡人生价值，就可以反卑微为伟大，使生命“重于泰山”！其勇气及生的意志和动力都是常人所不能及的。古人对不朽有三个经典标准，即太上立德，其次立言，再次立功。只要做到了三条之一，就可以永远活在人们心中。通过《史记》“立言”，就是为了实现自己的人生价值。就是这个理想价值观支撑着他面对满朝文武的白眼，面对亲朋好友远离自己而依旧坚强。司马迁的“生”不是生活性的，而是诗人性的。有人因为心中对理想及艺术的追求绝望而死，如屈原；也有人为了心中对理想及艺术的希望而活，如司马迁。培根说：“奇迹多是在厄运中创造的。”

厄运可以摧残和毁灭弱者的肉体和生命，但也可激起强者的生命巨浪，成为其创造人生价值的催化剂。宫刑没有毁灭司马迁，反而促使他“舒其愤，思垂空文以自见”“述往事，思来者”，升华了《史记》主题，给后人留下了一笔无与伦比的宝贵精神财富和文化遗产，也使他成为名扬千古的伟人。“真的猛士，敢于直面惨淡的人生，敢于正视淋漓的鲜血。”面对灵魂的拷问、生命的思考，司马迁的胸襟又何输于驰骋疆场、策马杀敌的猛士？在这一思想支配下，现实生活中的犹疑、苦闷、凄凉、孤独、失落、痛楚、绝望等，都不能搅乱他内心深处的宁静。而这正是古人一再提倡、钦佩的“择善而固执”的可贵精神，《中庸》里说“诚者，天之道也；诚之者，人之道也。诚者，不勉而中，不思而得，从容中道，圣人也。诚之者，择善而固执之者也”。立于真，选择善，追求美，这不就是人之道、天之道吗？于是，“择善而固执”成为儒家的处世原则。事实上，“择善”需要灵活的智能，“固执”有赖于过人的勇气，智能加上勇气，同时以“仁义”为核心，然后才有可能走向至善的境界。中国的历史文化因为有了这种精神的传承才有了魂魄，有了鼓舞后人在困境中坚持下去的力量。

这种道德坚守，也铸就了司马迁作为一位优秀史学家“秉笔直书”的可贵“史德”和过人“史识”，所谓“史德”，章学诚解释为“著书者之心术”，什么是“心术”？章学诚说：“盖欲为良史者，当慎辨于天人之际，尽其天而不益以人也。尽其天而不益以人，虽未能至，苟允知之，亦足以称著书者之心术矣。”这里的“天人之际”，是指客观历史与史家主观之间的关系，史家应尊重客观历史，不能用主观好恶去影响对历史客观的忠实反映。班固评论《史记》：“然自刘向、扬雄博极群书，皆称迁有良史之材，服其善序事理，辨而不华，质而不俚。其文直，其事核，不虚美，不隐恶，故谓之实录。”这是对《史记》的精确评价，也是对司马迁价值观的极大肯定。“史识”指史学家的观点和笔法，包括“善恶必书”的直笔论和其他的历史观点。章学诚说，“非识无以断其义”，史学家要有远见卓识，善于继承，勇于创新。没有远见卓识，便巨细莫辨，是非不分，方向不明；没有批判的创新精神，因袭旧习惯，谨守绳墨，便不敢攀登史学高峰。本着实录精神，司马迁选取人物，不是根据其官职或社会地位，而是以其实际表现为标准。比如，他写了许多诸如游侠、商人等下层人物传记。在他心目中，这些人都有可取之处。司马迁首创纪传体，着重写其“为人”，并注意其“为人”复杂性。司马迁本人有着浪漫的诗人气质。从《报任安书》和《史记》中，处处可以看到他富于同情心、感情强烈而容易冲动的性格特点。在《史记》中，司马迁以诗人的敏感心灵来感受历史，以放言无惮的笔墨描写许许多多历史悲剧和富有悲剧色彩的历史事件，这些使《史记》显现一种悲怆的强烈悲剧气氛。人们把《史记》誉为悲剧英雄的画廊，这些人物被司马迁塑造得特别鲜活、饱满：他和屈原有强烈的心灵共鸣，有殊途同归的生死观；他把项羽塑造成一个悲情式的英雄；他写出了荆轲知恩必报的侠义情怀；管仲不羞小节而耻功名不显于天下；蔺相如是一个大义之善死者……司马迁的人生价值观是他“一家之言”的重要组成部分，也是中华民族的宝贵精神财富。司马迁把立德、立言、立功作为人生的三大价值取向，认为在挫折和逆境中忍辱奋进是人取得成功的重要条件，在他看来，人们应该珍视生命，面对死亡应有崇高的价值追求，要死得其所，死得有价值。

鲍鹏山在评论庄子时说：“在一个文化屈从权势的传统中，庄子是一棵孤独的树，是一棵孤独地看守心灵月亮的树。当我们大都在黑夜里昧昧昏睡时，月亮为什么没有丢失？就是因为有了一两棵在清风夜唳的时候独自看守月亮的树。”从《伯夷叔齐列传》里，我们看到了司马迁又何尝不是一株孤月之下独立高标的大树呢！有人说司马迁是一位孤独的精神王国的贵族，在他所生活的那个时代，他的确是孤独的、寂寞的、悲情的，但是，放在整个中国历史长河中，他感到自己并不寂寞。放眼历史，他说：“盖西伯（文王）拘而演《周易》；仲尼厄而作《春秋》；屈原放逐，乃赋《离骚》；左丘失明，厥有《国语》；孙子膑脚，《兵法》修列；不韦迁蜀，世传《吕览》；韩非囚秦，《说难》《孤愤》；《诗》三百篇，大抵圣贤发愤之所为作也。”这些异代知音的共存与鼓舞使得司马迁看得很长远，说要把这部书

“藏之名山，传之其人”，也就是把自身的价值放在历史长河里去磨洗，让后人去认识自己的人生价值，也通过彰显历史上那些悲情英雄的事迹，让其人格、精神留名后世，还他们应有的历史公平。在《伯夷叔齐列传》里，他引用了很多孔子的话，如：“道不同不相为谋”“亦各从其志也”“富贵如可求，虽执鞭之士，吾亦为之。如不可求，从吾所好”“岁寒，然後知松柏之後凋也”。从这些话里我们体会到一种深刻体察人生的悲观心境，是超脱了人生的表象痛苦之后的升华。拥有这种从容与淡定的悲观心境的人都是人生的智者。叶嘉莹的老师顾随先生曾说：“要以悲观之心境过快乐之生活，以无生之觉悟为有生之事业。”正是这种特殊的悲观心境使司马迁超越了生死，极大地提升了自己的人生价值。

（作者为洛阳理工学院人文学院讲师）

东汉洛阳兰台、东观文人群体及其创作考论

李建华

摘要：自东汉明帝起，校雠典籍和修撰史书成为国家固有的文化活动。明、章之时，校雠和撰史之所在兰台，和帝时，转移至东观，从此固定下来。东汉著名文学家如班固、傅毅、刘珍、马融、张衡、边韶、崔寔、蔡邕等均有兰台或东观撰述的经历，他们校雠撰史之余，亦进行文学创作。其创作内容主要为颂圣和议政二类，撰史的征实之风使其文学写作缺乏灵动和想象力，经学的昌明又使其多道德说教气息。东汉兰台、东观文人群体虽未形成创作流派和文学思潮，但亦为文坛带来一些新气象。

关键词：东观；兰台；东汉；洛阳；文人群体

兰台是西汉都城长安馆藏档案典籍的石室，东汉定都洛阳，馆藏典籍之地仍沿用其名。东汉兰台的主管官员是御史中丞，但“直接管理和利用兰台藏书的是众多兰台令史、校书郎和当时的学者名儒”[①]。明帝永平五年，班固为兰台令史，奉诏撰《世祖本纪》及诸传记，兰台由此成为东汉学者校雠经书和修撰国史之处，众多文人会聚于此。东汉和帝时，馆藏档案典籍及校书撰述的职能由兰台迁至位于京师洛阳南宫的东观，从此固定下来，《东观汉记》便是历任兰台、东观参与撰史的文人智慧的结晶。[②] 对于东汉兰台、东观的文人群体及创作特点，当前研究甚为薄弱。东汉著名文人班固、傅毅、刘珍、马融、张衡、边韶等均有兰台或东观撰述的经历，他们校雠撰史之余进行文学创作。其撰史的征实之风使其文学写作缺乏灵动和想象力，经学的昌明又使其多道德说教气息。东汉兰台与东观众多文人群体虽未形成创作流派和文学思潮，但为当时文坛带来一些新气象。

一、东汉兰台、东观文人群体及其文学活动

1. 以班固、傅毅为首的明、章时期的兰台文人

明帝永平五年，班固与陈宗、尹敏、孟异入职兰台修撰国史，东汉兰台、东观撰史校雠的帷幕自此拉开。明、章之时，任职兰台的文人除班固等四人外，还有贾逵、傅毅、杨终、班超、曹褒、马严、杜抚、孔僖等人，故而《论衡·佚文篇》曰：“孝明世好文人，并征兰台之官，文雄会聚。”[③] 其中以班固、傅毅文学创作最为出色，杨终、贾逵次之，班超、马严等人未有任职兰台时期的作品存世。

---

① 郎菁：《“兰台”职官典故考述》，《唐都学刊》2009 年第 1 期。

② 东汉兰台校雠与撰史之职何时转移至东观，史无明载。《汉官仪》与《续汉志》均载兰台令史有六人，掌书劾奏及印主文书，但《后汉书》等史料所载可考的任职兰台令史者仅五人：明帝时的班固、班超，章帝时的傅毅、孔僖，和帝时的李尤。李尤是最后一位可考的任职兰台令史的文人，而其由布衣拜任此职前被“召诣东观，受诏作赋”，时在永元八年至十三年间。和帝在永元十三年更是亲幸东观览书阅文，博选文艺之士充实东观。这两件事表明至少在和帝永元十三年，兰台校雠和撰史的功能已转移至东观。

③ 黄晖：《论衡校释》，中华书局 1990 年版，第 866 页。

班固与傅毅皆扶风人士，年龄相仿，且齐名于太学，是东汉前期最出色的两位文学家。他们同时任职兰台，其文学创作更是相映生辉。《后汉书》卷四十《班固传》曰："除兰台令史，与前睢阳令陈宗、长陵令尹敏、司隶从事孟异共成《世祖本纪》。迁为郎，典校秘书。固又撰功臣、平林、新市、公孙述事，作列传、载记二十八篇，奏之。"① 据郑鹤声《班固年谱》，② 其任兰台令史在明帝永平五年（62年），迁校书郎在永平六年。章帝建初四年（79年），班固迁玄武门司马，其任职兰台长达十七年之久。而傅毅从明帝永平十七年（74年）任职兰台，到章帝建初三年辟于马防幕府，任职兰台约五年。班固任职兰台后曾作《两都赋》，《后汉书》本传曰："自为郎后，遂见亲近。……乃上《两都赋》，盛称洛邑制度之美，以折西宾淫侈之论。"《两都赋》在形式和内容上对后世的京都大赋产生了深远影响，是此类赋作的典范。班固还参与了朝廷的诸多学术活动，《后汉书》卷二十四《马严传》载，永平末，"有诏留（马严）仁寿闼，与校书郎杜抚、班固等杂定《建武注记》"。永平十七年，汉明帝召班固、傅毅、贾逵、杜矩、展隆、郗萌等人诣云龙门，问司马迁在《秦始皇本纪》中所下的赞语有无不对的地方，班固反应最为机敏。《后汉书·刘复传》则载，明帝永平中，刘复"与班固、贾逵共述汉史，傅毅等皆宗事之"。

除班固、傅毅二人任职兰台时亦在创作上相互争胜。明帝永平十七年，五色雀群集洛都，受明帝诏令，班固、傅毅等文学之士同题作文，王充《论衡》记载此事："永平中，神雀群集，孝明诏上《神爵颂》，百官颂上，文皆比瓦石，唯班固、贾逵、傅毅、杨终、侯讽五颂金玉，孝明览焉。"③ 傅毅当时亦以赋颂显于朝廷，《后汉书·傅毅传》曰："建初中，肃宗博召文学之士，以毅为兰台令史，拜郎中，与班固、贾逵共典校书。毅追美孝明皇帝功德最盛，而庙颂未立，乃依《清庙》，作《显宗颂》十篇奏之，由是文雅显于朝廷。"而对于傅毅，班固颇有微词，他在写给弟弟班超的信中讥讽傅毅"以能属文为兰台令史，下笔不能自休"④。而实际上，二人文才相当，伯仲难分。王充曾言："是以兰台之史，班固、贾逵、杨终、傅毅之徒，名香文美。"⑤ 稍后的曹丕亦云："傅毅之于班固，伯仲之间耳，而固小之。"⑥班、傅争衡，兰台文学因此而愈显争奇斗艳之色。据刘跃进《秦汉文学编年史》⑦，班固创作于兰台时期的作品尚有《典引》《为第五伦荐谢夷吾书》《秦纪论》，傅毅此期则尚有《明帝诔》。

除班固、傅毅外，杨终、贾逵二人亦较著名。据《后汉书》，贾逵从明帝永平十七年至章帝建初元年，校书兰台三年；杨终在永平十七年已任职兰台，章帝建初末仍未离职，其在兰台十年有余。贾、杨二人在永平十七年群体性的《神雀颂》撰文活动中同时赢得声誉，而贾逵为东汉经学大师，杨终则主要以文章显，其地位可与班固、傅毅相捋，《论衡·案书篇》曰："今尚书郎班固、兰台令杨终、傅毅之徒，虽无篇章，赋颂记奏，文辞斐炳。"⑧ 章帝建初元年，洛阳大旱，杨终作《建初元年大旱上书》《复上疏》；建初四年，作《上言宜令诸儒论考五经同异》。

2. *以刘珍为首的安帝时期的东观文人*

和帝时，兰台校书撰史的职能转移至东观。永元四年班固卒时，《汉书》的"八表及天文志"尚未撰写，"和帝诏（班）昭就东观臧书阁踵而成之"（《后汉书》卷八十四《曹世叔妻传》），班昭与弟子马续最终合力完成这一史学巨著，二人也成为和帝时仅有的参与撰史的文人。和帝时的修史活动随着

---

① 如无特别说明，本文所引用《后汉书》材料均出自范晔书，中华书局1965年版。
② 郑鹤声：《班固年谱》，上海商务印书馆，1933年版。
③ 黄晖：《论衡校释》，中华书局1990年版，第863－864页。
④⑥ 曹丕：《典论·论文》，严可均：《全上古三代秦汉三国六朝文》，中华书局1958年版，第1097页。
⑤ 黄晖：《论衡校释》，中华书局1990年版，第604页。
⑦ 刘跃进：《秦汉文学编年史》，商务印书馆2006年版。
⑧ 黄晖：《论衡校释》，中华书局1990年版，第1174页。

《汉书》的完帙而结束，但东观在东汉政治生活中显示出前所未有的受重。《后汉书》卷四《和帝纪》载，永元“十三年春正月丁丑，帝幸东观，览书林，阅篇籍，博选术艺之士以充其官”，而据卷七九《儒林传》，和帝曾“数诣东观”，这在东汉一朝是前所未有之事。和帝虽博选术艺之士入职东观典校撰述，但可考者仅李尤一人，其《东观赋》《东观铭》等文当作于此时。

安帝时，刘珍以宗室身份负责撰修国史，刘毅、刘騊駼、马融、李尤等先后参与其中。与此同时，王逸、窦章等文学名家也位列东观，一时间，明、章时期兰台文人盛况重现。安帝时东观文人虽以刘珍为领袖，但任职时间最长且文学创作最丰者为马融。

刘珍在东观的文学活动主要表现为其是《东观汉记》的主要执笔和主持，并负责校定典籍。《后汉书·刘珍传》曰：“邓太后诏使与校书刘騊駼、马融及五经博士，校定东观五经、诸子传记、百家艺术，整齐脱误，是正文字。永宁元年，太后又诏珍与騊駼作《建武以来名臣传》，迁侍中、越骑校尉。”据卷五《安帝纪》，刘珍主持东观校书在永初四年。刘騊駼参与撰写东汉以来名臣传记一事，卷十四《宗室·北海靖王兴传》亦有记载：“永宁，邓太后召（刘）毅及騊駼入东观，与谒者仆射刘珍著中兴以下名臣列士传。”卷十《和熹邓皇后纪》对参与校书的人数有明确交代：“太后自入宫掖，从曹大家受经书，兼天文、筭数。昼省王政，夜则诵读，而患其谬误，惧乖典章，乃博选诸儒刘珍等及博士、议郎、四府掾史五十余人，诣东观雠校传记。”刘珍著作，除《建武以来名臣传》外，其《东观汉记》的《光武叙》《章帝叙》《殇帝叙》三史论皆作于任职东观时期。以刘珍为首的文士五十余人齐聚东观，蔚为壮观，不仅是安帝朝，放之整个东汉也是一桩盛事。

与刘珍同时任职东观的有当时文坛的两位大家——马融和李尤。马融是东汉经学大师兼文学大家，据《后汉书》本传，融“（永初四年）拜为校书郎中，诣东观典校秘书”，在安帝元初七年（120 年）离开东观。马融因曾被邓骘辟于幕府，故对邓氏的知遇之恩心存感激，所以“元初二年，上《广成颂》以讽谏”，但孰料“颂奏，忤邓氏，滞于东观，十年不得调”。马融进入东观时已经 32 岁，在创作力最为旺盛的壮年时期滞留于东观，当有大量作品问世，但因得罪邓太后之故，故而不能在东观文人群体中起到领袖作用。李尤在永宁（120～121 年）以谏议大夫身份进入东观，参与撰写汉史，《后汉书·李尤传》曰：“安帝时为谏议大夫，受诏与谒者仆射刘珍等俱撰《汉记》。”李尤少以能文显名，在和帝时曾任兰台令史，安帝时因撰《汉记》再入东观，直至撰写工作完成。李尤善文，尤钟情于“铭”这一文体，入洛之后作“百二十铭”，东晋李充《文章流别论》称其“自山河都邑，至于刀笔平契，无不有铭”①，《李尤集序》亦云：“好为铭赞，门阶户席，莫不有述。”② 既然李尤如此酷爱作铭，且大多传世，其任职东观多年，传世之文当不在少数，惜资料匮乏，难以系年。

安帝时任职东观有作品传世者尚有刘毅和王逸。《后汉书·刘毅传》曰：“元初元年，上《汉德论》并《宪论》十二篇。时刘珍、邓耽、尹兑、马融共上书称其美，安帝嘉之，赐钱三万，拜议郎。”（笔者按：邓耽、尹兑二人史籍所载仅见于此，《初学记》今存邓耽《郊祀赋》残文，文甚典美。元初元年，刘珍、马融同为东观撰述之臣，四人共同上书称赞刘毅之文，据此可知邓耽、尹兑亦任职东观，乃能文之士）又有南郡王逸，“元初中，举上计吏，为校书郎”，其作品甚多，“著《楚辞章句》行于世。其赋、诔、书、论及杂文凡二十一篇。又作《汉诗》百二十三篇”（《后汉书》卷八十《王逸传》），上述作品哪些创作于任职东观时，已难以确考。

3. 以张衡为首的顺帝时期的东观文人

安、顺之交的东观相对沉寂，缺乏文学名家和领军人物，顺帝阳嘉、永和中，大文豪张衡自荐撰述

---

① 李充：《文章流别论》，严可均：《全上古三代秦汉三国六朝文》，中华书局 1958 年版，第 1960 页。

② 萧统编，李善注：《文选》，上海古籍出版社 1986 年版，第 2583 页。

东观，据孙文青《张衡年谱》①，其任职东观在顺帝阳嘉三年（134年）至永和元年（136年）。张衡在安帝时已名满天下，独步文坛。其自荐入东观，与刘珍有密切关系，《后汉书·张衡传》曰："永初中，谒者仆射刘珍、校书郎刘騊駼等著作东观，撰集《汉记》，因定汉家礼仪，上言请衡参论其事，会并卒，而衡常叹息，欲终成之。及为侍中，上疏请得专事东观，收捡遗文，毕力补缀。"胡广《王隆〈汉官篇解诂〉叙》记载更详："前安帝时，越骑校尉刘千秋校书东观，好事者樊长孙与书曰：'汉家礼仪，叔孙通等所草创，皆随律令在理官，藏于几阁，无记录者，久令二代之业，暗而不彰。诚宜撰次，依拟《周礼》，定位分职，各有条序，令人无愚智，入朝不惑。君以公族元老，正丁其任，焉可以已！'刘君甚然其言，与邑子通人郎中张平子参议未定，而刘君迁为宗正、卫尉，平子为尚书郎、太史令，各务其职，未暇恤也。"② 士为知己者死，张衡淡然仕途而致力于撰述，意在完成朋友未竟之事业，其在《上疏请专事东观收检遗文》中有真诚的表述："臣仰干史职，敢徼官守，窃贪成训，自忘顽愚。愿得专于东观，毕力于纪记，竭思于补阙，俾有汉休烈，比久长于天地，并光明于日月，照示万嗣，永永不朽。"③ 情真意切，励志感人。据孙文青《张衡年谱》，其在东观期间作《表求合正三史》《思玄赋》，著《周官训诂》，条上司马迁、班固所叙与典籍不合者十余事。据《后汉书》，与张衡同时任职东观的有伏无忌和黄景二人，《后汉书·伏无忌传》曰："永和元年，诏无忌与议郎黄景校定中书《五经》、诸子百家、艺术。"但伏、黄二人未有这一时期作品传世。

4. 以边韶、崔寔为首的桓帝时期的东观文人

桓帝时，在东观任职者有朱穆、崔寔、边韶、延笃、曹寿、邓嗣等，黄景、伏无忌因续修《汉纪》之故再入于此，耄耋之年的马融也在贬谪朔方赦还后在此度过一段晚年时光，诸人中以边韶、崔寔影响最大。

陈留边韶以文章知名，《后汉书》本传曰："桓帝时，为临颍侯相，征拜太中大夫，著作东观。再迁北地太守，入拜尚书令。"因善于文章，口才出众，性格幽默，边韶为桓、灵时大名士，且官运通达，同期任职东观者，资历与影响无出其右者。崔寔出身文学世家安平崔氏，祖骃、父瑗皆以文章知名，至寔，三代擅于雕龙。寔少有美名，《后汉书·崔寔传》曰："召拜议郎，迁大将军冀司马，与边韶、延笃等著作东观。"边韶、崔寔二人任职东观的具体时间及缘由，《后汉书·伏湛传》仅有粗略记录："元嘉中，桓帝复诏无忌与黄景、崔寔等共撰《汉记》。"刘知几《史通》记载颇详："至元嘉元年，复令太中大夫边韶、大军营司马崔寔、议郎朱穆、曹寿杂作《孝穆、崇二皇》及《顺烈皇后传》……寔、寿又与议郎延笃杂作《百官表》。"④ 据此可知，崔寔、边韶、朱穆、曹寿、延笃、伏无忌、黄景等同年入东观撰汉史。崔寔由东观迁五原太守，甚有政绩，后复任职东观，延熹二年（159年）梁冀被诛时，寔仍在东观。崔寔政治、社会地位虽逊于边韶，但文学才干难分伯仲。崔寔复入东观时边韶久已调离，东观文学的核心人物非寔莫属。崔寔著作，今存政论散文名作《政论》，农业著作《四民月令》，另有赋一篇，散文三篇，但除《政论》作于任职辽东太守时，余创作地理难以系明。桓帝时，延笃任职东观时间最久。《后汉书·延笃传》曰："桓帝以博士征，拜议郎，与朱穆、边韶共著作东观。"据《后汉书·伏湛传》和《史通》，时在桓帝元嘉元年。其任职东观的下限，《邓禹传》提供了线索："永寿中，（邓嗣）与伏无忌、延笃著书东观，官至屯骑校尉。"从元嘉元年（151年）至永寿年间（155～158年），延笃先后与朱穆、崔寔、边韶、伏无忌、黄景、邓嗣等在东观共事。据《后汉书·马融传》，桓帝时，古稀之年的经学大师、文坛宿将马融"复拜议郎，重在东观著述，以病去官"，马融去官在桓帝

① 孙文青：《张衡年谱》，商务印书馆1956年版。

② 胡广：《王隆〈汉官篇解诂〉叙》，范晔撰，李贤注：《后汉书》，中华书局1965年版，第3555页。

③ 张震泽：《张衡诗文集校注》，上海古籍出版社1986年版，第372页。

④ 刘知几撰，浦起龙通释，吕思勉评：《史通》，上海古籍出版社2008年版，第243页。

延熹二年梁冀覆灭之前，其任职东观当与崔寔有交集。边韶、崔寔、朱穆、延笃等顺、桓之际的文学大家、名家悉聚东观，文坛耆老马融亦跻身其中，东观文学在安帝之后再度繁荣，然因边、崔、朱、马等任职东观时间相对较短，故而文学成就有限。

5. 以蔡邕为首的灵帝时期的东观文人

东汉政权在历经党锢之祸后的灵帝时已江河日下，危机四伏，但在文学领域却是一派葱茏，不仅建立了培养艺术人才的专门机构——鸿都门学，东观也是名家云集，气象不俗。儒学名家杨彪、卢植、马日磾、刘洪，著名文学家高彪、韩说，尤其是文学巨擘蔡邕的入主使得东观在黄昏时再铸辉煌。

蔡邕出身汉晋名族陈留蔡氏，博学多才，是东汉灵、献时期的文坛领袖和大名士。蔡邕何时任职东观，《后汉书》本传并无交代，仅云："邕前在东观，与卢植、韩说等撰补《后汉记》，会遭事流离，不及得成，因上书自陈，奏其所著《十意》。"卷六十四《卢植传》的记载与之相似："征拜议郎，与谏议大夫马日磾、议郎蔡邕、杨彪、韩说等并在东观，校中书五经记传，补续《汉记》。"《三国志》裴注引《三辅决录注》亦有涉及："日磾字翁叔……与杨彪、卢植、蔡邕等典校中书，历位九卿，遂登台辅。"① 西晋华峤《汉后书》记录下了蔡邕等人撰述东观的粗略时间："（熹平中，杨彪）与马日磾、卢植、蔡邕等著作东观。"② 唐刘知几《史通》记载最详："熹平中，光禄大夫马日磾，议郎蔡邕、杨彪、卢植著作东观，接续纪传之可成者，而邕别作《朝会》《车服》二志。后坐事徙朔方，上书求还，续成十志。会董卓作乱，大驾西迁，史臣废弃，旧文散佚。及在许都，杨彪颇存注记。至于名贤君子，自永初以下阙续。"③ 蔡邕离开东观的时间，其《戍边上章》有交代："初由宰府备数典城，以叔父故卫尉质时为尚书，召拜郎中，受诏诣东观著作，遂与群儒并拜议郎，沐浴恩泽，承答圣问，前后六年。"④ 今人邓安生认为蔡邕任职东观的时间在灵帝熹平二年（173 年）至光和元年（178 年），当是。蔡邕作为东汉后期的文坛领袖和大名士，其在东观文人群体中的核心地位是无人能够撼动的，其在任职东观时期的作品规模也是同时代的文学家所不及的。据邓安生《蔡邕集编年校注》，蔡邕校书撰述东观六年，硕果累累，史学著作有《灵帝纪》《十意》，补诸列传四十二篇；文学作品有表一：《荐皇甫规表》；碑四：《彭城姜伯淮碑》《太尉汝南李公碑》《伯夷叔齐碑》《九嶷山碑》；祝文一：《祖饯祝文》；颂二：《圣皇篇》《胡广黄琼颂》；上疏三：《上书言事》《陈政事七要》《幽冀二州刺史久却疏》；奏议三：《历数议》《难夏育上言鲜卑仍犯诸郡议》《答丞相可斋议》共十四篇。此外，熹平四年，以蔡邕为首，正订六经文字，书丹《熹平石经》，使刻工镌刻立于太学门外，同年，又造飞白之书，为中国书法史一大盛事。蔡邕书法独步、琴艺卓越、文史天成，为人平易，慕名而来的膜拜者必然不少，同僚们的风雅之事当是常态，以其《熹平石经》刻成时"观视摹写者，车乘日千余辆，填塞街巷"（《后汉书》卷六十《蔡邕传》）的情形推之，其主持东观之时，定然有不少众星捧月的轰动性场景。

据《后汉书》及李贤注，与蔡邕同时任职东观的有卢植、杨彪、马日磾、刘洪、高彪、韩说，卢、杨、马、刘以儒学显，高、韩则以文学知名。卢植为汉末名臣，马、杨虽政绩乏陈，但皆至三公。卢、马、杨三人，唯卢植有文学作品传世，但未有创作于东观者。刘洪曾与蔡邕校正律历，袁山松《后汉书》曰："刘洪字元卓……（延熹中）及在东观，与蔡邕共述《律历记》，考验天官。"⑤ 高彪为吴郡人，出身寒微，以孝廉入仕，校书东观时，便"数奏赋、颂、奇文"，百官祖饯第五永，蔡邕等纷纷作诗文以酬赠，彪以《督军御史箴》独占鳌头。韩说，会稽山阴人，博通五经谶纬之学，与议郎蔡邕友

① 陈寿撰，裴松之注：《三国志》，中华书局 1982 年版，第 208 页。
② 华峤：《汉后书》，范晔撰，李贤注：《后汉书》，中华书局 1965 年版，第 1786 页。
③ 刘知几撰，浦起龙通释，吕思勉评：《史通》，上海古籍出版社 2008 年版，第 244 页。
④ 邓安生：《蔡邕集编年校注》，河北教育出版社 2002 年版，第 274 页。
⑤ 袁山松：《后汉书》，范晔撰，李贤注：《后汉书》，中华书局 1965 年版，第 3043 页。

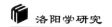

善，熹平中著述东观时，“数陈灾眚，及奏赋、颂、连珠”（《后汉书》卷八十二《韩说传》）。高彪、韩说在东观所作赋、颂、连珠、奇文等作品，今无只言存者，唯高彪《督军御史箴》赖《后汉书》得以保存。

二、颂圣与议政——东汉兰台、东观文学创作的特色

兰台、东观的文人因为典校和撰史会聚在一起，儒家教化思想和史家征实之风也给这里的文学创作打上了深深的烙印。（刘）跃进《东观著作的学术活动及其文学影响研究》一文认为东观著作的修史传统使得他们的文学创作呈现出“实录无隐”的倾向，而他们的奉诏创作又使作品呈现出繁缛壮丽的文学风貌。[①] 陈君《论东汉兰台文人及其文学活动》亦指出兰台文学创作具有“官方色彩和颂美倾向”[②]。颂美是历代“台阁体”作家文学创作的共同特色，奉诏之作尤其如此，东汉自然不能免俗。从明章之治到桓灵衰世，东观文人的颂美之声渐稀，纵有所闻，也纯粹是粉饰之作，而参政的热情逐渐燃起，在灵帝时更成为影响当时政治的重要力量，东观文人群体的创作也成为反映当时政治兴衰、文人兴替的一面镜子。

1. 颂圣——东汉兰台、东观文学创作的主流格调

兰台、东观是东汉经学名家和文学巨匠的会聚之地，撰述于此对于当时的经学家、史学家、文学家来说，不仅意味着在朝中任职，更是对自己经学地位和文史成就的肯定。为皇家润色鸿业自然是食朝廷俸禄的文人难以逃避之责，这其中既有对盛世的讴歌赞美，也有对朝廷知遇之恩的感激，更有纯粹粉饰太平的官样文章。

班固、傅毅二人任职兰台时便争相向朝廷献颂美之词。《后汉书》卷八十《傅毅传》曰：“建初中，肃宗博召文学之士，以毅为兰台令史，拜郎中，与班固、贾逵共典校书。毅追美孝明皇帝功德最盛，而庙颂未立，乃依《清庙》作《显宗颂》十篇奏之，由是文雅显于朝廷。”傅毅对朝廷由布衣时的怨怒转变为得志时的赞美，班固对之十分嫉妒，写给弟弟班超信中对其充满嘲讽，固后来亦作《典引》“述叙汉德，以为相如《封禅》，靡而不典，杨雄《美新》，典而不实，盖自谓得其致焉”（《后汉书》卷四十《班固传》）。傅毅以《显宗颂》显于朝廷，势压班固，除了文章之美外，与其对先帝的颂赞密不可分。班固深谙其中奥妙，作《典引》赞美汉廷，此举果然奏效，《后汉书》本传曰：“（明帝时）自为（兰台校书）郎后，遂见亲近”“肃宗雅好文章，固愈得幸，数入读书禁中，或连日继夜。每行巡狩，辄献上赋颂”。元和元年，章帝南巡，班固作《南巡颂》；二年，封禅泰山，又作《东巡颂》。班固跟随章帝巡狩献颂时，已离开兰台，但为朝廷高唱赞歌的文风却延续下来，并一直持续到追随外戚窦宪勒铭燕然山时。如果说班固、傅毅暗中较劲争相献媚汉廷尚属个人行为的话，由皇帝主持的文学竞赛则为朝臣歌颂汉朝功业提供了公开的平台。王充《论衡》曰：“永平中，神雀群集，孝明诏上《神爵颂》。百官颂上，文皆比瓦石。唯班固、贾逵、傅毅、杨终、侯讽五颂金玉，孝明览焉。”[③] “观杜抚、班固等所上《汉颂》，颂功德符瑞，汪濊深广，滂沛无量，逾唐、虞，入皇域。”[④] 傅玄《〈连珠〉序》曰：“所谓连珠者，兴于汉章帝之世，班固、贾逵、傅毅三子受诏作之……班固喻美辞壮，文章弘丽，最得其

① 跃进：《东观著作的学术活动及其文学影响研究》，《文学遗产》2004年第1期。
② 陈君：《论东汉兰台文人及其文学活动》，《文学遗产》2008年第4期。
③ 黄晖：《论衡校释》，中华书局1990年版，第863－864页。
④ 黄晖：《论衡校释》，中华书局1990年版，第822页。

体。……贾逵儒而不艳，傅毅文而不典。”[①] 袁宏《后汉纪》曰：“（章帝建初三年）秋八月辛巳，行车骑将军防还京师。车驾亲幸其第，厚加赏赐。上美防功，令史官为之颂，又使防岁举吏二人。”[②]

东汉谶纬盛行，百官颂神雀之瑞，班固、贾逵、傅毅、杨终、侯讽最为出色，除侯讽史籍失载外，班固等四人全部任职于兰台。章帝建初三年，班固、傅毅、杨终等皆在兰台，歌颂马防功业当不会缺席。班固、傅毅、杨终、贾逵为明、章之世最出色的文学家，任职兰台之际，此种同场竞技的风雅之事想必为常态。兰台文人齐颂汉德，赢取时名，明、章功业也因之远播异域。

和帝之后，东汉国力渐衰，喜爱文学的皇帝也鲜有闻者（章帝之后，文学出众者唯有灵帝），由皇帝主持的群体性风雅之事淡出政治视野，安帝时史官齐颂邓太后是东汉皇帝主持的最后一次文学盛事。《后汉书·和熹邓皇后纪》曰：“元初五年，平望侯刘毅以太后多德政，欲令早有注记，上书安帝曰：‘……宜令史官著《长乐宫注》《圣德颂》，以敷宣景耀，勒勋金石，县之日月，摅之罔极，以崇陛下烝烝之孝。’帝从之。”邓后以女主听政，为国辛劳，不遗余力，当时虽内忧外患渐起，都赖邓后之力陆续平息。刘毅倡导东观众史官作《圣德颂》，虽有谄媚逢迎之嫌，倒也与史无违。据《后汉书》推之，安帝时颂赞邓后功业的当有刘珍、刘毅、刘騊駼、马融等人。

总体而言，撰述兰台、东观的文人成为东汉帝国繁荣的描摹歌咏者，尤以章帝、安帝最为显著，多是颂扬帝王巡狩的作品。章帝在位十三年，有四次巡守经历，班固“每行巡狩，辄献上赋颂”（《后汉书》卷四十《班固传》）。安帝元初二年，帝西巡长安，“猎广成，融从，是时北州遭水潦蝗虫，融撰《上林颂》以讽”；延光三年二月，东巡，太史令张衡作《东巡诰》，刘珍、马融并上《东巡颂》。灵帝时东观文人的颂美之作则纯属粉饰太平的自我陶醉。张怀瓘《书断》曰：“汉灵帝熹平年诏蔡邕作《圣皇篇》，篇成，诣鸿都门上。”[③]《后汉书·胡广传》曰：“熹平六年，灵帝思感旧德，乃图画广及太尉黄琼于省内，诏议郎蔡邕为其颂云。”《圣皇篇》仅从题目便知为歌颂灵帝功德之作。胡广、黄琼为顺、桓间名公，朝廷股肱，尤其是胡广，历事六朝，灵帝初仍为太傅，灵帝令蔡邕为胡、黄二公作颂，亦有美化本朝之意。

2. 议政——东汉兰台、东观文人参与帝国文化与政治建设的结晶

东汉兰台、东观作为政府的职能部门，参与当时的文化建设也是分内之事。其活动方式既有政府组织的规模庞大的群体性讨论，也有自发的倡议。

政府组织的规模庞大的群体性的讨论以章帝时的白虎观会议和灵帝时的熹平石经的刻写最为著名。章帝建初四年十一月，“下太常，将、大夫、博士、议郎、郎官及诸生、诸儒会白虎观，讲议五经同异，使五官中郎将魏应承制问，侍中淳于恭奏，帝亲称制临决，如孝宣甘露石渠故事，作《白虎议奏》”（《后汉书》卷三《章帝纪》）。“天子会诸儒讲论五经，作《白虎通德论》，令固撰集其事。”（《后汉书》卷四十《班固传》）据《后汉书》，白虎观会议历时一个月，参加此次大讨论的丁鸿、魏应、楼望、成封、桓郁、贾逵、刘羡、鲁恭、杨终、班固、李育均为儒学名家，汉章帝是白虎观经学会议的最高评委，班固则是总结者。可考的与会的十一位经学名家，与兰台有渊源者三人：贾逵、杨终、班固。贾逵在章帝时讲学于北宫，与兰台渐行渐远；杨终由兰台而入牢狱，白虎观会议是他出狱后重返兰台的首次亮相；班固新离兰台，任职玄武门司马，撰写《白虎通德论》可视作他与兰台最后的告别。当然，除了上述诸人外，兰台作为校经撰述的源地，因其职责所在，其任职人员当悉数参与此次讨论。大师们关于五经异同的思想交锋、理论阐述、优劣争议，从文学角度来看，也是不错的散文。

---

① 傅玄：《〈连珠〉序》，严可均：《全上古三代秦汉三国六朝文》，中华书局1958年版，第1724页。

② 李兴和：《袁宏〈后汉纪〉集校》，云南大学出版社2008年版，第140页。

③ 张怀瓘：《书断》，张彦远：《法书要录》，辽宁教育出版社1998年版，第120页。

熹平石经的刻写也是东观文人参与政府组织的文化事务的一个明显个案。灵帝熹平四年，蔡邕“召拜郎中，校书东观。迁议郎。邕以经籍去圣久远，文字多谬，俗儒穿凿，疑误后学，熹平四年，乃与五官中郎将堂溪典、光禄大夫杨赐、谏议大夫马日磾、议郎张驯、韩说、太史令单飏等，奏求正定六经文字。灵帝许之，邕乃自书丹于碑，使工镌刻立于太学门外。于是后儒晚学，咸取正焉。及碑始立，其观视及摹写者，车乘日千余两，填塞街陌”（《后汉书》卷六十《蔡邕传》）。蔡邕以东观领袖身份校订五经，同僚韩说、张驯为其羽翼，堂溪典、杨赐、马日磾等朝中名儒大臣参与其中。正定五经之日，灵帝与蔡邕等君臣之间，蔡邕与韩说等同僚之间文艺切磋、书信往来亦为当时文坛一件盛事。

与其他时期不同，以蔡邕为首的灵帝时期的东观文人群体频繁参加朝廷举行的各种讨论，其职责大大超出了校书撰述的范围：①熹平四年三月九日，百官会司徒府议历数，“蔡邕前坐侍中西北，近公卿，与（五官郎中冯）光、（沛相上计掾陈）晃相难问是非焉”，事后，蔡邕作《历数议》。②熹平五年四月，天下大旱，祷请名山，“天子开三府请雨使者，与郡县户曹掾史登山升祠，天寻兴云降甘雨，因为立碑”，蔡邕奉命作《伯夷叔齐碑》。③熹平六年六月，护乌丸校尉夏育上言鲜卑频犯诸郡，奏请征幽州兵击之。朝廷诏公卿百官会议，蔡邕以为不可，作《难夏育上言鲜卑仍犯诸郡议》。④熹平六年七月，诰群臣各陈政要所当实行，邕作《上封事陈政要七事》。⑤熹平六年八月，朝议以州郡相党，人情比周，乃制婚姻之家及两州人事不得对相监临。至是，复有三互法，禁忌转密，选用艰难，幽冀二州，久缺不补，邕上《幽冀二州刺史久缺疏》。⑥光和元年七月，以灾异频仍，诏杨赐、马日磾、张华、蔡邕、单飏等至金商门崇德殿，问灾异之事。邕悉心以对，上《答诏问灾异疏》。[①]负责校书撰述的东观官员参与文化建设以外的朝议，在灵帝之前未曾有过。其时任职东观的蔡邕频繁地参与朝廷议事，与其文坛领袖地位有关，也是灵帝时期朝廷灾难频发且难以疏解的反映。

兰台、东观文人参与朝廷文化建设的另一种方式是私人性的进谏。《后汉书·杨终传》曰：“会终坐事系狱，博士赵博、校书郎班固、贾逵等，以终深晓《春秋》，学多异闻，表请之，终又上书自讼，即日贳出，乃得与于白虎观焉。后受诏删《太史公书》为十余万言。”班固、贾逵与杨终为兰台同事，班、贾上书营救杨终，不仅是为国怜才，更多是出于同僚之谊。兰台和东观文人中，马融在私人进谏方面表现最为突出。《后汉书·梁慬传》：“明年（永初六年），校书郎马融上书讼慬与护羌校尉庞参，有诏原刑。”《后汉书·庞参传》：“（元初二年）既已失期，乃称病引兵还，坐以诈疾征下狱，校书郎中马融上书请之曰：‘……’书奏，赦参等。”《后汉书·马融传》：“是时邓太后监朝，骘兄弟辅政。而俗儒世士，以为文德可兴，武功宜废，遂寝蒐狩之礼，息战陈之法，故猾贼从横，乘此无备。融乃感激，以为文武之道，圣贤不坠，五才之用，无或可废。元初二年，上《广成颂》以讽谏。”马融任职东观时不顾个人前途为深陷牢狱的梁慬、庞参二忠臣辩护，一方面是其正直善良、不谙官场风云的体现，另一方面，也是他热衷仕进的展露。灵帝时任职东观的蔡邕不仅常常受邀参与朝政议事，亦积极主动为朝廷献策荐才。熹平二年十二月，日食，蔡邕上书言事；熹平三年，作《荐皇甫规表》。光和元年七月，邕与叔质因得罪宦官被下狱，邕作《被收时上书》。

三、结语

光武帝刘秀儒生出身，东汉开国勋臣大多为儒雅之士，光武子孙也大多崇儒，洛阳崇儒尊师的风气凌越前朝。自明帝至灵帝，大规模出色的文人群集兰台、东观校书撰述，这是中国文学、史学上的一大

① 以上六事，皆见邓安生《蔡邕集编年校注》附录《蔡邕年谱》，河北教育出版社2002年版。

盛事。此时洛阳的文化气息之浓厚是之前任何时代无法比拟的，而兰台与东观正是这座城市文化繁荣的代言者。东观“老氏藏室，道家蓬莱山”的地位使得东汉文人将在此任职视为莫大的荣耀。张衡曾以侍中身份专职于此，蔡邕、杨彪、马日磾、韩说等著述东观，卢植羡慕邕等，上书灵帝曰：“愿得将书生二人，共诣东观，就官财粮，专心研精，合《尚书》章句，考《礼记》失得，庶裁定圣典，刊正碑文。”① 东观的魅力，由此可见。文学之士群聚兰台、东观，校书撰述之外，对酒高歌、诗文唱和当是常事，东观也理所当然成为东汉才子竞相文采风流之所。为秩满赴任外地的官员举行饯别仪式在东汉颇受重视，甚至被朝廷以法律形式规定下来，蔡质《汉仪》曰：“尚书郎初从三署诣台试，初上台称守尚书郎，中岁满称尚书郎，三年称侍郎。客曹郎主治羌胡事，剧迁二千石或刺史，其公迁为县令，秩满自占县去，诏书赐钱三万与三台祖饯，余官则否。”② 蔡邕、高彪饯别第五永是这一规定的典型个案：“时京兆第五永为督军御史，使督幽州，百官大会，祖饯于长乐观。议郎蔡邕等皆赋诗，彪乃独作箴曰：邕等甚美其文，以为莫尚也。”（《后汉书》卷八十《高彪传》）蔡邕、高彪时皆撰述东观，二人诗文不负东观美名。此类风雅之事，对于兰台、东观文人来说当非罕事，然如今可考者仅此一例。洛阳群臣饯送，赋诗作文等活动，兰台、东观文人当活跃其中，惜文献匮乏，难以知其盛况。蜀人李尤入洛，洛中山川名胜、殿宇台阁无不入其“铭”中，崔骃、胡广则效仿扬雄为百官之名作“箴”，蔡邕一生撰“碑文”无数。在大规模“箴铭碑”创作通行的东汉，作为东汉规模最大、层次最高的文人群体聚集的兰台、东观必然有众多歌咏山川、赋赞名胜、颂扬汉德之作，然而由于资料的匮乏，此类文学作品大多难以系年。两汉经学的发达使东汉文学创作亦步亦趋，过分模仿前人，缺乏形式创新和作家个性；东汉史学的兴盛又使史学征实之风浸淫于文学，使文学缺乏浪漫的想象，兰台、东观文学创作便是深受经学、史学影响的一个典型样本。从明帝到灵帝，班固、傅毅、刘珍、马融、张衡、边韶、崔寔、蔡邕等东汉著名文学家领衔兰台和东观的校书撰述，但文人群体创作除颂圣和参与朝议外，鲜有其他声音。从现存文献来看，兰台、东观的文人群体创作多为颂扬朝廷、光明人性之论，鲜有剖明心迹、痛击时弊之作，与东汉社会似乎处于隔绝状态，作家的个性才情也被深深掩埋，这不能不说是东汉文学弊端的集中体现。这也是历代“台阁体”创作的共同弊病，从这一点来说，不必单独诟病于东汉的兰台、东观文人群体。

（作者为洛阳师范学院河洛文化研究中心副教授）

① 卢植：《上灵帝书》，范晔撰，李贤注：《后汉书》，中华书局1965年版，第2116页。

② 蔡质：《汉仪》，范晔撰，李贤注：《后汉书》，中华书局1965年版，第3597页。

试论魏晋诗人的邙山情结

张蒙蒙

摘要：魏晋时期是中国文学自觉的伊始，战争频仍，流离失所，社会动荡不安，邙山大量出现在魏晋诗人的诗赋中，诗人或借以表达对生命无常的哀叹；或世事艰难的忧嗟，邙山成为魏晋诗人对自我生命、人生命运的觉醒的寄托，同时也是诗人对生命的强烈渴望的象征。

关键词：魏晋时期；诗赋；邙山

邙山，又称为北邙、芒山、北芒、北山，是汉魏洛阳名山，邙山北依黄河，南临洛河，面对嵩山，地势开阔，立墓于此，符合古人所崇尚的“枕山蹬河”的风水之说，至少从东周时期开始，邙山便成了人们理想的安息之所，此后的两千年便形成了归葬的习俗，而邙山也是冢台林立，汇集两周、两汉、曹魏、西晋时期的古代墓葬，因此，在魏晋诗赋中，邙山不仅成为了坟冢茔地的代名词，更是代表了文士墨客在诗赋创作中的一个重要主题，邙山情结蕴藏了诗人对生命无常的慨叹与对生命的强烈渴望。

一、哀叹人生无常

北邙作为逝者的坟墓，是死亡的象征。北邙所象征的死亡，引起诗人对人生无常的哀叹，诗人在对“死”的思考中，似乎在有意无意间解决了许多关于“生”的问题。

魏晋文学是乱世文学，诗人在经历社会动乱、灾祸迭起、政治黑暗等生死别离之后，借邙山来表达自己对人生变化无常的感伤。以闲适、淡泊著称的陶渊明诗云：“迢迢百尺楼，分明望四荒。暮作归云宅，朝为飞鸟堂。山河满目中，平原独茫茫。古时功名士，慷慨争此场。一旦百岁后，相与还北邙。松柏为人伐，高坟互低昂。颓基无遗主，游魂在何方。荣华诚足贵，亦复可怜伤。”① 诗人认为功名富贵都会随着死亡而消失，逃不过“松柏为人伐”的凄惨局面。诗人选择邙山作为自己百年之后的栖息地，真实地写出了诗人对人生变化无常的感慨和焦虑。

诗人张载借景抒情，通过描写邙山坟冢凄惨景象来传达自己对人生世事无常的哀叹与忧愁，所作《七哀诗二首》其一云：

北芒何垒垒，高陵有四五。借问谁家坟，皆云汉世主。恭文遥相望，原陵郁膴膴。季世丧乱起，贼盗如豺虎。毁壤过一抔，便房启幽户。珠柙离玉体，珍宝见剽虏。园寝化为墟，周墉无遗堵。蒙茏荆棘生，蹊径登童竖。狐兔窟其中，芜秽不复扫。颓陇并垦发，萌隶营农圃。昔为万乘

---

① 逯钦立：《先秦汉魏晋南北朝诗》，中华书局2006年版，第1004页。

君，今为丘中土。感彼雍门言，凄怆哀今古。①

诗人用“珠柙离玉体”“蒙茏荆棘生”“狐兔窟其中，芜秽不复扫”等描写了邙山垒垒帝王坟冢被毁坏的景象，给人无尽的悲凉。又以“万乘君”“丘中土”形成古今对比，昔日的帝王，如今也不过一抔黄土，甚至也难逃坟墓被盗的悲惨命运，鲜明而又讽刺的对比，强烈的现实让诗人深感人生变化无常的悲怆，发出“凄怆哀今古”的忧患叹息。魏晋诗赋同题的文学现象，使得邙山这一题材对人生无常之悲叹更为集中。西晋时期的陆机面对邙山，慨叹“伊人生之寄世，犹水草乎山河”的生命短暂、人生无常的忧患。《感丘赋》云：“泛轻舟于西川，背京室而电飞。遵伊洛之坻渚，沿黄河之曲湄。睹墟墓于山梁，托崇丘以自绥。见兆域之蔼蔼，罗魁封之垒垒。于是徘徊洛涯，弭节河干。伫眄留心，慨尔遗叹。仰终古以远念，穷万绪乎其端。伊人生之寄世，犹水草乎山河。应甄陶以岁改，顺通川而日过。生矜迹于当已，死同宅乎一丘。翳形骸于下沦兮，飘营魄而上浮。随阴阳以融治，托山原以为畴。妍媸混而为一，孰云识其所修？必妙代以远览兮，夫何徇乎陈区。尔乃申舟人以遂往，横大川而有悲。伤年命之倏忽，怨天步之不几。虽履信而思顺，曾何足以保兹？普天壤其弗免，宁吾人之所辞！愿灵根之晚坠，指岁暮而为期。”② 赋中“遵伊洛之坻渚，沿黄河之曲湄”即为邙山，诗人面对垒垒坟茔，他感慨人生在世，犹如河川之水草，匆匆流过，随节凋谢，对比无限长存的天地山川，人生短暂，生死倏忽，不值得一提，然而作者又认识到“普天壤其弗免，宁吾人之所辞”，既然谁也不能逃脱死亡，那么他只希望“灵根之晚坠，指岁暮而为期”。在这篇幅短小的赋作里，虽然是感叹人生短促的生命之悲，但从根本上是对自身生死存亡的关注，体现了人的生命意识的觉醒，表达了强烈的对生存的渴望之情。同样，陆机在其所作《君子有所思行》中也表达了邙山之悲、生命无常的哀叹，“命驾登北山，延伫望城郭。廛里一何盛，街巷纷漠漠。……淑貌色斯升，哀音承颜作。人生诚行迈，容华随年落。善哉膏梁士，营生奥且博。宴安消灵根，鸩毒不可恪。无以肉食资，取笑葵与藿。”③ 诗人登上邙山，回顾洛阳城，看到的是富丽堂皇的建筑、弯曲的城池、巨大的宫殿，在这些繁华的景象后，诗人以“人生诚行迈，容华随年落”慨叹人生变幻无常，又以“宴安鸩毒”的古训给人以警醒，让人不得为人生多变、世事无常而哀叹。

二、忧嗟世事艰难

魏晋时期，不仅有“白骨露于野，千里无鸡鸣”的社会混乱，诗人面对政治高压，对个人命运更是忧愁，邙山常常被魏晋诗人描绘成阴森恐怖的坟冢意象，借以表达诗人对所处乱世世事多艰事的忧嗟。

西晋诗人刘伶旅行洛阳途中，客宿邙山，面对邙山秋夜凄切寒凉之景，不禁慨叹人生多蹇，世事艰难，作《北芒客舍诗》云：“泱漭望舒隐，黤黮玄夜阴。寒鸡思天曙，拥翅吹长音。蚊蚋归丰草，枯叶散萧林。陈醴发悴颜，巴歈畅真心。缊被终不晓，斯叹信难任。何以除斯叹，付之与瑟琴。长笛响中夕，闻此消胸襟。”④ 诗的前六句描绘了邙山浓云盖月的寒夜，广漠空寂，黯淡无光，野鸡长鸣，恶声传来不祥之兆，残叶飘零，寒林萧瑟的景象，诗人个人理想不得实现，内心抑郁愁苦，借助邙山来表达

① 逯钦立：《先秦汉魏晋南北朝诗》，中华书局2006年版，第471页。
② 王琳：《六朝辞赋史》，黑龙江教育出版社1998年版，第135页。
③ （晋）陆机：《陆士衡文集校注》（上），凤凰出版社2007年版，第135页。
④ 逯钦立：《先秦汉魏晋南北朝诗》，中华书局1988年版，第552页。

人生多蹇、世事艰难的忧嗟。同样以邙山为主题感叹人生之悲、世事艰难的张协，作《登北邙赋》云：

陟峦丘之丽巃，升逶迤之修岅。回余车于峻岭，聊送目于四远。灵岳郁以造天，连冈岩以蹇产。伊洛混而东流，帝居赫以崇显。山川汩其常弓，万物化而代转。何天地之难穷，悼人生之危浅，叹白日之西颓兮，哀世路之多蹇。于是徘徊绝岭，踟躇步趾，前瞻南山却窥大。东眺虎牢，西睨熊耳，邪亘天际，旁及万里，莽眩眼以茫昧，谅群形之难纪，临千仞而俯看，似游身于云霓。抚长风以延伫，想凌天而举翮，瞻冠盖之悠悠，睹商旅之接桅。尔乃地势窳隆，丘墟陂阤。坟陇嵬叠，棋布星罗，松林掺映以攒列，玄木搜寥而振柯。壮汉氏之所营，望五陵之嵬峨。丧乱起而启壤，僮竖登而作歌。①

这是一篇写景抒情的赋，作者驾车登临邙山，徘徊于曲折深远的高山峻岭，游目四顾，看到的是层峦叠嶂、崇山茂林的山川，滚滚东流的洛水。从而在永恒无际的天地间，感叹人生之渺渺，不禁发出"山川汩其常弓，万物化而代转。何天地之难穷，悼人生之危浅，叹白日之西颓兮，哀世路之多蹇"的感叹，抒写了乱世间人生不保、世路多艰的悲痛情感。郭遐周《赠嵇康三首》云：

吾无佐世才，时俗所不量。归我北山阿，逍遥以倡佯。同气自相求，虎啸谷风凉。惟予与嵇生，未面分好章。古人美倾盖，方此何不臧。援筝执鸣琴，携手游空房。栖迟衡门下，何愿于姬姜。予心好永年，年永怀乐康。我友不斯卒，改计适他方。严车感发日，翻然将高翔。②

诗人开篇用自嘲的口吻写自己没有辅佐君主的才能，愿意归隐到"北山"逍遥自由，"虎啸生风，山谷凉寂"，无人敢与嵇康为友人，但"惟予与嵇生，未面分好章"。诗人与嵇康，未相识就喜欢嵇生的文章，有共同的话语，是真正意气相投的好友，"援筝执鸣琴，携手游空房"，诗人描绘归隐的美好生活，弹筝鸣琴，携手遨游，远离政治的斗争，怡然自得。虽然诗人幻想着与友人归隐邙山，远离纷争，逍遥自得，但诗句间也充溢了诗人对社会现实的不满与对时政的愤懑之情，以及对世路艰难的忧患，继而转向归隐邙山的消极倾向。

从东汉末年起到东晋灭亡，在这两百多年中内祸外患接踵而来，战争使得人们流离失所，人口大大减少，土地荒废，这一时期，人们的思想发生了很大的变化，尤其是诗人，他们不仅目睹了"白骨露于野，千里无鸡鸣"的惨烈社会现实，还被卷入了统治阶级腥风血雨的残酷斗争中，诗人在政治斗争中惨遭杀戮。因此，魏晋文人们的体会和认识具有广泛的现实意义，他们结合苦难恐怖的现实、自身的坎坷遭遇和险恶的生存环境，对生命、对死亡的思考是深沉的，反衬在诗赋里的也是那些阴森恐怖的事物，通过邙山来表达人生多艰、生命无常之情。这不仅是诗人对自我人生、生命的理性思考，也是魏晋文学自觉的重要标志。

（作者为河南科技大学人文学院研究生）

① （明）张溥编，（清）吴汝纶选：《汉魏六朝百三家集选》，吉林出版社 2005 年版，第 199 页。
② 丁福保：《全汉三国晋南北朝诗·郭遐周》，中华书局 1959 年版，第 211 页。

《洛阳伽蓝记》美学研究的合法性与价值

席　格

摘要：《洛阳伽蓝记》既具有较高的文学审美价值，又具有重要的美学史料价值，对北朝时期民族与文化大融合背景下的多元审美观念融合有着充分的展现。但目前关于《洛阳伽蓝记》的研究，美学维度却鲜有论及。其主要原因在于，传统美学史研究范式自身的局限遮蔽了该著述的美学价值。若引入新的美学理论和审美观念史的研究范式，便可看出《洛阳伽蓝记》中所蕴含的美学内容。

关键词：《洛阳伽蓝记》；北朝美学；美学史范式

《洛阳伽蓝记》，与《水经注》《齐民要术》并称为"北朝三书"，包含宗教、历史、文学、文化等多方面的内容，是北朝艺术成就的重要代表。对此，宗白华先生曾给予高度评价："汉末魏晋六朝是中国政治上最混乱、社会上最苦痛的时代，然而却是精神史上极自由、极解放，最富于智慧、最浓于热情的一个时代。因此也就是最富有艺术精神的一个时代。王羲之父子的字，顾恺之和陆探微的画，戴逵和戴颙的雕塑，嵇康的广陵散（琴曲），曹植、阮籍、陶潜、谢灵运、鲍照、谢朓的诗，郦道元、杨衒之的写景文，云冈、龙门壮伟的造像，洛阳和南朝的闳丽的寺院，无不是光芒万丈，前无古人，奠定了后代文学艺术的根基与趋向。"① 其中杨衒之的写景文，便是指《洛阳伽蓝记》。但《洛阳伽蓝记》的研究与价值评估，在美学史的书写中，并没有得到应有的关注。因为，历史文献的研究与评价，直接受限于研究的理论基础和历史观念。就美学史的书写而言，受美学作为艺术哲学和启蒙史观的影响，美学理论史的研究范式并没有将《洛阳伽蓝记》纳入研究范围之中。这就意味着，关于《洛阳伽蓝记》的美学考察，必须依赖于美学史研究范式的调整，也即美学学科定位和美学史观念的双重调整。

因此，整个北朝美学最为突出的呈现特征便在于理论的缺失和艺术的雄起，在美学理论史研究模式下北朝美学本就处于薄弱环节，《洛阳伽蓝记》难以得到理论观照亦属必然。但随着美学学科定位从艺术哲学向文化哲学的转向，美学启蒙史观念的调整，以及城市美学、景观美学等美学理论研究新成果的取得，为照亮被先前美学史研究范式所遮蔽的内容提供了可能。正是基于此，将美学理论史梳理调整为审美观念史考察，不再一味强调美学作为"学"的理论定位，而是将中国美学之审美观念作为一种生存观念回归；同时，不再局限于启蒙史观所强调的"自由""进步""理念"和"美的艺术"，而是引入"和谐""天下观""连续性"等观念，形成审美观念史研究范式。在审美观念史范式下，《洛阳伽蓝记》研究便获得了突破现有研究维度、获得美学维度阐释的可能。

---

① 宗白华：《美学散步》，上海人民出版社 1981 年版，第 208 页。

一、《洛阳伽蓝记》的研究现状

尽管《洛阳伽蓝记》在美学史维度上没有得到充分关注，但作为北朝的重要文献，在宗教学、文化学、语言学以及文学研究领域却受到了不同程度的关注。当然，这些研究的展开必须建立在《洛阳伽蓝记》文本本身的梳理之上。而关于《洛阳伽蓝记》文本本身的梳理，成果主要包括：张宗祥的《洛阳伽蓝记合校本》，范祥雍的《洛阳伽蓝记校注》，管雄的《洛阳伽蓝记疏证》（未出版，文稿在“文化大革命”中损毁），周祖谟的《洛阳伽蓝记校释》，杨勇的《洛阳伽蓝记校笺》，徐高阮的《重刊洛阳伽蓝记》，田素兰的《洛阳伽蓝记校注》等。除了这些专著之外，还有一些重要的文本研究论文，如周一良的《〈洛阳伽蓝记〉的几条补注》，化振红的《〈洛阳伽蓝记〉疑误商榷》，舒昌勇的《〈洛阳伽蓝记校注〉史实异议》等。除了文本本身之外，直接关乎文本的则是《洛阳伽蓝记》作者的考据研究。也即，关于《洛阳伽蓝记》的作者杨衒之的姓氏籍贯考据，是姓“杨”还是“阳”或者“羊”，是属于平州还是属于定州，如刘重来的《〈洛阳伽蓝记〉作者姓氏考》等。而关于《洛阳伽蓝记》的研究，则大致可以区分为以下几个层面：

第一，关于《洛阳伽蓝记》的历史维度研究。由于杨衒之曾经在洛阳生活并在北魏为官，所以在《洛阳伽蓝记》中引述的资料，很多都是具有真实性的历史史料。甚至于其中记述的一些史料，是魏收所撰的《魏书》中所没有的。加上以佛教伽蓝为记述对象，直接展现了佛教在北朝传播的历史状况。同时，由于北朝乃是一个民族大融合、文化大融合的时代，杨衒之在文字叙述背后所潜藏的价值取向、心态，更是反映了北朝士人的生存状况。正是基于此，《洛阳伽蓝记》具有较高的史学价值。如白翠琴的《一部拓跋鲜卑的别史——略论〈洛阳伽蓝记〉的史学价值》，李靖莉的《〈洛阳伽蓝记〉的史料价值及不足》。

第二，关于《洛阳伽蓝记》的语言学维度研究。北朝时期，少数民族入主中原，在接受与认同中原文化的同时，也将自身的文化反向植入到了中原文化之中，其中一个重要表现便是少数民族语言与中原地区语言的融合。同时，佛教的广泛传播，佛经的大量翻译，催生出很多外来词汇。这就致使在北朝时期出现了很多新生语词。而《洛阳伽蓝记》作为北朝士人的作品，便自然而然地使用并保存了很多新生语词，赋予《洛阳伽蓝记》以较高的语言学价值。如化振红的《〈洛阳伽蓝记〉词汇研究》、萧红的《〈洛阳伽蓝记〉的句法研究》、佟艳洁的《〈洛阳伽蓝记〉介词研究》等。

第三，关于《洛阳伽蓝记》的文学艺术维度研究。由于文学史书写亦受启蒙史观影响，讲求“进步”“连续性”，故而南朝文学受到高度重视，而北朝文学的研究长期没有得到关注。直到20世纪80年代，北朝文学才渐渐进入学界研究视域，得到重新梳理。但受传统文学史观念的影响，北朝文学梳理过程中，很多文学作品的价值并没有得到充分肯定。《洛阳伽蓝记》的文学性是毋庸置疑的，宗白华先生就高度评价其作为散文的价值。曹道衡与沈玉成合著的《南北朝文学史》、吴先宁的《北朝文化特质与文学进程》等有关北朝文学史的研究性著作，都对《洛阳伽蓝记》进行了论述。另外，也有一些研究文章探讨其在辞赋、小说等方面的成就，如曹虹的《〈洛阳伽蓝记〉与汉晋辞赋传统》、顾农的《〈洛阳伽蓝记〉的文学价值》、周建江的《〈洛阳伽蓝记〉的小说史地位》等。

除了文学维度之外，由于《洛阳伽蓝记》是围绕洛阳城市空间布局、具体城市建筑逐层叙述展开的，所以有很多关于洛阳城市规划、建筑、园林等方面的内容。这也成为关于《洛阳伽蓝记》艺术维度研究的重要内容。如薛瑞泽的《读〈洛阳伽蓝记〉论北魏洛阳的寺院园林》、石媛媛的《从〈洛阳伽蓝记〉看北魏洛阳的佛寺建筑》等。

第四，关于《洛阳伽蓝记》的宗教学维度研究。这个维度的研究，乃是《洛阳伽蓝记》的内在应有之维度，因为该文献主题本就是围绕伽蓝展开的。事实上，其中不仅记述了洛阳伽蓝的建筑情况，而且融入了大量的佛教交流、宗教仪式等内容。所以，从佛教的角度研究该文献自然是一个重要维度，如王建国的《〈洛阳伽蓝记〉与北魏洛阳的佛教文化》、潘桂明的《〈洛阳伽蓝记〉与北魏佛教》、蒋家华的《〈洛阳伽蓝记〉行像研究》等。

第五，关于《洛阳伽蓝记》的文化学维度研究。作为对北魏都城洛阳的伽蓝记述，显然不可能脱离洛阳的时空境域。这就注定了它必然要反映出洛阳的文化生存状况。如王美秀的专著《历史·空间·身分——洛阳伽蓝记的文化论述》，常新的《〈洛阳伽蓝记〉的社会文化史意义》，赵海丽的《“鱼文化”与“羊文化”——〈洛阳伽蓝记〉所述南北朝文化冲突与交融探论》等。

上述这些研究维度和研究成果，既丰富了《洛阳伽蓝记》的研究内容与维度，又展现了它的多元价值，为进一步深化和推荐《洛阳伽蓝记》的研究奠定了基础。事实上，无论是从杨衒之撰写《洛阳伽蓝记》的原因，还是从《洛阳伽蓝记》所综合展现出的北魏都城洛阳的规划格局、城市景观、宗教活动、文化交流等来看，实质都是对北魏时期人们生存境况的展现。进而言之，《洛阳伽蓝记》乃是杨衒之展现北魏都城洛阳生存境况的文学艺术表达结果，从城市规划、宗教活动、文化交融等多个维度展现了人们的生存理想。但遗憾的是，关于《洛阳伽蓝记》对北魏生存理想表达的美学研究，却没有得到充分的应有的关注。甚至于，以《洛阳伽蓝记》作为美学史料依托，对北朝美学状况进行研究的成果都不多见。

究其原因，主要包括：美学学科定位于艺术哲学，十分强调史料本身理论品格、哲学内涵，这是《洛阳伽蓝记》所不具备的；受认识论的影响，将美视为认识对象，与中国古典美学视美为生存方式不兼容，而《洛阳伽蓝记》实质是对生存境况的展现，所以在认识论美学框架内难以得到有效阐释；受启蒙史观的影响，美学史的研究与书写十分注重理论史的梳理和理论发展的连续性，这就自然而然地将《洛阳伽蓝记》排除在美学史研究疆域之外。有鉴于此，将美学学科定位从艺术哲学转向文化哲学，将美作为主客二分认识的对象转化为一种生存方式，将美学史的启蒙史观转向中国美学本身发展所呈现出的自由与和谐并存、新变与复古并存、“天下观”等多元观念，来重新审视《洛阳伽蓝记》，便可照亮其在北朝美学发展中的重要地位，彰显其在中国美学史中的重要价值。

二、《洛阳伽蓝记》美学研究的理论基础

一种研究范式所赖以形成的理论基础，事实上在该范式提问之前，便已经注定了所将得到的答案。《洛阳伽蓝记》之所以没有得到美学维度的充分关注，便是因为传统美学史研究范式对其形成了遮蔽，使其难以被纳入美学史研究的视域之内。但这并不等于否认《洛阳伽蓝记》的美学史价值，只是其美学价值在传统美学史范式下没有得到照亮、彰显。这就意味着要从美学维度研究《洛阳伽蓝记》，并重新评估其美学史价值，便必须找到合适的提问方式或者说研究范式，也即对美学理论，以及美学理论介入历史的桥梁——美学史观念，进行必要的调整。

1. 美学史研究范式的调整与美学史料的拓展

尽管《洛阳伽蓝记》的美学研究属于单个文本研究，却内在隐含着一个根本性的问题，即将《洛阳伽蓝记》纳入美学史视野是否具有合法性。换言之，《洛阳伽蓝记》首先要进入潜在的美学史料范围之内，才可能获得相应的美学理论观照。显然，要做出调整的只有美学史的研究范式。

中国美学史的研究与书写，实质乃是美学理论通过一定的美学史观念，对中国历史维度的延伸与梳

理。但是，这种美学理论乃是从西方移植而来，并非是基于中国历史本身生长而来，并且，所移植的乃是将美视为认识对象的认识论美学理论，与强调美是一种生存方式的生存论的中国美学之间存在错位。在传统的中国美学史梳理过程中，依据美、艺术、形式等认识论美学所强调的关键词，去寻找和梳理中国美学史料的现象可谓屡见不鲜。尤为需要强调的是，依据美学作为艺术哲学的学科定位，所选取的美学史料基本限定在诸子哲学、诗论、书论、画论等理论性著述的范围之内，以凸显美学学科的理论品格。只是随着中国美学史研究的深入，才逐渐将美学史料的范围扩展到出土文物、雕塑、绘画等艺术作品。但是，对于非理论性的文学作品、历史性著作等，或很难进入美学史料领域，或者处于边缘地位，游移在美学史料领域的边缘。即便是被关注，也只是作为理论性著述的注脚而使用，并没有被赋予独立的美学价值。

随着美学学科定位从艺术哲学向文化哲学的位移，美学理论研究视域得以从美的艺术向非美的艺术、文化、日常生活领域拓展。同时，主客二分的认识论美学，亦逐步向生存论美学转换，强调对人的主体性的消解，注重人与自然界的融合，或者说“天人合一”。美学理论的调整，必然会影响其在历史维度的延伸，即会引发美学史的重述。这不仅促使美学史料领域得到极大限度的拓展，而且能够促使美学理论与中国历史本身形成深度对接，弥补先前美学理论与中国美学精神错位的过失，并对被误读的美学史料进行重新解读。正是基于此，《洛阳伽蓝记》具备了纳入美学史研究视野的可能性与合法性。

因为，《洛阳伽蓝记》虽然不属于理论性著述，无论是视其为历史学著作，还是视其为文学作品，都是个体与自然界建构关系的一种方式，是对生存境况的一种艺术化表达。那么，在生存论美学维度，《洛阳伽蓝记》便主要是展现了人生在世所处的社会生存空间的境况。换言之，《洛阳伽蓝记》本身内在具有进入基于生存论美学理论的美学史料领域的特质，生存论美学又具有发掘和阐释《洛阳伽蓝记》美学内涵的理论话语权。

2. 城市美学研究与美学史的重构

近年来，美学理论研究取得了很多重要的成果，形成了身体美学、环境美学、景观美学、城市美学等新兴美学理论体系。这些美学理论研究的新进展，不仅促使美学基本理论研究走向多元深入，而且为美学史的研究与书写提供了新的维度，为历史中尚被遮蔽的部分得以被照亮提供了可能。针对《洛阳伽蓝记》的美学研究而言，与其直接紧密相关的便是城市美学相关理论成果。因为，城市美学为重新审视古代都城在中国美学史发展中的地位与作用提供了可能。

城市，作为依托物体系从自然地理空间区隔而来的社会生活空间，首先，要满足人之宜居乃至乐居的生存需求，因而其规划布局、建设实践必然展现人的审美观念与审美创造力，追求最高境界的“天人合一”之美。其次，作为巨大的人工制品，文明的容器，城市又以建筑的布局与形式，展现着人的政治、文化、宗教、哲学与历史，在现实物质空间之上又生成了立体的象征空间、精神空间。换言之，城市不仅是景观，更是人之生存活动展开的境域；城市审美不仅是对象性的，更是生存性的、体验性的；城市美不仅显现于物象维度，而且具有体验性的事象维度和抒情性的意象维度，同时三者之间呈现出鲜明的连续性。可以说，城市在中国美学发展形成的历史中，占据了极为重要的地位。

但受中国美学源于农耕文化的理论判断的影响，城市在中国美学中的作用一直没有得到充分重视。对此，刘成纪指出：“在城市与乡村之间，中国美学保持了最持久的张力。它所依托的文明形态，既非纯粹乡村，也非纯粹城市，而是在两者之间维持了微妙的平衡。人，无论居于乡野渴望都市，还是立于都市回望乡村，均意味着两者对人而言具有同等的重要性，它们共同昭示了一种可能的完美生活。但仍需指出的是，对于中国美学而言，这种城乡二元并置的审美选择仍然只是美的现实形态，而不是理想形态。在理想层面，则要进一步克服分离，寻求美学的城乡二元结构的融合或统一。在中国美学史上，这种努力是存在的，主要体现在起于魏晋、兴于唐宋、大盛于明清的文人造园运动。”① 可以看出，城市并没有因为中国美学的农耕文明基础而失去在中国美学发展中的作用，而是处于审美链条的顶端，引领着审美风尚，引导着审美标准。

《洛阳伽蓝记》虽然是以叙述北魏洛阳寺院为主题，但北魏都城洛阳作为一个特定历史时段的自然地理空间，便注定了在叙述中会展现出洛阳的生存境况与审美观念。换言之，通过《洛阳伽蓝记》的记述，一方面可以真切感受到北魏都城洛阳的现实生存状况，另一方面可以看出北魏时期人们的生存理想。

三、《洛阳伽蓝记》美学研究的意义与内容

1. 从生存论美学范式研究《洛阳伽蓝记》的意义

从美学维度系统、深入地研究《洛阳伽蓝记》，乃是一个全新的课题。因为，虽然属于具体文本研究，前提却是美学史研究范式的转换，否则就难以赋予研究的可能性与合法性。具体而言，从美学维度研究《洛阳伽蓝记》的意义与价值主要包括：

第一，尝试将新的美学史研究范式运用到文本研究之中。《洛阳伽蓝记》的美学研究，之所以在原有美学史范式下没有得到关注，主要是因为研究范式与文本之间存在错位。而在生存论美学史范式下，文学艺术主要关乎人生在世的精神生存状况，不再是主客二分模式下的认识对象。但这种新的研究范式如何具体运用到文本研究之中，还没有先行的范例。所以，将《洛阳伽蓝记》视为对北魏都城洛阳生存境况的展现，视为杨衒之个体与生存境遇建构精神关联的方式，那么，生存论美学便具有了解读它的合法性与可行性。而用生存论美学研究《洛阳伽蓝记》，则可以具体检验其理论阐释力。

第二，在《洛阳伽蓝记》的具体阐释中，既关注到了华夏文化在北朝文化大融合中的主导性作用，也关注到了草原文化、佛教文化等对华夏文化的反向植入及影响。北朝时期，是民族大融合、文化大融合的时代。但在以往的研究中人们着重关注的是中原华夏文化对北方草原文化、外来佛教文化的同化作用。尤其是草原文化，并没有关注到草原文化对华夏文化的反向影响。通过《洛阳伽蓝记》的生存论美学解读，则可以具体关注到三种文化融合过程中相互之间的杂糅，以及对人们精神生存状况的影响。同时，这也可以充分体现出中原文化在北朝时期的发展状况。

第三，从城市美学维度研究《洛阳伽蓝记》，对重新阐发古代以城市为主要描写对象的文学艺术作品具有先导作用。就《洛阳伽蓝记》作为文学作品来看，属于城市主题的文学，主要描述北魏都城洛阳四十年间的状况。通过杨衒之的记述，从城市规划布局、文化权力景观分布、城市日常生活记述以及相关史料的插入等，综合展现了洛阳的城市生存状态与生存理想。而在《洛阳伽蓝记》之前，虽有《麦秀》《黍离》《哀郢》《东都赋》《西都赋》《东京赋》《西京赋》等城市主题的诗赋作品，但却同样没有得到充分的美学精神发掘，而仅限于这些作品自身的艺术特征与思想观念等研究。《洛阳伽蓝记》的美学研究，不仅可以展示城市主题文学艺术作品进行生存论美学研究的可行性，而且可以为其他城市主题文学艺术作品研究引入美学研究提供借鉴。

2. 《洛阳伽蓝记》美学研究的主要内容

鉴于杨衒之撰写《洛阳伽蓝记》所记述的时段，主要介于北魏孝文帝元宏太和十八年（494 年）都城南迁，至北魏孝武帝元修永熙三年（534 年）迁都邺城，正值北魏政权实现文化正统自我论证的时

① 刘成纪：《中国美学：在城市与乡村之间》，《光明日报》2015 年 7 月 1 日。

期，亦是北朝文化大融合、民族大融合的关键时期，结合基于生存论美学的审美观念史研究范式的特征，其主要包括以下内容：

第一，城市空间观念的转变。尽管北魏都城平城的营建，汲取了汉魏洛阳城、邺城、长安规划风格，但由于拓跋鲜卑的游牧生活习俗，注定了平城被融入了大量的草原文化因素。从平城到洛阳的迁都，负责洛阳城的重新规划与营建的主要官员，有不少是营建平城的负责人。这就不可避免地将平城的空间观念规划转移到洛阳。由此，北魏都城洛阳的规划，既要适应重塑正统的政治需要，又要满足维护统治的需要，致使中原文化、草原文化与佛教文化交错融合形成了不同的文化权力景观。宏观来看，便是洛阳空间形态格局的变化。在杨衒之书写《洛阳伽蓝记》的过程中，便自然而然地将其呈现了出来。

第二，城市景观审美。洛阳城市空间区隔规划所依托的物体系，自然而然地形成的城市景观，既是中原文化、佛教文化与草原文化的直观体现，也在现实层面对生活本身形成了规约。就美学维度而言，礼制建筑、寺院、园林以及草原文化因素的建筑等，共同构成了北魏都城洛阳的具体物象；而《洛阳伽蓝记》对洛阳空间的描述，则是将物象转化成为了事象，通过视角的变换和时间的推移形成对洛阳城的感知。这种叙事性的审美活动，实际就是从物象到事象，甚至到意象的城市景观审美过程。

第三，城市超越之美。就洛阳作为一个多维度的城市生存空间而言，尽管杨衒之在《洛阳伽蓝记》中没有针对性地记述世俗生活的状况，但寺院所形成的宗教空间本就与世俗生活空间交织在一起。也即，从纯粹的宗教活动，经由具有浓郁生活气息的宗教庆典、寺院园林景观，得以向士族文人聚会、市井生活等世俗层面延展。基于此，对于寺院园林的欣赏、佛教庆典活动的参与，便成为洛阳世俗生活中的休闲审美活动，为被世俗功利所驱动的各个生存悖论消解提供了可能。而洛阳的寺院不仅是以建筑形式，在世俗社会中区隔出来一个宗教活动的空间，而且为了表达对佛教信仰的虔诚，或者出自祈求福田的功利性目的，往往超出了空间区隔本身，从而促使洛阳寺院成为了“光芒万丈，前无古人”的建筑艺术作品。这些寺院在洛阳城市空间中分布，可谓是形成了独特的宗教景观，辅之以人们对佛教的信仰和各种神异事件，足以让人产生敬畏之情，形成佛教艺术的庄严之美。

第四，城市文化审美。《洛阳伽蓝记》关于洛阳城的详尽记述，充分再现了北魏都城洛阳的城市空间状况。一方面，洛阳长期被视为“文化正统”的象征，北魏为树立政权的合法性，在与南朝争夺正统的过程中获胜，便将正统由时间延续问题转换成了空间占有问题，重建洛阳实则是对文化正统的再造。这赋予了北魏洛阳城以崇高之美。另一方面，洛阳城重建实则是多重文化权力景观的复合。这其中既有儒家思想所影响的天、地、人之共在空间，道教思想所影响的神鬼灵异空间，还有佛教信仰所影响的净土天堂与地狱。由此，北魏洛阳城又被赋予了一种“神性之美”。

第五，城市废墟审美。北魏都城洛阳，从魏晋之废墟重建而成，之后又再次毁于战火。杨衒之撰写《洛阳伽蓝记》的现实触动，便是都城洛阳丘墟对他的审美激发。尽管依据《麦秀》《黍离》等可以纳入凭吊、怀古的主题之下，但就美学维度而言，正是洛阳沦落为丘墟的事实，引发了杨衒之的审美创造，即《洛阳伽蓝记》乃是丘墟审美的结果。因此，应结合洛阳城在北朝时期的兴亡历程，引入废墟审美的研究视角，谈到洛阳丘墟的价值与影响，并进而从城市与文学的关系视角，对作为文学作品的《洛阳伽蓝记》进行文学史的价值重估。

（作者为河南省社会科学院文学研究所副研究员）

谈《洛神赋》中女性美内涵的提升

董灵超

摘要：曹植《洛神赋》对于女性美的内涵，有了新的提升：注重突出其天然之美、才情之美和情感倾注的真挚，这是其所塑造的洛神形象魅力久远的重要因素。

关键词：洛神赋；女性美；内涵

关于《洛神赋》主旨、艺术的相关研究、探讨殊众。然于这样一篇不朽名作，其研究不可穷止。本文就《洛神赋》中女性美内涵的塑造特点略作探讨。

一、丽质艳姿天然雕饰

于洛神之美，《洛神赋》先予以总括，再予以细绘。其言“睹一丽人，于岩之畔”“彼何人斯，若此之艳也!”分别用了“丽”“艳”这样两个总括性的字眼表现洛神之美。紧承此，作者对洛神之美进行了精彩细绘：“其形也，翩若惊鸿，婉若游龙。荣曜秋菊，华茂春松。仿佛兮若轻云之蔽月，飘摇兮若流风之回雪。远而望之，皎若太阳升朝霞；迫而察之，灼若芙蕖出渌波。秾纤得衷，修短合度。肩若削成，腰如约素。延颈秀项，皓质呈露。芳泽无加，铅华弗御。”① 这里，作者采撷了“惊鸿、游龙、秋菊、春松、轻云之蔽月、流风之回雪、太阳升朝霞、芙蕖出渌波”一系列自然物象描绘洛神的天然之美。非但如此，作者还着意强调洛神“芳泽无加，铅华弗御”的不施粉黛自妩媚。

这里，作者字里行间，一再突出洛神的丽艳姿容并非涂画而出，而是全出天然。洛神这种全出天然的容貌美，不但合乎庄周笔下“藐姑射之山，有神人居焉，肌肤若冰雪，绰约若处子；不食五谷，吸风饮露；乘云气，御飞龙，而游乎四海之外”② 的纯净出尘气质，也完全符合儒家“绘事后素”③ 的审美观念。

这种根基于天然的审美理念，融通了儒、道两家共同的审美取向，在中国传统文化中有其博大的审美基础和审美经验范式，这是作者所塑造的洛神形象打动人心、魅力久远的重要因素之一。此前的文学创作中，虽也不乏对女性美的精细绘写，但却没有着意突出女性姿容美得天然无饰。

现就《诗经》中描写女性美出彩的篇章略作讨论。譬如《诗·卫风·硕人》④ 曰：“硕人其颀，衣锦褧衣。齐侯之子，卫侯之妻。东宫之妹，邢侯之姨，谭公维私。手如柔荑，肤如凝脂。领如蝤蛴，齿如瓠犀。螓首蛾眉。巧笑倩兮，美目盼兮。……”

---

① 郭预衡主编，杨仲义编著：《中华名赋集成》，中国工人出版社 2000 年版，第 350 页。

② 陈鼓应：《庄子今注今译》，商务印书馆 2007 年版，第 28 页。

③ 杜道生：《论语新注新译》，中华书局 2011 年版，第 16 页。

④ 刘毓庆、李蹊译注：《诗经》，中华书局 2011 年版，第 150 – 152 页。

这里，诗人主要从三个角度绘写女性之美：其一，女子所附丽的身份之华贵；其二，女子的姿容之娇美；其三，女子神采的灵动。诚如田雯《古欢堂集》所评：“……读《硕人》篇……首章言族类之美，二章言容貌之美，三章言始来亲厚之意……”①

值得注意的是，这里对出身高贵的庄姜美丽姿容的描绘，并没有透露出其容貌之美源于天然的信息。相反，这样一位置身于出嫁情景中的贵族女子，她的容貌之美依托于精致妆容的效果倒不无可能。此诗对庄姜之美的描绘不可谓不工致，但明显没有说明其美貌的天然丽质，而《洛神赋》中的洛神却是天然雕饰的清新自然美。

再如《诗·鄘风·君子偕老》② 曰：“君子偕老，副笄六珈。委委佗佗，如山如河。象服是宜。子之不淑，云如之何！……玼兮玼兮，其之翟也。鬒发如云，不屑髢也。玉之瑱也，象之揥也。扬且之皙也。胡然而天也！胡然而帝也！……瑳兮瑳兮，其之展也，蒙彼绉絺，是绁袢也。子之清扬，扬且之颜也。展如之人兮！邦之媛也！”

王照圆说：“《君子偕老》诗笔法绝佳。通篇止‘子之不淑’二句，明露讽刺，余均叹美之词，含蓄不露。如‘副笄六珈’‘象服是宜’，是说服饰之盛；‘委委佗佗，如山如河’，是说仪容之美。通篇俱不出此二意。‘玼兮玼兮’以下，复说服饰之盛；‘扬且之皙’以下，复说仪容之美。‘瑳兮瑳兮’以下，又是说服饰之盛；‘子之清扬’以下，又是说仪容之美。抑扬反复，咏叹淫佚……”③ 这首诗，集中绘写了女主人公的服饰和容貌之美，通过对女主人公华贵美艳的服饰描写来突出她的地位高贵并实现对她的观感之美的营造。显然，关于华贵衣饰的描写同样彰显了女主人公的地位身份，是附丽于人物容貌的精致修饰的内容。虽然约略也有关于人物天然美的绘写如“鬒发如云，不屑髢也”“扬且之皙也。胡然而天也！”但这样的绘写所占比重极其有限，在说明其总体美貌出于天然方面尚欠说服力。

再如《诗·郑风·有女同车》④ 曰：有女同车，颜如舜华。将翱将翔，佩玉琼琚。彼美孟姜，洵美且都。有女同行，颜如舜英。将翱将翔，佩玉将将。彼美孟姜，德音不忘。

在此，诗人从女子的容颜之艳丽、体态之轻盈、气质之娴雅、声誉之美好等方面表现女子之美，但同样没有流露出关于这位女子容貌天然美好的有效信息。

相较之，《洛神赋》不但用一系列自然物象来映托女子容貌的清丽脱俗，并且着意于强调洛神“芳泽无加，铅华弗御”的不着修饰的天然之美，是对女性容貌美进行更为深层关注和表现的一大提升。这等“清水出芙蓉，天然去雕饰”的关于女性容貌之美的审美要求，体现出具有浓郁诗人气质和高度审美经验的曹植对于女性容貌美审美层次的拔高。由此，他笔下关于洛神自然美的完美表现，成就了洛神特定而永恒的魅力——这是曹植的创获，也是《洛神赋》就女性美内涵表现的一大提升。

二、才情之美纳入笔端

在《洛神赋》中，作者还首次将“明诗”作为女性的才情之美引纳笔端，实现了对女性美内涵的又一重提升。紧承用一系列自然物象表现洛神的天然姿容之美，作者就洛神之美进一步写道：“云髻峨峨，修眉联娟。丹唇外朗，皓齿内鲜。明眸善睐，靥辅承权。瑰姿艳逸，仪静体闲。柔情绰态，媚于语言。奇服旷世，骨像应图。披罗衣之璀粲兮，珥瑶碧之华琚。戴金翠之首饰，缀明珠以耀躯。践远游之文履，曳

① 刘毓庆、李蹊译注：《诗经》，中华书局 2011 年版，第 155 页。
② 刘毓庆、李蹊译注：《诗经》，中华书局 2011 年版，第 120－124 页。
③ 刘毓庆、李蹊译注：《诗经》，中华书局 2011 年版，第 124 页。
④ 刘毓庆、李蹊译注：《诗经》，中华书局 2011 年版，第 214－215 页。

雾绡之轻裾。微幽兰之芳蔼兮，步踟蹰于山隅。于是忽焉纵体，以遨以嬉。左倚采旄，右荫桂旗。攘皓腕于神浒兮，采湍濑之玄芝。余情悦其淑美兮，心振荡而不怡。无良媒以接欢兮，托微波而通辞。愿诚素之先达兮，解玉佩以要之。嗟佳人之信修兮，羌习礼而明诗。抗琼珶以和予兮，指潜渊而为期。执眷眷之款实兮，惧斯灵之我欺！感交甫之弃言兮，怅犹豫而狐疑。收和颜而静志兮，申礼防以自持。”①

这里，“柔情绰态，媚于语言。奇服旷世，骨像应图”写出了洛神温婉多情、娴雅出尘的仪态气质和不俗谈吐。紧承此，作者所言“嗟佳人之信修兮，羌习礼而明诗”，则塑造出一个全新的洛神形象：洛神并不像其他神人或神女形象那样不食人间烟火，反而受到诗教文化的深深浸染——不但习礼，而且明诗，打上了深深的人类文明的烙印。

这样一位美而慧的洛神，以一种美丽多情而又端庄不可冒犯的形象出现在作者面前，在给予作者强烈的美感震慑的同时，也给予作者的行为心理一种十分庄肃的投射：“收和颜而静志兮，申礼防以自持。”

此前，庄周笔下的神人是“不食五谷，吸风饮露；乘云气，御飞龙，而游乎四海之外”②，完全不沾染人间气息，更遑论诗礼文明的烙印。

宋玉的《神女赋》写神女之美：“性和适，宜侍旁。顺序卑，调心肠。”③ 又在赋的部分盛赞神女“素质干之醲实兮，志解泰而体闲。既姽婳于幽静兮，又婆娑乎人间。……望余帷而延视兮，若流波之将澜。奋长袖以正衽兮，立踯躅而不安。澹清静其愔嫕兮，性沉详而不烦。时容与以微动兮，志未可乎得原。意似近而既远兮，若将来而复旋。褰余帱而请御兮，愿尽心之惓惓。怀贞亮之絜清兮，卒与我兮相难。陈嘉辞而云对兮，吐芬芳其若兰。精交接以来往兮，心凯康以乐欢。神独亨而未结兮，魂茕茕以无端。含然诺其不分兮，喟扬音而哀叹。薄怒以自持兮，曾不可乎犯干”④。对神女的仪态之娴静、谈吐之高雅、恪己而守礼的行为风范做了精细描绘。但值得注意的是，这位神女守礼不可犯的行为呈现出极度徘徊的矛盾状态，同时又不具备明于诗的文学才情，较之洛神，这位神女的形象不免逊色。

曹植生活的时代，现实生活中不乏诗礼兼具的才女。早在西汉成帝时，即有昭著史册的才女班婕伃：“孝成班婕伃，帝初即位选入后宫。始为少使，俄而大幸，为婕伃，居增成舍，再就馆，有男，数月失之。成帝游于后庭，尝欲与婕伃同辇载，婕伃辞曰：‘观古图画，贤圣之君皆有名臣在侧，三代末主乃有嬖女，今欲同辇，得无近似之乎？’上善其言而止。太后闻之，喜曰：‘古有樊姬，今有班婕伃。’婕伃诵《诗》及《窈窕》《德象》《女师》之篇。每进见上疏，依则古礼。自鸿嘉后，上稍隆于内宠。婕伃进侍者李平，平得幸，立为婕伃。……其后，赵飞燕姊弟亦从自微贱兴，逾越礼制，浸盛于前。班婕伃及许皇后皆失宠，稀复进见。鸿嘉三年，赵飞燕谮告许皇后、班婕伃挟媚道，祝诅后宫，詈及主上。许皇后坐废。孝问班婕伃，婕伃对曰：‘妾闻“死生有命，富贵在天”。修正尚未蒙福，为邪欲以何望？使鬼神有知，不受不臣之诉；如其无知，诉之何益？故不为也。’上善其对，怜悯之，赐黄金百斤。赵氏姊弟骄妒，婕伃恐久见危，求共养太后长信宫，上许焉。婕伃退处东宫，作赋自伤悼……至成帝崩，婕伃充奉园陵，薨，因葬园中。”⑤

然诸如班婕伃这类青史留名的才女，毕竟是社会现实生活的产物——历史典籍中关于她的记载，有立足于社会现实的客观性，不能完全将之等同于由文人的想象思维生发出的文学形象塑造。在文人的纯文学创作中，直至曹植笔下的洛神，作者才从文学创作的视角有意识地赋予她“明诗”的文学才情。

作者所赋予这个美丽女子的文学才情，以及基于这个美丽女子所产生的庄严情感，在此前的诗赋作

① 郭预衡主编，杨仲义编著：《中华名赋集成》，中国工人出版社2000年版，第351页。

② 陈鼓应：《庄子今注今译》，商务印书馆2007年版，第28页。

③ 郭预衡主编，杨仲义编著：《中华名赋集成》，中国工人出版社2000年版，第28页。

④ 郭预衡主编，杨仲义编著：《中华名赋集成》，中国工人出版社2000年版，第29页。

⑤ 班固著，赵一生点校：《汉书》，浙江古籍出版社2000年版，第1194－1195页。

品中都不曾出现。这也是曹植对洛神美丽内涵的一大创获，是洛神这一女性形象光华四射的魅力所在。

三、心神交合的互慕情怀

《洛神赋》所塑造的洛神形象，最为打动人心的是她发于情止于礼的多情而自守、与作者之间真挚热烈却又无法交接的互相爱慕情怀。心内怀有并且敢于表达真挚的爱慕之情是洛神形象的又一光华。

宋玉《高唐赋》中的神女，在两性关系上表现得从容自由而热烈奔放："昔者先王尝游高唐，怠而昼寝。梦见一妇人，曰：'妾巫山之女也，为高唐之客。闻君游高唐，愿荐枕席。'王因幸之。去而辞曰：'妾在巫山之阳，高丘之阻。旦为朝云，暮为行雨。朝朝暮暮，阳台之下。'旦朝视之，如言。故为立庙，号曰朝云。"① 这里的神女，于两性关系上何等自由奔放：一旦爱慕便自荐枕席，并且还与楚王相约可以朝云、行雨为期。《高唐赋》更多呈现出迷离的神话魅力，而并没有生成相爱男女苦苦相思而不得交接的情感纠结的悲剧色彩。

而《神女赋》中的神女，不但她守礼与生情的表现状态呈现出顾自徘徊的矛盾性和模糊性，并且她所施予作者的情感非常有限："于是摇佩饰，鸣玉鸾，奁衣服，敛容颜，顾女师，命太傅。欢情未接，将辞而去。迁延引身，不可亲附。似逝未行，中若相首。目略微眄，精采相授。志态横出，不可胜记。意离未绝，神心怖覆。礼不遑讫，辞不及究。愿假须臾，神女称遽。徊肠伤气，颠倒失据。黯然而暝，忽不知处。情独私怀，谁者可语。惆怅垂涕，求之至曙。"② 从神女"欢情未接，将辞而去。迁延引身，不可亲附""礼不遑讫，辞不及究。愿假须臾，神女称遽"的离去情态的斩截来看，神女所给予作者的情感并不足以打动人心，反倒显得作者很有"剃头担子一头热"的嫌疑。

及至《洛神赋》，作者与洛神之间的情感状态大为改观："于是洛灵感焉，徙倚彷徨。神光离合，乍阴乍阳。竦轻躯以鹤立，若将飞而未翔。践椒涂之郁烈，步蘅薄而流芳。超长吟以永慕兮，声哀厉而弥长。……于是越北沚，过南冈。纡素领，回清阳。动朱唇以徐言，陈交接之大纲。恨人神之道殊兮，怨盛年之莫当。抗罗袂以掩涕兮，泪流襟之浪浪。悼良会之永绝兮，哀一逝而异乡。无微情以效爱兮，献江南之明珰。虽潜处于太阴，长寄心于君王。"③ 这里，洛神"超长吟以永慕兮，声哀厉而弥长""恨人神之道殊兮，怨盛年之莫当""悼良会之永绝兮，哀一逝而异乡""虽潜处于太阴，长寄心于君王"的种种表现，可谓一步三回首，对作者别情之依依的难舍难分历历可见、真挚动人。正与作者"忽不悟其所舍，怅神宵而蔽光""于是背下陵高，足往神留。遗情想像，顾望怀愁。……揽騑辔以抗策，怅盘桓而不能去"④ 的苦苦寻觅和无法寻觅的深深怅望，共同构成了男女深挚爱慕的完美交合。

这世间最动人心的男女情感，莫过于两情相悦。尤能感动人心者，莫过于两情相悦而又无法交接，《洛神赋》正自达成了这样一种最深沉也最真挚的悲剧境界。这也是《洛神赋》对前代同类作品的一个超越。

总之，从洛神形象的塑造来看，曹植笔下的洛神融合了天然丽质、文学才情、真挚爱恋于一身，实现了具有诗人气质的曹植对于理想女神的完美期许，也在文学领域里塑造了一个千载辉煌、永远感怀人心的女神形象。

（作者为洛阳理工学院中文系副教授）

① 郭预衡主编，杨仲义编著：《中华名赋集成》，中国工人出版社 2000 年版，第 17 页。
② 郭预衡主编，杨仲义编著：《中华名赋集成》，中国工人出版社 2000 年版，第 29 页。
③ 郭预衡主编，杨仲义编著：《中华名赋集成》，中国工人出版社 2000 年版，第 351－352 页。
④ 郭预衡主编，杨仲义编著：《中华名赋集成》，中国工人出版社 2000 年版，第 352 页。

杜子春《周礼注》考论

郭善兵

摘要：两汉之际儒者杜子春是目前文献记载的姓名确凿可考的最早注释《周礼》的学者。其所撰《周礼注》一书早已亡佚。其部分学说，主要借由郑玄《周礼注》的征引而流传下来。至清代，马国翰始裒辑众书，得《周礼杜氏注》二卷，收录于氏著《玉函山房辑佚书》。其所辑虽较系统、全面，但也有不足甚至错误之处。杜子春对《周礼》的研究，主要有校勘、训诂、音读三种类型。其部分学说，屡屡为后世学者所征引，或肯定，或批驳，影响深远。

关键词：杜子春；《周礼注》；马国翰；校勘；训诂；影响

杜子春（约公元前30—约58），河南缑氏（今河南洛阳偃师南）人，他既是两汉之际传承《周礼》的关键人物，也是目前文献记载姓名确凿可考的最早注释《周礼》的儒家学者。[①] 历来学者虽对杜子春的身份、其与刘歆的关系、杜子春现存《周礼注》（以下简称杜《注》）的辑录、杜《注》的影响等问题，进行了较为深入、系统的研究。不过，目前学界在“杜子春是否确有其人”“杜子春与刘歆究竟是何关系”等问题上，还存在着明显分歧和激烈争论。清代学者马国翰《玉函山房辑佚书》中辑录的二卷杜《注》的数量、得失如何，在杜《注》的内容、类型、地位及影响等问题上，还有待进一步研究，予以补充和完善。有鉴于此，笔者通过对相关史料的钩稽和辨析，对上述问题略作考证。

一、杜子春与刘歆关系再辨析

历史上是否确有杜子春其人？他究竟是不是刘歆的学生？这是古往今来学者们颇具争议的两个问题。早在东汉前、中期，儒者马融（79—166）在其所撰《周官传序》中说：“（刘歆）末年乃知其

---

① 孙诒让认为，《汉书·艺文志》于“《周官经》六篇”下著录有“《周官传》四篇”，撰作者大概是刘歆：“盖此经自刘歆立博士，至东汉初，而其学大兴。《汉书·艺文志》有《周官传》四篇，不著撰人，疑即歆所传也。”（孙诒让：《周礼正义》卷一，中华书局1987年版，第7－8页）现代学者丁鼎先生认为，孙说言之有理，可以信从［参见丁鼎：《刘歆的〈周礼〉学及其在两汉之际的传承谱系》，《湖南大学学报》（社会科学版）2016年第5期］。姚振宗曰：“按西京博士无《周官》之学，若王莽时立博士，博士为之传说，则在《七略》奏进之后，无由著录。此四篇。竹垞先生证以《周政》《周法》《周制》三书，而不言是传为何人作，窃意以为献王及其国诸博士作，献王献《周官经》并献其传，故《七略》亦并载其书。”（《汉书艺文志条理》卷1之上，收录于王承略、刘心明主编：《二十五史艺文经籍志考补萃编》（第3卷），清华大学出版社2011年版，第74页）王葆玹也认为，《周官传》四篇极有可能是河间献王组织儒者编写：“刘歆在《七略》里著录了《周官经》六篇和《周官传》四篇，《七略》上于汉哀帝建平元年（公元前6年），则《周官经》与《周官传》的系统在此年以前已然形成。‘经’‘传’是对待而言的，‘传’的作者显然承认《周官》是经书，由此可排除这位作者是刘歆或刘歆一系的学者的可能性。王莽……为《周官传》作者的可能性也不存在。我们也很难设想这位作者会是成帝时的人，因为成帝时……未见有人提出与《周官》有联系的见解。考察西汉武、昭、宣、元四朝的学者，亦无研治《周官》或称述《周官》之例。……我们只好越过这些时期，将《周官》的传承以及《周官》传的撰述一直溯源于河间献王。……河间献王既重视《周官》，便极有可能组织编写《周官传》四篇，构成《周官》的经传系统。”（王葆玹：《今古文经学新论》，中国社会科学出版社1997年版，第150－151页）

（此处指《周礼》）周公致太平之迹。迹具在斯。奈遭天下仓卒，兵革并起，疾疫丧荒，弟子死丧。徒有里人河南缑氏杜子春尚在。永平之初，年且九十，家于南山，能通其读，颇识其说。郑众、贾逵往受业焉。”① 这是目前存世文献中，所知杜子春与刘歆关系的最早记载。隋唐之际儒者陆德明（约550—630）曰：“王莽时，刘歆为国师，始建立《周官经》，以为《周礼》。河南缑氏杜子春受业于歆，还家以教门徒。好学之士郑兴父子等多往师之。”② 清代儒者孙诒让叙述东汉前期的《周礼》学传承谱系时说：“盖此经自刘歆立博士，至东汉初，而其学大兴。……歆传杜子春，子春传郑兴、贾逵，而兴传其子众，众又自学于子春。”③

陆德明、孙诒让等儒者上述有关论述，与马融颇有纰漏和含义模糊之嫌，这也是现代若干学者或以为杜子春为虚构之人物，或以为其与刘歆并非师徒关系的主要凭据所在，有一个问题的阐述非常明确，那就是河南缑氏人杜子春受业于刘歆，研习、传授《周礼》。这也是现代若干学者，如杨天宇、丁鼎、梁晓峰等主张马融《周官传序》所载杜子春师承关系可信的主要依据。④

马融之说的纰漏之处在于，其“徒有里人河南缑氏杜子春尚在”句中之“里人”，在某些学者看来，明显与史书有关记载不符。如王葆玹就提出，刘歆的祖先是汉高帝刘邦的弟弟楚元王刘交，楚国治所在彭城（今江苏徐州）。自刘歆祖父起，即定居京师长安。杜子春籍贯在河南郡缑氏县，与刘歆的距离很远，称其为刘歆“里人”，明显是虚构的。⑤ 杨天宇、丁鼎、梁晓峰等先生也认为，无论是楚国彭城，还是京兆长安，都与河南缑氏相距甚远，不可能属于“里人”。马融《周官传序》谓杜子春为刘歆“里人”之说，不可信据。⑥

我们认为，上述学者的怀疑虽可谓证据充分，似乎也合乎情理，但他们无疑都忽略了一个重要的问题，那就是如果杜子春确实师从刘歆受业，既不可能如我们现代社会一样，借助现代发达的传媒技术手段，在河南缑氏即可聆听到刘歆的远程授课，也不可能是刘歆采取巡游讲学的方式，到包括河南缑氏在内的诸弟子们的家乡去授课，那就只剩下一种方式，即长安以外其他地区的学子们，到长安拜师受业。这种学习方式，自汉武帝实行“罢黜百家、独尊儒术”政策，立《五经》博士于学官，在长安设置太学，招收长安及其他地区的学子为博士弟子后，至太学受业，尤为一时风气。如东汉开国皇帝刘秀，年轻时就曾到长安受业：“王莽天凤中，乃之长安，受《尚书》。”⑦

据有关史书记载，外地至长安的学子们，由官府提供集体宿舍的可能性似乎不大。他们有的似通过租赁的方式，从长安居民那里获得房屋，自己单独或携带家人居住。如西汉时琅琊皋虞人（今山东省即墨市温泉镇西皋虞村）王吉“少时学问，居长安。东家有大枣树垂吉庭中，吉妇取枣以啖吉。吉后知之，乃去妇。东家闻而欲伐其树，邻里共止之，因固请吉令还妇。里中为之语曰：‘东家有树，王阳妇去；东家枣完，去妇复还。’”⑧ 此处史文中的“东家”虽可释义为“东邻”“居所主人”“房东”等，但王吉所居住房屋，有可能系租赁所得。可以推测，河南缑氏人杜子春若至长安受业，亦有可能像王吉那样，租赁房屋居住。不知是无意巧合，还是为求教方便，杜子春居处与刘歆府第同里。这也是马融之

---

① 贾公彦：《序周礼废兴》，（清）阮元校刻：《十三经注疏》，中华书局1980年版，第636页。马国翰认为：“今范史无此文，当系谢承、华峤、袁山松等书中语也。”（《玉函山房辑佚书·经编周官礼类·周礼杜氏注·序》，《续修四库全书》本，第1201册，上海古籍出版社2002年版，第489页）

② 陆德明：《经典释文》卷1《序录》，上海书店1989年版，第11页。

③ 孙诒让：《周礼正义》卷1，第7页。

④⑥ 杨天宇：《杜子春对〈周礼〉今书的校勘及郑玄对杜校的取舍》，《传统中国研究集刊》（第五辑），上海人民出版社2008年版，第247－248页。丁鼎：《刘歆的〈周礼〉学及其在两汉之际的传承谱系》，《湖南大学学报（社会科学版）》2016年第5期。梁晓峰：《汉魏〈周礼〉学研究》，山东师范大学硕士学位论文，2016年。

⑤ 王葆玹：《今古文经学新论》，第153－154页。

⑦ （南朝　宋）范晔：《后汉书》卷一上《光武帝纪上》，中华书局1965年版，第1页。

⑧ （东汉）班固：《汉书》卷七十二《王吉传》，中华书局1962年版，第3066页。

所以谓杜子春为刘歆“里人”的比较合理的一种解释。

此外，马融“徒有里人河南缑氏杜子春尚在”语中的“徒”字的多义，也成为若干学者否定杜子春与刘歆存在师生关系的重要依据。“徒”可释义为“徒弟”，若从此义，则刘歆无疑与杜子春存有师生关系。但“徒”亦有“只”“仅仅”之义。王葆玹先生即据此认为，杜子春与刘歆的关系是可疑的。马融之语，初看起来，杜子春似是刘歆弟子在死丧之余的幸存者，但另一种解释也不能排除，不过是说还有能读《周官》的人在世，而这个人未必是刘歆的弟子。从“里人”两个字来分析，应肯定后一种解释更接近于事实，杜子春的身份不是刘歆弟子，而是刘歆“里人”。他进一步指出，杜子春这个人物假如不是虚构的，便一定曾接受过陈参或王莽的传授。东汉中期以后的学者马融、郑玄等竭力使东汉《周官》学与刘歆衔接，是为避免《周官》学的命运受王莽的牵累。① 这实际上间接地否定了杜子春与刘歆存在师生关系。

我们认为，王葆玹先生此处的见解固然值得重视，但若将马融“弟子死丧。徒有里人河南缑氏杜子春尚在”二句连贯起来，而不是断章取义地来理解、诠释的话，则此处的“徒”，无论是释义为“徒弟”，还是“仅仅”，都可以清楚地表达杜子春为刘歆弟子的含义。加之马融生活的时代，距杜子春年代尚不久远，况且杜子春尚有包括郑众、贾逵等众多门生，马融尚不至于明目张胆地虚构杜子春这样一个人物。综合上述，我们认为，马融《周官传序》中的若干语句虽然存在纰漏和模糊之处，但其所叙述之杜子春之事迹，及其与刘歆的师生关系，基本上是真实可靠的。

二、马国翰对杜子春《周礼注》的辑录与得失

杜《注》后来亡佚：“其注隋、唐《志》皆不载，佚已久。”② 夏微认为，此书大致在魏晋南北朝时亡佚。③ 此说有待商榷。下文将要提及，唐代贾公彦撰《周礼疏》、李善注《文选》时，皆曾征引过郑玄《周礼注》（以下简称郑《注》）中未征引之杜《注》若干文字。由此可以推测，至唐初，贾公彦、李善等或尚得见杜《注》一书，则其书之亡佚，当在唐初之后。

马国翰曰：“从郑康成《注》中所引，辑为二卷。”④以《周礼杜氏注》为标题，分为二卷，收入《玉函山房辑佚书》中。那么，马国翰究竟从郑《注》、李善《文选》注中辑录多少条杜《注》呢？马氏并未明言。后世研究者或提供了一模糊数据，如夏微认为，据粗略统计，郑玄称引杜氏之说多达一百八十余条。⑤杨天宇先生统计了马国翰辑文，提供了一明确数字：“今查郑《注》引杜子春说凡 188 条。”⑥ 上述数据皆不准确。如按马国翰《玉函山房辑佚书》所列，且不计其漏辑者，则其辑录杜《注》应为 189 条。此外，或因粗忽，或理解不同，马国翰还遗漏 7 条杜《注》，故现存于世的杜《注》总计 196 条。

马氏“从郑康成《注》中所引，辑为二卷”⑦表述，似表明他对自己所辑杜《注》的出处，并不是非常熟悉。因为其所辑文中，除源出郑《注》外，还有源出其他文献者。杨天宇先生指出：“马国翰所

① 王葆玹：《今古文经学新论》，第 153、156 页。

②④⑦ 马国翰：《玉函山房辑佚书》，上海古籍出版社 1990 年版，第 489 页。

③⑤ 夏微：《〈周礼订义〉研究》，四川大学博士学位论文，2008 年。

⑥ 杨天宇：《杜子春对〈周礼〉今书的校勘及郑玄对杜校的取舍》，《传统中国研究集刊》（第五辑），上海人民出版社 2008 年版，第 248 页。刘高尚曰：“但《十三经注疏·周礼注疏》郑玄有引杜子春《周官注》的情况，且‘引杜子春说凡 118 条。’”此处作者标明出处为“杨天宇．杜子春对〈周礼〉今书的校勘及郑玄对杜校的取舍，传统中国研究集刊，2008. 1”。（刘高尚：《〈文选〉李善注引经部佚书考》，郑州大学硕士学位论文，2015 年）按：此处引文有误。杨氏谓 188 条，非 118 条。

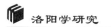

辑，主要取自郑注，另有取自陆德明《经典释文》若干条，取自《文选》和《集韵》各2条，并没有提供多少新材料。”[①] 杨先生上述阐述，有三处或表述含混不清，如“取自陆德明《经典释文》若干条”，“若干条”究竟具体是多少？或表述有误，如马国翰辑自《集韵》者是6条，而非杨先生所言之2条；虽然马氏辑文主要源出郑《注》，但这并非如杨先生所说，《文选》李善注等文献并未提供新的材料，如李善注释《文选》收录的东汉张衡《东京赋》时，征引杜子春对《周礼·地官司徒·封人》“设其楅衡”所作注“楅衡所以持牛，令不得抵触人”[②] 与郑《注》同。而同篇征引杜子春对《周礼·天官冢宰·鳖人》“春献鳖蜃”所作注“蜃，蛑也”[③]，则为郑《注》所无。

马国翰主要依据郑《注》，参考《文选》李善注、《经典释文》《集韵》等文献，辑录二卷《周礼杜氏注》得失如何？我们认为，其最大之得，即其为有史以来第一次比较系统、全面地裒辑杜《注》，汇为一编，虽有粗忽疏漏及随意改写之不足，但仍不失为杜氏之功臣，亦极大便利了后人查阅杜《注》。

此外，马氏还纠正以往文献征引杜《注》若干错误之处。如《周礼·天官冢宰·庖人》：“冬行鲜羽。”郑《注》：“杜子春云：‘鲜，鱼也。羽，雁也。’”陆德明引杜《注》时，却改作“鲜羽，雁也”[④]。马国翰指出：“《释文》引鲜，杜云：‘鲜羽，雁也。’有脱误。”[⑤]

马氏除标注杜《注》源出郑《注》外，还指出后世若干文献对杜《注》的征引。如《周礼·天官冢宰·凌人》：“凌人掌冰，正岁十有二月，令斩冰，三其凌。”[⑥] 马国翰指出：“《诗·豳风·七月》孔颖达《正义》引末句。”[⑦]

纵使马氏辑文较为完备，然毋庸讳言的是，马氏辑本还存在着诸多的错误与不足之处。其错误与不足，大略可分为如下类型：

（1）马氏不顾杜子春、郑玄等前代儒者的校勘成果，喜用“故书”所用之文字，改换今本《周礼》经文中的大部分文字。在前述马氏所辑196条杜《注》中，标注“故书乂作乂”者有104条，占总数的53.06%。

虽然自汉代以来，历代儒者对“故书”的诠释，可谓争论纷纭，迄无定论。[⑧] 然杜子春既大量校勘《周礼》经文若干文字，现代校勘学四大校勘方法，即对校法、本校法、他校法、理校法，尤其是对校法、他校法，似当为其校勘所必用之法。其所用来校勘之《周礼》抄本，或当有西汉河间献王宫廷中儒者抄写、流传之本，刘向、刘歆整理的西汉秘府所藏之本，刘歆教授《周礼》时诸弟子们的各种抄本等。杜子春或汇集多种抄本，加以校勘。则郑玄屡屡提及之“古文”“故书”，或当包括上述若干《周礼》抄本，其中甚或不乏所谓的“古文”，即用汉代以前之文字书写的《周礼》写本。

清代，尤其是乾嘉时代的研治经学者，初崇尚汉学，进而崇尚汉学之前的所谓古学，蔚然成风。马氏身处此时代，受时风之熏染，喜用所谓“故书”所用之古字，厌用如杜子春等汉儒所改用之后世文字，自在情理之中。据上表，杜子春上述102例改写“故书”文字例中，除马氏漏辑《周礼·地官司徒·闾胥》“既比，则读法”“故书‘既’为‘暨’。杜子春读‘暨’为‘既’”[⑨] 例外，其余101例

---

① 杨天宇：《杜子春对〈周礼〉今书的校勘及郑玄对杜校的取舍》，《传统中国研究集刊》（第五辑），上海人民出版社2008年版，第248页。

② 《周礼·地官司徒·封人》，《十三经注疏》，第720页。

③ 《周礼·天官冢宰·鳖人》，《十三经注疏》，第664页。

④ 《周礼·天官冢宰·庖人》，《十三经注疏》，第661页。

⑤ 马国翰：《玉函山房辑佚书》，第490页。

⑥ 《周礼·天官冢宰·凌人》，《十三经注疏》，第671页。

⑦ 马国翰：《玉函山房辑佚书》，第491页。

⑧ 李玉平：《试析郑玄〈周礼注〉中的“古文”与“故书”》，《古籍整理研究学刊》2005年第5期。

⑨ 《周礼·地官司徒·闾胥》，《十三经注疏》，第719页。

中，马氏从“故书”者而不同今本者87例，[①] 占总数之86.14%；同今本而不从“古文”“故书”者12例，仅占总数之11.88%；既同今本亦从“故书”者1例，即《周礼·夏官司马·大驭》：“右祭两轵，祭軓。”故书“轵”为“钘”，“軓”为“范”。杜子春曰：“‘钘’当作‘轵’……其或言‘軷’，亦非是。……軓当为‘车巳’。”[②] 此处，马氏从“故书”作“钘”，而同今本作“軓”。[③] 误改字1例，即《周礼·春官宗伯·鬯人》：“凡山川四方用蜃。”故书“蜃”或为“谟”。杜子春云：“谟当为蜃，书亦或为蜃。”[④] 马氏此处既未从“故书”，亦未从杜说，而写作“模”。[⑤]

颇有趣味，也是很值得注意的一个问题是，上述13例马氏同今本而不从“故书”例中，虽有3例杜子春、马氏皆同今本，却有10例系杜子春或字从“故书”（6例），如《周礼·地官司徒·师氏》：“掌国中失之事。”故书“中”为“得”，杜子春云：“当为得。”[⑥] 马氏则同今本作“中”。[⑦] 或杜子春音读字与“故书”字同（1例），即《周礼·天官冢宰·典妇功》：“以授嫔妇及内人女功之事赍。”故书“赍”为“资”，杜子春读为“资”。[⑧] 马氏则同今本作“赍”。[⑨] 或杜子春断句从“故书”（1例），即《周礼·地官司徒·族师》：“族师，各掌其族之戒令政事。月吉，则属民而读邦法。”故书上句或无“事”字，杜子春又改“政”为“正”字，故云：“当为‘正月吉’。书亦或为‘戒令政事，月吉则属民而读邦法’。”[⑩] 杜子春如此断句，显然从“故书”无“事”字之说。马氏断句则同今本。[⑪] 或杜子春虽不从“故书”，其字与今本字亦不同者2例，如《周礼·春官宗伯·车仆》：“苹车之萃。”故书“苹”作“平”。杜子春云：“苹车当为軿车。其字当为萃，书亦或为萃。”[⑫] 马氏既不从“故书”作“平”，亦不从杜说作“軿”“萃”，而是同今本作“苹”。[⑬] 其故意与杜氏立异之心态，似较明显。然上述10例，马氏却一反常态地不像前文所述那样多从“故书”，而是舍杜氏所赞同之“故书”，与今本同，其缘由，颇值得深入探究。

（2）遗漏。这或许是马国翰辑文存在的第二处较大的失误所在。如前文所述，马氏共辑189条杜《注》，漏7条，郑《注》等征引杜《注》实则为196条。

除《周礼·春官宗伯·大宗伯》所载“五命赐则”杜《注》，系贾《疏》据郑《注》记载推断而成外，其余6条皆为郑《注》征引，并非难以检索或查阅。马氏之遗漏，应系粗忽所致。至于《周礼·春官宗伯·大宗伯》所载，郑《注》曰：“独刘子骏等识古有此制焉。”贾公彦或据郑《注》推断，或据查阅马融、郑众及杜子春《周礼》注文，得出“言刘子骏等，则有马融、郑司农及杜子春等”之结论。马氏或许仅重点关注郑《注》等所引杜《注》，而忽略了仔细查阅贾《疏》，致使遗漏。

（3）漏标所引经文出处的官职名，马国翰辑杜《注》文，皆采取先标注官职名，后附经文，再附杜《注》的格式，但有的经文则漏标官职名，如“共茅蒩”“巡其前后之屯”[⑭] 皆《周礼·地官司徒·

① 《周礼·春官宗伯·肆师》：“则为位。”“位”，故书作“莅”。杜子春曰：“莅当为位，书亦或为位。”马氏此处作“涖”。（《玉函山房辑佚书》，第495页）“涖”同“莅”。故此处视其为从故书例。

② 《周礼·春官宗伯·大驭》，《十三经注疏》，第857页。

③ 马国翰：《玉函山房辑佚书》，第502页。

④ 《周礼·春官宗伯·鬯人》，《十三经注疏》，第771页。

⑤ 马国翰：《玉函山房辑佚书》，第495页。

⑥ 《周礼·地官司徒·师氏》，《十三经注疏》，第730－731页。

⑦ 马国翰：《玉函山房辑佚书》，第494页。

⑧ 《周礼·天官冢宰·典妇功》，《十三经注疏》，第690页。

⑨ 马国翰：《玉函山房辑佚书》，第492页。

⑩ 《周礼·地官司徒·族师》，《十三经注疏》，第718页。

⑪ 马国翰：《玉函山房辑佚书》，第493页。

⑫ 《周礼·春官宗伯·车仆》，《十三经注疏》，第825－826页。

⑬ 马国翰：《玉函山房辑佚书》，第501页。

⑭ 《周礼·地官司徒·乡师》，《十三经注疏》，第713－714页。

乡师》文，马氏却皆附于“小司徒”[①]官职名后所附经文“乃分地域而辨其守”[②]之后，上述二句前漏标“乡师”官职名。

（4）颠倒《周礼》经文先后顺序。如《周礼·天官冢宰·鳖人》：“春献鳖蜃……祭祀，共蠯、蠃、蚳，以授醢人。”[③]马国翰将上述经文分为二条，且列其序为“祭祀，共蠯、蠃、蚳，以授醢人”“春献鳖蜃”。[④]

（5）所标官职名错误。如其引用经文“袭其不正者”[⑤]，马氏于其前标注官职名为“胥师”[⑥]。实则此条经文出自《周礼·地官司徒·胥》。《周礼·春官宗伯·神仕》与其他职官之叙述略有不同。其他职官首句皆为“××（官职名）掌……”而“神仕”首句却作“凡以神仕者”[⑦]，马氏标注此官职名时，即引作“凡以神仕者”。[⑧]

（6）马氏随意改写《周礼》经文及杜《注》文。其中既有改换《周礼》经文文字例，如将《周礼·地官司徒·乡大夫》经文“四曰和容，五曰兴舞”[⑨]改为“五曰和容，六曰兴无”。[⑩]其改《周礼·地官司徒·载师》“以宅田、士田、贾田任近郊之地”[⑪]中的“士田”作“上田”，[⑫]或为马氏或刊刻者粗忽所致，亦有可能是文献流传过程中的磨损湮阙所致。也有删减杜《注》文字例，如《周礼·天官冢宰·小宰》：“七事者。”“七事，故书为‘小事’。杜子春云：‘当为七事，书亦为七事。’”[⑬]马国翰辑文删“书亦为七事”[⑭]五字。

（7）如前所述，马国翰虽在每条辑文下，皆标明此条辑文之源出。对其中若干条辑文，除标明其源出文献外，还标明后世若干文献，如《诗经》孔疏、《文选》李善注、《集韵》等对杜《注》的征引。但其不足之处有二：一是其对后世文献对杜《注》之改写，却未加说明。如《周礼·天官冢宰·凌人》：“正岁十有二月，令斩冰，三其凌。”杜子春注曰：“正谓夏正。三其凌，三倍其冰。”[⑮]马国翰指出：“《诗·豳风·七月》孔颖达《正义》引末句。”[⑯]按，孔颖达征引时，略有改动，即在“三其凌”句下，增一“者”字。[⑰]二是除上述数部文献外，马氏对其他后世文献对杜《注》的征引、肯否等，均无说明。

（8）征引标明错误。如《周礼·地官司徒·乡师》：“共茅蒩。”杜子春云：“蒩当为菹。”《释文》：“蒩，子都反，一音子馀反，或云：‘杜侧鱼反，郑将吕反。’”[⑱]马国翰认为“蒩，子馀反”为杜《注》文，[⑲]故加以征引，显然不确。

---

① 《周礼·地官司徒·小司徒》，《十三经注疏》，第713页。
② 马国翰：《玉函山房辑佚书》，第492－493页。
③ 《周礼·天官冢宰·鳖人》，《十三经注疏》，第664页。
④⑭ 马国翰：《玉函山房辑佚书》，第490页。
⑤ 《周礼·地官司徒·胥》，《十三经注疏》，第738页。
⑥ 马国翰：《玉函山房辑佚书》，第494页。
⑦ 《周礼·春官宗伯·神仕》，《十三经注疏》，第827页。
⑧ 马国翰：《玉函山房辑佚书》，第501页。
⑨ 《周礼·地官司徒·乡大夫》，《十三经注疏》，第716页。
⑩⑫⑲ 马国翰：《玉函山房辑佚书》，第493页。
⑪ 《周礼·地官司徒·载师》，《十三经注疏》，第724页。
⑬ 《周礼·天官冢宰·小醢人》，《十三经注疏》，第674页。
⑮ 《周礼·天官冢宰·凌人》，《十三经注疏》，第671页。
⑯ 马国翰：《玉函山房辑佚书》，第491页。
⑰ 《诗经·豳风·七月》孔《疏》，《十三经注疏》，第392页。
⑱ 《周礼·地官司徒·乡师》，《十三经注疏》，第713页。

三、杜子春《周礼注》的类型与内容

杨天宇先生认为，杜《注》大体可分为校勘和训诂两大类：属校勘类的约88条，属训诂类的约100条。就校勘而言，又可以分为对今书的校勘和对故书的校勘两大类。其中校今书者19例，校故书者69例。[①] 杨先生上述分类虽大致无误，但还存在若干不足之处。一是除校勘、训诂外，杜《注》中还包括杜子春对若干字词所作音读，亦即属于我们今天与校勘学、训诂学等并列的音韵学范畴。二是杜《注》校勘，除可粗略分为对今书的校勘和对故书的校勘两大类外，还可进一步细分为句读、颠倒字序、改字（或同今本，或从“故书”，或从他本）等类型。

（一）校勘

1. 句读（2例）

《周礼·地官司徒·族师》：“族师，各掌其族之戒令政事。月吉，则属民而读邦法。”《周礼》故书若干写本上句无“事”字，杜子春又认为“政”字当为“正”字，故云：“当为‘正月吉’。”[②] 杜子春如此断句，显然从“故书”无“事”字之说。

《周礼·考工记·轮人》：“程长倍之，四尺者二。十分寸之一谓之枚。”故书“十”与上“二”合为“廿”字，杜子春云：“当为‘四尺者二。十分寸之一’。”[③] 此处杜氏断句同今本。

2. 颠倒字序（2例）

《周礼·地官司徒·闾胥》：“凡事，掌其比觵挞罚之事。”“故书或言‘觵挞之罚事’”，杜子春云：“当言‘觵挞罚之事’。”[④]

《周礼·春官宗伯·内宗》：“荐加豆笾。”“豆笾”，故书为“笾豆”。杜子春云：“当为豆笾。”[⑤]

3. 改动文字

（1）删字（2例）。如前文杜子春从故书说，删《周礼·地官司徒·族师》“各掌其族之戒令政事”句中之“事”字。[⑥]再如，《周礼·夏官司马·大驭》：“仆左执辔。”杜子春所见之《周礼》写本，或有作“仆左左执辔”者，故云：“文当如此。‘左’不当重，重非是。”[⑦] 即作“仆左左执辔”者，其中一“左”字为衍文。郑玄此处言“书亦或如子春言”[⑧]，或表明郑玄所见《周礼》写本，有作“仆左左执辔”者，亦有作“仆左执辔”者。故以其所见，印证杜氏之说。

（2）改字。杜子春校勘《周礼》时，或改“故书”文字以同今本，或改今本文字以从“故书”，或改今本及（或）“故书”文字为他字，共130例。其改写的形式，则有“×，×也”（1例），“×为×”（1例），“当为×”“×当为×”（96例），“以×为×”（1例），“×或为×”（30例），“×或作×”（1例）等类型。

①×，×也。《周礼·春官宗伯·大史》：“与群执事读礼书而协事。”故书“协”作“叶”。杜子春云：“叶，协也。”[⑨]

---

① 杨天宇：《杜子春对〈周礼〉今书的校勘及郑玄对杜校的取舍》，《传统中国研究集刊》（第五辑），第247－248页。

②⑥ 《周礼·地官司徒·族师》，《十三经注疏》，第718页。

③ 《周礼·考工记·轮人》，《十三经注疏》，第909页。

④ 《周礼·地官司徒·闾胥》，《十三经注疏》，第719页。

⑤ 《周礼·春官宗伯·内宗》，《十三经注疏》，第784页。

⑦⑧ 《周礼·夏官司马·大驭》，《十三经注疏》，第857页。

⑨ 《周礼·春官宗伯·大史》，《十三经注疏》，第817页。

②×为×。《周礼·春官宗伯·瞽矇》："世奠系。"故书"奠"或为"帝"。杜子春云："帝读为定，其字为奠。"①

③当作×、×当为×，此类改写有96例，可分为如下五种类型：

A. 杜子春改"故书"文字以从今本《周礼》者61例，如《周礼·天官冢宰·小宰》："七事者。""七事"，故书作"小事"。杜子春曰：当为"七事"。②

B. 杜子春从"故书"文字改今本《周礼》者7例，如《周礼·地官司徒·师氏》："掌国中失之事。""中"，故书为"得"。杜子春曰：当为"得"。③ 其中1例为今本与"故书"《周礼》所用字为古今字，即《周礼·地官司徒·载师》："漆林之征。""漆"，故书作"桼"。杜子春曰：当从故书作"桼"。《释文》："桼，本又作漆。"④

C. 杜子春改今本《周礼》文字作他字者24例，如：《周礼·天官冢宰·小宰》："掌建邦之宫刑，以治王宫之政令，凡宫之纠禁。"杜子春曰："'宫'，皆当为'官'。"⑤

D. 杜子春不从"故书"，亦不从今本《周礼》改为他字者4例，如《周礼·春官宗伯·车仆》："苹车之萃。""苹"，故书作"平"。杜子春曰："苹车当为軿车。"⑥

E. 杜子春改他本文字从今本《周礼》者1例，即《周礼·考工记·玉人》："以致稍饩。""饩"或作"气"，杜子春曰：当为"饩"。⑦

④×当作×。此种类型的校勘共有4例，皆为杜子春改"故书"文字以从今本《周礼》者，如《周礼·夏官司马·大驭》："两轵"中之"轵"字，故书作"钘"，杜子春曰：当作"轵"。⑧

⑤以×为×。此种类型的改字有1例，即《周礼·天官冢宰·醢人》："馈食之豆，其实……豚拍。"郑《注》："郑大夫、杜子春皆以拍为膊。"⑨ 此种改写类型的存在，实际上是缘于郑玄以自己的口气阐述了杜子春的观点。

⑥×或为×。此种类型的改字有30例，可分为如下七种类型：

一是杜子春（或他人）认为或当改今本《周礼》文字为他字者10例，如《周礼·天官冢宰·小宰》："六曰廉辨。"杜子春曰："廉辨"或为"廉端"。⑩再如，《周礼·春官宗伯·占梦》："乃舍萌于四方。"杜子春曰：或云：其字（萌）当为"明"，书亦或为"明"。⑪

二是杜子春本同今本《周礼》，然他本与今本《周礼》文字有异者3例，如《周礼·春官宗伯·大史》："协事"之"协"字，故书作"叶"。杜子春曰：叶，协也。书亦或为"协"，或为"汁"。⑫

三是杜子春改"故书"从今本《周礼》，他本亦同今本者13例，如《周礼·春官宗伯·肆师》："则为位。""位"字，故书作"涖"。杜子春曰：当为"位"，书亦或为"位"。⑬

四是杜子春认为当改今本《周礼》从"故书"，且他本亦同"故书"者2例，如《周礼·夏官司

① 《周礼·春官宗伯·瞽矇》，《十三经注疏》，第797页。
② 《周礼·天官冢宰·小宰》，《十三经注疏》，第654页。
③⑩ 《周礼·地官司徒·师氏》，《十三经注疏》，第730－731页。
④ 《周礼·地官司徒·载师》，《十三经注疏》，第726页。
⑤ 《周礼·天官冢宰·小宰》，《十三经注疏》，第653页。
⑥ 《周礼·春官宗伯·车仆》，《十三经注疏》，第825、826页。
⑦ 《周礼·考工记·玉人》，《十三经注疏》，第923页。
⑧ 《周礼·夏官司马·大驭》，《十三经注疏》，第857页。
⑨ 《周礼·天官冢宰·醢人》，《十三经注疏》，第674页。
⑪ 《周礼·春官宗伯·占梦》，《十三经注疏》，第808页。
⑫ 《周礼·春官宗伯·大史》，《十三经注疏》，第817页。
⑬ 《周礼·春官宗伯·肆师》，《十三经注疏》，第769页。

马·服不氏》:“以旌居乏而待获。”杜子春曰:“待”当为“持”。书亦或为“持”。①

五是他本同今本者2例,如《周礼·春官宗伯·司巫》:“菹馆。”杜子春曰:书或为“菹馆”。②

六是今本《周礼》文字当改为他字,而他本与今本及改字皆异者1例,如《周礼·考工记·㡛氏》:“淫之以蜃。”杜子春曰:“淫”当为“涅”。书亦或为“湛”。③

七是杜子春认为当改今本《周礼》从“故书”,而他本与今本、“故书”皆异者1例,如《周礼·考工记·弓人》:“凡昵之类。”“昵”,故书或作“枳”。杜子春曰:“枳”读为“不义不昵”之“昵”。或为“黍刀”。④

⑦“×或作×”。此种类型的改写有1例,即《周礼·考工记·辀人》:“终日驰骋,左不楗。”杜子春云:“书‘楗’或作‘券’。”郑玄曰:“玄谓‘券’,今‘倦’字也。”⑤

(二)标音

杜子春对《周礼》经文中若干自己认为他人不易辨识的文字,加以音读。其标音的方式有“读×当为×”(3例)、“读×为×”(37例)、“×读为×”(40例)、“×读如×”(3例)、“×如×之声”(1例)五种类型。

1. 读×当为×

此种类型标音有3例,其中2例系改“故书”字从今本《周礼》读音,如《周礼·春官宗伯·小宗伯》:“肄仪为位。”“肄”,故书作“肆”。杜子春曰:读“肆”当为“肄”。⑥ 1例以他字读今本《周礼》字,如《周礼·夏官司马·职方氏》:“其浸颍湛。”杜子春曰:湛读当为人名湛之湛。⑦

2. 读×为×

此种类型标音有37例,可分为以下四种类型:

一是以他字读今本《周礼》字,27例,如《周礼·天官冢宰·腊人》:“荐脯、膴、胖。”杜子春曰:“萧”读“胖”为“版”。⑧

二是以他字读杜子春改从“故书”之字,3例,如《周礼·天官冢宰·内宰》:“度、量、淳。”“淳”,故书作“敦”。杜子春读“敦”为“纯”。⑨

三是以今本《周礼》字读“故书”之字,5例,如《周礼·地官司徒·序官》:“廛人。”“廛”,故书作“坛”,杜子春读“坛”为“廛”。⑩

四是以同字读今本《周礼》字,2例,如《周礼·春官宗伯·磬师》:“击编钟。”杜子春读“编”为“编书”之“编”。⑪

3. ×读为×

此种类型标音可分为以下七种类型:

一是以他字读今本《周礼》字,21例,如《周礼·天官冢宰·小宰》:“六曰敛弛之联事。”杜子春

① 《周礼·夏官司马·服不氏》,《十三经注疏》,第846页。
② 《周礼·春官宗伯·司巫》,《十三经注疏》,第816页。
③ 《周礼·考工记·㡛氏》,《十三经注疏》,第919页。
④ 《周礼·考工记·弓人》,《十三经注疏》,第935页。
⑤ 《周礼·考工记·辀人》,《十三经注疏》,第914页。
⑥ 《周礼·春官宗伯·小宗伯》,《十三经注疏》,第768页。
⑦ 《周礼·夏官司马·职方氏》,《十三经注疏》,第862页。
⑧ 《周礼·天官冢宰·腊人》,《十三经注疏》,第664页。
⑨ 《周礼·天官冢宰·内宰》,《十三经注疏》,第685页。
⑩ 《周礼·地官司徒·序官》,《十三经注疏》,第698页。
⑪ 《周礼·春官宗伯·磬师》,《十三经注疏》,第800页。

曰：读为“施”。[①]

二是以同字读今本《周礼》字，5 例，如《周礼·天官冢宰·甸师》：“共萧茅。”杜子春曰：读为“萧”。[②]

三是从今本《周礼》字读“故书”之字，11 例，如《周礼·天官冢宰·小宰》：“称责以傅别。”“别”，故书作“辨”。杜子春读为“傅别”。[③]

四是以“故书”字读今本《周礼》字，1 例，即《周礼·天官冢宰·典妇功》：“女功之事赍。”“赍”，故书作“资”。杜子春曰：读为“资”。[④]

五是以他字读杜子春所从“故书”之字，4 例，如《周礼·春官宗伯·瞽矇》：“世奠系。”“奠”，故书作“帝”。杜子春曰：“帝”读为“定”。[⑤]

六是以他字读杜子春据今本《周礼》改“故书”之字，2 例，如《周礼·春官宗伯·小史》：“奠系世。”“奠”，故书作“帝”。杜子春曰：“帝”当为“奠”，“奠”读为“定”。[⑥]

七是改今本《周礼》字，并以他字读所改字，1 例，即《周礼·考工记·匠人》：“置槷以县。”杜子春曰：“槷”当为“弋”，读为“杙”。[⑦]

4. ×读如×

此种类型标音有 3 例。其中 2 例可谓杜子春援引其他文献所载，以今本《周礼》本字标音，如《周礼·春官宗伯·大司乐》：“播之以八音。”杜子春云：播读如后稷播百穀之播。[⑧] 1 例是以他字读今本《周礼》字，即《周礼·春官宗伯·男巫》：“春招弭，以除疾病。”杜子春读“弭”如“弥兵”之“弥”。[⑨]

5. ×如×之声

此种类型标音有 1 例，即《周礼·春官宗伯·典同》：“厚声石。”杜子春曰：“石如磬石之声。”[⑩]

（三）释义

杜子春对《周礼》经文若干内容的含义，进行了注释。依据其注释文字的结构，可以分为字、词、句释义三种类型。

1. 释字

此种类型的释义共有 68 例。其中既有杜子春对动植物类名词的注释，如《周礼·天官冢宰·庖人》：“冬行鱻羽。”杜子春曰：“鱻，鱼也。羽，雁也。”[⑪]《周礼·天官冢宰·甸师》：“共萧茅。”杜子春曰：“萧，香蒿也。”[⑫]也有对饮食类名词的注释，如《周礼·地官司徒·乡师》：“共茅菹。”杜子春曰：“菹当为菹。以茅为菹，若葵菹也。”[⑬] 既有杜子春援引经典记载对器物类名词的注释，如《周礼·春官宗伯·小祝》：“设熬，置铭。”杜子春曰：“熬谓重也。《檀弓》曰：‘铭，明旌也。以死者为不可

---

① 《周礼·天官冢宰·小宰》，《十三经注疏》，第 653 页。

②⑫ 《周礼·天官冢宰·甸师》，《十三经注疏》，第 663 页。

③ 《周礼·天官冢宰·小宰》，《十三经注疏》，第 654 页。

④ 《周礼·天官冢宰·典妇功》，《十三经注疏》，第 690 页。

⑤ 《周礼·春官宗伯·瞽矇》，《十三经注疏》，第 797 页。

⑥ 《周礼·春官宗伯·小史》，《十三经注疏》，第 818 页。

⑦ 《周礼·考工记·匠人》，《十三经注疏》，第 927 页。

⑧ 《周礼·春官宗伯·大司乐》贾《疏》：“子春云‘播为后稷播百穀之播’者，读从《诗》云‘其始播百穀’。”《十三经注疏》，第 789 页。

⑨ 《周礼·春官宗伯·男巫》，《十三经注疏》，第 816 页。

⑩ 《周礼·春官宗伯·典同》，《十三经注疏》，第 798 页。

⑪ 《周礼·天官冢宰·庖人》，《十三经注疏》，第 661 页。

⑬ 《周礼·地官司徒·乡师》，《十三经注疏》，第 713 页。

别已，故以其旗识之。爱之，斯录之矣；敬之，斯尽其道焉尔。重，主道也。殷主缀重焉，周主彻重焉，奠以素器，以主人有哀素之心也。'"① 也有或援引先秦古礼，或援引汉代礼制，对若干礼制进行的诠释，如《周礼·春官宗伯·甸祝》："貉之祝号。"杜子春曰："貉，兵灾也。甸以讲武治兵，故有兵祭。《诗》曰：'是类是祃。'《尔雅》曰：'是类是祃，师祭也。'"②《周礼·春官宗伯·小祝》："设道赍之奠。"杜子春曰："赍当为粢，道中祭也。汉仪每街路辄祭。"③既有改《周礼》"故书"以从今本文字并加以注释者，如《周礼·春官宗伯·鬯人》："禜门用瓢赍。""瓢"，故书作"剽"。杜子春曰："瓢，谓瓠蠡也。"④ 也有改今本《周礼》字从"故书"者，如《周礼·秋官司寇·朝士》："县鄙虑刑贬。"杜子春曰："虑"从故书作"宪"，"宪"谓幡书以明之。⑤ 还有改今本《周礼》字为他字，且加以注释者，如《周礼·地官司徒·大司徒》："使之相赒。"杜子春曰："赒当为纠，谓纠其恶。"⑥

2. 释词

此种类型的释义共有26例。其中，既有解释某些词语含义者，如《周礼·天官冢宰·庖人》："夏行腒鱐，膳膏臊；秋行犊麛，膳膏腥；冬行鲜羽，膳膏羶。"杜子春曰："膏臊，犬膏。膏腥，豕膏也。……膏羶，羊脂也。"⑦ 也有解释某些器物之功用者，如《周礼·地官司徒·封人》："设其楅衡。"杜子春曰："楅衡所以持牛，令不得抵触人。"⑧ 既有解释某些文献所属时代者，如《周礼·春官宗伯·大卜》："一曰《玉兆》，二曰《瓦兆》，三曰《原兆》。"杜子春曰："《玉兆》，帝颛顼之兆。《瓦兆》，帝尧之兆。《原兆》，有周之兆。"⑨ 也有解释某些文献系何人撰作者，如《周礼·春官宗伯·大卜》："一曰《连山》，二曰《归藏》。"杜子春曰："《连山》，宓戏。《归藏》，黄帝。"⑩

3. 释句

此种类型的释义共有20例。依次分布于天官（酒正、凌人各1例）、地官（乡师1例）、春官（小宗伯、典瑞、大胥、瞽矇、钟师、镈师、司巫、男巫各1例，巾车2例）、夏官（射人1例）、秋官（蝈氏1例）、《考工记》（輈人1例、㮚氏3例、弓人1例）。

四、杜子春《周礼注》的地位与影响
——以郑众、郑玄、贾公彦《注》《疏》为例

很多学者认为，杜子春是刘歆之后最重要的《周礼》学传人。他是《周礼》学得以在东汉时期薪火相传下去的关键人物。正是由于杜子春的授业以及其门下弟子的不断努力，才能使《周礼》学在东汉时期得以发扬光大。⑪ 杜子春对《周礼》进行的校勘、标音、注释等，虽多有散佚，但迄今尚是现存最早的比较系统地对《周礼》进行整理和研究的文献。从某种意义上来说，其《周礼注》虽有不少错误、不足或片面之处，但也确有一些正确的见解。总的看来，杜子春对《周礼》的校勘所取得的成就，

①③ 《周礼·春官宗伯·小祝》，《十三经注疏》，第812页。
② 《周礼·春官宗伯·甸祝》，《十三经注疏》，第815页。
④ 《周礼·春官宗伯·鬯人》，《十三经注疏》，第771页。
⑤ 《周礼·秋官司寇·朝士》，《十三经注疏》，第878页。
⑥ 《周礼·地官司徒·大司徒》，《十三经注疏》，第707页。
⑦ 《周礼·天官冢宰·庖人》，《十三经注疏》，第661页。
⑧ 《周礼·地官司徒·封人》，《十三经注疏》，第720页。
⑨⑩ 《周礼·春官宗伯·大卜》，《十三经注疏》，第802页。
⑪ 丁鼎：《刘歆的〈周礼〉学及其在两汉之际的传承谱系》，《湖南大学学报》（社会科学版）2016年第5期。

远不如一百年后的郑玄高，则是客观的事实。[①] 但其对《周礼》的整理和研究，为后世《周礼》学之兴起，开辟了道路，指明了方向，创立了诸多研究体例，并对后世学者的《周礼》研究，产生了深远、深刻的影响。

（作者为河南大学历史文化学院副教授）

① 杨天宇：《杜子春对〈周礼〉今书的校勘及郑玄对杜校的取舍》，《传统中国研究集刊》（第五辑），上海人民出版社 2008 年版，第 247 – 248 页。

论关公精神的共同体价值

赵壮道

摘要：关公精神的“忠义仁勇礼智信”不仅体现着社会主义核心价值观个人层面“爱国、敬业、诚信、友善”的价值要求，也体现着社会、国家层面“民族认同、社会文明、国家富强统一”等方面的价值内涵。在民族、社会、国家等共同体层面，关公精神和社会主义核心价值观不仅存在着民族认同的文化契合、爱国主义的精神契合，还具有共同体利益高于个人利益的集体主义价值属性方面的契合。

关键词：关公精神；共同体；核心价值观；爱国主义；集体主义

关公精神主要包括“忠义仁勇礼智信”等价值观念，但它并不仅是指关公个人身上所具备的道德精神，而实质上是指被关公文化放大了的通过关公的神圣形象所体现出来的中国封建社会的核心价值观念，它是“仁义礼智信”的一种表现形式，也是对“仁义礼智信”的一种拓展和解释，因此它不仅包括个人层面的价值要求，也必然包括民族、社会、国家等共同体层面的价值诉求。

一、共同体与社会主义核心价值观

1. 共同体的概念

“共同体”（Community）的最初含义是指拥有共同价值观和传统的成员间“亲密无间的、与世隔绝的、排外的共同生活”。这一概念发展演化至今，其衍生的含义已相当宽泛，但一般来说共同体主要包含两类：一是地域型，如村庄、邻里、社区、城邦、国家等地域组织；二是关系型，如家庭、部落、民族、宗教、社团等社会团体。在当代还出现了“经济共同体”“政治共同体”“利益共同体”“民族共同体”“命运共同体”“人类共同体”等概念，马克思主义认为，在将来这个世界要出现一种理想社会，那就是“自由人联合体”，这些都是共同体。

2. 共同体是实现社会主义核心价值观的必备条件

如果用习近平的话说，社会主义核心价值观的价值目标就是“国家富强、民族振兴、人民幸福”，即在共同体层面的价值目标是“国家富强”；在群体层面的价值目标是“民族振兴”；在个体层面的价值目标是“人民幸福”。在这三个层次中，国家富强、民族振兴是过渡性目标，个人幸福是终极目标。因为要实现个人幸福，必须实现个人的全面自由发展，所以社会主义核心价值观的终极价值目标也可以说是人的自由全面发展。

共同体是实现人的全面发展的手段。马克思在《德意志意识形态中》说：“只有在共同体中，个人才能获得全面发展其才能的手段，也就是说，只有在共同体中才可能有个人自由。”这里的共同体指的就是“真正的共同体”，因为“在真正的共同体的条件下，各个人在自己的联合中并通过这种联合获得自己的自由”。马克思、恩格斯在《共产党宣言》中也强调：“代替那存在着阶级和阶级对立的资产阶级旧社会的，将是这样的一个联合体，在那里，每个人的自由发展是一切人的自由发展的条件。”从这些论述可知，“真正的共同体”是以人的自由发展为根本特征，它是人的自由全面发展的手段和条件，因而也是实现社会主义核心价值观的必备条件。

二、关公精神的共同体价值

1. 忠君理念下的爱国主义

马克思主义认为，一切封建国家都是“虚假的共同体”，因为它们只代表少数地主贵族阶级的利益，不能完全代表广大农民的利益。但是在不能实现“真实的共同体”的历史年代，这个“虚假的共同体”也能为老百姓提供一定的公共利益和安全保护，如防止外敌入侵，维护社会秩序、兴修农田水利等，因此封建社会的核心价值观首先要求国家的百姓要忠于国家、报效国家，因为是国家给他们提供了一个安定的生活环境。但在中国封建社会，封建王朝有一个政治特征，那就是家国不分，国君既是皇室宗亲的家长，又是代表国家的一国之君。老百姓忠于国家就是要忠于朝廷，忠于朝廷就是要忠于君王，爱国就要忠君，忠君就是爱国。关公精神里的“忠”，不仅是说关公具备“忠君”的高尚品质，更主要的是说关公具有热爱国家、保护国家、报效国家的责任心，这也是封建统治者站在国家立场上对全体臣民提出来的价值要求。这应就是关公精神里的“忠”所包含的一种国家层面的价值诉求。

2. 君臣大义下的社会责任

“共同体”与“社会”在学术层面虽然有一定的区别，但泛而论之，“社会”也是一种共同体。从共同体角度看，社会责任感也是一种公共同体价值，如关公精神里的“义”，它不仅包含有“正义”“仗义”“义气”等这些个人层面的价值内涵，同时也包含有“天下兴亡匹夫有责”的国家责任，“先天下之忧而忧”的社会责任，“威武不能屈”的民族大义。具体到关公来说，他们的“桃园三结义”不仅是为了哥们儿义气，而是基于刘备的政治资本、张飞的经济实力、关张二人的军事才能而产生的政治信念，这个信念就是匡扶汉室，拯救黎民于水火之中，建立一个统一富强的封建国家。只不过在封建社会的价值观念里，这种社会责任、民族大义被掩盖在所谓的“君臣大义”幕布之下，如岳飞心怀“精忠报国”理想，欲抵御外敌，收复失地，伸张民族大义，但为了君臣大义，他不愿起兵造反，危害国家，让外敌趁火打劫，最后甘愿屈死于风波亭上。岳飞遭遇的正是不能为了担当社会大任而不负社会责任这样的难题，最后不得不在民族大义和君臣大义中做出牺牲自己成就国家的艰难选择。如果说岳飞的“义”是以一种消极的、不作为的行为方式成就了民族大义，那么关公的“义”就是以一种主动的承担、积极的行为方式去承担社会责任和民族大义。

3. 大智大勇下的奉献精神

从国家与个人的关系来看，关公精神里的“勇”，不是吕布那种匹夫之勇，而是一种心怀天下，抱有强烈政治信念的“智勇”。论勇冠三军，关公不及吕布，因为刘关张“三英战吕布”也打不过他，最后只不过打了个平手，但吕布没有理想和信念，不知道为什么而战，今天认个干爹，明天认个干爹，但认一个杀一个，最后还想认曹操做干爹，吓得曹操赶紧拒绝，为绝后患把他杀了。但关公就不一样，他的“勇”是建立在明“智”之上的，他的“智”就是明辨是非，认清民意大势，义无反顾地进行了“桃园结义”，而“桃园结义”也为他树立了坚定的政治信念：匡扶汉室，统一国家，建立不世之业。为了这个信念，他不惜放弃曹操给的荣华富贵；为了这个信念，他过五关、斩六将，千里走单骑，历尽艰险；为了这个信念，他“单刀赴会”，临危不惧，大义凛然；为了这个信念，他追随刘备，颠沛半生；为了这个信念，他恪守“礼”法，夜读春秋，守护兄嫂，秉烛达旦；为了这个信念，他最后献出了自己的生命。这种牺牲个人、成就社会和国家的奉献精神，就是儒家思想提倡的群体主义或整体主义精神，用今天的话说，就是为了国家利益而牺牲奉献个人利益的集体主义精神。

三、关公精神与核心价值观的集体价值契合

1. 两者的民族认同契合

从共同体视角看，关公精神与社会主义核心价值观都是一种民族认同文化。关公精神是关公文化的浓缩与升华，关公文化是一种中国优秀的传统文化，它兴起于民间，是一种民俗文化；起源于崇拜，是一种宗教文化；传播于海外，是一种根文化。这些文化都是认同文化。

社会主义核心价值观是当代中华文明的优秀代表，它继承了中华民族的优秀传统，同时也赋予它们现代文明的特征内涵，因此它不仅是一种社会主义的价值认同文化，同时也是中华民族的价值认同文化。社会主义价值观有着十分丰富的内涵和相当庞大的价值体系，当然它一定包括“社会主义核心价值体系”四个方面的基本内容：马克思主义、中国特色社会主义理想、以爱国主义为核心的民族精神和以改革开放为标志的时代精神、“八荣八耻”的社会主义荣辱观。但社会主义核心价值观只有区区 24 个字，即使这样，有人还是嫌它太长，不容易记忆。实际上社会主义核心价值观只是社会主义价值观的高度概括和含蓄表达，它没有也不可能包容下所有社会主义倡导的价值观念，如果把社会主义的所有价值观念都表达出来，那就不容易在国内获得最大程度的社会价值认同。如你对信仰佛教、基督教、伊斯兰教、道教等公民大力倡导无神论的马克思主义，他们肯定不太情愿接受，如果你对个体经营者倡导大公无私，无私奉献，为共产主义事业牺牲自己的一切，他们也难以完全认同。但是我们只谈“富强、民主、文明、和谐，自由、平等、公正、法治，爱国、敬业、诚信、友善”，大家都没有反对的理由，这就使所有社会成员包括海外侨胞会很容易接受社会主义核心价值观。不过相较于关公精神，社会主义核心价值观不仅是一种民族认同文化，也是一种国家认同文化，更为重要的是它要实现的是对中国这个社会主义国家的价值认同。

2. 两者的爱国主义契合

“爱国主义”是中华民族的优秀传统。关公精神来源于关公文化，关公文化是一种传统文化，传统文化的精华是民族精神，民族精神的核心是“爱国主义”精神，因此关公精神里必然存在着爱国主义传统精神。“爱国主义”在关公精神里主要表现在“忠”上，“忠”的本意是忠君，但封建社会家国不分，君国一体，忠于国君就是忠于朝廷，忠于朝廷就是忠于国家，“忠君”与“爱国”紧密相连。换句话说，在封建社会，忠君是爱国的一种主要途径，具体到关公，就是他把追随刘备看作忠于汉室，把忠于汉室看作忠于国家，忠于国家就要拯救国家、恢复国家、统一国家，这就是关公自己的爱国主义逻辑。

“爱国主义”是社会主义核心价值观的重要内容。“爱国主义”在社会主义核心价值观中表现得非常充分，它至少包含以下三个层面：①在个人层面的价值倡导中，“爱国”直接表达了社会主义对个人的一种价值要求；在国家层面的价值表述中，“富强、民主、文明、和谐”表达的是一种对国家的美好期盼和让国家变得更美好的奋斗目标，这是爱国主义的一种隐性表述。②在社会主义核心价值体系的表述之中，爱国主义被表述为“民族精神”，即“以爱国主义为核心的民族精神”，这是爱国主义的一种扩展性表述。③社会主义核心价值观是马克思主义中国化的最新价值成果，它赋予中华传统价值观以社会主义内涵，把爱国主义与社会主义紧密相连，实现了传统价值观的创新和发展。

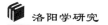

3. 两者的集体主义契合

集体主义是人类的一种古老价值理念，它比个人主义来得更早，它也将伴随人类发展历史的始终，在马克思主义的理论里，直到实现理想社会——“自由人联合体”，集体主义仍要发挥社会主导价值观的作用。集体主义有政治、经济、文化、哲学、心理等十分广泛的含义解释，但从政治哲学方面看，集体主义作为与个人主义对应的价值理念，在不同的社会发展时期，或在不同的文化环境下，有不同的表现形式：在原始社会它表现为原始集体主义；在奴隶社会和封建社会，它表现为原始群体主义或“整体主义”；在资本主义社会它表现为社群主义、合作主义、团队精神等；在社会主义社会它表现为社会主义集体主义、爱国主义、时代精神、中国梦等。

关公精神是一种传统价值观，中国传统价值观主要表现为“仁义礼智信”的封建社会的核心价值观，关公精神的“忠义仁勇礼智信”完全是它的衍生产品。中国传统价值观的核心价值原则是儒家倡导的“群体主义”或“整体主义”，这种群体主义提倡整体利益优先于个体利益，群体利益优先于个人利益，即家庭利益优先于成员利益，家族利益优先于家庭利益，民族利益优先于家族利益，国家利益优先于民族利益，关公精神正属于这种价值观。而“群体主义”或“整体主义”是集体主义价值观在儒家文化环境中的一种特殊表现，因而从更为宏观的政治哲学意义上说，关公精神也属于一种集体主义价值观，只不过它是集体主义在特殊文化环境中的一种特殊表现形式。

社会主义核心价值观是一种集体主义价值观。虽然社会主义核心价值观里没有出现集体主义，但这不是说社会主义核心价值观不要集体主义，就像它里面没有马克思主义，但不能说它不属于马克思主义一样，或者说就像资本主义价值观里没有个人主义，但不能说它不属于个人主义一样。社会主义核心价值观的集体主义属性，我们可以从它的来源——社会主义核心价值体系中来分析。简单来说，它的四个方面内容——马克思主义指导思想、中国特色社会主义理想、民族精神和时代精神、“八荣八耻”的荣辱观都是集体主义的指导思想、集体主义的理想、集体主义的精神、集体主义的荣辱观。因为马克思主义指导思想追求的是全人类的解放，中国特色社会主义理想追求的是中国梦，民族精神的核心是爱国主义，时代精神如雷锋精神、大庆精神、抗洪精神、航天精神、志愿者精神等的实质是集体主义精神，“八荣八耻”荣辱观是以集体主义为原则的社会主义道德观，所以社会主义核心价值体系始终贯穿着“集体主义”这条红线。而社会主义核心价值观是社会主义核心价值体系的凝练和升华，因此它也是集体主义性质的价值观。

总之，关公精神与社会主义核心价值观不仅在个人价值要求层面存在着高度的契合，而且在民族、社会、国家的价值要求层面的民族文化认同、爱国主义传统、集体主义价值原则等方面存在着高度的价值契合。

（作者为洛阳理工学院公共文化研究中心院副教授）

略论关公信仰产生的原因

吴　涛

摘要：关公信仰在中国分布广泛，成为联系汉族不同族群的纽带。而关公信仰的产生，首先得益于正统观念的变化。北宋以后逐渐形成了以蜀汉为正统的观念，关公的地位也在宋代开始提升。其次，《三国演义》小说的渲染对关公崇拜起到了关键性的作用。再次，统治者也通过提倡关公信仰，达到愚民的目的，最终却不仅愚民，而且自愚。最后，宗教也对关公信仰起到了推波助澜的作用。

关键词：关公信仰；正统观；《三国演义》；神道设教

关公信仰在中国分布非常广泛，不仅在汉族中拥有许多信众，在很多少数民族中也有众多的信众，关公信仰甚至已经走出国门。关帝庙几乎遍布大江南北、长城内外。关公文化在中国传统文化中占据着十分重要的地位，这是无可置疑的。但是关公信仰产生的原因，前人虽进行了大量的研究，却还远没有到彻底揭开关公信仰之谜的程度。本文试图从以下四方面来解释关公信仰产生的原因，以求教于方家。

一、由关羽到关公——历史叙事对关公崇拜形成的影响

自古乱世出英雄，而三国时期，绝对是一个英雄辈出的时代。“历史的天空闪烁几颗星，人间一股英雄气在驰骋纵横”，关羽无疑是三国历史星空中耀眼的明星之一。关羽本非那个时代最耀眼的明星，但随着时间的推移，关羽变成了关公以后，他就成了那个时代最耀眼的明星。

在三国时代，关羽只是被看成了一员勇猛无敌的战将，并且具有一定“国士之风”，但并没有受到什么特别的崇敬。而且由于他的失败，对于刘备的事业造成了不可挽回的损失，所以还不时受到一些负面的评价。比如陈寿在《三国志》中就评价道：“然羽刚而自矜，飞暴而无恩，以短取败，理数之常也。”① 连关羽死后的谥号也是“壮缪”，赞其勇而批其缪。甚至对于直接导致关羽被杀的罪魁祸首吕蒙，人们也没有恶评，“士别三日当刮目相看”说的就是吕蒙。这种情况一直到宋代还是人们对关羽的主流评价，比如朱熹一方面称赞关羽的勇，另一方面称关羽“恃才踈卤自取其败”。②

不过也就在宋代，关羽的地位悄然发生着变化。这种变化，首先体现在忠君观念的加强。经历了五代十国的混乱以后，统治者为了避免五代混乱的再次发生，对忠君的观念极力宣扬。本来人们对于曹操并无特别的恶评，但在宋代强调忠君观念的背景下，曹操成了汉贼，成了奸臣贼子的代表。这样曹操阵营中的人物自然都无法获得正面的评价了。到了南宋以后，正统观念再次成为人们历史评价的中心话题。陈寿写《三国志》时值西晋，西晋名义上接受了曹魏的禅让，所以陈寿不能不以曹魏为正统。而

① 陈寿：《三国志》《蜀志》卷六《关羽、张飞、马超、黄忠、赵云列传》。

② 黎德靖编：《朱子语类》卷一百三十六《历代三》。

到了东晋就有人提出了不同的意见。在司马光写《资治通鉴》的时候，回避了正统论的话题，表示采用曹魏的年号只是为了纪年的方便。但到了南宋，这段旧案被人们再次重提。朱熹等就认为应该以蜀汉为正统。这样，曹魏阵营就遭到了彻底的否定。与此同时，孙吴政权也被看成是伪政权。朱熹曾说："学者皆知曹氏为汉贼，而不知孙权之为汉贼也。"① 于是，孙吴政权中人也都在被否定之列。在南宋以前，人们提到三国首先想到的英雄人物往往是风流倜傥的周郎，比如苏轼的《念奴娇·赤壁怀古》中还在吟唱"遥想公瑾当年"的雄姿英发，但在南宋以后已很少看到这样的作品了。无论是张辽、许晃，还是周瑜、陆逊，他们都站错了队！即便再忠勇仁义，都没有了意义。他们都已经被判为帮凶。这样在三国英雄中，只有刘备集团还能保持正面形象。而在刘备集团中，顶级人物中可与关羽相提并论的也只有张飞、诸葛亮等人。张飞略显鲁莽，诸葛亮则有权臣之嫌，而关羽则成为最合适于表彰的人选了。关羽不仅对自己的君主忠心耿耿，而且他效忠的对象刘备被认为是正统的化身，是绝对的正面人物。于是关羽也就越来越受到人们的崇敬了。

关羽生前的爵位仅为亭侯，爵位并不高。蜀汉政权在关羽去世后也并没有给他以额外的封赏。到了宋代关羽的封爵也开始不断上升，首先北宋徽宗崇宁元年（1102 年）封关羽为忠惠公，不久就开始加封王爵，大观二年（1108 年）封武安王。到南宋孝宗时，关羽已经被加封为"壮缪义勇武安英济王"了。人们提到关羽也不再直呼其名了，而往往尊为关公了。关公虽被尊崇，但还没有达到被神化的地步。他还只是姜子牙的陪祭，没有属于自己的庙。

二、《三国演义》小说对关公的塑造
——文学叙事与民众心理对关公崇拜形成的影响

宋代社会一个重要的变化就是商业的发展和市民阶层的出现，相应地城市开始繁荣。繁荣的商业城市中，娱乐业逐渐走向繁盛。在这样的背景下，话本小说就应运而生了。说话人不仅活跃于城市，还走向了农村。"说话"成了人们最喜闻乐见的娱乐之一。三国乱世始终都是一个文学作品乐于演义的对象，说话人更是把三国当成了一个重点演义的对象。在三国史话的形成过程中，始终贯穿的都是宋人正统观指导下的历史观念。苏轼在笔记小说《东坡志林》中记述："涂巷中小儿薄劣，其家所厌苦，辄与钱令聚坐听说古话，至说三国事，闻刘玄德败，颦蹙有出涕者，闻曹操败，即喜唱快。"②《说郛》中也记载："京师有富家子，少孤专财，群无赖百方诱导之。而此子甚好看弄影戏，每弄至斩关羽辄为之泣下，嘱弄者且缓之。"③ 统治者的观念和上层文人的价值取向就这样通过通俗文学作品被普及到了民间。于是关羽忠勇的形象也通过说话人之口而深入人心。

关于三国的这些评话传说经历了几百年的发展，最后形成了《三国演义》这样一部伟大的文学作品。关于《三国演义》的形成过程，文学史家们的考证已经足够详细了，这里就不再重复。随着《三国演义》的发展，关羽的形象也不断被塑造着，关羽成了忠义仁勇的人格化身。

这样的塑造符合了民众的心理需求，很快被广大民众所认可，并形成了一定的心理定式。如同多数学者所论，中国并不存在着与"大传统"迥然有异的所谓"小传统"。儒家所倡导的"忠""义""仁""勇"等道德理念也早已深入人心，成了全社会的信仰。而中国民间信仰的一个重要特点就是偶像崇

① 黎德靖编：《朱子语类》卷一百三十六《历代三》。

② 苏轼：《东坡志林》卷六。

③ 陶宗仪：《说郛》卷四十三（下）。

拜，民众对于“忠”“义”“仁”“勇”的信仰，需要一个人格化的符号来表现。很多高深的义理对于民众而言，过于抽象，不太好理解。民众需要最直观的表达。关公形象的出现，符合了民众的这一心理需求，所以关公信仰才获得了普及的内在动力。

这样的塑造，还被民间戏曲不断地强化。《三国演义》小说成形的过程，与中国戏曲的成熟是同步的。《三国演义》小说对关公形象的塑造也获得了来自戏曲的支持和加强。研究戏曲的学者普遍认为，《三国演义》对于关公的塑造不仅借鉴了戏曲，而且反过来在很大程度上影响了戏曲中的关公形象。最后，这二者在对关公的塑造上，形成统一。对于许多不识字的民众来说，戏曲的影响力是大于小说的。戏曲将小说的塑造以形象化的手段表现了出来，使之获得了更广泛的认同。对《三国演义》关公形象的认同，成了民众的共识和基本常识。正如朱伟明、孙向锋在《关公戏与三国文化的传播》一文中所云：“关公戏是官方文化与民间文化相互渗透的结果。然而，关公戏与关公形象无疑在民间文化与价值体系中有着更为巨大、深远与不可替代的影响。数百年来，作为舞台艺术形象的关公与作为偶像的关公，已合二为一，走进了民间的现实生活，影响着普通民众的行为方式，构成了一种特殊的文化现象，有着复杂与丰富的内涵。”① 至此，历史上的关羽已经不重要了，关公已经成功取代了关羽。甚至连上层知识分子，也已经将关公与关羽混为一谈了。

在关羽被塑造的同时，完成了一个由圣而神的过程。关羽的封号也不断升级，由王而帝，明末万历四十二年（1614 年）被封为单刀伏魔、神威远镇天尊关圣帝君。关帝庙也开始在全国范围内普及。如任继愈先生在《中国道教史》中所指出的那样，在明末的内忧外患中，连统治者也要向关公乞灵了。

三、统治者的刻意提倡——政治需求对关公信仰形成的影响

当然，关公信仰的普及也与统治者的刻意提倡有着密切的关系。这一点在清代表现得尤为明显。宋朝以降，统治者对关公崇拜多有提倡，但到了清朝却达到了登峰造极的程度。

清世祖顺治九年（1652 年）封关公为忠义神武关圣大帝，清世宗雍正三年（1725 年）追封其三代公爵，清高宗乾隆三十一年（1766 年）关公封号增加“灵佑”二字，清仁宗嘉庆十八年（1813 年）关公封号增加“仁勇”二字，清宣宗道光八年（1828 年）封关公为“忠义神武灵佑仁勇威显关圣大帝”，最后到光绪五年（1879 年）封关公为“忠义神武灵佑仁勇显威护国保民精诚绥靖翊赞宣德关圣大帝”。② 至清代，关帝庙也更多，有天下关帝庙“一万余处”之说，号称“今且南极岭表，北极塞垣，凡儿童妇女，无有不震其威灵者。香火之盛，将与天地同不朽”。雍正皇帝也认为：“自通都大邑下至山颐海邀村墟穷僻之壤，其人自贞臣贤士仰德崇义之徒，下至愚夫愚妇儿童走卒之微贱，所在崇饰庙貌，奔走祈禳，敬思瞻依，凛然若有所见。”③

清军在入关以前，从《三国演义》中获得了巨大的启发，最终取代明朝定鼎中原。这一点已成为清史学者们的老生常谈。受《三国演义》的影响，他们在取得全国政权以后，在全国范围鼓励关公崇拜也是一件很自然的事情。比如业师朱维铮先生就曾精辟地指出：“皇太极、多尔衮兄弟，据汉人策士范文程的指点，将描述权力争夺游戏的通俗讲史小说《三国演义》译成满文，当作未脱野蛮心智的八旗军事贵族的启蒙教材，无疑对于满洲接受晚明官方已抬为天尊的关帝神话，进而与萨满巫术结合，将

① 朱伟明、孙向锋：《关公戏与三国文化的传播》，《华中师范大学学报》（人文社科版）2008 年第 9 期。

② 赵尔巽：《清史稿》卷八十四《礼（三）》。

③ 于敏中等：《日下旧闻考》卷四十四。

关帝奉为专显威灵护佑满洲的至上神，起了催化作用。”①

但事情远不止于此。业师朱维铮先生用“神道设教”一语点破了清帝提倡关公信仰的本质。关公崇拜只是清朝统治者作为“以汉制汉”的统治手段之一而已。关公只是清朝统治者们用来“愚民”的工具，最终的结果是不仅“愚民”，而且“自愚”。清朝统治者把关公尊为武圣人，其待遇甚至在孔子之上。② 他们希望通过对关公信仰的宣扬，达到“移孝作忠”的目的。他们称关羽为“武圣”，其实在中国历史上武勇超过关羽的人不胜枚举，他们看重的只是关羽的忠。从这个角度上来说，供他们选择的人物其实并不多。③

在一定程度上，清朝统治者的目的似乎是实现了，关帝庙的数量远在孔庙之上，各地关帝庙的宏伟程度也远在孔庙之上，拜关公的人似乎也远多于孔子。以关公为偶像的人也越来越多。但他们以关公愚民而自愚，最终也没有挽回他们失败的命运。④

四、宗教的推波助澜——各种宗教对关公崇拜形成的影响

随着关公逐渐走向神坛，各种宗教纷纷接纳关公为自己阵营的一员。关公的神力也因而不断扩充。关公也成了为数不多的，在各宗教中都占据了一席之地的神灵。关公信仰最大特点之一就是民间信仰，如果没有宗教的支撑，关公信仰不可能有如此巨大的影响力和持久的生命力。

在隋唐以前的汉传佛教中，对关羽的信仰只是限于供奉，并无祈祷、赞颂以及供奉仪轨。但后来据传说天台宗智顗大师有一次在荆州的玉泉山入定时，遇上成为厉鬼、到处惨叫着寻找自己头颅的关羽。关羽愤恨不平，智顗大师安抚他，并为他讲说佛法。关羽随即皈依受戒，成为佛门弟子，并发愿作为佛教的护法。从此天台宗的寺院开始供奉关羽。自天台宗寺院开了供奉关羽的先例后，各宗寺院争相效法。有记载说禅宗的神秀和尚也遇到过关公显圣。后来关羽逐渐被捧成伽蓝菩萨，与韦驮菩萨并称，成为中国佛教寺院的两大护法神（在彩绘或塑造的《全堂佛像》可看到站立在韦驮菩萨像右边的关羽像）。后来更有人把关羽的生日——农历五月十三日——当成伽蓝菩萨的圣诞。有部分佛寺还专门为此举行佛事以示纪念。有更甚者，有少数佛寺还为关羽建了“伏魔殿”（即“关帝殿”）。

在藏传佛教中，有多位大师著有供赞仪轨，如章嘉大师、土观大师以及第十七世大宝法王、亚青寺阿秋仁波切等。多识仁波切也曾著有关云长简略供赞。

道教本是多神崇拜的典型，在关公成为神圣以后，道教自然要把他吸纳其中了。而且有证据显示，道教徒对关公法力的宣扬最为起劲。众多的道教史著作都已经揭示，关公与道教的结缘是在宋代。这当然与宋代对关羽的褒扬有关。在道教中关羽亦称“关圣帝君”，简称“关帝”，本为道教的护法四帅之

① 朱维铮：《重读近代史》，上海文艺出版集团有限公司2010年版，第191页。

② 孔子在中国传统文化中的地位远在关羽之上，而且儒家也是提倡忠的。那么，清朝统治者神化孔子似乎应是一个更直接的办法。可他们并没有那么做。其原因不外乎以下几点，首先，对孔子进行神化不符合儒家的传统。孔子本人不语“乱、力、怪、神”，在后世除东汉的谶纬曾对孔子进行过不成功的神化外，并没有对孔子进行过大规模的神化。死后的孔子一直没有获得任何的神力，普通民众到孔庙里去简直不知道孔子能管什么。其次，孔子只可用来笼络上层知识分子，而对于下层民众则是鞭长莫及。民众对孔子周游列国的熟悉程度远不及关云长千里走单骑。最后，清朝统治者虽然表面大力提倡理学，其实骨子里对孔子以及儒家并不是十分感冒。

③ 中华传统文化本有尚武的传统，但历代武勇之士多以反对派的面目出现，对于统治者而言他们应属危险分子。比如伍子胥对于楚国而言简直是一个标准的叛国者。统治者更看重的是忠。这样的英雄一般会出现于乱世，但无论是五胡乱华，还是岳飞抗金，以及明朝的于谦等人，对于清朝而言，都涉及了敏感话题，必须回避。五代十国的乱世中没有被公认的正统君主，自然五代乱世中也无法选择。至于唐宋时期人们所尊奉的武成王姜尚，实在有点太过玄虚。于是只有选择三国了，三国人物中也只有关羽符合他们的标准。

④ 业师朱维铮先生曾有过几篇文章揭示了清朝统治者鼓励关公崇拜的秘密，分别收在《走出中世纪（增订本）》和《重读近代史》中，可参看。这一段参考了朱先生的分析，但可能对业师的思想并未能深刻体会，所以如有不当之处，文责还需本人自负。

一。甚至部分斋教或道教信徒称关羽为第十八代玉皇大帝。道教徒还以关公的名义伪造了大量的经典，比如《关帝觉世真经》等。

后来道教徒还将关公作为财神来供奉，称之为“武财神”。其职能除了“治病除灾，驱耶辟恶，诛罚叛逆，巡察冥司”，还有“司命禄，庇护商贾，招财进宝”，又因其忠义，故被奉为财神。本来在中国古代，财神有很多，佛教里有北方多闻天王和善财童子，此外还有范蠡、管仲、比干、白圭、赵公明、财帛星君等人。但这些财神的境遇却很难和关公匹敌。关公怎么会后来居上成为最知名的财神了呢？在中国古代，商人的社会地位并不高，经商的环境也并不如意。明清两代商人的典型代表为徽商和晋商，看似辉煌的商业传奇背后都有一个血泪打拼的经历。在那种情况之下，忠勇无敌的关公自然是商人们祈福的对象。于是，关公崇拜在商人中流行开来。而商人在乞求平安的同时，还乞求财运，一事不烦二主，关公也就兼起了送财的差使。中国商人契约传统不强，商业往来中主要依靠道德的约束。而关公信仰中的“义”，更是商业活动中不可缺少的。当年司马迁就说孔子名声的传播得益于他的商人弟子子贡，在关公信仰的传播中，商人也扮演了很重要的角色。关帝庙的普及过程中，少不了商人们的参与。商人信仰关公而致富的事例，也是宣扬关公信仰很好的榜样。除了军人、武师奉他为行业神崇拜外，就连描金业、烟业、香烛业、教育业、命相家等不相干的行业也推崇关羽。

很有意思的是，读书人本应崇奉孔子，但他们却也把关公视为文衡，与文昌、朱衣、魁星、吕仙合称为“五文昌帝君”。于是，读书人在科举考试之前不是去孔庙祈福，而是跑到关庙里进行祷告。

各种宗教对关公的吸纳，对关公崇拜的形成，起了很大的推波助澜的作用。关公信仰被普及到各个阶层，成为了全民族的信仰。关公也成了法力无边无所不管的超级大神。

当然，关公信仰得以产生的原因还有很多，比如英雄崇拜心理、集体认同心理等。但以上四个方面的因素似乎在关公信仰产生的过程中发挥了更大的作用。

进入20世纪以后，随着以上种种条件的丧失，关公崇拜开始降温，也是一件很正常的事。即便是在很大程度上还保留了关公信仰的中国台湾等地，关公信仰也日趋于理性，更多人实际上是把关公看成一种精神的寄托，已经成为一个文化符号，而非法力无边的大神了。

（作者为洛阳师范学院历史文化学院副教授）

汉唐间释奠礼的演变

郭炳洁

摘要：释奠礼是官学礼仪，本与孔子无缘。儒学独尊后，随着官学教育的发展，经历魏晋南北朝的发展，到唐朝才形成内容固定、仪式完备、功能明确、普遍施行于各级官学，以“祭孔”为“主”之祀典。其演变主要表现为：从学礼边缘地位到中心；从学校礼仪到国家礼仪；圣师孔颜和附祭体系确立以及具像由图像到塑像。

关键词：汉唐；释奠礼；孔子；官学

“释奠礼”是祭祀先圣先师的典礼仪式，是我国传统社会官方学校重要的制度之一。产生于三代社会的释奠礼，本与孔子无缘，它是西汉以后，随着儒学独尊地位的确立，在传承周代礼乐文化精神的基础上，适应专制主义君权需要而产生发展，经历汉代始建，魏晋南北朝的发展，到唐朝形成内容固定、仪式完备、功能明确、普遍施行于各级学校的孔庙，以“祭孔”为“主”之祀典。学界对其研究主要聚焦在以下几个方面：其制度发展及教育意义；① 对国家推行儒家教化、树立国家合法性和正统信仰的作用；② 其与儒学、政治的关系③；等等。学者们往往将释奠礼作为静态的存在，鲜有人关注它的变迁史。笔者认为，在教育、政治以及礼制等的发展背景下，汉唐释奠礼经历了深刻的变化。

李纪祥指出：“（前孔子时代）释奠礼之本义，在于非时与非常，皆与出军、兵行、亲征，及载迁庙主等有关，体现出‘主兵’属性。其后则趋于‘学’，专以释奠、释菜礼先师先圣，趋于‘主文’，其主祭祀对象非孔子。”④ 学校中四时常祭各学先师，贵族子弟入学的始年，则要一同祭祀先圣先师，使其明了此学之源。春秋战国，王权衰微，礼崩乐坏。秦朝尊崇法家，师法后圣，对三代礼仪制度兴趣不大。汉武帝独尊儒术后，稽古礼文活动渐次登场，释奠礼仪逐渐从无到有。汉唐间，释奠礼经历了从官学学礼的边缘走向中心地位、由学校礼仪到国家礼仪、先圣先师改易和附祭系统确立以及先圣先师具像由图像到塑像的演变。

一、从学礼边缘地位到中心

汉代的释奠礼，由于传世文献中几乎没有留下痕迹，以至于唐初学者认定为不存在。贞观时期编撰

---

① 高明士编：《隋唐的学礼》，《东亚传统教育与学礼学规》，华东师范大学出版社 2008 年版；《唐代的释奠礼制及其在教育上的意义》，《大陆杂志》（第 61 卷），1980 年 6 月。

② 盖金伟：《汉唐官学学礼研究》，华东师范大学博士学位论文，2007 年。

③ 高明士：《隋唐庙学制度的成立与道统的关系》，《台湾大学历史学系学报》1982 年第 9 期；黄进兴：《优入圣域：权力、信仰与正当性》，台北允晨文化实业公司 1994 年版；朱溢：《唐代孔庙释奠礼仪新探——以其功能和类别归属的讨论为中心》，《史学月刊》2011 年第 1 期。

④ 李纪祥：《前孔子时代的古释奠礼考释》，《文史哲》2012 年第 2 期。

的《晋书·礼志上》曰："始立学必先释奠于先圣先师，及行事必用币。汉世虽立学，斯礼无闻。"许敬宗声称："秦、汉释奠，无文可检。"① 汉代碑刻资料的信息表明，至少在东汉，太学中已经举行释奠礼。《孔庙置守庙百石孔和碑》载：桓帝时，鲁相向三公请示为孔庙置百石卒史，司徒、司空为此事咨询大常，祠曹掾冯牟、史部玄回答说："故事，辟雍礼未行，祠先圣师，侍祠者，孔子子孙，大宰、太祝令各一人，皆备爵。"东汉时期，辟雍与太学并列建在洛阳城南，平城门大道东侧。辟雍中举行的是养老礼、飨射礼等，祭祀先圣先师的释奠礼在太学。《鲁相史晨祠孔庙奏铭》载汉灵帝时，鲁相史晨上书请求在孔庙祭祀孔子曰："臣伏见临璧雍日，祠孔子以太牢。长吏备爵，所以尊先师重教化也。"临雍即为皇帝到辟雍举行礼仪活动，史晨亲身参与过，可知在辟雍行礼时，也要在太学举行释奠礼。东汉地方官学中释奠礼的记载："郡、县、道行乡饮酒于学校，皆祀圣师周公、孔子，牲以犬。"② 在专制主义中央集权体制下，地方官学应与中央官学保持一致，太学中也应祭祀圣师。曹魏明帝时期，鲁相还提到汉代释奠："辟雍行礼，必祭先师，王家出谷，春秋祭祀。"③

魏晋时期，释奠礼与幼帝和太子教育相结合，在学礼中的重要性提升。首先是它被纳入到正史的记载，举办次数明显增加，魏王齐芳分别在正始二年春二月、五年五月癸巳、七年冬十二月学习完《论语》《尚书》《礼记》后"使太常以太牢祀孔子于辟雍，以颜渊配"。东晋成帝、穆帝、孝武帝分别在学习过某一儒家经典后举行释奠。释奠礼也成为太子学习的结业仪式："武帝泰始七年，皇太子讲《孝经》通。咸宁三年，讲《诗》通，太康三年，讲《礼记》通。惠帝元康三年，皇太子讲《论语》通。元帝太兴二年，皇太子讲《论语》通。太子并亲释奠，以太牢祠孔子，以颜回配。"④ 它是太子、幼年皇帝经学教育过程中重要的环节，"用以佐证皇太子和幼年即位的皇帝的知识和人格的养成"⑤。南朝时期史料中有多次太子亲释奠的记载。

南北朝时期释奠礼常祀化制度建立。魏晋以来太子主持的释奠礼是非常时化的礼仪，举行的时间不固定，时有时无。北齐时期，释奠礼常祀化："新立学，必释奠礼先圣先师，每岁春秋二仲，常行其礼。"⑥ 拜祭先师与日常官学师生的功课结合，并通过制度保障实施："每月旦，祭酒领博士已下及国子诸学生已上，太学、四门博士升堂，助教已下、太学诸生阶下，拜孔揖颜……郡学则于坊内立孔、颜庙，博士已下，亦每月朝云。"⑦ 隋朝基本上继承北齐制度，稍有修改，把在中央官学释奠改为每年举行四次，地方州郡学校释奠制度保障："国子寺，每岁以四仲月上丁，释奠于先圣先师。年别一行乡饮酒礼。州郡学则以春秋仲月释奠。州郡县亦每年于学一行乡饮酒礼。"⑧

唐朝前期学礼唯重释奠。几经变动后，确定了圣师为孔颜以及队伍庞大的由孔门弟子、经学大师等组成的附祀群体。其礼典仪注经过不断完善后在《大唐开元礼》形成定制，包括常祀以每年的春、秋二仲月上丁日举行以及皇帝、太子视学时的释奠为非常祀；祭祀规格确定为中祀属于吉礼。尽管官学还有其他礼仪，但是其重要程度均未能超过释奠。高明士研究指出：学礼自古已有。较为可考的，当数释奠礼、束脩礼、养老礼、乡饮酒礼，乃至射礼等。唐以后，乡饮酒礼、养老礼则流于形式。学礼的实施，唯重释奠之礼。⑨

---

① 刘昫：《旧唐书·礼仪志四》，中华书局1975年版，第917页。
② 范晔：《后汉书·礼仪志》，中华书局1965年版，第3108页。
③ 陈寿：《三国志·魏书·崔林传》，中华书局1959年版，第681页。
④ 房玄龄：《晋书·礼仪志》，中华书局1974年版，第599页。
⑤ 松浦千春：《魏晋南朝の帝位继承と释奠仪礼》，仙台《东北大学东洋史论集》第9号，2003年1月。
⑥⑦⑧ 魏徵：《隋书·礼仪志》，中华书局1973年，第181页。
⑨ 高明士：《隋唐的学礼》，高明士编：《东亚传统教育与学礼学规》，华东师范大学出版社2008年版，第19－20页。

二、从官学礼仪到国家礼仪

汉代释奠礼在辟雍礼之前举行，主持祭祀者身份不详。曹魏时期释奠由皇帝派遣太常祭祀。从西晋到隋，释奠礼主要由太子为主祭，实质是官学内部的礼仪活动。太子入学学习儒家经典，为其能够担当重任做准备，学中行齿胄之礼，以年龄论长幼，表明他与其他贵族官僚子弟没有身份的尊卑之分。学习期间，学通某一经籍，向先师祭告，一是尊师之举，二是向世人宣告其此项学业完成："天子之子，与士齿让，达于辟雍，无生而贵者也。既命而尊，礼同上公。"《隋书·礼仪志》载南朝宋尚书令王休仁曰："天子之元子，士也，故齿胄于辟雍，欲使知教而后尊，不得生而贵矣。"也就是说，在学中主持释奠的太子身份还只是学业有成的士人。从晋朝的潘尼《释奠诗》序中记述太子释奠的过程来看，参与祭祀者有学生身份的太子，国学、太学中的教师学生等，这主要是官学内部的典礼而已。

北齐到隋，在太子释奠的非常奠之外，规定了四时之祭的常奠。主祭为何人史料中语焉不详。唐朝初期是学官主祭："（唐）初，以儒官自为祭主，直云博士姓名，昭告于先圣。又州县释奠，亦以博士为主。"① 以此推测应该是继承前代传统。所以许敬宗在上奏要求释奠为国家行为："况凡在小神，犹皆遣使行礼，释奠既准中祀，据理必须禀命。今请国学释奠，令国子祭酒为初献，祝辞称'皇帝谨遣'，仍令司业为亚献，国子博士为终献。其州学，刺史为初献，上佐为亚献，博士为终献。县学，令为初献，丞为亚献，博士既无品秩，请主簿及尉通为终献。"②《大唐开元礼》中记载的释奠礼程序表明，许敬宗要求"修附礼令，以为永则"被朝廷采纳。中央官学"皇帝谨遣"以及州县学校由地方官主祭表明：原为官学内部的释奠礼仪，上升为国家礼仪，《大唐开元礼·序》曰："凡国有大祀中祀小祀……释奠孔宣父为中祀"，是国家行为而非仅仅是教育部门事务，其制规格很高，显出国家对其的重视。

三、圣师孔颜确立及附祭体系完善

东汉时期，学校释奠先圣先师为周公、孔子。郑玄注《礼记》有"始立学，释奠于先圣"，曰："若周公、孔子也。"《后汉书·礼仪志》载："郡、县、道行乡饮酒于学校，皆祀圣师周公、孔子，牲以犬。"魏晋时期，周公停祀，仅释奠先师孔子："今周公已上，达于三皇，忽焉不祀，而其礼经亦存其言。今独祀孔子者，以世近故也。"③ 晋成帝时范圣写信询问冯怀："汉氏以来，释奠先师唯仲尼不及公旦何也？"④ 十六国时期，前秦皇帝苻坚举行的释奠礼，明确地指出祭祀先师，见《晋书·载纪·苻坚载纪》："坚于是行礼于辟雍，祀先师孔子，其太子及公侯卿大夫士之元子，皆束修释奠焉。"南北朝时期，周公也不在释奠之列：《魏书·世祖纪》载世祖始光三年（426年）"起太学于城东，祀孔子，以颜回配"。北齐时，国家祭祀天神地祇有九处，其中孔、颜庙在国学内"孔、颜庙，则遣使祈于国学"。⑤ 隋朝礼制，基本源自北齐，情况不会有大的变化。需要注意的是，孔子一直以来被尊为先师，隋炀帝在诏书曰："先师尼父，圣德在躬。"⑥

---

①② 刘昫：《旧唐书·礼仪志》，中华书局1975年版，第917页。

③ 陈寿：《三国志·魏书·崔林传》，中华书局1959年版，第681页。

④ 李昉：《太平御览》卷五三五，中华书局1960年版，第3页。

⑤ 魏徵：《隋书·礼仪志》，中华书局1973年版，第127页。

⑥ 魏徵：《隋书·炀帝杨广纪》，中华书局1973年版，第72页。

唐朝建立翌年，高祖就下诏恢复了先圣先师的周孔组合：“始诏国子学立周公、孔子庙。七年，高祖释奠焉，以周公为先圣，孔子配。”① 唐太宗贞观二年（628 年）“乃罢周公，升孔子为先圣，以颜回配”②。唐高宗永徽年间，复以周公为先圣，孔子为先师，颜回、左丘明等皆从祀。显庆二年（657 年），以周公配武王，而孔子为先圣。到唐玄宗时，先圣孔子先师颜回固定下来，并且将孔子西厢坐的位次改为南厢坐。

释奠礼除了主祀先圣先师外，还有附祭人员，包括“配享”和“从祀”两大位阶。汉代史料有阙，先圣先师的从祀人员不详。魏晋到隋，史料明确记载先圣周公停祀；释奠先师孔子时，颜回为配享。唐太宗贞观二年（628 年）恢复孔子先圣地位，以颜回配享。贞观二十一年（647 年），诏令左丘明、卜子夏、公羊高、谷梁赤、伏胜、高堂生、戴圣、毛苌、孔安国、刘向、郑众、贾逵、杜子春、马融、卢植、郑康成、服虔、何休、王肃、王弼、杜预、范宁 22 人与颜回一起配享先圣。开元八年（720 年），唐玄宗接受国子学司业李元瓘上奏：“敕改颜生等十哲为坐像，悉预从祀。曾参大孝，德冠同列，特为塑像，坐于十哲之次。图画七十子及二十二贤于庙壁上。以颜子亚圣，上亲为之赞，以书于石。闵损已下，令当朝文士分为之赞。”③ 唐朝政府又追封从祀、配享人员以不同等级的爵位，确立其尊卑等级差别。颜回为兖国公，十哲等为侯，曾参、颛孙师等 67 人皆为伯，形成了层次分明的三个集团。

四、圣师像由图像到塑像

释奠的圣师具像，在汉唐间经历了从图像到塑像的发展过程。东汉祢衡作《颜子碑》有云：“配圣馈，图辟雍。纪德行，昭罔穷。”颜回与孔子一起，是以图画的形式挂在太学讲堂中。魏晋时期，先师弟子像依然是图像。《水经注》载“魏黄初元年，文帝令郡国修起孔子旧庙，置百石吏卒，庙有夫子像，列二弟子，执卷立侍，穆穆有询仰之容”④。寿光县城西南有孔子石室“中有孔子像，弟子问经。既无碑志，未详所立”。此像应为图像，描述弟子问经学习的内容画面感十足，塑像很难表达。另外，中国传统社会中神主一般用木牌为之：“《白虎通》祭所尸主何神，本无方，孝子以主系心，庙主以木为之，木有终始，与人相似，题之欲令后可知，主用木方尺，或曰尺二寸。”⑤ 西晋惠帝元康三年（293 年），太学举行释奠礼时“扫坛为殿，悬幕为宫。夫子位于西序，颜回侍于北墉”，可见太学内并没有固定的礼殿，而是以一高台为临时性祭场，四周悬挂帷幕以像宫殿。作为临时性场所，不可能有塑像，应该是孔、颜像绘画于帷幕之上。石崇曾经与王敦在太学中看到颜回的画像：“见颜回、原宪之象，顾而叹曰：‘若与之同升孔堂，去人何必有间。’”⑥ 宋文帝元嘉兴学，国子学中有孔圣画像，颜延年《皇太子释奠会作诗》“虞庠饰馆，睿图炳睟”，李善兰注曰：“睿图，孔圣之图画也。”⑦ 唐许嵩撰《建康实录》卷九《晋中下・烈宗孝武皇帝》载：“（大元）十年春，尚书令谢石以学校陵迟，上疏请兴复国学于太庙之南。”许嵩注曰：“按，（陈顾野王撰）《舆地志》：在江宁县东南二里一百步右御街东，东逼淮水，当时人呼为国子学。（国子学）西有夫子堂，画夫子及十弟子像。”北魏修缮国学，也是以图绘

①② 欧阳修：《新唐书・礼仪志五》，中华书局 1975 年版，第 370 页。
③ 刘昫：《旧唐书・礼仪志四》，中华书局 1975 年版，第 920 页。
④ 郦道元著，陈桥驿校证：《水经注校证》卷二十五，第 594 页，
⑤ 秦蕙田、毛奇龄：《五礼通考》卷六十二，上海古籍出版社 1987 年版，第 340 页。
⑥ 房玄龄：《晋书・石崇传》，中华书局 1974 年版，第 1007 页。
⑦ 李善注：《昭明文选》卷二，中华书局 1977 年版，第 189 页。

圣贤："来岁仲阳，节和气润，释奠孔颜，乃其时也。有司可豫缮国学，图饰圣贤，置官简牲，择吉备礼。"①

先圣先师塑像始于何时无从可考，大致应在南北朝后期到唐初，至唐玄宗时期得以完善。开元八年（720 年），国子司业李元瓘上书奏请先师颜回与先圣一样塑像以坐姿："先圣孔宣父庙，先师颜子配座，今其像立侍，配享合坐。"结果皇帝敕令："改颜生等十哲为坐像，悉预从祀。曾参大孝，德冠同列，特为塑像，坐于十哲之次。"②

与有形体和表情的塑像相比，祭祀塑像强调信仰的是精神，注重的是所祀对象抽象化和符号化之后的内涵，符号化了的圣贤形象高高在上，更近圣化。塑像则将信仰对象具体形貌化，崇拜多于信仰。被形象化了的孔子对于下层百姓来说，成了诸多生活护佑神中的一员。

（作者为洛阳师范学院河洛文化研究中心副教授）

① 魏收：《魏书·肃宗孝明帝纪》，中华书局 1974 年版，第 229 页。
② 刘昫：《旧唐书·礼仪志四》，中华书局 1975 年版，第 920 页。

北魏河洛地区的佛教文化论略

王建国

摘要：孝文帝迁都洛阳后，将北魏崇佛之风由平城带到洛阳，不但河洛地区的寺庙数量大大增加，崇信佛法、佛教庆典、佛法交流等佛教的宗教活动也迅速发展起来，形成了丰富多彩的佛教文化。同时，北魏统治者所倡导的佛教风尚，深入到河洛社会生活的多个层面，对河洛地区的文化和社会习俗产生了广泛而深刻的影响。

关键词：北魏；河洛地区；佛教文化

孝文帝迁都洛阳是影响中国历史进程的重大事件，正如陈寅恪先生在《隋唐制度渊源略论稿》中所说："迁都洛阳乃北魏汉化政策中一大关键"。孝文迁洛加快了当时鲜、汉民族上层的融合进程；同时，也深刻地影响着河洛地区的政治、社会、经济和文化等。尤其迁都后，北魏统治者将北方平城的崇佛之风带到洛阳，河洛地区的修寺造像、崇信佛法、佛教庆典、佛法交流等佛教文化生活迅速发展和丰富起来。下面笔者试以《洛阳伽蓝记》为中心，并参酌《魏书·释老志》等相关资料，从以下几个方面考察北魏河洛地区的佛教文化发展状况。

一、北魏河洛地区的佛寺及其建筑特色

佛教自东汉时传入我国，到西晋怀帝永嘉年间，洛阳仅有佛寺四十二所。孝文帝太和十九年（495年），北魏迁都洛阳，寺庙陡然增加，鼎盛时佛宇多达一千三百六十七所。《洛阳伽蓝记》记载寺庙84处，其中正记40处，附见44处。在《洛阳伽蓝记》中，杨衒之不但对洛阳城内和城郭外的寺庙有所记载，而且还记载了河洛地区中岳嵩山的庙宇。其中对正记的40座庙宇记载得尤为详细和精确，并且以生动精致的笔触，巧妙地描摹出不同佛教建筑的构造之美，或宏丽，或精美，令人叹为观止。最为精彩的要数卷一开篇对永宁寺塔的记述："中有九层浮图一所，架木为之，举高九十丈。上有金刹，复高十丈；合去地一千尺。去京师百里，已遥见之。……浮图有九级，角角皆悬金铎，合上下有一百三十铎。浮图有四面，面有三户六窗，并皆朱漆。扉上各有五行金铃，合有五千四百枚。复有金环铺首，殚土木之功，穷造形之巧，佛事精妙，不可思议。绣柱金铺，骇人心目。至於高风永夜，宝铎和鸣，铿锵之声，闻及十馀里。"

如此宏伟精丽的佛塔，确实是中国建筑史上的奇迹，中国禅宗初祖达摩来游洛阳见到此塔时，歌咏赞叹，合掌连日，称"实是神功"。如果说永宁寺塔是当时洛阳最雄伟高峻的佛教建筑的话，卷三城南的"景明寺"则堪称规模最宏大的寺院。景明寺系宣武帝于景明年间所立，在宣阳门外一里御道东，其西面的御道向北直通宫城的阊阖门。杨衒之称其"东西南北方五百步"，房屋"一千馀间"。这样的规模接近于洛阳城两个坊里的面积，因为当时一个坊里也仅有"方三百步"。景明寺的建筑极为精美。

据《洛阳伽蓝记》载，该寺“复殿重房，交疏对霤，青台紫阁，浮道相通。虽外有四时，而内无寒暑”。屋外虽历冬夏，而室内却四季如春。寺院内的园林设计又与建筑相映生辉，“房檐之外，皆是山池。竹松兰芷，垂列堦墀，含风团露，流香吐馥”。由于是皇家所建，景明寺在京师诸寺中有着很高的地位，据《洛阳伽蓝记》记载：每年四月七日，京师各寺的佛像都要汇聚于此寺，到次日四月八日佛诞日，一起入宣阳门行像，在阊阖宫前接受皇帝散花。

如果说永宁寺塔象征洛阳佛寺的雄伟高峻，景明寺展现了洛阳佛寺规模之壮观，卷四记载的白马寺则可见证洛阳佛寺历史之悠久。白马寺立寺的缘起是东汉永平七年汉明帝梦见一位高丈六的金神，派使者去西域求经像，三年后他们用白马驮载经书佛像而回，故命此寺为“白马寺”。白马寺是中国汉地的第一座佛寺，被后世尊为中国佛教的“释源”“祖庭”。《洛阳伽蓝记》记载白马寺在城西西阳门外三里御道南，即现在洛阳城东的10公里处。白马寺内种植着西域传来的奇树异果，其中以安石榴和蒲萄最为珍贵，果实很大，“味并殊美”，名冠京城，成为皇家的贡品，当时流传着“白马甜榴，一实直牛”的谚语。

从《洛阳伽蓝记》对诸多佛寺的记载中可以看出，北魏佛寺建筑已逐渐中国化。如印度佛塔原本是为供奉舍利和佛经、佛像而设，多为覆钵式实心建筑物。传入中国后，与中国楼阁式建筑传统结合，形成外部呈方形或多角形、内部中空的佛塔，塔内既可供奉舍利和经像，又可登临远望。永宁寺塔就是这种典型的中国式佛塔。在佛寺的色彩装饰上，西域佛寺的色彩，以金色为主。这种色彩在洛阳寺庙的装饰上被大量使用，如胡统寺“金刹高耸”、景明寺“金盘宝铎”、法云寺“金玉垂辉”等，处处可见，同时青、赤、黄、白、黑等中国传统建筑色彩也被佛寺广泛采用，如永宁寺“青璅绮疏”、建中寺“朱门黄阁”、景林寺“丹槛炫日”、胡统寺“朱柱素壁”等。由此可以看出，当时的佛寺装饰显现着中原西域相互融合的风格。

二、河洛佛教与北魏政治之关系

北魏河洛佛教的繁荣，有其深刻的历史背景。早在北魏平城时期，历代皇帝即大多对佛教礼敬有加。到孝文帝太和初年，“京城内寺，新旧且百所，僧尼二千馀人”（《魏书·释老志》）。可见佛教在平城时代就已非常兴盛了。太和十七年（493年），孝文帝迁都洛阳，北魏王朝的佛教狂热也随之由平城移至河洛地区，如宣武帝依平城武州山石窟寺式样开凿洛南伊阙山佛像（即世界文化遗产龙门石窟），再如胡太后在熙平元年（516年）按平城献文帝所造的永宁寺式样重建的永宁寺。外国沙门来到洛阳，目睹永宁、景明、永明三寺的胜状，无不惊叹说是到了“佛国”。这种盛况与孝文、宣武、孝明、灵太后等崇奉佛教密切相关。孝文帝是一位虔诚的佛教信徒，他曾多次集德名沙门讲论佛经，还亲自参与佛门的剃度仪式，据《魏书·释老志》记载：孝文帝承明元年八月曾在平城永宁寺，亲自给良家男女百余人剃度出家。迁洛后，他为祖母冯太后追福，在开阳门外修建报德寺。宣武帝“每年常于禁中亲讲经论，广集名僧，标明义旨，沙门条录，为内起居焉”（《魏书·释老志》），并修建瑶光、景明、永明等寺。灵太后先后在洛阳建永宁、秦太上君、秦太上公西三寺。很多达官贵人为奉佛也不惜财物，如《洛阳伽蓝记》卷二正始寺，为百官所立，寺内“有石碑一枚，背上有侍中崔光施钱四十万，陈留侯李崇施钱二十万，自馀百官各有差，少者不减五千已下”。在上层统治者的倡导和影响下，崇佛之风日益盛行，成为一种社会时尚。

为取得统治者的支持，北魏僧尼常出入宫廷及贵族之门，如胡统寺诸尼“常入宫与太后说法，其资养缁流，从无比也”（《洛阳伽蓝记》卷一）。灵太后即是借佛教因缘而得以入宫的。也有沙门因与皇家来往过密而卷入政治斗争，如《魏书·灵皇后胡氏传》记有一蜜多道人，与明帝关系亲密。灵太后因与明帝争夺权力而嫌隙日深，于是派人将其在城南大巷中杀死。由于佛教与北魏政治的密切关系，佛寺往往成为政治失意者的避难所，乃至政变和军事斗争的中心。如孝文废皇后冯氏，因与其姊争宠失败遂出家为尼。宣武皇后高氏，为避灵太后迫害，居瑶光寺为尼。孝明皇后胡氏，于武泰初明帝死后，入居瑶光寺。正光五年秋，灵太后因被元叉幽禁于北宫，欲修道于嵩高闲居寺。武泰元年，尔朱荣带兵入洛，灵太后与明帝六宫皆落发为尼。瑶光寺是皇宫贵族女子出家的场所，“椒房嫔御，学道之所，掖庭美人，并在其中。亦有名族处女，性爱道场，落发辞亲，来仪此寺”（《洛阳伽蓝记》卷一）。永宁寺在洛阳城中占有极为重要的地位，据《洛阳伽蓝记》记载，北魏末年三次大的军事政变均是围绕此寺而展开的，一次是建义元年，尔朱荣入洛，领兵马驻扎于此寺；一次是永安二年五月，北海王元颢入洛，亦在此寺聚兵；一次是永安三年，尔朱兆攻破洛阳，囚庄帝于此寺。

北魏统治者的大力资助，是洛阳佛教鼎盛的重要因素。而佛寺营建过度也造成北魏国力衰落，促成佛教盛极而衰，尤其是北魏后期尔朱氏之乱和高氏专权，许多佛寺及文物在战争中遭到破坏。如永安三年尔朱兆入洛，纵兵抢掠，胡骑数十入瑶光寺淫秽，很多寺尼被迫流散民间，当时京师有语云：“洛阳男儿急作髻，瑶光寺尼夺作婿。”《洛阳伽蓝记》卷四记载，东汉以白马驮来的佛经，北魏时在白马寺中仍保存完好。这批最早传入我国、保存了四百六十余年的珍贵佛教典籍，却在天平初年被洛州刺史韩贤无故破坏（《北齐书·韩贤传》）。在众多佛寺中，永宁寺塔的毁灭最具有象征意义。这座洛阳最雄伟的佛塔毁于永熙三年的一场大火，《洛阳伽蓝记》详细地记述了这座佛塔被烧毁时的悲壮情境：“永熙三年二月，浮图为火所烧……火初从第八级中平旦大发，当时雷雨晦冥，杂下霰雪。百姓道俗，咸来观火，悲哀之声，振动京邑。时有三比丘，赴火而死。火经三月不灭。”就在这年的十月，京师迁邺。至此，盛极一时的北魏河洛佛教开始走向衰落。

三、北魏河洛佛教的传播特征及佛教教派斗争

汤用彤先生在《汉魏两晋南北朝佛教史》中指出，南北朝时期，南方偏重义理，北方持重禅法。而禅学之盛，原称嵩洛。《洛阳伽蓝记》中也透露了河洛佛教传播的一些特点：第一，卷四“永明寺”条记述了歌营国沙门菩提拔陀艰难跋涉来中土的过程。拔陀即佛陀禅师，太和十八年随孝文帝南迁至洛阳，两年后奉敕于嵩岳少室山创寺（即今之少林寺），修习禅业。第二，书中记载了南天竺僧人菩提达摩游观永宁寺及修梵寺的行迹。达摩于南朝梁武帝时航海到广州，后北上洛阳，约天平年间卒于洛滨，被尊为中国禅宗的始祖。由于这两位大禅师的影响，洛阳禅法大行于世。《洛阳伽蓝记》所记以“禅”命名的就有三寺：禅虚寺、禅林寺、栖禅寺。景林寺中有禅房一所，“禅阁虚静，隐室凝邃”，“虽云朝市，想同岩谷”，“静行之僧，绳坐其内，飧风服道，结跏数息”，秦太上君寺“诵室禅堂，周流重叠”。这些都是洛阳僧人习禅修道的写照。

但这并不说明洛阳没有义学一派。《洛阳伽蓝记》卷二记载了一则颇为荒诞的故事：洛阳崇真寺僧人慧嶷死后七天复活，向人们讲述了他在阴间阎罗王处看到坐禅、诵经、讲经、造像、造寺等僧人的不同结局，坐禅、诵经者得以升入天堂，而讲经僧人昙谟最受到了严厉的惩罚。灵太后闻听此事后，即请坐禅僧一百人常在殿内供养之。“自此以后，京邑比丘，悉皆禅诵，不复以讲经为意。”这则故事曲折地反映了当时河洛修禅、讲经不同教派之间的斗争。自姚秦覆灭以来，北方义学沉寂。一般沙门重诵经和坐禅、修寺造像，积功累德，以求来世。后孝文帝首倡讲论，宣武、孝明亦颇好论经，义学始渐兴起。如《洛阳伽蓝记》序中“承明门”条提到孝文帝为了到城西王南寺与沙门论义，特地在洛阳城西

北开通此门；卷四“永明寺”条提到陈留王景皓舍宅安置佛徒，集京师高僧大德至其宅论辩经义之事；其他如瑶光寺“讲殿尼房，五百馀间”，景林寺“讲殿叠起，房庑连属”等，说明洛阳义学之风亦颇为兴盛。上述故事中的昙谟最（《续高僧传》又称“昙无最”）就是历史上真实存在的人物。《洛阳伽蓝记》卷四记载，他驻锡洛阳融觉寺，是学养深厚的义学名僧，讲《涅槃》《华严》，僧徒千人。可见昙谟最在当时影响甚大。由于昙谟最在河洛地区的影响，他死后遭到习禅派的诅咒也是情理中的事了。

四、北魏河洛地区的佛教风俗

由于佛教的广泛传播，佛教习俗的影响也开始渗透到洛阳的社会生活当中。传说夏历四月初八日为释迦牟尼佛诞生日，佛教界每年的这一天要举行隆重的“行像”仪式。北魏时这一风俗也传至洛阳，据《洛阳伽蓝记》记载，洛阳的佛诞庆典隆盛而活泼，如卷一“长秋寺”条：“四月四日，此像常出，辟邪师子导引其前。吞刀吐火，腾骧一面；彩幢上索，诡谲不常。奇伎异服，冠於都市。像停之处，观者如堵。迭相践跃，常有死人。”卷二“宗圣寺”条：“此像一出，市井皆空，炎光腾辉，赫赫独绝世表。妙伎杂乐，亚於刘腾。城东士女多来此寺观看也。”是日，皇帝也要到宫城门楼上散花礼敬：

> 于时金花映日，宝盖浮云，幡幢若林，香烟似雾。梵乐法音，聒动天地。百戏腾骧，所在骈比。名僧德众，负锡为群；信徒法侣，持花成薮。车骑填咽，繁衍相倾。时有西域胡沙门见此，唱言佛国。（卷二“景明寺”条）

这真是一幅北魏洛阳的清明上河图。将佛像迎出寺外，游于都市，梵乐法音伴奏于其中，吞刀吐火、彩幢上索等民间杂艺也加入这热闹的行像行列，整个洛阳城万人空巷，观者如堵，甚至时有踩踏事件发生。宗教信仰活动与民间百戏交融在一起，足见洛阳佛教世俗化和民众化的色彩。

南北朝时期，北方佛教重实践修行。传教者往往通过佛法灵验、巫术神咒等手段来征服信众。《洛阳伽蓝记》中有很多记载。如卷四“永明寺”载奉朝请孟仲晖送给陈留王景皓一尊佛像。后来此像突然显灵，每夜绕佛座行走，四周留下了许多足迹，引起众人前来观看。由此触发很多人皈依佛门。卷四“白马寺”记有沙门宝公善于推算未来之事，灵太后听说后，问以世事。宝公说：“把粟与鸡呼朱朱。”时人莫解其义。建义元年，灵太后被尔朱荣所害，人们才明白这句话：原来是把江山都给了尔朱氏的意思。卷四“法云寺”记沙门昙摩罗“秘咒神验，阎浮所无。咒枯树能生枝叶，咒人变为驴马”，见者莫不害怕，“京师僧人愿学胡法者，皆从其受持”。此类甚多。

佛法灵异之事可以说让一般民众深信不疑。因此他们也把崇奉佛法、立寺造像当作一种善举，渴望通过这种行动为自己赎罪祈福。在《洛阳伽蓝记》中，除皇家贵族立寺外，平民立寺者也不少见，如卷二载孝义里太常民刘胡兄弟以屠为业。因杀猪，忽闻猪张口乞命。胡即舍宅为归觉寺。又卷四记京兆人韦英早卒，其妻梁氏不治丧而嫁人，韦英“白日乘马来归”，指责梁氏负心，梁氏惶惧，遂舍宅为开善寺。这些都反映了普通民众好生恶杀、善恶有报的宗教观念。

五、北魏河洛地区的佛法交流

北魏时期河洛地区的中西佛法交流也极为兴盛。据文献记载，当时来洛阳的外国僧人很多，以致北魏朝廷不得不专门为之立寺。如永明寺就是宣武帝为外国僧人修建的佛寺，《洛阳伽蓝记》卷四记载，仅永明一寺就有外国沙门三千余人，可见当时来洛阳的外国沙门之多。除此之外，洛阳还有外国沙门自立的佛寺，如菩提寺、法云寺等即为西域僧人所建。在这些外来僧人中，不乏一流的高僧大德，如菩提拔陀、菩提达摩、菩提流支等，这说明洛阳已成为一座国际性的佛教文化交流中心。《洛阳伽蓝记》卷五载北魏神龟元年，灵太后诏遣沙门惠生使西域求经之事。宋云、惠生归来后作《宋云家记》《惠生行记》，是当时洛阳与西域佛教文化交流的重要见证。与此同时，在中西文化交流中，洛阳的佛教文化也反过来影响到西域。如上述提到的义学僧人昙谟最，他撰写的《大乘义章》被译为“胡书”，传到西域，西域沙门尊昙谟最为“东方圣人”。

北魏时期的南北分裂并未阻断南北的文化交流，僧侣成为南北文化交流的特殊使者。如菩提拔陀、菩提达摩等即是先至南中国，后来到河洛地区的，随拔陀一起来的还有南方扬州的比丘法融。南风北渐，洛阳亦有南北学风交融之格调，如陈留王景皓爱好玄言道家之业。曾舍半宅安置佛徒，演唱大乘数部，并进京师大德超、光、暱、荣四法师，菩提流支等咸预其席（见《洛阳伽蓝记》卷四“永明寺”条）。景皓所学显系江南之风。

综上所述，《洛阳伽蓝记》《魏书·释老志》等为我们保存了极为珍贵的北魏河洛佛教史料。通过它们承载的历史信息，可以再现一千四百余年前那个时代辉煌灿烂的河洛佛教文化；同时也不难看出，北魏统治者所倡导的佛教风尚，对河洛地区的文化和社会生活产生了深刻的影响。

（作者为洛阳师范学院新闻与传媒学院院长，教授）

定鼎嵩洛与北魏洛阳诗赋的复兴

于 涌

摘要：北魏孝文帝定鼎嵩洛后，不仅使洛阳成为政治经济中心，更恢复了其历史文化地位。以北魏宗室为中心的文人群体，带动了洛阳文学的复兴。在诗赋创作方面，洛阳恢复了西晋以来的创作精神，并能够在融合南北的基础上有所开拓。洛阳文学的复兴，究其原因主要在于孝文帝的提倡，政治文化氛围的宽松，以及南北文化交流的频繁。

关键词：北魏孝文帝；文人群体；洛阳诗赋；文学复兴

自永嘉南渡后，洛阳文学失去昔日的繁华，在西晋太康文学繁缛的发展驱动下，洛阳形成了以“三张、二陆、两潘、一左”为代表的作家群，并出现以贾谧“二十四友”为代表的文人雅集现象。当时的洛阳作为西晋都城，具有格外的凝聚力，一时间天下人才网罗殆尽，各地的文人会聚洛阳，正如刘勰所言“晋虽不文，人才实盛”。如果延续此种趋势发展，西晋文学之走向实不可预测。然而接连的“八王之乱”与“五胡”相继入主中原，截断了洛阳文学强劲的发展势头。从“永嘉南渡”至北魏孝文帝迁都洛阳180年左右，洛阳文学几无可称道之处，孝文帝迁都在改变洛阳政治经济地位的同时，也使洛阳迅速成为当时北方的文化中心，洛阳由此迎来了继西晋太康以后的文学复兴与开拓时代。

一、迁洛后文人群体的复兴

孝文帝迁都洛阳后首先带来的是文人群体的复兴。西晋洛阳的文人群体，可以说是此前洛阳文学发展的黄金时代。东汉时期的洛阳作为都城，自然是文士儒生辐辏之地。但至曹魏以后，以曹丕、曹植和“七子”为代表的邺下文学集团的突飞猛进，俨然已使邺城地位超越洛阳。直到西晋实现大一统，洛阳再次成为都城。以贾谧为中心的“金谷二十四友”成为当时洛阳文化精英的沙龙，这种文人群体不仅进行文学创作，还推动了玄学思潮的深化，具有多重文化意义。但随后的“八王之乱”却打破了洛阳相对稳定的文化结构，文人群体由此解散。作为四战之地的洛阳，在十六国的纷争中很难形成稳定的文人群体。

北魏统一后，文学发展缓慢，且其政治文化中心在平城，洛阳仍没有文化复兴的客观条件。直至孝文帝迁都洛阳以后，洛阳文人群体方再次复兴，洛阳文学也在文人群体出现的同时有了复兴和开拓的趋势。迁洛后的文人群体，整体上呈现慕雅倾向，以追求文人化的生活方式，试图恢复魏晋时期文人雅集风尚为主。现存的大量北魏墓志，可以为我们提供文人群体整体雅化的一个侧面。①

迁洛后文人群体的最大特点是元魏宗室成为文人群体的中心，而士族文人多依附于宗室。由于受到

① 王永平：《墓志所见北魏后期迁洛鲜卑皇族集团之雅化：以学术文化积累之提升为中心的考察》，《学习与探索》2011年第3期。

孝文帝政策的引导，元魏宗室改变了“北人何用知书”的认识，开始了主动学习汉族文化的时代。至北魏后期，许多元氏贵族具有相当的文采和学识，并能够组织文学创作活动。今存墓志中除了多称赞墓主风仪卓尔、才华出众等先天美德外，着意突出的是其儒学修为和文学才华。在此我们抛开儒学修为不谈，仅看其在文学方面的记录：《元怿墓志》：“文华绮赡，下笔成章。昇高睹物，在兴而作。虽食时之敏，七步之精，未之过也。”《元斌墓志》：“望秋月而赋篇，临春风而举酌，流连谈赏，左右琴书。”《元崇业墓志》：“文彩丰艳，草丽雕华，凝辞逸韵，昭灼篇牍。”《元乂墓志》：“至于异流并会，文墨成山，言若循环，笔无停运，商较用舍，曲有章条。”《元寿安墓志》：“雅善斯文，率由绮发。自是藉甚之声，遐迩属望；瑚琏之器，朝野归心。……优游文房，卓然无辈。”《元邵墓志》：“文情婉丽，琴性虚闲。射不出征，辞参辩囿。……赋山咏水，辞爱三春之光；诔丧褒往，文凄九秋之色。”《元谭墓志》：“年在纨绮，占谢光润，呼容温华，出言而可雕虫，下笔而成雾縠。”《元湛墓志》：“性笃学，元好文藻，善笔迹，遍长诗咏。祖孝武，爱谢庄，博读经史，朋旧名之书海。……貂珰紫殿，鸣玉云阁，优游秘苑，仍赏文艺。”①

以上所举仅是部分宗室的文学表现，从中可以看出，对于墓主的称赞往往集中表现其“下笔成章”“笔无停运”之悠游从容。这当然不排除墓志撰写者对墓主生平夸饰的可能，但其中反映元魏宗室追求文化品位，强调文学修养的心理诉求是真实可感的。

在墓志的表述中，关于元魏宗室在音乐方面的记录颇值得关注。墓志中常常称墓主琴书并举，兹举数例：元礼“爱学敦书，好琴善□”；元钦：“琴吐新声，□流芳味”；元恩：“至于载笑载言，笭书逸响；堂堂于貌，张也之姿”；元悦：“弦簧音律，弗假习如生知”；元显俊：“少玩之奇，琴书逸影”；元宝月：“敦诗悦乐，博闻强记”；元邵：“文情婉丽，琴性虚闲”“临风释卷，步月弦琴”；元斌：“流连谈赏，左右琴书”；元扬“安情琴书之室，命贤友，赋篇章，引渌酒，奏清弦”；等等。对于音乐的追求，不禁令人联想嵇康“目送归鸿，手挥五弦。俯仰自得，游心太玄”的洒脱高古。实际上，如果仔细分析墓志，我们还可以发现，“竹林七贤”那种高度艺术化的生活状态和行为方式，正是此时北魏文人所大力追慕的：《元延明墓志》：“惟与故任城王澄、中山王熙、东平王略、竹林为志，艺尚相欢。”《元扬墓志》：“引渌酒，奏清弦，追嵇阮以为俦，望异氏而同侣，古由今也，何以别诸。”《元湛墓志》：“嘉辰节庆，光风冏月，必延王孙，命公子，曲宴竹林，赋诗畅志。”《元焕墓志》：“味道入玄，精若垂帏，置觞出馆，欢同林下。”《元钦墓志》：“至于秋台引月，春帐来风，琴吐新声，□流芳味，高谈天人之初，清言万物之祭；虽林下七子，不足称奇；岩里四公，曷云能上。”②

身处河洛文化腹地，强烈的文化感和历史感激发元魏宗室及文人群体的创作热情，历史上的文人雅集也诱发大量效法之举。“竹林七贤”的竹林之游，自然成为元魏文人企羡的对象，而玄远的清谈也成为表现其个性的方式。当时西晋时期盛行于洛阳街巷之间的清谈之风，此时又焕发出新的生机。对于清谈、玄言、赋诗、饮酒、弹琴这些魏晋时期文人化的生活方式，墓志的撰写者格外突出强调，以此来彰显墓主的文化修为。

对于西晋洛阳文人雅集的企羡，加之拓跋族掌握政权，使得洛阳文人多围绕元魏宗室进行文学聚会活动。这使得元魏宗室自然成为文人群体之中心，如中山王元熙“文藻富赡，雅有俊才”，被视为“文艺之美，领袖东观”，据《魏书·南安王桢传附元熙》：“熙既蕃王之贵，加有文学，好奇爱异，交结伟俊，风气甚高，名美当世，先达后进，多造其门。”常与元熙交流的有袁翻、李琰、李神俊、王诵兄弟、裴敬宪等文人。又如，临淮王元彧不仅武功卓著，而且具有相当水平的文才：《洛阳伽蓝记》称其“羽

① 赵超：《汉魏南北朝墓志汇编》，天津古籍出版社2008年版，第172、142、154、182、191、222、229、239页。

② 赵超：《汉魏南北朝墓志汇编》，天津古籍出版社2008年版，第286、75、239、168、249页。

觞流行，诗赋并陈，清言乍起。莫不饮其玄奥，忘其褊郄焉”。元彧墓志中更赞其“风神闲旷，道置自远，辞彩润彻，无辈当时，出入承明，逶迤复道，光华振鹭，领袖群龙。东阁晨开，西园夕宴，孙枝激响，芳醴徐行，涌泉时注，悬何不竭”。再如，元延明“与中山王熙及弟临淮王彧等，并以才学令望有名于世。虽风流造次不及熙、彧，而稽古淳笃过之”。元熙、元彧、元延明标志着元魏宗室文士化程度已达到一定高度。

为了标榜自身对文化的崇尚，元魏宗室成员多喜欢招才纳士，网罗文学才能突出之人，组织大小规模的文人雅集活动。墓志中可见者如元子正“雅好文章，尤爱宾客，属辞摛藻，怡情无倦，礼贤接士，终宴忘疲。致雏马之徒，怀东阁而并至；徐陈之党，慕西园以来游。于是声高海内，誉驰天下，当年绝侣，望古希俦”。元彝“宾延雅胜，交远游杂”。元扬“韵宇神凝，雅度清简，倾衿慕道，殷勤引德。俊士游于高门，英彦翔于云馆”。元湛“嘉辰节庆，光风冏月，必延王孙，命公子，曲宴竹林，赋诗畅志”。元邵“西园命友，东阁延宾”……诸如此类，不胜枚举。宗室与文人的相互需求，大大推进了洛阳文学复兴的步伐。

此外，值得注意的是，在宗室贵族文学聚会的带动之下，民间文人群体开始大量出现。《魏书·成淹传附成霄》：“亦学涉，好为文咏，但词彩不伦，率多鄙俗。与河东姜质等朋游相好，诗赋间起。知音之士，共所嗤笑，闾巷浅识，颂讽成群，乃至大行于世。”闾巷之间亦颂讽成群。又见《洛阳伽蓝记》卷四《宝光寺》：“京邑士子，至于良辰美日，休沐告归，徵友命朋，来游此寺。雷车接轸，羽盖成阴。或置酒林泉，题诗花圃，折藕浮瓜，以为兴适。”寺庙也开始成为文人表现文采的场所，从民间文人群体的兴起，可以看出洛阳形成了浓厚的文学氛围。

二、迁洛后诗赋创作的复兴与开拓

由于现存北魏文学作品较少，且经历时间的裁汰，许多作品的缺失难以恢复洛阳文学复兴的整体面貌。但从今存诗赋文章创作中，仍能管窥其一二。以徐崇《补南北史艺文志》来看，北魏孝文帝后有40人有文集见载，从文集卷数上看，薛孝通有“文集八十卷，行于时”，位居榜首，其次崔光五十卷、高闾四十卷、孝文帝三十九卷、温子升三十五卷，其余文人卷数多少不等。其中大部分文人的文集并没有流传至初唐，因此仅《魏书》记载了某人有文集流传，但《隋书·经籍志》未收。这些佚失的文集说明，北魏后期文人创作有了明显的复兴趋势。以现存作品为对象，可从诗赋两个方面考察迁都后洛阳文学的复兴情况。

1. 文人诗的大量涌现

北魏孝文帝迁都以前文人诗歌创作匮乏，现仅存宗钦、高允、段承根等的几首赠答诗，且多为四言，犹有西晋遗风。迁都后的诗歌创作有明显的起色，除了在数量上明显增多外，在诗歌内容和艺术特色上，也较之前有所进步。

按照上文所言，元魏宗室作为文人群体的中心，当然也是文学创作的主力。此时元魏宗室诗歌作品明显增加。北魏孝文帝后的几任帝王，孝明帝元诩、庄帝元子攸、节闵帝元恭，都有诗歌流传后世，这表明从孝文帝开始，在帝王层面已经开始具备了创作诗歌的能力。此时皇室成员的创作，可见者如济阴王元晖业《感遇诗》、中山王元熙两首《绝命诗》、彭城王元勰《应制赋铜鞮山松诗》等作品，皆朴拙高古，有类脱口而出之作，这些作品呈现出元魏贵族在初步学习中原诗歌时，尚没有浸染雕琢藻饰恶习的状态，因此多能直抒胸臆，颇似《敕勒歌》之古朴，也可以说是对汉魏遗风的保持。

从内容上看，相对于此前的颂德作品，北魏后期的诗歌内容整体上趋向于注重表现内心，如李谧

《神士赋歌》，冯元兴《浮萍诗》，萧综《听钟鸣》《悲落叶》等诗，或表达隐逸之志，或抒发身世之悲，多能够切合实地，有感而发，形式上短小精悍，不同于西晋太康文学的繁缛。如萧综的《听钟鸣》："历历听钟鸣，当知在帝城。西树隐落月，东窗见晓星。雾露朏朏未分明，乌啼哑哑已流声。惊客思，动客情，客思郁纵横。翩翩孤雁何所栖，依依别鹤半夜啼。今岁行已暮，雨雪向凄凄。飞蓬旦夕起，杨柳尚翻低。气郁结，涕滂沱，愁思无所托，强作听钟歌。"萧综为梁武帝子，在正光四年（523年）奔魏，据《洛阳伽蓝记》："洛阳城东建阳里有台，高三丈，上作二精舍。有钟，撞之，闻五十里，太后移在宫内，置凝闲堂。初，梁豫昌王萧综闻此钟声，遂告听钟歌三首行于世。"萧综此诗充满远离故国的哀愁，通篇句式错落参差，多用叠字，能够形象地传达思乡的惆怅之情。同为北上南人，刘昶和王肃两人的作品同样以简短精练的形式，表达了对故乡的眷恋，刘昶《断句诗》："白云满鄣来，黄尘暗天起。关山四面绝，故乡几千里。"气脉格调直逼唐人。王肃《悲平城诗》："悲平城，驱马入云中。阴山常晦雪，荒松无罢风。"颇染北朝悲凉高古之精神，与元勰《应制赋铜鞮山松诗》"问松林，松林经几冬。山川何如昔，风云与古同"尤其相似。这些由南入北的文人作品，较典型地代表了南北文风碰撞后，所激荡出的融而未合的特点。迁都后的诗歌在艺术特点上是悲凉与华丽兼备。随着南人北上的增多，诸如萧综、王肃、刘昶等南朝文人带来的南朝诗歌风习深入北朝，逐渐形成了追求华丽与繁缛的风尚。但是这种风气没有冲淡北朝固有的刚健悲凉之气，有时两种风格还能够融洽地体现在同一个人身上。

以温子升为例（温子升早年活动于洛阳，且其接受教育皆在洛阳，因此可视为洛阳文学复兴后的作家），温子升的《从驾幸金墉城诗》是一首典型的应制之作，从内容上看是对谢朓《入朝曲》的模仿之作，陈祚明《采菽堂古诗选》评价其："虽近梁陈之词，犹存三谢之气。"而温子升能够在应制的短暂时间内写出此作，可见其对南朝文人作品的熟悉。同时，温子升诗歌亦不乏刚健之气，如《白鼻騧》《凉州乐歌二首》吸收了北方民歌的气质，进行了文人化的处理。再如较为著名的《捣衣诗》更能见出北方气质的流露，陈祚明称其"稍见风华，尚不漓质"①；沈德潜赞之"直是唐人"，皆是以其能够融汇南北而言。梁武帝萧衍在看到温子升的诗文后，评价其"曹植、陆机复生于北土。恨我辞人，数穷百六"。② 说明当时北朝洛阳时代以后的文学已得到南朝认可，这种认可建立的背景正是洛阳文人对南朝文学的吸纳和融汇。

此外，崔巨伦《五月五日诗》、董绍《高平牧马诗》均能直抒胸臆，出于自然，是此时北朝诗歌刚健质朴风格的典型代表。阳固两首讽刺诗《刺谗诗》和《疾倖诗》也颇有特色，两诗皆为四言，在句式和结构上都以《诗经》为法，并运用比兴手法，其情感基调颇似《诗经》中《相鼠》《硕鼠》诸篇，具有强烈地抨击现实丑恶的情感，从其中可以看出文人批判精神的回归。

2. 文人赋类型多样化

北齐文人魏收曾放言："会须作赋，始成大才士。唯以章表碑志自许，此外更同戏儿戏。"③ 其语虽有所针对，但可知在北朝，赋仍是文人借以显示才华的文学体裁。与诗类似，赋的创作在此时也有了明显复兴迹象，北魏后期赋的创作主要有几种类型：颂德赋、都城赋、讽喻赋、述情赋、抒情小赋等，呈现多样化趋势。

北魏平城时期，文人就多创作赋，内容以歌功颂德为主。其中尤以都城赋、宫殿赋为多，如太武帝诏游雅为《太华殿赋》；梁祚"作《代都赋》，颇行于世"④；高允"上《代都赋》，因以规讽，亦《二

① 陈祚明：《采菽堂古诗选》，上海古籍出版社2008年版，第1036页。
② 魏收：《魏书》，中华书局1974年版，第1876页。
③ 李百药：《北齐书》，中华书局1972年版，第492页。
④ 魏收：《魏书》，中华书局1974年版，第1845页。

京》之流也”。[1] 在迁都之后，洛阳再次唤醒了北魏文人对于帝都的文化记忆。都城赋再次成为创作内容，尤以曾经做过洛阳令的阳固《南北二都赋》为代表，《魏书·阳固传》：“固乃用《南北二都赋》，称恒代田渔声乐侈靡之事，节以中京礼仪之式，因以讽谏。”都城赋的创作，使洛阳继东汉、西晋之后，再次作为都城成为描写对象，并且延续了两都对比颂扬后者的讽喻传统，以礼仪胜于侈靡，彰显洛阳作为都城的优越之处。

虽然这些作品鲜见流传，但通过《洛阳伽蓝记》中收录的常景《洛桥铭》一文，可以窥见当时人对于洛阳的认识。铭文先描述洛阳地理位置之优越，称其为“帝世光宅，函夏同风”，又称洛阳为“四险之地，六达之庄，恃德则固，失道则亡”。强调以德建国的重要意义，也是承《两都》《二京》之旨。最后通过回顾历史，赞颂北魏建都洛阳的举措：“魏箓仰天，玄符握镜。玺运会昌，龙图受命。乃眷书轨，永怀保定。敷兹景迹，流美洪模。袭我冠冕，正我神枢。水陆兼会，周郑交衢。爰勒洛汭，敢告中区。”铭文写得典雅庄重，是赞颂洛阳的典范之作。另外，《魏书·胡叟传》：“高闾作《宣命赋》，叟为之序。”高闾的《宣命赋》虽不见其文，当亦属以洛阳为对象的颂扬之作。

赋除了散体的歌颂内容外，于东汉后期盛行的抒情小赋体制，在此时也有所复兴，文人通过赋的形式表达内心的寄托，或抒发归隐之情，或寄托身世之悲，如裴宣“因表求解，世宗不许。乃作《怀田赋》以叙心焉”。[2]；封肃“为《还园赋》，其辞甚美”。[3] 邢昕“时言冒窃官级，为中尉所劾，免官，乃为《述躬赋》”。[4] 当亦属张衡《归田赋》之流。其中尤以袁翻《思归赋》为代表，袁翻在孝明帝熙平年间，出为平阳太守，“甚不自得”[5]，故作此赋，其整体格调颇似《离骚》，在“北眺羊肠诘屈，南望龙门嵯峨”的悲慨氛围中，反复申诉不忍离去，表达对洛阳的眷恋之情，并发出“愿生还于洛滨，荷天地之厚德”之感叹，表现出对洛阳的认同。

裴伯茂《豁情赋》和李骞《释情赋》也可代表此时抒情赋的另一种风格，《魏书·文苑传·裴伯茂》：“伯茂好饮酒，颇涉疏傲，久不徙官，曾为《豁情赋》。”其序中称此赋以“究览庄生，具体齐物，物我两忘，是非俱遣，斯人之达，吾所师焉”为主旨，追求以老庄思想排解世俗烦恼的境界。李骞《释情赋》见于《魏书》，该赋内容充实，文笔流畅，标志此时洛阳文学已达到一定的高度。《释情赋》同样以老庄全贞守朴，退守归田为追求：“承周庄之有言，揽老子之知足。奉炯诫以周旋，抱徽猷而与属。每有偃于唯尘，恒兴言于宠辱。思散发以抽簪，愿全真而守朴。”《豁情赋》和《释情赋》在精神上与归田类的赋具有相同之处，表示此时的北朝士人在人生问题的选择上，不再仅仅局限于为官从政一条道路，而是具有更多种自由。除了以上所列举的应制或应时而作之赋，迁都后的一些文人平时多作游戏之赋，更能显示此时文学创作的热情之高涨。如元顺的《蝇赋》以及卢元明的《剧鼠赋》，钱钟书先生称《剧鼠赋》“乃游戏之作，不求典雅，直摹物色，戛戛工于造语”。[6] 此类游戏赋的出现，以及姜质《亭山赋》等所谓“鄙俗”之赋的创作，是作家群的扩大和描摹对象扩充的表现，足以说明迁都后文学创作的复苏势头良好。

总体来说，迁都后洛阳文人在赋的创作方面，从内容选择和艺术构思上，均呈现多样化的趋势，但在整体上仍没有突破以往赋的类型和模式，较少令人耳目一新之作，因此也就更少如庾信《小园赋》这样流传于后世的经典之作。以上仅从诗赋两个方面考察了迁都后洛阳文学的复兴情况，至于散文方

---

① 魏收：《魏书》，中华书局1974年版，第1076页。
② 同①，第1204页。
③ 同①，第1871页。
④ 同①，第1874页。
⑤ 同①，第1540页。
⑥ 钱钟书：《管锥编》，生活·读书·新知三联书店2008年版，第2322页。

面，由于北朝的章奏符檄，始终“粲然可观”，迁都后也无甚过于惊艳之作，因此仅关注“体物缘情”为主的诗赋作品。而正是因为这些作品“寂寥于世”，才更显出其弥足珍贵的价值。

三、迁都后洛阳文学复兴的原因

孝文帝迁都后，洛阳文学复兴的原因大致可归纳为以下几点：

第一，孝文帝的大力提倡。《魏书》本传称孝文帝“才藻富赡，好为文章、诗、赋、铭、颂，任兴而作。有大文笔，马上口授，及其成也，不改一字。自太和十年已后，诏册皆帝之文也。自余文章，百有余篇”。① 先天的聪颖加之文明太后的汉化影响，使孝文帝成为北魏历代帝王中最富文采者。连南齐人也称赞其“知谈义，解属文，轻果有远略”，② 肯定其在文学上的造诣。《隋书·经籍志》有《后魏孝文帝集》三十九卷，说明孝文帝文集至唐初仍有流传。观其所作《祭恒岳文》《祭嵩高山文》《吊殷比干墓文》《祭岱岳文》《祭河文》《祭济文》等文章，于典正之间亦颇富文采。

孝文帝曾积极向北方高门士族学习文学创作。博陵崔挺既通文章，又擅书法，孝文帝常“问挺治边之略，因及文章”，并将自己的文章送予崔挺以听取意见，虚心求教：“别卿已来，倏焉二载，吾所缀文，已成一集。今当给卿副本，时可观之。”③ 同时，孝文帝也常将自己的文集送予臣子以效示范，以此激励文人的创作热情。《魏书·刘昶传》载孝文帝饯别刘昶时，“命百僚赋诗赠昶，又以其《文集》一部赐昶”。孝文帝以所制文笔示之刘昶，并说自己是“时契胜残，事钟文业，虽则不学，欲罢不能”，道出了对于文学的崇尚心理。孝文帝还常在宴会上鼓励文人积极进行文学创作。《魏书·南安王桢传》载孝文帝饯别元桢于华林都亭，宴会上称群臣可赋诗陈意，“射者可以观德，不能赋诗者，可听射也。当使武士弯弓，文人下笔”，④ 使文武各得其所。这种鼓励文人即兴创作的做法，能够有效地提升文人地位，恢复此前文人受到束缚和压抑的创作热情。在诸多北魏帝王中，像孝文帝这样崇尚文学，喜欢在宴会上赋诗的绝无仅有。

孝文帝对于宗室的文学水平也十分重视，并常常敦促诸王留心文教，《魏书·北海王详传》载：“高祖赐详玺书，曰：‘比游神何业也？丘坟六籍，何事非娱，善正风猷，肃是禁旅。’”并且时常与宗室成员进行文学竞赛，《魏书·任城王澄传》：“高祖曰：‘行礼已毕，欲令宗室各言其志，可率赋诗。’特令澄为七言连韵，与高祖往复赌赛，遂至极欢，际夜乃罢。”在孝文帝的引导之下，宗室贵族的文学水平才能在上文所述的墓志中有所体现。《魏书·文苑传》对孝文帝又有极高的评价：“逮高祖驭天，锐情文学，盖以颉颃汉彻，掩踔曹丕，气韵高艳，才藻独构。衣冠仰止，咸慕新风。”称其功绩盖过汉武帝和曹丕。身为少数民族领袖，能够克服种种困难，推动整个民族的文化转变，其精神和气魄不逊于汉武和魏文。可以说，孝文帝的改革及其对文学的热爱，是推动洛阳文学复兴的最主要因素，也是北魏后期文学得以迅速发展的重要契机。

第二，宽松的政治文化环境。永嘉南渡以后，滞留北方的士族，以河东裴氏、河东柳氏、河东薛氏、渤海高氏、河间邢氏、清河崔氏、范阳卢氏、赵郡李氏等为著名。这些士族当中，不乏文化贵胄，其在魏晋时期即显示其门第在文化上的优势。这些留在北方的士族命运大致有两种，一种是受到胡族杀戮，另一种是迫于淫威与之合作。因此对于文化的保存，往往依靠坞堡中的教育传沿，或是寄托在改变

---

① 魏收：《魏书》，中华书局1974年版，第189页。
② 萧子显：《南齐书》，中华书局1972年版，第990页。
③ 魏收：《魏书》，中华书局1974年版，第1264页。
④ 魏收：《魏书》，中华书局1974年版，第494页。

胡族君主的文化思维上。而两者均面临困难和险阻。尖锐的胡汉矛盾，险恶的政治环境，以及闭塞的交流条件，使北朝文学的发展条件远不如南朝平稳顺利。

《魏书·高允传》称“魏初法严，朝士多见杖罚”。杨椿也说“北都时，朝法严急”。[①] 可以说高度概括出北魏早期，孝文帝执政之前，朝法十分严苛的情况。尤其是太武帝时期崔浩的“国史之狱”，更是给北魏汉族士人在文化上的进取之心以沉重的打击。崔浩被诛牵连大批汉族士人，所仅存留的如高允等人，在此后也噤若寒蝉。高允在《徵士颂》中称“不为文二十年矣”，道出个中心酸。高允也是“性好文学”“博通经史、天文、术数”[②] 之人，二十年不为文，充分说明崔浩事件给汉族文人心理留下了难以磨灭的阴影。太武帝此举在打击了汉族士人汉化信心的同时，也阻断了北魏文学发展的步伐。

然而这种严苛的政治环境在经过文成帝和献文帝的守成，以及文明太后和孝文帝相继执政后，有了极大的改善，朝臣中汉族士人的比例大量增加。文成帝和平二年（461 年）的《南巡碑》中，其记录尚书 18 人中汉族士人占 8 个，这在外朝官中的比例是非常大的。另在鲜卑官名中（即内朝官）汉族士人所占比例约为 9%，说明此时汉族士人日益介入拓跋内部事务的管理。不仅如此，汉族士人的政治地位也得到相应的提升，史书中已经不再有对崔浩这样的高门士族动辄夷族的惨事出现了。

尤其在迁都洛阳以后，汉族士人在地域上获得了胜利，这不仅标志政权正统的合法性，更彰显了汉族士人在文化方面的胜利。面对鲜卑语日渐式微、汉族文化日益昌盛的状况，士人对政治文化的清明发出由衷的赞叹，出自清河崔氏的僧渊曾赞曰：“礼俗之叙，粲然复兴，河洛之间，重隆周道。巷歌邑颂，朝熙门穆，济济之盛，非可备陈矣。”[③] 文学的发展需要一定的客观环境，而客观环境的营造需要帝王的政策引导，孝文帝迁都洛阳正是历史为北魏文学的发展营造的优越客观环境。

第三，南北文学交流的频繁。随着南人北上的逐渐增多，北魏文人多能接触到南朝文学，并能够从南朝文学中学到优秀的创作经验。《魏书·祖莹传》记载北上南人王肃与元勰切磋诗文一事，元勰误以《悲平城》为《悲彭城》，受到王肃诘难，幸赖祖莹即兴创作《悲彭城》一诗化解尴尬，元勰“退谓莹曰：‘即定是神口。今日若不得卿，几为吴子所屈’。”[④] 南北文学的交流已经展开。南北朝文学交流形式多样，如商贸、战争、和亲、聘使、僧侣等，凸显了文学传播方式的多样性。这其中，聘使交往较之其他形式，优势尤为突出。

随着孝文帝汉化加深，北魏对于聘使的文学才能渐渐加以重视，孝文帝曾在卢昶出使南齐前，特别交代副使王清石：“或主客命卿作诗，可率卿所知，莫以昶不作，便复罢也。”[⑤] 不希望在文学上落后于南朝。因此，北朝在此后选拔聘使中，文学才能逐渐成为重要的衡量标准。如魏澹“专精好学，高才善属文”；陆操“高简有风格，早以学业知名，雅好文”；辛德源“十四解属文，及长，博览书记”；陆卬“善属文……虽未能尽工，以敏速见美”[⑥] 等，都以善解文被选为聘使。而随着北朝整体文学水平的提升，文人阶层得到扩大，文学创作水平日益精进，聘使中能作文者渐多，逐渐可与南朝相抗衡。南北之间文学，借由聘使得到高层次的交流，聘使之间文学往来遂成为南北文学得以融合的重要方式。

在南北著名文人中，有过聘使经历或主客经历者主要有：游雅、游明根、李彪、张融、刘绘、任昉、萧琛、范云、王融、谢朓、卢元明、李谐、魏收、魏澹、庾信、徐陵、薛道衡等人，这些人中，或有诗文存世，或在当时有集子流传，都属文学优赡之士，在文学史上皆有一席之地。而《北史·文苑

① 魏收：《魏书》，中华书局 1974 年版，第 1290 页。
② 同①，第 1067 页。
③ 同①，第 632 页。
④ 同①，第 1799 页。
⑤ 同①，第 1055 页。
⑥ 同①，第 2044、1022、1824、469 页。

传》中所记文人，大部分亦都有外聘经历。北朝文采斐然者本就不多，在与重视文学的南朝人交流中，这些文人起到了支撑门面的作用。如《北史·薛道衡传》载：“陈使傅縡聘齐，以道衡兼主客郎接对之。縡赠诗五十韵，道衡和之，南北称美。魏收曰：‘傅縡所谓以蚓投鱼耳。’”在魏收看来，薛道衡的文学显然已超过南方了。魏收本人亦因“辞藻富逸”得到南朝人的认可，《魏书·序传》云：“收兼通直散骑常侍副王昕娉萧衍，昕风流文辩，收辞藻富逸，衍及其群臣咸加敬异。”此外，李彪、魏澹、卢元明等北人都曾因文学才华突出而得到南朝文人的认可。

这种频繁的文学交流，逐渐提升了北朝文人的文化自信，也增强了其文学创作水平，而北朝后期王褒、庾信的北上交流，促进了北周文学短暂的复兴。在创作方面，庾信更是将南朝文学与北朝风物进行结合，成为南北文学集大成的代表。

综上所述，经过孝文帝的迁都，洛阳恢复了丧失已久的文化光环，在帝王的策动、宗室的附庸、文人的紧随下，洛阳文学突破了既往的束缚和压抑，迎来了复兴的春天。在诗歌创作上，能够在模仿南朝的同时，不失北朝之本色，赋的创作上呈现多样化趋势。经过汉族士人与拓跋族几代人的努力，北魏文学不仅得到南朝人的认可，并为北齐、北周，乃至隋唐文学的健康发展做了良好的铺垫。

（作者为洛阳师范学院文学院讲师）

唐代早期的政治局势与武则天的崇道倾向

曾　谦

摘要：从唐太宗时期开始，李唐皇室通过推崇道教方式，实现“无为”政治理想。受此影响，武则天开始崇信道教，成为一名崇道人士。唐高宗身体虚弱，武则天在崇道活动中，逐渐掌握朝廷大权。唐高宗去世后，武则天调整崇道倾向，增加自己的社会权威，最终构筑起以自己为中心的一元化权力格局体系。

关键词：唐代；政治局势；武则天；道教

武则天是一个具有强烈道教倾向的政治人物。近些年武则天和道教之间的关系越来越被学者们所关注。巴雷特、王永平、闫彩霞、李青峰等都曾对武则天和道教之间的关系进行过深入探讨。[①] 不过，这些研究虽然注意到武则天道教信仰和政治之间的关系比较密切，但他们大都从武则天对道教的影响进行探究，却很少对两者之间的互动关系进行研究。武则天对道教的尊崇从来都不是没有变化的，而是深受唐代政治形势的影响，呈现出不断变化的特点。有鉴于此，本文尝试以唐朝初期的政治局势和武则天的互动关系为线索，探讨二者之间的相互关系。

一、唐代初诸帝崇道倾向与武则天道教信仰的形成

李唐王朝起自于代北，在中原地区并没有深厚的根基。在入主中原以后，如何扩大自己的影响，在家族势力庞大的中原地区站稳脚跟，就成为摆在李唐皇室面前一个十分重要的任务。道教是一种源自于中原内地的宗教派别，道教的教主老子姓“李”，和源自于代北地区的“李”唐皇室在姓氏上存在着天然联系。于是，李唐皇室便通过攀附道教教主“姓氏”的方式，把自己融入中原传统文化体系，达到取得中原人士认同、稳固统治的目的。出于这样的考虑，从李渊时期开始，李唐皇室就不断地有意识地加强和道教之间的联系。武德七年（624 年）唐高祖亲自到楼观拜谒老子祠，认祖归宗。武德八年（625 年）唐高祖下诏排定三教先后顺序“老君是朕先君。尊祖重亲，有生之本”[②]，专门指称老子是李唐皇室的先祖。

虽然李唐皇室不断强化和道教之间的联系，但当时道教的影响却不是很大，特别是和佛教比较起来相对比较弱势。贞观十二年（638 年），唐太宗令吏部尚书高士廉修订《氏族志》，山东士族崔民干被列为第一等，实际上就反映出“李姓”地位并不崇高的社会现实。在此情况下，为了彰显王权，唐初诸

① 巴雷特、曾维加：《武则天和道教》，《宗教学研究》2011 年第 2 期；王永平：《武则天与道教》，《沧桑》2016 年第 3 期；闫彩霞：《武则天与道教》，《新西部》（理论版）2016 年第 9 期；李青峰：《武则天与道教的关系》，《乾陵文化研究》2012 年第 3 期。

② 董诰：《全唐文》卷一《先老后释诏》。

帝便通过崇道的方式，扩大道教的影响，以期达到尊崇皇室、巩固皇权的目的。如李世民多次公开对道教进行赞扬，说道教“能经邦致治，反朴还淳”，“天下大定，亦赖无为之功”。[①] 称赞道教对于治国安邦有莫大之功。对于任何敢于攻击道教的行为，则毫不犹豫地进行严厉打击。贞观十三年（639 年）道士秦士英指称僧人法琳攻击老子，诽谤皇室，有欺君罔上之罪。法琳最后被流放益州，病死于途中。[②]

随着对道教尊崇的不断加深，唐初诸帝和道士们逐渐建立起十分密切的关系。如道士王远知曾拥戴李世民为帝，唐太宗对他极为信任，称赞他“道迈前烈，声高自古”。[③] 薛颐官至太史令，后上表复请为道士，唐太宗对他倍极殊荣：“置紫府观于九嵕山，拜颐中大夫，行紫府观主事。又敕于观中建一清台，候玄象，有灾祥薄蚀谪见等事，随状闻奏。”[④] 授予他随时向之入禀灾祥的特权。道士万振深受唐高宗礼遇，“帝尊待之如师友”[⑤]。

为了方便朝夕问道，一些道士还被招入内廷供养。如贞观九年（635 年）道士徐昂“被召入京。太宗嘉而悦之，于内道场供养”[⑥]。道士叶法善“显庆中，高宗闻其名，征诣京师，将加爵位，固辞不受。求为道士，因留在内道场，供待甚厚”[⑦]。道士刘合道“高宗闻其名，令于隐所置太一观以居之。召入宫中，深尊礼之”[⑧]。这些道士被召入宫中，深受尊崇和优待。

“佛是戎神”。从北魏时期开始，北朝内廷就一直有信奉佛教的传统。但随着道教人士频繁出入宫中，道教在皇宫内廷中影响不断扩大，唐朝后宫开始逐渐出现倾向道教的风尚。如唐太宗时期的后宫徐氏就曾上疏，引用道教思想劝诫说“为政之本，贵在无为”[⑨]，认为治国理政，应遵从道教思想为原则。

武则天出生于一个信仰佛教的家庭，“朕爰自幼龄，归心彼岸。務广三明之路，思崇八正之门”[⑩]，从小就受到佛教的深刻影响。武则天 14 岁时被选入后宫，30 岁时被立为皇后，除了 24 岁时出宫入感业寺当过三年尼姑之外，其间一直没有机会离开皇宫后廷。唐太宗、唐高宗时期，皇宫内廷崇道风气日渐浓厚，武则天深受影响，开始逐渐成为崇信道士的人士。虽然没有确切的证据表明，武则天是什么时候开始崇信道教的，但资料显示最迟在显庆年间，武则天就已经非常崇信道教。显庆五年（660 年）唐高宗风疾加重，“冬，十月，上初苦风眩头重，目不能视”[⑪]，武则天掌握朝廷大权，“敕使东岳先生郭行真，弟子陈兰茂、杜知古、马知止，奉为皇帝、皇后七日行道，并造素像一躯，二真人夹侍”[⑫]。甫一执掌权柄，就委派道士郭行真赴泰山行道，说明此时的武则天已和唐高宗父子一样，成为一个十分崇信道教的人士。

二、高宗时期的道教政治与武则天政治地位的提升

唐高宗继位之后，曾和大臣令狐德棻曾就如何为政展开过一次讨论。“德棻对曰：‘古者为政，清

---

① 宋敏求：《唐大诏令集》卷一百一十三《道士女冠在僧尼之上诏》。
② 大正一切经刊行会（东京）：《大正藏》卷五十《唐护法沙门法琳别传》。
③ 刘昫等：《旧唐书》卷一百九十二《王远知传》。
④ 刘昫等：《旧唐书》卷一百九十一《薛颐传》。
⑤ 赵道一：《历代真仙体道通鉴》卷三十一。
⑥ 陈垣：《道教金石略》，文物出版社 1988 年版，第 64－65 页。
⑦ 刘昫等：《旧唐书》卷一百九十一《叶法善传》。
⑧ 刘昫等：《旧唐书》卷一百九十二《刘合道传》。
⑨ 刘昫等：《旧唐书》卷五十一《贤妃徐氏》。
⑩ 董诰等：《全唐文》卷九十七《方广大庄严经序》。
⑪ 司马光：《资治通鉴》卷二百零一《唐纪十七》。
⑫ 王昶：《金石萃编》卷五十三《岱岳观碑》。

其心，简其事，以此为本。当今天下无虞，年谷丰稔，薄赋敛，少征役，此乃合于古道。为政之要道，莫过于此。’高宗曰：‘政道莫尚于无为也’。”① 十分赞同“无为”政治理念。

虽然唐高宗十分赞同“无为”政治理念，但在推行自己的这种政治理念时却一筹莫展，举步维艰。唐高宗以相对比较弱势的身份被立为皇帝，继位之初，就受到强大的政治掣肘。和唐高宗“无为”不同的是，长孙无忌、褚遂良等强势专横。他们的表现，使唐高宗意识到实行“无为”的政治理念，不仅要提高自己的权威，而且还要在社会上形成“无为”的统一认识。否则，他的政治理念将会面临着巨大的社会阻力。

由于尊崇道教可以提高自己的权威，在社会上形成“无为”观念，所以唐高宗便以尊崇道教为突破，以期达到推行自己政治理念的目的。但在儒家思想占主流的情况下，唐高宗很难在朝廷中找到合适的支持者。武则天崇信道教，和唐高宗志趣相投，“能屈身忍辱，奉顺上意，故上排群议而立之”②。于是，唐高宗力排众议，提携她成为自己的知己和助手。

在武则天的大力支持下，高宗时期的崇道活动持续走向高潮。乾封元年（666 年）武则天和唐高宗亲临亳州谷阳县老子故里，扩建老君庙规模，增创祠堂，“其庙置令、丞各一员；改谷阳县为真源县，县内宗姓特给复一年”；追尊老君为太上玄元皇帝，“冀崇追远之怀，用申尊祖之义”③。同时，为了纪念泰山封禅活动，在“兖州界置紫云、仙鹤、万岁观”④，下令天下诸州皆普置道观一所，在全国掀起修建道观的高潮。

武则天在道教方面的作用和努力，使她越来越受到唐高宗的信赖。为了进一步推动道教发展，上元元年（674 年）“高宗号天皇，皇后亦号天后，天下之人谓之‘二圣’”⑤。“天皇”是一个具有浓厚道教色彩的称号，不仅和“昊天上帝”同义，而且在《道门经法相承次序》中还是“老子”的神号。唐高宗自称天皇，不仅意味着他开始以亲自兼任道教神号的方式，强力推动道教在社会上的发展，而且还意味着他把推动道教发展的重任同样赋予了武则天。由此武则天的政治地位更上一层，由唐高宗的助手上升可以和他并列的“二圣”。

上元元年（674 年），武则天在晋封天后后，向唐高宗上书建言，再次提出大力推动道教发展的措施，“息兵，以道德化天下；南北中尚禁浮巧；省功费力役；广言路；杜谗口；王公以降皆习《老子》”⑥。该建议以“无为”治天下，深合唐高宗治国理念，“诏书褒美，皆行之”⑦。上元二年（675 年），“上苦风眩甚，议使天后摄知国政”⑧。虽然最后在郝处俊等大臣的反对下，武则天最终未能摄理国政，但此事却表明武则天此时已取代皇太子，成为唐高宗心目中可以托付事业的人选。

永淳二年（683 年），唐高宗风疾病情加重，“上疾甚故也。上苦头重，不能视”，“上自奉天宫疾甚，宰相皆不得见”⑨。在病情加重、时日不多的情况下，唐高宗加速道教发展愿望越发迫切。同年底，改年号为“弘道”，通过改元的方式，直接、明确地向全国昭告了他弘扬道教的决心。同年，唐高宗去世，“军国大事有不决者，兼取天后进止”⑩，正式以遗诏的形式向世人宣布了把军国大权交给武则天的决定，从而使她成为唐高宗之后的最高权力拥有者。

---

① 刘昫：《旧唐书》卷七十三《令狐德棻传》。
② 司马光：《资治通鉴》卷二百零一《唐纪十七》。
③ 宋敏求：《唐大诏令集》卷七十八《追尊玄元皇帝制》。
④ 刘昫等：《旧唐书》卷五《高宗纪下》。
⑤ 欧阳修：《新唐书》卷四《则天皇后》。
⑥ 欧阳修：《新唐书》卷七十六《后妃上》。
⑦⑧ 司马光：《资治通鉴》卷二百零二《唐纪十八》。
⑨ 司马光：《资治通鉴》卷二百零三《唐纪十九》。
⑩ 刘昫等：《旧唐书》卷五《高宗下》。

三、武则天崇道的困境及其崇道倾向的调整

按照初唐时期的规定，太子是皇帝事业的继承人，拥有属于自己的卫署和政治团体，是仅次于皇帝的第二大权力中心。武则天权力的扩大改变了既有的权力结构，造成和太子集团之间出现尖锐矛盾。唐高宗时期迭次出现废立太子的情况，实际上就是武则天政治地位上升威胁到了太子地位，从而使太子地位出现不稳和动摇。

在和太子矛盾日益尖锐的同时，武则天和官僚集团的矛盾也日益加深。唐代实行科举考试的官员选拔制度。在科举制度下，儒学人士是政府官员的主要来源。儒学是建立在家族男权基础上的一种思想体系。武则天以女性身份的崛起对官僚集团所信奉的儒家思想构成了严重挑战，引起官僚集团对武则天的强烈反对。上元年间，唐高宗欲逊位于武则天，宰相郝处俊对曰："尝闻礼经云：'天子理阳道，后理阴德。'则帝之与后，犹日之与月，阳之与阴，各有所主守也。陛下今欲违反此道，臣恐上则谪见于天，下则取怪于人。昔魏文帝著令，身崩后尚不许皇后临朝，今陛下奈何遂欲躬自传位于天后？况天下者，高祖、太宗二圣之天下，非陛下之天下也。陛下正合谨守宗庙，传之子孙，诚不可持国与人，有私于后族。伏乞特垂详纳。"郝处俊从男女角色和家族观念出发，反对唐高宗向武则天移交权力，其根本原因就是传统儒家思想作祟的结果。

麟德元年（664 年），"仪因言：'皇后专恣，海内所不与，请废之。'上意亦以为然，即命仪草诏。左右奔告于后，后遽诣上自诉。诏草犹在上所，上羞缩不忍，复待之如初；犹恐后怨怒，因绐之曰：'我初无此心，皆上官仪教我。'仪先为陈王咨议，与王伏胜俱事故太子忠"①。上官仪先后做过陈王和太子的臣属，以皇后"专恣"为借口唆使唐高宗废掉武则天。就其攻击武则天的原因来看，其中既有官僚集团传统儒家思想的影响，也有太子势力的影响。所以就郝处俊攻击武则天的这个事件来看，官僚和太子两个集团在攻击武则天的时候，并不是分开行动，而是联合起来，交织在一起，积极地运用各种手段对其进行攻击。

尊崇道教和唐高宗的政治理想紧密联系在一起。作为唐高宗的皇后，武则天深刻理解唐高宗尊崇道教的原因，所以她深受唐高宗信赖，成为他最理想的事业继承人。但武则天的女性身份又使她在崇扬道教时举步维艰，困难重重。崇扬道教所遭遇的严峻现实，使唐高宗认识到推动道教发展，不仅需要赋予武则天更大的权力，而且还需要改变社会的女性认知。否则，潜在社会认知所引起的矛盾便会不断地出现和激化。在中国传统的道教文化中，女性神灵具有比较高的地位。于是，麟德元年（664 年），在唐高宗、武则天称"二圣"之后，一系列的宣扬道教女性神灵的活动开始涌现。

调露二年（680 年），大学士崔融作《启母庙碑》，并将此碑立于嵩山之上，正式拉开了尊崇道教女性神灵的序幕。弘道二年（684 年），唐高宗去世后的第二年，武则天"遣使祭嵩岳、少室、箕山、具茨等山，西王母、启母、巢父、许由等祠"②。此次祭祀，不仅祭祀了男性神灵巢父、许由，而且祭祀了西王母、启母等女性神灵。这些女性神灵大都是道教神灵的母亲。对她们的祭祀，更多地暗含着提升和抬高女性地位的意蕴。

唐高宗之后，李显和李旦先后继位为皇帝，但他们却并不是很好的"皇权"守护者。"中宗欲以韦

---

① 司马光：《资治通鉴》卷二百零一《唐纪十七》。

② 刘昫等：《旧唐书》卷五《高宗下》。

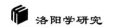

玄贞为侍中，又欲授乳母之子五品官；裴炎固争，中宗怒曰：‘我以天下与韦玄贞，何不可！而惜侍中邪！’”① 中宗蛮横固执、任人唯亲，最终被武则天褫夺皇帝权力。睿宗和中宗完全相反，优柔寡断、毫无主见，同样不具备大力崇扬道教，推动“无为”政治的能力。

李显、李旦的暗弱，使武则天不得不再次走向前台，亲自担负起推动“无为”政治的重任。虽然武则天大肆尊崇道教女性神灵，抬高道教女性神灵的地位，企图改变现实社会中自己地位相对低下的现实，但不可否认的事实是：道教的教主是老子，道家中女性神灵地位崇高也是因为“母以子贵”。这样，武则天越是崇扬道教，越是提升了李氏皇室的地位。

光宅元年（684年），扬州发生反对武则天的军事叛乱，叛军发布《讨武曌檄》文，历数武则天种种不端，对其进行攻击。扬州叛变事件说明，虽然“李”姓暗弱，只拥有名义的皇权，但仍在社会上拥有巨大的声望。高宗去世之后，武则天失去了强有力的政治庇护。在此情况下，如果继续崇扬道教，提高“李”姓地位，将不可避免地动摇武则天的政治地位，伤害到她的政治权威。所以武则天从幕后走向前台，掌握朝廷大权，需要有一种新的、与道教没有联系的理论对其进行支持和宣传，以使其得到更加广泛的社会认可。

佛教源自印度，和李唐皇室没有直接联系，而且佛经中还有专门讲述女主当政的《大云经》。相比于道教，佛教在唐高宗去世之后，更能够起到提升武则天社会地位和权威的作用。于是在形势发展的影响下，武则天开始逐渐远离道教倒向佛教，并最终完成由崇道向崇佛的转变。

总之，在唐代道教和政治之间存在天然联系，崇扬道教包含“尊崇皇室”和“与民休息”的双重目的。所以从唐太宗时期，李唐皇室便通过推崇道教方式，实现“与民休息”政治主张。“天下大定，实赖无为之功”②。受此影响武则天开始崇信道教，成为一个崇道人士。唐高宗身体虚弱，在崇道活动中，不得不更多地仰仗武则天，于是她逐渐掌握行政大权，形成了二元化的权力格局体系。二元化的权力格局体系虽然会产生矛盾，但由于唐高宗和武则天二人之间志趣契合，所以二元化权力格局造成的问题并不十分明显。高宗去世后，二元化权力格局的问题日益突出，为了消除它带来的弊端，武则天调整崇道倾向，增加自己的社会权威，最终建起了以自己为中心的一元化权力格局体系。

（作者为洛阳师范学院河洛文化研究中心副教授）

① 司马光：《资治通鉴》卷二百零三《唐纪十九》。

② 宋敏求：《唐大诏令集》卷一百零三《道士女冠在僧尼之上诏》。

武则天崇佛重道思想及其行为表现*

谌　娟

摘要：武则天统治时期，洛阳社会安定、经济发达、商贾云集，丝绸之路空前繁华。武则天宗教信仰复杂，她积极参与佛教造像、译经等佛事活动，而且礼遇高僧、重视佛教节日等。她还借道教行厌胜之术、制造天命所归图谶，并且神话老子及经书，亲临老君故里，积极参加求仙访道活动等。武则天无论是崇佛还是重道都有其深层次的信仰原因和较为突出的行为表现。

关键词：武则天；崇佛重道；行为特征；终极关怀

洛阳，是华夏文明的重要发源地。洛阳成就了武则天的帝业，武则天铸就了洛阳的辉煌。武则天时期，洛阳社会安定、经济发达、商贾云集，丝绸之路空前繁华。武则天宗教信仰复杂，无论是崇佛还是重道都有其深层次的信仰原因和较为突出的行为表现。武则天对佛教、道教的尊崇具有一定的历史必然性，无论是崇佛还是重道都有其深层次的信仰原因和较为明显的行为特征，体现了她对佛道教的终极关怀。

一、武则天崇佛的原因

1. 政治需求

李唐统治者一直视老子李耳为先祖，把道教奉为国教，武则天要想夺取和巩固皇权，就必须制造舆论，实行举佛抑道、贬黜李氏宗族的措施。她即位之始，便宣布佛先道后以削弱李氏皇权。新加坡国立大学古正美教授认为："武则天推崇佛教实质上反映了其佛教治国的意识形态，佛教治国的意识是佛教政治化的重要体现。"武则天称帝是以《大云经》《宝雨经》为理论根据的。她借助"瑞石""瑞图""天授圣图"等获得威望，笼络人心。"东魏国寺僧法明等撰《大云经》卷四，表上之，言太后乃弥勒佛下生，当代唐为阎浮提主，制颁于天下"①，这为女性当皇帝提供依据。《大云经》公开宣扬女皇主天下之意，这也成了她维护统治的护身符。新翻译《大云经》是天授元年（690 年）七月公布的。"九月九日壬午，革唐命，改国号为周……乙酉，加尊号曰圣神皇帝。"②武则天把佛教作为她维护统治的舆论工具和精神支持。武则天仰仗"天意"，率领群臣"拜洛受图"，天授二年（691 年）四月下诏，"令释

* 本文为高等学校重点科研项目"河南道教文化资源开发与管理"（项目编号：17A630015）阶段性成果。

① 《资治通鉴》卷 204。

② 《旧唐书·则天皇后本纪》。

教在道法之上，僧尼处道士女冠之前”①。武则天利用佛教经典为自己取得政权和维护政权获取合理性，并且借助佛教的力量来削弱李唐势力，神话自己的权威，最终实现自己的政治目的。

2. 家世信仰的影响

武则天（624—705），名“曌”，表明日月当空照，自己合日月阴阳于一身，父亲武士彟，母亲杨氏在出嫁前就信奉佛教。武士彟去世后，她为了寻找心灵安慰，更加敬奉佛教。《大周无上孝明皇后碑铭并序》载：“高祖（武士彟）晏驾……高后哀深杞堞……衔冤负痛。……方祈净业，敬托良缘，凭慧炬于幽途，舣慈舟于觉海。于是心持宝偈，手写金言，字落贯花，词分半月。龙庄岂及，象负难胜，将佛日而长悬，共慈灯而不灭。及龙旌次，蜃绋遵途，永惟凭附之诚，愿托丘榛之侧。”② 可见，武则天从小就受到家世佛教信仰的熏陶，其称帝后曾说“朕爰自幼龄，归心彼岸”③，《方广大庄严经序》中有“朕幼崇释教，夙慕归依”④。由此可以看出，武则天自幼对佛教所倡导的教义思想有所领悟，并有了一种佛教终极关怀。

3. 感业寺为尼的经历

贞观十一年，武则天被太宗召入宫，立为才人，赐号武媚。“及太宗崩，遂为尼，居感业寺。大帝于寺见之，复召入宫，拜昭仪”。⑤ 唐太宗虽崇道抑佛，但并不完全排斥佛教。武则天侍奉唐太宗多年，深知佛教在政治统治中的重要作用。唐太宗驾崩后，武则天被送进感业寺为尼。并且在感业寺度过了三年（649 ~651 年），即贞观二十三年五月至永徽二年八月，在此期间，她对佛教有了更多的接触和了解，并且掌握了佛教的基本教义与思想精髓。等武则天再度入宫，唐高宗对佛教的敬奉程度大大超过太宗，高宗信佛且同玄奘关系非常密切。上元元年（674 年）高宗下诏：“公私斋会及参集之处，道士女冠在东，僧尼在西，不须更为先后。”⑥ 可见，武则天在感业寺为尼的经历以及她在佛教方面的较高修养与终极关怀，对她后来武周政权的获得与捍卫起到了重要的作用。

二、武则天崇佛的行为表现

1. 广造佛像寺庙

据《新唐书·百官志三》载：“截至唐代末期，天下共有道观 1687 所，佛寺 5358 所”，佛教寺庙的日益增多，是与武则天的崇佛思想密切相关的。

武则天佛教造像的突出代表是关于龙门石窟的修建。“龙门石窟的大小窟龛共编了 2345 号。”⑦ 像龛中比较重要的如惠简洞、大卢舍那像龛、万佛洞、双窟等。大大小小的佛教人物雕像共有十万多尊，还有 2800 多块古代碑刻题记作品，这些雕像当中约有 2/3 是在唐高宗与武则天时期完成的。

咸亨三年（672 年），武则天为大卢舍那像龛的雕凿捐两万贯脂粉钱，其捐脂粉钱的目的是想在不动用国库银两的前提下，号召王公大臣踊跃捐助以提高工程进度，加快完工。从时间上来看，从唐高宗即位的 650 年开始，经过漫长的 23 年，大像龛工程仍未完工。672 年，武则天捐助脂粉钱后，工程速度

① 《旧唐书·则天皇后纪》卷六，（后晋）刘昫等撰：《旧唐书》，中华书局 1987 年版。
② 《全唐文》卷 239，《武三思》。
③ 《全唐文》卷 97，《方广大庄严经序》。
④ 《全唐文》卷 97，《三藏圣教序》。
⑤ 《旧唐书·则天皇后本纪》。
⑥ 《唐会要》卷 49。
⑦ 龙门石窟研究所等编：《龙门石窟窟龛编号图册》，人民美术出版社 1994 年版。

明显加快，三年后即宣告完工。可见，武则天在此做出了巨大贡献，具有较强感召力。

当时洛阳城内寺院林立，白马寺始建于汉明帝永平十一年（68 年），是东汉国家政权由西域引进佛教后，在汉地建立的第一所佛寺。武则天时期，白马寺得以重修，除白马寺之外武则天不惜资财，立寺造像。如安国寺、景福寺、昭成寺、太平寺、卫国寺，兴善寺、香山寺、广化寺、大善寺、兴国寺等。延载元年（694 年）她曾下令："盗公私尊像，入大逆条；盗佛殿内物，同乘御物"，[①] 借此对寺院财产予以保护。这样直接来源于皇家贡奉的白马寺等其他寺院的经济也得到相应的发展。"所在公私田宅，多为僧有"，[②] 并且武则天时期她还不断给少林寺施舍钱物。

2. 重视译经

武则天打破唐太宗时期由玄奘统一翻译佛经的局面，她接待实叉难陀、于阗提云般若、中印地婆诃罗、汉僧义净等各方译僧，其中最著名的是南印度菩提流志。这些译僧在武则天的指令下翻译了大量的佛经，具体表现在：

（1）关于《宝雨经》。长寿二年（693 年），武则天让薛怀义等重新翻译南梁时的译本《宝雨经》，又名《显授不退转菩萨记》，表明"她实是菩萨，故现女身，为自在主，经于多岁，正法治化，养育众生，犹如赤子"[③]。以此强调她当女皇是菩萨降世，是佛祖的旨意。

（2）关于《华严经》。武则天认为旧译《华严经》未为详备，远闻于阗（今新疆和田县）有梵本，便遣使求访 80 卷本《华严经》并聘译人。实叉难陀（652—710）应聘遂携《华严经》梵本来到洛阳。他主持翻译《华严经》时，"天后（武则天）亲临法座，焕发序文，自运仙毫，首提品名"[④]。她着重扶持华严宗，则是为了维护自己的统治地位。圣历二年（699 年），新译《华严经》告成后，武则天诏令法藏在洛阳佛授记寺宣讲。武则天大倡新译《华严经》，一方面丰富并完善佛教华严文化，另一方面也表征她借助"众生平等""慈悲为怀""轮回""涅槃"等思想来赢得人心，以利于她的政治统治。

武则天还翻译抄写《大方广佛华严经》《大云经》《大乘入楞伽经》等。"亲受笔削，敬译斯经"，并为之写序《大周新译"大方广佛华严经"》，并推崇这部佛典是"诸佛之密藏，如来之性海"[⑤]。

（3）关于《大周刊定众经目录》。《大周刊定众经目录》又名《武周刊定众经目录》，共十五卷。武则天天策万岁元年（695 年），佛授记寺沙门明佺等奉敕撰成。《大周刊定众经目录》序中说："圣情（指武则天）以教为悟本，法是佛师，出苦海之津梁，导迷途之眼目，务欲令疑伪不杂，住持可久，乃下明志，普令详择，存其正经，去其伪本。"

（4）关于《大云经》。天授元年（690 年），怀义与法明等僧人伪撰《大云经》，为武则天代唐称帝大造舆论。武则天利用《大云经》登上帝座，并宣布"释教开革命之阶，升于道教之上"[⑥]。他们伪撰《大云经》，更为武则天革唐之命提供了重要契机。久视元年（700 年），她令三藏法师义净等重译《大云经》，并为之亲自作《三藏圣教序》。

3. 礼遇僧侣

武则天对僧侣很优待，尤其是礼遇那些德高望重者，如华严宗创始人法藏和"南能北慧"。佛教禅宗第五祖弘忍的两大弟子神秀和慧能分别是禅宗北南两派的代表。鉴于禅僧在群众中日益上升的影响，尊神秀为国师，号两京法主，肩舆上殿，武后亲跪礼，武则天对慧能的佛学修养也很欣赏，派人请他入

---

① 《唐会要》卷 41，《杂记》，第 746 页。
② 《资治通鉴》卷 205。
③ 《大正藏》卷 16，《唐译宝雨经》。
④ 开元释教录（卷 9），大正新修《大藏经》，第 55 卷，第 556 页。
⑤ 《全唐文》卷 97。
⑥ 《资治通鉴》卷 240，中华书局 1956 年版。

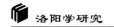

京。慧能固辞，则天赐"'摩纳袈裟一领及绢五百匹'予以奖赏"①。武则天又先后接见了以神秀为首的弘忍门徒，如老安、玄约、智诜、玄颐等，表示"东山法门"是天下行禅修道者的极宗。武周之际的佛教和政治发展，实际上是佛教治国意识形态在武则天政治实践中的具体运用。

由于武则天礼遇僧人，当时的儒士和道士均有弃本业而改度为僧者。武则天"欣然从之，赐号法成"（《旧唐书·王守慎传》）。洛阳弘道馆道士杜义，自小加入道教，道士们"推其明哲，出类逸群"，担任洛阳大恒观主。他看到武则天崇奉佛教，于是"向佛而归，遂恳求剃落"。②《唐洛京佛授记寺玄嶷传》中武则天亲加恩准，把他转入佛授记寺担任寺主，法名"玄嶷"，寓意为道士中出类拔萃的聪明人。这位新手在佛教界资历太浅，没有地位，武则天甚至赐予他"夏腊"（佛教僧龄）三十年，使他"顿为老成"。③ 卷戊僧人封爵、赐紫、赐夏腊，这是有史以来的第一次。

4. 重视佛教节日

每年四月初八的佛诞日和七月十五的自恣日是佛教节日中两个比较重要的节日。佛诞日举行"浴佛法会"纪念佛祖诞生，又为佛诞节，期间要举行规模盛大的活动，尤以迎佛骨最为突出。

七月十五日是佛教的"自恣日"，要举行"盂兰盆会"超度列祖列宗，报答祖德。如意元年（692年）的盂兰盆会，武则天亲自参加，她"冠通天，佩玉玺，冕旒垂目，统纩塞耳……穆穆然南面以观"④。自恣日还通常要举行"无遮大会"（佛教布施僧侣的斋会）。据《资治通鉴》卷205记载，"每作无遮会，用钱万缗；士女云集，又散钱十车，使之争拾"。可见这些重要的佛教节日，武则天都大力支持并积极参加，这在某种程度上体现了她信仰佛教的虔诚度。

5. 为皇子取法号

永徽三年，武则天生长子李弘，次年，生次子李贤。永徽六年三月，武则天作《内训》，显示自己有作皇后的能力。显庆元年春（656年），立长子李弘为皇太子，是日于慈恩寺斋僧五千人，并遣朝臣行香。同年十一月，武则天第三子李显（中宗）出生，即成为玄奘的弟子，玄奘为李显取法号"佛光王"。龙朔二年（662），武则天第四子李旦出生，"则天乃于殿内造佛事，有玉像焉"⑤，这是武则天崇佛思想的具体体现。

三、武则天重道原因

1. 政治需求

武则天（624—705）与道教有不解之缘，她对道教的态度和利用程度与她维护自己的统治地位紧密联系。武则天对佛道教的态度与她实行的一系列扶助道教的措施及佛道并重的政策相关。武则天建议泰山封禅并参加封禅大典，这种信仰对维护自己的统治地位有重要影响。隋末，李氏统治者选择了道教。道教常认为自己有洞观天机之力，高宗时期，武则天逐渐参与朝政，垂拱四年，文曰："圣母临人，永昌帝业"，"老子度世，李氏当王"，主要表现为唐皇室竭力尊崇道教，尤其是能够提高道教的社会政治地位，对武则天的统治起到一定的推动作用。

---

① 《大正藏》卷51，《历代法宝记》。
② 赞宁：《宋高僧传》卷17，中华书局1987年版。
③ 钱易：《南部新书》，中华书局1958年版。
④ 杨炯：《盂兰盆赋》，《全唐文》卷190，第1920页。
⑤ 《册府元龟》卷21。

2. 崇信道教

从泰山保留的有关历代帝王崇道的碑刻来看，武则天对道教还是崇信的。她亲临过泰山封禅大典，还9次派道士赴泰山行道，道教信仰虔诚度较高。在陈垣先生主持编集的《道家金石略》中，“收录了有关唐代诸帝派遣使者前往东岳泰山行道祈福活动的碑刻，约有21件，分别为高宗朝2件，武周朝7件，中宗朝3件，睿宗朝2件，玄宗朝3件，代宗朝2件，德宗朝2件”①。武则天利用道术维护自己的政治活动，经常前往泰山斋蘸祈祷。武则天时于泰山造像，《本际经》当中有一部分内容是由她所写的。

3. 借道教行“压胜之术”

武则天对道教比较重视，她有许多尊道崇道的举措。“始，则天以权变多智，高宗将排群议而立之。及得志，威福并作，高宗举动，必为掣肘。高宗不胜其忿。时有道士郭行真出入宫掖，为则天行厌胜之术。”

4. 制造“天命所归”图谶

武则天利用道教登基称帝，制造“天命所归”的图谶，“谶”是巫师或方士制作的一种隐语或预言，作为吉凶的符验或征兆，又名“符谶”，有的有图有文又叫“图谶”。自古帝王莫不迎求图谶、祥瑞，以示天命所归，君权神授，以稳固自身统治地位。

垂拱四年（688年）四月，雍州人唐同泰说在洛水中得到一块刻有“圣母临人，永昌帝业”字样的瑞石，并且献给武则天。武则天大喜，命其石为宝图。五月十八日，武则天加尊号为“圣母神皇”，并在七月初一，武则天大赦天下，更名“宝图”为“天授圣图”。十二月二十五日，武则天“率皇亲国戚，文武百官拜洛受图”②。“又以先于汜水得瑞石，改汜水为广武。十二月二十五日，武则天亲率皇亲国戚、文武百官拜洛受图”③，利用道教上尊号，武则天为革唐命，也效法初唐三帝崇奉老君的做法，上“玄元皇帝”之母尊号为“先天太后”。先天太后与玄元皇帝同庙奉祀，及至革命，即宣布取消“太上玄元皇帝”称号，改称老君，以树立自己的太后地位，吸取道教符谶，以补佛教之不足。利用道教赎罪与祈福，“在武则天参政和主政时期，她不但曾亲临泰山参加封禅大典，而且还多次派遣道士赴名山大川行道作法，为自己及武周政权除罪、祈福”。在陈垣先生主持编撰的《道家金石略》中，收录了武则天派人前往名山大川行道祈福的大量碑刻，其中仅有赴泰山的行道④，以此表示她对道教的尊崇。

四、武则天重道行为表现

1. 神化老子及经书

武则天是崇老尊经活动的积极参与者和倡导者，她进一步神化老子及其经书，根据她的建议，在科举考试中首次加试老子《道德经》，上元元年（674年），武后下令，“道士自今宜隶宗正寺，班在诸王

① 陈垣：《道家金石略》（唐部分），文物出版社1988年版。

②③ 《资治通鉴新注》卷204，第6783－6790页。

④ 泰山行道的主要内容有：斋醮、投龙、造像等。所谓“斋”，即斋戒；“醮”，即醮法，是以供养来通身的法术，通常斋醮并行。《无上黄箓大斋立成仪》卷16说：“烧即醮法，是以供养来通身的法术，通常斋醮并行。”“烧香行道，忏罪谢愆，则谓之斋，延真降圣，祈恩请福，则谓之醮。斋醮仪轨，不得而同。”所谓投龙，就是将写有消除罪责愿望的文简和玉璧、金龙等用青丝捆扎，举行斋醮后，投入名山大川，以奏告三元，保安宗社。所谓造像，就是雕造元始天尊等道教重要人物的塑像。道教斋醮仪式后，一般还要雕塑元始天尊、真人、仙童玉女的像，以作供奉，活动就达9次之多。

之次”[①]。高、武时期是唐朝道教发展的初期，当时皇室竭力尊崇道教，并抬高老子及《道德经》的地位，宠爱道教界人士并且提高道士的社会和政治地位，大规模地修建道观并度人入道，并且编辑和整理道教经书，这为唐朝道教的发展起到了重要作用。仪凤三年（678年），进一步申令：“自今已后，《道德经》并为上经，贡举人皆须兼通”[②]，这是武后对科举制度的一大贡献。这种尊老崇经活动，对神化政权起到了重要的作用。

2. 频繁制造老君显圣神话

“霍山和龙角山老君‘显圣’以及高祖驾幸楼观崇老等活动，但其范围多在关中和晋南一带。”[③] 当时，显圣的神话很多，龙朔二年（662年）二月，高宗与武后驾幸洛阳宫，忽然有感，即命在洛阳北邙山老子祠旁建清庙及道场庆赞醮祭，“忽白光遍殿，照耀阶坛，老君现于光中，二真人夹侍，良久方隐”[④]。武则天还亲临北邙山老君庙修功德，频繁制造老君“显圣”神话。仪凤四年（679年），高宗、武后亲临北邙山老君庙修功德，上及皇后、诸王、公主等同见老君乘白马，左右神物，莫得名言，腾空而来，降于坛所，内外号呼，舞跃再拜，亲承圣音……这充分表明了武则天对道教的崇信。

3. 亲临老君故里

武则天首开给老君封尊号的先例。唐代曾经四次给老君加尊号，其他三次都发生在另一个崇道高潮的玄宗时期，而高、武时期则首开先例。乾封元年（666年），武后陪同高宗东封泰山以后，亲临孔子故里曲阜和老君故里亳州谷阳县，成为唐代历史上唯一亲临老君故里的最高统治者。

武则天积极参加崇老尊敬活动，神化皇权，巩固政权，极力神化老子及经书，并对道教特别眷顾。武则天执政后，进一步神化老子及道德经，确定道教至高无上的地位。并且凭吊了老君庙，下令扩建老君庙的规模，增创祠堂：“其庙置令、丞各一员；改谷阳县为真源县，县内宗姓特给复一年”，追尊老君为太上玄元皇帝，重申老君为“朕之本系”，这是历史上第一个被加封为最至高无上的“帝”号的杰出人物，在追赠老子的同时，老子的母亲也被追封为“圣母先天太后”[⑤]，这显然是武后的主意，同时也透露出武后在这次崇老活动中的主导者地位。

4. 积极参与求仙访道活动

武则天时期，国家实力大增，随着崇道的需要，当时道观的设置和度人入道活动大力开展。太宗晚年在宫中炼长生丹药，武则天进宫时，受其影响而迷恋长生之术，她向胡洞真天师乞九转丹药（《全唐文》卷97），武则天对道教追求长生久视产生向往。

武则天本人也较迷信道教的金丹服饵之术，也让道士张昌宗、张易之等为其炼丹，也因服饵中毒而生病，高宗的求仙访道行为是得到武则天的支持的，她还主动协助高宗制定一系列的求仙访道活动。武则天时期大规模兴修道观和度人入道，乾封元年（666年）正月，下令在“兖州界置紫云、仙鹤、万岁观，天下诸州普置观一所”[⑥]，当时全国道观总数应该达到1080座以上。据《唐六典》卷四祠部郎中员外郎条载“凡天下观，总一千六百八十七所，一千一百三十七所道士，五百五十所女道士”。在这1687所道观中，仅高、武时期所建立的就有64%。度人入道，每观度道士就不下七千人。

---

① 关于下敕的时间，文献记载不一。《佛祖统纪》卷三十九记在仪凤三年，《混元圣记》卷八和《犹龙传》卷五则记为仪凤四年，而《历代崇道记》则记在乾封初高宗上老君尊号之后，但其所述内容基本上一致，据员半千的《大唐宗圣观主尹文操碑》所记，似乎应该在仪凤四年。武后将道士、女冠由鸿胪寺改隶宗天寺，确认道徒为其本家，这其实是抬高道士的地位，进一步神化李唐皇室，巩固其统治，提高道士和女冠的地位。

② 《旧唐书》卷24，《礼仪志》。

③ 王永平：《隋末唐初的山西道教》，《沧桑》1999年第1期。

④ 《混元圣记》卷八，《正统道藏》第三十册第23822页。

⑤ 《全唐文》卷12，《上老君玄元皇帝尊号诏》。

⑥ 《旧唐书》卷5，《高宗纪》。

5. 为其母爱女立道观

咸亨元年（670 年），武则天之母荣国夫人死，她以爱女太平公主为女冠，特于颁政坊置太平观，“以幸冥福”，仪凤（676～678 年）中，吐蕃请婚太平公主，武则天“不欲弃之夷，乃真筑宫，如方士薰戒，以拒和亲事”①。荣国夫人笃信佛教，而武后为其母追福却立道观，并让其爱女入道，这在一定程度上反映出武则天早期崇道的宗教态度。

武则天还优礼道士，重视道教，并且李弘升储，立东明观；李显，立宏道观。当时武则天当政时，为她儿子立二观。而且太平公主也被送到太清观，并且在她女儿做道姑时，将公主宅第改建而成。

6. 收集、整理、汇编道教经书

上元二年（675 年），武则天为她的长子李弘写 36 部《一切道经》，凡 7 万卷之多，为其追冥福。在她的《一切道经序》中，体现了她笃信道教的热情，乃承继太宗、高宗遗制，影响她的后人章怀太子、太平公主、睿宗、玄宗等。

武则天利用佛道二教笼络各方人士。在现存敦煌道经中，有《洞渊神咒经》卷一及卷七末均题有“麟德元年（664 年）七月二十一日奉敕为皇太子灵应观写”，另有 S. 1513 号卷子《一切道经序》，也为唐写本，这为道教文化的宣扬起到积极的作用。

武则天积极参加道教活动。天授二年（691 年）二月十日，金台观主中岳先生马元贞等奉圣神皇帝敕，缘大周革命，往五岳四渎投龙、作功德、造像；万岁通天二年（697 年）东明观三洞道士孙文隽等奉天册金轮圣神皇帝敕，将侍者祈请行道、造像；圣历元年（698 年）腊月二日，大弘道观主桓道彦等奉敕设醮、投龙、造像；久视二年（701 年）正月，东都青元观主麻慈力承旨斋醮；长安元年（701 年）十二月二十三日，金台观主赵敬等敕设醮、投龙、造像；长安四年（704 年）九月八日，内供奉、襄州神武县云表观主玄都大洞三景弟子、中岳先生周玄度，金州西城县玄宫观道士梁悟玄于名山大川投龙修道；长安四年十一月十五日，大弘道观威仪师邢虚应、法师阮孝波等奉敕设醮、投龙、写经、造像。

除此之外，武则天还曾派人在中岳嵩山进行行道活动。通过上述活动可以发现武则天对道教是非常重视的，以此达到祈福禳灾、延年益寿的目的。还利用道教追求终极关怀寻求长生不死，羽化成仙，受道教影响，武则天也仰慕神仙，并命道士炼制金丹供自己服食，以求长生不老。

综上所述，武则天的宗教信仰比较复杂，但其宗教行为表现主要是为了能够更好地维护她的统治地位。佛道教为武则天在某一特定历史时期能够获取政治地位并维护自己的统治提供了有效支持，武则天崇佛重道加剧了佛道教政治化、佛道之争，实际上是皇权之间的博弈。武则天时期还创立了华严宗和禅宗，并且将其传入高丽、日本等许多国家。这两大宗派成为我国佛教史历时最长、影响最为深远的宗派，华严宗和禅宗的形成，证明了我国从此有了自己的佛教宗派，标志着武则天时期佛学理论的高度发展，体现了我国佛教本土化的特质，促进佛教中国本土化发展。武则天本人佛学造诣颇高，并借助佛教经典巩固自己的统治地位，也促进了佛教在中国的繁荣与发展。洛阳成为当时中国佛法中心，各种宗教的传入，加速了中西文化之间的交流，更加强了国际间佛教文化的交流与合作。

武则天重道行为加强了道教的理论发展，武则天重视《道德经》，并使它在社会上产生巨大影响。武则天还积极支持佛、道之间展开自由的学术论证，从显庆三年（658 年）至龙朔三年（663 年），曾先后七次在两京内殿召集僧道进行辩论，可见，在某种程度上支持了佛道自由学术发展，也促进了佛道文化的发展与交流。

（作者为河南科技大学人文学院讲师）

---

① 《新唐书》卷 83，《太平公主传》。

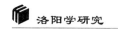

试析武则天嵩山封禅的道教因素

张玉霞

摘要：象征“武周革命”成功最具标志意义的嵩山封禅大典，尽管是以儒家经典为立论基础，仍表现出诸多道教因素，比如利用“天尊瑞石”等道教谶纬、给中岳神加人爵、投龙作功德、度人入道等。这首先是北朝、初唐以来道教不断发展并逐渐渗透国家祭祀、与国家祭祀相结合的结果。此外，武则天后期对道教的浓厚兴趣、从道教角度对五岳四渎祭祀的重视，以及对仙人的仰慕和对长生的追求等，也都是重要的原因。

关键词：武则天；嵩山封禅；道教

《礼记》说：“祭者，教之本也”①，又说“故坏国丧家亡人，必先去其礼”②。武则天以周代唐虽然经过了一系列礼仪制度的变更，如改元变制、迁都、立武氏宗庙、建明堂、铸九鼎、造肖神等，但在“祭政合一”的时代，“武周革命”成功最具标志意义的，无疑是象征天命所归的嵩山封禅大典。“帝王之事，莫大乎承天之序”③，武则天希望通过以儒家经典为立论基础的封禅大典来证明武周革命的成功和统治的合法。汤用彤根据英藏敦煌文书 S. 6502、S. 2658《大运经疏》中征引的道士寇谦之铭指出：“是则其登极所用之符谶，固非专依佛教，并有道教。”④ 本文尝试讨论在武则天中岳封禅过程中出现的诸多道教因素，并简要分析其原因。

一、武则天中岳封禅的道教因素

武则天封禅嵩山的典礼，早在延载元年（694 年）武三思请铸天枢时便已拉开序幕，证圣元年（695 年）武则天遣使至嵩山祭祀嵩岳，预祭嵩山启母庙、少室山阿姨神庙，万岁通天元年（696 年）腊月封神岳。武则天中岳封禅中表现出的道教因素，主要是以下四个方面：

1. 道教符谶

道教典籍《三天内解经》中有“天授应图，中岳灵瑞”的说法。垂拱四年（688 年）四月，雍州永安人唐同泰说从洛水中得到一块刻有文字“圣母临人，永昌帝业”的瑞石，献给了武则天。武则天于是命名为“宝图”，授唐同泰为游击将军，并决定拜洛受“图”。于是，在南郊祭天之后，令文武百官在拜洛之前十天集中到洛阳。武则天在拜洛受图这一天，加尊号为“圣母神皇”；改“宝图”为“天授圣图”；改嵩山为神岳。

---

① 《礼记注疏》，卷四十九《祭统》。

② 《礼记注疏》，卷二十二《礼运》。

③ 《汉书》，卷二十五下《郊祀志》。

④ 汤用彤：《从〈一切道经〉说到武则天》，《汤用彤全集》（第七卷），河北人民出版社 2000 年版，第 42 – 47 页。

除此之外，《大云经神皇授记义疏》中征引的道教谶纬多达五处，分别是《卫元嵩谶》《中岳马先生谶》《紫微夫人玉策天成纬》《嵩岳道士寇谦之铭》和西岳道士所得《仙人石记》。每段谶文，《义疏》都进行了有利于武周革命的解释。"仙人石记"是垂拱元年（685 年）制造的。武则天嵩山封禅前后，华山云台观的道士们又制造出了"天尊瑞石"的祥瑞："御像瑞石大妙至极天尊一铺，创造圣容，未施五色，宿昔之顷，画缋自然，不加之分，宛同神化。"①

2. 给岳神加人爵

给山川神加人爵，即岳神及其家属拥有人间的爵位封号是唐代首创，② 始于武则天时期，五岳中最先受封的是中岳嵩山，据《旧唐书·礼仪志》载，垂拱四年武则天行拜洛受图之礼，加尊号为"圣母神皇"，加封洛水之神，"封其神为显圣侯，加特进，禁渔钓，祭享齐于四渎。……又以嵩山与洛水接近，因改嵩山为神岳，授太师、使持节、神岳大都督、天中王，禁断刍牧。其天中王及显圣侯，并为置庙"③。"五岳视三公"真正得以落实。五岳之中武则天只给了嵩山封号，在封禅之前，封号不断提高：证圣元年（695 年）"号嵩山为神岳，尊嵩山神为天中王，夫人为灵妃"④。万岁登封元年（696 年）封禅嵩山之后，又"尊神岳天中王为神岳天中皇帝，灵妃为天中皇后"⑤。武则天之后，神龙元年（705 年）"嵩山神复为天中王"，之后其他四岳才陆续有了封号。与将岳神当作人臣对待相应，皇帝在祭祀岳渎以下诸神时，也已经"署而不拜"⑥，强调的就是皇权对于神权的支配地位。

3. 投龙仪式

武则天在天授元年（690 年）改唐为周之后，证圣元年（695 年）封禅嵩山之前，"缘大周革命"，敕命中岳道士、后为金台观主的马元贞等到五岳四渎行道投龙作功德，目的当然是告祭五岳并报谢上天眷顾，借此向百姓宣扬"大周革命"是天命所在。资料显示：此行第一站是东岳泰山，《岱岳观碑》碑侧题记："大周天授二年岁次辛卯二月癸卯朔十日壬子，金台观主中岳先生马元贞……于此东岳行道，章醮投龙，作功德一十二日夜。又奉敕敬造石元始天尊像一铺，并二真人夹侍，永此岱岳观中供养。"⑦之后来到唐县淮渎庙："天授二年岁次辛卯四月壬寅朔一日壬寅，金台观主马元贞奉敕，大周革命，为圣神皇帝五岳四渎投龙作功德。"⑧ 然后是济源济渎庙，《奉仙观老君石像碑》碑侧题记："天授三年岁次壬辰正月戊辰朔廿四日辛卯，大周圣神皇帝缘大周革命，奉敕：遣金台观主马元贞往五岳四渎投龙［作］功德。"⑨ 此次投龙活动的最后一站是中岳嵩山，《中岳嵩高灵庙之碑》侧面有关于此次马元贞中岳投龙的记载："□□三□岁次壬辰□月丁丑□五日辛丑，大周圣神皇帝遣金台观主马元贞作功德，□□□于中岳。"⑩ 因王朝更替而告祭岳渎不是没有先例，但武周代唐，遣道士以投龙的仪式告祭岳渎，一方面体现了唐人观念中岳渎与天命之间的密切联系，另一方面也体现了武则天对岳渎祭祀的重视，以及对道教的态度。

武则天对于五岳行道的兴趣是持久性的，封禅之后曾因契丹军事祈五岳以求战争胜利，《大唐大弘道观主故三洞法师侯尊师（敬忠）志文》载："通天年（696 ~ 697 年），契丹叛逆，有敕祈五岳，恩请

① 《贺天尊瑞石及雨表》，《文苑英华》卷 564，第 2892 页。

② 朱溢：《论唐代的山川封爵现象——兼论唐代的官方山川崇拜》，《新史学》2007 年第 4 期。

③⑥ （后晋）刘昫：《旧唐书》卷 24，《礼仪志》四，中华书局 1975 年版。

④⑤ （后晋）刘昫：《旧唐书》卷 23，《礼仪志》三，中华书局 1975 年版。

⑦ 《道家金石略》，第 79 页。

⑧ 《道家金石略》，第 79 - 80 页。

⑨ 《道家金石略》，第 80 页。

⑩ 黄叔璥：《中州金石考》卷 7《中岳嵩高灵庙碑》，《石刻史料新编》第 1 辑第 18 册，（台湾）新文丰出版公司 1982 年版，第 13722 页。

神兵冥助。尊师衔命衡霍，遂致昭感。”[①] 武则天在中岳行道投龙，有依据的还有久视元年（700 年）一次，投龙金简已被发现，是中岳嵩山仅见的帝王投龙金简。

4. 度人入道

武则天封禅中岳时，还曾专门度人入道。这样的材料偶见于墓志中，如当时洛阳的道教中心之一大弘道观观主侯敬忠于永昌年间被薛怀义强迫为僧，《大唐大弘道观主故三洞法师侯尊师（敬忠）志文》载其在“登封年，遂抗表愿复其道，人愿天从，还居仙境”[②]。又如，《大唐大弘道观故常法师（存）墓志铭》中说，常存“属则天升中，度为道士，住弘道观”[③]。

二、北朝及唐代前期中岳祭祀中的道教因素

五岳作为中国山川地理的重要概念，先秦文献已经提出构拟，汉武帝时在国家祭祀中得以实现，宣帝时包括中岳嵩山在内的五岳四渎祭祀形成制度。[④] 自北朝开始中岳祭祀中出现了明显的道教因素。武则天中岳封禅过程中之所以出现诸多道教因素，是北朝、初唐以来道教不断发展并逐渐渗透国家祭祀、与国家祭祀相结合的结果。

1. 北朝中岳祭祀中的道教因素

中岳嵩山神偶像崇拜的祭祀方式始于汉宣帝时的“五岳视三公，四渎视诸侯”[⑤]。北朝时嵩山神偶像崇拜的祭祀方式得以继续，比如《初学记》所引北魏卢元明的《嵩山记》曰：“岳庙尽为神像，有玉人高五寸，五色甚光润，制作亦佳，莫知早晚所造。盖岳神之像，相传谓明公，山中人悉云屡常失之，或经旬乃见。”[⑥] 又如，嵩山中岳庙现存的北魏所立的《中岳嵩高灵庙碑》，碑文记载了北魏王朝为寇谦之修造中岳庙之事，碑阴记载了重修中岳祠并铸岳神铜像，用到“台遣画匠、台遣石匠、台遣材匠”，“用铜铤二千口百斤”[⑦]。北魏时候的中岳祭祀制度，在《魏书》中也有记载：“太延元年，立庙于恒岳、华岳、嵩岳上，各置侍祀九十人，岁时祈祷水旱。其春秋泮涸，遣官率刺史祭以牲牢，有玉币。”[⑧] 可与上述《中岳嵩高灵庙碑》及《大代华岳庙碑》碑文[⑨]“奉玉帛之礼，春秋祈报”相互印证。北魏孝文帝在迁都洛阳的太和十八年（494 年），曾亲自至中岳祭祀，并撰《御祭嵩高山文》[⑩]，这是现存最早的帝王祭中岳文，两年之后的太和二十年八月，孝文帝再次至中岳嵩山祭祀[⑪]。

道士在中岳祭祀中扮演了重要的角色。据《中岳嵩高灵庙碑》碑文：“有继天师寇君名谦［之，字］辅真，高［尚］素质，隐处中岳卅余年……授以九州真师，理治人鬼之政。……［天子□明神武，德合］寘真，遂案循科条，安立坛治，造天宫之静轮，俟真神之降仪。……又以天师□□［受对扬之决，乃□服食］□士，修诸岳祠，奉玉帛之礼，春秋祈报，有大事告焉。以旧祠毁坏，奏遣道士杨龙子

---

①② 《全唐文补遗》第二辑，三秦出版社 1999 年版，第 434 页。

③ 《全唐文补遗》第六辑，三秦出版社 1999 年版，第 409 页。

④ 田天：《秦汉国家祭祀史稿》，三联书店 2015 年版。

⑤ （汉）班固：《汉书》卷 25 上，《郊祀志上》；颜师古注，中华书局 1962 年版。清人孙希旦则曰：“愚谓‘视’，谓用其献数，及其俎、簠、笾、豆之数也。上公九献，侯伯七献。地祇不灌，而以瘗埋降神，则视上公者七献，视诸侯者五献，以其无二灌故也。”《礼记集解》卷一三，《王制第五之二》。

⑥⑩ （唐）徐坚：《初学记》卷 5，《地理上·嵩高山》，中华书局 2004 年版，第 103 页。

⑦ 陈垣编纂，陈智超、曾庆瑛校补：《道家金石略》，文物出版社 1988 年版，第 8 - 11 页。

⑧ （北齐）魏收：《魏书》卷 108，《礼志》一，中华书局 1974 年版。

⑨ 《大代华岳庙碑》原石久佚，宋·欧阳棐《集古录目》卷 3 有著录，赵明诚《金石录》也著录有此碑。

⑪ （北齐）魏收：《魏书》卷 7 下，《高祖纪下》，中华书局 1974 年版。

更造新庙。……”① 碑文中述及的中岳庙道士寇谦之，是当时道教的代表人物，在中国道教的发展演变中具有不可替代的地位。从碑文可知寇谦之奏请重修中岳庙，而且负责修建中岳庙的也是道士。寇谦之在嵩山创立北天师道，使中岳庙不仅成为祭祀中岳的场所，而且成为道教活动的重要场所，中岳庙被誉为北天师道的祖庭。

而且，朝廷祭典也紧密结合了道教仪式。《魏书·释老志》载：“世祖欣然，乃使谒者奉玉帛牲牢，祭嵩岳，迎致其余弟子在山中者。于是崇奉天师，显扬新法，宣布天下，道业大行……遂起天师道场于京城之东南，重坛五层，遵其新经之制。给道士百二十人衣食，斋肃祈请，六时礼拜，月设厨会数千人。……迁洛移邺，踵如故事。其道坛在南郊，方二百步，以正月七日、七月七日、十月十五日，坛主、道士、哥人一百六人，以行拜祠之礼。诸道士罕能精至，又无才术可高。武定六年（548 年），有司执奏罢之。”②《隋书·经籍志》的相关记载与之大致相同：“后魏之世，嵩山道士寇谦之……太武始光之初，奉其书而献之。帝使谒者，奉玉帛牲牢，祀嵩岳，迎致其余弟子，于代都东南起坛宇，给道士百二十余人，显扬其法，宣布天下。太武亲备法驾而受符箓焉。自是道业大行，每帝即位，必受符箓，以为故事，刻天尊及诸仙之象而供养焉。迁洛已后，置道场于南郊之傍，方二百步。正月、十月之十五日，并有道士哥人百六人，拜而祠焉。后齐武帝迁邺，遂罢之。”③ 虽然道教仪式在北齐的南郊典礼中被废除，但北朝中岳祭祀中的道教因素却为其后的隋唐所继承。

2. 唐代前期中岳祭祀中的道教因素

唐代，包括祭礼在内的儒家五礼体系已经被用于国家制礼实践中，《唐律疏议》《永徽祠令》《大唐开元礼》《唐六典》《大唐郊祀录》等记载，包括中岳嵩山在内的岳镇海渎祭祀在祭祀等级方面有唐一代一直都属于中祀，常祀由所在州长官主持，非常祀则由中央政府差官致礼。《大唐开元礼》的“吉礼”和《唐会要》的“缘祀裁制”条载，中岳祭祀是在六月：“六月四祭，季夏土王日，祀黄帝于南郊。同日祭中霤、中岳中天王。是日，复祭广德王。”④

不过，岳渎祭祀中的道教因素却更加明显，偶像崇拜的祭祀方式继续发展，连岳神的家属也塑有偶像，真正具有了人格化的特点。⑤ 唐代增强了岳庙的管理，置岳庙令，《旧唐书》载：“五岳四渎庙：令各一人。正九品上。斋郎三十人，祝史三人。”⑥《赋役令》又规定他们“并免杂徭”。《唐六典》规定，岳庙可有公廨田一顷，庙令也可有一顷五十亩的职分田。⑦ 从仍保存的中岳祭祀碑铭来看，礼典所规定的常祀之制也被严格执行，水旱灾害、郊祀大典、外族入侵、新帝登基等大事常遣使致祭。⑧

作为北天师道祖庭中岳的道士的影响也相应扩大，如道士刘道合、黄元颐（或省称为黄颐）二人，常一起为高宗举行斋醮仪式。《大唐圣祖》载：“高宗龙朔二年二月在洛阳宫，忽然有感，问侧近有何古迹。老臣奏曰：‘皇城之北山有老子祠，每祈请，立有灵感。’乃敕洛州长史谯国公许力士特建清庙。……立殿毕，敕内侍监宫闱令权大方监道士郭行真、黄元颐、刘道合等，以其年二月二十七日夜建

---

① 邵茗生：《记明前拓北魏中岳嵩高灵庙碑》，《文物》1962 年第 11 期；《明前拓北魏中岳嵩高灵庙碑补记》，《文物》1965 年第 6 期。

② 《魏书》卷 114《释老志》，第 3052－3055 页。

③ 《隋书》卷 35《经籍志》四，第 1093 页。

④ （宋）王溥：《唐会要》卷 23，《缘祀裁制》，中华书局 1955 年版。

⑤ 这种例子在唐代的笔记小说中多所反映，例如《广异记》中有一则《王勋》的故事曰：“华州进士王勋尝与其徒赵望舒等入华岳庙，入第三女座，悦其倩巧而蛊之，即时便死。望舒惶惧，呼神巫，持酒馔于神前鼓舞，久之方生。”甚至岳神夫人也有专门的院落，《李湜》条曰：“赵郡李湜以开元中谒华岳庙，过三夫人院，忽见神女悉是生人。”另，岳渎神及其家眷的塑像在石刻资料中也颇常见，例如据王延昌《河渎神灵源公祠庙碑》记载，代宗时河中府特为河渎神修造内寝。

⑥ （后晋）刘昫：《旧唐书》卷 44，《职官志》三，中华书局 1975 年版。

⑦ （唐）李林甫：《唐六典》卷 3，“户部郎中员外郎”条，中华书局 1992 年版。

⑧ 章群：《唐代祠祭论稿》下篇附表一《唐代祠祭异动表》，（台北）学海出版社 1996 年版，第 101－158 页。

道场，庆赞设醮。"[①] 高宗封禅泰山的大典仪式，在《唐会要》等文献中都有记载，毫无疑问是以儒家经典为立论基础的。但具体的活动，仍然有道家的参与，如封禅泰山（乾封元年即666年）之前，令刘道合先上泰山"以祈福祐"。据《旧唐书》记载："道士刘道合者，陈州宛丘人。初与潘师正同隐于嵩山。高宗闻其名，令于隐所置太一观以居之。召入宫中，深尊礼之。及将封太山，属久雨，帝令道合于仪鸾殿作止雨之术，俄而霁朗，帝大悦。又令道合驰传先上太山，以祈福佑。"[②] 大典刚刚结束，高宗就下令在泰山举行了一次道教的投龙仪式[③]，封禅之后又在全国设立寺观，追尊老子为玄元皇帝[④]，道教从此得到了国家的支持，其地位显著提升。总章二年（669年）在关于置立明堂的诏书中，不仅征引儒家经典，也征引《道德经》等道家经典来讨论明堂规制[⑤]，同时也佐证了高宗崇道的态度。

三、武则天中岳封禅中出现道教因素的其他原因

武则天中岳封禅过程中之所以出现诸多道教因素，除了上述北朝以来道教自身不断发展，以及李唐重道尊主思想之外，还有其他一些不容忽视的原因。

首先，武则天后期也对道教产生浓厚兴趣。[⑥] 这在上元元年（674年）十二月的建言十二疏中也有反映，请"王公百僚皆习《老子》，每岁明经一准《孝经》《论语》例试于有司"[⑦]。武则天与道士，尤其是与西华观（后改为金台观）道士的关系本就十分密切。比如，高宗时代西华观的郭行真就曾为高宗和武则天做法事，为武则天施行厌胜之术；后为金台观观主的中岳道士马元贞更是为武则天的政治宣传不遗余力、四处奔走；再后来的金台观主赵敬同也曾至泰山为女皇设斋行道。圣历二年（699年）武则天特旨召请上清派传人司马承祯赴洛阳，执师礼待之，亲降手敕赞许他的道行与德操，以昭全国。

其次，武则天本身对五岳祭祀的重视，更多的也是从道教的角度来认识的，这从五岳现存的武周时期奉敕行道的碑刻题记中便能知晓。

最后，就是嵩山自古就相传是神灵居住和得道成仙的地方，以及武则天对仙人的仰慕和对长生的追求。饶宗颐认为武则天前期崇佛，晚年移情道教，故游幸嵩山，求长生。[⑧] 传说中化去不死的圣君黄帝常在嵩山与神会，传说嵩山北麓的缑氏是西王母修道的地方，也是周灵王太子晋升仙的地方。[⑨]《山海经》载："少室之山有木焉，名曰帝休，叶状如杨，枝五衢，黄花黑实，服者不怒。其上多玉，其下多铁，其中多鱼，得其食者无蛊疾，可以御恶，服之不怒。郭氏注云，阳城西谷名季室，亦曰少室，山巅有白玉膏，服之仙。"[⑩] 武则天追慕王子晋，万岁通天元年（696年）嵩山封禅之后，尊王子晋为升仙太子及别为立庙。圣历二年（699年）二月，武则天游幸嵩山，谒升仙太子庙，亲制《升仙太子碑并序》长文，期望"愿丹诚赐灵药，方期久视御隆周"。其中还有"元（玄）都迥辟，玉京为不死之乡；紫府

① （宋）贾善翔：《犹龙传》卷5《大唐圣祖》，《道藏》第18册，上海书店出版社1987年版，第29页。

② （后晋）刘昫：《旧唐书》卷192，《隐逸·刘道合传》，中华书局1975年版。

③ 《王知慎等题名》，毕沅、阮元：《山左金石志》卷11，《石刻史料新编》第1辑第19册，第14502页。

④⑦ （后晋）刘昫：《旧唐书》卷5，《高宗本纪》下，中华书局1975年版。

⑤ （后晋）刘昫：《旧唐书》卷22，《礼仪志》二，中华书局1975年版。

⑥ 李斌城：《武则天与道教》，《武则天与文水》，山西人民出版社1989年版，第198－212页；王永平：《论武周朝政治与道教的继续发展》，赵义润、李玉明编：《武则天研究论文集》，山西古籍出版社1988年版，第246－259页。

⑧ 饶宗颐：《从石刻论武后的宗教信仰》，《饶宗颐史学论著选》，上海古籍出版社1993年版，第504－531页。

⑨ （宋）李昉等《太平广记》云："西王母姓缑，河南缑氏乃西王母修道之故地也。"现在的缑山之巅，仍保存有武则天在嵩山封禅之后返回洛都途中刊刻的《升仙太子碑》，留宿的升仙太子庙已湮没不存。

⑩ （宋）李昉等：《太平御览》卷39，《四部丛刊三编》第37册，上海书店1985年版。

旁开，金阙乃长生之地"①，是对金阕仙都的神往。通过武则天自造的字比如以千千万万为"年"，永主久王为"证"，长生王为"圣"等，以及武则天时代的年号如"天册万岁""万岁登封""万岁通天""久视""长安"等，也能看出她希望自己也能够像仙人一样长生久视的向往。此外，武则天也服用丹药，《朝野佥载》载："周圣历年中，洪州有胡超僧，出家学道，隐白鹤山，微有法术，自云数百岁。则天使合长生药。所费巨万。三年乃成。自进药于三阳宫，则天服之，以为神妙，望与彭祖同寿，改元为久视元年。"②

综上，尽管象征"武周革命"成功最具标志意义的嵩山封禅大典，是以儒家经典为立论基础，但仍表现出诸多道教因素，比如利用"天尊瑞石"等道教谶纬、给中岳神加人爵、投龙作功德、度人入道等。这首先是北朝、初唐以来道教不断发展并逐渐渗透国家祭祀、与国家祭祀相结合的结果。此外，武则天后期对道教的浓厚兴趣、从道教角度对五岳四渎祭祀的重视，以及对仙人的仰慕和对长生的追求等，也都是不容忽视的原因。

（作者为河南省社会科学院历史与考古研究所副研究员）

① 《全唐文》卷98，武则天《升仙太子碑并序》。

② 《朝野佥载》卷五，文渊阁四库全书版。

试论白居易洛阳诗的特点及其形成原因

陈勤娜

摘要： 白居易，祖籍山西太原，后来徙居下邽，出生于郑州新郑。然而，他的一生与洛阳有密不可分的关系，年轻时候曾经四次在洛阳逗留，晚年更是主动求官洛阳，连续在洛阳度过了十八年的时光，病逝以后还按遗愿留骨洛阳，白居易对洛阳的情感可谓非常深刻。他在洛阳期间创作的诗歌不仅数量众多，而且从内容到风格，与他的其他诗歌相比，都特点鲜明。究其原因，与白居易的人生经历有关，也是他的性格和自我定位所致，而且与河洛地区的地域文化有必然联系。

关键词： 白居易；洛阳诗；特点；形成原因

《旧唐书·文苑传》载："白居易，字乐天，太原人……至温徙于下邽，今为下邽人焉。"① 白居易祖籍山西太原，按照当时惯例，无论自己还是他人，皆称白居易为"太原人"。不过自曾祖白温时，已经徙居下邽。白居易出生于祖父白锽在新郑的东郭宅。然而，白居易的一生与洛阳有密不可分的关系。白居易祖父白锽，曾任洛阳县尉、巩县县令，在洛阳置有房产"毓财里宅"。从白居易诗文中可知，他年轻时候至少曾四次在洛阳逗留。晚年主动求官分司洛阳，连续在洛阳度过了十八年的时光，病逝以后还按其遗愿留骨洛阳，白居易对洛阳的情感可谓非常深刻。他在洛阳期间创作的诗歌（即本文所谓"洛阳诗"）不仅数量众多，而且从内容到风格，与他的其他诗歌相比，都特点鲜明。本文拟结合白居易的具体作品，对其洛阳诗的特点进行总结论述，并对其形成原因进行简要分析。

白居易在唐代宗大历七年（772 年）生于新郑，十余岁跟随父亲到徐州，后来游学各地，流寓不定，将母亲等亲人安置在洛阳。据白居易诗文可知，贞元十五年（799 年）白居易曾回洛阳负米省亲。贞元十六年（800 年）进士及第后，白居易曾回洛阳向亲友报喜。贞元十七年白居易从江南再次返回洛阳。贞元二十年，白居易"徙家秦中，卜居渭上"，将亲人从洛阳搬家至下邽，此后二十年未至洛阳。然而白居易对洛阳用情至深，年轻时每归洛阳即称"回乡""返乡"，晚年更是努力长留洛阳。长庆四年（824 年），经历过半生宦海沉浮的白居易除太子左庶子，分司东都，回到了洛阳。回到洛阳后，白居易立马着手购置宅院："居易罢杭州，归洛阳，于履道里得故散骑常侍杨凭宅，竹林池馆，有林泉之致。"白居易对履道里宅极其用心，倾其所有买下此宅，并亲自进行整理规划，将它作为晚年安身之所。后来虽又转授苏州刺使赴苏州，但不久即辞归洛阳。后来又离开洛阳被授秘书监、迁刑部侍郎，但白居易在刑部侍郎任期一年后（大和三年，即 829 年）请求分司东都，不久如愿为太子宾客，自此长归洛阳，直至十八年后病逝于洛阳履道里宅。

白居易对洛阳的情感，还体现在求葬洛阳。白居易之前曾将祖父母、父母、外祖母、幼弟迁葬入下邽白氏墓园，白居易大兄白幼文、三弟白行简下葬下邽，祭白行简时，白居易表示自己死后也将葬于此处，与亲人白骨相依："下邽北村，尔茔之乐，是吾他日归全之位，神纵不合，骨且相依。"作《醉吟

① 《旧唐书》卷 166，《白居易传》，中华书局 1975 年版，第 4340 页。

先生墓志铭》，再次表达此意："以某年月日葬于华州下邽且临津里北原，祔侍御、仆射二先茔也。"意定魂归故里。然而居洛十八年后，白居易由于对洛阳用情深厚，遂改变初衷，嘱家人将其葬于洛阳龙门琵琶峰。

白居易在洛阳期间，创作了大量诗歌，并进行了多次整理。公元834年白居易编洛诗432首，作《序洛诗》："序洛诗，乐天自叙在洛之乐也……自三年春至八年夏，在洛凡五周岁，作诗四百三十二首。"公元840年又编《白氏洛中集》，收诗800首，作《香山寺白氏洛中集记》："《白氏洛中集》者，乐天在洛所著书也。大和三年春，乐天始以太子宾客分司东都，及兹十有二年矣。其间赋格律诗凡八百首，合为十卷，今纳于龙门香山寺经藏堂。"此外白居易还曾整理过《洛下游宴集》和《汝洛集》等，他在洛阳创作的诗歌总数有八百多篇。

白居易的洛阳诗，从内容到风格，都有非常明显的特点。白居易在《序洛诗》中曾自言："除丧朋哭子十数篇外，其他皆寄怀于酒，或取意于琴，闲适有余，酣乐不暇；苦词无一字，忧叹无一声，岂牵强所能致耶？盖亦发中而形外耳。斯乐也，实本之于省分知足，济之以家给身闲，文之以觞咏弦歌，饰之以山水风月；此而不适，何往而适哉？兹又以重吾乐也。予尝云：治世之音安以乐，闲居之诗泰以适。"白居易的洛阳诗，整体上以酒、琴、山水风月为主要内容，以"安乐""闲适"为突出特点。

白居易爱酒，自号"醉吟先生"，作《醉吟先生传》曰："饮罢自哂，揭瓮拨醅，又饮数杯，兀然而醉，既而醉复醒，醒复吟，吟复饮，饮复醉。醉吟相仍，若循环然。由是得以梦身世，云富贵，幕席天地，瞬息百年，陶陶然，昏昏然，不知老之将之，古所谓得全于酒者，故自号为醉吟先生。"宋人方勺《泊宅编》称："白乐天多乐诗，两千八百首，饮酒者九百首。"白居易的饮酒诗有一个人的独饮，如《咏兴五首·池上有小舟》："池上有小舟，舟中有胡床，床前有新酒，独酌还独尝。"有与朋友对饮，如《与梦得沽酒闲饮且约后期》，便是与刘禹锡一起闲饮。有合家宴饮，如《三年除夜》："晰晰燎火光，氲氲腊酒香。嗤嗤童稚戏，迢迢岁夜长。堂上书帐前，长幼合成行。以我最年长，次第来称觞。"有朋友宴饮，如《雪暮偶与梦得同致仕裴宾客王尚书饮》："黄昏惨惨雪霏霏，白首相欢醉不归。四个老人三百岁，人间此会亦应稀。"有送别之酒，如《醉送李二十常侍赴镇浙东》，有贺喜之酒，如《与诸同年贺座主侍郎新拜太常同宴萧尚书亭子》。有宴前的劝酒诗，如《劝饮》《劝酒十四首》，有醉后的感受，如《卯饮》："卯饮一杯眠一觉，世间何事不悠悠。"有酒醒后的描述，如《小院酒醒》《晚春酒醒寻梦得》。

白居易将酒、诗、琴作为人生三友，其洛阳诗除了大量写酒的诗篇外，还有许多与音乐相关者。白居易自身通音律会弹琴，《赠谈客》："上客清谈何亹亹，幽人闲思自寥寥。请君休说长安事，膝上风清琴正调。"《弹秋思》："信意闲弹《秋思》时，调清声直韵疏迟。"不仅自弹还自唱："时唱一声《新水调》，谩人道是采菱歌。"（《看采菱》）听人弹琴唱歌者，如《雨中听琴者弹别鹤操》《醉后听唱桂华曲》《听歌》《闻乐感邻》《好听琴》，还听其他乐器如《筝》《云和》《和令狐仆射小饮听阮咸》等。甚至还喜欢听泉水叮咚的声音，《亭西墙下伊渠水中置石激流潺湲成韵颇有幽趣以诗记之》："立为远峰势，激作寒玉声。""高枕夜悄悄，满耳秋泠泠。"听泉水激石的声音如同音乐，颇有韵致。

音乐与舞蹈从来都是密不可分的，白居易爱听乐，也爱赏舞。据载，白居易家有擅长歌舞的家妓，唐人孟棨在《本事诗》中说"白尚书姬人樊素善歌，妓人小蛮善舞，常为诗曰'樱桃樊素口，杨柳小蛮腰'"。白居易《不能忘情吟》："妓有樊素者，年二十余，绰绰有歌舞态，善唱《杨枝》，人多以曲名名之，由是名闻洛下。"常招亲友来听歌，《尝酒听歌招客》："一瓮香醪新插刍，双鬟小妓薄能讴。管弦渐好新教得，罗绮虽贫免外求。"白居易还经常参加朋友宴饮听乐观舞，如《与牛家妓乐雨夜合宴》："玉管清弦声旖旎，翠钗红袖坐参差。两家合奏洞房夜，八月连阴秋雨时。歌脸有情凝睇久，舞腰无力转裙迟。人间欢乐无过此，上界西方即不知。"《夜宴醉后留献裴侍中》："九烛台前十二姝，主人留醉任欢娱。翩翻舞袖双飞舞，婉转歌声一索珠。”

白居易在饮酒、听乐、观舞之外，还醉心于游赏山水风光。开成三年（838年）白居易《醉吟先生传》：“洛阳城内外六七十里间，凡观寺丘墅有泉石花竹者，靡不游……往往乘兴，履及邻，杖于乡，骑游都邑，肩舁适野。舁竿左右悬双酒壶，寻水望山，率情便去。抱琴引酌，兴尽而返。如此者凡十年。”白居易笔下的洛阳风光颇丰富。如龙门，“水碧玉磷磷，龙门秋胜春”“龙门涧下濯尘缨，拟作闲人过此生”“犹残少许云泉兴，一岁龙门数度游”。如香山，“老住香山初到夜，秋逢白月正圆时。从今便是家山月，试问清光知不知?”（《初入香山院对月》）“乱藤遮石壁，绝涧护云林。若要深藏处，无如此出深。”（《香山下卜居》）如平泉，“寻云到起处，爱泉听滴时。”（《秋游平泉赠韦处士闲禅师》）如伊水：“下马闲行伊水头，凉风清景胜春游。”（《秋游》）等。白居易不仅喜欢大自然的山水风光，也爱私家园林，白居易自家的履道里宅竹林池馆，有林泉之致，《池上篇》记：“十亩之宅，五亩之园，有水一池，有竹千竿。勿谓土狭，勿谓地偏，足以容膝，足以息肩。有堂有亭，有桥有船，有书有酒，有歌有弦。”“灵鹊怪石，紫菱白莲，皆吾所好，尽在我前。”白居易有近百首关于履道池台的诗，如《春池闲泛》《首夏南池独酌》《秋池二首》《冬日早起闲咏》等。还喜欢游赏别人家的园林，如牛僧孺家，《奉和思黯自题南庄见兼呈梦得》：“谢家别墅最新奇，山展屏风花夹篱。晓月渐沉桥脚底，晨光初照屋梁时。”张仲方家，《张长侍池凉夜闲宴赠诸公》：“竹桥新月上，水岸凉风至。对月五六人，管弦二三事。”

白居易的洛阳诗，整体上形成了安乐闲适的特点。首先，从内容上来看，主要取意于酒、乐、舞、山水、园林等娴雅之事，以吃、喝、游赏、玩乐的个人体验为主；其次，对于这些主题内容，白居易以一种安乐、享受的姿态对待，关注自身愉悦的感受和快乐的生命体验；最后，白居易将对这些主题的描述和感受，以一种流畅浅俗的语言来表达，见清代赵冀《瓯北诗话》中：“元白尚坦易，务言人所共欲言……坦易者触景生情，因事起意，眼前景，口头语，能以沁人心脾，而耐人咀嚼。”以浅近的语言信手由笔，文从字顺的表达，更凸显诗歌安乐闲适的特点。

如上所述，白居易的洛阳诗，内容大多以酒、乐舞、山水风光为主，具有安乐、闲适的特点。诚如其《序洛诗》所言：“除丧朋哭子十数篇外，其他皆寄怀于酒，或取意于琴，闲适有余，酣乐不暇；苦词无一字，忧叹无一声，岂牵强所能致耶？盖亦发中而形外耳。”白居易的洛阳诗，以安乐闲适为特点，无苦词忧叹，自认并非牵强所致，而是“发中而形外”的，是“本之于省分知足，济之以家给身闲，文之以觞咏弦歌，饰之以山水风月”。简要地说，白居易洛阳诗安乐闲适的特点，有以下三条主要成因：

首先，最根本的原因是白居易的自我定位和知足思想。白居易秉承儒家“穷则独善其身，达则兼济天下”的观念，早年从政志在兼济，晚年退而行在独善，持中庸思想，开辟一条“中隐”之道，“大隐住朝市，小隐入丘樊。丘樊太冷落，朝市太嚣喧。不如作中隐，隐在留司官”。（《中隐》）将自己定位为“中人”，“贤愚之间，可谓中人，中人之心，可上可下”。《旧唐书·白居易传》说他“儒学之外，尤通释典。常以忘怀处顺为事，都不以迁谪介意”。《礼记·中庸》载：“君子居易以俟命。”《周易·系辞》：“乐天知命故不忧。”白居易确实名实相副。陈寅恪《元白诗笺证稿》：“乐天之思想，一言以蔽之，曰‘知足’，‘知足’之旨，由老子‘知足不辱’而来。”①

其次，与白居易“家给身闲”的客观条件有关。白居易晚年自求分司东都，官优职闲，有优厚的俸禄而又有充裕的自由和时间，白居易在很多诗中都表达了对这一状况的满意，如《移家入新宅》：“病平未还假，官闲得分司。幸有俸禄在，而无职役羁。”《知足吟》：“官闲离忧责，身泰无羁束。”《自宾客迁太子少傅分司》：“优饶有加俸，闲稳仍分曹。”《闲适》：“禄俸优饶官不卑，就中闲适是分司。”

---

① 陈寅恪：《元白诗笺证稿》，中华书局1959年版，第327页。

《咏所乐》："官优有禄料，职散无羁縻。中人百户税，宾客一年禄。"《中隐》："似出复似处，非忙亦非闲。不劳心与力，又免饥与寒。终岁无公事，随月有俸钱。"反复表达了既有俸钱又有闲暇的生活，以及白居易内心非常享受的满足，《喜闲》称："萧洒伊嵩下，优游黄绮间。未曾一日闷，已得六年闲。"虽然闲，但却不闷，每天在山水中潇洒来去，优游自在。《闲乐》："坐安卧稳舆平肩，倚杖披衫绕四边。空腹三杯卯后酒，曲肱一觉醉中眠。更无忙苦吟闲乐，恐是人间自在天。"白居易乐天知命的知足思想，加上家给身闲的客观状况，让他不忙不苦不忧虑，坐安卧稳酒后眠，快乐自在得如同神仙一般。

最后，受河洛地区注重生命体验和个人享受的地域文化影响。洛阳在唐代的地位很特别，又称作东都、东京，与长安并称"两京"，武则天、唐玄宗都曾长时间住在洛阳，达官贵人多在洛阳置有房产田宅，以洛阳为中心的河洛地区，在中晚唐时期非常繁华。同时，洛阳作为陪都，官员多是位优职闲的差事，既有优厚的俸禄可供消费，又免受繁重的工作拘束，更没有宦海浮沉朝不保夕的风险，所以整个河洛地区形成了奢靡享受之风，注重宴会饮酒听乐观舞的享乐，公卿大夫组织的大型游玩宴饮常常昼夜不息。河洛地区风景优美，伊河、洛河交汇，龙门、香山、嵩山绵延起伏，山水秀美，自然风光宜人。洛阳达官贵人聚集，商业发达，花木繁盛，园林精致，因此人们常常有赏玩山水花木的活动。白居易在这样的地域文化熏陶下，更加注重身心的自在享受，游山玩水，听乐观舞，经常参加亲朋好友的宴会，并形成诗歌吟咏。

综上所述，白居易一生将洛阳作为心灵故乡，晚年安身之所，死后埋骨龙门，对洛阳用情至深。他在洛阳创作了八百多首诗歌，这些诗歌以饮酒、听乐观舞、游赏山水为主要内容，表现出安乐、闲适的突出特点。白居易洛阳诗的这些特点，主要由白居易个人定位和知足思想决定，与他分司东都家给身闲的客观条件有关，也受河洛地区注重生命体验和个人享受的地域文化影响。

（作者为河南省社会科学院文学研究所助理研究员）

唐五代时期洛阳地区的南宗禅研究

赵　娜

摘要： 唐五代时期是南宗禅发展的重要历史阶段，虽正统法系在长江流域以南，但由于洛阳地区的重要地位，神会将南宗禅思想传到北方来，并在此创立了荷泽宗；后来马祖道一的洪州系中伏牛自在、佛光如满、从谏和惟宽禅师都居于此地；石头希迁的石头系中丹霞天然、药山惟俨和天皇道悟门下皆有弟子在此传法。这些来自南方的禅师把当时盛行的思想传播到洛阳地区，充实了洛阳的地域文化，为洛阳成为北宋时的文化与行政次中心奠定了基础。

关键词： 唐五代；洛阳；南宗禅

“南宗禅”即唐代由慧能及弟子推崇的禅法，常用来与神秀及弟子倡导的“北宗禅”作比较。唐中后期慧能一系发展日益壮大，至宋代成为禅宗的主流，因而“南宗禅”在宋代以后成为“中国禅宗”的代名词。从历史上看，南宗禅的主要法脉集中在长江流域以南，无论是慧能的再传弟子马祖道一和石头希迁创立的洪州系和石头系，还是在唐末五代时两系门下分化出的沩仰宗、临济宗①、云门宗、曹洞宗和法眼宗，抑或北宋临济宗门下分化出的黄龙派和杨岐派，“正统”传承者皆以南方的宗师为主。但在急速发展的唐五代时期，当从一隅走向全国时，有不少南方的宗师行脚到北方多地，带来南方盛行的顿教学说，将禅宗文化渗透入北方大地。当时的洛阳地区是政治、经济、文化的中心区域之一，也吸引着南宗禅的禅师们来此驻足。

在唐高宗至玄宗时，在洛阳地区盛行的是神秀及其弟子的“北宗禅”、慧安和弟子倡导的“东山法门”思想。直至慧能的弟子慧忠抵达南阳，神会到滑台与北宗之人展开论战，才逐渐将南宗禅思想传播到河南等地。而神会与洛阳的关系更为密切。

一、荷泽神会的法系

神会（公元668—760），俗姓高，湖北襄阳人，先学儒家经典，次读老庄之学，后闻佛学之说，在本府国昌寺颢元法师处出家，听闻曹溪慧能道场学者竞相投奔，遂学习善财之法，向南参学，在慧能身边服侍数年，其师坐化后，开元八年（公元720年）敕住南阳龙兴寺，开元二十二年（公元734年）在滑县召开“无遮大会”，以一己之力与北宗禅师和信奉者展开辩论，把慧能的禅法引入河南地区。天宝元年（公元742年）神会被信奉北宗禅法的御史卢弈诬陷聚众以图不利，被下狱。恰逢唐玄宗赴洛阳，诏问后次年被迁移到荆州开元寺般若院。天宝十四年（公元755年），安禄山叛乱，洛阳、长安被攻陷，唐军为军费所困，遂在各地立戒坛，以名德威望高者主事。卢弈被杀，82岁高龄的神会被信众

---

① 唯一由临济义玄在北方创立的宗派，但在北宋中期，自石霜楚圆后，法脉再度南传，回到长江流域以南。

推选为主事戒坛，将所得香火钱资助郭子仪。至德三年（公元758年）洛阳收复后，神会因资助之功，被赞赏，诏入内道场供养，另在洛阳建立荷泽寺。这才结束了被打压、艰难传播南宗禅法的命运。上元元年（公元760年）去世，迁塔洛阳宝应寺，敕封谥号“真宗大师”，塔号“般若”。

神会在洛阳所传播的南宗禅法忠实地宣传了慧能思想。宗密在《中华传心地禅门师资承袭图》中提到，“荷泽宗者全是曹溪之法，无别宗旨”。胡适曾断言《坛经》是神会或神会一系的手笔，认为《坛经》中的曹溪之法，实际上是神会一系的见解。从留世典籍来看，神会的主张确实与慧能的见解是基本一致的。

神会推崇“无念”学说。在他看来，“无念”即“不念有无，不念善恶，不念有边际、无边际，不念有限量、无限量。不念菩提，不以菩提为念。不念涅槃，不以涅槃为念。是为无念。是无念者，即是般若波罗蜜。般若波罗蜜者，即是一行三昧”①。在他看来，“无念”即要消除有无、善恶等对立，不执一端，如此便是智慧，便能获得智慧。

慧能明确提出“立无念为宗”，“一切境上不染，名为无念；于自念上离境，不于法上生念。若百物不思，念尽除却，一念断即死，别处受生。学道者用心，莫不思法意。自错尚可，更劝他人迷，不见自迷，又谤经法。……缘迷人于境上有念，念上便起邪见，一切尘劳妄念，从此而生”②。

可见神会的见解与慧能的论调非常一致，即因执着而生分别心和贪嗔妄念，故要“无念无形”。立“无念为宗”，便可以自行消除罪业，有助于佛法修行。而能“见无念者，六根无染。见无念者，得向佛知见。见无念者，名为实相。见无念者，中道第一义谛。见无念者，恒沙功德一时等备。见无念者，能生一切法。见无念者，能摄一切法”③。

但相较言之，二者又有所不同，慧能侧重因“妄念”导致种种恶果，所以要倡导“无念”，即要避“因”；而神会的言论中，倾向于以“无念”获取“般若波罗蜜”（即智慧之学），即重“果”。神会屡次提及，若欲了达佛法，直入一行三昧，先须诵持《金刚般若波罗蜜经》，修学般若波罗蜜。般若波罗蜜是一切法的根本，《金刚经》是一切诸佛母经。

而他倡导的以无念为见，诵读《金刚经》，都为了彰显其顿悟的理念。在他看来，顿悟区别于北宗禅的渐悟，是南宗禅的典型代表，也是禅门正法。“发心有顿渐，迷悟有迟疾。迷即累劫，悟即须臾。……譬如一綟之丝，其数无量，若合为一绳，置于木上，利剑一斩，一时俱断。丝数虽多，不胜一剑。发菩提心，亦复如是。若遇真正善知识，以［巧］（铃木本）方便，直示真如，用金刚慧，断诸位地烦恼，豁然晓悟，自见法性本来空寂，慧利明了，通达无碍。证此之时，万缘俱绝，恒沙妄念，一时顿尽，无边功德，应时等备。”④ 顿悟如利剑斩群丝，快刀斩乱麻，干脆利落，快捷方便。使用“顿悟”之法，方能豁然解脱，真正获取无上智慧。而渐悟之法只是目标有限的修行方式。

由此明确引出“顿渐之别”，“今于顿中而立其渐者，即如登九层之台也要藉阶渐。终不向渐中而立渐义。事须理智兼释，谓之顿悟。并不由阶渐［而解］，自然是顿悟义。自心从本已来空寂者，是顿悟。即心无所得者，为顿悟。即心是道为顿悟。即心无所住为顿悟。存法悟心，心无所得，是顿悟。知一切法是一切法，为顿悟。闻说空不著空，即不取不空，是顿悟。闻说我不著［我］，即不取无我，是顿悟。不舍生死而入涅槃，是顿悟”⑤。可见，顿悟是智慧的表征，是回归本心，是无所住、无所执，是断绝无我、法我的牵绊，是超越生死的束缚和洞察一切佛法的根本，是禅门正道，是修行者必须要走的道路。

---

①③ 杨曾文：《神会和尚禅话录·菩提达摩南宗定是非论》，中华书局1996年版，第39页。

② 郭朋：《坛经校释》，中华书局1983年版，第32页。

④ 胡适：《禅学指归》，陕西师范大学出版社2008年版，第114页。

⑤ 杨曾文：《神会和尚禅话录·南阳和尚问答杂征义》，中华书局1996年版，第80页。

“南宗禅”中的核心思想在“无念”理念、在“顿悟”修行之法、在诵持《金刚经》等经书，上述种种皆不同于神秀的北宗禅。神会把这些诞生于南方的思想传播到洛阳地区，开阔了河南人的视野，使北地之人了解到禅宗思想的多样性。

神会的同门嵩山寻也曾在洛阳地区传法。但其名仅见于禅宗典籍《景德传灯录》《传法正宗记》《五灯全书》中，具体事迹不得而知。

神会的法系被称为荷泽宗，官方推崇加新奇的思想吸引了洛阳人志满向学，吸引灵坦、磁州法如、河阳怀空前往拜谒。荷泽宗中具体载于洛阳传法的是第四世孙奉国神照（师承体系为：荷泽神会—磁州法如—荆南惟忠—奉国神照）。因禅宗的主要法系在南方，如今留世典籍中对荷泽宗的相关记载并不多。神照其人并无专门传记，言行仅见于弟子圭峰宗密（也称“草堂宗密”）的传记中。宗密（780—841）是荷泽宗的第五世孙，也是华严宗五祖。他融汇禅教学说，著有《禅源诸诠集》《中华传心地禅门师资承袭图》《华严心要法门注》《佛说盂兰盆经疏》《圆觉经大疏》等，是禅宗史上的重要人物，晚唐以前的禅门学说借由其著述得以保存，为区别南宗禅与北宗禅、大乘禅法和小乘禅法、中国禅和外国禅提供了可信的文字证据。而他之所以熟谙禅门多宗的思想，便在于他与荷泽宗的关系，而他师从于神照并被赞为“菩萨”的经历，也为其勘定禅门优劣的学说增加了可靠度。

然而，神会为在河南宣传南宗禅与北宗禅之人唇枪舌剑，不惜以身犯险，并发出“普寂禅师与南宗有别。我自料简是非，定其宗旨。我今谓弘扬大乘，建立正法，令一切众生知闻，岂惜身命”的豪言壮语。但在禅宗史上，神会与其荷泽宗的禅学地位并不高。唐中后期，法系鼎盛的是慧能的另两位弟子青原行思和南岳怀让，他们门下分别出了石头希迁和马祖道一，所以也被称为石头系和洪州系。

尤其在唐代宗、德宗朝，马祖道一和石头希迁门下弟子众多，形成“自江西主大寂，湖南主石头，往来憧憧，不见二大士为无知矣”①，至唐宪宗、穆宗时，马祖与石头门下弟子与再传弟子开创出南宗禅发展的新局面，在《宋高僧传》中多次描述“自大寂去世，其法门鼎盛，时无可抵”“于时天下佛法极盛，无过洪府，座下贤圣比肩，得道者其数颇众”“天下禅宗如风偃草”。两系众多弟子中，也有不少来洛阳地区传法的。

二、马祖道一的洪州系

在马祖道一众多弟子中，有长居于洛阳的伏牛自在、从谏禅师、佛光如满和惟宽禅师。

伏牛自在（741—821），俗姓李，吴兴人也，生有奇瑞，投径山出家，“从南康道一禅师法席，悬解真宗，逸踪流辈道誉孔昭，行止优游多隐山谷，四方禅侣丛萃其门”②。将道一著名的“即心即佛”“非心非佛”的主张传到河南。拜在道一门下后，曾为其师送书信至南阳慧忠国师处：“国师问曰：‘马大师以何示徒？’对曰：‘即心即佛。’国师曰：‘是什么语话？’良久又问曰：‘此外更有什么言教？’师曰：‘非心非佛。或云不是心不是佛不是物。’国师曰：‘犹较些子。’师曰：‘马大师即恁么，未审和尚此间如何？’国师曰：‘三点如流水，曲似刈禾镰。’师后隐于伏牛山，一日谓众曰：‘即心即佛，是无病求病句。非心非佛，是药病对治句。’僧问：‘如何是脱洒底句？’师曰：‘伏牛山下古今传。③’”从最初的帮师父传话，到自己终能体会师父的话，当被质疑时还能提出新的见解，也可见他游历并居住在

① 赞宁：《宋高僧传》卷九《唐南岳石头山希迁传》，范祥雍点校，中华书局1987年版，第209页。

② 赞宁：《宋高僧传》卷十一《唐洛京伏牛山自在传》，范祥雍点校，中华书局1987年版，第245页。

③ 道原：《景德传灯录》卷七，《大正藏》卷51。

河南后的成长：在江西的学徒终在河南成为一方之师。他在洛阳等地还广交师友，探寻河南古迹。元和年间，居住在洛阳香山下，与丹霞天然成为莫逆之交，成为“江湖”门下的一段佳话。而游方好觅古迹的志趣，探寻出多位河南先师的轨迹，如在龙门山中探寻到后魏三藏菩提流支的译经处，在王屋山下探寻得北齐时期的僧稠禅师与猛虎搏斗之处，在嵩山中访寻到梵法师的马跑泉。还著有《三伤颂》，文辞优美、说理精辟，为后世所称颂。而他在伏牛山中修禅问道也吸引同志者驻足此山中，伏牛山成为洛阳地区知名的禅门修行地。

佛光如满，生卒年不详，为时在东宫的唐顺宗李诵解答疑惑，使得南宗禅受到皇室的重视而闻名，“唐顺宗问：‘佛从何方来？灭向何方去？既言常住世，佛今在何处？’师答曰：‘佛从无为来，灭向无为去。法身等虚空，常住无心处。有念归无念，有住归无住。来为众生来，去为众生去。清净真如海，湛然体常住。智者善思维，更勿生疑虑。’帝又问：‘佛向王宫生，灭向双林灭。住世四十九，又言无法说。山河与大海，天地及日月。时至皆归尽，谁言不生灭？疑情犹若斯，智者善分别。’师答曰：‘佛体本无为，迷情妄分别。法身等虚空，未曾有生灭。有缘佛出世，无缘佛入灭。处处化众生，犹如水中月。非常亦非灭。生亦未曾生，灭亦未曾灭。了见无心处，自然无法说。’帝闻大悦，益重禅宗”①。李诵问询的是外行人了解佛教最基本的问题：从何而来，去往何处，以及如何看待生死等，而如满禅师的回答跳出了普通人对于生死、来往的看法，而突出佛度化众生的宏愿，以及持“无为”“无心”之道而得解脱的观点。这些说法深受李诵的认可，“益重禅宗”四字凸显出了当时禅宗在洛阳普及和发展的大好形势。

如满禅师，还有另一个身份，即在晚年长居于洛阳的著名诗人白居易的授业师。白居易曾久参如满禅师，得心法，成为其后世典籍记载的唯一有明确记录的嗣法弟子。这一师承关系，也让如满禅师在洛阳居士中名声大噪。

从谏（？—866），俗姓张，祖籍河南南阳，生性倜傥，器宇轩昂，壮世之年，忽深信佛理，遂抛妻弃子，出家为僧。修行数十载“同好之者自远而来请问。谏一一指订，俾其开觉。寻游洛下广爱寺挂锡。时禅客鳞集，如孝子之事父母焉。洛中有请谏设食，必排位对宾头卢尊者，其为人之钦奉皆此类矣”②。从谏成为洛阳禅宗的领军人物，带动了洛阳的亲禅热潮。后逢唐武宗会昌灭佛，令沙门重新返回俗世家庭，从谏不为所动，隐藏在皇甫枚汝州的温泉别业继续修行。至大中年间，唐宣宗重新振兴佛教，从谏请求回到洛阳的旧居。咸通七年（866年）秋七月去世，终年八十余岁。去世前告诫门下“人身难得而易失，急急，于物无心，无为流转，无生灭法，一切现存”。送葬于建春门外，于道旁起白塔，“人先归信，香火不绝”。从谏的“一切现存”思想正是其师马祖道一倡导的禅法不离日常生活的真实写照，而提出“无心”“无为”之法则是禅宗“老庄化”的体现。从谏以卓越的才识、坚定的信念、淡然对待生死的态度，成为唐代洛阳禅师的楷模。

隶属洛阳地区的嵩山是知名的佛道圣地，不少知名方内外人士都有参学、行脚、游历嵩山的经历。马祖道一的弟子惟宽（755—817）于德宗贞元十三年（797年）在少林寺“感化非人”，二十一年在卫国寺作功德，二十二年复在天宫寺作功德。在洛阳居住十多年之久。

元和四年（809年），惟宽被诏请到长安，点化白居易，他们之间的问答反映出普通人对南宗禅禅法与禅师的质疑，“易问曰：‘既曰禅师，何以说法？’宽曰：‘无上菩提者，被于身为律，说于口为法，行于心为禅，应用者三，其致一也。譬如江湖淮漠，在处立名，名虽不一，水性无二，律即是法，法不离禅。’云：‘何于中妄起分别？’曰：‘既无分别，何以修心？’宽曰：‘心本无伤损。’云：‘何要修

① 普济：《五灯会元》卷三《佛光如满禅师》，苏渊雷点校，中华书局1984年版，第147－148页。

② 赞宁：《宋高僧传》卷十二《唐洛京广爱寺从谏传》，范祥雍点校，中华书局1987年版，第278页。

理？’‘无论垢与净，一切勿念起。’曰：‘垢即不可念，净无念可乎？’宽曰：‘如人眼睛上，一物不可住，金屑虽珍贵，在眼亦为病。’曰：‘无修无念，又何异凡夫耶？’宽曰：‘凡夫无明，二乘执着，离此二病，是曰真修。真修者，不得勤，不得忘，勤则近执着，忘即落无明，此为心要云尔’”①。这一段问答中，惟宽解释了禅法与佛法的关系、禅法与律法的关系，区分了悟道者与凡夫者的异同，说明了修心过程中的“无念”的重要性。其中禅律关系的见解，是对南北方佛门特色的融合，因自南北朝以来，佛教界呈现出南方重义理、北方重坐禅持戒的特色，然惟宽在此既推崇了南宗禅自慧能后一直倡导的“无念”思想，又结合河南北方地域特色突出禅律一体、无碍的关系，实是在北地传法能做变通的佼佼者。由于他的见识和变通，不仅让白居易事之以师，且“说心要法三十年，度黑白众殆及百千万……门弟子殆千余，得法者三十九”②。成为马祖道一门下在洛阳、长安两京传法的领军人物。

马祖道一的杰出弟子百丈怀海、南泉普愿、沩山灵佑门下，皆有弟子在洛阳地区传法。

百丈怀海有弟子卫国道禅师，居于洛阳，但相关记述不太多，只在南宋的《五灯会元》中记录他与学问僧的两次问答，“新到参，师问：‘何方来？’曰：‘河南来。’师云：‘黄河清也未？’僧无对。师不安，不见客。有人来谒。乃曰：‘久聆和尚道德，忽承法体违和，略请和尚相见。’师将钵鐼盛钵楮，令侍者擎出呈之。其人无对”③。从现有记载看，卫国道禅师采用相对温和的教化方式，使用中唐时期禅师常问询的“何方来”或“甚处来”等问题，引导学问僧反思最基本的问题；面对访客的刁难，禅师却贴心地以令人送来斋饭，拳拳之心令访客汗颜。正是如卫国道禅师一样的不知名的禅师在多地辛勤传教，将禅宗的亲和、智慧之道惠及全国。

当时在嵩山地区传教的，还有南泉普愿的弟子嵩山和尚和沩山灵佑的弟子嵩山神剑。可惜皆无史传材料介绍其具体活动与思想。

可见，洪州系中马祖道一的弟子各有特色，各为一代禅匠，诚如《景德传灯录》中所言，“师入室弟子一百三十九人，各为一方宗主，转化无穷”④，他们能在不同境地中彰显洪州系“平常心即道”的理念，又能够根据所居地、所问之人做出调整，展现个人特色。然道一的再传弟子杰出者多在南方活动，所以在洛阳有较大影响者并不多。

有所不同的是，石头希迁门下的弟子和弟子门下，在洛阳者较多，而且形成了自己的特色。

三、石头希迁的石头系

在石头系中，门下分支较多，而在洛阳地区活动与传法的也隶属于多个支系，涉及石头希迁的三个著名弟子丹霞天然、药山惟俨和天皇道悟及其门下。

1. 丹霞天然系

丹霞天然（公元739—824），唐代具有传奇色彩的禅师。本与同伴到长安参加科考，但遇到禅者的点化，感慨“选官不若选佛”，转而出家。拜谒当时马祖道一和石头希迁两大士，往来于两大士所在的江西、湖南之间，且皆受礼遇。史籍中对其师承、禅号由来等皆存争议。如《祖堂集》《景德传灯录》《联灯会要》《五灯会元》等皆言他先拜谒马祖道一，受推荐方到石头希迁门下，因而虽被认为是石头希迁的嗣法弟子，但悟道后重返马祖道一门下，而且与马祖的诸位弟子如伏牛自在、庞居士等关系密

---

① 朱时恩辑：《居士分灯录》卷上，《续藏经》第147册，第875页。

② 赞宁：《宋高僧传》卷十《唐京兆兴善寺惟宽传》，范祥雍点校，中华书局1987年版，第228页。

③ 普济：《五灯会元》卷三《卫国院道禅师》，苏渊雷点校，中华书局1984年版，第196页。

④ 道原：《景德传灯录》卷六，《大正藏》卷五一。

切。而律师赞宁撰写的《宋高僧传》丹霞天然的传记中，则直接讲拜谒石头希迁，未提马祖道一之事。其禅号“天然”的得来说法亦不一，在《祖堂集》中是由石头希迁授名，而在《景德传灯录》中变成了由马祖道一赐号。

这样一位传奇的禅师，离开“江湖”[①]后，行脚到洛阳，元和三年（公元808年）“晨过天津桥，横卧，会留守郑公出，呵之不去。乃徐仰曰：‘无事僧。’留守异之，乃奉束素衣两袭，月给米麦。洛下翕然归信”[②]。天然禅师以“无事僧”的洒脱赢得东都留守的好感，进而在洛阳民众中引起信奉的热潮。

而他在洛阳慧林寺（或惠林寺）中“烧木佛”之事，不仅震惊当时的禅林，在后世屡屡被人“提拈称颂”。“遇天寒，焚木佛以御次，主人或讥，师曰：‘吾荼毗，觅舍利。’主人曰：‘木头有何也?’师曰：‘若然者，何责我乎？’主人亦向前，眉毛一时堕落。有人问真觉大师：‘丹霞烧木佛，上座有何过?’大师云：‘上座只见佛。’进曰：‘丹霞又如何?’大师云：‘丹霞烧木头。’”[③]佛教中虽不倡导“偶像崇拜”，但“佛像”往往被作为佛的化身而备受礼遇。天然禅师竟然烧掉木佛像，其行为实在出乎一般人所料，因而受到寺主的苛责，然而在后人看来结果却是寺主受到眉毛脱落的惩罚。此事后传到福建的雪峰义存（即真觉大师）处，跨越大半个中国，影响可谓广泛。而天然禅师此举不仅跨越空间，还超越时间，在宋元时期多次被高僧大德提及，如北宋临济宗和曹洞宗的两位巨匠圆悟克勤和投子义青分别留有“颂古”，是为：“丹霞烧却木佛，院主眉须堕落，普天币地人知，院主当头不觉。本是醍醐上味，争奈反成毒药，果报自家担当，罪因却是他作。丛林浩浩商量，未免情识卜度，却虑一个自己，直下不须推托。更问如何若何，要且无绳自缚”和“古岩台闭冷侵扉，飞者惊危走者迷。夜深寒热汀洲火，失晓渔家忙自疑”。[④]在《宗门拈古汇集》中还收录了宋元时期15位禅师的“拈古”之辞。这些“颂古”和“拈古”以称赞天然禅师为主，他的举动可谓“石破天惊”，彰显了唐代禅宗的奇特性、叛逆性和创作性，搅动了后世禅门的平静。

2. 药山惟俨系

在洛阳活动的药山惟俨系中分两支，分别是洞山良价的门下、华亭船子的门下。

洞山良价一支中，有弟子华严休静和白马遁儒，再传弟子重云智晖（师承体系为石头希迁—药山惟俨—云岩昙晟—洞山良价—白水本仁—重云智晖）和灵泉归仁（师承体系为：洞山良价—疏山匡仁—灵泉归仁）。

华严休静，生卒年不详，洞山良价的弟子，“大化东都，禅林独秀”，受后唐庄宗（公元923～926年）的礼遇，是晚唐五代时洛阳禅师的代表之一。处于乱世，他坚守出家人的操守，坚持禅宗中悟道非借助佛经而要“明心见性”的思想，“师在京中赴内斋，他诸名公悉皆转经，唯有师与弟子不转经。帝问师：‘师也且从不转经，弟子为什么不转经?’师云：‘道泰不传天子令，时人尽唱太平歌’”[⑤]。凸显了个体修为的重要性，而受到庄宗的赞赏。而在区分禅宗与其他佛教宗派思想时，“不入龙宫藏，众义岂能诠”的主张也说明，禅门并非完全丢弃佛经与传统的佛教修行背道而驰，而是要借用其中的精华，为我所用。这是对禅宗“不立文字”与禅教关系的科学认知，间接批评了禅门中脱离现实生活、丢弃佛门传统的“野狐禅”。

中唐后，诗歌普及，禅门中也兴起了以诗歌体语言作答的风尚，在邓州的香严智闲是河南的佼佼

① “江湖”即江西、湖南的代称，亦是唐中期后禅宗传法重心。具体可参看拙著《也谈“跑江湖”》，《华夏文化》2012年第3期。
② 赞宁：《宋高僧传》卷十一《唐南阳丹霞山天然传》，范祥雍点校，中华书局1987年版，第250页。
③ 静、筠：《祖堂集》卷四《丹霞和尚》，张华点校，中州古籍出版社2001年版，第146页。
④ 法应、普会：《禅宗颂古联珠通集》卷十四，《续藏经》第115册，第168－169页。
⑤ 静、筠：《祖堂集》卷八《华严和尚》，张华点校，中州古籍出版社2001年版，第285页。

者，休静禅师也顺应并带动了这种潮流。如“问：‘王子未登九五时如何？’师云：‘贪游六宅戏，不觉国内亏。’‘王子正登九五时如何？’师云：‘朱帘齐卷上，四相整朝仪。’‘登九五后如何？’云：‘金箱排玉玺，御辇四方归’”①。形象地说明了前、中、后等不同阶段各司其职、各负其责、各当其道的“当下”行径。有人问悟道后为何还有疑惑时，禅师的回答是“破镜不重照，落花难上枝”，突出修行次第的差异。

经他的努力，门下有300余位弟子，使得战乱时代的洛阳城仍为禅法盛行地。他去世后，赐谥“宝智大师”，塔号“无为”，又在晋州、房州、终南山逍遥园、终南山华严寺四处建舍立塔。

白马遁儒，洞山良价的弟子。具体生平不可寻，只收录语录：“问：‘如何是衲僧本分事？’师曰：‘十道不通风，哑子传远信。’曰：‘传什么信？’师乃合掌顶戴。问：‘如何是密室中人？’师曰：‘才生不可得不贵未生时。’曰：‘是个什么不贵未生时？’师曰：‘是汝阿爷。’问：‘三千里外向白马，及乎到来为什么不见？’师曰：‘是汝不见，干老僧什么事？’曰：‘请和尚指示。’师曰：‘指即勿交涉。’问：‘如何是学人本分事？’师曰：‘昨夜三更日正午。’问：‘如何是法身向上事？’师曰：‘井底蛤蟆吞却月。’问：‘如何是学人急切处？’师曰：‘俊鸟犹嫌钝，瞥然早已迟。’问：‘如何是西来意？’师曰：‘点额猢狲探月波。’”② 上文七个问题，涉及学人的本分事、学人用功处、祖师西来意、遁儒禅师个人思想等唐五代时期游学僧最爱提出的问题，从禅师的回答中可见，给出的答案或如“十道不通风，哑子传远信”和“井底蛤蟆吞却月”等表面上违背常识；或如“俊鸟犹嫌钝，瞥然早已迟”问“急”答“缓”；或如“点额猢狲探月波”的天马行空。这些回答看似“驴头不对马尾”，却正体现了禅师说话的技巧和特色，即从反面、从不可思议处探寻机会，打破固有的常规思维，实现思维上的解放，便易获得精神上的解脱。正如“井底蛤蟆吞却月”，蛤蟆在井底、月亮在天上，天上地下差距悬殊，然月亮能投影到井里，所以井底的蛤蟆可以吞掉月亮，此为可能。但吞掉的却仅仅是影子而已，是幻象，要触摸到真实需要先跳出井底，才有希望。这种问答方式在唐中期马祖道一和石头希迁时已经出现，但在晚唐五代时被使用的频率越来越高，成为较量高下的“机锋”，禅宗中语言的功用被重新审视。

重云智晖（公元873~956年），俗姓高，洞山良价的再传弟子。年少时便有出家之志，遇到圭峰温禅师出家，二十岁受戒受学习禅律佛法“颇精吟咏得骚推之体，翰墨工外小笔尤嘉”，后于白水本仁处悟道。游览山水、历览市朝，或东林入社，或南岳经行，“洎梁乾化四年，自江表来于帝京，顾诸梵宫，无所不备，唯温室洗雪尘垢事有缺焉。居于洛洲，凿户为室，界南北岸，葺数亩之宫，示以标榜，召其乐福业者占之。未几渐构，欲闰皆周，浴具僧坊，奂焉有序。由是洛城缁伍，道观上流，至者如归，来者无阻。……一浴则远近都集三二千僧矣。晖躬执役，未尝言倦。……其或供僧向暇，吟咏余闲，则命笔墨也，缅想嘉陵碧浪，太华莲峰，凝神邈然，得趣乃作，五溪烟景，四壁寒林，移在目前，暑天凛冽矣。加复运思奇巧，造轮汲水，神速无比。复构应真浴室，西庑中十六形像并观自在堂弥年完备”③。同其他来洛阳宣传禅法的禅师不同，智晖禅师选用的是“浴身”进而到“浴心”的方式。沿洛河南北两岸建浴室，为普通民众与僧众提供沐浴身心之所，而浴室中绘制佛教中的图像，让沐浴者受到潜移默化的浸染。休闲时刻与僧人进行诗画创作，也与红尘内外之士引发共鸣，如五代时的知名诗人杨凝式与禅师惺惺相惜，重加礼遇，为其作碑颂德。智晖卓绝的诗歌造诣，也为后人留下一大笔财富，在教化之暇“撰歌颂千余首，度弟子一千五百人”，是五代时知名的诗僧。

灵泉归仁，与重云智晖同为洞山良价的再传弟子，师承疏山匡仁，留有语录。他也被行脚僧提问祖

① 静、筠：《祖堂集》卷八《华严和尚》，张华点校，中州古籍出版社2001年版，第286页。

② 道原：《景德传灯录》卷十七《洛京白马遁儒禅师》，《大正藏》卷51。

③ 赞宁：《宋高僧传》卷二十八《后唐洛阳中滩浴院智晖传》，范祥雍点校，中华书局1987年版，第697－698页。

师西来意、家风等基本问题："问：'如何是祖师意？'师曰：'仰面独扬眉，回头自拍手。'问：'如何是祖师西来的意？'师曰：'洛河水逆流。'问：'如何是和尚家风？'师曰：'骑牛戴席帽，过水着靴衫。'"① 回答时，与白马遁儒和重云智晖相似，使用了诗歌体的文字；答语有的截取一字"顺势"而为，如问"西来意"，即用洛水逆流来答"西"；有时故意"反说"，如"问：'如何是沙门行？'师曰：'恰似个屠儿。'曰：'如何行履？'师曰：'破斋犯戒。'曰：'究竟作么生？'师曰：'因不收，果不入'"②。若因果报应无效，则持戒僧人与杀生的屠夫无别，以正话反说，惊醒世人。

华亭船子一支中有再传弟子，夹山善会的两弟子：韶山寰普（师承体系为：石头希迁—药山惟俨—华亭船子—夹山善会—韶山寰普）和嵩山全。

韶山寰普，夹山善会的弟子，然律师赞宁却评价其接近北宗神秀、普寂的风格。其传记记载"不知何许人也，禀形淳粹。居于丑夷，下风请业汪汪然，其识度辄难拟议。具戒之后，经纶温寻。然后杖锡南游澧阳，遇夹山而得心契。有参学举问，垂手携归，不使一机失其开诱。其所不荐，劝令批览经法，亦近秀寂之遗风耳③"。可见，寰普针对学人层次不一有的放矢，聪慧者采用南宗禅的方式，以东问西答的"机锋"点化，直入顿悟之地；劝诫愚钝者从经书中获取智慧，采用渐修的方法。灵活运用顿悟和渐悟之法。然在禅僧笔下，却只突出其"机锋"之举。《景德传灯录》中主要记载了他和遵布衲之间的问答，"遵布衲山下见师乃问：'韶山在什么处？'师曰：'青青翠竹处是。'遵曰：'莫只这便是否？'师曰：'是即是，阇梨有什么事？'曰：'拟申一问，未审师还答否？'师云：'看君不是金牙作，争解弯弓射尉迟。'遵云：'凤凰直入烟宵去，谁怕林间野雀儿。'师曰：'当轩画鼓从君击，试展家风似老僧。'遵曰：'一句迥超今古格，松萝不与月轮齐。'师曰：'饶君直出威音外，犹较韶山半月程。'遵曰：'过在什么处？'师曰：'倜傥之辞时人知有。'遵曰：'与么即真玉泥中异，不拨万机尘。'师曰：'鲁般门下徒施巧妙。'尊云：'学人即恁么，师意如何？'师曰：'玉女夜抛梭，寄锦于西舍。'尊曰：'莫便是和尚家风也无？'师曰：'耕夫置玉漏，不是行家作。'遵曰：'此是文言。和尚家风如何？'师曰：'横身当宇宙，谁是出头人？'"④ 在这一长段对话中，遵布衲和韶山寰普一来一往，一问一答，展现二人优劣，其中深意非深谙禅理之人所能理解。然宋代以后记住的却是这样的机锋，并作为"公案"屡屡拈提。方庵显作"趋时适变，随物穷通，鸿鹄之志，谁辨雌雄？韩侯未遇，布衲家风。三秦席卷非无计，忠义何劳忆蒯通"⑤ 的"颂古"辞。而黄龙祖心和圆悟克勤分别有"好打这般汉，打杀千百万个有什么过？当时若在黄龙手里，棒折也未放过在"和"遵布衲如虎戴角，凛凛威风，怎奈韶山解踞虎头收虎尾，直得步步登高声声相应。还知二老落处么？好手手中跨好手，红心心里中红心"⑥ 的"拈古"辞。或赞颂双方，或批评双方，或更为认可韶山寰普。至于遵布衲和寰普禅师孰高孰低留给后人评说。

3. 天皇道悟系

天皇道悟系中有雪峰义存和岩头全豁两支的门下。

雪峰义存一支中有弟子南院和尚（师承体系为：石头希迁—天皇道悟—龙潭崇信—德山宣鉴—雪峰义存—南院和尚）

岩头全豁一支中有柏谷和尚（师承体系为：石头希迁—天皇道悟—龙潭崇信—德山宣鉴—岩头全

① 道原：《景德传灯录》卷二十《洛京长水灵泉归仁禅师》，《大正藏》卷51。
② 普济：《五灯会元》卷十三《灵泉归仁禅师》，苏渊雷点校，中华书局1984年版，第834页。
③ 赞宁：《宋高僧传》卷十二《唐洛阳韶山寰普传》，范祥雍点校，中华书局1987年版，第274页。
④ 道原：《景德传灯录》卷十六《洛京长韶山寰普禅师》，《大正藏》卷51。
⑤ 法应、普会：《禅宗颂古联珠通集》卷二十七，《续藏经》第115册，第343页。
⑥ 净符：《宗门拈古汇集》卷二十八，《续藏经》第115册，第834页。

豁—怀州玄泉彦—柏谷和尚）和紫盖善沼（师承体系为：石头希迁—天皇道悟—龙潭崇信—德山宣鉴—岩头全豁—怀州玄泉彦—黄龙晦机—紫盖善沼）。

在《景德传灯录》中收录了他们三位的简短语录。关于南院和尚的，“问：‘如何是法法不生？’师曰：‘生也。’有儒士博览古今，时人呼为张百会，一日来谒师，师曰：‘莫是张百会么？’曰：‘不敢。’师以手于空画一画曰：‘会么？’曰：‘不会。’师曰：‘一尚不会，什么处得百会来？’”[①] 可见，南院和尚在回答时也采用否定式回答，如问“不生”而答“生”。面对“张百会”时则以“一”问“百”，引出同异关系。教化方法仍相对温和。

相比较而言，其师侄柏谷和尚和紫盖善沼的回答则更难以捉摸，玄意更甚。如“僧问：‘普滋法雨时如何？’师曰：‘有道传天位，不汲凤凰池。’问：‘九旬禁足三月事如何？’师曰：‘不坠蜡人机’”[②]。或“僧问：‘死中得活时如何？’师曰：‘抱镰刮骨熏天地，炮烈棺中求托生。’问：‘才生便死时如何？’师曰：‘赖得觉疾’”[③]。他们采用诗歌式的语言作答，更侧重使用“机锋”。由此也能说明，至五代时，禅门中已经普遍兴起了使用“机锋”教化的方式，禅宗走向了神秘化，语言转向“玄虚化”，面向普通人的“平民禅”转变为少数慧根者才能懂的“精英禅”。

如果说唐代中后期，在洛阳的主要是洪州系禅师的话，那么在唐末五代时期，石头系禅师在洛阳活动的轨迹较多，且隶属的支系繁多。在中后期的禅师能彰显自己的个性，体现禅的差异性和创造性，所感所悟亲近日常；而唐末五代时期的禅师却逐渐脱离了现实的平常生活而走向注重语言表述的“机锋”道路，将禅宗引向“神秘化”和“玄虚化”。这种变化不唯出现在洛阳地区，而是禅宗内部发生的整体变化。通过对唐五代时期在洛阳地区传播南宗禅禅法与禅师的研究，可以看出洛阳在当时对南方的参学、游方禅师具有一定的吸引力，吸引他们驻足于此，创造出番番佳话，使得洛阳成为北方地区传播南宗禅的重镇，并为北宋时禅宗在北方的发展奠定基础。但不管是荷泽宗法系还是洪州系或石头系的禅师，来洛阳传法的多是本宗门的“旁支”，这也决定了河南在我国禅宗史上的地位不如南方江西、湖南、福建等地。而就来洛传法的禅师多又返回南方某地的经历来看，南宗禅诞生于长江流域以南，具有地方特色，要实现全国化的普及，与北方文化密切融合并非易事。传播范围、信众皈依数量、获取上层的礼遇可以在北方实现，但思想上的创新、深度的拓展仍离不开固有的土壤。

（作者为河南科技大学人文学院讲师）

① 道原：《景德传灯录》卷十九《洛京南院和尚》，《大正藏》卷51。
② 道原：《景德传灯录》卷二十三《洛京柏谷和尚》，《大正藏》卷51。
③ 道原：《景德传灯录》卷二十四《洛京长水紫盖善沼禅师》，《大正藏》卷51。

论宋代文人对白居易的接受

殷海卫

摘要：白居易在唐代已有较高声誉，其诗为社会各阶层所喜爱。宋代特殊的政治环境、文化背景、士人心态，文人独特的人生际遇、思想情怀、性格趣向、生活态度，诗坛审美追求等诸多因素，形成了不同的接受群体。他们对白居易的人格品质、生活态度、生活方式、文学创作等进行了全方位的接受，并完成了对其思想境界、人生情怀、诗歌创作的整体超越。在接受与超越中，深刻再现了两代文人的生存状态、思想心态与性格命运，表现了两代文学创作发展及其社会政治文化的诸多特征。

关键词：宋代文人；白居易；接受研究

白居易作为中唐文坛的巨擘，其人其诗在当时就有口皆碑，王公贵族、贩夫走卒，无不爱之，并已远播到鸡林。宰相李德裕畏于朋党之争加剧，不敢援引白居易，乃至不敢读白文，恐回其心志①。其品节风操亦堪称师表，皮日休爱其自然超旷，可为后人龟鉴②，《旧唐书》赞其贤达。到了宋代，特殊的政治文化环境、文人的生存状态、思想心态、文学风气等，使白居易成为他们的异代知音，不同文人群体对其品节风操、生活方式、诗歌创作等有了全方位的接受。在接受与超越中，生动再现了两代文人的思想生活状况、文学审美风趣及其政治文化特征等。

一、宋代不同类型文人群体对白居易的身份认同

从接受行为的发生来看，接受主体与接受对象之间要存在一定的相似性或关联性，才能产生具体的接受。宋代文人对白居易的选择与接受，缘于相似的仕宦经历、生活方式、思想心态、社会问题等，由不同的接受心理形成不同的接受群体，从而对白居易产生多元化的价值认同，成为他们的异代知音。

1. 在朝清闲文官对白居易的身份认同

宋初承平，君臣已有游宴唱和之风。太宗雍熙元年（公元984年）己丑，“以天下之乐为乐宜令侍从词臣各赋诗。赏花赋诗自此始。……壬申，幸含芳苑宴射……与李昉等各赋诗，上为和赐之”③。这些文人如王禹偁、李昉、徐铉等多供职馆阁，职位清闲，与白居易供奉翰院时身份相似。王禹偁于太宗端拱元年任右拾遗、直史馆，李、徐皆为史馆编修。王禹偁于雍熙二年（公元985年）为左司谏、知制诰，同白居易的紫微郎身份相似。暇时咏物写景，抒闲情雅怀，以闲适唱和见称的白居易自然成为他们

---

① 孙光宪：《北梦琐言》（卷一）曰：“其不引翼，义在于斯，非抑文章也，虑其朋比而掣肘也。”（《唐五代笔记小说大观》（下册），上海古籍出版社2000年版，第1807页）

② 皮日休：《七爱诗·白太傅》云：“吾爱白乐天，逸才生自然。……天下皆汲汲，乐天独怡然。……处世似孤鹤，遗荣同脱蝉。仕若不得志，可为龟镜焉。”（《全唐诗》卷六百八，中华书局1960年版，第7018页）

③ 李焘：《续资治通鉴长编》卷二五，中华书局2004年版，第575页。

学习的榜样。胡应麟《诗薮》曰："宋初诸子多祖乐天。"[①] 李昉《伏蒙侍郎见示蓬阁多余暇诗十首调高情逸无以》云："秘阁清闲地，深居好养贤。……应同白少传，时复枕书眠。"[②] 李昉与李至又效元、白，刘、白次韵酬唱，有《二李唱和集》。王禹偁于淳化元年摄中书侍郎，其闲婉亦如乐天，《彦周诗话》曰："本朝王元之诗可重，大抵语迫切而意雍容，如'身后声名文章草，眼前衣食薄书堆'。……大类乐天也。"[③] 南宋洪咨夔中书舍人夜值时作《宣锁》，效其唱和。蔡正孙曰："愚谓洪平斋此诗，非特引用乐天紫微花事，而其意度闲雅，有乐天之风焉。"[④]

2. 贬谪外放文人对白居易的身份认同

白居易因讽谏时弊，直言时政而构怨遭贬，远放江州，辗转苏杭、忠州等。王禹偁因上书直言时事，三次被贬，太宗淳化二年（991 年）贬为商州团练副使，至道元年贬滁州，真宗咸平元年（998 年）贬黄州。相同的政治遭遇，相似的人生处境，同样的穷愁郁怀，使其更容易对白居易产生"同是天涯沦落人"的心理认同。《前赋春居杂兴诗二首……聊以自贺》注曰："予自谪居时，多取白公诗，时时玩之"[⑤]，以此来消解谪居愁苦，寻求心理慰藉。《放言诗》小序云："元、白谪官，皆有《放言诗》著于编集，盖骚人之道味也。予虽才不侔于古人，而谪官同矣。因作诗五章，章八句，题为《放言》云。"[⑥] 受其影响更大的当属苏轼，他两次外放杭州，白居易曾任刺史于此。苏对白充满了追慕之情，《守杭州》云："出处依稀似乐天，敢将衰朽较前贤。"叶寘《爱日斋丛钞》曰："予因诸诗之作而考之，东坡之慕乐天，似不尽始黄州。……倅杭时作，已有慕白之意矣。……观引用此事，知其已慕白也。"[⑦] 同样被党争改变命运的还有苏辙、黄庭坚、秦观等，当新党重新执政，绍圣之章惇尽逐旧党，崇宁之蔡京又列元祐党籍，立党人碑。苏辙投荒贬所，唯以乐天文集为精神宽慰。《书白乐天集后二首》曰："元符二年夏六月，予自海康再谪龙川……乃得《乐天文集》阅之。……予方流转风浪，未知所止息。观其遗文，中甚愧之。"[⑧] 哲宗绍圣二年（1095 年），黄庭坚坐修《神宗实录》失实，贬于黔南，《道山清话》曰："山谷用乐天语作黔南诗……白云：'相去六千里，地绝天邈然。十书九不到，何以开忧颜。'山谷云：'相去六千里，天地隔江山。十书九不到，何用一开颜？'"[⑨]

3. 投闲置散文人对白居易的身份认同

白居易被贬江州后，人生观发生了重要转变，或求吏隐，又由儒而入佛老，多次分司东洛，远离政治纷争，在履道坊建宅，于其中引泉、凿池、植莲、放鹤、种竹等，与裴度、刘禹锡、牛僧孺、王起等闲放文人终日宴饮唱和，悠游终老。赵宋朋党之争甚于李唐，被闲放的文人，尤其是退归洛下的文人，在人生际遇、生活环境、思想心态方面与白居易极为相似。他们或留守分司，或致仕，或闲放，在宴饮、游赏、唱和等活动中，追步乐天的风范。

留守者如钱惟演、文彦博等，以钱惟演为中心又形成了一个洛下文人唱和群体。《东轩笔录》卷三载："（钱文僖）晚年以使相留守西京，时通判谢绛、掌书记尹洙、留守推官欧阳修，皆一时文士，游宴吟咏，未尝不同。洛下多水竹奇花，凡园囿之胜，无不到者。"[⑩] 欧阳修《送徐生之渑池》云："我昔

---

① 胡应麟：《诗薮》卷三《古体下》，上海古籍出版社 1975 年版，第 56 页。
② 《全宋诗》卷十二，北京大学出版社 1995 年版，第 177 页。
③ 何文焕：《历代诗话》（上册），中华书局 2004 年版，第 388 页。
④ 《诗林广记》卷十，见《宋诗话全编》（第 9 册），凤凰出版社 1998 年版，第 9662 页。
⑤ 吴之振：《宋诗钞·小畜集钞》，中华书局 1986 年版，第 48 页。
⑥ 《全宋诗》卷六四，北京大学出版社 1995 年版，第 720 页。
⑦ 叶寘：《爱日斋丛钞》卷三，中华书局 2010 年版，第 69 页。
⑧ 《全宋文》卷二〇七五，上海辞书出版社 2006 年版，第 248 页。
⑨ 《宋元笔记小说大观》，上海古籍出版社 2007 年版，第 2932 页。
⑩ 《宋元笔记小说大观》，上海古籍出版社 2007 年版，第 2700 页。

初官便伊洛，当时意气尤骄矜。主人乐士喜文学，幕府最盛多交朋。园林相映花百种，都邑四顾山千层。"《欧阳文忠公文集》卷五[①]也写出了当时交游唱和的盛况。文彦博与富弼、司马光等十三人，用白居易九老会故事，有耆英会。《邵氏闻见录》卷十载："元丰五年，文潞公以太尉留守西都，时富韩公以司徒致仕，潞公慕唐白乐天九老会，乃集洛之卿大夫年德高者为耆英会……洛阳多名园古刹……每宴集，都人随观之。"[②]

分司者如范纯仁、吴育、李建中等人，多效乐天宴游酬唱之风流。范纯仁"提举西京留司御史台。时耆贤多在洛，纯仁及司马光，皆好客而家贫，相约为真率会……洛中以为胜事"[③]。吴育"判西京留司御史台。……晚年在西台，与宋庠相唱酬，追裴、白遗事至数百篇"[④]。李建中"前后三求掌西京留司御史台，尤爱洛中风土，就构园池，号曰'静居'"[⑤]。其行为雅好，甚似乐天。致仕者如李昉、张齐贤等人，多效乐天九老会旧事，宴饮恣乐。《宋史·李昉传》载："昉所居有园亭别墅之胜，多召故人亲友宴乐其中。既致政，欲寻洛中九老故事。"[⑥] 张齐贤"归洛，得裴度午桥庄，有池榭松竹之盛，日与亲旧觞咏其间，意甚旷适"[⑦]。其悠闲散放，不让乐天。

4. 天性散放的不仕文人对白居易的身份认同

宋代有些文人生性疏野散淡，不慕功名，向往山林草野之自在，与白居易中隐洛下的无为心态颇为相似。其中以魏野[⑧]、邵雍为代表，皆绝意仕进，隐而不出。魏野"嗜吟咏，不求闻达。……凿土袤丈，曰乐天洞……啸咏终日。前后郡守，虽武臣旧相，皆所礼遇，或亲造谒"[⑨]。大儒、理学宗师邵雍更能安素心，轻外物，布衣而不慕名爵，抱道而居。《诗话总龟》卷七载："邵尧夫先生居洛四十年，安贫乐道，自云未尝攒眉。所居寝息处为'安乐窝'，自号'安乐先生'。"[⑩] 在日用中饮水自乐，乃乐天晚岁做派。故司马光《戏呈尧夫》曰："只恐前身是，东都白乐天。"[⑪]

二、宋代文人对白居易其人的具体接受

宋人对白居易不同身份的认同，进而表现出对其人格风神的接受，其刚直仁爱的良吏品质、洒脱放达的人生态度、超然尘世的生活方式都与宋代文人的思想德操、人生情怀、生活旨趣高度相合，令他们心慕行随。

首先是对其忠直仁爱的良吏品质的接受。中唐政治积弊重重，宦官专权，藩镇跋扈，朋党相争，社会危机愈演愈烈。白居易挺身而出，《新唐书·白居易传赞》曰："观居易始以直道奋，在天子前，争安危，冀以立功。虽中被斥，晚益不衰。当宗闵时，权势震赫，终不附丽为进取计，完节自高。"[⑫] 比

① 《全宋诗》卷二八六，北京大学出版社 1995 年版，第 3628 页。

② 《宋元笔记小说大观》，上海古籍出版社 2007 年版，第 1761 页。

③ 《宋史·范纯仁传》卷三一四，中华书局 1985 年版，第 10286 页。

④ 《宋史·吴育传》卷二九一，中华书局 1985 年版，第 9731 页。

⑤ 《宋史·文苑三·李建中传》卷四四一，中华书局 1985 年版，第 13056 页。

⑥ 《宋史》卷二六五，中华书局 1985 年版，第 9139 页。

⑦ 《宋史·张齐贤传》卷二六五，中华书局 1985 年版，第 9158 页。

⑧ 《温公续诗话》云："真宗西祀，闻其名，遣中使召之，野闭户逾垣而遁。"（何文焕：《历代诗话》（上册），中华书局 2004 年版，第 276 页）

⑨ 《宋史·隐逸上·魏野传》卷四五七，中华书局 1985 年版，第 13430 页。

⑩ 阮阅编，周本淳点校：《诗话总龟·后集》，人民文学出版社 1998 年版，第 41 页。

⑪ 《全宋诗》卷五一三，北京大学出版社 1995 年版，第 6213 页。

⑫ 《新唐书》卷一一九，中华书局 1975 年版，第 4305 页。

起元稹后来依附宦官为相，名节尽失，居易可谓品高一筹。至于他疏浚西湖，晚年捐资疏通龙门八节滩等，无不显示出他民胞物与的情怀。赵宋党争相续，边事不绝，民生多艰，置身如此沉重的社会现实，宋人更易被白居易心忧社稷苍生、群而不党、刚直不阿的品节所感动。真宗景德四年（1007 年），录唐白居易孙利用为河南府助教，通过荫荫的方式，表达对乐天的尊崇之心，教化天下。孝宗曾御笔亲书乐天诗赐近臣，以嘉其一饭不忘君忧之意。周必大《御书白居易诗跋》曰："盖于一饮食间，默寓忠爱不忘君之意……孰知三百余载之后，乃遭遇圣明，发挥其语，光荣多矣。"① 作为文臣，王禹偁在太宗时擢右拾遗，和白居易一样心系苍生，直言敢谏。真宗时，"禹偁上疏言五事：……尝作《三黜赋》以见志。其卒章云'屈于身而不屈于道兮，虽百谪而何亏！'……遇事敢言，喜臧否人物，以直躬行道为己任。……其为文著书，多涉规讽，以是颇为流俗所不容，故屡见摈斥"②。

元祐文人胸怀天下，激昂文字，其中苏轼最敬慕乐天。《二老堂诗话》"东坡立名"条云："本朝苏文忠公不轻许可，独敬爱乐天，屡形诗篇。盖其文章皆主辞达，而忠厚好施，刚直尽言，与人有情，与物无著，大略相似。"③ 无论是在熙宁、元丰年间，还是在元祐、绍圣年间，他既被新党吕惠卿、章惇、蔡京等奸佞以文字遘祸，又见斥于朔、洛两党。虽历乌台诗祸，终无悔意。黄山谷虽罹元祐党祸，依然不改其光风霁月之洁，对乐天君子风操不胜向往。《跋自书乐天三游洞序》曰："观其言行，蔼然君子也。余往来三游洞下，未尝不想见其人。"④ 南宋虞俦，淳熙十六年迁监察御史，搏击权贵，朝廷肃然。嘉泰元年，除中书舍人。其奏札议论详明，于当时废弛积弊，言之尤切。其慕白居易之为人，视其为师。以尊白名堂，并以名集。

其次是对其乐观放达的人生态度的接受。人生无常，欢喜悲愁，荣辱穷通，莫不有之。乐天虽有"天涯沦落"之叹，终能以达观态度坦然应对。苏辙《书白乐天集后二首》曰："盖唐世士大夫，达者如乐天者寡矣。"⑤ 宋代时贤名流，莫不慕之。三朝宰辅魏公韩琦"起堂于北池上，效乐天，因名曰'醉白堂'。五月堂成，公赋诗二篇"⑥。晁迥爱其胸襟透脱，心无挂碍，不为外物所动。《法藏碎金录》曰："余常爱乐天旨旷达，沃人胸中。……造化阴骘，不足为休戚，而况时情物态，安能刺鲠其心乎？"⑦ 乐天诗酒放旷，自号"醉吟先生"，苏轼《醉吟先生画赞》美其超逸旷放。《吾谪海南……作诗示之》云："平生学道真实意，岂与穷达俱存亡？……他年谁作舆地志，海南万里真吾乡。"⑧ 其胸襟之放旷，可与乐天并辔而行。乐天深契佛老之旨，生死穷通不系于心，因此成为两宋文人悟道明心的良师。李公维录出其诗，名曰《养恬集》。晁迥录之为《助道词语》，《法藏碎金录》又曰："予今年八十……安得不如公之旷达哉！故予抗心希古，以公为师，多作道情诗，粗合公之词理尔。"⑨

最后是对其中隐自适的生活方式的接受。中国传统文人大多遵行"用之则行，舍之则藏"的人生理念，白居易也是如此。他进能义无反顾，退而淡泊无争，中隐自适，随境而安。耆德硕儒倾心追附，或建"中隐堂"，效其适意。龚明之《中吴纪闻》卷二"中隐堂三老"条载："曾大父自都官员外郎分司南京，谢事家居，取白乐天'大隐住朝市，小隐入丘樊；不如作中隐，隐在留司间'之诗，建中隐

① 《全宋文》卷五一二二，上海辞书出版社 2006 年版，第 216 页。
② 《宋史·王禹偁传》卷二九三，中华书局 1985 年版，第 9793 页。
③ 何文焕：《历代诗话》（下册），中华书局 2004 年版，第 657 页。
④ 《全宋文》卷二三一七，上海辞书出版社 2006 年版，第 39 页。
⑤ 《全宋文》卷二〇七五，上海辞书出版社 2006 年版，第 248 页。
⑥ 阮阅编，周本淳点校：《诗话总龟·后集》卷三四，人民文学出版社 1998 年版，第 339 页。
⑦ 晁迥：《法藏碎金录》卷一，见文渊阁四库全书本，中国台湾商务印书馆 1983 年版，第 432 页。
⑧ 苏轼著，（宋）冯应榴辑注，黄任轲等点校，《苏轼诗集合注》卷四一，上海古籍出版社 2001 年版，第 2104 页。
⑨ 晁迥：《法藏碎金录》卷九，见文渊阁四库全书本，中国台湾商务印书馆 1983 年版，第 577 页。

堂，与尚书屯田员外郎程适、太子中允陈之奇相与游从。”① 苏轼也醉心于这种中隐自适的生活，《六月二十日望湖楼醉书》云：“未成小隐聊中隐，可得长闲胜暂闲。”小苏亦效乐天退而自处，随境自乐，叶寘《爱日斋丛钞》卷三曰：“子由暮年赋诗，亦谓：‘时人莫作乐天看，燕坐端能毕此身。’自注：‘乐天居洛阳日，正与予年相若。’或当时又以乐天称子由。香山一老，而两苏公共之。”② 南宋名臣向子諲因反对议和，忤秦桧意，退闲十五年，号所居曰“芗林”，以示望贤之心。《题乐天真》云：“香山与芗林，相去几百祀。丘壑有深情，市朝多见忌。……才名固不同，出处略相似。”③

三、宋代文人对白居易诗歌的接受

白诗在元和时代已经称名，时人“学浅切于白居易”④，张为《诗人主客图》称其为“广大教化主”。太宗时，其文集已流传至日本。宋代诗学注重师法，讲求诗法，宋人立足于日常生活，于细微处见精神。白诗的题材内容、风格、技巧等都成为他们的取法对象。

1. 学其诗题材内容的日常生活化

宋代已步入平民社会，宋人以平常心应接万物，善于从日用中发现诗材，开掘诗意，俗中求雅。白居易退居洛下，写各种日常情事，表现率性适意的生活，闲居、饮食、坐卧、睡眠、纳凉、沐浴、衰老、疾病等俗事无所不包，不仅扩大了诗歌的题材内容，也深刻影响到宋诗的进程。江进之《雪涛小书》曰：“意到笔随，景到意随，世间一切都着并包囊括入我诗内。诗之境界，到白公不知开扩多少。较诸秦皇、汉武，开边启境，毕事同功，名曰‘广大教化主’，所自来矣。”⑤ 邵雍、苏轼、苏辙等，无不沾溉于此。邵尧夫效法乐天《咏兴五首》《吟四虽》等，有《林下五吟》《乐物吟》《吾庐吟》《安乐吟》《四事吟》等，至于以组诗形式写闲吟、闲行、闲坐、闲居等，不一而足，皆能平中见性。苏轼也效其大量写饮食、睡眠、坐卧、闲行等日常生活琐事，效白《三适诗》，有《谪居三适》，苏辙有《次韵子瞻三适》相酬唱，又有《浴罢》《早睡》《夜坐》《白发》《食鸡头》等诗，范成大有《睡起》《病中夜坐》《早衰》《耳鸣戏题》《晚步》等诗，如见乐天日常情事，皆能俗中求雅，表现大雅大俗之生活。

2. 学其诗风的平易自然

白诗平易浅切、自然明快，能够随物赋形，着笔成趣，圆转自如，不见人工雕琢之力。张镃《读乐天诗》曰：“诗到香山老，方无斧凿痕。目前能转物，笔下尽逢源。”⑥（《南湖集》卷四）这种诗风大别于韩孟诗派的奇险瘦硬，颇有创变之功。清·田雯《古欢堂集·杂著》卷二曰：“乐天诗极清浅可爱，往往以眼前事为见得语，皆他人所未发。”⑦ 这也契合了宋人反对晚唐五代绮靡文风的需要及他们返璞归真、淡泊无争的心性。李昉、徐铉、魏野、邵雍等人皆学白体之平易自然。《宋史·李昉传》言其“为文章慕白居易，尤浅近易晓”⑧。《温公续诗话》曰：“魏野处士……‘数声离岸橹，几点别州

---

① 《宋元笔记小说大观》，上海古籍出版社 2007 年版，第 2848 页。
② 叶寘：《爱日斋丛钞》，中华书局 2010 年版，第 70 页。
③ 《全宋文》卷五九四八，上海辞书出版社 2006 年版，第 104 页。
④ 李肇：《国史补》卷下，见《唐五代笔记小说大观》（上册），上海古籍出版社 2000 年版，第 194 页。
⑤ 江进之：《雪涛小书》，中央书店 1935 年版，第 7 页。
⑥ 《全宋诗》卷二六八四，北京大学出版社 1995 年版，第 21568 页。
⑦ 郭绍虞编选，富寿荪校点：《清诗话续编》，上海古籍出版社 1983 年版，第 702 页。
⑧ 《宋史》卷二六五，中华书局 1985 年版，第 9138 页。

山。'……其诗效白乐天体。"① 四库馆臣称"邵子之诗，其源亦出白居易。而晚年绝意世事，不复以文字为长。意所欲言，自抒胸臆"②。宋人向白诗复古，提倡质朴自然，还出于扭转当时文风的需要。如真宗时，陈从易、杨大雅起而矫流俗浮靡之气。《宋史·陈从易传》曰："景德后，文士以雕靡相尚，一时学者乡之，而从易独守不变。与杨大雅相厚善，皆好古笃行。时朝廷矫文章之弊，故并进二人，以风天下。"③《六一诗话》曰："陈舍人从易，当时文方盛之际，独以醇儒古学见称，其诗多类白乐天。"④ 也有豪华落尽见真淳者，如苏门学士张耒"作诗晚岁益务平淡，效白居易体"。在二苏及黄、秦、晁三学士皆辞世后，引领着宋诗的发展方向。

3. 学习白诗具体的技法

宋人作诗注重诗歌法度，白诗在艺术表现方面的诸多技巧，如遣词、造语、命意、笔法、用事、言理等，皆给宋人以深刻的启示，他们广约博取，各得其所。具体见表1。

表1　白诗具体技法

	宋人	白居易
遣词	东坡《梅花》云："裙腰芳草抱山斜。"	《杭州春望》云："草绿裙腰一道斜。"
	荆公《梅诗》云："肌雪参差冷太真。"	《长恨歌》云："中有一人字太真，雪肤花貌参差是。"
造语	醉翁《听筝》云："绵蛮巧啭花间舌，呜咽交流水下泉。"	《琵琶行》云："间关莺语花底滑，幽咽泉流水下滩。"
	东坡《惠州上元夜》云："前年侍玉辇，端门万枝灯。……去年中山府，老病亦宵兴。……今年江海上，云房寄山僧。"	《奉和裴令公三月上巳日游太原龙泉忆去岁禊洛》云："去岁暮春上巳，共泛洛水中流。今岁暮春上巳，独立香山下头。"
	陆游《题庵壁》云："身并猿鹤为三友，家托烟波作四邻。"	《自喜》云："身兼妻子都三口，鹤与琴书共一船。"
命意	东坡《定惠院海棠诗》云："陋邦何处得此花，无乃好事移西蜀。天涯流落俱可念，为饮一尊歌此曲。"	《琵琶行》云："同是天涯沦落人，相逢何必曾相识。"
	杨诚斋《有叹》云："君道愁多头易白，鹭丝从小鬓成丝。"	《白鹭》云："何故水边双白鹭，无愁头上亦垂丝。"
笔法	苏轼《杨康功石》云："三年化为石，坚瘦敌琼玖。……杨公海中仙，世俗那得友。"	《双石》云："苍然两片石，厥状怪且丑。俗用无所堪，时人嫌不取。……不似人间有。"
用事	山谷《喜太守毕朝散致政》云："功名富贵两蜗角，险阻艰难一酒杯。"	《不如来饮酒》云："相争两蜗角，所得一牛毛。"
言理	东坡《次韵答邦直子由》云："引睡文书信手翻。"	《晚亭逐凉》云："趁凉绕竹行，引睡卧观书。"
	晁迥《拟白乐天诗》云："权要亦有苦，苦在当忧责，闲慢亦有乐，乐在无萦迫。"	《咏意》云："富贵亦有苦，苦在心危忧。贫贱亦有乐，乐在身自由。"

四、宋代文人对白居易的超越

宋代文人在对白居易全方位接受的同时，也不甘为牛后人，他们将师古与师心有机结合，在汲取中不断超越前贤，在思想境界、人生情怀、诗艺审美等方面，都能百尺竿头更进一步，显示出宋代文化理性、包容、创新的特征。

① 何文焕：《历代诗话》（上册），中华书局2004年版，第276页。
② 永瑢、纪昀等：《四库全书总目》卷一五三，中华书局1965年版，第1323页。
③ 《宋史》卷三百，中华书局1985年版，第9979页。
④ 何文焕：《历代诗话》（上册），中华书局2004年版，第266页。

1. 思想境界更为高远、人生情怀更淡泊

宋代崇文抑武的文化政策激发了文人的济世热情，内忧外患的社会现实也使他们承载了更多道义责任，虽然不同时期的朋党之争或奸相弄权等使他们身心备受磨难，但这些磨砺也提升了他们的人生境界。相比白居易后期逃避现实政治，回避社会责任，过多满足于一己之衣食俸禄，朱子讥其庸俗，切中要害。宋代文人在逆境中并未放弃自己的政治理想，反而穷且弥坚。如王禹偁《酬安秘丞见赠长歌》云："丈夫方见兼济才，莫学西山采薇老。"（《小畜集》卷十三）① 苏轼九死南荒而不忘教化蛮彝等，都显示出宋人刚毅、理性、沉着的个性特征和宋代文化恢宏的气度。即便如邵夫子这样淡泊之士，自乐中也未忘其时代与万物。《伊川击壤集》序曰："非唯自乐，又能乐时，与万物之自得也。"② 这一点，自然高于退居洛下独自逍遥的白居易。

宋人在困境中，虽然常从白居易那里寻求心灵慰藉，但他们的襟怀更加淡泊超然。如苏轼虽身陷党争旋涡，远放岭表，艰难困苦中依然饮水自若，以"一蓑烟雨任平生"的态度坦然应对。他扬弃了乐天的放荡，多了份淡泊，真正体现出仁者不忧的君子风范。宰臣韩琦、司马光等人宠辱不惊，进退裕如，襟怀也在乐天之上。至于草野文人魏野、邵雍等无心功名，淡泊远放，本已在乐天之上。

2. 文学的现实性与审美性增强

宋代积贫积弱，宋人变法图强，或关注社会民生，或喜谈恢复等，文学更贴近社会现实。文人屡遭贬谪或外放，长期的地方生活使他们更深切感受到民生疾苦，是进亦忧退亦忧。如王禹偁的《感流亡》《畲田调》，苏轼的《山村五绝》《吴中田妇叹》《荔枝叹》，范成大的《后催租行》《腊月村田乐府十首》等。南宋文人胡松年、陆游等还传写出时代乱离，表达了沉重的黍离之悲。《云麓漫钞》曰："'十只画船何处宿，洞庭山脚太湖心。'此白乐天守姑苏《游太湖》诗，相见当时气象。至绍兴初，金人犯江浙……胡有诗曰：'白蘋风静碧波沉，画舸来游着意深。……姓名便合聊真隐，出处何妨拟醉吟。畴昔光阴费行乐，中原鼙鼓正伤心。'时节不同如此。"③

宋人学白，能在凡俗的日常生活中，发现快乐，寻求大美。如苏轼"莫嫌荦确坡头路，自爱铿锵曳杖声""报道先生春睡美，道人轻打五更钟"等。脱乐天之尘俗，雅丽清脱。东坡南迁，朝云相随，妓词效乐天，苕溪渔隐曰："诗意佳绝，善于为戏，略去洞房之气味，翻为道人之家风。非若乐天所云：'樱桃樊素口，杨柳小蛮腰。'但自诧其佳丽，尘俗哉!"④ 他们在审美表现方面也有不同程度的超越。《陈石遗先生谈艺录》载："宋诗十之七八从《长庆集》中来，然皆能以不平变化其平处。"⑤ 或在用字、构思上创意出奇，《唐宋诗醇》评《百花亭晚望夜归》曰："次联有气势。苏轼诗：'天外黑风吹海立，浙东飞雨过江来'二句本此，而下字更奇。"⑥ 又如乐天以花喻美人，山谷则以美颜比花，更为出奇。《诚斋诗话》曰："白乐天《女道士》诗云：'姑山半峰雪，瑶水一枝莲。'此以花比美妇人也。……山谷《酴醾》云：'露湿何郎试汤饼，日烘荀令炷炉香。'此以美丈夫比花也。山谷此诗出奇，古人所未有。"⑦ 或点铁成金，如王安石、苏轼等，皆为诗家妙手。吴可《藏海诗话》曰："（荆公）'海棠花下怯黄昏'，乃是用乐天诗，而易'紫藤'为'海棠'，便觉风韵超然。"⑧《竹坡诗话》曰："东坡作送人小词云：'故将别语调佳人，要看梨花枝上雨。'虽用乐天语，而别有一种风味，非点铁成

① 《全宋诗》卷六九，北京大学出版社1995年版，第784页。
② 《全宋文》卷九八六，上海辞书出版社2006年版，第52页。
③ 赵彦卫：《云麓漫钞》卷一四，中华书局1996年版，第248页。
④ 胡仔：《苕溪渔隐丛话·后集》卷二九，人民文学出版社1981年版，第214页。
⑤ 张寅彭主编：《民国诗话丛编》（第1册），上海书店出版社2002年版，第704页。
⑥ 乾隆御选，冉苒校点：《唐宋诗醇》卷二三，中国三峡出版社1997年版，第484页。
⑦ 丁福宝：《历代诗话续编》（上册），中华书局1983年版，第148页。
⑧ 丁福宝：《历代诗话续编》（上册），中华书局1983年版，第330页。

黄金手，不能为此也。”① 或夺胎换骨，曾季貍《艇斋诗话》曰：“山谷咏明皇时事云：‘人到愁来无处会，不关情处亦伤心。’全用乐天诗意……此所谓夺胎换骨者是也。”②

综上所论，我们可以看到，宋代文人选择白居易为接受对象，有着政治的、文学的、生活的、文化的等诸多原因，他们在接受中不断超越创新，其间反映出宋代政治的变迁、文人的生存状态、仕人心态、诗学风尚、文化审美等多种内涵，在批评与阐释、接受与传播、继承与创新中，更能体现出接受对象历久弥新的文学价值、文化意义，展现不同时代接受主体的生存状态、不同社会的政治文化特征、不同时期的文学发展状况等。宋代白居易的接受高峰，又影响到明、清文人对他的接受，迎来又一个接受高峰，并进而影响到现代文学的发展。显然这又是一个值得继续深入探讨的、有文学文化意义的论题。

（作者为河南科技大学人文学院讲师）

① 何文焕：《历代诗话》（上册），中华书局2004年版，第346页。

② 丁福宝：《历代诗话续编》（上册），中华书局1983年版，第314页。

论“二程”的史学思想

郑先兴

摘要：“二程”作为宋代著名的理学家，史学思想是其理学的有机组成部分。“二程”认为，历史是人类依照凝聚天地精华的仁义准则而发展变化的活动；人类的活动和努力，才是创造历史的根本动力；人们要主动、积极地创造历史，必须遵从历史规律，注重仁德、信仰、经济、圣人与民众等问题。历史学的研究对象是史实，其任务是揭示其发展的规律，总结人们创造历史的经验教训；其性质属于儒学、理学；其功用在于读史明理、借鉴经验、揭示家族渊源。历史是可知的，构成历史认识的条件是“心有感通”、《春秋》经典与“随事观理”；其目标是“自得”，其验证标准是儒家义理、实见与典籍，不是佛禅。历史学的方法论主要是历史主义分析法、历史辩证分析法与历史比较分析法。总之，“化道为理”“引理注史”是“二程”对史学思想史、史学史的极大贡献。

关键词：“二程”；史学思想；历史观；历史学；历史认识；历史主义方法论

“二程”作为宋代著名的理学家，在史学研究上有着独到的贡献。在这里，仅就其史学思想予以梳理，谨请专家同人指正。

一、“二程”及其著作、研究

“二程”即程颢、程颐，是宋代理学的奠基者。程颢、程颐祖籍安徽徽州，其高祖程羽于宋初官至兵部侍郎、太宗朝三司使；其父程珦，仁宗录旧臣，黄陂尉，知龚州、磁州、汉州等，官至太中太夫。程颢，字伯淳，生于仁宗明道元年（1032 年），卒于神宗元丰八年（1085 年）。仁宗嘉祐二年（1057 年），25 岁中进士第，历任鄠县、上元主簿，晋城令。神宗熙宁年间，曾任太子中允、权监察御史里行、三司条例司的属官，因与王安石政见不合，出任书镇宁军节度判官。熙宁十年（1077 年）迁太常丞。程颐，自正叔，生于仁宗明道二年（1033 年），卒于徽宗大观元年（1107 年）。嘉祐元年（1056 年），程珦为国子监博士，随其兄程颢求学于京城，得到了胡瑗的赏识；哲宗即位，废除新法，擢升崇政殿说书，于是上书三札，陈述“成就君德”的要义。后因与苏轼为首的“蜀党”矛盾，改迁为西京国子监；哲宗亲政后，绍述新政，程颐被削籍涪州；徽宗即位，徙陕州，复官又夺官。

“二程”与洛阳有着不解之缘。熙宁五年（1072 年），程颢罢归洛阳，与其弟程颐设馆授徒，尽心讲学，学问名气由此大振，所谓“泛滥于诸家，出入于老、释者几十年，追求诸六经而后得之”①。成都范祖禹回忆说：程颢“居洛阳殆十余年，与弟伊川先生讲学于家。化行乡党……士之从学者不绝于

① 程颐：《明道先生行状》。

馆，有不远千里而至者"[①]。其时，"二程"与司马光、吕公著、邵雍等明贤有着深入的学术交流。程颢去世后，文彦博题其墓曰"明道先生"；而程颐则因别号伊川，故称伊川先生。

"二程"著作，传下来的有：

（1）《遗书》，又名为《河南程氏遗书》《程氏遗书》《河南遗书》等，凡25卷，是"二程"弟子所记录其师的语录。其中，卷1至卷10，是其弟子李和、吕大临、谢良佐、苏昞等的记录；卷11至卷14，是程颢的弟子刘绚专记其师语录的；卷15至卷25，是程颐的弟子刘安节、杨迪、周浮先、张绎、唐棣、鲍若雨、畅大隐等所记录其师的语录。

（2）《外书》，又名为《河南程氏外书》《二程外书》《程氏外书》等，凡12卷，是《遗书》的补编、遗编，是由朱熹根据"二程"的门人、后学等对"二程"的学述辑录。

（3）《文集》，又名为《河南程氏文集》《二程文集》《程氏文集》等，凡12或13卷，是程颢、程颐的诗文、杂著等的汇编。序由程颐儿子程端中所作。

（4）《经说》，又名为《河南程氏经书》《程氏经说》《河南经说》等，凡7卷，是程颐对儒家经典的解说和阐释。

（5）《易传》，又名为《周易程氏传》《周易程传》《易程传》《伊川易传》《程氏易传》等，是程颐在涪州对《易经》《易传》的注释和解说。

（6）《粹言》，又名为《河南程氏粹言》《二程粹言》等，是"二程"的弟子杨时、张栻编辑的"二程"语录。

以上六种被合集为《二程全书》，或《河南程氏全书》。明本有成化十二年（1476年）张瓒刻本、万历徐必达刻本；清本有康熙吕留良刻本、同治十年涂宗赢刻本、光绪十八年（1892年）何瑞麟刊本；民国时期有上海中华书局1936年刊本、缩印《四库备要》本。1981年，中华书局点校出版了《二程集》。[②]

有关"二程"的研究，大多集中在理学、儒学、哲学等方面，在众多的宋明理学、儒学与哲学研究论著中，都有"二程"的相关章节。冯友兰非常重视对"二程"的研究，其相关专著都设有专章，如《中国哲学史》下册第12章、《中国哲学简史》第24章、《中国哲学史新编》第5册第52章。[③] 吕思勉的《理学纲要》、张立文的《宋明理学研究》[④] 等，也都专设有"二程"研究的章节。徐复观还有单篇论文《程朱异同——平铺的人文世界与贯通的人文世界》[⑤]。而相关的专著也集中在理学与儒学方面，如徐远和的《洛学源流》[⑥]，刘像彬的《二程理学基本范畴研究》[⑦]，潘富恩、徐余庆的《程颢程颐理学思想研究》[⑧]，卢连章的《二程学谱》[⑨]。

但是有关史学思想的研究，相对就比较少。目前只见到三篇论文，如吴怀祺先生的《中国史学思想通史·宋辽金卷》中的第2章"二程的历史观"[⑩]，范立舟的《论二程的历史哲学》[⑪]，卢连章的《程颢

① 《门人朋友叙述并序》，《二程遗书》附录，上海古籍出版社2000年版，第391页。
② 蔡方鹿：《程颢程颐与中国文化》，贵州人民出版社1996年版，第23－33页。
③ 《三松堂全集》第3、6、10卷，河南人民出版社2000年版。
④ 张立文：《宋明理学研究》，人民出版社2002年版。
⑤ 载氏作：《中国思想史论续编》，上海书店出版社2004年版，第378－409页。
⑥ 徐远和：《洛学源流》，齐鲁书社1987年版。
⑦ 刘像彬：《二程理学基本范畴研究》，河南大学出版社1987年版。
⑧ 潘富恩、徐余庆：《程颢程颐理学思想研究》，复旦大学出版社1988年版。
⑨ 卢连章：《二程学谱》，中州古籍出版社1988年版。
⑩ 吴怀祺主编：《中国史学思想通史·宋辽金卷》，黄山出版社2002年版。
⑪ 范立舟：《论二程的历史哲学》，《史学月刊》2002年第6期。

天理史观辨析》① 等。显然，这些论析有助于领悟“二程”的史学思想。

二、“二程”的历史观

历史观是构成人的思想的主要元素之一。“二程”在理学探究中，涉及历史观的论述很多，批阅审思，就会发现，“二程”的历史观有着非常丰富与深刻的论析。

在“二程”看来，历史是指事物的发展变化，而人类才是历史最主要、最核心也是最基本的内容；历史发展是有其自身的规律的。“‘天地设位而易行其中’。何不言人行其中？盖人，亦物也。若言神行乎其中，则人只于鬼神上求矣。若言理言诚，亦可也。而特言易者，欲使人默识而自得之也。”“《系辞》曰：‘形而上者谓之道，形而下者谓之器。’又曰：‘立天地之道，曰：阴与阳；立地之道，曰：柔与刚；立人之道，曰：仁与义。’又曰：‘一阴一阳之谓道。’阴阳亦形而下者也，而曰道者，惟此语截得上下最分明，元来只此才是道，要在人默而识之也。”② 显然，在这里，天是指天体星象、气象气候与风雨雷电，地是指地理环境、山川河流与土壤物产等；人当然是指人类自己。道是指事物发展的基本准则，用今天的话说就是历史规律；易是指事物的发展变化，“二程”为代表的传统的易，当有三种形式，一是事物的变化，二是事物的不变即静止，三是变中的不变与不变中的变；阴阳是指构成事物变化的最为基本的既对立又统一的元素。由此，结合先秦诸子的历史观，“二程”认为，整个历史或世界，是由天、地、人三个组织所组成的，其中每个组织又都按照自身的规则运行，而这些规则所展现的，其内在的本质即道，其外在的现象是易，而其融合内外的形式则是阴阳。人作为历史的主要元素，就是要探究并遵守天、地的发展规律，抽绎、践行并恪守人类的发展规律。换句话说，历史是人类依照凝聚天地精华的仁义准则而发展变化的活动，它要求人们要认识历史，明白自己所处的位置，掌握历史发展变化的规则，遵守并顺应历史的规则。

如果说，将历史分为天、地、人三个组织，将易表示其发展变化，将道看作其规律规则，是先秦至宋传统历史观的精华，那么，化道为理，则是“二程”代表宋明理学家在历史观上的巨大贡献。“万物皆是一个天理，已何与焉？”“易是个甚？易又不只是这一部书，是易之道也；不要将易又是一个事，即事尽天理，便是易也。”这就是说，由天地人所组成的历史，其发展的规则就是理；易不仅是指《易经》，也不仅是指历史的变化，而是指历史变化所展现的历史规律。又说：“天理云者，这一个道理，更有甚穷已？不为尧存，不为桀亡。人得之者，故大行不加，穷居不损。这上头来，更怎生说得存亡加减？是佗元无少欠，百理具备。”③ 历史规律有什么好探究的呢？不因为尧的仁圣而存在，也不因为桀的残暴而消亡，人们只要遵守顺从，治国理政不会添加荣耀，独居修身不会遭受损害。从这方面说，历史规律怎么会影响人的生死荣辱呢？历史按其自身的规律发展变化，展现着各方面的规则，本身没有亏欠哪位，只要求人们恪守而已。由此，理或天理代替道，作为历史规律、历史规则的表示，成为宋明理学最关键的概念。

在“二程”看来，历史的发展及其规律性是客观存在的，人们在历史活动中，固然需要了解和顺从其规律，但历史毕竟有人类的参与，人类是其主体，所以，人类的活动和努力，才是创造历史的根本动力。“唯人气最清，可以相辅裁成，‘天地设位，圣人成能’，直行天地之中，所以为三才。天地本一

---

① 卢连章：《程颢天理史观辨析》，《中州学刊》1987 年第 1 期。

② 《二程遗书》卷 11，上海古籍出版社 2000 年版，第 165 页。

③ 《二程遗书》卷 2 上，第 80、81 页。

物，地亦天也。只是人为天地心，是心之动，则分了天为上，地为下，兼三才而两之，故六也。”① 又：在历史发展中，人类才是唯一的积极的参与者，尤其是圣人能主动认识自然与社会的历史发展，把握其规律，主动地推进其进步，所以说，人类才是历史的主宰者，是历史的核心。又，“圣贤论天德，盖谓自家元是天然完全自足之物，若无所污坏，即当直而行之；若小有污坏，即敬以治之，使复如旧。所以能使复如旧者，盖谓自家本质元是完足之物。若合修治而修治之，是义也；若不消修治而不修治，亦是义也；故常简易而行明白而易行。禅学总是强生事，至如山河大地之说，是他山河大地，又干你何事？”② 儒学讲究的是天人合一，有关个人的品德操行，完全是依靠自身的醒悟、体验予以践行的。如果天生聪敏，即能领悟并顺从历史规律；如果天资稍逊，那么就要修身，剔除其不良的因素，也可以领悟并顺从历史规律。禅学讲究的是特立独行，过度强调自我，身外无物。比如山川河流，与你何干？由此，儒学也好，禅学也好，都看到了历史发展中的人的主体性，儒学在领悟历史规律中主张遵从之以发挥自己的创造性，禅学在领悟历史规律中主张回避之以泯灭自己创造历史的主体性。

“二程”一方面是坚决拒绝佛教逃避社会历史的说教，另一方面是特别重视历史创造者的主动性、积极性。“人材不成，虽有良法美意，孰与行之？师学不明，虽有受道之质，孰与成之？”③ 没有创造历史的人才，即使再好的法律制度，也不能实施；没有好的教师教育，即使具有聪敏的材质，也不能领悟创造历史之真谛。“古人言：乐循理之谓君子；若勉强，只是知循理，非是乐也。才到乐时，便是循理为乐。不循理为不乐，何苦而不循理？自不须勉强也。若夫圣人不勉而中，不思而得，此又上一等事。”④ 程颐以探究、遵守历史规律为例，指出，只有自觉并喜欢，才能真正做到并且是最高级别的创造。

在“二程”看来，作为历史主体的人，主动、积极地创造历史，特别要遵从历史规律，而遵从历史规律，就需要考虑以下问题。

（1）仁德问题。所谓仁德问题，是指在社会活动中怎样处理个人与群体的关系。儒家讲中庸，既遵从历史规律，又发展自己。“有德者得天理而用之。既有诸己，所用莫非中理。”“仁者，以天地万物为一体，莫非己也。认得为己，何所不至？若不有诸己，自不与己相干。如手足不仁，气已不贯，皆不属己。故‘博施济众’，乃圣之功用。”⑤ 创造历史既要考虑个人的利益，又要造福于民众。又：“士之所难者，在有诸己而已。能有诸己，则‘居之安，资之深’，而美且大可以驯致矣。徒知可欲之善，而若存若亡而已，则能不受变于俗者鲜矣。”⑥ 只有考虑个人的利益，才能全心全意地创造历史。进而，“二程”批评了那些只顾自己私利而全然不顾仁德的行为。“董仲舒谓：‘正其义不谋其利，明其道不计其功。’孙思邈曰：‘胆欲大而心欲小，智欲圆而行欲方。’可以法矣。今人皆反之者也。”“舍己从人，最为难事。己者我之所有，虽痛舍之，犹惧守己者固，而从人者轻也。”⑦ “虽公天下事，若用私意为之，便是私。”⑧ 在历史活动中，儒家强调的是“舍己从人”“博施济众”与“公天下”。

（2）信仰问题。所谓信仰问题，是指在社会历史活动中要讲究思想信仰的纯洁与专一。“二程”认为，历史创造者必须心诚专一，否则很难推进历史的发展。“视听言动，非理不为，即是礼，礼即是理也。不是天理，便是私欲。人虽有意于为善，亦是非礼。无人欲即皆天理。公则一，私则万殊。至当归

---

① 《二程遗书》卷2下，第106页。
② 《二程遗书》卷1，第51页。
③ 《二程遗书》卷4，第120页。
④ 《二程遗书》卷18，第235页。
⑤ 《二程遗书》卷2上，第64、65页。
⑥ 《二程遗书》卷4，第124页。
⑦ 《二程遗书》卷9，第155页。
⑧ 《二程遗书》卷5，第128页。

一，精义无二。人心不同如面，只是私心。”只有遵从儒家的礼治要求，非礼的视听言动坚决不为，才算是克己复礼，才是恪守历史规律推进历史的进步。“学者患心虑纷乱，不能宁静。此则天下公病。学者只要立个心，此上头尽有商量。”① 不受外界的诱惑，淡泊明志，夙夜于公，这是创造历史的不二途径。简单说来，就是创业于“诚”：“诚者合内外之道，不诚无物。”② 又举郑氏作县令，没有审查就鞭笞百姓，“二程”认为是缺少诚意：“诚心爱敬而已。若使爱敬其民如其赤子，和错谬之有？故诚心求之，虽不中，不远矣。”③

（3）圣人问题。所谓圣人问题，是指历史是由圣人等英雄豪杰所创造的。历史是由人所创造的，但是每个人在历史上的贡献是不一样的。以雅量为例，“二程”认为，有斗筲、钟鼎、江河、天地等之区别，“为天地之量，无得而损害，苟非圣人，孰能当之？”④ 所谓的圣人，就是那些了解历史规律，能够主动创造历史的英雄。“圣人于天下事，自不合与，只顺得天理，茂对时，育万物。”“惟善变通，便是圣人。”⑤ 圣人也是“天民”：“‘天民之先觉’，譬之皆睡，佗人未觉来，以我先觉。故摇摆其未觉者亦使觉，及其觉也，元无少欠。盖亦未尝有所增加也，适一般尔。‘天民’云者，盖是全尽得天生斯民底事业。‘天之生斯民，将以道觉斯民。’盖言天生此民，将以此道觉斯此民，则元无少欠，亦无增加，未尝不足。‘达可行于天下’者，谓其全尽之生民之理，其术亦足以治天下国家故也。”⑥ 由此，圣人的贡献不仅是自觉主动积极地创造历史，而且还将历史规律提醒、教育给那些蒙昧的民众并影响他们，让他们遵从历史规律。

（4）经济问题。所谓经济问题，是指物质生活条件在历史上的功用。“二程”承继传统儒家的义理思想，一方面看到了经济因素的基础功用，另一方面常常又将经济的丰硕看作是仁德的制约，提倡重视仁义淡泊名利。“以利为本”，“天下只是一个利”，“人无利，直是生不得，安得无利？且譬如，人坐此便安，是利也。如求安不已，又要褥子，以求温暖，无所不为，然后夺之于君，夺之于父，此是趣利之弊也。利只是一个利，只为人用得别”，“故孟子拨本塞源，不肯言利”。⑦“利害者，天下之常情也。人皆知趋利而避害；圣人则更不论利害，惟看义当为与不当为，便是命在其中也。”⑧ 由此可见，理学家可不是真正的清高，不识经济，只是出于治国理政的需要，不用经济来调节社会问题罢了。

（5）民众问题。所谓民众问题，是指人民大众在历史上有没有贡献。“二程”特别重视民众的历史贡献。“夫王者，天下之义主也。民以为王，则谓之天王天子；民不以为王，则独夫而已矣。”⑨ 又说：“夫民，合而听之则圣，散而听之则愚。”⑩ 由此，历史虽然是圣人等英雄所创造，但是无数的民众却是成就圣人、英雄事业的基础，没有民众的支持和响应，圣人、英雄只能算是独夫而已，是创造不了历史的；但是民众的历史贡献，则是在圣人、英雄的倡导下团结起来才能成就事业，创造历史，否则，一盘散沙，成就不了事业，不能推进历史的发展。可见，“二程”的历史观中，有着众多精彩的富有生命力的观点，需要我们进一步挖掘和解读。

“二程”认为，关注仁德、信仰、圣人、经济与民众等问题的旨趣所在，当是创造历史的态度问

---

① 《二程遗书》卷15，第190、193页。
② 《二程遗书》卷1，第60页。
③ 《二程遗书》卷2上，第66页。
④ 《二程遗书》卷9，第155页。
⑤ 《二程遗书》卷6，第131页。
⑥ 《二程遗书》卷2上，第82页。
⑦ 《二程遗书》卷18，第266页。
⑧ 《二程遗书》卷17，第224页。
⑨ 《二程遗书》卷21下，第328页。
⑩ 《二程遗书》卷23，第367页。

题，即"敬"。"君子之遇事，无巨细，一于敬而已。简细故以自崇，非敬也；饰私智以为奇，非敬也。要之，无敢慢已。《语》曰：'居处恭，执事敬，虽之夷狄，不可弃也。'然而'执事敬'者，因为仁之端也。推是心而成之，则'笃恭而天下平'矣。"① 在历史活动中，无论大小事情的处理，都要抱着诚敬即客观公正的态度。以迁就或者刚愎来成就自己的利益，要弄手段或者计谋来显示自己的聪明，都不是诚敬的态度，不能做到客观公正，所以，不能懈怠处事。这就是《语》所谓"满怀判断客观、处理公正的理念，即便是走到那些蒙昧的夷狄部族，也不能放弃"的要求。处事公正是仁义的基础，将之作为行政理念，一定能达到天下大治的境界。可见，"敬"是"二程"的创造历史的基本理念。

综上所述，"二程"历史观的要义在于，历史是基于人类活动的有规律的发展变化，是人们主动积极地创造的，历史的创造是人们尤其是圣人、英雄的仁德、思想等因素，亦即遵从历史规律而完成的。

三、"二程"的历史学论

历史学是人文社会科学中的重镇，所有人文社会科学的研究，无不打上了历史学学科理论的印记。"二程"的历史学学科理论的论述，体现在"格物致知"的理学思想中。

"二程"认为，历史学的研究对象当是史实，其任务是揭示其发展的规律，总结人们创造历史的经验教训。"凡读史，不徒要记事迹，须要识治乱、安危、兴废、存亡之理。且如读高帝一纪，便须识得汉家四百年终始治乱当如何，是亦学也。"② 又，"读史须见圣贤所存治乱之机，贤人君子出处进退，便是格物，今人只将他见成底事便做是使，不知煞有误人处"③。伊川先生的这段话，有这样三层意思：其一，历史学的研究对象是史实、事迹，尤其是社会政治发展史。也就是说，历史学研究的是事实，不是虚构的，也不是空谈。"先生不好佛语。或曰：'佛之道是也，其迹非也。'曰：'所谓迹者，果不出于道乎？然吾所攻，其迹耳；其道，则吾不知也。'"④ 由此，二程的研究重点是史实，不是空谈理论。又，"人要明理，若止一物上明之，亦未济事，须是集众理，然后脱然自有悟处"⑤。"二程"的诉求是理，但是理必须是依据史实，而且是史实丛，是众多史实的集合。只有这样，才能顿悟，明理。程颐就做到了这点。《史记》所记载的萧何月下追韩信，为什么韩信走了两天还不追？其因就是刘邦与萧何所设之局，"乃是萧何与高帝二人商量做来，欲致韩信之死耳"。可惜的是司马迁并没有意识到，"当时史官已被高祖瞒过，后人又被史官瞒"。⑥所谓读书得间，程颐透过文字，已经感觉到了其时高祖与萧何的计谋。其二，历史学的研究任务就是记载史实。"大凡礼，必须有义。礼之所尊，尊其义也。失其义，陈其数，祝史之事也。"⑦ 传统社会的制度礼，是有其自身的价值诉求的。恪守礼制，正是响应、传承其核心价值观。历史学的责任，就是记载和传承其作为制度的礼制及其价值诉求。其三，历史学的研究任务还要揭示历史发展的规律，即所谓"治乱、安危、兴废、存亡"的原因及其规则，即所谓的"明理"。研究历史，了解史实，考订其真伪，其卓然的目的就是探究历史规律，不是为了考订而考订，为了博学而了解的。所以，"二程"："以记诵博识为玩物丧志。"⑧ 总之，历史学的研究对象是史实，其任

① 《二程遗书》卷4，第124页。
② 《二程遗书》卷18，第283页。
③⑥ 《二程遗书》卷19，第312页。
④ 《二程遗书》卷4，第121页。
⑤ 《二程遗书》卷17，第223页。
⑦ 《二程遗书》卷17，第225页。
⑧ 《二程遗书》卷3，第112页。

务是揭示其规律，用“二程”的话说，“论学便要明理”。①

读史明理的历史学，其性质又为何呢？

“二程”将之归为儒学。“今之学者，岐而为三，能文者谓之文士，谈经者泥为讲师，惟知道者乃儒学也。”② 当代的学术流派有三种，一种是文学，只是单纯能撰写文字的人；二是讲师，只能精通并讲解经典的人；三种是探究历史规律，被称为道学家的儒学。自然地，在“二程”的心中，探究历史规律的儒学亦即道学，其地位是很高的。据此而言，历史学当属于儒学，或道学的性质。当然，因宋代的儒学或道学又被称为理学，所以，史学的属性也挂上理学的特征。“凡一物上有一理，须是穷致其理。穷理亦多端：或读书，讲明义理；或论古今，别其是非；或应接事物而处其当，皆穷理也。”③ 这里所谓的“书”即历史资料，“古今”即历史，“应接事物”即历史活动，总之，历史学是获得真理的唯一途径，历史学就是理学。

历史学既属于儒学、理学的性质，那么，其功用如何？

首先，历史学的功用是读史明理。“《大学》曰：‘物有本末，事有终始，知所先后，则近道矣。’人之学莫大于知本末终始。致知在格物，则所谓本也，始也；治天下国家，则所谓末也，终也。治天下国家必本诸身，其身不正而能治天下国家者无之。格犹穷也，物犹理也，犹曰穷其理而已也。穷其理，然后足以致之，不穷则不能致也。格物者适道之始，欲思格物，则固已近道矣。是何也，是收其心而不放也。”④ 这里所谓的“物有本末，事有终始”，其所指即历史；“近道”即指接近真理，掌握真理。也就是说，精通历史，就是掌握了真理，这是开始，也是初阶；将之化作治国理政的观念，才是结果，也是高阶。所以，历史的发展所要求的是人们具有广博的历史知识与掌握真理的本领，即所谓的“身正”“收其心而不放”。“未知道者如醉人：方其醉时，无所不至；及其醒也，莫不愧耻。人之未知学者，自视以为无缺，及既知学，反思前日所为，则骇且惧矣。”⑤ 程颐以醉酒来比喻缺乏历史学知识的人，酒醉之时，只觉得什么都懂，无所不能；酒醒之后，怆然悔过，羞耻得无地自容。历史学以其渊博的知识不断增长人们的见识，养育人们的精神，提升人生的境界。

其次，历史学的功用是借鉴经验。小而言之，借鉴历史，可以避开祸乱。“贤者能远照，故能避一世事；其次避地，不居乱邦。”⑥ 贤者因为掌握了历史发展规律，借鉴历史经验，所以能够避开一个时代的祸乱；稍次的，也能够不居住在危乱的地方，躲开局部地区的祸乱。大而言之，借鉴历史，可以治国理政。“孟子曰：‘事亲若曾子可也。’吾以谓事君若周公可也。盖子之事父，臣之事君，闻有自知其不足者矣，未闻其为有余也。周公之功，固大矣，然臣子之分所当为也，安得独用天子之礼乎？其因袭之弊，遂使季氏僭八佾，三家僭雍彻。故仲尼论而非之，以谓‘周公其衰矣’。”⑦ 事亲要学曾子，事君就学周公。但是，历史上再好的榜样，都是有所不足，没有完美的。如周公僭用天子之礼，结果相继出现了僭越的事件。孔子的批评，是有其根据的。“《春秋》之文，莫不一一意在示人，如土功之事，无小大莫不书之，其意止欲人君重民力也。”⑧《春秋》的史学价值，就是教育君王如何治国理政的。

最后，历史学的功用是揭示家族渊源。“我是谁，从哪来，到哪去”，这个困惑人类的难题，“二程”用历史学予以了解读。在他们看来，只要明白自己的家族渊源，谨慎祭祀，即可不言而喻。“死生

① 《二程遗书》卷5，第128页。
② 《二程遗书》卷6，第144页。
③ 《二程遗书》卷18，第237页。
④ 《二程遗书》卷25，第373页。
⑤ 《二程遗书》卷17，第272页。
⑥ 《二程遗书》卷6，第143页。
⑦ 《二程遗书》卷4，第123页。
⑧ 《二程遗书》卷17，第227页。

存亡皆知所从来，胸中莹然无疑，止此理尔。孔子言：‘未知生，焉知死？’盖略言之。死之事，即生是也，更无别理。”① 熟读人类历史，知道自己从哪里来到哪里去，那么，人的胸中就没有困惑和恐惧。这是人生的至理。孔子所讲“未知生，焉知死”，可以说基本上说清楚了人类历史的意义，因为，生死问题，都是历史问题。其时，“二程”在现实生活中，发现因历史沧桑所导致的家族断裂，非常担心。以祭祖为例，“吾曹所急正在此。凡祭祀，须是及祖。知母而不知父，狗彘是也；知父而不知祖，飞鸟是也。人须去上面立一等，求所以自异始得”②。祭祀必须祭其列祖列宗。人生在世，知其母不知其父，狗彘不如；知其父不知其祖宗，如同飞鸟。人类应该超越动物，不仅知其母、知其父、知其祖，更应该了解和掌握自身家族的文化特质。这就更需要历史学。“宗子法坏，则人不自知来处，以至流转四方，往往亲未绝，不相识。今且试以一二巨公之家行之，其术要得拘守得须是，且如唐时立庙院，仍不得分割了祖业，使一人主之。”③ 由于宗法谱系的失传，使得本家族的人相互隔绝不知。为此，程颐提出了一个家族传承的方案，那就是采用唐代办法，每个家族设立祠堂，让主祀者承继祖业，不得分割。可以说，程颐的方案有其可行之处，既传承了家族，也发挥了历史学的社会功用。

四、“二程”的历史认识论

历史认识论是构成史学思想的基本元素之一。对此，“二程”也有着深刻独到的论析。

在“二程”看来，历史是可以认知的。“原始则足以知其终，反终则足以知其始，死生之说，如是而已矣。故以春为始而原之，其必有冬；以冬为终而反之，其必有春。死生者，其与是类也。”④ 由历史的起源可以认识其结果，从历史的结果可以追溯其源起，人的生死就是历史，也是可以认识的。正如一年四季，春天开始，冬天结束，也可以说是冬天开始，春天结束，都有一个周期性的轮回，这就是历史，人的生死，与其性质一样的，是可以认识的。

那么，历史认识是怎样展开的，换句话说，其条件或途径是什么呢？

从历史认识的主体而言，历史学家有着独具的心灵感应，“心有感通”。“如有人平生不识一字，一日病作，却念得杜甫诗，却又此理。天地间事，只是一个有，一个无，既有即有，无即无。如杜甫诗者，是世界上实有杜甫诗，故人之心病及至精一有个道理，自相感通。以至人心在此，托梦在彼，亦有是理。只是心之感通也。”⑤ 又，“近取诸身，百理皆具。屈伸往来之义，只于鼻息之间见之。屈伸往来只是理，不必将既屈之气，复为方伸之气。生生之理，自然不息。如夫复言七日来复，其间元不断续，阳已复生，物极必反，其理须如此。有生便有死，有始便有终”⑥。在“二程”看来，“心有感通”存在着两种情况，一种就是历史客观存在，只是有的人尚未知晓，后来突然顿悟；另一种就是自身的历史实践促使其感悟，意识到历史发展的规律。

从历史认识的媒介而言，历史资料反映着历史规律，可以使人们在阅读中感知。“学《春秋》亦善，一句是一事，是非便见于此。此亦穷理之要。然他经岂不可以穷？但他经论其义，《春秋》因其行事，是非较著，故穷理为要。尝语学者，且先读《论语》《孟子》，更读一经，然后看《春秋》。先识得

---

① 《二程遗书》卷2上，第67页。
② 《二程遗书》卷2下，第102页。
③ 《二程遗书》卷15，第197页。
④ 《二程遗书》卷11，第381页。
⑤ 《二程遗书》卷2上，第97页。
⑥ 《二程遗书》卷15，第213－214页。

个义理，方可看《春秋》。”又，“古之学者，先由经以识义理。盖始学时，尽是传授。后之学者，却先须识义理，方始看得经。如《易》《系辞》所以解《易》，今人须看了《易》，方始看得《系辞》”①。程颐指导弟子学习历史，将传世儒家文献《论语》《孟子》《春秋》《易》《系辞》以及《中庸》等，作为重要的历史资料；另外，师承，即教师的口耳相传，也是历史认识的重要媒介。

从历史认识的客体而言，历史发展有着自身的规律，据此可以举一类推。“今日之理与前日已定之理，只是一个理，故应也。”② 历史是按照其自身的规律发展的，今天的发展是前天的延续，都是规律的展现。又，“随事观理，而天下之理得矣。天下之理得，然后可以至于圣人”③。根据历史事实来考察其发展的规律，那么，就能掌握整个历史发展的规律，就可以成为创造历史的圣人。又，“须是就事上学”④。历史认识必须从客观事实上着手。由此，历史认识的主体、中介与客体相互交融，也就完成了历史认识。当然，历史认识的实现，不是轻而易举的，还需要历史认识的主体即历史学家不断地学习与求索。“格物亦须积累涵养。如始学《诗》者，其始未必善，到悠久须差精。人则是旧人，其见则别。”⑤ 历史的真理性认识需要长期的积淀。如学习《诗经》，开始不一定就能学好，时间久了，就会逐步好起来。虽然还是原来的读《诗经》的人，其见识则有天地之别了。“人心作主不定，正如一个翻车，流转动摇，无须臾停，所感万端；又如悬镜空中，无物不入其中，有甚定形？不学则却都不察，及有所学，便觉察得是为害。著一个意思，则与人成就，得个甚好见识？心若不作一个主，怎生奈何？”⑥ 人的思想像风车转不停，又像悬镜映照世间的事物，人们如果没有学习历史知识，就不会发现其中的奥秘，一旦掌握了历史知识，即刻明白其中哪些是有害的，哪些是有益的。因此，人生在世，若无历史知识，怎能有良好的见识，从而获得成就呢？

总之，历史认识的条件分别由主体、媒介与客体所构成。也就是说，历史认识的途径是多方面的。正如程颐所说：“穷理亦多端。或读书，讲明义理；或论古今人物，别其是非；或应接事物，而处其当然，皆穷理也。”⑦

在“二程”看来，历史认识的方式就是史家的想象。用“二程”的话说，就是“体”。这里的“体”，即体验、体会、体认，也就是通过自身的领悟，想象历史的发展及其规律性的展现。程颢：“言体天地之化，已剩一体字。只此便是天地之化，不可对此个别有天地。”⑧ 程颐的弟子回忆其师研究历史，说：“先生每读史到一半，便掩卷思量，料其成败，然后却看有不合处，又更精思，其间多有幸而成，不幸而败。今人只见成者便以为是，败者便以为非，不知成者煞有不是，败者煞有是底。”⑨ 其弟子邹德久也作了同样的回忆：“先生始看史传，及半，则掩卷而深思之，度其后之成败，为之规画，然后复取观焉。然成败有幸与不幸，不可以一概看。”⑩ “二程”认为，历史认识的“体”，必须是充分的，毫无牵挂的，也即是说，必须是充分的想象。“观天理，亦须放开意思，开阔得心胸，便可见，打揲了习心两漏三漏子。”“须是大其心使开阔，譬如为九层之台，须大做脚须得。”“二程”这样讲，是源自于天人合一的观念。“除了身只是理，便说合天人。合天人，已是为不知者引而致之。天人无间。”⑪ 由

---

① 《二程遗书》卷15，第210、211页。

② 《二程遗书》卷2下，第103页。

③ 《二程遗书》卷25，第374页。

④ 《二程遗书》卷3，第113页。

⑤ 《二程遗书》卷15，第211页。

⑥ 《二程遗书》卷2下，第104页。

⑦ 黄宗羲：《宋元学案》卷15《尹川学案》上，载《黄宗羲全集》（第3册），浙江古籍出版社2012年版，第731页。

⑧ 《二程遗书》卷2上，第67－68页。

⑨ 《二程遗书》卷19，第312页。

⑩ 《二程遗书》卷24，第370－371页。

⑪ 《二程遗书》卷2上，第83页。

此，“二程”主张，体验自身，膨胀自己的想象来认识历史。显然，这是远古以来的巫术思维的延续，“学者不必远求，近取诸身，只明人理，敬而已矣，便是约处”，“故有道有理，天人一也，更不分别。浩然之气，乃吾气也，养而不害，则塞乎天地”①。历史认识的出发点是人类自己，只要能够了解人类自身的发展规律，谨慎对待历史，就掌握了关键。历史规律所展现的自然与人类，都是一致的。人类只要遵从历史规律，那么，就会推进历史的进步，促进历史的完善。

历史认识的目标是明理，那么，其境界如何？在“二程”看来，历史认识的最高境界就是“自得”，就是能够有自己独到的见识。程颢：“学要在自得。”自得就是能在老师的指点下感悟历史，既能够举一反三，又能够“告诸往而知来者”②。“谓通古今只一个亦得。”③ 又自信满满地说：“吾学虽有所受，天理二字，却是自家体帖出来。”④“自家体帖”，当然说的就是“自得”。程颐也说：“人患居常讲习空言无实者，盖不自得也。为学，治经最好；苟不自得，则尽治《五经》，亦是空言。”⑤ 又，“义之精者，须是自求得之，如此则善求义也”⑥。自得既然是历史研究的最高境界，那么，自得之义理，是否都是正确的，都是真理性的认识呢？这就需要验证了。在历史认识的检验标准方面，“二程”有着非常重要的论述。

其一，“二程”强调了历史认识标准的重要性。“凡学之杂者，终只是未有所止，内不自足也。譬之一物，悬在空中，苟无所倚著，则不之东则之西，故须著摸佗别道理，只为自家不足也。譬之家藏良金，不索外求，贫者见人说金，须借他底看。”知识丰富驳杂，如果最终没有自己擅长的专业，那么就会感到恐慌。就像悬挂在空中的东西，没有依托，东往西来，总是不能安定；又如家有黄金，不需要别人的支持，但是穷人只能借助别人的金子来说说事。“斟酌去取古今，恐未易言，须尺度权衡在胸中无疑，乃可处之无差。”⑦ 评价历史，不是容易的事情，必须已经具备判断是非善恶的尺度标准，才能做到符合事实，准确无误。由此可见，历史认识的检验标准异常重要。它要求历史学家必须具备丰富的专业知识和相应的评价标准。

其二，“二程”提出了历史认识的检验标准。一是源自儒家的义理，用今天的话说，就是理论标准。“孔子删《诗》，岂只取合于雅颂之音而已，亦是谓合此义理也。如《皇矣》《烝民》《文王》《大明》之类，其义理，非人人学至于此，安能及此。作诗者又非一人，上下数千年若合符节，只为合这一个理，若不合义理，孔子必不取也。”⑧ 孔夫子编纂《诗经》，是根据义理的要求，将流传于其时的民间诗歌予以整理，合乎义理的收录，不合义理的就剔除了。可见，历史认识的标准，依照圣人的要求，当是义理。又，“理则天下只是一个理，故推至四海而准，须是质诸天地、考诸三王不易之理。故敬则只是敬此者也，仁是仁此者也，信是信此者也。又曰：‘颠沛造次必于是。’又言：‘吾斯之未能信。’只是到道得如此，更难为名状。”⑨ 可见，以理学为大成的“二程”，将“理”看作是检验历史认识的绝好的标准，放之四海而皆准，置诸古今亦不移。看来，理学家的名号也不是凭空得来的。二是源自历史事实的史实，用今天的话说，就是客观标准，史实标准。历史认识虽然仰赖历史学家，但如果过度地自

① 《二程遗书》卷2上，第70页。
② 《二程遗书》卷11，第169页。
③ 《二程遗书》卷3，第116页。
④ 《河南程氏外书》，《二程集》，中华书局1981年版，第424页。
⑤ 《二程遗书》卷1，第53页。
⑥ 《二程遗书》卷17，第222页。
⑦ 《二程遗书》卷2上，第73页。
⑧ 《二程遗书》卷2上，第91页。
⑨ 《二程遗书》卷2上，第89页。

我，就不可能达到真理性的认识。“‘毋意’者，不妄意也；‘毋我’者，循理不守己也。”[①] “人皆称柳下惠为圣人，只是因循前人之语，非自见。假如人言孔子为圣人，也须直待己实见圣处，方可信。”[②]柳下惠的圣人名号是传说的，不可信；孔子的圣人名号，是因为更多人见证了圣人的地方，如果没有见到，也是不可信的。所以，历史认识的结论正确与否，需要事实的见证。“实理者，实见得是，实见得非。凡实理，得之于心自别。若耳闻口道者，心实不见；若见得，必不肯安于所不安。”[③] 历史认识的真理性来自于实见，即取决于主体性践行、体验中的判断；正确的判断，当是人们能够忧思历史的发展了。这就是说，历史的真理性认识源自于史家的亲自实践与体验，即事实的检验。三是儒家的经典，即将儒家的经典是非作为评判历史认识正确与否的尺度，用今天的话说，就是本本主义。“至如《春秋》，是其所是，非其所非，不过只是当年数人而已。学者不观他书，只观《春秋》，亦可尽道。”又，“《春秋》《传》为案，《经》为断。”[④]《春秋》因其撰写得公正，以历史事实的是非为是非，所以，可以作为历史认识的结论批评的标准；《春秋》与《传》作为评判的实例，《经》则作为评判的理论依据。

其三，“二程”批评了历史认识中的异端邪说。“二程”自认是儒家思想的坚定传承者，对于其时的其他学派予以了坚决的批判。“邪说则终不能胜正道，人有秉夷，然亦恶乱人之心。”[⑤] 在“二程”看来，其时的异端主要是道教、佛教与王学。“释氏盛而道家萧索”[⑥]，所以，“二程”笔锋所指一是流传甚广的佛教，是坚决持以反对态度的。“二程”分析佛教的危害，不仅在于清谈，还在于出家，远离“君臣、父子、夫妇、兄弟”，“佗本是个自私独善，枯槁山林，自适而已”；更在于影响太大，“今日所患者，患在引取了中人以上者，其力有以自立，故不可回”。[⑦] 又说，佛教“其道不合于先王”，“毁人伦、去四大者，其分于道也远矣”。[⑧] 二是王学，可能是政见及其遭遇的不同，“二程”对王安石的学说充斥着反驳与讽刺。“然在今日，释氏却未消理会，大患者却是介甫之学。”“如今日，却要先整顿介甫之学，坏了后生学者。”[⑨]又，“介甫之学，大抵支离。伯淳尝与杨时读了数篇，其后尽能推类以通之。”[⑩] 程颐也说：“介甫不知事君道理，观他的意思，只是要‘乐子之无知’。”“介甫不识‘道’字。”[⑪] 由此，只有与“二程”同党之人，才被认为是儒学正宗。“世之信道笃而不惑异端者，洛之尧夫、秦之子厚而已。”[⑫] 可见，“二程”的异端之驳斥，充斥着党争的味道。所以，虽然批判佛教，但其实自身，却或多或少也受其影响。“人之于患难，只有一个处置，尽人谋之后，却须泰然处之。有人遇一事，则心心念念不肯舍，毕竟何益？若不会处置了放下，便是无义无命也。”[⑬]人们积极主动地创造历史，至于其结果究竟如何，则需要历史发展的规律来决定，切不可因自己付出了，便以此为抱负，拖累自己。这里“处置了放下”的理念，显然有着佛教的印痕。

---

① 《二程遗书》卷9，第156页。
② 《二程遗书》卷15，第191页。
③ 《二程遗书》卷15，第193页。
④ 《二程遗书》卷15，第203、211页。
⑤ 《二程遗书》卷6，第142页。
⑥⑨⑬ 《二程遗书》卷2上，第89页。
⑦ 《二程遗书》卷2上，第74页。
⑧ 《二程遗书》卷4，第121、125页。
⑩ 《二程遗书》卷2上，第78页。
⑪ 《二程遗书》卷22上，第336、337页。
⑫ 《二程遗书》卷4，第121页。

五、“二程”的历史学方法论

历史学方法论是史学思想存在的价值所在。“二程”的理学思想中蕴含有历史主义分析法、历史辩证分析法与历史比较分析法等方法论的内容。

1. 历史主义分析法

所谓历史主义分析法，就是根据历史性质即事物发展变化规则来认识历史，通常被称为历史主义方法论，或历史分析法。“二程”在理学的阐释中，常常运用这一方法论。其特征在于：

其一是揭示历史发展变化的情形。程颐著名的“盛衰论”，就是这样：

> 盛衰之运，卒难理会。且以历代言之，二帝、三王为盛，后世为衰。一代言之，文、武、成、康为盛，幽、厉、平、桓为衰。以一君言之，开元为盛，天宝为衰。以一岁，则春夏为盛，秋冬为衰。以一月，则上旬为盛，下旬为衰。以一日，则寅卯为盛，戌亥为衰。一时亦然。如人生百年，五十以前为盛，五十以后为衰。然有衰而复盛者，有衰而不复反者。若举大运而言，则三王不如五帝之盛，两汉不如三王之盛，又其下不如汉之盛。至其中间，又有多少盛衰。如三代衰而汉盛，汉衰而魏盛，此是衰而复盛之理。①

无论是从整个历史的角度，还是朝代的角度，甚至是单个帝王的角度，都存在着盛衰的变化，其特征就是“有衰而复盛者”“有衰而不复反者”。

其二是揭示历史发展的时代特征。“学者全要识时。若不识时，不足以言学。颜子陋巷自乐，以有孔子在焉。若孟子之时，世既无人，安可不以道自任?”“二程”认为，颜回的陋巷自乐，是因与孔子同时，由孔子在传道，自己可以任性地践行其道；假如生活在孟子时代，也会如孟子一样承担起传道的重任的。又“行礼不可全泥古，须当视时之风气自不同，故所处不得不与古异。如今人面貌自与古人不同，若全用古物，亦不相称。虽圣人作，须有损益”②。程颐：“礼，时为大，须当损益。夏商周所因损益可知，则能继周者亦必有所损益。”③ 社会生活中的礼制，不能全部照搬古代，应该根据时代的特征，从权选择。何况人的相貌古今都有所不同，如果仍然选用古代的衣饰，显然与时代不相称。所以，圣人总是在不断传承和改良礼制。

其三是揭示历史发展的多种原因。在这方面，“二程”列举了水患、四凶的事件。“古之时，居民少，人各就高而居，中国虽有水，亦未为也。及尧之时，人渐多，渐就平广而居，水泛滥，乃始为害。当是时，龙门未辟，伊阙未析，砥柱未凿，尧乃因水泛滥而治之，以为天下后世无穷之利。非尧时水特为害也，盖已久矣。上世人少，就高而居则不为害；后世人多，就下而处则为害也。”“二程”认为，从远古到唐尧之时，地面的水还是那样多，但是因为人口增加了，人们从原来的高处居住，不得不搬迁到低洼处居住，由此挤占了原来水的位置，从人类方面看，形成了水患，迫使唐尧不得不治理水患，由此，龙门、伊阙与砥柱等水利工程才出现了。可以说，这是历史的进步。又，“四凶之才皆可用。尧之时，圣人在上，皆以其才任大位，而不敢露其不善之心。尧非不知其不善也，伏，则圣人亦不得而诛

① 《二程遗书》卷18，第249页。

② 《二程遗书》卷2上，第65、72页。

③ 《二程遗书》卷15，第192页。

之。及尧举舜于匹夫之中而禅之位，则是四人者始怀愤怨不平之心，而显其恶。故舜得以因其迹而诛窜之也"[①]。四凶在唐尧时，因为佩服尧，所以得以臣服归顺，但尧举荐了舜作天子，心中愤怨不平，于是作恶，遭到了舜的诛杀。平心而论，"二程"的历史原因分析，还是符合事实的。

2. 历史辩证分析法

所谓历史辩证分析法，是据《易经》中的阴阳互渗观念，客观、公正地分析历史事物的方式。本来，历史研究是旗帜鲜明的事情。"天下有一个善，一个恶，去善即是恶，去恶即是善。譬如门，不出便入，岂出入外更别有一事乎?"[②] 历史研究的要求是立场鲜明，必须从善恶中择选其一，非善即恶，非恶即善。但实际的情况却是善恶交织，正如阴阳互渗，相互交叠，善恶却是难以截然分开的。"阴阳消长之际，无截然断绝之理，故相搀掩过。""事有善有恶，皆天理也。天理中物，须有美恶，盖物之不齐，物之情也。但当察之，不可自入于恶，流于一物。"[③] 善恶的存在都是天理，亦即历史规律存在的反映，是客观事物良莠不齐的展现，也是其基本的属性。所以，研究历史不能怀着成见，不能形而上学地片面看问题，不能将某些现象看作是恶，也不能将某些现象看作是善。

那么，善恶究竟如何对待呢?"二程"认为，一方面，要具有包容的心态与智慧的处事方法。"圣人即天地也。天地中何物不有?天地岂尝有心拣别善恶?一切涵容覆载，但处之有道尔。若善者亲之，不善者远之，则物不与者多矣。安得为天地?故圣人之志，止欲'老者安之，朋友信之，少者怀之'。"作为圣人不能爱憎分明，必须是包容涵养，有巧妙的处事方法，使各个方面都能接受、认可。另一方面，要等待时机，让善恶自己展露。按照《订顽》的意思，"'必有事焉而勿正，心勿忘，勿助长'，未尝致纤毫之力，此其存之之道。若存得，便合有得。盖良知良能元不丧失，以昔日习心未除，却须存习此心，久则可夺旧习。此理至约，惟患不能守。既能体之而乐，亦不患不能守也"[④]。按照张载《西铭》的要求，对于历史中的善恶，不去匡正、无视、助长，让其自然存在、发展。只要能够存在，就是合理的，但是，作为历史认识的良知良能不会因此丧失，长期坚持，那些丑恶的陋俗将自然消失。这就是历史发展的真理性。其关键是能不能坚持，能不能以此为乐。可见，"二程"的等待时机，其实是用时间来换取历史本质的质变与成熟。表层来看，有点明哲保身；实际上，还是历史的辩证法。"万物莫不有对，一阴一阳，一善一恶，阳长则阴消，善增则恶减。斯理也，推之其远乎?人只要知此耳"[⑤]。历史发展的本质是阴阳交替、善恶消长的过程，这就是历史的辩证法，这就是历史发展的规律性。研究历史，就是用这种阴消阳长、善增恶抑的观点予以论析。又，"与善人处，坏了人；须是与不善人处，方成就得人。他山之石，可以攻玉。"[⑥] 在历史实践中，与善人生活，不能得以磨炼，将消磨其意志，长期下来会颓废；与恶人生活，经常砥砺、鉴戒自己，将提升自己的品格，促使自己成为圣贤。这就是所谓的"他山之石，可以攻玉"。

包容也好，等待也好，其实就是用"仁"来分析历史。"学者须先识仁。仁者，浑然与物同体。义、礼、知、信，皆仁也。识得此理，以诚敬存之而已。""天地之用皆我之用。孟子言：'万物皆备于我。'须反身而诚，乃为大乐。"[⑦] 辩证分析的前提是"仁"，仁的诉求是与历史发展相一致的，五常中的其他四项，也都属于仁的性质，是历史发展本质的展现。所以，历史辩证分析法要求以"仁"为基

① 《二程遗书》卷6，第139页。
② 《二程遗书》卷18，第233页。
③ 《二程遗书》卷2上，第98、67页。
④ 《二程遗书》卷2上，第67页。
⑤ 《二程遗书》卷15，第170页。
⑥ 《二程遗书》卷3，第113页。
⑦ 《二程遗书》卷2上，第66－67页。

础，用“诚敬”的态度，分析历史，一切都是有价值的，无善恶的，正如孟子所谓“所有的事物都可以为我所使用”。以此来研究历史，那么，就会发现历史的价值之所在，以及历史研究之乐趣。

3. 历史比较分析法

所谓历史比较分析法，就是将历史上的两件或两件以上的事、人放在一起，比较其异同，分析其原因，抽绎其规则。历史比较分析法是学术研究最为基本的方法论。“二程”在理学的论析中，常常使用这一方法。

> 或问：“汉高祖可比太祖否？”
>
> 曰：“汉高祖安能比太祖？太祖仁爱，能保全诸节度使，极有术。天下既定，皆召归京师，节度使竭土地而还，所畜不赀，多财，亦可患也。太祖逐人赐地一方，盖第，所费皆数万；又尝赐宴，酒酣，乃宣各人子弟一人扶归。太祖送至殿门，谓其子弟曰：‘汝父各许朝廷十万缗矣。’诸节度使醒，问所以归，不失礼于上前否？子弟各以缗对。翌日，各以表进如数。此皆英雄御臣之术。”①

程颐认为，与汉高祖相比，宋太祖非常杰出：一是没有滥杀功臣，并且优待功臣，赐地、盖房、宴请，极尽荣华；二是能巧妙地驾驭群臣，趁其酒醉，缴贡十万缗，而且还心服口服。

“二程”挺儒反佛，所以比较其优劣。以生死为例，本是历史的基本现象，“圣贤以生死为本分事，无可惧，故不论死生。”“圣人‘朝闻道夕死可矣’与曾子易箦之理，临死须寻一尺布帛裹头而死，必不肯削发胡服而终”，可见儒家讲究的是气节与胸怀。但是，“佛学只是以生死恐动人。可怪二千年来，无一人觉此，是被恐动也”，“佛之学为怕死生，故只管说不休，下俗之人固多惧，故不论死生”。禅学虽自觉不同佛学，“只是此个意见，皆利心也”。②

“二程”还对古今的教育进行了比较，充斥着今不如昔的批判思想。“古有教，今无教。以其无教，直坏得人质如此不美。今之比之古人，如将一至恶物，比一至美物。”又分析古今教育差异的原因：“古者家有塾，党有庠，故人未有不入学者；三老坐于里门，出入察其长幼揖让之序。如今所传《诗》，至于里俗之言，尽不可闻，皆系其习也。以古所习，安得不善？以今所习，安得不恶？”③ 显然，程颐所批判其时代的北宋教育，因为社会政治生活的奢靡与腐败，确实已经完全沦落为科举制的工具了。

六、“二程”的“当代史”研究

所谓“当代史”就是指史学家所处的历史时代，而所谓的研究则是指对这一时代特质及其精神的揭示。所以说，任何时代的史学家，尤其是思想家，无不进行“当代史”的研究。“二程”的“当代史”研究，主要体现在以下两个方面：

一方面是对历史上尤其是儒家经典的“当代史学”性质的解读。在“二程”看来，《诗经》中有些篇章就是属于“当代史”性质。“《诗》前序必是当时人所传国史，明乎得失之迹者，是也。不得此，则何必缘知得此篇是甚意思？《大序》则是仲尼所作，其余则未必然。”又，“且《二南》之诗，必是周

---

① 《二程遗书》卷22下，第356页。

② 《二程遗书》卷1，第53－54页。

③ 《二程遗书》卷17，第226－227页。

公所作，佗人恐不及此。以其为教于衽席之上、闺门之内，上下贵贱之所同也"[①]。又，"《诗序》必是同时所作，然亦有后人忝者。"[②] 又，"《诗小序》便是当时国史作，如当时不作，虽孔子亦不能知，况子夏乎？如《大序》，则非圣人不能作。"[③] 由此，"二程"认为，《诗经》中的《大序》《小序》《二南》等，都属于当代史的内容，为后人了解其时的历史文化提供了资料。

另一方面是对自己所处时代的"当代史"研究。可以说，"二程"生活的宋代所面临的问题，在"二程"的思想中都有折射，如上述的佛教传播问题，王安石的新法问题，儒家学术的传承与基本观点的争论问题，此外还有边疆问题，等等，应该说都属于"当代史"即国史的范畴。限于篇幅，不再逐一论及。在这里，仅就最能体现其史学思想的"当代史"的评估问题，略作介绍。

> 尝观自三代而后，本朝有超越古今者五事：如百年无内乱；四圣百年；受命之日，市不易肆；百年未尝诛杀大臣；至诚以待夷狄。此皆大抵以忠厚廉耻为之纲纪，故能如此，盖睿主开基，规模自别。[④]

由此，程颐的北宋"当代史"，不仅留下了五个卓越的历史贡献，而且还有其宝贵的历史经验，"忠厚廉耻为之纲纪"与"睿主开基"，亦即正确的治国理念与良好的历史开端。

七、"二程"史学思想的贡献及其历史地位

"二程"史学思想的特征，无疑在于其深受理学思想的浸染。如上所述，在"二程"看来，历史的本质是"天理"，历史学的职责是"穷理""明理"，历史认识的方式是"随事观理"，历史方法论则要求善恶皆天理的包容态度。可以说，"二程"的史学思想是其理学的有机组成部分。

但是，如果从史学思想史的角度，从"历史研究是一切人文社会科学的基础"角度，那么，就会发现，"化道为理""引理注史"可以说是"二程"对史学思想史、史学史的极大贡献。在这里，如果说"二程"的理学是对先秦以来儒学的创新发展的话，那么，以此类推，"二程"的史学思想也是对先秦以来史学思想的创新发展。此其一。

其二，"二程"史学思想强调重视"实见""随事观理"，与近代西方科学主义所提倡的实证精神是一致的。吕思勉："凡此所谓真知者，皆身体力行后之真知灼见，非口耳剿袭者比。"又：格物"以疑今科学之所谓格物则可。若二程所言之格物，则其意本主于躬行，但须到此心通晓为止，岂有格尽天下之物之疑哉？"[⑤] 张君劢认为，"二程"的格物致理，长期积累，"脱然有觅通处"，"暗示现代科学中的归纳法和演绎法"，"仍然是今天用得最多的科学技巧之一"[⑥]。

其三，"二程"的"善恶皆天理"的观点，与西方基督神学的"魔鬼是上帝天使的玩物"是一致的，不仅是历史辩证分析法的要求，而且充分表现了历史实践中的兼收并蓄的"仁"精神。比较言之，历史认识展开，即由历史发展的客观规律性"天理""上帝"，与历史认识的主观性"仁""善"，通过

① 《二程遗书》卷2上，第90、91页。
② 《二程遗书》卷6，第141页。
③ 《二程遗书》卷19，第310页。
④ 《二程遗书》卷15，第205－206页。
⑤ 吕思勉：《理学纲要》，东方出版社1996年版，第90、92页。
⑥ 张君劢：《新儒家思想史》，中国人民大学出版社2009年版，第151页。

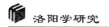

其媒介实践，即“二程”的“格物致知”“穷理”，基督的“修行”“布施”，达到了真理性的认识：“自得”“天堂”。据此，“二程”的史学思想洋溢着宗教的色彩，尽管两人都是坚决反对佛学的。

论及“二程”史学思想的历史地位，如前所述，是先秦以来儒学及其史学思想的创新性发展。于此，“二程”有着充分的自觉。程颐在其兄程颢的墓志铭上，称赞其兄是孔孟以来的继承者：“先生千四百年之后，得不传之学于遗经，志将以斯道觉斯民。”“先生出，倡圣学以示人，辨异端，辟邪说，开历古之沉迷。圣人之道得先生而后明，为功大矣。”① 蔡方鹿说：“这是一篇关于二程确立理学道统论的宣言书，充分体现了二程在道统中的重要地位。”② 张君劢则指出，这是儒学的创新发展：“二程的著作成为研究儒家经书所不可少的，这是中国式的旧瓶装新酒，借古圣人之言表现新思想。于是，传统和创新便混在一起。由于这种混合，原创的思想便不必标以原创的标记，而传统的延续便继而不断了。”③ 潘富恩、劲燕则指出了创立洛学的“二程”的历史贡献在于：“以儒为宗，批判地汲取佛道中的哲理，建立了新的儒学体系，创造性地弘扬中国传统的人本思想。”④

（作者为南阳师范学院汉文化研究中心教授）

① 《河南程氏文集》卷11，《二程集》，第640页。

② 蔡方鹿：《程颢程颐与中国文化》，贵州人民出版社1996年版，第275页。

③ 张君劢：《新儒家思想史》，中国人民大学出版社2009年版，第155页。

④ 潘富恩、劲燕：《论洛学对儒学文化的新发展》，《复旦学报》1998年第3期。

“二程”“理一分殊”思想研究

王思远

摘要：“二程”以儒家伦理思想为基础，建立起了一个比传统儒学更有思辨性的哲学思想体系。他们的理吸收了周敦颐的太极和佛教的一些思想，透着万物皆是一理的内涵。“二程”的“理一分殊”思想也必然会落脚在儒家的传统上，理、性、仁、诚、敬等在这里达到了浑然一体的境界。他们的格物致知说也体现着“理一分殊”的意蕴。

关键词：理；理一分殊；佛教

程颢（1032—1085）、程颐（1033—1107）是宋明理学的奠基人。他们一方面接受着传统的孔孟儒学教育，另一方面又对当时的辞章训诂之学有所不满。他们以儒家伦理思想为基础，在尊儒排佛的同时，也接受佛道的某些思想，建立起了一个比传统儒学更加精致、更加严密、更有思辨性的哲学思想体系。从天理观上来说，“二程”强调一理也强调万物，但是更强调万物皆是一理的内涵，可以认为“二程”的天理观处处蕴含着“理一分殊”的思想，蕴含着一理和分殊关系的思考。

一、“二程”的理学与对佛教的吸收

理本指治玉，顺着玉的纹理脉络来成就一个玉器。理的哲理表现，在战国时期就有了，《孟子·告子上》中，“心之所然者何也？为理也义也”。人心在理上、义上是相同的，理就成了天然的人心的倾向和脉络，心的脉络。《韩非·解老》：“理，成物之文也。”文是指阴阳相交，方圆短长之分殊。理定，物成，物可以言说，理是分、定的形式，不是具体的物，但也不是玄虚的道。之后的王弼认为理是物之所以然。郭象的理更强调必然性，当然也是所以然。程伊川继承了二者对理的阐释，其是在既玄虚又确定的意义上使用理，既是道又是理。如果只强调理的所以然性、必然性，恰恰就不是“二程”的理的全部。《易经·说卦》中说“穷理尽性以至于命”。张载对此的解释是三阶段论，第一阶段穷理指多读书学习，见物多，得到的理就多；第二阶段尽性，主要是指穷尽人禀赋的道德品性，与自己的天性合一；第三阶段是对于天命的体悟。“二程”不完全同意以上观点，虽然张载的理已经比韩、王、郭三位有所超越，可以达到尽性的境界了，但还不够深入。“二程”的理更接近于周敦颐的太极，参透了理也就相当于得道了。“二程”认为，穷一个理是要与万物相连的。理绝不只是韩非的分理，也不只是事物发生的源头，好像跟被发生者有阶段之分。而是一即万、万即一，这样玄虚而又条理分明的理。

华严宗的六相圆融，讲相互缘起，相互贯通，并且条理分明。总相与别相相互贯通，一与多的相互贯通，又不完全等同。从“二程”的天理观中可以看出与此十分相近的地方。“二程”的理应该不仅是规律，规律仅仅是分理，“二程”的理中透着万物皆是一理的内涵。“体用一源，显微无间。观会通以行其典礼，则辞无所不备”是“二程”的几个弟子都有记载的一段话，并且“二程”集外书十二卷中，可见该论述对门人的影响和形成的深刻印象。而华严宗是讲理事会通的。并且曾有弟子刘安问：“某尝读《华严经》，第一真空绝相观，第二事理无碍观，第三事事无碍观。譬如镜灯之类，包含万象，无有穷尽，此理如何？”答曰：“一言以蔽之，不过万理归于一理。”①

二、理气观与“理一分殊”

理气关系，“二程”是以形而上和形而下来区别的，这个区分在周敦颐和华严宗那里都没有。这种理气二元论，后来影响了朱熹，也为陆王心学的出现留下了余地。朱熹认为气是理生出来的，但是“二程”的气是自然而然生出来的，不过气的生出是因为理的原因，有理则有气，但是从本体论上来说，理与气的关系并不是很清楚。具体到人，由真元生出气来。

在程颐的术语中，有时候道比理更大，有时候道大致等于理。讲到理与气的关系时，可以大致认为理就是道。“离了阴阳更无道，所以阴阳者是道也。阴阳，气也。气是形而下者，道是形而上者。形而上者则是密也。”② 程颐认为气是阴阳，而把理突出到与阴阳相分离的地位。密，指的是非对象化的，接近太极的意义，讲不尽，无法讲清楚。他认为理是所以然，是事物的根据。比如，在有飞机之前，飞机的理、飞机的所以然已经存在了。这也是程颐突出一理的原因。在程颐这里，道、理是气的所以然，是在反思中把握的气的根据，阴阳之气以理为体、为用，天下万物，要由阴阳之气造化而成，但也正是因为这样，“二程”反而无法仔细解释气是如何生成的，于是就表述为，有理了以后，气也自然而然生出来了。

为了进一步解释理气之间的关系，程颐引入了“理一分殊”的命题。程颐在解《咸卦》九四爻时曰：“《系辞》曰：‘天下何思何虑？天下同归而殊途，一致而百虑，天下何思何虑？’夫子因咸极论感通之道。夫以思虑之私心感物，所感狭矣。天下之理一也，涂虽殊而其归则同，虑虽百而其致则一。虽物有万殊，事有万变，统之以一，则无能违也。”③ 此处应该是其“理一分殊”思想的主要来源处。还有在解《睽卦》“万物睽而其事同也”句时，程颐曰：“推物理之同以明睽之时用，乃圣人合睽之道也。见同之为同者，世俗之论也，圣人则明物理之本同，所以能同天下而和合万类也……物虽异而理本同，故天下之大，群生之众，睽散万殊，而圣人为能同之。”④ 指出圣人有合睽之道，知万物之理本就相同，所以能和同天下万类于一理，众物虽看似不同，但是其理相同。程颐直接使用“理一分殊”命题是在《答杨时问西铭书》中，杨时来信对张载《西铭》有些疑问，说道：“然言体而不及用，恐其流至于兼爱。”认为张载“民胞物与”的观点有把仁爱泛滥之嫌，发展下去与墨子兼爱思想无异。程颐回信说：“《西铭》之为书，推理以存义，扩前圣所未发，与孟子性善养气之论同功，岂墨氏之比哉？”又说道，“《西铭》明理一而分殊，墨氏则二本而无分（老幼及人，理一也。爱无差等，本无二也）。”⑤ 也就是说，《西铭》讲爱有差等，理一即是仁爱，分殊即是落实到不同的对象身上表现的亲疏厚薄的差异。这是程颐在道德伦理方面使用“理一分殊”的概念，也是在普遍性的哲学意义上使用这一概念。这一概念可以很好地解释天理与具体形器之间的关系。形器虽是众多，但是，其所具天理为一，而天理虽是一个，但是，散于众多形器之中无一少缺。这也表明体用之间的关系不是割裂的，而是统一的。理学传至

① 《二程集》，中华书局2004年版，第94页。
② 《二程集》，中华书局2004年版，第162页。
③ 《周易程氏传·咸卦》。
④ 《周易程氏传·睽卦》。
⑤ 《程氏粹言·卷一》。

朱熹时，他对“理一分殊”概念又做了更精致的发挥：“问理与气。曰：伊川说得好，理一分殊。合天地万物而言，只是一个理。及在人，则又各自有一个理。”① “本只一个太极，而万物各有秉受，又各自全具一太极尔。如月在天，只一而已，及散在江湖，则随处而见。”② 在朱子这里，他用了“太极”的概念代替程颐的理，并且借用佛家“月印万川”来解释“理一分殊”，虽然与“二程”的本意有些许差异，但也使得这一命题更加生动鲜活了一些。

三、“二程”“理一分殊”思想阐发

万物都只是一个天理的不同表达，不同的事物是天理在不同情境中的不同表现，但是它都包含着天理的全体。儒家学说的基本特质是伦理道德的思想体系，“二程”的“理一分殊”思想也会落脚在儒家的传统及其生活方式上，在“二程”这里，理、性、仁、诚、敬等达到了浑然一体的境界。

1. “理一分殊”与仁

“二程”的天理从华严宗处有很多的吸收和借鉴，但毕竟他们提到佛教的时候，很多时候是批判的态度，如批判佛教“逃父出家，便绝人伦”。但也从此处能看到“二程”吸收华严宗的纠结之处。万理归于一理，理事无碍，事事无碍，是“二程”思想所吸收的华严旨趣。法藏的镜灯比喻是对此的解释，它并不仅等同于朱熹解释的月印万川，同时强调一理也要归于万理，包括万理。而“二程”在此方面有些偏于一理，对万理强调得不太够，可以认为“二程”的天理，更应该归到“理一分殊”，更加侧重于一理和分殊的关系。程颢曾言“万物之生意最可观”③ “静后，见万物自然皆有春意”④。春意即生意，是自然界生物欣欣向荣的生长所展现的生命力。程颢又说“周茂叔窗前草不除去，问之，云与自家意思一般”⑤。周敦颐见窗前的草茂盛却不除去，是以此来观照体认理的变化无穷、生生日新。小草虽微小，但可透过小草自然生命之舒展充分觉察到万物的无限生机和盎然生意。张九成亦曾言：“明道书窗前有茂草覆砌，或劝之芟，曰‘不可，欲常见造物生意。’又置盆池畜小鱼数尾，时时观之，或问其故，曰‘欲观万物自得意。’草之与鱼，人所共见，唯明道见草则知生意，见鱼则知自得意，此岂流俗之见可同日而语！”⑥ 明道欲以观小草自由自在地生长来体认造物洋溢的盎然生机，又时时观看鱼儿悠然自得的生命状态，他以自然之物的生长、生活状态为切入点，去体认天地生化万物之盎然生意以及整体宇宙所彰显出的勃勃生机和活力。

通过对仁的解释，同样能体现理一与分殊的关系。《识仁篇》中说“医书言手足痿痹为不仁，此言最善名状。仁者，以天地万物为一体，莫非己也” “学者须先识仁。仁者，浑然与物同体，义、礼、智、信皆仁也。识得此理，以诚敬存之而已，不须防检，不须穷索”⑦。也就是说，医书上曾指出，手脚麻痹了，就是不仁，明道认为这就把仁的最原本的意思表达了出来，仁首先不是道德的意义，不仁首先是人得了病，身和心不通，道德上的仁也是此理，仁人就是用心与世界打通，与万物交往时候跟与自己的身体交往是一样的。仁者是与天地万物一体的，天地万物都是自己，都是自己的性，都是理，反

① 《朱子语类·卷一》。
② 《朱子语类·卷九十四》。
③ 《河南程氏遗书》卷第十一，第120页。
④ 《河南程氏遗书》卷第六，第84页。
⑤ 《河南程氏遗书》卷第三，第60页。
⑥ （清）黄宗羲、全祖望：《宋元学案·明道学案下》，中华书局1986年版，第578页。
⑦ 《二程集》，中华书局2004年版，第15页。

之，万物都是一理，自然相通。学习儒家首先要知道什么是仁，仁是最基本的，义、礼、智、信都是仁的表现。认得了这样的理，也就是体会到了仁，就不需要防检、修身、追逐之类。

理是绝对仁善之体，理与仁可以通而为一。理作为生生不息之理，成就宇宙万象，赋予天地万物无限之生机，令宇宙处处充满盎然生机和生意，这也是天地仁德之发生和实现，“‘生生之谓易’，是天之所以为道也。天只是以生为道。继此生理者即是善也。善便有一个元底意思。‘元者善之长’。万物皆有春意，便是‘继之者善也’”①。生化之天理表现为生生不息之天道，承继此理者即是善的，此善是万善之始、众善之首，在此意义上看，天理是一绝对仁善之体。同时，天地万物的生生日新又诠释呈显了天理无上之仁德，天理与仁通而为一。天理即是宇宙论的实体，同时也成为道德创造之创造实体，天理散发于万事万物，仁体发用使万事万物彰显出无限生机和生意，在这一层面上天理和仁也是通而为一的。

2. “理一分殊”与诚敬

“二程”对诚、敬的理解体现着一理的意蕴。“如天理底意思，诚只是诚此者也，敬只是敬此者也。非是别有一个诚，更有一个敬也。”② 以比较浅的诚实为例，当撒谎的时候就不是诚，遮挡了部分理，而当人真正诚实说真话的时候，测谎仪会不再波动，此时体现的就是理。当对什么真正敬的时候，就在那里感受到了理。这里有道德的含义，但不是靠道德律来体现，而是在我们的生活中，每个人都会遇到的。人跟人只要很近地打交道的时候，比如跟父母、子女，都会有诚不诚、敬不敬的情况。“二程”的理，让人严肃起来的理，最直接的意识的表达是敬，先诚然后敬。“二程”这里讲理是沟通一切的，万理只是一理，物我为一、人我为一，这就是诚了，这恰恰是人的本性，突破了小我，突破了自己，获得了人的本性，即理。“性既是理也，所谓理，性是也。天下之理，原其所自，未有不善。”③ 人的本性、万物的本性就是理，得了理就诚了敬了。程颢说“天人本无二，不必言合”④。天和人本来就是一体的，达到了天地境界，和天合而为一。天人合一实际上就是万物一体，因为人和万物都有着共同的理，即“所以谓万物一体者，皆有此理，只为从那里来”⑤。

“二程”兄弟都讲“诚”“敬”，但他们的理解有所不同。程颐强调，在内心诚敬的同时，外表也应该严肃恭敬。而程颢则认为，如果只是过分强调敬畏，就会过于拘谨，提出必须首先识得仁体并以诚敬之心存养之。“学者先须学仁。仁者，浑然与物同体。”⑥ 意思是说，仁者以天地万物为一体，没有物我内外的分别，我和万物达到了浑然一体的精神境界。而“识仁”、达到仁者的境界，就需要“定性”的功夫，程颢解释道：“所谓定者，动亦定，静亦定，无将迎，无内外。苟以外物为外，牵己而从之，是以己性为有内外也。且以性为随物于外，则当其在外时，何者为内？是有意于绝外诱，而不知性之无内外也。既以内外为二本，则又乌可俱语定哉？”⑦ 也就是说，所谓定性，无论身体与外物或动或静，心都应当是寂然不动的，这样也就无所谓内外了。一旦做到无内外，“性”自然不会为外物所牵，也就不会担心性累于外物而摇摆不定了。程颢的定性的修养方法主要继承了孟子的“不动心”的思想，同时也吸收了佛家和道家的思想，强调人虽然要接触事物，但不能过于执着于具体的事物，这样心才能从外界的诱惑中摆脱出来从而达到自由、安静、快活的境界，但这种超脱还要洞明内心和外物，心对外物才

---

① 《河南程氏遗书》卷第二上，第29页。
② 《二程集》，中华书局2004年版，第31页。
③ 《二程集》，中华书局2004年版，第292页。
④ 《二程集》，中华书局2004年版，第81页。
⑤ 《二程集》，中华书局2004年版，第33页。
⑥ 《二程集》，中华书局2004年版，第16页。
⑦ 《二程集》，中华书局2004年版，第460页。

能像明镜那样反照外物。“敬”对程颢来说既是修养德性的功夫，也是明晓天理最可靠的途径，做到敬，就会上达天德。因为天理本来就是敬之根基。人们要做敬的功夫，只是恭而不遵循礼，那只能是空架子，他所追求的容貌端正，言语合理，并不是为了独善其身，也不是为了他人的私念，而是天理要求本当如此，所以当做到“敬”的时候，自然就和天理相吻合了。

程颐也强调“敬”的修养方法，但两者又有其不同之处，在程颢这里，诚和敬是相互的，他的敬更接近于诚，十分强调敬的功夫必须把握一个限度，否则，就会伤害心的自在和乐，而程颐则要求人在外在的容貌举止与内在的思虑情感两个方面都应当同时严格要求自己。在程颐这里，诚是心的本初的统一体，用《易经》中的卦名“无妄”为诚定义，并注释为：“无妄者至诚也，至诚者天之道也。天之化育万物，生生不穷，各正其性命，乃无妄也。”人能合无妄之道，则所谓与天地合其德也。……虽无邪心，苟不合正理，则妄也。就是说，要使心保持本初、保持诚的状态，就要全神贯注，不受别的事情的干扰。而能使心做到全神贯注的，就是敬的修养方法。敬不仅像佛道所主张的那样在默想中维持，也要在行动中保持诚的状态。

3. 格物致知说

人如何能够做到心理合一，程颐总结此路径为：“涵养须用敬，进学则在致知。”[①] 理一分殊强调了在本体意义上“理”与“殊”的一致性，但是，在现实实践领域，二者的统一则需要每个主体的修养功夫。

韩愈讲大学，周敦颐讲中庸，“二程”两者都讲而且都十分看重。他们看重中庸的诚，已发未发；看重大学的格物致知说。之后的人们谈理学必谈格物致知，可以说离不开“二程”尤其是程颐的功劳。《礼记·大学》：“古之欲明明德于天下者，先治其国；欲治其国者，先齐其家；欲齐其家者，先修其身；欲修其身者，先正其心；欲正其心者，先诚其意；欲诚其意者，先致其知，致知在格物。”“格，至也，或以格物为止物，是二本矣。”[②] 止住这个物对我的影响，不执着于它，降低自己的欲望，减少自己的贪念，来让自己头脑清醒，是非曲直分明。“知至而后意诚”。程颐要从致的角度，进入物，希望君子在达致、穷究时来致知，这样才能达到自然的、一以贯之的意诚和心正，进入诚的状态。心正是更高的要求了，是意诚之后的阶段。以做科学研究的人为例，意诚于科研时能取得成果，但是否能心正而不虚报成果，甚至是否能不对同事有所隐瞒自己的研究成果呢？之所以说“致知在格物”，因为理为本体，为万物之源。性、心虽然与理同一，但是必须以心知觉之，以性涵养之，方能体认得本体。万物是天理的流行，每一物都包含天理，但是，在物的形色之中易于把理遮蔽起来，因此欲知天理须格物。人心之失乃是由于逐物，如果明白物理，自能识得本心，所以修心就是通过格物以明理。即普通人的本性也是自足者的，不过是需要通过解蔽而明，即是“致知在格物，非由外铄我也，我固有之也。因物有迁，迷而不知，则天理灭矣，故圣人欲格之”[③]。致知格物，并非我受强迫而为之，是而我自心本有之天理，因为物事总是在迁移不居，若我随物迁迷而不自知，则天理湮灭也，故此，圣人要致知格物以复明天理。看来，致知格物虽是“下行路线”，亦非强迫而为之，其实质无非是恢复本心被遮蔽的天理而已。

程颢认为诚是靠放开自己，程颐认为不行。程颐认为，达到诚在于致知格物，如果理解的物和格的方式是对的，就可以意诚心正。深究其理由，仍然在于结合了华严宗的理事无碍和《大学》的格物致知。“格物穷理（格物出自《大学》，穷理出自《易传》），非是要尽穷天下之物；但于一事上穷尽，其

① 《程氏遗书·卷十八·伊川先生语四》。

② 《二程集》，中华书局2004年版，第123页。

③ 《程氏遗书·卷二十五·伊川先生语十一》。

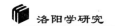

他可以类推。……所以能穷者，只为万物皆是一理。至如一物一事，虽小，皆有理。"[①] 所以，如果格任何一物达到穷理的境界了，也就有可能穷尽万物之理了。但是，一般人由于其会通能力较差，故可由身边具体的一事一物开始体会天理之所在。"如一事上穷不得，且别穷一事。或先其易者，或先其难者。"[②] 或问："格物须物物格之，还只格一物而万理皆知?"曰："怎生便会该通?若只格一物便通众理，虽颜子亦不敢如此道。须是今日格一件，明日又格一件，积习既多，然后脱然自有贯通处。"[③] 虽说每一个物都是天理的全部表达，但是，由于人的才力有限，往往不是格一物便可知天理，须今日格一件，明日格一件，由数量的积累，到一定时刻，才能豁然贯通，通达天理。即便聪明如颜子也不敢说格一物便通透全部天理。另外，格物穷理也不只是于物上穷理，穷理的途径有很多。读书也可，于书中明晓义理；或谈论古今人物，辨别其是非；或待人接物，能处置得当，这些都是格物穷理的功夫。程颐说："凡一物上有一理，须是穷致其理。穷理亦多端，或读书，讲明义理，或论古今人物，别其是非，或应接事物而处其当，皆穷理也。"[④] 另外，也不可把格物致知完全当作向外求索天理的功夫，在程颐看来，格物穷理的目的就是求本、求内，本是天理，内是内心的道德天理之自觉。格物致知最终还是要通过格物穷理而修炼心体，正如庄子所言要"得鱼忘筌"，格物致知是通达本体的途径或工具，只知格物，却不知格物为何事，纵格尽天下物也没有用处。

（作者为河南省社会科学院哲学与宗教研究所助理研究员）

①② 《二程集》，中华书局2004年版，第157页。

③④ 《程氏遗书·卷十八·伊川先生语四》。

宋代洛阳人的嵩山情结

鲍君惠

摘要： 北宋时期，洛阳人对嵩山极度喜爱，游览嵩山的活动非常兴盛，在洛阳为官的欧阳修、梅尧臣、司马光、楼异以及洛阳人邵雍、刘几等人，不断歌咏嵩山，嵩山已成为洛阳的象征。北宋灭亡后，尽管嵩山地区已经不在南宋朝廷的实际管辖范围内，但嵩山屡屡被南渡的洛阳人所牵挂。吕本中、陈与义和李处权等洛阳人，以嵩山来代称失去了的故土家园。无论是在北宋还是南宋，洛阳人的嵩山情结一直存在。嵩山情结是宋代洛阳人热爱家园的具体表现，也是洛阳人爱国主义的具体象征。

关键词： 宋代；洛阳；嵩山；情结

自古以来，位居中原大地的中岳嵩山，自然风景壮丽，文化内涵丰富，一直吸引着全国各地的游客前来观赏。在古代大部分时期内，因嵩山在洛阳的管辖范围内，洛阳人因地域邻近等便利条件，时常游览嵩山，甚至将嵩山和洛水视为洛阳的象征，一直有“嵩洛”之称。北宋时期，国家太平，文化昌盛，洛阳人游览嵩山的活动更为兴盛，对嵩山的热爱之情也更加强烈。靖康之难后，虽然整个嵩山地区已经不在南宋政府的实际管辖范围内，但南迁的洛阳人，却一直对嵩山念念不忘，多次以嵩山代称昔日的故土家园，其思想情感也和嵩山紧密地结合起来。两宋洛阳人对嵩山这种深厚的感情，通过文学创作等形式表现出来，形成了这个群体独有的嵩山情结。“情结”是心理学术语，由心理学家弗洛伊德与荣格发现并做过精辟的阐述，指的是一群重要的无意识组合，或是一种藏在一个人神秘的心理状态中，强烈而无意识的冲动。“它们可能而且往往就是灵感和动力的源泉，而这对于事业上取得显著成就是十分重要的。”[①] 从某种意义上说，如果洛阳人没有嵩山情结，那就不可能写作如此众多讴歌嵩山的作品；如果洛阳人没有如此强烈的嵩山情结，那就不可能出现如此充满生命激情与精神内蕴的作品，并对整个国家的思想观念产生影响。

目前学界有关嵩山情结的论文著作较少。笔者在拙作《宋代嵩山人文历史研究》[②] 中通论了南宋人的嵩山情结，对北宋洛阳人的嵩山情结描述甚少，故而在本文中，笔者将进一步论述两宋洛阳人的嵩山情结，希望借此对嵩山与洛阳文化的相互关系有更加幽微的阐释。不当之处，祈请方家不吝赐教。

需要说明的是，本文所叙述的宋代的洛阳，以《元丰九域志》所记载的地域为准。宋代的洛阳，也称西京、河南府、河南郡，下辖河南、永安、偃师、巩县、登封、密县、渑池、伊阳等13县和阜财1监，面积较大，主要山川河流有北邙山、嵩山、熊耳山、黄河、洛水、伊水等。[③] 对于嵩山，本文不多论述嵩山山系或嵩山地区的其他山，如香山、万安山、马鞍山、伏羲山、始祖山等，而主要论述嵩山最重要的组成部分：太室山与少室山。古人曾称太室山为嵩山、崧山（嵩同崧），而与少室山合称“嵩

---

① ［美］霍尔、诺德贝：《荣格心理学入门》，冯川译，陈维政校，生活·读书·新知三联书店1987年版，第37页。

② 鲍君惠：《宋代嵩山人文历史研究》，科学出版社2017年版。

③ 王存撰、魏嵩山，王文楚点校：《元丰九域志》卷1《西京河南府》，中华书局1984年版，第4－5页。

少”或“崧少”，不过现在已将太室山和少室山合称嵩山，故而本文中的嵩山，遵循现在嵩山的地域范围。

一、北宋时期洛阳的嵩山情结

洛阳四周众山环绕，“惟嵩最远最独出。其崭岩耸秀，立诸峰上，而不可掩蔽”①。高大耸秀的嵩山，笑傲群峰，是洛阳乃至整个京畿地区最为高大、最为知名、最具有文化内涵的山岳，是宋代洛阳的标志性景观名胜，深得洛阳人的喜爱。北宋末期，刚刚来到洛阳任职的赵鼎臣就说：“始余来洛，便有意于嵩少。”② 他说出了众多来到洛阳任职的官员的心声。梅尧臣、欧阳修等洛阳官员游览嵩山后将游览过程以诗文的形式叙述出来，文彦博、司马光等高官居住洛阳期间也在嵩山留下了墨宝，这些都是洛阳官员热爱嵩山的具体体现。至于洛阳本地人，在嵩山游玩的经历、讴歌嵩山的作品更是数不胜数。

天圣九年（公元1031年）春季，西京留守钱惟演与河南县主簿梅尧臣等一起游览嵩山，参观了子晋祠、少林寺、少姨庙、天封观、会善寺等名胜，梅尧臣为这些名胜一一作诗。③

明道元年（公元1032年）春季，洛阳青年官员欧阳修、梅尧臣和杨愈三人，前往嵩山游玩。他们从洛阳出发，先来到了嵩山脚下的公路涧、拜马涧，在山涧游玩之后，经过了太室山和少室山两山之间的山路，然后进入太室山，开始攀登峻极峰，先来到了峻极中院，接着到了玉女窗、玉女捣衣石，继续向上攀登，来到天门，欣赏了天门泉和天池的奇妙风景，在三醉石上休憩后，最终来到了峻极寺，登上了峻极峰。欧阳修和梅尧臣分别写作了组诗《嵩山十二首》④《同永叔子聪游嵩山赋十二题》⑤ 来描述一路上的风景，引发了世人对嵩山美景的向往。

明道元年（公元1032年）九月，河南府通判谢绛借嵩山祭祀之机，带领欧阳修、杨愈、尹洙和王复等官员从洛阳建春门出发，途经十八里河、缑氏县，先来到缑山子晋祠参观，然后经过轘辕道进入登封。在中岳庙祭祀完毕后，来到崇福宫内拜谒宋真宗御容，接下来便开始攀登峻极峰，参观了玉女窗、玉女捣衣石、三醉石、大周封禅坛等景点，在嵩山之巅俯视群峰，然后寻访一位僧人，接受了佛学的洗礼，在峻极峰住宿一晚后，下山返回洛阳。在返回途中经过颍阳石堂山⑥、吕氏店、鼓婆镇和香山，“绕崧轘一匝四百里，可谓穷极胜览”⑦。这次嵩山之旅或可称为宋代最为知名的嵩山旅行，出游者全部为知名人物，旅游成果也广为人知。谢绛将此旅行经历写成散文寄给梅尧臣，便是历史上著名的嵩山旅游散文——《游嵩山寄梅殿丞书》。梅尧臣将此1248字的散文游记改编成500字长诗《希深惠书言与师鲁永叔子聪几道游嵩因诵而韵之》，“这首长诗是为梅尧臣博取诗名、奠定诗坛地位的一首早期最重要的作品”⑧。欧阳修晚年与石堂山的许道士往来密切，多次在赠予许道士的诗中流露出自己仰慕仙道的情感，显示出此次嵩山旅游对他的深刻影响。

安居洛阳的邵雍，数次来到嵩山，多次在诗歌中赞其自然景观壮观美丽。在登封县衙，他仔细观看

---

① 欧阳修著，李之亮笺注：《欧阳修集编年笺注》卷63，巴蜀书社2007年版，第164页。

② 赵鼎臣：《竹隐畸士集》卷20《跋钱服道画》，中国台湾商务印书馆1986年版，第265页。

③ 梅尧臣著，朱东润编年校注：《梅尧臣集编年校注》卷1，上海古籍出版社2006年版，第15－17页。

④ 欧阳修著，洪本健校笺：《欧阳修诗文集校笺·居士外集》卷1《嵩山十二首》，上海古籍出版社2009年版，第1265－1267页。

⑤ 《梅尧臣集编年校注》卷2《同永叔子聪游嵩山赋十二题》，第42－45页。

⑥ 此山又名石唐山，现称中灵山、灵山、紫云山，属于嵩山余脉，位于登封市颍阳镇北部，登封与偃师交界处，距郑州68公里，距洛阳40公里。

⑦ 欧阳修著，李逸安点校：《欧阳修全集·附录》卷4《游嵩山寄梅殿丞书》，中华书局2001年版，第2718页。

⑧ 王水照：《北宋洛阳文人集团与宋诗新貌的培育》，《中华文史论丛》（第48辑），上海古籍出版社1991年版，第83页。

少室山："群峰拥旌幢，巨石罗剑戟。"[①] 他还登上嵩山主峰峻极峰，放眼九州大地，感慨道："九州环绕若棋枰，万岁嵩高看太平。"[②] 对中岳嵩山寄予了积极的寓意。

曾任宰相和枢密使的张昇，致仕后来到嵩山结庵而居，邵雍曾作诗赞扬他："结茅未尽忘君处，正在嵩高万岁前。"[③] 在这里他"澄心养气，不问时事"[④]，饱览嵩山景致，自由自在，为时人所仰慕。

潞国公文彦博曾多次在洛阳为官，致仕后也在洛阳居住。嘉祐五年（公元1060年）他在嵩山游览，夜宿少林寺，留下《宿少林寺》一诗，特意提到他一来到少室山顿感俗尘消去，清凉自在："六六仙峰绕静居，俗尘至此暂消除。"[⑤] 在禅意悠悠的少林寺内，他还想到了达摩九年面壁的故事，其心态也被禅宗所感染，萌生了深入了解佛法的念头。登封知县燕若壮为这首诗立碑，现今保存于嵩阳书院碑廊内。

洛阳人刘几致仕后，居住在嵩山玉华峰下，号玉华庵主，和登封县令钱衮"为泉石之友"，时常深入嵩山"以极其胜，连月忘反"[⑥]，自称登上嵩山主峰峻极峰"凡七十四次矣。精力虽疲，而心犹未足也"[⑦]。或许正因为在嵩山过着闲云野鹤的日子，所以他才以81岁的高龄无疾而终。

司马光与朋友的嵩山之游相当精彩。熙宁三年（公元1070年），司马光因反对王安石变法，自请离京，次年退居洛阳，任西京留守御史台。在此期间，他"优游洛下，不屑世务"[⑧]，所业惟著书。在司马光的洛阳之游中，最为知名的当属他和好友范镇结伴游览嵩山之事，在当时就已成为美谈，流传甚广。他们骑马从洛阳出发，经过宜阳（今河南宜阳），来到登封，先在峻极峰下的峻极下院休憩，然后开始攀登峻极峰。到达峰顶后，再下山游览嵩阳书院、崇福宫和紫极观。他们在崇福宫相互唱和，然后来到紫虚谷寻找会善寺，最后经过轘辕道走出嵩山，继续西行踏访洛阳的其他景点，如龙门石窟、香山等。在峻极院法堂后边的檐壁上，他还写下了自己的游山感言。其一是登山的技巧："登山有道：徐行则不困，措足于平稳之地则不跌，慎之哉！"[⑨] 其二是一则题壁诗："一团茅草乱蓬蓬，蓦地烧天蓦地空。争似满炉煨榾柮，慢腾腾地热烘烘。"[⑩] 这些留言充分展露了司马光老实、稳重的性格特征。

元符二年（公元1099年），明州奉化（今浙江奉化）人楼异来到洛阳下辖的登封担任县令。洛阳为风景荟萃之地，但他对嵩山却情有独钟，昔日欧阳修、梅尧臣和谢绛等游玩嵩山的经历，更是令他对嵩山心驰神往："欧阳文忠与梅、谢诸贤相继为僚友，数游嵩山间，至今以为美谈。"[⑪] 他将官舍命名为仰嵩堂，在后圃建造了辑仙亭，"北面嵩岳，西顾少室，南望许由，自余诸峰环拥轩槛于是，居高远眺尽山川之形势"[⑫]，终日饱览嵩少风光，毫不厌倦，并写出了《嵩山二十四咏并序》和《三十六峰赋》，雇画师绘了《嵩岳图》，制作了《嵩岳图》碑和《三十六峰赋》碑。在《三十六峰赋》中，楼异开门见山地表明了他一直以来对洛阳山水，尤其是对嵩山的仰慕，引出自己有机会来到登封任职，进而发现，境内诸山，"尽观其峰，未有过少室者"。少室山险峻挺拔的气质令他大开眼界。于是他欣然提笔，"作三十六峰赋以自广"[⑬]。正是因为楼异对嵩山的喜爱，对嵩山的细致观察，所以他为后人留下了宝贵的嵩山典故资料，

① 邵雍著，郭彧整理：《邵雍集·伊川击壤集》卷5《登封县宇观少室》，中华书局2010年版，第244页。
② 《邵雍集·伊川击壤集》卷5《登嵩顶》，第244页。
③ 《邵雍集·伊川击壤集》卷8《和人留题张相公庵》，第288页。
④ 李焘：《续资治通鉴长编》卷285，中华书局2004年版，第6981页。
⑤ 文彦博：《潞公文集》卷5《宿少林寺》，中国台湾商务印书馆1986年版，第614页。
⑥ 文同：《丹渊集》卷37《都官员外郎钱君墓志铭》，中国台湾商务印书馆1986年版，第772页。
⑦ 朱弁著，韦海英编纂：《朱弁诗话》，江苏古籍出版社1998年版，第2953页。
⑧ 王辟之撰，吕友仁点校：《渑水燕谈录》卷4，中华书局1981年版，第49页。
⑨ 邵伯温撰，李剑雄、刘德权点校：《邵氏闻见录》卷11，中华书局1983年版，第117页。
⑩ 许顗著，吴贤泽编纂：《许顗诗话》，江苏古籍出版社1998年版，第1403页。
⑪⑬ 曾枣庄、刘琳主编，四川大学古籍整理研究所编：《全宋文》卷2273，上海辞书出版社、安徽教育出版社2006年版，第193页。
⑫ 傅梅撰，向东、关林点校：《嵩书》卷14《嵩山二十四咏并序》，中州古籍出版社2003年版，第299－300页。

《三十六峰赋》碑至今仍存于少林寺内。

北宋末年，蔡京当政，晁说之为了躲避党祸而隐居嵩山。嵩山隐居的日子是晁说之一生中难以忘怀的日子，这里的一切，深深地留在了他的记忆中。除了自称“嵩阳客子”①，他还在诗文中屡屡提及“嵩少”“嵩阳”“嵩丘”等，如“直尔相羊好远游，何不命驾归嵩丘?”② 或是“闻道近还思卜筑，好来嵩少共烟霞”③。离开嵩山后，他多次将眼前的事情与当年嵩山的事情联系起来。听到秋雨时便联想到嵩山的秋雨：“夜雨听沉寂，颇似嵩少时。”④ 听到夜风时称自己“白头嵩客奈此何，他年惯听山之阿”⑤。得知朋友经过嵩山时，他拜托朋友“烦君去路望嵩少，猿鹤相思端可怜”⑥。在离开嵩山二十年后还对嵩山念念不忘：“一别嵩阳县，二纪不得还。几处逢新秋，幽梦著旧山。”⑦ 从他的文集《嵩山文集》这一命名即可看出嵩山对他的影响。

除了晁说之自称嵩阳客子，整个宋代，有很多洛阳人以嵩山为名、号。洛阳人陆经自号嵩山老人，并将自己的文集命名为《嵩山老人集》。⑧ 洛阳人王益恭，“年四十余致政，居洛中，自号嵩阳居士”⑨。前文提到的洛阳人刘几，辞官后居住在嵩山玉华峰下，号玉华庵主。登封知县楼异，极度喜爱嵩山，将自己在登封出生的儿子起小名为嵩。洛阳人朱敦儒，号岩壑，又称洛川先生、少室山人等。朱敦儒的朋友李处权，号“崧庵惰夫”，并命名其著述为《崧庵集》，与陆经、晁说之不谋而合。

总之，北宋时期，嵩山的山川地貌、风土人情、人文环境都深深地浸润着生于斯、长于斯的洛阳人，同时也广泛地吸引着寓居洛阳的高官显宦、文人诗客。他们或暂留，或常住，或终老于斯，都会亲临嵩山，甚至在嵩山居住，留下了传唱千年的中岳诗词、游记、碑刻等，为时人所津津乐道。因为嵩山在洛阳人的生活和作品中反复出现，所以我们有充分的理由相信，北宋时期的洛阳人，潜意识中存在着嵩山情结。

二、南宋时期洛阳人的嵩山情结

北宋灭亡之后，嵩山地区是宋金交战的主战场之一，洛阳人被迫南迁。怀恋故土是人之常情，是令人难以抑制的潜意识。然而，南宋与金南北对峙、战乱纷争的残酷现实，使他们归乡无望。挥之不去的思乡之情，越来越多地堆积在心头，迫切需要宣泄。既然无法亲身回到故乡，实地感受故乡的山川人物，那么，就只能在口头上肆意表达，在作品中大书特书了。嵩山，当仁不让地成为他们托物寄情的对象。

建炎三年（公元 1129 年），曾在嵩山地区居住的吕本中（公元 1084—1145），在南迁避难的旅途中颠沛流离，路过醴陵（今湖南醴陵）时，为当地美景所动，忍不住作诗歌颂：“我行天一角，所至尚踌躇。偶逢胜绝地，不异嵩颍居。”⑩ 优美的醴陵风光，在他眼中，和嵩山、颍水之地的景致并无二致。

---

① 晁说之：《嵩山文集》卷 4《书事》，上海书店出版社 1985 年版，第 27 页。
② 《嵩山文集》卷 4《初秋思旧山》，第 28 页。
③ 《嵩山文集》卷 6《寄韩君表》，第 24 页。
④ 《嵩山文集》卷 4《夜雨》，第 24 页。
⑤ 《嵩山文集》卷 4《夜大风》，第 24 页。
⑥ 《嵩山文集》卷 5《送知府张路钤还关》，第 3 页。
⑦ 《嵩山文集》卷 5《秋适》，第 39 页。
⑧ 周必大：《文忠集》卷 53《陆子履嵩山集序》，中国台湾商务印书馆 1986 年版，第 558 页。
⑨ 蔡襄著，吴以宁点校：《蔡襄集·蔡忠惠集》卷 5《梦游洛中十首有序》，上海古籍出版社 1996 年版，第 89 页。
⑩ 吕本中：《东莱先生诗集》卷 12《行至醴陵寄故人》，上海书店出版社 1934 年版，第 3 页。

与吕本中相同，洛阳人陈与义（公元1090—1138）于南宋初年在南方流浪时，常常令他魂牵梦绕的也是嵩山："久客不忘归，如头垢思沐。身行江海滨，梦绕嵩少麓。"① 不光在梦中思念自己的故土家园，陈与义来到南岳也念念不忘中岳，认为游览衡山是因为自己曾在嵩山居住而产生的缘分："野客元耕崧岳田，得游衡岳是前缘。"②

前文提到楼异的《嵩岳图》和《嵩岳图》碑，图在宋金战争中毁于兵火，碑本立于少林寺内，但在嘉定三年（公元1210年）突然现身于宋金边境的榷场上。楼异的孙子楼钥，得到《嵩岳图》碑后，如获至宝，大为惊喜，分别为此碑作诗和跋，将此碑视为楼家文化传承的重要作品。③ 此外，他小时候曾背诵过祖父所作的《嵩山二十四咏并序》，成年后多次发出抗金卫国的呼声，这也从侧面说明了楼异将自己对嵩山的热爱，传给了后世子孙。

前文提到的李处权，靖康之难后也流落江南，但无论他身在何方，看到何物，都能联想到嵩山。看到灵石，他感慨道："畴予家世本伊洛，四时行乐都忘慵。楼台面面得形胜，锦屏女几呜皋嵩。十年戎马断归路，流落江湖今一翁。"④ 他想起了故乡的嵩山山石，以及故国昔日的惬意生活，并感慨现在国破家亡、身在异乡的惆怅。走在临川（今江西抚州）的道路上，他看到这里的景色，有似曾相识之感："山浓不减嵩高翠，溪涨浑如洛浦声。"⑤ 他乡的水光山色，在李处权眼中，只不过是洛阳胜景的再现。特别是在《梦归赋》中，他自述："予洛人也，既更衰乱，奔窜潜伏，烟尘阻绝，身世相吊，遑遑乎旅之忧，忽忽乎岁月之久也。迟暮良苦，一夕梦归故里，顾经于目而历于耳者，黝不胜乎其悲也。"在这首赋中，梦回洛阳所看到的景色已与以前大不相同："梦故国之圮城兮，陟曲隅之欹亭。俯伊洛之蜿蜒兮，仰嵩少之峥嵘兮。痛一炬之焦土兮，彻云汉以宵赪。"⑥ 在梦中，李处权看到了故国的残垣断壁，登上了亭子俯视蜿蜒的伊河和洛河，仰视高峻的嵩山。曾经繁华富庶的大宋西都，如今全部被付之一炬成为焦土，怎能不令人愤慨！如果说这几篇怀念嵩山的文章，只是流露出了思乡恋家的个体情绪，下首诗则是突破了个人感情局限，以嵩山为切入点，开始畅想国家和民族的前途命运："念昔嵩少步，千层上云麓。政似徐熙图，写生开百幅。怀归阻兵火，梦想如在目。会当返升平，柴车驾黄犊。"⑦ 昔日攀登嵩山的情景，现在只能出现在梦中了。虽然兵火阻断，返还故乡的愿望很难实现，但他还是认为，有朝一日，南宋会统一南北，再现北宋的繁华盛世。

出生于北宋的周紫芝（公元1082—1155），有幸与总角之交王相如一起在北宋末期游览嵩山。他写诗追忆两人年少时期在嵩山的快乐时光，嵩山成了两人深情厚谊的见证者，以至多年之后，北宋和平时期的深山幽壑美景还历历在目："抚事思少年，相期在嵩少。是时海内安，王师未征讨。尚有邱壑姿，可寄沮溺傲。"⑧ 可惜瑰丽的嵩山风景，对于南宋人来说，再也无法亲身目睹，只能用来怀念。整个南宋时期，王师虽然多次征讨，却从未成功地收复失地。一次次北伐的失败，使嵩山与南宋的距离越来越远。至元二十三年（公元1286年），也就是在元朝初年，南宋降臣汪元量来到嵩山降香时，下笔描述了北宋时期欧阳修、梅尧臣等游览过的玉女窗等嵩山胜景，并以"莫辩千载事，焉能踏仙辙。徒有感慨怀，脉脉泪不绝"⑨ 来结尾他的《嵩山》诗，充分体现出嵩山对南宋人深远的影响。

---

① 陈与义撰，白敦仁校笺：《陈与义集校笺》卷27《题长冈亭呈德升大光》，上海古籍出版社1990年版，第771页。
② 《陈与义集校笺》卷24《衡岳道中四首》，第657页。
③ 楼钥：《楼钥集》卷10《嵩岳图》、卷74《跋先大父嵩岳图》，浙江古籍出版社2010年版，第239页、第1335－1336页。
④ 李处权：《崧庵集》卷3《望灵石》，中国台湾商务印书馆1986年版，第605页。
⑤ 《崧庵集》卷5《临川道中寄汪守》，第626页。
⑥ 《崧庵集》卷1《梦归赋并引》，第582页。
⑦ 《崧庵集》卷2《翁士特李似表相过小酌分题得踯躅》，第603页。
⑧ 周紫芝：《太仓稊米集》卷9《毅果出示次卿诗编中有彭门见寄之作乃追和元韵》，中国台湾商务印书馆1986年版，第61页。
⑨ 汪元量著，胡才甫校注：《汪元量集校注》卷3《嵩山》，浙江古籍出版1999年版，第135页。

三、宋代洛阳人嵩山情结的分析

嵩山位于洛阳城东南方向，距离洛阳约90公里，与洛水一样，具有时代悠久、引人注目、文化厚重等明显特征，成为洛阳的代称，也借以表达历史沧桑之感，成为洛阳的一个文化符号。比如说，唐代大诗人白居易有诗名曰《看嵩洛有叹》，清代书画家黄易绘有《嵩洛访碑图》。至于宋代，宋人使用“嵩洛”的称呼更为繁多。曾在洛阳任职的欧阳修称自己“徜徉于嵩洛之下”。苏辙有诗云《次韵子瞻送范景仁游嵩洛》。李处权在一首送别诗中用“伊水崧雪”[①] 这两处同属洛阳的盛名美景，来形容友人之间的缘分。总之，嵩山已成为洛阳的名片，被洛阳人寄托了美好的寓意。

从宋代历史来看，北宋定都东京开封，洛阳为西京，作为西京洛阳和京畿地区，即北宋王朝的核心统治区域唯一的名山，嵩山被北宋人赋予了深刻的内涵，在北宋的政治、文化以及社会生活等方面发挥了重要作用。作为风景胜地的嵩山已不必多言。嵩山祭祀是国家常祭，一直络绎不绝。宋真宗御制的中岳醮告文幢，至今仍保存在嵩山中岳庙内。嵩山是洛阳人乃至全国人重要的求知学习之所，为大宋王朝培养了许多栋梁之才。嵩山荟萃儒释道三教，如嵩阳书院、少林寺、大法王寺、崇福宫、中岳庙等，是重要的宗教中心。嵩山脚下的永安皇陵，“靖康之难”后屡遭破坏，更是牵动了南宋人的神经。由于南宋政府的软弱无能等原因，绍兴和议后，南宋与金国以秦岭、淮河为界，包括嵩山在内的广大北方领土已经不在南宋的版图之内。但是，南宋政府并未放弃收复失地，国家祭祀体系中仍然包括中岳嵩山，南宋人依然认为包括嵩山在内的北方领土是南宋的领土。地域可以分割，思想感情却无法割裂，文化的传承仍在继续。南渡的洛阳人对故土、故国产生了浓重的依恋情怀，并以嵩山为代表表现出来，加深了嵩山情结。这种情结不为洛阳人所独有，也是整个南宋士大夫阶层的普遍思想，中岳嵩山被他们用来代指沦陷的北方国土，嵩山成为引导南宋人进行统一战争的一面旗帜。比如说崇安（今福建崇安）人胡宏（公元1102—1161），身在衡山，眺望嵩山，大声疾呼南宋朝廷光复中原：“衡岳望嵩少，屹然河汉间。浮云自来往，谁肯拓关山。”[②] 南宋朝廷也为光复中原做出了努力，在联蒙灭金后，南宋朝廷迫不及待地派遣太常寺主簿朱扬祖等前往嵩山脚下拜谒北宋诸帝皇陵。正是在山河破碎的凄惨现实下，不光是南渡的洛阳人，其他地区的南宋人，对嵩山的强烈怀念也被唤起，嵩山成为诸多爱国人士寄托渴望国家统一收复故地的象征物，成为他们创作文词的重要动机，是他们精神生活中的重要组成部分。而对于在金国统治下的洛阳人而言，“遗民泪尽胡尘里，南望王师又一年”[③] 正是他们的真实写照。他们所进行的一系列抗金斗争，正是对嵩山情结的呼应。

从地域范围来看，洛阳周边群山环绕：“洛中形势，郏鄏山在西，邙山在北，成皋在东，以接嵩、少，阙塞直其南，属女几，连荆、华，至终南山。”[④] 这里很早就是文明起源地，有西周、东周、曹魏、西晋、隋、唐、后梁、后唐等王朝立都于此。得天独厚的地理环境和连绵不断的历史文化传承，形成了以洛阳为中心的文化圈，北宋时期已经显现出来，现如今被称为“嵩山文化圈”。“如果根据人类活动辐射区域计算，嵩山文化圈的区域更大，大致可达数万平方公里左右，基本上囊括古黄河以南（指汉代

① 《崧庵集》卷6《送希真入洛》，第634页。

② 胡宏著，吴仁华点校：《胡宏集》，中华书局1987年版，第80页。

③ 陆游：《陆游集·剑南诗稿》卷25《秋夜将晓出篱门迎凉有感》，中华书局1976年版，第687页。

④ 《邵氏闻见录》卷17。

以前古黄河）、长江以北、华山以东、徐州以西及中原地区。”① 嵩山在这个文化圈内所起的作用是相当显著的。“若乃山林皋壤，实文思之奥府。”② 嵩山的茂林清溪原野，是启发作者文思之源，是洛阳人精神生活的一部分。这种文化上的传承，虽然受到了地域分割的不利影响，但仍具有极强的生命力，宋代洛阳人的嵩山情结即为明证。

总之，嵩山的风景、物产、人文、历史、旅游活动等不断被南北两宋时期的洛阳人所怀念、咏唱。洛阳人对自己游玩嵩山的记载、对嵩山风景的讴歌、对嵩山的思念之情，如一面镜子，反映了当时嵩山的地理风貌、风土人情，也反映了洛阳人的心态变化，折射出时代的变迁。嵩山情结在洛阳人心目中具有独特的意义，反映了洛阳人的精神风貌，寄寓了洛阳人的情感。一方面，它们是北宋时期洛阳繁华、国家昌盛的体现；另一方面，它们也是两宋之交这一特殊时期社会动荡、国破家亡的见证，亦是洛阳人故园之思、故国之思的一个重要寄托。对于南迁的洛阳人而言，嵩山不只是一座大山、一个地理名词、一个实际存在的空间场所，更是一个存留欢快记忆的场所，记忆着一个人杰地灵的空间，记忆着一个国泰民安的时代。金国的入侵结束了这个时代，不仅使洛阳人的物质生活急剧下降，也给他们留下了永久的精神创伤。提及嵩山，他们就会想起以往的家园，进而产生统一南北、重返中原的心愿。洛阳人的嵩山情结作为一种潜意识、一种内在的心理能量，对宋代社会产生了重要影响。探索宋代洛阳人的嵩山情结，既可彰显嵩山在历史发展中的重要作用，又可为解读洛阳文化提供有益的门径。

（作者为郑州市文物局助理研究员）

① 张松林、宋柏松、张莉：《嵩山文化圈在中国古代文明进程中的地位和作用》，郑州市人民政府、中国古都学会编：《郑州商都3600年学术研讨会暨中国古都学会2004年年会论文选编》，中州古籍出版社2005年版，第167页。

② 刘勰：《文心雕龙》，上海古籍出版社2015年版，第265页。

北宋西京洛阳佛寺述论

张显运

摘要：北宋时期西京洛阳虽不是首善之地，但其政治、社会和文化影响力依然存在。宋代皇室、地方官员和普通百姓在这里广建佛寺，使得洛阳历史上又一次出现了佛教文化的勃兴。所建寺院有皇家寺院、地方寺院和民间寺院，分布在河南府洛阳及其下辖各州县，规模较大的寺院达150余所。宋朝廷在洛阳大规模营建寺院，既是出于利用佛教、巩固统治的需要，又是因西京洛阳乃赵氏王陵所在，地位尊崇，出于这种现实的考量。

关键词：佛寺；洛阳；北宋

洛阳是我国古代佛教文化极为发达的地区，中国第一座佛教寺院白马寺，中国的禅宗祖庭少林寺均在河洛地区。汉魏以来，洛阳作为都城，一直是全国佛教文化的中心，佛教寺院星罗棋布、鳞次栉比。“昭提栉比，宝塔骈罗，争写天上之姿，竞摸山中之影，金刹与灵台比高，广殿共阿房等壮。”据北魏杨衒之记载，当时洛阳城内外佛寺1367所。[①] 隋唐时期，作为东都，其佛教地位虽有所下降，除京师长安外，其他地区仍难望其项背。东都洛阳所在的河南府仅唐前期著名寺院就有56所[②]，洛阳城各坊佛教寺院有26所[③]。

北宋定都开封，洛阳是陪都。虽不是首善之区，但洛阳文化的影响力依然存在。西京洛阳是众多前朝遗老、迁客骚人及政治失意官僚们排忧解闷的乐土。彷徨、苦闷、抑郁的人们为了寻求心理和精神上的慰藉，卜居西京，广建寺院，于是有了“古殿藏竹间，香庵遍岩曲”[④]。大肆崇佛，对当时社会和民众生活产生了较为深远的影响。

这一时期佛教寺院广布情况虽不能与北魏比肩，但远远超过了其他任何朝代。比如唐朝时期，东都洛阳佛教寺院李映辉统计为56所。北宋时期西京河南府重修和新建有多少佛教寺院呢？张祥云曾统计西京宗教场所寺院、宫观较为有名的就达260余所。当然这260所不全是寺院，也包含了大量的道教宫观和民间淫祠。王振国统计五代、北宋洛阳建立的禅院有33所。[⑤] 笔者在张祥云研究的基础上，对北宋洛阳佛教寺院数量进行了梳理，统计数字为151所。笔者力图对北宋洛阳佛寺进行全面爬梳，但因学识有限，难免挂一漏万。

---

① （北魏）杨衒之著，范祥雍校注：《洛阳伽蓝记校注·序》，上海古籍出版社1978年版。

② 李映辉：《唐代佛教地理研究》，湖南大学出版社2004年版，第88页。

③ 张莹：《唐代两京地区佛教的传播及影响》，陕西师范大学硕士学位论文，2008年，第82－84页。

④ （宋）梅尧臣著，朱东润编年校注：《梅尧臣集编年校注》卷1《游龙门自潜溪过宝应精舍》，第4页。

⑤ 王振国：《龙门石窟与洛阳佛教文化》，中州古籍出版社2006年版，第217－218页。

一、西京洛阳佛寺分布概况

北宋洛阳佛教寺院分布广泛，无论是洛阳城内还是周边下辖州县均有大量分布。依据表1统计，北宋时期前朝修建的寺院有46所，兴建时间不详的有21所。北宋时期兴建的有84所。这些寺院分布在洛阳城的有77所，占1/2左右。

表1　北宋西京洛阳佛寺分布概况①

寺院名称	时间	分布	概况	资料出处
白马寺	东汉	洛阳	天宫、白马寺，并营浮图，募众出金钱，费且亿万	同尹洙：《河南先生文集》卷16《韩公墓志铭并序》，第3册，第9页
风穴寺	东汉	汝州	汝州风穴延沼禅师，余杭人也。初发迹于越州镜清顺德大师。未臻堂奥。寻诣里州华严院。遇守廊上坐。即汝州南院侍者也。宋宣和七年所铸之大铁钟，相传重9990斤	《景德传灯录》卷13《前汝州宝应和尚法嗣》；《嘉庆河南县志》卷22《伽蓝记》
香山寺	东汉	汝州	（崇宁二年），乞汝州香山慈寿禅寺、襄州福圣院并改赐天宁观音禅院名额，每遇天宁节即拨放紫衣恩泽各一名。从之	《宋会要辑稿·道释》，第7884页
空相寺	东汉	今河南陕县	西京永宁县熊耳山空相寺住持、传法吉祥大师赐紫释有挺撰奉议郎知永安县事王道书	（清）叶封《嵩阳石刻集记》卷下《中天嵩岳寺常住院新修感应圣竹林寺五百大阿罗汉洞记》
普明寺	东汉	伊川	洛城风日美，秋色满蘅皋。谁同茂林下，扫叶酌松醪。野水竹间清，秋山酒中绿。送子此酣歌，淮南应落木	欧阳修《欧阳修全集》卷51《初秋普明寺竹林小饮》
少林寺	北魏	登封	六六仙峰绕静居，俗尘至此暂消除。西来未悟禅师意，此去还驰使者车（予方被命，移守北都）。五品封槐今尚在，九年面壁昔何如。心知一宿犹难觉，花藏重寻贝叶书	文彦博：《少林寺》
嵩岳寺	北魏	登封	《中天嵩岳寺常住院新修感应圣竹林寺五百大阿罗汉洞记》	文彦博：《少林寺》
会善寺	北魏	登封	司马温公既居洛时……尝同范景仁过韩城，抵登封，憩峻极下院，登嵩顶，入崇福宫会善寺，由辗辕道至龙门，游广爱、奉先诸寺，上华严阁、千佛岩，寻高公堂，渡潜溪，入广化寺，观唐郭汾阳铁像，涉伊水至香山皇龛，憩石楼，临八节滩，过白公显堂	《邵氏闻见录》卷11

① 本表参考张祥云：《北宋西京河南府研究》，河南大学出版社2012年版的相关内容。

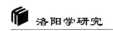

续表

寺院名称	时间	分布	概况	资料出处
净土寺	北魏	巩义	兹寺之兴，肇自元魏，规模甚壮，旧容千僧。经乱坠废，基址石洞存焉，厥后有高行僧三人，分修以居	李洵：《宋西京巩县大力山十方净土寺主持宝月大师碑铭并序》，国家图书馆善本金石组：《宋代石刻文献全编》，第1册，第392页
石窟寺	北魏	巩义	今辰忘我劳，幽事随所历。翠麦回一川，黄花明半壁。山林契宿尚，老大悲物役。便欲从溪僧，分居窟崖石	韩维：《南阳集》卷3《之石窟寺马上作》
乾明寺	北齐	汝阳县	在伊阳县城东南四十里，齐天宝间创建，旧名弥陀，唐为天寿，宋改今额	（清）张道超：《重修伊阳县志》卷2
宝盖寺	唐代	洛阳	旧闻宝盖峰，气压群山尊。拂衣事幽讨，烟杉转山根。道人素所懽，踊跃欣候门。清眸夹明镜，眈眈老彪蹲	史尧弼：《莲峰集》卷1《游洛阳宝盖寺赠长老道琼诗》
胜善寺	唐代	洛阳	又以胜善为功德寺，择僧之知医者，为寮主，以长之	范祖禹：《太史集》卷36《龙门山胜善寺药寮记》
化成寺	唐代	洛阳	昔览传心法，知公素学禅。今游化成寺，使我复思贤。大舍倾高产，多生结胜缘。人琴虽已矣，松菊尚依然。宝地侵苍藓，巍峰柱碧天	《文彦博诗全集·化成寺作》
宝应寺	唐代	洛阳	重岩烟霭合，宝阁春风暮。山深月影迟，坐久识归路。伊昔府中彦，征骖同夜驻，徂年能几时，变灭等惊雾。禅房伴茗饮，岂待酒中趣。	张子羽：《宿宝应》
广爱寺	唐代	洛阳	将出洛城，过广爱寺，见三学演师，引观杨惠之塑宝山朱瑶画文殊普贤为赋三首	苏辙：《苏辙集·栾城集》卷4
伊阙寺	唐代	洛阳	伊阙十五里，唐朝三百年。……丹方齐代刻，龛像魏时镌	杨杰：《无为集》卷6《汝直松斋》
圣善寺	唐代	洛阳	则自全忠之篡，凝式即居洛矣。真迹今在西都唐故大圣善寺、胜果院东壁字画尚完，亦有石刻	张世南：《游宦纪闻》卷10
岳寺	唐代	登封	寺占嵩颜景最多，奇峰列刹共嵬峨。依岩宝砌砻清础，出谷飞泉逗素波。下瞰长川穷渺邈，傍观列岫极陂陁。缁林法乐堪随喜，钟磬声清呗梵和	《文彦博诗全集·游岳寺》
奉先寺	唐代	洛阳	山僧知我思归意，为我临伊创草堂。闻说绕阶丛巨石，更须当槛植修篁。窗间东望乾元刹，门外南趋积庆庄。便拟半移生计去，不知何似畅师房	《文彦博诗全集·寄题龙门临伊堂兼呈现奉先寺兴公》
福昌寺	唐代	洛宁	在永宁县西北坊保。唐建，宋淳化四年，僧福熙修	（明）胡谧：《成化河南总志·寺观》
福先寺	唐代	洛阳	福先寺，在积德坊，垂拱中改报福寺，又改卫国寺	《永乐大典·方志辑佚·洛阳志·寺观》

续表

寺院名称	时间	分布	概况	资料出处
汝州南院	唐代	汝州	汝州西院思明禅师。有人问如何是伽蓝？师曰："荆棘丛林。"曰：如何是伽蓝中人？师曰"獾儿狢子。"问：如何是临济一喝？师曰："千钧之弩不为鼷鼠而发机。"	《景德传灯录》卷11《前宝寿沼和尚法嗣》
招提寺	唐代	偃师	芙蓉禅师道楷始住洛中招提寺，倦于应接，乃入五度山，卓庵于虎穴之南	《曲洧旧闻》卷4，第130－131页
惠林寺	唐代	洛阳	洛师惠林寺，故光禄卿李憕居第。禄山陷东都，憕以居守死之。子源，少时以贵游子豪侈善歌，闻于时。及憕死，悲愤自誓，不仕不娶不食肉，居寺中五十余年	《苏轼集》卷39《僧圆泽传》
安国寺	唐代	洛阳	洛邑牡丹天下最，西南土沃得春多。一城奇品推安国，四面名园接月波。山相著书称上药，翰林弄笔作新歌。人间朱粉无因学，浪把菱花百遍磨	司马光：《司马温公集编年笺注》卷11《又和安国寺及诸园赏牡丹》
阁子寺	唐代	洛阳	中有慈氏阁，俗称阁子寺	（清）徐松辑，高敏点校：《河南志·京城门坊街隅古迹》
天女尼寺	唐代	洛阳	天女尼寺……今有小院二十九	（清）徐松辑，高敏点校：《河南志·京城门坊街隅古迹》
大字院	唐代	洛阳	一百五将近，千门烟火微。闲过少傅宅，喜见老莱衣。晚雨竹间霁，春禽花上飞。禅庭清溜满，幽兴自忘归	梅尧臣：《梅尧臣编年校注》卷1《寒食前一日陪希深远游大字院》
修行寺	唐代	洛阳	棠棣碑在县西四里修行寺东街。永徽初，贾敦实前后为长史，并为惠政，百姓立二碑于此，时人号为棠棣碑	乐史：《太平寰宇记》卷3《河南府·河南县》
香山上方寺	唐代	洛阳	贪奇忘我劳，上上不复省。穷游尽人迹，却立看佛顶。日暮不忘归，青山满烟景	韩维：《南阳集》卷3《游龙门诗十二首·香山上方》
玉泉寺	唐代	洛阳伊滨区	玉泉寺在县东南四十里，山内有玉泉寺	《太平寰宇记》卷3《河南府·河南县》
太平禅院	唐代	洛阳	在福胜院后，唐垂拱二年，太平公主建，号太平寺，后废，复建为太平禅院。庆历五年，并入福胜院	（清）徐松辑，高敏点校：《河南志·京城门坊街隅古迹》
观音院	唐代	洛阳	观音院有牡丹，相传唐武后植者。西台有诗，亦亲书云："微动风枝生丽态，半开萼口露浓香。秦时避世宫娥老，旧日颜容旧日妆。……洛人甚重之。"	吴曾：《能改斋漫录》卷11《杨少师李西台书》
佛光寺	唐代	偃师	在缑氏山西南谷内	马蓉等校：《永乐大典方志·辑佚河南图经志·寺观》
云门寺	唐代	渑池	在渑池县北，唐时建，宋嘉祐二年修	（明）邹守愚：《河南通志》卷20《寺观》
甘露院	五代	洛阳	汉乾祐三年建，周广顺三年赐名。有雕木经藏，其制甚巧丽	（清）徐松辑，高敏点校：《河南志·京城门坊街隅古迹》

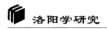

续表

寺院名称	时间	分布	概况	资料出处
长兴保寿禅院	五代	洛阳	宋开宝五年重修	（清）徐松辑，高敏点校：《河南志·京城门坊街隅古迹》
长兴士德寺	五代	登封	在登封县东南九里	马蓉等校：《永乐大典方志·辑佚河南图经志·寺观》
天庆尼院	五代	洛阳	周显德二年，太祖妃李氏为尼，皇城内建院。端拱二年，诏徙于旧宅，因赐名	（清）徐松辑，高敏点校：《河南志·京城门坊街隅古迹》
普安禅院	五代	洛阳	梁正明五年建尼院，至宋皇祐四年，始为应天院廨院	（清）徐松辑，高敏点校：《河南志·京城门坊街隅古迹》
严因院	五代	洛阳	晋天福七年，公主建尼院，九年赐名，至宋淳化三年改为僧院	（清）徐松辑，高敏点校：《河南志·京城门坊街隅古迹》
洪福尼院	五代	洛阳	晋天福七年建，周广顺元年赐名弘福，至宋避庙讳改	（清）徐松辑，高敏点校：《河南志·京城门坊街隅古迹》
多宝塔院	五代	洛阳	今两寺壁间题字为多，多宝塔院有遗像尚存	邵伯温：《邵氏闻见录》卷16
金山寺	五代	汝阳	在伊阳县城北五十里，周天复十年创建	同上
庆福尼院	五代	洛阳	立德坊庆福尼院，后唐明宗孙女公主为尼，号弘愿大师永洛。长兴三年建院，赐名长兴积庆庆尼院，命翰林学士李怿为之记。晋天福三年改广福院，至宋，昭宪太后侄女出俗，居此院。太平兴国三年，赐今名，洛人但名公主院	（清）徐松辑，高敏点校：《河南志·京城门坊街隅古迹》
般州尼寺	不详	登封	在登封县北十五里	同上
芳桂寺	不详	渑池	在渑池县西五里	同上
众香寺	不详	伊川	在伊阙县西北一百三十步	同上
开元寺	不详	洛阳	释义庄，姓张氏，滑台人也。当免怀之日，及就傅之秋，神彩克明，尘机顿去。乃于本府开元寺归善财之列，从升戒德	赞宁：《宋高僧传》卷28《宋西京天宫寺义庄传》，中华书局1997年版，第709页
乾元寺	不详	洛阳	乾元古道场，宛在香山阳。实师应请去，无滞于一方。飘然振钵锡，殊不事包囊。孤风元可尚，静法固有常。真心得正住，安重加陵冈	《文彦博诗全集·送乾元寺住持实大师》
西溪寺	不详	洛阳	地占莲花麓，溪环鹫岭巅。密林含细蔌，巍刹照清涟。独赏宁妨醉，幽幽定废眠。支郎谙雅尚，扫塌就潺湲	《文彦博诗全集·宿西溪寺》
龙潭寺	不详	洛阳	古寺依青障，高轩俯碧潭。山僧如有侍，先扫侍中庵	《文彦博诗全集·题龙潭寺》
积庆院	不详	洛阳	西堂旧有牧牛图，七祖真容列座隅。虽是宗门粗浅法，从粗入细到无余	《文彦博诗全集·送顺师赴积庆院寂照庵结厦偶成二颂□》
积庆坟院	不详	汝州	斯干室上上方北，岩伴自为伊叟庵。每到庵中须熟寝，觉来惟共老僧谈。此庵庵北望伊堂，南望伊川极目长。更有箕山并颍水，连延直入挂瓢乡	《文彦博诗全集·题伊叟庵》

续表

寺院名称	时间	分布	概况	资料出处
韶山寺	不详	洛宁	双旌明灭转委蛇，行遍秋山意若何。暗谷路穷平野阔，回峦石断乱泉多。峭陵东尽开周邑，熊耳中分放洛河。欲举因缘寻只履，夜深随雨到岩阿	李复：《潏水集》卷14《分按洛西诸邑登山出永宁西望晚宿韶山寺》
兴国寺	不详	洛阳	雨过风清露气匀，林花变色柳条新。为君作意登高处，试望皇州表里春	司马光：《初春登兴国寺塔》
定力寺	不详	洛阳	玉山偷暇访禅扉，洛社诸英昔所依。三凤同时翔切去，二龙相继得标归	胡宿：《文恭集》卷4
禹门寺	不详	洛阳	暮历清伊滨。危龛俨金像，远波舒翠鳞。石楼最清绝，就宿同裀茵。滩声夜逾急，天然谢韶钧	范纯仁：《范忠宣集》卷1《会师宰》
广度寺	不详	洛阳	司马温公悠游洛中……元丰中秋，与乐全子访亲洛汭……过轩辕，遽达西洛，留广度寺	江少虞：《宋朝事实类苑》卷43《旷达隐逸》
宝坛寺	不详	洛阳	予寓洛阳宝坛，有僧悟超类有道者，与语论事，能援古证今	苏过：《斜川集校注》卷5
西寺	不详	宜阳	好景信移人，直连毛骨清。为怜多胜概，尤喜近都城。竹色交山色，松声乱水声。岂辞终日爱，解榻傍虚楹	邵雍：《伊川击壤集》卷3《宿寿安西寺》
峰顶寺	不详	登封	重重山前峰，上上终非顶。行登众岭彻，始得山门迥。高风惨多寒，落日侧先暝。却视向所经，眇如在深井	苏辙：《苏辙集》卷4《登嵩山十首·峰顶寺》
缑氏寺	不详	偃师	契阔千里别，恻怆难具言。殷勤一宵语，愿子未即眠。空堂灯火青，旅褐借僧毡。劳劳一杯酒，不解道路寒	张耒：《张耒集》卷6《同杨十二缑氏寺宿草酌张正民秀才见访》
金门寺	不详	洛阳	西台妙迹继杨风，无限龙蛇洛寺中。一纸清诗吊兴废，尘埃零落梵王宫	苏轼：《苏轼文集》卷5《金门寺中见李西台与二钱唱和四绝句戏用其韵跋之》
菩提寺	不详	洛阳市	太平兴国戊寅年八月……迁塔于龙门菩提寺西焉	赞宁：《宋高僧传》卷28《宋西京天宫寺义庄传》，中华书局1997年版，第709页
利涉塔院	不详	洛阳	许公读书地，尘像一来拂。门掩僧不归，檐低燕飞出。高人不可见，石塔镇寒骨	韩维：《南阳集》卷3《游龙门诗十二首·利涉塔院》
资福院	北宋	洛阳	皇祐初，洛阳南资福院有僧录义琛者，素出入尹师鲁门下。师鲁自平凉帅谪崇信军节度副使、均州监酒，过洛，义琛见之曰："欲邀龙图略至院中，可乎？"师鲁从之。义琛曰："乡里门徒数人欲一望见龙图。"有顷，诸人出，一喏而去，皆洛中大豪	《邵氏闻见录》卷16
福先寺	北宋	洛阳	纪公实为余言，尝闻其父言：王冀公钦若以使相尹洛，振车骑入城，士民聚观。富韩公方为举子，与士人魏叔平、段希元、一张姓者同观于上东门里福先寺二门上	《邵氏闻见录》卷17

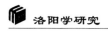

续表

寺院名称	时间	分布	概况	资料出处
静照堂	北宋	洛阳	宾阁灰寒静照新，马蹄从此踏京尘。金门乞得诗千首，萧寺归时老一身。弟了去来浑领袖，交朋存殁半簪绅。西风又剪梧桐叶，不见蒲团旧主人	司马光：《悼静照堂僧》卷52
普明寺	北宋	洛阳	菡萏飘零水寂寥，败荷疏柳共萧条。烟斜雨细愁无限，醇酒千分不易销	司马光：《普明寺荷塘上置酒》
天钵寺	北宋	洛阳	六年。文彦博以使相镇魏府。请文慧禅师重元居天钵寺。一日来别曰。入灭去。彦博遣子往候之。果坐脱。暑中香风袭人。焚龛之时烟色正白。舍利如雨	《佛祖统纪》卷45
启圣禅寺	宋太宗	洛阳	宋太宗。建启圣禅寺。奉优填圣瑞像释迦佛牙。大祖亲缄银塔中。初太祖疑佛牙非真。取自洛以火煅之。色不变。遂制发愿文。太宗复验以火。亲制偈赞	《佛祖统纪》卷53
昭孝禅院	北宋	巩义	治平四年（1067年），宋英宗驾崩，又诏赐永定昭孝禅院田10顷，房钱每日1贯	《宋会要》礼29之50、52、55，第1088页
多庆禅院	北宋	巩义	元丰七年（1084年），贤妃邢氏于奉先资福院侧修佛寺，赐名多庆禅院，赐官田10顷	《长编》卷342，元丰七年正月甲寅，第8225页
应天禅院	宋真宗	洛阳	西都北寺应天禅院，乃太祖诞圣之地，国初为传舍。真宗幸洛阳，顾瞻遗迹，徘徊感怆，乃命建为僧舍。功成，赐院额，奉安神御，命知制诰刘筠志之。仁宗初，又建别殿，分二位，塑太宗、真宗圣像，丞相王钦若为之记	《渑水燕谈录》卷1《帝德》
奉先资福院	宋太祖	巩义	奉先资福院，即安陵卜定，干德二年改卜。五月，诏就陵域置院，设宣祖、昭宪太后铜像。太平兴国二年，命圆觉大师守篆主之。真宗每行幸大礼，必诣院。又秦国夫人刘氏、孙贵妃、吴昭容、代国公、曹国长公主悉葬院侧	《宋会要辑稿·道释》卷2
洞子院	宋神宗	汝阳	伊阳县高都村洞子院一所，舍屋共五十间	佚名：《宋敕赐寿圣禅院额碑》，（清）汤毓倬等：《偃师县志》卷28《金石录》下，第21－22页
义井院	北宋	巩义	永安县桥西村义井院一所，舍屋共三十二间	同上
明教院	北宋	巩义	苇席村明教院一所，舍屋共四十间	同上
泗州院	北宋	偃师	偃师县泗州院一所，舍屋共三十五间	同上
郭下文殊院	北宋	宜阳	寿安县郭下文殊院一所，舍屋共五十二间	同上
影堂院	北宋	新密	密县刑岭村影堂院一所，舍屋共三十一间	同上
义井院	北宋	新密	（密县）邢谷村义井院一所，舍屋共三十三间	同上
张固村院子	北宋	新密	（密县）张固村院子一所，舍屋共三十一间	同上
张固村院子	北宋	新密	张固村院子一所，舍屋共三十三间	同上
谢村院子	北宋	新密	（密县）谢村院子一所，舍屋共三十三间	同上
谢村院子	北宋	新密	（密县）谢村院子一所，舍屋共三十一间	同上

续表

寺院名称	时间	分布	概况	资料出处
贾谷塔院	北宋	宜阳	福昌县锺王村贾谷塔院一所，舍屋共七十一间	同上
龙泉院子	北宋	洛宁	永宁县缺村安宝龙泉院子一所，舍屋共四十三间	同上
南王村院子	北宋	洛阳吉利区	河清县南王村院子一所，舍屋共三十三间	同上
千秋店东禅院	北宋	渑池	渑池县千秋店东禅院一所，舍屋共三十五间	同上
北班村塔院	北宋	渑池	北班村塔院一所，舍屋共三十一间	同上
庆空禅院	北宋	渑池	姚村庆空禅院一所，舍屋共三十二间	同上
金和尚院	北宋	渑池	万受村金和尚院一所，舍屋共三十二间	同上
天王院	北宋	渑池	存留天王院一所，舍屋共一百间	同上
中费村寺	北宋	伊川县西南	伊阙县中费村寺一所，舍屋共三十二间	同上
平华村寺	北宋	洛阳市	河南县平华村寺一所，舍屋共三十三间	同上
宫南村寺	北宋	洛阳市	宫南村寺一所，舍屋共三十三间	同上
蒋村寺	北宋	偃师东南	缑氏县蒋村寺一所，舍屋共三十间	同上
铁佛寺	北宋	洛宁	永宁县西土村铁佛寺一所，舍屋共三十八间	同上
广化寺	北宋	洛阳吉利区	河清县长泉村广化寺一所，舍屋共三十三间	同上
永安院	宋真宗	巩义	大中祥符五年诏："永安院近在陵邑，如闻士庶之家不敢辄入，宜令度地别构堂皇，许其斋设聚会。"	《宋会要辑稿·礼》23之37
兴教寺	北宋	登封	熙宁四年，申公以提举嵩山崇福宫居洛，寓兴教僧舍；欲买宅，谋于康节先生。康节曰："择地乎？"曰："不。""择材乎？"曰："不。"康节曰："公有宅矣。"	邵伯温：《邵氏闻见前录》卷12
善觉寺	北宋	洛阳	三至洛，常寓于崇福禅院之东有废寺曰善觉	《南阳集》卷29
慈云寺	北宋	洛阳	宋徽宗宣和四年建	《嘉庆河南洛阳志》卷22《伽蓝记》
月山寺	宋仁宗	洛阳	宋仁宗天圣二年建	同上
隆庆寺	北宋	洛阳	懿德皇后之姊恭禅宗，为比丘尼，王为建道场于洛汭，朝廷赐额隆庆	许光弼：《大宋故武德大夫致仕符公墓志铭》
发祥寺	宋太祖	洛阳	建隆二年，令岩祖师……长发其祥建	（明）胡谧：《成华河南总志·寺观》
华藏寺	宋太祖	洛阳	宋开宝四年建，在城南	同上
褒贤寺	宋神宗	伊川	在彭婆镇，熙宁三年为范文正公香火院	同上
洪恩寺	宋哲宗	洛阳伊滨区	在县东南司马庄，宋元祐三年建	同上
斑竹寺	北宋	伊川	折花斑竹寺，弄水石楼滩	《苏轼诗集》卷15《送范景仁游洛中》
华严禅寺	宋徽宗	洛阳	禅师名道楷，沂州沂水人……后迁西洛之招提龙门……政和七年冬，敕赐所居庵额华严禅寺	释惠洪：《禅林僧宝传》卷17
妙觉寺	宋神宗	洛阳	熙宁壬子八月，于洛阳妙觉寺考试举人	苏辙：《苏辙集》卷4《洛阳试院楼上新晴五绝》
招提寺	北宋	洛阳	芙蓉禅师道楷始住洛中招提寺，倦于应接，乃入五度山，卓庵于虎穴之南，昼夜苦足冷	《曲洧旧闻》卷4《芙蓉禅师取虎子暖足》
积庆寺	北宋	洛阳	嘉祐中，余保厘洛师，屡游阙塞，始见幽公于宝应精舍。听其言，简而诣；观其相，静而定……伊西竹坞积庆兰若	文彦博：《潞公文集》卷13《慈照大师真赞》

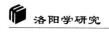

续表

寺院名称	时间	分布	概况	资料出处
惠林寺	北宋	洛阳	洛师惠林寺，故光禄卿李橙居第	苏轼：《东坡全集》卷39《僧圆泽传》
清凉寺	宋神宗	汝阳	在伊阳县城北五十五里，宋熙宁五年创建	同上
法王寺	宋太祖	登封	宋建隆元年，五院僧顾禅居。庆历八年创建楼阁殿堂、僧房，又造佛像，赐号嵩山大法王寺	（明）胡谧：《成化河南总志·寺观》
光林寺	宋仁宗	新密	宋李淑光林寺碑	谢增、白景纶：《密县志》卷7《寺观》
月华寺	宋徽宗	新密	宋崇宁四年建，后为铺，移镇西里许	同上
中香峪寺	宋太祖	新密	宋开宝元年建。……入山口，行五六里，乃至寺	同上
下香峪寺	宋太祖	新密	宋开宝三年建	同上
法海寺	宋真宗	新密	宋咸平四年建，明末毁	同上
旌孝寺	宋仁宗	洛阳	寺在府城南，宋皇祐元年建	《嘉庆河南洛阳县志》卷22《伽蓝记》
胜因寺	宋真宗	宜阳	宋大中祥符二年建	（清）谢应起、刘占卿：《宜阳县志》卷5《建置》
普安寺	宋仁宗	巩义	在巩县治南，宋皇祐三年建	（明）邹守愚：《河南通志》卷20《寺观》
廨院寺	宋真宗	渑池	在渑池县南，宋大中祥符二年建	同上
寿圣寺	宋神宗	伊川	熙宁元年僧善道创建	（明）胡谧：《成化河南总志·寺观》
紫阁院	北宋	洛阳	谏议大夫韩公丕未应举时，尝在洛京，有紫阁院主僧宗渊，能知人	佚名：《分门古今类事》卷10《相兆门·韩丕甚贵》
净宝尼院	北宋	洛阳	礼部尚书范雍宅，雍再知府事，葺园亭甚佳	（清）徐松辑，高敏点校：《河南志·京城门坊街隅古迹》
净惠罗汉院	宋仁宗	巩义	又至天圣五年九月二日奉敕，宜赐净惠罗汉院为额	（民国）刘莲青：《巩县志》卷18《金石志》
永昌院	北宋	巩义	青龙罗汉泉侧近新修罗汉堂一位，令充永昌院下院所有罗汉堂合用钟、磬、铙钹道具，香炉、香合、供养花果等充常住	同上
菩提院	北宋	洛阳	兹亭何岧峣，下瞰伊与洛。惟昔定鼎地，绝云飞观阁。姬公安在哉，气象空回薄	韩维：《南阳集》卷3《游龙门诗十二首》
资圣院	北宋	洛阳	元丰五年，文潞公以太尉留守西都……就资胜院建大厦，曰“耆英堂”	赵善璙：《自警编》卷5
月山惠安禅院	北宋	洛宁	天圣六年岁次甲子……乡贡进士崔晓撰文并书	（清）张楷：《洛宁县志》卷2《宋西京河南洛宁县月山惠安禅院记》
宁神院	北宋	巩义	遂以三月二十九日，卒于河南永安之宁神院	邹浩：《道乡集》卷34《杨都曹墓志铭》
南资福院	北宋	洛阳	皇祐初，洛阳南资福院有僧录义琛者，素出入尹师鲁门下	邵伯温：《邵氏闻见录》卷16
崇因阁	北宋	洛阳	崇因开宝构，金碧画相辉。禁跸随曦驭，层城转斗机。梵音狮子吼，妙相鸽王归。洛水浮神篆，天花满御衣。塔疑从地涌，栋拟入云飞	王珪：《华阳集》卷1《庆寿崇因阁次韵》
荐严院	北宋	洛阳	那堪多难百忧攻，三十衰容一病翁。却把西都看花眼，断肠来此哭东风	《欧阳修全集》卷56《题荐严院》

续表

寺院名称	时间	分布	概况	资料出处
迎福院	北宋	宜阳	东风吹面酒榼樽，腊后一番梅柳新。残雪作寒山向晚，横烟不动野浮春。地留京洛豪华气，川带秦韩战伐尘。今古悠悠君莫问，只应沈醉是天真	张耒：《张耒集》卷23《同陈器之题迎福院轩》
殊胜院	北宋	洛阳	早悟耆山善，今为洛社豪。有生常寂寞，所得是风骚。露夕吟逾苦，云收思共高，此怀差自适，千社一牛毛	王安石：《王文公文集》卷61《赠殊胜院简道人》
法海院	北宋	新密	河南府密县敕赐法海院新修法华经舍利石塔记	国家图书馆善本金石组：《宋代石刻文献全编·金石萃编补正》卷2，张哲：《法海院新修石塔记》
寿圣禅院	北宋	偃师	宋寿圣禅院卵石塔记	《偃师县志》卷27《金石录》上《宋寿圣禅院卵石塔记》
天庆禅院	北宋	洛阳	《宋故西京左街天庆禅院住持达大师塔记铭》熙宁元年掌院帑，至元祐元年知院	国家图书馆善本金石组：《宋代石刻文献全编·芒洛冢墓遗文》卷下，佚名：《宋故西京左街天庆禅院住持达大师塔记铭》
罗汉阁	北宋	洛阳	高阁迥宜闲望，望尽云山首懒回。林下野僧应笑我，半年旌旆四曾来	寇准：《忠愍集》卷下《留题洛北罗汉阁》
徽安门佛舍	北宋	洛阳	天圣九年三月……于西京徽安门之佛舍	卢震：《宋故朝奉郎尚书司门员外郎柱国赐绯鱼袋任公墓志铭》
奉亲僧舍	北宋	洛阳	治平丁未仲秋，游伊洛二川，六日晚出洛城西门，宿奉亲僧舍，听张道人弹琴	邵雍：《伊川击壤集》卷5
上阳佛舍	北宋	洛阳	以十一月十四日辛哭，奉护归洛，藁窆于上阳佛舍。又明年十一月十六日，葬于洛阳县北张村之夹马原	杜大珪：《名臣碑传琬琰之集》卷39，富弼：《富秦公言墓志铭》
汉圣庵	北宋	汝州	在城北五十八里罗家凹，宋庆历年间建	张道超：《重修伊阳县志》卷2《秩祀》

二、西京洛阳佛寺的类型

北宋时期西京河南府洛阳虽不再作为首都，但其政治影响力依然存在。宋建朝伊始，统治者就在洛阳营建寺院，以维护其统治，提高洛阳的政治影响力。就寺院创建的主体和功能来看，这些寺院可以分为三类：第一类是民间寺院，占绝大多数；第二类是地方官办寺院，由地方官府筹资兴建，如白马寺、净垢院等；第三类是皇家寺院，有皇帝亲自诏令或督导兴建，也基本上为皇家服务。如应天禅院、昭孝禅院、永昌禅院等。

第一类，民间寺院。显而易见，这是由民间个人出资或民间集资兴建的寺院。这些寺院一般规模较小，多分布在西京河南府所辖各州县。在广大农村，寺院基本上是各村集资兴建的寺院。

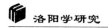

河南府奏准敕，应今日以前，诸处无名额寺院宫观，缺盖及三十间已上，见有功德佛像者，委州县检勘，保明闻奏，特与存留，系帐拘管，仍并以寿圣为额，有项。一十三县各申有无名额寺

院，见有盖到舍屋下，有功德佛像，各有僧缺住持。遂委官躬亲点检到见在殿宇廊舍各及三十间已上，并依降敕，目前盖到县司官吏各保明，委是（实），如后异同，甘侯朝典。本府寻委逐县巡检依此点检，今据逐县巡检申点检到见在间椽，结罪保明，开坐如后。本府官吏保明委是实，如后异同，甘侯朝典。伏候敕旨。伊阳县高都村洞子院一所，舍屋共五十间。永安县桥西村义井院一所，舍屋共三十二间；韦席村明教院一所，舍屋共四十间。偃师县泗州院一所，舍屋共三十五间。寿安县郭下文殊院一所，舍屋共五十二间。密县邢谷村影堂院一所，舍屋共三十一间；邢谷村义井院一所，舍屋共三十一间；张固村院子一所，舍屋共三十三间；张固村院子一所，舍屋共三十一间；谢村院子一所，舍屋共三十二间；谢村院子一所，舍屋共三十三间。福昌县锺王村贯谷塔院一所，舍屋共七十一间。永宁县缺村安宝龙泉院子一所，舍屋共四十三间。河清县南王村院子一所，舍屋共三十三间。渑池县千秋店东禅院一所，舍屋共三十五间；北班村塔院一所，舍屋共三十一间；姚村庆空禅院一所，舍屋共三十二间；万受村金和尚院一所，舍屋共三十二间；存留天王院一所，舍屋共一百间。伊阙县中费村寺一所，舍屋共三十二间。河南县平华村寺一所，舍屋共三十三间；宫南村寺一所，舍屋共三十三间。缑氏县蒋村寺一所，舍屋共三十间。永宁县西土村铁佛寺一所，舍屋共三十八间；河清县长泉村广化寺一所，舍屋共三十三间。宜并特赐寿圣寺为额，牒奉敕如前，宜令河南府翻录敕黄降付逐寺院。依今来敕命所定名额，牒至准敕，故牒。熙宁元年二月二十八日牒。

依据上述史料可知，民间寺院必须在官府的管理下，房屋在30间以上者才可以保留；河南府下辖13县，规模在30间以上者为25所，超过40间房屋者仅6所寺院，最大者为100间房屋。很显然，民间寺院规模较小，但绝对数量很大。宋朝廷对民间创办寺院存有一定的戒心，担心一些人利用寺院进行非法活动：如宋仁宗时期，诏令“是以国家明著法令，有创造寺观一间以上者，听人陈告，科违制之罪，仍即时毁撤。盖以流俗憨愚，崇尚释老，积弊已深，不可猝除，故为之禁限，不使繁滋而已”①。宋朝廷担心一些别有用心的人利用宗教反对政府的统治，因此，创建寺院必须朝廷同意和审批。

第二类，地方官办寺院。这些寺院是由地方朝廷筹建，具有明显的官方色彩，属于官办寺院。如宋初大臣石守信镇守西京，“在西京建崇德寺，募民辇瓦木，驱迫甚急，而佣直不给，人多苦之”②。强令民众建造崇德寺，劳民伤财。宋仁宗天圣四年（1026年），在留司御史台赵世长大力资助下，重修了缑山仙君庙，“公首捐资用”，“为福庭，重阶从楹……轩台西向而可畏”③。宋仁宗景祐二年（1035年），河南府大修天宫、白马寺，并营浮图等，“募众出金钱，费且亿万……旁郡承风，指途商里豪，更相说导，附向者惟恐后”。因为向民众筹集资金，耗资巨亿，为京西路提点刑狱韩琚所抵制。④ 地方政府为了政绩或自己的喜好，大建寺院，具有浓厚的官方色彩，就其规模而言，远远超过了民间寺院。

第三类，皇家寺院。北宋时期，西京洛阳不仅是宋朝廷的陪都，宋太祖、宋太宗的诞生之地，还是宋代皇陵的所在地，地位自然无比尊崇。为便于祭祀祖先，存奉祖宗神御，管理皇陵事宜，由宋代皇室出资和批准，在西京河南府陆续修建了一些寺院，即皇家寺院。据王明清《挥麈前录》卷1记载：“祖宗圣诞之地建寺赐名：西京应天寺，本后唐夹马营，大中祥符二年，以太祖诞圣之地，建寺锡（赐）名。东（西）京启圣院，本晋护圣营，以太宗诞圣之地，太平兴国六年建寺，雍熙二年寺成，赐名。二寺皆奉祖宗神御。”宋代皇室先后修建了应天寺和启圣禅院等皇家寺院。依据表2统计，北宋西京洛

① 司马光撰，李之亮笺注：《司马温公集编年笺注》卷24《论寺额札子》第3册，巴蜀书社2009年版，第210页。

② （元）脱脱：《宋史》卷250《石守信传》，中华书局1977年版，第8811页。

③ 谢绛：《重修升仙太子大殿记》；汤毓倬等：《偃师县志》卷28《金石录》下，成文出版社1976年版，第7页。

④ （宋）尹洙：《河南先生文集》卷16《韩公墓志铭并序》，第3册，河南人民出版社2011年版，第9页。

阳皇家寺院有15所，其中五代时期建立、北宋重修的有3所，其余均为北宋所建。

表2　西京洛阳皇家寺院

寺院名称	时间	分布	概况	资料出处
天庆尼院	五代	洛阳	周显德二年，太祖妃李氏为尼，皇城内建院。端拱二年，诏徙于旧宅，因赐名	（清）徐松辑，高敏点校：《河南志·京城门坊街隅古迹》
普安禅院	五代	洛阳	梁正明五年建尼院，至宋皇祐四年，始为应天院廨院	同上
严因院	五代	洛阳	晋天福七年，公主建尼院，九年赐名，至宋淳化三年改为僧院	同上
崇德院	宋初	洛阳	景德四年，“诏西京右街崇德院每年特与度行者三人”，“其产一万二千亩，赁舍钱、园利钱又在其外”	《宋会要辑稿·道释》1之19，第7878页；陆游撰，李剑雄等点校：《老学庵笔记》卷9《政和神霄玉清万寿宫》，第115页
应天寺	祥符二年	洛阳	祖宗圣诞之地建寺赐名：西京应天寺，本后唐夹马营，大中祥符二年，以太祖诞圣之地，建寺锡（赐）名	王明清：《挥麈前录》卷1
启圣禅院	太平兴国六年	洛阳	东（西）京启圣院，本晋护圣营，以太宗诞圣之地，太平兴国六年建寺，雍熙二年寺成，赐名。二寺皆奉祖宗神御	王明清：《挥麈前录》卷1
永昌僧院	景德二年	巩义	（景德四年七月诏令）西京永昌禅院，今后逐年许剃度行者五人。作永昌僧院于三陵之侧，计用钱八百余万，遣中使取诸陵寝宫白金什器四万八千余两充费	《续资治通鉴长编》卷59，景德二年四月己亥，第1330页
皇龛寺	北宋	洛阳	（司马光）涉伊水至香山皇龛，憩石楼，临八节滩，过白公显堂。凡所经从多有诗什，自作序曰《游山录》，士大夫争传之	《邵氏闻见录》卷11
启圣禅寺	太宗时建	洛阳	宋太宗。建启圣禅寺。奉优填圣瑞像释迦佛牙。大祖亲缄银塔中。初太祖疑佛牙非真。取自洛以火煆之。色不变。遂制发愿文。太宗复验以火。亲制偈赞	《佛祖统纪》卷53
昭孝禅院	北宋	巩义	治平四年（1067年），宋英宗驾崩，又诏赐永定昭孝禅院田10顷，房钱每日1贯	《宋会要辑稿·礼》29之50、52、55，第1088页
多庆禅院	元丰七年	巩义	元丰七年（1084年），贤妃邢氏于奉先资福院侧修佛寺，赐名多庆禅院，赐官田10顷	《长编》卷342，元丰七年正月甲寅，第8225页
永安院	大中祥符五年	巩义	大中祥符五年诏：“永安院近在陵邑，如闻士庶之家不敢辄入，宜令度地别构堂皇，许其斋设聚会。”	《宋会要辑稿·礼》23之37
隆庆寺	宋初	洛阳	懿德皇后之姊恭禅宗，为比丘尼，王为建道场于洛汭，朝廷赐额隆庆	许光弼：《大宋故武德大夫致仕符公墓志铭》
法王寺	庆历八年	登封	宋建隆元年，五院僧顾禅居。庆历八年创建楼阁殿堂、僧房，又造佛像，赐号嵩山大法王寺	（明）胡谧：《成化河南总志·寺观》
庆福尼院	太平兴国三年	宋太宗	至宋，昭宪太后侄女出俗，居此院。太平兴国三年，赐今名，洛人但名公主院。今院内有明宗及晋高祖画像，桌盘器用，尚有旧物	（清）徐松辑，高敏点校：《河南志·京城门坊街隅古迹》

与地方官办寺院和民间寺院相比，皇家寺院规模宏大，富丽堂皇，僧人众多，地位尊崇。如宋太宗在其诞生之地洛阳夹马营修建的启圣禅院“六年而功毕，所费巨数千万计，殿宇凡九百余间，皆以琉璃瓦覆之”①。宋真宗景德二年（1005年）在皇陵（宋宣祖、太祖和太宗陵寝）旁边修建的永昌僧院，“计用钱八百余万，遣中使取诸陵寝宫白金什器四万八千余两充费”②。宋仁宗皇祐年间，由慈圣光献皇后资助重修的巩县大力山十方净土寺，“费金无虑两千八百五十余万”，气势恢宏，香客众多，“自唐邓所过……朝夕盈前”③。显然，皇家寺院耗资之巨大，规模之宏伟，地位之尊隆，远非民间寺院和地方寺院所能比拟。

除建设寺院花费巨资外，宋朝廷在僧侣剃度、田产赐予等方面也给予皇家寺院特殊的优待。如崇德院，宋真宗景德四年（1007年）诏令，“每年特与度行者三人”；永昌禅院，“今后逐年许剃度行者五人”④。宋朝廷还经常赐予皇家寺院丰厚的田产。如崇德院，“其产一万二千亩，赁舍钱、园利钱又在其外”⑤。昭孝禅院，嘉祐八年（1063年）十月、治平四年（1067年）正月，前后诏赐土地40顷，获赐每日1贯的房钱。⑥ 宋神宗熙宁八年（1075年），再赐昭孝禅院户绝田，免其税役。⑦

西京河南府广建寺院，给当地的财政经济带来了沉重的负担，也引起了朝中一些有识之士的反对。张方平讲：“今天下十室之邑必有一伽蓝焉，衡门之下必有一龛像焉，异巷朋处，喜相祝、怒相诅，一话一言，必以浮屠之言为证。少而习闻，长而习见，如之何其不沦胥以入其流也。是以缘深而脉长，根固而枝茂，其徒满于天下而人不知厌苦，国家之帑藏耗于上，百姓之财力竭于下。”⑧ 任伯雨也说：“如西京之类及他修造，甚非急务，一切可停，量时缓急，以办大事。使民力不劳，而国用可足，此实陛下报亲之盛德也。”⑨ 大臣马默直言极谏：“况先帝未尝幸洛，而创建庙祀，实乖典则，愿以礼为之节，义为之制。亟止此役，以章清静奉先之意。”⑩ 都认为大肆营建寺院、宫观劳民伤财，危害极大。

既然创建寺院带来如此多的危害，宋朝廷为何还执意而为？

三、西京洛阳广建佛寺的原因

1. 利用佛教，维护统治

唐五代时期，由于唐武宗和周世宗对佛教的打压，遣散僧尼，捣毁寺院，佛教势力受到了重创。如周世宗显德二年（955年），诏令每州只许存留僧寺、尼寺各一所。在他的打击下，全国只保留了26所寺院，拆毁寺院3万所。⑪ 到了宋初，佛教已曾现衰颓的现象，佛教寺院残破不堪。“浮屠之奉养亦衰。岁坏月隳，其居多不克完。”⑫ 为了利用佛教，维护统治的长治久安，北宋统治者对佛教大多采取了支

---

① 《宋太宗皇帝实录校注》卷33，雍熙二年四月己卯条记载，中华书局2013年版。

② （宋）李焘：《续资治通鉴长编》卷59，景德二年四月己亥，中华书局2004年版，第1330页。

③ （宋）李洵：《宋西京巩县大力山十方净土寺主持宝月大师碑铭并序》；国家图书馆善本金石组：《宋代石刻文献全编》，第1册，第392页。

④ 《宋会要辑稿·道释》1之19，中华书局1957年版，第7878页。

⑤ （宋）陆游：《老学庵笔记》卷9《政和神霄玉清万寿宫》，中华书局1979年版，第115页。

⑥ （清）徐松辑：《宋会要辑稿·礼》29之44、45、50，中华书局1957年版，第1085－1086页、1088页。

⑦ （宋）李焘：《续资治通鉴长编》卷262，熙宁八年四月戊辰，第6398页。

⑧ （宋）张方平：《乐全集》卷15《原蠹中篇》。

⑨ （明）黄淮、杨士奇编：《历代名臣奏议》卷196；任伯雨：《又乞周防内庭状》，上海古籍出版社2012年版，第442页。

⑩ （元）脱脱等：《宋史》卷344《马默传》，中华书局1977年版，第10947页。

⑪ （宋）薛居正编：《旧五代史》卷115《周世宗纪》，中华书局1975年版。

⑫ 欧阳修撰，李逸安校：《欧阳修全集》卷64《河南府重修净垢院记》，中华书局2001年版，第925页。

持的态度。西京洛阳历来为佛教文化圣地，又是赵氏祖宗的发迹之地和皇陵所在地，统治者对西京洛阳佛教的发展尤为重视，历任皇帝几乎都在这里兴修寺院，佛教寺院的发展迎来了新的契机。宋太祖即位伊始就诏令“修旧封禅寺为开宝寺，前临官街，北镇五丈河，屋数千间连数坊之地，极于具丽”①。乾德二年（公元964年）五月，太祖“诏就陵域置院，设宣祖、昭宪太后铜像”②。修建了奉先资福院。同年，太祖下令重修嵩山寺庙，“杂用二十三处，行廊一百余间，莫不饰以丹青”。宋人许翰曾评论宋太祖大建寺院的原因，“以祖宗之英武，削平五代之乱，即使塔庙错峙于四方，必有深意。盖国家所以栖育豪杰，而导之使归，措天下于无事之一术也”③。经历了唐末五代的割据和动乱，人心思定，利用佛教能起到笼络士人、统一人心、维护统治的作用。

宋太宗即位后，深知佛教在维护统治方面的作用。他曾对宰相说：“浮屠氏之教有裨政治，达者自悟渊微，愚者妄生诬谤，朕于此道，微究宗旨。”④ 太平兴国七年（公元982年），宋太宗诏令在全国普度僧尼，“朕方隆教法，用福邦家，誉言求度之人，颇限有司之制，俾申素愿，式表殊恩。应先系籍童行长发，并特许剃度”⑤。僧尼数量的激增，促使太宗在全国兴修寺院。翰林学士承旨宋白讲宋太宗：“释老之教，崇奉为先，名山大川，灵迹胜景，仁祠仙宇，经之营之。”⑥ 在这一背景下，河南府洛阳佛寺如得以大规模重修和建造。

太宗以后，其他皇帝沿袭了前朝的做法。如宋真宗在位时大搞神道设教，东封西祀，先后修建了应天寺、启圣禅院、永昌禅院、永安院等。宋仁宗则曾一度重修西京洛阳天宫寺和白马寺，“费且亿万”⑦。此后的宋神宗、宋徽宗等一再修葺之，香火甚盛。⑧ 总之，有宋一代，统治者为了维护统治，对佛教发展较为重视，兴建寺院，并给予僧侣优厚的待遇，使得西京河南府洛阳的佛寺如雨后春笋般发展起来。

2. 西京洛阳乃赵氏王陵所在，地位尊崇

客观而言，宋朝廷在西京洛阳大兴佛寺，还与西京特殊的地位有关。西京洛阳乃千年帝都，先后十三个朝代在此定都。宋太祖称帝后，多次提及将都城迁到洛阳，虽然在群臣和宋太宗的反对下只好作罢，但迁都洛阳一事并未因此而烟消云散，甚至在北宋中期范仲淹等大臣还在旧事重提。洛阳虽然最终没有成为北宋都城，但其政治、经济、文化和社会地位远远高于其他府州。宋朝廷不仅将皇陵建在河南府永安县，还设置了西京留守，在洛阳举行南郊大礼。广建寺院也是出于西京政治地位的考量之一。

作为宋朝第二大城市，西京洛阳的地位自然尊崇。西京是宋朝的风向标，西京的政治稳定，也就意味着宋朝稳定。诚如司马光所言：“若问古今兴废事，请君只看洛阳城。”因此，加强西京洛阳的佛寺建设，对稳定西京河南府的政治局势，乃至宋朝的长治久安都相当重要。

不仅如此，西京还是北宋皇陵的所在地，埋葬有7个皇帝和赵匡胤之父赵弘殷，祔葬有22个皇后以及上千座皇室陪葬墓，从而形成了一个东西长约13公里、南北宽约12公里，总面积达156平方公里的北宋陵墓群。西京河南府在宋代政治中的角色定位和功能，人们往往将它与皇陵相提并论：“国之西

① （宋）江少虞：《宋朝事实类苑》卷43《建寺》，上海古籍出版社1981年版，第567页。
② （清）徐松辑：《宋会要辑稿·道释》2之11，中华书局1957年版，第7894页。
③ （宋）许翰：《襄陵文集》卷4《论释氏札子》，文渊阁四库全书本，第1123册，第531页。
④ （宋）李焘：《续资治通鉴长编》卷24，太平兴国八年十月甲申，第554页。
⑤ （宋）李焘：《续资治通鉴长编》卷23，太平兴国七年九月己丑，第527页。
⑥ （清）徐松辑：《宋会要辑稿·礼》29之10，第1068页。
⑦ （宋）李焘：《续资治通鉴长编》卷100，仁宗天圣元年四月丙辰，第2321页。
⑧ （宋）李攸：《宋朝事实》卷3《御制》，中华书局1955年版，第47页。

都，守卫陵寝”[1]，“山陵在焉”[2] 等。为了便于祈福祭祀、超度亡灵，以及存放一些皇帝圣御，需要营建一些皇家寺院。据近年考古挖掘表明，在河南府永安县（今巩义）皇陵附近有为宋真宗建的“罗汉寺”，为宋仁宗、英宗建的“宋昭孝寺”“会圣宫”等建筑。[3] 另据文献记载：

（嘉祐八年八月）二十五日，诏赐永定院额曰永定昭孝禅院。初，翰林学士贾黯言，“永定院去昭陵不远，乞量加葺饰，别赐名额，兼奉二陵”故也。

显而易见，昭孝禅院是为宋仁宗的永昭陵、宋英宗的永厚陵服务的配套设施。这些皇家寺院设置有神御殿，即“古原庙也，以奉安先朝之御容”[4]。除昭孝禅院外，宋朝廷在西京设立神御殿的寺院还有应天禅院、奉先寺等。宋真宗临幸洛阳，幸应天禅院“顾瞻遗迹，徘徊感怆，乃命建为僧舍。功成赐院额，奉安（太祖）御容”。

总之，出于国家安全、长治久安、统一人心的政治需要以及西京特殊的政治地位，北宋时期，统治者在河南府广兴佛寺。这些佛寺虽然一定程度上能够起到安抚人心、祈福祭祀和超度亡灵的政治和社会作用，但客观上加重了人们的经济负担，对民众的精神也具有一定的麻痹作用。

（作者为洛阳师范学院河洛文化研究中心教授）

① （宋）赵鼎臣：《竹隐畸士集》卷9《代奏芝草状》，文渊阁四库全书本，第1124册，第184页。
② （元）脱脱：《宋史》卷85《地理志》1，第2103页。
③ 宫大中：《洛都美术史迹》，湖北美术出版社1991年版，第576－580页。
④ （元）脱脱：《宋史》卷109，《礼志》12《神御殿》，第2624页。

明代洛阳地区的民间信仰及其文化特色

翟爱玲

摘要：洛阳作为历史古都，民间信仰丰富多彩。从洛阳地区的文献记载可见一斑。明代民间信仰具有阶段性特点，表现出强烈的功利与实用性，具有突出的地域色彩。

关键词：洛阳；民间信仰；阶段性

洛阳曾为千年古都，有着深厚的历史文化积淀。然而，多年来有关洛阳地方史的研究，主要集中于北宋以前洛阳作为全国文化中心的兴盛时期。事实上，在后来的元明清时期虽然洛阳的政治地位大幅度下降，但其在文化上依然具有极富地域特色的发展。特别是在明代，随着南北差距的加大，北方地方社会在政治、经济、文化等各个领域的发展呈现出与南方显著的不同，洛阳地区则是北方社会发展的一种典型代表。本文主要依据碑刻及其他地方文献资料，对明代洛阳地区的民间信仰试作文化史角度上的探究。

一、概念的说明

在进入探究之前，首先就主题所涉及的关键概念与范畴作如下说明。

1. 洛阳地区

洛阳地区是一个极其含糊的概念，对其地理范围的理解与把握可大可小。大到等同于“河洛”地区，现今有些学者从事的河洛文化研究主要就是以洛阳为中心，包含周边50～200公里不等地域范围的研究；小到现今洛阳一市；还有一种中等的范围即今洛阳市及其所辖县区。实际上，由于历史的变迁，洛阳城市本身的地域范围和位置地点也在不断发生变化与易移。如在现今有关洛阳古都文化的研究中，也仍然将现今偃师境内的一些地方都看作是古代洛阳市的范围。显然，在研究洛阳地区社会文化史之前必须首先从历史与现实的结合上明确界定其地域范围。

元朝时河南府（称河南府路）隶属于河南江北行省，领有1州12县，即陕州及其所辖陕县、灵宝、阌乡、渑池4县，以及河南府路直辖的洛阳、宜阳、永宁、登封、巩县、孟津、新安、偃师8县。① 明初承元制而有所调整，河南府属河南布政司（省），仍治洛阳，下辖有1州13县，即陕州及其所属灵宝、阌乡、卢氏等3县，以及洛阳、宜阳、永宁、登封、巩县、孟津、新安、偃师、嵩县、渑池10个直属县。明弘治时期将陕州所辖卢氏县改为河南府，此后直到明末行政区划一直保持稳定。至清代，因“虑府大者，文书多往来稽滞”②，又将卢氏改属陕州，并将陕州升为直隶州，使河南府成为10县的府。

① （明）宋濂等：《元史》卷59，中华书局1974年版。

② 《（雍正）河南通志》卷三十五《职官六》，雍正十三年（1735年）刻本。

从历史上看，元明清时期，不仅距离较远的灵宝、阌乡、卢氏、嵩县、登封等县受洛阳社会生活方式影响较弱，就连永宁、渑池、巩县等远郊县的民风世情也与洛阳有明显不同，而真正与洛阳在地理上直接连接、在社会生活诸方面较为接近的主要是孟津、偃师、新安、宜阳等紧邻洛阳的周边县。

从当今洛阳的实际情形来看，元明清时期所辖的巩县、登封、渑池等县已分离出来，新增的伊川、栾川、汝阳以及原有的嵩县、洛宁（永宁）也因距离较远或地形阻隔而存在社会风尚的某种差异。同样地，民间社会习俗较为接近且关系密切的仍然主要是孟津、偃师、新安、宜阳等近郊县。

基于以上缘由，本文研究明代洛阳地区民间信仰时即以洛阳、新安、孟津、偃师、宜阳等市县为地域范围。

2. 民间信仰

学术领域关于民间信仰的考察与研究已有大量的研究成果，但迄今为止，对民间信仰的理解与把握仍众说纷纭。或将其确定为民间的宗教信仰、民众对诸神灵的信仰，或将其解释为民间对正式宗教之外诸杂神的崇信与祭拜，还有人将包括巫祝符术一类在内的民间一切崇信内容都视为民间信仰。这种多层面、多角度的解释实际上反映了这种研究的全面性，也体现出不同领域对此概念应有不同角度的把握。

在考察和研究明代洛阳地区民间精神文化生活的基本形态时，立足于地方社会的宏观层面，林国平先生关于民间信仰的阐释更具有可靠性，他说："民间信仰是指信仰并崇拜某种或某些超自然力量（以万物有灵为基础，以鬼神信仰为主体），以祈福攘灾等现实利益为基本诉求，自发在民间流传的、非制度化、非组织化的准宗教。"① 这种信仰既不同于一般民间的巫祝符术之类，也有别于正统宗教，而具有显著的现实功利性、实用性，以及缺乏严密规范的随意性和杂泛性，由此彰显出民俗文化的特有风尚。

3. 地方文献资料

考察和研究地方社会生活状况，尽管史料来源十分广泛，但地方文献无疑是最可靠而有力的资源。这主要包括地方政府编修的文献资料和民间保存的文献资料。由于居"天下之中"，在饱经焚掠之后，洛阳地区的许多文物典籍，特别是民间保存的文献毁佚殆尽。今天所能看到的能够反映明代洛阳社会面相的官方地方文献主要是方志，如现存明弘治年间河南知府陈宣等主持修纂的《河南郡志》，以及清代修纂的《河南府志》和洛阳、新安、偃师等县志。虽然在这里民间保存的村规乡约、家谱等文献极为少见，但却遗留有不少反映明代基层民间社会生活的碑志资料。自 2014 年以来，洛阳文物研究院等多家单位合作，整理出版一套 10 卷本的《洛阳明清碑志》，将收集到的近 5000 方碑志资料整理出版。这无疑对研究洛阳明清时期地方社会提供了极大便利。值得注意的是，这些碑刻中，绝大多数是记述民间信仰活动的情形。以此为基础，结合方志、一些名人文集笔记等其他地方文献，就为本文的研究提供了丰富而可靠的资料基础。

二、明代洛阳地区民间信仰的阶段性发展

在封建时期的基层社会，对各种神灵的崇信与祭拜，不仅是普通民众精神生活的重要部分，而且在相当程度上也是其日常文化生活的主要内容。这在《洛阳明清碑志》《洛阳名碑集释》等所收录的碑志资料中有丰富的记载。通过整理这些资料，结合其他地方文献的研究可以发现，有明一代洛阳地区民间信仰及其祭拜活动发展的基本态势可以分为两个阶段。

① 林国平：《关于中国民间信仰研究的几个问题》，《民俗研究》2007 年第 1 期。

1. 明代前期：官方意识对民间信仰主导作用突出

明代前期，朝廷对于民间信仰与祭祀有着严格而又具体、细致的规范。洪武三年（1370年）六月，经中书省奏准后规定："凡民庶祭先祖，岁除祭灶，乡村春秋祈土谷之神。凡有灾患祷于祖先，若乡厉郡厉之祭则里社自为之。其僧道建斋设醮不许上表投拜青词，亦不许塑画天神、地祇白莲社、明尊教、白云宗、扶鸾祷圣符咒诸术，并加禁止，庶几左道不兴，民无惑志。"① 这些规定后来还在《大明律》中设有专门对应的处罚条款以强化保障。通过厘正祀典、规范神祀体系和打击、禁断淫祀，形成了明代前期官方对民间信仰十分显著的主导与规范。在这种背景下，自洪武以后一直到成化时期，洛阳地区的民间信仰与祭祀活动大体保持在官方规范之内并形成较为稳定的局面。

首先，从碑刻资料数量上看，正德以前，洛阳地区民间信仰及其修造、祭拜活动的记录在《洛阳明清碑志》之《市区卷》中仅有7条，而有明一代这类记录总数为82条，正德以前的记录则占8.5%。在《偃师卷》中正德以前的只占6%，在《孟津卷》《新安卷》及《宜阳卷》中都在10%左右。即使照顾到明代前期碑志遗存可能较中期以后更为困难的客观因素，这样小的比例也足以说明这一时期民间信仰及其活动发展的有限性。

这种情形在方志与其他资料中还可得到进一步验证。弘治年间河南知府陈宣在其发布的一份告示中就明确指出："本府每一百户或七八十户分立一社，春秋寄（祭）祀五土五谷之神为春祈秋报。而凡土俗淫祠一切去之不祀。"至于民间"有疾病医药，不得师巫假降邪神以乱正；死丧从礼哭奠，僧道不得出入人家作道场他事"。之后还要求"尔百姓务相遵守，世世不忘"。② 可见当时官方对民间信仰的规范与控制之严。

其次，从民间信仰在修造、祭拜等实际活动中的表现来看，正德以前的这些活动大多是在官方（地方官府）或半官方的主持下进行的，且这些活动的碑刻也都是以官方名义或者官员乡宦名义立石记事的。如在《市区卷》的7条此类碑记中，景泰年间修河南府城隍庙是河南知府虞廷玺率官员以治政立场募资兴修，③ 弘治年间洛阳复立九贤祠是知府陈宣等官员所为，④ 正德年间重修城隍庙为知府沈文华"出帑藏羡余，率所部之向义有力者共其役"⑤。另外2条一是弘治年间乡宦乔缙从"强梁气消，暴憬志革，其抑少助民风"⑥ 的立场上为成化时所建观音堂之立石所作碑记，二是一僧人之塔志铭。在《孟津卷》中，正德以前的3条碑刻资料全部为御制祭汉光武帝的祝文。⑦《新安卷》的10条中有2条是景泰、天顺之初新皇即位致祭于叔祖伊厉王的祭文，⑧ 2条是天顺年间新安知县及儒学训导、廪生、典史等为以往所修建灵显九龙宫庙立石记事，⑨ 2条是弘治年间新安县僧会司为各寺僧人合修华严寺之立碑，⑩ 1条是弘治年间县道会司为各观道士合修真武堂之作碑记。⑪

不可否认，这期间民间信仰及其实际活动中也有少量民间自主性的表现。如在《偃师卷》中，弘治末重修中岳祠宇为本乡"好事君子"以及著姓王翔等人所为。⑫ 不过，这种民间自主性的施资修造活

① 《明太祖实录》卷53"洪武三年六月甲子"条。
② 《（弘治）河南郡志》卷2《风俗》。
③ 《明清洛阳碑志·市区卷》第2、3条。
④ 《明清洛阳碑志·市区卷》第5、6条。
⑤ 《明清洛阳碑志·市区卷》第8条。
⑥ 《明清洛阳碑志·市区卷》第4条。
⑦ 《明清洛阳碑志·孟津卷》第1、2、3条。
⑧ 《明清洛阳碑志·新安卷》第1、2条。
⑨ 《明清洛阳碑志·新安卷》第3、4条。
⑩ 《明清洛阳碑志·新安卷》第6、7条。
⑪ 《明清洛阳碑志·新安卷》第8条。
⑫ 《明清洛阳碑志·偃师卷》第4条。

动，除个别富户著姓为自觉者外，大多是在僧徒道士的恳请募化下形成的，如新安处士贾斌就是僧人知其“雅好施与”而恳请之，而他自己则是出于“不求佛荫护于我，但念一方胜概久就乾没耳”而捐资兴建龙兴寺。① 正因如此，正德以前这种由民间自觉自愿、主动从事修造、祭拜的活动极少。这也正体现出此民间信仰在官方主导和规范范围内不甚发达之情景。

2. 明中期以后：民间信仰发展和祭拜活动兴盛

明代自正德、嘉靖以后，随着经济、政治的发展变化，社会思潮也发生转向。这期间上至皇帝、王公贵族，下至朝廷官员与缙绅地主，以至于普通百姓，或热衷于佛、道斋醮，或沉溺于迷信杂神。洛阳地区民间信仰的发展也在这个时期呈现出十分兴盛的局面，这可由以下几个方面得到体现：

第一，民间创设、兴修寺观祠庙殿堂和从事祭拜修醮的日显繁盛，表现在碑刻资料中反映这种状况的资料数量显著增加。《市区卷》中嘉靖以后的81条碑刻资料中，只有5条不是民间信仰和祭祀活动的直接记录，而以民间信仰为基础祭拜、修造活动所立碑刻的比例高达92%；在《新安卷》中这种比例也达到了69%。

第二，明中期以后洛阳地区民间信仰的对象日益表现出多样化、范围扩展化的特点。如在洛阳城中有城隍、观音、本地历史名人、佛教与道教各门宗及其他诸神；在新安则以烂柯山、王乔洞为主的朝山进香建醮活动最为兴盛；在《偃师卷》中，崇信与祭祀的对象和类别十分广泛而分散，有菩萨、观音、玄帝、牛王、岳王、药圣以及其他各种杂神。孟津与偃师、宜阳的情形大体类似。

第三，这个时期的民间信仰与祭拜、修造活动更多地体现出民众的自我主导性。如在洛阳，嘉靖四十二年重修城西五龙庙是由乡耆孙朝用、张江等偕宦族民众近百人聚财鸠工而兴，② 万历五年卫舍陈雨因闻唐代刘楫得上清宫孙真人黄箓传说而“发心尽造黄箓一堂”，并有合村百余人集资助修。③ 在新安，正德五年有“耆老崔道玘率众信人等，坚心笃志”聚资兴建玉皇庙。④ 在偃师，嘉靖年间修仙鹤观，万历年间修五岳楼阁、观澜洞造像，崇祯年间修白衣殿、天王殿等，以及朝山修醮修路等活动，皆为各处里保村落中信士善人“输财佈施”⑤“一唱百和”⑥“齐心共力”⑦ 而成。

第四，这个时期民间信仰及其祭拜、修造活动还具有富户、著姓、乡宦及基层民众等不同阶层相融合的群体特点。通过对施财助修、祭拜活动中不同民人施财的多少即可看出其社会身份和地位的差别。如万历年间洛阳扩建关林各处施地中，多者施舍15亩，少者有仅1分5厘者。⑧ 在新安，万历年间建龙王庙时从人施钱，多者有700多文，少者仅12文。⑨ 另外，在万历二十四年洛阳助修关帝庙的妇女中，万安王妃李氏、方城王夫人王氏、西鄂王淑人谢氏等宗室贵族也直接参与到民人妇女中来。⑩ 可见，借由民间信仰的发展兴盛，在祭拜、修造活动中不同社会阶层的人也往往融合在共同的群体行动中。

第五，官方主导作用在这时明显削弱并渐与民间自主性相融合。如在洛阳，万历中期持续数年的扩建关林庙工程就是在驻河南府的河南卫、察院、分巡道，以及河南、洛阳县等各衙门的军政官员们首肯、支持下进行的，为此动员了洛阳地区及周边数百、数千民众施舍财物助修。官员还常以私人名义从

① 《明清洛阳碑志·新安卷》第5条。
② 《明清洛阳碑志·市区卷》第19条。
③ 《明清洛阳碑志·市区卷》第24条。
④ 《明清洛阳碑志·新安卷》第11条
⑤ 《明清洛阳碑志·偃师卷》第21条。
⑥ 《明清洛阳碑志·偃师卷》第28条。
⑦ 《明清洛阳碑志·偃师卷》第27条。
⑧ 《明清洛阳碑志·市区卷》第28条。
⑨ 《明清洛阳碑志·偃师卷》第63条。
⑩ 《明清洛阳碑志·市区卷》第32条。

事助修祭祀活动。嘉靖年间两度重修白马寺佛殿是由军卫官吏、在司礼太监黄锦家族捐资助修，[①] 嘉靖和万历年间两度复修上清宫皆为伊府人员出资[②]，隆庆六年重修城隍庙碑楼为官员沈随时所为[③]、万历三十二年重修上清宫为知府陈大道（明）等一班官员名流捐资修[④]。这些上层名流和官员的做法不仅体现着官方意识的倾向性，也同时影响和带动着普通民众祭拜、修造活动的发展。相对而言，在偃师、新安和孟津，这种官方的影响显然要弱不少。如在孟津，官方仅止于主持和倡行对远古帝王先贤的祭祀以及皇帝的御制祀文。

总体来看，明代洛阳地区民间信仰是与明代社会文化，特别是明代民间信仰发展的整体态势相一致的，呈现出与官方主导在动态交融过程中的前期拘谨，后期开放、兴盛的趋势。

三、明代洛阳地区民间信仰活动的文化特点与影响

明代洛阳地区的民间信仰既具有一般民间信仰发展中的一些特点，也因受到地域经济文化发展水平的制约与影响而呈现出一些特殊特征。

1. 明代洛阳地区民间信仰表现出强烈的功利性与实用性

明代洛阳地区的民间信仰，在实践层面上的活动主要有两类：一是为修造寺观祠坛殿堂以及造像等工程捐资输财修造；二是从事朝山进香修醮之类。

在明代，特别是明代中期以后，在诸如修造神像、殿堂、寺观，以及举行斋醮朝拜等民间信仰的实践活动中，民众的确表现出其自主自觉性。但这种主动性常常建立在对信仰对象祈求庇佑和恩报的动机和目的上，具有明显的现实性。如在万历年间修建关林庙时，曾动员了远近各县、府，甚至外省的一些善众施财助修，而所立碑刻大都有祈保“各家人口平安，吉祥如意”[⑤]。经商善众则有祈保施财人“星辰顺度，买卖亨通，保安”[⑥]。当然，也有祈保宏愿者如：“专祈圣力庇佑。皇帝万岁，□后千秋，四□効顺，八表归备。次祈会内人□有父有母者，享眉寿之年；乏子乏孙者，早赐生成之秀。各家庄田茂盛，五穀丰登，四时无瘟火之灾，八节有忝耒之庆。家家□泰，户户咸宁。凡在岁月之中，全功上帝默佑，吉祥如意。”[⑦]

从事朝山进香修醮活动之目的也与此相同，以“祈保各家人口平安，吉祥如意”。[⑧] 有些更为具体，如“上祝圣寿天齐，皇图地久。祈风调雨顺，国泰民安，五谷丰收，时和岁稔，吉祥如意[⑨]。”有些在表达这种修醮与祈福佑的关系上更为直接。如万历二年洛阳县偏桥保人氏各社“为保各家平安，朝武当进香八次，八宫清醮，各有分位，次得万安山荡魔观建醮三次，庄尽玄帝神柱，同施银四两五钱，圆满建醮三十六分”[⑩]。

应当承认，基层社会民间信仰的这种功利性与实用性，在全国范围内都具有相似性，并且正是由此

---

① 《洛阳名碑集释》第80条。
② 《明清洛阳碑志·市区卷》第14、26条。
③ 《明清洛阳碑志·市区卷》第22条。
④ 《明清洛阳碑志·市区卷》第63条。
⑤ 《明清洛阳碑志·市区卷》第41、43、44条。
⑥ 《明清洛阳碑志·市区卷》第57条。
⑦ 《明清洛阳碑志·市区卷》第37条。
⑧ 《明清洛阳碑志·新安卷》第28条。
⑨ 《明清洛阳碑志·新安卷》第35、41、48、49条语意相似，用词稍异。
⑩ 《明清洛阳碑志·偃师卷》第13条。

体现出民间民俗文化的特有风尚。然而值得注意的是，明代洛阳地区民间信仰的这种功利性和实用性，不同于相同时期南方及其他经济发达地区的那些活动中伴随诸多商业、游乐性，而表现出目的与动机的直接与鲜明。

2. 明代洛阳地区民间信仰具有突出的地域色彩

与地域文化传统及氛围紧密相关，在明代洛阳地区的民间信仰及其活动中也体现出一些独特的地域风格，在信仰对象的选择上表现得更为显著。如在洛阳城，除了一般的城隍、观音的崇信与祭祀之外，本地历史上的圣王先贤如汉光武帝、宋代理学名儒，以及本地具有根基与传统的佛、道门宗与诸神信仰更为突出，与之相关的祭拜、崇奉之地如周公庙、汉光武陵、伊洛渊源寺，如白马寺、上清宫、关林庙等也都具有地方特色。不过，对城隍、文庙以及古圣先贤的崇信多以官方或半官方、缙绅文士为主体，而对佛、道及本地杂神的崇祀则以基层民众为主体。后者较之前者因人数众多而更成为民间信仰的主体部分。特别是在洛阳，对关帝圣君的崇祀发展到影响和带动周围许多边远府县以及外省人前来朝拜。在新安则以烂柯山、王乔洞为主的朝山进香建醮活动来表现当地的特色。《明清洛阳碑志》收录新安县在明代嘉靖以后民间祭拜修醮活动的碑志共52条，其中记录烂柯山、王乔洞朝山进香建醮活动的就有25条，几乎占一半。在偃师，虽然崇信与祭祀的对象如观音、玄帝、牛王、药圣等十分繁杂，但其兴建寺观殿堂大都与本地龙虎山、观澜洞等名区，仙鹤、荡魔等名观，天王、白衣等名殿相结合，使其带有显著的地域特色。孟津与偃师的情形大体类似。

从明代洛阳地区围绕民间信仰所从事的活动内容来看，各县各地也具有一些地方性差别。如在洛阳，这类活动主要集中捐资助修造像、寺观、殿堂等工程，而在新安则以进香修醮之类占有多数，偃师、孟津、宜阳等地则两类兼有。这种差异主要源于地方资源条件的差别。洛阳关帝庙属于人为修建圣地，新安烂柯山、王乔洞则主要为自然地理环境，修造者工程极为有限，又便于聚集朝山人众。这两处所具有的共同特征则是远近闻名的胜迹。所以，无论是在洛阳的修造，还是在新安的朝山，并不仅是本地信众从事相关祭拜、修造活动之处，还吸引了周边许多外县、外府，甚至外省信众参与活动。这就更加推动本地民间结社从事修造、祭拜等活动。

3. 以民间信仰为基础的善社组织较为松散

由于洛阳地处“天下之中”，历史上饱经战乱、灾荒以及由此造成的人口迁徙，使这里原有的文化积淀频遭摧折。自北宋末以来直到明代前期，这里的民间组织发展极其微弱。弘治年间河南知府陈宣曾以官方名义规定府城及所属州县各处立社，“盖立社长一人，以乡官乡老为之，专主春秋二社祭祀，兼掌文薄，为一社劝善惩恶之主”①。这种在官方主导下专用于基层祭祀、风俗教化的基层立社显得拘谨而缺乏发展活力。嘉靖以后，随着创修寺观坛庙殿堂以及祭拜修醮活动的日益兴盛，民间基层的结社也迅速发展起来。与当时洛阳地区经济文化发展水平相应，特别是受民间信仰活动本身的制约，这些结社也具有涉及阶层广泛、组织松散、临时和随意性强等特点。

首先，这些民间基层结社既是以信仰活动为纽带，其人员构成便具有跨阶层与多地域的特点。如万历二十四年洛阳地区妇女助修关帝庙时结有两社，第一社社首为新安县杨一里一甲人之郭门郭氏，其社中有“万安王王府王妃李氏、方城王九府夫人王氏、西鄂王王府淑人谢氏、万王四府朱门魏氏、夫人王门张氏”等，以及其他普通信女共计110人；第二社信女中则有“万安王王府夫人李氏、万安王七府夫人张氏”等，以及其他普通信女共计101人。② 从地域角度来看，一般情况下，这些民间基层结社大多由在本地生活，居住于同一里保、同一村镇、同一城区的人联结成社，从事施财助修或祭拜活动。但

① 《（弘治）河南郡志》卷2《风俗》。

② 《明清洛阳碑志·市区卷》第32条。

是，由于洛阳关帝庙、新安烂柯山和王乔洞及水陆圣会远近闻名，吸引了众多外地人。因而在洛阳地区的民间基层结社中，就有大量的外地民人。如万历二十四年洛阳县人联会助修关帝庙时，随会善人中就包括有“方城王府善人”10名、“中午桥善人”115人、汝州腾家店和汝州北乡等处若干人。[①] 再如前文指出的许多修造、祭拜活动中的结社，有大量来自汝州、渑池、宜阳、陕州、嵩县、伊阳、登封等周边州县，也有部分属于省外如江西某些府县的商人。不过，后者不少是长期居住于洛阳地区的。

其次，从社的内部结构上看，一般设有社首1名，而只有部分社另设副社首或掠首1名、管事或执事若干名。这种情形说明结社的确具备一定群体组织性，却并不是十分严密。另外，从结社的内部规范来看，除了斋醮、朝拜等事务性活动之外，社人之间缺乏日常生活中的紧密联系。社内并没有设立对社众有明确约束性的规章。从一定程度上说，这种松散的组织与其说是民间基层组织，倒不如说是一种民间团体更为贴切。这实际上反映出明代洛阳民间组织意识的薄弱性。

最后，这些社虽然大多是常年性较稳定的团体，但大都是因事而设，随事而立，活动内容较直接而单纯。由于这种社主要是为民间信仰服务的，因此对于民间社会的精神文化生活具有显著的标志意义和引导作用。当然，由于施舍资财、聚众活动、居住饮食，这些结社也在相当程度上反映和带动着经济生活及其变化。但其组织的松散性、群体意识的淡薄性，以及精神文化生活范围的狭窄性恰恰影响着其与政治生活的疏远，影响其组织意识的成长与发展。不过，在当时洛阳地区经商风尚较弱、对外交流较少的背景下，这些结社一定程度上有助于推动地方社会中的上下、内外交流。

（作者为洛阳理工学院人文与社会科学学院教授）

① 《明清洛阳碑志·市区卷》第34条。

明代河南府进士区域分布研究

李小白

摘要：经统计，地处豫西的明代河南府进士总数为258人，仅洛阳一县就占126人，表明河南府一州十三县所产生的进士分布存在严重的不均衡，并在府治洛阳县一地造成明显的地域性人才集聚现象。这种差异化的出现，与当时河南府的自然条件、社会经济、文化传统及教育条件等因素密切相关。

关键词：明代；河南府；进士；区域分布

科举制度作为支撑官僚制度的重要杠杆，不仅对官僚政治有着补强的作用，而且有助于士人群体实现社会阶层意义上的垂直流动，对帝制社会的稳定起到了重要作用。由此，明代铨选官吏尤其重视“甲科”，尽管在明初流行荐举，后来进士、举贡、吏员三途并用，但建文永乐以后重视科举出身则是不争的事实，国家不仅以“科目为盛”，而且“卿相皆由此出”。[①] 洪武首科就有“中外文武，皆由科举而选，非科举勿得与官”的相当理想化的、以突出科举人才的行政用人规划。[②] 拥有科举出身，不仅是及第士人及其家族的幸运，一定程度上也可以透过某一地域中科第人物的多寡和分布的疏密，考察当地文教发展的基本情况。本文拟通过对明代豫西河南府进士的区域分布进行研究，探讨区域文化差异和人才产生所需政治、经济、社会等资源的深层原因。谬误之处，祈请方家指正。

一、明代河南府各州县进士的人数统计

洪武元年改元朝河南府路为河南府，“领州一，县十三”，下辖洛阳、偃师、巩、孟津、宜阳、洛宁（清代改为永宁）、新安、渑池、登封、嵩、卢氏十一县，另领陕州，陕州下有灵宝、阌乡二县。[③] 统计上述府州县相关志书，明确各州县进士的具体人数和地域分布。经分析，明显可以看到传统社会中人才地域分布的一般特点。

经核查，明代河南府产生进士总人数为258人，属于明代河南产生进士较多的地区，但分散到各个州县，则明显呈现区域人才分布不平衡的态势。这是明代社会发展不平衡的普遍反映。横向比较河南府辖下一州十三县，府治所在的洛阳进士人数最多，多达126人，人数远超其他州县，人才的集聚和不均衡表现得相当突出。具体见表1。

---

① 张廷玉等编：《明史》卷69《选举志》，中华书局1974年版，第1675页。

② 《皇明诏令》，《元明史料丛编》第一辑，文海出版社1984年版，第59页。

③ 张廷玉等编：《明史》卷42，《地理志》，第983页；刘炳阳：《明代河南府行政区划沿革》，《洛阳师范学院学报》2007年第4期，其中提到河南府行政区划在洪武、弘治两朝进行了调整，明初为恢复社会经济，将一些州县进行了改属，弘治朝将陕州卢氏县改为府属，此后形成河南府下辖一州十三县的行政区划。

表1　明代河南府进士人数

州县/科次	洛阳	偃师	巩	孟津	宜阳	永宁	新安	渑池	登封	嵩	卢氏	陕州	灵宝	阌乡	合计
洪武四年			1	1						2					4
洪武十八年	3					1	1								5
洪武二十一年	2		1												3
洪武二十四年										1					1
洪武二十七年										1					1
洪武三十年	1		1												2
永乐二年			1												1
永乐四年	1					1									2
永乐十三年	1													1	2
永乐十六年	1	1													2
永乐十九年	1														1
永乐二十二年							1				1				2
宣德二年	4														4
正统四年							1		1						2
正统十三年												1			1
景泰二年	1														1
景泰五年	3							2			1	1			7
天顺元年	2											1		1	4
天顺四年	3														3
天顺八年	1	1										2			4
成化二年	2						1						1		4
成化五年	1		1												2
成化八年	1								1						2
成化十一年				1						1			2		4
成化十四年	1		1								1	1	1		5
成化十七年	3		1										1		5
成化二十年														1	1
成化二十三年							1					1			2
弘治六年													1		1
弘治九年	2		1										2		5
弘治十二年													2		2
弘治十五年	1														1
弘治十八年	1														1
正德三年	1									1		1			3
正德六年	3									1					4
正德九年	3	1										1			5
正德十二年	5				2										7
正德十六年	6	1													6
嘉靖二年	3												1		4

续表

州县 科次	洛阳	偃师	巩	孟津	宜阳	永宁	新安	渑池	登封	嵩	卢氏	陕州	灵宝	阌乡	合计
嘉靖五年		1	1										1		3
嘉靖八年	4	1													5
嘉靖十四年	1														1
嘉靖十七年	3			1				1					1		6
嘉靖二十年	1														1
嘉靖二十六年	2												1		3
嘉靖二十九年	3				1					1					5
嘉靖三十二年	6														6
嘉靖三十五年	1	1											1		3
嘉靖三十八年	1									1					2
嘉靖四十一年	1														1
嘉靖四十四年	3								1				1		5
隆庆二年	3			1		1									5
隆庆五年	1									3					4
万历二年	2			1						1			1		5
万历五年	2						1								3
万历八年	2			1			1								4
万历十一年	3									1	1	1			6
万历十四年	3			1						1		1			6
万历十七年	2						2					1			5
万历二十年	2			1											3
万历二十三年	3								1						4
万历二十六年	1										1		1		3
万历二十九年	1							1						1	3
万历三十二年	4							1		1		1			7
万历三十五年		1													1
万历三十八年						1							1		2
万历四十一年							1		1		1				3
万历四十四年	3	1									1				5
万历四十七年	1			1	1	1							1		5
天启二年	1			2		1			1		1				6
崇祯元年	3														3
崇祯四年	1									2					3
崇祯七年	2									1					3
崇祯十年	2					1			2		1				6
崇祯十三年				1										1	2
崇祯十六年	1			1							1				3
合计	126	9	9	13	4	7	10	5	8	19	10	13	20	5	258

资料来源：雍正《河南通志》、同治《河南府志》、嘉庆《洛阳县志》、乾隆《偃师县志》、民国《巩县志》、嘉庆《孟津县志》、光绪《宜阳县志》、民国《洛宁县志》、民国《新安县志》、民国《渑池县志》、咸丰《登封县志》、乾隆《嵩县志》、民国《陕县志》、光绪《卢氏县志》、民国《灵宝县志》、乾隆《阌乡县志》。

由于明清编撰的志书并非全然可靠，其中存在种种瑕疵，在核查明代河南府科举人才的数目时，发现志书对他们在人数、籍贯、场次，甚至是人名书写等方面都有着明显的问题，需要对各县进士的基本情况稍作辨析。明代洛阳一县就产生进士126位，为河南府进士人数最为集中的地区之一。在依据嘉庆《洛阳县志》对洛阳进士人数进行核查、统计时，补入李震、温如春，误增或存疑而不纳入考查者有张钺、辛兴、乔允升、李荫华、马从龙、孙凤等。其余进士都经过至少三重核查：一是查找县志关于其人的记载；二是对比同治《河南府志》（下文提到的“府志”即指此书）中《选举》部分的进士名录；三是核对《明清进士题名碑路索引》（简称《索引》）。其他各县进士，都依照这三重核查，尽量确保每县进士人才都可准确查对。为此，文末将会提供一份较为精确的明代河南府进士名录，以供学人参考。

经查，嘉庆《洛阳县志》中遗漏的进士有：洪武十八年乙丑科，李震，据同治《河南府志》补入；嘉靖三十一年癸丑科，温如春，河南洛阳中护卫人，为三甲第一百零七名，据《明清进士题名碑录索引》（后称《索引》）、同治《河南府志》补入。误增进士有：宣德二年丁未科，张钺，本为新安人，正统四年己未科三甲第十名，据嘉庆《新安县志》《索引》更正，而且嘉庆《新安县志》中载张钺二子张澍、张澜分别于成化二年、成化二十三年中进士，张钺为新安人无疑。正德三年戊辰科，孙凤，嵩县人，洛阳籍，府志、《索引》记为洛阳人，乾隆《嵩县志》有传，今纳入嵩县进士名录。成化十一年乙未科，辛兴，查《索引》及嘉庆《洛阳县志》并无此人，也无此人传记，故存疑，不纳入考查人数。万历二十年壬辰科，乔允升，孟津人，洛阳籍，嘉庆《孟津县志》有传，府志记为孟津人，不纳入洛阳进士考查人数。万历四十四年癸丑科，李荫华，《索引》中查无此人，也无此人传记，而同治《河南府志》收录，存疑，不纳入考查人数。同治《河南府志》中所在洛阳进士也存在问题，万历二十年壬辰科，马从龙，为三甲第六十五名，府志提到马从龙为“洛阳人，新蔡籍，通政使”，查嘉庆《洛阳县志》却未收此人，据县志，不纳入考查人数。明代洛阳及河南卫进士人数，都经过与同治《河南府志》《索引》等文献的检查，得出较为可信的人数为126人。

乾隆《偃师县志》中，薛蕙、朱旒、褚宝、李启昭四人均为军户出身，县志载其皆属外籍，但从县志、府志皆收录其人，《索引》也记为河南府当地之人，故纳入考查。上述四人的具体情况分别是：正德九年甲戌科，薛蕙，县志载其为直隶亳州卫籍，文苑有传；嘉靖五年丙戌科，朱旒，信阳卫籍，文苑有传；嘉靖八年己丑科，褚宝，凤阳卫籍；嘉靖三十五年丙辰科，李启昭，湖广蕲州卫籍，《索引》记为洛阳人。据县志中传记和府志所载，四人应为偃师人，纳入考查人数，故此，明代偃师县有进士9人。

民国《巩县志》的《选举》部分对前代县志中的错误进行了考证，如洪武四年辛亥科进士赵斗南，嘉靖《巩县志》就记作庚辰科进士。洪武一朝并无庚辰科，有可能的是嘉靖《巩县志》误将建文二年庚辰科作为洪武一朝的科次。《索引》也记载赵斗南为洪武四年辛亥科三甲第九十九名。旧志刊刻错误之处较多，如成化十四年戊戌科与嘉靖五年丙戌科就分别误写为戊辰与丙辰，在民国《巩县志》当中都做了纠正。相应地，进士名录在核查了府志和《索引》之后都是准确无误的，所以明代巩县进士人数共有9位。

嘉庆《孟津县志》所载万历二十年壬辰科进士乔允升的归属存在争议。乔允升死后，被祀乡贤、名宦，志书中有传，但嘉庆《洛阳县志》却言及此人为洛阳籍，纳入洛阳进士名录。府志记载乔氏为孟津人，洛阳籍，官至刑部尚书，《索引》记载乔氏为壬辰科三甲第一百三十六名，但在籍贯上与府志的写法一致。综合考虑所查资料，将乔氏作为孟津进士处理，所以明代孟津进士人数有13人。

光绪《宜阳县志》中共有明代进士4人，其中万历四十七年己未科进士任政，为当年三甲第五十四名，县志误记为万历四十四年，据《索引》、府志改正。《索引》载天启二年壬戌科三甲第一百三十九名进士李中正，“任推官，升兵部车驾司主事”，县志误记为万历四十七年己未科进士，据《索引》、府志改正。[①]

民国《洛宁县志》中，万历三十二年甲辰科进士范宗文，洛阳人，永宁籍，府志记为刑部郎中，纳入洛阳进士名录。《索引》持存疑态度，虽记范宗文为洛阳人，但也保存了永宁籍的记载。今从府志，视范氏为洛阳人，永宁县在明代共有进士7人。

民国《新安县志》卷10《仕进表》中失录洪武十八年乙丑科进士李哲，据雍正《河南通志》补缺。前文对正统四年己未科张铖的考证，在《仕进表》中再次得到证明。张铖之子张澍、张澜二人同为进士，民国《新安县志》中延续了旧志的说法。不过，民国志中出现了脱文误字的现象，如对张澍的备注“旧志成子也”的“成”本应为“铖”字。经过核查，明代新安县共有进士10人。

嵩县在元朝时为嵩州，领卢氏县，隶属南阳府，洪武二年（1369年），降嵩州为嵩县，改隶于河南府。乾隆《嵩县志》所录洪武年间如：四年辛亥科王弢、齐鲁；二十四年辛未科张让、二十七年甲戌科杨輗四人，不见于《索引》，皆据同治《河南府志》补入。其中王弢、齐鲁二人，县志有传。正德三年戊辰科孙凤，府志记为“嵩县人，洛阳籍，湖广布政使”[②]。《索引》则记为洛阳人，三甲第一百九十一名。嘉靖、康熙两部《河南通志》皆记为洛阳人。但是查找《嵩县志》关于孙凤的传记则有这样的记载：“凤父浩，本以商贾起家，及凤贵，游历中外，家仍旧业，亦见清操云。祀乡贤。”[③] 孙凤在嵩县被祀为乡贤，说他是洛阳人就有些牵强。康熙《河南通志》延续了嘉靖《河南通志》的内容，同治《河南府志》做了补充，明确了孙凤的归属，应视其为嵩县人。《嵩县志》也有误字现象，《贡举表》中“贾淇”写为“葭淇”、“杨归儒”写为“杨维儒”，如果将来进行文献整理，应予以修正。

卢氏县在元朝时隶属嵩州，洪武元年（1368年）四月，明廷改卢氏县属河南府，三年（1370年）三月，又改卢氏县属陕州治下。光绪《卢氏县志》卷七《选举》中“任佐”条有必要进行说明。县志记载，“任佐，景泰庚午科，详人物”。县志《人物》传提到，任佐因参加景泰元年秋闱，不幸遭遇考场火灾，同场士子幸存者仅七人，任佐是幸运者之一，“事闻，上异之，恩赐及第，佐预焉”[④]。明代宗恩赐任佐进士及第，但这属于特例，而非明代科举制度的常例。严格说来，由于任佐并没有参加会试，所以皇帝的恩赐并不构成任佐成为进士的理由，尽管从任佐的传记中有着十分传奇的故事和其人后来显赫的官位。这也是《索引》为何不录其人的原因，毕竟他没有参加会试。此外，光绪《卢氏县志》的《选举》部分错误较多，人物的先后次序及科考场次都有错误，如本为万历四十四年三甲第一百六十七名进士的李作乂，县志误写为万历三十二年甲辰科；本为天启二年三甲第一百三十九名的李中正，县志误写为万历四十七年己未科；甚至是崇祯十年二甲第二十七名的赵濬，在县志中被误写为天启丁丑科，实际上，天启年间并无丁丑科。经过整理，卢氏县在明代共有进士10名。

民国《陕县志》的进士名录较为准确，经过比对、核查，可以确认明代陕州共有进士13人。民国《灵宝县志》原载万历二十六年进士韩国藩，《索引》记韩国藩为南京鹰扬卫人，三甲第二百零七名，而非灵宝人。雍正《河南通志》作韩国藩，万历二十九年辛丑科进士，科份有误。故此，韩国藩不列入进士名录。民国《灵宝县志》误将杜希鹏列入嘉靖三十五年丙辰科，通过《索引》可知杜希鹏为万历二年三甲第一百八十一名进士。相比而言，灵宝县在明代的进士人数较多，属于除了洛阳之外，表现较为突出的县，共有19位，反映了当地的文化程度和士人的向学之风较好。

乾隆《阌乡县志》在明代有进士5人。县志《选举》中有两处误记：一是天顺元年三甲第三十七名的姜清，县志误记为景泰丁未，景泰年间并无丁未，据《索引》改正。二是县志误将陈铎的科次写

① 光绪《宜阳县志》卷10《绅耆》，第8页。

② 同治《河南府志》卷31《选举志二》，第9页。

③ 乾隆《嵩县志》卷27《治行》，第4页。

④ 光绪《卢氏县志》卷8《人物》，第2页。

成成化甲午，实际应为成化二十年甲辰科，陈铎为三甲第一百六十八名，据《索引》改正。

二、明代河南府进士的区域分布格局的历史分析

统计过明代河南府进士的具体人数之后，明显可以看出人才分布的极端不平衡和地区之间的文化差异。基于自然地理、经济、人口、农业、行政区划等因素导致的进士分布的地域差异，不仅是社会变动的有效考察指标，同样对科举人才的产生，及由此形成的人才的社会身份的流动关系产生重要影响。进士作为地方上社会身份变化最为突出的精英群体，分析其地域分布有助于加深我们关于人才与地方社会之间互动关系的理解深度。

1. 明代河南府进士的集聚现象与人才分布的不平衡

人才分布不平衡不仅是传统社会区域发展不平衡的缩影，也是人才结构性失调的重要体现。人才的集聚与分散在传统社会表现得尤为突出，以河南府下一州十三县为例，终明一代进士人数为258人，仅府治所在的洛阳就有126名，剩余进士则分散在其他州县，人才的集聚及由此暴露的人才分布不均衡现象尤为明显。

作为府治所在的洛阳县，无论是在区域经济因素，还是在人文地理方面的优势都是显而易见的。洛阳县在明代河南属于科举人才的集中之地，产生了所谓人才集聚现象，而且以洛阳县为中心，科举人才的产生也呈现辐射分散的分布特征。借助表1，我们还发现明代洛阳县进士人数与整个河南府的进士人数存在共振关系。

正是持续性地涌现科举人才，才使得洛阳县与河南府之间的人才共振关系表现得相当突出。由此可见，作为府治所在的洛阳县，对整个河南府科举人才的产生有着巨大贡献。比对除洛阳县之外的其他一州十二县，其进士人数的总和仅有132人。这些州县的进士明显地表现出区域分散和数量稀少的特征，而且纵向考察这些州县进士产生的时间，也有着时多时少的情况。以明初河南府各州县首位、次位进士的产生时间及二者的时间差为例（见表2），河南府部分州县首位进士的产生时间相当早，如洛阳、巩县、孟津、永宁、新安、嵩县等地，但这实际是元朝以来的人才储备所产生的文化惯性。洛阳的情况恰可作为印证，府治的文化吸引力使得洛阳在战后恢复速度惊人，社会经济的好转和人才养成的效率显而易见。其他州县的情况，通过从首位进士到次位进士产生的时间差就可以了解当地文化在经历元末战争后所需的恢复时间。

表2 明代河南府各州县首位、次位进士产生及相差时间表 单位：年

	洛阳	偃师	巩	孟津	宜阳	永宁	新安	渑池	登封	嵩	卢氏	陕州	灵宝	阌乡
首位	1385	1418	1371	1371	1517	1385	1385	1454	1439	1371	1424	1448	1466	1415
次位	1399	1464	1397	1475	1550	1406	1424	1538	1472	1394	1451	1454	1475	1475
时差	14	46	26	104	33	21	39	84	33	23	27	6	9	60

当然，考虑到明初科举制度仍属于恢复和调试期，来自政治、政策的影响左右着明代科举的发展步伐。河南府下辖州县在元末战争后的恢复速度不一，人才产生的情况各异，尽管某些看到明初河南府部分州县首位进士出现的时间较早，如孟津、渑池、阌乡等地，首位与次位进士产生的时间差相当惊人，而比较洛阳、陕州、灵宝等地，发现二者相差时间较短，从中也可看出区域之间社会文化基础的不同。尽管受到战乱影响，河南府各州县的恢复速度也存在着明显差异。这种速度上的差异，同样会影响到地

方文化精英的产生，必然使人才的集聚和分布出现差异化。

经过明前期的社会经济复苏，河南府的社会条件好转，各地生员数量均大幅增长，而由于进士解额较为固定，科举竞争日趋激烈。进士解额是朱元璋的制度设计，明末顾炎武对此有批评："今制，科场分南卷、北卷、中卷，此调停之术，而非造就之方。夫北人……更金元之乱，文学一事不及南人久矣。"① 顾炎武从人才素质的角度发言，对朱元璋调停南北的方法并不满意。然而恰恰是朱元璋所定的南北调停之术，维持了明朝国家的稳定，令南北士人各得其所。日趋激烈的科举竞争，加剧了先进地区人才的集聚和落后地区人才的分散。明中期以后，河南府人才的集聚和分散情况相当显著。洛阳居于府治地位，区位优势明显，人才集聚效应突出，因此终明一代，历次科考所产生的进士形成了一个较为稳定的序列，并与河南府的人才曲线产生共振效应。反观河南府其他州县，进士的产生一则相当分散，二则进士所在科次之间的时间差相当长，地方社会文化的基础明显不如府治洛阳。可以想见，基于府治的区位优势，河南府科举人才不可避免地会有区域性流动现象，前文所见进士的籍贯问题就可作为证明。如张钺、孙凤、杨归儒、乔允升、范宗文等，一定程度上反映了古代科举社会下的人才流动问题，必然会使河南府州县之间的人才集聚和分布不平衡进一步加剧。

2. 明代河南府进士分布格局的成因

一般而言，府治所在的县，因其良好的区位优势，人才产生的可能性较大，府治之外的州县人才产生的比例则相对较低，在科举年份上表现得更为分散，明代河南府的情况即是如此。考察地处豫西的河南府的自然和人文地理环境，洛阳县位于伊洛平原，居于大河沿岸，地势平坦，交通便利，土地肥沃，经济基础深厚，区域经济因素良好，为人才产生奠定相当优越的基础。古人认为，伊洛之地居于天地之中，五方朝贡距离远近适宜，人才易于汇集，自古便为都城的良选，"洛邑为天地之中，民性安舒，而多衣冠旧族"②。长久的都城文化造就了洛阳深厚的人文地理优势，文化精英的集聚自然带来人才的不断涌现。城市易得风气之先，诸如时代文风的变化，科举信息的交流，以及人才之间的文化切磋，都会为洛阳科举人才产生提供重要的文化支持。

相比之下，地处偏远，山水阻隔、交通不畅、土地贫瘠、信息闭塞等不良因素也会对科举人才的养成产生负面影响。如地处豫西山地的陕州，终明一代，进士不过 13 人。较之陕州人才较多的灵宝县（在明代有 19 位进士）则因为"民庶财丰"而经济基础较好，但朝代更迭产生的战乱与社会动荡却对当地人文力量的恢复颇具影响，元末"红巾肆虐"，致使灵宝当地从洪武四年到成化二年长达 95 年才有首位进士及第。③ 尽管期间产生了十余位举人，但作为科举精英的养成时间而言，明显低于洛阳县。

元末战乱导致河南府社会经济倒退是一个普遍现象。河南府所在的伊洛平原是豫西最为富庶的区域，是河南主要的粮食产区。然而，元末战乱使得一向富庶的河南府成为榛莽丛生的荒岭丘墟，民众流离失所，水利工程大多废弃，良田成为荒地，社会经济自然一落千丈。河南府的行政区划也因此在明初发生大的调整，在元代尚且为州的区域，如陕州、嵩州、卢氏县、渑池县等都有不同程度的裁并或改属。④ 明初伊洛地区深受战争荼毒，人口损失，经济残破，人才的培养自然受到影响。随着政治经济的渐趋稳定和发展，明代河南府的社会文化环境得到改善。社会公共资源和相对快捷有效的信息渠道向府治洛阳集中，士人居于洛阳，有"近水楼台先得月"的便利，对时代文风变化的了解也能早于他人。

此外，得益于社会经济发展良好氛围的文化教育因素，对进士的地理分布更是有着基础性影响。明代基层社会的社学、私塾、义学相比于规模和质量更好的府州县学、各级书院来说，承担着不同的教学

① 顾炎武著，黄汝成集释：《日知录集释》卷 17《北卷》，上海古籍出版社 2013 年版，第 984 页。

② 脱脱：《宋史》卷 85《地理一》，第 2117 页。

③ 民国《灵宝县志》之《重修灵宝县志序》，第 1 页。

④ 刘炳阳：《明代河南府行政区划沿革》，《洛阳师范学院学报》2007 年第 4 期。

任务。社学为官办性质，主要面向平民阶层，推行初等知识，并组织当地童生参加各类考试。私塾，又称专馆、散馆、义学，多属民办，与社学教授内容一致，就科举考试所用书籍进行教授。社学和私塾对基层社会的教育发挥着重要作用，对明代河南府各州县的进士分布也有着基础性影响。① 明代河南府社学与义学数量就有 28 所，就河南一省而言，也属前列。②

明代河南府为科甲文风兴盛之地，府治的儒学规模和教学质量明显优于其他州县。洪武二年（1369年）明廷颁布兴学诏令，河南各地响应如潮。次年（1370 年），河南府府学在知府徐天麟的主持下得以重修，为河南府科举兴盛奠定坚实基础。其余州县学多数营建修缮于洪武初年。永宁、卢氏县学修建于洪武元年。建于洪武三年的县学有七处：偃师、巩县、宜阳、新安、嵩县、灵宝及阌乡。洛阳、渑池县学建于洪武五年（1372 年）。洪武七年（1374 年）修建登封县学。陕州州学则于洪武三十年（1397年）由知州闻人桂重建。孟津县学重建于嘉靖十六年（1537 年）。③ 明初河南府的府州县学修建活动在战后残破的经济基础之上显示出新朝初立的向上气象，同时对稳定社会和凝聚人心作用明显，当地教育恢复的效果显著。

府州县学的科举化对当地进士的集聚与分布的影响也应受到重视。为了帮助生员在科举考试中获得名次，府州县学调整教学内容，将科举考试视为指挥棒，科举化现象明显。虽然府州县学的科举化对士人科考颇有助益，但长期以来造成的教育模式僵化在所难免，所以顾炎武对此有“人荒”的讥评，“北人……八股之外一无所通者，比比也……故今日北方有二患，一曰地荒，二曰人荒”④。

三、余论

人才的发展有赖于教育，教育的发展促成人才的产生。河南府的教育资源，不仅有府州县学的官方教育体系，还有当地的义学、书院等教育场所，对人才培养发挥着重要作用。但通过科举人才数量及地域分布的研究，表明此类教育资源并非均衡，资源的集约性在府治洛阳得到充分体现，而除洛阳之外的其他州县则相形见绌。相比之下，明代河南府虽然称得上是科举兴盛之地，但对比强烈的人才分布差异造成明显的地域性集聚现象，时至今日仍不时得见，细究其因，对今天的教育政策和人才培养仍有参考意义。

（作者为河南师范大学历史文化学院讲师）

① 程伟：《清代河南进士地理分布特征及其成因》，《教育评论》2014 年第 10 期。
② 王义俊修：《河南通志》卷 43《学校下》，文渊阁《四库全书》本，第 1309－1312 页。
③ 王日新、蒋笃运主编：《河南教育通史》（上册），大象出版社 2004 年版，第 560 页。
④ 顾炎武著，黄汝成集释：《日知录集释》卷 17《北卷》，上海古籍出版社 2013 年版，第 985 页。

河洛康家：明清以来巩县康百万家族谱系研究

魏淑民

摘要：巩义康百万家族是明清以来豫商中最具代表性的商业家族，纵跨明清两代及民国三个时期，富裕十二代，历经四百多年辉煌。从改革开放前后到现在，学界和社会上对康百万家族的研究与传播，主要聚焦其经营之道、家训家风、庄园建筑艺术等方面，并涉及豫商及其与晋商、徽商的比较研究。本文将在前贤研究基础上进一步理清康百万家族自身的谱系发展，方法是对照不同版本论文、著作，并参照原始碑刻、地方史志，查漏补缺，分析歧异，并提出自己的理解和观点。对象上，仍以康绍敬、康应魁等核心人物为主线，并尽量多涵括一些不太熟悉的门（支），最终谋求建立一张更为准确完整且主线鲜明的康百万家族谱系图。

关键词：康百万；家族；谱系

河洛康家即巩义康百万家族，是明清以来豫商中最具代表性的商业家族。该家族纵跨明清两代及民国时期，富裕十二代，历经四百多年辉煌。鼎盛时期，富甲豫、鲁、陕三省，船行洛、黄、运、泾、渭、沂六河[①]，土地多达十八万亩，两次悬挂“良田千顷”金字招牌，成为中原一大富豪，民谚称其“头枕泾阳、西安，脚踏临沂、济南；马跑千里不吃别家草，人行千里尽是康家田”。1900 年八国联军攻占北京期间，康家曾为慈禧太后、光绪皇帝在黑石关修建行宫、架设浮桥、铺设御道，还向朝廷奉献百万银两，被慈禧太后赐封“康百万”，从此民间早已流传的“康百万”誉称因金口玉言而尽人皆知。当时民间百姓还将康百万与巨富沈万三、阮子兰并称为“三大活财神”，印成年画广泛张贴。今天的康百万庄园就是保留下来的康百万家族部分故居及庭院，包括 33 个庭院、53 座楼房、73 孔窑洞、97 间平房，建筑面积 64300 平方米，整体规模相当于山西乔家大院的 19 倍，与四川刘文彩庄园、山东牟二黑庄园并称全国三大庄园，并且在时间跨度、占地规模上都居于首位，名闻天下，声震中原。[②]

“康百万”并非特指某一个人，而是对自明初自山西迁居河南府巩县桥西村（后改康店村）的以康应魁为首的康氏家族的统称。若从始祖康守信算起，康氏家族纵跨明、清、民国三朝，传承十八代，其中六世康绍敬、十二世康大勇、十四世康应魁、十七世康建德（康鸿猷）、十八世康庭兰等重要人物都被称作“康百万”，他们都在自己所属的特定时期抓住了历史机遇，一次次壮大家族财富和声誉，在康氏家族财富史上具有至为关键的里程碑意义。

从改革开放前后到现在，学界和社会上对康百万家族的研究与传播，在廓清发展阶段、关键人物基础上主要聚焦其经营之道、家训家风、庄园建筑艺术等方面，并涉及豫商及其与晋商、徽商的比较研究。

---

① 康百万主宅内有一副“耜耕三省当思创业艰难，船行六河须防不世风浪”的对联，既描绘了家族事业的胜景，又提醒人们须有居安思危的忧患意识。参见毛葛编著：《巩义三庄园》，清华大学出版社 2013 年版，第 14 页。

② 康百万庄园文史编纂委员会：《康百万庄园》，香港国际出版社 2002 年版，第 19 页；陈义初主编：《豫商发展史》，河南人民出版社 2007 年版，第 343 页。

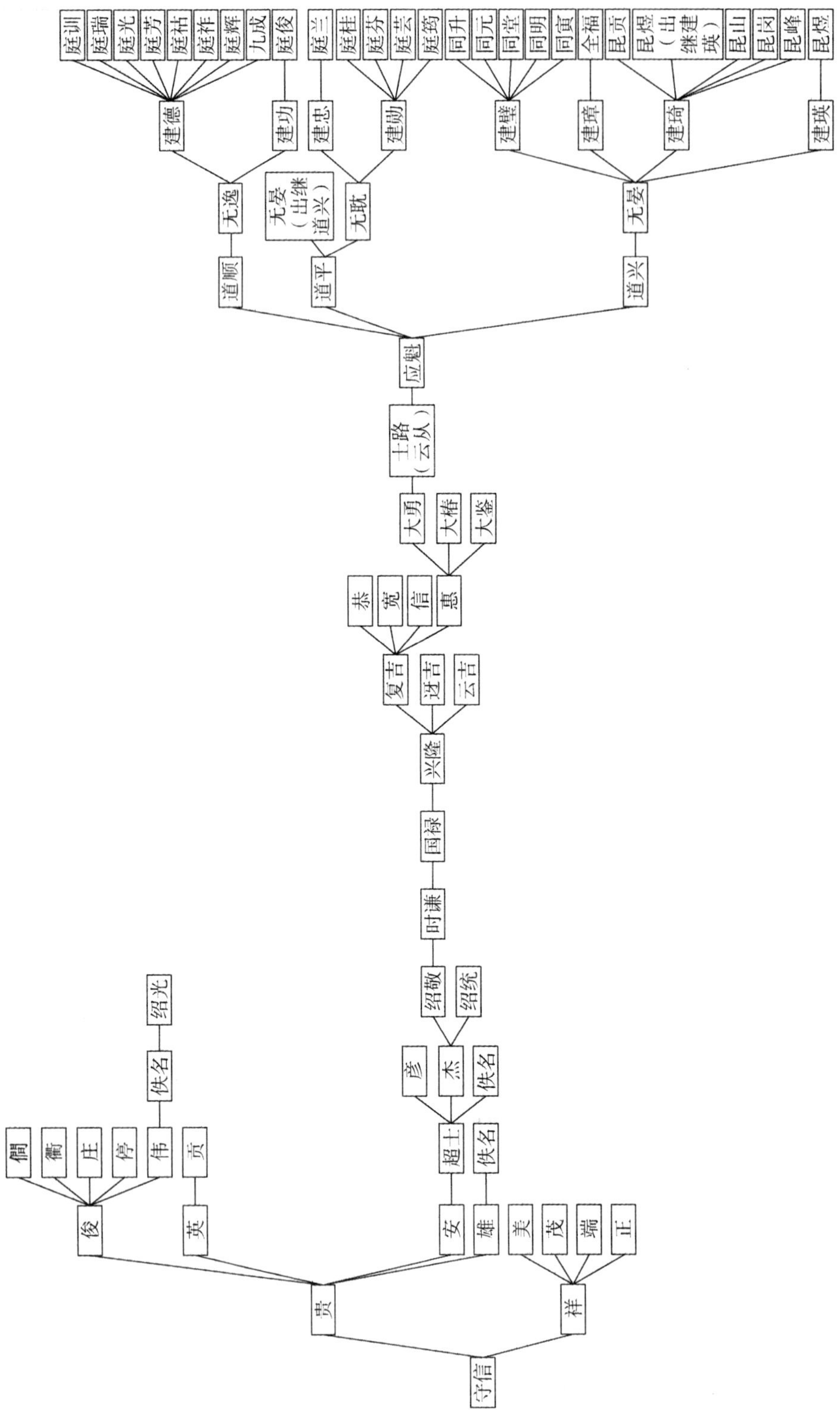

守信
贵
祥
俊
英
安
雄
美
茂
端
正
倜
黉
庄
停
伟
贡
佚名
绍光
超士
佚名
彦
杰
佚名
绍敬
绍统
时谦
国禄
兴隆
复吉
迪吉
云吉
恭
宽
信
惠
大勇
大椿
大鉴
士路（云从）
应魁
道顺
道平
道兴
无逸
无妄（出继道兴）
无耽
无妄
建德
建功
建忠
建勋
建璧
建璋
建琦
建瑛
庭训
庭瑞
庭光
庭芳
庭祐
庭祚
庭辉
九成
庭俊
庭兰
庭桂
庭芬
庭芸
庭筠
同升
同元
同堂
同明
同寅
全福
昆贡
昆煜（出继建瑛）
昆山
昆岗
昆峰
昆煜

图1 康百万家族谱系图

相对而言，其作为一个延续400余年、不断开枝散叶之大家族本身的研究较为薄弱，本文将在前贤研究基础上进一步理清康百万家族自身的谱系发展，方法是对照不同版本论文、著作，并参照原始碑刻、地方史志，查漏补缺，分析歧异，并提出自己的理解和观点。对象上，仍以康绍敬、康应魁等核心人物为主线，并尽量多涵括一些不太熟悉的门（支），最终谋求建立一张更为准确完整且主线鲜明的康百万家族谱系图。

一、从始祖康守信到六世康绍敬的谱系说明

1. 一世康守信兄弟概况及巩县康氏“一枝独秀”原因探析

据康氏族谱记载，明初从山西迁居河南，始祖康守信在迁居河南府巩县外，他还有另外六个兄弟一同迁居河南省（河南布政使司）内其他府县，即“伯从、伯亮、伯昌、伯聚、伯盛五人俱在本籍（禹州顺店），伯敬迁舞阳”，这是同治六年（公元1867年）康店康氏根据家族口传在经商贸易之余到禹州亲自查访后特意记录的文字，以防后世子孙年久不知。①

兄弟七人同迁，为什么只有巩县康氏一支能够绵延四百余年、成就财富传奇且天下皆知呢？大多公认是天时、地利与人和综合作用的结果，此言自然不虚，相对而言地利的影响更大。天时主要是国家时局、官方政策，兄弟七人虽地处不同府县，然而“溥天之下，莫非王土；率土之滨，莫非王臣”，面对的天时是相同的，比如明朝刺激经济发展而实行的盐业官督商办的“开中法”、清代康熙皇帝重视漕运、川陕白莲教起义，但能否利用得上这种普遍的“天时”、顺时而动有所作为，不同的区位则大相径庭，由此巩县康店的地利优势不断彰显出来。

巩县地处洛阳和开封之间，自古就有“东都锁钥”之称，历来是兵家必争之地。康店依邙面洛，是当时郑、汴通往九朝古都洛阳的要道，也是伊洛河进入黄河的重要码头，从康店乘船进入黄河不过半个时辰。进入黄河后，更是可以“上溯陕西，下浮济南，时或远达海口，南入江淮”。在现代铁路未修通之前，水运是巩县最为重要的对外交通运输方式。② 事实证明，后来康家能够大河行船③造就“富甲三省、船行六河”“头枕泾阳、西安，脚踏临沂、济南”的庞大商业帝国，就是充分利用了这一得天独厚的地利优势，航运业是康家崛起的基础产业以及后来康家鼎盛的支柱产业。另外，后来康家的衰落（以大河沉船④为标志）也和水运优势的消失与铁路运输的兴起密切相关。

独特的地利优势，在很大程度上造就了河洛康家的“人和”优势。宏观方面，康店地处河洛文化核心区，正统的儒家思想在这里有着极深的积淀。康家世代读孔孟之书，行孔孟之礼，即使进入商界，指导他们行为的仍是根深蒂固的正统文化。在康百万庄园中随处可见的匾额、楹联就是以小见大的见证，既有谦虚礼让、正直清廉的“留余”“端节退让”，又有修身养性、处世中庸的“居贵敬”“省贵

---

① 《康氏家谱》，1998年，第7页，转引自毛葛编著：《巩义三庄园》，清华大学出版社2013年版，第220页。另外，族谱还特意说明了本族与同县附近的大平头、康沟康氏并无族属关系，但有往来走动关系较好。

② （民国）刘莲青、张仲友等纂修：《巩县志》卷八，民政・交通・舟船，第1册，第410页，成文出版社印行；文众：《罪恶世家康百万》，河南人民出版社1979年版，第7页。

③ 关于大河行船，即十二世康大勇利用清初康熙皇帝特重漕运、藩镇等信息，毅然改变康氏家族以往局限在洛河做生意的习俗，进入黄河、运河等更重要的河道大河行船，不仅开辟了山东基地，而且使使康百万的经济势力范围，由中原扩大到鲁南广大地区和江、淮沿河一带。

④ 关于大河沉船，发生在十六世康道平当家主事期间。此时康家仍然家资丰厚，然而清政府的统治开始动摇，国内的民族矛盾和阶级矛盾日益尖锐，太平天国运动、捻军让清廷顾此失彼，疲于应对。咸丰三年（公元1853年），曾国藩、李鸿章等为镇压农民起义采取“画河圈地”封锁河流的政策，船只多被焚烧、凿沉。康家的船队活动范围多集中在黄河和大运河行船，故首当其冲，航运业受到重创，成为其由盛转衰的起点和标志。

简”，还有倡导团结和睦的“花楼重晖”“知所止”。这些充分体现了豫商根植于中原大地而崇尚中庸、勤俭为本、乐善好施、诚信义利的文化品格。所不同的是，在他们的商业实践中，把儒家文化的内涵与外延阐发得更加具体实际。[①] 微观方面，一世康守信和开始几代子孙于耕读之余，在洛河边开了一家饭店和简易旅店合一的店铺，生意兴隆，常年接触三教九流各色人等，而且也时常要和官署差役周旋交往。这种特殊环境逐渐促成了康家人的开阔视野，增强了人情练达的交往能力以及敏锐捕捉商机的独特眼光，经过长期积累沉淀在无形之中内化为独特的家族基因。这一点也能在某种程度上解释，为什么面对同样的天时、地利因素以及宏观人文环境下康店的康家家族能够在巩县脱颖而出。

2. 二世长门康贵与失语的二门康祥

河洛康家始祖康守信有两个儿子，长门康贵，二门康祥。康贵生四子：俊、英、安、雄，后来康绍敬、康应魁等康百万家族灵魂人物出自三门康安一支。二世长门是康百万家族谱系的主线与核心，相关研究对其后代繁衍传承已然介绍得很是详细清楚。

二门康祥生子四人：美、茂、端、正，由于外迁他乡[②]在康氏家谱中几乎失语。完整准确起见，可以在家族谱系中作为次支记录其四子姓名，这样也不影响长门的主体地位。

3. 四世康伟入仕以及人才辈出的六世子孙

世人印象中普遍认为康氏家族中率先入仕居官者是六世康绍敬，先后出任河南府洧川（今开封尉氏）驿丞和山东东昌府大使，管理地方的水陆交通和官盐、税务、仓库，亦官亦商，成功奠定了康家兴盛十二代四百年的家族基业。其实，放在更大的家族史视野中，康氏家族的第四代康伟（即三世长门康俊的第四子，主线康绍敬出自三世三门康安）是康百万家族任官第一人，由孝廉出任隆庆府知州。而且，康伟的孙子即与康绍敬同辈的康绍光亦入仕出任昌黎知县。而且，在六世“绍”字辈子孙中有功名者居多，据统计堂兄弟 14 人中有功名者 7 人，除了绍敬、绍光外，还有绍先出任内黄、滑县知县，绍登、绍第为邑庠生，绍裔任耆宾。[③] 虽然尚且不能查考除绍敬、绍光外这些堂兄弟究竟出自哪一门，然而他们的功名与身份却充分表明康家耕读传家的儒商传统。

二、从六世康绍敬到十二世康大勇

从前文介绍中，不难看出康绍敬是康百万家族第六代的关键人物。虽然官职不大，却综合发挥天时（明朝实行“开中法”）、地利（紧邻洛河、黄河的航运优势）、人和（身居大使直接管理盐务）等优势，将山东的盐及海产品运销河南，再将河南的粮、棉、油等物品运销山东，来回都不跑空，从此时康家就已经开始走上农、官、商结合的康庄大道，山东自此也成为了康家历代经商所到之地。到明朝后期，康家在洛水边上已经拥有了大量的土地和店铺，初步完成了家族兴旺发达的原始积累。[④]

接下来，七世时谦—八世国禄—九世兴隆三代皆为单传，到了十世方才有所好转。十世有复吉、迓吉、云吉三子。其中，三子“云吉”在一些论著中写作“允吉”，据康百万庄园碑刻显示当为“云吉”，

---

① 王振和、李春晓编著：《走进康百万庄园》，学苑出版社 2007 年版，第 112 - 113 页。

② 康氏祠堂祭殿所立的康氏族谱碑录文记载，据传二世二门康祥迁居开封。其与长门之间有无来往，未见记载。参见胡思佳：《清代豫商康百万》，郑州大学硕士学位论文，2012 年。

③ （民国）刘莲青、张仲友等纂修：《巩县志》卷十二，人物志上，成文出版社民国二十六年（1937）印行，第 2 册，第 819 - 821 页；王振和、李春晓编著：《走进康百万庄园》，学苑出版社 2007 年版，第 84 页。

④ 孙学敏、周修亭：《康万庄园兴盛四百年的奥秘》，河南人出版社 2007 年版，第 36 页。

“興隆子三：次迓吉，三雲吉，長諱復吉，即公高祖也”[①]，“雲”即“云”的繁体，由此也可以排除因“云”与“允”字形相近而抄错的可能性。

十一世人丁更为兴旺，有恭、宽、信、惠四子，然而更大的事件是康氏与前明洛阳福王的孙女朱氏联姻。明末李自成农民军攻克洛阳、杀死福王之后，康家收留逃难的福王儿媳李妃，后与其女朱氏婚配，锦上添花，富上加富，并得到南明福王小朝廷以及中原士大夫的青睐，经济、社会地位都大大提高。

翻阅目前有关康百万家族的几乎所有论著，发现一个有趣的问题：“康朱联姻”虽然属实，然而究竟是发生于十世康复吉身上还是十一世康惠时代却各有说法。康百万庄园文史编纂委员会编的《康百万庄园》注明是十一世康惠[②]，“豫商发展史与豫商案例研究”丛书之《豫商发展史》《康万庄园兴盛四百年的奥秘》和相关学位论文持同样观点。[③] 而《康百万家族与庄园》及《走进康百万庄园》两本书均认为发生在十世康复吉身上。[④] 在目前看到的家谱中，也并未标注朱氏，只写明康复吉配王氏、康惠配李氏[⑤]，朱氏很可能是原配过世后婚娶的继室。经过反复考证琢磨，笔者倾向于第一种观点，即“康朱联姻”发生于十一世康惠时代。第一，史实层面。李自成攻破洛阳是崇祯十四年（1641 年），李氏逃难到康店嫁女是十余年后的事情，从这时候算起到十二世康大勇利用康熙皇帝削藩、漕运、治河三大政的有利天时弃学经商大有作为也就是二三十年的时间，基本上是一代人即康惠长子大勇从出生、读书成长到弃学经商、积累经验练就独到战略眼光的时间。如果“康朱联姻”的对象是十世复吉，那么中间至少还要加上二十年的时间，即复吉第四子康惠出生（至少五六年）以及康惠成长娶亲生子（至少十五年）。第二，就李氏年龄而论，即使逃亡时很年轻只有二十多岁（携子女逃亡），十多年后嫁女给复吉时三十多岁，等待十一世康惠出生娶妻生子则五十多岁。而现在康百万庄园中她送给康家十二世即康惠三个儿子大勇、大椿、大鉴三座豪华壮观的窑楼是确定的，而且很有可能应该是在他们相对长大接近婚娶时赠送的，那时的李氏至少六七十岁了，按照当时的平均寿命是否健在未为可知。即使家境优渥寿命较长，仍存有较大的不确定性。第三，从人情事理上讲，嫁女生子送给三个外孙厚礼是可以理解，若再隔一辈人送给曾外孙则大大出乎常理之外。

三、从十二世康大勇到十四世康应魁

康大勇是康百万家族第十二代的代表人物，又名大茂，颇有魄力和远见卓识。清代社会还是奉行士不经商，康大勇也有功名在身，例授登仕佐郎，但是他敢于打破传统，放弃功名，大胆弃学从商。当时正值康熙皇帝削藩、整顿漕运之际，康大勇把握天时敏锐捕捉到无限商机，充分利用巩县洛水的地利之便，兴建船只发展航运业，同时打通关系积极与东河总督府接触，使其参与到漕运行列中。康大勇还在

---

① 《皇清例授徵仕郎斗方康公墓表》，即康应魁墓表。

② 康百万庄园文史编纂委员会：《康百万庄园》，香港国际出版社 2002 年版，第 19 页；陈义初主编：《豫商发展史》，河南人民出版社 2007 年版，第 51 页。

③ 陈义初主编：《豫商发展史》，河南人民出版社 2007 年版，第 345 页；胡思佳：《清代豫商康百万》，郑州大学硕士学位论文，2012 年，第 12 页；周岩：《明清河南巩义康百万家族盛衰研究》，延安大学硕士学位论文，2014 年。

④ 王振和、李春晓编著：《走进康百万庄园》，学苑出版社 2007 年版，第 104 页；贺宝石、康靖：《康百万家族与庄园》，大连出版社 2004 年版，第 17 – 18 页。

⑤ 康百万庄园文史编纂委员会：《康百万庄园》，香港国际出版社 2002 年版，第 19 页；陈义初主编：《豫商发展史》，河南人民出版社 2007 年版，第 64 – 65 页；王振和、李春晓编著：《走进康百万庄园》，学苑出版社 2007 年版，第 104 页；贺宝石、康靖：《康百万家族与庄园》，大连出版社 2004 年版，第 106 – 107 页。

山东临沂、兰水等地购置产业、开办栈房，开辟了山东基地，并逐渐打出了“崇德公”的生意堂号，康家的经济势力范围由河洛地区扩大到江淮一带。“康百万”这个誉称就是从康大勇开始的，他无疑是继六世康绍敬之后康氏家族四百年发展历程中的又一领军人物。之后康大勇的儿子十三世康云从继续开拓着康家的商业版图，河南的禹县、栾川、卢氏等地都成了康家的药材和木材基地。

十三世康云从（谱名士路）是康大勇的独子，自幼聪慧，但身体孱弱，屡试不捷，41 岁病逝，例授文林郎（正七品官衔），他的独子就是后来鼎鼎大名的康应魁。

十四世康应魁主事后开创了康家的全盛时期，是最当之无愧的“康百万”。康应魁颇有其祖父风范，在继承上一辈的家族财富之后，一生积极开拓。康应魁一生做了两件重要的事情发展壮大了康氏家族：第一件事是利用清廷镇压白莲教起义的机会，拿到了清廷镇压军队长达十年的军队棉花、布匹的军需供应大单，第二件事就是拿下陕西泾阳的布匹批发市场。也正是在此时，康百万家族进入了全盛时期。就是在这个阶段，土地多达 18 万亩，悬挂“良田千顷”牌，富甲豫、鲁、陕三省，船行洛、黄、运、泾、渭、沂六河，是真正的家资巨万，民间称其“头枕径阳、西安，脚踏临祈、济南；马跑千里不吃别家草，人行千里全是康家田”。

四、从十四世康应魁到十八世康庭兰

康应魁有三子：道顺、道平和道兴，是为康百万家族第十五世。

其中，道顺是长子康子龙的谱名，字霖三，别号静斋，是康百万家族学者型的代表人物。他精通程朱理学，曾任遂平教谕、山东候补知县，母亲去世后回乡丁忧，遂辞官潜心钻研学问，倾尽毕生精力校注《皇极经世》，并且乐善好施、名望极高。在康百万庄园中，至今存有《康霖三碑楼》，另外庄园内的神道碑也是称呼“霖三”，碑文系其好友郑元善、康家女婿进士牛瑄[①]所写，文人之间熟人往来，称字不称名是礼仪也是习惯。

次子道平，号坦园，对家族发展贡献有两个方面。最为重要的是，建立金谷寨抵御捻军，金谷寨方圆半里，外控洛巩大道和邙山要塞，兼控伊洛河水道，与康家主宅防御区互为犄角、彼此照应，同时还多次购买谷粟分给附近乡民。另外，请进士牛瑄题写“留余”匾额，形成后世广为称道的留余家训。当时康道平正是康家的当家理事人，又亲身经历了太平天国和抵抗捻军的活动，对人生沉浮、世事变迁都有深刻理解，比如“大河沉船”事件虽然对康家是个沉重的打击，但他认为这正是“不尽之禄以还朝廷”的关键时刻，所以能以平静的心态泰然处之。为了鼓励自己并教育子孙，他把自己的堂号取名“留余堂”，并请人题“留余”二字作匾，悬挂于厅堂。[②]

十六世三人，无逸出自长门道顺，无晏和无耽出自二门道平。三门道兴自幼精通武艺，可惜英年早逝，膝下无子，寡妻王氏出身洛阳名门望族，过继二门无晏为子，所以家谱显示无晏是三门分支，后来生子四人俱为道兴孙辈。同时，十六世三人的名字才进一步显示康百万家族的儒商色彩。虽家资百万，然而对子孙教育时刻不放松，从名字上就殷切希望他们能够读书入仕、光宗耀祖，不要好逸恶劳、耽于酒色财气。

十七世康建德（鸿猷）是慈禧太后御封“康百万称号”的直接当事人。他出钱监工修造黑石关行

---

① 牛瑄，字荔庵，同治己酉科进士，殿试二甲一名，授翰林院编修，工文善书，时论翕然。其父牛凤山，道光癸巳武状元，头等侍卫，历任甘肃凉州游击，加副将晋升总兵，官得四世一品封赠，因疾致仕。（民国）刘莲青、张仲友等纂修：《巩县志》卷十三，人物志上，成文出版社民国二十六年（1937 年）印行，第 2 册，第 1013 - 1014 页。

② 王振江、孙宪周、贺宝石等主编：《史话巩义》（上），中州古籍出版社 2007 年版，第 443 页。

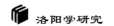

宫和“龙窑”，迎驾慈禧光绪，之后又向慈禧贡献白银一百万两，前后花费约两百万两。1903 年慈禧赐金字匾“神州富甲康百万”。事实上，此前民间屡屡有“康百万”的誉称，康家也不以为然，此次成为皇封借慈禧的金口玉言而名扬天下、后人皆知。

然而查阅民国《巩县志》，发现当时官方的接驾记录并无关于康建德（鸿猷）以及康家的任何记载：

（光绪二十七年）秋九月二十四日，清德宗暨慈禧太后回銮，驻跸县城。前年义和拳肇乱，八国联军入京师，两宫走西安，至是议和成，回銮道经巩县，县备三行宫、黑石关、县城、官店，行不戒严，绅民跪道左右贡献。①

而且，当时《巩县志》中知县史宜咏传上言及此事，也是大而化之说地方士绅多有参与贡献，“清帝回銮，县境筑行宫三，差务之大，亘古未闻。宜咏率士绅筹备，智周计密，功成而里巷不扰”，亦未提及康家人的名字。为什么呢？虽然康建德（鸿猷）作为士绅代表，积极出钱出力修建行宫、贡献百万银两实际贡献巨大，然而在官方看来还属于徒有不入流官衔的“民”，接驾差事圆满完成功绩在“官”，若在史书中记录康建德（鸿猷）个人的名字难免有喧宾夺主之嫌。而且，虽然康建德（鸿猷）如此处心积虑、大费周章，最后只得了个不入品的赏戴蓝翎“汝南教谕”的虚衔，在近世民族和阶级矛盾尖锐、战乱频繁的时代大局下，本已衰落的康家更是雪上加霜，不可避免地逐渐走向覆亡，这在康家十八世诸子弟时代更为典型。

康百万家族十八世有兄弟二十五六个，时值民国初期，战乱纷杂，康家已经到了家道艰难的地步。虽有康庭兰发愤图强，以郑州为中心，利用铁路、水路将生意做到了天津、上海地区，堪称康家最后一代“康百万”，然只是家族覆灭前最后的回光返照，不久就因为日寇的入侵和商业内讧导致衰败。康家的子弟在这一时期也大多不成才，吸食鸦片、吃喝嫖赌，挥霍家业。另一部分康家青年离开了家族，走上了革命的道路。

五、余论

在收集史料的过程中，意外发现一本 1979 年 6 月出版的《罪恶世家康百万》，虽然党的十一届三中全会已经召开，但社会舆论还没有从阶级斗争的禁锢中完全解放出来。全书站在阶级批判的角度，深入批判其罪恶发家史及其种种剥削行径。② 随着改革开放的渐次深入，世人对其急转直下，裹挟过政府发展经济的急切动力和个人追求财富的热切渴望，变成了上上下下对其财富密码的解密和追求。在不到 30 年的时间里，人们对这个辉煌 400 余年的中原首富家族的态度实在是冰火两重天，个中况味实在发人深省。同一个对象、同一批史料，可以无情鞭挞，也可以热情讴歌，历史是否真的是“任人打扮的小姑娘”呢？作为一门科学，历史学在谋求服务现实、经世致用时更应秉持求真求实的主旨和冷静客观的态度。

（作者为河南省社会科学院历史与考古研究所副研究员）

① （民国）刘莲青、张仲友等纂修：《巩县志》卷五，大事纪，第 1 册，第 349 页，成文出版社印行。

② 文众：《罪恶世家康百万》，河南人民出版社 1979 年版。

路朝霖及其《洛阳龙门志》

扈耕田

摘要：路朝霖生于文化世家，有着极其多样的文化成就，在诗歌方面十分突出；在通俗文学、书画、收藏方面也较有成就，尤其在地方志方面贡献突出，《洛阳龙门志》是其代表。

关键词：路朝霖；文化成就；地方志

清光绪十三年（1887年），路朝霖的《洛阳龙门志》于四川万县刊行，12年后，续编在大梁刊行。这是中国古代“唯一一部龙门专志”①。作为第一次从整体上将龙门石窟视为研究对象的著作，在龙门石窟的学术研究史上具有开创意义。惜其书流传不广，不仅未能得到有效的利用，且至今尚未见有系统研究。特为此文，略作探讨。

一、路朝霖家世与生平

路朝霖，字覃叔，号访岩，一号蕙櫋。出生于距今贵州毕节市4公里的德沟村路家湾。自其高祖路元升乾隆元年中进士之后，其祖路孟逵、伯父路璋、父路璜又于嘉庆、道光年间联翩及第。至光绪二年（1876年）路朝霖中试，这一家族在短短一百三十年间，已经出现了五名进士。其中路孟逵、路璜、路朝霖三人皆入选为翰林院庶吉士。《毕节县志》云：“路氏自元升以甲科起家，代不乏僚，为邑望族。自邵至孟逵，三世均有诗集。”“路氏自元升以科甲起家，代不旷僚，为邑望族。自邵至孟奎三世均有诗集，璜任洛阳时，辑而梓之。”② 毕节路氏遂成为有清一代贵州声名最为显赫的科举与文化世家之一。

据《曾国藩日记》，路朝霖同治六年（1867年）曾拜访曾国藩，曾称之“聪明异常……英器也”。后曾入赀为郎，官农曹。同治八年（1869年）举于乡，光绪二年（1876年）中进士，荣膺馆选。然其后仕途并不顺利。散馆之后，授四川东乡县知县。在著名的东乡民变事件中，被人指责解押人“任意迁延”“实属玩误”，③ 被降调开缺。后经自我辩解，改署奉节县知县，后又任万县知县。晚年，任河南候补道。又，据其《洛阳龙门志续编》跋二所载，在戊戌变法前后曾管河南吏治局事。该局为清末所设，掌官吏升迁考绩之事。

徐世昌《晚晴簃诗话》论其生平曰：“即官农曹，嗣入词馆，文誉炳然。丁丑散馆，以知县用，师友皆惜之，旋选授四川东乡知县，抚字勤拳，氓怀吏畏。今官汴中，年近古稀，犹躭吟咏，诗文集尚未付刊。”以膺选庶吉士之才，而官仅至此，可谓不遇。又曰：“在官旋进旋退，未由自见。年愈进，境

① 金恩辉、胡述兆主编：《中国地方志总目提要》，汉美图书有限公司1996年版，第32页。

② 陈昌言：《毕节县志》卷6上，《仕宦路元升》，光绪五年本。

③ 清实录馆：《清德宗实录》卷102，光绪五年二月丙戌。

愈蹙。”（《红鹅馆诗钞》序）此可谓其仕途之写照。至于其卒年，当在1926年前后，今已不可确考。

二、路朝霖的文学成就及其他

路朝霖生于文化世家，有着极其多样的文化成就。除在史学方面修纂《洛阳龙门志》外，大致体现在文学、艺术、收藏等方面。而文学尤其突出。所著《壬辰蜀道杂诗》光绪十八年（1892年）于京师刊行。《红鹅馆诗抄》二卷由民国大学者徐世昌手订并由其徐氏退耕堂于1912年刊行。另有《乌蒙山人诗文集》《松野书屋文集》，前者见于徐世昌《晚晴簃诗汇》，后者见于《贵州省志·出版志》，列入待访之目，不知尚存天壤否。

路朝霖的文学成就，主要体现在诗歌方面。他在诗歌取向上，非常推崇张问陶（号船山）。其《夏夜读船山诗》云：

“栈云峡水寂无声，写入诗篇极有情。夏夜读来当游志，眼中历历记经行。
门第乌衣爱苦吟，袁洪王赵订知音。功名毕竟承平好，人说神仙是翰林。”

船山学袁枚，可视为性灵说之同调。在船山之外，本朝诗人中路朝霖还很推崇赵执信。光绪十一年（1885年），他在四川万县翻刻之赵氏《怡山诗集》二十卷，今尚存四川省图书馆。而赵执信推崇宋诗，主张诗歌应独抒胸臆，以意为主，反对王士祯的“神韵说”。这对路朝霖也有一定的影响。

徐世昌《晚晴簃诗话》路朝霖小传又云：“其《壬辰蜀道杂诗》一卷，根柢学厚，雄健处似杜，超浑处又似苏。非小儒所能学步也。”评其诗似杜似苏，亦自有其道理。又称其“诗承家学，博雅好古，多华赡之作”（《晚晴簃诗话·路璜传》）。就其现存诗作而言，其诗歌在雄健、超浑、华赡之外，又颇有织哀怨入华艳之特点。

路朝霖被李慈铭视为“自满过甚，于诗未知门径，而狂不可一世”。其实二人论诗之宗旨还是颇为相近的。李慈铭论诗即反对宋诗，又能在宗唐的基础上，融入宋诗的特点，从而别开生面。而路朝霖的诗学思想大抵也不受什么门派及时代之囿，特别是受性灵派之影响，书写更为自由。路朝霖的外甥祚廙在为其母、路朝霖之妹《吟荭馆遗诗》所作跋语云：“先外祖父渔宾公躬自教授，于唐宋以来诗学源流均能抉择精微，得其神髓。”路氏家学，亦自如此。

据《曾国藩日记》，路朝霖曾以长篇排律为曾国藩所赏识。他亦自称“解吟七字，并时无人”。就内容而言，“门第乌衣爱苦吟”，堪称是其自诗歌内容的自我总结。作者虽然出身名门，科举得意，但正因如此乱世之感也可能比别人更为深切。加上其入翰林而授以地方微职，心中亦自有抑郁之气。故他的诗歌虽有生于高山大河者所应有的豪放、旷达及生于官宦世家的高华、华艳，但却又往往与伤感之情交织在一起，体现出那一时代士大夫的特别心境。这在其《巴东》二首中表现最为鲜明：“竹枝声苦夕阳红，大舸轻帆趁晚风。满树猿啼江草绿，行人四月过巴东。”（其一）“阵图聚石空陈迹，秋兴歌诗足感伤。词客英雄两销歇，江声和月下瞿唐。”（其二）

川黔山水相连，风物相类，作者对李白的心仪自不待言。就本诗而言，其意象、手法明显受到李白《早发白帝城》等诗的影响。但同时，世事的沧桑，又使他受到了另一位与三峡有着密切关系的伟大诗人杜甫《秋兴八首》的影响。故这两首诗其实是将《早发白帝城》之欢快飘逸与《秋兴八首》之沉郁苍凉挽合于一起，形成了一种无以言说的特殊韵味。另外，其《春有怀燕京》云：“少年哀乐难为别，乱世科名不救贫。草色绿回江渚暖，溪声喧带石滩春。”《八月廿三日偕徐性臣重游慈仁寺》云：“杰阁花深留美荫，小池荷老剩余香。卢沟行骑登高见，怕动轮蹄断客肠。”情感、色调的倏然转变与鲜明对比，无疑均具有此种况味。

而其后期的咏史怀古之作，则将对个人命运的感喟及对时事的慨叹交织在一起，立意更为高远。《壬辰蜀道杂诗》作于1892年，其《广元感武后事》云：“祸水由来应谶图，唐宗社稷遂邱墟。如何一代英雄主，溺爱帷房不剪除。”联系到清末政局，其借古讽今之意甚为明显。而《长安怀古》更表现出苍凉之感：“终南山色旧崔嵬，长乐钟声四散哀。汉关唐陵满禾黍，温奸莽窃久尘埃。帝王气尽移都去，词客车驱吊古来。惟有前人留翠墨，断碑荒甓费徘徊。”

该诗集的最后一首《入顺天境车中作》，末句云：“书生不起江河感，旅舍名香手自焚。”更表现出末代知识分子无可奈何的心态。

另外，长期生活于少数民族地区，路朝霖对民间风情颇为留意。故在他的诗集中也有一些描写民间风情之作。如其《毕节清明竹枝词》：

> “乌鸦飞过大塘边，苗女踏春唱采莲。惹得游人看台阁，香车宝马尽流连。
> 大甑浮浮玉粒蒸，屠豨沽酒约晨兴。清明嫩日春光好，知有衣裳妇女矜。
> 双双姊妹蹙罗裙，爆竹声喧送夕曛。桃李花开齐上冢，纸钱插遍万人坟。
> 祭罢先人尝馂馀，醉归社散语喧哗。女儿颜色相辉映，白白红红罂粟花。”

虽为清明祭祖，却了无“路上行人欲断魂”之感，相反充满了欢声笑语。这些诗歌清新流丽，表达出对乡间质朴生活的热爱，读之令人向往。

诗歌之外，路朝霖对通俗文学的热爱也颇值得一提。这一点也颇有乃父之风。路璜曾为《笑史》作跋云：“觉来斋《笑史》……虽未必为天下尽有之事，而为天下必有之情，不可无之理，实足以启聋振瞆，迷津中奇创之一航也。”① 路朝霖似乎更进一步，他称：“说部数种，此外无学。”因此而被李慈铭为“江湖才子通病”。光绪丁亥，石光熙等重刊乾隆间董榕所作传奇《芝龛记》，该剧叙明末二女将秦良玉、沈云英平叛抗贼之故事，又以沈云英闻清兵渡钱塘而赴水自尽为结局。光绪十四年，路朝霖亲为作序。序中称赞重刊者曰：“睹《芝龛记》亟欲刊刻，以警醒愚蒙，不仅赏其词曲之工，为士大夫宴游娱悦耳目之观已也。贾生有言：‘俗吏所务，在刀笔筐箧，而不知大体。’如怡楼之识见卓卓如是，可以一雪斯语矣。”② 可见他十分重视通俗文学的启蒙意义。这与当时梁启超等的文学革命思想是相一致的。

此外，《芝龛记》在清末还有反封建、反满清的特别意义。秋瑾不唯作《题芝龛记》八章表达倾慕之情，且以秦、沈自许，创作了著名的《满江红》一词：“良玉勋名襟上泪，云英事业心头血。”正是“早年阅读《芝龛记》的一点念头，竟伴随秋瑾一生，最终以擘划起义、从容就义而完成与实现”了其夙愿③。明白了这一点，对我们理解路朝霖的思想也是颇有意义的。

路朝霖也是清代贵州著名书画家、收藏家。《皇清画史》卷二十七据《校经堂文集》，称他“尤工行楷书”。《益州书画录续编》称其擅书法，早岁沈潜米、董两家，晚年法李邕，益豪放遒逸。其山水立轴，重峦叠岗，布置妥帖，宛然麓台规模。他亦为黔地著名收藏家。家藏有《九字损本兰亭序》、顾二娘手制砚等文物。④ 作为史学家，路朝霖在《洛阳龙门志》还著有《孙夫人考》。该书现有清光绪十

① 孙逊、孙菊园：《中国古典小说美学资料汇粹》，上海古籍出版社1991年版，第57页。
② 蔡毅：《中国古典戏曲序跋汇编》，齐鲁书社1989年版，第1716页。
③ 夏晓虹：《始信英雄亦有雌——秋瑾与〈芝龛记〉》，《文学评论丛刊》第1卷第2期，江苏文艺出版社1998年版，第227页。
④ 侯清泉：《贵州历史人物》，贵州人民出版社2000年版，第200页。

一年（1885年）刊本。

三、路朝霖的《洛阳龙门志》

1.《洛阳龙门志》的修纂缘起

关于《洛阳龙门志》的修纂过程，今人或以为乃作者任职洛阳知县时所作。[1] 此说误矣。路朝霖在序言中明确表明，该书是在“课读之暇”“穷搜遐摭”而成。也就是说当时作者尚未中进士。而序末所署时间为“同治庚午”，也就是同治九年（1870年）。六年后作者始中进士。

其实，曾任职洛阳知县的是作者的父亲路璜。路璜（1813—1888），字小竹，号渔滨。为道光二十五年（1845年）恩科进士，亦为清代贵州著名诗人。《晚晴簃诗话》云：“渔宾先生历宰中州大邑，多惠政，笃好吟咏，沟书填委之际，顷刻成章。”著有《黔灵山樵诗钞》四卷。他对洛阳极有感情，有专门的《嵩洛纪游诗草》，并在洛阳对路氏历代著作进行了编辑，编为《蒲编堂诗存》。路璜居官，家人随之居洛。

路璜《嵩洛纪游诗草》有诗曰《甲子初秋东郡冒雨游龙门望香山寺偕叶少岩石明府》，甲子为同治三年，即1864年。路熙在为其姑母、路璜之女、路朝霖之妹路秀贞《吟荭馆遗诗》所作跋语忆其家人在洛阳官舍之生活曰：“忆熙方五龄，即依恋姑母。时维同治戊辰，在先祖中议公洛阳官舍。芸编插架，姑母终日卷不释手。中议公于典实有遗忘，询之，姑母即详举以对。尝名之曰‘小书橱’。”可见其居官洛阳至迟不晚于同治戊辰即同治七年（1868年）。

而路朝霖《壬辰蜀道杂诗》有《重过洛阳城有感》一诗。其中有云：“十五年前爪迹存，重来疑是武陵源。”若以此而计算，则1876年中进士之前，可能长期皆居于洛阳。

徐世昌手札有云：“路渔宾先生官洛阳，余从学诗文，时有游眺觞咏之乐。……路访岩、陈仲英、陈季舫三先生，皆作少年从学诗文者。”可见路氏兄妹在洛之时，受父之所教，时时吟风颂雅，沉浸典籍。而洛都名胜则是其课余书后的盘桓之地，对于龙门更是流连忘返。路秀贞《忆龙门旧游和家大人韵》记其情形云：

> “十寺销沈万佛留，客来访胜景偏幽。残碑剔藓寻陈迹，曲径扪萝忆旧游。岚气蒸成朝暮雨，泉声咽尽古今秋。夕阳影里催归去，爱听松风独倚楼。”

路朝霖向来关心地方文献、地方风物。徐世昌云：“（访岩）留心贵州文献，道咸以来，黔中老辈诗稿寄示凡十余家。”光绪二年（1876年）二月，他又曾奉寄李慈铭《登封县志》一部。而他数度游龙门，尤为龙门石窟之毁坏而痛心。其《清和初旬侍家大人游龙门》有云：“风流白傅余荒陇，欲荐香苹一杠然。”《寻奉先石窟诸遗址不得》云：“十寺基荒芜，乱石堆古道。”对于曾经重修香山寺的汤右曾，他则极其敬仰：“遗像肃清高，瞻仰奠桂酌。千秋万岁名，不朽垂广漠。”（《香山寺瞻拜汤少宰西崖先生石刻遗像》）正是此等情怀，使路朝霖有了修纂《洛阳龙门志》的愿望。而作为藏书之家，也使他的修纂具有了便利的条件。他在自序中，感慨唐代龙门八寺之了无遗迹，并言其修志之动机，实欲为龙门留下生动之写照：

---

① 李文生：《龙门石窟志》，中国大百科全书出版社1996年版，第291页。

> 龙门例有志，古未有作者。余课读之暇，遍阅志乘，旁及诸家诗文集，穷搜遐摭，要取精核。……使名山娩嫿之态，高人裙屐风流，一展卷而如晤。庶几不为山灵所诃，或亦醉吟先生所窃许者欤？

然而，同治九年（1870年）作者在洛阳已经初具规模且已作自序的《洛阳龙门志》并未及时刊印。直至作者任职万县县令时，始“刊于万县官舍”。此即今存之“松野家藏本”，署曰“光绪丁亥（1887年）十一月开雕于万县”。其后，“得佚事诗文若干篇”，拟“刊之于汴梁”，其时则在光绪丙申（1896年）三月十九日。然直至“戊戌（1898年）冬，始付剞氏”。若将同治七年（1868年）视为其着手编写《洛阳龙门志》之开端，至此则已经三十多年。诚可谓毕生事业。作者自云：“余与龙门可谓勤矣。”诚哉斯言！

2.《洛阳龙门志》的修纂原则

在《洛阳龙门志》的修纂原则上，他首先强调“穷搜遐摭”。尽可能地挖掘史料，搜罗文献。现存《洛阳龙门志》除了对龙门石刻文献的实地调研、收录之外，涉及的文献尚有正史、方志、丛书、类书、总集、别集等。据不完全统计，仅书中征引文献就达100多种。这在当时条件下实属不易。在搜集文献时，他没有局限于龙门石窟本身，而是向前追溯到龙门石窟开凿之前在斯地所发生的重要历史事件，有着极其宽广的学术视野。

其次是“要取精核”“汰俗存雅，不敢汎滥”。具体而言，“洛中郡县志，采摭非不备。而因俗云龙门，辄将冀州龙门诗载入。近时每邑，例列八景。景系以诗，秉笔者一概登之，类于经生家试帖，此则不可不辨也。”其意主要有两点：一是要求真。特别是对于同名之地的相关文献应当认真辨析，不可误入。二是要避免八景诗等类似试帖之作滥入。

对于前者，与前此之《河南府志》《洛阳县志》相比，路朝霖在选择诗文上大都以明确指向于洛阳龙门者为收录原则。但对一些无法确定者，也适当给予收录。如在王勃《夏日登龙门楼寓望序》后其加按语曰：

> 《河南府志》载此文入洛阳艺文类，细味文中“乡党新知，埽颜回之陋巷”等语，似是山西龙门非洛阳龙门也。勃本绛州人，故有此语。篇中景物，亦与伊阙不合。《河南府志》宜削去为是。近日志书，例多此弊。不考地理之沿革，将他县事迹人物拦入以备美观，而庞杂泛滥，其失也诬。此皆秉笔者之过也。按语宜酌。篇中无浊河字，似不必泥“乡党新知”句也。对于这种难以确考其是非者，能够酌情选入，并加按语以说明选择之理由，既避免了遗珍，亦告知读者应慎重对待。这无疑是有其道理的。

在杜绝滥入方面，以洛阳八大景之一“龙门山色”为题的诗作，乾隆十一年龚崧林撰修《洛阳县志》即录入明代沈诗、邱起凤、吕维祺三人之作。然而路朝霖在《洛阳龙门志》中却一首未录。这表明其时路氏对八景诗殆同“经生家试帖”的看法。不过，在《续编》当中，路朝霖却收录了翟廷蕙、沈应时、刘贽、刘衍祚、邱起凤等明人之作，作者与数量上均有大的突破。这可能表明了作者对于收录文献力求全面的思想。

3.《洛阳龙门志》存在的问题

当然，路朝霖《洛阳龙门志》成书于作者中进士之前，乃在其繁忙的课读之暇完成，加之洛阳及作者个人藏书之限，收录尚不够完备。作者自谓“斯编自谓矜审，然卤莽处不乏”，虽系谦辞，然揆之实际，除了搜集不够详备外，还存在着以下问题：

（1）体例不规范。本书类似于随录之汇编。因是所见即录，没有将所录之文献按时间、体裁、内容进行归类。一代之文献、一人之诗文，前后多次出现。而对某一诗文之注录、时代、作者、出处等顺序也不固定。由于缺乏系统的整理，故显得有些紊乱，使人利用起来甚不方便。

（2）录文有时不够准确。《洛阳龙门志》录有："龙门山东台主书牛慜德造象　正书乾封元年。"此处"慜"，应作"懿"。牛懿德（生卒年不详）曾任东台主书、将作监等职。高宗、武后时在龙门监修石窟甚多，与唐代龙门石窟文化关系甚密。又，所录宋文彦博"嘉祐中，余尹河南，与少师李公明、龙图董巨源、集贤王伯初同游龙门。渔者得鳜鱼数十尾，以助杯柈饮兴，皆欢。日月云迈，几二十年。感旧念游，作忆鲈诗，乃思鲈之比也"一诗之题下注："李柬之、董沔、王起熙宁中北京作也。"其中的"李柬之"当为"李东之"。

（3）文字删减未加以说明。《洛阳龙门志》中有时对原作文字进行了一定删减，此本无不可，但应加以说明，使人知其非本来面目。特别是"永宁寺"一段系据《洛阳伽蓝记》大幅删减、更改而成，约为原文的1/3。不给予特别说明，使人在使用时难免会产生误用。

（4）引文出处有误。《洛阳龙门志》所载"咸通四年秋，洛中大水"一条，云据《广异记》。此文今本《广异记》未录。《广异记》为唐代中期的一部志怪故事集，作者为戴孚。"咸通四年"已至唐末，而《广异记》为唐代中期之作品。故若"咸通四年"的时间未误，则此处注录之出处必有误。而《太平广记》卷第四百三十四据晚唐康骈《剧谈录》载有此文，亦曰"咸通四年"，可见此处之出处不确，应为《剧谈录》。

（5）录诗有重复之处。不少诗文在《洛阳龙门志》中两次出现。如白居易"舒员外游香山寺数日不归兼辱尺书大夸胜事，时正值坐衙虑囚之际，走笔题长句以赠之"。有的诗文前后多次出现，而题名却不一致。如所录司马光的《龙门石楼》《石楼》二首，实系同一首诗。有时甚至作者也发生错误。如同一首《伊阙怀古》，共出现两次。第一次作者为吕履恒，第二次变为汤右曾。事实上，该诗见于汤右曾《怀清堂集》（四库全书本），当以汤氏为准。

（6）偶有考证不确之处。《洛阳龙门志》中据《河南府志》引，录有："《隋书·地理志》：兴泰有钟山。"并注曰："即龙门山。"其实，此语原文见于《隋书·地理志》卷三十《地理中》："伊阙旧曰新城，东魏置新城郡。开皇初郡废。十八年县改名焉。有伊阙山。兴泰大业初置。有鹿蹄山、石墨山、钟山。"此处系分言伊阙、兴泰二县，钟山不在伊阙而在兴泰。兴泰在今洛阳市西宜阳县。清申明伦所修康熙三十年《宜阳县志》卷二载："钟山，在城西南隅，与（锦）屏山间一藻水。"钟山当是原宜阳县城西黄河厂南之小山，其形如钟，故名。之所以会有此误，系因下文又录有顾祖禹《方舆纪要》之语："阙塞山在洛阳南三十里，一名阙口山，一名钟山。"然龙门山虽亦有钟山之名，但与兴泰之钟山实不一处。

当然，瑕不掩瑜。作者在《续志》跋二中云："异日，将前志雕藏之龙门，永镇山门，如东坡留玉带故事，前之乐天、如满和尚，后之西崖、退谷，其鉴余苦心哉！"可见作者期许之高。今平心而论，《洛阳龙门志》资料丰富，特别是保留了清代有关龙门石窟的一些重要文献，对于研究龙门石窟的历史文化有着重要的意义。作为古代唯一一部龙门石窟的专史，其开创之功更是不容忽视。

（作者为洛阳理工学院科研处副处长，教授）

清初乡绅与地方教育

——以嵩阳书院的复兴为视角

徐春燕

摘要：清初嵩阳书院的重建是乡绅在政府倡导兴复理学背景下的顺势而为，在这个过程中乡绅承担了大量的事务，既减轻了政府在行政事务上的负荷，也是乡绅在地区自组织力量的一次呈现。可以说嵩阳书院承载的不仅是乡绅恢复经学传统、传播伊洛道统的希望，也是他们重构传统礼教秩序的重要实践。

关键词：清初；乡绅；地方教育；嵩阳书院

乡绅，即在乡士人，主要包括卸任、致仕，甚至坐废的居乡官员，现任官员的恩荫子弟，以及国子监监生或府州县学的生员。明清时期，由于生员以上功名获得者可以享有优免赋役、参与地方管理等特权，其中许多人还可以通过科举或者恩荫等方式进入朝廷做官，所谓进可为官，退可为民，这就使得乡绅阶层成为介于官员与平民之间的中间阶层。由于乡绅阶层赖以形成的基础是国家的科举考试，其成员大都接受过严格的儒学家国理论教育，他们中的相当一部分人能够以“国家”的眼光看待地方社区的发展，加之明清时期的州县官员均为外地调配，故而熟悉本地风土人情的乡绅便自然成为国家治理民间社会的重要补充，对于地方政务的建设和发展起到了不可忽视的作用。

嵩阳书院是我国古代中原地区最为著名的书院之一，始建于五代后周时期，宋代发展迅速，“四方达人高士自远而至，学者苟有向往之心”①，与岳麓、睢阳、白鹿并称为天下四大书院，此后因为战乱频仍，政局不稳，嵩阳书院“忽兴忽废，忽盛忽衰”②，明末兵燹又使得其房舍“俱成灰烬”③。清代康熙朝以后，在政府与乡绅的同心协力下嵩阳书院得到修复，本文即以此为切入点，试图对书院复兴过程中乡绅与官员的关系，乡绅对于书院文化传承和传播的贡献以及书院官办趋势下乡绅的心态变化等问题进行探讨，希望在了解明清鼎革之际书院教育发展历程的同时，也能够对于此时期乡绅在民间社会公共事务中所起到的作用有更深一步的了解。

一、政府倡导与官绅共建

清朝统治者即位之初对汉民族及汉文化采取高压政策，严禁讲学立盟结社，在此背景下书院发展举足不前。迨至政权渐趋稳定，社会上“崇儒右文”之风重启，嵩阳书院一改“数百年来倾颓荒废，遗址泯灭”④的颓势，又一次迎来历史的春天。

---

① 《重建嵩阳书院碑记》，现存河南登封嵩阳书院先圣殿前。

②④ 耿介：《嵩阳书院志：序》，中州古籍出版社 2003 年版，第 1 页。

③ 陆继萼：《登封县志：附书院》，清乾隆五十二年（1787 年）。

最早对嵩阳书院进行重建的是登封知县叶封。康熙十二年（1673 年），叶封在明故址“东南十许步，筑堂三楹，庖、湢、门阶以次而及，缭以同垣五十丈，并护二柏于内”①，从而奠定了新书院的雏形。翌年，叶封迁职入京，接任其主持嵩阳书院建设的是乡绅耿介。耿介，字介石，号逸庵，河南登封人，顺治九年（1652 年）进士，历任翰林院检讨、福建巡海道、江西湖东道等职，后因母故回家守制，期满无意仕途，笃志于学，便将兴复嵩阳书院作为“一生心事”②。登封耿氏为名门望族，耿介本人在当地也极有威望，在他的苦心经营下，嵩阳书院“扩而大之，踵而成之也，其中有祠、有堂、有居、有斋、有房舍、有义田，有庖湢之所，有丽牲之碑，缭以周垣，翼以廊庑，而规制始大备”③。

嵩阳书院的建设大致分为基础设施和学田购置两部分，官员和乡绅广泛参与其中，根据《嵩阳书院志》和乾隆《登封县志》记载，可列如表 1 所示。

表 1　清初嵩阳书院捐建置地

时间	姓名	身份	基础设施	置地	其他
康熙十三年（1674 年）	叶封	知县	筑堂三楹，以及庖湢、大门、台阶、围墙		
康熙十六年（1677 年）	耿介	乡绅	先世殿、三贤祠、丽泽堂、观善堂、辅仁居、川上亭、天光云影亭、观澜亭		
	庄静庵	官员	朱子祠		
	傅叔甘	官员			
	郭元甫	官员			
康熙十八年（1679 年）	耿介	乡绅		200 亩	垦田 130 亩
康熙二十一年（1682 年）	吴子云	学道		100 亩	
	张埙	知县	博敏、敬义二斋	60 亩	
康熙二十三年（1684 年）	王日藻	巡抚	藏书楼五楹		
康熙二十五年（1686 年）	窦克勤	泌阳教谕	君子亭		
康熙二十六年（1687 年）	王又旦	知县	三益、四勿二斋	100 亩	
康熙二十七年（1688 年）	王鹤	孟津乡绅		50 亩	
康熙二十八年（1689 年）	阎兴邦	巡抚	道统祠		
	汪楫	知府		100 亩	
康熙四十年（1701 年）	张圣诰	知县		200 亩	
乾隆四年（1739 年）	施奕簪	知县		123 亩	
	林尧英	学道	讲堂	100 亩	
	杨世达	知县		200 亩	
	焦健银	乡绅		9 亩	
	薛国瑞	知县		38 亩	
	鹿祐	抚院		140 亩	

注：“张圣诰”引自耿介：《嵩阳书院志》（卷 1），中州古籍出版社 2003 年版，第 27 页。

基础设施参与者共 11 人，除耿介为乡绅外其余均为在职官员，其中知县 3 人，约占官员总量的

① 《重建嵩阳书院碑记》，现存河南登封嵩阳书院先圣殿前。

② 耿介撰，梁玉玮、孙红强、陈亚校点：《敬恕堂文集》，中州古籍出版社 2005 年版，第 545 页。

③ 耿介：《嵩阳书院志》（卷 2），中州古籍出版社 2003 年版，第 82 页。

1/3。学田租税是书院最主要的经费来源，为此耿介率先捐田200亩，“为来学薪水灯火之资”①，在其倡导下，各界人士纷纷响应，截止到乾隆四年（1739年），嵩阳书院共有学田1550亩，除去130亩为自行开垦，123亩属官府划拨外，其余1297亩均为乡绅和官员捐赠。捐赠者共计12人，乡绅3人（1人籍贯孟津），捐助额9～200亩不等，计259亩，约占总捐田量的21%；官员9人，其中知县5人，知府、抚院2人，学道2人，捐助额38～200亩不等，计1038亩，占捐田总量的79%。不可否认，在嵩阳书院重建过程中，政府给予了相当的重视和关注，不仅首倡者为本地知县，在整个过程中所需的大量资本和田地也多由掌握优势资源的官员提供，官员尤其是在任知县的作用十分重要，但是必须看到乡绅也出力甚多，尤其是耿介几乎全程参与，不但出钱出地，还发动周围亲朋好友及同僚参与，如泌阳教谕窦克勤是其好友，朱子祠建设之初，特地“寓书于前督学使者庄静庵先生及傅叔甘表兄、郭元甫同年，多寡咸有捐资”②。可以说没有官员支持，固然独木难支，但是缺少了乡绅的组织与配合，嵩阳书院也不可能重建成功，两个阶层缺一不可。

二、乡绅与书院行政管理

古代书院虽以探讨学问、聚众讲学、培养人才为宗旨，但必要的行政管理是不可或缺的，可以说优秀管理人员的选聘是书院教育取得成功的重要保证，而规范的经费管理则是书院能够顺畅运转的物质基础。清初的政府官员虽然参与了嵩阳书院的重建，但是对于书院的具体行政事务则干涉不多，与前代一样这些工作基本由乡绅完成，只是清代嵩阳书院的管理较之前代更为完善。

山长是书院的灵魂人员，也是行政、教学工作的总负责人。与中后期书院山长“由督、抚、学臣，不分本省邻省已仕未仕，择经明行修足为多士模范者，以礼聘请”③不同，清初嵩阳书院的山长耿介不是经由政府选聘，而是因为他对嵩阳书院做出的杰出贡献以及本人的学识和声望，自然成为了书院的核心人物。耿介对管理工作事无巨细，不但操心工程建设和教学，学员的食宿也在其关心之列，《嵩阳书院耿少詹逸庵先生教思碑》就载：“（先生）主嵩阳书院，教课胥有法，先生家固贫，乃倾产若干如于书院，俾诸生肄业饘粥俱无缺”④，正是因为他对书院的不吝付出，赢得了社会各界的赞誉。

嵩阳书院内部实行分层管理机制，人员配置虽较前代丰富，但比官学要简单。山长之下设堂长和斋长协助山长管理教学、行政及其他诸事务；设讲书和经长负责学生教学。堂长和斋长均由耿介从生徒中选拔，康熙二十五年（1686年），《嵩阳书院学规》提到：“兹仿白鹿书院立堂长一人，斋长二人，相与鼓舞董率之，庶几有所成就”，可见堂长和斋长应为生徒表率。堂长掌管纲纪诸事，如督课考勤、讲课记录等，此外还有解决诸生疑难问题的责任，在书院中的地位仅次于山长。书院有敬义、博约两斋，各设斋长一名，负责管理本斋生徒学籍档案，执行学规斋规，有时兼职管理图书，《嵩阳书院志》还提到敬恕堂处理财务收支事务，也应为斋长负责。耿介的两位得意门生梁家惠和景日昣均做过斋长。雍正八年（1730年）《梁树柏墓碑引》载：“邑太史耿夫子逸斋，理学宗匠，主持嵩阳书院，闻而延之，立为斋长，以为及门表率，授以理学要旨。”此处的梁树柏即梁家惠，号蒙庵，登封人，其父梁圣若为生员，树柏年少入嵩阳书院学习，20岁应诸生试第一，深受耿介器重，耿介称其“英敏之资姿，奋然励求道之志，虚怀高谊，迥绝流俗”，耿介去世后受知县张埙延请主讲嵩阳书院。景日昣（1661—1733），

① 耿介：《嵩阳书院志》（卷1），中州古籍出版社2003年版，第27页。
② 耿介：《嵩阳书院志》（卷2），中州古籍出版社2003年版，第95页。
③ 《钦定大清会典事例》（卷33），光绪己亥夏御制本。
④ 《嵩阳书院耿少詹逸庵先生教思碑》，现存河南登封嵩阳书院。

字东旸，号嵩崖，登封人，入嵩阳书院前为县学生，官至礼部右侍郎加尚书衔，曾为乾隆皇帝幼年恩师，雍正三年（1725 年）告老还乡后主讲嵩阳书院。以上两位斋长均人品端正，学业优良，堪为学界精英。讲书原是学官名，后被嵩阳书院沿用，主要负责经书的讲解。顺治五年（1648 年）的贡生、新安学者王泽溢曾受耿介延请，担任嵩阳书院讲书之职。经长由熟读经籍者担任，负责为生徒解疑释惑，“凡学徒有疑义，先求开示于经、学者，不能决，再叩堂长”①，由此可知，经长虽然也是山长选拔的诸生优异者，但以学识而论应不及堂长。嵩阳书院还设置有其他职事，如首士负责书院院务，具体包括启馆（开学）、放馆（放学）、迎送山长、生徒管理、经费收支、房舍修缮等；掌祠负责掌管书院祭祀活动。因为没有见到清初嵩阳书院的首士和掌祠的记载，无从确认其身份，但是一般而言，清代书院的首士和掌祠由乡绅推荐老成持重、廉洁正直者担任，有时首士还会由乡绅轮值，由此可以推断首士和掌祠为乡绅的可能性更大一些。书院中还设有掌书，专门负责书院图书管理的工作，由老成持重的生徒担任，有时也会是斋长兼任，其从属乡绅阶层无疑。由以上分析可知，书院的行政管理由山长负责，所任命职事基本均为乡绅，乡绅是保证书院正常运转的中流砥柱。

经营学院经费是必不可少的，经费的多寡可以直接决定书院的盛衰，“必经费有余而后事可经久”②。与官办书院、学校经费由政府派驻人员管理不同，嵩阳书院的收支自行支配，具体事务由乡绅负责。书院的主要收入来源是田租，“学田每年学租完欠，随时价值贵贱。书院修理、会文、供馔、肄业诸生米盐薪水及橱子工食，一切支销俱敬恕堂开，有清历查”③，管理较为规范。由于清初书院重建工作耗资巨大，其他开支数目也不小，这就使得依靠田租及募集钱款维持的书院难免捉襟见肘。乾隆初年《施奕簪断地碑》记载：

> （知县）念嵩阳书院为兴贤名区，下车以来即加意作养，思流遐迩。每临课试，环顾院中房廊数十间，年久将颓，不有岁修之资，难以永存。迨庚申春，适邑龙泉寺有应没官田一百二十亩有奇，逐渐断归书院，岁计所入，酌资修补。是年秋雨侵剥，道统祠、藏书楼势几不支，已赖其力焕然一新。自今以望，随年经营，次第修理，行见斯院完好如初。兴复之功诚一日而千古也。尤可纪者，书院祭祀曩无成规，公命将新庄租银三两六钱永作祭费，岁于仲秋举行，礼谦称是，庶无废坠。

由这段文字可以看到，嵩阳书院乾隆初年曾出现建筑年久失修的问题，为此知县施奕簪特意将 120 余亩官田断入书院，“岁计所入，酌资修补”，另外还指明将新庄的租金三两六钱永作祭祀费用，这种事先对捐入资产指定用途的做法与康熙二十三年（1684 年）巡抚王日藻“慨然节损捐俸，建藏书楼五楹”④，窦克勤任泌阳教谕时“寄银三两”⑤ 建君子亭的做法类似，虽然在一定程度上降低了书院对资本的自由支配权，但是资产管理事宜还是乡绅负责，政府并未介入其中。

在乡绅的苦心经营下，嵩阳书院很快呈现出了一派欣欣向荣的景象，“门庭孔峻，堂庑翼然。祭菜鼓箧有节也，讲习弦诵有所也，饔飧膏火有资也”⑥。清初嵩阳书院的管理模式一直被沿用到清末，学者刁书锦曾说：“嵩阳书院成规，束脩膏火等，俱出地亩课税中。凡亩数弓尺，坐落某处及佃户人姓名，一一著之于册，士林收贮，猾吏豪强，无从侵夺。历二百年如故也，盖其泽远矣”，能够让嵩阳书院屹

---

① 宫嵩涛：《嵩阳书院》，湖南大学出版社 2014 年版，第 41 页。
② 史致昌：《彝山书院志：序》，清道光二十三年（1843 年）。
③④ 耿介：《嵩阳书院志》（卷 1），中州古籍出版社 2003 年版。
⑤ 宫嵩涛：《嵩阳书院》（卷 119），湖南大学出版社 2014 年版。
⑥ 耿介：《嵩阳书院志》（卷 1），中州古籍出版社 2003 年版，第 1 页。

立上百年而风采依然，乡绅的苦心经营之功不可磨灭。

三、乡绅与书院教育传承

经历明清鼎革之际的社会动荡，理学重构获得政府认同，北学大儒孙奇逢认为礼所系世道人心甚大，在其引领下一大批中州学人主动担负起指导社会伦理秩序重建的使命，而书院则广受学者重视，“书院者，所以教天下之英才，而趋之于仁义道德之地也。人人于斯学，则人人为仁义之士、道德之儒矣”①，甚至有人提出“书院之盛衰，圣学之绝续焉”②，可谓滋事甚大，念兹在兹。其实利用书院传播思想文化由来已久，早在北宋时期理学兴起之时，欧阳修、范仲淹、曾巩等就曾把书院作为宣扬其学说的依托。嵩阳书院地属洛阳登封嵩山，秦汉以来就为佛道名区，北宋理学大师程颢和程颐曾多次在这里讲学，清初中州士人认为“二程子乃生长于洛，为洛学开诸儒之统”③，主张调停朱陆，以洛学为旨归。在耿介的主持下，嵩阳书院承袭“二程”的教育理念，“自二程夫子讲道于此，而伊洛涧瀍之学遂为古今所不废，如日月经天，江河亘地，其不可无人焉”④，成为理学传续的重要阵地。

讲学是学院的主要教学活动。嵩阳书院的讲学以耿介为主，他恪守程朱理学，遵循程颢“主静”（即“正心诚意”）和程颐“主敬”（即“格物致知”）的理论，认为“涵养需用敬，进学则在致知”“学者诚能随事精察近之于心而体认之，以太极为主宰而变化从时，则吾心有易矣”⑤，也就是以正心诚意为本，以体识天理为要，心正则意诚，意诚而后能志坚，志坚则可学而有成。学院的教育目的是“学至圣人”，耿介认为“人人学而能为圣为贤”“欲求为圣贤，先要求为孝子……夫孝始于事亲，中于事君，终于立身”⑥。耿介一生“笃志躬行”，认为“躬行实践，确守程朱孔门，言仁言孝之旨。体真切而于一归主敬，立教不尚高远难行，以制举之业，士子赖以进取，不待督责而自动，因其所习引之于道，使证圣而绎经”⑦，并引导学生将“二程”对心性的追求转化为生活实践，“斯道在日用伦常，无时不然，无处不有，如孔门言仁，而孝弟乃为仁之本”⑧。

耿介对学术抱着开放的态度，不立门户，他本人“每临坛讲授，学者常达数百人之多”，他还提倡学者间要争辩求证，“尝质疑于上蔡张先生沐，睢州汤先生斌”⑨，并认为“学校振兴董之师儒”⑩，为此恢复了古书院的“会讲制”传统，在他主持嵩阳书院期间多次向中州名流士绅发出讲学邀请，应邀前来的有：上蔡张沐，字仲诚，顺治进士，曾任知县，汤斌曾遗书孙奇逢，称其任道甚勇，求道甚切，康熙年间偕耿介同讲学嵩阳，一时称盛；襄城李来章，字礼山，康熙进士，官至兵部主事，攻读古辞学于孙奇逢、李颙，学有所成，耿介对其极为推崇；中牟冉觐祖，字永光，官至翰林院检讨，博览群书，通史学韵学，“益研经学，兼采汉儒、宋儒之说，而以朱子为归”“与诸生讲孟子一章，剖析天人，分别理欲……四方学者，闻风踵至”⑪；柘城窦克勤，字敏修，康熙十七年进士，授检讨，“闻耿介传百泉

---

① 耿介：《嵩阳书院志：序》，中州古籍出版社2003年版，第2页。

② 赵所生、薛正兴：《中国历代书院志：朱阳书院志》，江苏教育出版社1995年版，第454页。

③ 耿介：《中州道学编》，齐鲁书社1997年版，第3页。

④ 耿介撰，梁玉玮、孙红强、陈亚校点：《敬恕堂文集：序》，中州古籍出版社2005年版，第1页。

⑤⑦ 《登封县教育志》编委会：《登封县教育志》，河南人民出版社1988年版，第71页。

⑥ 耿介：《嵩阳书院志》（卷2），中州古籍出版社2003年版，第103页。

⑧ 耿介撰，梁玉玮、孙红强、陈亚校点：《敬恕堂文集：序》，中州古籍出版社2005年版，第35页。

⑨ 耿介：《嵩阳书院志》（卷2），中州古籍出版社2003年版，第87页。

⑩ 耿介撰，梁玉玮、孙红强、陈亚校点：《敬恕堂文集：序》，中州古籍出版社2005年版，第181页。

⑪ 徐世昌等：《清儒学案》，中华书局2008年版，第578页。

之学，从游嵩阳"[①] 六年，投契甚深。此外还有登封焦钦宠、孟津贾之彦、新安陈愹、卫辉孙洤、禹州李经世、登封高一麟等饱学之士。在耿介的带动下，嵩阳书院学术气息浓郁，"四方闻风慕义，于以矩步先贤，扶掖来学，不几与鹅湖、鹿洞后先媲美哉"[②]。

书院学规为有效规范和约束书院师生言行举止，以达到"崇儒敬学"目的的行为准则和制度。最早的学规当属南宋教育家朱熹所定的《白鹿洞书院揭示》，随后其他书院也纷纷效仿。耿介在前代学规的基础上，又根据自己的亲身实践为嵩阳书院制定了《辅仁会约》《为学六则》《嵩阳书院学规》等。《辅仁会约》主要规定了书院的教学制度，一共七则，大概为每月师生两次聚会，初三课文，十八讲学，崇尚节俭，读书为本，品行为先，鼓励学员要互相砥砺，迁善改过等。《为学六则》规定了生徒修身治学要注重"立志""存养""穷理""力行""虚心""有恒"。《嵩阳书院学规》是在《敬恕堂学规》的基础上发展完善而来，大致相当于现代的学生守则，要求生徒谨记"孝为德之本""威仪为定命之符""言者心之声""君子自强不息""义利之辨，君子小人之分""满招损，谦受益""以礼让为先""朋友有劝善规过之义""《理学要旨》《孝敬》《辅仁会约》皆有切于身心性命"等学规，并安排堂长、斋长随时观察和汇报生徒遵守情况，有屡教不改者"发回家肄业"[③]。在耿介看来，"惟有教，斯有学，则学也者所以穷理尽性至命而达天者也……于是定为学规，先立志以端其趋向"[④]，在学规管理下，嵩阳书院秩序井然，人才辈出，成为中州各书院的榜样。

嵩阳书院还非常重视经世致用。孙奇逢说："文、武以前，道统在上，治统即道统也。孔子以后，道统在下，学统寄治统也"[⑤]，就是说孔子之后的正统或治统由统治者马上得天下而来，并不能真正代表道统，道统、学统得由理学家们来维持。在他的倡导下，中州学者大都重视经世之学，与程颐"道著用便不是"[⑥] 的价值取向大相径庭。耿介针对"举业有妨理学，治举业者不足与言理学"的言论提出了反对意见，他认为举业和理学都"不能外六经四子之书、身心性命之旨也"，也就是说二者学习和探讨的学问都是一致的，举业无妨于理学，理学是终极目标，是学为圣人，科举是入仕之途，也是体验学问之道，为学与功名是一致的"举业，即理学也"[⑦]。正是以这一思想为指导，嵩阳书院在办学方针上与官府达成了统一，成为官办院校的有力补充，并与政府保持了良好而密切的联系。嵩阳书院每月课考两次，一次官课，一次师课，官课由县长亲自主持。书院每年仲春及仲秋上旬丁日的次日祭祀先贤祠，"或县令亲祭，或委学博代祭"[⑧]，很多官员本身也是经世楷模，因此嵩阳书院特设崇儒祠，奉祀王日藻、阎兴邦等理学名臣。此外，徐乾学、汤斌、阎兴邦等亲自为书院作记，学使吴五崖、林尧英，知县张牖如、张埙等还先后到书院开讲。因而有学者认为嵩阳书院"既不像北宋时期'二程'讲学那样重视形而上的心性之谈，又不同于当时关中李二曲的洁身遁世、黄宗羲浙东学派的讲经论史，它是一场以书院为营地而展开的理学学派复兴运动"，在这个过程中，乡绅是组织者、行动者，政府是其强大后盾，乡绅与政府的合作融洽度前所未有。

综上所述，清初嵩阳书院的重建是乡绅在政府倡导兴复理学背景下的顺势而为，在这个过程中乡绅承担了大量的事务，既减轻了政府在行政事务上的负荷，也是乡绅在地区自组织力量的一次呈现。可以说嵩阳书院承载的不仅是乡绅恢复经学传统，传播伊洛道统的希望，也是他们重构传统礼教秩序的重要

① 《清史稿（下）》，中国文史出版社2003年版，第2299页。
② 耿介：《嵩阳书院志》（卷2），中州古籍出版社2003年版，第82页。
③ 宫嵩涛：《嵩阳书院》，湖南大学出版社2014年版，第45－46页。
④ 赵所生、薛正兴：《中国历代书院志：南洋书院学规序》，江苏教育出版社1995年版，第198页。
⑤ 张显清：《孙奇逢集（中册）》，中州古籍出版社2003年版，第741页。
⑥ 钱明：《刘元卿集（下）》，上海古籍出版社2014年版，第760页。
⑦ 耿介撰，梁玉玮、孙红强、陈亚校点：《敬恕堂文集》，中州古籍出版社2005年版，第334页。
⑧ 耿介：《嵩阳书院志》（卷1），中州古籍出版社2003年版，第23页。

实践。正如明代学者颜茂猷所说“乡绅，国之望也。家居而为善，可以感郡县，可以风州里，可以培后进，其为功化比士人百倍”①，乡绅对于社会风正气清有着重要的引导作用。在乡绅的不懈努力下，嵩阳书院的重建不但使得当地学风大振，康熙五十年（1711 年）开封乡试，录取名额一县不足一人，登封三等小县，竟一举上榜五人，还为国家培养出了诸如梁家惠、孙祚隆、景日昣、高一麟等大批人才，实现了耿介办学希望“从此真儒辈出，以之任天下国家之责”② 的愿望。此外，嵩阳书院在师生择选和教学活动上都较为灵活，弥补了官办院校的不足，为儒学教育的传播做出自己独有的贡献。

（作者为河南省社会科学院历史与考古研究所副研究员）

① 陈宏谋：《五种遗规》，线装书局 2015 年版，第 397 页。

② 耿介撰，梁玉玮、孙红强、陈亚校点：《敬恕堂文集》，中州古籍出版社 2005 年版，第 513 页。

论汤斌《洛学编》

王记录　许二凤

摘要：《洛学编》是理学名臣汤斌在清初学术转型的大背景下编纂的一部学术史著作。康熙五年，汤斌奉其师孙奇逢之命编纂《洛学编》，康熙十二年成书。有清一代，该书被多次刊刻，流传甚广。从内容和编纂体例上看，《洛学编》较为系统地再现了自汉至明末洛学的发展授受源流，以人系史，简洁明了。《洛学编》受孙奇逢《理学宗传》和冯从吾《关学编》的影响，有明确的编纂原则，在选取人物时，不收录“治行不检”“祖尚老庄”的中州学人；所收人物，均以是否与洛学密切联系为标准；强调“为论学而作”，所取多为学术事迹，且与史书相表里。从史料来源看，《洛学编》不仅取自正史、地方史志，而且参考了孙奇逢的《理学宗传》《中州人物考》等著作。《洛学编》体现了汤斌的学术见解，一是熔汉唐经学家与宋明理学家于一炉，“经道合一”；二是重视程朱，兼顾陆王，调和程朱陆王，主张“朱王合一，返归本旨”。

关键词：《洛学编》；汤斌；学术史；洛学；程朱理学；陆王心学

北宋时期，程颢、程颐兄弟二人在洛阳从事讲学活动，并因其“平生诲人不倦，故学者出其门者最多，渊源所渐，皆为名士”①，逐步形成了洛学，成为北宋时期著名的学派之一。《洛学编》作为一部梳理和讨论洛学历史和学术源流的著作，由清初理学名臣汤斌奉师命编修而成，是继朱熹《伊洛渊源录》和冯从吾《关学编》等之后的又一部重要的学术史性质的著作。这部著作通过传记的形式，清晰地记录了洛学在中州的承续脉络及发展轨迹，在中国学术史上占有重要的地位。

一、《洛学编》的编纂

1.《洛学编》编撰的历史背景

清初，学术史的编修至为繁盛，佳作不断，不但数量空前，而且规制宏大。据笔者粗略统计，计有孙奇逢的《理学宗传》、熊锡履的《学统》、魏裔介的《圣学知统录》、范镐鼎的《理学备考》、张夏的《洛闽源流录》、窦克勤的《理学正宗》、耿介的《中州道学编》、汤斌的《洛学编》、魏一鳌的《北学编》、张伯行的《道统录》、钱肃润的《道南正学编》、朱塞的《尊道集》、万斯同的《儒林宗派》、陈遇夫的《正学续》以及黄宗羲的《明儒学案》，还有黄宗羲、全祖望等合撰的《宋元学案》等大约30部。这些著作，或遵程朱而避陆王，或折中程朱陆王，或重经学轻理学，或为宋明学术辨源流、清学脉，虽旨趣各异，但都引人注目。之所以出现这种情况，是与明末清初的社会变革、学术转型等密切相关的。

---

① 《宋史》卷427《程颐传》，中华书局1977年版，第12722页。

首先，在专制国家政权问题上，发生了明清两朝的易代更迭。这是继宋元之后又一次以“夷”变“夏”的朝代更换，它对于深明《春秋》“大义”的清初汉族士人来说，无异于“天崩地解”。面对这一巨大的历史事变，他们无不进行历史的反思，探索明朝灭亡的原因，总结明朝灭亡的教训。在思考明亡的历史原因时，他们由历史的省察进而进行学术的省察，认识到了理学末流长于空谈、寡于治道的弊端。在他们看来，理学，无论是作为明朝官方哲学的朱学，还是明中期以来风靡一时的王学，它们精于学理、寡于治道的治学取向，对于明朝的灭亡均负有不可推卸的责任。因此，从学术的角度总结经验教训就成为摆在清初学者面前的时代课题。

其次，理学内部发生了严重的思想危机。众所周知，理学自北宋中期兴起以来，经宋、元、明长达六百年的发展演变、分化离合，形成了程朱理学和陆王心学两大派别。他们虽“同植纲常，同扶名教，同宗孔孟”①，然体认天理所“从入之途，各有所重”②。程朱派主张“格物穷理”，陆王派主张“发明本心”，从而显示了他们体认天理的进路各不相同。及至明末，两派传人更是各走极端，且争论不断，以至于如黄宗羲所说：“言心学者则无事乎读书穷理”、“言理学者”则专事于“经生之章句”，其流弊所至，或为“游谈无根”，或为“封已守残”③。面对这样的学术局面，又适逢明清易代的巨大刺激，明末清初的学者开始重新阐释儒学经世致用的学术宗旨，并从不同角度对之进行诠释，学术研究出现了百舸争流的局面。

总之，对理学的反思是清初学术界一个重要的学术思潮，它表现为对自孔孟以来至宋明理学、陆王心学等学术流派演化发展的再检讨和再认识，具有反思、批判和总结的特点。正是在这种批判、总结理学的学术思潮冲击下，学术史编修兴盛起来。可以这样说，这一时期出现的学术史著作，基本都是对这一时期批判、总结理学的时代要求而做出的回应。汤斌的《洛学编》就是在这一思潮中产生的独具特色的著作。

2.《洛学编》编撰的时间

《洛学编》的作者汤斌（1627－1687），字孔伯，一字荆岘，号潜庵。明熹宗天启七年（1627年）出生在睢州城（今河南睢县）。汤斌既为清官，又以理学名家。他一生不仅砥砺名节，刚正廉洁，而且潜心理学，文章清雅。一生所著除《洛学编》四卷外，尚有《明史稿》二十卷、《睢州志》五卷、《潜庵语录》一卷、《志学会约》一卷、《潜庵先生遗稿》若干卷，并诗文二百余篇藏于家。

据方苞考订、杨椿重辑的《汤文正公年谱定本》云：“康熙十二年，癸丑，公年四十七岁。著《洛学编》。”④又《征君孙先生年谱》云：“康熙十二年，正月，先生命魏一鳌辑《北学编》成……十一月，先生命汤斌辑《洛学编》成。”⑤孙奇逢《洛学编》序中亦云：“癸丑冬，汤子荆岘《洛学编》告成，索老夫一言以弁其首。”⑥由此可知，《洛学编》的成书时间很确定，就是康熙十二年冬十一月。

那么《洛学编》具体是什么时间开始编撰的呢？孙奇逢为《北学编》所作的序中云：“余辑《理学宗传》成，张仲诚（沐）梓于内黄，因于汤孔伯（斌）商搜《洛学》一编，与魏莲陆（一鳌）商搜《北学》一编。”⑦孙奇逢是汤斌、魏一鳌的老师，他在《理学宗传》完成之后，命张沐去内黄梓印，然后就分别给汤斌和魏一鳌布置了辑录《洛学编》和《北学编》的任务。那么张沐又是何时携《理学宗

① 《宋元学案》卷58《象山学案》黄宗羲按语，见《黄宗羲全集》第5册，浙江古籍出版社1992年版，第279页。

② 《宋元学案》卷58《象山学案》全祖望《淳熙四先生祠堂碑文》，见《黄宗羲全集》第5册，浙江古籍出版社1992年版，第280页。

③ 黄宗羲：《留别海昌同学序》，见《黄宗羲全集》第10册，浙江古籍出版社1993年版，第627页。

④ 《汤文正公年谱定本》，见《汤斌集》下，中州古籍出版社2003年版，第1762页。

⑤ 汤斌：《征君孙先生年谱》，见《汤斌集》下，中州古籍出版社2003年版，第1678－1681页。

⑥⑦ 《北学编》孙奇逢序，同治七年重刊本。

传》梓于内黄的呢？按汤斌编《征君孙先生年谱》：“（康熙）五年，十月，张仲诚刻《理学宗传》于内黄，命汤孔伯与博雅校订。”① 又汤斌《三上孙征君先生书》云：“去岁侍几杖，甚蒙策励。别来倏复一载，未能专使修侯，瞻仰函座，不胜依依……承谕《洛学编》，前河道邵公亦有字言及。某近苦经书训注太繁，论说不一，虽反复翻阅，终无心得。欲斟酌先儒之说，平心理会圣人立言之意，不穿凿，不附会，定为一编。五经中《易》与《春秋》为难，故先治其难者。此非数年功夫，不能草草脱稿。今奉先生命，欲暂辍经书，从事《洛学》，但敝州书籍甚少，恐有遗漏。且义例体裁未奉明示。”② 从此信的内容中，我们可以看出，汤斌是从孙奇逢处回家后即开始着手收集资料，为撰写《洛学编》做准备的，并且，汤斌在这封信中还向孙奇逢请示《洛学编》的义例和体裁等事。那么汤斌又是何时去的孙奇逢处呢？《汤文正公年谱定本》云：“康熙五年（1666 年），丙午，七月，服阕。九月，至夏峰受业容城孙征君奇逢之门。”③ 综上所述，我们可以初步断定，《洛学编》编修的时间大致应从康熙五年（1666 年）冬算起，奉师命属稿，至康熙十二年（1673 年）成书，历时八载。

二、《洛学编》的刊刻与流传

《洛学编》共四卷，虽篇幅不长，却经数次刊刻，百年流传。按尹会一《洛学编续编》序云：“自《洛学编》板于癸丑，又六十六年矣。”④ 可知汤斌在《洛学编》编撰完毕后即有刊印，然此本今未见，疑为康熙、乾隆年间汤氏祠堂藏本。

今国家图书馆藏有阎兴邦康熙二十九年《潜庵汤大司空遗稿》刻本，内装有《洛学编》五卷，含《续编》一卷，显然此本《洛学编》非康熙年间所刻，因为《续编》乃乾隆三年而作。

汤斌辞世后，《洛学编》由他的门人王廷灿和长子汤溥共同辑校整理，于康熙五十一年（1712 年）刻于树德堂，此本前有孙奇逢序，后有王廷灿跋，分四卷，每卷开页题有“睢州汤斌潜庵辑，男溥校刊”，今藏云南大学图书馆。

乾隆元年（1736 年），汤斌的曾孙汤定祥又以家中祠堂藏本为底本，重新整理和辑校，刻版印行，因版藏怀涧堂，故曰怀涧堂本。此本前有孙奇逢序，后有汤定祥跋，分四卷，每卷开页题有“睢州汤斌潜庵辑，曾孙定祥重校刊”，今藏南京图书馆。至乾隆三年（1738 年），时任河南巡抚尹会一，因心向往汤斌之学，以乾隆元年汤定祥怀涧堂藏版为底本，并亲撰《续编》附于后，题为五卷，刻于大梁书院。今国家图书馆藏本有尹会一手书《大梁书院祀典考》附《洛学编目录》。

道光九年（1829 年），汤斌的睢州同乡陈焯又在北京重新刻印《洛学编》，仍分四卷，书末附有他的跋，云：“今有幸通籍，官京师，欲先刊此册，与计偕诸君子携归里门，广其传，未果。适谦斋叔父守天津，有同志捐俸付焯成之。爰于道光八年十一月开雕，其明年二月工竣，除印送若干部外，板存琉璃厂某斋中。”⑤ 需要指出的是，此本是与魏一鳌的《北学编》合订在一函中，且雕刻时所用的底本今不得而知，因是商丘陈焯所刻，故今称其为“商丘陈氏刊本”。道光三十年（1850 年），浚仪（今河南开封）人田倣又以“商丘陈氏刊本”为底本对《洛学编》进行了重刊，并加上了句读，此本可以称“句读本”。

① 汤斌：《征君孙先生年谱》，见《汤斌集》下，中州古籍出版社 2003 年版，第 1663 页。
② 《汤子遗书》卷 4《三上征君先生书》，见《汤斌集》上，中州古籍出版社 2003 年版，第 161 页。
③ 《汤文正公年谱定本》，见《汤斌集》下，中州古籍出版社 2003 年版，第 1767 页。
④ 尹会一：《续洛学编》序，见《汤斌集》下，中州古籍出版社 2003 年版，第 1935 页。
⑤ 《洛学编》，道光九年刊本陈焯跋。

同治九年（1870年），高要（今属广东）苏廷魁因仰慕汤斌之学“风雅粹然，温润茂密”①，找到汤斌的六世孙汤树茗，再次对汤斌的著作进行收集和刊刻，题名曰《汤文正公全集》，这其中也包括《洛学编》。此次刻印的《洛学编》，是以汤氏后裔家藏乾隆元年汤定祥刻本为底本，由番禺（今属广东）周思濂负责雕刻，前、后有孙奇逢序和汤定祥的跋，每卷开页有“睢州汤斌潜庵辑，曾孙定祥重校刊”，后附有尹会一《洛学编续编》一卷，共曰五卷。整套书前有苏廷魁、阎兴邦、田兰芳等序，后有汤树铭的跋。今商丘睢县汤氏祠堂中所藏亦是此刻本，故又曰“祠堂本”。

光绪二年（1876年），江苏巡抚吴元炳重新刊印《洛学编》，文前、后保留孙奇逢序和汤定祥的跋，但每卷开页只有“睢州汤斌潜庵辑”，无“曾孙定祥重校刊”字样。可见，这个本子可能是以乾隆元年汤定祥刻本为底本，又参校了其他刻本。这次刻印的不同之处是，不仅包括了尹会一《洛学编续编》一卷，还包括了郭程先的《洛学编续编》一卷，共曰六卷。前有吴元炳《重刊洛学编》序、尹会一《洛学编续编》序、孙奇逢《洛学编》原序和郭程先自撰《洛学编补编》序，后有莞城（今属广东）李翰华的跋。

以上为有清一代对《洛学编》的刊刻情况，今另有《续修四库全书》影印怀润堂藏乾隆元年汤定祥刻本，《四库全书存目丛书》影印康熙树德堂刻印本，由范志亭、范哲辑校，中州古籍出版社2003年出版的《汤斌集》标点本。需要说明的是，范志亭、范哲的《汤斌集》中《洛学编》标点本虽经整理校勘，但存在不少错误。如编排不合理，以往任何版本的《洛学编》前都必有孙奇逢之序，而此本却把孙序放置书中第六编汤斌研究资料中的序、论、祭文之中，与原文割裂；再就是标点错误较多，且常有错、脱之字。如此本《洛学编·郑仲师先生》文中，有“受诏作《春秋》，删十九篇”，误也，正确的标点是“受诏作《春秋删》十九篇”。又如，本书《韩昌黎先生》文中“裴度”错为“斐度”等。

三、《洛学编》的内容及编撰特点

《洛学编》一书，记述中州学派自汉迄明的渊源流变，由前编、正编两部分组成，共四卷，结构简单，内容简略，眉目清楚。

前编收录了汉代的杜子春、钟兴、郑众、服虔，唐代的韩愈和宋初的穆修，共6人。杜子春、钟兴、郑众、服虔是汉代经学大师，治学注重家法师承，以经义训诂为特点，他们或治《周礼》，或治《春秋》，或治《易》《诗》《左传》，继承、发扬先秦孔子儒学思想，专心训解，用力传播，“知名于世”②，影响甚大。韩愈则是唐代以继承道统自居的重要人物，他在魏晋隋唐佛道盛行的时代，尊儒反佛，以救道为己任，拨乱反正，“以六经之文为诸儒倡”“学者仰之如泰山北斗”③。宋初的穆修，师承陈抟，传其易学，倡为古文，以古文经学名天下，是开启宋代理学的关键人物。从前编来看，汤斌重在表彰汉代经师的言行，同时兼及在儒学传承中起到关键性作用的人物。

正编在书中分量最重，意在表彰宋明理学家的言行。收录的人物有宋代的程颢、程颐、邵雍、吕希哲（附吕本中）、尹焞、谢良佐、张绎、刘绚、李吁（附孟厚）、朱光庭、邵伯温、程迥，元代的许衡、姚枢（附姚燧），明代的薛瑄、曹端、阎禹锡（附白良辅、乔缙）、王鸿儒、许诰、何瑭（附周道、娄枢、刘泾）、崔铣、王廷相、王尚絅、尤时熙（附李士元、谢江、陈麟、董尧封）、鲁邦彦、孟化鲤、

① 《洛学编》，同治九年本苏廷魁序。

② 《洛学编》卷1《郑仲师先生》。

③ 《洛学编》卷1《韩昌黎先生》。

吕坤、杨东明（附杨涧）、徐养相、王以悟、张信民（附申志深）、贺仲轼、吕维祺、刘理顺、王慕祥，共48人。在这些人物中，"二程"是宋明洛学的创始人物，他们自承儒家统绪，影响所及，几遍整个中州。实际上，宋代的中州就是"二程"洛学的天下，正编首述"二程"，正是要表明此乃中州理学之开端，次述邵雍、吕希哲，以为中州理学之分支，邵雍以《易》学象数名于世，吕希哲家族以"中原文献之传"[①] 著称。接着记述"二程"及门弟子尹焞、谢良佐、张绎、刘绚、李吁、朱光庭等，以明中州理学的传衍，同时又记载了邵雍之子邵伯温和避难徙居余姚的程迥。及至元代，许衡、姚枢是理学北传的重要人物。姚枢"有王佐之略"，辅佐元太宗，曾劝赵复北上，直接推动理学北传。他首先向赵复学习，后来弃官携全家赴苏门山，筑茅草屋，"读书其间"，传播程朱传注于四方，"以化民成俗自任"[②]。许衡"往来河洛间，从姚枢得程朱《易传》《四书集注》《或问》及小学书""慨然以明道为己任"[③]。姚、许都是元代学宗程朱的重要人物，北方学者翕然宗之，扩大了理学的影响。明初，朱学因朝廷的提倡而居于统治地位，中州地区亦多为程朱理学传人。明代诸儒，汤斌在《洛学编》中首列从祀孔庙的大儒薛瑄，"本贯河东，发解中州，平生师友半在河洛，实中州明儒之宗"[④]。其次是曹端，明代人称他"学行在吴康斋（吴与弼）之右""为本朝理学之冠"[⑤]，其在中州理学史上的地位不在薛瑄之下。薛、曹之下，如阎禹锡、何瑭、崔铣、鲁邦彦等，或为薛瑄门人，或为私淑弟子，《洛学编》均以一一为之立传，以明授受源流。需要说明的是，明代不仅程朱理学发达，陆王心学也兴盛起来，特别是明中叶以后，王学影响波及中州，一改宋、元、明初程朱理学一统中州的局面。为此，《洛学编》也为"得阳明之心传""阐明阳明之学"[⑥] 的阳明心学中州传人尤时熙、孟化鲤、徐养相三人立传，历史地再现明代中州理学发展的全貌。

总之，《洛学编》较为系统地再现了自汉至明末洛学的发展授受源流，以人系史，简洁明了。《洛学编》的编纂有着明确的目的，第一，通过梳理洛学的发展，认识儒学衍变。"洛之有学，所以合天地之归，定先后之统，所关甚巨也"[⑦]"洛据天地之中，擅河岳之胜，贤哲代生，渊源会合，是亦学者之邹鲁也"[⑧]。也就是说，洛学在儒学发展史上占有核心的地位，对于认识儒学衍变，关系甚大。第二，"绝学之当新""表前贤以励后进"[⑨]。撰写《洛学编》，目的是为了续接洛学传承之统绪，复兴洛学以续道统。

《洛学编》是一部精心编排的学术史著作。从它的编纂来看，主要受到孙奇逢《理学宗传》和冯从吾《关学编》的影响。

《洛学编》本身就是汤斌在其老师孙奇逢的授意下撰写的。根据尹会一《洛学编续编》序中所言，《洛学编》是在孙奇逢纂辑完《理学宗传》以后，命自己的学生魏一鳌编《北学编》、汤斌编《洛学编》，而汤斌在给孙奇逢的信中则提到希望老师能够在义例、体裁上给自己以明确指示，尽快将《洛学编》写出来，所谓"承谕《洛学编》……今奉先生命，欲暂辍经书，从事洛学，但敝州书籍甚少，恐有遗漏……且义例体裁未奉明示……如有稿本，乞发下参酌，庶可早竣事也"[⑩]。汤斌本人对孙奇逢的《理学宗传》进行过潜心研究，提出过自己的看法。如他在给孙奇逢的信中提出自己对《理学宗传》编

① 《洛学编》卷2《吕原明先生》。
② 《洛学编》卷3《姚公茂先生》。
③ 《洛学编》卷3《许鲁斋先生》。
④ 《洛学编》卷首《凡例》。
⑤ 《洛学编》卷3《曹月川先生》。
⑥ 《洛学编》卷3《徐涵斋先生》。
⑦⑨ 《洛学编》孙奇逢序。
⑧ 《洛学编》，康熙五十一年本王廷灿跋。
⑩ 《汤子遗书》卷4《三上孙征君先生书》，见《汤斌集》上，中州古籍出版社2003年版，第161页。

纂方法的见解，“《宗传》念庵诸文，愚意止存其论学语，前后叙次，皆可删去。盖此书原为明道，非选文也，如何?”① 他还提到自己对《理学宗传》的研究，“与君侨同订《理学宗传》，挑灯商榷，常至夜分。窥管之见，不敢不竭”②。由此可见，汤斌对老师著作极为重视，反复琢磨。不仅如此，汤斌还为《理学宗传》作序，彰扬乃师的学术精神和学术思想。凡此种种，受其义例影响也是情理之中的事。王廷灿在康熙五十一年本《洛学编》的跋中说：“《洛学编》之本于《理学宗传》，犹《通书》之本于《太极》，无二道矣。”③ 可见，汤斌《洛学编》的编纂体例和其师孙奇逢之《理学宗传》是有着紧密联系的，犹如树根与枝叶，交相辉映。另外，《洛学编》写成后，得到孙奇逢赏识，为之作序，加以表彰，称汤斌有“兴学之功”④。师生二人对洛学的认识以及编纂《洛学编》的意义有相近的看法。

《关学编》是明代关中地区的理学传人冯从吾所编，记述关中理学大略。汤斌在《洛学编》凡例中提到《关学编》的体例，所谓“《关学编》首列圣门诸贤”⑤ 云云，说明汤斌在编纂《洛学编》时参考和借鉴了《关学编》的义例。事实也正是如此，冯从吾在《关学编·凡例》中云：“是编专为理学辑，故历代名臣不敢泛入。”而汤斌《洛学编》的凡例中也说：“此编原为论学而作，非同史传，故虽勋业烜著，节义凛冽，不敢泛入。”⑥其间的关联，一看便知。

汤斌编纂《洛学编》，有明确的编纂原则和编纂体例。

第一，在选取人物时，凡“治行不检”“祖尚老庄”的中州学术人物均不收录。按此标准，“删定礼经”的戴圣因“治行不检”“注疏《大易》”的王弼因“祖尚老庄”，虽同为中州学人，但都没有被收录进《洛学编》。汤斌云：“汉初经师多出齐鲁。修明《周礼》，惟有缑氏。至戴圣删定《礼经》，王弼注疏《大易》，俱有功圣学。一以治行不检，一以祖尚老庄，并罢从祀。故不能与缑氏诸贤同列前编。”看来，汤斌虽然肯定他们“俱功于圣学”，却又因“治行不检”和“祖尚老庄”，不能列入《洛学编》前编。“治行不检”谓戴圣在任九江太守时，行事多不遵法度，《汉书》云“九江太守戴圣，《礼经》号小戴者也，行治多不法，前刺史以其大儒，优容之”⑦。“祖尚老庄”谓王弼尽黜象数，说以老庄之学。⑧由此可以看出，汤斌在收录《洛学编》人物时，和《理学宗传》一样，很注重学术正统和人的品行，凸显“严儒释之辨”的原则。

以此为标准，汤斌在《洛学编》正编中，没有收录宋代的邢恕、耿南仲和明代的高拱。邢恕（1032－1102 年），字和叔，阳武（今河南原阳）人。是“二程”的学生，但邢恕人品不高，“善为表襮，早致声名，而天资反覆，行险冒进，为司马光客即陷光，附章惇即背惇，至与三蔡为腹心则之死弗替。上谤母后，下诬忠良，几于祸及宗庙”⑨。对于这样“品质极差”的人，汤斌当然弃之不录。耿南仲（1062－1127 年），字希道，河南开封人，官至资政殿大学士。他与洛学虽然没有直接的师承关系，但从其所著《周易新讲义》中可以看出他与程颐《易传》中的许多思想均有相通之处。他认为，万物资于气，属气学派人物。在政治上，他主张用《易传》中的乾、坤变化之道来解释君臣、君民以及封建伦理道德的关系。北宋末年，耿南仲从他的“性中正论”出发，认为“《易》之要在于无咎而已”，导致了政治上的投降主义。故《洛学编》不予收录。高拱（1512－1578），字肃卿，号中玄，河南新郑人。官至吏部尚书中极殿大学士。高拱作为明朝中后期的思想家和政治家，不仅对明朝中后期理学的发

① 《汤子遗书》卷 4《三上孙征君先生书》，见《汤斌集》上，中州古籍出版社 2003 年版，第 158 页。

② 《汤子遗书》卷 4《在内黄寄上孙征君先生书》，见《汤斌集》上，中州古籍出版社 2003 年版，第 159 页。

③ 《洛学编》，康熙五十一年本，王廷灿跋。

④ 《洛学编》孙奇逢序。

⑤⑥⑧ 《洛学编》卷首《凡例》。

⑦ 《汉书》卷 86《何武传》，中华书局 1962 年版，第 3482 页。

⑨ 《宋史》卷 471《邢恕传》，中华书局 1977 年版，第 13705 页。

展起了促进作用，而且对明朝中后期政治、学术思想的发展都有较大的影响。但为什么汤斌不把他收入《洛学编》中呢？笔者认为主要是因为高拱对孔孟及宋儒的批评，是汤斌所不能接受的。汤斌主“敬”，认为“尊孔就是尊理”，而高拱尊儒并不迷信儒。此外，他还批评了宋代理学家的不足之处。如他在《问辩录》一书中，对程颢、陆子静尤为赞扬，但对于程颐和朱熹的态度却截然相反，书中批评程颐的地方达35处之多，批评朱熹的地方亦有26处。高拱这种批判继承的态度是很可贵的，但汤斌认为高拱对程朱有所不敬，故将之摒于《洛学编》之外。

第二，对于《洛学编》中所收人物，均以是否与洛学有密切联系为标准，而不是遥遥华胄，追其籍贯。比如张载，“世家大梁，父知涪州，卒于官。诸孤皆幼，遂侨居眉县，则横渠实中州产也”①。再比如陕西蓝田吕氏（吕大防、吕大临等），“原籍汲郡”②。但是，由于他们“久列关学”，虽籍贯中州，也一律不再写入《洛学编》。但是，对于和洛学有密切联系的人物，虽籍贯不在中原，也要写进书中，比如明代大儒薛瑄，“本贯河东，发解中州，平生师友半在河洛，实中州明儒之宗，故详列其传，使学者有所考焉，非敢扳附名贤以自增重也”③。

第三，《洛学编》“为论学而作”，所取人物均与学术有关，人物事迹与史书相表里。汤斌说：“此编原为论学而作，非同史传，故虽勋业烜著，节义凛烈，不敢泛入。即编中诸儒，有功绩繁重者，亦不能备载，以自有史传可备采览也。”④ 由此可见，汤斌编纂《洛学编》，就是要向人们展示中州学术人物的风貌以及中州学术的传承演变，至于其他，就不是汤斌所要考虑的了。

第四，间有论赞，评论学者的学术风貌和地位。《洛学编》中，汤斌在某些人物传记之后以“汤斌曰”的形式发表自己的见解，多为评价学者的学术风貌和地位。如在《吕新吾先生》之后，评价吕坤“真体用兼备之儒也”，吕坤的行为及学说影响了“其邑之城郭井野、里甲赋役之法，与夫冠昏丧祭、宴飨丰约之仪”⑤。又如在《徐涵斋先生》之后指出徐养相“家居开讲，生徒来者至堂不能容，盖数十年所未有也”⑥。此外，汤斌还在某些学人传记后以“孙钟元先生曰”引述乃师孙奇逢的话对学人之学行进行评价。

总之，经过汤斌的精心编排，《洛学编》成为一部编纂严谨、义例颇佳的传记体学术史著作，对后世产生了重要影响。李清馥撰《闽学志略》，就仿汤斌《洛学编》而成，《四库全书总目》就指出：“是编（即《闽学志略》）取自唐迄明闽中有关讲学者，人各系传，以志其略，盖仿汤斌《洛学编》之例。大旨以朱子为宗，朱子以后传其教者皆录之。朱子以前则自欧阳詹以后亦仿（汤）斌例为前编。”⑦《洛学编》的影响可见一斑。

当然，汤斌《洛学编》的编纂也有局限性。在安排人物顺序上，大致是按照大的时间顺序，但个别地方又出现一些问题。如，明代的薛瑄与曹端，前者清修笃学，海内所宗，后者有明初“理学之冠”之誉，如果按时间顺序来排，曹端应在前，而《洛学编》却将薛瑄列于明代之首。作者这样的安排，不知是否因为“二程”和薛瑄从祀先圣而地位特殊呢？而孙奇逢在编纂《中州人物考》时，是将曹端置于薛瑄之前。笔者认为孙奇逢的做法要合理一些。此外，《洛学编》所搜集的史料不够详备，大多节录自正史本传，门人记述过于简略。

---

①②③④ 《洛学编》卷首《凡例》。

⑤⑥ 《洛学编》卷4《徐涵斋先生》汤斌曰。

⑦ 永瑢：《四库全书总目》卷63《闽学志略》条，中华书局1965年版。

四、《洛学编》的史料来源

关于《洛学编》的史料来源，汤斌在凡例中交代得很清楚："事实俱本原传，间取门人纪述，不敢妄加增删，惧失实也。"① 又云："平日闻见寡陋，又屏居荒野，典籍阙略，搜罗未广。有生平仰止最切而全传未得，止采通志数言，殊觉寥寥。至语录、文集，兵火之后访求为艰。有家藏善本，倘肯惠教，总成全书，亦善与人同之意也。"② 因此我们可以看到，汤斌在编撰《洛学编》时主要依据正史中的本传，间采门人记述，各地方志，以及语录、文集等。笔者通过研究发现，"正编"中的宋儒，不仅依据正史本传，而且文中引用了不少朱熹《伊洛渊源录》的内容。而明代诸儒的传记，《洛学编》中的叙述与其师孙奇逢的《中州人物考》几近相似，有些地方甚至是完全相同。《中州人物考》乃孙奇逢移居河南苏门山时所作，备载中州人物。因此，我们不得不说《洛学编》史料不仅取源正史本传，而且参考了孙奇逢的《理学宗传》《中州人物考》等著作。下面就以表格的形式，来简略梳理一下《洛学编》的主要史料来源（见表1至表4）。

表1 卷一

朝代	姓名	史料来源
汉	杜子春	贾公彦《序周礼废兴》、陆德明《经典释文·序录》
汉	钟兴	《后汉书》卷七十九下本传
汉	郑众	《后汉书》卷三十六《郑兴传》附传
汉	服虔	《后汉书》卷七十九下本传
唐	韩愈	《旧唐书》卷一六零，《新唐书》卷一七六，门人李翱《李文公集》卷十一《韩公行状》
宋	穆修	《宋史》卷四四二本传

表2 卷二

朝代	姓名	史料来源
宋	程颢	《宋史》卷四二七本传，《二程遗书》，程颐《明道先生行状》
宋	程颐	《宋史》卷四二七本传，《二程遗书》，朱熹《伊川先生年谱》
宋	邵雍	《宋史》卷四二七本传，程颢《明道先生文集》卷四《邵雍先生墓志铭》，门人张峄《行状略》
宋	吕希哲附吕本中	吕希哲：《宋史》卷三三六本传，间采朱熹《伊洛渊源录》卷七《吕侍讲》和吕本中《童蒙训》；吕本中：《宋史》卷三七六本传
宋	尹焞	《宋史》卷四二八本传，朱熹《伊洛渊源录》卷十一吕稽中撰《尹和靖墓志铭》，尹焞《和靖集》附门人王时敏编《和靖先生年谱》
宋	谢良佐	《宋史》卷四二八本传，朱熹《晦庵集》卷七五《谢上蔡语录后序》
宋	张绎	《宋史》卷四二八本传，朱熹《伊洛渊源录》卷十二《张思叔遗事》
宋	刘绚	《宋史》卷四二八本传，朱熹《伊洛渊源录》卷八李吁撰《刘博士墓志铭》

①② 《洛学编》卷首《凡例》。

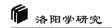

续表

朝代	姓名	史料来源
宋	李吁附孟厚	李吁：《宋史》卷四二八本传，朱熹《宋名臣言行录》外集卷六；孟厚：朱熹《伊洛渊源录》卷十四，朱熹《宋名臣言行录》外集卷九
宋	朱光庭	《宋史》卷三三三本传，朱熹《伊洛渊源录》卷七范淳夫撰《朱给事墓志铭》
宋	邵伯温	《宋史》卷四三三本传，邵伯温《闻见录》
宋	程迥	《宋史》卷四三七本传

表3 卷三

朝代	姓名	史料来源
元	许衡	《元史》卷一五八本传，许衡《鲁斋遗书》
元	姚枢附姚遂	《元史》卷一五八本传，冯从吾《元儒考略》卷一

表4 卷四

朝代	姓名	史料来源
明	薛瑄	《明史》卷二八二本传，李贤《古穰集》卷十三《薛公神道碑铭》
明	曹端	《明史》卷二八二本传，孙奇逢《理学宗传》卷二十《明儒考·曹靖修公端》，顺治十七年贾汉复《河南通志》本传
明	阎禹锡附同邑白良辅、乔缙	阎禹锡：《明史》卷二八二本传；白良辅、乔缙：孙奇逢《中州人物考》卷一《白太仆良辅》、卷二《乔参议缙》
明	王鸿儒	《明史》卷一八五本传，孙奇逢《中州人物考》卷五《王文庄鸿儒》
明	许诰	《明史》卷一八六《许进传》附传，崔铣《洹词》卷十一《庄敏许公墓表》
明	何瑭附门人周道、娄枢、刘泾	何瑭：《明史》卷二八二本传；周道、娄枢、刘泾：孙奇逢《中州人物考》卷一《周御史道》《娄知县枢》《刘副使泾》；间有文中语录采自何瑭《柏斋集》
明	崔铣	《明史》卷二八二本传，焦竑《国朝献徵录》卷三十七，崔铣《洹词》
明	王廷相	《明史》卷一九四本传，孙奇逢《中州人物考》卷一《王肃敏廷相》
明	王尚絅	孙奇逢《中州人物考》卷一《王布政尚絅》
明	尤时熙附门人李士元、谢江、陈麟、董尧封	尤时熙：《明史》卷二八三本传；李士元、谢江、陈麟、董尧封：孙奇逢《中州人物考》卷一《李知州》《谢司谏江》《陈给事麟》和卷五《董恭敏尧封》
明	鲁邦彦	顺治十七年贾汉复《河南通志》卷六十一，孙奇逢《中州人物考》卷一《鲁行人邦彦》
明	孟化鲤	《明史》卷二八三本传，孙奇逢《理学宗传》卷二十五《明儒考·孟云浦化鲤》
明	吕坤	《明史》卷二二六本传，孙奇逢《理学宗传》卷二十五《吕新吾坤》
明	杨东明附杨涧	杨东明：《明史》卷二四一《王纪传》附传；杨涧：顺治十七年贾汉复《河南通志》本传
明	徐养相	顺治十七年贾汉复《河南通志》本传
明	王以悟	孙奇逢《中州人物考》卷一《王参政以悟》
明	张信民附申志深	张信民：孙奇逢《中州人物考》卷一《张知县信民》。申志深传记乃汤斌撰
明	贺仲轼	孙奇逢《中州人物考》卷三《贺副使仲轼》
明	吕维祺	《明史》卷二六四本传，孙奇逢《理学宗传》卷二十五《吕忠节维祺》
明	刘理顺	《明史》卷二六六本传
明	王慕祥	王慕祥早年曾为汤斌之师，故文为汤斌亲撰

五、《洛学编》的学术见解

汤斌编纂《洛学编》，有自己的学术见解，归纳起来有以下两点：

第一，熔汉唐经学家与宋明理学家于一炉，“经道合一”。从《洛学编》的体例结构可以看出，它以汉唐诸儒为《前编》，而以宋明诸儒为《正编》，也就是以宋明理学家为中心，但不弃汉唐经学家，主次分明，既突出了洛学的地位，又揭示了经学与理学之间的关系，即经学是理学发展之前导，而理学则是由经学发展起来的。正如清人所说，该书“虽以宋儒为主，而不废汉唐儒者之所长”①。所谓“汉唐儒者之所长”，从立传的对象看，主要就是指经学，故在此书《前编》为之立传的六人中，经学家就占了五人。例如，杜子春治《周礼》，钟兴治《春秋》，郑众治《春秋》又兼通《易》《诗》，服虔治《春秋左氏传》。而韩愈因为复兴“古文”，倡导“文以载道”，推崇“言之有物”等一系列举措，思想文风一直影响到宋代，具有积极维护儒家“道统”的作用，而入《前编》。穆修虽为宋儒，因其长于《易》学和《春秋》学，独倡古文经学，故也列入《前编》。不仅如此，该书还特别重视经学家的授受源流，“《洛学编》通过对经学家授受原委的辨析，为我们提供了有关汉唐时期中州经学源流演变的大致情况”②。

《洛学编》的这一特点，实际上反映了汤斌“道不离经”“经不离道”的“经道合一”的思想。作为理学史的《洛学编》能够注意理学与经学的关系，反映了清初学术思想的一些特点。

第二，重视程朱，兼顾陆王，调和程朱陆王，主张“朱王合一，返归本旨”。宋代，整个中州实为“二程”洛学的天下，因此，《洛学编》在收录人物时，以“二程”及其门人为主，是符合实际情况的。比如说，是书《正编》首述“二程”，以为中州理学之开端；次述邵雍、吕希哲，以为中州理学之分支；后述尹焞、谢良佐、张绎等“二程”的及门弟子，以明中州理学的传衍。入元，理学北传，而入《洛学编》正编者仅两人：一是姚枢，二是许衡。姚枢，因曾劝江汉程朱理学家赵复北上，此为理学北传之始。而许衡，汤斌称他“往来河洛间，从姚枢得程朱《易传》《四书集注》《或问》及《小学》书”，及姚枢被征，“独处苏门，遂慨然以明道为己任”。到了明朝初期，朱学由于被朝廷所提倡而居于统治地位，一时间，中州诸儒也多为朱学传人。及明，薛瑄、曹端为理学重要人物，“为本朝理学之冠”。薛、曹二子以下，如阎禹锡、何塘、崔铣、鲁邦彦等，或为薛瑄门人，或为薛瑄私淑弟子，《洛学编》均一一为之立传，以明其授受原委。然而，自明中叶以来，随着王学的兴起，其影响也波及中州，出现了“阐明阳明之学”的王学传人，从而一改宋、元、明初程朱理学一统中州的局面。对于中州理学发展中出现的这一新情况，《洛学编》通过专门为中州的王学传人立传的形式积极予以回应，充分显示了作者“程朱陆王合一”的调停两可的折中态度。

《洛学编》为这一时期的中州王学传人立传者有三：尤时熙、孟化鲤和徐养相。三人均属王学传人。尤时熙，字季美，号西川，河南洛阳人。早年即服膺王学；年四十，又师事王门高弟刘魁。《洛学编》称“其为说大抵祖文成致良知，而要归于提省人心，使知所向往不容自已”；“其立教平实易简，使学者循之可以入道，而不至以虚见为实际，可谓有功文成矣”③。缘此，汤斌给他以很高评价。孟化鲤，字叔龙，号云浦，河南新安人。年十六、十七即往洛阳师事尤时熙，独信师说，以为“濂洛真传，

---

① 永瑢：《四库全书总目》卷六十三《洛学编》条，中华书局1965年版。

② 卢钟锋：《中国传统学术史》，河南人民出版社1998年版，第288页。

③ 《洛学编》卷4《尤西川先生》。

其在于此”。其学“以无欲为宗，其教人则专以孝弟、忠信、慎独为要，不为高深悬冥之论”。其门人称他“仕以达道，学本无欲”①。在此，《洛学编》揭示了他的学术渊源及特点。徐养相，字予存，号涵斋，河南睢州人。初宗濂洛之学，后官余姚令，转而表彰阳明之学。汤斌嘉其言行，谓：“先生孝友笃行，孚于门外。平生以讲学为事。余少，见乡之前辈传先生绪言，盖得阳明之心传者也。当令余姚，时去阳明卒未久，伪学之禁尚严。先生独聚诸生于讲院，阐明阳明之学。”② 可以说，《洛学编》对王学传人给予充分注意，既反映了当时学术发展的实际，又体现出汤斌调和程朱陆王的思想。

总之，汤斌在为洛学修史立传的同时，又能够突破程朱陆王的学术界限，历史地再现中州理学发展的全貌，力图将朱、王的传人合为一史，总结理学空谈的教训，从而使后学者避免因学派偏见所带来的学术弊端。

（作者分别为河南师范大学学报主编、教授，河南科技学院旅游系讲师）

① 《洛学编》卷4《孟云浦先生》。

② 《洛学编》卷4《徐涵斋先生》。

清代河南府药材空间分布特征与道地药材

——兼谈洛阳地区的外来药材

陈隆文　代玄烨

摘要： 自古以来洛阳地区就是中华文明的核心地区，同时也是中原地区中药材分布的核心区域之一，更是我国较早的外来药材的种植地。本文收集了清代河南府境内的一州十县县志所载药材资料，以此为基础对清代河南府辖境内的药材空间分布、药材种类、道地药材与地理环境的相互关系进行了探讨，并对河南府辖境的中药材分布进行了区域划分，认为清代河南府境内药材资源较为集中的四个地区有：崤山、浮戏山、嵩山和洛河流域。洛阳也是中原地区外来药材最早的种植区域，这与洛阳在中外交流史上的独特地位密不可分。

关键词： 河南府；药材种类；道地药材；空间分布

一、清代河南府的区域环境

清代河南府的区域环境是中原地区药材分布和道地药材较为集中的区域。

明代迄于清初，陕州原属河南府统辖，雍正二年以前河南府领陕州一县，洛阳、偃师、宜阳、新安、巩（县）、孟津、登封、永宁、渑池、嵩（县）、卢氏、灵宝、阌乡十三县。雍正二年以后，陕州升为直隶州，灵宝、阌乡由河南府辖县改属陕州隶县，雍正十二年以后，又以卢氏县改属陕州，直至清末，河南府辖十县，陕州辖灵宝、阌乡、卢氏三县的行政区划格局未有变动。[①] 清代河南府辖境大体相当于今洛阳、三门峡部分市域，这一区域地处豫西，北有黄河，东连嵩高，西接秦岭，南界伏牛山，就其区域内的自然地理条件而言，山地、丘陵、冲积河谷的带状平原与盆地在此区域内均有分布。

河南府境内的山地属于秦岭山系的东延部分，在这一区域内明显呈余脉性质。一是山地海拔高度向东逐渐降低，由中山、低山变为丘陵，而与平原相连；二是整个山势向东展开呈扫帚状，主要有东西向的小秦岭山脉和嵩山山脉，向东北延伸的崤山、熊耳山和外方山，向东南伸展的伏牛山脉。山地海拔一般在1000～2000米，部分山峰超过2000米，是河南最高的山地系统。[②] 在上述山地系统中，崤山山脉、小秦岭山山脉的部分地段开发较早，地表结构已被改变，森林植被遭到破坏，坡面冲刷日益严重，熊耳山山脉、伏牛山山脉中森林植被状况在清代还尚称良好。熊耳山山地中片林较多，森林覆盖率在30%左右，迄今仍是河南省山区木材生产基地之一。[③] 而伏牛山则是

---

① （清）穆彰阿等纂：《嘉庆重修一统志·开封府》，中华书局1986年版，第10084页。

② 河南省地方史志编纂委员会编纂：《河南省志·第3卷》，河南人民出版社1994年版，第68页。

③ 河南省地方史志编纂委员会编纂：《河南省志·第3卷》，河南人民出版社1994年版，第71页。

秦岭向东延伸的一条重要山脉，西北—东南走向，长200余公里，宽40～70公里，形如卧牛，故称伏牛山，它构成了河南、淮河和长江三大水系的重要分水岭。伏牛山山脉北面与熊耳山山脉和外方山山脉交汇，其间无明显界限；南面与南阳盆地相接。[①] 伏牛山山脉规模巨大，山势异常高峻雄伟，主要是花岗岩山地。其中，西北段山体宽阔完整，山势高峻雄伟，由此向东南分支解体。山脉西北段大致位于白河、二郎坪至蛇尾一线西北，是省内中山大面积集中分布地区之一。山脉主脊地带层峦叠嶂，多悬崖峭壁和奇峰突起。一般海拔高度1000～1500米，2000米以上的高峰有老君山、鸡角尖、石人山等，峰顶初夏常见风雪，被称为省屋瓴。伏牛山山脉西北段山势高峻，气候湿润，且垂直气候变化比较明显，天然植被与野生动物繁多，为一些原始次生林保护较好的山坡地段，[②] 是清代以来药材资源分布较为集中的区域。

除了山地以外，清代河南府境内还分布着大面积的丘陵与盆地，丘陵地区大体于豫西山地北部，绝大部分在黄河南侧，西至陕西东界，东到豫东平原西缘，南接熊耳山—伏牛山山区，北接太行山山地，这一区域内黄土成片分布，黄土地貌占优势，据现代地质调查，这一区域内黄土分布的地形部位主要是河谷地带、山间盆地、山前坡地带。黄土在山地覆盖高度一般为250～700米，灵宝、三门峡一带黄土覆盖高度较大，达到750～900米。黄土层厚度，西部较厚，为50～180米，最大厚度超过200米；东部较薄，一般在20～110米。该区黄土是早更新世（Q_1）、中更新世（Q_2）、晚更新世（Q_3）和全新世（Q_4）堆积形成的。[③] 这一区域内的盆地，较为著名的是三门峡盆地，东西长约120千米，南北宽40千米，南邻小秦岭和崤山，北邻中条山，黄河自西而东流经盆地中间，盆地内部的河谷平原、塬地、黄土丘陵、山麓冲积平原，呈与盆地一致的东西向延伸，南北排列，且井然有序。[④] 洛阳—三门峡黄土丘陵区内植被较少，森林植被覆盖率在8%以下，大部分地面裸露，黄土抗蚀能力较弱，是水土流失较为严重的地方，而三门峡盆地中的河谷平原地带是清代以来中原地区经济作物的主要产区。

最后应提及的是豫西地区的伊、洛河冲积河谷带状平原。冲积河谷带状平原是山地、丘陵和岗地较大河流冲积而成的一种平原地貌类型，主要由河流堆积阶地和河漫滩组成。[⑤] 豫西地区以伊、洛河冲积河谷带状平原的规模为最大。其中伊河中游平原北至龙门，南起田湖，一般宽1000～3000米。平原由二级阶地和河漫滩构成，地表物质以黄色沙质黏土为主，受流水侵蚀切割较弱，海拔高度大部分在200米以下。伊、洛河下游平原西起洛阳，东至巩县，地处伊、洛河的下游与汇流地段。它大致由洛河北侧平原、伊河南侧平原以及两河间的夹河平原三部分组成。伊河南侧平原由漫滩和二级堆积阶地构成，海拔120～250米，比高25米左右，宽2500～4000米，地表物质为黄色亚黏土和夹沙黏土，水源充裕，引水灌溉十分便利，是中原地区著名的稳产高产区。[⑥] 清代伊、洛河流域的洛宁、宜阳、洛阳、偃师等县都是各类药材资源分布较为集中的区域。

清代河南府政区沿革表见表1。

---

①②③ 河南省地方史志编纂委员会编纂：《河南省志·第3卷》，河南人民出版社1994年版，第75页。
④ 河南省地方史志编纂委员会编纂：《河南省志·第3卷》，河南人民出版社1994年版，第29页。
⑤ 河南省地方史志编纂委员会编纂：《河南省志·第3卷》，河南人民出版社1994年版，第22页。
⑥ 河南省地方史志编纂委员会编纂：《河南省志·第3卷》，河南人民出版社1994年版，第22－23页。

表1 清代河南府政区沿革表

清代河南府 行政区划变化	雍正二年	《嘉庆一统志》	《清史稿》
河南府没有发生改变的州、县	洛阳	洛阳	洛阳
	偃师	偃师	偃师
	新安	新安	新安
	孟津	孟津	孟津
	登封	登封	登封
	永宁	永宁	永宁
	渑池	渑池	渑池
	嵩县	嵩县	嵩县
河南府发生变化的厅、县	宜阳	宜阳	—
	巩县	巩县	—
	陕州	—	—
	卢氏	—	—
	灵宝	—	—
	阌乡	—	—

二、清代河南府药材种类与空间特征

清代河南府领一州十三县，即洛阳、偃师、巩县、孟津、宜阳、永宁、新安、渑池、登封、嵩县、陕州、灵宝、阌乡、卢氏。雍正二年，陕州升直隶州，灵宝、阌乡、卢氏三县归其辖属。清代河南府四次修志，其中乾隆四十四年所修《河南府志》内容丰富，考订精详，同治年间在乾隆《河南府志》基础上又有重校补刊，其中对河南府药材资源分布的记载，对我们研究这一区域药材种类与分布特征有重要的参考作用。

1. 河南府药材种类

同治年校补重刊的乾隆《河南府志》下专列“药部”，其内容摘录如下：

(1) 石菖蒲：(《神仙传》) 汉武帝上嵩高见仙人曰：闻中岳有石上菖蒲一寸九节，食之可以长生，故来采之，忽然不见。

(2) 茯苓：(《嘉祐本草》)《范子计然》言：茯苓出嵩山及三辅。《典术》言：松脂入地千岁为茯苓。

(3) 黄精：(《唐地理志》) 河南府贡黄精 (《本草纲目》) 以得坤土之精粹故名，黄精又名戊己芝、仙人余粮，生嵩山者佳。

(4) 术：(《图经本草》) 以茅山、嵩山者为佳，按《尔雅》：术、山蓟，《本草衍义》曰：《本经》止言术，不分苍白两种，亦宜两审。

(5) 何首乌：(《图经本草》) 在处有之，以西洛嵩山为胜，唐李翔有《何首乌传》。

(6) 麦门冬：(《别录》) 生函谷川谷。

(7) 天门冬：(《抱朴子》) 在东岳名淫羊藿，在中岳名天门冬。

（8）苍耳：（《图经本草》）《尔雅》谓之苍耳，《广雅》谓之菜耳，康成以为胡菜，《博物志》云：洛中有人驱羊入蜀，胡菜子多刺，粘缀羊毛遂至中国，故名羊负来。

（9）车前：（《诗经·周南》）采采芣苢，（陆玑疏）今车前子。

（10）益母：（《诗经·王风》）中谷有蓷，（陆玑疏）方茎白华，华生节间，今益母也。

（11）细辛：（《山海经》）浮戏之山上多少辛，（郭注）细辛也。

（12）远志：（《本草纲目》）苗名小草，河洛州郡有之。

（13）升麻：（《开宝本草》）嵩高生者色青。

（14）桔梗：（《别录》）生嵩高山谷，二月采根。

（15）款冬：（《述征记》）洛水至岁末凝厉时，款冬花茂于层冰之中。

（16）茱萸：（《晋宫阁名》）华林园，茱萸三十六株。

（17）贯众：（《别录》）生少室山，二月八日采根。

（18）赤箭：（《别录》）生少室山，三月、四月、八月采根。

（19）天雄：（《别录》）生少室山，二月采根。

（20）芫花：（《本草衍义》）京洛间甚多。

（21）蓍实：（《别录》）蓍实生少室山谷，八月、九月采实。按蓍神草也，生便条直，异于蒿，秋后花出枝端红紫色，状似菊，结实如艾实，张华《博物志》以末大于本着为蓍。

（22）楮实：（《别录》）生少室山，八月、九月采实。按《酉阳杂俎》有瓣曰楮，无曰構，今俗通名構实，曰構桃。

（23）瓜蒂：（《别录》）瓜蒂生嵩高平泽七月七日采之，（《图经本草》）甜瓜蒂入药用早青为良。

（24）冬葵子：（《别录》）生少室山，（陶注）秋葵覆养经冬至春作子谓之冬葵子。

（25）南烛（燭）草木：（《图经本草》）其种是木而似草，故号南烛草木，生嵩高少室。

（26）草石蚕：（《食物本草》）草食蚕称甘露子，生嵩山石上。

（27）防葵：（《本草经》）生嵩山。

（28）白头翁：（《本草经》）生嵩山山谷及田野。

（29）石钟乳：（《别录》）生少室山谷。按《河图玉版》：少室有白玉膏，《抱朴子》：嵩山石户有石蜜芝，《嵩高记》：嵩山石室前承露盘中有石脂，皆钟乳之类。

（30）礜石：（《别录》）生少室采无时。①

同治《河南府志》药部中共收录了清代河南府辖域内的药物种类共30种：

“石菖蒲、茯苓、黄精、术、何首乌、麦门冬、天门冬、苍耳、车前、益母、细辛、远志、升麻、桔梗、款冬、茱萸、贯众、赤箭、天雄、芫花、蓍实、楮实、瓜蒂、冬葵子、南烛草木、草石蚕、防葵、白头翁、石钟乳、礜石。”②

在上述30味中药材中可以被称作道地药材的有黄精、术、何首乌。黄精在《新唐书·地理志》中

①② （清）施诚修，武进、陈肇庸编纂：《河南府志》，卷二十七，清同治六年（1867年）刻本，第4-6页。

被列为向朝廷交纳的贡品，除了黄精以外，河南府开元时向朝廷进贡的还有枸杞，[①] 至清代河南府已不见枸杞的种植，但黄精仍然是道地药材，故称“生嵩山者佳”。其他术（苍术、白术）、何首乌也是清代河南府的道地药材，故《河南府志》中有“术以嵩山为佳”、何首乌以“西洛嵩山为胜”的记载。

在这里应该补充说明的是，同治《河南府志》“药部”条中所收录的上述30种药物并不完全，我们于“物产·蔬部”又找到山药、蒜、苜蓿三种未列于“药部”，也属于药材的记载：

(31) 山药：(《本草纲目》) 薯蓣生嵩高山谷，二八月采根，唐避讳改薯药，宋又避讳改山药。

(32) 蒜：(《闲居赋》) 菜则有蒜，(《本草纲目》) 蒜八月种，春食苗，夏初食苔，五月食根，秋月收种，北人不可一日无。

(33) 苜蓿：(《述异记》) 张骞苜蓿园在洛阳，骞始于西国得之。(《伽蓝记》) 洛阳大夏门东北为光风园苜蓿出焉。[②]

综合上述资料，清代河南府的药材数量应该有33种之多。

2. 河南府药材的空间分布特征

清代同治《河南府志》“药部”中所记载的河南府药材种类及相关史料，为我们研究这一时期河洛地区药材分布的空间差异提供了依据。《河南府志》“药部”中共计药材种类33种，其中有苍耳、车前子和益母草三种并未言明具体地域，但在《洛阳县志》《渑池县志》中均提到“苍耳、车前子、益母草”三种中药，说明清代洛阳、渑池两县是苍耳、车前子、益母草三种中药材的产地。除此之外，益母草、苍耳子两种只在《新安县志》“药部”中有载，这说明新安县很可能只产益母草、苍耳子而不产车前子。而宜阳、孟津两县大概只产益母草、车前子，故《宜阳县志》《孟津县志》中未见苍耳子的记载。除了上述苍耳、车前子、益母草三种中药材外，《河南府志》中言“河洛州郡有之”“京洛间甚多”的两种药材分别为远志、芫花，大概是此两种中药材在清代河南府境内有广泛种植的缘故。

首先，清代河南府境内的崤山、浮戏山和嵩山是药材种植与分布最为集中的区域。崤山是秦岭东段规模较大的支脉之一，它西南端与陕西华山山脉相连，西北面在宏农涧河与洛河之间，自西南向东北一直延伸至黄河岸边。长达160余千米，宽约40～50千米，构成了洛河与宏农涧河的分水岭。[③]《河南府志》“药部”中载“麦门冬，生函谷川谷”，函谷关的川谷中是麦门冬生长较为集中的区域。“函谷关，在新安县东北，秦故关本在灵宝县，汉时移此。”[④] 清代河南府麦门冬生长的区域应该在新安县函谷关的川谷中，不太可能指灵宝旧关，因此清代雍正二年以后灵宝已属陕州而非河南府所辖，崤山之东的渑池、新安两县是清代河南府药材分布较为集中的地区。嘉庆《渑池县志》共载药材75种，分别为：“药之类：丹参、芍药、山楂、荆芥、防风、草乌、香附、南星、半夏、薄荷、苍术、细辛、升麻、葛根、前胡、黄精、苦参、元参、苍耳、栝蒌、车前、连翘、泽泻、莞花、柴胡、茵陈、瞿麦、天麻、黄芩、旱莲、藿香、紫苏、生地、桔梗、天门冬、麦冬、芡实、茜草、地丁、地锦、蒺藜、射干、蝉蜕、当归、远志、沙参、谷精、藜芦、五味、通草、葶苈、王不留行、何首乌、牡丹皮、柏子仁、金银花、酸枣仁、小茴香、蓖麻子、花椒、益母草、大力子、天花粉、无名异、枸杞、薏苡仁、地骨皮、菟丝子、蒲公英、夜明砂、

① 河南府河南郡，本洛州，开元元年为府。土贡：文绫、缯、縠、丝葛、枸杞、黄精、美果华、酸枣。（宋）欧阳修、宋祁撰：《新唐书·地理志》卷三十八，中华书局1977年版，第982页。

② （清）施诚修，武进、陈肇庸编纂：《河南府志》，卷二十七，清同治六年（1867年）刻本，第2－3页。

③ 河南省地方史志编纂委员会编纂：《河南省志·第3卷》，河南人民出版社1994年版，第68页。

④ （清）穆彰阿等纂：《嘉庆重修一统志·开封府》，第10185页。

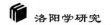

款冬花、旋覆花、地肤子、莱菔子、艾。”① 清乾隆《新安县志》共载药材30种，分别为：“药之属：艾、山药、百合、苍术、柴胡、茵陈、薄荷、黄芩、黄精、防风、连翘、地黄、草乌、荆芥、蝉蜕、皂角、木瓜、香附、白头翁、天花粉、地锦草、地骨皮、何首乌、山菊花、益母草、金银花、苍耳子、枸杞子、郁李仁、麦门冬。”② 因此看来，峭山南北地区应该是清代河南府药材资源较为丰富的地区。

其次，清代河南府东境的浮戏山区也是药材资源分布较为集中的区域之一。浮戏山又称方山，在汜水县南，汜水县即今天荥阳市辖下的汜水镇，《大清一统志》“方山”条下说：“方山，在汜水县南四十里。《山海经》浮戏之山……故名。”③ 浮戏山地处密县、登封、荥阳、巩义之间，属嵩山之余脉，细辛是浮戏山最著名的药材，《山海经》载：“浮戏山上多少辛。（郭璞注）少辛，即是细辛。”清代乾隆五十四年《巩县志》中记有河南府巩县所产药材有：“桔梗、木通、苍术、防风、半夏、地黄、薄荷、茴香、瓜蒌、枣仁、芍药、牡丹皮、射干、五加皮、天仙子、何首乌。”④《巩县志》在谈到巩邑物产分布时说：“（巩）邑滨河洛者曰滩地，水泉滋润称膏腴，然不多有。余皆层峦复谷砂石犷悍，土性淳卤。惟恃棉花为业，状花之利倍于二麦，民食资焉，雨泽愆期则绌于种其他果木，以地瘠故逊于他邑。昔所载物产屢屢，供日用之而无所增。”⑤ 巩县除了滨临河洛的滩地较为肥沃，可以用来经营农业外，其他土地都是层峦复谷土性淳卤，不利农业发展，主要经济作物是种植棉花，棉花的收入两倍于“麦”，乃“民食资焉”。《巩县志》中没有提到在巩县北部河洛滩地上种植药材，而《巩县志》中所记大宗药材的分布也应该就在巩县南部的浮戏山中。

再次，河南府东部的嵩山是药材分布最为集中的区域。根据《河南府志》药部所记，清代出产于嵩山的药材主要有22种：石菖蒲、黄精、茯苓、术、何首乌、升麻、瓜蒂、薯蓣（山药）、桔梗、南烛草木、草石蚕、防葵、白头翁、贯众、赤箭、天雄、蓍实、楮实、冬葵子、石钟乳、礜石、山药。由此可见，《河南府志》药类中列有药材共33种，而嵩山所产药材就有22种，占2/3，还应进一步说明的是，河南府嵩山地区所产药材有贯众、赤箭、天雄、蓍实、楮实、冬葵子、石钟乳、礜石八种，又分布生长于少室山中。嵩山山势雄伟，绵亘广大，《大清一统志·河南府》“嵩山”条下载：“嵩山在登封县北十里，其山东跨密县，西跨洛阳，北跨巩县，延亘百五十里，太室中为峻极峰，左右列峰各十二，凡二十四峰，又西二十里，为少室山，其峰三十有六。”⑥ 嵩山之西的少室山至清代仍是河南府药材资源最为集中的地区。

最后，洛河流域也是清代河南府药材资源较为集中的区域，洛河又称洛水，洛水在《嘉庆一统志》中载：“洛水，自陕州卢氏县流入，东北经永宁县南，又东北经宜阳县北，又东北经洛阳县南，与涧瀍二水合，又东经偃师县南合伊水，又东北经巩县西北，又东开封府汜水县西北入河（黄河）。《书禹贡》导洛自熊耳，东北会于涧瀍，又东会于伊，又东北入于河。”⑦ 洛水的上源有两条干流，西干流源于北部霸源乡木岔沟的竽园泉；北干流源于洛南县西北洛源乡黑章村的龙潭泉。此两条干流长短、水量相差无几，均可认为是洛河源头。⑧ 洛水自陕州卢氏进入河南府，经永宁（今洛宁）、宜阳、洛阳后，涧瀍二水流入，在偃师县南与伊水汇合，最后向东北经巩县注入黄河，洛水贯穿了整个河洛盆地。就洛河流域的地势而言，其由

---

① （清）甘扬声修：《渑池县志》，清嘉庆十五年（1810年）刻本，卷七土产志，第2页。
② （清）邱峨修：《新安县志》，清康熙三十一年（1692年）刻本，卷六物产附，第14-16页。
③ （清）穆彰阿等纂：《嘉庆重修一统志·开封府》，第9142页。
④ （清）李述武修：《巩县志》，清乾隆五十四年（1789年）刻本，卷七物产志，第1-2页。
⑤ （清）李述武修：《巩县志》，卷七物产志，第1页。
⑥ （清）穆彰阿等纂：《嘉庆重修一统志·开封府》，第10109页。
⑦ （清）穆彰阿等纂：《嘉庆重修一统志·河南府》，第10122-10124页。
⑧ 郭建民、郑金亮主编：《伊洛河志》，中国科学技术出版社1995年版，第13页。

西南向东北降低海拔高度自草链岭的2645米下降到入河口的101.4米，相差2543.6米，由于山脉的分割，形成了中山、低山、丘陵、河谷、平川和盆地等多种自然地貌和东西向管状地形。在总面积中，山地、丘陵、平原面积依次减少，古有“五山四岭一分川”之称，而就药材的分布而言，洛水所经河南府之永宁、宜阳、洛阳、偃师和巩县五县尽管都有丰富的药材资料，但处于冲积河谷带状平原上的洛阳、偃师和巩县的药材资源显然要大大少于位于山地和丘陵地区的永宁（今洛宁）和宜阳。

清代巩县的药材资源主要分布在县南的浮戏山一带，巩义北部的冲积河谷平原地区很少有药材资源，这在上文中已有讨论。而根据嘉庆《洛阳县志》的记载：洛水中下游的洛阳县共有药材38种，即“苜蓿、芸蕨、白蒿、苍耳、车前、益母、远志、款冬、茱萸、芫花、桃、李、梅、杏、樱桃、林檎、奈、葡萄、梨、石榴、枣、栗、胡桃、柿、郁李、棣、橘、芭蕉、木瓜、牡丹、芍药、海棠、辛夷、木兰、紫荆、千叶桃、紫薇、玉蕊……”① 洛水下游的偃师县，按照乾隆《偃师县志》的记载，共有药材17种，即“药之属：柴胡、防风、沙参、蓿苜、艾、细辛、山药、远志、紫苏、天花粉、瓜蒌、葶苈、薄荷、苍术、蓖麻、地丁、地肤子”。②

清代河南府洛阳、偃师两县除去共有的苜蓿外，共有药材55种。这与洛水上游的永宁（今洛宁）、宜阳相比，情况完全不同。乾隆《永宁县志》与光绪《续修敘永永宁厅县合志》共载永宁县（今洛宁）中药35种，即清乾隆《永宁县志》载“草属：凤尾、虎耳、马鞭、豨莶、芭蕉、浮萍、菖蒲、香蓼、艾、龙发”③ 药材共10种。光绪《续修敘永永宁厅县合志》载“药类：天冬、黄连、薏苡仁、莲子、黄精、半夏、龙胆草、金银花、甘葛、菟丝子、瓜蒌、使君子、山药、首乌、厚朴、杜仲、茱萸、红青椒、乌梅、山楂、桃仁、杏仁、巴豆、山栀、常山”④ 共25种药材。《永宁县志》中所载药材并非洛水流域诸县中最多的，永宁县（今洛宁）之东的宜阳县的中药材资源是河南府洛水流域药材资源最为丰富的地区。乾隆《宜阳县志》“药属”条下载药材54种，大致如下：“药属：甘草、黄芩、芍药、羌活、知母、甘松、半夏、桔梗、枸杞、山药、麝香、萱草、百合、木通、杏仁、甘菊、瓜蒌、紫苏、薄荷、连翘、藁本、商陆、地榆、升麻、茅香、麻黄、荆芥、柴胡、罂粟、秦椒、茵陈、土茜、葃萝、白芨、狼毒、贯众、黄精、车前子、郁李仁、牡丹皮、小茴香、凤眼草、益母草、天南星、豨莶草、密陀僧、蓖麻子、天仙子、云母石、地骨皮、何首乌、金银花、王不留行、木瓜。”

总之，清代河南府洛水流域虽然也是这一区域内药材资源较丰富的地区，但洛水流域中上游永宁、宜阳的药材资源显然要多于洛水中下游洛阳、偃师、巩县地区，洛水流经的山地、丘陵地区要多于冲积河谷地带状平原地区。这是清代河南府药材资源分布的又一重要特征。

三、清代河南府的道地药材

同治《河南府志》中记载河南府境内的道地药材主要有黄精、术、何首乌三种。“黄精，（《唐地理志》）河南府贡黄精（《本草纲目》）以得坤土之精粹故名，黄精又名戊己芝，仙人余粮，生嵩山者佳。术，（《图经本草》）以茅山、嵩山者为佳，按《尔雅》：术、山蓟，《本草衍义》曰：《本经》止言术，不分苍白两种，亦宜两审。何首乌，（《图经本草》）在处有之，以西洛嵩山为胜，唐李翔有《何首乌

① （清）魏襄修：《洛阳县志》，清嘉庆十八年（1813年）刻本，卷二十五物产记，第1-23页。
② （清）汤毓倬修：《偃师县志》，清乾隆五十四年（1789年）刻本，卷五风俗志，第5页。
③ （清）张楷修：《永宁县志》，清乾隆五十五年（1790年）刻本，卷一物产附，第12页。
④ （清）邓元穗修：《续修叙永永宁厅县合志》，清光绪三十四年（1908年）刻本，卷四十一物产附，第35-41页。

传》。"① 按照同治《河南府志》的记载，黄精、术、何首乌三种道地药材都产在河南府东南部的嵩山之中。

河南府东南的登封县境内嵩山山脉是黄精、术、何首乌的主要产区。清陆继萼修《登封县志·卷二十·物产志》中对上述三种道地药材产地的记载更证明了这一点。《登封县志》载："术，(《图经》) 曰今处处有之，以嵩山者为佳，盖术得土气其益在脾，中岳故土位也。"《登封县志》明确指出术为嵩山一带的道地药材，中岳嵩山的地理环境（土气）对于术这种道地药材的形成起到决定作用。"黄精"条下载："（通志）陶宏景名为仙人余粮，《别录》曰：今南北皆有之，以嵩山者为佳。""何首乌"条下载："（旧志）神农本草无名。自宋开宝时，始人方书，《图经》曰：在处有之，以西洛嵩山为胜。"② 嵩山作为道地药材何首乌、黄精的产地，由《河南府志》《登封县志》两书的相互印证，可以得到说明。

关于嵩山所产道地药材术（苍术、白术），笔者已在开封府、禹州所产道地药材一节做了说明，这里着重探讨河南府道地何首乌、黄精产地的问题。

何首乌是中医中常用的治疗血虚症的药物，基本功效就是补血。《本草纲目》载："何首乌，足厥阴、少阴药也。白者入气分，赤者入血分。肾主闭藏，肝主疏泄。此物气温，味苦涩。苦补肾，温补肝，涩能收敛精气。所以能养血益肝，固精益肾，健筋骨，乌髭发，为滋补良药。不寒不燥，功在地黄、天门冬诸药之上。"③ 何首乌流传虽久，但并没有广泛用于中药治疗，明代嘉靖皇帝服此药生皇嗣后，"何首乌之方，天下大行矣"。④ 何首乌为多年生缠绕藤本。根细长，末端成肥大的块根，外表红褐色至暗褐色。茎基部呈木质，中空。叶互生；具长柄；托叶鞘膜质，褐色；叶片狭卵形或心形，长 4～8cm，宽 2.5～5cm，先端渐尖，基部心形或箭形，全缘或微带波状，上面深绿色，下面浅绿色，两面均光滑无毛。圆锥花序。小花梗具节，基部具膜质苞片；花小，花被绿白色，5 裂，大小不等，外面 3 片的背部有翅；雄蕊 8，不等长，短于花被；雌蕊 1，柱头 3 裂，头状。瘦果椭圆形，有 3 棱，黑色，光亮，外包宿存花被，花被具明显的 3 翅。花期 8～10 月，果期 9～11 月。⑤ 李时珍《本草纲目》中说："何首乌，春生苗蔓延竹木墙壁间，茎紫色。叶叶相对如薯蓣，而不光泽。夏秋开黄白花，如葛勒花。结子有棱，似荞麦而杂小，才如粟大。秋冬取根，大者如拳，各有五棱瓣，似小甜瓜。有赤白两种：赤者雄，白者雌。一云：春采根，秋采花。九蒸九晒，乃可服。"⑥《本草纲目》中何首乌的性状与现代植物研究的结果基本吻合。

在谈到道地何首乌产地的问题上，《本草纲目》载："（何首乌）今在处有之，岭外、江南诸州皆有，以西洛、嵩山及河南柘城县为胜。"⑦ 又说："何首乌以出南河县及岭南恩州、韶州、潮州、贺州、广州、潘州四会县者为上。邕州、桂州、康州、春州、高州、勒州、循州晋兴县出者次之，真仙草也。（时珍曰）凡诸名山，深山产者，即大而佳也。"⑧ 从现代植物学来看，何首乌常生长于草坡、路边、山坡石隙及灌木丛中，广泛地分布于华东、中南及河南、河北、山西、四川、贵州、云南、陕西、甘肃、台湾等地。⑨明清以后可能是由于岭南产量较大，所以岭外、江南诸州的何首乌影响越来越广，虽然明代以后岭南恩州、韶州、潮州、贺州、广州、潘州、邕州、桂州、康州、春州、高州、勒州等地所出产的何首乌越来越有名气，但自唐宋以来，西洛、嵩山及河南柘城县所出产的何首乌仍然被作为道地药材来看待，所以《本草纲目》中说："以西洛、嵩山及河南柘城县者为胜。"除柘城县在今商丘外，西洛、

---

① （清）施诚修，武進、陈肇庸编纂：《河南府志》，清同治六年（1867 年）刻本，卷二十七，第 4 页。
② （清）陆继萼修：《登封县志》，清乾隆五十二年刻本，卷二十物产志，第 7 页。
③④ （明）李时珍著，王育杰整理：《本草纲目》，第 1056 页。
⑤⑨ 南京中医药大学编著：《中药大辞典》（上），上海科学技术出版社 2015 年版，第 1374 页。
⑥ （明）李时珍著，王育杰整理：《本草纲目》，第 1055 页。
⑦ （明）李时珍著，王育杰整理：《本草纲目》，第 1054 页。
⑧ （明）李时珍著，王育杰整理：《本草纲目》，第 1056 页。

嵩山都在清代河南府境内，故何首乌应是清代河南府境内的道地药材之一。

在中药中，黄精与南北沙参、天麦冬、玉竹、石斛等同为较重要的补阴药，常用来治疗阴虚症，具有滋养阴液，纠正阴液亏虚，生津润燥的功效。《本草纲目》中记载，黄精主治：“补中益气，除风湿，安五脏。久服轻身延年不饥。补五劳七伤，助筋骨，耐寒暑，益脾胃，润心肺。单服九蒸九曝食之，驻颜断谷。补诸虚，止寒热，填精髓，下三尸虫。”①

黄精生于林下、灌丛或阴湿草坡，喜温暖湿润气候和阴湿的环境，耐寒性强，喜潮湿，怕干旱，以土层深厚、疏松肥沃、排水良好、湿润的沙壤土栽培为宜。② 今天黄精的生长广泛分布在广西、四川、贵州、云南等地。但唐宋以来，道地黄精的产地只在河南嵩山及其周边区域。唐代时嵩山所产黄精是向朝廷进奉的贡物。《新唐书·地理志》卷三十八载：“河南府贡土贡九种，土贡：文绫、缯、縠、丝葛、埏埴盎缶、枸杞、黄精、美华果、酸枣。”③ 唐代河南府的九种土贡之中，枸杞、黄精、酸枣都是药材，直至清代，河南府仍是枸杞、黄精、酸枣三种药材的产地。以枸杞子而言，清代《河南府志》与有关县志中所记载的产地主要有渑池、新安、宜阳和阌乡四县。道地黄精的产地也主要分布在永宁（今洛宁县）、渑池、新安、宜阳和登封五县。宋代唐慎微撰著的《证类本草》明确说：“黄精，龙衔也。《永嘉记》云：黄精，出嵩阳永宁县。”④ 这是本草文献中道地黄精产地最可靠的记载。嵩阳永宁县即今天的洛阳市洛宁县，但从清代方志上看，至少到清代黄精的最佳产地恐不止嵩阳永宁县一处，嵩山周边的新安、渑池、宜阳和登封都应是优良黄精的产地。李时珍《本草纲目》对道地黄精与地理环境条件关系的记载也证明了这一点，《本草纲目》“黄精”条说：“黄精肥地生者，即大如拳；薄地生者，犹如拇指……黄精叶偏生不对者名偏精，功用不如正精……黄精南北皆有，以嵩山、茅山者为佳。三月生苗，高一二尺以来。叶如竹叶而短，两两相对……（黄精）其苗初生时，人多采为采茹，谓之笔菜，味极美，江南人说黄精苗叶稍类钩吻，但钩吻叶头极尖而根细，而苏恭言钩吻蔓生，恐南北所产之异耳。”⑤《本草纲目》中所谈到的南北地区黄精疗效的差异是引自苏颂的《本草图经》，李时珍对苏颂所论述的道地黄精产地及地理条件之间相互关系的论述并没有反驳和持有异议，这说明延至明代，嵩山周边地区的黄精仍然被视为疗效最佳的道地药材，而“南北皆有之黄精以嵩山为佳”之论亦有文献根据。

四、洛阳是我国外来药材较早的种植地

清代河南府不仅中药材种类众多，而且这一区域还是许多药材的引种地。包括药材在内的古代农作物的异地引种，首先要面对的是能否成功解决作物品种的风土适应问题。只有成功解决药材的风土适应问题，才能够丰富和充实中原医药材宝库资源，在这方面苍耳、薏苡、苜蓿三种药材在河南府的引种颇值得深入研究。苍耳、薏苡、苜蓿三种药材在中原地区的引种可能要远远早于清代。

苍耳，《本草纲目》作葈耳，李时珍引《博物志》云：“洛中有人驱羊入蜀，胡葈子多刺，粘缀羊毛，遂至中土，故名羊负来。俗称道人头。”⑥ 清代《河南府志》“药部”苍耳中引用了《本草纲目》的记载，

---

① （明）李时珍著，王育杰整理：《本草纲目》，第582页。
② 南京中医药大学编著：《中药大辞典》（上），第2452页。
③ （宋）欧阳修、宋祁编纂：《新唐书》，中华书局1975年版，第982页。
④ （宋）唐慎微等：《重修政和经史证类备用本草》（上），中国中医药出版社2013年版，第354页。
⑤ （明）李时珍著，王育杰整理：《本草纲目》，人民卫生出版社2012年版，第581页。
⑥ （明）李时珍著，王育杰整理：《本草纲目》，人民卫生出版社2012年版，第814页。

而《本草纲目》则又引自晋张华撰《博物志》，这条材料应该就是苍耳引种中原的最早记载，《博物志》的作者张华，生于公元232年，卒于公元300年，范阳方城（今河北涿州）人，此书应著于晋初，据说晋武帝司马炎还读过此书。[①] 汉晋之际，洛阳是国都所在，苍耳自蜀地随羊至中原，这应该是可信的。

薏苡，据现代医药研究，薏苡有抗肿瘤、免疫调节、降血压血糖、抗病毒等方面的药理活性。李时珍《本草纲目》中说："近道处处多有，人家种之。出交趾者子最大，彼土呼为䈂珠。故马援在交趾饵之，载还为种，人谗以为珍珠也。实重累者为良，取仁用。"[②] 薏仁是喜温的禾本科作物，又是 C_4 植物，一般认为 C_4 植物起源于热带和亚热带。史书记载，东汉初建武十七年，即公元41年，汉光武帝刘秀派伏波将军马援南征交趾（相当于今广东、广西大部分地区和越南的北部、中部），士兵患"瘴气"病，食用当地的薏米而愈。在我国广西也曾发现大面积的原始水生薏苡和野生薏苡，因此，中国南方可能是薏苡的起源中心和早期主要产地。《名医别录》载："薏苡仁生真定平泽及田野。"《开宝本草》云："今多用梁汉者，气劣于真定。"真定即今河北正定县，因此可以推断，南北朝时期，薏苡产地已由中国西南逐步传播到华北平原。[③] 乐巍等认为薏苡是在南北朝时期由中国西南逐步传播到华北平原上的看法，应该是可靠的。清代河南府辖县永宁[④]、渑池[⑤]两县是薏苡种植的重要地区，其种植历史很可能在魏晋之时就已开始了。

苜蓿（又名草头）被誉为"牧草之王"，自被引入中土以来，被马、驴、羊、牛等牧畜所钟爱，它起源于外高加索、小亚细亚、伊朗等地区。[⑥] 汉唐为适应军事与生产需要，曾致力于良畜的引入，而农区畜牧业发展，优质牧草是重要因素之一。汉武帝时汉使从西域引入苜蓿，开始在京师宫苑试种，有人认为苜蓿的引入起到重要作用。在中原农区，苜蓿种植已经超越了既定的牧草含义。苜蓿嫩苗可视为蔬菜，作为初春时令菜肴；长成之后，可以作为优质牧草；同时加入轮作制度，成为重要的肥田倒茬作物。[⑦] 作为药材，苜蓿又有"利五脏，轻身健人，洗去脾骨间邪热气，通小肠诸恶热毒"的功效。[⑧]

苜蓿在我国的种植应始于西汉的关中。《史记・大宛列传》载："汉使取其实末，于是天子始种苜蓿、蒲萄肥饶地。及天马多，外国使来众，则离宫别馆旁尽种蒲萄、苜蓿极望。"[⑨] 西汉关中长安的"离宫别馆"是苜蓿的最早种植之地。魏晋之际，苜蓿的种植已经扩展到了黄河中下游地区，特别是洛阳一带。北魏杨衒之《洛阳伽蓝记》记："汉魏故都洛阳城城北大夏门外御街道西有禅虚寺，寺前有阅武场……宣武场在大夏门东北，今为光风园，苜蓿生焉。"[⑩] 关于河洛苜蓿的由来，杨勇先生校笺载："《汉书西域传》：罽宾有苜蓿、大宛马。武帝时，得其马。汉使採苜蓿种归，天子益种离宫别馆旁。《西京杂记》云：乐游苑自生玫瑰树，下多苜蓿。苜蓿一名怀风，时人或谓光风。光风在其间，常肃然自照，其花有光彩，故名苜蓿怀风。茂陵人谓之连枝草。《齐民要术》三：苜蓿生啾为羹甚香，长宜饲马，马尤嗜此物。按苜蓿，豆科，二年生草本，平卧地上，叶为羽状复出，自三小叶而成，花轴自叶腋出，生三花至五花，花小色黄，蝶形花冠，荚果，呈螺旋状，有刺，俗称金花菜、草头。"[⑪] 由此看来，从汉代西域罽宾传来的苜蓿，先在关中长安，汉魏时已到洛阳，基于这一基本史实，有学者认为，包括苜蓿在内的汉唐间各种作物引种大致是以丝绸之路为轴，以东西向的沟通与交流为主。这是因为丝绸之

---

① （晋）张华撰，范宁校证：《博物志校证》，中华书局1980年版，第1页。

② （明）李时珍著，王育杰整理：《本草纲目》，人民卫生出版社2012年版，第1218页。

③ 乐巍、吴德康：《薏仁的本草考证及其栽培历史》，《时珍国医国药》2008年第2期。

④ （清）邓元穗修：《续修敘永永宁厅县合志》，清光绪三十四年（1908年）刻本，卷四十一物产附，第36页。

⑤ （清）甘扬声修：《渑池县志》，清嘉庆十五年（1810年）刻本，卷七土产志，第2页。

⑥ 范延臣：《苜蓿引种及其在我国的功能性开放》，《家畜生态学报》2013年第4期。

⑦ 樊志民：《农业进程中的"拿来主义"》，《生命世界》2008年第7期。

⑧ （明）李时珍著，王育杰整理：《本草纲目》，人民卫生出版社2012年版，第1345页。

⑨ （西汉）司马迁：《史记》，中华书局1982年版，第3174页。

⑩ （北魏）杨衒之著，杨勇校笺：《洛阳伽蓝记校笺》，中华书局2008年版，第207页。

⑪ （北魏）杨衒之著，杨勇校笺：《洛阳伽蓝记校笺》，中华书局2008年版，第208页。

路沿途皆属北半球中纬地带，彼此间的作物引种有着较好的风土适应性。由西域传入的大量物产“植之秦中，渐及东土”，逐渐成为中原人民的生产与生活必需品。[①] 河洛地区在清代仍有苜蓿种植，其肇端实应追溯至汉唐间丝绸之路的开通。

（作者分别为郑州大学历史学院教授、郑州大学历史学院博士生）

① 樊志民：《农业进程中的“拿来主义”》，《生命世界》2008 年第 7 期，第 38 页。

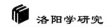

论吴佩孚洛阳练兵

张　忠

摘要： 民国初年，吴佩孚出于对古都洛阳军事地位重要性的考虑，以及对巩县兵工厂的依靠，选择在洛阳开府练兵。其练兵的军事思想未摆脱“中体西用”的窠臼，主要内容有注重思想教育、重视练将、谋求军事近代化。练兵的主要活动包括创办军事学校、筹建新兵种、计划筹建多兵种的近代军队、编练学兵队、编练幼年兵团、轮训直系各部队等。洛阳练兵提高了吴佩孚部队的战斗力和吴佩孚的声望，使吴佩孚成为直系军阀的核心人物，其部队成为直系军阀中的骨干力量，在历次战争中发挥了主力军的作用。尽管练兵成效显著，但吴佩孚仍然无法实现其武力统一全国的梦想，这既与吴佩孚在直系军阀中的局限性有关，也与吴佩孚落后的政治理念有关。

关键词： 吴佩孚；洛阳；军事思想；练兵活动

吴佩孚是北洋军阀中直系曹吴集团的核心人物，曾经担任过第三师师长兼直鲁豫巡阅副使、直鲁豫巡阅使、两湖巡阅使等军职，先后指挥过援鄂战争、直皖战争、两次直奉战争、国奉战争等一系列战事，在民国初年产生了无与伦比的巨大影响，人称“勇猛将军”“爱国将军”“革命将军”；其晚年退居北京，拒绝接受日本人的引诱，坚持民族大义，不担任汉奸，为中外人士所赞赏。不可否认，吴氏与洛阳有不解之缘。1920 年，吴氏不听段祺瑞政府攻打南方护法军政府的命令，率领陆军第三师从湖南衡阳北撤，在洛阳驻扎；同时，吴氏兼任直鲁豫巡阅副使的职务，负责指挥直隶、山东、河南三省的军队。吴氏在洛阳兢兢业业，刻苦练兵，为其建功立业奠定了基础。

一、驻兵洛阳的缘由

吴氏率领第三师从湖南北归时，本可以驻扎武汉，但吴氏认为，“武汉虽可锁钥长江，绾毂南北，然四战之地，无险可守，抑且汉口租界成国内之国，洋船内驶为腹心之患，视之为战略要地，置一将临之可耳，非统帅之所宜居也”。[①] 同样地，有人提议驻防天津，吴氏也认为不适合：“如果驻在天津，只能依靠德州的小兵工厂，远远不够应付我们不断扩编队伍的需要……”[②]

吴氏认为，“洛阳地居中州，为九朝都会，可以控制四方。从军事上说，西凭函谷之固，东据虎牢之险，北倚大河，南阻龙门，四塞可守之地也：陇海东西横贯，京汉、津浦南北直达，兵力之运用，朝发夕至，攻势作战之理想根据也”。他进一步指出，“项城（指袁世凯——笔者注）在日，独具慧眼，

---

① 杨潜：《民国猛士吴佩孚》，山东画报出版社 2014 年版，第 28 页。

② 文斐编：《我所知道的吴佩孚》，中国文史出版社 2004 年版，第 38－39 页。

故于巩县建兵工厂，在洛阳修建兵营，惜天不假年，未竟其志”。[①] 吴氏指出：“如果我以重兵驻扎洛阳，则居中可以御外，宜于武力统一全国。不仅如此，巩县兵工厂近在身旁，武汉、南京两大兵工厂也有京汉、津浦、陇海铁路之便，可以朝发夕至。练兵离不开武器，枪械、子弹，缺一不可。”[②]

由此，吴氏得出结论：“今欲统一中国，无论练兵或作战，洛阳都是上选。万一对外有事，京、津、宁、沪易受威迫，必要时也须迁都来此。此形胜之地、安可等闲视之。”[③] 觉得洛阳“居天下之中”，有“王者之气”，暗合了其统一中国、抵御外侮的雄心壮志。这也是促成吴佩孚将洛阳作为“振军经武”的基地，“俨然成为中国政治中心”的思想因素之一。

扩军练兵是吴佩孚“武力统一”方针的需要。直皖战争前，吴佩孚并非“武力统一”论者，他甚至认为“舍谋和统一，无以为救国之方”，[④] 为此自衡阳前线“撤防北归”“罢战言和”。直皖战争后，首倡召开国民会议，“以解决国是纠纷”，但吴氏的主张遭到张作霖与曹锟等实力派的一致反对。“故在驻洛阳时期，始埋首练兵，改定武力统一之计”。[⑤]

武力统一国家，就需要依靠一支强大的军队，而不能继续依靠与别的军阀合作。张作霖以及其他人只能是暂时的同盟军，将来可能会成为敌人。吴氏认识到“现在中国军阀出色之人物，甲乙丙丁，其势力在伯仲之间，未见有崭然露头角之人，于是互相搏噬以攘夺权势，由于人物力量之均衡，偶尔甲稍抬头，则乙丙相联以倒之，乙若微现锋芒，丙则结丁以灭之。互相争战，循环而无所底止，若此时如有甲乙丙丁互相联合而不被打倒之人物出现，则国事不需悲观，万流朝宗而成滔滔之江河，终见全局之统一”。[⑥] 吴佩孚素怀“澄清天下之志”，洛阳练兵即要使自己成为这个“甲乙丙丁互相联合而不被打倒之人物”，担当起统一中国的重任。

出于以上考虑，吴氏于 1920 年 9 月 2 日被任命为直鲁豫巡阅副使后，便在洛阳西工成立了“直鲁豫巡阅副使署”。他在洛阳大兴土木，将在西工的占地由 270 余公顷扩大到 530 余公顷，营房由 5000 余间扩大到 12000 余间。[⑦] 为其在洛阳练兵奠定了雄厚的基础。

二、练兵的军事思想

吴佩孚的练兵是在其军事思想的指导下组织的。其不仅从中国传统军事文化中汲取营养，而且注意吸收欧洲近代军事知识，形成了“中体西用”式的复杂内容。吴佩孚继承了传统的军事文化。据载，吴少时即好“七子兵法”，[⑧] 私淑“周公、成吉思汗、关羽、岳飞、戚继光、曾国藩等”古今英雄人物。[⑨] 洛阳练兵的指导思想大多来源于成吉思汗的怯薛军、戚家军和岳家军的练兵方略。

吴佩孚早年曾入保定军事学堂，学得了兵法、测绘、侦探、战略战术、阵地攻坚及野外要务等多种

---

① 1916 年，袁世凯把洛阳作为“新朝皇帝最后退守之所”，在洛阳以北的邙山南麓，伊水东岸，耗费库银 107 万两建造了一处练兵场，其中附设几座军营、教室、住房等，详见赵恒惕：《吴佩孚先生集》，台北文海出版社 1971 年版，第 347 页。洛阳已有的练兵场地，稍加修补扩建，即可投入使用，这是吴佩孚选择洛阳练兵的物质基础。

② 文斐编：《我所知道的吴佩孚》，中国文史出版社 2004 年版，第 38 – 39 页。

③ 赵恒惕等编：《吴佩孚先生集》，台北文海出版社 1971 年版，第 347 页。

④ 《近代稗海》（第 4 辑），四川人民出版社 1985 年版，第 74 页。

⑤ 赵恒惕：《吴佩孚先生集》，台北文海出版社 1971 年版，第 338 页。

⑥ 赵恒惕：《吴佩孚先生集》，台北文海出版社 1971 年版，第 320 页。

⑦ 王天奖、王全营：《河南通史》第 4 卷，河南人民出版社 2005 年版，第 231 页。

⑧ 彭昌鲁：《吴孚威上将军年谱稿本》，全国图书馆文献缩印复制中心 2001 年版，第 6 页。

⑨ 赵恒惕：《吴佩孚先生集》，台北文海出版社 1971 年版，第 350 页。

近代军事专业知识和技能，并于1904年初“以第一名毕业”。[①] 因为接触过近代西方军事科学知识，所以他也注意观察、总结西方国家战争的实践经验。日俄战争时，吴佩孚“常观察日军之作战方略，将战争经过详记于手册之中，与昔时保定军官学堂修得之战术加以比较研究”。[②] 他将这些研究之所得运用到了练兵之中。吴氏总结现代战争的经验教训，从而铸就了其独具特色的练兵思想。窥其大貌，有以下几点：

其一，重思想教育。吴佩孚十分重视思想教育。他强调“军人以忠孝为体，明顺逆为用”，[③] 把儒家伦理与军营纪律糅合在一起，教化士兵。吴佩孚尤其注重对官兵进行“忠”和“孝”的思想教育。认为这是“基本教育”，是其他一切军事教育的基础，如“基本教育”实施不好，则练兵结果断难良好。他把传统的“忠”和“孝”进行了改造。所谓“忠”，即“保国卫民”“爱国御侮”“同仇敌忾”“义无反顾”。能“忠于为国为民之长官”且“奉命唯谨”，即是忠于国家。但对于长官又不能盲从，这样“反陷长上于不义，即为不忠，能挽回方为忠也。即或无力挽回，亦应力图所以处之之道，不可有激烈举动，酿成大逆”。[④] 所谓“孝”，即军纪严明。“经过地方，秋毫不犯，舆情欢洽，父母闻之，衷心愉悦”为孝。反之，“若纵兵殃民，众怨沸腾，辱及父母，即为不孝，且为不忠”。[⑤] 吴后来还曾把“孝”与爱国主义联系起来，“敌来应努力抵挡，须知祖宗遗留之山河，即先人之产业，亦即民族存亡之国土，不可丝毫与人，否则即为不孝”。[⑥] 吴佩孚发挥了传统“忠”“孝”伦理道德的积极作用，并注入了一些新的内容，但仍然带有一定的愚忠色彩。

吴佩孚把官兵关系问题也列入思想教育之中。他认为“军队无平等，有阶级”，士兵对长官要绝对服从，但同时也强调“官爱兵”。他指出，“兵之于官，最易感动，生死虽大，有因一丝一缕之恩，而蹈死不辞者”，因而教育手下军官说：“惟将真能爱兵，自然生感，故不必人人有千金之惠，再生之德，即此例彼不觉倾心。”[⑦] 吴佩孚自己就经常搞些“雪夜赠寒衣”“步月慰士卒”“凯旋赋悼亡”[⑧] 的活动，配合“精神训话”、唱军歌等其他形式向士兵进行思想教育。思想教育是洛阳练兵的一个重要组成部分。

其二，重练将。吴佩孚认为，“自古中国练兵，先重练将。盖得一良将，即可得无数精兵也”。[⑨] 洛阳军官教导团规定军官在作战时要“身先士卒”，且要和士兵“同甘共苦”。吴教导部下“凡为将之道，冬不披裘，夏不衣葛，暑不摇扇，寒不围炉，必与士卒同甘苦，共患难”。[⑩] 强调为将须知“我有苟且之行，即不足以责人，且责人人亦不畏”，发布号令前要先“斟酌准情”，一旦发出之后，“期在必行，用命者赏，不用命者罚”。[⑪]

吴佩孚对部属要求极严，尤其表现在戒财、戒色上。在吴佩孚声势显赫名震中外时，他对部属要求最为严苛，如若部属被吴佩孚发觉私拿了不义之财，即便是一文钱，也可能会有性命之忧。吴本人亦不蓄私财。对戒色也是如此，凡有不正当男女关系的军官，一经查证，立即撤职。

其三，谋求军事近代化。吴佩孚推崇传统兵学，但其军事思想也不乏近代化色彩，并有向深层次发展的趋向。吴佩孚对新式兵器重要性的论述不多，但从他大批购置适应近代战争的新式武器并增设新兵种的举措，我们可以看到其军事思想趋向近代化的萌芽。

---

① 步兵第十一标第一营管带吴佩孚衔名年籍三代详细履历清册，中国社会科学院中国近代史研究所藏。
② 赵恒惕：《吴佩孚先生集》，台北文海出版社1971年版，第340页。
③④ 赵恒惕：《吴佩孚先生集》，台北文海出版社1971年版，第189页。
⑤ 吴佩孚：《蓬莱吴公讲话录》，台北文海出版社1971年版，第35页。
⑥ 吴佩孚：《蓬莱吴公讲话录》，台北文海出版社1971年版，第109页。
⑦⑪ 吴佩孚：《待兵训兵教兵及服从诸规则》，保定图书馆藏。
⑧ 《吴佩孚全史》，中外新闻社1922年版，第311页。
⑨ 赵恒惕：《吴佩孚先生集》，台北文海出版社1971年版，第165页。
⑩ 《吴佩孚》，武德报社1940年版，第80－81页。

不可否认，吴氏对西方近代军事科学认识较为肤浅。这从他持“西学中源”说的观点可以看出，比如，他认为西方近代军制学“系发明于黄帝”。① 他尽管让军官、士兵学习近代军事知识，但内心最推崇的仍然是不怕死、不爱财的传统儒将、儒军，是“运用之妙存乎一心”的传统战术，科学和技术是被忽视的。

三、洛阳练兵的活动

吴佩孚开府洛阳四年，以直鲁豫巡阅使兼两湖巡阅使等职务，在洛阳开展了声势浩大而卓有成效的练兵活动，在国内外产生了重大的影响，对河南军队乃至整个直系军队战斗力的提高都有很大的帮助。大体来说，吴氏的练兵活动主要有以下几个方面：

1. 创办军事学校，提高军人学识

吴佩孚开府洛阳期间，曾在洛阳开办了军事学校，以训练军人，诸如讲武堂、军官讲习所等。其课程除军事学科外，还有算学、经济学、地理学、法学等科目。军人在接受技术训练的同时，文化素养也得到了提高。

另外，吴氏为了培养具有近代军事知识，又忠于自己的中下级军官，责成刘跃宗负责成立第三师军官教导团，以三个月为一期，轮训每连的五个军官，学习的内容包括基本战术步兵教程、简易测绘、射击、教范、兵器学、内务条例等。训练期满后要进行考核，成绩优秀者升级，不及格的撤职。

同时，吴氏还责成周炳昌成立军事训导营，训练全师的正副目兵，学习期限和内容与军官教导团相同。这些措施都大大提高了吴军的军事素养，也在某种程度上增强了吴军的战斗力。所以吴氏在近代以善于练兵而闻名，其军战斗力较强也是人所共知的事实。

2. 筹建新兵种，改善军事设施

在近代中国军队由传统向近代的转型中，新发明日益普及。吴氏也比较重视，他为了实现军事指挥的便利和情报的通达，组建起电话队，拥有八台无线电，并为此进行了专门人才的培训工作。此外，吴氏还购买了两辆装甲车，组建起在中国历史上较早的装甲车队，这可算开创之功。②

吴氏虽然身居内陆，却目光远大，创建起自己的空军和海军。这两个军种不仅投资多，而且技术要求高，颇为不易。1922 年，北京政府陆军部从法国购入八架法尔曼式大型飞机，计划筹建新式空军，但因国库支绌而中途夭折。吴氏听说后，向政府提出申请，于 1924 年将其中四架飞机运至洛阳。他在直鲁豫巡阅使署设立筹备机构，计划建立空军部队。③ 吴氏还任命李玉珂为空军大队长，计划其空军实行三三制，司令部辖 3 个航空大队，即驱逐大队、轰炸大队、侦查大队，9 个中队，27 个小队，每小队配 3 架飞机，计划再添购 100 架飞机。④

除了空军，吴氏还计划筹建海军。他劝说同乡海军舰队司令温树德率领渤海舰队六艘军舰从汕头北上青岛，建立起直系的渤海舰队。由于其舰过于陈旧，吴氏计划花费 240 万银圆予以修理。并且托日本长崎造船所进行查勘，以便修理。可惜的是第二次直奉战争爆发，直系的渤海舰队还没有来得及修造，便出动秦皇岛，参与作战。⑤

---

① 赵恒惕等编：《吴佩孚先生集》，台北文海出版社 1971 年版，第 168 页。

② 郭剑林、苏全有：《洛阳时期的吴佩孚评析》，《史学月刊》1997 年第 5 期。

③⑤ 赵恒惕：《吴佩孚先生集》，台湾文海出版社（出版时间不详），第 318 页。

④ 李逸洛等编：《在吴佩孚空军的一段回忆》，《中外杂志》第 2 卷第 15 期。

3. 计划筹建多兵种的近代军队

吴氏对成吉思汗的怯薛军十分欣赏，计划仿照建立起吴氏直接控制的18000人的精锐部队。为此吴氏先从整顿步兵第十二团入手，充实其设备与给养，改革其规章制度，使其规模不少于日本的士官学校与幼年学校。吴氏计划以12人为一个班，作为最基本的单位，把全师分为步兵、骑兵、炮兵、辎重兵、电信兵、铁道兵、航空兵等，全部定员为12000人。另外，将少年兵扩充为一个旅600人，这样一个师、一个旅正好为18000人，符合怯薛军的人数。通过这些规划，吴氏就可以建立自己的怯薛军。① 当然，其怯薛军是中西融合的军队，不再像成吉思汗那样凭借刀矛剑戟进行厮杀，而是拥有多种近代化兵种，从事全方位、立体战争的近代化部队。

4. 编练学兵队，招募学生入伍

吴氏洛阳练兵的特点是，不仅考虑到提高士兵的身体素质，而且注重提高士兵的文化素质，以最大限度地适应现代化战争——海、陆、空立体战的需要。为此，吴氏除了屡派参谋李盛铎赴登封各地招募已经入学的青年学生入伍，送洛阳训练外，还由于吴氏本人素有“不要命、不要钱、不怕死及与士卒同甘苦”的表现，及其幕僚政客的大肆鼓吹，所以，“一时开封各校学生，纷纷投效”，而“武昌大学生投笔来洛者亦不少”。②

5. 编练幼年兵团，培养后备人才

吴氏从第一次世界大战的经验中认识到，现代战争的最后胜利取决于近战和白刃拼搏。为备今后肉搏战，他从1923年起用栖隐于豫陕偏僻山中古法拳师，聘至洛阳军营，并授以上尉至少校的官职，委以教育训练幼年兵团的任务。吴佩孚下大力气要把幼年兵团训练成非等闲之辈，以利于灵活主动地取得战争的胜利。吴氏在洛阳以武术训练幼年兵团，“常谓自家独特秘诀，以寡击众法”“肉搏战术”，这在国际上引起重视，英、美、日等国军官纷纷赴洛考察，美国还将其拍成新闻片在全国放映。此兵团是培养后备军的。

幼年兵团共1500人。招收各省10～15岁的青年学生，教官大都是毕业于士官或武备学堂的文武兼备之士，实行文武合一训练。吴氏每日早晨阅操，并往往亲自督练。既培训了一批有高深战略战术的军官和专门军事技能的士兵，又培养了一大批青少年兵，成为部队的后备力量。如后成为中国人民解放军冀东军区司令员的孙毅、曾任金门副司令赵家骧将军（河南卫辉市人）等，当时皆曾在此幼年兵团受过训练。

6. 轮训直系各部队，提高军队素质

吴氏认为连以上干部均是将领，初、中级军官人人应有深造机会。吴氏要求，凡直系部队均需要深造、轮训，以提高军事素质。每师出一营，每旅出一连，集合洛阳，由吴亲自督训，练就即回到原来的部队，“以收辗转教练之效”③。

通过以上措施，吴氏洛阳练兵有声有色，驰名中外。1923年夏，上海大陆电影公司共计拍下八部洛阳练兵的新闻纪录片，总题目为《吴佩孚洛阳练兵实况》。这些纪录片曾在国内和欧美各国放映，影响很大。吴佩孚洛阳练兵训练严格，也强调纪律严明，并以“保国卫民”相号召。其练兵之法，有可资借鉴之处。但必须看到，作为北洋军阀重要人物的吴氏，其练兵的目的是维护直系统治，实现武力统一，这必然大大削弱了他练兵的效果，最终使他的武力统一梦想以破灭告终。

---

① 赵恒惕等编：《吴佩孚先生集》，台湾文海出版社（出版时间不详），第318页。

② 北京《展报》1920年10月12日。

③ 北京《晨报》1920年7月15日。

四、结语

经过长达四年之久的大规模练兵（包括轮训直系其他军队），吴佩孚所掌握的军队，同其他军阀的军队相比，无论是数量上还是素质上都要略高一筹。吴佩孚在使署控制的军队主要有以下几个：一是驻扎洛阳的第三师，由吴佩孚兼任师长。二是驻守宜昌的第八师，师长王汝勤。三是驻扎潼关的第二十师，师长阎治堂。四是驻扎郑州的第十四师，师长靳云鹗。五是驻扎开封的第二十五师，师长杨清臣。此外，还有驻扎于陕西的胡景翼的第四师和镇嵩军憨玉锟师。这七个师的军队每月军费达七八十万两，吴佩孚根本无法筹措，不得以河南督军赵倜把京汉线南段的铁路收入送给吴佩孚，充作军费。① 吴氏控制的直系军队不仅数量较多，而且战斗力较强，成为直系军阀中的骨干力量，在历次战争中发挥了主力军的作用。

吴军严明的纪律更是其他军队所不能及的。一次吴佩孚派出学兵团去郑州车站欢迎两湖巡阅使王占元，时逢大雨，学兵团士兵直立于雨中，阵式整齐不乱。王占元看后大发感慨："说起来真惭愧，人家是什么军队，咱们是什么军队。"洛阳练兵对于扩大吴佩孚本人的影响更为重要。练兵不仅培育了他雄厚的实力，而且使他的声望大大提高。不仅国内，甚至连英美都把他看成是统一中国的希望。

尽管洛阳练兵取得了显著的成果，但其"要消灭国内两大敌人（指张作霖和孙中山——笔者注）统一全国，然后与外国人一战，收回主权，恢复失地，尽雪国耻，将中国治成一个强国"② 的练兵目标并未实现。不能实现这一目标，与练兵本身之得失关系不大，而是出于另外更为重要的原因：

首先，吴佩孚始终没有真正掌握过直系，更没有完全操纵过北京政府。直系是一个极不健全的团体，除了吴佩孚"一枝独秀"外，数不出几个像样的人物来。吴佩孚要想以单拳只手扭转乾坤、匡定天下，根本就是不可能的。吴佩孚忠于曹锟，始终不渝。曹锟贿选，吴佩孚虽"以曹锟自毁前途而痛恨其左右玩弄主帅为非"，但还是"任其自然演变"，③ 没有也根本不想采取丝毫反对的举动。贿选敲响了直系的丧钟，是直系盛极而衰的转折点。吴虽引以为平生最大恨事，但他对曹锟的"愚忠"使他只能与之同流合污，当一丘之貉，结果贻误大局，也害了自己。

其次，即使吴佩孚真正掌握了直系的大权，"武力统一"中国的目的能否实现也是值得怀疑的。正如吴佩孚所说，中国要统一，需要"有甲乙丙丁互相联合而不被打倒的人物的出现"。莫说是直系，就是当时的中国也根本不能提供产生这种人物的人力、物力资源。事实上，练兵期间，吴佩孚始终为军费问题感到头痛。武力统一中国，必须要同时进行社会经济改革，只有这样才能培养出一支统一中国的新的政治和军事力量。没有新的社会经济基础，"武力统一"中国只能是梦想。吴佩孚的政治思想显然比较落伍，其难以承担改造中国社会的艰巨重任。

失败后的吴佩孚对"武力统一"中国的方针进行过反思。他在警告日本侵略者奉行武力占领中国的方针必败时曾说："希特勒、墨索里尼之霸业，余之在洛阳时代曾经试之，以后内省涵养之结果，今则不思武力工作，而对于今后彼等武力统一万能主义之前途如何，略具危惧之念。"④ 他转而又提倡"尚德不尚力"。虽然吴佩孚统一中国的愿望和努力在一定程度上顺应了历史发展的潮流，但他作为旧军阀的一员，是无法找到统一中国的真正出路的。

（作者为洛阳师范学院河洛文化研究中心副教授）

① 赵恒惕等编：《吴佩孚先生集》，台湾文海出版社（出版时间不详），第 316 – 317 页。

② 刘跃宗：《吴佩孚洛阳练兵实况》，全国政协文史馆存稿。

③ 赵恒惕等编：《吴佩孚先生集》，台湾文海出版社（出版时间不详），第 336 页。

④ 上海《民国日报》1922 年 9 月 1 日。

洛阳学构建与洛阳国际文化旅游名城的建设

中国中古洛阳的历史地位

——兼论从墓志资料看到的“洛阳学”之可能性

气贺泽保规

摘要： 迄于10世纪，洛阳与长安是中国历史上并列的中心都市。然而，习惯上将重心放在长安，洛阳被作为从属的陪都。这一认识是否妥当呢？本文基于这种关心，为重新评估洛阳的地位，讨论了下列（特征性的）问题。

（1）无论从地缘政治学，还是自然地理环境的视点考察，洛阳（洛阳盆地）均具备成为中华世界中心的条件，中国文明发源于此地。而且，洛阳作为都城的期间约为长安（关中盆地）的两倍。然而，这一事实通常被忽略。

（2）东汉以降至隋唐的中国中古时代，洛阳虽然在分裂和战乱中反复经历了废墟化的过程，却未失去向心的作用。此外，隋唐的统一时代，尽管都城迁移到长安，炀帝和武则天却将政治中心转移至此，洛阳的存在感不亚于长安。中古期洛阳持续的向心力之源泉何在呢？这将成为新的研究课题。

（3）与问题（2）相关，概观唐代墓志出土的状况，数量上洛阳占据一半，长安·关中只占1/3左右。据此，洛阳成为“埋骨之乡”的前提是意识到了其“神圣及文化性·精神性”。那些无形的存在捕捉到人心，为洛阳持续不衰的向心力提供了能源。

关键词： 中古洛阳；唐代墓志；长安；洛阳学；唐宋变革

一、洛阳地区的历史地位——从与长安比较的视点考察

洛阳是坐落在中国——“中原”的最为重要的历史城市。中国的著名古都（首都）有长安、洛阳、开封、杭州、南京、北京等。其中，洛阳和长安（西安）同为历史时代前期具有代表性的城市。洛阳和长安的关系，就像车之两轮，相辅相成。

然而，其在历史上的存在感似乎难以与长安相提并论。洛阳被认为是长安的副都或陪都，地位低其一等。洛阳在历史上的地位和贡献，究竟是否居于长安之下呢？笔者认为并非如此，因而需要进一步对洛阳进行如实的评价，重新发掘其在中国或东亚历史上的贡献。

洛阳定都始于公元前771年东周的洛邑。其诞生可以追溯到公元前11世纪西周成王时期，这里曾营建王朝的第二首都——成周。近年在洛阳附近发现了偃师商城和二里头遗址，证明这一带曾是中国夏商王朝的中心地区。综合这些因素，可以说洛阳及其周边地区（洛阳盆地）从远古开始就处于中国历史的中心位置。在公元前2000年～公元1000年（北宋初期）的前后3000年中，洛阳作为首都的时间比长安（关中地域）更长。在大约1600年的漫长时期，洛阳占据首都的地位，而定都关中则总共只有

970年左右。我们这里首先必须确认这一事实，长安与洛阳作为政治中心的时间差约为一倍之多[①]。

那么，洛阳（洛阳盆地）为何会成为中国历史的发祥地呢？可以聚焦于双重意义上的“过渡的地带”，进而探求其原因，即洛阳盆地西方为广袤的黄土高原，东方为辽阔的冲积平原地带，其位于东西地理环境的过渡带。同时又是以粟、黍农业为主要生计的北方地区和以稻作农业为主要生计的南方地区在气候生态上的南北过渡带[②]。新石器时代，北方系和南方系的作物均被栽培，经营着多系农业。这种多系农业经济之所以成为可能，得益于附近河川的流入所带来的丰富的水资源。并且，在公元前2000年的时代，气候干燥化、寒冷化的进程中，单系经济基础的地域衰退，只有多系基础的洛阳持续发展。最终二里头文化的诞生奠定了其此后历史上的地缘中心地位。

洛阳这块土地，可以说是东西、南北不同生态交错的地方，具备成为世界中心的条件。理解洛阳时，不仅应着眼于“作为都市（点）的洛阳”，同时又不可忽略“作为盆地（面）的洛阳”，其结果，我们可以进一步扩大对这个地方的评价和理解。

二、中古的洛阳（上）——汉魏洛阳城时代

从东汉初开始，洛阳正式成为政治中心。据光武帝建武元年（公元25年）的下列记事可知其端倪：“冬十月癸丑，车驾入洛阳，幸南宫却非殿，遂定都焉。”（《后汉书》卷一上·光武帝纪上）。此后不久，光武帝开始着手大规模营建洛阳城。《后汉书》郡国志一·河南雒阳条引《帝王世记》谓：“城东西六里十一步，南北九里一百步。”同条又引晋《元康地道记》云：“城内南北九里七十步，东西六里十步，为地三百顷一十二亩有三十六步。”由此可以理解刘秀（光武帝）在定鼎洛阳，营建新都上果决的姿态。这一举措成为持续到北魏的“汉魏洛阳城”之开端。其营建规模最终恐怕比西汉长安有过之而无不及。

然而，探讨光武帝的洛阳迁都时，使人联想起一个值得追忆的历史事实。创建了西汉王朝的刘邦（高祖）在汉高祖五年（前202年）打败项羽之后，曾一度选择雒阳（洛阳）为都城。据《史记》卷八·高祖本纪：（汉五年正月）天下大定。高祖都雒阳，诸侯皆臣属。

刘邦虽意欲定都洛阳，但是，其方针因受到齐人刘敬（娄敬）和张良（留侯）的反对而被迫放弃，最终在秦人的根据地关中设置了都城。关于其具体过程，《史记》高祖本纪汉五年五月条记载：高祖欲长都雒阳，齐人刘敬说，乃留侯劝上入都关中，高祖是日驾，入都关中。六月，大赦天下。

刘敬（娄敬）大致列举出下述理由说服了刘邦[③]：

第一，陛下想要效仿周室经营成周（洛邑）以为天下中心，置都城于洛阳，不过汉的情况与周有着决定性的差异。周室自后稷以来历尽十数代，施行德政和善政，其承受天命，并获得诸侯的支持，终

---

① 参照卷末《洛阳地区首都（或政治中心）所在期间表》。

② 久慈大介：《在黄河下流域的初期王朝之形成——洛阳盆地的地理的、生态的环境》，载鹤间和幸编：《黄河下流域的历史和环境——东亚海文明之路》，东方书店2007年版。

③ 《史记》卷九十九·刘敬传。

娄敬曰：“陛下都洛阳，岂欲与周室比隆哉？”上曰：“然。”娄敬曰：“陛下取天下与周室异。周之先自后稷，尧封之邰，积德累善十有余世……始受命……武王伐纣，不期而会孟津之上八百诸侯，皆曰纣可伐矣，遂灭殷。成王即位，周公之属傅相焉，乃营成周洛邑，以此为天下之中也。诸侯四方纳贡职，道里均矣……及周之衰也，分而为两，天下莫朝，周不能制也。非其德薄也，而形势弱也。

“今陛下起丰沛，收卒三千人，以之径往而卷蜀汉，定三秦，与项羽战荥阳，争成皋之口，大战七十，小战四十，使天下之民肝脑涂地，父子暴骨中野，不可胜数，哭泣之声未绝，伤痍者未起。而欲比隆于成康之时，臣窃以为不侔也。且夫秦地被山带河，四塞以为固，卒然有急，百万之众可具也。因秦之故，资甚美膏腴之地，此所谓天府者也。

陛下入关而都之，山东虽乱，秦之故地可全而有也……”

于推翻殷王朝，营造洛邑，以为天下中心。然而，全盛时期一过，周室衰微，分封制崩溃，诸侯不朝。周天子无法维持“天下共主”的统治秩序，其根据地洛邑也陷入一蹶不振的孱弱态势。

第二，汉朝并无周室那样的雄厚基础，仅凭三千兵力起家，最终击败项羽，夺取了天下。然而，战死者曝尸荒原，无人收殓，黎民号泣，哀鸿遍野。汉的国势远不及全盛时期的周。秦地被山带河，四塞以为固，是千里沃野的天府之地。总之关中是最适于定都的地方。

第三，结论是：“陛下入关而都之，山东虽乱，秦之故地可全而有也。”

西汉建国时，国家的基础不稳固，国力羸弱，因此只得在山河四塞的关中形胜之地设置都城。经过汉王朝200年的历史积淀，光武帝（东汉）定都洛阳，才使得其祖先（刘邦）的理想得以实现。姑且不论这一点，从汉（西汉）开始，新的时代对外的过度扩张，国内的割据分断状况需要重新统合，在同一都城长安已无法解决这些问题，其结果是选择了原本意识中被作为中心的洛阳为都城。从长安向洛阳的中心转移，不仅是单纯的都城移动，其深层蕴含着中国史“根干”转移的重大意义。

其后，三国魏、西晋的首都一直在洛阳。进入五胡十六国时期，政治中心分裂成长安（西）和邺城（东），但是，洛阳的重要性没有下降。例如当时王弥对占领洛阳的刘曜（前赵）谏言：“洛阳天下之中，山河四险之固，城池宫室无假营造，可徙平阳都之。”（《晋书》卷一零三·刘曜载记）五胡各国普遍持有以洛阳为中心的观点，但是，在分裂的状况下洛阳沦为诸势力争夺的战场，毁于兵燹，未能居于对长安有利的地位，不得不将支配中心转移到邺城①。

北魏统一中国北方后，最后决定从平城迁都洛阳（495年）。迁都之时孝文帝云：国家兴自北土，徙居平城，虽富有四海，文轨未一，此间用武之地，非可文治，移风易俗，信为甚难。崤函帝宅，河洛王里，因兹大举，光宅中原（《魏书》卷十九中，任城王澄传）。

迁洛之后，作为国际都市②和“凡有一千余寺”（《洛阳伽蓝记》序）的佛教都市洛阳，出现了空前的繁荣。

三、中古的洛阳（下）——隋唐洛阳城时代

洛阳居国之中心的观念，至隋唐时代亦无变化。

首先，隋文帝杨坚策动宫廷革命夺取北周的政权，在581年（开皇元年）于长安建立了隋王朝，继而营造“大兴城”以为新都。但是，文帝即位之后立即因关中饥馑，粮食不足而苦恼。584年（开皇四年），“驾幸洛阳”（《隋书》卷一·高祖本纪·同年九月甲戌条），594年（开皇十四年），“八月辛未，关中大旱，人饥饿。上率户口就食于洛阳”（《隋书》卷二·高祖本纪·开皇十四年条）。屡次依靠移驾洛阳解决粮食不足的问题。同时，又在开皇四年（584年）时开凿连接关中的漕运水道“广通渠”③，

---

① 战国时期以降，邺城的重要地位凸显出来，然而作为政治的中心发挥作用则始于东汉末的袁绍、曹操称雄时期。其时洛阳在战乱中满目疮痍，几近荒废。五胡十六国时期，后赵（石氏）和前燕、后燕（慕容氏）定都邺城，与割据长安的前赵（刘氏）、前秦（苻氏）、后秦（姚氏）相对抗。此后在洛阳设置都城的北魏分裂东西之后，邺城成为东魏、北齐的首都，与盘踞在长安的西魏、北周对峙。魏晋以来较长的分裂时代结束之后，曾经扮演洛阳的临时替代角色的邺城则完成了历史使命。邺城经历的这种沧桑变故从某种意义上说明洛阳是魏晋南北朝时期一贯的政治中心。

② 《洛阳伽蓝记》卷三：北夷来附者处燕然馆，三年以后，赐宅归德里……东夷来附者处扶桑馆，赐宅慕化里，西夷来附者处崦嵫馆，赐宅慕义里。自葱岭已西，至于大秦，百国千城，莫不欢附。商胡贩客，日奔塞下，所谓尽天地之区已。乐中国土风，因而宅者，不可胜数。是以附化之民，万有余家。

③ 《隋书》卷二十四·食货志：于是（开皇四年）命宇文恺率水工凿渠，引渭水，自大兴城东至潼关，三百余里，名曰广通渠。转运通利，关内赖之。诸州水旱凶饥之处，亦便开仓赈给。

这也可以理解为缓解关中的粮食不足的一个举措。如此，文帝不仅重视首都大兴城，也未忽视洛阳的战略地位。

炀帝即位后，政治中心转移至洛阳。604 年（仁寿四年）11 月在此奠都的隋炀帝下诏曰："洛邑自古之都，王畿之内，天地之所合，阴阳之所和……我有隋之始，便欲创兹怀洛（即洛阳），日复一日，越暨于今。"（《隋书》卷三·炀帝本纪）。东都（隋唐洛阳城）从此开始营造。因此，值得考虑的是，隋朝是否存在从文帝时期即已开始寻求定都洛阳的可能性呢？

唐起兵太原，夺取关中，入主长安，再度统一了中国。因为这样的缘由，唐高祖、唐太宗时期，以长安为统治中心。但是，武则天（则天武后）被册立为皇后之后（655 年），长安的地位开始动摇。她从显庆二年（657 年）闰正月开始常常行幸洛阳，即位以前的 35 年中，一共 7 次 21 年之久居于洛阳（东都）①。然后，武周时期，前后 14 年之久将统治中心置于洛阳（神都）。

玄宗在开元年间，一共 5 次 10 年行幸洛阳②。但是，在专宠杨贵妃的天宝年间，玄宗经常行幸华清宫，未去洛阳。为什么玄宗在开元年间经常行幸洛阳呢？这表明洛阳继续保持着重要地位。安禄山和史思明发动叛乱以后，在洛阳即位大燕皇帝，奠都洛阳，而不选择长安。洛阳是他们主张正统的根据地。

唐代后半期的皇帝不去洛阳，并不意味着洛阳的地位下降，而是由于王朝的政治本质发生了变化。因宦官掣肘，皇帝在政治上丧失了行幸洛阳的自决权，不方便出行。洛阳在唐代后期还是保持着重要的影响力，所以，唐末朱全忠掌握实权后，洛阳再次被选择为新的国家中心。长安反被弃而不用。

从唐末以后，至五代宋初期间，洛阳的地位发生了如下变化：

904 年：因朱全忠迁都洛阳，长安开始荒废。

907 年：后梁建国，以洛阳为西京，但是国家礼仪在洛阳举行，承担国家礼制的侧面。

922 年：李存勖（庄宗）建立后唐，奠都洛阳。

936 年：石敬唐（太祖）创建后晋，把首都机能移到开封，但是太庙和祭仪等机能留在洛阳。

953 年：后周太祖（郭威）在开封举行郊祀，将开封作为圣俗一致的首都。

976 年：宋太祖（赵匡胤）在洛阳实施郊祀，企图迁都洛阳。但是最终失败，决定以开封为圣俗一致的首都。

这一时期洛阳的地位，并不处于从长安移动到开封的过渡性的、一时性的地位。我们可以认为洛阳带有"圣的"本质，这个"圣的"本质渊源于漫长的中国历史，不是在唐末五代短期内形成的。从这里可以理解，中国中古的实际中心在洛阳，不在长安。

与此问题有关，洛阳为何被选为营建陵墓的地方，需要从历史的角度讨论。另外，怎样从中古洛阳观察和解释东亚的国际关系，是饶有兴趣的问题。

四、近年对石刻数据的资料收集动态

新中国成立以来，在全国各地的建设过程中新的出土发现为石刻研究提供了许多新资料。在此基础上，自 20 世纪 80 年代以来，以墓志为主的石刻数据集不再只是释文，而且有了更多的拓本图片，由此

① 将武后即位前在洛阳逗留的期间整理如下：①657 年正月至 658 年 2 月（15 个月）；②659 年闰 10 月至 662 年 4 月（31 个月）；③665 年正月至 668 年 8 月（46 个月）；④671 年正月至 671 年 12 月（12 个月）；⑤674 年 11 月至 676 年 4 月（26 个月）；⑥679 年正月至 680 年 10 月（22 个月）；⑦682 年 4 月至 690 年 9 月（105 个月）。总计为 257 个月，按 1 年 =12 个月计算，共 21 年零 5 个月。

② 玄宗的 5 次洛阳巡幸时间如下：①717 年正月至 718 年 11 月；②722 年 2 月至 723 年 3 月；③724 年 11 月至 727 年 10 月；④731 年 10 月至 732 年 12 月；⑤734 年正月至 736 年 10 月。

引发了对石刻资料的更多关注。

作为参考，借此机会按出版时间（年代）顺序列举大型石刻数据集的成果如下：

1981 年：《唐宋墓志：远东学院藏拓片图录》1 册（饶宗颐编，香港中文大学出版社）；

1984 年：＊《千唐志斋藏志》上下两册（河南省文物研究所、河南省洛阳地区文管处编）；

1984～1994 年：《唐代墓誌銘彙编附考》全 18 册（毛汉光撰，台湾中央研究院历史语言研究所）；

1986 年：＊《曲石精庐藏唐墓志》1 册（李希泌编，齐鲁书社）；

1989～1991 年：《北京图书馆藏中国历代石刻拓本汇编》全 100 册（北京图书馆金石组编，中州古籍出版社。其中，战国・秦汉—隋唐五代共 36 册）；

1990 年：《咸阳碑石》一册（张鸿杰主编、三秦出版社），陕西金石文献汇编丛书；

1991 年：＊《洛阳出土历代墓志辑绳》一册（洛阳市文物工作队编，中国社会科学出版社）；

1991～1992 年：《隋唐五代墓志汇编》全 30 册（同总编辑委员会编，天津古籍出版社）；

1992 年：《唐代墓志汇编》上下两册（周绍良主编、赵超副主编，上海古籍出版社）；

1992 年：《汉魏南北朝墓志汇编》1 册（赵超著，天津古籍出版社）；

1994～2014 年：《新中国出土墓志》全 12 卷（文物出版社）①，继续中；

1994～2007 年：《全唐文补遗》全 9 册（陕西省古籍整理办公室编，三秦出版社）；

1995 年：＊《鸳鸯七志斋藏石》1 册（赵力光编，三秦出版社）；

1996 年：＊《洛阳新获墓志》1 册（李献奇、郭引强编著，文物出版社）；

1999 年：《西安碑林全集》全 200 册・200 卷（高峡主编，广东经济出版社、深圳海天出版社）；

1999～2001 年：《全唐文新编》全 22 册・1000 卷（同总编辑委员会编，吉林文史出版社）；

2000 年：《中国西北地区历代石刻汇编》全 10 卷（赵平编，天津古籍出版社）；

2001 年：《唐代墓志汇编续集》1 册（周绍良、赵超主编，上海古籍出版社）；

2003 年：《北京市文物研究所藏墓志拓片》（北京市文物研究所编，北京燕山出版社）；

2003 年：《南京博物院藏“唐代墓志”》1 册（袁道俊编著，上海人民美术出版社）；

2004 年：＊《邙洛碑志三百种》1 册（赵君平编，中华书局）；

2004 年：＊《洛阳新出墓志释录》1 册（杨作龙等编，北京图书馆出版社）；

2005 年：《全唐文补编》全 3 册（陈尚君辑校，中华书局）；

2005 年：《新出魏晋南北朝墓志疏证》1 册（罗新、叶炜著，中华书局）；

2006 年：《陕西碑石精华》1 册（余华青、张廷皓主编，三秦出版社）；

2006 年：＊《全唐文补遗・千唐志斋新藏专辑》1 册（陕西省古籍整理办公室编）；

2007 年：《西安碑林博物馆新藏墓志汇编》全 3 册（西安碑林博物馆编，线装书局）；

2007 年：《隋代墓志铭汇考》全 6 册（王其炜、周晓薇编，线装书局）；

2007 年：＊《河洛墓刻拾零》上下两册（赵君平、赵文成编，北京图书馆出版社）；

2008 年：＊《洛阳新获墓志续编》1 册（洛阳市第二文物工作队，科学出版社）；

2008 年：《汉魏六朝碑刻校注》全 10 册（毛远明编，线装书局）；

2010 年：＊《新出唐墓志百种》1 册（赵文成、赵君平选编，西泠印社出版社）；

2010 年：《故宫博物院藏历代墓志汇编》1 册（郭玉海、方斌主编，紫禁城出版社）；

① 《新中国出土墓志》12 卷：①河南〔壹〕1994 年；②陕西〔壹〕2000 年；③河南〔贰〕2002 年；④重庆 2002 年；⑤陕西〔贰〕2003 年；⑥北京〔壹〕2003 年；⑦河北〔壹〕2004 年；⑧江苏〔壹〕・常熟 2006 年；⑨河南〔叁〕・千唐志斋〔壹〕2008 年；⑩上海・天津 2009 年；⑪江苏〔贰〕・南京（上下）2014 年；⑫陕西〔叁〕2015 年。

2011 年:《长安新出墓志》1 册（西安市长安博物馆，文物出版社）；

2011 年：＊《洛阳出土少数民族墓志汇编》1 册（李永强、余扶危主编，河南美术出版社）；

2011 年：＊《洛阳出土丝绸之路文物》1 册（洛阳市文物管理局编，河南美术出版社）；

2011 年：＊《龙门区系石刻文粹》1 册（张乃翥辑，国家图书馆出版社）；

2012 年：＊《洛阳新获七朝墓志》1 册（齐运通编，中华书局）；

2012 年：＊《秦晋豫新出墓志蒐佚》全 4 册（赵君平、赵文成编，国家图书馆出版社）；

2012 年:《大唐西市博物馆藏墓志》全 3 册（胡戟、荣新江主编，北京大学出版社）；

2012 年：＊《洛阳出土鸳鸯志辑录》1 册（郭茂育、赵水森编著，国家图书馆出版社）；

2012 年:《北京大学图书馆新藏金石拓本菁华（1996 ~ 2012）》1 册（北京大学出版社）；

2013 年：＊《洛阳流散唐代墓志汇编》上下两册（毛阳光、余扶危主编，国家图书馆出版社）；

2014 年:《西安碑林博物馆新藏墓志续编》上下两册（赵力光主编，陕西师范大学出版总社）；

2014 年:《长安碑刻》1 册（吴敏霞主编，陕西人民出版社）；

2015 年：＊《秦晋豫新出墓志蒐佚续编》全 5 册（赵文成、赵君平编，国家图书馆出版社）；

2015 年：＊《琬琰流芳——河南博物院藏碑志集粹》1 册（谭淑琴主编，中州古籍出版社）；

2015 年：＊《洛阳北邙古代家族墓》上下两册（谢光林编，中州古籍出版社）；

从以上大型数据集的刊行状况，可以了解到墓志数据集在进入 21 世纪以后数量增加。此外，此处未能列举的数据集也在各地刊行，同样在进入 2000 年以后剧增。推测此趋势与改革开放后，以石刻为目的的盗掘猖獗有关。洛阳一带出土的与墓志有关的数据集数量之多引人注目。

值得注目的是，在此列举出的大型墓志数据集绝大多数以洛阳一带出土的墓志为对象。数据集书名之前加＊符号的都与洛阳有关。然而，至 21 世纪才普及的“照片（拓本）＋录文（释文）＋注释”的高质量数据集，则以 2012 年出版的《大唐朝西市博物馆藏墓志》全 3 册为代表，增强了西安方面在墓志研究领域的存在感。洛阳地区的数据集多以民间人士搜集的拓本为主流。集结各科研机关的力量，系统且又互相协作，推进研究的状况尚未明了。展望今后的“洛阳学”，这将成为一个课题。

五、洛阳出土唐代墓志的数量及其研究课题

洛阳出土墓志（特别是唐代）的数量和出土地点等问题，是我们需要关注的课题，前面列举的数据集中的《隋唐五代墓志汇编》提供了一个探索的思路。此书共有 30 册，其中半数，即 15 册是洛阳卷。在收录的 5462 件资料中，仅洛阳就有 3064 件，占 56%。即使包括西安在内的陕西地区也仅 668 件，只占 12%。由此可见，洛阳出土的墓志数量大大领先于全国其他地区。近年刊行的《西市博物馆藏墓志》上中下 3 册收载墓志亦多为洛阳方面出土。

洛阳附近出土的墓志为何如此之多？考虑此事时，想举出下列参考数据：

(1)《洛阳出土墓志目录》（洛阳市文物管理局、洛阳市文物工作队编，朝华出版社 2001 年版。收载墓志以 1998 年为止）。

(2)《洛阳出土墓志目录续编》（洛阳市文物考古研究院、周立主编，国家图书馆出版社 2012 年版）。

(3)《洛阳出土墓志卒葬地资料汇编》（余扶危、张剑主编，北京图书馆出版社 2002 年版）。

其中，(1) 刊载的唐代墓志 No. 515 – No. 3031，计 2517 件，(2)《续编》以 (1) 目录以后至 2012

年间公开出版的资料为中心，包括一部分以前发表的资料（但是（1）书没有收载的），No. 147 - No. 1645，计1499件。两者合计4016件（2517 + 1499）唐代墓志。（3）书与此没有直接关系，涉及各朝代的洛阳墓志3000余方。

据上述资料，可知唐代洛阳墓志已超过4000件。不过，这一数值与其他地区，特别是西安（长安）地区比较，分量如何呢？这是过去谁都未曾涉猎的难题，然而，也不能放置不顾。在此，作为一种尝试，笔者最近编撰了《新编唐代墓志所在总合目录》（明治大学东亚石刻文物研究所，2017年），探索一种可能性。《新编唐代基志所在总合目录》收载的唐代墓志总计12523件，其中除墓志盖481件之外，12042件为直接收录对象。不过墓志的埋葬地点是根据各数据集的记录推导出的，作为概数可以粗略统计出以下数值：

①洛阳地区	5900点
②河南地区	6200点（包括1的洛阳地区在内）
③西安・关中地区	2200点
④山西地区	390点
⑤河北地区	320点
⑥北京地区	580点
⑦山东地区	80点
⑧四川・重庆地区	20点未满
⑨吐鲁番・新疆地区	190点

因为现在笔者无法确保逐件墓志埋葬地点的正确性，虽然这里举出的数字并不全面，不过依然可以看出一定的地域倾向。最值得关注的是，洛阳地区的墓志占压倒性的多数，恰为现在所能知晓的12000多件之半数。洛阳地区的资料为（1）（2）二书所收录的计4016件，可再追加1900件。从数量上说西安・关中地区为1，洛阳地区为2.7，比例上差异巨大。再考虑到西安地区公布的墓志中也包括来自洛阳地区和山西方面的墓志，于是西安对洛阳的比率成为1∶3，洛阳是西安的3倍，这是非常震惊的数值。

进而，与此相关，笔者想略为质疑从来未被论及的一个问题。譬如四川、山东、甘肃或者南方地区等外围地区为何出土墓志的数量很少？在这些地区当然也埋葬着死去的官人和当地的权势者，即便如此，他们的墓志很少被发现。原因何在呢？墓志制作和埋葬的本来意义和目的又是什么呢？我们还没能充分地说明这样的问题。

为何古墓大多集中在洛阳一带？答案显而易见。有史以来，尤其自周朝至五代（10世纪）的2000余年间，这里始终是作为宫城所在地或陪都，因此，风水宝地邙山自然就成为理想的筑墓之地。然而，理由果真如此吗？这也许只是一种对表面现象的肤浅理解。

长安若比洛阳具有更重要的地位，埋葬地也当然应多于洛阳。然而实际选择洛阳的人更多。南朝灭亡后，南人北葬时主要选择洛阳为葬地。洛阳作为“坟墓之地”被垂青的背景，具有远远超出墓地的沉重意味，即处于从悠远历史形成的中华世界精神的、文化的结集轴，或者可以说是处于“神圣”空间。

洛阳的历史位置潜藏的文化底蕴和精神力量的脉动又在何种程度上被表现出来了呢？笔者认为与长安的研究相比洛阳的研究进展迟缓。通观洛阳的全部成果也只限定为苏健的《洛阳古都史》（博文书社1989年版）等凤毛麟角的著作，而且许多研究成果呈个别存在、分散化的状态，缺乏系统的综合集成。既往以长安为基轴构筑的中国史像，如果以洛阳为基轴重新构筑的话，可以发现中国史崭新的一面，感知更加深厚的中国历史世界的沉淀，并且在探索东亚史上也具有重要的意义。

从这个意义上说，“洛阳学”会成为一个新的，而且是重要的学术领域。

附录

洛阳地区首都（或政治中心）所在期间表

王朝	洛阳作为首都（或政治中心）期间	关中期间
二里头文化遗迹	前2000～前1600年（夏王朝）	
偃师商城	前1600～前1300年（殷的亳或西亳）	
西周		前1050～前771年
东周（春秋）	前771～前256年	
秦（统一秦国）		前221～前202年
西汉、新		前202～25年
东汉	25～220年（190年陷落于董卓）	
曹魏	220～265年	
西晋	265～311年（311年陷落于前赵刘聪）	
前赵、前秦、后秦、夏	五胡时代	318～426年
北魏（398～534年）	493～534年	
西魏—北周		534～581年
隋（581～618年）	604～618年（炀帝统治期间）	581～604年
唐（618～907年）	武周朝690～705年（682～706年） 安史（大燕）支配755～757年、759～762年 904～907年从长安迁到洛阳（朱全忠下）	618～682年（～690年） 706～904年
五代·后梁	907～923年，以汴州（开封）为东都，以洛阳为西都	
五代·后唐	923～936年，计划恢复首都机能	
五代·后晋、后汉、后周	936～960年，以开封为首都，以有司摄事为洛阳	
北宋	以洛阳为西京（分司）、洛学（宋学）中心	
首都在洛阳期间	合计1600年	970年

（作者为日本明治大学东亚石刻文物研究所所长、教授）

洛阳学初论

张占仓　唐金培

摘要：洛阳学是研究千年帝都洛阳从产生到发展、变迁和可持续发展规律的学问，属于地方学研究范畴。它既从人文地理学角度研究洛阳古代历史地理环境变迁、现代城市发展和未来发展战略，也从历史文化视角研究洛阳优秀传统历史文化演进和现代洛阳华夏历史文明的传承创新，共同为洛阳可持续发展提供支持。其研究重点、学术属性等都与“河洛学”“洛学”“河洛文化”等有着明显的区别。构建洛阳学既是传承创新洛阳历史优秀传统文化的需要，也是加快洛阳现代化进程、建设“一带一路”重要节点城市与中原城市群副中心城市的内在要求。为此，既要加大资源和人才整合力度，办好洛阳学国际学术研讨会、成立洛阳学研究会、加大对洛阳学的支持力度和宣传力度，为将洛阳建设成为华夏历史文明传承创新示范区和国际性旅游城市提供智力支持和理论支撑。

关键词：洛阳学；地方学；中原学；学科建设

洛阳既是一座举世闻名的千年帝都、东方圣城，也是一个具有蓬勃生机的现代旅游城市。虽然在中国古代就有以“河图洛书”为主要特征的“河洛学”和以“二程”理学为主要特征的“洛学”，改革开放后又积极开展“河洛文化”研究并取得了大量研究成果。然而，无论是“河洛学”“洛学”，还是河洛文化都取代不了作为地方学的洛阳学。近年来，随着地方学的兴起，洛阳学的研究也日益引起学界的关注和重视，并取得了一些成果。① 至于什么是洛阳学、为什么要构建洛阳学以及如何构建洛阳学，这些都还有待进一步深入研究。本文试图在既有成果的基础上，对洛阳学的定义、研究重点和学术属性进行探索，并在回顾和梳理构建洛阳学的条件和必要性的基础上，就如何加快构建洛阳学提出对策建议。

一、洛阳学概念

作为一门综合性的地方学或城市学的分支，洛阳学研究有其独特性。

1. 洛阳学的定义

我们认为，洛阳学是研究千年帝都洛阳从产生到发展、变迁和可持续发展规律的学问。它既从人文地理学角度研究洛阳古代历史地理环境变迁、现代城市发展和未来发展战略，也从历史文化视角研究洛阳优秀传统历史文化演进和现代洛阳华夏历史文明的传承创新，还可以从其他相关学科研究洛阳的发展

① 2010年11月，气贺泽保规等专家学者在日本东京明治大学召开的“洛阳学国际研讨会”上提出构建洛阳学；河南省社会科学院张占仓、唐金培的《千年帝都洛阳人文地理环境变迁与洛阳学研究》和张新斌的《河洛文化与洛阳学》，均在《中州学刊》（2016年第12期）上发表了有关洛阳学研究的文章，在学界产生了积极影响。

变化规律，共同为洛阳可持续发展提供学理支持与政策支撑。洛阳学不仅涵盖洛阳历史上的政治、经济、文化、社会、生态等方方面面，而且涉及洛阳当前的现实和未来的发展方向，是一个融贯古今、展望未来、多学科交叉、整体性很强的系统工程。具有鲜明的系统性、综合性和实用性等特征。

河洛文化则是指存在于黄河中游洛河流域，以伊洛盆地（又称为洛阳盆地或洛阳平原）为中心的区域性古代文化。不仅是以洛阳为中心的黄河和洛水交汇地区古代物质文化与精神文化的总和，而且是中原文化的内核和中华民族传统文化的重要源头；不仅是起源于河洛地区的区域性文化，而且是中华民族的主流文化和五千年华夏文明的源泉与主脉。

河洛学是盛行于东汉时期以河图洛书为核心的一种谶纬神学，是为适应东汉封建统治需要，以古代河图、洛阳神话、阴阳五行说及天人感应说为基础，用神学迷信附会和解释儒家经典而带有政治预言性质的一种学说。涉及“灾异符命、天人感应、天文历法、地理神灵、史事文字、典章制度”① 等诸多方面的内容。在当时一度被称为“内学”，甚至被尊为“秘经”。

洛学则是北宋时期程颢、程颐兄弟洛阳讲学时创立的被时人称为“伊洛之学”的“二程理学”，洛学以孔孟儒学为旗帜，援佛、道入儒，从而“创立了富有思辨特色的哲理化新儒学，将传统儒学发展推进到了一个新阶段，使传统儒学拥有了哲学性质的新形态”②。洛学奠定了宋明理学的基础，在中国哲学史上有重要地位。其后，宋代的朱熹、陆九渊，明代的王阳明，又在“二程”开辟的方向上发展了理学。从现有的研究方向来看，一般来说，其注意力主要聚集在对“二程”理学思想的探讨上，而对于他们的理学思想与文学思想及其作品之间的关系却鲜有问津；至于程氏门人弟子，则关于其理学思想的研究尚且不足，更勿论其有关文学方面的研究。

可见，洛阳学既不同于作为地域文化的河洛文化，也不同于北宋时期的“二程理学”，更不同于东汉时期的“河洛学”。无论是在研究对象、研究范围、研究性质，还是研究方法、研究任务等方面，这四者都存在明显区别。若要说洛阳学与河洛文化、河洛学及洛学有共同之处的话，那就是这四个概念都与洛阳有关。

2. 洛阳学的研究重点

作为一门综合性学科，洛阳学的研究领域涉及政治、经济、军事、外交、宗教、科技、历史、文学、思想、艺术、人文地理、自然环境等方面，遍及历史学、考古学、地理学、经济学、文学、哲学等多个领域。

一是洛阳人文地理环境变迁规律。作为华夏文明的重要发祥地、丝绸之路的东方起点，历史上先后有 13 个王朝在洛阳建都。洛阳是我国建都最早、历时最长、朝代最多的都城，是我国历史上唯一被命名为“神都”（神州大地之首都）的城市。洛阳厚重的文化底蕴，来自它作为千年帝都的长期持续积淀，更来自当地独有的各种自然条件与人文地理要素组合，正是因为当地特殊的环境，尤其是在中国地域广阔、民族交融复杂、历史演绎特殊、传统文化中求和轴心明确的多种要素组合中，雄踞“天下之中”成为其最大优势。洛阳，立河洛之间，居天下之中，既禀中原大地敦厚磅礴之气，也具南国水乡妩媚风流之质。开天辟地之后，三皇五帝以来，洛阳以其天地造化之大美，成为天人共羡之神都，洛阳占据着统治“中原”、影响中国的最佳位置。“居中”本身带来了非常丰富的科学内涵与人文要素，成就了包容文化形成与积淀的历史，而包容文化传承与发展成为决定千年帝都发展变化最为重要的影响要素，也是中华文明传承和延续至今的最为重要的支撑因素。要认识千年帝都发展变化与演进规律，就必须贯通洛阳特殊的人文地理环境。

---

① 梁宗华：《汉代谶纬神学及其对道家宗教化的影响》，《青岛海洋大学学报》（社会科学版）1995 年第 4 期。

② 杨翰卿：《论二程洛学继承创新的理论特征》，《中州学刊》2007 年第 6 期。

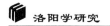

二是洛阳古代历史文化演进及其影响。这是洛阳学研究的历史基础。可以说，不研究洛阳古代历史文化演进，洛阳学就将会成为无源之水、无本之木。然而，河洛文化研究主要侧重于历史学、考古学、文学、语言学、哲学和社会亲缘关系等方面的研究。如果说河洛文化研究主要侧重于对洛阳历史文化的回顾，而洛阳学则是要把洛阳的过去、现在和未来融为一体，把纵向比较和横向联系融为一体，具有更好的历史观。从这个意义上讲，洛阳学的研究来源于河洛文化，但不同于河洛文化。从地域范围看，洛阳是河洛文化的核心，从而其文化现象在某些方面具有高度的一致性。它以翔实的史料和客观的分析为依据，为我们提供了洛阳历史发展的基本脉络，为当代城市进一步发展特别是地方特色文化的传承发展提供了借鉴。而河洛学带有明显的迷信色彩，洛学则主要侧重于儒家文化。

三是当前洛阳城市经济社会发展研究。通过纵向比较和横向联系，既充分发挥古都历史文化资源丰富的比较优势，彰显历史文化底蕴，打好历史文化名城的王牌，促进国际文化旅游名城建设，又要在发展现代产业、建设全国先进制造业基地、带动中原城市群发展方面发挥副中心作用。因此，洛阳既要保持古都历史风貌，又要具有现代都市气息。其系统研究涉及城市学、社会学、建筑学、旅游学、生态学以及与城市产业发展相关的诸多学科。这些都是河洛学、洛学乃至河洛文化所不能企及的领域。

四是洛阳未来发展战略研究。在鉴古知今的基础上，主要对洛阳城市的未来发展做出系统性、战略性、科学性、前瞻性的发展规划，属于未来学的范畴。通过制定这种战略性发展规划，描绘出洛阳城市中长期发展的蓝图，不仅可以激发洛阳人民奋勇向前的斗志，而且有助于洛阳城市按照“创新、协调、绿色、开放、共享”的理念可持续发展。这与河洛学、洛学以及河洛文化的研究领域和研究对象相去甚远，也是过去传统研究方法与研究领域无法胜任的。

3. 洛阳学的学术属性

一是地方学。从理论上讲，洛阳学的具体研究对象为洛阳的自然环境、历史、地理、政治、科技、经济、文化、社会、人口等各个方面的综合体。不仅是一个跨自然科学和人文科学的综合性学科，而且是多学科之间的一个交叉学科，涉及的主要学科有城市学、历史学、地理学、社会学、经济学等。研究洛阳学，应以“立足洛阳，研究洛阳，服务洛阳”为宗旨，以侧重时间研究的洛阳文化研究与城市精神内涵挖掘、洛阳历史文化遗产保护与传承研究和侧重空间研究的洛阳人文地理研究为主要研究方向。这三个方向时空交叉，关系密切，有利于深化人们对洛阳城市及其环境共同组成的城市综合体发展规律的认识。洛阳学研究具有区域性、综合性、系统性和应用性的特点，既包括应用理论研究，也包括应用实践研究，关键是要理论联系实际，其研究成果主要是为领域城市的科技、经济、社会与文化建设服务。开展洛阳学研究的目的主要在于弄清洛阳历史发展的变化规律，为洛阳当前和今后的政治、经济、文化、社会以及生态的发展战略提供理论依据和智力支持。

二是城市文化学。北京学的倡导者陈平原、王德威等（2005）在《都市想象与文化记忆》一文中认为：“文献资料、故事传说、诗词歌赋等，这些文字构建起来的北京城，至少丰富了我们的历史想象和文化记忆。”[①] 为此，他们希望将城市建筑的空间想象、地理的历史溯源与文学创作或故事传说结合起来，借以呈现更具灵性、更为错综复杂的城市景观。从这个意义上讲，“塑造城市精神形象”的城市文化学目标也应成为“洛阳学”研究的重要指向。也有学者认为，“城市学主要是一种文学文化学，目标在于构建城市精神镜像”。“文学体验式镜像建构不是以客观的城市为对象，而是以文学中的城市或书写城市的文学为对象”。[②] 当然，一种作为文学文化学的洛阳学研究，并不排斥其他层面的研究，也不反对其作为多学科综合研究的属性。其实作为文学文化学的洛阳学也是城市学与文学文化学的综合。

① 陈平原、王德威：《都市想象与文化记忆》，北京大学出版社 2005 年版，第 523 页。

② 段宗社：《论作为文学文化学的“西安学”》，《唐都学刊》2011 年第 6 期。

三是多学科综合性学科。即在对洛阳地方情况进行记述的基础上将洛阳作为一个有机整体进行的综合性研究。通过研究其各种组成要素的演变过程及其相互关系，探究其发生发展变化规律，并预测未来发展趋势。通过对洛阳历史、现实和未来三方面的多学科研究，为洛阳经济社会发展服务。洛阳的历史、地理、城市规划建设、人口、经济、文化、教育、科技、交通、社会、环境保护、灾害、安全等研究，只不过是洛阳学赖以形成的基本要素或条件。真正意义上的洛阳学应当是在这些研究的基础上升华形成的能够揭示有关洛阳各方面更深层次的科学理论体系。从这个意义上讲，洛阳学研究不在于泛泛地描述洛阳客观存在的各种现象或事实，而在于深刻地揭示这些现象和事实形成的内在原因、发展变化的机制、相互之间的关系、所反映问题的实质，以及对洛阳的过去、现在和未来所产生的影响等。

二、构建洛阳学的必要性

开展洛阳学研究，不仅是传承创新以河洛文化为代表的中华优秀传统文化的必然要求，而且是提升区域和国家的文化软实力与影响力的迫切需要，同时还是建设中原城市群副中心城市、将洛阳建设成为国际文化旅游名城的现实需要。

1. 古都洛阳丰厚的文化底蕴为洛阳学构建奠定了坚实基础

古都洛阳既是中华文明的圣地，也是对中华文明传承与创新影响特别大的历史古都。我国历史上的夏、商、西周、东周、东汉、曹魏、西晋、北魏、隋、唐、后梁、后唐、后晋 13 个朝代先后建都于此，前后长达 1500 余年。夏代初年“太康居斟鄩”、商都西亳、周都成周与王城、汉魏故城、隋唐故城等遗址以及城址内外的无数珍宝，都见证着千年帝都洛阳的兴衰更替；邙山上下数量巨大的帝王将相陵墓、数量众多的文人墨客墓冢以及威武庄严的神道石刻，都记录着河洛大地的沧桑巨变。①

洛阳既是“丝绸之路”的东方起点，也是河图洛书的故乡和周易的发祥地。张骞、班超通西域，中国的丝绸、瓷器和茶叶等，伴随着胡商贩客的驼铃声远输欧洲，欧洲文化也伴随“丝绸之路”传递到中原大地并影响着中国历史进程。以洛阳为中心的河洛地区的中华先民，创造了辉煌灿烂的河洛文化。河洛文化是以洛阳为中心的黄河和洛水交汇地区古代物质与精神文化的结晶。它博大精深，源远流长，既是中原文化的核心，也是中国传统文化的主流和精华。它以河图洛书为标志，以 13 朝古都的文化积淀为骨干，以影响中国甚至全球传统文明演进的无数精美传说与历史故事为纽带，具有传统性、开放性和先导性的鲜明特征，对中国古代政治、科技、经济、社会、文化甚至世界文明，都产生了深远的影响。周易倡导的“天人合一”的宇宙观念是人类可持续发展的指导原则，至今仍闪烁着熠熠的光辉，河洛交汇处特殊水沙条件特殊时段形成的阴阳八卦原型图以及受其启发总结升华出来的“阳中有阴、阴中有阳、阴阳互补、天地人和”的哲学思想至今仍然是我们认识大自然、认识人类社会的基本方法之一。

2. 洛阳的现代化建设对洛阳学研究提出了新要求

随着我国经济建设的飞速发展，古都洛阳正以其丰富的历史文化资源和较好的工业基础为依托，向国际文化旅游城市和全国重要的现代制造业基地目标迈进。这里有世界文化遗产“龙门石窟”，有偃师二里头、偃师商城、汉魏洛阳城、邙山陵墓群和白马寺等全国重点文物保护单位 21 处，有风景秀美的嵩县白云山、宜阳花果山等国家森林公园，有著名的黄河小浪底水库和名甲天下的“洛阳牡丹”。每年一度的“洛阳牡丹花会”已成为全国四大节会之一，对于洛阳历史文化传承与现代招商引资均产生了

① 蔡运章、赵金昭、董延寿：《河洛学导论》，《河南科技大学学报》（社会科学版）2009 年第 1 期。

重大作用。2004年，洛阳被评为全国十佳魅力城市。2016年底，经国务院批准的《中原城市群发展规划》以及2017年6月由中共河南省委、河南省人民政府公布的《河南省建设中原城市群实施方案》，都明确提出要进一步提升洛阳在中原城市群中的副中心城市地位和全国性交通枢纽地位。2017年9月1日，中共河南省委、河南省人民政府出台《关于支持洛阳市加快中原城市群副中心城市建设的若干意见》，为洛阳打造全省经济发展的增长极，提升"一带一路"主要节点城市功能指明了方向。未来，洛阳如何适应中国经济新常态、引领中国经济新常态、建设高度智能化的现代制造业基地，如何充分发挥洛阳旅游资源丰富的优势，把洛阳真正建成国际文化旅游城市，也都是洛阳城市发展战略中需要认真研究的重大问题。

3. 河洛文化的持续研究为洛阳学研究提供了重要营养

新中国成立以来，特别是自20世纪80年代以来，洛阳市有关高校、文博系统和考古工作队等单位的专家学者以及国内外的相关专家学者围绕着洛阳历史、洛阳考古发现和河洛文化等做了大量的研究，召开过多次学术研讨会，出版了一批颇有学术价值的研究成果，引起了学术界的广泛关注。特别是从1989年9月在洛阳召开的河洛文化研讨会开始，区域性的河洛文化研究已走过了将近30年的历程。河洛文化的研究形式逐步实现了由个人自发性研究向集体的国家重大社科基金研究的转变；实现了由地方学术团队组织向国家学术团体以及全国政协组织研讨的转变；实现了由主要在洛阳举办学术活动向省内其他地方、南方诸省甚至中国台湾举办学术活动的转变。然而，从总体上看，这些研究基本上还局限于历史学和文化学的范畴，很少关注洛阳当前及今后城市发展变化规律等方面的研究，与洛阳市老百姓的现实需求有明显的距离。而洛阳学研究，既关注过去，系统研究洛阳的历史演绎规律，又重视现在与未来，研究洛阳发展遇到的重大现实问题，将为洛阳市的未来发展提供高端智慧与精神食粮。

4. 国内外地方学的兴起为洛阳学研究提供了有益借鉴

在现代学科日益向整体化、综合化发展的趋势下，国际上的雅典学、伦敦学、首尔学等都已建成规模体系；国内的北京学、温州学、上海学、长安学等也都已取得丰硕的成果，有些已经引起国际学术界重视。这些成果都为把洛阳的历史、现代和未来融为一体，建立一门综合性的洛阳学创造了有利条件。比如，最初以徽州档案和文书为研究对象的徽学，经过长期的研究积累，逐渐将研究内容扩展至碑刻器物、口碑史料、风俗民情，突破了过去仅仅研究明清时期的徽州，进而对宋元及其以前的整个徽州地区进行整体研究，取得了举世瞩目的成就，成为当前地方学显学中的显学。再如，最初以研究敦煌莫高窟发现遗书入手的敦煌学，而后对莫高窟的全部艺术品进行研究之后，又对整个敦煌地区的历史文化进行研究，使敦煌学成为一门综合性的具有国际影响的学问。① 北京学研究，为我们认识北京的历史文化变迁与未来发展趋势提供了特殊的理论滋养，使我们对中国古都发展变化规律以及未来建设路径有了更加重视历史感的重要价值取向。

5. "一带一路"倡议为洛阳学研究提供了新的历史机遇

洛阳不仅是古丝绸之路的起点，而且是"一带一路"建设的重要节点城市，开展洛阳学研究，在历史长河中感悟千年帝都的演进趋势，认识现代文明的创新方向，既是历史的呼唤，也是现实的需要。洛阳在古代中国经济社会发展史上居于十分重要的地位。早在夏商周时期，洛阳就是全国重要的政治、经济和文化中心。汉唐时期，古丝绸之路开通后，除关中和山西等地之外，全国其他地区的丝绸基本上都要经过洛阳才能输往长安和河西走廊，到达中亚、波斯和罗马帝国等。到隋炀帝开通大运河之后，洛阳的经济地位更加重要，东南半壁河山与华北大部分地区的物资、财富，都经运河集中到洛阳，或转输长安，或就地贮藏。直到宋、元时期，由于海上交通和贸易的发展以及京杭大运河的开通，洛阳在全国

① 仝建平、张有智：《关于地方学研究的几点思考》，《社会科学评论》2008年第2期。

的经济地位才开始衰落。经过新中国成立后几十年的建设和发展，当代洛阳已经成为一个充满生机与活力的“一带一路”重要节点城市、中原城市群副中心城市、享誉全国的现代工业城市、影响海内外的优秀旅游城市、传统文化资源特别丰厚的人文城市。已经奠基建设的“二里头遗址博物馆”将再次让洛阳展示出古代帝都风采，并让国内外观众以历史考古的大量实证认识“最早的中国”，领悟中国之“中”来自中原之“中”的深刻文化内涵，认识“中原兴则中部兴，中部兴则中国兴”的哲学思想渊源，体味习近平总书记为什么2014年在河南调研期间认识到并明确提出“中国经济新常态”的科学判断并因此指引中国经济发展进入可持续发展新阶段的科学道理，理解原河南省政协主席王全书曾经明确提出的河南是中国最典型的代表的科学含义。

三、加快构建洛阳学的对策

为打造洛阳学研究交流平台和宣传平台，迅速扩大洛阳学的知名度和影响力，并尽快将洛阳学打造成中国特色哲学社会科学中原品牌和华夏历史文明传承创新区的龙头项目，近期建议应着力做好以下几个方面的工作。

1. 持续组织办好“洛阳学国际学术研讨会”

秉持开放包容、创新进取的原则，定期邀请国内外爱好者和从事洛阳学研究的专家学者会聚一堂，共同探讨洛阳学研究中存在的问题，相互交流研究心得，充分展示新的研究成果等。研讨会由河南省社会科学院和洛阳市相关单位组织召开。每年分别与中国先秦史学会、中国秦汉史学会、中国唐史学会等国家一级学会联合主办，研讨会名称保持不变，每次确定一个交流研讨的主题。研讨会可以由河南省社会科学院负责学术准备工作，洛阳市相关部门负责筹备工作。为吸引更多的海内外专家学者与会，进一步扩大洛阳学研究与河洛文化在国际、国内的影响，宜选择在国际河洛文化节期间的洛阳举办。通过持续召开洛阳学国际学术研讨会，连续出版《洛阳学研究文库》，叫响洛阳学学科品牌，并使之成为洛阳学国际研究和交流的重要平台。

2. 筹备成立“洛阳学研究会”

取得社会各界的支持，得到政府的充分重视，尤其是地方政府的支持和资助，组建实体研究机构，有人员编制、固定经费、图书资料、研究场所，是确保地方学研究落到实处最直接、最基本的条件。在整合原洛阳大学东方文化研究院、洛阳师范学院国际河洛文化研究中心、河南科技大学河洛文化研究所、洛阳文物局洛阳历史研究所、洛阳市发展研究中心、洛阳城市规划设计研究院等相关研究机构资源的基础上，由相关学术单位联合发起，由中共洛阳市委、洛阳市人民政府统一领导和统一协调，成立高规格的洛阳学研究会。该会由中国社会科学院、河南省社会科学院等单位提供学术指导，设立专门研究基金，引导国内外学者参与研究。研究会秘书处可设在洛阳市社会科学院。通过分工合作，加上国内外有关专家学者的加盟支持，共同开展多学科的综合研究，特别是深入开展洛阳历史文化资源的保护利用、洛阳历史文化名城建设、洛阳与“一带一路”建设、洛阳国际旅游城市建设等应用对策研究，共同促进洛阳经济社会的繁荣和发展。

3. 有组织地加大洛阳学研究和宣传力度

为迅速扩大洛阳学的学术影响，应加强对洛阳学的研究和宣传，唤起社会各界对洛阳学的关注和支持，吸引更多的专家学者投身于洛阳学研究。一是依托洛阳师范学院、河南科技大学、洛阳理工学院等高校以及河南省社会科学院、洛阳市社会科学院、河南省社会科学院洛阳分院等科研机构开展研究，进而在相关高校开设洛阳学专业或成立洛阳学研究机构。这是确保洛阳学研究可持续发展的必要条件。二是在相关杂志上设立洛阳学研究专栏。由河南省社会科学院和洛阳师范学院分别在《中州学刊》《中原文化研究》和《洛阳师范学院学报》等杂志开辟“洛阳学”研究专栏。围绕洛阳学建构与内涵、洛阳历史文化、洛阳与长安关系、洛阳学与“丝绸之路”、洛阳学与河洛文化、洛阳历史文化传承创新以及洛阳建设国际文化旅游名城等专题，每年刊发几组专题文章或组织一到两次专家笔谈，务实推进洛阳学研究每年都有重要进展。三是在高级别报纸上分期推出一批高档次洛阳学研究文章。组织省内外从事洛阳学研究方面的专家学者在《人民日报》《光明日报》《中国社会科学报》《河南日报》等国内高级别的报纸上推出一批有分量、有影响的洛阳学研究方面的专题文章，在适当的时候在国际著名报刊推出若干篇英文洛阳学研究文章，有效扩大洛阳学的影响力。

4. 以项目带动洛阳学研究持续深化

适当的经费资助或者以项目带动研究，是有效开展专题研究的重要途径和方式。河南省和洛阳市人民政府在制定研究项目规划时应该对洛阳学研究给予充分重视。这样可以通过项目的形式，把全社会分散的研究力量加以集中，形成科学研究的协同效应。一是组织编撰一批洛阳学方面的文献资料。建议洛阳市政府有关单位在原有基础上继续编撰“洛阳学文献汇编”并建立相应的电子数据库，洛阳师范学院在原有基础上继续编撰“洛阳考古集成”并建立相应的电子数据库，河南省社会科学院组织编撰“洛阳学研究文库”并建立相应的电子数据库，在洛其他高等院校或研究机构设立洛阳学研究机构或者专项，系统开展相关专题研究，并组织出版各有特色的系列性研究文献。二是以课题带动洛阳学研究向纵深发展。每年由洛阳市社会科学界联合会组织设立一批洛阳学研究方面的重点攻关项目，采取自由申报和委托等形式，通过项目带动，会聚从事洛阳学研究的专门人才，并不断推出新的学术成果。三是坚持“地域性、综合性、应用性、开放性”的研究特色，理论与实践相结合，进一步创新思路，扩大研究队伍，优化队伍结构，提高学术水平和管理水平，增强咨询服务能力、辐射能力和影响力，同时加强与国内外其他城市、古都、首都、世界知名城市的合作研究和比较研究，借鉴研究和发展经验。四是集中研究主题。洛阳学虽然是多学科的综合性研究，但要尽可能地避免学科范围泛化、研究重点淡化以及活力与特色的缺失等问题，不断提高研究水平，彰显洛阳地方特色，不断提升洛阳学在学界的影响力。

（作者分别为河南省社会科学院院长、研究员，
河南省社会科学院历史与考古研究所副所长、副研究员）

洛阳学建立的基本依据

侯甬坚

摘要：国内外学界对于新建立学科的诸多约定，当然属于具有某些规范作用的一定之规。国内地方学目前的追求主要不在纳入“授予博士、硕士学位和培养研究生的学科、专业目录”方面，而在于如何做好历史继承性、发掘更多的地方资源、体现好独有的地域性特点诸方面。属于地方学的“某城市或某区域之学”，首先应当看作学人们研究意向和行为的集合，若不断进取，获得事实尤其是理论建树方面的进展，则有可能产生更好的结果。在参照部分地方学实践工作经验之后，认为所有“某城市或某区域之学”皆应汇聚于地方学的旗帜下，把握好自身的研究对象，努力揭示这一对象具有的学术和（或）应用价值及历史和（或）当代影响，为地方学的理论建树做出贡献。日本学者首先提出建立洛阳学的主张，这是历史文化名城洛阳的影响所致，国内学人应顺势研究，促使其逐渐走向成熟。地方学在区域经济社会发展中诞生和壮大，成为人文社会科学的一个组成部分，其学术成果在助推社会文明进步方面，具有其他学科无可比拟的作用，尤其是在摈弃地域成见、增加地域互信方面，尚有许多工作可以做，这样做才能完成时代使命，对应人类命运共同体的时代精神。

关键词：洛阳学；地方学；学科；价值；影响

随着中国社会经济发展层次的不断提升，许多地区和城市的容貌已经焕然一新，许多有识之士加入了学人行列，开始著书立说，为自己所熟悉的地区和城市倡言，试图挖掘出历史上创造的各类文化遗产，论述其曾经有过的影响力，并逐渐提出了建立地方学的主张，洛阳学的提出更有其较为特别的经过。这些内容都值得展开研究，以促使参与者广为获取新知，彼此协力共进。

一、何以为“学”（学科）

在目前中国教育界，人们比较熟悉的学科划分，为国务院学位委员会颁布的《授予博士、硕士学位和培养研究生的学科、专业目录》。这是遵照《中华人民共和国学位条例》（1981 年实行，2004 年有过修正），由国务院学位委员会学科评议组审核，制定出的授予学位的学科、专业目录。而各高等院校学位授予单位按这个目录中各学科、专业所归属的学科门类，在培养研究生的工作结束后，就授予其相应的学位。

在 1983 年 3 月国务院学位委员会颁布的《高等学校和科研机构授予博士和硕士学位的学科、专业目录》（试行草案）里，历史学门类之下，有“中国地方史”学科或专业名称（编号 6），与我们所关心的地方学最接近。到了 1990 年正式颁布的《授予博士、硕士学位和培养研究生的学科、专业目录》，“中国地方史”这一学科或专业名称继续保留（编号 060110）。可是到了 1997 年颁布的新版《授予博士、硕士学位和培养研究生的学科、专业目录》，历史学门类之下就没有“中国地方史”这一学科或专业的名称了，意即已被取消，留存或修正名称后的八个二级学科分别为：史学理论及史学史、考古学及博物馆学、历史地理学、历史文献学（含敦煌学、古文字学）、专门史、中国古代史、中国近现代史、世界史。仔细审视这些学科名称及其内涵，“专门史”（编号060105）应该是被取消的“中国地方史”学科归并之处[①]。若论研究内涵的话，又与“历史地理学”（编号060103）这一学科或专业具有密切的关系。

现今国内外所讨论的地方学，其来源有可能为历史上的地方志，或简称“方志”。“方志”的释义为一方之志，甚为符合地方学的旨趣和追求，在通称为地方志或方志千百年之后，这一部分工作结合现今流行的学科建设做法，希望从基础到理论都再上一个台阶，因此提出了建立学科的诉求，这是可以理解的。与古代建立在行政区之上编纂方志的做法有所不同的是，现今更加强调城市的引领作用，因此出现了大量以城市名称命名的如“北京学”“上海学”这样的学科提议，以及大量的积极有效的建设工作，给人以耳目一新之感。对于上述情形所欲建立的学科，可以给出“某城市或某区域之学”的表达。

依照情理，只要有人对某一城市或地区有兴趣的话，都可以对之展开研究；甚至可以说，此种兴趣越是浓厚，就越有可能得出比较出色的研究结果。如果参与此种活动的人数增加，大家志同道合，建立了科学团体，有的成立了类似“科学社团”这样的学术机构[②]，或者主办了专门的学术讨论会[③]，并有了提出建立某种“学科”的想法，出现了努力将其变成一种事实的实践行为，话题或议题更为严肃了，对此展开考虑的着重点则在于其自身的由来特征，那就是地方学的追求主要不在纳入“授予博士、硕士学位和培养研究生的学科、专业目录”，而在于如何做好历史继承性、发掘更多的地方资源、体现好独有的地域性特点诸方面。

在展现地方的地域性特点方面，笔者曾经做过这样的论述[④]：

> 方志的区域特性与人们在自然世界生存活动的位置和场所紧密相关，方志的历史人文宝库中又蕴藏着当地人民创造与继承民族文化的历程，而这种民族文化在地域视野上总是作为区域文化而存在，与特定地域的人群之间凝结的是不可分割的文化情感。正因为这一原因，源远流长的地方志即便遭遇近代地理学等思潮那般猛烈的冲击，仍然余韵难泯，即便来到现代社会，也能适时变通，朝着新方志的方向演变发展，为新的时代和社会事务服务……

经过前人的努力，方志早已获得“方志学”的命名，成为人们所熟悉的一种表达，而今提出的地方学，实际上也在进行着同样的学术实践过程，其构建的难度主要体现在什么地方？我想应该是理论创建方面。北京大学唐晓峰（2010）论述过地理学的学科要求，他说：“关于地理学，作为一套知识学问，我们可以看出三个层面的东西：地理知识、地理观念、地理理论。其实每一个学科体系都包含这三个层面的内容，如果只有第一、第二两层，即只有知识、观念，不能构成一门学科。我们说地理学是个

① 上述资料参见侯甬坚：《授予学位的学科、专业目录调整与历史地理学》，载《历史地理学探索》，中国社会科学出版社2004年版，第12－19页。

② 譬如于1998年1月，经北京市政府批准设立的北京联合大学北京学研究所（基地），就是一个专门研究北京学的科研机构。在随后的发展中，该研究所内设立了城市、文化、地方文献、经济、旅游和理论六个研究室。参见张妙弟主编：《北京学研究文集2004》（上册）序，燕山出版社2006年版。另可参考英国学者亚·沃尔夫所撰《十六、十七世纪科学、技术和哲学史》（周昌忠等译，商务印书馆1985年版，第65－84页）第四章对近代欧洲最初的科学社团进行的描述。

③ 譬如于2008年11月1日，北京学研究所、北京学研究基地主办的“地方文化与地方学学术研讨会”（北京），报告和讨论的主要内容为地方学研究、地方文化研究、地方文化与区域发展等，参见张宝秀主编：《北京学研究报告2009》，同心出版社2009年版，第254－255页。

④ 侯甬坚：《近代地理学对中国传统方志的冲击》，《历史地理学探索》，中国社会科学出版社2004年版，第94－123页。

学科，就是说要三者必备，特别是少了理论，不能叫学科。”[①] 这是关心建立地方学的人士不能不加以留意之处。

二、境内外已有地方学举例

国内较早开展地方学研究的是上海，其推动力之一为上海大学的恢复办学（1983 年）[②]。1986 年，华东师范大学陈旭麓发表《上海学刍议》一文，文章虽短，却引人深思，其中最重要的一段话是[③]：

> 顾名思义，上海学当然是以研究上海为对象，但它不同于上海史、上海志，史是记述它的过去，志是分载它的自然和社会诸现象，学高于史、志，是它们的理论升华。上海学要研究上海沿革、政治、经济、文化、社会和自然状态，这些都是早已分别研究的内容，也是正在深入研究的内容，但它们的排列不等于“上海学”，即使在这基础上的综合，也只是“上海大观”或“上海概述”，称不上“上海学”。上海学应该是从对于上海的分门别类及其历史和现状的研究中，找出它们的联系和内核，由此构成研究和发展上海这样一种都市型的学理，富有上海的特殊性，又含有都市学的共性。

陈旭麓明确讲到，上海学“不同于上海史、上海志”，其“高于史、志”的地方，乃是“它们的理论升华”。研究的方向是从大量的事实材料里，“找出它们的联系和内核，由此构成研究和发展上海这样一种都市型的学理，富有上海的特殊性，又含有都市学的共性”，舍此就不成为一种“学科”。陈旭麓讲清楚这一点，乃是为时代的进步所推动和所必需的。

到 1999 年，上海市社会科学院唐振常披露，在一次会议上，有“老上海”之称的江闻道，提出应该建立上海学一科，江闻道从西语“学”的字源，称其为“Shang haiology”。这就是上海学这个称谓的由来[④]。自 20 世纪 80 年代以来，上海学术界围绕“上海学”的议题，已经做了许多基础性研究工作，如熊月之主编的 15 卷本《上海通史》（1999 年），便是其中的一项硕果。

在陕西省，学界没有采用现在正在使用的行政区或城市名称，而是采用古都“长安”的名称来命名，提议建立“长安学”学科，这是当地的一个特点。2005 年，陕西省文史馆李炳武认为，“创立‘长安学’是一个大的思路，‘长安学’如何找到自己的内在规律，还有赖于众多专家学者的积极参与和基础工作的展开。它的题目大、范围广、内容多，应该从打基础开始”[⑤]。西北大学黄留珠认为，“‘长安学’是进入 21 世纪以来由中国大陆学人倡导并特别为陕西学界所重视的一个学科概念”。“这里最基本的事实是，先存在有关长安文化、长安文明的研究事实，而以后才出现‘长安学’的名称”[⑥]。作者强调的是学术研究的水到渠成之功效，在提出和建立“长安学”学科后，就应该京陕合作，协力推进。

在内蒙古地区，十年前提出了建立“鄂尔多斯学”。宁夏大学陈育宁认为，作为一门地方学，鄂尔

---

① 唐晓峰：《从混沌到秩序：中国上古地理思想史论述》“绪论”，中华书局 2010 年版，第 5 - 6 页。

② 国内开展地方学研究的情况，可参考陈建魁：《洛阳学与地方学研究》，《中州学刊》2016 年第 12 期。

③ 陈旭麓：《上海学刍议》，《上海大学学报》（社会科学版）1986 年第 Z1 期；重载《史林》1999 年第 2 期。

④ 唐振常：《关于上海学（Shanghaiology）》，《史林》1999 年第 2 期。

⑤ 李炳武：《积极开展“长安学”研究》，载李炳武、黄留珠主编：《唐代历史文化研究》，三秦出版社 2005 年版。转引自《长安学丛书·综论卷》，陕西师范大学出版社、三秦出版社 2009 年版，第 99 - 106 页。

⑥ 黄留珠：《长安学的缘起、研究现状及未来展望》，载黄留珠、贾二强主编：《长安学研究》（第一辑），中华书局 2016 年版，第 1 - 10 页。

多斯学就是以鄂尔多斯为研究对象，主要是以那些具有自身特色、自成体系、有自身发展规律的社会文化想象、经济现象为研究对象，也就是把具有地域性、特殊性，甚至唯一性的社会经济文化现象加以理论概括，成为一门有专门知识和理论的学问，构成“学”①。陈育宁还概括“鄂尔多斯学”的基本内涵和特征，具体为：①鄂尔多斯较完整地保留了蒙古族最基本的传统文化，是蒙古传统文化的标本；②鄂尔多斯保留了蒙古族最完整、最丰富、最有特征的祭祀文化；③鄂尔多斯有着研究和传承地区文化的深厚的传统；④近年鄂尔多斯走出了一条资源转换促进发展的成功道路，所发生的巨大变化构成了鄂尔多斯学研究的新内容。这些表述是最为看重地方学的“地域特点”及古今连续性的一种较为翔实的归纳。

事实上，最应该关注的论述是韩国关东大学李奎泰撰写的《试论韩国“地方学”的现状和展望》一文②。该文“序论”部分有曰：

> 在韩国以“汉城学”“釜山学”等地名来研究地方文化或城市问题的学问，大约从20世纪80年代在部分地方学者之间开始。然而，在1993年汉城市立大学开设“汉城学研究所”之后，韩国的各个地方掀起用地方名称命名的“地方学”的潮流。刚巧，韩国政府那时正式开始实施地方自治制度，所以地方政治领导都重视具有自己地方特色的文化和发展战略，支援和支持各地方大学和学术界从事自己地方历史文化和发展方向的研究。当时除“汉城学”“釜山学”之外，还出现了“江陵学”“大田学”“仁川学”“庆州学”“安养学”“春川学”等使用城市名称的地方学，还有如“忠北学”“济州学”“湖南学”“京畿学”“江原学”“忠南学”等使用地方名称的地方学，使得韩国人文社会科学界出现了“地域学”或“地方学”新学问。

其中应当重视之处是，将韩国地方学的兴起发展与韩国政府开始实施地方自治制度的做法联系到一起，地方政府在这一政策推行中的积极性大为提高，各地的城市和地区的地方学得到有力的推动，皆蜂拥而起，成为一时之盛况。将其综合在一起考虑的话，就呈现“韩国人文社会科学界出现了‘地域学’或‘地方学’新学问”的景象。

三、恪守之一：具有明确的研究对象

综上所述，过去的二三十年里，地方学在中国、韩国都有明显的发展。日本地方自治政策的推行，也是持久而普遍的，所唤起的地方意识相当浓烈，所挖掘出来的地方性事物更是蔚为大观。除了上述上海学、长安学、鄂尔多斯学外，国内还有北京学③、重庆学、武汉学、温州学、邯郸学④等学科的提出，与红学（指长篇历史小说《红楼梦》）等著作学，郦学（指郦道元）、徐学（指徐霞客）等人物学，徽学（指明清时期的徽州）等区域学，黄河学等流域学，“长城学”“故宫学”等历史建筑学遥相呼应，相互鼓励，获得了较为广泛的关注和积极的发展，实属我国人文社会科学领域极为重要的研究动向。只

---

① 陈育宁：《一门新兴的地方学——鄂尔多斯学》，载侯甬坚主编：《鄂尔多斯高原及其邻区历史地理研究》，三秦出版社2008年版，第1－4页；陈育宁：《鄂尔多斯史论集》，宁夏人民出版社2002年版等著作，提出了鄂尔多斯学的基础性工作。

② ［韩］李奎泰：《试论韩国“地方学”的现状和展望》，载张妙弟主编：《北京学研究文集2004》（下册），燕山出版社2006年版，第388－395页。

③ 朱永杰：《“北京学”刍议》，载北京学研究基地编：《北京学研究报告2008》，同心出版社2009年版，第288－289页。

④ 侯廷生：《一个新兴理论的阐释——关于邯郸学的一点管见》，载北京联合大学编著：《北京学研究文集2009》，同心出版社2009年版，第458－461页。

是有鉴于单一的“某城市或某区域之学”，需要增加研究中的普遍性意识，本文认为彼此皆应汇聚于地方学的旗帜下，形成一种相互砥砺的合力，才有可能在人文社会科学领域内形成更大的影响力。

前述韩国关东大学李奎泰撰写的《试论韩国“地方学”的现状和展望》一文，对地方学的研究内容有如下表述：

> 在韩国研究地方学范畴已被学者们认同，也就是地方学的研究对象或范畴是，在空间上特定地方的全体，而时间的概念上包括了该地方地域的整个历史时期，即过去—现在—未来。虽然这样的空间和时间概念范畴带有学术上不明确的印象，但地方学研究一定要包含其地方的历史、文化、政治、经济、地理、生活、人的环境等全部有形无形的东西，这一主张已被广泛接受。有趣的是，研究“釜山学”的一位学者把这种研究范畴定义为“釜山学的想象力”，包括“釜山学的观点乃至意识问题”，是具有参考价值的。

关于地方学的研究对象之分类，李奎泰举例介绍，学者们以湖南学研究对象和范畴为基础，做了“湖南学分类体系”的工作。具体来说，对“湖南学书志资料库”的主体分类有九大主题，分别为第一主题（总类）、第二主题（历史）、第三主题（思想）、第四主题（社会）、第五主题（文学）、第六主题（艺术）、第七主题（科学技术）、第八主题（产业）、第九主题（政治）。作为韩国地方学研究和发展的一个显例（湖南学），其分类内容的确无所不包，从形式上予以判断，的确犹如中国历史上延续下来的地方志。

作为正在兴起的中国地方学，都具有明确的研究对象，这是应当恪守的要义之一。需要讨论的是与地方学发展至为相关的研究内容，究竟是强调无所不包、齐头并进的研究，还是展开有重点的主次分明的研究？作为一门学科，笔者认为应当在研究重点上下功夫，在影响地方发展的重要方面下足功夫，以有助于挖掘出属于地方文化中的重要事实和实物，进入到专深程度，进而推动相关的研究内容，再上升到理论归纳的高度，从而为地方学的发展奠定坚实的基础和获取更大的知名度。

四、恪守之二：这一对象具有的学术和（或）应用价值及历史和（或）当代影响十分明显

提出和建立地方学，应予恪守的要义之二为，这一对象具有的学术和（或）应用价值及历史和（或）当代影响都十分明显。强调这一点，主要是考虑到但凡比较有影响的地域或社会生活的某一方面，均有一个历史形成的过程，或当代的一个特别契机促成了当地有影响事例或事件的发生。随之就需要掌握第一手资料进行研究，然后就各种情况予以判断综合，再决定是否应该提出地方的专门之学。如果缺乏这样的前期工作，又不能获得外界较好的认可度，甚至不能获得本地人士较为普遍的认同，这项工作就做得仓促了。

换句话说，并不是任何地方都有必要建立地方学，因为与同类事物进行比较的话，客观上就会出现若干差别，这种差别会导致研究意义和研究价值上的不同，甚至不足。在比较中若处于不太高的位置上，不妨多挖掘本地区某些有特色的事物，努力得出精彩的结果，同样会吸引外界的注意力，并赢得好评。

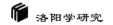

五、洛阳学的建立过程

核实而论，关于建立洛阳学的话题提出的时间并不长，那是2010年11月27~28日，在东京明治大学召开的“洛阳学国际研讨会”这一公众场合上提出来的。这个会议是由日本明治大学研究生院文学研究科主办，日本唐代史学会协办，具体筹办人为气贺泽保规教授①。会后，气贺泽保规编辑出版了《洛阳学国际研讨会报告论文集：处于东亚的洛阳位置》②，一部关于洛阳学建立依据和研究状态的重要文献资料也就问世了。

2015年10月，在洛阳召开的“河洛文化学术研讨会上”，气贺泽保规以《中国中古洛阳与洛阳学的意义》为题，讲述了中古时期洛阳重要的历史地位和作用。他指出，历史上洛阳与日本之间联系密切，洛阳学研究极为必要，应该由海内外学者共同努力推进。他还认为，新出现的“洛阳学”研究或许能为中国史研究提供一个新的方向。③ 笔者认为，气贺泽保规在上述2010年、2015年两个会议（东京、洛阳）上的报告内容和所做的贡献，是在一贯的中国古代史研究脉络上的发掘和延续，精神、气质上皆相一致。

我们注意到2008年4月24日《洛阳日报》的第2版，有一篇题为《吸引更多专家参与“洛阳学”研究——访复旦大学历史系博士生导师韩昇》的报道④，应该说题目是相当引人注目的。这篇报道首先对专访人物做了简介，突出之处为韩昇教授早年是“中日联合培养的博士”，与日本学术界有较多的学术往来。报道中引述了韩昇教授的一段话：

> “已故的日本京都大学日本史研究权威岸俊男在晚年曾提出一个看法：日本的平城京（今奈良）在建设时受到的影响可能不是来自长安，而是洛阳，所以他在日本提出了‘洛阳学’的概念，而且他认为日本的许多文化可能是从洛阳传过去的。但由于研究交流不够，国内外学术界没有充分认识到这一点，一直把这个源头直接接到长安。”在（2008年4月）22日开幕的隋唐佛教与石窟文化学术研讨会上，复旦大学历史系博士生导师韩昇教授的一席话，引起不少与会学者的共鸣。

由中国唐史学会和龙门石窟研究院联合主办的这个学术研讨会⑤，地点是洛阳，时间是2008年4月22~24日。韩昇教授所介绍的岸俊男（きしとしお，1920—1987），为日本史著名学者，京都大学名誉教授。岸俊男教授于1987年去世，也就是说在他的晚年——20世纪80年代，已提出了“洛阳学”的概念。韩昇教授知道这一信息，那么也就有更多的日本学者也知道这一信息。这也说明提出洛阳学的渊源还有进一步展开调研的线索。

---

① 气贺泽保规（KEGASAWAYasunori），日本长野县人。1968年进入京都大学文学部，1971年获得文学硕士学位。1975年进入京都大学文学研究科，1996年获得文学博士学位。1985年9月至1986年8月受日本学术振兴会资助，前往北京大学历史系、陕西师范大学唐史研究所留学。1995年4月开始在明治大学任教，1997年1月开始在东洋文库兼任研究员。2002年4月至2003年3月曾任哈佛大学EALC学部研究员；2004年4月至2007年3月曾任日本学术振兴会学术系统研究中心主任研究员（据百度百科——资料来源于明治大学官方网站，2012年5月23日使用）。

② 气贺泽保规编著：《洛阳学国际研讨会报告论文集：处于东亚的洛阳位置》，明治大学大学院文学研究科、东亚石刻文物研究所，2011年。

③ 张占仓、唐金培：《千年帝都洛阳人文地理环境变迁与洛阳学研究》，《中州学刊》2016年第12期。

④ 张亚武：《吸引更多专家参与“洛阳学”研究——访复旦大学历史系博士生导师韩昇》，《洛阳日报》2008年4月24日。

⑤ 王颜：《洛阳隋唐佛教与石窟文化学术研讨会综述》，载杜文玉主编：《中国唐史学会会刊》第27辑，2008年版。

笔者认为，在中国和东亚历史上，汉晋时期的长安和洛阳两座城市是齐名的，隋唐时期的东西两京乃是天下向往之所。或者说，由于定都和都址迁移的原因，生于长安为都的时人，对长安城印象深刻，而生于洛阳为都的时人，对洛阳城印象深刻，这本是很自然的。从日本史专家岸俊男到隋唐史专家气贺泽保规，均延续了对洛阳城的留念和盼顾，完全不是洛阳城在现今有什么特别之处，而是在读史比较中，感受甚至是强烈感受到洛阳城在历史上曾经发挥过的明显作用，产生过的不小的文化影响，需要特别提出，长安城、长安学的研究一起做起来，促使著名的隋唐两京研究对应起来，以此来深入揭示浸透着东方文化特征的东亚历史，尤其是中日文化交流的历史。从上述认识出发，笔者认为“洛阳学”学科名称由日本学者首先提出，乃是古城洛阳的一种骄傲!

据笔者猜度，洛阳城的起源与周人关系密切。殷商之世，“洛”地名已经出现，这可以甲骨文“在洛贞”“登取洛禾”为证，谭其骧先生主编的《中国历史地图集》第一册将此地名确定在洛河的南岸上[①]。在商周之间的交往中，伊洛河及其流域处于重要地区的位置上。西周王朝建立后，周成王时在洛河北岸营建了新的城市——“新邑洛（成周）”，就是今日洛阳城的起源，《尚书·洛诰》等篇对此留下了十分珍贵的历史记录，可供今人研习。朱凤瀚就此得出的研究结论为：“何尊铭文所记为成王亲政第五年，即‘唯王五祀’时事，此时洛邑内王宫已建成，成王始迁都于洛邑，洛邑自此亦称成周。”[②] 从这里不仅可以见到早期洛阳城之起源，而且可以见到“新邑洛（成周）”建成后，北方黄河流域中下游地区之间联系不断加强的历史步履。

六、结论：人文社会科学成果（含洛阳学）助推社会文明进步

借助前人的不懈努力和大量研究成果[③]，我们可以这样来说，洛阳学的建立，依据不仅多，而且很充分，日本学者首先提出建立洛阳学的主张，这是历史文化名城洛阳的影响所致，国内学人应顺势展开研究，以促使其逐渐走向成熟。

前引李奎泰《试论韩国“地方学”的现状和展望》一文，所叙述的韩国“地方学”研究的潮流和新学问，在“韩国地方学发展的未来展望”中，还有在进一步发展中需要解决的问题，共有六点，具体如下：

（1）地方的特殊性和学问的普遍性问题。

（2）注重地方历史文化和文化相对主义的问题。

（3）学问上国家中心主义和地方中心主义的问题。

（4）地方政府要求的政策研究和学者的学术理论研究的相互比率问题。

（5）互联网时代所需要的地方研究人才培养问题。

（6）地方政府的国际合作和地方学的角色问题。

作者顺带指出：“如果地方学无法解决以上的学术研究问题的话，可能在学问上会失去立足之地，

---

① 谭其骧主编：《中国历史地图集》第一册第13～14图幅“商时期中心区域图”7④坐标位置（中国地图出版社1982年版）。

② 王国维：《洛诰解》，《观堂集林》（第一册），中华书局1959年版，第31－40页；朱凤瀚：《〈召诰〉〈洛诰〉、何尊与成周》，《历史研究》2006年第1期。

③ 自1983年成立的中国古都学会，及其随后陆续建立起来的二级学会（如洛阳学会等），对古都洛阳做了许多研究工作，详见《中国古都研究》各册各期。

也会失去地方政府的财政支援而难以进一步发展。”① 这些不能不说是有先见之明的高见，值得从事地方学的人士体会和思考。

总体而言，地方学的研究属于人文社会科学研究的一个组成部分，那么，怎样才能放宽地方学的研究视野，做出其独有的研究成果呢？人们皆知，地方学在区域经济社会发展中不断诞生和壮大，人文社会科学学术成果在助推社会文明进步方面，具有其他学科无法比拟的作用，问题是究竟怎样选择研究路径？笔者的建议是，将研究的一部分注意力放在本地区或本城市与周边地区和城市的历史关系上，这在历史文化悠久的地域，不仅资料积累深厚，而且内容极为丰富。毋庸讳言，历史上也遗留下了一些地域歧视、地域攻讦的习惯，甚至造成了相当严重的地域成见。作为胸怀宽广和志向远大的学人，在解释和化解这类地域成见时，毫无疑问应当做出自己擅长的工作。通过这样的研究，地方学不仅可以更好地研究彼此地域间的历史关系，而且有助于更好地认识自身。如果大家在逐渐摈弃地域成见、增加地域互信方面，做出了出色的工作，也就为今日和谐社会的建立做出了贡献，在学识上也就更加对应国家倡导人类命运共同体的时代精神。

（作者为陕西师范大学西北历史环境与经济社会发展研究院教授）

① ［韩］李奎泰：《试论韩国“地方学”的现状和展望》，载张妙弟主编：《北京学研究文集 2004》（下册），燕山出版社 2006 年版，第 388 – 395 页。

关于创建洛阳学的初步思考

赵金昭

摘要：创建洛阳学既是河洛文化研究的必然发展趋势，也是中国和世界区域文化研究的大势所归。同时，也是现代洛阳城市发展的召唤。洛阳学是以洛阳为研究对象的具有洛阳特色的一种理念和学说的总和。具体包括洛阳的概念、洛阳城市的起源、洛阳城市的变迁和发展等方面的内容。可以通过借鉴法、拿来法、创新思维法、预测法等开展洛阳学研究。

关键词：洛阳学；河洛学；地方学

创建洛阳学是一个新的命题。它和赵金昭、蔡运章等在2006年提出的创建河洛学有异曲同工之妙。2006年6月，在北京市政府的支持下，北京联合大学在北京召开了“全国地域文化与地方学研讨会”，赵金昭、蔡运章应邀参加会议，赵金昭作为洛阳的代表，在会上作了创建河洛学的发言。洛阳作为我国重要的历史文化名城，我们反复思考，在当今提出创建一门新的学科——洛阳学，这极为必要，我们还对洛阳学的研究对象、基本内容、研究思路和研究的主要方法做了初步探讨，在此做一表述，以求教方家。

一、创建洛阳学的必要性

1. 河洛文化研究的必然发展趋势

河洛流域是中华文明的摇篮。以洛阳为中心的河洛流域，东起郑、汴，西至陕、潼，南达汝、颍，北抵晋南。洛阳则是镶嵌在河洛流域上的璀璨明珠。河洛流域形成的历史文化，谓之河洛文化。

洛阳因位于洛水之阳而得名，长期处于我国政治、经济和文化中心。《史记·封神书》载：“昔三代之居，皆在河洛之间。”我国历史上的夏、商、西周、东周、东汉、曹魏、西晋、北魏、隋、唐、后梁、后唐、后晋13个朝代，先后在这里建都长达1500余年。洛阳是我国建都年代最早、朝代最多、时间最长的历史古都。在东西20多公里内分布的夏都斟寻、商都西亳、周都成周与王城、汉魏故城、隋唐故城遗址，以其“五都贯洛”的宏伟气魄和城址内外的无数珍宝，见证着千年帝都的兴衰更替。邙山上下埋葬的帝王将相和文人墨客，以其数量众多的高大墓冢和威武庄严的神道石刻，记录着河洛大地的沧桑巨变。

20世纪80年代初，随着改革开放的深入推进，我国各地相继掀起研究地域文化的热潮。自1989年以来，河洛文化研究已经走过了20多个年头。20年多来，围绕着洛阳历史、洛阳考古发现和河洛文化研究等问题，洛阳各大专院校及文物部门相继建立了一批研究洛阳历史文化和城市发展的科研机构。例如，原洛阳大学有东方文化研究院，研究院之下建有河洛文化研究所；洛阳师范学院有河洛文化研究中心；河南科技大学有河洛文化研究所；洛阳文物局有洛阳历史研究所；洛阳市发展研究中心、洛阳河洛文化研究会、洛阳城市规划设计研究院等，以及国内外的许多专家学者都做了大量的研究，召开过多次学术研讨会，出版了一批颇有价值的研究成果，引起了学术界的关注。由李学勤、赵金昭、史善刚主持完成的国家社科规划基金项目——《河洛文化与民族复兴研究丛书》，6卷本，230万文字，① 集全国20多个专家、学者的智慧，使河洛文化的研究达到了前所未有的高度。但是，这些研究基本上还局限于历史学的领域，深入程度还很不够。在现代学科日益向整体化、综合化发展的趋势下，这些成果都为把洛阳的历史、现代和未来融为一体，建立一门综合性的洛阳学，创造了有利条件。

目前，如何使河洛文化研究“百尺竿头，更上一步”，是摆在我们面前的重要课题。这个课题发展的必然趋势使得“洛阳学”的创建呼之欲出。因为目前对河洛文化的研究现状已经跟不上时代的发展步伐，唯有组织力量，联合创建洛阳学，才能把古都洛阳独特的历史地位和丰厚的文化遗产在更高的层面——学科层面进行展示。

2. 中国和世界区域文化研究的大势所归

20世纪以来，随着地域文化研究热潮的深入，在世界范围内出现一门把某一具有典型性、代表性的地域、国家或城市作为专门研究对象的新学科。例如，在国际上有东方学、美国学、日本学、埃及学、雅典学、伦敦学、首尔（汉城）学等新兴学科。我国的地方学研究也逐渐出现藏学、敦煌学、徽州学、海南学、上海学、北京学等新的研究方向。特别是在这种趋势的影响下，我国20世纪80年代以来出现的地域文化研究热潮，目前多已发展到地方学的新阶段。例如，楚文化已称为“楚学”，齐鲁文化研究已称为“齐鲁学”，温州历史文化研究已称为“温州学”，等等。2004年，以北京学研究所为核心的北京学研究基地成为北京市哲学社会科学规划办公室与北京市教委联合设立的首批北京市哲学社会科学研究基地之一，此后每年召开一次北京学学术年会，出版一部会议论文集，先后出版了《北京学研究文集2004》至《北京学研究文集2010》，共七期《北京学研究文集》。自2011年开始，年会论文集正式更名为《北京学研究》。毫无疑问，这种发展趋势应是当代世界历史文化深入发展的必然产物。它对促进人类文明进步具有重要意义。

中国是世界上唯一没有中断历史的文明古国。我国所谓的“八大古都”，最重要的就是洛阳、西安、北京“三大古都”。这“三大古都”的历史几乎可以涵盖中华文明的全部过程。当前，我们如何在历史古都文化积淀的基础上，继承华夏文明博大精深的文化遗产，建设现代都市文明？这是需要全方位、多学科开展综合研究的重大课题。北京学人以其敏锐的感觉和共和国首都的巨大优势，早在20世纪90年代末就紧跟世界学术潮流，在我国“三大古都”中率先开展北京学的综合研究，且已取得丰硕成果，这是值得称赞的。我们受此启发，坚定认为，谨就如何紧跟世界历史文化研究的发展潮流，在以往洛阳历史、河洛文化研究的基础上，建立洛阳学这门新学科，是大势所归。

3. 现代洛阳城市发展的召唤

自宋金以降，随着我国古代政治、经济中心的转移，洛阳失去了昔日京都的光彩，沦为一般的府治地位。1949年以来，古都洛阳获得新生。自20世纪50年代起，洛阳已成为我国重工业生产的重要基地，洛阳第一拖拉机厂、洛阳轴承厂、洛阳铜加工厂、洛阳矿山机械厂、洛阳玻璃厂等大型国有企业都曾居于全国同行业的龙头地位。洛阳工业建设的迅猛发展使洛阳由1949年前夕只有5万多名居民的小城发展到市区居民达140多万人的现代都市。城区面积也由原来的4.5平方公里，发展到554平方公里。随着我国改革开放的深入和城市进程的迅速发展，洛阳城市居民和市区面积还将继续膨胀。50多年来，在洛阳城市建设不断发展的过程中，常常遇到一个极为棘手的难题，那就是只要动土挖掘，不是遇到古城址，就是发现古墓葬。如何既能保护古代文物，又能不影响现代城市建设？在这方面，洛阳既

① 李学勤、赵金昭、史善刚:《河洛文化与民族复兴研究丛书》，河南人民出版社2009年版。

有成功的经验，也有沉痛的教训。1953 年，洛阳工业建设的初期，党和国家领导人十分重视古都洛阳的文物保护工作，提出“撇开旧城建新城”的方针，把洛阳老城西边的东周王城和隋唐洛阳城的宫城遗址保护下来，在涧河以西建立新的工业区。这自然是一个非常明智的决策，被誉为古都建设的“洛阳模式”。然而遗憾的是，这个“模式”在后来洛阳城市建设过程中，并没有得到认真的执行。为了把洛阳老城与涧西工业区连接起来，20 世纪 50 年代末就把新建的洛阳玻璃厂放在隋唐洛阳城的皇城遗址上。接着，整个约 14 平方公里的东周王城遗址也被破坏殆尽。现在，因洛阳玻璃厂属于严重污染企业，已迁出市区另选新址。这就是因城市建设规划决策失误，对古代文化遗存造成严重破坏的惨痛教训。因为历代战争的破坏，洛阳地上现存的古代文物遗迹和城池建筑相对较少。1949 年以来，洛阳城市建筑基本都是仿西方的建筑形式。至今，这种发展趋势变得日益严重。如何使洛阳城市建筑克服“千城一面”的弊病，而尽量体现古都风貌，也是当前洛阳城市发展中亟待解决的重大难题。

随着我国经济建设的飞速发展，古都洛阳以其丰富的历史文化资源和较好的工业基础为依托，向国际文化旅游城市和全国重要的新型工业城市目标迈进。这里有世界文化遗产“龙门石窟”，有偃师二里头、偃师商城、汉魏洛阳城、邙山陵墓群和白马寺等全国重点文物保护单位 21 处，有风景秀美的嵩县白云山、宜阳花果山等国家森林公园，有著名的黄河小浪底水库和名甲天下的“洛阳牡丹”。自 1982 年起，每年一度的“洛阳牡丹花会”已被列入全国非物质文化遗产名录。2004 年，洛阳被评为全国十佳魅力城市。如何充分发挥洛阳旅游资源丰富的优势，把洛阳真正建成国际文化旅游城市，也是洛阳城市发展战略中需要认真思考的问题。

洛阳城市建设的定位、科学的发展，都召唤着专家、学者在更高层面上研究洛阳，无疑，创建洛阳学是最佳选择。

二、洛阳学的研究对象和基本内容

1. 洛阳学的研究对象

毛泽东同志在《矛盾论》中指出：“科学研究的区分，就是要根据科学对象所具有的特殊的矛盾性，因此，对于某一现象的领域所具有的某一种矛盾的研究，就构成某一门科学的对象。”洛阳学之所以是一门科学，就是因为它具有自己特殊的研究领域和研究对象，该研究对象又具有特殊的矛盾性，有自己的客观规律。它是其他学科的研究所无法代替的。

洛阳学是以洛阳为研究对象的具有洛阳特色的一种理念和学说的总和。作为“学”，它是能正确地、合理地呈现洛阳客观社会历史文化和现实文化的系统知识的学问、学理和学说。具体地讲，它要研究洛阳从古到今的社会、政治、思想、经济、艺术、科技、工艺（含建筑）等文化现象产生、形成的历史及发展走向，洛阳的地理与成为十三朝古都的关系等，探讨其内在的发展规律，为我国优秀历史文化的保护、传承、发展做出贡献，为洛阳未来的建设和发展提供科学依据。

现今洛阳行政区划的面积为 1.5 万平方千米，涉及一市（偃师市）八县（孟津、新安、伊川、宜阳、汝阳、嵩县、栾川、洛宁）六区（涧西、西工、老城、瀍河、吉利高新技术开发区、宜宾新区）。实际上，洛阳的历史影响远远超出这个范围。从古至今，这个地方到底发生了什么？是如何走到今天的？明天究竟应该是什么样子？这里面有着大学问，是一篇大文章，对它的产生、形成、发展及各种矛盾规律的系统研究，就构成了一门新的学科——洛阳学。

需要说明的是，东汉时期，洛阳盛行以河图洛书为核心的谶纬神学，时称“河洛学”；北宋时期程颢、程颐创立的“二程理学”，时称“洛学”。我们今天所说的洛阳学，既不是指东汉时期的谶纬神学，也不是指北宋时期的“二程理学”。它是对古都洛阳领域内一市八县六区和洛阳城市特性进行综合研究的专门学科，也是一个融古贯今、展望未来、多学科交叉、整体性很强的系统工程，具有系统性、综合性和实用性的鲜明特征。也就是说，洛阳学应是一门既能传承河洛文化历史命脉，又能为当代洛阳建设服务的新兴学科。

我们曾经考虑过在河洛文化研究的基础上，建立河洛学。它的研究对象是整个广义的河洛地区。它不仅包括现今洛阳市区划之外的河南部分地市，而且包括山西、陕西的一部分地区。洛阳之外的各地区都在走着自己不同的发展之路，各自也有不同的研究成果。建立河洛学，无疑要把这些地区的不同资料和研究成果综合起来进行研究。创建洛阳学与创建河洛学的内容有许多共同之处，但重点是立足目前洛阳的区划领域进行研究。所以，二者既有联系，又有很大区别。

2. 洛阳学的基本框架和研究的主要内容

洛阳学的基本框架应分为四大板块：

一是绪论板块。主要内容为：人类发展史上，城市的概念、城市的起源、世界城市的变迁和发展、现代国内外《城市学》概览；洛阳的概念、洛阳城市的起源、洛阳城市的变迁和发展。

二是地理板块。主要内容为：洛阳的地理位置、洛阳的地形地势特征、洛阳的气候、洛阳的水文、古代帝王在洛阳建都的风水和军事意义（要弄清楚中国历史上，为什么那么多帝王要把首都建在洛阳）。

三是文化与经济板块。这一板块分两大内容：首先是文化。文化内容庞大，涉及从古到今的全面研究。现存的研究资料、成果也很多。至少要分上、中、下三章来写。也要研究清楚宋朝以降，洛阳衰落的原因。其次是经济。这方面内容也相当丰富，但是，历来专家学者研究以洛阳为主的河洛文化居多，研究经济的专家学者较少，故现存资料相对较少，需要耗费很多精力进行研究。至少也要分上、中、下三章（古代、近代、新中国）来写。

四是洛阳未来板块。这一板块也是洛阳学的关键内容，体现创建洛阳学的根本意义。篇幅应占到洛阳学全书的一半以上。主要内容为：研究洛阳城市发展的成功经验，研究洛阳城市发展的问题和教训，研究洛阳城市发展的根本优势（历史文化优势），现代洛阳发展的战略选择（我们认为洛阳发展的战略选择应为：文化带动战略），分述文化带动战略在城市建设、旅游、工业、农业、商贸、科技、文艺、对外开放诸方面的实际运用。[①] 站在国家长远发展、实现“中国梦”的高度，我们应毫不客气地提出建立洛阳直辖市的设想，[②] 这也应该成为洛阳学研究的重要成果之一。

三、研究洛阳学的思路和主要方法

1. 研究洛阳学的基本思路

洛阳学的创建并不能一蹴而就，需要组织专门机构（如可在洛阳理工学院建立洛阳学研究中心），由高层专家、学者引领，社会力量联合攻关，制定规划，分步实施，在保证经费的情况下，争取用五年左右时间，完成这项开创性工程。目前，全国还没有一部真正的作为学科意义上的地方学专著。

2. 研究洛阳学的主要方法

（1）借鉴法。了解、借鉴国内外有关城市学科建设的方法，以期在创建洛阳学的过程中少走弯路，如北京学、徽州学、上海学探讨过程中形成的研究方法，均可借鉴。

---

① 赵金昭主编：《洛阳文化与洛阳经济》，中州古籍出版社 2001 年版。

② 赵金昭、白全杰、刘道文：《洛阳应对国家区划调整策略论》，《洛阳大学学报》2005 年第 3 期。

（2）拿来法。将多年来国内外专家学者研究洛阳的已有成果全部找来，归纳整理，把其中对建设洛阳学有用的内容，拿来使用，可称作“拿来主义”。如可使用赵金昭主编的《洛阳文化与洛阳经济》的不少内容。

（3）创新思维法。要跳出洛阳，站在高位，俯视中国版图上的洛阳；不要把洛阳看成平面的洛阳，要看成立体的螺旋上升的洛阳，以全新的维度和视野，结合不同学科的知识，去构思、建立一门新学科。既然是一门新学科，就要用创新思维法，形成许多新观点。如洛阳作为国务院公布的第一批六大古都之一，城市建筑格调也落入全国“千城一面”的悲剧，这个问题如何解决？要形成经得起历史检验的独到观点。

（4）预测法。预测学是人类理性思维形成的一门科学，不能简单地与占卦等带有迷信色彩的东西相提并论。预测洛阳的未来，就要把握作为国家第一批公布的六大古都之一——洛阳在中国和世界的影响力，以及洛阳在河南政治、经济、文化发展中的地位和作用，全面分析中国和世界城市建设的走向等诸多方面，从而得出不可逆转的科学结论，为今后几十年甚至几百年洛阳建设的决策者们提供参考依据。

综上所述，我们认为，社会发展的今天，创建洛阳学是非常必要的；洛阳学的基本框架应分为绪论板块、地理板块、文化与经济板块和洛阳未来板块四大板块，并有与各个板块相适应的不同内容；研究思路是：组织专门机构，由高层专家、学者引领，社会力量联合攻关，制定规划，分步实施，在保证经费的情况下，争取用五年左右时间，完成这项开创性工程。研究方法主要是借鉴法、拿来法、创新思维法、预测法。这些思考是否正确？在此抛砖引玉，期待方家正之。

（作者为洛阳理工学院教授）

洛阳学研究状况及研究走向

薛瑞泽

摘要：洛阳学是研究洛阳城市发展的一个学科，在长达十年的时间内，以河洛学或洛阳学为名开始被学术界所论述。国内学术界的河洛学主要是以洛阳历史文化、现在城市建设和未来发展战略为主要研究对象的综合性学科，国外的洛阳学主要是以洛阳历史文化的研究为研究重点，两者之间关注点不同。洛阳学研究既要关注学术热点，也要与洛阳经济社会发展紧密联系。

关键词：河洛学；洛阳学；洛阳历史

地方文化研究在进入21世纪之后呈现出多样化的态势，既有原来的以某一地域命名的文化现象研究，如燕赵文化、三晋文化、齐鲁文化等，也有以××学为名的文化现象研究，如北京学、上海学、长安学等。地方文化研究多元化趋势的形成，既是学术研究的进步使然，也是适应社会经济发展的需要。具体到洛阳的历史与现实联系研究上，长期以来，学术界多将注意力集中在河洛文化研究方面，这主要是指传统历史文化的研究。随着研究的深入进行，为了适应洛阳经济、社会的全面发展，不仅需要对历史文化有所了解，还需要对历史与现实的紧密结合加以综合研究，这就需要在此前河洛文化研究的基础之上，展开洛阳学的研究，以便为洛阳现代社会的发展提供文化的支撑。

一、河洛学与洛阳学研究的现状

作为地方文化的延续与彰显，洛阳学或者说河洛学成为学界关注的对象是近十年的事情。2007年9月7日，洛阳市10多位专家学者首次提出开展“河洛学”研究，服务洛阳发展。① 2009年6月10日，洛阳市成立洛阳河洛学与民族圣地研究会，计划研讨洛阳、河洛学与民族圣地；系统整理出版河洛学研究成果，逐步完善河洛文化体系。② 河洛学概念的提出以及研究会的成立，标志着河洛学研究的起步。

对于河洛学概念的定义，学者指出，“河洛学应该是以洛阳历史文化、现在城市建设和未来发展战略为主要研究对象的综合性学科和系统工程”。这一理念应当是符合河洛学文化内涵的，其研究领域为：“一是洛阳的古代历史文化，包括洛阳的考古发现和对河洛文化的研究。二是洛阳现代城市建设，不是仅指现代的城市规划和城市建设，而是泛指现代洛阳经济和文化的整体建设。三是洛阳未来的发展战略。要在鉴古知今的基础上，为洛阳城市发展做出科学性、前瞻性的战略规划等。”③这一清晰的阐释为河洛学研究的开展指明了努力的方向。此后，学术界关于河洛学的相关研究和观点逐渐多了起来。郑贞

①③ 张亚武：《研究河洛学　服务洛阳发展》，《洛阳日报》2007年9月8日。

② 杨玉璞：《洛阳河洛学与民族圣地研究会成立》，《河南日报》2009年6月15日。

富认为，“河洛学是研究河洛文化及其价值与意义的一门综合性学科”。[①] 他进一步申述道：“具体而言，（河洛学）是指以洛阳为中心的河洛地区政治、社会、经济、思想、艺术、科技、工艺等物质文化和精神文化为研究对象的、探索其理念及价值和精神的一门综合性学科。”[②] 这一观点的可称赞之处在于其全面的文化视域，不足之处在于没有从发展的视野加以深入地审视。蔡运章曾有多篇论文论及河洛学，他认为，“河洛学就是以洛阳历史文化、现代城市建设和未来发展战略作为研究对象的综合性学科。它是一个融古贯今、展望未来的系统工程”。[③] 这一观点是蔡运章近年来反复思考而得出的结论，他认为传统的文化虽然有其深远的文化价值，但如果不与现实社会经济发展相结合，不能为现代社会发展提供历史的启迪，那么这种文化就是一种与现实脱节的文化，亦无法为未来发展提供历史的借鉴。亦有学者认为河洛学研究尚且面临许多不确定的因素，崔灿认为，“至于‘河洛学’能否成为一个独立学科，这要看我们的资料积累是否丰富，研究成果的质与量是否能够达到标准，研究人员的数量与素质如何，是否构建了一个科学理论体系。难度较大，不能速成”。[④] 我们认为，一个新的学术概念提出需要审慎的学术态度，这需要经过相当多学人的共同努力，才能够逐步完善学术概念、学术体系，被学界所接受。崔灿的态度，对于我们构建河洛学（或称洛阳学）具有重要的学术意义。

2010 年 11 月 27 ~ 28 日，在日本明治大学召开的首届洛阳学国际研讨会上，相关学者提出设立“洛阳学”学科，会后出版了《洛阳学国际研讨会报告论文集：处于东亚的洛阳位置》（《明治大学东洋史资料丛刊 8》，汲古书院，2011 年 3 月）。气贺泽保规教授在《洛阳学序论》一文中指出，“中国历史的中心很长一段时间是在长安（西安）、洛阳及其周边地区。但是相比之下，长安及关中一带更为引人注目，洛阳常常稍逊一筹”。这是因为在相当长的时间内，洛阳对推动历史前进、在东西交通中的地位、城市发展、战略地位等方面均不如长安，再加上陈寅恪提出的关陇集团与关中本位政策，强化了长安的中心地位。正是在这样一个大的背景之下，重新确立洛阳在中国历史上的地位就显得尤为必要。气贺泽保规教授论述了从夏代以来到隋唐时期，“洛阳作为历史中心的时间要比长安更长”。在历史时期，曾有多位帝王以洛阳为都或准备选择洛阳为都，“洛阳在统治者心目中一直都占据着重要的位置”。即使从遣隋使到遣唐使，东亚地区历代王朝的立都，“就应该意识到洛阳是要地”，“聚焦洛阳”，对中国历史进行重新评估，“将可能呈现出与以往所建构的历史不同的情况”，因此构建洛阳学已经成为历史的必然。[⑤] 罗炤也在《“洛阳学”之我见》中提出设立洛阳学的必要性。妹尾达彦《“洛阳学”的可能性》认为，“洛阳作为水之都，与长安、北京的历史地位不同，强调应当注意北宋以后的变化，从与国际关系和军事、财政、行政变迁的相互关系角度来研究洛阳史。”[⑥]

2015 年 12 月 23 日，第二届洛阳学国际学术研讨会上进一步就洛阳学的相关问题进行了研讨，在“国内外地方学兴起并取得丰硕成果的新趋势下，洛阳应把对河洛文化的研究提升到地方学的高度来认识，全面、深入地开展河洛文化研究，以洛阳历史文化、现代城市建设和未来发展战略为主要研究对

---

① 姜丽君：《解读河洛文化与河洛学》，《洛阳晚报》2007 年 9 月 15 日。

② 郑贞富：《河洛学与河洛文化浅论》，《黄河科技大学学报》2007 年第 6 期。

③ 蔡运章：《略论河洛文化与河洛学研究》，《“地域文化与城市发展”国际学术研讨会论文集》，2009 年；蔡运章、赵金昭、董延寿：《河洛学导论》，《河南科技大学学报》2009 年第 1 期；蔡运章、郭引强：《河洛文化与河洛学》，《文史知识》2010 年第 6 期。

④ 崔灿：《关于河洛文化与“河洛学”》，《河洛史志》2006 年第 1 期。

⑤ 气贺泽保规：《“洛阳学”在日本诞生》，陈涛译，《中国社会科学报》2011 年 2 月 22 日。[日] 藤野月子：《2011 年日本的隋唐史研究》，黄正建编译，《中国史研究动态》2013 年第 3 期。关于日本学术界提出洛阳学研究的人，韩昇认为，“已故的日本京都大学日本史研究权威岸俊男在晚年曾提出一个看法：日本的平城京（今奈良）在建设时受到的影响可能不是来自长安，而是洛阳，所以他在日本提出了‘洛阳学’的概念，而且他认为日本的许多文化可能是从洛阳传过去的。但由于研究交流不够，国内外学术界没有充分认识到这一点，一直把这个源头直接接到长安。”张亚武：《吸引更多专家参与“洛阳学”研究——访复旦大学历史系博士生导师韩昇》，《洛阳日报》2008 年 4 月 24 日。

⑥ [日] 安部聪一郎：《2011 年日本的魏晋南北朝史研究》，杨振红编译，《中国史研究动态》2013 年第 6 期。

象，内容包括城市学、社会学、建筑学、旅游学、生态学及城市产业发展等诸多学科，古为今用，为当代洛阳经济社会发展提供服务”①。日本学者气贺泽保规《中国中古洛阳与洛阳学的意义》从洛阳与长安的比较视角，认为洛阳之所以没有引起学术界的重视，与学人的关注不够有关，他认为应当由海内外学者共同推进洛阳学研究。杜文玉教授从长安学与洛阳学的关系入手，认为两者之间在研究的领域、内涵、方法与理论等方面均有相同之处，他建议两市的学者加强学术交流，促进洛阳学与长安学研究的共同进步。② 2015 年 10 月 13 日，在台北举行的第十三届河洛文化学术研讨会上，也有学者提出了洛阳学或者河洛学的概念。③《中州学刊》2016 年第 12 期开辟“洛阳学研究专题”，分别刊载张占仓和唐金培《千年帝都洛阳人文地理环境变迁与洛阳学研究》、张新斌《河洛文化与洛阳学》、陈建魁《洛阳学与地方学研究》、张佐良《洛阳学研究的文献基础与思路》等系列文章，倡导学术界关注、研究洛阳学，可以说是洛阳学研究的最新成果。

综观对洛阳学的研究，可以用稚嫩来形容。首先，表现在仅有概念的提出，而缺乏深层次的论述。就概念来讲，只有河洛学与洛阳学两种不同的说法。具体到每一个概念而言，相关表述也有很大差异，从学者对河洛学的定义来看，即有多种不同的表述。洛阳学的定义也是如此，日本学者以气贺泽保规为代表，其所倡导的洛阳学是鉴于洛阳历史为学术界所疏略而提出的，还属于传统文化的范畴。而中国学者关于洛阳学概念的提出则是兼顾到了古今和未来。所以，对于洛阳学的研究还要继续展开讨论，以便取得新的共识。

二、洛阳学研究对象的差异

从学术界关于洛阳学的研究动态来看，目前洛阳学研究尚处于初始阶段，学界的呼声甚高，但尚未有系统而完整的理论体系的建构，因此，深入探索在学术研究的基础上，依托传统史学研究的理念，结合洛阳经济社会发展的实际情况，设计和构建洛阳学框架及其学术内涵，应是当务之急。

对洛阳学文化内涵的探索，需要在充分认识洛阳历史的基础上来实现。虽然学术界对洛阳历史的研究已经倾注了相当多的精力，但相对于其他城市的历史，比如长安的历史来讲，还是较为薄弱。日本学者气贺泽保规对于洛阳历史地位长期得不到学术界重视的描述，虽然有些偏颇，但也不是没有道理，整体而言，从事洛阳历史文化研究的学术力量较之于从事长安学研究的学术群体要小得多，学术成果相对较少，学术影响有限。对于洛阳历史地位的评价也欠公允，没有充分认识到洛阳在中国历史上所发挥的重要作用。这一社会现象对于洛阳学的发展提出了更为迫切的要求，为了扭转这种不利的局面，需要我们做出努力。比如，要有长期规划，对洛阳学研究做出整体规划。学术研究需要平心静气，但并不是放任自流。相关管理机构应当针对目前洛阳学研究的薄弱环节，梳理出哪些是需要尽快加以研究的问题，哪些是可以缓期研究的问题，引导学术界根据问题的轻重缓急分不同的时期进行研究。要防止为了填补所谓空白，急功近利，导致水平不高的科研成果问世。须知学术研究要按部就班来实现，绝不可以一蹴而就。同时，学者要有敬畏学术的心态，根据自己的研究计划，潜心从事学术研究，才能够保证高水平的学术成果问世，也才能够从真正意义上推动洛阳学研究深入开展。

学术界关于洛阳学研究的范围还存在着认识上的差异，如中国学者认为洛阳学研究包含洛阳的历

---

① 常书香：《洛阳学国际学术研讨会举行》，《洛阳日报》2015 年 12 月 25 日。

② 洛阳师范学院编：《洛阳学国际研讨会资料集》（内部资料），2015 年。

③ 张忠：《第十三届河洛文化学术研讨会综述》，《洛阳师范学院学报》2016 年第 1 期。

史、现在与未来，即通过历史研究为现实洛阳的经济与社会发展提供历史的借鉴，并对未来洛阳经济社会发展提供宏观的预测。正如史索所云“近年来专题研究的一个突出现象，是形成了一些直接从研究专题扩展而来的特殊‘学科’，如故宫学、长安学、洛阳学”等，并进而指出，“其共同点是直接以具体研究对象来命名，也就意味着多学科的综合研究，故其内涵远非史学所可概括，其基本理论和方法论显然存在着相通之处，对其学科性质及其发展前景，也还存在着不同的看法和争议”。可以说，历史学界已经认识到包括洛阳学在内的“新学科”其实是多学科的综合研究，这就需要用新的理论与方法，实现新的突破。对于此类学科发展过程中急需解决的问题，史索指出，“诸如此类‘学科’的纷纷涌现，反映的正是各种具体而微的扎实研究成果，仍然需要有所统属，尤其需要在理论、方法上有所归约，在有关‘规律’和‘规范’探讨上取得进展”。①也即需要在理论层面加以深入探索，才能够使这类新的“学科”继续向前发展。这种扎根于古代，立足于现代，着眼于未来的综合性学问，不仅需要从事历史研究的学者倾注精力，还需要经济学、社会学、政治学等学科的学者参与进来，方能够实现真正的学科融合，才能够具备高瞻远瞩的学术视野，为地方经济、社会的发展提供决策性的服务。

日本学者提倡的洛阳学研究主要应是洛阳的历史文化，因为长期以来学术界对洛阳的历史地位关注不够，造成外界有洛阳地位被人轻视的现象。气贺泽保规的《洛阳学序论》认为从唐到宋的迁移不是从长安，而是从洛阳到开封。文章促使我们重新认识洛阳的重要地位和作用。盐泽裕仁在《河南洛阳的历史地理和文物状况》一文中介绍了洛阳的现状，唤起了我们对其历史意义与研究保护的关切。肥田路美的《龙门石窟奉先寺洞大佛与优填王像》认为，洛阳是由中国皇帝最早传播佛教的地方，具有权威性，且是拥有正统性的皇都，因此建造了体现其统治理念的卢舍那佛及优填王像。②日本学术界从微观层面对洛阳史的关注其实正是一种努力和示范，目的是扭转洛阳史研究在学术界薄弱的局面。其实国内学术界所强调的洛阳学与日本学术界所关注的洛阳学是有差异的，国内学术界所强调的洛阳学是现代意义上的城市学，虽然关注城市的历史，但更主要是为城市的发展提供服务的学问，而日本学术界所强调的洛阳学则是针对学术界对洛阳历史地位的不恰当评价而提出的。两者之间并不矛盾，只是关注点不同罢了。两者之间关于洛阳历史文化的研究，无论哪一种认识，都应当以扎实的学术态度对待洛阳学的研究。

三、洛阳学研究的热点问题

作为新兴的学科，洛阳学研究的关注点决定了该学科未来发展的走向，是否能够在提出相关概念之后，紧紧抓住学术热点问题，快速拿出新的学术成果，对于洛阳学学科建设将发挥重要的作用。

何谓洛阳学研究的热点？学术界可以说是见仁见智，笔者认为应当从以下几个方面加以考量：

首先是学术界关注的热点问题。这里所谓的热点问题应当是学术界所关注的有关洛阳的研究，这其中既有国内学术界的研究热点，也有国外学术界关注的热点。比如前文我们提到的日本学术界关于洛阳都城的课题，这就需要我们要有广阔的学术眼光，能够与国际学术界互动，共同推进洛阳学研究的进步。

其次是经济社会发展急需解决的问题。随着洛阳城市建设的快速发展，许多问题不仅需要历史学的眼光，有的还需要多学科的综合研究，才能够为现实提供服务。随着洛阳城市不断扩大，城市周边传统

① 史索：《2013 年度中国古代史学科发展综述》，《中国史研究动态》2014 年第 5 期。

② ［日］藤野月子：《2011 年日本的隋唐史研究》，黄正建编译，《中国史研究动态》2013 年第 3 期。

的农村已经成为城市的组成部分。随着城市占地以及农民市民化，从过去的村庄变为小区的集中居住，必然带来许多现实的问题。比如失地的农民虽然获得了补偿，但因为身份的转变，无地可耕成为现实，一些传统的技艺已经无用武之地，又没有一技之长，今后的生存问题如何解决，转换成城市户口的青年人如何融入城市，这些都需要统筹解决。从事洛阳学的综合研究将为洛阳社会发展提供解决问题的路径，必将产生久远的社会文化影响。

最后是个人的学术兴趣，其是洛阳学研究进一步推进的内在因素。洛阳作为著名的历史文化名城历来备受关注，从事与洛阳有关的学术研究是一大批学人孜孜不倦的人生追求，将个人的学术兴趣与学术发展的趋势紧密联系起来，紧跟热点问题从事学术研究，必将会促进洛阳学学术研究更上一层楼。

洛阳学作为学术界新兴的学科，除了构建新的学科体系，还要加大成果的宣传力度，使学术界更多的人认识到洛阳学研究所取得的成果，并将其运用到学术研究上去。此外，还要注意吸收和培养新的学术人才，使学术研究薪火相传。

（作者为河南科技大学人文学院院长、教授）

洛阳学的学科结构特点及其重要价值

钟昌斌

摘要：洛阳学作为一门地方学，它的学科结构是什么样的？具有什么样的特点？在国学领域具有什么样的地位？洛阳地方的形成与演化产生洛阳地方学，洛阳城市的不断发展形成洛阳城市学，1500多年的建都史形成洛阳帝都学。洛阳地方学结构鲜明的特点和层次严谨的典型意义使它在中华国学领域显现出重要的价值。

关键词：洛阳学；学科结构；价值

在我国，以地方、地域为研究对象的学问历史悠久。围绕某一时期某一地域的自然、经济、社会、政治、文化等各方面情况的地方志、地理志的研究已有2000多年的历史，而记述游历所经之地的游记、行记更是历代不绝。早在清末民初就开始以地域划分经学流派，如鲁学、齐学、晋学等。20世纪20年代至50年代，先后出现了地方学的“三大显学”——敦煌学、徽学、藏学。1978年改革开放以后，尤其是近20年，地方学研究方兴未艾，相关研究机构如雨后春笋般出现。洛阳有着5000多年的文明史、4000多年的建城史和1500多年的建都史，先后有105位帝王在此定鼎九州，是华夏文明的发源地之一，中华民族的发祥地之一，是隋唐大运河的重要枢纽。牡丹因洛阳而闻名于世，被誉为“千年帝都，牡丹花城”。截至2015年，洛阳拥有三项世界文化遗产，沿洛河两岸分布着夏都二里头遗址、偃师商城、东周王城、汉魏故城、隋唐洛阳城五大都城遗址。洛阳作为文化底蕴十分丰厚的地域，在改革开放以后，一大批关心和热爱洛阳文化的文化学者和仁人志士对河洛文化进行了广泛研究，近些年来，进一步厘清洛阳的文化发展脉络，大力倡导构建洛阳学，使洛阳文化建设再次提升到一个新的研究高度。那么，构建洛阳学应该从何处入手？它的研究重点是什么？在国学领域具有什么样的地位？本文抛砖引玉，谈点个人认识。

一、洛阳学是一部底蕴丰厚的地方学

地方学是一门关于一个地区政治、经济、社会、文化艺术诸方面发展、变化和历史沿革研究的学问，是以特定地域的形成发展历史中人类文明成果作为研究对象的文化学科，属于对一个国家社会发展、历史演变和文明进程研究的一个支脉。尽管地方学这样定义，如果深入研究，地方学实际上是立足于“地”、着眼于“方”的一门系统学科，也就是说，研究地方学，首先要研究“地方”。因此，我们研究洛阳学，也自然离不开这样的思维方式，必须从洛阳命名开始研究。

1. 洛阳学研究，需要从反映地理文化的“洛”河入手

一门学科的产生，于人们对此产生认识开始，地方学的产生更离不开对一个地方形成某种观念。洛阳作为中华文化核心区域，这一地名就包含着十分丰富的中华文化内涵，研究洛阳学也应该从人们对洛

阳产生某种认识开始，这是建构洛阳学重要的源头。

在中国，地名命名体现了人们对一个地方的基本认知，地名命名及其演变是人们在生活、生产、相互交往联系中对不同地理实体进行识别的产物。自从有文字记载以来，地名演变用字由少到多，含义由简单到复杂。上古时代，人口稀少，社会生产力低下，交往比较简单，地名数量很少，因而，地名常使用单字，如“江”专指长江，“河”专指黄河。地名命名的目的，主要是方便人们生活、生产、社会交往。早在春秋战国时期，墨子就提出了“取实予名”的思想，认为“名”只能依据“实”来确定，“名”必须与“实”相符。后来，荀子觉察到名与实之间并非完全一致，又提出“名无固实，约之以命，约定俗成谓之宜，异于约则谓之不宜。名无固实，约之以命，约定俗成，谓之实名”。荀子认识到，只有约定俗成才是维系名字产生和发展的思想支柱，这对大量需要命名的地名起到宏观控制作用。孔子关于命名提出了“名从主人”的思想，这与荀子提出的“约定俗成”成为古往今来处理不同地域之间以及不同语言之间地名命名的一条重要准则。特别是自然地理实体与人文地理实体的地名命名原则的相互交叉、融汇，使地名命名原则得到进一步深化。

“洛阳”，选用“洛”字本身展现了古人智慧，体现了“取实予名”的基本原则。“洛”，作为水名，即洛河，源于中国陕西省洛南县，东流经河南省入黄河。“洛”字，从“水”从“各”，“各”亦声。“各”意为“十字交叉”。“水”与“各”联合起来表示“十字交叉形状的河流”，本义是十字形河流，指洛水，说明“洛阳”是一个属于洛水与黄河交叉地带的地理区块，“洛阳”是一个描绘地理文化特征的地名，正是因为洛河在中华文明的发展中占有重要地位，与黄河交汇为中心的地区被称为“河洛地区”，这里成为华夏文明发祥地，河洛文化被称为中华民族的根文化。其实，“洛”最早在商代帝乙、帝辛时期的甲骨文中已经出现，在商代河洛之间，当时就存在着一座商王居住的都邑。

在古代，洛阳也称雒阳，也就是“洛”通“雒”，而“雒”字在汉语字典有：①鸟名。鸱中较小的一种。属猛禽类。②黑身白鬣的马。③不休息貌。参见“雒雒”。④通“洛”。古邑名，即今河南洛阳。⑤通“洛”。水名。⑥通“烙”。火烫。《庄子・马蹄》：“我善治马。烧之，剔之，刻之，雒之。”王先谦集解引郭嵩焘曰：“雒同烙，谓印烙。”一说通“铬”。谓剔去毛鬣爪甲。⑦通“络”。参见“雒诵”。⑧通“頟”（额）。⑨姓。明有雒于仁。汉字作为象形文字，这些关于“雒”的释义，让“洛阳”的地理文化更加丰富。

由此可见，“洛”作为水名，其本身不仅反映出“洛水”的具体方位，展现出它的基本地理特征，同时，它还向人们呈现了在这一广阔的地区基本的人文风情，这是因为，没有了人的存在，就不可能有“洛水”之名，就不会有人们对这一地域方方面面的认知，而这些，都是当今我们构建洛阳学必须首先了解的。

2. 洛阳学研究，需要在洛河的北部之“阳”的人文起源下功夫

实际上，“洛阳”的“阳”字也是一个具有十分丰富文化内涵的汉字。成书于西汉的《春秋穀梁传》，在总结某些地名来源及地名地域分布规律之后，就提出了“水北为阳、山南为阳”，以及“名从主人”和“上平曰原，下平曰隰〔xi 习〕”的地名命名规律，即河水的北面为阳，河水的南面为阴，山的南面为阳，山的北面为阴。许多带有阴阳的地名则表示了该地理实体与另一地理实体的相对位置。“水北为阳、山南为阳”的地名命名原则不仅是人们对一个地名由单字向多字命名的过渡体现，更重要的是，它还以气象方面的有关认知来更加准确地描述一个地名的具体位置。公元前 1109 年的西周初期，周成王决定在洛河流域北修建洛邑城，派周公在洛阳选城址。周公经占卜选定在涧水东、瀍水西。《尚书・洛诰》中说“伻来，以图及献卜”，伻指使者，意思是：周公派人拿着选建洛邑城址附近的地形图和占卜的结果，一同献给成王。因此，当今构建洛阳学，关于洛水以北的研究，应该是作为地方学的洛阳学首先要研究的区域，这是因为，洛水以北之“阳”，是洛阳最早形成洛阳城的地区，正是这里，赋

予了洛阳最早的文化含义，因此，这一区域是当今洛阳学研究首先应该切入的重要区域。

随着地名研究的不断深入，地方学研究的地域性指向性也更加明确。《吉尼斯世界纪录大全》所列新西兰北岛的山名，在毛利语中要用175个字母记述，译为中文是“一个名叫塔马第亚长着巨膝在这里滑倒爬起来把山吞下而被叫作吃泥巴的人对他的情人吹笛子的地方”，多达44个汉字。[①] 这一典型的描述性地名，不仅更精准地对一个地方进行了描述，同时，也为我们研究地方学提出了基本要求。周成王决定在洛河流域修建洛邑城，也就是洛阳城的前身，增加一个“阳”字，使得人们对这个地方方位有了更准确的定位。到今天，中国带“阳”字的地名已达117个，其中，地级市21个，县级市16个，区19个，县61个，37个地、县级市中带“阳”字的地名分布在15个省，河南有7个地、县级市含“阳”字，是全国最多的省，之后是湖南6个，四川4个。带“阳”字的县级地名有80个，主要分布在23个省（自治区、直辖市），带“阳”字的县较多的省是河南（10个）、湖南（8个）、陕西（7个）、山西（6个）、湖北（6个），可见中国文化的中心“洛阳”的命名方式对周边地区产生的重大影响。我们构建洛阳学，其理论以城邑命名思路为研究起点逐步拓展，自然是一个重要的切口，否则，洛阳学研究就可能迷失方向。

二、洛阳学是一部建成最早的城市学

洛阳是在周代洛邑城的基础上，经过不断演化，发展成为今天的一座现代化城市。因此，构建洛阳学，研究洛阳城的演化，以及研究洛阳城市的社会经济文化发展，这都是洛阳学研究的重要内容。

1. 洛阳学研究，以洛阳城为研究对象的城邑研究是其核心内容

洛阳由周代洛邑发展而来，“八方之广，周洛为中，谓之洛邑”。《尚书》称“土中”“洛师”“洛邑”“新邑洛”“东国洛”。周代金文称“成周”“中国”“王（城）”等。洛邑为周武王定鼎之地，周成王“宅兹中国”之处。周武王迁九鼎，周公致太平，营以为都，是为成周洛邑。武王伐纣取得成功之后，着手在国家的中央建立新都，于公元前1046年建立周王朝。两年之后，武王疾殁，周成王继位。周公辅佐周成王在洛邑制礼作乐，完成周代的国家礼仪规范。西周时期王城为周朝的宗庙宫殿区，成周城为殷遗民聚居区。东周时期，周平王居王城，至周敬王时发生“王子朝之乱”，周敬王动迁避居瀍水东的成周城。成周城的营建，集中总结了商、周时期都城构筑的指导思想，这座城以政治功能为主，是周天子获取政治权力和实施政治统治的工具，因此，成周城的位置必须选在天下的中央，天子要从天下的中央地区治理天下所有的民众，洛邑也是史书明确记载的第一座国家层面详细规划建设的都城。由上可见，成周城首先是一座城，最早建城成周，以及成周后来发展演化而成的洛阳，自然是我们构建洛阳学的重要内容，也就是说，如果没有周朝在郏鄏建城，就不可能有后来的洛邑、洛阳，也就不可能有华夏文明中心的形成，自然也不会有洛阳学的建构了。因此，构建洛阳学，研究洛阳城的形成和发展，就成为构建洛阳学的核心组成部分。

其实，关于周代洛邑城的研究已经取得了不少成果。西周初年，武王灭商之后着手在洛阳兴建东都洛邑，传统观点认为周公营建的洛邑分为王城和成周两个城邑，但有学者通过对成周的营建及其名称变化研究，认为西周初年所营建的王城和成周实质上是一城，王城是成周的一部分，周公所营洛邑即成周，西周的王城应在今洛阳王城遗址附近，不少考古学者根据洛阳一带发现的西周遗存分布，对洛邑一城说给予了论证，提出洛邑城址可能在湟河两岸。但是，在1984年，考古学家在汉魏洛阳故城下发现

① 韩光辉：《论中国地名学发展的三个阶段》，《北京社会科学》1995年第4期。

了周代城墙，在今汉魏洛阳故城中部发现有始建年代不晚于西周中晚期的两座周城址，且地望又与许多文献中记载周公所建的成周有关，因此被推测它可能就是文献记载的西周初年营建的成周城。由此来看，西周时期的洛邑城的研究本身，就关于一城还是两城的争论，就是一门需要不断研究的学问。

2. 研究洛阳学，洛阳城市的社会经济文化发展研究是其不可缺少的方面

“城市”的提法本身就包含了两方面的含义：“城”为行政地域的概念，即人口的集聚地；“市”为商业的概念，即商品交换的场所。而最早的“城市”（实际应为我们现在的“城镇”）就是因商品交换集聚人群后而形成的。研究洛阳学，我们不仅要研究“城”的产生、发展过程，更要研究洛阳城中的经济、社会、文化等方面与城的发展相伴生的内容。

一座城市是人类文明的主要组成部分，它是伴随人类文明与进步发展起来的。农耕时代，人类开始定居；伴随工商业的发展，城市崛起，城市文明开始传播。很早的时候，城市的规模很小，城市的作用是军事防御和举行祭祀仪式，它并不具有生产功能，只是个消费中心，最早的洛阳城也是这样，在洛阳城的演进中，这里的经济、社会、文化也在发生着深刻的变化，这种变化正是洛阳学十分关注的方面。经济上，自从公元前770年周平王迁都洛邑，大批军队和王室成员、殷贵族迁往这里，到周襄王二年（前650年），洛阳人口发展到约有11.7万人，洛阳成为中国历史上第一次出现的10万人口以上的城市。战国时期，“洛阳东贾齐、鲁，南贾梁、楚”，这里已经成为全国著名的经济大都会。到战国末的子楚元年（前249年），吕不韦被秦任为相国，封为文信侯，食邑洛阳十万户，这种封爵表明，这个时期的洛阳及附近可能有50余万人口。秦统一全国后，洛阳人口的发展还维持在战国时的规模和水平。西汉初年，洛阳为河南郡的中心城市，《史记·货殖列传》说，当时洛阳“富商大贾，周流天下”，除首都长安外，这里与临淄、邯郸、宛和成都并称为五大都市。特别是洛阳之伊洛与河东、河内处全国的中心，又邻近京师，其“繁剧”（“繁”指户众，“剧”指政事、税入多），仅次于“三辅”。这一时期，洛阳有52839户，以每户6.3人口计，总人口则有332886人，约占河南郡总人口的20%。东汉初年，全国户口锐减，至永和五年（140年），全河南尹只有人口1010827人，人口密度由西汉时每平方公里155人下降到90人，东汉，洛阳为全国的政治、经济和文化中心，人口发展规模及数量超过西汉。永元十二年（100年）在都城定居的人口达51万。[①] 由此可见洛阳当年经济的繁华。

随着政治形势的变化，东周、东汉、曹魏、北魏都曾以洛阳为都，洛阳成为这一时期丝绸之路的东方起点。隋唐时以洛阳和长安为东、西两都，洛阳和长安在不同的历史时期，由于都城位置的迁移，交替成为丝绸之路的东方地点。“古都洛阳在丝绸之路上发挥重要作用，应该是在东汉时期。”[②] 这一切，都将成为洛阳学需要系统研究的重要领域。

三、洛阳学是一部最为典型的帝都学

洛阳是一个具有5000多年文明史的地方，其中，建城史长达4000多年，而最为辉煌的建都史就有1500多年，先后有105位帝王在洛阳定鼎九州。沿洛河两岸分布着夏都二里头遗址、偃师商城、东周王城、汉魏故城、隋唐洛阳城五大都城遗址。这里被誉为“千年帝都，牡丹花城”，截至2015年，洛阳已经拥有三项世界文化遗产。因此，帝都研究成为洛阳学最核心的组成部分。

---

① 来学斋：《洛阳历代人口发展考索》，《河洛春秋》1991年第2期。

② 张杰、张清俐：《丝绸之路的洛阳印记》，《中国社会科学报》2016年11月11日。

1. 洛阳都城是中国发展史上具有研究价值的文化都城

关于帝都研究，从《公羊传》中关于京师地名的解读就可以看出那个时候人们对都城重要性的高度关注，他认为，“京师者何？天子之居也。京者何，大也。师者何，众也。天子之居，必以众大之辞言之”。也就是说，都城作为国家的政治、经济、文化中心，具有广泛的代表性，应该得到关注。洛阳古称“天下之中”，地处伊洛平原，其邻境地区不仅有着发达的旧石器、新石器文化，更以其为夏、商、周三代都城之所在地而闻名于世。汉代史学家司马迁在《史记·封禅书》中就说，“昔三代之居，皆在河洛之间”，通过半个多世纪以来的考古，这一观点已逐步得到证实。因此，研究洛阳学，不仅要研究洛阳城作为都城的本身，更要研究其周围广大地域早在夏商时期已经成为国家的都城，成为全国的政治、经济、文化中心。由此可见，洛阳学在中国的帝都学中重要的历史地位就不言而喻了。

当前，随着地方学研究的蓬勃发展，对中华文化产生十分重要影响的都城文化研究越来越受到学界的重视。21 世纪以来，以首都北京研究为核心的北京学就取得了丰硕成果，先后围绕北京城的“北京四金”——金銮宝殿、金榜题名、金瓶掣签、金朝皇陵，从历史渊源、建筑形态、文化内涵、近代变迁等多个方面对其进行深度解读。详细阐述北京紫禁城内太和殿、中和殿、保和殿宫殿建筑群的文化内涵；围绕明清科举制度的发展，金榜题名的由来，介绍北京与科举考试、金榜题名密切相关的诸多古迹和会馆；解读清代确立的金瓶掣签制度对当时清中央政府和蒙藏地区所产生的重大影响；讲述金海陵王于公元 1153 年迁都北京对北京城历史发展所具有的里程碑意义，全面介绍金皇陵的历史变迁。围绕北京的长城——古代建筑之瑰宝，民族融合之纽带，从历史变迁、结构形态、性质价值等多个方面对其进行深度解读。围绕天坛小历史与国家大历史，全面论述天坛的名称、性质、形态、功能等。围绕北京中轴线——正阳门与正阳门大街，介绍正阳门和正阳门大街的历史发展过程，分析正阳门和正阳门大街的结构及其文化特征，等等，这些研究方式都为我们研究洛阳学提供了借鉴。

2. 洛阳在中国都城发展史上扮演着重要角色

纵观中国历史都城分布情况，在奴隶社会及封建社会早期，由于当时劳动工具落后，人们的生产、生活在很大程度上依赖自然环境，黄河中下游地区的冲积平原自然条件优越，便于游牧、游农和迁徙。作为政治中心与经济中心的都城长期落户在这个地区。随着生产力水平的提高，铜、铁等金属的广泛应用，军事进攻能力增强。国都关系着一个国家的生死存亡，选定国都，不仅应在经济发达地区，还要考虑军事防守的凭借因素。

从夏、商到西周、春秋，为我国奴隶社会的形成和发展时期。400 多年的夏朝迁都 10 余次，其活动的地区主要在伊、洛流域和晋南。周朝起源于陕西中部、甘肃东部的黄土高原地区，都城先后在邰（武功县渭河北岸）、豳（陕西彬县）、岐（沂水、汧水附近）、丰和镐（均在沣水中游）变动。奴隶社会时期的都城主要分布在我国北方，为了生活用水方便，又利于交通运输，往往把都城建在河流附近或河流的交汇处。国都的四周围有城墙，城墙外是乡下，以农牧业为主；城墙内是行政中心，也有商贸场所、统治者居住的宫殿等。进入封建社会后，秦国都城一直在关中地区，后来，秦又迁都北依高原，南临渭水的渭水之滨的咸阳。公元前 221 年，秦始皇统一全国后，咸阳成了全国政治、经济、文化中心。西汉末年，长安遭到毁灭性的破坏，都城东迁，建都洛阳。三国鼎立时，曹魏都洛阳，蜀汉都成都，东吴都武昌（湖北鄂城）后迁建业（南京）。西晋（265～316 年）仍定都洛阳。秦汉期间，都城迁移到关中地区达 1000 多年，但随着后来经济重心向东南转移，东部地区经济迅速发展，政治重心也随之东移。北宋以后，我国都城则在东部近海。由此可见，洛阳不仅在我国都城东移的过程中发挥了十分重要的连接作用，同时，作为我国最早的都城，并有着 1500 多年都城历史的文化名城洛阳，在推进我国经济发展方面的重要作用不言而喻。

四、洛阳学在中国地方学中具有十分突出的地位

洛阳学虽然是一门新近提出来的地方学概念，但由于洛阳特定的人文历史，当地地域文化研究基础夯实成果丰厚，组建了相当规模的研究团队，特别是河南有自身的研究需要，以推动中国地方学全面发展的责任担当，在构建高水平的洛阳学的时机已经成熟之际，一定会在地方学研究领域发挥突出作用。

1. 结构严谨的洛阳学在地方学界具有典型的意义

博大精深的河洛文化和辉煌灿烂的古都历史，不但是中华民族无法估价的历史遗产，而且也是世界历史文化的珍宝。在中国史前文化和进入文明社会后的文化发展过程中，河洛文化始终发挥着轴心和导向作用，因而成为华夏文明的滥觞和深远而丰厚的民族文化之基石。为了进一步张扬河洛文化的旗帜，确立河洛文化在全国区域文化中的中心地位，21 世纪以来，洛阳市地方史志编委办公室与中华书局决定联合举办《文史知识》“河洛文化专号”，以此促进洛阳经济的振兴，为改革开放和两个文明建设提供服务，并得到了洛阳市委、市政府的高度重视和全国学术界的积极响应。2017 年，省社科院组织的洛阳学国际学术研讨会，更是把研究河洛文化推向了一个新的高度。从以上研究可以看出，洛阳学由帝都学、城市学和地方学三个层次构成，这种严明的结构层次不仅体现出洛阳学自身已形成脉络，同时也为我们如何研究洛阳学指明了方向。这在我国地方学领域具有典型性意义，也正是洛阳学具有这样严谨的结构层次性特点，决定了洛阳学在中国地方学的突出地位。

2. 内涵丰富的洛阳学是中华国学最重要的组成部分

如果从中华国学的发展史来看，五千年来不断发展壮大的、以培养昂扬向上民族精神和全面传承中华文明为宗旨的是源于齐鲁之地的儒学，它不仅是中华民族巍然屹立于世界民族之林的国学主体，也是中华民族优秀传统文化的主体。传统意义上的国学就是“四书”“五经”，这在许多人的心目中已形成固定的概念，从这个角度说，国学是由以孔子为代表人物的齐鲁地方文化发展而来的。我们研究地方学，除了儒学以外所有的领域都属于地方学研究范畴。随着国学研究的发展，不少学者认为这种理解过于狭窄，认为国学应包括六艺、诸子百家、五术之说。其中诸子百家包括“儒、释、道、刑、名、法、墨”等各家，这些都是“为天地立心”之学；六艺包括“礼、乐、射、御、书、数”，在古代，“六艺”中“礼、乐、射、御”称为“大艺”，是贵族从政必具之术，贵族子弟在太学阶段要深入学习，“书”与“数”称为“小艺”，是民生日用所需之术，是在古代“小学”阶段的必修课，这些都是“为生民立命”之术；五术是“为往圣继绝学”“究天人之际”关系的学问，包括“山、医、卜、命、相”。也就是说，更多的地方学内容通过不断的提炼升华，最后也上升为国学范畴。

深入分析国学产生、发展和形成过程，这些学说是创立者首先在不同的地方，通过不断的研究总结，逐步构建起来的学说，其本身属于地方学的范畴。后来，随着社会发展，这些学说的影响逐步扩大，成为治国理政的国学范畴。也就是说，国学是由地方学发展演化而来的。

近些年来，有人还提出与时俱进的国学观，认为国学的主要内容还应该包括经济学、法制学、科技学等，也就是说经济学、法制学、科技学等和“四书”“五经”都属于国学。国粹派邓实在 1906 年撰文说：“国学者何？一国所有之学也。有地而人生其上，因以成国焉，有其国者有其学。学也者，学其一国之学以为国用，而自治其一国也。”[①] 以在中华文化中具有重要地位的洛阳历史文化、社会经济为

① 邓实：《国学讲习记》，《国粹学报》1906 年第 19 期。

研究对象的洛阳学，几千年来，特别是作为国都期间，在推进中华文明发展上，一直闪耀着无比灿烂的光辉，毫不夸张地说，我们引以为自豪的国学思想有许多内涵都来源于洛阳，因此，洛阳学在中华国学中的基础地位显而易见。

（作者为中国巴山文化研究会会长）

洛阳学研究的理论体系

陈建魁

摘要：建立洛阳学这一专门学科，是研究和解决洛阳历史发展过程中对中华文化的影响等问题，及当代发展过程中遇到的现实问题的必要基础。洛阳学研究理论体系的建立，要求对洛阳学研究的时间和空间的定位、对洛阳学研究资料的汇集、与现实问题中河洛文化的区割、洛阳学的研究手段与研究方法、洛阳学与其他地方学的差异等问题有一个学界比较一致的看法，而在洛阳学建立的初始阶段，这些都是需要时间的打磨与沉淀的。

关键词：洛阳学；理论体系；城市学；元典文化；包容文化

一、洛阳学是地方学，也是城市学

地方学就是研究某一地区的学问，是 20 世纪 60 年代起才兴起的一门新兴学科。国外地方学的研究中，汉城学、伦敦学、罗马学等较为成熟。洛阳学就是研究洛阳的学问，张新斌指出，“洛阳学应该是以洛阳的历史文化为主要研究对象，对古今洛阳城市发展规律探索的学问”①。

在我国，地方学的研究其实早已有之，如敦煌学、徽州学（简称徽学）等，但现代意义上的地方学则是 20 世纪 80 年代以后才逐渐兴起的，据不完全统计，有北京学、上海学、天津学、长安学（一名西安学）、重庆学、成都学、温州学、泉州学、潮州学、徽州学、吐鲁番学、敦煌学、邯郸学、武汉学、鄂尔多斯学、玉门学等十几种。② 这十几种地方学从文献基础来看可分为两类，一类是徽州学、吐鲁番学、敦煌学、泉州学。这类地方学起步较早，有的已起步百年之久，而且都是以新发现的大批文献及其他研究资料作为学科基础的。除徽州学、吐鲁番学、敦煌学外，上述以城市名称冠名的其他地方学可归入第二类。此类地方学都是在改革开放后，随着城市现代化的发展逐渐出现的。当然，从这些城市的文化底蕴来说，也可细分为以下几类：一是古代文化较为兴盛的，如西安、邯郸；二是在近现代城市地位非常突出的，如上海、武汉；三是特色较为明显的，如泉州、潮州。而北京学则由于其古代文化的兴盛和现代化的高度发展归为复合类。

洛阳学也是城市学。1985 年，钱学森指出，“城市学是研究城市本身的，它不是什么乡村社会学、城市社会学等，而是城市的科学，是城市的科学理论”。③ 按此，洛阳学则可称为城市地方学。虽然洛阳学的概念提出较晚，但关于洛阳学的相关著作却如雨后春笋，如洛阳在 1985 年出版的《洛阳历史城

---

① 张新斌：《河洛文化与洛阳学》，《中州学刊》2016 年第 12 期。

② 陈建魁：《洛阳学与地方学研究》，《中州学刊》2016 年第 12 期。

③ 钱学森：《关于建立城市学的设想》，《城市建设》1985 年第 4 期。

池建设》[①] 就是较早的关于洛阳历史文化研究的大部头著作。

二、洛阳学研究的时间与空间定位

洛阳学研究的时间，应该是洛阳区域有人类开始以至当今，由于洛阳自然环境及地理构造的形成要远早于人类，所以洛阳学的研究甚至还要追溯到亿万年以前，但重点应该是洛阳建城4000余年来的历史与文化。

由于洛阳学是洛阳城市学，那么弄清洛阳的历史建置是确定洛阳学研究空间定位的前提。

洛阳城位于洛水之北，水之北乃谓“阳”，故名洛阳，又称洛邑、神都、雒阳、豫州。境内山川纵横，西靠秦岭，东临嵩岳，北依王屋山—太行山，又据黄河之险，南望伏牛山。洛阳有着5000多年的文明史、4000年的建城史和1500多年的建都史，先后有105位帝王在此定鼎九州，是华夏文明的发源地之一、中华民族的发祥地之一。

从中国第一个王朝夏朝开始，先后有商、西周、东周、东汉、曹魏、西晋、北魏、隋、唐等13个王朝在洛阳建都，与西安、南京、北京并列为中国四大古都。

远在五六十万年前的旧石器时代，已有先民在洛阳繁衍生息。距今八九千年前至四五千年前的新石器时代，黄河中游两岸及伊、洛、瀍、涧等河流的台地上，分布着许多氏族部落。

禹划九州，河洛属古豫州地。洛阳是夏王朝立国和活动的中心地域，太康、仲康、帝桀皆以斟寻（今偃师二里头）为都。

商汤建都西亳（二里头遗址东北约6000米）。商汤之后的数代帝王均以此为都，前后累计200余年。

西周代殷后，为控制东方地区，开始在洛阳营建国都。周公在洛水北岸修建了王城和成周城，曾迁殷顽民于成周，并以成周八师监督之。当时洛阳称洛邑、新邑、大邑、成周、天室、中国等，亦称周南。周平王元年（前770年），周平王东迁洛邑，是为东周，自此，有23个国王都居洛阳，前后历经500余年之久。

秦庄襄王元年（前249年），秦在洛阳置三川郡，郡治成周城。

汉王元年（前206年），项羽封申阳为河南王，居洛阳。汉高祖五年（前202年），刘邦建汉，初都洛阳，后迁长安，改三川郡为河南郡，治洛阳。辖洛阳、河南（汉置，治王城）、偃师、缑氏、平（偃师西北）、平阴（孟津东北）、新成（伊川西南）、穀成（新安东）及巩、荥阳、新郑、中牟、开封等22县。汉武帝置十三州部刺史，河南郡属司隶。

西汉末年，王莽篡政，改洛阳为宜阳，设“新室东都”和“中市”。汉光武建武元年（25年），刘秀定都洛阳，改洛阳为雒阳，建武十五年（39年），更河南郡为河南尹。黄初元年（220年），魏文帝曹丕定都洛阳，变雒阳为洛阳，设司隶校尉部。泰始元年（265年），西晋代魏，仍以洛阳为都。东晋时称故都洛阳为中京，一直沿用到南朝宋明帝。太延二年（436年），北魏在洛阳置洛州，太和十八年（494年）孝文帝迁都洛阳。东汉、曹魏、西晋、北魏都洛共计330余年。北周平齐之后，升洛阳为东京，设置六府官，号东京六府。

隋开皇元年（581年），在洛阳置东京尚书省；次年，置河南道行台省；三年，废行台，以洛州刺史领总监；十四年，于金墉城别置总监。大业元年（605年），隋炀帝迁都洛阳，在东周王城以东，汉

① 崔静一、冷文：《洛阳历史城池建设》，洛阳市地方志编纂委员会1985年版。

魏故城以西18里处，新建洛阳城。同年，改洛州（东魏改司州置）为豫州，三年又改河南郡，十四年复置洛州，辖河南、洛阳、偃师、缑氏、阌乡、桃林、陕、熊耳、渑池、新安、巩、宜阳、寿安、陆浑、伊阙、兴泰、嵩阳、阳城18县。

唐代自高宗始仍以洛阳为都，称东都。武德四年（621年），置洛州总管府，辖洛州、郑州、熊州、穀州、嵩州、管州、伊州、汝州、鲁州九州，洛州辖洛阳、河南、偃师、缑氏、巩、阳城、嵩阳、陆浑、伊阙九县。贞观元年（627年），分全国为十道，洛阳属河南道。显庆二年（657年）置东都。开元元年（713年），改洛州为河南府。开元二十一年（733年），于洛阳置都畿道。天宝年间，改东都为东京。洛州、河南府均治洛阳。

武则天光宅元年（684年）始，改东都为神都，对都城进行扩建，修建了明堂、万国天枢等。武则天称帝后，改国号为周，定都洛阳。

唐天祐四年（907年），唐室亡祚，其后中原地区相继出现了后梁、后唐、后晋、后汉、后周五个短暂的王朝，史称五代。其中，后梁、后唐、后晋均曾都洛阳，后汉、后周以洛阳为陪都。这一时期洛阳仍是全国政治、经济、文化的中心。

宋以洛阳为西京，置河南府。

金代定洛阳为中京，改河南府曰金昌府，并河南县入洛阳县。时因洛阳旧城毁弃，便在隋唐城东北角另筑新城，周不足九里，也即今日老城的前身。

自元代始，洛阳不复为京，降为河南府治。明代河南府辖洛阳、偃师、巩县、孟津、登封、新安、渑池、宜阳、永宁、嵩县10县，又是伊王和福王的封地。清代洛阳仍为河南府治。

民国元年（1912年），民国建立，废河南府，设河洛道，道尹公署驻洛阳，辖洛阳、偃师等19县。民国9年（1920年），直系军阀吴佩孚盘踞洛阳，在洛阳设置了两湖巡阅使公署和陆军第三师司令部。民国12年（1923年），河南省长公署适于洛阳，洛阳成为河南省会。民国21年（1932年），日军进攻上海，国民党政府定洛阳为行都，并一度迁洛办公。“七七事变”后，华北大部分地区沦陷，洛阳成为北方抗日前哨，国民党第一战区长官司令部驻洛阳。民国27年（1938年）秋，河南省政府再次迁洛，洛阳第二次成为河南省会。

1948年，洛阳解放，洛阳市人民民主政府成立，改洛阳县城区为市，与洛阳县并置。次年12月，洛阳市人民民主政府改称洛阳市人民政府。1954年，洛阳市升格为河南省直辖市。次年，洛阳县撤销，一部分并入洛阳市，其余部分划入偃师、孟津、宜阳等县。1983年，新安、孟津、偃师改隶洛阳市。1986年，洛阳地区撤销，洛宁、宜阳、嵩县、栾川、汝阳、伊川亦改属洛阳市。1993年，偃师县改为偃师市。今之洛阳市，除市区外，上述八县一市属洛阳市管辖范围。

从以上洛阳的历史沿革中可以看到，洛阳（县、市、地区、尹、府、道等）在各代的辖区范围相差很大，那么我们要对洛阳学研究的空间范围进行定位，存在着多种选择。

第一，以历史上洛阳的管辖范围为洛阳学研究的空间范围。这又分为三种情况：一是以每代洛阳的管辖范围作为洛阳学研究的空间范围，如此则洛阳学研究的空间范围历代都有不同；二是以洛阳历史上最大的管辖范围作为洛阳学研究的空间范围，如此则洛阳学的空间范围显得过大，甚至郑州、开封、三门峡等地也成了洛阳学研究的空间范围；三是找一个相对折中的区域作为洛阳学研究的空间范围，比如把曾在洛阳建都的十三个王朝当时都城的所在地圈起来作为洛阳学研究的空间范围，但是具体怎么划分恐怕也是仁者见仁，智者见智了。

第二，以今天洛阳市的管辖范围为洛阳学研究的空间范围。这又分为两种情况：一是以今天洛阳市城区作为洛阳学研究的空间范围；二是以洛阳市辖区作为洛阳学研究的空间范围。

前述我们认为，洛阳学也是城市学，所以应该以洛阳城为中心对洛阳学研究的空间范围进行定位。

鉴于洛阳城有改迁及洛阳学也是城市学这两点，我们觉得洛阳学的空间范围可以选择洛阳市辖区。如果以洛阳市城区为洛阳学研究的空间范围，那么我们说洛阳是十三朝古都，有些朝的古都不在今之洛阳市城区内，这就存在一些矛盾。不仅如此，我们也应以发展的眼光看问题。如北京学，开始提出北京学时，北京学研究的空间范围一般人认为是北京市城区，但是随着后来北京的通州、房山等县全部改为区，北京学研究的空间范围也扩大到了整个北京市。

学界对洛阳学研究的空间定位，形成比较一致的看法，是需要时间的打磨与沉淀的。

三、洛阳历史文化的特色

某一城市的学问要建立一个专门的学科，需要这一城市的文化具有有别于其他城市的重要特色，不然，这一城市地方学的建立也会随着时间的流逝而逐渐缺少关注，以至于销声匿迹。建立洛阳学研究的学科体系，也要与洛阳文化的特色联系起来。概括来说，洛阳文化的特色十分突出，主要有以下四点。

第一，洛阳历史文化的元典性。洛阳是中华文化的精华读本，文明首萌于此，道学肇始于此，儒学渊源于此，经学兴盛于此，佛学首传于此，玄学形成于此，理学寻源于此。洛阳还是姓氏主根、客家之根。

中国文化的代表性符号是“河图洛书”，而“河图洛书”产生于洛阳。被奉为“人文之祖”的伏羲氏，根据“河图”和“洛书”画成了八卦和九畴。

《易·系辞上》说：“河出图，洛出书，圣人则之。”《周易》和《洪范》两书，在汉文化发展史上有着重要的地位，在哲学、政治学、军事学、伦理学、美学、文学诸领域产生了深远影响。作为中国历史文化渊源的“河图洛书”，功不可没。

第二，洛阳历史文化的丰富性。洛阳历史悠久，人文荟萃。于此，周公“制礼作乐”，老子著述文章，孔子入周问礼，班固在这里写出了中国第一部断代史《汉书》，司马光在这里完成了历史巨著《资治通鉴》，程颐、程颢开创宋代理学，著名的“建安七子”“竹林七贤”“金谷二十四友”曾云集此地，谱写华彩篇章，左思一篇《三都赋》曾使“洛阳纸贵”，张衡发明地动仪，蔡伦造纸，马钧发明翻车……以洛阳为中心的河洛文化和河洛文明是中华民族文化的核心和源头，是华夏文明的重要组成部分。

仅从交通上来说，洛阳在历史上相当长的时期内，曾经是中国政治、经济、文化的中心，亦是道路四通八达的交通枢纽。西周初期，在中国建立了第一个大公路网，洛阳是其中心，驰道驿路，无远不达；东汉时期以洛阳为起点的“丝绸之路”可以直驰地中海东岸，明驼宛马，络绎不绝。隋大业元年（605 年），隋炀帝在洛阳建东都，下令开凿大运河，至此形成了以洛阳为中心，向东北、东南辐射总长达 2000 多公里的南北水运网，有些地段现在仍在使用。

第三，洛阳历史文化的发散性。从二里头到洛阳，历经夏商周、秦汉唐，洛阳这个十三朝古都向外发散，汇聚成一条大河——文化之河。刘庆柱说：“偃师二里头遗址、偃师商城遗址，还有其后的西周洛邑、东周王城、汉魏洛阳城、隋唐洛阳城，以及产生于广义河洛地区的郑州商城、安阳殷墟、开封城等。它们所缔造的‘都城文化’影响并主导着中国古代都城的基本历史进程。因此说以古代都城为核心的河洛文化成为‘华夏文化’与‘中华民族历史文化’的‘核心文化’，河洛文化在时空两个方面均具备了‘国家文化’的内涵与特质。”[①] 因此，洛阳历史文化具有更多的国家文化内涵，是中华文化的

① 刘庆柱：《河洛文化定位与功能的探索》，《中原文化研究》2015 年第 1 期。

核心组成部分，是中国的根文化。

第四，洛阳历史文化的包容性。洛阳是最早与世界其他文明交流的城市。随着东汉以后佛教进入中原，西域商人纷至沓来，洛阳成为商业兴盛之区，出现了许多胡人聚落区。据《洛阳伽蓝记》记载，进入中原的西域商贩："自葱岭已西……莫不款附，商胡贩客，日奔塞下……乐中国土风，因而宅者不可胜数，附化之民万有余家，门巷修整，闾阖填列。"① 仅洛阳一地的胡商即有3000余家。

洛阳文化的先进性促成了洛阳文化的包容性。《洛阳伽蓝记》卷二记载了南朝萧梁使者陈庆之出使北魏回国后的感受："昨至洛阳，始知衣冠士族，并在中原。礼仪复盛，人物殷阜，目所不识，口不能传。所谓帝京翼翼，四方之则。"从中可知，在西域佛家文化和儒家文化等的相互激荡下，各色人等在洛阳交错而居，呈现出一派和谐共处的局面。

《庄子·秋水篇》云："天下之水莫大于海，万川纳之。"正是由于洛阳历史文化的包容性，使洛阳文化包纳百川，成为中华民族的文化方本和文化自信的重要源头。

（作者为河南省社会科学院历史与考古研究所副所长、副研究员）

① 《钦定历代职官表》卷十七引《洛阳伽蓝记》，文渊阁四库全书本。

“洛阳学”与“中原学”浅议

李　龙

摘要：作为地方学，“洛阳学”与“中原学”是两个既相互联系又相互区别的地方学概念。其联系在于“洛阳学”是“中原学”的核心，两者的研究对象具有共性。区别在于研究的地域范围、文化内容与内涵都表现出各自的不同。

关键词：“洛阳学”；“中原学”；相互关系与区别

20世纪以来，随着全球地域文化研究的深入，“地方学”应运而生。20世纪80年代以来，在我国掀起了地域文化研究热潮。中原地区历史悠久，却在很长时间内没有出现代表中原区域的“××学”的概念。这一方面反映了中原地区学术界谨慎的治学态度，另一方面也说明了中原地区学术界研究不聚焦、不抱团、不深入、突破少的现实状况。直到21世纪初，随着河洛文化研究的不断深入，其在学术界的影响不断扩大，有学者先后提出了“河洛学”[①] 的概念。近几年随着形势的发展，又逐渐出现了“洛阳学”“中原学”的概念。我们受此启发，谨就“洛阳学”“中原学”的概念、相互关系与内涵等相关问题谈谈自己浅薄的见解，以求教于方家。

一、“洛阳学”“中原学”概念的提出

“洛阳学”之所以成立，在于其作为与西安齐名的“八大古都”之一的悠久历史文化积淀，遗留下大量的历史文献、历史文化遗物和巨大的历史文化影响力，留给后人无穷的研究空间。几十年来，中外学者围绕历史时期洛阳的考古遗迹、城市规划、城市建筑、空间布局及民众的社会生活、宗教信仰等诸多问题，从考古学、历史学、地理学、宗教学、建筑学等不同领域做了许多研究，为“洛阳学”的诞生奠定了一定的学术基础。然而随着研究的深入，特别是考古学材料的层出不穷，研究中的诸多问题逐渐显现，“只见一粟，不见沧海”，缺乏系统、综合性的解读式研究已经满足不了学术研究和社会发展的需要。“长安学”的蓬勃兴起和国际影响的刺激，以及为洛阳历史地位正名的迫切需要，使得“洛阳学”的诞生顺理成章。而日本学界对洛阳城的关注，为“洛阳学”的诞生提供了契机。洛阳在历史上，尤其是在隋唐时期对日本社会影响深远。日本京都的城市构造、布局甚至城墙都受到隋唐时期洛阳城建筑风格的影响，甚至被称为日本的“洛阳城”。日本学术界曾长期关注、研究洛阳的历史文化。2010年11月，在东京明治大学召开的“洛阳学国际研讨会”上，日本学者气贺泽保规等首次正式提出“洛阳学”。[②] 中外学者从历史学、考古学、石刻学等不同角度，就“洛阳学”进行了深入讨论，标志着“洛

① 蔡运章、赵金昭：《河洛学导论》，《河南科技大学学报》2009年第1期。

② ［日］气贺泽保规：《洛阳学在日本诞生》，陈涛译，《中国社会科学报》2011年2月22日。

阳学"的诞生。2011年4月，首届"洛阳学国际研讨会"在洛阳市召开，也算是国内对"洛阳学"的一个回应。遗憾的是，这次研讨会并没有对"洛阳学"相关问题进行深入系统的研究与讨论，因而在学术界影响不大。

事实上，"洛阳学"提出之时，学术界并不太认可。尤其是以洛阳为中心的河洛文化研究经过近30年的发展，处于转型升级、向学术研究回归的关键时期，如有的学者提出"河洛文化研究需要向学术性回归，需要展现地域文化魅力。将河洛文化置于学理性的视野下进行考察，摒弃一般性的泛泛而论，在研究深度上下功夫，揭示河洛文化的丰富内涵"①。河洛文化研究转型为"河洛学"已经在中原学术界尤其是洛阳学术界成为共识。蔡运章、徐金星等对"河洛学"的含义都做出了一定的解读阐述②。此时又提出"洛阳学"似乎有炒作的嫌疑。2011年4月27日，《洛阳日报》刊登中国社科院世界宗教研究所研究员罗炤的文章《"洛阳学"之我见》对此做出了回应。③ 罗炤认为，提出"洛阳学"有三点理由：一是河洛文化研究几乎没有涉及洛阳在古代中国的经济地位和影响；二是河洛文化研究侧重于汉族文化，特别是儒家文化，而忽略了洛阳在中华文化对外交流中的重要作用和影响；三是河洛文化学术水准有待进一步提升。河南省社科院张新斌研究员也主张"河洛文化研究提升的标志是洛阳学"④，应该回归河洛的中心区域洛阳，提倡"洛阳学"。他认为河洛文化作为族群认同的文化纽带在客家族群与闽南族群中影响较大，不宜更改，目前学术界关于"河洛学"的界定认识上差别较大，而与历史上以"河图洛书"为主要研究内容的"河洛学"容易形成混淆以至误解。我们认为河洛文化不宜上升为"河洛学"的另外一个原因在于河洛文化地域范围、基本概念、特点内涵等至今依旧有争论。尤其是地域范围争议较大，甚至有专家认为河洛文化代表着河南文化、中原文化。这样将河洛文化作为区域文化范围太过广泛，不聚焦，与"洛阳学"相比，不利于突出洛阳的地位，研究洛阳的历史与现实问题。

诚然，河洛文化在历史上曾经辉煌，具有很大的影响力。但无论怎样，河洛文化或洛阳文化依然都代表不了全部的河南文化，更代表不了中原文化。"中原"作为一个历史文化概念，自春秋时期出现，至明清时期，指代区域经历了一个不断变化的过程，河南始终是中原的中心区域，占绝大部分，以至于"中原"成为河南的代称。中原地区自夏到北宋，长期是我国政治、经济、文化中心，中原历史文化是中华文化的主干与核心，在中华文化发展史上处于主导与支配地位。源远流长、博大精深的中原历史文化是中华之根，华夏之魂。⑤ 历史上风云际会之时，中原地区更是人文荟萃，学派纷呈，先后出现了道学、儒学、经学、佛学、玄学、理学等学派。虽然历史上无"中原学"的概念，但事实上"中原学"是存在的，厚重的中原历史文化决定了中原应有学。时代召唤中原应有学，来助力河南持续健康发展和中原崛起，近年来河南省社会科学联合会主席李庚香响应习近平总书记提出的"这是一个需要理论而且一定能够产生理论的时代，这是一个需要思想而且一定能够产生思想的时代"⑥ 的讲话精神，提出"必须探索中原发展哲学，构建具有中原特色、中原根脉、中原气魄的中原学"⑦，并从中原发展哲学的历史角度，追溯了经学、诸子之学、佛学、理学在中原的源头，提出了"中原学"的理论架构，令人耳目一新。虽然其定义、内涵尚待商榷，但这一提法为"中原学"的发展提供了契机。

"洛阳学"与"中原学"提出的时间点虽然有早晚之分，但社会背景相同，同处于哲学社会科学大

① 王记录：《河洛文化研究的两个问题》，《黄河文化》2014年第4期。

② 蔡运章：《河洛文化与河洛学研究》，《洛阳月谈》2016年第1期；徐金星：《构建河洛学——推进、深化河洛文化研究的途径和目标》，《河洛文化研究高层论坛（2014）论文集》，内部资料，2014年第34页。

③ 罗炤：《"洛阳学"之我见》，《洛阳日报》2011年4月27日。

④ 张新斌：《河洛文化与洛阳学》，《中州学刊》2016年第12期。

⑤ 康国章：《论中原文化内涵研究的体系性》，《河南师范大学学报》2013年第1期。

⑥ 习近平：《在哲学社会科学工作座谈会上的讲话》，人民出版社2016年版，第3页。

⑦ 李庚香：《中原学》，河南人民出版社2016年版，第1页。

发展、大繁荣的历史机遇时期，是深入研究、打造学科体系的迫切要求，也是社会发展对哲学社科思想与人才的需要。“洛阳学”与“中原学”的源头与根基相同，即立足于深厚的历史文化资源。“一部河南史，半部中国史”,[①]“洛阳学”与“中原学”离不开厚重的中原历史的文化，研究洛阳与中原的历史，探究洛阳与中原历史的发展规律，由此拓展到社会现实问题的研究，为现在的洛阳与中原地区发展提供借鉴是二者的应有之义，也是重中之重。“洛阳学”可借鉴“长安学”“北京学”的学科界定方法，正如张新斌指出，“所谓洛阳学应该是以洛阳的历史文化为主要研究对象，对古今洛阳城市发展规律探索的学问。就范围而言，以文献中的洛阳，以及以洛阳为中心的洛阳地区，如河南郡、河南府的范围为研究的界限；就时间而言，以古代厚重的洛阳历史文化研究为重点，但要涵盖古今洛阳城市发展规律、文化资源利用、文化品牌打造、文化产业拓展的综合性和系统性研究。”[②] 推而广之，“中原学”就是以中原的历史文化为主要研究对象，对古今中原地区社会发展规律进行探索研究的学问。范围既可指狭义的中原地区，即河南省，也可指广义的中原地区，即黄河中下游地区（至少是中原经济区包含的区域），时间上以古代厚重的历史文化研究为重点，以中原地区古今社会、经济、文化、思想、艺术、科技、工艺等为研究对象，包括中原地区古今社会发展规律、文化资源利用、文化品牌打造、文化产业拓展的具有中原特色的综合性和系统性研究。“中原学”与“洛阳学”的目的都是从历史研究中汲取营养，以史鉴今，古为今用。

二、“洛阳学”是“中原学”的核心内容

“若问古今兴衰事，请君只看洛阳城”，北宋史学家司马光在《过洛阳故城》留下的千古名句，点出洛阳在中国历史上的地位，洛阳的历史绝大部分是中国历史的核心与缩影。洛阳是中原历史文化乃至中华文化的文明核心、政治核心、经济核心、思想文化核心。因此，从研究内容上来说，“洛阳学”研究涉及的政治、经济、思想、文化等内容，也是“中原学”研究的核心内容。

1. 洛阳是中原史前文化的核心

史前时期，神州大地出现了许多地区性文明，长江流域上有成都平原文明、中有江汉文明、下有太湖文明，著名的考古学文化有大溪文化、屈家岭文化、石家河文化、崧泽文化、良渚文化等。黄河流域上有甘青文明、中有中原文明、下有海岱文明，具有代表性的考古学文化有仰韶文化、河南龙山文化、大汶口文化，山东龙山文化、马家窑文化等。在东北有燕山地区文明，具有代表性的考古学文化主要是红山文化。各个地区性文明都发展到了相当高的水平，学术界给予高度评价。苏秉奇在《中国文明起源新探》一书中指出，中华文明的发祥地不止一处，而像“满天星斗”。[③] 中原地区是中华文明的发祥地之一，而洛阳处于核心区域。关于旧石器时代，洛阳盆地发现了众多旧石器遗址，是我国史前早期人类活动的区域之一。关于新石器时代，洛阳地区先后出现了裴李岗文化、仰韶文化与河南龙山文化，一脉相承，文化谱系明晰，显示出旺盛顽强的生命力。尤其是洛阳处于仰韶文化与河南龙山文化的中心，仰韶文化与河南龙山文化分布到整个中原地区，并与东方的大汶口文化、山东龙山文化，南方的屈家岭文化进行了文化的交融，形成了传统、开放、包容的中原史前文化，始终处于中华史前文明发展进程中的核心和主导地位。当周边的区域文明或中断或走向低谷后，以洛阳为核心的中原文明恰如中流砥柱，朝

① 徐光春:《一部河南史，半部中国史》，大象出版社2009年版，第1页。

② 张新斌:《河洛文化与洛阳学》，《中州学刊》2016年第12期。

③ 苏秉奇:《中国文明起源新探》，辽宁人民出版社2009年版，第117页。

气蓬勃，吸纳、融合了各地区的文明精华，向更高层次发展，率先跨入了文明的门槛。中华文明探源工程负责人王巍指出，"距今4500年以来，中原地区开始呈现出汇聚周围地区先进文化因素并率先发展的趋势；距今3800年前后，中原地区与夏王朝后期相关的二里头文化在同时期的各文化区中开始居于优势地位，向周围地区施以强大的辐射，以中原地区为中心的多元一体化格局开始形成，这对促进周围地区文明的发展以及中华文明统一性的形成发挥了重要作用"。① 可以说以洛阳为中心的中原地区在中华文明多元一体进程中的核心地位，在史前社会中晚期就开始确立了。

2. 洛阳是中原历史上政治文化的核心

洛阳是我国建都年代最早、建都朝代最多、建都时间最长的古都。我国历史上的夏、商、西周、东周、东汉、曹魏、西晋、北魏、隋、唐、后梁、后唐、后晋13个朝代先后在此建都，时间长达1500余年。大禹之子启"家天下"，建立夏朝，今洛阳一带逐渐成为其政治中心。《逸周书·变邑篇》云："自洛汭延于伊汭，居易无固，其有夏之居。"说明夏人的都城，就在伊、洛河流域，学术界一般认为偃师二里头遗址是夏文化的都城遗址。不仅夏朝，商周时期依旧是政治文化的中心，《史记》称"昔三代之居，皆在河洛之间"②。其后更是一发不可收拾，其影响在我国政治史上首屈一指。

洛阳作为政治中心，累次为都，城头多次变换大王旗而都城地位岿然不动，"河山拱戴，形胜甲于天下"的战略地位与"居天下之中"的区位优势应该是成就洛阳的一个重要因素。③ 洛阳历史上遗留下的偃师二里头、偃师商城、东周王城、汉魏洛阳城、隋唐洛阳城等都城遗址，其形态演变经历了三个阶段，即商周都城布局松散不完全整齐规划的初创阶段、两汉时期密封式整齐规划初步发展阶段和隋唐洛阳城棋盘格形封闭式规划的成熟阶段④，出现了西周洛邑里制形成、北魏洛阳城里坊制和隋唐洛阳城坊里制演变的特点⑤。洛阳都城形态的演变对我国古代城市发展产生了深远影响，是我国都城发展史的缩影。这既奠定了洛阳作为世界上东方名都的地位，也成为历代史学者关注研究的重要对象。

自夏朝到唐代，洛阳作为都城成为我国政治表演的中心舞台，朝代更替尚且不说，统治者制定的政策、制度影响的不仅是中原地区，对中国历史的影响也十分巨大。三代时期，国家制度的初始形态在洛阳地区完成。夏代始，"国之大事，在祀与戎"。⑥ 夏代出现了祭祀用的宗庙，夏启伐有扈氏的誓辞云"用命赏于祖，弗用命戮于社"。⑦ 祖可能就是宗庙，偃师二里头遗址发现了宫殿式的宗庙。夏代有国家军队，流亡中的少康尚"有众一旅"。夏代有刑法，"夏有乱政，而作禹刑"。⑧ 夏代还有贡赋制度，"夏后氏五十而贡"。⑨ 夏还有车正、牧正等政权机构，可以说国家机构已经基本具备。夏商周三代相承逐渐完备，都没有离开洛阳地区。夏商周三代还用分封世袭和宗法制度来巩固社会组织结构⑩。西周时期，周公营洛邑，制礼乐，礼乐制度的完备对我国历史影响深远。汉魏隋唐时期，国家机器在洛阳地区进一步完备。东汉、曹魏到西晋，洛阳地区出现了世家大族，曹魏采用九品中正制，西晋采用士族门阀制度，都对魏晋时期世家大族的发展产生了巨大影响。北魏孝文帝迁都洛阳后实施的汉化改革，则促进了北方少数民族与汉族融合的历史进程。隋炀帝营建东都洛阳，并在洛阳设科举取士，营造了东汉在洛阳

---

① 王巍：《早期中国文明形成过程的考古学观察》，《中国社会科学报》2014年2月24日。
② 《史记·封禅书》。
③ 张占仓、唐金培：《千年帝都洛阳人文地理环境变迁与洛阳学研究》，《中州学刊》2016年第12期。
④ 俞伟超：《中国古代都城规划的发展阶段性——为中国考古学会第五次年会而作》，《文物》1985年第3期。
⑤ 李久昌：《古代洛阳都城空间演变研究》，陕西师范大学博士学位论文，2005年。
⑥ 《左传·成公十三年》。
⑦ 《尚书·甘誓》。
⑧ 《左传·昭公元年》。
⑨ 《孟子·滕文公上》。
⑩ 袁行霈、严文明：《中华文明史》（第一卷），北京大学出版社2006年版，第22页。

设“太学”以来的又一次人才聚集的盛举。

3. 洛阳是中原历史上经济发展的核心

洛阳曾长期是中原乃至全国的经济中心区域。自裴李岗文化时期始，大量石铲、石斧、石磨盘、石磨棒昭示较为发达的农耕经济，仰韶文化时期更是出现了旱作、稻作混耕的农业经济。仰韶的彩陶文化则显示出发达的制陶手工业文化。二里头遗址出土的青铜器与洛阳北窑西周铸铜遗址①反映出洛阳发达的冶炼水平。东周王城中发现的80余座战国时期的大型地下仓窖②，反映出东周洛阳地区强大的经济实力。而隋代兴洛仓的发现，反映的不仅是洛阳粮廪的充足，也反映出大运河的开通，使洛阳成为全国经济商贸中心的史实。

洛阳在古代东方或中国的贸易中心地位，可以追溯至西周时期。西周时期，雒邑（洛阳）就已成为当时东方的商业中心。东周时期，洛阳仍然是全国的商业中心，“洛阳街居在齐秦楚赵之中”，可以“东贾齐、鲁，南贾梁、楚”。③ 西汉时期，洛阳地处“天下之中”，是西汉六大城市之首。东汉洛阳成为全国最大的商业中心，有“金市”“南市”“马市”三大市场④。北魏孝文帝时期，洛阳是北方的商业中心城市。隋朝的东都洛阳，不仅是国内的商业贸易中心，而且也是国际贸易市场。唐代洛阳商业的发展达到了鼎盛，是全国的水运交汇中心、国际商品采购和销售的集散中心。《隋书·地理志》“河南郡”条下云：“里一百三，市三。”《隋书·百官志》云：“东都东市曰丰都，南市曰大同，北市曰通远。”以洛阳为中心的隋唐大运河，好似一只有形的大手，无形而又有力地把华夏各民族紧密地维系在了中华大地上。

洛阳作为历史上中原地区的经济中心，有不少经商名人。活动与定都洛阳的商人就很会经商。《世本·作篇》有“相土作乘马，亥作服牛”的说法，“亥”即王亥，是先商时期商族强大的关键人物，善于经营交易。《史记·货殖列传》也记载，洛阳人善贾。中国的商业圣人白圭出生在洛阳，他在商业上的杰出实践与非凡理论是“人弃我取，人取我与”。汉武帝时期，洛阳卓越的财政贸易理论家和宏观经济管理大师桑弘羊，认为商业是致富的本源，提出运用国家权力，对市场进行相应的行政调节和一定范围的控制，这种理论对我国其后2000余年的经济社会发展都有借鉴作用。此外，西汉洛阳人贾谊关于货币理论方面的认识，提出“法钱”与“禁铜七福”⑤，对中原乃至我国的商业文化发展具有积极的意义。

4. 洛阳是中原历史上思想文化的核心

古往今来，在中原地区孕育和产生了众多思想学说，积淀升华，铸就了中国传统思想文化的灵魂，深刻影响着中华民族精神的形成。到了春秋战国时期，华夏思想文化的整体形态已经定型。中华民族的各个思想流派都可以从周公、老子、孔子等代表的儒、道思想中找到本源。可以这样说，华夏思想文化源自中原，其核心在洛阳地区。道学肇始于此，儒学渊源于此，经学兴盛于此，佛学首传于此，玄学形成于此，理学诞生于此。⑥ 洛阳是中华思想文化的圣城。

中原思想文化的源头在“河图”“洛书”，伏羲因之而作八卦，大禹受其启发而创“五行”。周文王在“河图”“洛书”的基础上，创作了以“和合思想”为核心的《易经》。《易经》构成了古代中华民族的精神支柱、文化载体和思想灵魂，从此开启了道家、儒家、经学等中国主流思想各种流派，被誉为

① 叶万松、张剑：《1975～1979年洛阳北窑西周铸铜遗址的发掘》，《文物》1983年第5期。

② 洛阳博物馆：《洛阳战国粮仓试掘纪略》，《文物》1981年第11期。

③ 《史记·货殖列传》。

④ 《河南志·后汉城阙古迹》“三市”条引《洛阳记》。

⑤ 任溯远：《关于贾谊货币思想的思考——结合“货币是否国家化”理论的视角讨论》，《经营管理者》2013年第7期。

⑥ 张新斌：《河洛文化与洛阳学》，《中州学刊》2016年第12期。

"群经之首、大道之源"。老子承《易经》之风，于洛阳作《道德经》，主张阴阳相济的道之和，人与天的自然之和，开道家学派之先河。《道德经》被中西方学者视为中华的哲学宝典、宗教圣典、文化名典。孔子亦受到《易经》与周公"制礼作乐"的影响，入洛阳而问周礼，主张"尊礼亲仁""和而不同""中节平适"，创立儒家学派，成为中国影响最深远的一个学术流派。东汉时期，洛阳兴太学，以《尚书》《诗经》《周易》等六经为必学之教义，使经学大为传播，出现了许慎、郑众、周防等一批经学大师。东汉明帝时期，佛教首传中原，兴白马寺。白马寺成为中国佛教"祖庭"与"释源"之地。魏晋时期政治风云际会，思想文化激荡，何晏、王弼在洛阳开创"玄学"，竹林七贤兴"玄学"，主张"贵无"与"崇有""任自然"与"重名教"等，成为一时思想之风气。北宋时期，邵雍在洛阳著书立说，成为宋、明两代理学的开山祖。程颢、程颐兄弟授业于周敦颐，继承周、邵的哲学观点，长期于洛阳传道解惑，著书立说，自成一派，理学自此风盛，影响深远。

三、"洛阳学"与"中原学"研究对象的共性

"洛阳学"与"中原学"从区域范围与研究内容上来说，都是局部与全部、被包含与包含的关系，它们的研究对象与内容对中华文明来说，是核心与主干，其共性表现为：

1. 文化的根源性

参天之木，必有其根，怀山之水，必有其源。以洛阳为中心的中原地区居"天下之中"，是中华文明的起源地之一，史前文化自成谱系，连绵不绝，从旧石器文化到新石器裴李岗文化、仰韶文化、河南龙山文化，凸显出旺盛顽强的生命力，孕育出发达的史前农业文化、完整的手工业部门和精致的手工业工艺、高耸的史前城址和初具形态的史前文字，率先进入文明的门槛。中华民族的先祖"三皇五帝"活动于中原地区，或建都或立业，经过以洛阳为中心的夏商周三代的民族融合，形成了中华民族的主体华夏族。中华姓氏出自中原地区，洛阳是中华姓氏的根源地之一，王、周、胡、孙等几十个姓氏根源于洛阳，中华百家大姓有78个源自中原或部分源自中原，中原地区是中华姓氏的摇篮。

2. 史实的丰富性

中原兴则天下兴，中原衰则天下衰，发生在中原大地的史实，很多都是中华文明发展历程的缩影，包含了政治、经济、军事、科技、思想、文化、艺术等各个方面，内容丰富多彩。政治上，"你方唱罢我登场"，洛阳先后有13个王朝更替，整个中原地区则有20余个朝代建都。"家天下"等政治决策，官员、军队、贡赋制度的实行，多次影响到我国历史发展进程。经济上，中原经济鼎兴中华，以洛阳为中心的大运河开凿改变了我国历史上的经济命脉，以洛阳为起点的"丝绸之路"，兴中华贸易之风，传中华文化精髓。军事上，群雄逐鹿，各路诸侯问鼎中原，决定了王朝的兴衰存亡。思想文化上，春秋诸子荟萃，战国百家争鸣，儒经道法，根于中原，兴于洛阳，影响世界。科学技术上，四大发明，源于中原，关联洛阳，盛誉于世界。文学艺术上，中原文人甲天下，"汉魏文章半洛阳"，出现过"洛阳纸贵"的盛况。

3. 影响的深远性

发生在中原的历史文化，无论是物质的还是非物质的，思想精华的还是民风民俗的，都对我国历史产生了深远的影响。史前的彩陶、三代时期的冶炼技术与青铜器、汉代的冶铁、隋唐的三彩器与宋代的瓷器，无不对当时与后世的社会生产生活产生了巨大的影响。而洛阳、开封、安阳、郑州的都城文化，"外圆内方""前朝后市""左右对称"的城市格局影响了我国3000年的城市发展史。源自中原的戏剧、杂技等民间艺术历史悠久，丰富了历朝历代社会生活，繁荣了民间文化。一部《道德经》堪称中华思

想文化的精髓，影响了几千年中国人道德情操和思想情怀，仁义礼智信则是儒家影响后世的道德准绳。源自三代的民风民俗，因周公的“礼乐”而烙上民族文化的印记，经历朝历代丰富而不衰，宋朝的《清明上河图》是一幅浓缩的中华民族民风民俗画卷，影响经久不衰。

4. 辐射的广泛性

以洛阳为中心的中原文化，源远流长，源远指的是中原文化影响的深远性，流长则指的是中原文化辐射的广泛性。辐射借用的是光学原理，光源指的是中原文化的核心区洛阳地区乃至整个中原地区，光圈指的是中原文化毗邻区及岭南、闽南等区域，光环指的是中原文化的传播区即东南亚等海外更远的区域。中原文化的辐射作用，首先从核心区洛阳开始，史前时期，以洛阳为腹地的仰韶文化对南至长江、东到海岱的大溪文化、大汶口文化产生辐射影响。夏商周三代时期，以洛阳为中心的中央王权以征战与贸易的方式，与蛮、夷、戎等发生了广泛的联系。北魏孝文帝汉化改革，则是中原文化对少数民族辐射作用的一个高峰时期，出现了“中国之礼、并在诸夷”“化民成俗、万里同风”的现象和效果。其次，以洛阳为始发地和中心的中原历史上的多次移民运动，带去了中原高度发达的经济、科技与文化，包括基本道德标准、价值体系、礼仪规范、思想观念、生活习俗等，在江南乃至岭南形成了广泛的客家文化区。最后，汉唐盛世时期，中原文化向东影响到日本、朝鲜等东亚国家，向南影响到越南、缅甸等东南亚国家，向西则影响到哈萨克斯坦等中亚国家乃至欧洲地区，是中原文化辐射力最旺盛的时期。

四、“洛阳学”与“中原学”的区别

“洛阳学”与“中原学”作为地方学，研究地域范围不一样。前面提过，“洛阳学”研究的地域范围以洛阳行政区划地为限，以洛阳市为中心，顶多包括历史上河南郡、河南府地理范围。“中原学”研究的地域范围则既可以是狭义的“中原”地区，即河南地区，也可以指广义的中原地区。中原地区范围远远大于洛阳地区，洛阳地处中原腹地，占得了地理位置的优势，但显然洛阳地区代表不了整个中原地区，二者不能等同。同样“洛阳学”代替不了“中原学”。

“洛阳学”与“中原学”研究对象的侧重点不一样。根据研究的地域类型不同，地方学又可以分为城市地方学和区域地方学，“洛阳学”研究的重点是曾作为都城的洛阳发展过程中的历史、经济、文化、民俗、宗教、交通、地理、建筑及城市形制与布局等规律问题，属于城市地方学的范畴，类似于“长安学”。比如“洛阳学”关注的是洛阳作为我国历史上长期的政治、经济、文化中心的都市，其兴盛衰败的成因与内在规律。“中原学”研究的重点是整个中原地区的历史、考古、经济、文化、民俗、建筑、宗教、交通、军事、旅游、移民、文学艺术等诸多研究领域，属于区域地方学范畴，更类似于“晋学”①。比如“中原学”关注的是中原文化在中华历史中的长期主导地位与影响及逐渐衰退的规律。可以说“洛阳学”关注的是一个点，“中原学”关注的是一个面。自夏代到北宋，洛阳始终是我国政治、经济、文化中心，北宋时期，洛阳中心地位逐渐丧失，中原的中心转移到开封，到现代，郑州又取代开封成为中原的新中心。显然“洛阳学”可以只关注洛阳在宋以前在中原的中心地位，“中原学”更要关注中心的转移及其内在变化的规律。

“洛阳学”与“中原学”研究的内容与内涵也有区别。从内容上来说，“洛阳学”主要研究洛阳地区的历史文化和社会现象。狭义的中原文化，也不仅指“洛阳学”所指的洛阳地区的历史文化，至少还包括其他具有鲜明特色的区域文化，如安阳的殷商文化、郑州的商文化、开封的北宋文化、许昌的三

① 张有智：《晋学概念及其他》，《光明日报》2009 年 12 月 11 日。

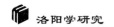

国文化、南阳的汉画文化等。如果说“洛阳学”所指文化是“中原学”的核心的话，其他区域文化则是“中原学”的支柱，其研究共同构架起内容丰富的“中原学”。从内涵上来说，“洛阳学”研究的历史文化，关注的是政治、经济、思想文化、城市形制等，更多的是一种上层社会文化，正如中国社科院学部委员刘庆柱所言，“河洛文化是古代中国国家‘政治文化’的历史载体”“是古代中国国家‘政治文化’的软件——思想文化、人文文化物化载体之源”。[①] 而“中原学”研究显然不仅限于此，还包括扎根中原民间广大区域的民间艺术、民风民俗文化等内容，可以说内涵更加广泛。

综上所述，我们认为“洛阳学”与“中原学”关系紧密，“洛阳学”从研究内容上来说，是“中原学”的核心部分。由于“洛阳学”与“中原学”提出时间不长，如何做好这两种地方学研究，目前处于“摸着石头过河”的阶段。无疑做好“洛阳学”研究，也是对搞好“中原学”研究的一种先行先试。2017 年 9 月在洛阳市召开的“2017 洛阳学国际学术研讨会”则是做好“洛阳学”研究的一次热身运动。

（作者为河南省社会科学院历史与考古研究所副研究员）

① 刘庆柱：《新时期河洛文化研究的历史使命》，《黄河文化》2014 年第 4 期。

《四库全书》录存洛阳籍学人著述与洛阳学文献建构

高　远

摘要：洛阳地方文献包括洛阳本土人士著述、非洛阳籍人士述洛阳著述、寓洛阳人士在洛阳著述、洛阳一地刊印著述、洛阳地区古旧方志、洛阳古代铭刻文献六大部分。《四库全书》录存的47位洛阳籍学人75部著作，是洛阳地方文献中的佼佼者，是古代洛阳学人学术文化成果最重要的体现之一，由此可观洛阳区域传统学术文化自先秦至清代的特色、独特性，亦可透视古代河南传统学术文化的历史变迁。洛阳地方文献是开展"洛阳学"研究的重要学术基础，编纂《洛阳文献集成》已势在必行，只有将此重大文化工程夯实打牢，才能更好地深入开展跨学科研究，努力构建国际"洛阳学"。

关键词：《四库全书》；洛阳地方文献；洛阳学

"洛阳学"作为一门新兴学科尚不足10年，但是它倡导联合不同领域的专家学者以广阔的视野来关注和研究洛阳，为我们诠释历史提供了新的思路。[①] 对于"洛阳学"的概念界定和理论体系，有学者指出，"洛阳学是以洛阳地区的历史文化为主要研究对象，兼及中华文明发展的一门综合性学科"。[②] 或换而言之为"所谓洛阳学应该是以洛阳的历史文化为主要研究对象，对古今洛阳城市发展规律探索的学问"[③]。很显然，"洛阳学"的核心是洛阳，只有对洛阳古今历史进行系统研究，才能阐释清楚"洛阳学"的内涵。洛阳地方文献即记录或描述洛阳一地过去与现在的政治、经济、文化、教育、地理、重要人物事件、风土人情及民间习俗等方面内容的书刊文献，是我们充分挖掘洛阳历史文化资源、努力构建国际"洛阳学"的根基。洛阳籍学人著述作为洛阳地方文献的一种，乃洛阳人所思所想、精神心术所在，也是洛阳的文化积淀与文化传统的体现。清修《四库全书》时著录和存目的47位洛阳籍（依现行洛阳市行政区划为准）学人75部著述，占据《四库全书》录存豫籍学人著作（560部7377卷）的第二位，仅次于录存的开封籍学人著述之下，足以说明洛阳这片深厚的大地士富文藻、述作如林。[④] 分析研究《四库全书》录存洛阳籍学人著述的目的，一是从文献学史的角度总结洛阳籍学者的治学特点和治学风格，总结古代洛阳在学术史、文化史、思想史等方面的贡献及其所达到的水平，进而可观河南传统学术文化的历史变迁；二是提出全面搜集、整理洛阳地方文献已势在必行，在已有成果的基础上借鉴其他省市编辑整理地方文献的经验，编纂《洛阳文献集成》。只有将此"根基"夯实打牢，才能使"洛阳学"成为有源之水、有本之木。

---

① 据气贺泽保规、陈涛《"洛阳学"在日本诞生》（《中国社会科学报》2011年2月22日）一文，"2010年末，来自中国和日本的近二十位学者在日本共同催生'洛阳学'。"

② 张佐良：《洛阳学研究的文献基础与思路》，《中州学刊》2016年第12期。

③ 张新斌：《河洛文化与洛阳学》，《中州学刊》2016年第12期。

④ 关于清修《四库全书》时著录或存目河南籍学人及著作情况，可参阅笔者即将出版的《河南与清修〈四库全书〉》一书。该书为"河南省高等学校哲学社会科学优秀著作资助项目"，已收入到"河南省高等学校哲学社会科学优秀著作卓越学术文库"。

一、《四库全书》录存洛阳籍学人著述分析

洛阳人文之盛，史不绝书，洛阳繁荣的典籍文化为《四库全书》的成书提供了重要的文献渊薮。所谓“洛阳籍学人著述”，是指籍贯于洛阳之学人撰写、编撰、注、疏、章句、集解、订正、正义、评点等之著述。清修《四库全书》时，面对从全国各地征集而来的洛阳先贤的著作，编定校勘予以著录或存目，共有47名洛阳籍学人的75部著作在《四库全书总目》中列有提要。为了具体说明，现将《四库全书》录存洛阳籍学人著述情况列于表1。

表1 《四库全书》录存洛阳籍学人著述一览表①

书名	朝代	著者	卷数	载录	所属类别	底本来源	籍贯
《易传》	宋	程子	4	著录	经部易类	直隶总督采进本	伊川
《易学辨惑》	宋	邵伯温	1	著录	经部易类	永乐大典本	洛阳
《郭氏家传易说》	宋	郭雍	11	著录	经部易类	浙江郑大节家藏本	洛阳
《易图说》	宋	吴仁杰②	3	著录	经部易类	两江总督采进本	洛阳
《周易浅解》	清	张步瀛	4	存目	经部易类	江苏巡抚采进本	新安
《易象援古》	清	申尔宣	无	存目	经部易类	浙江巡抚采进本	洛阳
《易经会意解》	清	王芝兰	无	存目	经部易类	河南巡抚采进本	嵩县
《三礼图集注》	宋	聂崇义	20	著录	经部礼类	内府藏本	洛阳
《四礼约言》	明	吕维祺	4	存目	经部礼类	江西巡抚采进本	新安
《春秋集解》	宋	吕本中③	30	著录	经部春秋类	内府藏本	洛阳
《程氏经说》	宋	程子④	7	著录	经部五经总义类	通行本	伊川
《四书辨疑》	元	陈天祥⑤	15	著录	经部四书类	内府藏本	洛阳
《孟子解》⑥	宋	尹焞	2	存目	经部四书类	浙江吴玉墀家藏本	洛阳
《汗简》（目录叙略）	宋	郭忠恕	3/1	著录	经部小学类	两淮马裕家藏本	洛阳
《佩觿》	宋	郭忠恕	3	著录	经部小学类	两淮马裕家藏本	洛阳
《音韵日月灯》	明	吕维祺	70	存目	经部小学类	河南巡抚采进本	新安

① 此表资料来源以殿本《四库全书总目》为底本，兼顾浙本、粤本，即中华书局1997年1月出版的《钦定四库全书总目（整理本）》，以下所引《四库全书总目》“著述提要”时不再说明版本来源。作者籍贯模棱两可的，参照吕友仁主编的《中州文献总录》（中州古籍出版社2002年版），凡该书认定为洛阳籍贯的就随之，以下引用该书时仅标出主编者和书名，不再标出出版社、出版年代和页码，读者可根据“目录”“汉语拼音索引”自行查阅。表中“籍贯”直接标为洛阳现行行政区划。本书统计卷数时，凡“无卷数”者，皆按1卷计算。

② 《四库全书总目》卷3《经部三·易类三·易图说》：“仁杰字斗南，昆山人。”吕友仁主编《中州文献总录（上）》：“字斗南，一字南英……洛阳（今属河南）人。”吴仁杰，洛阳人，寓居昆山，考订见李裕民：《四库提要订误（增订本）》，中华书局2005年版，第3页。

③ 《四库全书总目》卷26《经部二十七·春秋类二·春秋集解》：“旧刻题曰‘吕祖谦’，误也。本中字居仁，好问之子。”

④ 《四库全书总目》卷33《经部三十三·五经总义类·程氏经说》：“不著编辑者名氏，皆伊川程子解经语也。《书录解题》谓之《河南经说》，称《系辞》一，《书》一，《诗》二，《春秋》一，《论语》一，《改定大学》一。又称程氏之学，《易传》为全书，馀经具此。”

⑤ 《四库全书总目》卷36《经部三十六·四书类二·四书辨疑》：“朱彝尊《经义考》曰：‘《四书辨疑》，元人凡有四家，云峰胡氏、偃师陈氏、黄岩陈成甫氏、孟长文氏。成甫、文长并浙人，云峰一宗朱子，其为偃师陈氏之书无疑。’所说当矣。其曰偃师者，《元史》称天祥因兄祐仕河南，自宁晋家洛阳，尝居偃师南山故也。”

⑥ 《四库全书总目》卷37《经部三十七·四书类存目·孟子解》：“焞为程氏高弟，疑其陋不至于此。又书止上下二卷，首尾完具，无所阙佚，与十四卷之数亦不相合，殆近时妄人所依托也。”

续表

书名	朝代	著者	卷数	载录	所属类别	底本来源	籍贯
《两汉刊误补遗》	宋	吴仁杰	10	著录	史部正史类	两淮马裕家藏本	洛阳
《五代春秋》	宋	尹洙	2	存目	史部编年类	两江总督采进本	洛阳
《涪陵纪善录》	宋	冯忠恕	1	存目	史部传记类	浙江巡抚采进本	汝阳
《大唐西域记》	唐	释玄奘①	12	著录	史部地理类	浙江鲍士恭家藏本	偃师
《北河续纪》	清	阎廷谟	8	存目	史部地理类	浙江汪启淑家藏本	孟津
《河防刍议》	清	崔维雅	6	存目	史部地理类	直隶总督采进本	新安
《官箴》	宋	吕本中	1	著录	史部职官类	浙江鲍士恭家藏本	洛阳
《永徽法经》	元	郑汝翼	30	存目	史部政书类	永乐大典本	洛阳
《吴中金石新编》	明	陈暐	8	著录	史部目录类	浙江范懋柱家天一阁藏本	洛阳
《新书》	汉	贾谊	10	著录	子部儒家类	通行本	洛阳
《二程遗书》（附录）	宋	二程子②	25/1	著录	子部儒家类	江西巡抚采进本	伊川
《二程外书》	宋	二程子	12	著录	子部儒家类	江西巡抚采进本	伊川
《二程粹言》	宋	二程子③	2	著录	子部儒家类	两江总督采进本	伊川
《童蒙训》	宋	吕本中	3	著录	子部儒家类	两淮盐政采进本	洛阳
《渔樵对问》	宋	邵子	1	存目	子部儒家类	两江总督采进本	洛阳
《拟学小记》（续录）	明	尤时熙	6/1	存目	子部儒家类	浙江巡抚采进本	洛阳
《存古约言》	明	吕维祺	6	存目	子部儒家类	浙江巡抚采进本	新安
《皇极经世书》	宋	邵子	12	著录	子部术数类	通行本	洛阳
《李虚中命书》	战国	鬼谷子④	3	著录	子部术数类	永乐大典本	洛阳
《康节内秘影》	宋	邵雍⑤	1	存目	子部术数类	永乐大典本	洛阳
《相掌金龟卦》	战国	鬼谷子⑥	1	存目	子部术数类	永乐大典本	洛阳
《贵贱定格三世相书》	战国	鬼谷子⑦	1	存目	子部术数类	永乐大典本	洛阳
《法帖释文刊误》	宋	陈与义	1	著录	子部艺术类	浙江巡抚采进本	洛阳
《尹文子》	周	尹文	1	著录	子部杂家类	两江总督采进本	洛阳
《鬼谷子》	战国	鬼谷子	1	著录	子部杂家类	两江总督采进本	洛阳
《紫微杂说》	宋	吕本中⑧	1	著录	子部杂家类	浙江巡抚采进本	洛阳
《霏雪录》	明	镏绩	2	著录	子部杂家类	浙江吴玉墀家藏本	洛阳
《金华子》	南唐	刘崇远	2	著录	子部小说家类	永乐大典本	洛阳
《洛阳缙绅旧闻记》	宋	张齐贤	5	著录	子部小说家类	浙江巡抚采进本	洛阳

① 《四库全书总目》卷71《史部二十七·地理类二·大唐西域记》："唐释玄奘译，辨机撰。"

② 《四库全书总目》卷92《子部二·儒家类二·二程遗书/附录》："宋二程子门人所记，而朱子复次录之者也。"

③ 《四库全书总目》卷92《子部二·儒家类二·二程粹言》："宋杨时撰……是书乃其自洛归闽时，以二程子门人所记师说，采撮编次，分为十篇。"

④ 《四库全书总目》卷109《子部十九·术数类二·李虚中命书》："旧本题鬼谷子撰，唐李虚中注。"

⑤ 《四库全书总目》卷110《子部二十一·术数类存目二·康节内秘影》："旧本题宋邵子撰。亦依托也。其术以八卦之数定人贫富贵贱。"

⑥ 《四库全书总目》卷110《子部二十一·术数类存目二·相掌金龟卦》："旧本题鬼谷子撰……盖俚俗猥鄙之谈，托之古人也。"

⑦ 《四库全书总目》卷110《子部二十一·术数类存目二·贵贱定格三世相书》："旧本题鬼谷子撰……在术数之家亦最俚浅。"

⑧ 《四库全书总目》卷121《子部三十·杂家类五·紫微杂说》："当为吕本中所撰。盖吕氏祖孙，当时皆称为东莱先生，传写是书者，遂误以为出祖谦之手。不知本中尝官中书，人故称曰'紫薇'。若祖谦仅终于著作郎，不得有紫薇之称。又书中有'自岭外归'之语，而本中《东莱集》有避地过岭诗，于事迹亦适相合。其为本中所撰无疑也。"

续表

书名	朝代	著者	卷数	载录	所属类别	底本来源	籍贯
《闻见前录》	宋	邵伯温	20	著录	子部小说家类	内府藏本	洛阳
《闻见后录》	宋	邵博	30	著录	子部小说家类	江西巡抚采进本	洛阳
《昨梦录》	宋	康与之①	1	存目	子部小说家类	编修程晋芳家藏本	洛阳
《法苑珠林》	唐	道世	120	著录	子部释家类	大理寺卿陆锡熊家藏本	伊川
《阴符经解》②	战国	鬼谷子	1	著录	子部道家类	浙江鲍士恭家藏本	洛阳
	汉	张良					宝丰
《庄子注》	晋	郭象	10	著录	子部道家类	江苏巡抚采进本	洛阳
《离骚草木疏》	宋	吴仁杰	4	著录	集部楚辞类	安徽巡抚采进本	洛阳
《张燕公集》	唐	张说	25	著录	集部别集类	两淮马裕家藏本	洛阳
《毗陵集》	唐	独孤及	20	著录	集部别集类	江苏巡抚采进本	洛阳
《刘宾客集》(外集)	唐	刘禹锡	30/10	著录	集部别集类	江苏巡抚采进本	洛阳
《昌谷集》(外集)	唐	李贺	4/1	著录	集部别集类	浙江巡抚采进本	宜阳
《元氏长庆集》	唐	元稹	60	著录	集部别集类	通行本	洛阳
《河南集》	宋	尹洙	27	著录	集部别集类	两淮马裕家藏本	洛阳
《击壤集》	宋	邵雍	20	著录	集部别集类	河南巡抚采进本	洛阳
《简斋集》	宋	陈与义	16	著录	集部别集类	浙江鲍士恭家藏本	洛阳
《崧庵集》	宋	李处权	6	著录	集部别集类	永乐大典本	洛阳
《和靖集》	宋	尹焞	8	著录	集部别集类	江苏巡抚采进本	洛阳
《茶山集》	宋	曾幾	8	著录	集部别集类	永乐大典本	洛阳
《东莱诗集》	宋	吕本中	20	著录	集部别集类	两淮马裕家藏本	洛阳
《牧庵文集》	元	姚燧	36	著录	集部别集类	永乐大典本	洛阳
《杜诗分类》	明	傅振商	5	存目	集部别集类	内府藏本	汝阳
《孟云浦集》③	明	孟化鲤	8	存目	集部别集类	河南巡抚采进本	新安
《明德堂文集》	明	吕维祺	26	存目	集部别集类	浙江巡抚采进本	新安
《梦月岩诗集》	清	吕履恒	20	存目	集部别集类	浙江巡抚采进本	新安
《冶古堂文集》	清	吕履恒	5	存目	集部别集类	浙江巡抚采进本	新安
《青要集》	清	吕谦恒	12	存目	集部别集类	浙江巡抚采进本	新安
《二程文集》(附录)	宋	二程子	13/2	著录	集部总集类	江西巡抚采进本	伊川
《二温诗集》④	明	温新	4	存目	集部总集类	浙江孙仰曾家藏本	洛阳
《紫微诗话》	宋	吕本中	1	著录	集部诗文评类	江苏巡抚采进本	洛阳
《无住词》	宋	陈与义	1	著录	集部词曲类	安徽巡抚采进本	洛阳

在以上《四库全书》录存的75部洛阳籍学人著述中，经部著录10种、存目6种，共计16种，占

① 《四库全书总目》卷143《子部五十三·小说家类存目一·昨梦录》："宋康与之撰。与之字伯可，又字叔闻，号退轩，滑州人。"吕友仁主编《中州文献总录（上）》："字伯可，又字叔闻，号退轩，一号顺庵，洛阳（今属河南）人。居滑州，流寓嘉禾。"

② 《四库全书总目》卷146《子部五十六·道家类·阴符经解》："旧本题黄帝撰，太公、范蠡、鬼谷子、张良、诸葛亮、李筌六家注。"

③ 首冠以年谱，其门人王以悟所编。王以悟，字惺所，自号惺惺主人，陕县（今属三门峡）人。万历进士，知邢台县事。官至山西参政，三月告归，与吕忠节等会讲正学书院，为孟化鲤弟子。著有《常惺惺所稿》十卷、《孟化鲤年谱》等。

④ 《四库全书总目》卷192《集部四十五·总集类存目二·二温诗集》："《太谷诗集》二卷，明温新撰。《中谷诗集》二卷，新弟秀撰。"

录存总数的21.33%，分布于易类、礼类、春秋类、五经总义类、四书类、小学类；史部著录4种、存目5种，共计9种，占录存总数的12%，分布于正史类、编年类、传记类、地理类、职官类、政书类、目录类；子部著录19种、存目7种，共计26种，占录存总数的34.67%，分布于儒家类、术数类、艺术类、杂家类、小说家类、释家类、道家类；集部著录17种、存目7种，共计24种，占录存总数的32%，分布于楚辞类、别集类、总集类、诗文评类、词曲类。由此可见，洛阳籍学人治学领域博杂、撰写内容丰富多彩。

在《四库全书》录存的75部洛阳籍学人著述中，著作等身者比比皆是，其中排名较靠前的主要有：二程子6种，吕本中6种，邵雍、吕维祺各4种，吴仁杰、陈与义3种，邵伯温、尹焞、郭忠恕、吕履恒各2种。以上所举诸人，大部分生活于两宋时期。

在《四库全书》录存的47名洛阳籍学人中，秦前1名，占录存总人数的2.13%；两汉2名，占录存总人数的4.26%；魏晋1名，占录存总人数的2.13%；唐代7名，占录存总人数的14.89%；五代十国1名，占录存总人数的2.13%；两宋18名，占录存总人数的38.3%；元朝3名，占录存总人数的6.38%；明朝7名，占录存总人数的14.89%；清初7名，占录存总人数的14.89%。两宋时期录存人数位居第一位，明代、清初共计14名，占录存总人数的29.79%。

《四库全书》录存的75部洛阳籍学人著述，除河南巡抚采进本4种在当时河南境内征集外，其他71种皆在河南境域之外采进。作为河南学术文化主要载体的洛阳籍学者著述，有相当数量传播到了河南境域之外。这71种著作占到了录存洛阳籍学人著作总数的94.67%。洛阳籍学人著述的传播范围甚广，涉及的总督和巡抚辖地有两江、两淮、直隶、浙江、江苏、安徽、江西等处。洛阳籍学人著述也得到了全国各地藏书家的青睐，《四库全书》录存了18种私人进献的洛阳籍学人著述，占录存总数的24%。其中两淮马裕家藏本6种，浙江鲍士恭家藏本4种，浙江吴玉墀家藏本2种。

概而言之，《四库全书》录存的洛阳籍学人著作是一部规模空前、总括清中期以前洛阳籍学人现存著述的大型文献集成。

二、录存洛阳籍学人著述特色与河南传统学术文化的历史变迁

从整个中国历史来看，中国文化的变迁与中国区域教育的发展以及区域性文化教育中心的形成有着密切的关系。中国文化的变迁可以以南宋为界而区分为两大中心，即在此之前的北方文化中心和在此之后的南方文化中心。《四库全书总目》所收著作的作者时代分布表现出极大的差异性。随着历史的向前发展，作者人数也逐步增加。《四库全书总目》所收著作的作者地理分布表现出极度的不平衡性。周秦至北宋作者形成以中原为轴心的分布格局，尤以关中地区、中原地区为中心。南宋至清初作者的分布主要集中在东南，尤以江浙地区、江西地区、福建地区、安徽地区为中心。[①] 实际情况确实如此。《四库全书》录存洛阳籍学人著述的时代分布也与上述结论相吻合，具体情形如表2所示。

---

① 王磊：《〈四库全书总目〉所收著作的作者时代与地理分布研究》，武汉大学硕士学位论文，1997年。

表 2 《四库全书》录存洛阳籍学人著述时代分布表

部类		秦前	两汉	魏晋	南北朝	隋唐	五代	两宋	元	明	清初
经	易类							4			3
	礼类							1		1	
	春秋类							1			
	五经总义类							1			
	四书类							1	1		
	小学类							2		1	
	合计（16）	0	0	0	0	0	0	10	1	2	3
史	正史类							1			
	编年类							1			
	传记类							1			
	地理类					1					2
	职官类							1			
	政书类								1		
	目录类									1	
	合计（9）	0	0	0	0	1	0	4	1	1	2
子	儒家类		1					5	2		
	术数类	3						2			
	艺术类							1			
	杂家类	2						1		1	
	小说家类						1	4			
	释家类					1					
	道家类	1		1							
	合计（26）	6	1	1	0	1	1	13	2	1	0
集	楚辞类							1			
	别集类					5		7	1	3	3
	总集类							1		1	
	诗文评类							1			
	词曲类							1			
	合计（24）	0	0	0	0	5	0	11	1	4	3
合计（75）		6	1	1	0	7	1	38	5	8	8

从表 2 中可以看出，《四库全书》录存秦前洛阳籍学人著述 6 部，两汉 1 部，魏晋 1 部，唐代 7 部，五代 1 部，两宋 38 部，元代 5 部，明代 8 部，清初 8 部。《四库全书》录存两宋、唐代、明代、清初洛阳籍学人著述最多，共计 61 部，占《四库全书》录存洛阳籍学人著述总数的 81.33%。而唐朝以前的洛阳籍学人著述，《四库全书》所录存的数目屈指可数，甚至是一些重要作家的著作都没有被《四库全书》著录或存目。

《四库全书》录存的洛阳籍学者著作既反映出洛阳历史文化在隋唐五代、两宋、晚明清初三个时期的独特性，又可透视出河南传统学术文化的历史变迁及发展特色。

隋唐时期洛阳文学家集中涌现，诗歌、散文创作成就辉煌，他们的诗作至今仍闪耀着璀璨夺目的光彩。《四库全书》录存的隋唐时期 7 部洛阳籍学人著作中有 5 部出自集部别集类。隋唐时期是中国文化发展史上的黄金阶段，也是河南文化的繁荣期。洛阳是隋唐两京之一，隋炀帝、唐高宗、武则天时期，洛阳实际上是全国的政治中心。五代之后梁、后唐、后晋、后汉、后周在中原地区政权更替，都城都在开封或洛阳。隋唐五代时期河南有较好的政治社会环境，为文化的发展提供了有利的条件。隋唐创立科举制，极大地加强了教育与入仕之间的关联，因科举注重策论和诗赋，在某种程度上促进了唐代诗歌的繁荣。隋唐时期国力鼎盛、文化开放，与周边少数民族友好往来，使得中原汉族文化因吸收“异质”文化而变得丰富多彩。隋唐时期朝鲜半岛和日本诸国加大派遣留学生、留学僧规模，他们来到洛阳、长安，将中原地区的文化带到了东亚地区。洛阳人玄奘西行印度学习佛法，还将沿途的风土人情、政治、历史、文化等编纂成《大唐西域记》，为后人留下了宝贵的研究资料，此书也被《四库全书》著录于史部地理类中。

两宋辽夏金元时期，亦可分为北宋、南宋辽夏金元两段，前段时期以东京开封为首都，加强专制主义的中央集权制度，将兵权、财权等集中于中央，东京开封府得到迅速发展。北宋以洛阳为陪都——西京河南府，“是宋朝皇家圣地，宋代文化宝地，士大夫休闲的乐园，是个修身养性的地方，是个做学问的地方，是个人才辈出的地方。”[①] 就其文化贡献而言，作为“洛学”发祥地、理学圣地，其影响甚至超过以前曾任首都之时。

《四库全书》录存了38部两宋时期洛阳籍学人作品，其中北宋时期洛阳籍学人作品占绝大部分，分布于经部10种、史部4种、子部13种、集部11种。从这些著述中，我们可观北宋时代河南地域内的思想个性及文化特色。朱熹称周敦颐、邵雍、张载、程颢、程颐为“北宋五子”，其中邵雍和程颢、程颐（二程）都是洛阳籍学者。洛阳人邵雍的哲学是先天象数学，代表了周易象数学的一个发展方向，“就是运用符号、卦象及数字关系来推算宇宙变化的学说，讲的是宇宙先天模式和演化。它将以象数为主的宇宙论和儒家重视的经典、人事牵合在一起，构成了一种特殊的天人之学”。[②] 其代表作《渔樵对问》录存于《四库全书》子部儒家类中，通过渔樵对话来消解古今兴亡等厚重话题，试图把儒家的人本与道家的天道贯通起来。《皇极经世书》《康节内秘影》录存于《四库全书》子部术数类中，前者分内外两篇，是直接说明象数的；后者四库馆臣疑为南宋人伪托，有待进一步考证。《击壤集》收录于《四库全书》集部别集类中，但该诗集中诗篇，主要是抒发其哲学思想的，有学者将其总结为三类：“第一类是理趣诗，它们是邵雍哲学理论的诗歌化。第二类是寻乐诗，表达了乐天安命、优游闲适的生活态度。第三类是感愤诗，表达了对社会的激愤和忧虑。”[③]

邵雍的儿子邵伯温，著有《易学辨惑》《闻见前录》，亦录存于《四库全书》经部易类、子部小说家类中，其在哲学上坚持周敦颐、程颐的思想体系，认为哲学的最高范畴是太极，太极是万物之源，将圣人之心定义为天地之心。邵博为邵伯温的儿子，续其父《闻见前录》而有《闻见后录》三十卷，亦录存于《四库全书》子部小说家类中，多辑北宋国史旧闻，兼及经、史、子、集四部之书均有可采，唯叙论颇存政治与学术门户之见。

北宋时期河南地区最具个性的思想当属洛阳人程颢、程颐创建的洛学，后经朱熹的阐扬，称作“程朱理学”，成为中国帝制社会后期的统治思想和官方哲学。洛学形成后，曾在我国的黄河上下、大江南北得以广泛传播，并经历了一个由北向南和由南向北的发展过程。“二程”弟子众多，就中州大地而言，北宋时著名学者有数十人，如邢恕、吕希哲、朱光庭、李吁、刘绚、谢良佐、吕大临、邵伯温、尹

① 程民生：《宋代洛阳的特点与魅力》，《河南大学学报》（社会科学版）1994年第5期。

② 朱绍侯主编：《中国地域文化通览·河南卷》，中华书局2014年版，第179页。

③ 张岱年主编：《中国哲学大辞典》，上海辞书出版社2010年版，第684页。《击壤集》一名《伊川击壤集》。

焞、耿南仲①等。对于上述学人的代表作，我们都可以在《四库全书》中看到，如经部易类录存有程颢《易传》、耿南仲《周易新讲义》；经部五经总义类录存有程颢《程氏经说》；经部四书类录存有尹焞《孟子解》；子部儒家类录存有二程子《二程遗书》（附录）《二程外书》《二程粹言》、谢良佐《上蔡语录》；子部谱录类录存有吕大临《考古图/续考古图/释文》《别本考古图》；子部杂家类录存有吕希哲《吕氏杂记》；集部别集类录存有尹焞《和靖集》；集部总集录存有耿南仲《同文馆唱和诗》、二程子《二程文集》（附录）。总之，二程兄弟创始的“洛学”，奠定了理学理论体系的基础，在中国传统文化中占有重要地位。正如张岱年总结的那样：“在传统文化里面，儒家学说占主要地位；在儒家学说中，自宋以后，理学占主要地位；在理学里，程朱学派主要是洛学占主导地位。”②

自金、元到明、清，北京因吸纳了各地的人才而成为当时的文化与教育中心，河南传统中心地位逐步丧失，这是无可怀疑的事实。与此同时，以浙江、江苏、安徽、福建一带为代表的南方地区，随着经济重心的南移，逐步成为学术、教育发展的中心，至明、清更加巩固、繁盛。但是，“南、北方文化与教育中心的转换，并不意味着北方的彻底衰落或南方的全面鼎盛，更不意味着在南、北方文化与教育发展之间存在着一个绝对的地理分界线”。③ 明至清初时期的河南，正在经历着一个文化的自我调适、扬弃与更新的阶段，尤其是明代中后期至清初，社会转型步伐加快④，河南思想界得以重新繁荣，这在河南学术史上是大放光彩的一页。有学者这样总结：“明代河南的思想学术界比较活跃，有以曹端为代表的理学家，何瑭、崔铣（xiǎn）、尤时熙、孟化鲤等心学家，也有王廷相、高拱、吕坤等反对理学和心学，主张经世致用的实学家。”“清代河南地区学术已处于低谷，不仅远远落后于江、浙诸省，甚至落后于山、陕地区。当时，思想界占主体地位的仍是维护封建秩序的理学，代表人物主要有孙奇逢、汤斌、张伯行等。”⑤ 此外，这一时期的思想家还有薛瑄⑥、杨东明、张信民、吕维祺、王以悟、张沐、耿介、田兰芳⑦、冉觐祖、窦克勤。可以说，明代至清初，中原大地的思想文化是多元并存的，呈现给世人的是程朱理学（朱子之学）、心学、实学共同交织的情景。

明代中后期，河南学术文化发生了重要变迁，王学兴起后朱子学开始失势，此时期的思想家可以分为三类：一是极力抵排心学而抱守程朱理学（朱子之学）者；二是“和会朱陆”的学者；三是入心学阵营的学者。由于心学家特别注重讲学，在河南府的四个地区洛阳、新安、渑池、陕州发起的阳明学讲会“风起云涌”，其中的代表人物就是尤时熙、孟化鲤、王以悟、张信民、吕维祺等。《四库全书》录存的明代清初洛阳籍学人的16部著作，大都是以上诸人的代表作。明至清初思想家的分布主要集中于今洛阳、商丘、郑州一带，具有明显的师承关系与“地域学派”色彩。洛阳新安吕氏家族是明末清初河洛地区著名的文化世家，为河洛文化的发展做出了巨大贡献。从始祖吕俊元末迁居新安开始至第九世吕维祺，新安吕氏以忠孝传家，在明朝末年声名鹊起。明清之际，吕氏家族一度中衰。康熙年间，吕氏

---

① 耿南仲是北宋末年与南宋初年的人，他与洛学虽没有直接的师承关系，但从《周易新讲义》中也可以看出他与程颐《易传》中的许多思想均有相同之处，故在此列入洛学的后学之中。

② 张岱年：《正确评价二程洛学》，载河南省哲学学会编：《洛学与传统文化》，求实出版社1989年版，第15页。

③ 吴宣德：《中国区域教育发展概论》，湖北教育出版社2003年版，第127页。

④ 关于“明代后期社会转型研究”，目前学界已经出现了多部重要成果，如万明主编：《晚明社会变迁：问题与研究》，商务印书馆2005年版；张显清主编：《明代后期社会转型研究》，中国社会科学出版社2008年版；商传：《走进晚明》，商务印书馆2014年版；樊树志：《晚明史：1573～1644（第二版）》，复旦大学出版社2015年版。

⑤ 朱绍侯主编：《中国地域文化通览·河南卷》，中华书局2014年版，第215页、第217－218页。

⑥ 薛瑄（1389－1464），字德温，号敬轩，山西河津人。明前期理学家，河东学派首领。薛瑄虽是山西人，但他长期在河南荥阳、郑州、河内（今沁阳）等地学习、生活，并取得河南乡试第一名，而后等进士第的。他对其后的名儒特别是中州大地的阎禹锡、王鸿儒等都产生了较大的影响。清代孙奇逢的《中州人物考》、汤斌的《洛学编》都把他列入中州人物之中。《四库全书》子部儒家类录存有《读书录/续录》《从政名言》《薛子道论》，集部别集类有《薛文清集》《河汾诗集》。

⑦ 田兰芳（1628－1701），字梁紫，号篑山，河南睢州（今睢县）人。少豪放不羁，年四十而自悔，遂究心理学。与徐邻唐、张沐相研讨，又与汤斌往来论学，陆陇其见其文，深服其学有渊源。

家族凭借其家族良好的家庭教育，不仅在科举考试中人才辈出，官员众多，在文学方面更是诗书相传，成就斐然，以吕履恒、吕谦恒为代表的家族文化名扬海内，新安吕氏成为名门望族。《四库全书》录存的新安吕氏家族代表人物的著作，既是新安吕氏家族在明清时代社会地位的一种体现，也是明清社会变迁的一个缩影。

今观《四库全书》录存的洛阳籍学人著述，洛阳古代图书的编撰、出版和发行是连续性的。总观洛阳区域传统学术文化自先秦至清代的历史变迁，我们可以得出以下三点结论：其一，洛阳传统学术文化发展脉络清晰、延续不断；其二，洛阳的传统学术文化既有一以贯之的学脉，又有各个时期的特色；其三，古代洛阳各个府县的学术文化，在各个时期均体现了区域差异。

三、编纂《洛阳文献集成》势在必行及学术意义

洛阳地域的山川地理、历史传统及时代物质背景与精神气象，无不建构着洛阳文人学士的群体风貌、个性意志及整体成就，透发出洛阳学术文化特有的风神。《四库全书》收录、存目的洛阳籍学人著述，并非古代洛阳学人的全部著作，而只是其中的佼佼者，但仅此规模足以表明洛阳学术文化在各个时期并未出现断层。《四库全书》录存的洛阳籍学人著述文献，是古代洛阳学人学术文化成果最重要的体现之一，是思想、智慧、才华的结晶。历代洛阳学人著述文献，不仅记录、反映了洛阳学人、先贤的学术主张、学术思想，也反映、体现了他们的学术精神。可以说，洛阳籍人士著述是构成洛阳地方文献的主体部分。

洛阳因其境内山清水秀、文化积淀深厚、民风淳朴厚道、子弟求学思进，历代多有外籍显宦高贤、宿儒硕彦、骚人墨客曾在豫地任职视事或履迹交游，留下了大量精神财富和文化遗产。洛阳地方文献就包括非洛阳籍人士所撰的与洛阳一地历史、人文、风物、政治、经济、文化、地理等相关的著述，我们可把这一类文献称为非洛阳籍人士述洛阳著述。此类文献的数量多而散，既有著作也有单篇文章，甚至有非常简短的几句诗词等。

洛阳地方文献还应包括寓洛阳人士在洛阳著述、洛阳一地刊印的著述。对于寓洛阳人士在洛阳著述，主要指洛阳以外的外籍人士（如唐代白居易、宋代司马光等）在洛阳期间撰写的代表性著述。洛阳曾是古代中国多个王朝的政治、经济、文化中心，自印刷术出现以来，洛阳一地印刷业突飞猛进，刻印技术渐趋成熟，刊印过大量的书籍，印书品种包括儒家、道家、佛教以及诸子百家、经史子集等各个门类。对洛阳一地刊印的著述进行搜集整理，自然是编纂《洛阳文献集成》一个不可或缺的部分。

方志是地方的百科全书。洛阳现存明、清、民国方志品类丰富，是我们认识洛阳的系统资料，洛阳地区旧方志自然是洛阳地方文献的重要组成部分。抢救整理旧志刻不容缓，《洛阳文献集成》应照单全收现存洛阳旧方志。

以上五类可看作洛阳地方文献中的传世文献，洛阳地区还有大量的出土文献，主要以碑刻墓志为重点，因此洛阳古代铭刻文献也是编纂《洛阳文献集成》时的亮点。洛阳出土西晋、北魏以降的历代墓志数量之多居全国之最。洛阳留存下来的碑刻史料也是最为丰富的。对洛阳古代铭刻文献的搜集、汇编、整理，嘉惠后学，亦一大幸事。

《洛阳文献集成》的编纂迫在眉睫，相对于一些地市如《金陵全书》《衢州文献集成》《淮安文献丛刻》《新编金华丛书》《杭州文献集成》《泸州全书》《嘉州文献集成》《无锡文库》《扬州文库》《邵阳文库》等的编纂，我们已经落后了很多。近些年来，河洛文化研究在经济诉求和政治因素的推动下，已取得了一些丰硕的成果。“洛阳学”的提出，无疑是继续深化河洛文化研究的一项重要举措。河洛文化

作为一种地方文化，不仅具有浓郁的乡邦色彩，而且以其源远流长、博大精深的品格，形成了自己鲜明的特性和历史地位，在华夏文化的发展过程中，始终起着中心作用和导向作用。而河洛文化的主要载体便是河洛地方文献，要了解和研究河洛文化，要继承和发展河洛文化，如果离开河洛地方文献就会变得不可思议。

文化是洛阳城市的灵魂，是洛阳最重要的城市名片之一。编纂和出版《洛阳文献集成》，是保护和传承洛阳历史文化和重要典籍的代表性工程，是弘扬洛阳城市历史文化的重要体现，也是推动文化洛阳建设的必然要求。《洛阳文献集成》的编纂，有助于提高洛阳的城市品位，让丰富、珍贵的洛阳历史文化在新时代发扬光大，为打造洛阳文化软实力注入新的活力。

基于此，我们要尽可能收集汇编洛阳地方历史文献，使之规范化、系统化，从而把洛阳文化遗产更完整地保护起来、更系统地传承下去，为历史、为后人留下一份宝贵的遗产。

（作者为安阳师范学院历史与文博学院副教授）

未来城市与洛阳学研究

王学峰

摘要：传统学科单独对某个领域的研究越来越不能解释城市所出现的问题和现象。城市地方学正是在这样的背景下应运而生的。本文通过对中外城市地方学学科的比较分析发现我国城市地方学的学科定位、研究方法及其演变和发展都存在一定的问题。国际上城市地方学已经将研究的重点从最初的历史文化转向了未来可持续发展。本文从未来城市的视角提出洛阳学的研究要综合相关传统学科之精要，从全局着眼，“纵横交错”，面向未来，构建开放式和国际化的学科研究范式，为推动洛阳在“一带一路”全球化战略背景下全面可持续发展提供理论依据和决策支撑。

关键词：城市地方学；未来城市；洛阳学；纽约学；伦敦学

一、引言

当今世界，城市正在面临着全球经济一体化、生态与气候恶化以及科学技术日新月异等所带来的不确定性和可持续发展的挑战。传统学科单独对某个领域的研究越来越不能解释城市所出现的问题和现象。在这样的情况下，基于个体城市的唯一性和独特性，国际上开始出现了以城市整体为研究对象的城市地方学。近年来，随着我国经济和社会的快速发展，由地方政府或学界推动，设立城市地方学也迅速成为一种潮流。然而，虽然学界和政府起初的热情都很高，通过一段时间的研究也产生了大量的研究报告、论文和专著，同时也开展了一系列的学术交流活动，但是绝大多数研究要么局限在个别学科领域，要么拘泥于对学科设置必要性的争论。真正对学科定位、研究范式和发展趋势进行深入研究的成果并不多。本文从国际城市地方学发展的视角分析我国城市地方学发展的现状，并在此基础上试从未来城市的视角讨论洛阳学的学科定位、研究范式和研究方向。

二、国际地方学研究的发展趋势

广义的地方学可以看成是对地方历史、地理、经济、社会、人文、规划、建筑、治理以及环境等现象及其演变和发展规律进行研究的科学（Harris，1997）。可以追溯到20世纪初，以Herbertson（1905）描述和解释地方和区域的地理地貌特征以及经济和社会状况、Geddes（1915）对伦敦城市空间形态变化趋势的研究以及Fawcett（1919）关注英格兰政府管理体制改革对区域发展的影响等为开端。20世纪30年代，以芝加哥学派为代表，开始把研究的注意力转移到分析城市的人文和社会现象上。“二战”以后，国家发展主义的政策导向在一定程度上导致了区域发展差异，于是发展的不均衡问题成为学界关注的焦点。与此同时，研究的着眼点和方法以及学科设置开始出现分异。一部分以城市为对象，而另一部分则将研究的视域扩展到区域层面，各自成立了自己的学会组织并创办了相应的学术期刊。前者如城市事务学会（Urban Affair Association，前身为1969年在美国波士顿大学成立的大学城市事务研究理事会），代表学术期刊如*Journal of Urban Affairs*和后来的*Urban Studies*等。后者以英国区域研究学会（Regional Studies Association）和美国的区域科学学会（Regional Science Association）为代表，相应的学术期刊如*Regional Studies*等。区域研究把更多的注意力集中在了经济发展上，偏重于治理和宏观政策，而城市研究则更关注个体城市发展的方方面面。然而，需要指出的是，这些研究都是从单个学科的角度对区域或城市的某个方面进行研究，虽然研究中经常采用案例分析的方法，但是实际上较少有多学科联合对某一地区或城市进行全面而系统的研究。同时，20世纪60年代出现的人文地理学“量化革命”以及因此而产生的区域科学（Regional Science）更是把研究的侧重点进一步缩减到可量化的有限因素上。

20世纪70年代中期，石油危机以后，随着各发达工业国先后进入后工业化时期，各工业城市经历了长达10多年的痛苦转型。此时，中央和地方政府疲于应对工业撤逃、大批失业、财政收入锐减、经济下滑、去城市化、区域发展差异加大、社会阶层分化以及环境衰退等一系列社会问题。如何实现区域和城市经济转型发展成为政学两界共同关注的焦点问题。面对这种系统性危机，传统单一学科的研究范式开始显得力不从心。在这种情况下，经济合作与发展组织（OECD）开始尝试对其成员国进行区域综合性评价（Territorial Review）①。为此，OECD设计出了一套综合性研究方法，试图通过对目标地区的发展轨迹、现状、资源和要素潜力、制约因素和挑战等的全面分析，提出因地制宜、切实可行的系统化解决方案。与此同时，一些城市也开始尝试与大学或综合性科研机构合作，对城市进行全面的分析和评价，以期帮助城市全面走出困境。例如，为帮助伦敦尽快实现转型发展，伦敦玛丽女王大学由地理学院牵头，联合历史、文化、人文、社会学、建筑环境、艺术以及博物馆学等学科成立了伦敦学学部，并开设伦敦学硕士研究生学位课程。差不多在同一时期，纽约城市大学也设立了城市未来中心，开始进行纽约学研究，同时也开设了相应的研究生课程。纽约学设立之初便确定以实证研究为其主要方法，其宗旨是为实现纽约城市经济可持续增长，减少贫富差异，实现社会平等提供决策依据。

总体来看，无论地区或城市都各自构成一个相对独立且自成体系的复杂系统。系统中每一个因素都相互作用，并对系统的正常运转发挥应有的作用。传统的学科通常只是以系统内的单一因素为研究对象，因此只能解释因素本身而不能解释因素之间的相互作用及其产生的影响。比如主流经济学理论，为了能够利用数学模型来解释经济现象，提出了许多假设，其目的是把不能够量化的影响因素排除在模型之外而不去考虑，而现实中可能恰恰是这些因素在一定条件下起到决定性作用。现实中没有两个同样的地区和城市，也没有两个城市和地区面对同样的问题和挑战。因此，本文认为，把某个特定的地区或城市作为研究对象，进行跨学科的综合性研究，全面理解和解释其独有的发展和变化规律理应成为地方学的特定研究范式。事实上，上述提到的OECD对其成员国所做的区域评价以及伦敦学和纽约学的研究都对所研究对象的转型发展有很大的帮助。

三、未来城市研究

20世纪90年代后期和21世纪以来，发达国家的许多城市借助信息技术革命相继走出了后工业化危

---

① 更详细的信息请参考 http://www.oecd-ilibrary.org/urban-rural-and-regional-development/oecd-territorial-reviews_19900759。

机。痛定思痛，学界开始思考如何通过主动引导城市转型来避免被动转型而造成的危机。然而此时生态环境问题又成为制约城市发展的难题。因此，城市地方学的研究开始把关注点转向了城市未来的可持续发展。一方面是希望通过有目的的科技和管理创新，提高城市的可持续发展能力；另一方面是希望通过对城市现在以及未来可能面临的挑战的研究，主动引导城市转型发展。未来城市研究可分为以传统学科为主开展的普适性理论和应用研究以及以特定城市为对象的综合性研究。前者以各学科已成形的研究范式为基础，对城市发展带有普遍性的现象和趋势做了大量的研究。近年来先后流行的学习型城市、知识城市、创意创新型城市以及智慧城市等是其中典型的代表。这些研究虽然提出了不同概念，但都以城市整体作为研究对象。所提出的理论框架对应对城市所面临的共同挑战具有很好的指导意义。对特定城市的研究则是在这些理论框架下，针对个体城市的独特问题进行分析。从研究方法上看，未来城市研究并没有过多地借鉴未来学的研究范式，而更注重技术分析，更为强调对传统学科的综合运用。主张从分析城市的历史发展轨迹入手，系统而全面地分析城市各项生产要素的现状、发展潜能和制约因素、人文与自然和建筑环境的变迁、文化传承与革新及其发展趋势和未来可能出现的挑战等，并以此为依据，运用最先进的科技成果影响当今的经济和社会活动以及生活方式，从而为提高城市可持续发展能力服务。

科学技术的快速发展使得城市的未来变得更加不确定。因此，各国政府对未来城市的研究给予了前所未有的关注和支持。以英国为例，2003 年由中央政府直接出资并组织开展的“前瞻”项目（Foresight Projects）要求在对世界未来 50 年的发展趋势做出科学判断的基础上，对英国的经济、科技、人口、住房、社会、资源（含土地）、基础设施、环境以及气候等全面进行对比分析，并提出应对策略。该项目的第一阶段是按照行业部门或学科分类进行的普适性理论和应用研究，历时 10 年完成。2013 年，根据第一阶段的研究成果，政府又发起了“前瞻——未来城市”研究项目。按照要求未来城市研究也要对未来 50 年城市的变化趋势做全面而系统的研究和预测。项目分为两个层面，第一层面是对全部城市的总体进行研究，第二层面是对各个城市做具体研究①。

从学科建设的角度看，英国科技部把城市前瞻研究定义为“综合运用各种研究方法对城市未来可能发生的变化做出判断的科学”。正因如此，政府出资鼓励具备条件的大学和科研机构设立未来城市或城市科学学科。经过严格筛选，纽卡斯尔大学获办英国首个城市科学中心（National Centre for Urban Sciences）。与传统的学科设置不同，城市科学以开放的国家实验室为平台，融入计算机科学、社会学、人文地理、规划与建筑、工程与技术、文化与艺术和人口学等几乎全部传统学科。城市科学中心以全球领先的数据基础设施为技术支撑，构建数字智能化和开放式，集城市生活、城市经济、城市代谢、城市形态、城市基础设施和城市治理于一体的科研、教学和培训平台。作为开放的国家试验平台，城市科学中心还以“纽卡斯尔城市未来 2065”项目②为依托，把纽卡斯尔整个城市作为未来城市的实验室和教室。师生与科研人员还可以通过决策中心（Decision Theatre）实时同步模拟对交通、空气质量、电力供应、突发状况和紧急救护的智能化决策和控制。

相比于英国仍然依靠既有教育和科研体系展开对未来城市的研究，纽约市政府则于 2012 年直接向全球顶尖大学和大型科技类跨国公司发出邀请，征询组建城市科学与发展中心（Centerfor Urban Science and Progress，CUSP）。最终纽约大学联合其他几所大学和科技公司获邀建立由大学全部学科参与的应用科学中心。纽约市政府提供独立的校区作为 CUSP 的基地。CUSP 的科研和教学以信息技术为基础，用纽约全城作为其实验室，通过大数据挖掘、整理和分析，整合自然、工程和社会科学，以更好地理解和

① 详细信息请参见 https：//www. gov. uk/government/collections/foresight - projects。

② 该项目为英国“前瞻——未来城市”研究第二层面的项目。以纽卡斯尔城市区域为对象，研究该地区未来 50 年人口、经济、人文与社会环境、交通与基础设施、公共健康与城市环境等的变化需求对当下形成的挑战和应对策略。

解释城市现在和未来发展的趋势和挑战。CUSP 还同时开设了应用城市科学与信息技术的硕士研究生课程。

另外，英美对未来城市的研究也不局限于大学和公共科研机构，许多民间智库和科技类企业也自发参与进来。除了大型的跨国公司，如谷歌已经与世界许多城市合作构建智慧城市，一些中小型企业或研究机构则在未来城市概念的框架内为城市提供专项的更为专业化的解决方案。Future Cities Catapult 就是伦敦众多此类科研服务型中小企业中的一个，该公司致力于向伦敦地方政府和公共机构提供未来城市的文化发展战略咨询。借助于大数据分析和数字化可视技术，对城市、街区和邻里的文化和建筑环境进行再造和创新以吸引知识型劳动者、企业和旅游者。

从上述案例中可以看出，英美从 20 世纪末就已经开始把城市地方学的研究作为独立的学科来推动。从发展的历程来看，研究的重心从最初着眼对城市现状和发展潜能的全面理解和把握，服务城市走出困境，实现转型发展，演变为着眼未来，服务城市应对未来挑战，实现可持续发展。英美城市地方学研究的实践具有以下三个方面的突出特点：第一，城市地方学研究的范围和内容不断拓展和深化。城市地方学的研究对象是城市，而城市是一个相对完整的社会体系，因此，有关城市和发生在城市的所有现象都是城市地方学研究的内容。城市地方学可以根据个体城市的具体情况，从某个传统学科起步，但应逐步吸纳并融入其他相关学科，或者从一开始就是多学科的综合。第二，城市地方学的学科建设不拘泥于传统的学科思维。由于每个城市本身都是一个独一无二的复杂系统，很难构建类似于传统学科的普适性理论和研究范式。如果必须要建立城市地方学的理论体系和研究范式，那应该是如何建立一个方法标准以便从各相应学科对城市的研究中发现内在的联系和学理。也就是说，城市地方学应该是城市历史学、城市地理学、城市规划学、城市建筑学、城市经济学、城市社会学、城市文化学、工程学、信息技术学以及城市管理学等学科的集成。第三，城市地方学研究要着眼未来，引导和服务城市实现可持续发展。城市建设不仅要为当代人服务，也要为后代人服务。我们研究城市历史、文化和建筑遗产的目的是利用祖先传给我们的东西造福当代人。然而，在地球和城市资源都有限的今天，我们应该留给后代人一个什么样的城市，已经是城市地方学研究不可回避的紧要问题。

四、中国城市地方学研究评述

关于我国城市地方学研究的进展和成果，之前已有诸多总结和评价，不再赘述（仝建平和张有智，2008；常玉荣和侯廷生，2014；张宝秀等，2013）。这里着重结合国际城市地方学发展的趋势分析我国城市地方学研究中存在的不足。根据不完全统计，我国大陆地区明确提出开展地方学研究，设立研究机构，并在报纸、会议和学术期刊上发表论文，以及出版专著的城市已有十多个（张宝秀等，2013）。研究成果多、影响较大的如上海学和北京学。综观各类成果，期刊类论文几乎全部以城市历史和文化为主题，而以“××学”为主题的论文大多数涉及学科理论建设。其中也不乏对有无必要或是否具备条件设立以城市命名独立学科的讨论。这种状况与本文前述英美城市地方学研究的实践相比存在明显的不同。

就有无必要设立以城市名命名的专门学科以及如何构建学科理论来看，几乎在伦敦学和纽约学提出的同时，上海学的概念也应时而生。而且早在上海学初设时，唐培吉等（1986）就对上海学学科的设立要义做过精辟的论述。他们指出：

> 上海学是以地方命名的一门综合性新兴的学科，它以上海区域为特定的研究对象，它涉及上海

的社会科学和自然科学的各个方面，因而属于社会科学和自然科学交叉的共同学科。通俗地讲，上海学就是研究上海的学问。如果从层次上来分解，上海学就是研究上海各个具体问题的学问；是个别和综合研究上海各个方面或各个领域的学问。再提到理论高度来讲，上海学是综合研究上海区域的特点及其特殊规律的一门学科，是对上海各方面研究的全面的高度的科学概括或科学抽象。所谓科学概括或科学抽象，就是指在人们从各个不同学科的角度研究上海的基础上，突破学科的界限，从上海区域这一复杂的统一体出发，运用多种方法论进行全方位的概括研究，逐步探索上海区域的特点及其规律性。

按照唐培吉等的观点，上海学研究涉及包括地理学、宗教学、风俗学等在内的超过21个传统学科。因此，他们特别强调，“上海学作为独立的一门综合性的学科，不可从它包含的某一学科的内容孤立地去研究，否则上海学就成了各门学科的代名词了”。

与此同时，顾晓鸣（1986）就上海学研究的总体方法论问题提出上海学研究要强调综合和“跨”的特点，要以多维视野从整体上提出研究课题借助一整套的分析概念和系统的操作方法，从各学科的交接点上来分析问题，得出单一方面研究无法得出的整体性或关联性的结论，以此作为宏观认识的基础，同时为每一局部研究提供背景材料和理论视野。他还指出，上海学研究要服务于当代，面向未来，不能为历史而研究历史。同时，上海学的研究还要开放，要成为“比较学科”，不仅要和国内其他城市地方学研究进行合作，还要与国际同行开展交流。

可以说这是迄今为止对城市地方学作为一门独立学科最为准确和完整的定义以及符合城市地方学学科要义的研究方法论。此后，其他城市开展的地方学研究完全可以建立在这个定义和方法论的基础之上。然而，遗憾的是，时隔30年之后，现在仍有大量的学者纠结于同样的问题。但是所提见解不但没有进步，反而拘泥于传统的学科背景重复着要不要设此学科或如何设的问题。相比之下，伦敦和纽约并没有花时间和精力做此讨论，而是直接就组建了跨多学科的研究和教学机构并开设了学位课程。

绝大多数的研究集中在历史和文化方面反映了城市地方学的定位出现了偏差，印证了当初唐培吉等的忠告。城市地方学作为独立学科的必要性在于它可以集传统学科之大成，从整体上研究城市发生、发展和演变的规律，解决传统单一学科无法解决的问题。综观我国城市地方学的研究，几乎成了历史文化学科的独角戏，且研究方法上沿袭着传统学科的研究范式。对期刊论文和部分会议论文集的作者做简单的统计分析便不难发现，多数“××学”的参与者其实寥寥。“××学”事实上变成了以研究当地城市历史和文化为主的少数参与者们“熟人俱乐部的名片”。因为背离了城市地方学作为独立学科设置的初衷，最终将导致昙花一现的结局。

另外，城市地方学的独特性和地方性决定了学科的建设和发展必须得到当地政府和相关企事业部门的支持。这个支持不是靠施舍或化缘得来的，而是要求城市地方学的研究能够帮助它们解决传统学科所不能解决的问题，尤其是城市所面临的整体或系统性问题，抑或能够为城市带来经济和社会效益的整体提升。这就要求城市地方学的研究不但要能够讲清楚城市的历史，更要能够回答城市中现在正在发生的现象背后的机理和各种因素的交互影响关系以及面对现实问题的最优解决方案及其后果。同时还要能够综合运用人类最先进的科技成果预测城市的发展趋势和未来可能面临的挑战及当下的应对策略。这既是城市地方学存在和发展的根本前提，也是它的责任和使命。在这一点上，伦敦学和纽约学的研究已经做出了榜样。反观我国的一些“××学”还在原地竭力为自身生存而辩驳和呐喊，又何谈为城市的可持续发展服务？

五、洛阳学研究方向的思考

洛阳是古代中国建都最早、建都朝代最多、建都时间最长的城市（陈建魁，2016）。这不仅在中华民族5000年文明史上少有，而且在世界历史上也实属罕见。洛阳长达1500多年作为帝都的文化积淀所形成的包容文化成为中华文化的重要根脉和代表性特征（张占仓和唐金培，2016）。不仅如此，洛阳历史上的先进文化和曾经的全球最大都市对人类不同文明之间的交流和发展以及城市建设都具有深远的影响（张占仓和唐金培，2016，2017；张新斌，2016；气贺泽保规，2017）。同时，历史上的几度兴衰，尤其是宋代以后，随着中国宏观地理格局的变迁和人文环境的变化导致洛阳的逐渐衰落，也为研究古代中国政治、经济、地理与环境变迁的历史留下了丰富的资源。中华人民共和国成立以后，洛阳作为国家重点建设的工业重镇为中国的现代化建设做出了巨大的贡献。改革开放以来，洛阳又经历了从辉煌到痛苦转型再到再度崛起的过程。所有这一切为洛阳学的建立和研究提供了绝好的条件。基于本文的前述分析和洛阳学发展的现状，在这里提出几点关于洛阳学未来研究和发展方向的思考，以供商榷。

1. 关于洛阳学的学科定位

洛阳学由已故日本权威史学家岸俊男提出并于2010年在东京正式确立以来得到了中外学界积极的回应和参与，同时洛阳市政府也给予了高度的重视和大力支持。这为洛阳学的进一步发展创造了难得的条件。经过了近8年的学术准备和积累，推动洛阳学学科建设走向规范化和大发展的时机已经成熟。因此，有必要在这个新的起点上对洛阳学的学科定位进行讨论。

关于洛阳学的定位，张占仓和唐金培（2016，2017）认为，“洛阳学是研究千年帝都洛阳从产生到发展、变迁和可持续发展规律的学问。它既从人文地理学的角度研究洛阳古代历史地理环境变迁、现代城市发展和未来发展战略，也从历史文化视角研究洛阳优秀传统历史文化演进和现代洛阳华夏历史文明的传承创新，还可以从其他相关学科研究洛阳的发展变化规律，共同为洛阳可持续发展提供学理支持与政策支撑”。这个定义既准确地概括了洛阳学作为城市地方学普遍应有的学科要义，也突出强调了洛阳学区别于其他城市地方学的独特性。因此可以作为洛阳学学科规范化建设的基本准则。

2. 洛阳学研究要有全局观

以城市整体作为研究对象，服务城市可持续发展是城市地方学存在和发展的前提。作为千年帝都，洛阳一直吸引着中外学者对其历史、文化、风俗、宗教、经济、考古遗迹、城市规划、建筑以及社会生活等方方面面的研究兴趣。长期以来，学界从不同领域所做的研究也取得了丰硕的成果。然而这些研究多数局限于学科的范畴，很少有人从全局上研究这样一个城市历经数千年、数十个朝代，兴而废、废再兴的总体原因和内在规律。“若问古今兴废事，请君只看洛阳城”，可见洛阳在古代中国的地位和影响力。正如张占仓和唐金培（2016）指出的那样，洛阳城市的兴衰是众多因素共同作用的结果。历史上，中国曾经长时间引领着世界文明与科技的发展，这些必然会体现在长期作为首都洛阳的城市生活中。要本真地还原这些历史全貌，依靠考古、历史、地理、天文、宗教、社会、经济、管理、建筑、工程、科技等相关学科的独立研究或个别学科之间的合作都做不到，必须要突破学科界限，综合运用各学科方法，通过分析跨学科间各种因素的相互作用和影响，全面而系统地理解其运行机理和演变规律。因此，洛阳学的研究必须集传统学科之精要，从整体上系统地研究洛阳产生、发展和变迁的规律。这就要求学科的设计要做到“纵横交错”，即既要有历史的纵深，又要有构成城市的方方面面。二者必须紧密结合，缺一不可。

对历史原貌系统而完整的解释不仅是为了增进现代人们对过去的了解，更重要的是服务现代城市的发展。丰富的历史遗存和文化积淀是洛阳发展的宝贵资源，然而如何更好、更科学地利用这些资源，使其既造福当代，也造福后代，需要综合各专业的智慧，做出整体的规划和布局。洛阳作为计划经济时期国家重点发展的工业城市有着非常坚实的工业基础，但是也正因为由此而形成的路径依赖导致其在市场经济条件下的产业和经济转型面临特殊的难题。这些问题往往都具有系统性和关联性，牵一发而动全身。因此，需要对方方面面的相互关系和影响做全面的分析和评价，从而找出系统性的解决方案。洛阳被国家确定为中原城市群副中心城市和“一带一路”节点城市，为其带来了又一次难得的发展机遇，如何更好地利用这样的机遇，推动洛阳实现全方位国际化以及更快更好的发展也需要从整体上进行研究和谋划。这一切都要求洛阳学秉承城市地方学的学科要义，综合吸收各相应学科的精髓，为洛阳的全面可持续发展提供理论基础和政策支持。

3. 洛阳学研究要开放和国际化

从汉代开始，洛阳就已经是国际经济贸易和文化交流的大都会。通过开通“丝绸之路”，与向西远达罗马帝国的沿途各国保持着密切的经济贸易往来和文化交流。正如《后汉书·西域传》所描绘的那样：“驰命走驿，不绝于时月，商胡贩客，日款于塞下。”其往来繁忙程度可见一斑。之后从魏晋南北朝到隋唐，虽经多次战乱和朝代更替，洛阳依旧是“商贾胡貊，天下四会”。不仅如此，洛阳与东亚和东南亚的经贸和文化交往也十分频繁（张占仓和唐金培，2016；张新斌，2016；陈建魁，2016）。洛阳学概念的首倡者日本学者岸俊男就根据对日本现存史料的研究判断中古时期日本文化和平城京（奈良）的建设可能受洛阳的影响更多（侯甬坚，2017；张亚武，2008）。日本学者的研究发现提醒我们，要还原洛阳历史的本真面貌，洛阳学研究要广泛借鉴和吸收国际资源和力量。通过“东联西进”与日本和韩国的学者深入合作，同时寻求与古丝绸之路沿线国家和地区开展共同研究，探求历史上洛阳对外经贸和文化交流的佐证，打破过往封闭式研究因史料不全和力量不足的困局。

在建设“一带一路”新全球化的战略背景下，作为古丝绸之路的起点，洛阳理应抓住机遇，发挥更为重要的作用。以洛阳学研究为纽带，通过构建开放式的学科平台，展开国际合作研究，既可以厘清洛阳对古丝绸之路国家，亚洲国家，乃至全球经济和文化的影响，声扬对洛阳历史地位的国际认知，也可以此为切入点，恢复和重新构建洛阳与“一带一路”沿线相关国家的友好合作关系，从而推动洛阳与这些国家全面的经济合作和深入的文化交流。

4. 洛阳学研究要面向未来

全球范围内的生态与环境退化和气候转暖正在日益严重地困扰着人类的可持续发展。在全球一多半人口生活在城镇的今天，城市所面临的挑战更加突出。由于历史的局限性，过往的大规模开发建设既给洛阳留下了历史瑰宝，也对其自然资源和生态环境造成了难以弥补的破坏。这样的历史教训警醒着我们必须把可持续发展作为当代城市建设活动的决定性评价标准。以未来城市作为基础研究方法和理论体系，综合分析和预测未来洛阳城市发展中可能出现的普遍性和独特性挑战，然后借助当今最先进的知识和科技手段，指导、调整和改进今天的经济和城市建设活动以及生活方式，从而留给子孙后代一个更为美好和可持续发展的洛阳，是洛阳学研究应有的责任和使命。

六、结论

一般来讲，人们总是寄希望于他们所面临的问题会随着技术的进步以及经济和社会的发展逐步得到解决。然而实际情况是问题不但没有减少，反而越来越多，越来越复杂。城市发展正是这种现象的典型写照。20 世纪 70 年代以来，传统学科面对城市问题显得日渐无计可施，于是城市地方学便应运而生。

改革开放以后，尤其是进入21世纪以来，我国的城市地方学也如雨后春笋般出现。本文通过对中外城市地方学的比较分析发现，我国城市地方学的学科定位、研究方法及其演变和发展都存在一定的问题。洛阳学是提出较晚但是基础条件和发展潜力最好的城市地方学之一。国际上城市地方学已经将研究的重点从最初的历史文化转向了未来可持续发展。本文从未来城市的视角提出洛阳学的研究要综合相关传统学科之精要，从全局着眼，“纵横交错”，面向未来，构建开放式和国际化的学科研究范式，为推动洛阳在“一带一路”全球化战略背景下全面可持续发展提供理论依据和决策支撑。

（作者系英国纽卡斯尔大学研究员、河南省社会科学院特聘研究员）

公众史学视域下洛阳学的理论建构

师永伟

摘要：洛阳学是以洛阳地区厚重的历史积淀为根本依据而提出的学术命题，是对现实做出合理反应的结果，国际化的学术视野和融会中西的史学观念是洛阳学的内在史学逻辑，其中公众史学是建设洛阳学的内在理路。以公众史学为指导的洛阳学理论构建，突出了史学为大众服务的宗旨，使洛阳学具有了新的理念与研究方法，在洛阳学研究的总体原则、基本概念、研究对象及实践路径等方面均做出了科学阐释。

关键词：洛阳；洛阳学；公众史学；理论建构

自2010年11月洛阳学在日本被正式提出以来，已经走过了七年的时间，学界对洛阳学也进行了一定的研究，取得了相应的学术成果。但与其他地方学研究相比，在研究队伍、研究机构、研究成果等方面则略显单薄，尤其是在洛阳学理论的构建方面。故本文拟在公众史学的视域下对洛阳学的理论构建加以探讨，以求教于方家。

一、洛阳学的提出与公众史学

洛阳学的概念是由日本京都大学已故教授岸俊男提出的，而正式提出则是在2010年11月在日本明治大学召开的“洛阳学国际研讨会”上，这次国际性的研讨会指出“在立足洛阳研究已有成果的基础上，有必要把不同学者联合起来，寻找共同的研究方向。‘洛阳学’应运而生”。①

洛阳学是集历史性和时代性于一身的研究课题。历史性是指洛阳作为中国八大古都之一，曾经有夏、商、周等13个朝代以其为都城，跨时达1500年之久，更显其具有的“纵深感”，是我国古都史上浓墨重彩的一笔；洛阳作为古丝绸之路的东方起点之一，见证了东西双方的交流历史，在中外交流史上占据重要位置；洛阳作为代表中华元典文化“河图”“洛书”的发现地，儒学、佛学、道学、玄学、理学等影响中华数千年的思想或肇端于此，或繁荣于此，洛阳学的思想厚度不言自明；“洛阳牡丹甲天下”，且一度成为国花，成为无数文人墨客创作的灵感触发器，其中蕴含的传统文化毋庸置疑；以河洛文化为代表的洛阳文化中的包容、开放的品性深刻影响着华夏文明，成为中国传统文化的代表性符号。时代性是指洛阳的兴衰发展际遇，洛阳学就是面临这样一个现实而出现的：以洛阳悠久的历史为根基，如何把洛阳打造成为国际化的大都市，使昔日的繁盛景象再现。显而易见，洛阳学的历史性与时代性就是以洛阳的文化积淀为基础，深入挖掘其中的历史发展脉络，总结期间的经验教训，对当下洛阳的社会发展实际做出有益回应，突出其现实关怀属性，实现“鉴于往事，有资于治道”的历史效用。由此可

---

① ［日］气贺泽保规：《“洛阳学”在日本诞生》，陈涛译，《中国社会科学报》2011年2月22日。

见，洛阳学的提出与深化并非偶然，是对历史与现实需求做出的积极回应，是历史发展的必然，洛阳学成为连接洛阳过去、现在甚至未来的纽带。

洛阳学深深植根于洛阳地区这片文化沃土，是该地区所形成的传统学术文化的集合体。目前，洛阳学的研究尚处于起步阶段，需要从不同的维度对其进行阐释，首先，也是最重要的一点就是洛阳学研究的基本理论是什么？只有从理论方面梳理清楚洛阳学的存在逻辑、基本概念、研究对象、实践路径等问题，才能为洛阳学研究的进一步深入奠定坚实基础。鉴于此，本文拟从作为史学新领域的“公众史学”出发，以洛阳的历史脉络为研究基础，以洛阳市社会综合发展为研究目标，对洛阳学的理论建构进行探讨。

“公众史学”（Public history）兴起于美国，罗伯特·凯利（Robert Kelly）于1978年发表的《关于公众史学的起源、本质与发展》一文标志着公众史学的创立。公众史学诞生的主要社会背景就是当时历史学专业毕业生的就业难题，为了提高毕业生的竞争力，传统历史教育在实践中进行了深刻反思，注重引导学生在培养专业历史素养的同时，具备公共领域实践的能力，故公众史学聚焦的是历史学的应用，充分发挥历史学在公共领域的实用性。其核心的理念就是“人人都是他自己的历史学家”（卡尔·贝克）及“共享话语权”（迈克·弗里茨），它所提倡的是一种更加包容、开放的历史话语权与解释权。在具体的研究方法上，更多地带有一种批判精神的意蕴，其侧重点在于合作互助与创新精神，“公众史学是一种反思的历史实践”[①]。

公众史学作为新的史学发展领域与新的史学形态，其诞生之后逐渐发展成为一种社会运动，并向全球推广，中国亦不例外。20世纪80年代以来，中国社会中的公众力量逐渐壮大，公众社会形成，尤其是互联网技术的迅猛发展，自媒体的普及，使公众历史书写成为一种新的社会需求，公众史学日益走进人们关注的视野。一般认为，公众史学主要包含六个分支：公众历史书写、公众口述史学、公众影像史学、公众历史档案、公众文化遗产、通俗普及史学。[②] 公众史学的推广在不断更新历史观念、充分展现史学为民服务的实用功能、提升史学的记录功能、推动民史的发展、促进公众个人史的大量出现等方面均有重要意义。公众是公众史学的参与主体与服务对象，同时传达出这样一种信号：史学并不遥远，历史就在我们身边，每个人都有参与历史书写、历史解释及历史消费的权利，公众在历史话语权面前并不是“失语群体”，他们与专业历史学者相比只是有程度上的高低之分而已。此外，“公众史学的勃兴，并不影响专家治史学”，二者之间是一种“相得益彰”的良性互动关系，[③] 即公众史学并不排斥专业史学，专业史学家也可以参与到公众史学之中，一方面对公众史学的理论建构进行专业指导，另一方面在公众史学的具体历史知识上进行约束，从而保障公众史学沿着史学轨道前进，避免出现泛滥发展与误入歧途。

公众史学作为一种新的史学形态，在连接公众与专业史家、沟通历史知识与实际应用、融合过去与现在等方面具有独特的优势，从公众史学的角度探讨洛阳学的理论建构不失为一种新的尝试。

二、洛阳学的内生史学逻辑

洛阳学这一学术概念是以洛阳积淀千年的辉煌历史为根基，再加以先进的史学理念共同催生的。深

① 李娜：《美国模式之公众史学在中国是否可行——中国公众史学的学科建构》，《江海学刊》2014年第2期。

② 钱茂伟：《中国公众史学通论》，中国社会科学出版社2015年版，第1页。

③ 姜义华：《大数据催生史学大变革》，《中国社会科学报》2015年4月29日。

入探究洛阳学的历史根源，总结其中的内生史学逻辑，对于深化洛阳学内涵，加快构建洛阳学理论具有重要意义。在此需要说明的一点是：洛阳学研究的地域范围应以存世文献中的“洛阳”与以洛阳为中心的洛阳地区为界。

1. 洛阳学的历史根源

洛阳独特而厚重的历史文化资源铸就了开展洛阳学研究的坚实基础。作为十三朝古都，尤其是中华文明发源时期夏、商、周等朝代的中心所在地，其中的文化内涵、象征意义以及政治空间等均具有极强的代表性，在华夏文明长河中占据着举足轻重的地位；洛阳是丝绸之路的起点之一，中外交流频繁，成为国际交往的中心之一，这就使洛阳兼具突出的国际性特征。洛阳学研究的历史根源既有洛阳地区深厚的文化积累层，也有中外交流上的文化融合。概言之，主要表现在以下四个方面：

第一，洛阳是中华圣地。中华圣地的定位准确地表明了洛阳地区的历史地位与文化地位。其一，洛阳是中国文明的重要发祥地。中国拥有上下五千年不曾间断的灿烂文明，古老的河洛地区就是其中的突出代表。裴李岗文化、仰韶文化、龙山文化、夏文化这一脉络在洛阳地区绵延万余年，早在1959年，偃师就曾发现了石磨盘一套，经专家鉴定属于裴李岗文化遗存；仰韶文化则是因首次发现于洛阳下辖的仰韶村而得名，后经测定，仰韶文化距今5000~7000年，这次发现表明中国在史前社会的漫长发展中存在着发达的新石器时代，“对实现统一中国文化做出了最早的重大贡献”[①]。2012年，中国考古工作者在洛阳栾川发现了6颗古人类牙齿化石，经鉴定，该化石属于直立人化石，其年代应不晚于北京人，也即50万~73万年，这一古人类被命名为“栾川人”。同时，这一发现被评为当年的“十大考古新发现”第一名，这表明古老的中原大地在50万年前就已经有了人类的存在。[②] 由此可见，洛阳地区拥有古老而灿烂的史前文明，是中国文明的重要发祥地。其二，洛阳是中国根文化的发源地。河洛文化是以洛阳为区域中心的古代黄河与洛水交汇之处形成的丰富文化的集合，是中华优秀传统文化的集中体现。河洛文化主要体现在“河图”“洛书”之中，同时也集中于《周易》之中，这些元典性文献是中国文化的根，成为“五行”的源头、二进制数学模式的源头、中国符号学的源头等，所谓“河出图，洛出书，圣人则之”即是此意。此后，河洛文化成为社会主流文化，并不断上升为国家文化。此外，洛阳对诸子思想、魏晋玄学、宋明理学等的产生、发展均产生过重要影响，而这些正是中华文化的核心与主干。其三，洛阳与儒释道三教的渊源颇深。洛阳是周公“制礼作乐”的所在地，周礼的成形夯实了儒学的根基；后孔子赴洛阳向老子请教“礼”，即“问礼于老聃，访乐于苌弘”，儒家思想体系的形成与洛阳有重要关系。道家学说诞生于洛阳，道家鼻祖老子长期生活于洛阳地区，任周守藏室，道教尊其为“太上老君”，其所著《道德经》成为道家思想的经典；洛阳的北邙山为道教72福地之一，是老子炼丹之所，东汉时期是五斗米道的“二十四治”之一，现存的上清宫是道教名观。佛教首传于洛阳，佛教于东汉时期传入中国，建有最早的佛教祖庭白马寺，此寺院译有中国第一部佛教典籍《四十二章经》，此后佛教在洛阳地区十分盛行，以龙门石窟的开凿、建成最负盛名。其四，洛阳是姓氏发展与移民的重要区域。姓“别婚姻”，氏“别贵贱”，姓氏文化是中华文化具有凝聚力的一个重要因素。据统计，全国120个大姓中，起源于河南或其中一二支起源于河南的共有97个，这其中又多起源于河洛地区。洛阳处天下之中，自古为王者必居之地，人口稠密，但西晋时期的八王之乱及之后的永嘉之乱导致“中州士女避乱江左者十六七”（《晋书·卷六十五·王导传》），及至唐代安史之乱、唐末起义、宋室南渡等时，洛阳地区移民人数更多，客家人、河洛郎的形成就是最好的佐证。

第二，洛阳是千年帝都。从夏商周时期到汉魏中华文明的发展时期，再到隋唐中华文明的繁荣时

① 李学勤：《河洛文化研究的重要意义》，《光明日报》2004年8月24日。

② 李运海：《河南首次考古出土猿人化石揭秘栾川人之谜》，《河南日报》2013年3月18日。

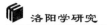

期，及至五代十国中华文明的融合时期，先后有13个朝代以洛阳为都城，建都时间长达1500余年，是建都最早、持续时间最长的都城，且是唯一被称为“神都”的都城，是名副其实的“千年帝都”。夏都斟寻二里头遗址、商都西亳偃师商城遗址、周王城遗址、汉魏洛阳城遗址和隋唐洛阳城遗址等依次排列于洛阳大地上。

洛阳成为千年帝都并非偶然，其独特的自然人文环境是重要因素，具体说来主要有以下几点：其一，适宜的自然环境。历史上的伊洛河盆地气候长期处于稳定状态，且温度适宜、雨量充沛，为古都洛阳的发展提供了适宜的自然条件，曾在此地出土的大象化石即可证明其气候特征，因此早在旧石器时代就有人类活动的遗迹。其二，天下之中的地理优势。洛阳是“此天下之中，四方入贡道里均”（《史记·周本纪》），符合古代都城“立都必居其中”的选址原则，故“昔三代之居，皆在河洛之间”（《史记·封禅书》）。此外，洛阳地区“形胜甲于天下”的战略地位亦是不容小觑的，函谷关、老虎关、伊阙等重要关口皆是洛阳的重要屏障，故而屡次成为都城所在地。其三，厚重的历史文化。洛阳是中华传统文化的主要集中地，发现于洛阳的“河图”“洛书”是中华文化的根基，儒释道三教的祖庭在洛阳，魏晋玄学在洛阳地区兴盛，宋明理学在洛阳地区初创，多民族文化融合在洛阳，等等。其四，发达的社会经济。洛阳地区是农业兴起较早的地区，洛阳还是我国商业的滥觞之地，此外，洛阳的丝织、冶铸等手工业也是十分发达的，早在秦汉时期就已出现“东贾齐鲁，南贾梁楚”（《汉书·地理志》）的盛况；到了隋唐时期，洛阳城的人口数量已过百万，是一个久负盛名的国际化大都市。

可以说都城是国家的缩影，是政治、经济、文化的中枢。都城文化在深层次上反映了多维度的历史文化信息，通过对都城建制的比较，我们可以得出这样一个规律性结论：“在内部空间布局及建筑形制上的变化与社会形态的演进是一致的。”① 也就是说，都城的选址、空间布局等折射出的是中华文化的传统。

第三，洛阳是丝路起点。西汉时期，张骞的“凿空”之行开辟了具有历史意义的丝绸之路。东汉时期，汉明帝派遣班超重新打通早已荒废的丝绸之路，洛阳成为丝路起点，并首次与欧洲的大秦取得联系。自此之后，东西方之间的贸易往来绵延不绝，出现了“驰命走驿，不绝于时月，商胡贩客，日款于塞下”（《后汉书·西域传》）的繁荣景象。到了隋唐时期，洛阳与域外的交流规模、层次更是有了巨大提升。

洛阳作为丝绸之路的起点之一与重要枢纽，在中外交流史上发挥了重要作用。其一，与相关国家和地区保持密切交往。东汉时期、曹魏时期、西晋时期、北魏迁都洛阳时期、隋唐时期等均与域外各国保持着密切交往，如汉明帝时期“西域诸国遣子入侍”（《后汉书·明帝纪》）；曹魏时期，倭奴国三次派遣使臣来到洛阳；西晋时期“倭人来献方物”（《册府元龟》）；北魏时期“高昌国遣使朝贡”（《魏书·高祖纪》）；隋唐时期洛阳与西域各国及其他国家的交流达到一个峰值，盛况自不待言。其二，与相关国家和地区进行商品往来。丝绸之路是一个双向贸易之路，中原地区输出的物品主要以丝绸、瓷器、漆器等为主，域外的特色之物也不断输入到中原地区，如马匹、奇珍异宝、特色植物等。洛阳地区胡商云集，政府曾为其开辟专门的活动区域，一度出现“天下舟船所集，常万余艘，填满河洛”（《元河南志》卷四）的繁盛景象。其三，与相关国家和地区开展文化交流。丝绸之路承载的不只是物质交往，更为重要的是中外文化交流，其中的突出代表就是佛教的传入与弘扬。汉明帝永平七年（64年），派遣10余人赴西方求取佛法，于永平十年（67年）归来，汉明帝在洛阳为其建立寺院——白马寺，并在此翻译大量的佛教经典。此后各个朝代均在此大力提倡佛教，以此为基础，佛教逐渐从中原地区传入东亚、东南亚等地区。

① 张杰、张清俐：《古都洛阳：中国都城史上的“地标”》，《中国社会科学报》2016年11月11日。

总之，洛阳作为丝路起点，在友好交往、商品贸易、文化交流方面发挥着重要作用，在当今“一带一路”背景下更凸显其历史地位与作用。

第四，洛阳是牡丹花城。“唯有牡丹真国色，花开时节动京城”。牡丹雍容华贵，对栽培条件要求极高，同时需要具备一定的栽培技术与物质条件，这对一般人家来说已属不可能，这就决定牡丹文化中高贵的特点。洛阳牡丹起于武周时期，其时尚不出名，但已有记载：“洛阳大内临芳殿，庄宗所建，前有牡丹千余本。”① 洛阳牡丹声名鹊起是在北宋，其时社会稳定，文人骚客争相以牡丹为创作题材，如洛中文人群体中欧阳修的《洛阳牡丹图》、邵雍的《洛阳春吟》等均是盛赞洛阳牡丹的上品佳作；此时的《全宋诗》亦是推崇洛阳牡丹的一个证明，其中以洛阳牡丹为写作对象的有200余首，这表明此时洛阳牡丹已经声名远播，甚至成为其时文人的审美符号。明朝时，牡丹被明确称为“国花”。② 自此之后，清及民国时期，洛阳牡丹的地位一直很高，在国人心中的位置是无可替代的。

洛阳牡丹以奇艳而号冠天下，赢得世人称叹，是上贡宫廷的名贵花种；洛阳牡丹的栽培技术亦是一绝，欧阳修《洛阳牡丹记》中对牡丹栽培过程中涉及的栽接、医治、灌溉等技术皆有描述。洛阳牡丹兴盛的背后反映出的文化内涵主要有三点：一是牡丹雍容华贵的姿态，是其时人们的普遍审美观念；二是对世俗民情，渴望美好生活的高度肯定；三是文物风流的外在表征。

洛阳因牡丹而扬名，牡丹因洛阳而出彩，洛阳与牡丹的结合是天造地设的一对。洛阳牡丹文化节时至今日已经举办了35届，2017年的牡丹文化节于5月5日完美闭幕，这期间洛阳共接待游客2493.96万人次，创历史新高，牡丹已然成为洛阳的一张名片。

2. 洛阳学的历史逻辑

因国际化的学术视野以及中西史学观念融合会通出现的公众史学是构建洛阳学的内在历史逻辑。

第一，洛阳学是在国际化学术视野基础上产出的成果。近几十年来，中国与世界之间的交往越来越频繁，在高度、广度、深度上都有很大的提升。国外先进的史学理论不断引入国内，如年鉴学派、计量史学等。在此背景下，中国史学的理论、观念、方法、内容、成果等方面必然带有国际化的时代烙印。史学既要立足于传统文化的还原与挖掘，同时又立足于现实发展的需要，求真与致用是史学不可分割的两面。

洛阳学研究是史学在国际化学术视野基础上不断反思的直接结果，这种反思表现在三个方面：其一，在国家和世界的广阔发展背景下，对洛阳往昔发展历史过程进行反思。洛阳的发展经历了“起步—盛—衰—复兴”四个阶段，这一历史过程中充分展现了洛阳城发展中的关键因素，需要今人对其进行总结，洛阳学当以此为研究基础。其二，以洛阳往昔发展为基础，反思其与现代洛阳发展之间的内在联系。“若问古今兴废事，请君只看洛阳城。”充分揭示洛阳城兴衰的内在规律，对当今洛阳的发展大有裨益，洛阳学当以此为研究的目标之一，成为沟通洛阳历史与现代洛阳发展之间的学术桥梁。其三，以社会发展趋势为动力，对当前史学面临的新需求进行反思。“历史热”成为一股社会潮流，史学当以此为发展动力，对自身的观念、理论等方面进行更新，以此满足社会发展新需求，洛阳学当以此为进一步深入发展的动力。

由此看来，洛阳学研究的基本任务与目标是：在国际化学术视野指导下，以古洛阳的深厚历史积淀为起点，以洛阳与周边地区、相关国家的关联为线索，以总结历史发展中得与失、成与败为立足点，从而为现代洛阳城发展提供现实关怀。这在很大程度上是以国际化学术方法审视洛阳学建设的结果。

第二，洛阳学以公众史学为自身建设的内在理路。公众史学是史学在面临现实难题时，用历史思维

① 《宋元笔记小说大观》（第一册），上海古籍出版社2001年版，第37页。

② 扈耕田：《中国国花溯源》，《民俗研究》2010年第4期。

与逻辑探寻问题解决途径中产生的，且在实践中证明了其合理性。公众史学提倡大众参与，避免了学院式历史发展的弊端，促使史学由小众走向大众，体现了史学的广泛性；公众史学注重史学的实效，关注社会的公共领域，体现史学的社会责任与担当；公众史学是理性而非感性的发展，主张将史学以通俗易懂的方式向受众传递，通俗而非庸俗是非常重要的；公众史学理论中带有的创新精神与批判意识、合作意识亦是不容忽视的。

洛阳学研究是一个复杂的有机体，其研究体系涉及的范围非常广泛，涵盖诸多学科；洛阳学的研究对象，横向来说涵盖社会的方方面面，纵向来说贯通从古至今的各个时间段，它的研究过程是开放的，需要各个领域人才的积极参与，并非专家学者的特定领域，既需要专家学者的专业智慧，同时也需要注入公众的集体思考；洛阳学研究并非纯学术式的研究，不能只在传统学术圈中打转，要把洛阳学建成走向大众、走向社会的学术，充分发挥洛阳学的社会功能，让公众真切感受到洛阳学的成效；洛阳学与公众的结合不是无底线的迎合，洛阳学的发展是理性的、科学的、严谨的，洛阳学是以通俗的方式向大众传播其理念、内容与成效，十分注重受众的反应；洛阳学研究是对传统史学的批判性继承，注重创新研究方法与理论。

洛阳学以公众史学作为自身建设的内在理路就需要以公众史学作为方法指导，把公众史学的精髓运用至其中，而非书写一两部公众史学著作。这是对传统史学理念的更新与完善，清晰地界定了史学的历史角色与现实角色，为洛阳学建设、深化发展提供了动力，毕竟公众的力量是无穷的，公众的智慧是历史发展的重要支撑。

第三，洛阳学是传统史学观念与现代史学观念融合的结果。从史学发展史来看，经世致用、爱国忧民等是我国传统史学的重要特点。① 也就是说，传统史学十分注重其“以史为鉴”的社会作用，史学动向与社会发展方向要一致，洛阳学也要与时代需求的脉搏产生共振；国家利益和民生疾苦向来是史学关注的焦点，洛阳学要秉持自身的道德观，践行以爱国主义为重要内容的价值观。但从现代史学理论上来说，对传统史学进行反思也是必须的，这样更有利于史学做到古为今用，与时俱进。洛阳学需要继承我国史学中求真、求实的优良传统，真实反映社会现状，做到为公众服务。

以公众史学为重要内容的现代史学观念突出公众的作用，侧重史学的应用价值，这就必然要将古代洛阳的历史与现代洛阳发展史联系起来，作为参照，以此来思考洛阳在国内外的城市定位、文化定位、功能定位。洛阳学就是现代史学观念催生出来的具有极强全球史风格的研究领域。

洛阳学是一个具有古典内容与现代风范的统一体，其产生是传统史学观念与现代史学观念有机融合的结果，彰显了其时代性特征。

3. 洛阳学的现实机遇

洛阳学是一个根植于洛阳历史长时段的科学命题，是一个具有极强时代感的科学研究体系，对其开展研究既是洛阳对国家整体战略部署的积极回应，同时也是洛阳城市综合发展的迫切需求，故洛阳学研究是有着一定现实契机的。

第一，洛阳学是应当代国家整体战略发展需求而不断走向深化的古典学术课题，这是洛阳学深入发展的大背景。国家整体战略部署，尤其是国家“一带一路”倡议的实施以及传承发展中华优秀传统文化相关指导意见的出台，推动了洛阳学这一具有战略支撑意义的学科体系的发展。

“一带一路”是国家在新时期、新形势、新格局下提出的具有国际意义的战略。“一带一路”以陆上丝绸之路和海上丝绸之路为历史基石，是国家之间加强合作、共同发展、互利互惠的新举措，尤其是日前刚刚闭幕的“一带一路高峰合作论坛”更是把“一带一路”建设推向高潮。洛阳作为丝绸之路的

① 张海鹏：《中国传统史学的特点》，《安徽师大学报》（哲学社会科学版）1996 年第 4 期。

东方起点之一和华夏文明的摇篮，要充分利用自身的优势条件，积极把洛阳学打造为具有国际影响力的显学，作为讲好中国故事、传播中华文明的一个重要窗口，在“一带一路”建设中发挥积极作用。

以河洛文化为突出代表的中华优秀传统文化是中华民族的瑰宝，是洛阳为中华文明做出的突出贡献。习近平总书记“5·17”重要讲话以及《关于实施中华优秀传统文化传承发展工程的意见》等文化部署的出台，为洛阳学建设指明了方向、搭建了平台，因为洛阳学是构建具有中国特色哲学社会科学的一个重要支撑点与组成部分，是增强国际话语权的重要力量；因为洛阳学是弘扬中原地区优秀传统文化的重要依托与抓手，是建设文化高地的重要推动力。

第二，洛阳学是洛阳城市综合发展催生的地方学。洛阳城市的发展有盛有衰，但是其发展的历史脉络并未中断，其间的文化传承一直保持兴盛，形成了卷帙浩繁的文献资料。现在洛阳城市保留的文化遗存，不仅是历史的见证，还是一种集体的历史记忆，成为贯通古今的精神桥梁。洛阳学研究是洛阳继承古代文化遗产，不断进行创新式发展而催生的合理要求。

河南省第十次党代会对洛阳的定位是“中原城市群副中心城市”“全国重要的现代装备制造业基地和国际文化旅游名城”“带动全省经济发展新的增长极”，如何把洛阳打造成为名副其实的“副中心”与“增长极”是其下一步工作中的重点。而这就需要从历史中汲取智慧与力量，因为“当代”还是一种“追溯既往的力量”①。洛阳学作为地方学，具有地方学的一般作用与价值，即促进区域文化全面发展、为政府工作提供参考、推动经济持续发展等，洛阳学研究需要与现实重大问题紧密结合。

洛阳学是对洛阳地区历史文化的高度总结与升华，是洛阳实现复兴的重要推动力。要充分认识到洛阳历史与现实发展之间的互动关系，切切实实地把洛阳学研究与洛阳建设结合起来，开创洛阳城市发展新局面。

三、公众史学与洛阳学的理论体系构建

洛阳学是洛阳、洛阳文化由古及今运动产生的硕果，具有古典与现代两重属性，古典是指洛阳学研究植根于洛阳厚重的历史土壤之中，这是洛阳学研究的逻辑起点；现代性是指洛阳学具有现代性的学术视野，开放式的研究体系，直接面向公众，鼓励公众参与，最终为公众服务，同时具有批判性与创新性，注重利用新媒体，具有明显的公众史学特征。公众史学指导下的洛阳学理论体系构建由以下几个方面构成：

1. 总体原则

把握史学发展新动态，强调公众史学对洛阳学研究的内在价值。虽然公众史学诞生的时间不长，但它却是以“一场运动”“一种方法论”“一种途径或方式”的面目出现在公众面前的，发展势头锐不可当。充分把握这一史学发展新趋向，找到公众史学与洛阳学的契合点，以公众史学作为洛阳学理论构建的内在理路与内在逻辑，这是促进洛阳学研究走向深入与繁荣的重要保证，同时也是凸显洛阳学社会功能的重要保证。

以公众史学为导向，重点探讨洛阳城市发展的大格局。公众史学侧重于公众的主体性和为公众服务的目的性，其过程重点培育创新精神，着重突出学术研究的实际作用，公众史学是一项人人均可参与的历史性活动，增强了公众的存在感与荣誉感，使其更具有吸引力。洛阳城市的发展，尤其是重大战略的部署，需要人们广泛地献策献智，积极参与到城市发展中来，即要寻找智慧的最大公约数。公众史学就

① ［美］阿诺德·豪塞尔：《艺术史的哲学》，陈超南、刘天华译，中国社会科学出版社1992年版，第239页。

是引导公众参与公共空间开发的有效方法。

以洛阳学为依据，打造国际化的洛阳大都市。洛阳学吸纳了公众史学的精髓，聚焦洛阳发展，一方面保持洛阳的民族独特性，另一方面积极开展国际合作。洛阳学时刻与洛阳城市的大发展、大繁荣保持同步，积极开展前瞻性研究，真切关怀洛阳发展中的重要问题，把历史资源优势转化为产业优势，进而转化为民生福利优势。探究洛阳城市发展的大格局、新形势，为把洛阳打造成为国际化大都市提供强大的智力支撑。

以跨文化交流为视野，积极构建国际洛阳学。洛阳学自诞生之日起就是一门国际化的学问，日后的发展方向就是要更加旗帜鲜明地叫响国际洛阳学。国际洛阳学要处理好两方面的关系：一是洛阳学研究具有的国际学术视野，站在更高的层面上推动洛阳学在研究理论、方法、领域、内容上的进一步拓展；二是洛阳学与域外文化之间的互动关系，通过“请进来”与“走出去”两条途径加深洛阳学的国际范。

2. 洛阳学的基本概念

洛阳学的基本概念是洛阳学研究的起点。“洛阳”究竟是指洛阳地域界定还是洛阳人？“学”的内涵究竟为何？这是洛阳学研究不可避免地要回答的最基本问题。

第一，“洛阳学”是一个偏正词组，“洛阳”是范围界定，“学”是内涵意蕴，洛阳学中的“洛阳”不应该是，实际上也不是一个简单的空间概念，还应是囊括物质与精神的历史概念。从学理上讲，洛阳学是洛阳地区所形成的传统学术文化的集合体，且这一集合体对当今社会仍起着重要作用，这其中就必然涉及上述所说的洛阳人，因为“文化价值不是从天而降地对历史进程发生影响的，它是一种基于人的观察而产生的抽象”。① 另外，洛阳学是一个历史性的动态概念，而非静态概念。

第二，洛阳学作为地方学，我们可以从其他地方学研究中寻找借鉴，如长安学是“依托于周秦汉唐文明、对以古代长安为中心的陕西历史文化进行全面研究的一门综合性学科”②；北京学“是一门研究北京城市及其环境共同组成的城市综合体的形成、演化、发展规律的应用理论学科”③。洛阳学的研究也应包含这些研究内容。但是，洛阳学又有别于一般的地方学，因为洛阳作为十三朝古都，河洛地区形成的文化长期作为国家主导的主流文化，这就决定洛阳学的研究也必然要高于一般的地方学研究。

第三，洛阳学研究还应处理好河洛文化与洛阳学的关系。河洛文化研究自 1989 年开始，已经走过了近 30 年，如何深化河洛文化研究成为当前研究中的一个瓶颈问题，而洛阳学的提出就解决了这一难题，“河洛文化研究的核心是洛阳，河洛文化研究的提升是构建具有国际影响力的洛阳学”④。

综上所述，洛阳学是一门以洛阳地区形成的物质文明与精神文明为基础，探究洛阳形成、发展、演化规律，并为当今社会服务的综合性动态学科体系。洛阳学强调国际视野和清晰的现代学科意识，着眼于洛阳城市的综合发展与公众生活水平的改善。

3. 洛阳学的研究对象

洛阳学的研究对象主要包括以下四个方面：

第一，洛阳地区文献资料的搜集与整理。洛阳是中华文明的发祥地之一，长期作为国家都城，经数千年文化积淀而保存下来的文献资料汗牛充栋，对相关文献资料的整理是洛阳学研究的基础。这些文献资料主要涉及地方志、河图洛书、名人别集、理学名著、小说戏曲、佛教经典、金石资料等。⑤ 对文献进行资料搜集与整理的工程浩大，需要公众的广泛参与，公众与专家学者一样拥有历史解释权，这就是

① ［美］巴林顿·摩尔：《民主和专制的社会起源》，拓夫等译，华夏出版社 1987 年版，第 394 页。
② 李炳武：《长安学总论》，《长安大学学报》（社会科学版）2010 年第 1 期。
③ 张妙弟等：《北京学研究的理论体系》，《北京联合大学学报》（人文社会科学版）2003 年第 1 期。
④ 张新斌：《河洛文化与洛阳学》，《中州学刊》2016 年第 12 期。
⑤ 张佐良：《洛阳学研究的文献基础与思路》，《中州学刊》2016 年第 12 期。

公众史学倡导的“共享话语权”。

第二，洛阳地区文化的综合研究。洛阳地区文化资源丰富，涉及诸多学科，既有古典文化，又有现代流行文化。综合运用当下人文社会科学研究的理论与方法，对洛阳地区的综合文化展开研究，丰富洛阳学研究的内容。这其中必然包括对非物质文化遗产的研究，此方面研究是公众史学的优势所在，如河洛大鼓、洛阳水席的口述史研究以及影像学记录等。

第三，洛阳学自身建设的相关研究。洛阳学自身建设尚处于起步阶段，需要在理论、方法、内容、范围、实现路径等方面进行深入研究，但仅限于理论探讨的研究是没有任何前途与活力的，要想做大做强洛阳学研究，一个重要途径就是吸引更多的研究者参与其中，完成“实践—理论—实践”这样一个辩证过程，正如公众史学要求的那样——“使更多人参与进来”，对洛阳学开展多学科研究。

第四，洛阳区域发展的研究。这是洛阳学研究的最终落脚点。任何传统的意义不在于“述往事”，而在于“示来者”。洛阳学是性理之学与经济之学的有机统一，需要不断吸引各方社会力量、整合社会资源，对洛阳区域发展进行深入探讨，取得“1+1>2”的放大效应，毕竟“一切历史都是当代史”①。如洛阳隋唐城遗址植物园园林绿化的规格相对较高，但是其中的设计元素缺乏隋唐城这一文化主题，使其失去了文化的“魂”与“核”，从而未能凸显其特色。

4. 洛阳学的实践路径

洛阳学的实践路径多种多样，如需要凝聚共识，搭建研究平台，完善政策支持等。本文着重探讨以公众史学为指导，如何使洛阳学落地生根。

第一，科学安排学科建设。洛阳学的学科建设主要有洛阳学的基础理论研究、洛阳学的基本问题研究、洛阳学的历史问题研究、洛阳学的文化精神研究以及洛阳学的现实问题研究等。洛阳学学科建设可以借鉴公众史学学科建设的方法，二者都属于新兴学科，在理论建设与学科推广上十分相似。如公众史学设置的城市历史保护、文化遗产学、影视史学等门类，采取的举办讲座、成立社团、拥有固定刊物等推广方法，洛阳学均是可以参考的。

第二，建设结构合理的队伍。洛阳学是一门综合性的学科，既需要各个学科进行专业性质的研究，同时也需要跨学科性质的研究，这样就需要各个领域的人才参与进来，实现团队合作、共同攻关，如此方能真正形成公众历史知识的公众性。如艰涩的古典文献既需要专业史学家进行权威解读，同时也需要民间写手进行通俗化的宣传；史学研究既有政治史、文化史，也有新兴的口述史；高等历史教育既需要培养具有专业素养的学生，也需要培养具有参与公共空间实践技能的学生；等等。

第三，注重增强创新意识。对洛阳学的研究不能在传统学术领域、传统学术群体中打转，这既是对洛阳学研究的深度思考，同时也是对洛阳学研究突破发展瓶颈的有益尝试，这就需要具有一定的批判与创新意识，正如公众史学所要求的那样——方法上具有批判性，注重创新精神的培养。

第四，不断加强交流合作。公众史学诞生之后在美国迅速传播，后被介绍至法国、德国等域外国家，不断与当地文化融合，形成具有国际化视野的公众史学。加强交流与合作也是洛阳学得以生存与发展的重要条件，这里所讲的交流与合作主要包括两个方面的内容：一是不同专家学者以及民间爱好者之间的交流与合作；二是不同地域、不同文化之间的交流与融合。如洛阳学需要加强与长安学、北京学等地方学研究者、研究机构进行交流，同时洛阳学也需要同日本、韩国等国家的学者进行交流。

第五，侧重新媒体的应用。公众史学非常注重利用新媒体，把可视化的媒体工具作为其进行研究的主要工具，这也是公众史学与传统史学相比最现实的优势。洛阳学研究诞生于新媒体异常发达的时候，利用新媒体的记录、整理、查询、分析等功能开展洛阳学研究具有可能性，同时也有极强的必要性，这

① ［意］贝奈戴托·克罗齐：《历史学的理论与实际》，［英］道格拉斯·安斯利、傅任敢译，商务印书馆1982年版，第2页。

样就可以充分利用新媒体的时效性、便捷性、共享性、互动性等特征，在整体上加强对洛阳学的研究。如三维动画的利用可以增强学术的立体感，资源数据库的建设可以大大降低文献查询的难度、用影像记录洛阳名镇、微信公众号的使用（永怀河洛间）等。

第六，注重对公众的服务。这是公众史学的核心观点与特征之一，也是洛阳学研究的最终目标，这一点无须多言。洛阳学继承了经世致用的传统，不仅研究文化和学术意义上的洛阳学，而且还研究洛阳城市当下经济社会发展中的人、事、功。洛阳学在总结规律的基础上对当下洛阳城市发展提出有益借鉴，加强对策性研究，突出其应用性特征，因为现代化运动“尤其善于利用传统因素作为革新的助力”。① 如洛阳地铁标志的设计、遗址博物馆的建设与特色②等与民众关联的事件。

受后现代主义等思潮的影响，我国当今的史学界出现了某种程度上的自我迷失，史学研究的题材似乎是越小越好、越冷僻越好、越细越好，过分的学术化研究使史学与大众愈来愈远，但“公共史学能够大大缩短史学界与公众之间的距离，促进史学与其他学科之间的融通，也必将不断扩充史学的应用范围”③，为史学发展带来活力与生机。将公众史学应用于传统文化的研究，对史学研究必将是大有裨益，洛阳学研究与公众史学相结合就是一个很好的典范，较好地避免了史学发展中的弊端，使洛阳学成为接地气的学科体系，也为洛阳学理论体系的构建提供了内在逻辑，有力地促进了洛阳学研究的顺利开展与进一步深化。

（作者为河南省社会科学院历史与考古研究所研究实习员）

① 罗荣渠：《现代化新论——世界与中国的现代性进程（增订本）》，商务印书馆2009年版，第358页。

② 钱锋：《公众史学视野中的遗址博物馆——以重庆抗战遗址博物馆为例》，《青海民族研究》2016年第2期。

③ 《让史学参与历史的创造》，《光明日报》2015年11月11日。

环境史学与洛阳学的构建

朱宇强

摘要：洛阳学以洛阳为主要研究对象，探寻洛阳城的产生、发展的历史过程与基本规律；探寻以洛阳为中心的洛阳地区的历史变迁、与中心城市的共同发展等问题；探寻河洛文化的传承、创新等。环境史学主要探索历史时期人类生态系统的演进过程，探索历史时期人与自然的关系。洛阳环境史是洛阳学研究的重要内容，洛阳研究是中国环境史关照的重要内容，洛阳学能够深化环境史学研究。环境史学有助于拓展洛阳学的研究领域、突出洛阳学的“洛阳”特征，有助于洛阳学更好地服务于洛阳。

关键词：洛阳学；环境史学；天下之中；河洛文化

工业革命以来，伴随着工业化的浪潮，西方对待自然的“帝国”传统也传遍了地球上的大多数国家和地区。这种帝国式自然观根源于传统基督教对待自然的态度。“在一般的基督徒心目中，自然的主要功能就是满足人类的需求。”① 虽然大多数中国人并不信奉基督教，但是，这种思想已经与工业化一起渗入我们的血液，成为我们文化的一部分。在许多人的眼中，充满生机的自然仅是工业生产流程中的一个组成部分，仅是原材料。在这样的思想影响下，历史学也曾一度只关注人类的经济发展，而忽视了环境的作用；只强调人类这个种群，而忽视了其他生物的状况，很少涉及人类与其他生物以及周围环境的互动关系。环境，或者自然，在一些历史学者看来，只是人类活动的舞台或背景。

20 世纪六七十年代以来，日益严重的环境污染、生态危机等问题严重地威胁着人类的生存。人们开始反思传统工业生产以及与之相适应的帝国式自然观的弊病，开始考虑人类文明的新出路。生态学作为研究有机体（包括人）与其周围环境相互关系的科学②，越来越受到人们的重视。许多人已经意识到，人与其他生物一样，其生存发展是不能脱离周围环境的，是与其周围环境相互联系、相互依赖的。经济学、社会学，包括历史学等以人类、人类社会为中心的学科，也开始反思自己的研究思路和研究方法。一些历史学家“开始接受生态学以及其他的自然科学，同时开始从根本上重新定义了我们所构想的人类事务”。③

一、环境史学的兴起及其研究旨趣

环境史是学者从历史的角度对人类“过分忙于‘征服’自然”而造成的一系列严重后果的反思。20 世纪五六十年代，环境史最先在美国兴起。20 世纪八九十年代，中国环境史逐渐产生。1990 年，伊

---

① ［美］唐纳德·沃斯特：《自然的经济体系——生态思想史》，侯文蕙译，商务印书馆 2007 年版，第 46－79 页。

② 孙儒泳、李庆芬等：《基础生态学》，高等教育出版社 2006 年版，第 1 页。

③ ［美］唐纳德·沃斯特：《为什么我们需要世界史》，侯深译，《世界历史》2004 年第 3 期。

懋可发表了 *The Environmental History of China*：*An Agenda of Ideas* 一文，提出了中国环境史研究的构想。1993 年，他和刘翠溶主办的中国生态环境历史学术讨论会在中国香港举行，几十位从事中国环境史研究的学者出席了会议，并提交了论文，会后以中英文分别出版了论文集。这是中国环境史研究的第一部论文集，内容涵盖中国环境史与世界环境史的比较、“自然环境的变化、人类聚落的变化、边疆的开发、水环境、气候变迁、疾病与环境、官员对环境的看法、文学作品中呈现的环境观、民间对环境的观感，以及中国台湾与日本的近代经济发展与环境变迁”。① 此后，环境史研究开始引起国内学者的注意，并在最近几年逐渐成为热门课题。其一，侯文蕙、包茂宏、梅雪芹、高国荣等不断地翻译、介绍世界环境史的研究成果和研究状况，并提出了自己对中国环境史的认识；其二，刘翠溶、王利华、王建革、王星光、余新忠等从不同角度尝试构建中国本土的环境史，并积极地开展环境史的系统研究②；其三，历史地理学者延续其对人地关系研究的传统，并在此基础上开展环境与人的研究。

环境史研究什么？唐纳德·休斯在《什么是环境史》一书中提出了环境史研究的三大类主题，即环境因素对人类社会的影响、人类活动引起的自然环境的变化及其反过来对人类历史的影响，以及人类的环境思想史和在思想指导下的行为方式。三者皆强调人与自然环境之间的互动关系，只是在研究重点上各有侧重③。梅雪芹在《从环境的历史到环境史——关于环境史研究的一种认识》一文中，提出三类关于环境的研究：作为自然史研究领域的环境史，作为“社会的历史”研究范围的环境史和作为人与自然之关系研究领域的环境史。前两者的研究或多或少割裂了自然与社会之间的关系，是与环境史研究有区别的。环境史的研究应利用人与自然互动的视角来解释历史④。其后，在多篇论述中，梅雪芹进一步强调了探寻人与自然双向互动的环境史核心思想。人与自然的双向关系也是环境史学人的共识。

王利华的多篇论文构建了其生态环境史的理论框架。他认为，环境史从属于历史学科，是历史学科下的一个新分支，核心的命题是人与自然之间相互作用、相互影响的历史关系。环境史研究的基本内容是人类生态系统的历史演变。在《生态环境史的学术界域与学科定位》一文中，探讨了引用“人类生态系统”概念对环境史系统的学术建构问题。人类生态系统跨越了人类社会与自然环境，将自然因素与社会因素的各个方面纳入一个整体思想框架之中，并将它们视为由众多要素相互作用、相互影响共同构成的多层次、多功能的“复合体”。

环境史就是研究人类生态系统各因素间彼此作用、协同演变的动态历史过程和动力机制，揭示人类社会与生态环境相互作用、彼此反馈的历史规律。在人类生态系统中，生命的问题是首要的，物质能量体系是生命存在发展的基础；人类及其社会和文化与环境诸因素之间，在不同的时空尺度下存在疏密不同、主次不定和极其复杂的彼此因应、协同演变的关系。人类在应对自然变化的过程中，努力突破环境的限制，发展了生命系统的物质能量支持体系和生命安全的防卫保障体系。因此，环境史除了系统地研究历史时期的自然环境外，尤其需要关注生命支持系统、护卫系统的历史，生态认知系统的历史和生态—社会组织的历史。

2006 年，刘翠溶提到环境史尚待深入研究的十个课题，其中就包括“人类聚落与建筑环境”，即房屋的建材与形式的变化、聚落空间的规划、都市化与都市环境的变化等。时至今日，城市环境史、聚落环境史的研究依然十分薄弱，且多集中于史前、夏商周和明清之后两个时段。然而，在学者们对环境史理论和方法的研究中，有对城市环境的真知灼见，有裨益于洛阳史研究、洛阳城市史研究⑤。

---

① 刘翠溶：《中国环境史研究刍议》，《南开学报》（哲学社会科学版）2006 年第 2 期。

② 陈新立：《中国环境史研究的回顾与展望》，《史学理论研究》2008 年第 2 期。

③ ［美］唐纳德·休斯：《什么是环境史》，梅雪芹译，北京大学出版社 2008 年版，第 3 页。

④ 梅雪芹：《从环境的历史到环境史——关于环境史研究的一种认识》，《学术研究》2006 年第 9 期。

⑤ 邢哲：《近十年（2004～2015 年）区域环境史研究述评》，《中国史研究动态》2016 年第 1 期。

二、洛阳学的兴起与发展

洛阳是中国重要的古都之一，自古以来就深受人们的关注。留存至今的较为重要的文献主要有北魏杨衒之的《洛阳伽蓝记》、唐初杜宝所撰《大业杂记》、唐韦述《两京新记》洛阳部分以及清徐松自《永乐大典》中辑出的《河南志》和《唐两京城坊考》东都部分等。除此之外，还有散布于类书、丛书及其他史籍中的陆机《洛阳记》、杨佺期《洛阳图》、佚名《洛阳图经》等史料，大量的碑铭石刻、考古发掘、墓志、方志、笔记小说等。近代民国时期，李健人的《洛阳古今谈》是第一部现代意义的洛阳通史研究著作，分别论述了洛阳今古山川、历代都会变迁、名胜古迹等。到了20世纪80年代初，古都研究逐渐兴盛起来，洛阳的研究也逐渐步入高潮。1986年，史念海在《浙江学刊》上发表了《中国古都学刍议》一文，分析了建立古都学的基础和必要性，并提出了一些理论问题，为以后的古都学研究指明了方向。在此影响下，出现了一批洛阳古都史著作，如苏健的《洛阳古都史》，陈桥驿主编的《中国六大古都》《中国七大古都》，朱士光主编的《中国八大古都》等中的洛阳篇，李振刚、郑贞富的《洛阳通史》等。这些论著基本上都运用大量史料、考古材料等分朝代对洛阳史事进行了研究。

近年来，随着地区学的兴起、区域史研究的深入，加之日本对洛阳研究的不断关注，2010年11月27日、28日，来自中国和日本的近20位学者在东京明治大学召开的“洛阳学国际研讨会”上正式提出了“洛阳学”。此后，国内外学者对“洛阳学”的概念界定、理论体系、研究对象、研究思路等问题不断进行探讨。2015年，第二届洛阳学国际学术研讨会在洛阳师范学院召开，来自中国、日本、韩国的20余位学者进行了专题报告与学术研讨。结合当前洛阳的发展战略定位，洛阳学应以洛阳历史文化、现代城市建设和未来发展战略为主要研究对象，应为洛阳经济社会发展提供服务。2016年12月，《中州学刊》以专题形式刊发了河南省社会科学院张占仓、张新斌、陈建魁、张佐良等的文章，从洛阳学与洛阳人文地理环境变迁、河洛文化、地方学研究以及洛阳学的文献基础与思路等方面进行了阐述与研究。

洛阳研究的一个重要内容是河洛文化。自1989年首届河洛文化研讨会召开以来，河洛文化的研究已有近30年的发展历程。同样是以洛阳为主要研究对象，洛阳学与河洛文化研究既有区别又有联系。河洛文化“是河洛地区所存在的一切社会现象，是河洛地区社会化的过程及其结果”①。在内容上偏重于思想学术、宗教、考古文化以及客家或“寻根”文化等。时至今日，学界对洛阳学尚未有明确的概念界定，学者们对洛阳学有不同的认知与解读。但与河洛文化研究相比较，洛阳学是以构建学科理论体系为发展思路的，河洛文化研究则是宽泛的文化研究。洛阳学聚焦于洛阳的产生、发展、变迁等的历史过程及其规律；河洛文化则聚焦于河洛地区的历史文化及其现代价值等问题。河洛文化研究为洛阳学提供了广阔的学术视野与坚实的研究基础；洛阳学促进了河洛文化研究的深化与升华。②

从环境史的角度讲，我们更注重洛阳城市环境、洛阳区域环境的历史演变过程，更注重自古至今洛阳的吾土吾民的生命足迹。因此，环境史学与洛阳学在研究理路、学术旨趣、学科理论体系方面有较多的契合之处，可互为借鉴、互相促进。而河洛文化研究则是洛阳环境史研究的坚实基础，且两者在环境思想、生态文化方面有诸多的共同之处。

---

① 薛瑞泽、许智银：《河洛文化研究》，民族出版社2007年版，第61页。

② 张新斌：《河洛文化与洛阳学》，《中州学刊》2016年第12期。

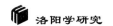

三、洛阳环境与洛阳学构建

生态学认为，任何一种生物，包括人，都不能孤立存在，需要不断地从周围环境中获取各种物质和能量，是其所处空间中物质循环和能量流动中的一环，它们共同形成一个统一整体——生态系统。生态系统中的任何组成部分，不论是生物还是非生物，都是相互联系、相互作用的，哪怕是看似彼此并不相干的因素间也有着非常复杂的联系。生态是指有机体与其周围环境的相互关系。环境是指某一特定生物体或生物群体周围一切的总和，包括空间及直接或间接影响该生物体或生物群体生存的各种因素，如非生物因素的光照、温度、水分、氧气、二氧化碳、食物等，以及其他生物体或者生物群体。因此，环境史需要关注一定区域的自然环境。

自然环境是城市存在发展的物质基础。人们选址建城，首先需要考虑的是自然环境，“凡立国都，非于大山之下，必于广川之上。高毋近旱而水用足，下毋近水而沟防省，因天材，就地利，故城郭不必中规矩，道路不必中准绳”。[①] 维持城市人口的生存、繁衍、发展所必需的各种物质、能量，如食物、水、空气、燃料、建筑材料等都要从自然环境中获取。气候适宜、水源充足、土壤肥沃、动植物等资源丰富的地区，更有利于人类的生存发展，能支持更大规模的城市；相反地，自然环境恶劣的地区则不利于人类的生存发展，也不能维持一定的城市规模，甚至无法兴建城市。城市不能脱离其周围的自然环境而独立存在。另外，人类在维持生存发展的过程中，不断地改造、利用自然环境，形成城市的社会环境。社会环境既包括人们改造、加工了的各种自然物质，如建筑物、道路、沟渠等人工设施，也包括经济生活方式、社会组织、宗教信仰、科学技术、语言艺术、风俗习惯等，是城市环境的主要组成部分。自然环境的各个因素都不同程度地受到社会环境的影响和制约。社会环境与自然环境互赖共生、彼此作用，构成了城市环境的整体。洛阳之所以为洛阳，正是因为其有独特的城市环境和人与环境间独特的互动关系。

在以农业经济形式为主的古代中国，农耕是人们应对自然环境的主要方式和手段。农业文化“直接或间接地影响了中国文化的各个方面，决定着中国文化的基本风貌；同它比较起来，中国文化的其他部分不过是次生的、第二位的”。[②] 黄河中下游地区是中国农业经济最发达的地区之一，洛阳正处于这一地区的中心。自然环境对洛阳的影响，主要反映在对农业经济活动的影响上。洛阳人主要通过农业文化来应对和感知周围的自然环境。

受到文化选择、技术条件的限制，一定时期内某些自然因素可能暂时没有进入特定人群的视野，但并不是说这些因素对他们没有影响。如春秋时期，伊、洛河中上游的山区主要为戎狄等族所居，平王东迁后，“辛有适伊川，见被发而祭于野者，曰：‘不及百年，此其戎乎！其礼先亡矣。’”[③]。百年后，秦晋迁陆浑之戎于伊川，其地尚为“狐狸所居，豺狼所嗥”，而“诸戎除翦其荆棘，驱其狐狸豺狼，以为先君不侵不叛之臣”[④]。戎狄主要从事游牧、采集、狩猎等生产活动，他们迁居于伊川，为这一地区的农业生产活动开辟了道路。至春秋后期，随着农业生产技术的发展、人口的增加，秦、晋、楚等国不断地开疆拓土，伊、洛河中上游的山地地区也成为他们争夺的焦点，而这一地区的戎狄等族开始逐渐融

---

① 《管子校注》卷一《乘马》。

② 王利华：《农业文化——农史研究的新视野》，《中国农史》1989 年第 1 期。

③ 杜预注，孔颖达疏：《春秋左传正义》卷十五“僖公二十二年”。

④ 杜预注，孔颖达疏：《春秋左传正义》卷三二“襄公十四年”。

合、消亡。但至东汉末，胡昭隐居陆浑山中仍见“有野人居之，长生不死。春秋时迁陆浑之戎，意其遗类”①。因此，洛阳自然环境不只是人类活动的舞台幕布，而是与洛阳人的生存、生活密切相关、相互联系的。

气候的冷暖干湿交替、河流的泛溢改道、湖泊的积潴干涸、土壤性质的改变、森林植被的变迁等都制约着农业经济的发展，影响着人们的生产生活。其中的一些变化超过了人类社会所能承受的程度，造成了一定的损害，甚至威胁到人类的生存。面对变幻莫测的自然环境，人类能够主动地应对，或调适自己的生存生活方式，或改造自然环境的某些因素。与自然环境相协调的应对，能够使人类长久地获取更多的物质和能量；与自然环境不相协调的应对，不仅使人类难以长久获益，还可能引发自然灾害。历史时期，洛阳是全国重要的政治、经济、社会中心，灾害的问题牵涉着地区和国家的安全和利益。史籍中有相当多洛阳的灾害记录，但不论何种灾害，频发的时段均与洛阳的地位相联系。

自然环境是人们选择城址、营建城市首先要考虑的因素之一。历代洛阳城址分布于伊、洛河下游的伊洛河盆地，相距二十多里，自然环境在空间上没有太大的差别，但在时间上则是不断变迁的。历史时期，由于河流、湖泊、森林植被等自然因素的变迁，更由于人类对自然环境改造、利用的观念、方式不同，出现了对城址的承袭沿用或迁徙新建。例如，隋炀帝之所以放弃了汉魏故城，而在西二十里处营建新城，主要原因之一是谷、瀍诸水河道变迁，旧城城市用水、漕运交通等受到限制。

城市中的水体、土地、生物等自然因素与洛阳居民的关系最为密切。人们改造、利用天然河道、湖泊、地下水等，以满足生产、生活、交通运输等的需求；借助地形、地势规划城市布局，营造城市建筑；驯化、驯养各种家畜等动物，以为肉食、役使之用；种植榆、柳、桑、槐等植物，以供庇荫、绿化以及作为城市燃料的补充。而自然环境又影响着人们的城市生活，如伊、洛、瀍、涧的泛溢、改道，土壤性状、光照、温度、降水等对动植物的影响，等等。人们在与自然环境的互动中，形成了独特的自然感知和生态观念，并在洛阳城中构设着心目中的“自然”。城市中的自然环境，已不再是单纯的自然，而是人类文化的一部分，与人类社会有着千丝万缕的联系。

历史时期，城市农业经济活动始终是洛阳城市经济的组成部分之一。城内或负郭田“沃润流泽，最为膏腴”②，多被用于种植果蔬、花卉等园圃、经济作物，“去城郭近，务须多种瓜、菜、茄子等”③。虽然“郭外之田五十亩，足以给飦粥；郭内之田十亩，足以为丝麻”④，城市农业经济活动能够满足城市居民部分的生存、生活所需，但城市主要的物资，特别是粮食、衣料、薪柴和建筑材料等还是来自广阔的城市腹地。城市是一个开放的系统，需要不断地与周围环境进行能量流动、物质循环。不仅大量的食物、水、生产原料、燃料等需要从外界输入，居民生产、生活所产生的废弃物也不能完全在系统内部分解，需要排放到外界环境中。洛阳城与多大范围的自然环境进行能量、物质和信息的互动，主要由自然因素本身以及城市人口、社会环境、文化等决定。

历史时期，洛阳及其附近地区的光照、水热条件、土壤类型等自然因素基本上都有利于农业生产活动，能够支持一定数量的城市人口。人是城市生态系统的主体，是占有绝对优势的生物种群。系统的各个组成部分或多或少地都与人类有一定的联系，受人类活动的影响，系统的大部分功能是围绕着人展开的。城市人口的状况深刻地影响着整个生态系统。另外，人类的生存发展又受到环境的制约，如人口数量的增长受制于城市物质、能量的获取，人口的分布、构成、迁徙等受到社会政策的影响等。在与其他

---

① 李昉等：《太平御览》卷四二《地部七》“陆浑山”。

② 司马迁：《史记》卷六九《苏秦列传》司马贞《索引》。

③ 贾思勰：《齐民要术校释》卷前《杂说》。《齐民要术》卷前《杂说》非贾思勰原作，一般推测认为是唐人所作，能够反映汉唐时期人们对近郭地区农业生产的认识。

④ 郭庆藩：《庄子集释》卷九《让王》。

环境因素的互动中，人口不断地变化着。只有了解了城市人口的变化过程，我们才能更好地把握生态系统的整体。因此，历史时期洛阳人口、城市人口的变迁是洛阳环境史学研究的重要内容。

人类作为生态系统中的消费者，城市居民的生存、发展需要不断地从周围的环境中获取各种物资。在此过程中，人们不可避免地会对环境产生影响，且多为负面的影响。历史时期，洛阳地区人口数量几经涨落。其中，政治性移民是城市人口迅速扩增的主要因素。洛阳为都城时期，人口数量往往在几年或几十年内成倍增长。自然环境诸因素往往难以与这样的人口变化相适应，环境压力在短时间内陡增。总体上说，这一时期洛阳人口数量呈正增长，与之相对应，自然环境倾向于恶化。

自古至今，洛阳城的城址均处于伊洛河盆地中。伊洛河盆地，“西阻九阿，东门于旋；盟津达其后，太谷通其前；回行道乎伊阙，邪径捷乎轩辕；大室作镇，揭以熊耳；底柱辍流，镡以大伾”①，北临黄河，三面环山，中间则是伊、洛及其支流瀍、涧等河的冲积平原。肥沃的冲积土、适宜的气候、充沛的水源以及多样的生物种群等为洛阳居民提供了最基本的粮食、水、衣料、燃料等生存物资，“在人口还未达到饱和之时，当地所生产的物资还是可以供给雒邑城中的需要的”②。但与关中八百里秦川相比，“其中小，不过数百里，田地薄”③，不足以支持更大规模的城市人口。

随着城市的恢复、发展，洛阳人口也得到了一定的恢复和增长；而作为都城或区域中心，洛阳又极具吸附力，吸引着大量的人口。城市人口最终会超过伊洛河盆地的环境承载力，需要从黄河中下游地区，甚至是整个王朝疆域范围内获取各种物资。而洛阳地处天下之中，“平夷洞达，万方辐辏”④，与关中相较，更为便利。汉、隋、唐等大一统王朝，疆域辽阔，基本上涵盖了今中国大部分地区。作为这一时期重要的城市之一，洛阳与中国大部分地区的自然环境都有一定的联系，在物质、能量、信息上有一定的互动。然而“百里不贩樵，千里不贩籴”，远距离获取物资的种类毕竟有限，洛阳主要依靠其所属及临近的三河地区。

天下之中，是历史时期洛阳最突出的环境特征，其中包含丰富的内涵。首先，“天下之中”是一个空间概念。对于国家的政治、社会生活来说，“天下之中”意味着“四方入贡，道里均”。对于洛阳城来说，意味着生命的维持。“中”，是以洛阳为“中”，就是以城市中的人为“中”。城市人中，以筑城所卫之人最为重要。两汉魏晋以前，洛阳城只有大城城墙，其内即是宫殿、衙署以及居民区等。大城城墙起着保护城市居民的作用，同时也是城市社会分隔管理的重要手段。其后，修筑了郭城城墙，除了大城内的居民外，郭城内的居民也是郭墙保护的对象。隋唐洛阳城是安全防御与社会管理的典范。宫城重重围起，表明隋代洛阳作为军事防御堡垒的定位。隋唐洛阳郭城没有呈对称分布，其原因有二：一是邙岭、洛河限制了其向西扩展；二是附庸于洛阳宫城。伊洛河盆地中，适宜于修建都城之所，皆在北面的邙山山麓下。隋炀帝无法选择汉魏故城，只能选取盆地西北部的高亢地带，这样一来使郭城无法向西部扩展。西面的禁苑也是宫城防御体系的一部分。

“天下之中”，还具有自然的意义。从现代自然带的角度看，洛阳地区处于多个自然因素的交汇处。自然因素的交汇造就了这一地区丰富多样的植物群落和动物种类。人们有多种生产方式可以选择，或农或牧，或渔或猎。从人类的自然观念角度看，洛阳地区的自然因素多被赋予了“中”的使命，天地之合，四时之交，阴阳之会。山川也被赋予了“中”的观念，嵩山为中岳，其地位不与他山同。伊洛河流域的山脉由崤山、伏牛山、熊耳山、外方山和嵩山山脉组成。诸山在形势上不能与关中四围比，但山脉足以捍卫环抱中的伊洛河盆地。八关之地，既是要塞隘口，又是孔道，四通八达。

---

①④ 萧统编，李善注：《文选》卷一《东京赋》。

② 史念海：《中国古都和文化》，中华书局1998年版，第191页。

③ 司马迁：《史记》卷五五《留侯世家》。

“天下之中”，还指三河，“昔唐人都河东，殷人都河内，周人都河南。夫三河在天下之中，若鼎足，王者所更居也，建国各数百千岁”。三河既是行政区划的三个郡，也是人们“洛阳”观念中的一种。洛阳与长安、开封是黄河中下游地区的三个核心，三者之间是有着密切联系的，特别是在隋唐时期。西汉、唐代，长安为都城，以三河为京畿，洛阳成为长安城市体系中的一环，为长安城市生态系统提供物质、能量。同时，洛阳又与河东、河内密切联系，共同构成长安的安全防卫体系。洛阳为都时，三河是重要的城市腹地，为洛阳提供必需的物资、信息和人口。同时，两地构成了洛阳北面的防卫带。

综上所述，洛阳学与环境史学都有各自不同的研究理论、研究对象、研究方式方法与研究目的。但两者又相互联系，能够互相促进。一方面，洛阳环境史应是洛阳学研究的重要内容，环境史学为洛阳学的构建提供了一定的研究思路、学术指引、学理支撑；另一方面，洛阳研究应是中国环境史关照的重要内容，洛阳学能够深化环境史学研究。

四、洛阳学构建的环境史学思考

作为一个新兴而传统的学科，环境史学对洛阳学的构建具有以下几方面的促进作用：

1. 拓展了洛阳学的研究领域

相较而言，学界对历史时期洛阳的政治、军事、思想、宗教、文化、经济等研究较为充分，而对自然环境的变迁及其与人类社会的互动关系研究较少。一个地区的文化应深植于其赖以生长、发展的自然环境中，才能全面地绘制出该区域文明盛衰兴替的过程。“自然环境不仅是地理学范畴的地理环境，还是生态学范畴的生态系统，是某一块土地上人和万物生灵构成的一个‘共同体’。在这个‘共同体’中众生相依而存、万物休戚与共”。[①] 因此，洛阳自然环境变迁、自然环境与人类社会的互动关系以及人们对环境的感知、认识，洛阳环境思想、生态文化对自然环境的影响等环境史学的研究主题都可以成为洛阳学研究的重要内容。

环境史与传统研究的结合，能够促进洛阳学研究的深化。政治、军事、思想、文化、经济等是传统洛阳研究的主要内容。洛阳研究由来已久，对历史时期洛阳的主要问题已有深入的研究。除了发现和使用新的研究材料外，转变研究思路，拓展研究理论体系应该是洛阳学研究深化的重要途径之一。环境政治史、环境思想史、生态文化史以及环境史与经济、社会研究的融合，可拓展洛阳学研究的领域。

2. 突出了“洛阳”特色

作为一个独立的研究领域、研究方向，洛阳学要突出“洛阳”特色。洛阳学当然与地方学、古都学、河洛文化研究等密切相关，但又有相对独立的研究内容、研究领域、研究方法理论等。洛阳学不是古都学或河洛文化研究的分支，而是相对独立的。洛阳学又与其他地区学，特别是长安学（西安学）关系密切，一些学者甚至认为长安学的一些研究成果可以概括于洛阳。两地学者需要进一步加强联系、交流，互相借鉴，但洛阳学不同于长安学，洛阳学有其独特之处。

从环境史角度讲，洛阳首先具有不同于其他地区的自然环境，也就具有不同于其他地区的人与自然的关系。这是洛阳学研究中需要注意的突出特征。明确了洛阳之所以为洛阳，才能更好地开展洛阳环境史研究、洛阳学研究，才能够更好地把握洛阳本身。

从已有的研究成果看，学者们非常注重对洛阳“特征”的总结。2010 年，中日学者意识到洛阳的独特地位与特征，倡导建立洛阳学，并认为洛阳学能够为中国史研究提供一个新的方向。2015 年，气

---

① 梅雪芹：《环境史研究的意蕴和宗旨——从〈大象的退却：一部中国环境史〉说起》，《人民日报》2016 年 4 月 11 日。

贺泽保规在参加第二届洛阳学国际学术研讨会时，提出洛阳与长安如车之两轮，对洛阳的地位、作用需要进一步如实地评价，重新发掘其在中国或东亚历史上的贡献。他认为洛阳学研究是极为必要的。河南省社会科学院张占仓、张新斌、陈建魁、张佐良等的研究，从不同角度强调了洛阳的独特特征，以及洛阳学研究的重要意义。无论是“天下之中”“河山拱戴”的概括，还是对于河洛文化的传承、“一带一路”的建设，环境都是洛阳研究的重要方面。

3. 更好地服务于洛阳

洛阳学以洛阳为研究对象，探寻洛阳城的产生、发展的历史过程与基本规律；探寻以洛阳为中心的洛阳地区的历史变迁、与中心城市的协调发展等问题；探寻洛阳传统文化及其传承、创新等。洛阳学的构建，根本上讲是要立足于洛阳，服务于洛阳，同时推动相关研究的深化。

当今，生态文明建设已成为中国未来发展的重要战略。生态文明建设强调人与自然关系的和谐，要求树立尊重自然、顺应自然、保护自然的生态文明理念。从人与环境互利共生的角度讲，生态文明是与经济、政治、文化、社会等方方面面紧密联系的。生态文明建设的发展目标是要“坚持走生产发展、生活富裕、生态良好的文明发展道路，加快建设资源节约型、环境友好型社会，形成人与自然和谐发展现代化建设新格局”。①

当前，无论是河南省还是洛阳市，都将生态文明建设、“美丽河南”建设、构建生态环境建设体系作为重要的发展战略之一。提高生态文明程度是提高洛阳总体实力的重要方面。

环境史研究本身就是探索历史时期人与自然关系，探索历史时期人类生态系统的演进过程，探索历史时期人与自然和谐共生的闪光点。“中国环境史研究应当紧扣中华民族生存与发展这条主线”，考察不同时代人类社会与环境因素之间的生态关系，梳理这些关系发展、演变的历史轨迹，从而更好地认识、了解自然环境的变化，从而重新地认识、理解人类自身的历史，进而对“多样化的经济生产、社会生活、环境行为和环境意识及其之于生态环境的影响，做出更具历史理性的价值判断”。②

（作者为河南省社会科学院洛阳分院讲师）

① 《中共十八届五中全会在京举行》，《人民日报》2015年10月30日。

② 王利华：《探寻吾土吾民的生命足迹——浅谈中国环境史的“问题”和“主义”》，《历史教学》2015年第12期。

“前孔子时代”的中心文化：洛阳学的重要文化价值

王　灿

摘要：“轴心时代”这一名词，对中国学术史具有一定的正面意义，但是也容易造成对中国文化的错误理解。鉴于此，不如以中性的、事实性描述的“孔子时代”来代替。洛阳学最大的学术意义就在于其在“前孔子时代”中的中心地位，因为洛阳学不仅是三代文化的核心区域，更是周公制礼乐之地，而这对中国文化的基本性质和面貌的形成，起了非常重要的作用。而孔子创立儒学并成为中国文化的正统和主流思想，在很大程度上也与洛阳及这片土地上的文化紧密相关。当然，在孔子之后的时代里，洛阳学也同样辉煌灿烂。

关键词：洛阳学；前孔子时代；轴心时代；三代文化；儒学

“洛阳学”作为一门以洛阳学术为专门研究对象的学术，内容包罗万象，极为丰富。但是，正如整个中华传统文化一样，在这宏富的内容之中，也有轻重主次之分。众所周知，中华传统文化是以儒家文化为主流和核心的，研究中华文化必须首先关注儒家文化。那么，作为中国传统学术重要组成部分的洛阳学，其与儒家文化的关系如何，无疑也是值得重点关注的方面。

作为中华文明的最重要发源地之一，中原文化中的儒家文化因子极为重要。而古代洛阳文化，作为中原文化的最重要组成部分，其中的儒家文化资源同样也极为丰富；在整个中原地区，洛阳的儒家文化资源，也就如同其在整个中原学术中的重要地位一样，具有非常突出的地位。正是基于此，可以说，要想正确认识洛阳学的价值，必须首先窥视其在中华儒学发展史中的地位和作用。

然而，由于儒家创始人孔子的家乡在山东，因而，一般情况下，把山东作为儒家文化的发源地。从直接关系上看，这种看法确有道理。然而，如果从孔子及整个儒家文化的思想渊源上看，则包括古洛阳文化在内的中原文化，应该是孔子及儒家文化的极为重要的直接源头。欲正确认识洛阳儒家文化的重要性，有必要从“轴心时代”这一重要学术概念说起。

一、“轴心时代”与“前孔子时代”

“轴心时代”是德国哲学家雅斯贝尔斯（又译为“雅斯贝斯”）提出的一个概念，其基本内容是：轴心期是公元前800～200年发生的精神过程标志人类历史正处于一个轴心时期，公元前500年是它的高峰期。在此历史阶段，在中国，诞生了孔子、老子、庄子、墨子等各派思想家；在印度，那是佛陀的时代，所有的哲学派别，包括不可知论、唯物论、诡辩论、虚无主义等，都得到了发展，在伊朗，袄教提出了挑战性的观点，将世界视为善与恶的斗争。巴勒斯坦出现了以利亚、以赛亚等先知，希腊涌现出荷马、赫拉克利特、柏拉图等贤人哲士。所有这一切几乎是同时而相互隔绝地在中国、印度和西方产生的。[①] 按照有的学者的分析，"将以往的人类历史发展分为四个阶段，并且是以共同的基础为出发点的。这四个阶段分别为：①史前时代；②古代高度文明时代；③轴心时代；④科技时代……在这四个文明发展的阶段之中，轴心时代具有非凡的意义。正因如此，雅斯贝尔斯称之为'突破期'，而将这之前的'史前时代''古代高度文明时代'及其之后的'科技时代'统称为'间歇期'。前一个间歇期为轴心时代的突破集聚了必要的能量，轴心时代则为人类以后的发展奠定了基础并树立了标准。而科技时代则一方面是对轴心时代所取得成就的进一步发展，另一方面又为新的轴心时代的突破进行了必要的准备。尽管如此，在科技时代人类并没有找到新的历史意义，人类的第二次突破，还有待于进一步的努力"。[②] "轴心时代"一词被引进中国学术界后，曾被较为广泛地接受并引用。

但是，学术界对此概念存在的问题，也有一些争议。比较有代表性的是张京华[③]的观点。张京华在《中国何来轴心时代》数万字的长文中，对"轴心时代"一词是否适用于中国提出疑问，他的主要理由是："雅斯贝斯的'轴心时代'理论在20世纪80年代介绍到中国时，正值中国社会处于一个特殊的转折时期。雅斯贝斯将人类历史划分为史前、古代文明、轴心时代和科技时代四个基本阶段，其中，第二阶段以公元前500年为中心，东西方同时或独立地产生了中国、印度、巴勒斯坦和希腊四个轴心文明。虽然这一理论具有反西方中心论的意味，但也必须注意到，在雅斯贝斯所划分的整个人类历史上，只有中华文明跨越着全部四个阶段，埃及和美索不达米亚文明到第一阶段就绝灭了，古希腊文明则在第二阶段才开始。追溯民初以来学者早已开始的东西文明比较，更多关注的是在古埃及、古巴比伦、古印度和中华文明的第一阶段上。20世纪初兴起的疑古思潮将中国古史'砍掉一半''打个对折'，'轴心时代'理论则恢复了晚周诸子学的合法性，但它同时继续漠视三代王官学，而三代王官学是晚周诸子学乃至整个中华文化的源头。'轴心时代'理论与中华文明对接中的偏差，其影响将是流与源的颠倒、反题与正题的倒置和各期学术史的逐次错位。"[④]

应该说，张京华的看法还是很有道理的。张京华的文章，其重点意义之一在于指出机械套用雅斯贝尔斯的"轴心时代"观念对于理解中国文化源流容易导致的思维误区，也从此角度指出了三代王官文化在中国文化史上极其重要的源头地位。

正是基于这一原因，本文认为，不如以"孔子时代"代替"前轴心时代"，这样，就可以避免如张京华所言的那种割裂中国文化史、混淆中国文化的"源"与"流"的问题。因为"孔子时代"是一个事实性的描述，并没有"轴心"这一词汇中所表现出的那种强调"这一时期为整个中国文化的轴心"的意思，从而避免了如张京华所说的混淆中国文化的"源"与"流"的弊端，同时又能准确反映出孔子在中国古代文化史上的重要地位和作用。

在这里，之所以提出"孔子时代"，并非要抹杀其他中国古代思想家的地位，只是需要尊重历史的事实：孔子在中国历史上的巨大作用，远非其他任何与其同一时期的思想家所能比拟的。这是已经为中国历史和学术界所公认的事实，无论是推崇孔子抑或是批判孔子，都必须承认这一事实。

那么，相应地，与"孔子时代"相对应，就应该有"前孔子时代"。所谓"前孔子时代"，就是在孔子之前的历史时代，具体来说就是春秋时期之前的中国上古史时期，主要是一般而言的夏商两代及周

---

① ［德］卡尔·雅斯贝尔斯：《历史的起源和目标》，魏楚雄、俞新天译，华夏出版社1989年版。本书具体论述轴心时代的篇章主要集中在该书第8－15页。

② 李雪涛：《论雅斯贝尔斯"轴心时代"观念的中国思想来源》，《现代哲学》2008年第6期。

③ 需说明的有意思的一点是，张京华先生曾经从北京大学被引进到洛阳大学（即今洛阳理工学院）工作过一段时间，现在他在湖南科技学院工作。

④ 张京华：《中国何来轴心时代》（上、下），《学术月刊》2007年第7、8期。

代的前期。这一时期，是中国古代文化的前半页，大约有2500年，也是以孔子为界划分的中国古代文明史的前半期。这一时期是三代王官学时期，也是中国古代早期原生本土文化的积淀期。孔子承前启后，“集大成”，删定“六经”，开创了中国古代文明的后半期（同样也有约2500年），就是对前一时期文明成果的总结，并在此基础上开创了中国文化的新局面，而孔子的伟大之处就在于他的这一承前启后的作用。

二、“前孔子时代”洛阳学的重要意义

孔子毫无疑问是中国文化史上最伟大的标志性人物，其对中国传统文化的影响无人能够比肩。司马迁在《史记》中单独将孔子列为“世家”，并不是秉承当时统治者的旨意，也不见得是在“罢黜百家、独尊儒术”的建议提出之后的附和，因为《史记》的修撰，毫无疑问首先是出于司马迁自己的学术良心和使命感。司马迁在这里专门将孔子列为世家，而不与其他诸子并列，某种程度上就是对孔子独特而重要的历史地位的承认，而且，司马迁的这种承认，因为其距孔子时代不是很远，因而也更具有真实性和正确性。

但是，孔子本人，以及在他之后不久的孟子，都对孔子有着一种特殊的定位。孔子自己说自己“信而好古，述而不作，窃比我于老彭”[①]；孔子事实上拒称自己为“圣”，他说“若圣与仁，则吾岂敢？抑为之不厌，诲人不倦，则可谓云尔已矣”。这些都清楚地表明，他对自己在历史上的定位是：继承、梳理和传承了三代文化的精华，他自己并不是横空出世的一个毫无凭借的、独创了某种学说的历史人物。

相反，孔子对尧舜禹汤等古代圣王极为推崇，而在孔子推崇的古人中，周公可谓居于第一位，因为孔子把自己衰老的标志都视为很久不能梦见周公：“甚矣吾衰也！久矣吾不复梦见周公。”[②] 意思是，孔子说：“我衰老得很严重，我也很久不再梦见周公了。”可见，孔子是经常梦见周公的，这说明孔子对周公念念不忘，极为推崇，视为榜样。《尚书大传》说：“周公摄政，一年救乱，二年克殷，三年践奄，四年建侯卫，五年营成周，六年制礼作乐，七年致政成王。”除了把制礼作乐生硬地完全安排在“六年”，或许有些牵强外，其余基本上是正确的。所谓制礼作乐，是指周公在整个执政期间在各种典章制度及文化教育诸方面的建树。《左传》（文公十八年）说“先君周公制周礼”，说明周公的制礼工作在历史上很有名，也很重要。

而周公之所以被孔子如此推崇，正是因为孔子想恢复西周礼乐制度，实现他所向往的美好社会制度。而周公恰恰是在洛阳制礼作乐，奠定了周代八百年的基业，也在某种意义上奠定了中国文化的基本面貌。由此我们不难推断，在孔子看来，周公是“前孔子时代”中最为伟大的圣王（这里的“圣王”是从广义上的、事实上的历史地位而言的），就是因为他在洛阳（当时的成周）制礼作乐，经营西周王朝，形成了周代前期的良规善政，奠定了后世的基业，深刻影响了中国古代历史，并在某种意义上影响了中国文化的基本性质和面貌，使得中国人至今仍然深深烙上了礼乐文明、重视宗法的烙印。杨向奎说：“宗周是夷夏合流，此后华夏民族形成，而‘郁郁乎文哉’的周，使夏商以来的传统文明发展到新的顶峰，为以后中华民族之灿烂文明建立下良好的基础。我们研究了宗周的礼乐文明，这种文明离不开文王周公之开明设施，春秋时期继续发展，管仲、老子、孔子及墨子四大家，遂使中国之传统文明，由浩瀚的洪波汇成几支巨流。”[③] 这种评价还是很有道理的。

---

①② 《论语·述而》。

③ 杨向奎：《宗周社会与礼乐文明》，人民出版社1992年版，序言第2页。

当然，周公的历史功绩还在于平定武庚叛乱，在军事和政治上都稳定了周初的局势。为实现武王遗志，周公又于执政五年以大量殷遗民营洛邑，建东都成周，至七年告成。他请成王到新都举行首次祀典，并开始亲政，成王则请他留守洛邑。此后周公归政成王，自己留守成周，与留在宗周的召公形成"分陕而治"的局面，自陕（指陕原，即陕陌，今河南陕县西南）以东广大疆域都归周公治理，三年之后，周公老于丰，成王任命其子明保到成周负责"三事四方"。周公遗言死后愿归葬成周，但成王尊其功，留葬于宗周附近毕地与文王墓相邻。以上皆可看出当时的成周（即后世的洛阳）在周公治理战略和整个周朝统治中的重要地位和作用。也就是说，尽管到了犬戎入侵、幽王被杀后西周才正式迁都洛阳，但是洛阳在整个西周时期仍然是重要的政治中心，同时也是重要的文化中心。迁都洛阳，只是西周放弃了原来的两都之一镐京而已，而洛阳的地位当然也由两都之一变为一都独重了。

洛阳在中国历史上的如此地位，当然也就是洛阳学的重要地位。一言以蔽之，洛阳学的最重要学术价值，就在于其"前孔子时代"的中心地位；而洛阳学在整个中国文化史上的最重要地位也因此而凸显。前孔子时代的文化核心地区，毫无疑问是古代的洛阳地区。这一判断，有以下几个基本依据：

首先，前孔子时代的洛阳学，其首要的价值就在于周公制作礼乐，奠定后世华夏文明的基本面貌。周公被尊称为"元圣"，是有其原因的。"元"者，第一也。这是中国古代称圣系列的第一位历史人物（其他人物如尧舜禹汤也都被视为圣人，但是没有像周公、孔子、孟子那样具体以"某圣"命名），这不是偶然的。这点前面已有论述，在此不再赘述。

其次，夏商周三代都曾经以洛阳为中心治理"天下"，并在洛阳留下重要的文化遗存，最典型的莫过于三代之墟皆在洛阳，并且存留至今。在夏商周三代（或者如学术界部分学者所认为的"虞夏商周"四代或"唐虞夏商周"五代）中，毫无疑问，周代文化以周公制作礼乐，最大程度地塑造了中国古代文化的面貌和性质，而周公辅佐周成王统治全国、奠定八百年的统治根基，也主要是在洛阳完成的。或许正是由于这一原因，一些学者在分析中国古代社会的历史分期时，往往以"周秦"作为对比参照物；因而，洛阳作为周公奠定周制乃至中国古代文化的基本面貌之地，其文化意义和价值当然不言而喻。即使考虑到夏商两代是在周代以前的、对于周代文化产生重要影响的历史时期，那么，洛阳同样拥有二里头文化遗址和偃师商城等文化遗址，其在三代文化中的地位亦不会受到影响。

最后，孔子问礼于洛阳，也不是偶然的。孔子赴洛阳向老子问礼（至今洛阳犹有"孔子问礼处"的石碑），说明当时鲁国虽然因为是周公的后裔封国受到特殊照顾，在礼乐制度方面有特殊遗产和资源，但是，作为东周守藏吏的老子，由于其职位和学问，仍然可以作为孔子的老师，可见，当时即使东周衰落已久，但是其礼乐文化的丰厚积淀仍然不容小觑。

很明显，前孔子时代，当然也是前儒家时代，因为孔子是儒家学派的创始人。这样说，似乎这一时期的洛阳，并未与儒家有直接关系，其实不然。前孔子时代的洛阳，在儒家文化中的重要地位也是不言而喻的。因为前孔子时代的洛阳学，不仅是当时整个中国原生本土文化的重要发源地，同时也是儒家学说的重要孕育地。孔子本人一向自视为对此前三代文明最正确的继承者，而儒家在后世成为中国文化的主流学派，也并不仅是政治上的需要，是历史文化的客观结果。所以，洛阳的儒家文化资源，包括周公礼乐文化资源、《诗经》《尚书》等儒经文化资源、两汉儒学文化资源、理学文化资源等，都值得我们高度重视。当然，这需要另文专门论述，在此不再展开。

三、结语

作为中国古代重要地域之一的洛阳，及在这片土地上产生的文化、学说——洛阳学，其意义必须通过对整个中国文化核心的关照才能得出。毫无疑问，中国文化的核心内容是儒家文化，中国文化的灵魂人物是孔子，而无论是儒家文化还是孔子本人，都与洛阳这片地域紧密相连，这种联系必须建立在对洛阳学学术地位的正确认识上才能得出。而洛阳学的地位之所以重要，首先就是因为它对中国儒家文化和孔子的深刻和重要影响，这种影响一言以蔽之：前孔子时代的洛阳，作为中国原生本土文化的核心地域，是孔子之前三代王官学的重要发生和演变地，更是塑造后世几千年中国文化基本性质和面貌的礼乐文明的首发地。这就决定了洛阳学在中国文化史上具有极其重要的地位，因为它是三代王官学的最重要地域，同时也孕育和启发了后世的儒家，包括孔子在内。

当然，洛阳学中的儒家文化因子还远远不止前孔子时代。后世的两汉儒学（尤其是定都洛阳的东汉儒学）、魏晋儒学、北宋理学，都在中国儒学史和整个中国文化史上产生了重要影响。这些都是河南儒家文化资源的重要组成部分，非常值得我们重视和研究。河南省如欲在文化强省建设中更进一步，儒家文化资源的发掘、保护和宣传是必不可少的。从目前看，这方面还具有很大的潜力。而如欲发掘、保护和宣传河南儒家文化资源，其较为便利和稳妥的方法就是吸取其他地区或者外国的经验，对包括洛阳儒家文化资源在内的河南儒家文化资源进行细致的梳理、挖掘，进行系列化、符号化。这是需要下一步深入探究的。而就洛阳学而言，其中洛阳的儒家文化资源就可以系列化为洛阳周公文化资源、洛阳《诗经》文化资源、洛阳理学文化资源、洛阳汉学文化资源等；从符号化的角度而言，可以将洛阳的儒家文化进一步抽象提升为“儒源”（即因洛阳在很大程度上是儒家文化之源）、“儒典”（即因《诗经》《尚书》《周礼》《仪礼》等儒家典籍都与洛阳紧密相关）、“儒者”（即因洛阳历史上与孔子、马融、郑玄等两汉儒家和“二程”等儒学大师渊源极深）的三种符号加以宣传，会收到以简驭繁、提纲挈领的效果。

（作者为河南科技大学人文学院副教授）

河南与历史时期“丝绸之路”的关系及地位

陈习刚

摘要： 河南是中国新石器时代的传统核心区域，从史前经河西走廊或经北方的欧亚草原大通道作物和家畜的传播来看，河南地区是史前丝绸之路的所经区域，是史前丝绸之路的连接地区。有中国新石器时代传统文化核心区史上最黑暗时段之称的龙山晚期——二里头文化时期，洛阳盆地及附近地区是传统新石器时代核心区域中唯一一块持续发展的地方，河南地区成为夏商时代中原地区对外青铜冶金术等文化交流与传播的起始区和核心区。

关键词： 河南；丝绸之路；历史时期

“丝绸之路”一词由德国地理学家李希霍芬在1877年提出，主要是指欧亚之间的一条途经亚洲腹地，由干旱沙漠、戈壁和高原中的绿洲相连而成的陆路通道，后被称为沙漠绿洲丝绸之路。但后来丝绸之路的概念有所变化，成为一种广义的概念。1903年，法国汉学家沙畹《西突厥史料》一书中提到海、陆丝绸之路，又有草原丝绸之路、西南丝绸之路等。这种广义的概念也成为学术界的一种共识。

河南是“丝绸之路”的核心地区之一。古代的河南是“丝绸之路”上的中心地区，洛阳是“丝绸之路”的起点之一。2014年，丝绸之路申遗确定的遗产点中河南省就有4处，即汉魏洛阳城遗址、隋唐洛阳城定鼎门遗址、新安汉函谷关遗址、崤函古道石壕段遗址。这些遗产不仅文化内涵丰富，而且代表了东方起点的城址、门址、关隘遗址、道路遗址等不同的遗产类型，所谓“一城一门一关一道”。大运河河南段遗产点包括洛阳市回洛仓遗址和含嘉仓遗址、通济渠郑州段、通济渠商丘南关段等七个。“丝绸之路”申遗关涉“丝绸之路经济带”，“大运河”申遗又关涉“21世纪海上丝绸之路”。从古迄今，河南与“丝绸之路”密不可分，相辅相成。

一、史前时期河南与丝绸之路的连接

2016年9月19日，屈婷对中国社科院专家王巍做了一个专访，专访中王巍指出，在汉代正式开通丝绸之路前，一条异常繁荣、活跃的史前文明交流路线就已存在，这就是史前的“丝绸之路”，大量考古实物证据证实了丝绸之路的存在和繁荣。① 距今6000年前的新石器时代，黄河流域就有“养蚕缫丝”的存在了，小米和丝绸是史前丝绸之路上两个文明的“包裹”，“它们是中华原生文明‘走出去’的成功例子”。小米起源于中国的北方，在距今4500年前，就已经传到了中亚地区；起源于西亚的小麦也是4500～5000年前经史前丝绸之路传入中国，河西走廊和山东胶州地区都发现了4500年以前的小麦遗存，王巍认为小麦或经河西走廊传入，有学者认为或经北方的欧亚草原大通道传入；起源于西亚的冶炼铜器

① 屈婷：《中国社科院专家王巍：丝绸之路比你想象的更久远》，新华社2016年9月22日。

的冶金术最晚在距今4500年前已经传到甘肃地区，然后继续向东传入黄河中游。

刘歆益指出，“更早的一次（食物）交换发生在史前时代。始于大约公元前5000年左右，完成的时间不迟于公元前1500年。起源于西亚的大麦、小麦等‘近东’作物来到了中国东部地区，原产中国的粟和黍传至西欧，水稻种植的范围由东亚扩张至南亚和东南亚。北非的高粱和珍珠粟出现在印度，印度的瘤牛传播到中东。公元前1500年，小麦和黍（分别产于西亚和东亚）的分布范围已经覆盖了整片欧亚大陆：东至太平洋、西到大西洋、北至欧洲各国和中亚山地、南到印度洋。史前时代农作物传播的广度可见一斑”。[①]“在目前的证据中，旧大陆西部早期传入中国的主要是小麦和大麦等作物以及绵羊、山羊、黄牛和马等家畜和以冶铜为主的冶金技术，以发源于西方的作物和技术向中国传播为主，当然也有原产于中国的粟（黍）类作物向西传播的事例”。[②]

小麦传入中国东部地区山东的时期大致在大汶口文化时期，大汶口文化是一种主要分布在黄河下游山东和苏北一带的新石器时代晚期文化，以1959年在山东泰安发掘大汶口遗址而得名，距今4000～6000年，大致可分早、中、晚三期，中期与河南仰韶文化晚期共存，晚期与河南龙山文化早期共存。“在河南黄河以南的豫西洛阳地区，豫中郑州市和许昌地区、豫东的周口地区、豫南的驻马店和信阳地区共有近20处的地方发现大汶口文化的遗存……也为研究我国黄河中游和下游新石器时代晚期文化之间的相互交流、相互影响提供了重要的实物资料。”[③]当时的河南和山东地区都是中国新石器时代传统核心区域，而龙山文化和二里头文化时期，小麦在山东和河南已经有普遍的发现；绵羊和黄牛也普遍见于海岱（山东）龙山文化、中原（河南等）龙山文化。[④]

从史前作物和家畜的传播来看，河南地区是史前丝绸之路的所经区域，是史前丝绸之路的连接地区。正如张弛所说，丝绸之路就是欧亚青铜时代全球化的产物，“跨欧亚大陆的青铜时代全球化直到龙山文化时期开始形成，至二里头文化时期达到了稳定的状态”，“从中原地区经甘青向西至新疆的丝绸之路上在这一时期（龙山文化至二里头文化时期——笔者按）有定居聚落的发现，成为稳定的青铜时代全球化形成的标志”。

二、先秦时期民间丝绸之路的起始区

先秦时期，河南是民间丝绸之路的起始区。刘莉等认为，“青铜冶金术、车和驯化的小麦、大麦、马、牛、绵羊、山羊都是从中亚来到中国的。中国与欧亚草原的交流也许通过了北方与西北方的多条不同路径发生，但直接的联系最有可能发生在北部边界，那里的人们充当了两个地区中间人的角色”。[⑤]

杨建华等也指出，北方系青铜器“首先从燕山以南向北部传播，再从燕山以北向蒙古和外贝加尔地区传播”，如可能受到商代晚期殷墟中原式铜盔影响的铜盔，“从南流黄河，到燕山以南的昌平白浮墓葬，再到燕山以北的夏家店上层文化，最后到达更北的蒙古高原，这是一条连接长城沿线到长城以外再到蒙古高原的青铜时代北方青铜器的传布路线”[⑥]，反映的是中国北方和蒙古、外贝加尔地区的文化

---

① 刘歆益：《饮食、季节与阶级：欧亚大陆是如何联系起来的?》，《东方历史评论》，http：//news.ifeng.com/a/20170626/51322409_0.shtml，凤凰资讯。

②④ 张弛：《龙山—二里头——中国史前文化格局的改变与青铜时代全球化的形成》，《文物》2017年第6期。

③ 杨育彬：《河南考古》，中州古籍出版社1985年版，第55－56页。

⑤ Li Liu，Xingcan Chen，The Archaeology of China：From the Late Paleolithic to the Early BronzeAge，Cambridge University Press，2012，p.395. 转引自张弛：《龙山—二里头——中国史前文化格局的改变与青铜时代全球化的形成》，《文物》2017年第6期。

⑥杨建华、邵会秋：《欧亚草原东部金属之路的形成》，《文物》2017年第6期。

交往。

而中国北方与亚洲内陆山麓地带（主要包括萨彦岭、阿尔泰山和天山一线的米努辛斯克盆地、图瓦、阿尔泰和中亚七河地区——笔者按）的联系，“经历了先到高纬度的西萨彦岭的米努辛斯克盆地和图瓦地区，再向南到阿尔泰山区，最后到了低纬度的天山地带的演进过程，新疆作为东西方交流的通道是逐渐形成的。所以汉代张骞通西域并不是真正意义上的‘凿空’，此前已经存在上千年的民间草原金属之路”。①

这种青铜术等文化的交往与传播，如前所述，早至龙山文化至二里头文化时期。二里头文化时期中原地区形成了当地的冶金业体系，但相关遗物的发现，西北地区数量最多，出土地点也最普遍，其次才是中原地区，再次是北方和燕辽地区，山东地区则最少，并且“从新疆东部的天山北路到河西走廊的四坝文化、甘青地区的齐家文化、北方地区的朱开沟文化和燕辽地区的夏家店下层文化所见的铜器均与草原地带的赛伊玛—图尔宾诺文化（Seima Turbinn Culture）和安德罗诺沃文化（Andronovo Culture）有关。赛伊玛—图尔宾诺青铜矛甚至出现在山西和河南西部的淅川下王冈”。②

广布于欧亚草原东部的一种青铜时代考古学文化塞伊玛—图尔宾诺文化，起源于阿尔泰山，约起始于公元前2200年，前接奥库涅夫文化，公元前1600年时被安德罗诺沃文化取代，在冶金发展史上处于锻造工艺向铸造工艺过渡的阶段。其分布东起南西伯利亚，西经乌拉尔山，直迄乌克兰草原，南向进入中国新疆、甘肃、青海及陕西、山西、河南等中原地区。公元前2000年左右，随着塞伊玛—图尔宾诺人大举南迁，塞伊玛—图尔宾诺文化进入新疆阿尔泰山与天山之间，如伊犁霍城县、塔城、布尔津县出土物，昌吉各地博物馆所藏物中都有反映，进而随着切木儿切克人南下传入塔里木盆地。同一时期，自新疆和欧亚草原传入中原内地。一路自新疆传入河西走廊，处于铜石并用向青铜时代过渡时期的齐家文化沈那遗址（西宁市附近）、甘肃临潭县磨沟村青铜时代墓地、西城驿遗址（甘肃张掖市）、马厂晚期向四坝文化过渡阶段遗存（前2000～前1700年）、夏末商初的四坝文化（前1700～前1600年，分布于甘肃河西走廊中西部地区，东起山丹，西至安西）等，都有塞伊玛—图尔宾诺文化的发现。一路自欧亚草原传入山西。③

中国境内已发现14件塞伊玛—图尔宾诺文化倒钩铜矛或仿制品，其中，山西省工艺美术馆所藏年代最早，与塞伊玛—图尔宾诺文化典型器相同，为Aa类型，年代相当于陶寺文化中晚期（前2100～前2000年）；山西博物院藏和南阳市博物馆藏0232号略有变化，为Ab类型，其年代稍晚（前2000～前1900年）；青海沈那齐家文化遗址、甘肃省博物馆藏、河南淅川下王冈遗址出土的及青海大通县文物管理所藏、陕西历史博物馆藏、南阳市博物馆藏0234号，为B类型，年代相当于河南龙山文化晚期（含新砦期，前2000～前1750年）；南阳市博物馆藏0233号，为Ca类型，年代或在二里头文化时期（前1750～前1530年）；殷墟出土的年代最晚，为Cb类型，年代在殷墟文化时期（前1300～前1100年）。④山西地区和西北地区（河西走廊）的砷铜技术很可能是随塞伊玛—图尔宾诺文化的扩散而传入中国的，而南阳所见砷铜矛又与这两个区域出土砷铜矛关系密切。⑤

这种文化的交往与传播又主要以河南地区为起始区。“以短剑为例，可以说中国北方青铜器萌芽于中国北方的早商时期，在中原的台西类型和北方朱开沟文化的碰撞及草原的影响下形成于晚商早期，在

① 杨建华、邵会秋：《欧亚草原东部金属之路的形成》，《文物》2017年第6期。

② 张弛：《龙山—二里头——中国史前文化格局的改变与青铜时代全球化的形成》，《文物》2017年第6期。

③ 林梅村：《塞伊玛—图尔宾诺文化与史前丝绸之路》，《文物》2015年第10期。

④ 林梅村：《塞伊玛—图尔宾诺文化与史前丝绸之路》，《文物》2015年第10期；刘翔：《青海大通县塞伊玛—图尔宾诺式倒钩铜矛考察与相关研究》，《文物》2015年第10期。

⑤ 刘瑞、高江涛、孔德铭：《中国所见塞伊玛—图尔宾诺式倒钩铜矛的合金成分》，《文物》2015年第10期。

中国北方延续发展的同时向草原传播，在草原得到进一步发展后于西周时期又反过来影响北方。商周时期中国北方的青铜器能够在草原中广泛流行是与它的南部有发达的中原青铜器和铸造工艺分不开的。早商文化的台西类型提供了这方面的证据”。①

至二里头文化时期（二期至四期），“传统新石器时代核心区域中仅剩下洛阳盆地一块唯一持续发展的地方，更像是一处文化孤岛，外围聚落则渐次减少，临近地区郑州、晋南乃至嵩山东南侧尚好，再往四周的黄河下游、长江中下游、关中地区则人烟稀少，无一不是衰败的景象。龙山晚期——二里头文化时期乃是中国新石器时代传统文化核心区史上最黑暗的时段”。② 二里头文化时期（二期至四期），即中国的夏代。夏族活动的主要地区及夏朝的统治中心地区主要是豫西和晋西南，即以洛阳为中心的周围地区，《逸周书·度邑·解第四十四》云：“自雒汭延于伊汭，居易无固，其有夏之居。”反映夏文化的考古发掘遗址主要有河南登封告城王城岗遗址、偃师二里头遗址，山西夏县东下冯遗址、襄汾陶寺遗址。可见，河南地区成为夏代中原地区对外文化交流与传播的起始区和核心区。

（作者为河南省社会科学院历史与考古研究所副研究员）

① 杨建华、邵会秋：《欧亚草原东部金属之路的形成》，《文物》2017 年第 6 期。

② 张弛：《龙山—二里头——中国史前文化格局的改变与青铜时代全球化的形成》，《文物》2017 年第 6 期。

洛阳与丝绸之路

——以魏晋南北朝时期为例

任崇岳

摘要：在汉朝形成的丝绸之路成为中原地区通商贸易的重要通道，魏晋南北朝时期虽然兵燹不断，国家分裂，但作为丝绸之路必经的西北，并未因战乱而衰落，而是继续保持了繁荣。曹魏、西晋、北魏都定都洛阳，这几个王朝与西域诸国在政治上联系紧密，设置官吏，管理西域；在经济上懋迁有无，使丝绸之路更加繁荣；在文化上，汉族文化和典章制度对西域诸国影响甚大，而佛教文化从西域传入关内，对我国的文化艺术及宗教信仰也产生了很大影响。

关键词：魏晋南北朝；丝绸之路；洛阳；经济交流；文化交融

汉代通西域，打开了“丝绸之路”，加强了中原地区与西域的经济文化联系。所谓“丝绸之路”，是指通过河西走廊、新疆至葱岭以西中南亚地区及欧洲的东西方经济文化交流的通道。魏晋南北朝时期，中原地区干戈俶扰，兵革不断，后来分裂为南北朝。尽管如此，作为“丝绸之路”必经的西北，并未因战乱而衰落，曹魏、西晋、北魏等王朝为继续保持“丝绸之路”的繁荣做出了不懈努力，而作为曹魏、西晋、北魏都城的洛阳则是“丝绸之路”的起点。中原王朝与西域政治上联系紧密，商业贸易繁荣，文化交流频繁是这一时期的特点。

一、中原与西域的政治联系

东汉末年，中原战乱频仍，统治者不遑他顾，中原与西域交往受阻。曹操统一北方后，首先整顿敦煌、酒泉、张掖、武威河西四郡，析河西四郡及金城郡为雍州，治姑臧（今甘肃武威）。后又另置雍州，治长安，辖三辅（京兆、冯翊、扶风），河西四郡也归其管辖。但长安偏东，无法有效管控河西四郡，曹丕即位后，又设置凉州，辖河西四郡及金城郡，平定张掖、酒泉豪强，稳定了河西四郡，初步恢复了中原地区与西域的联系。接着曹魏又沿袭汉制，仍设西域长史和戊己校尉，在敦煌太守指挥下管辖西域。同时对西域诸国封赏爵位，以示羁縻笼络。如魏明帝封大月氏王为魏大月氏王，封车师后部王为魏王等。

曹魏对西域的商贾与贡使，按照汉代旧例迎送，沿途吃住免费。当时西域商贾分两类：一类是直接进入曹魏的京城洛阳作宫廷贸易，另一类是以敦煌为目的地，在敦煌销售完货物便返回西域。凉州（今甘肃武威）、敦煌是中原与西域互市的集散地，地方官吏也不遗余力地发展生产，促进贸易。如魏明帝时仓慈任敦煌太守，西域商贾“欲诣洛者，为封过所（发放通行证）；欲从郡还者，官为平取，辄以府见物与共交市，使吏民护送道路。由是民夷翕然称其德惠”。[①] 明帝时徐邈任凉州刺史、护羌校尉，“广

① 《三国志·魏书》卷十六《仓慈传》，上海古籍出版社、上海书店 1987 年版，第 62 页。

开水田，募贫民佃之，家家丰足，仓库盈溢”，又“立学明训，禁厚葬，断淫祀，进善黜恶，风化大行，百姓归心焉。西域流通，荒戎入贡”。① 随着经济的发展及贸易的扩大，西域诸国与曹魏关系日益密切，赴洛阳朝贡和懋迁有无的商贾络绎不绝。据王国维在《观堂集林》卷7《尼雅城北古城所出晋简跋》所述，在今新疆民丰县一处古遗址中就发现过魏晋时期的过所（通行证）。史称曹魏时期西域大国如“龟兹、于阗、康居、乌孙、疏勒、月氏、鄯善、车师之属，无岁不奉朝贡，略如汉氏故事”。②

西晋时期也沿袭了汉、曹魏对西域的政策，又在新疆东北部和甘肃西北部设立晋昌郡，归凉州刺史管辖。中央政府在西域设立的戊己校尉和西域长史负责军事、屯田和监护西域诸国。近年来在新疆罗布淖尔、民丰、于田等地出土了不少晋代竹简，上面署有“泰始”“建兴”等年号，内容有军政事务、屯田、往来过所等，说明西晋王朝曾在这里推行过政令。西晋灭亡，北方进入十六国时期。前秦的苻坚曾命大将吕光率军7万进军西域，“诸国惮光威名，贡款属路……光抚宁西域，威恩甚著，桀黠胡王昔所未宾者，不远万里，皆来归附”。③ 北魏直到太武帝拓跋焘时才先后派董琬、高明等携带锦帛，“出鄯善，招抚九国”，后又“遣使六辈使西域”，④ 从此北魏与西域通商之路才算正式开通。北魏“迁都洛阳后，西域诸国及波斯、大秦等又先后派出使者，或结伙或单独到洛阳朝贡达119次。西域使者所献与魏廷的物品不仅有大马、名驼、珍宝，而且西方的汗血马、驯象、牦牛、宝剑也进入北魏经济领域”⑤。

二、中原地区与西域的经济往来

魏晋南北朝时期，中原地区先进的农耕技术传入西域，而西域的棉花种植技术也传入了中原。魏晋十六国时期，因为战乱，一部分中原百姓逃往河西，进而迁入敦煌乃至高昌（今新疆吐鲁番东），与西域诸族杂居共处，他们带去了先进的耕作技术，如曹魏时皇甫隆任敦煌太守，初到任时见那里人不懂得种田要引水灌溉，然后耕种，才有收成，“隆到教作耧犁，又教衍溉，岁终率计其所省庸力过半，得谷加五”。⑥ 南北朝时期，新疆地区的农业比西汉和魏晋有了较大发展，如高昌“谷麦一岁再熟”，焉耆“谷有稻、粟、菽、麦”等。这一时期棉花的种植在高昌、于阗已比较普遍，并传入内地。新疆还出产大量丝绸，龟兹棉、疏勒棉，不仅为西域诸国所喜爱，也为中原的汉族所享用。

这一时期最值得称道的当然还是中原地区与西域的贸易。南北朝之际，由中原地区通往西域的“丝绸之路”由汉代的南北两道变成了四道。《北史·西域传》说：“其出西域，本有二道，后更为四：出自玉门，度流沙，西行两千里至鄯善，为一道；自玉门度流沙，北行二千二百里至车师，为一道；从莎车西行一百里至葱岭，葱岭西一千三百里至伽倍，为一道；自莎车西南五百里，葱岭西南一千三百里至波路，为一道焉。”这一时期正是兵燹不断，偌大的国家分裂为南北朝的时期，由洛阳为起点到西域的“丝绸之路”理应萎缩，但却由两道变为了四道，说明这一时期国家虽然处在分裂状态，但“丝绸之路”并未受到影响，反而更加繁荣，中原与西域的贸易有了长足发展。

北魏迁都洛阳前的商业活动乏善可陈，但在河陇地区却是例外。因为从西域进入中原的商道畅通，西域和中亚的商人可从天山直趋敦煌，有的则沿河西走廊来往于洛阳、长安等地，“丝绸之路”一派繁

① 《三国志·魏书》卷27《徐邈传》，上海古籍出版社、上海书店1987年版，第89页。
② 《三国志·魏书》卷30《乌丸鲜卑东夷传》，上海古籍出版社、上海书店1987年版，第101页。
③ 《晋书》卷122《吕光载记》，上海古籍出版社、上海书店1987年版，第358页。
④ 《魏书》卷102《西域传》，中华书局1974年版，第2260页。
⑤ 王万盈：《北魏时期的周边贸易述论》，载《西北史研究》（第二辑），甘肃文化出版社2002年版，第62页。
⑥ 《三国志·魏书》卷16《仓慈传》注引《魏略》，上海古籍出版社、上海书店1987年版，第62页。

荣景象。北魏后期兵连祸结，灾荒频仍，朝廷拮据，不再给文武百官发放例酒，但西域商贾却是例外，“远蕃使客，不在断限”。① 北魏统治者之所以对西域商贾如此慷慨，是因为他们不但为政府提供了丰厚的税收，充实了国库，而且他们携带的珠翠之珍满足了统治者骄奢淫逸的需要，“自魏德既广，西域、东夷贡其珍物，充于王府”。② 正是由于北魏统治者的优惠政策，西域商贾纷至沓来，络绎不绝。他们根据西方喜爱中国丝绸，中国喜欢西方珍宝、名马的特点，越葱岭，度流沙，往返于西域与中原之间，敦煌、酒泉、张掖、凉州等地均是胡商云集的商业都会，大月氏、粟特、波斯、大秦及天山南北商人皆到这些城市互市，如远在葱岭以西的粟特国，“其国商人先多诣凉土贩货”。③ 西域商贾雄厚的财富使北魏统治者垂涎不已，元暹任凉州刺史时，“欲规府人及商胡富人财物，诈一台符，诳诸豪等云欲加赏，一时屠戮，所有资财生口，悉没自入”。④ 为了劫掠西域商贾财物，元暹竟然杀人越货，戕害无辜，实乃“丝绸之路”的罪人！

北魏迁都洛阳后，西域商贾来这里贩运者剧增。北魏统治者在京师洛阳设立了四夷馆，用以安置东西南北四方入洛之人。“西夷来附者，处崦嵫馆，赐宅慕义里。自葱岭以西，至于大秦，百国千城，莫不款附。商胡贩客，日奔塞下，所谓尽天地之区已。乐中国土风因而宅者，不可胜数。是以附化之民，万有余家。门巷修整，阊阖填列。青槐荫陌，绿树垂庭。天下难得之货，咸悉在焉。别立市于洛水南，号曰四通市”。⑤ 西域商贾入中原者多携带玛瑙、珍珠、水晶玻璃、胡椒、香料、名马、安香、火烷布等，中原王朝回赐给他们的多是丝绸、锦帛等。从中原运往西域的物品主要是丝绸、纸笔等，故名这条通商大道为“丝绸之路”。

“丝绸之路”的畅通，给北魏统治集团带来了巨额财富。“于时国家殷富，库藏盈溢，钱绢露积于廊者，不可较数。”⑥ “于是帝族王侯，外戚公主，擅山海之富，居川林之饶，争修园宅、互相夸竞。崇门丰室，洞户连房，飞馆生风，重楼起雾。高台芳榭，家家而筑；花林曲池，园园而有。”河间王元琛任秦州（今甘肃天水）刺史时，“遣使向西域求名马，远至波斯国，得千里马，号曰追风赤骥。”他在宴请宗族时，“陈诸宝器，金瓶银瓮百余口，瓯、檠、盘、盒称是，自余酒器，有水晶钵、玛瑙杯、琉璃碗、赤王卮数十枚，作工奇妙，中土所无，皆从西域而来”。⑦ 他们聚敛了大量财富，过着骄奢淫逸的生活。即使一般百姓，也争相经商贩卖，以此致富，“舟车所通，足迹所履，莫不商贩焉”。洛阳有刘宝其人者，因经商而资财巨万，“海内之货，咸萃其庭，产匹铜山，家藏金穴。宅宇逾制，楼观出云，车马服饰，拟于王者”。⑧ 洛阳城中阜财、金肆二里（里为基层行政单位，相当于村）多工商货殖之民，“千金比屋，层楼对出，重门启扇，阁道交通，迭相临望。金银锦绣，奴婢缇衣；五味八珍，仆隶毕口”。⑨ 洛阳成了当时八荒争凑、万国咸通的大都市！

三、中原与西域的文化交流

魏晋南北朝时期，随着“丝绸之路”贸易越来越繁荣，中原人迁往西域及大批西域商贾、僧侣、

① 《魏书》卷110《食货志》第2861页。
② 《魏书》卷110《食货志》第2588页。
③ 《魏书》卷102《西域传》第2270页。
④ 《魏书》卷19《京兆王传》第445页。
⑤ 杨衒之：《洛阳伽蓝记》卷3《城南》第565页，《国学备览》第5册，首都师范大学出版社2007年版。
⑥ 《洛阳伽蓝记》卷4《城西》第575页。
⑦ 《洛阳伽蓝记》卷4《城西》第574页。
⑧ 《洛阳伽蓝记》卷4《城西》第572页。
⑨ 《洛阳伽蓝记》卷4《城西》第573页。

乐工东来，中原与西域的文化交流日益频繁，在历史上产生了深远影响。

首先是汉族的语言、文字对西域诸国产生了重大影响。当时西域诸国除了使用本民族的语言、文字外，也往往通用汉文。丝织品传入西域的同时，汉文典籍也大量传入，比如在“国有八城，皆有华人”① 的高昌国，汉文的使用就更为普遍，与内地已无大差异。“文字亦同华夏，兼用胡书，有《毛诗》《论语》《孝经》，置学官弟子，以相教授。”②《吐鲁番出土文书》中有吐鲁番、尼雅、楼兰等地出土的大批用汉文书写的文书、简牍，内容涉及民间田园买卖、粮食与牲畜及丝织品的契约、官方屯田、供祀账簿、邮政等，为我们研究这一时期的西域经济提供了弥足珍贵的资料。

其次是佛教文化以空前规模从西域传入中原。尤其北魏之际，佛教盛行，寺塔林立，僧尼广布。仅京师洛阳就“寺有一千三百六十七所”，天平年间孝静帝元善“迁都邺城（今河北临漳西南），洛阳余寺四百二十一所”。③ 洛阳最大的佛寺永宁寺是熙平元年（516 年）灵太后胡氏所建，瑶光寺是北魏宣武帝元恪所建，景乐寺、融觉寺是太傅、清河文献王元怿所建，其他如明恩尼寺、正始寺、秦太上君寺、平等寺、报德寺、冲觉寺、胡统寺、宣忠寺、菩提寺、法云寺等名刹，皆是北魏戚畹贵族及西域僧人所建。西域僧徒来洛阳传教、翻译佛经者达数千人之多。“时佛法经像，盛于洛阳，异国沙门，咸来辐辏，负锡持经，适兹乐土”。④ 如宣武帝元恪创建的永明寺，“百国沙门，三千余人，西域远者，乃至大秦国”。⑤ 融觉寺“比丘昙谟最善于禅学，讲《涅槃》《华严》，僧徒千人。天竺国胡沙门菩提流支见而礼之，号为菩萨。流支解佛义，知名西土，晓魏言及隶书，翻《十地》《楞伽》及诸经论二十三部，虽石室之写金言，草堂之传真教，不能过也。流支读昙谟最《大乘义章》，每弹指赞叹，唱言微妙，即为胡书写之，传之于西域”。⑥ 法云寺僧人摩罗来自西域，“至中国，即晓魏言隶书，凡所闻见，无不通解，是以道俗贵贱，同归仰之”。⑦ 永宁寺庋藏经卷最多，“外国所献经像皆在此寺”。⑧ 佛教文化的东传，给我国文化艺术增添了活力。在佛教东传的同时，中原汉族地区的道教也传入了西域。1959 年，在吐鲁番阿斯塔那古墓中发现了一张西魏大统十七年（551 年）的道教符箓，证明道教已传入此地。⑨

再次是文学艺术上中原与西域的交流融合。魏晋南北朝时期“丝绸之路”的繁荣，推动了中原地区与西域诸国文学艺术的交流融合，尤其北朝时期统治者都是鲜卑人，因而鲜卑语成了中原百姓士人的时髦语言。人以说鲜卑语为荣。诚如《颜氏家训》所说：“齐朝有一士大夫，尝谓吾曰：我有一儿，年已十七，颇晓书疏，教其鲜卑语及弹琵琶，稍欲通解，以此伏事公卿，无不宠爱，亦要事也。”⑩ 至今传唱不衰的《敕勒歌》就是鲜卑语与汉语的混合产物：“敕勒川，阴山下，天似穹庐，笼盖四野。天苍苍，野茫茫，风吹草低见牛羊。”据说这首雄浑昂扬的民歌乃是东魏时敕勒人斛律金奉北齐王朝创立者高洋之父高欢之命创作的，“其歌本鲜卑语。”⑪ 脍炙人口的《木兰辞》也是魏孝文帝迁都洛阳实行汉化政策的文学作品。诗中“天子”“可汗”并用，可知这首以汉语写成的长诗受了鲜卑文化的影响。北魏孝庄帝元子攸将权臣尔朱兆囚于永宁寺，后送晋阳缢死。孝庄帝死前作五言诗说：“权去生道促，忧来死路长。怀恨出国门，含悲入鬼乡。隧门一时闭，幽庭岂复光？思鸟吟青松，哀风吹白杨。昔来闻死

---

① 《北史》卷 97《高昌传》，中华书局 1974 年版，第 3212 页。
② 《北史》卷 97《高昌传》，中华书局 1974 年版，第 3215 页。
③ 《洛阳伽蓝记》卷 5《城北》第 586 页。
④⑤⑥ 《洛阳伽蓝记》卷 4《城西》第 576 页。
⑦ 《洛阳伽蓝记》卷 4《城西》第 571 页。
⑧ 《洛阳伽蓝记》卷 1《城内》第 539 页。
⑨ 新疆博物馆：《新疆吐鲁番阿斯塔那北区墓葬发掘简报》，《文物》1990 年第 6 期。
⑩ 《颜氏家训·教子第二》，《国学备览》（第 8 册），首都师范大学出版社 2007 年版，第 693 页。
⑪ 洪迈：《容斋随笔》卷 1《敕勒歌》，中州古籍出版社 1994 年版，第 8 页。

苦，何言身自当。”[①] 身为鲜卑人的孝庄帝能熟练地用汉语写诗，虽然算不得上乘之作，但抒发自己的愤懑与忧伤，却能使人洒一掬同情之泪！从西域传入的胡笳、羌笛、琵琶等胡乐器及乐曲，对中原地区的音乐产生了深远影响。魏晋南北朝时期，随着“丝绸之路”的繁荣和人口的大量迁徙，漠北、西域的音乐不断输往黄河流域，鲜卑、吐谷浑、龟兹、疏勒、西凉、高昌、天竺等地的音乐与汉族的音乐得以交汇融合，特别是龟兹乐和西凉乐，对中原地区音乐影响甚大。西晋末年，天竺国送给凉州刺史张轨乐工 22 人，乐器 1 部，其中有笛子、琵琶、箜篌、五弦、铜鼓等。前秦末年吕光远征西域，又获得筚篥、腰鼓、羯鼓等许多乐器和龟兹乐曲。天竺乐和龟兹乐在凉州逐渐融合，并吸收当地汉族音乐，形成了独特的西凉乐。许多西域乐工也到中原献艺，不少人便定居中原，后来又融入汉族之中。[②]

最后是胡服、胡床的普遍使用和胡饼的普遍食用，给中原地区的衣食住行带来了深刻影响。北魏孝文帝迁都洛阳后所推行的胡服汉化，也促成了汉服的胡化。北宋人沈括在《梦溪笔谈》中说：“中国衣冠，自北齐以来，乃全用胡服。窄袖、绯绿短衣、长靿靴、有蹀躞带，皆胡服也。”[③] 其实，汉族服饰胡化，早在战国时便从匈奴传入了，如汉灵帝便喜好胡服、胡帐、胡床。至西晋时又有所发展：“泰始（武帝司马炎年号）之后，中国相尚用胡床，貊槃（一种烤肉盘子）及为羌煮貊炙（一种烤肉聚餐方式，出自西域和北方），贵人富室，必畜其器，吉享嘉会，皆以为先。太康（武帝司马炎年号）中又以毡为絈头及络带、袴口，百姓相戏曰：中国必为胡所破。夫毡毳产于胡，而天下以为絈头、带身、袴口，胡既三制之矣，能无败乎？”[④] 穿用胡服便会亡国，这显然是迂腐之见，但由此可见胡服在中原地区已推广开来。“这种胡服其实是已经汉化的‘胡服’，即被汉人改造过的‘胡服’，是融合了胡、汉民族共同的智慧，南北人民的共同的才干的‘胡服’，因而是中国服装发展史上的一个大飞跃。”[⑤]

（作者为河南省社会科学院研究员）

① 《洛阳伽蓝记》卷 1《城内》第 542 页。

② 任崇岳、白翠琴：《中原地区历史上的民族融合》，内蒙古人民出版社 2004 年版，第 177 - 178 页。

③ 《梦溪笔谈》卷 1《故事一》，北京团结出版社 2002 年版，第 4 页。

④ 《晋书》卷 27《五行志》第 94 页。

⑤ 顾建华：《衣食住行话文明》，北京工业大学出版社 2008 年版，第 73 页。

丝绸与洛阳王权政治

孙君恒　熊　盼

摘要：在洛阳皇权唯我独尊的时代，华丽精美的丝绸被帝王占有，成为他们王权的象征。丝绸使用、生产、贸易，都体现王权政治。洛阳帝王汉明帝确立了古代完整的服装制度，东汉采取丝绸赎罪，外国使者市场购物时隋炀帝曾命“不取其值”等，被御史记载的、民间传播的秘密、有趣的皇家故事，魅力无穷。帝王的政治称霸、生活、享乐与外交通过丝绸产品演绎了无数活灵活现的生动景象，折射出绚丽多彩的王权政治画面。

关键词：洛阳；丝绸；王权；政治

“千年帝都”洛阳有着5000多年的文明史、4000多年的建城史和1500多年的建都史，先后有105位帝王在洛阳定鼎九州。在洛阳皇权唯我独尊的时代，丝绸对于帝王须臾不可分离，华丽的丝绸被帝王占有，成为他们王权的象征，丝绸使用、贸易、生产、消费，都非常突出。中国国家文物局指出，丝绸之路中国段的起点是汉代东、西两京（洛阳、长安）。作为丝绸之路的东方起点，洛阳王权对丝绸之路的形成、发展发挥了重要作用。服装变化的规律与王权政治存在千丝万缕的关系，“政治与禁令的影响：政治制度对服装的发展与变化是有很大影响的。如我国封建社会的帝王服饰制度，从款式造型到服饰颜色都有着一整套严格的规定，不论王公贵族还是平民百姓都不可以穿着帝王服装的款式和图案。另外，国家在一定的时期，或统治者认为有必要的时候，往往会以强制的手段发布有关服饰的禁令，明确规定人们要遵守的服饰制度”。[①] 我们试图通过丝绸产品与洛阳帝王的政治关系，进行历史回顾，说明劳动人民的勤劳和智慧，揭露帝王的奢侈和巧取豪夺，再现物质文明、精神文化与国际交往的轨迹。

一、帝王的丝绸享用

1. 丝绸是御用服装材料

帝王服饰非常讲究，特别华丽、奢侈。中国古代服饰是“分尊卑、别贵贱”的礼仪制度工具之一，是封建宗法制度的物化表现。周天子在祭天时所着服装为玄衣裳，玄指黑色，兼有赤黄之色，玄衣即黑色面料的上衣，裳即为赤黄色的下裳。上衣绘有日、月、星、山、龙、华虫六章，类似于今天的手绘服装，是画工用笔墨颜料直接画在布上的；下裳则用刺绣，有宗彝、藻、火、粉米、黼、黻六章，共十二章花纹图案。衮冕是古代帝王的礼服冠帽，玄衣是黑色上衣，裳是浅红色下裳。周代贵族常服形式为上衣下裳（裳即裙子），佩饰黻带。周代的服饰种类已有了祭礼服、朝会服、戎服、吊丧服和婚礼服等区分，不同场合要穿戴不同的服饰。

① 李正、徐崔春、李玲、顾刚毅：《服装学概论》，中国纺织出版社2014年版，第39页。

东汉汉明帝刘庄“博雅好古”，适应进一步完善封建典章制度的需要，在他的主持下，以秦制与夏、商、周三代古制，重新制定了祭祀服制和朝服制度，冠冕、衣裳、鞋履和佩绶等都有严格的等级差异，服饰穿戴越显考究。东汉时，袍服具有一定形制。[①]《后汉书》有《舆服志》专篇，第一次详细记述了东汉皇帝的服饰制度。不同时代皇帝的服装颜色是不同的。秦朝和两汉以黑色为主．魏晋时期基本上沿用汉代制度。晋朝皇帝祭祀天帝时的服装是黑色服冠，紫红色下衣。隋朝初年，杨坚按照五德终始说，以为隋得火运，颜色以赤为上。[②] 从此，汉代服装制度确立下来。事实上，我国古代完整的服装制度是在汉明帝时确立的。[③]

隋唐两朝恢复了汉魏制度，隋还增加了大裘冕之制。唐时则废而不用，认为大裘冕只适用于冬季，夏天穿毛皮制的厚服装无异于让皇帝受罪。后来又觉得其他五种冕服之制也过于烦琐，干脆只用衮冕一种，不分大小祭一律用它。“显庆初，长孙无忌献议废大裘。自是郊庙之祭，一用衮冕。”[④] 另外几种冕服也不废除，仍具令文，让它虚设，以表示对传统礼仪的尊重。

隋朝（581～618年）统一全国，重新推行汉族的服饰制度。隋文帝时，帝王穿黄袍，官吏和百姓也可以穿，所不同的只是佩饰差异。《隋书》记载：“百官常服，同于匹庶，皆著黄袍，出入殿省。高祖朝服亦如之，唯带加十三环，以为差异。”到隋炀帝时制定了隋代官服制度，帝王将相各服其服。下令不准百姓穿黄色衣裳，从此黄色成了皇帝专用的服色。“自天子逮于胥皂，服章皆有等差。”[⑤] 这种规定一直延续到清末。

唐朝，宫廷下令，除皇帝以外，官员一律不许穿黄衣服。唐朝（618～907年）国力强盛，社会开放，衣冠服饰承上启下，博采众长，是中国古代服饰发展史上的重要时期。武则天在洛阳，作为女皇，服装非常讲究华丽和装饰。《太平御览》卷六九二引《唐书》曰：“武后出绯紫单罗铭襟背袍，以赐文武臣，其袍文各有悯……宰相饰以风池，尚书饰以对雁，左右卫将军饰麒麟，左右武卫饰以对虎。”[⑥]

北周时，皇帝冕服进行了一次较大的改制，选用上等丝绸材料，冕服从6种增为10种，分别为苍冕、青冕、朱冕、黄冕、素冕、玄冕、象冕、山冕和衮冕等。北周末年，宣帝传位给太子，自己成了天元皇帝，为了和儿皇帝的祭服有所区别，特将冕冠上的垂旒增加至24道，前后共48旒。这是中国服饰史上仅有的一个孤例。

宋朝（960～1279年）崇尚文治，冠服制度渐趋繁缛，曾经多次修改，有向质朴、洁净和自然方向转变的趋势。夹衣和绵衣叫襦和袄子，上身以圆领长袍为主，以季节不同而服凉衫、紫衫、毛衫、葛衫和鹤氅。宋代讲究礼制，祭服变动最多，曾经颁有《祭服制度》16卷，体现帝王权威。宋初祭祀，仍有大裘冕和衮冕。大裘服在祭服中虽然为至尊，但在穿着时必须外罩衮服，“裘冕必服衮，衮冕不必服裘”。[⑦] 政权在祭天地和宗庙等特大典礼中，只使用衮服，且衮服只限皇帝、太子、亲王及郡王可备，其他人一律不得穿着。

龙袍是帝王的常用服装，洛阳的皇帝也如此。“龙”是封建社会里统治者最高权力的象征。在中国古代神话传说中，龙是一种极为常见的神物，人们把龙视为万能的圣物、最高权力的标志，成为皇帝服装的专用图案。龙的图案最早装饰在皇帝的冕服上，随着历史的发展，龙纹更进一步被统治阶级所重

① 袁晓国：《中国历史文化》，高等教育出版社2006年版，第190页。
② 臧知非、沈华：《分职定位：历代职官制度》，长春出版社2008年版，第30页。
③ 钟双德：《衣冠楚楚：服装艺术与文化内涵》，现代出版社2015年版，第37－38页。
④ 《宋史》卷一百五十一，《志》一百四。
⑤ 《隋书》。
⑥ 《太平御览》卷六九二，引自《唐书》。
⑦ 《宋史》志104舆服3。

视。龙的形象无论是在皇帝活动的场所，还是使用的器物上，从宫廷建筑陈设到车舆、仪仗、冠服，到处可见。东汉袍才作为官员礼服正式出现，帝王身着龙袍。隋炀帝时下令不准百姓穿黄色衣裳，从此黄色成了皇帝专用的服色，黄色龙袍大行其道。唐因隋制，天子常服，也用黄袍及衫。到了宋代、明代、清代，黄色为天子服色，皇帝穿黄色袍服。

2. 宫廷霓裳

帝王宫廷里的皇后、嫔妃、宫女等，特别讲究用丝绸制作的华丽服装艺术，极尽豪华奢侈。唐代是我国服装艺术登峰造极的朝代，唐代女服的领子就有圆领、方领、斜领、直领和鸡心领等。唐代的裙子颜色绚丽，红、紫、黄、绿争妍斗艳，尤以红裙为佼佼者。街上流行红裙子，其实不是现代人的专利，早在盛唐，就已经是遍地描红染舞裙了。武则天、杨贵妃的服装就是代表。“杨贵妃梳高髻、露胸、肩披红帛，上着黄色窄袖短衫，下着绿色曳地长裙，腰系大红腰带点缀其间，使人恍如仙女下凡，惊叹绝代佳人！天生丽质加上艳艳丽服，倾倒多少国人！”①

宫廷里歌舞升平，专门为皇帝演出的歌女舞女服饰千姿百态。丝绸轻盈、闪亮，便于和适合舞蹈，有极佳的舞台效果，是长裙曼舞的首选材料。长裙呈现动态风姿，飘飘洒洒，若仙女下凡，若即若离，能够达到审美艺术境界。长裙效果大致分为两种，一种是由风吹动裙子所形成的飘逸形态，如李商隐的《江南曲》：“郎船安两桨，侬舸动双桡。扫黛开宫额，裁裙约楚腰。”② 这里描绘的少女穿着合体的长裙，在湖面的微风中摇曳生姿。另一种裙子的飘逸景象，如杜审言的《戏赠赵使君美人》刻画的：“红粉青娥映楚云，桃花马上石榴裙。”③ 诗中楚天寥廓的蓝天白云下，桃花红艳中，鲜红如石榴花的裙子在飘曳生姿，魅力无穷。长裙随风让人浮想联翩，堪称佳境。④

宫廷服饰具有强烈的神秘性，超越民间的富丽堂皇。唐朝开元以前女装以窄袖为时尚，胡服尤其盛行，初唐妇女多喜欢戴胡帽，穿翻领窄袖袍和条纹小口裤，着软靴系蹀躞带。中唐以后衣衫趋于宽大。唐代妇女流行袒胸的低领衣服，喜欢在糯衫外面罩一件对襟短袖衣，叫做半臂或半袖，肩部搭一条披帛。唐代女裙的式样繁多、色彩艳丽，尤其流行像石榴花那样的红裙，诗人称之为石榴裙。从唐诗中，我们得以形象地了解到宫女生活。诗人王建《宫词一百首》云：“舞来汗湿罗衣彻，楼上人扶下玉梯。”⑤ 刚跳完舞的宫女浑身是汗，湿透了云裳，而楼上那些观看表演的人还需要别人搀扶着走下玉梯。诗中又有“每夜停灯熨御衣”一句，可见每天晚上宫中熄灯之后，那些负责皇帝服装的宫女还要熨烫御衣，其辛苦程度可见一斑。⑥

二、让人臣服的法宝与细软

1. 赏赐品

帝王为了巩固自己的统治地位，加强国家管理，收买人心，让人臣服，感受“皇恩浩荡”，往往论功行赏，丝绸这样精美且贵重的奢侈品，自然成为不可或缺的奖品。

服装的颜色、质地、款式的不同是社会等级的标志。秦朝统一以后，历朝历代都继承了服装的等级

① 高艳华：《裁缝世家》，广西民族出版社 2002 年版，第 117 页。
② 李商隐：《江南曲》。
③ 杜审言：《戏赠赵使君美人》。
④ 张玉惕：《织物飘逸美感及其评价》，东华大学出版社 2014 年版，第 6 页。
⑤ 王建：《宫词一百首》。
⑥ 马兆锋：《盛世长歌：走向巅峰的隋唐五代》，北京工业大学出版社 2014 年版，第 251 页。

制度，最主要的是官服和民服的不可混淆。官服又按官制高低决定区别，官服的质地、颜色按官位高低有不同的规定，官位越高，服装的质地也越好。皇帝是人间的至尊，其服装当然也要有独尊性，历代对此都有相当细致的规定。皇帝赐高级丝织衣物穿戴，给予忠心耿耿的大臣。如李忠跟随光武帝出征，无所劫掠，得赐光武帝大骊马和绣被衣物。得赐这些物品的大多是皇帝倚重的官吏，是受到皇帝重用之人。因此，得到此类赏赐对于当时的人来说是一种荣耀。东汉时赐谷物、布帛之类，而且赏赐数额很大，布帛赏赐经常是百匹、千匹、万匹。大量的布帛、谷物赏赐与东汉时期实物经济兴起有关。东汉时期对贵族官吏的赏赐并不低于西汉时期，如果再加上赏赐的谷物、布帛之类，种类还多于西汉时期。①

历史记载很详细，皇帝赏赐的主要物品是金钱和布匹（高级丝绸纺织品，不仅是一般的棉布）。《后汉书》的资料非常丰富：

《后汉书·桓荣传》："帝幸其家问起居……赐以床茵、帷帐、刀剑、衣被，良久乃去。"

《后汉书·刘般传》："建武十九年……乃赐般绶，钱百万，缯二百匹……卒于家……赐……钱五十万，布千匹。"

《后汉书·明帝纪》："赐天下男子爵，人三级；郎、从官（视事）二十岁已上帛百匹，十岁已上二十匹，十岁已下十匹；官府吏五匹；书佐、小史三匹。"

《后汉书·章帝纪》元和二年诏曰："其赐天下吏爵，人三级；高年、鳏、寡、孤、独帛，人一匹……赐公卿以下钱帛各有差；及洛阳人当酺者布，户一匹，城外三户共一匹。赐博士员弟子见在太学者布，人三匹。"

《后汉书·和帝纪》永元三年，"赐京师民酺布，两户共一匹"。又，永元十二年三月，"赐博士员弟子在太学者布，人三匹"。

历史学家何兹全认为："从以上记载来看，对高级贵族的赏赐一般钱在千万，布在万匹以上。对官员的赏赐，一般钱在数十万到百万左右，布在百匹上下。对小官吏民，布在数十匹、数匹左右。"②

南北朝时，《邺中记》（晋朝陆翻著，邺中指现在的河北省临彰一带）显示，在邺城设有专门的织锦署，负责皇宫高级丝绸的供应，各种锦缎数不胜数，纹样也十分繁多，如葡萄纹、斑纹、凤凰朱雀纹。还有各种颜色的绨（音 tí，一种光滑而厚实的纺织）和蜀锦，十分精巧细致，技艺高超。皇室在使用丝绸方面也非常奢华，《邺中记》记载皇后、使女都着紫纶巾、蜀锦裤，脚穿五彩织成靴。蜀锦织成的都是高级丝绸品种，一千人穿着如此高级的丝绸制服陪伴皇后，也可以看到当时丝绸生产相当发达，为统治者的奢华生活提供了物资保障。

2. 进贡品

进贡，成为效忠帝王的一种政治行为（是否进贡反映出是否臣服），是王权政治管理的晴雨表，同时是一种经济行为，用于满足帝王的生活需要。东汉光武帝刘秀建都洛阳后，官府即把柞蚕种发给百姓，积极倡导发展柞蚕生产。三国（公元 220～280 年）时期，丝绸生产形成了高潮，丝绸产品成为供应国防、富国强兵的重要物资，帝王甚至专门为此颁布了诏令，禁止在养蚕收丝时役使百姓。帝王不仅用丝绸赏赐群臣，而且也允许用丝绸进贡。进贡魏国的丝绸多至"盈路"，即充塞了道路。曹操也很重视蚕丝生产，而且首创了"亩课田租，户调绢绵"的税收制度，他下令推行"其收田租亩四升，户出绢两匹，绵二斤而已"，这种税收制度，以后一直为历代王朝沿用。③

唐代定州产的高级丝织品，每年进贡朝廷的就达 1500 多匹。④ 唐代鲁山县的绸已为宫中珍品，县令

① 粟时勇、李忠晨：《文官之管理》，国家图书馆出版社 2014 年版，第 124－125 页。
② 何兹全：《中国古代社会及其向中世社会的过渡》，商务印书馆 2013 年版，第 556 页。
③ 张宏华：《社稷民生：中国古代的经济》，希望出版社 2012 年版，第 152 页。
④ 张宏华：《社稷民生：中国古代的经济》，希望出版社 2012 年版，第 153 页。

元德秀尝以鲁山绸，岁岁进贡。唐开元二十四年春，唐玄宗命三百里内县令、刺史入京献演，多少地方官兴师动众，独元德秀仅携几个民间伶人身着鲁山丝绸，轻装简从，抚琴献演，受到唐玄宗与杨贵妃的赞赏，杨贵妃更撺掇唐玄宗通令嘉奖。世上哪有女人不爱这薄如蝉翼、手感爽滑、柔而无骨的鲁山丝绸呢？杨贵妃体态丰腴，着鲁山丝绸起舞，轻松清爽，舞步轻快，以致玄宗如醉如痴。帝王之爱，对鲁山丝绸起到了助推的作用，极大地提高了其知名度，很短时间内，鲁山丝绸的盛名传遍九州华夏，成为唐代丝绸之路的主要商品货源。① 河南省《泌阳县志》载："山茧绸，山蚕食栗叶、橡叶节间，取丝为绸，其质坚韧。泌阳贡绢布，绢指此。"记录了唐天佑三年（906 年），南阳郡比阳（今泌阳）县令朱全忠把绢布（即柞绸）作为贡品，敬奉皇室之事。

3. 赎罪品

东汉皇帝还用丝绸产品，作为犯罪人员的赎罪、赦免的交换条件，进行司法与经济交易。当时丝绸具有部分货币功能，起码是皇权认可的比较通用的交易物品。赎罪用缣（一种丝绸）多少，东汉初年有规定。

东汉明帝即位后下诏："天下亡命殊死以下，听得赎论。死罪入缣二十匹，右趾至髡钳城旦舂十匹，完城旦舂至司寇作三匹。其未发觉，诏书到先自告者，半入赎。"② 赎罪用缣多少，以后有变动。永平十五年二月诏："亡命自殊死以下赎，死罪缣四十匹，右趾至髡钳城旦舂十匹，完城旦舂至司寇五匹，犯罪未发觉，诏书到日自告者，半入赎。"（同上）这次变动在死罪，赎缣由原来的二十匹提高为四十匹。永平十八年诏书又变为三十匹。诏曰："其令天下亡命自殊死已下赎，死罪缣三十匹，右趾至髡钳城旦舂十匹，完城旦至司寇五匹。吏人犯罪未发觉，诏书到自告者，半入赎。"（同上）按应劭所说，赎死罪是三十匹缣。从建宁元年（公元 168 年）到中平四年（公元 187 年），19 年间，灵帝曾七次"令天下系囚罪未决，入缣赎"，虽然有时也说"各有差"，但赎缣似未有变动。无论变动多少次，始终是用缣赎罪，没有改用过钱。③

三、对外友好的礼品

丝绸作为"和平使者"，曾在帝王外交中起到关键作用。丝绸贸易或互赠丝织品，加强了各国之间的联系，维持了和平稳定的国际关系，为世界文明进步发展提供了良好的条件和环境。

《穆天子传》记载，西周周穆王十三年（公元前 989 年），周穆王率领大队人马，携带大量丝织品等礼物，从洛阳出发，最终到达西王母之邦，会见西王母。

西域来汉朝的使者，亦常得到汉皇帝赏赐以丝绸。《汉书·张骞传》说武帝"数巡狩海上，乃悉从外国客……散财帛赏赐，厚具饶给之，以览视汉富厚焉"。两《汉书》《三国志》《晋书》中关于皇帝赏赐丝绸给西域使者的记载不胜枚举，当然也包括楼兰王国的使者。西域使者实际上多以政治使节之名，行丝绸贸易之实。《汉书·西域传》载汉成帝时"康居遣子侍汉"，都护郭舜尖锐地指出："何故遣子入侍？其欲贾市为好，辞之诈也。"④

---

① 鲁山丝绸，http：//baike. baidu. com/link?url = lTH7UHF - If7rv67CJRXjW3HxEAuqWjmz1T - 12RmZpeJSAuck - fBWIkVwkMkslRoF-beOU71NWchohM2kSgVYGpfqJuEmvy00lulNK_ GxHCFCVQtGf2BbJPeIIfERstqHT。

② 《后汉书·明帝纪》。

③ 何兹全：《中国古代社会及其向中世社会的过渡》，商务印书馆 2013 年版，第 558 页。

④ 《汉书·西域传》。另见：《新疆通史》编撰委员会：《新疆历史研究论文选编》（魏晋南北朝卷），新疆人民出版社 2008 年版，第 292 页。

东汉王朝对匈奴、羌、鲜卑、西域各国以及其他少数民族的赏赐，其主要用意是为了保持安定团结的局面，稳固边疆。东汉安帝时对鲜卑的赏赐，赐予印绶，并赐予少数民族喜爱之布帛之类，还有谷物、钱币等，以此来笼络上层人物，促使其甘愿臣服。① “安帝永初中，鲜卑大人燕荔阳诣阙朝贺，邓太后赐燕荔阳王印绶，赤车参驾”，“永宁元年（120年），辽西鲜卑大人乌伦、其至鞬率众诣邓遵降，奉贡献。诏封乌伦为率众王，其至鞬为率众侯，赐彩缯各有差。”②

据胡适作的《西游记》考证：玄奘出游17年（628～645年），到高昌后，国王款待极恭敬，坚留玄奘久住国中，玄奘坚不肯留，国王无法，赠黄金一百两，银钱三万，绫及绢等五百疋（匹），充法师往还20年所用之资。又作24封书，通屈支等24国，每一封书附大绫一疋为信。又以绫绢五百疋，果味两车，献叶护可汗。根据胡适的考证，丝绸之路的说法更加真实具体。新疆吐鲁番鄯善县吐峪沟乡洋海夏村的洋海古墓，发掘的男觋（昔）干尸上穿着的丝衣，是精美的丝织品，它们应该是北魏皇帝于公元490年对高车国的赏赐，男觋身份特殊，当然也就能分到北魏皇帝赏赐的丝绸。③

四、天子眼皮下的丝绸行政

洛阳周边盛产丝绸，众星拱月。伏牛山地区非常适合蚕桑生产，周围丝绸行业历史悠久，现在仍然兴旺发达。丝绸赋税，滋养了帝王大业。宋朝洛阳为西京，官营丝绸生产作坊有相当规模，在京城少府监属下设置绫锦院、染院、文思院和文绣院，同时还在重要丝绸产区设置官营织造机构。元代设置了大量官营作坊，集中了全国大批优秀工匠，征调蚕丝原料，进行空前规模的大生产。④ 我们仅举南阳、南召为例，进行说明。

1. 南阳设丝绸官，缴纳赋税

南阳历来有“养蚕为业，植柞为本”的传统，丝绸管理机构应运而生。南阳的桑蚕、丝绸业早在东周就已起步，那时中国之丝织品已有疏密之分和“绿兮丝兮、女所治兮”的染色之术。《南阳蚕业志》记载：西汉时期南阳即为全国桑蚕八大产区之一，宛邑设立“工官”管理丝绸行业；西汉后期战乱频繁，但南阳郡守召信臣仍“劝民农桑末归本民以殷富”。南阳柞绸始于汉代，已有2000多年历史，它质地精良、图案美观、灿若云锦，“久已四方驰名”，除敬奉皇室，还远销国外。⑤ 官员主动引进优良品种，制造蚕丝。唐开元年间南阳已有“绢”和“丝、布、白菊之贡”。⑥

2. 南召的山蚕丝绸，兴旺发达

南召山柞蚕距今已有2000多年历史，至明嘉靖年间，南召“山丝产额甲于各县”，出现了较大的行店、货栈等，南召店（旧县城，今天的南召县云阳镇）“日进斗金”，给皇家缴纳大量赋税。南召县是全国19个柞蚕基地县之一和全国唯一的一化优质柞蚕茧出口基地县，2000年7月被命名为“中国柞蚕之乡”。南召一化柞蚕茧产量占河南省总产量的60%以上，素有“召半省”之称。⑦ 特别值得一提的是，

---

① 粟时勇、李忠晨：《文官之管理》，国家图书馆出版社2014年版，第126页。

② 《后汉书》卷九十，《乌桓鲜卑列传》第八十。

③ 《鄂尔多斯青铜器国际学术研讨会论文集》编辑组：《鄂尔多斯青铜器国际学术研讨会论文集》，科学出版社2009年版，第328页。

④ 王欣：《中国古代刺绣》，中国商业出版社2015年版，第57页。

⑤ 南阳丝绸，http://baike.baidu.com/link?url=CANut_wxTSJ7fQBrpkv9xZ5IFdBde1S6KzoHqobAmkxdPBP5LH0Q7ecyE03wl-G0Wle_DPdHT1sLiGWw8q41GINlWOhRl_vkWRxE5GypoMQCODxt0MR_MljdNbX_wuvj。

⑥ 《元和郡县志》。

⑦ 《南召柞蚕茧资源概况》，河南省蚕业科学研究院网站，http://www.hnscykxyjy.cn/asp/detail.asp?id=5007&mykindname=%BF%C6%BC%BC%D4%B0%B5%D8&typeid=8。

河南省蚕业科学研究院位于南召县云阳镇，隶属于河南省农业厅。1975年更名为“河南省云阳蚕业试验场”，2007年7月更名为“河南省蚕业科学研究院”，是河南省唯一从事蚕业研究与开发的科研机构，也是全国建立最早的八家省级蚕业科研机构之一。他们建成了较为完备的蚕业种质资源库，其中33个一化性柞蚕品种资源为世界稀有。育成的一化性柞蚕多丝量品种“豫七号”、柞蚕白茧品种“云白一号”等均居国际领先水平。河南省蚕业科学研究院有河南省蚕业工程技术研究中心，还有博士后研发基地，足见其科研实力和影响，再现了丝绸产地的历史辉煌。

南召与周围的方城、镇平、内乡、淅川、西峡六县先后入选“全国19个柞蚕基地县”，南召县被国家命名为“中国柞蚕之乡”，镇平县被国家命名为“中国丝毯之乡”，“南召一化柞蚕、茧、丝（绵）、绸”通过国家原产地保护认证。自古这里为离洛阳最近的地方，天子近水楼台，丝绸行业发达直接有利于帝王政治需要。

五、帝王丝绸贸易中心

洛阳作为丝绸之路的东方起点之一，周围盛产丝绸，作为王权中心，丝绸贸易发达，丝绸经济服务于王权政治、社稷江山。

公元73年，东汉汉明帝派班超出使西域，重开丝路贸易，并前后经营西域达30年，稳定了西域诸国的发展，还开通了沙漠丝绸之路的南线和北线。

曹魏时期，洛阳宫城“建中立极”和宫前出现轴线大街都城格局，改变了以往“前朝后市”的都城形制。洛阳那时铜驼大街及铜驼的出现，则显然是丝绸之路东西方文化与商贸交流的重要象征。① 北魏洛阳城除了西郭城内有大市、东郭城内有小市等市肆作坊区，在城南还建有安置周边异域人员居住的里坊和居所——四夷里和四夷馆，以及他们从事商贸活动的场所——四通市。其中从丝路西来的胡商最为活跃，“自葱岭以西，至于大秦，百国千城莫不欢附，商胡贩客日奔塞下。所谓尽天地之区矣。乐中国土风，因而宅者不可胜数。是以附化之民，万有余家。门巷修整阊阖填列。青槐荫陌绿树垂庭。天下难得之货，咸悉在焉……狮子者波斯国胡王所献也”。②

隋唐时期，通过丝绸之路和大运河从四面八方而来的国内外朋友，云集洛阳，贸易、文化、政治交流日益繁盛。隋唐洛阳城成为当时世界上著名的文化和商贸中心，是隋唐时期丝绸之路的东方起点。隋唐洛阳城内里坊区有南市、东市、西市三个市场，其中南市规模最大，隋称丰都市。《佩文韵府》引《大业杂记》文献记载，隋代“丰都市，周八里，通门十二，其内一百二十行，三千余肆……市四壁有四百余店……珍奇山积”。唐代“东都丰都市，东西南北居二坊之地，四面各开三门。邸凡三百一十二区，资货一百行”。③ 洛阳当时来自各国的商品堆积如山，商人们操着不同的语言在这里进行贸易。为了炫耀大国的富庶，在外国使者逛丰都市时，隋炀帝曾命“不取其值”。历史鲜活地记录了他们在这座城市生活居住、进行丝绸贸易的印迹。

总之，以上显示了洛阳的王权与丝绸关系密切，丰富多彩（譬如，古代完整的服装制度在汉明帝时确立，东汉用丝绸赎罪，外国使者市场购物时隋炀帝曾命“不取其值”等），错综复杂，千丝万缕。就我们个人的孤陋寡闻，前面所述只是蜻蜓点水，走马观花，与完整历史的丰富记录不可同日而语，更何

① 钱国祥：《汉魏洛阳城：见证“丝路”东端国际性商贸大都市的繁荣》，《河南日报》2014年6月26日。

② 《洛阳伽蓝记》卷三《城南之龙华寺》。

③ 《大业杂记》。

况还有更多的没有被御史记载的、没有被民间传播的秘密、有趣的皇家丝绸方面的历史故事。我们感叹帝王的巧取豪夺、骄奢淫逸，感慨丝绸的无穷魅力，为自己所知甚少、一鳞半爪而惭愧。帝王的称霸、生活与外交，通过丝绸产品演绎了无数活灵活现的生动景象，生活上需要丝绸，享乐上需要丝绸，管理上需要丝绸，外交上需要丝绸，丝绸无时无刻地折射出绚丽多彩的洛阳王权政治画面，应该进一步得到深入探讨。

（作者分别为武汉科技大学马克思主义学院教授、
武汉科技大学马克思主义学院研究生）

葡萄与葡萄酒在河洛地区的发展与传播

韩永奇

摘要： 自西汉时期，张骞从西域带回葡萄种苗和葡萄加工技术，欧亚种葡萄经河西走廊、长安传入河洛地区，葡萄酒酿造技术也随之传入洛阳，成为当时影响我国经济、文化生活的重大事件。唐太宗定都洛阳后，葡萄种植在河洛地区发展迅速，葡萄酿酒业也成为河洛地区的重要产业，盛唐葡萄与葡萄酒业在河洛地区空前繁荣，南北宋传播广泛，到了元明，葡萄在河洛地区种植普遍，葡萄酒酿造早已司空见惯。以洛阳为中心的河洛地区的葡萄与葡萄酒的发展传播，不仅体现了河洛地区人民开放包容交流合作的精神，也充分说明了洛阳先祖的聪明智慧，成为弘扬河洛文化、建构洛阳学的重要支撑之一。

关键词： 河洛地区；葡萄；葡萄酒；发展；传播

葡萄属植物与葡萄酒起源于何方？历史考证，我国是葡萄与葡萄酒的故乡，有 30 多种葡萄在我国栽培，我国成为葡萄属植物的重要起源地。有关于葡萄记载的文献最早出现于《诗经》，这是我国最为古老的诗歌总集，其中“葛雁”等葡萄属植物被提及。经考证，中原的贾湖成为中国葡萄酒之发源地。地处河洛地区的洛阳有着 5000 多年的文明史、4000 多年的建城史和 1500 多年的建都史，先后有 105 位帝王在此定鼎九州，是华夏文明的主要发源地和中华民族的发祥地。而古老的葡萄与葡萄酒和洛阳古都有着不解之缘。从河洛文化的发掘中知悉，我们的祖先自商朝起就开始把各种野生葡萄采集过来加工食用。而西汉时期，张骞作为汉武帝的使者出使西域，当时西域以葡萄和葡萄酒闻名，而西域欧亚种葡萄就是被张骞从大宛带回长安而传入河洛地区后广泛栽培的。形成以长安、洛阳地区为中心，以河洛地区为策源地，从西向东、由北向南、向四周辐射的我国古代的葡萄种植和葡萄酒酿造业的发展格局，成为河洛文化繁荣的重要标志和洛阳学研究的重要内容。笔者在借鉴现有研究成果的基础上，试图通过广泛搜集具有代表性的历史资料，考证葡萄与葡萄酒在河洛地区的传播和发展过程并论述之，以发掘、传承河洛葡萄酒文化，丰富洛阳学之内容。洛阳是丝绸之路的东方起点、隋唐大运河的中心枢纽，中国的国名便源自古洛阳。因此，考证以洛阳为中心的河洛地区的葡萄与葡萄酒的发展传播，对于现代洛阳经济社会的发展具有重要的意义。

一、葡萄与葡萄酒在汉魏始由西域传入河洛地区

大千世界，植物种类何其多也，但葡萄却闻名遐迩，在中国古代，葡萄有诸多称谓：“蒲桃”“葡桃”“蒲萄”“蒲陶”，其实，这么多的名字和叫法，都是指今天的葡萄，而“蒲陶酒”则是指今日之葡萄酒。在古汉语中，“葡萄”既有葡萄的本意又有葡萄酒的意思。汉语中的“葡萄”一词来源于《本草纲目》（明代李时珍）：“葡萄，《汉书》作蒲桃，可造酒，人酺饮之，则醄然而醉，故有是名。”翻译成现代语其实就是，葡萄在汉书上又称为蒲桃，可以用它酿造美酒，用它做出来的酒让人饮后醄然而醉，

所以有葡萄酒这个名字。有人认为，伊兰语“budawa”、希腊文“batrus”的译音有可能为“葡萄”一称。在《子虚赋》中，司马相如曾经写道：“樱桃蒲陶……列于北园。”① 详细记载葡萄和葡萄酒的还有司马迁的《史记》：“（大宛）左右以蒲陶（即葡萄）为酒，富人藏酒至万余石，久者数十岁不败。”②出使西域的张骞引大宛的葡萄酒酿造工艺与葡萄品种入汉（朝）。张骞带回的葡萄与葡萄酒酿酒技术为汉武帝所喜爱，在“离宫别观（馆）旁尽种蒲陶、苜蓿极望”③。大宛葡萄酒酿造成风的情景被汉使所观察到，由此来看，西域地区早已有相当成熟的葡萄种植和葡萄酿酒技术，为其流向中原、向河洛地区的传播奠定了雄厚的基础。西汉时期，以于田、龟兹、焉耆、且末、伊吾等西域地区葡萄种植的规模大和面积大，葡萄成为这个地区的代名词，葡萄酒在这个地区非常盛产，该地区成为优秀的葡萄酒产地，而且当时也出现了不少酿酒技师，近代考古挖掘史料也从侧面证实了这个说法。欧亚种葡萄从西域入河西走廊后，先至长安，后到洛阳为中心的河洛地区，其后又经洛阳、开封等地传到中国的华北、华东、江南等地区。

关于葡萄酒的文字记载散见于许多历史书籍中。如《续汉书》记载，葡萄酒酿造始于三国时期，盛行在我国的西北地区，而后向东陆续传播，西域的葡萄与葡萄酒文化经西北地区传播到洛阳，洛阳种葡萄、酿酒较早，与其地理位置关系很大。有大量文献记载，当时，葡萄种植和葡萄酒生产在河洛地区已初露端倪。《艺文类聚》卷 87 载，魏文帝曹丕是一个非常喜爱葡萄与葡萄酒的君主，高度评价葡萄和葡萄酒，曾作文道：“且说葡萄，醉酒宿醒，掩露而食，甘而不捐，脆而不醉，冷而不寒，味长汁多，除烦解渴，又酿以为酒，甘于鞠莱，善醉而易醒，道之固以流涎咽唾，况亲食之邪！”曹丕不仅高度赞赏葡萄与葡萄酒，而且鼓励支持葡萄与葡萄酒的发展，在他的推动下，洛阳的葡萄种植迅速发展起来。

南北朝时期的洛阳，葡萄已随处可见，已沦落于普通植物之列。杨衒之所著的《洛阳伽蓝记》一书中记载，洛阳白马寺佛塔前的葡萄“枝叶繁衍，子实甚大，奈林实重七斤。葡萄实伟于枣，味并殊美，冠于中京”。说明这里的葡萄生长得特别茂盛，质量好，味道甘甜纯正，不仅是食用的好果品，更是酿酒的好原料。尽管向河洛地区葡萄与葡萄酒文化输入得很早，葡萄与葡萄酒也很受那里人们的青睐，但由于当时的统治者治国策略“重农轻商”，历朝历代都“以粮为本”的理念影响了长安到洛阳这一带葡萄种植和葡萄酿酒业的发展。那时的葡萄酒非常珍贵，尤其是来自西域的葡萄酒价格昂贵如金子（主要是物以稀为贵，加上路途遥远交通运输不便等），只有达官贵人才能消费得起。《续汉书》中记载汉灵帝时孟佗用一斛葡萄酒贿赂大宦官张让，竟得以被任命为凉州刺史的要职。《洛阳伽蓝记》卷 4 记载，北魏时，如果宫中的人有幸被赐给一点葡萄，“转响亲戚，以为奇珍，得者不敢辄食，乃历数家”。《北齐书》卷 22 载，北齐时期的大臣李元忠，向当时的皇帝世宗供奉了一盘葡萄，世宗非常高兴，并以百练缣作为答谢，并附信褒奖说：“仪同位亚台铉，识怀贞素，出藩入侍，备经要重……忽辱蒲桃，良深佩带。聊用绢百匹，以酬清德也。”

兵燹之灾、战乱之祸，让河洛地区农业生产和工商业发展屡屡遭受挫折，极大地影响了当地葡萄种植，阻碍了葡萄酒业的发展。《新唐书》卷 100 记载，经过隋朝末年多年战乱，葡萄已经成为罕见的珍稀水果了，唐初高祖李渊宴请群臣，果品中有葡萄在列，侍中陈叔达拿着葡萄却不舍得吃，李渊问其情由，陈叔达回答说：“臣母病渴，求不能致，愿归奉之。”位高爵显的陈叔达的母亲生病想吃葡萄时都无法吃到，草根百姓更是难于上青天了。当时珍稀名贵的葡萄与葡萄酒在这些历史记载中得到了极其真实的反映。这也说明在唐之前的历史年华里，从长安到洛阳葡萄种植业和葡萄酿酒业的发展困难重重，河洛地区葡萄与葡萄酒发展也一直起起伏伏处于不稳定的阶段。

---

① 司马相如：《子虚赋》，载《司马相如文选译》，巴蜀书社 1991 年版。
②③司马迁：《史记》卷 123《大宛列传》，中华书局 1959 年版。

二、隋唐时期葡萄与葡萄酒在河洛地区的快速发展

我国历史上隋唐时期，经济文化繁荣，社会较为稳定，这一时期葡萄与葡萄酒在河洛地区发展较快，成为中国葡萄酒历史上的兴盛时期。公元618年，李渊建唐，定都长安，唐太宗李世民下令修葺洛阳城，号称洛阳宫。他曾三次来洛阳处理政务及外事，在洛阳宫居住两年之久。长期以来，高昌王国对唐阳奉阴违，贞观十四年（640年），唐朝大将侯君集率大军平定高昌，再度畅通了西域和长安及河洛地区的交通，两地的政治文化及经济贸易的交流日趋频繁。高昌的葡萄种植历史源远流长，高昌在南北朝时期就曾经向梁朝进贡葡萄。侯君集平定高昌后带回了高昌马乳葡萄，唐太宗亲自在都城御苑里种植它并用它酿酒，他对葡萄酒酿制非常感兴趣，参与每个环节，并将亲手酿制好的葡萄美酒赐给群臣品鉴。此事记载在《太平御览》卷844中并详细描述，书中有唐太宗“收马乳葡萄于苑中种之，并得其酒法。帝自损益造酒。既颁赐群臣，京师始识其味”之记载。翻译成为现代汉语就是关于内地如何学习西域地区的葡萄酒酿造技术来酿制葡萄酒及其效果，这是关于葡萄酒的重要历史首次在史书记载。唐太宗善于学习和改进西域的葡萄酒酿造技术，酿制葡萄酒竟有八种不同风味，实在难能可贵，让人赞叹不已。在唐太宗的极力倡导下，马乳葡萄品种和酿酒工艺从西域传到唐朝地区的河洛地区，那时的河洛地区葡萄的种植较为普遍，葡萄酒酿造工艺已十分先进，葡萄酒的消费已在有身份地位的人群中盛行。文人雅士也以葡萄和葡萄酒为对象，吟咏出动人的诗篇佳作，至今脍炙人口，广为传颂。王翰的“葡萄美酒夜光杯，欲饮琵琶马上催。醉卧沙场君莫笑，古来征战几人回?”这首被人熟知传颂千古的《凉州词》所描述的是：戍边将士借助葡萄美酒抒发慷慨悲壮的豪情，葡萄酒色泽殷红如将士鲜血血染沙场，成就了爱葡萄酒与将士家国情怀的交相辉映之绝唱。对葡萄酒情有独钟的还有唐代诗人李白，体现在《襄阳歌》，这个“斗酒诗百篇”的一代诗人幻想道：“鸬鹚杓，鹦鹉杯，百年三万六千日，一日须倾三百杯。遥看汉江鸭头绿，恰似蒲萄初酦醅。此江若变作春酒，垒曲便筑糟丘台。”相关诗文、史书对葡萄酒的客观描述和记载，表现了当时河洛地区葡萄酒发展之境况。通过考证唐代诗、书等历史资料，葡萄种植和葡萄酒酿造的分布区域大致就在河洛地区，当然，长安和洛阳是唐朝重要的葡萄酒酿造产地之一。柳宗元《龙城录》说，唐太宗时名臣魏征善于治酒：“魏左相能治酒，有名曰醽渌、翠涛，常以大金罂内贮盛十年，饮不歇其味，即世所未有。太宗文皇帝尝有诗赐公，称：醽渌胜兰生，翠涛过玉薤。千日醉不醒，十年味不败。公此酒本学酿于西胡人，岂非得大宛之法?”①

无疑邻近长安的河洛地区受其影响很大。从汉代雍州始平县就开始酿造葡萄酒，到了唐朝发展很快。《倡女行》中有“石榴酒，葡萄浆，兰桂芳，茱萸香”，是诗人乔知之的描述，同州冯翊县是乔知之生活的地方，由此可以推测，该县也是葡萄酒产地之一。

河东地区乾和酒名气大，这一地区出产的葡萄酒跻身当时的名酒之列，被天下人称颂。《太平广记》卷233《唐国史补》中评价：“酒则有郢州之富水，乌程之若下，荥阳之土窟春，富平之石冻春，剑南之烧春，河东之乾和葡萄，岭南之灵溪、博罗，宜城之九酝，浔阳之湓水，京城之西市腔、虾蟆陵、郎官清、阿婆清。”因而当年太原府就把乾和葡萄酒作为向朝廷进贡的珍品。刘禹锡在其《蒲桃歌》里写道：“野田生葡萄，缠绕一枝高……有客汾阴至，临堂瞪双目。自言我晋人，种此如种玉。酿之成美酒，令人饮不足。为君持一斗，往取凉州牧。”有“斗酒学士”之称的、嗜酒如命的诗人王绩曾作《过酒家》，诗云：“竹叶连糟翠，蒲萄带曲红。相逢不令尽，别后为谁空。”王绩在故乡绛州龙门县

① 《说郛三种》，上海古籍出版社1996年版，第1067页。

生活时间最长，一生大多时间在故乡饮酒作诗，从《过酒家》推断出，优质葡萄酒也出产自河东的绛州。

公元649年即唐贞观二十三年，唐高宗李治即位。公元657年即永徽六年把洛阳作为唐朝的东都处理国家事务。尽管长安依旧作为首都，但客观上唐朝的都城已发生了迁移，洛阳成为实际的都城，一时非常繁华。葡萄酒在唐朝东都洛阳发展很快，河洛地区自然也成为当时重要的葡萄酒产地。其实，葡萄酒早就在洛阳酿造，在河洛地区的核心洛阳历史悠久，三国时曾重视并大加褒扬葡萄和葡萄酒的魏文帝曹丕，以各种奖励措施鼓励河洛地区广大农民葡萄种植，推动了东都洛阳葡萄酒业的发展。段成式曾经在《酉阳杂俎》记载道，长安、洛阳、邺城三地早在南北朝时就普遍栽种葡萄。

到了唐代更盛行葡萄，洛阳葡萄种植在当时极负盛名。韩愈在《燕河南府秀才得生字》中有“柿红蒲萄紫，肴里相扶檠”之描述，这一咏赞洛阳葡萄的诗篇足以说明河洛地区葡萄种植之盛况；葡萄从河洛地区传播到江南道，金陵也成为唐代著名的葡萄酒产地。“蒲萄酒，金叵罗，吴姬十五细马驮，青黛画眉红锦靴”是李白在《对酒》诗中的吟咏，“风吹柳花满店香，吴姬压酒唤客尝”是李白在《金陵酒肆留别》诗中的描述。金陵的葡萄酒和侍酒美女在这两首诗的描绘中呈现，风光旖旎的江南也出现在人们的面前。

葡萄也从河洛地区传播到山南道，即当时的郢州和荆州，那个地方的葡萄和葡萄酒生产也较为红火。“细酌蒲桃酒，娇歌玉树花。”刘复的《春游曲》对郢州葡萄酒的记载描述可见一斑；“新茎未遍半犹枯，高架支离倒复扶。若欲满盘堆马乳，莫辞添竹引龙须”是韩愈寓居荆州时写的《题张十一旅舍三咏》之《葡萄》篇中劝告主人对院中栽种的葡萄善加培育的情景。

山东省社会科学院历史研究所研究员王赛时老师认为，中国历史上唐朝成为封建经济发展之高度繁荣期，整个西域地区成为大唐疆域，当时的河洛地区与西域之联系异常密切，且古丝绸之路从西汉以来非常通畅，传入内地河洛地区的不仅是西域的各种葡萄优质品种，还有西域的葡萄美酒以及先进的葡萄酒酿造技术，当时河洛地区尤其是东都洛阳非常开放，西域地区的商人也喜爱到洛阳经商，这些遍及洛阳的西域商人也把其喜食葡萄和畅饮葡萄酒的风俗习惯带到了东都，葡萄酒文化极大地感染了河洛地区居民，影响着当时的东都酒市。

繁荣畅通的隋唐时期的丝绸之路，给东都带来了一股西域之风，到西域地区经商的河洛地区居民也多了起来，不仅促进了河洛地区的葡萄种植，也大大推动了这一地区的葡萄酒酿造业的发展。①

河洛地区、长安地区、陇右地区、江南道、山南道等成为唐代内地葡萄种植和葡萄酒酿造的主要区域。上面所说的这些地方自然是唐代葡萄种植和葡萄酒的酿造产地，但还远不止这些，长期对唐朝葡萄种植的区域进行考证研究的陈习刚研究员认为，在唐代葡萄种植区域已经非常广泛，遍及唐朝的许多州县，“唐十道中种葡萄的达九道，只有岭南道未见葡萄种植的记载”②。以上列出的只不过是我们目前可以从文献资料中加以查证的部分产地。

三、河洛地区葡萄和葡萄酿酒业在五代辽宋西夏金时期的发展与北扩南传

五代辽宋西夏金时期是指从唐代以后到元朝建立之前这个重要历史时期，这一时期类似南北朝对峙

---

① 王赛时：《古代西域的葡萄酒及其东传》，《新疆地方志》1998年第2期。

② 陈习刚：《唐代葡萄种植分布》，《湖北大学学报》（哲学社会科学版）2001年第1期。

时期，中国一直处于分裂的局面，这种局面对河洛地区葡萄和葡萄酿酒业负面影响不小，极大地影响了当时河洛地区的葡萄栽培和葡萄酿酒业发展。但河洛地区的葡萄种植和葡萄酒酿造业总体上并没有停滞下来，还是有一定的发展，表现尤为明显的是北扩南传，向南方地区扩展，当然北方仍然为主要的葡萄和葡萄酒产地。这一时期要说到一个重要的史实，就是移民问题，这个问题是河洛文化的重要组成部分，也应是河洛文化研究的重要内容，是探究和解读河洛文化内涵的一把钥匙。历史上正是因为广大移民移居河洛，才创造了如此灿烂辉煌的中华文明，同时也是广大移民的移出，才使得河洛文明泽被边陲，影响深远。就河洛地区的移民尤其是外来人口的迁入问题鲜有论述，吴松弟《中国移民史》第四卷（福建人民出版社 1997 年版）对宋辽夏金元时期的汉族和周边少数民族的人口迁移进行了探讨，北宋时期是河洛地区移民迁入的重要阶段，移民的到来不仅促进了当地的开发，而且在一定程度上推进了河洛文化的发展，创造了河洛文化史上又一个辉煌时代。众所周知，唐代，河洛地区盛产葡萄和葡萄酒，而到了五代辽宋西夏金这一时期则继续保持了葡萄主产区的地位。大量宋代文人墨客的诗文中，反映了以洛阳为中心的这一地区的葡萄和葡萄酒发展情况。赵鼎臣说："并州苦寒，夏多雹、秋早霜，风土麄恶，饮食俭陋，大都不逮河朔者十七八。惟酒极醇酽，果实蒲萄之美，冠于四方。"据《旧五代史》卷 110《周太祖纪一》载：后周太祖广顺元年（951 年）正月诏罢土贡，其中有晋州（山西临汾）和绛州（山西新绛）的葡萄。既然晋州、绛州的葡萄能被作为贡品入献，则其质量无疑是上乘的，产量估计也很可观。解州安邑县也有葡萄栽培，可惜其酿造葡萄酒的技术已经失传。元好问的《葡萄酒赋并序》对这件事有明确记载："吾安邑多葡萄而人不知有酿酒法。"① 太原府在唐代曾经向朝廷进贡葡萄酒，在宋金时期其葡萄种植和葡萄酒酿造仍然天下闻名。吴坰在《五总志》中称"葡萄酒自古称奇，本朝平河东，其酿法始入中都"，"余昔在太原，尝饮此酝"，对太原葡萄酒赞不绝口。《证类本草》云，"（葡萄）今河东及近京州郡皆有之"，"今太原尚作此酒，或寄至都下，犹作葡萄香"。司马光在《送裴中舍赴太原幕府》中描述："山寒太行晓，水碧晋祠春。斋酿蒲萄熟，飞觞不厌频。"黄庭坚《送顾子敦赴河东三首》诗云："虎头妙墨能频寄，马乳蒲萄不待求。上党地寒应强饮，两河民病要分忧。"苏轼在《谢张太原送蒲桃》中云："惟有太原张县令，年年专遣送蒲桃。"《清异录》载："河东葡萄有极大者，惟土人得啖之，其至京师者，百二子、紫粉头而已。"从忽思慧的《饮膳正要·米谷品》可以推断出平阳（山西临汾）也有葡萄栽培。

河洛地区在以前的基础上继续扩大葡萄栽培及种植规模，并且得到了远距离传播辐射。种植葡萄的不仅有西京河南府、东京开封府和沧州等地，"朱盘何累累，紫乳封霜厚。今为马谷繁，昔酿梁州酒"是梅尧臣在《范景仁席中赋葡萄》中描述的河北地区的情况，马谷即在沧州无棣县境内。文献中有记载，而洛阳东邻具有京师特殊地位的东京开封府的葡萄种植和葡萄酒酿造业发展势头很猛。宋祁在《景文集·右史院葡萄赋并序》中写道，在开封，葡萄栽种在官府衙门里，像裴回堂右史院贮有蒲桃一本。种植葡萄成为当时士大夫们的喜好，他们把葡萄种植在私家园林中。开封南园最盛行，在《赋园中所有十首》中苏辙对葡萄描述的非常具体细致。"南庭蒲萄架，万乳累将石追"；"邻家蒲萄未结子，引蔓垂过高墙巅"，这是梅尧臣的诗篇。在《和子由记园中草木十一首》之二中，苏轼有"蒲萄虽满架，倒不胜任"之佳句；邓之城有"中秋节前……孛萄，弄色枨橘，皆新上市"之说，在干果子中有"回马孛桃"记载在《东京梦华录注》。1126 年，即靖康元年，负责镇守两淮路黄州的韩驹，为了表达新酿葡萄酒之喜悦，写道："葡萄酒用春江水，压倒云安麴米春。"这是当时韩驹酿得新酒即兴赋的一首诗，佐证了黄州葡萄种植和酿造葡萄酒的史实。《癸辛杂识》也有"施宿字武子……宿晚为淮东仓曹，时有故旧在言路，因书遗以番葡萄。归院相会，出以荐酒，有问，知所自，憾其不已致也"之记载，可以推测

① 载《古今图书集成·博物汇编草木典·葡萄部》卷 113。

葡萄种植已从河洛地区传播到扬州。

五代辽宋西夏金时期的江南呈现河洛葡萄南下之身影，是葡萄和葡萄酒发展进步之显著地区。陈习刚对此曾经考证认为，江南栽培葡萄在南宋时期已很普遍。金陵葡萄栽培在唐朝有之；马乳葡萄与水晶葡萄从洛阳偃师一带传播到江南，在常州和苏州有栽培记载；以出产野生葡萄闻名的湖州也有种植马乳葡萄之说；京师临安府具有栽培水晶和玛瑙两种葡萄得天独厚的条件；有野生葡萄品种的绍兴大量种植浆水葡萄、玛瑙葡萄，并用来酿造葡萄酒；出产紫葡萄、绿葡萄的台州也引种了质优味美的水晶葡萄；葡萄在福州也有大量种植。①

从《景定建康志》《咸淳毗陵志》《嘉泰吴兴志》《琴川志》《澉水志》《咸淳临安志》《嘉泰会稽志》《宝庆会稽志》《嘉定赤诚志》《淳熙三山志》等地方史志的记载中，我们可以看到葡萄经河洛地区广为传播，南方各地栽培葡萄蔚然成风，已很普遍。从某种意义上说，这可能是以洛阳为中心的河洛为代表的北方人民南迁避战火的结果。南宋都城临安府作为商业发达的城池，当时商品化葡萄种植的趋向非常明显。《梦粱录》云："蒲萄，黄而莹白者名珠子，又名水晶，最甜，紫而玛瑙色者稍晚。"又载"（杭城食店）又有托盘担架至酒肆中，歌叫买卖者"，其中就有木孛桃、新胡桃及干果子番葡萄等。《咸淳临安志》云："（蒲萄）有黄紫二色，紫者稍晚，黄者名珠子御爱，其圆大透明者名玛瑙。"除了以上列举的经河洛地区传播而逐步发展起来的上述许多葡萄和葡萄酒产地外，还有许多唐代曾经盛产葡萄和葡萄酒的地方，虽然没有确凿的文献资料证明这一时期该地情况依然如此，但也没有相反的证据否认存在着这种可能性。河洛地区葡萄栽培和葡萄酿酒地域的传播与南下扩展，是与这一时期河洛地区葡萄栽培和酿酒技术的进步紧密相关的。经过以洛阳为中心的河洛地区劳动人民引进西域葡萄后，结合中原气候、土壤等风土条件，反复试验，摸索出来一套扦插和嫁接繁殖、棚架栽培、埋蔓防冻过冬等技术，并把这些技术系统整理、普遍应用和推广开来，把葡萄自然发酵、葡萄汁加曲酿造、干葡萄与谷物混合加曲酿造等酿造方法进行传播推广，为人所知，还出现了酿造蒸馏葡萄酒的方法。随着河洛地区葡萄栽培和葡萄酿酒技术的扩散，葡萄种植规模扩大，葡萄酒产量逐步上升，日益扩大了其商品属性，极大地扩大了河洛地区葡萄和葡萄酒对当时社会经济文化的影响。

四、元明时期葡萄与葡萄酒在河洛地区的普及

我国葡萄与葡萄酿酒业在元朝达到鼎盛，显然离不开河洛地区的贡献，尽管元统治河洛地区的时间短暂，但丝毫不减其在河洛地区发展的影响力。"翠虬夭矫飞不去，颔下明珠脱寒露。累累千斛昼夜春，列瓮满浸秋泉红。数宵酝月清光转，浓腴芳髓蒸霞暖。酒成快泻宫壶春，春风吹动玻璃光。甘逾瑞露浓欺乳，曲生风味难通谱。纵教典切肃双裘，不将一斗博凉州。"这是元朝诗人周权对葡萄酒制作的形象描述。葡萄酒酿造鼎盛时期的到来是因为元朝的疆域非常辽阔，河洛地区和中亚地区的经济贸易往来十分频繁，特别是喜食葡萄的少数民族到河洛地区居住，自然也把中亚地区的优质葡萄品种带到河洛地区，从而带动了葡萄和葡萄酒酿造技术在河洛地区的发展。

忽必烈在宫城中建造葡萄酒储存室，在葡萄酒历史上传为美谈，表明他不仅是识"弯弓射大雕"的英雄，也是非常喜爱葡萄酒的酒神。还有许多元朝统治者对葡萄酒喜爱有加，他们不但索取西域的葡萄美酒，还在内地大力推广葡萄种植。为保量保质供应王室和官府葡萄酒，官方在各地设立葡萄园，在

① 陈习刚：《中国古代葡萄、葡萄酒及葡萄文化经西域的传播（一）——两宋以前葡萄和葡萄酒产地》，《新疆师范大学学报》（哲学社会科学版）2006年第3期。

大都、山西太原、南京等地开坊酿造葡萄酒。尚衍斌指出："太原、平阳一带盛产葡萄，制酒入贡，另外，大都附近、霄州、内蒙古的宣宁、南京、扬州，以及镇江、苏州等江南地区也种植葡萄，酿造葡萄酒。"① 除了元朝统治者出于个人好恶对葡萄与葡萄酒进行扶持外，也和当时粮食不足迫使他们节约粮食有关，这些统治者认为葡萄酒不消耗粮食，在粮食短缺的时代，少向人民征集粮食，有助于他们的统治。

所以，鼓励种植葡萄，允许民间家酿葡萄酒，不设酒禁、不对家酿葡萄酒征税成为元朝政府对葡萄酒的最大扶持政策，况且，元大都坊间有的酿酒户充斥巨万家资，酿造葡萄酒规模大有百瓮之多。葡萄种植业与酒作坊规模的扩大，极大地促进了元代葡萄酿酒业的发展，而随着葡萄酒规模数量的增加，葡萄酒走下神坛，已由奢侈品逐步转为民众消费品，它不再专门供王公贵族们享用，葡萄美酒也成为平民百姓品尝的酒品之一。"我瓮酒初熟，葡萄涨玻璃"，何失这位生活清贫到靠骑驴卖纱过活的都能做到自酿葡萄酒招待老友，由此可见当时葡萄酒普及之程度。尽管明朝统治者对于葡萄和葡萄酒不像元朝统治者那么热衷，但明代的葡萄种植和葡萄酿酒业总体上仍然保持平稳发展之状态，与前代相比，葡萄品种不断增加，种植区域逐步扩大，葡萄酒产量也稳步回升。在河洛地区葡萄与葡萄酒发展的影响下，葡萄在明朝所管辖的以南北直隶为中心的地区种植广泛，葡萄酒的踪迹遍布当时之市场。王象晋在《群芳谱》中说道："（葡萄）生陇西、五原、敦煌山谷，今河东及江北皆有之，而平阳尤盛。"②

李时珍有"水晶葡萄，晕色带白，如着粉，形大而长，味甘。紫葡萄，黑色，有大小两种，酸甜两味。绿葡萄，出蜀中，熟时色绿。至若西番之绿葡萄，名兔睛，味胜糖蜜，无核则异品也。琐琐葡萄，出西番，实小如胡椒……云南者，大如枣，味尤长"③ 之记录，他在《本草纲目》中记录了草龙珠葡萄，加上马乳葡萄等品种，表明明代栽种的葡萄品种繁多，可以断定，由于河洛地区的影响扩散，葡萄与葡萄酒在元明时期已很普及，全国各地都有销售，作为异域珍果之葡萄已成为民众之普通水果，而葡萄酒也已由达官贵人专门享用转变为普通饮品。

尽管在南方葡萄的种植规模不断增加，葡萄酒的饮用范围逐步扩大，但仍然不能与河洛地区相比，相对来说河洛地区仍然是葡萄与葡萄酒发展的中心地区。河洛地区的地理气候特征基本与西域相似。当时来自西域地区的葡萄品种，适合大规模种植在河洛地区，所以，当时的河洛地区葡萄种植规模较大。

在洛阳等地的有力辐射下，山西平阳、太原等地葡萄发展很快，已成为唐宋时期葡萄种植的重要基地之一，久负盛名。元明时期这些地方的葡萄和葡萄酒也成为中原地区葡萄与葡萄酒发展得最好的地区。

据《明实录》记载，洪武初年"太原岁进蒲萄酒"。太谷县是太原府主要的葡萄产地之一，"出葡萄，味甚羡"④。高启在《太谷蒲桃酒诗》中描绘："赤霞流髓浓无声，初疑豹血淋银罂。"⑤ 明朝中后期，有葡萄种植的北直隶地区，一些高品质葡萄品种以水晶葡萄和马乳葡萄等为主。李渔描述："葡萄无他长，只以不酸为贵。酸而带涩，不值半文钱矣。燕地所产，非止不酸不涩，且肥而多肉，值得一吞。吞后余甘，尚恋齿颊。"⑥ 这是他在《燕京葡萄赋》中称赞北京附近地区所产的优质葡萄，其实这些葡萄品种大多来自河洛地区。因此，我们可以毫不犹豫地说，在河洛地区的辐射带动下，明朝时期的

---

① 尚衍斌：《元代西域葡萄和葡萄酒的生产及其输入内地述论》，《元代畏兀儿研究》，第272－277页。

② 王象晋：《群芳谱》卷1《果谱一》，《四库全书存目丛书补编》第80册，齐鲁书社2001年版，第385页。

③ 徐光启：《农政全书》卷30《树艺·果部下》，上海古籍出版社1979年版。

④ 成化年间《山西通志》卷2《山川》，《四库全书存目丛书》史174，齐鲁书社1996年版，第36页。

⑤ 乾隆《太原府志》卷15《物产》，载张玉玲、谢琛香点校，安捷主编：《太原府志集全》，山西人民出版社2005年版，第752页。

⑥ 《畿辅通志》第9册卷73《物产一》，河北人民出版社1989年版，第402页。

北京地区葡萄种植已开始，但葡萄种植规模因多种因素的影响一直得不到扩展。

到了清代，河洛地区的葡萄种植和葡萄酿酒业在绝大多数时间里维持着元明的发展格局。但河洛地区向东的辐射力增强，从清代以来，胶东地区烟台有大批商人去长安、东都洛阳做贩海盐生意，也有长安、洛阳等地的商人以及移民来到烟台，他们不断带回河洛地区的葡萄品种和种植技术，胶东葡萄与葡萄酒在无声无息地发展。在时间的发酵中，我国葡萄种植和葡萄酒酿造业的一个根本性的历史转折终于在清末民初的胶东烟台发生了，这是河洛地区影响力发生聚变的结果。这就是1982年张裕酿酒公司的成立。张弼士，这位南洋华侨巨富在1892年来到烟台，他看到烟台适宜种植高品质葡萄，气候和土壤等条件有利于葡萄生长，创办了闻名中外的张裕酿酒公司，结合本土葡萄品种种植的实际，引进驯化了从法国、意大利等世界著名的葡萄酒酿造国家的品种，几经风霜艰辛，终于在烟台成功栽培。作为本土的葡萄酿酒公司，张裕酿酒公司在汲取河洛地区葡萄栽培与葡萄酒酿造文化的基础上，大胆采用了当时欧洲先进的酿酒技术，中西结合生产出来具有东方气质、河洛文化积淀的品质优良的葡萄酒，并获巴拿马万国博览会金奖，改写了中国葡萄种植和葡萄酿酒业的历史，彰显了河洛葡萄与葡萄酒文化东传之魅力，从此揭开了中国葡萄与葡萄酒发展的新的历史篇章。

五、结语

综上所述，河洛地区的葡萄种植和葡萄酿酒业在中国葡萄与葡萄酒的发展历程中起着不可替代的作用，书写着中国葡萄与葡萄酒历史篇章。早在汉朝，西域开始向河洛地区传播葡萄与葡萄酒酿造技术，但在战乱破坏下，统治者重农抑商以及多原因的影响，以洛阳为中心的河洛地区葡萄与葡萄酒产业缓慢发展且波澜起伏。到了唐代，东都洛阳葡萄栽培进入新阶段，河洛地区的葡萄栽培以及葡萄酒酿造产业逐步繁荣起来，从汉代起步到唐之繁荣，河洛地区葡萄与葡萄酒产业经历了漫长的发展历程，葡萄与葡萄酒从异域奇珍的贵族专用，到成为寻常百姓家的普通饮品，其间既经历过高歌猛进的高潮，也有低潮；既有飞跃式的进步，也有日薄西山的没落。这种状况一直延续着、交织着，到了元明才有一些改观。这和当时的经济社会政治息息相关，出现这些现象是历史的必然。但真正得到改观的是，长期分裂割据的局面在中国历史上结束后，中西交流交通的改善以至于畅通无阻，尤其是元代西域色目人内迁生活定居到河洛地区以及河洛地区民众的迁徙，促进了河洛地区的葡萄种植与葡萄酒的发展和传播，南传东传北扩，提高了葡萄种植与葡萄酒酿造技术，河洛葡萄酒文化迅速在大江南北普及。葡萄与葡萄酒在河洛地区的传播和发展是全国各族人民辛勤劳动的结果，是河洛地区和全国人民智慧的结晶，也是千百年来他们长期的生产技术交流合作的结果！

（作者为滨州医学院葡萄酒学院院长、教授）

新媒体下洛阳历史文化的传承

王梦阳

摘要：20 世纪 60 年代以后，伴随着互联网的盛行，新媒体也随之出现，并迅猛发展成为与传统三大媒体比肩的又一种新型媒介形态。而洛阳作为著名的历史文化名城，又有着先天的文化传承优势，新媒体传播与历史文化传承的有机结合，激发了古城洛阳新的活力与动力。利用生活中随手可及的网络，随身携带的手机，随时随地全方位立体了解洛阳，不受时空、年龄、知识水平等方面的限制，新媒体的传播功能发挥着重要的作用，为实现"文化新常态"增添新的可能。

关键词：新媒体；传播；洛阳；历史文化

媒体的发展伴随着社会的进步，为适应人们在生产劳动实践中的信息传播的需要，媒体这种传播介质应运而生。传播活动起源于远古人类的群居生活时代。远古的人们结群而居，共同生活、劳动，有了信息就需要互相沟通，因此有了最早的传播活动。中国古代最早的和最常用的是口头传播，受交通条件的限制，难以做到远距离传播，也经常会因为传闻多样、说法不一而失实。文字的出现，大大提高了信息传播的准确性，文字的载体从甲骨、金石、竹简、木牍、绢帛到纸张经历了漫长的发展，到了今天实现了网络存储、电子阅览，完成了质的飞跃。媒体也经历了从报刊、广播、电视，到如今新媒体的发展阶段。

一、新媒体的兴起与发展

1. 新媒体的概念

新媒体的概念最早是在 1967 年由美国哥伦比亚广播电视网（CBS）技术研究所的所长戈尔德马克提出的。新媒体是相对于传统媒体而言的，是报刊、广播、电视等传统媒体之后发展起来的新的媒体形态，是利用数字技术、网络技术、移动技术，通过互联网、无线通信网、卫星等渠道以及电脑、手机、数字电视机等终端，向用户提供信息和娱乐服务的传播形态和媒体形态。新媒体的"新"一方面是时间上的新，另一方面是传播技术、传播媒介及内容形态的新。故而有学者认为，所谓新媒体，是指一切区别于传统媒体而言的具有多种传播形式与内容形态的不断更新、不断涌现的新型媒体。① 新媒体的兴起伴随着互联网的盛行，网络媒介成为继报纸、广播、电视媒体之后的第四大传播媒体。联合国新闻委员会 1998 年 5 月举行的年会上，秘书长安南在报告中正式提出把互联网看作继报纸、广播、电视之后出现的"第四媒体"②。但是，随着时代的发展和科技的变迁，数字电视、车载电视、电梯广告、手机

---

① 石磊：《新媒体概论》，中国传媒大学出版社 2009 年版，第 3 页。

② 林刚：《新媒体概论》，中国传媒大学出版社 2014 年版，第 3 页。

短信、手机电视等移动媒体蓬勃发展。其中手机，特别是智能手机越来越成为一个移动的数字终端平台，在20世纪末，手机已经开始被定义为“第五媒体”。① 新媒体是一个大概念，“第四媒体”与“第五媒体”，或者说是网络媒体与移动媒体都是新媒体，只是类型不同。

2. 新媒体的特征

有学者认为，新媒体的传播方式具有四个特征：①迎合人们休闲娱乐时间碎片化的需求。由于工作与生活节奏的加快，人们的休闲时间呈现出碎片化倾向，新媒体正是迎合了这种需求而生的。②满足随时随地的互动性表达、娱乐与信息需要。以互联网为标志的第三代媒体在传播的诉求方面走向个性表达与交流阶段。对于网络电视和手机电视而言，消费者同时也是生产者。③人们使用新媒体的目的性与选择的主动性更强。④媒体使用与内容选择更具个性化，导致市场细分更加充分。② 即新媒体有以下几个特点：一是即时性，现代生活节奏快，时间碎化，对信息的接收不受时空限制成为内在需求，故而在信息时代，即时性显得尤为重要，在有限的时间和空间，人们愿意看到的是最新的新闻动态而非已成过去式的旧闻。二是互动性，新媒体相较于传统媒体的一大显著特征就是互动性，传统三大媒体有各自的优势，但在互动性上无法与新媒体相媲美，传统媒体互动周期长且缓慢，往往会丧失时效性，当下的受众不甘只被动接受信息，更希望积极参与到事件当中，希望能够产生能动的作用，或是表达一下观点。三是海量性，技术革新后，网络存储量大，信息量更是十分庞大，内容应有尽有。四是便捷性，随着网络的全面覆盖，手机的大量普及，受众可以随时随地获取信息。五是个体化，现在的时代又被称为“自媒体”时代，即个人就可成为信息的发出者，不受客观条件的限制，所见所闻、所思所想皆可以成为发布的内容，从“被时代”到了“我时代”，这也是互动性加强的前提条件。

3. 新媒体的发展前景

新媒体不断发展，新事物不断产生，智能手机是其中的典型代表。智能手机是指像个人电脑一样，具有独立的操作系统，可以由用户自行安装软件、游戏等第三方服务商提供的程序，通过此类程序来不断对手机的功能进行扩充，并可以通过移动通信网络来实现无线网络接入的这一类手机的总称。简言之，智能手机是融合了“第四媒体”与“第五媒体”优势的产物，是网络与手机结合的产物，如同微型电脑，便携且操作简单，极大地方便了现代人的生活。根据中国互联网络信息中心（CNNIC）2017年1月发布的第39次《中国互联网络发展状况统计报告》，截至2016年12月，我国网民规模达7.31亿人，全年共计新增网民4299万人。互联网普及率为53.2%，中国网民规模已经相当于欧洲人口总量。我国手机网民规模达6.95亿人，网民中使用手机上网人群占95.1%，网民手机上网比例在高基数的基础上进一步攀升。手机与网络结合，再加上手机上各种应用软件，满足了生活中方方面面的需求，吃喝玩乐、聊天交友、健身旅行、拍照分享等，原来只能在电脑上完成的搜索，如今手机都可以完成，网络的全面覆盖使得无论到哪里都可以完成搜索需求，方便快捷。智能手机功能强大、操作简单、方便携带，对使用者的年龄、知识水平也没有太多的要求，且费用相对于其他新媒体也较低。因而智能手机可谓是新媒体发展的又一里程碑。

二、洛阳历史文化传承的现状

文化是在历史发展的过程中慢慢沉淀形成的，历史地理、风俗习惯、行为规范、价值观念等都不是

① 石磊：《新媒体概论》，中国传媒大学出版社2009年版，第3页。

② 石磊：《新媒体概论》，中国传媒大学出版社2009年版，第15页。

突然出现的，都有一定的过程和相应的时间，逐渐积累而成。历史文化是一个地区、一个国家历史的见证，是软实力的体现，而历史文化的传承则是一个地区、一个国家的责任与使命。司马光曾感慨“若问古今兴废事，请君只看洛阳城”，洛阳作为著名的历史文化名城，在历史文化传承上有着先天的优越条件。

1. 洛阳历史文化传承的先天优势

洛阳有着5000多年的文明史、4000多年的建城史和1500多年的建都史，先后有100多位帝王在此指点江山，帝喾都亳邑，夏太康迁都斟寻，商汤定都西亳；武王伐纣，八百诸侯会孟津；周公辅政，迁九鼎于洛邑。平王东迁，高祖都洛，光武中兴，魏晋相禅，孝文改制，隋唐盛世，后梁唐晋，相因沿袭，共13个王朝，故而左思在《蜀都赋》中赞誉道“崤函有帝皇之宅，河洛为王者之里”。千年帝都，虽沧海桑田，但遗迹尚存，各色博物馆陈列着、展示着洛阳千年的繁华与变迁。宋以后统治者逐渐不再都洛阳，虽然洛阳政治功能下降，但文化功能依旧，名臣遗老和文人学士多会于此。据史学考证，文明首萌于此，道学肇始于此，儒学渊源于此，经学兴盛于此，佛学首传于此，玄学形成于此，理学寻源于此。中华民族最早的历史文献“河图”“洛书”出自洛阳，被奉为“人文之祖”的伏羲氏根据“河图”和“洛书”画成了八卦和九畴。从此，周公“制礼作乐”，老子著述文章，孔子入周问礼，班固在这里写出了中国第一部断代史《汉书》，张衡发明地动仪，蔡伦造纸，马钧发明翻车，著名的“建安七子”“竹林七贤”“金谷二十四友”也曾云集此地，谱写华彩篇章，左思一篇《三都赋》引得“洛阳纸贵”，程颐、程颢开创宋代理学，司马光在这里完成历史巨著《资治通鉴》等。佛教的传入又为洛阳注入宗教文化的魅力，白马寺、龙门石窟都是真实的见证。

如今的洛阳既有古都的厚重，也有新城的魅力。洛阳自古就栽种牡丹，历代文人不惜笔墨，大加赞赏，刘禹锡的《赏牡丹》更是脍炙人口，“唯有牡丹真国色，花开时节动京城”一句被千年传唱。如今洛阳每年都会举办牡丹花会，吸引着大批的游客前来观赏，以花会友。“民以食为天”，饮食文化历来为人们所关注，洛阳作为千年帝都，自然少不了地方特色美食的助力。洛阳水席名满天下，来洛阳必须要做的三件事是“赏牡丹，游龙门，品水席”，水席已成为洛阳的又一个代表性的标签。洛阳水席始于唐代，至今已有1000多年的历史，是中国迄今保留下来的历史最久远的名宴之一。相传是袁天罡早年夜观天象，知道武则天将来要当皇帝，但天机又不可泄露，就设计了这个大宴，预示武则天日后二十四年的酒肉光景。每道菜汤汤水水，即是暗指武则天水到渠成；干干稀稀，是喻指武则天二十四年的干系（稀）。另外，还有洛阳独特的汤文化，老城丽景门里各色各样的汤馆，散发的既是汤的香味，也是洛阳人的热情。除了味觉的满足之外，一些独特的手艺、特色的小店，也是洛阳的标签，很多外地来的游客走的时候都会买一些留作纪念。这些都是洛阳民俗文化的构成元素，几千年来在市井中一代一代传承下来。

2. 洛阳历史文化传承与新媒体结合的成功实践

旅游景区及博物馆实现全面网络覆盖，每个景点前设有微信扫码简介。在此之前，景区内有人工导游和电子导游，各有利弊，人工导游详细生动，可重复，如有不懂及其他想知道的内容，可向导游询问，但缺少往来自由且费用较高；电子导游往来自由，费用较低且介绍详细，但缺乏生动性及无文字展现，易错过某些介绍。微信扫码的电子导游成功避免以上短板，以龙门石窟为例。龙门石窟是宗教文化景区，大多数游客对其了解不深，单看这些石刻无法理解宗教艺术和雕刻艺术的内涵，经过讲解后，游客才可慢慢理解。景区实现全面的网络覆盖后，在每个景点前设置景点简介和微信扫码标识，扫码过后会出现相对应景点的简介，还配套有语音简介，满足游客边听边看的需求，可反复收听，便捷无费用，符合当下人们获取信息的方式。

旅游景区及博物馆推出古建筑的立体还原及历史事件的虚拟再现，参观者可以有直观的感受。碍于如今文物修复还原技术及其他条件的限制，有些文物与古建筑还无法在现实中还原，但利用数字网络技术可以使其在参观者面前虚拟还原，给参观者以直观的展现；还有一些历史场景也可以虚拟还原，十分生动。以隋唐洛阳城景区为例，天堂明堂景区里遗迹展览区有对出土文物的虚拟还原，立体投射在平面展示台上，供参观者观赏；明堂中也有对历史事件的虚拟还原，景点前设有电子平台，点击可播放相应的影视画面或是动画短片等，或是提供参观者可以亲身体验的项目，如再现科举考试，景区内设有考试场所，分数高者还可在屏幕上的金榜上留名，“步步生莲”，武举射箭等都可切身体验。

“自媒体”时代，各路微信公众号、微博博主或官方或个人以照片、手绘图片、小视频等形式介绍宣传洛阳，包括历史文化、名人雅士、美食文化、城市变迁、风土人情等，方方面面。以老城十字街为例，古色古香的仿古建筑和青石板街道配上传统气息十足的大红灯笼，俨然已成为洛阳的一个地标。不少外地游客和本地居民争相拍照发图，再加上小吃街美食的衬托，火遍微信朋友圈和微博热搜，这些自发的传播无疑是对洛阳的完美宣传。

3. *洛阳历史文化传承的后天桎梏*

随着信息时代的到来，世界不再孤立，成为了互通有无的地球村。鸦片战争前，中国的文化输出占主动地位，对外来文化是部分接受，故产生的影响也是有限的。而鸦片战争后，中国的国门被打开，西方文化伴随着战争大面积在中国传播开来。一直到今天，中西文化强烈撞击，传统文化不再“一枝独秀”，外国文化势头强劲，在开阔我们的视野和思维的同时，也让我们自己的文化面临着被冷落的尴尬。像我们的传统节日中秋节、清明节、端午节虽然成为法定节假日，但人们对节日的传统习俗和文化内涵不够重视，有许多人会选择假期旅游，这些传统节日与休息日的作用一般无二。对许多传统节日，如祓禊等的了解，还不如西方的圣诞节、情人节等。

语言是一个地区历史文化的外在表现形式，在许多方面还是以口耳相传为主，地方语言会赋予这样的口耳相传一种别样的魅力，听着老一辈人诉说自己的经历经验，也是一种家风的传承。普通话普及之后，洛阳市区的洛阳地方语言的使用范围越来越小，只有生活在老城区的老洛阳居民、市区周围的郊区居民还在使用与传承，年青一代不会说本地方言，甚至听不懂。

另外，伴随着新媒体而来的国外的文化产品，如日本动漫、韩剧、美国好莱坞大片等，这些以娱乐为主导的文化产品正在迅速抢占市场。观众对国产的电视剧、动画片、纪录片等渐渐失去了兴趣，还有近些年来“一剧两星”的限制，各类综艺节目层出不穷，模仿各国热门综艺，简单本土化加工之后，就搬上电视和网络，为吸引观众眼球，可谓是花招百出。在国家文化复兴的大方针下，许多节目抓住卖点，大行文化之风。2015 年，一档热门综艺节目来到洛阳录制，节目组选择的采景点、录制点很有洛阳特色，是一个全新的展现洛阳的机会，然而事与愿违，节目播出后，观众买账的不是洛阳的历史文化氛围，而是明星嘉宾的人气与节目带来的娱乐效果。现在有许多节目都是在打着历史文化的幌子，行着娱乐目的的实质。

洛阳的旅游景点很多，人文景点亦不在少数。龙门石窟、白马寺、天堂明堂等热门景观，游客络绎不绝。参观的游客既有本地居民，也有外地游客。各色各样的街头美食、城市景观更是俘获了不少人心。但大部分游客的观赏重点只在于景点的物质存在，其背后的精神存在关注的人并不多，对美食的欣赏也仅仅限于味蕾的满足，这些问题不只在洛阳出现，其他地区，无论国内外都一样，人们的好奇心只会促使发现表象，而其内在的深意人们并不愿意花时间和精力去探索。“外行看热闹，内行看门道”，现实如此，不能强求非专业人士去精益求精。

三、洛阳历史文化传承的新媒体传播策略

历史文化的传承不是仅凭少数人或者政府机械宣传就可以完成的，传承是环境中的个体在对其历史文化从内心深处产生强烈认同感和自豪感的前提下，实现下意识地横向与纵向传播的过程。结合当前信息传播时代的大环境，新媒体无疑成为洛阳历史文化传承的新助力。

1. 充分利用“议程设置功能”理论与“培养”理论

“议程设置功能”作为一种理论假说，最早见于美国传播学家 M. E. 麦库姆斯和 D. L. 肖于 1972 年在《舆论季刊》上发表的一篇论文，题目是《大众传播的议程设置功能》。这篇论文是他们在 1968 年美国总统选举期间就传播媒介的选举报道对选民的影响所做的一项调查研究的总结。通过分析调查结果，麦库姆斯和肖认为大众传播虽然不能决定人们对某一事件或意见的具体看法，但可以通过提供信息和安排相关的议题来有效地左右人们关注哪些事实和意见及他们谈论的先后顺序。大众传播可能无法影响人们怎么想，却可以影响人们去想什么。现在的微博热搜就是这个道理，同样如果我们把麦库姆斯和肖的“议程设置”功能理论运用到洛阳历史文化传承中来，将分散的历史文化整合起来，通过专题策划，逐步把历史文化带入人们的视野之中，让历史文化成为人们关注的话题、热点。比如，在传统节日前后，相关部门通过微信、微博等方式发起关于洛阳地区特色习俗文化的话题讨论，梳理传统文化知识，组织线上及线下的弘扬地方习俗文化的小行动或是情景再现，录成小视频，通过新媒体传播出去，一定能带来意想不到的效果。

“培养”理论也称培养分析或教化分析、涵化分析，由 G. 格伯纳等提出。格伯纳认为，在现代社会，传播媒介提示的“象征性现实”对人们认识和理解现实世界发挥着巨大的影响。由于传播媒介的某些倾向性，人们在心目中描绘的“主观现实”与实际存在的客观现实之间有着很大的偏离。同时，这种影响不是短期的，而是一个长期的、潜移默化的、培养的过程，它在不知不觉当中制约着人们的现实观。人的记忆不是永久的，习惯也不是一天就能养成的，这些都需要时间的沉淀和反复的强调，历史文化的传承更是如此，若要人们从心里产生认同感和自豪感，是需要循序渐进的，一蹴而就的结果毕竟是短暂的。比如，各文化宣传部门、旅游景点、单位学校、商场等定期举行洛阳历史文化的宣传活动、知识竞猜、讲演历史小故事等，时间上加强重复，空间上扩大范围，长此以往，培养的目的也就达到了。

在生活中传承历史文化既容易也不容易，容易的是这些都是生活的一部分，举手投足间民俗文化得以传承；不容易的是生活中不常见的，甚至是专业的部分就需要相关部门有意识地利用“议程设置功能”理论与“培养”理论，实现历史文化的新常态。

2. 利用新媒体分众传播

历史文化一直以来都依靠书籍、博物馆等方式进行传播，这样的传播途径优点很多，首先是能够系统地讲解历史事件的来龙去脉，多层次多维度地介绍历史文化背景等，但是最大的弊端就是知识结构层次的限制，不能实现把受众根据知识水平进行细分。一个专门研究历史的学者对于资料的需求往往是古籍原本，这些资料多是古文繁体竖排的版本，若让一个中学生来看，显然是不现实的。这些问题对于新媒体而言会变得很简单，关键在于充分利用“分众”的理论，把目标受众群按着年龄、知识水平、需求、参观方式的不同进行划分，然后根据不同的需求制作出符合相应需求的文化产品。现在有许多微信公众号都有类似的知识，有文字版也有配套语音，还附上几幅插图。例如，按知识水平与参观方式，网站、微博链接或是微信公众号可以将版块划为：

（1）年幼者。主要针对的目标受众是年龄比较小、爱听故事、爱看动画的孩子，知识水平较低，直观的视听感受可以迅速激发孩子对于历史文化的兴趣。生动温柔的语音、活泼可爱的动画，内容可以是与洛阳有关的成语故事、历史小事件等，浅显易懂，形式活泼，为孩子们了解历史文化打开一扇窗。

（2）业余爱好者。主要针对的目标受众是大多数非历史专业但是对历史文化有浓厚兴趣的受众，没有年龄限制，这部分受众对于获取历史文化的自主性非常强，他们对于历史文化的需要多以了解为主，不做深入研究，所以这一版块可以提供梳理洛阳历史文化的基础知识、大纲性的脉络，如洛阳城几千年的变迁、洛阳建都的朝代等内容；具体史实，如正史中关于洛阳重大历史事件、洛阳名人等，或是非正史中关于洛阳的传说、习俗等，都是可以的，但范围要广泛。参观形式以文字为主。

（3）考试应试者。主要针对的目标受众是中学学生，中学时代开始比较系统地学习历史知识，为应对考试的需求，可以将知识点做成图表的形式，便于受众整体浏览，还可适当加入洛阳地区的特色，使其在学习知识的同时，加深对洛阳的了解。

（4）专业研究者。主要针对的目标受众是历史学专业、考古学专业或是其他相关专业的研究者，他们的需求高精尖，关注的时间也长，所以学术性最强。这个版块需要提供洛阳历史文化的最新研究动态以及最新的行业信息，提供史书古籍的电子版，方便随时查阅。

新媒体自身的优势使这些传统媒体无法满足的条件一一实现，完成资源的优化配置，并且还能够给不同年龄层次、知识层次的受众提供服务，为文化新常态添砖加瓦。

四、结语

新媒体在传播过程中具有即时性强、互动性快、信息量大、便捷性好、个性化强的优势，在传播内容的表达形式上轻松不刻板，是信息时代受众普遍认可的传播方式，亦是不同年龄层次、知识层次的受众都喜闻乐见的传播方式，故而在未来有大好的发展前景。历史是对在洛阳发生过的真实存在的记录，文化则是对这些真实存在的精练总结，历史的延续带来了文化的积累，文化的沉淀焕发了城市的格调，走进洛阳就能感受到洛阳的厚重与包容，既有实实在在的物质体验，也有人文氛围的精神体验，不自觉地感染着每一个生活在洛阳以及来到洛阳的人。梁晓声说“文化”可以用四句话表达：“植根于内心的修养、无须提醒的自觉、以约束为前提的自由、为别人着想的善良。”当个体从内心认同自己的历史文化时，历史文化就不再是唇齿间的侃侃而谈，而是付诸实践的行为规范。这是大环境影响下的必然结果，身处环境中的每个个体内心深处迸发的认同感和自豪感，都会促使个体下意识地传播洛阳历史文化的信息，横向传播给同学、同事、朋友、路人，纵向传播给父母、子女及其他有血缘关系的亲人，纵横交错的传播网构成了一代一代传承的脉络。洛阳是历史文化名城，在得天独厚的文化传承条件下，与新媒体的结合更加稳固了这一优势，并且也为洛阳的文化新常态带来了新的可能。

（作者为河南科技大学人文学院硕士研究生）

博物馆在洛阳历史文化传承创新中的作用和地位

蔡　杰

摘要： 博物馆作为洛阳历史文化保护、传承和展示的窗口，不仅是面向社会公众服务的重要文化场所，在历史文化传承创新中也发挥着重要的作用。本文尝试通过对洛阳地区博物馆的调查，从而对博物馆在历史文化传承创新中的现状加以分析研究，以期探究博物馆在洛阳历史文化创新中的作用和地位。

关键词： 博物馆；洛阳；历史文化；传承创新

洛阳作为中华文明的重要发祥地之一，是国务院首批公布的历史文化名城，自夏朝开始先后有13个朝代在这里建都，其文化底蕴不仅丰富而且厚重。因此，加强历史文化保护、传承和利用，着力打造国际文化旅游名城和华夏历史文明传承创新示范区成为洛阳城市建设的重心。另外，洛阳作为中原城市群副中心城市①，同样肩负着打造华夏历史文明传承创新区，推动中原经济区建设，努力把河南建设成为中部区域文化中心、中华民族优秀传统文化传承的文化核心区的责任。

博物馆作为洛阳历史文化保护、传承和展示的窗口，不仅是面向社会公众服务的重要文化场所，在历史文化传承创新中也发挥着重要的作用。本文尝试通过对洛阳地区博物馆的调查，从而对博物馆在历史文化传承创新中的现状加以分析研究，以期探究博物馆在洛阳历史文化创新中的作用和地位。

一、洛阳地区博物馆的发展现状

早在1935年，辛亥革命元老张钫驻军洛阳时，将搜集到的1400余方自晋至民国历代墓志、石刻在其老家新安县铁门镇辟土建窑洞，镶于洞壁，命河大校长王广庆命名，章太炎篆额“千唐志斋”，即今新安县千唐志斋博物馆前身，但其属于自赏性质，并没有对公众开放，不是完全意义的博物馆。洛阳地区的博物馆工作起步于20世纪50年代，至今已有60多年的历史，这60多年的时间里，洛阳地区的文博事业从无到有，从小到大，已具有一定的规模。

截至2017年6月，洛阳市现有不可移动文物9000余处。其中，世界文化遗产3项（6处）、国家重点文物保护单位43项（45处）、省级文物保护单位122处。② 另外，截至2017年5月，洛阳市登记在册的博物馆、纪念馆共计69家，洛阳每万人就拥有一家博物馆。据2016年完成的全国第一次可移动文物普查统计，洛阳市共计登录可移动文物419918件（套），即馆藏文物近42万件（套），占全省总量

① 杜鹰：《2013中国区域经济发展年鉴》，中国财政经济出版社2013年版，第418页。

② 惠梦：《古都洛阳，激活文物的时代价值》，《中国财经报》2017年6月1日。

的23.68%，居省辖市首位。[①] 初步形成了以洛阳博物馆为中心，以国有专题性博物馆为支撑，以非国有博物馆为重要补充的博物馆体系，在弘扬河洛文明、丰富群众文化生活中发挥着日益重要的作用，也成为洛阳经济建设和弘扬社会主义精神文明建设的一个重要组成部分。

新的历史时期，在洛阳经济建设和历史文化传承创新上，博物馆事业的地位与作用日益凸显，被越来越多的社会公众所共识。到目前为止，洛阳地区的69家博物馆，按照部门隶属关系划分，文物部门在册的博物馆有19个，非文物部门博物馆（行业博物馆）有3个，民办博物馆有47个。依据当地博物馆的藏品和基本陈列内容，可将这些博物馆按机构划分为：综合类博物馆（2个）、历史类博物馆（12个）、艺术类博物馆（36个）、其他类博物馆（19个）四大类。

一是综合类博物馆。洛阳地区现有综合类博物馆2家，洛阳博物馆、新安县博物馆等国有博物馆为主要场馆，它们是整个洛阳地区历史文化传承的主力。

二是历史类博物馆。洛阳地区现有历史类博物馆12个。以洛阳周王城天子驾六博物馆、定鼎门遗址博物馆、新安县千唐志斋博物馆等一批历史特征明显的博物馆为主，以八路军驻洛办事处纪念馆等一批国有近代历史类博物馆作为有益补充，组成了现有的洛阳地区历史类博物馆类型。

三是艺术类博物馆。洛阳地区现有艺术类博物馆36个，以洛阳匾额博物馆、洛阳民俗博物馆、洛阳古代艺术博物馆等国有博物馆为主要的艺术展览场馆，以河洛古代艺术博物馆、洛阳碑志拓片博物馆、洛阳三彩艺术博物馆等一批民营博物馆作为艺术品展览场馆的有益补充，共同形成了洛阳地区艺术类博物馆类型。

四是其他类博物馆。洛阳地区共有其他类博物馆19个，洛阳警察博物馆、洛阳日记博物馆、洛阳真不同水席博物馆、洛阳动漫博物馆等独具特色的陈列展览，是洛阳地区博物馆历史文化传承创新不可或缺的组成部分。

二、洛阳历史文化传承创新的要求

通过前面对洛阳地区博物馆的调查和分析，我们接下来对洛阳地区历史文化传承创新建设的要求进行深入探究，以期进一步探讨博物馆在历史文化创新中的作用。

首先，我们通过《国务院关于支持河南省加快建设中原经济区的指导意见》文件，可以明确地看到在对中原经济区文化建设定位中，中原地区被作为中华民族和华夏文明的重要发源地，影响着中原经济区创新发展的全局性，国务院已经提出了与“华夏文明”有关的战略定位与要求，中原要建设“华夏历史文明传承创新区”，重点在于“传承”与“创新”[②]，所以说，洛阳地区的博物馆在历史文化传承创新中的重点同样也在于“传承”与“创新”。

历史文化的传承责任重大，洛阳作为副中心城市，地位同样十分重要，也要为中原经济区“提升文化软实力”“增强中华民族凝聚力”等大目标做出贡献，同样也要承担“世界遗产保护研究基地”“全国重要的文化产业基地”等一些具体的目标的实现，这些正是我们在对洛阳历史文化传承创新中所需要明确的目标和责任。

其次，在洛阳历史文化传承创新的研究中，我们已知道了洛阳经济区建设中，对历史文化传承是博物馆发展的基础要求，然而在传承的基础上，其最重要的核心要求则是创新。

① 常书香、王勤：《洛阳：名城建设务求取得新突破》，《洛阳日报》2017年8月2日。

② 国务院：《关于支持河南省加快建设中原经济区的指导意见》，河南大学出版社2011年版，第19页。

在洛阳历史文化传承创新的过程中，我们是无章可循的，也没有任何先例可借鉴，唯有探索。在洛阳历史文化传承创新的过程中，博物馆则是要充分利用众多的方式、方法，把丰富、厚重的历史文化中的精华继承下去、传播开来，这也是博物馆肩负的使命，也就是博物馆的表现方式、方法要区别于其他类型的传承，这种文化的传承包括物质文化展示、非物质文化遗产、文化产业、道德体系建设等多种形式和方法，但其最终目的就是把洛阳地区的历史文化保护好、传承好。

打好了洛阳历史文化传承的基础，接下来就是创新。创新即在原有的基础上发展、创造、升华，也就是在对洛阳历史文化传承的基础上，借助和结合当前我们可利用的资源，把历史文化融入其中，以一种新的方式、方法展现、展示、传播出去，形成一种全新的文化和文明，真正发挥历史文化所应起到的作用，不仅要影响洛阳地区的文化发展，也要成为中原地区文化发展的一面旗帜，甚至要考虑到影响整个中国的文化发展，进而影响世界文化的发展。由此可知，创新也是洛阳地区的博物馆在发展中一直所要追求和达到的要求。

目前，《洛阳市国家公共文化服务体系示范区巩固提升规划（2017～2020年）》正式印发，明确提出《洛阳市全域文物保护与利用总体规划》，力争到2020年，全市博物馆、纪念馆总数达到100家，完善博物馆网络体系，使洛阳成为名副其实的“博物馆之都”[①]。这正是洛阳历史文化传承中的创新之举。

三、博物馆在洛阳历史文化传承创新中的作用

在对洛阳地区博物馆调查和分析后，我们对洛阳历史文化传承创新的要求有了认识和了解，下面我们再对博物馆在洛阳历史文化传承创新中的作用和地位进行分析和研究。

博物馆在洛阳历史文化传承创新中的作用主要有以下几点：

1. 文化导向作用

博物馆自身拥有丰富的历史文化知识载体——历史文物，从中能够获取准确的历史、文化、科技、艺术等多方面的研究趋向和发展态势。

洛阳地区的博物馆在日常工作中不断改进自身的陈列展览内容和形式，进一步贴近实际、贴近生活、贴近群众，使更多的公众走进博物馆，爱上博物馆。同时，随着信息社会的到来，物质生活的提高，社会公众对精神生活的需求也日益增强，特别是对历史文化生活热情的高涨，使他们不只满足于从图书、报刊、网络中获取相关的历史文化知识，这已远远不能适应社会的发展，公众更需要利用时间到历史文化信息量更大的博物馆中去获取更多、更深入的历史文化知识。因此，博物馆应结合自身的有利条件，有组织、有计划、有目的地开展各种活动，帮助社会公众迅速认识和了解历史文明，最大限度地缩小历史文明与博物馆公众需求之间的差距，从而开拓社会公众对洛阳历史文化的了解，增强他们自身对历史文化知识的更新能力和速度，使公众在一种健康向上的历史文化氛围中，更多地接受历史文化所带给他们的精粹，真正起到文化向导的作用。

2. 宣传作用

博物馆不仅是继承和发扬历史文化的公益场所，也是历史文化教育和传播的场所。博物馆要充分发挥自身优势，结合节假日或纪念日以及国家、历史的一些重大事件，利用博物馆的陈列展览、宣传讲座、宣传展板等，举办相关的历史文物、历史图片等专题展览活动，向公众进行历史文化的传播，展开热爱历史文化遗产、热爱祖国、热爱党等一系列教育活动，积极宣传洛阳的历史文化的丰富与厚重，这

① 李东慧：《洛阳市政府常务会议研究当前经济运行工作》，《洛阳日报》2017年7月18日。

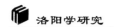

正是博物馆在华夏历史文明创新区建设中应起到的宣传作用。如洛阳博物院，在每年3月的雷锋日、5月的博物馆日，以及6月的全国文化遗产日等活动日中，开展丰富多彩的陈列展览、宣传展板和庆典活动，以各种不同的形式，积极宣传河洛文明的精髓与厚重，受到了社会公众的热烈欢迎。

3. 社会教育作用

社会公众对于洛阳历史文化的认识，大多是通过在学校学习、图书、网络等一些途径接受的教育，而博物馆则是他们见证历史实物的地方，是除去学校教育后最容易接受历史文化知识的场所。因此，能否真正将洛阳历史文化的精神思想转化为教育公众的文化知识，充分发挥博物馆的社会教育作用，是衡量博物馆社会教育功能的重要标志。

另外，我们也要正确处理博物馆的社会服务与教育的关系，强化社会服务和社会教育的自觉意识。而博物馆自身也要弄清楚“历史知识”与“历史文化”的关系，强化博物馆传承历史文化的功能。同时，在博物馆工作中，要进一步提高工作人员的综合素质、工作质量，增强公众在博物馆中的参与意识，融入社会教育和社会服务的博物馆文化建设之中，从而使公众通过博物馆高质量的社会服务，在一种高品位的历史文化氛围中，更多地接受历史文化知识的传递。

由此可知，社会教育作用也是博物馆在洛阳历史文化创新中的重要作用，是不可缺少的组成部分。

4. 实践作用

为了配合公众素质教育的全面展开，博物馆在培养公众积极参与历史文化传承的实践能力方面具有得天独厚的条件和优势。通过上述的调查和分析，洛阳地区许多博物馆都建立了自己的服务团队，为社会公众提供各种服务，如免费参观、免费讲解、引导服务等，以一种全新的形式为社会公众提供更好的服务。

在博物馆的实践活动中，特别是对作为未成年人的中学生，博物馆既培育了他们自身爱博物馆的热情，也培养了他们钻研历史文化知识的兴趣，进而又能帮助更多社会公众走进博物馆，使他们也爱上博物馆。总之，社会公众在博物馆参观和实践的过程中，文化素养得到提高，知识得到丰富，这也是博物馆在洛阳历史文化传承中的独特作用。

四、博物馆在洛阳历史文化传承创新中的地位

对博物馆在洛阳历史文化传承创新中的作用有了一个全面的认识，我们再对博物馆在洛阳历史文化传承创新中的地位进行分析。

第一，博物馆是历史文化传承中的重要组成部分。从人类文明的发展来讲，博物馆是历史文化的重要组成部分之一，是展示历史文明浓缩精化物——历史文物的场所。而历史文化包括物质文化遗产、精神文化遗产、非物质文化遗产等，其中在物质文化遗产的展示中就包括了博物馆。各种不同类型的博物馆，其藏品的资源丰富、门类众多。据统计，洛阳地区69家博物馆拥有丰富的专业藏品，蕴含着河洛历史文化的精华，是一座巨大的知识宝库。因此，博物馆是洛阳历史文化传承创新中的组成部分，是展示和展现河洛文明最直接、最突出的一种表现形式。

第二，博物馆是历史文化的象征。不管是从文化的物质形态，还是精神形态来看，博物馆在洛阳历史文化创新中都扮演着一个特殊角色，占有独特的地位。在历史文化传承创新的“精神”方面，博物馆主要是通过自己独具特色的“三贴近”（贴近实际、贴近生活、贴近群众）服务营造一种浓郁独特的文化氛围，它是物质文明和精神文明的结合，是洛阳历史文化传承创新中不可缺少的内容。中华传统文化的展示空间极为广大和多样，其内容可以说包罗万象，博物馆中收藏的那些丰富的藏品和资料，有着

不同时期的文化背景，以及各个时期的理论方法和技术手段，以博物馆建筑这种最小的空间浓缩了传统文化的精髓。因此，洛阳地区许多博物馆已经注重并在对历史文化传承创新建设中很好地扮演这个重要角色。

第三，博物馆作为洛阳历史文化的传承者，既是人类文明传承的重要载体，也是向全社会提供公益文化的重要渠道，特别是在弘扬华夏民族的优秀文化、传播先进文化、提高全民族的整体素质、推动社会主义现代化建设方面具有不可替代的作用。

多年来，洛阳市委、市政府高度重视博物馆事业的建设与发展，特别是近几年制定了一系列社会公共事业和博物馆事业发展的新政策和新措施，并加大对博物馆建设的投入，使洛阳地区众多的博物馆设施条件得以改善，并调动了社会力量参与的积极性，不断提升洛阳地区民营博物馆的建设水平，使博物馆作为历史文化的传承者更为突出，不仅使洛阳历史文化中的无形文化得到了传承，同样也使洛阳历史文化中的有形文化融入到了博物馆的建设中。

第四，博物馆是洛阳历史文化的创新者。博物馆事业的发展对传承人类文明，丰富社会公众的文化生活，特别是人民群众的文化生活具有极其重要的作用，在加快洛阳文化经济建设的今天，如何顺势而为，进一步促进洛阳历史文化的大繁荣、文化产业的大发展，是洛阳市委、市政府交给洛阳经济建设的任务，也是历史赋予洛阳地区博物馆发展的重要任务。

博物馆所扮演的角色跟过去比已经发生了变化，它不仅是连接历史文化与当代文明的平台，而且，博物馆的表现形态在很大程度上受到了新技术的影响和挑战，新技术在博物馆的发展中给它自身也带来了变化，而通过博物馆对新技术的运用开发，也促使新技术不断获得发展，这也正是博物馆在洛阳历史文化传承创新中作为“创新者”地位的体现。

五、结语

综上所述，我们已经明确地知道博物馆在洛阳历史文化传承创新中的主要作用分别为：文化导向作用、宣传作用、教育作用、实践作用，这些作用正是博物馆工作中应当具有和担当的责任。另外，博物馆在洛阳历史文化传承创新中，其地位特殊，不同于其他文化类场馆，是其他场馆所不能代替的。同样，博物馆作为洛阳历史文化传承创新的重要组成部分，也是河洛历史文明的象征，是洛阳历史文化传承创新中不可或缺的传承者和创新者。

总之，只有充分认识博物馆在洛阳历史文化传承创新中的作用，了解其所扮演的角色，我们才能在洛阳历史文化传承创新中为博物馆的发展定好位，使其在洛阳市经济建设和洛阳历史文化传承创新中更好地为社会公众服务，使洛阳人民的文化生活更加丰富多彩。

（作者为河南博物院副研究馆员）

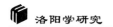

论红色文化对河洛文化的传承与创新

牛建立

摘要： 红色文化，是中国共产党以马克思主义为指导，领导人民创立的先进的政治文化，具有科学性、时代性、民族性、大众性、开放性和创新性。红色文化传承和创新了河洛文化中伟大的民族精神、民本思想和生生不息、革故鼎新的思变精神。

关键词： 红色文化；河洛文化；传承创新

文化是连续的，具有历史传承性和发展创新性。红色文化，是指在中国革命、建设和改革的不同历史时期，中国共产党以马克思主义为指导，以中国传统文化为基础，领导人民创立的先进的政治文化，是继承弘扬民族优秀传统文化和积极吸纳人类先进文化的产物。它是物质文化、制度文化和精神文化三者的有机统一体，具有科学性、时代性、民族性、大众性、开放性和创新性等特征。产生在中原河洛地区的河洛文化是中国传统文化的重要源头，在很长时期内是中国的主流文化、核心文化，是传统文化的重要组成部分，在一定意义上，红色文化是对河洛文化的传承和创新。

一、红色文化的科学内涵和特征

红色文化是中国共产党成立以来，以马克思主义为指导，以中国传统文化为基础，结合中国国情，领导中国人民创建的先进的政治文化。学术界对红色文化的内涵有多种界定，没有达成共识。笔者比较认同李水弟对其内涵的概括：红色文化的核心内容主要是：第一，马克思主义是红色文化产生、延续、发展的指导思想，规定红色文化的性质和发展方向，是红色文化的思想来源和灵魂。第二，共产主义理想信念是团结全党和人民共同奋斗的精神纽带，构成红色文化得以传承和发展的思想基石。第三，以爱国主义为核心的民族精神和以改革创新为核心的时代精神，集中体现共产党和人民群众的内在品质、精神风貌、价值取向及其追求，构成红色文化存在和发展的动力源泉。第四，以集体主义为原则和以全心全意为人民服务为核心的共产主义道德，是党和人民群众判断行为得失、确定价值取向的基本准则、价值标准和行为规范，构造红色文化的道德基础。①

从中国人民接受马克思主义以来的 90 多年间，是红色文化产生、形成和发展的历史时期。在中国共产党成立以后，以马克思主义为指导，把马克思主义基本原理与中国革命、建设和改革的实际相结合，不断推进马克思主义中国化、时代化、大众化，在实现近现代中国两大历史任务即民族独立和人民解放、国家繁荣富强和人民共同富裕的过程中，实现中华民族伟大复兴的征途中，形成了中国共产党自己独特的政治文化，也就是红色文化。红色文化是中国共产党和人民群众集体智慧的结晶，属于全体人民。

---

① 李水弟：《历史与现实：红色文化的传承价值探析》，《江西社会科学》2008 年第 6 期。

红色文化的表现形式主要体现为中国的革命、建设和改革的不同时期的“人、物、事、魂”，具体可分为两个部分：一是红色文化的物质形态——红色资源，集中体现为不同时期的“人、事、物”。其中，“‘人’是指在革命、建设和改革时期有着一定影响的先进人物；‘物’是先进人物所用之物，也包括他们生活或战斗过的旧址和遗址；‘事’是有着重大影响的活动或历史事件”。[①] 红色资源是红色文化的客观载体，是红色文化主体参与政治活动的显性部分。二是红色文化的精神形态——红色精神，集中体现在这些物质形态的红色资源上所承载的精神形态，称为红色文化之“魂”。红色精神是红色文化的精髓，融中华民族的优良传统和革命精神于一身，具体表现为井冈山精神、长征精神、延安精神、西柏坡精神、“两弹一星”精神、红旗渠精神和焦裕禄精神、抗洪精神、航天精神等。

红色文化是先进文化，影响了社会发展的进程，反映了时代精神，为近现代中国的进步和发展提供了强大的精神动力。其主要特征如下：

（1）科学性：红色文化正确认识和反映了近现代社会的内在本质及其发展规律，反对一切腐朽落后迷信思想，主张实事求是，坚持主观和客观、理论与实践相统一，坚持真理，修正错误。

（2）民族性：红色文化是民族传统文化发展创新的结果，是中国先进文化的一部分；它反对资本—帝国主义殖民压迫，主张中华民族的独立和尊严；它吸收其他民族文化的有益成分，具有中华民族的民族特色、民族形式，用中国人的语言和思维习惯表达，为中国人民所喜闻乐见，被中国人民所接受，是中华民族自己的文化。

（3）时代性：时代是思想之母。红色文化是中国共产党在革命、建设和改革不同历史时期在经济、政治方面的反映，是时代的产物，随着社会实践的发展和时代的发展，不断推陈出新，增加新的内容。它反映时代要求，站在时代潮头，引领时代的发展方向，具有明显的时代性特征。

（4）大众性：中国共产党始终代表中国先进文化的前进方向，代表中国最广大人民群众的根本利益。人民立场是中国共产党的根本政治立场，党的根基在人民，党的力量在人民，党与人民群众风雨同舟，生死与共，始终保持血肉联系，所以党坚持人民主体地位。所以红色文化始终以人民群众的根本利益为核心，为人民群众服务，为社会主义服务，是人民大众的文化，而不是少数权贵富人的文化，红色文化有广泛的群众基础。

（5）开放性：红色文化是开放的文化体系，以马克思主义为指导，以中国传统文化为基础，既传承和发展中国传统文化的精华，又吸收外来文化的有益成分，坚持与时俱进，在社会实践中不断总结经验，提升理论，增添新的内容。这样才能永葆其生机和活力，成为中国先进文化的重要组成部分。

（6）创新性：实践是理论之源，实践发展永无止境，我们认识真理、进行理论创新就永无止境。红色文化植根于中国革命、建设和改革的伟大实践，时代变化和实践发展的广度和深度远远超出马克思主义经典作家当时的认识，研究、解决、回答实践中不断出现的新情况、新问题，不断反映、创造出文化新的内容和形式，形成新的文化体系。中国共产党90多年发展壮大的历史，也是红色文化不断创新的历史。

二、红色文化对河洛文化的历史传承和创新发展

文化是前后连续和不断发展的，现在的文化是中国传统文化的历史传承和发展创新的结果。中国传统文化经过5000多年的历史积淀，源远流长，博大精深，从未间断，为中华民族发展壮大提供了强大的精神力量。河洛文化是传统文化的重要源头，是传统文化的重要组成部分。红色文化并不是凭空产生

① 李水弟：《历史与现实：红色文化的传承价值探析》，《江西社会科学》2008年第6期。

的，不是无本之木、无源之水，它是对中华民族传统文化的继承和弘扬，是永葆青春、与时俱进的。像井冈山时期的红色文化就吸纳了庐陵文化，苏区时的红色文化则融合了客家文化，当时很多文化形式采用“旧瓶装新酒”的方式，比如客家旧山歌中有一首《十送情郎》，表达男女的缠绵感情，却也有一些不太健康的内容，改编后成了《十送情郎当红军》，内容革命化了，但保留了爱情的元素，令人听来别有情趣，这就是传承和创新的魅力。我们今天传承和创新的红色文化，不是简单的“老调重弹”，而是打上了鲜明的时代烙印，与现实观念的脉搏是息息相通的，是超越时空、历久弥新的。

1. 红色文化传承和发展了伟大的民族精神

民族精神是一个民族在长期共同社会实践中形成的民族意识、民族心理、民族品格、民族气质的总和，是民族文化中固有的并且延绵不断的一种历史文化传统，是民族文化最本质、最集中的体现。在5000多年的历史长河中，中华民族形成了以爱国主义为核心的团结统一、爱好和平、勤劳勇敢、自强不息、厚德载物的伟大民族精神。这种伟大的民族精神是古往今来千百万中国人民奋发向上、百折不挠的精神支柱，是中华民族生生不息、薪火相传的强大精神动力。民族精神又是一个有着丰富历史内涵的与时俱进的概念，是历史性和时代性的有机统一，具有社会历史性，在不同的历史阶段，都有它相应的具体体现。如“天下兴亡、匹夫有责”“富贵不淫、贫贱不移、威武不屈”“先天下之忧而忧、后天下之乐而乐”等民族优良传统。中国共产党在领导人民革命、建设和改革的进程中，传承和发扬了这种伟大的民族精神，形成了内涵丰富、特色鲜明、催人奋进的红色文化，如新民主主义革命时期的井冈山精神、长征精神、延安精神、抗战精神、西柏坡精神和社会主义建设时期的大庆精神、雷锋精神、“两弹一星”精神，改革开放新时期的创业精神、抗洪精神、抗击“非典”精神、抗震救灾精神、航天精神等。这些精神均高度浓缩了民族精神的精髓，是激励人们矢志不渝和开拓进取的强大精神支柱，是中华民族精神在特定时期的具体化。

在遭受外敌入侵、民族面临亡国灭种的关键时刻，民族精神得到进一步传承和弘扬。近代中国曾多次遭到帝国主义侵略，而始终没有被异族所完全征服，中华民族精神是抵抗侵略的强大动力。面对日本全面侵略，在十年内战中杀得你死我活的国共两党能够“度尽劫波兄弟在，相逢一笑泯恩仇”“兄弟阋于墙，外御其侮”，中华儿女不分阶级阶层、不分党派、不分民族、不分地域、不分性别地团结御侮，终于在1945年取得抗日战争的完全胜利，而且形成了“天下兴亡、匹夫有责的爱国精神，万众一心、众志成城的大局意识，百折不挠、愈挫愈奋的必胜信念，不畏强暴、血战到底的英雄气概”① 的伟大抗战精神。

2. 红色文化传承和发展了河洛文化中的民本思想

中国自古是农耕文明发达的社会，在先秦时期就有了“民本思想”，它植根于尚农、重农的深层社会心理结构之中。农业是国家、社会的主要产业，农民是国家的基本群众，广大农民安居乐业，农业生产发展，国家的赋税收入才能源源不断，国泰民安的盛世才有保障。反之，如果广大农民失去基本的生存条件，到处民不聊生、民怨沸腾，他们就会揭竿而起，社会动荡就会接连不断，天下大乱，“改朝换代”就难以避免。所以到了春秋战国时期，民本思想在社会上渐渐成为一种思潮，得到当政者、政治家、思想家的认同，他们提出“恤民、安民、利民、惠民”等思想。孔子提出“民惟邦本，本固邦宁”，还提出“节用而爱人，使民以时”（《论语·学而》）、“修己以安人”“修己以安百姓”的主张。他所倡导的德政，以“裕民”为前提，希望当政者“因民之所利而利之”（《论语·尧曰》）。此后，孟子对民本思想做了进一步阐释。他说：“民为贵，社稷次之，君为轻。是故得乎丘民而为天子。得乎天子为诸侯，得乎诸侯为大夫。”（《孟子·尽心下》）在这里提出了“民为国本”和“政得其民”的思想。荀

① 李向军、危兆盖：《论抗战精神》，《光明日报》2005年8月30日。

子也有类似思想，他说："君者舟也，庶人者水也。水则载舟，水则覆舟。"（《荀子·王制》）关于君民关系的这一形象比喻，给历朝统治者以深刻影响。唐太宗李世民深谙"水能载舟，亦能覆舟"的道理，多次与魏徵等讨论这个问题，并采取多种措施轻徭薄赋，让民休养生息，成就了中国历史上著名的"贞观之治"。

红色文化传承和发展了河洛文化中的民本思想，形成了全心全意为人民服务的思想。中国共产党是中国工人阶级先锋队，同时是中国人民和中华民族的先锋队，是中国特色社会主义事业的领导核心，代表中国先进生产力的发展要求，代表中国先进文化的前进方向，代表中国最广大人民的根本利益。中国共产党的这一性质决定了其宗旨是全心全意为人民服务。中国共产党自成立时就确立了为工农大众谋利益，在长期革命过程中逐渐形成一系列优良传统，共产党领导的军队和根据地政府工作人员时刻关心群众生活，处处为群众着想，自觉地、真心实意地为群众服务。根据地红色文化的活动形式丰富多彩，无论是戏剧、歌曲，还是学生课本、成人识字教材、群众画报，都体现了共产党和根据地政府工作人员与人民群众同甘共苦、鱼水之情的群众观点和群众路线，都弘扬和体现了共产党全心全意为人民服务的宗旨。1934 年 1 月，毛泽东在江西瑞金第二次全国工农代表大会上指出："要得到群众的拥护么？要群众拿出他们的全力放到战线上去么？那么，就得和群众在一起，就得去发动群众的积极性，就得关心群众的痛痒，就得真心实意地为群众谋利益，解决群众的生产和生活的问题……解决群众的一切问题。我们是这样做了，广大群众就必定拥护我们，把革命当作他们的生命，把革命当作他们无上光荣的旗帜。国民党要来进攻红色区域，广大群众就要用生命同国民党决斗。这是无疑的。"① 广大苏区干部身体力行践行着党的宗旨，"苏区干部好作风，自带干粮去办公。日着草鞋干革命，夜打灯笼访贫农。"一曲朴素的兴国山歌，传遍了当年中央苏区的山山水水。苏区群众借用山歌这一传统文化形式，传颂共产党和干部不辞辛苦、一心为民的优良传统和良好作风。② 中国共产党正是在全心全意为人民服务的实践中赢得广大人民群众的拥护和支持，取得新民主主义革命的胜利。

中华人民共和国成立后，中国共产党坚持群众路线，制定各项路线方针政策，所做的一切工作，都是把人民群众的利益放在第一位。焦裕禄精神充分体现了全心全意为人民服务的思想。焦裕禄秉承全心全意为人民服务的宗旨，吃苦在前，享乐在后；实事求是，脚踏实地，艰苦奋斗，不向困难低头，不断开拓进取；清正廉洁，无私奉献，为人民利益鞠躬尽瘁，死而后已。他常说："当群众最困难的时候，共产党员要出现在群众面前。"他总是想群众之所想，急群众之所急，心里装着人民，唯独没有他自己。这正是焦裕禄精神对传统民本思想的诠释，更是共产党人全心全意为人民服务宗旨的体现。20 世纪 60 年代，焦裕禄就被树立为"县委书记的榜样"。江泽民同志为焦裕禄纪念馆题词："向焦裕禄同志学习，全心全意为人民服务。"胡锦涛、江泽民等党和国家领导人号召全国人民进一步学习和发扬焦裕禄精神。中共十八大决定在全党开展群众路线教育实践活动，习近平总书记把兰考县作为自己的联系点，他指出：教育实践活动的主题与焦裕禄精神是高度契合的，要把学习弘扬焦裕禄精神作为一条红线贯穿活动始终，做到深学、细照、笃行。要特别学习弘扬焦裕禄同志"心中装着全体人民、唯独没有他自己"的公仆情怀；凡事探求就里、"吃别人嚼过的馍没味道"的求实作风；"敢教日月换新天""革命者要在困难面前逞英雄"的奋斗精神；艰苦朴素、廉洁奉公、"任何时候都不搞特殊化"的道德情操，③ 并强调县委书记要以焦裕禄为榜样，自觉学习和弘扬焦裕禄精神，始终做到心中有党、心中有民、心中有责、心中有戒，努力成为党和人民信赖的好干部。④ 焦裕禄立党为公、执政为民、廉洁自律、无私奉献的精神，

① 《毛泽东选集》（第一卷），人民出版社 1991 年版，第 138－139 页。

② 刘寿礼：《苏区"红色文化"对中华民族精神的丰富和发展研究》，《求实》2004 年第 7 期。

③ 孙德中：《习近平关于焦裕禄的论述：焦裕禄精神的时代价值》，《河南日报》2014 年 5 月 9 日。

④ 习近平：《做焦裕禄式的县委书记》，《人民日报》2015 年 9 月 8 日。

是党员干部的典范，一直受到全国人民的敬仰，每天都有大批人员到焦裕禄陵园进行参观、学习和瞻仰。

3. 红色文化传承和发展了河洛文化中生生不息、革故鼎新的思变精神

“变”是《易经》的精髓，诞生于中原河洛地区的《易经》，其“易”字就是“变易”的意思。《易辞》说：“在天成象，在地成形，变化见矣。”已故当代国学大师南怀瑾教授在阐释《易经》哲学思想时，称《易经》是“变”的哲学。“穷则思变，变则通”的思想，深深植根于中国河洛文化之中。古代寓言故事“愚公移山”是穷则思变的典型。愚公移山的顽强精神受到了毛泽东同志的强烈推崇，在世界反法西斯战争和中国抗日战争即将取得最后胜利的前夜，在中国面临着两种前途、两种命运斗争的关键时刻，为了团结全党和全国人民，为国家和民族争取光明的前途，彻底打败日本侵略者，建立独立、自由、民主、统一与富强的新中国，在中共七大会议上，毛泽东把它写进了中共七大的闭幕词中，让全国人民都知道了中国古代的愚公精神。毛泽东以此来号召全中国人民，为取得抗战的最后胜利，建立一个新民主主义的新中国而奋斗。

“天行健，君子以自强不息。”这是中国的一句千年传世格言，中华民族之所以能在5000多年的历史进程中薪火相传，生生不息，发展壮大，历经挫折而不馁，靠的就是这种奋发图强、坚忍不拔、与时俱进的精神。红色文化传承和发展了这种自强不息、革故鼎新的思变精神。中国共产党具有与时俱进的理论品质和开拓进取、奋发向上的精神，在艰难困苦面前能够保持积极乐观的思想，克服一个又一个困难，取得一个又一个胜利，也赋予红色文化以更高的价值内涵。

红旗渠的故事则是愚公移山的现代版。为了改变因缺水造成的贫困，林县人民在党的领导下，发扬愚公移山精神，以“重新安排林县河山”的豪迈气概，凭着一锤一钎一双手，逢山凿洞、遇沟架桥，削平了1250个山头，架设了151个渡槽，凿通了211个隧洞，在太行山腰的悬崖峭壁上建成了全长1500公里的大型引水灌溉工程——红旗渠，[①] 把漳河水引入世代缺水、滴水贵如油的林县。红旗渠被誉为“人工天河”“中国水长城”“世界第八大奇迹”，它的建成，不仅彻底改变了林县长期缺水的状况，创造了巨大的物质财富，而且创造了宝贵的精神财富，即“自力更生、艰苦创业、团结协作、无私奉献”的红旗渠精神，传承和发展了“穷则思变，变则通”的传统文化精华思想。20世纪70年代初，周恩来总理曾自豪地告诉国际友人，新中国有两大奇迹：一个是南京长江大桥，另一个是林县红旗渠。1995年4月14日，胡锦涛同志参观红旗渠时，对这一工程连声赞扬，他说：“在当时那么困难的情况下，能够修建这么巨大的工程，林州人民真是了不起，红旗渠的艰苦创业精神，任何时候都不能丢，而且在改革开放年代需要进一步弘扬光大。”1996年6月1日，江泽民同志到红旗渠视察后指出：“红旗渠是自力更生、艰苦创业的典范，不仅给后人留下了可以浇灌几十万亩田园的水利工程，更重要的是留下了宝贵的红旗渠精神，这不仅是林州的、河南的，也是我们国家的、民族的精神财富。”并亲笔题词：“发扬自力更生、艰苦创业的红旗渠精神。”[②] 李长春同志把红旗渠精神称为“中华魂”“民族魂”。

中国共产党人倡导和培育并一贯坚持的红色文化，适应了中国近代以来各个历史时期时代发展和社会现实的需要，历史传承和创新发展了中国传统文化的内涵和外延，体现了中华民族优秀文化历史传承和创新发展的高度统一。红色文化是当代中国的先进文化，它引领着时代发展的前进方向，是中国人民前进发展的精神动力。

（作者为洛阳理工学院思想政治理论课教学部副教授）

①② 申志诚：《河南红色旅游》，河南大学出版社2006年版，第93页。

传承洛阳生德文化·续创普世生命教育

潘树仁

摘要：洛阳作为中国核心文化城市，是文化源头中河洛文化的重要起点，蕴藏着很多历史文化，除了让学术界发掘外，更可以在社会上大力提倡。未来摆在人类眼前的很多问题，都超越了国界，普世价值成为大家追寻的目标。

关键词：德；道德；生德；普世价值；生命教育

“天地之大德曰生”是中国人对生命的重视，天地赋予人类生命，是天地最大的恩德，有了生命，人们便能够推动文明的进步，助长生命的活跃，提升他人生命的光辉。因而中国人尊师重道，由老师教导我们道德和才艺，这种生命教育已经传承了数千年，既然生命教育的德才内涵适合全人类，中华文化便要贡献人们，让这种传统的生命教育呈现在今日的世界，成为所有人解决生命问题的清凉妙方。

一、洛阳都城的安定生活

1. 人杰地灵

地灵，可指地理环境的优良，包括气温等自然状况。洛阳位处北纬34°暖温带季风气候区，年平均气温在15℃左右，年降水约600mm，是四季分明又温湿的城市，倚傍于洛水，成为农耕合宜的地带，故此在古代被称为“洛水之阳”的宝地，得到“洛阳”的美名。土地美好肥沃，人民安居乐业，由此积聚了文化族群，“河洛地区是河南龙山文化的主要分布区域。洛阳王湾遗址（三期）、矬李遗址、孟津小潘沟遗址、临汝煤山遗址、登封王城岗遗址等都是代表性遗址。”① 龙山文化又称黑陶文化，距今4000～4500年（公元前2500左右），是新石器时代的开端，人们用石制农具耕稼，畜养家禽，设计和烧制各种陶器用具，精细的圆环形石器开始出现，裁剪衣服穿着，进一步发明用蚕丝做衣裳，各种生活用品的原材料都在住所的四周取用，安稳的家庭和族群聚居，由智者带领迈步文明前路。

相传轩辕黄帝的部落，曾经活跃在洛阳北部的郏鄏山（今邙山），黄帝是中华文化的元皇始祖，是杰出领袖的楷模。三皇五帝是传颂千秋的圣王，在文明和道德上都是民族典范，虽然有多种说法，这里采用三皇：燧人氏、伏羲氏、神农氏，以氏族为主，五帝：轩辕黄帝、颛顼、帝喾、尧、舜。黄帝造指南针和建住宅，命仓颉整理符号创制文字，伏羲依据“河图洛书”画八卦，神农氏拓地耕稼，积蓄粮食，都是为了族群的生活而做出的努力。黄帝的母亲有蟜氏部落，也聚居在洛阳一带。夏代时（公元前2100年），洛阳居住着一个名为斟寻的部落，第三代王帝太康将其赶走定都于此，斟寻为城名，其遗址应在今洛阳偃师二里头。人物的丰功伟绩必须由历史记录，“至于史官，卜辞中大部分的‘史’字其实

① 徐金星：《河洛文化论衡》，中国文史出版社2014年版，第25页。

是‘事’字。在军事祭祀农业各领域，事务繁杂，需有书契铭记之事，便从中派生担任书契的职务，史即随之产生，故‘史’与‘事’相关”①。

2. 安邦定都

洛阳是八大古都之首，一个地方由人聚居，建设为城邦，有城墙和护城河，区内的民众有共通的言语和风俗习惯，最后形成国家，是文明的进步，是生活文化智慧的沉淀。洛阳至郑州一带，是中原河洛文化的中心地带，以龙山文化为起点，因为此时代已进入非常复杂的阶级制度，社会上有职业军人、行政人员、农民、工艺技师和奴隶，当然也有王帝，大约是尧、舜期间，历史记录较完整可信，此区域共出土357个龙山文化遗址，相对早一期的仰韶文化（公元前5000年开始）的159个，大幅增加1.25倍，可见人民安居乐业而人口增多，其中聚落的大小和重要性分级如下：平均面积为40万~100万平方米，占聚落总数的1.6%；15万~40万平方米，占2.1%；5万~15万平方米，占26.7%；5万平方米以下，占61.8%；5万平方米以下的城堡遗址，共有三个。②

有了城邦，居住的问题就解决了，社会稳定是非常重要的，必须有抵抗入侵的军事设施，形成政经和文化中心，发展管治的组织，钱耀鹏分析有关考古证据：①由王室陵园和陪葬品中玉/石钺、琮和璧等器物显示王的出现；②大量的武器；③城市/聚落中央区的宫殿和官署式建筑（包括宗庙和祭祀区）；④聚落群的至少三级的大小金字塔结构；⑤居住区体现出居民分成不同的社会阶层。

这些聚落已经完成由母系社会的圆形外貌到父系社会的方形外貌的变化。龙山时代城墙的先挖沟，再以木板两边围起夯土的办法，以及由城墙配以护城河的防御方式，已被普遍施用。③

龙山文化的城市建设，基于“筑城以卫君”的想法，圣王的精英阶层要求安稳，受到军事保护，因此早期的王权禅让也是从整体和平做思考，顺利交接权力，新的王者仍然会产生新的都城，旧氏族也会迁徙。此种城市功能的内部结构特点，由商朝延续下来，直到明清时代。

3. 渔樵耕读

近年的考古印证，令人非常兴奋。发明用火后（燧人氏），深入了解天文地理（伏羲氏），然后人类才有农业（神农氏）的开端，吻合公元前4000年的农耕开始，从野外取得种子，然后大规模种植，绝非偶然，农作物是可靠的粮食资源，而且可以长期储存，使人类文明大跨步跃进，而且改变了经济文化和政治的发展，因此有人称之为人类的“农业革命”。当然《周易·系辞下》记载了这件重大事件：“包牺氏没，神农氏作，斫木为耜，揉木为耒，耒耨之利，以教天下，盖取诸《益》。”木石和牛骨就是最原始的工具，也有精巧的石犁，“还有木铲、收割用骨镰以及木杵、石磨盘等粮食加工工具”。④ 而《周易·系辞下》：“作结绳而为罔罟，以佃以渔，盖取诸离。”也成为渔业发展的重要里程碑，在观察天地的事物后，于拼图符号之间，发明用绳织网，人类开始结网捕鱼。

饲养家禽是配合农业的生产，驯服了野外的牲畜，可以用牛耕田，用其他动物作为运输工具，当然是食物供应的一部分。六畜中的马，要到商朝之后，才被驯化，为人类服务，其他五畜早在新石器时代已经成为家畜，而猪的繁殖率最高，因为猪是杂食性动物，有时候与人类争食。要保存食物，必须制造大量的陶器，陶器的烧制需要大量的柴枝，所以最简单的维生工作就是到树林去伐木，供大众使用。在制作陶胚过程中必须有转轮盘，这是非常精致的工具，又要挖掘烧窑，器物精益求精，白陶和黑陶等不同色彩的原料烧成后配搭各种线条及颜色，并有图案美术的创作，是人类在休闲的时刻不断创造的成果。有了优良的转盘，可以制造多样化的玉器，用于祭礼和装饰，有玉龙、玉桂、玉璧、玉琮、玉盘

① 龚鹏程：《中国传统文化十五讲》，五南图书2009年版，第180页。

②③薛凤旋：《中国城市及其文明的演变》，三联书局（香港）2009年版，第39、42页。

④ 袁行霈：《中华文明史》（第一卷），北京大学出版社2007年版，第34页。

等。《诗经・国风・周南》:"投我以木瓜、报之以琼琚。匪报也,永以为好也。"到周朝时,玉的地位更高,《周礼・春官・大宗伯》:"以玉作六器,以礼天地四方,以苍璧礼天,以黄琮礼地,以青圭礼东方,以赤璋礼南方,以白琥礼西方,以玄璜礼北方。"管治阶层成为社会精英,年幼便开始读书学习,到春秋末年,民间才开放自由讲学的风气。

二、生德文化

1. 大道妙有

中华文化的早熟,在于对人性的体会深刻,社会群体的互动人伦关系要处理好,人的心性自我修养要有坚持和克制。在宇宙整体观上,用大道或道作为哲理的源头。道的意义不容易全面用文字解释,故笔者用妙有,大概归纳道的义理如下:①天地的本体或整体,或用专门用语"道体",是形而上的存在,也有终极意义;②宇宙之源头和创生的开始,道跟它所生成的万物,有特殊双重性,既相应而又是相对立的比照;③宇宙活动(运行)的规律和方程式,万物都必须依据此活动模式,是宇宙万物的"共同之理";④宇宙的最高最终哲理、真谛、真理;⑤最标准最高尚之道德规范,成为人类修养德行的规矩法则,是正确而无形的人生大路,人类生命在此路之中,便是有道德的人;⑥宇宙一切事情物种之自然活动力量和潜能,相反的力量必然导致消灭;⑦主宰一切之最高力量或宗教式之权能。

道或大道的哲理,不是道家所独有的,道涵盖整体中华文化和天地宇宙。但老子和庄子一开始就提出语言怀疑论(Linguistic Skepticism),所以道德经第一句是"道可道,非常道"。"所牵涉的不只是言行的对立,也还是名实的对立,所以老子和庄子除了认为终极存在之道是一种先于语言而存在的默(Prescriptive Silence)之外,也还都认为作为终极存在的道是不可道、不可说的"。[①] "有了冲突,所以要变。亦可说,文化传统中有了变,就引起冲突。冲破必该设法调和,能调和,所以得成为'常道'。也可说,文化中发生冲突,只是'一时之变';要求调和,乃是'万世之常'。"[②] 当今社会,可说是古今文化和东西文化的冲突,如伊斯兰文化和基督教文化的冲突,中东地区的战火难以平复,人民生活在恐惧和死亡之间,如果用大道中的常道应付一时之变,调和差异,可为人类带来极大的和平及幸福。

2. 生生大德

因调和而导致对立化解,反而产生正确而合理的行为,这是正道的显现。对立则成为争夺杀戮、没有生命、没有生意盎然的幸福。上古先民惧怕神灵,认为人间的吉凶祸福由神秘方式主宰,进而思辨人伦关系和道德问题,最后在先秦时期,大部分人的理性都以道德行为决定祸福,尤其是执掌政权的治国者,他们必须以德政施于老百姓,社稷才会生生不息地安稳。德与兵相对,祭公谋父强调,周人自祖先以来,在对内对外的政策方面,一贯都是以德服人,而不是以兵服人,注重为人民兴利除害,尽量避免劳民出征,以达到"近无不听,远无不服"[③]。对外用兵,是一种霸权主义,自己损兵折将,大量消耗金钱,不一定获得任何利益,对内用兵,就是要抢夺政权,或者镇压反对派和人民,都是凶险的事,好战分子和独裁者常以兵力为执政的利器,历史告诉我们,这是不会长久的方法。

孤阴不生,独阳不长,故此阴阳调和才能生生不息,阴阳调配得恰到好处,就是生生大德。"儒家哲学趋向于男性化的象征语言,而道家哲学则惯于用女性化的象征语言。我们可以说,儒家形上学中干

---

① 钱新祖:《中国思想史讲义》,台大出版中心 2014 年版,第 195 页。

② 钱穆:《中国文化精神》,兰台出版社 2011 年版,第 50 页。

③ 陈来:《古代思想文化的世界》,三联书店出版社 2009 年版,第 273 页。

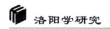

元、诚道元德乃是一种'父德'，而道家思想中道为天下母、万物之母的元德则是一种'母德'。其实，儒家何尝不讲'母德'，而道家又何尝没有'父德'的观念。《易传》以干元坤元相对而为太极两仪，元德明显是一干（父）坤（母）合德的观念。"① 乾坤两仪相生成就四象，《道德经》则是"一生二，二生三，三生万物"，可见男女是平等的，形上存有阳中有阴，阴中有阳，实在是一体同心共性，人们的现实行为能够成为道德，除了循规蹈矩，更可以助长他人生命的生化，是有道有为的大德，故"救人一命，胜造七级浮屠"，而德行在自然的范畴内，便有源源不绝的智慧、生生不已的感悟诚明。

3. 礼乐修身

中华文化对传承生德的理想，都能够代代相传，成为文化核心的部分，人们要生养男丁，希望有家族的生生不已，壮大家庭的单元力量，虽然现代人有强烈的男女平等要求，但靠生育维系人类种族的繁衍，人口的多寡，仍然是社会的重大议题。在个人的发展上，德行受到众人的关注，因而是立足社会的第一步，礼的仪态容貌是陌生人的第一印象。孔子说得非常清楚："他日又独立，鲤趋而过庭。曰：'学礼乎？'对曰：'未也。''不学礼，无以立。'鲤退而学礼。"② 同一段文字，也有"不学诗，无以言"的句子在前，与人接触，首先是见面行礼，跟着便是开口交谈，粗俗的言语当然没有礼貌，也是没有修养的表现。礼是自我约束的行为表现，做得恰当合宜，是一种行为肢体艺术，一个人自我管控的能力薄弱，在举手投足的小动作间便看得清晰，日后不可能做大事成大器。

礼貌是一般人都要有的简单行为，儒者则深入研究礼，而且要以礼修养自己，用礼化育社会。《论语》孔子说："教民亲爱，莫善于孝。教民礼顺，莫善于悌。移风易俗，莫善于乐。安上治民，莫善于礼。礼者，敬而已矣。"社会上人人以礼相待，互相尊敬，自然融合而纷乱减少。在个人进一步修身时，礼可以是威严的仪容体现，产生一种慈和而且肃穆的气度，改造及升华人的品德，"'威'乃因君子的容貌风采足以引起他人敬畏之谓，'仪'则为君子的言行举止足以引起他人效法。'威仪'是君子人格展现出来的一种理想状态，这种理想状态是对于人格原有状态的一种改造。君子改造了他原有的人格状态以后，其定型的人格状态复可以成为时人共同遵守的轨范，所以说'在位可畏，施舍可爱，进退可度，周旋可则，容止可观，做事可法，德行可象，声气可乐'。连续八个'可'字其实说的都是规范的意义。"③

三、现代生命教育

1. 天人物我

用礼来表达互相尊重，可以用言语、肢体、书信、声音、符号等方式，而礼可以对人和天地及万物，从宏观中可以反映出真我的存在价值：①天：因为天在人的头顶，是一种自然尊崇，传统"天人合一"的思想最为根本，显示人与宇宙之间的和谐关系，"金岳霖在比较中西哲学时指出，天人合一是中国哲学'最突出的特点'。他充分意识到这一概念之包罗广泛和复杂，但他倾向于将之解释为'人与自然的同一'，而且把它与西方盛行的'征服自然'思想相对照"。④ ②人：人与人，以礼表达尊重他人的存在，是生命的互动平等，在人类种族之间，礼的形式不同，但受到他人尊重，是非常重要的存在价值。③物：人与自然环境及万物的对待，人与万物都是平等的生灵，物物生而平等，因为人的能力和灵

① 唐力权：《周易与怀德海之间》，黎明出版社1989年版，第278页。
② 《论语》，《季氏第十六》，中华书局（香港）2012年版，第328页。
③ 杨儒宾：《儒家身体观》，中央研究院出版社2008年版，第28页。
④ 余英时：《人文与理性的中国》，联经出版社2008年版，第2页。

性最高，只有人可以主动爱护物类。④我：人与自身之存在意义和价值，从身心灵里觉醒，是生命深层次的反思，唯有人类能够内省。

既然人的生命与天人物我相通，对下一代的教育必须优化他们的生命，让人的全体自然地呈现，生命教育学家提倡人要用整合的教育，令青少年关怀联系各种不同领域：①直观的关联，线性思考与直观的平衡，并做出联结，整合各种不同取向的思考类型和多元智能观；②身体与心智的关联，此种关联可以经由动作、舞蹈与瑜伽来探索；③科目的关联，连接学术专科与一般学校学科之间的关系；④自我与社群的关联，检视个人与社群的关系，包括学校、个人的市镇、国家和地球村，发展人际关系，小区服务和社会行动技能；⑤与地球的关联，明了自己是生命网络中的一分子；⑥与真我的关联，了解自我的真正本性，认识人类发展的模式，讨论世界各种宗教，以及静坐和冥想的正念练习，启示身心灵功能的重要性，如何引导人们探究自性真我的途径和方法。[①]

2. 相对相关

传统的五行相生相克，最大的应用可能在中医学的范畴，因为五脏配五行，成为诊断和治疗的临床使用。当事物互相关联，便可能产生新的事物，同样是两种事物，如果时、空、位改变，很可能成为相互克制、对立的情况，这是《易经》留给我们的智慧。中华文化很早进入农耕时代，孕育出天人宇宙的整体观，只会自我谦卑，因为人类永远都不可能大于天地，所以在整体观之内，相对相关都可以发生，也可以调换位置而改变状况，在宏观整体之下分别不大。在整体观的思维下，有正面，有反面，然后是综合思辨，找出最符合当时情况的抉择。中华文明的整体观[②]，有以下多方面应用：①中医学人体生命科学，基于人与天地混为一体，实在是不能分割的，人以“天地之气生，四时之法成”，人体是小宇宙，时刻都与大宇宙关联在一起，人的生、长、老、病、死五段生命历程，其阶段性和连续性是统一的，人体的形、气、神是一个相互关联的系统，并且有一种内在自调自愈的能力，自身协调良好病邪无法侵人，“正气内存，邪不可干”；②各种不同病症“辨证论治”模型，其中一种模型包括脏腑辨证、六经辨证、三焦辨证、卫气管血辨证，作为整体思辨找出病因病源，才能做最好的治疗；③各种不同技术治疗体系互相协同，增加成效，而且中药的使用很讲究病患者的体质，同一方剂在不同患者身上有轻重的分别，相对来说有更大的疗效；④宇宙的大系统，包容万物各自的小系统，层次分明；⑤各项工程牵涉多种科技，要在整体内协调运作；⑥兵法和管理思维，要有完整的情报系统，经分析和组合的整体观，才能做有效益的决策，用兵会大量消耗人命和国家资源，所以出兵必须整体了解相关情况，包括国内与国外的关系、经济和政治的状况，既要速决，也要持久，故所有相对相关的事情都要一并考虑。

3. 百花齐放

时代不能停顿，是这个世界的现象，现在中国“一带一路”，就是把经济和文化与世界共享。我们必须抱持礼让虚心的态度，对小国和弱国要礼让，对不同文化要虚心学习，令人类共创和谐的未来。上述的文化优点与所有人分享，令每个人的生命都充满生机，就是生生大德，是普世的生命教育，使每个人都在不知不觉中提升道德品格，生命正能量和谐交往，则世界和平又迈进了一步。西方一位专栏作家这样述说：“谦虚低调的人温和亲切，令人放心，而自我宣扬的人则心理脆弱，令人紧张。怀有谦恭之心，则无须证明自己异于常人，而以自我为中心则会使人目光短浅，过于关注自我，争强好胜，渴望表现自己。谦恭之心会赋予人们愉快的心情，引导他们相互欣赏，建立友谊，心怀感激。”[③] 用感恩的心去回馈一切美好的事物，用感恩的心去回报父母、天、人、物，共荣共享，则每一天都是百花齐放的

---

① 约翰·米勒（John P. Miller）：《生命教育·全人课程理论与实务》，张淑美总校阅，心理出版社2009年版。

② 林中鹏：《中华古导引学》，北京体育大学出版社2014年版，第31－38页。

③ 戴维·布鲁克斯（David Brooks）：《品格之路》，胡小锐译，中信出版社2016年版，第10页。

春天。

西方与东方在人性上是一致的，有善良的也有恶毒的，作为善良的西方人，有自己的理想，希望中国人从清朝和“二战”后的低迷，走出低谷，向西方的物质生活和自由化前进，西方人没有想到，中华文化的优良部分也深深根植在民族内心，全面翻倒文化而转移到另一种文化氛围是不可能的。孝顺父母、诚信交友等道德价值虽然不能在所有人的身上显现，但中国人的内心或多或少也有这种良知，在适当的情况下，随时都会成为当下的行动。西方历史学家有这样的看法：“西方人以专业技术粉饰意识形态，企图强迫中国全盘接受。这正是中国人断难容忍的；即使在中国最孱弱的时候，也意识到依外国条件接受外来的意识形态乃是屈从。”“如果中西双方都对自己有了新的了解，至少还有机会不让由来已久的误认再度发生。”① 百花齐放，就是世界互相包容。

四、幸福生命与普世和乐

1. 幸福生命

生命教育一词出自西方，最初的理念只谈及物质性生命的生灭，用较强之生物生存角度加以演述，加入生死的学问，防止滥用药物和暴力的蔓延，其后一直发展成为整全生命教育（Life Education），包含自身成长及社群关系、心理学和价值内涵、增补心灵哲学及天地环保等全面学科，配合生命学习的实践，在20世纪80年代后期首先展现，英文则用“Holistic Life Education”或“The Holistic Curriculum”。

从整全角度来看，将教育科目分割，等于割裂地认识生命，尤其在中小学阶段，是一种错误方向，所以西方生命教育要重新关联。从个人开始，每个人都为自己的幸福去奋斗，是正确的人生方向，但社会群体也不能切割，所以反过来思索，自己的生命幸福是不足够的，当你遇到身边的人，如果他们愁眉苦脸，你自己的幸福必然被折损，相反你周围的人都开心幸福，你会更加愉悦，所以幸福生命是群体的良好结果，独乐不能长久。

印度圣雄甘地这样讲解生命的奉献：“任何人不用对此感到胆怯，以十足的良心献身于服务（大众）的人，会日益在更大的范围内领会服务的必要性，并不断丰富他的信念。如果一个人不准备放弃自身利益，不认识到他出生的条件，他就不可能踏上为众生服务之路。我们每个人有意或无意地做过服务，如果我们慎重地培养服务的习惯，服务的愿望将随之增强，并且不仅仅为了自己的幸福，也为了世界上大多数人的幸福。”② 整体共同的大幸福存在，个人的小幸福才能共存，所以人离不开家庭和睦、父子慈孝、亲戚义助、朋友诚信、邻居礼让、社会廉洁、法律公正、国家明德等的生活关联。

2. 人生指南

近代人萧昌明（1895—1943，人称萧老师）融合了各家哲理：儒家的忠孝、道家的明德、释家的慈悲、耶稣的博爱、穆圣的清真。化为基础总原则的廿字哲学“忠恕廉明德正义信忍公博孝仁慈觉节俭真礼和”，定为《人生指南》一书，为人们的生命在徘徊中作指引，每个人都要为自身修养下功夫。廿字哲学作为人生的指南针，指引生命的意义；作为金丹可以医病复医心，调整心身灵的扭曲；作为天梯，可以接引众生成圣成贤，将生命融入天地；作为正念正气，可以破除黑暗的人生道路；作为甘露，可以遍施法雨利益人群，化解世间的负面思想和负面能量；作为静心修持，可以正己化人和自利利他。廿字

① 史景迁（Jonathan D. Spence）：《改变中国》，温洽溢译，时报文化出版社2015年版，第322页。

② 甘地：《圣雄修身录》，吴蓓译，新星出版社2006年版，第93页。

大道中包含着宇宙各家各派之精神，萧老师希望以简御繁，为全人类的永续发展找出新方向，提升心性的功能，人人调养自己的身心灵精神，然后以此精神发放予他人，共同修身成德。萧老师解释廿字哲学治疗生命虚无的原理："此二十字，岂止能治病，且是治心、治身、治家之要素，病者乃邪欲所致，以此正气驱逐，即可以不药而愈，在今日之世道人心不古，尤必须以此治病之法，纠正其身心，于世道不无补益，况心者神也，心正不动，则万物罗焉，动则万物休焉，能罗万物，岂病尚不能治乎。"① 人们可以用心智创造器物，也可以用心智强化精神能量，形成强大的聚合力。人类在生命历程中，依循人道而行善德，著名德国哲学家黑格尔提到，"因为善只是一个，它们应该是协调的。然而它们的每一个虽然是一种特殊责任，而作为善又作为责任而言，都是绝对的"②，廿字作为行善的道德，是人类共有的文化，只要人类行于至极，便会与天地之大德同步同频，指针定向不动，努力以赴生命大道，天人合德，天人合一，天道生生不息，智慧源源不绝。

3. 普世价值

西方的普世价值是自由、人权、民主，在全人类平等的大原则下，不分宗教和种族，不受时间所限，普遍为人类所认可的共同价值，才能成为人文科学的普世价值，而且要解读清晰，开阔一点：自由而不能妨碍他人的自由；人权而关怀环境物类的平等；民主而接受民选规则的领袖。如果以一己的自由而阻碍他人的自由，就成了封建的权力，以至盲目自大。民选的规则可以千变万化，从而影响到结果的偏向，为了最大的权力，人们往往不择手段达到目的，故西谚"权力使人腐化，绝对的权力使人绝对地腐化"。这些价值观实行起来，必须依靠法律，法律似乎令人接受，有客观的判断，但事实是专门的法律由富人和政府操控，也会在合法的情况下更改条文，而且有不同的解释理据，一般小市民无法理解法理条文，而没有钱很难找律师申冤。另外，法律不断以条例解释条例，是永无休止的文字游戏。上述廿字哲学的归纳，都是人性内在的修养，正念伦理的道德行为，德性配合律法，才是社会安稳和谐的根基，敞开生命的普世价值，人人平等的廿字生命教育如下：忠——生命的至诚，恕——生命的宽厚，廉——生命的洁净，明——生命的善辨，德——生命的道路，正——生命的标杆，义——生命的互助，信——生命的心量，忍——生命的耐力，公——生命的无私，博——生命的大爱，孝——生命的回馈，仁——生命的一体，慈——生命的关怀，觉——生命的悟性，节——生命的管理，俭——生命的内敛，真——生命的本性，礼——生命的尊重，和——生命的和谐。中华文明传承生德文化，用融合转合的全新面貌，以生命中的平常生活去体现人类心性的平等，自我内化约束，是人生意义的普遍共通内涵，这种普世价值的沟通，便可以达至平等的交往，全人大同。

五、结语

1. 生命平等

每个人都在不知不觉中，因父母的爱而生存在这个世界，虽然人有智愚残缺的不同，但同样要经历学习和为自己的生存去奋斗，从这个角度来看，人人的生命都是平等的。我们立足于中华的生德文化，为生命培育道德价值，在与时俱进的年代，要套入现代的生命教育，打破文化和种族的差异，共同为普世的生命教育而努力。

---

① 潘树仁：《历海笙歌·萧大宗师昌明传奇一生》，博学出版社 2007 年版，第 154 页。

② 黑格尔：《精神哲学》，韦卓民译，华中师范大学出版社 2006 年版，第 95 页。

2. 分享和乐

要传承优秀的洛阳文化，每个中华儿女都要吸纳这种生德文化，而且要昂首阔步走出国门，带往世界各地，不卑不亢与所有人分享，缔造一个正念和谐而快乐的世界家园，才是生命光辉永续燃烧的普世价值。

（作者为香港济川文化研究会研究员）

洛阳打造武则天文化名片刍论

刘保亮

摘要：武则天建都登基于洛阳，在自汉以来第二次大一统帝国发展阶段，她以文治武功书写了中国历史的辉煌篇章，“武则天”应成为洛阳的一张文化名片。以城市形态的“可视性”为重点，以定鼎门、天街、天津桥、天枢、应天门、明堂、天堂等为载体，建构武则天时期神都洛阳辉煌壮丽的地标景观，彰显独特的“武则天”城市意象。结合洛阳“千年帝都”“丝路起点”“牡丹花城”品牌，对武则天文化进行深入整理、开掘和“二次表达”，打造产学研示范基地，凸显城市人文特色，推进文化旅游产业发展。

关键词：洛阳；武则天；文化名片城市意象

洛阳作为十三朝古都，唐代武则天时期的大周“神都”奏响了最为壮丽的乐章，洛阳不但与长安并为唐王朝的东、西二京，而且发展成为仅次于长安的国际性大都市。“武则天是在自汉以来第二次大一统帝国发展阶段，为文化中国的历史发展涂过一抹亮色的伟大历史人物，是初唐时期文化中国的一个特殊文化符号。”如今洛阳被称为“千年帝都”“牡丹花城”，而这具有较高知名度与美誉度的两大文化品牌，无不与武则天有着密切关联。洛阳应把“武则天”作为城市文化品牌运营的一个着力点，通过彰显大唐的文化记忆和恢宏气象，推进华夏历史文明传承创新区建设，打造国际历史文化名城。

一、武则天是洛阳的文化名片

洛阳是女皇武则天的建都登基之地。武则天从唐高宗显庆二年（657 年）“二月辛酉，车驾至洛阳宫”，一直到唐高宗驾崩的弘道元年（684 年），18 次巡游洛阳。高宗死后，武则天从光宅元年（684 年）到神龙元年（705 年）的绝大部分时间都生活在洛阳，并开启了“二圣临朝”“晋升天后”“废黜儿皇”“登基称帝”的权力晋升之路。早在高宗时期，贵为皇后的武则天已经有意在经济地位重要且李唐势力又相对薄弱的洛阳另起炉灶，对包括洛阳宫在内的洛阳境内的上阳宫、宿羽宫、高山宫等多处宫殿进行了翻修整治，确立和完善了东都职官体系。光宅元年（684 年）九月，改东都为神都。垂拱四年（688 年）二月，武则天以僧怀义为使，毁乾元殿作明堂。五月，武氏受“宝图”，事南郊，告谢昊天，御明堂，命诸州都督、刺史及宗室、外戚于拜洛前十日云集神都。七月，更命“宝图”为“大授神图”，封洛水为显圣，加特进，并立庙。永昌次年（689 年）九月，则天武后在“上尊天示”“顺从众议”的“万岁”声中，改唐为“周”，改元天授，自号“圣神皇帝”，在洛阳立武氏七庙，实现了梦寐以求的帝王夙愿，成为中国历史上唯一的女皇帝。“武周之代李唐，不仅为政治之变迁，实亦社会之革命。”天授二年（691 年）七月，她“徙关内雍、同等九州户数十万以实洛阳”。由此，纵观武则天的一生，“有 49 年时间是在洛阳度过的，在称帝的 15 年间就有 13 年坐镇洛阳”，对洛阳实为情有独钟。

洛阳可以说是武则天的福地，是其政治大本营，成就了一代女皇的权力之梦。同时，也因有了女皇武则天，洛阳出现了一个莺歌燕舞、盛世流韵、英风豪气的大周王朝。洛阳与武则天，二者可谓相得益彰。

武则天在洛阳当政前后实施了一系列重大政治、经济、文化举措。她适应南北朝以来中国文化大一统认同的潮流，以《周礼》为号召，革除时弊，加强中央集权，先后平定徐敬业、李冲、李贞等叛乱势力，设置安西大都护府、北庭大都护府，促进多元一脉的民族文化国家的发展，提升大一统的国家形象。她破除门阀观念，完善科举，"首创殿试""初设武举"，不拘一格任用贤才，如李昭德、苏良嗣、魏元忠、杜行俭、狄仁杰、张柬之、姚崇、宋璟等贤相，以及唐休璟、娄师德、黑齿常之、郭元振等武将，"当时英贤竞为之用。"她"劝农桑，轻徭赋"，全面实施均田制，实行屯田，并以此作为地方官吏治绩的标准，使社会安定，生产发展，经济繁荣。她继承了唐"以文治天下"的传统，亲撰《臣轨》，倡导"以道德化天下"，并善于纳谏从善，表现出宽阔的襟怀和宽容的气度，在中国官德教化史上留下了光辉的一笔。武则天上承"贞观之治"，下启"开元盛世"，对唐初100多年鼎盛局面的延续，起到了积极的作用，洛阳也在此时期成为东方举世闻名的大都会。

武则天在洛阳以文治武功书写了中国历史的辉煌篇章，"武则天"应成为洛阳的一张文化名片。对此，歧见之声也曾此起彼伏。一些人往往站在道德的高地，认为武则天"鬼神之所不容，臣民之所共怨"：阴忍狠毒，专权擅权，窥窃神器；任用酷吏，大兴告密之风，滥杀无辜；建造明堂、天堂，耗费民力，挥霍浪费；豢养面首，生活糜烂，红颜祸水。这一观点十分契合武则天形象的演变史："唐代的文本承认武则天执政，相对客观地展现了武则天的功过；宋元时期，文人士大夫的主观意识表现得比较明显，人们借武则天表达自己的思想；明清时期，人们恶意歪曲武则天形象，把她'妖魔化'。"从"妖魔化"形象出发，认为选择武则天作为城市文化名片，会对洛阳产生负面效应。然而，如果暂且撇开武则天的功过是非，单就千年以来以她为言说话题而为数众多的历史著作与文学作品来看，特别是审视当代武则天传记之传统版、翻案版、百家讲坛版、影视版、网络版的纷纭登场，足以证明其绵延无穷的形象魅力与巨大深远的影响力，而这正是城市文化名片所必需的历史内涵与现实基础。面对武则天的褒贬不一、争议颇多，我们不应恪守传统史学的立场，要以开放的胸怀给予"理解的同情"，充分肯定武则天的历史突破和创造，将其着力打造成为洛阳的一张文化名片。

二、建构武则天"神都"的地标景观

洛阳打造"武则天"文化名片，要建构独特的"武则天"城市意象。"城市意象"理论的提出者美国学者凯文·林奇认为，城市应具有"可意象性"，意象营造具备"个性""结构"和"意蕴"，通过赋予城市视觉形态，使人们"可见、可忆、可喜"。追寻武则天时期的"神都"洛阳，"北据邙山，南对伊阙，洛水贯都，有河汉之象"。定鼎门是唐洛阳城外郭城正门，是东都洛阳西通西京、南通江都的要津，它见证了丝绸之路东方起点"万国来朝"的繁盛。天街是连接宫城正门和郭城正南门"定鼎门"的御道，阔一百步，南北九里，道旁植樱桃、石榴两行，通泉流渠，映带其间，可见当时的壮观美丽。天津桥横跨于穿城而过的洛河上，为连接洛河两岸的交通要道，武则天时期天津桥畔，万国舟帆，桥正北殿阁巍峨，桥南为里坊区，南北两市胡人商旅充肆，神都之盛，难以想象。天枢是"天下中枢"的意思，为武则天所铸的歌功颂德纪念碑，高一百零五尺，直径十二尺，柱身八面，每面宽五尺。大柱下面是一座铁山，周边长一百七十尺，环绕铁山的是铜做的蟠龙和麒麟；柱顶上铸一个腾云形的承露盘，天枢上刻百官和四夷首领的姓名，武则天亲自书写匾额为"大周万国颂德天枢"。应天门是一座由门楼、朵楼、阙楼及其相互之间的廊庑连为一体的"门"字形巨大建筑群，规模恢宏，气势壮观，是当时朝廷举行重大国事庆典与外交活动的重要场所，若元正、冬至、陈乐、宴会、赦宥罪、除旧布新，当万国朝贡使者、四夷宾客等重要庆典，皇帝均登临听政。明堂为武则天时期洛阳太初宫的外朝正衙主殿，是中国古代最高大、华丽的中轴建筑群。武则天视明堂为自己得天命的标志和王朝国运的象征，垂拱四年春（688 年），历约一年，明堂成。证圣元年（695 年）正月天堂火灾，延及明堂，二堂具毁。695 年三月，武则天又下诏造明堂、天堂。又铸铜为九州鼎及十二神，皆高一丈，安置在各自的方位。天堂亦名通天浮屠、天之圣堂，始建于唐689 年，位于隋唐洛阳城太初宫宫城核心区，宫城正殿明堂的北侧。天堂是唐洛阳城中轴建筑群上最高的建筑，为一代女皇武则天感应四时、与天沟通的御用礼佛圣地，天堂内有用夹纻工艺制造的大佛，所造佛像十分巨大，其小指中犹容数十人。明堂、天堂气势恢宏、壮观华丽、巍峨参天，有吞天吐地、包罗万象之气。由此，定鼎门、天街、天津桥、天枢、应天门、明堂、天堂构成了武则天时期神都洛阳城辉煌壮丽的景观，象征着无与伦比的财富和至高无上的权力，折射出一代王朝昂扬自信、开拓奋进、蓬勃向上的时代精神。

城市建筑是城市文化记忆的载体。苏赞·兰格认为，建筑是“一切被创造的可见的环境”。我们感受与缅怀武则天时期的神都洛阳，应通过“可读性”“可见性”的城市意象，透过纪念性的地标建筑空间，穿越千年循蹈历史的文脉，并在当代社会的价值坐标中还原史实、反思历史、追求永恒、表达敬仰。然而，岁月的风雨无情地销蚀了神都的印记，当年唐洛阳城中轴建筑群上著名的“七天建筑”早已随着武则天的远去而一同掩埋在历史的深处。武则天及其神都洛阳有着丰富的历史文化资源，但“有说头没看头”，千年风流载于书本之中、神都辉煌藏于黄土之下，人们千里迢迢来到洛阳，看不到东方神都的辉煌与沧桑，只能是乘兴而来扫兴而去，还不如不来洛阳，看看历史书，保持一种对神都洛阳的敬畏与想象。洛阳打造武则天文化名片，要以城市形态的“可视性”为重点，增强文化与城市的融合，建设兼具视觉效果和文化魅力的城市地标性工程，逐步复原性保护展示武则天时期的标志性建筑，将隐性历史遗迹资源转化为显性的文化产品，转化为城市发展的推动力。

建构东都洛阳“一字天”城市意象，是打造武则天文化名片的核心所在。沿着伊阙—翠云峰一线，天阙、定鼎门、天街、天宫寺、天津桥、天枢、应天门、明堂、天堂构成宏大的神都气象。目前，定鼎门、应天门、明堂、天堂已先后规划与复建，成为洛阳武则天文化旅游的四大亮点景观。下一步，随着洛阳大遗址研究与保护的逐步深入，应设计与建构天街、天津桥、天枢以及九州池、上阳宫等，构筑完善神都的历史时空，形成世界级的华夏神都意象，使人们来到洛阳，能够恍如亲临历史现场，重温女皇武则天临朝称制的传奇故事，感受其君临天下的宏大气魄，共忆洛阳曾经站在世界之巅、成为“万国中心”的历史荣光。

三、多维度开掘武则天文化名片内涵

武则天作为中国历史上影响巨大、争议最多的历史人物之一，洛阳打造“武则天”文化名片，应多维度研究其丰富的文化内涵，进行深入整理、开掘和“二次表达”，以彰显城市人文特色，塑造城市品牌形象，推进文化旅游产业。

结合洛阳“千年帝都”品牌，研究武周的社会政治、制度建设、文化成就。武则天建立了大周，是封建社会有思想、敢行动、有治绩的一位女皇，在自汉以来第二次大一统帝国发展阶段，为文化中国的历史发展涂过一抹亮色的伟大历史人物。她不拘一格任用贤才，开启科举殿试之风，推动唐代中央集权制度的发展，以遵循周官周礼作为号召的旗帜，推动了“大一统”文化中国的认同。特别是武则天时期的定鼎门、开凿的一些龙门石窟造像、使用的东都含嘉仓，都已成为今天的世界文化遗产，而世界文化遗产的命名确立意味着建立了一个国际旅游文化品牌，对此应揭示其与武则天宫廷政治之间的关系，并研究、宣传、开发其丰富厚重的社会经济价值和历史文化价值。

结合洛阳“丝路起点”品牌，研究武周的对外文化交流与传播。2014 年 6 月中国与哈萨克斯坦、吉尔吉斯斯坦斯联合申报的丝绸之路获准列入世界遗产名录，西安、洛阳共同成为其东方两大起点。丝绸之路具有突出的政治色彩，西汉灭亡后，东汉、曹魏、西晋、北魏的都城都在洛阳，丝绸之路起点也就随之东延至洛阳。在武则天时代，洛阳成为帝国的政治中心，西域诸国以及日本的遣唐使多次到洛阳，朝拜高宗和武则天。“当时洛阳城里寓居着大量的外国商人，从数量上讲虽然仅次于长安，但也在万户以上。”四夷来朝，八方进贡，武则天时期丝绸之路的繁盛对当今“一带一路”建设有着重要的借鉴与启迪。

结合洛阳“牡丹花城”品牌，讲好武则天与牡丹的故事。牡丹花作为观赏花卉，并被社会普遍认识是在唐代，而牡丹花的移栽传播情况更和武则天有着直接的关系。唐代舒元舆的《牡丹赋》，其序文中云：“天后之乡，西河也，有众香精舍，下有牡丹，其花特异。天后叹上苑之有阙，因命移植焉。由此，京国牡丹，日月寖盛。”武则天称天后期间，移植牡丹到洛阳神都苑。所以宋欧阳修在其《洛阳牡丹记》中断言：“自唐则天以后，洛阳牡丹始盛。”《全唐诗》中载有武则天《腊日宣诏幸上苑》一诗，宋代吴淑将此诗演化为武则天贬牡丹的故事，这在明人冯梦龙的小说《灌园叟晚逢仙女》中也有演绎，到清朝李汝珍又将其编入章回小说《镜花缘》。“洛阳地脉花最宜，牡丹尤为天下奇。”牡丹如今成为洛阳的市花，洛阳牡丹文化节也已成为我国最具影响力的节会之一，成为洛阳展示城市形象的窗口、发展经济的平台、走向世界的桥梁，打造“牡丹花城”品牌应融入武则天的传说故事，以提升其历史意蕴与文化品质。

洛阳要打造武则天文化的产学研示范基地。持续举办高规格的武则天国际研讨会，整理、影印、出版一批文献典籍，编辑出版“武则天研究丛书”，构建武则天研究的洛阳学术高地。要以当代思想理论为视域，研究武则天的治国理政与用人之术，研究武则天时期的女性地位与社会风尚，研究武则天形象的演变史与接受史，研究武则天对洛阳文人流动与文学活动的影响及其文学创作，呈现不同维度的历史文化面相。立足大数据、云计算等技术手段，活化武周时期的文物遗存，建立数字化保护、研究、展示、共享平台，推动武则天历史文化的网络传播和数字化开发。依托地方高校和科研院所，引导产、学、研的深度融合，强化武则天研究成果的转化力度，建设武则天与嵩山、上阳宫、九州池、牡丹等文化体验园区，将打造武则天文化名片根植于地方社会经济文化的发展之中，推进洛阳华夏历史文明传承创新示范区的建设。

（作者为洛阳理工学院人文与社会科学学院教授）

古洛阳“八景”及其变迁研究

司艳宇

摘要：洛阳地处中原腹地，深厚的历史积淀成就了灿烂的文化。本文以洛阳“八景”为切入点，通过阐述洛阳市在宋至民国时期“八景”的分布状况，详细介绍了不同历史时期“八景”的具体内容，并在此基础上总结了洛阳“八景”分布的特点，分析了其变迁轨迹。

关键词：洛阳“八景”；宋至民国；分布；特点；变迁

随着人类社会的发展，景观作为改善人类自身居住环境的一种手段被赋予了越来越多的人文内涵，地域范围内公认的景观逐渐成为人们对自我居住环境的一种欣赏和赞美。“八景”作为一种文化现象，就在此种背景下随着南宋画家宋迪据潇湘“平山远水”风景所创作的“潇湘八景”而声名鹊起。之后各地纷纷效仿，“八景”及与“八景”有关的各种诗词歌赋流传于世，各州县府志尽处皆是“八景”。

随着近年来社会经济的发展和旅游的不断深入，关于“八景”及其相关历史、文化的研究越来越受到关注。不同学者对“八景”的历史渊源、发展、与相关学科之间的关系、不同地域的“八景”以及“八景”相关诗词等方面都进行了不同角度和深度的研究。如最早关注“八景”并指出其文化和史料价值的是张廷银，[①] 为后续学者对“八景”的研究提供了一种思路。之后吴水田、游细斌[②]，周琼[③]，王德庆[④]，邓颖贤、刘业[⑤]等分别结合文化地理学景观理论，以赣南、云南、山西地方志等为例对“八景”及其文化的起源、兴起、发展、衰落和复兴的过程进行不同角度的论证，同时也考察了“八景”在汉文化圈的传播，重点关注了“八景”在日本的传播及交流情况。这就把“八景”文化的研究引向了一个新的领域，扩大了国际化的视野和思维。另外，贾文毓从旅游地理学的角度[⑥]、喻学才从休闲学的角度[⑦]、任唤麟从旅游学的角度[⑧]，运迎霞、王林申、王艳玲则从美学角度[⑨]对“八景”与相关学科之间的关系进行了新的解读。除此之外，因为“八景”作为一种地域文化景观现象，更多代表和反映的是区域性文化，因此有关“八景”的区域性研究相对而言关注度更高一些。这种研究目前更多集中在东南沿海和西北地区。如周琼对云南“八景”与生态环境关系的研究[⑩]、吴小伦从水环境变迁角度对

---

① 张廷银：《地方志中“八景”的文化意义及史料价值》，《文献》2003年第4期。

② 吴水田、游细斌：《地域文化景观的起源、传播与演变研究——以赣南八景为例》，《热带地理》2009年第1期。

③ 周琼：《“八景”文化的起源及其在边疆民族地区的发展》，《清华大学学报》（哲学社会科学版）2009年3月第2期。

④ 王德庆：《论传统地方志中“八景”资料的史料价值——以山西地方志为例》，《中国地方志》2007年10月，第47－52页。

⑤ 邓颖贤、刘业：《“八景”文化起源与发展研究》，《广东园林》2012年第2期。

⑥ 贾文毓：《旅游地理学视域中的中国名胜组景分析》，《地理学报》2009年第64卷第6期。

⑦ 喻学才：《八景与休闲》，《建筑与文化》2011年第12期。

⑧ 任唤麟：《八景文化的旅游学分析》，《旅游学刊》2012年第7期。

⑨ 运迎霞、王林申、王艳玲：《“八景”的传统美学思想体现及对当代城市规划的启示》，《规划师》2014年第3期，第107－111页。

⑩ 周琼：《清代云南“八景”与生态环境变迁初探》，《清史研究》2008年第2期。

开封“八景”的研究[①]，丁欢也从生态环境的角度考察了宋代以来的江西“八景”[②]。另外，还有学者对羊城[③]、南京[④]、重庆[⑤]、北京[⑥]等“八景”进行了研究。古人对“八景”景观的记载在文献中更多是以“八景”诗的形式出现，因此也有很多学者从诗词角度入手研究“八景”，如张廷银的《西北方志中的八景诗述论》[⑦]、冉毅的《日本的八景诗与潇湘八景》[⑧]、孙改芳的《八景诗对旅游文化创意的启示——以山西太原古代州县八景诗为例》[⑨]、李正春的《论唐代景观组诗对宋代八景诗定型化的影响》[⑩]、姚幸福的《河北地域八景诗研究》[⑪]、张龙成的《洛阳八景诗审美研究》[⑫]，这些文章从“八景”诗入手，以区域内的“八景”及其“八景”诗为研究对象，从美学、旅游学等角度进行深入研究。作为一种能够代表特定地域的文化景观，从任何角度、以任何方式对其进行研究，在渴望和呼唤文化回归的今天都是应当的。

洛阳地处中原腹地，作为曾经的十三朝古都，历史发展为这里留存了大量的历史古迹、人文故事。自宋以“潇湘八景”的方式传播地域景观以来，洛阳“八景”在当地文人的笔下也逐渐诞生并历代沿袭。据文献所载，从宋至民国，先后有七个不同版本的洛阳“八景”出现，而且其间还出现了“十景”“十二景”的现象。关于洛阳“八景”的研究目前最直接相关的就是张龙成的《洛阳八景诗审美研究》，而且研究对象是包括洛阳在内的洛阳地区，从美学角度对洛阳古代方志中出现的“八景”诗进行研究。本研究通过对不同历史时期洛阳“八景”的梳理，以古都洛阳的历史文化为主线，再现洛阳城市文化及其文脉，认识并发现“八景”变迁的特点，为保护和发展地域景观文化提供一定的史学依据。

一、宋至民国“洛阳”八景的分布

自宋迪作“潇湘八景图”之后，各地关于当地“八景”及其景观的记载，大多出现在县志中，以“八景”或者以“八景”诗的形式出现。当然也有地方的私修方志中有关于“八景”的专门记载及其文献。洛阳作为十三朝古都，优越的地理位置和丰富的人文资源留下了众多的盛景古迹，如唐朝诗人白居易晚年居住在香山寺，曾作《修香山寺记》，文中“洛都四野山水之胜，龙门首焉；龙门十寺观，游之胜，香山首焉”[⑬] 明确指出洛阳山水景观中龙门山和香山是首屈一指之处。可见唐朝时期的文人墨客已

① 吴小伦：《水环境变迁与城市景观建设：以明清开封“八景”为例》，《兰台世界》2013 年第 2 期。

② 丁欢：《宋代以来江西八景与生态环境变迁》，江西师范大学硕士学位论文，2011 年。

③ 胡幸福：《从旅游角度谈“羊城新八景”评选》，《广州大学学报》（社会科学版）2011 年第 6 期；李华：《羊城八景的历史变迁和发展现状》，《学术论坛》2012 年第 12 期；张嘉盈：《宋代至今羊城八景演变的特点及其规律》，《广州大学学报》（社会科学版）2003 年第 11 期。

④ 苏醒、张捷、张宏磊、钟士恩、陈星、李宜聪、李茹：《历史文化名城名胜组景的时空演变特征研究——以金陵四十八景为例》，《地域研究与开发》2014 年第 5 期。

⑤ 杜春兰、王婧：《文学意境与景观空间的耦合研究——以重庆古代“八景”为例》，《西部人居环境学刊》2014 年第 6 期。

⑥ 张法：《京城审美景观的不同模式——北京现代的十大建筑和古代的燕京八景之比较》，《当代文坛》2013 年第 4 期。

⑦ 张廷银：《西北方志中的八景诗述论》，《宁夏社会科学》2005 年第 9 期。

⑧ 冉毅：《日本的八景诗与潇湘八景》，《外国文学研究》2012 年第 12 期。

⑨ 孙改芳：《八景诗对旅游文化创意的启示——以山西太原古代州县八景诗为例》，《中北大学学报》（社会科学版）2014 年第 3 期。

⑩ 李正春：《论唐代景观组诗对宋代八景诗定型化的影响》，《苏州大学学报》（哲学社会科学版）2015 年第 6 期。

⑪ 姚幸福：《河北地域八景诗研究》，河北大学博士学位论文，2013 年。

⑫ 张龙成：《洛阳八景诗审美研究》，云南师范大学硕士学位论文，2016 年。

⑬（清）龚崧林修、汪坚纂：《（乾隆）洛阳县志》3 册，卷十四艺文之三，清乾隆十年刊本影印，中国方志丛书，成文出版社有限公司印行，第 1076 页；（清）施诚修，裴希纯纂《（乾隆）河南府志 116 卷》河南府志卷之八十三，清同治六年刻本，爱如生数据库，第 3505 页。

经对洛阳的景观进行评选。除了元代之外，之后一直到民国时期的洛阳县志及其相关私修方志中都有关于洛阳“八景”的记载。

经过对相关文献的梳理，对宋至民国的洛阳“八景”进行整理汇总，如表1所示。

表1　宋至民国洛阳“八景”

时间	出处	命名者	名称	内容
北宋	《忠素集》	刘挚	“八景”	龙门山色、马寺钟声、金谷春晴、洛浦秋风、天津晓月、平泉朝游、铜驼暮雨、邙山晚眺①
明成化年间	《河南总志》	胡谧	洛阳“八景”	瀍涧环流、香邙对峙、云台吊古、金谷寻芳、天津待渡、白马昏钟、青阳晚照、仙亭传刱②
清乾隆年间	《洛阳县志》	龚崧林、汪坚	沈应时版	金谷春晴、天津晓月、铜驼暮雨、洛浦秋风、马中（寺）钟声、龙门山色、平泉朝游、邙山晚眺③
			“十二景”	东城桃李、西苑池塘、石林雪霁、伊沼荷香、午桥碧草、瀍壑朱樱、夫坛倒影、翟水斜潆、台栖紫凤、峪吼青牛、飞仙洞古、憩鹤岩幽④
			张美含版	龙门石洞、邙坂云林、铜驼丽景、金谷名园、九龙含翠、三井飞仙、青牛吼峪、白马驮经⑤
清乾隆年间	《弱水集》	屈复		白马寺钟声、平泉庄朝游、天津桥晓月、铜驼巷暮雨、邙山晚眺、金谷春晴、洛浦秋风、龙门山色⑥
民国	《洛阳县志》	苏从武	洛阳“十景”	龙门三色、马寺钟声、铜驼暮雨、金谷春晴、天津晓月、洛浦秋风、印山晚眺、平泉朝游、关林翠柏、龙池金鱼⑦

从以上方志梳理可以看出，从宋代以来一直到民国，共有七个不同版本有关洛阳“八景”的描述和记载，前后一共涉及景点多达39处，以洛阳城为中心、由城内向城外逐渐拓展辐射到四面八方。其中还出现了景观数量的变化，清代由“八景”增加到“十二景”，之后又到民国的“十景”。同时景观名称上也有一些细微变化：从“山”到“三”、从“洛”到“雒”等。不论变或不变，都足见对洛阳“八景”的景观选择及其相关文化研究的重视程度。以上梳理的这些不同历史时期的“八景”景观，目前公认的是北宋刘挚流传下来的洛阳“八景”，被称为“大八景”，而清乾隆时期龚崧林编撰《洛阳县志》中提到的“十二景”，后人选取前“六景”，并又加上“关林翠柏”和“龙池金鱼”而成为现在洛阳人所称的“小八景”。[⑧] 其他版本的“八景”更多留存在私修或官修的县志之中而少有人提及。

① 张龙成：《洛阳八景诗审美研究》，云南师范大学硕士学位论文，2016年。

② （明）胡谧纂修，《（成化）河南总志》卷七河南府，民国二十一年（1932年）影抄，明成化二十二年刻本，稀见方志丛刊河南大学图书馆，第3册，国家图书馆出版社2016版卷四下，第152－153页。

③ （清）龚崧林修、汪坚纂：《（乾隆）洛阳县志》1册，卷一天文，清乾隆十年刊本影印，中国方志丛书，成文出版社有限公司印行，第112页。

④ （清）龚崧林修、汪坚纂：《（乾隆）洛阳县志》1册，卷一天文，清乾隆十年刊本影印，中国方志丛书，成文出版社有限公司印行，第113页。

⑤ （清）龚崧林修、汪坚纂：《（乾隆）洛阳县志》5册，卷二十艺文诗五律张美含《再凝八景诗》，清乾隆十年刊本影印，中国方志丛书，成文出版社有限公司印行，第1743－1745页。

⑥ （清）屈复：《弱水集》卷九，清乾隆七年贺克章刻本，第136页。

⑦ （民国）苏从武纂修：《（民国）洛阳县志略不分卷》，民国九年石印本，爱如生数据库，第48页。

⑧ 张龙成：《洛阳八景诗审美研究》，云南师范大学硕士学位论文，2016年。

二、洛阳“八景”分布的特点及规律

通过对宋至民国洛阳“八景”的梳理，可以看出几个朝代的各种方志及其相关文献中共出现了七组不同版本的“八景”景观，刘挚所记载“八景”与清乾隆沈应时版本、屈复版本基本相同，因此可以算是有五组不同版本“八景”。其中清朝乾隆年间的县志中不仅记载了多个版本而且变化较大。这五组不同的“八景”景观中，共出现了46个景观，除去重复的景观，前后一共出现了33处不同景点，其中包括洛阳著名的龙门山、香山、邙山、印山、四条河流以及天津桥、铜驼巷、具有代表性的别墅群（金谷、平泉和午桥等）。这些景观在资源要素上涉及山、水、池、苑、河、泉、桥、洞、岩、坛等不同的自然景观类型；在地理分布上从东到西、从南到北遍布县域内外；在景观数量上，从少到多，在景观类别上涉及人文、自然等不同类型。综合分析这些不同历史时期、不同版本的“八景”，可以发现一些特点和规律。

1. 洛阳“八景”景观数量前后变化较大

从入选的洛阳“八景”可以看出，从宋至民国出现了五个不同版本的“八景”景观。虽然名称上按照宋迪“潇湘八景”模式，但事实上并未在景名和数量上严格按此模式传承。从清乾隆时期开始就在同一方志中收录了当地不同文人记载的、除了“八景”之外的“十二景”的说法。更有甚者到民国也不再按照“八景”分类，提出了“十景”的说法。与同在河南区域内，也同样为古都的开封相比，就显得灵活了许多。开封的“八景”从明朝初年一直到今日，其评选出来的“八景”，不论是私修方志还是官修方志均为八个景点①，数量上均是无增无减，只是景观名称在不同的历史时期出现了一些变化。洛阳“八景”的这种前后变化足以说明作为曾经的十三朝古都，留存和积淀的历史、文化和自然景观之多之盛。

2. 洛阳“八景”中与山水相关的景观较多

在这五个不同版本选出的景观中，直接多次出现并重复的景观主要有龙门山4次，白马寺5次，金谷园5次，天津桥4次，平泉3次，香邙山3次，铜驼巷4次，洛河3次，瀍河2次。加起来有33次之多。其中与山和水相关的有：龙门、香山、邙山、洛河、瀍河、天津桥，而正是这些山水造就了洛阳城的繁华和辉煌。中国人自古以来讲究山水相依乃人杰地灵。洛阳位于河南西部丘陵地之间，峪坂、熊耳、嵩山山脉环抱于县之四境，洛河贯注，其间构成伊洛平原。② 从龙门山色到邙山晚眺、邙坂云林，从城南到城北，洛阳城依偎在四面群山之中，不仅保护着洛阳城的安全，而且也为洛阳城带来了丰饶的物产。有山必有河，本县境内之大水曰洛河，其支流之大者曰伊水，此外复有瀍涧二水，亦洛之支流。③群山环抱之中穿城而过的四条河流：伊河、洛河、瀍河、涧河养育着一代代的洛阳人，因此，山和水自然成为洛阳历史文化发生的重要载体，不同历史时期的故事在不变的山水之间传承演绎。

3. 洛阳“八景”中的历史遗迹分量较重

作为曾经的十三朝古都，除了优越的自然条件外，人杰地灵用在这里也不为过。历代的文人骚客借助山水的灵气给洛阳城留下了大量的历史遗迹，而且在这些众多的遗迹之中，景观的形成和辉煌期集中在隋唐至宋之间的历史时期。如目前常提到的大小“八景”中，“马寺钟声”中提到的白马寺是为了安

---

① （明）朱有墩著、朱仰东笺注：《朱有墩〈诚斋录〉笺注》、明成化《河南总志》、明李濂《汴京遗迹志》卷十三、清顺治时期《祥符县志》以及杨庆化《汴京八景记》中记载的各个时期“八景”。

② （民国）苏从武纂修：《（民国）洛阳县志略不分卷》，民国九年石印本，爱如生数据库，第7－8页。

③ （民国）苏从武纂修：《（民国）洛阳县志略不分卷》，民国九年石印本，爱如生数据库，第9页。

置东汉时期自西域而来的佛经和佛像而建的寺院，之后经历北魏、隋唐和宋而盛极一时，成为佛教徒心中的圣地。而“金谷春晴”一景则是西晋时的首富石崇所建的居所，后来成为文人墨客舞文弄墨的集中地，赋予了它更多的人文色彩。“平泉朝游”是对唐武宗时期的宰相李德裕及其相关事迹的侧面写照。另外，收录进来的“邙山晚眺”“关林翠柏”这些景点或是帝王大家墓冢所在地，或是缅怀猛将枭雄当年的丰功功绩，但因时光已逝，风华不再，后人重建的景致表达了人们深深缅怀和崇敬之情。当然，这也有洛阳人民对英雄人物的缅怀崇敬之情和自豪骄傲之感。因此，洛阳千年帝都的历史造就出众多历史遗迹也就容易理解了。

4. 洛阳“八景”基本体现了时空的统一

在宋至民国出现这五个不同版本的洛阳“八景”中，景观的选取不仅在纵向时间分布上具有一定的延续性，而且每一个历史时间节点上的“八景”都兼顾到了在横向空间分布上的跨越性。如白居易笔下推崇备至的龙门，贯穿在从宋至民国的“八景”之中，如“龙门山色”“龙门三色”“龙门石洞”等。而横向空间分布上，四面环山的地理位置使得洛阳“八景”的选取基本上以城区为中心辐射四面八方，不仅有城中水，也有城外山。不仅关注日月晨昏的变化，也体现四季的不同。八景中表示“日”的词语有：晓、朝、暮、晚、月等，如“天津晓月”“平泉朝游”“铜驼暮雨”“邙山晚眺”“青阳晚照”；表示四季的词语有：春、秋、冬，如“金谷春晴”“伊汭荷香”“洛浦秋风”“石林雪霁”。这些时间词语和地点结合在一起，就形成了时间和空间的合成。这种时间和空间的有机组合让景观有了人性的因素，日月晨昏、四季变化，死的景物与人的生活通过时间产生联系从而变得灵动起来。

三、洛阳“八景”的变迁规律

“八景”从历史发展的角度来说，从一个侧面反映了地域的地理景观，不同历史时期选定的不同“八景”则反映了这种变迁。就洛阳而言，有史料记载的先后出现的七组不同的“八景”版本，也具有自身的变化规律。

1. 保旧增新，突破“八景”限制

宋代以来洛阳“八景”中，从最初的八个景观，发展到明清时期的“十二景”“十景”，其中不仅有新景增加取代旧景，而且还能前后一直保持对某些景观的始终如一的认可。如宋和明代厘定的“八景”，到清代乾隆朝同一本修订的县志中虽然也肯定了之前延续“八景”的格式，同时收录三个人对“八景”的选定和诗词描写，但同时在“八景”之后另附“十二景”，毫不保留地表现了修志者龚崧林作为地方父母官对当地山水景观的热爱和肯定。因此虽然经过历史发展，到了民国依然在县志中收录了洛阳“十景”，而不再严苛按照“八景”来定当地名胜。在不断加入新景观的同时，却也保持着核心成分不变，滋养千年帝都的山水景致：龙门山、香山、邙山、洛河、瀍河、涧河在这几个版本的“八景”中均占有不同的份额，如“龙门山（三）色”“香邙对峙”“邙山晚眺”“洛浦秋风”“瀍涧环流”。而“十二景”和“十景”中又毫不吝啬地描写其他景致的美好，如“夫坛倒影”“翟水斜潆”“台栖紫凤”“峪吼青牛”“飞仙洞古”“憩鹤岩幽”“关林翠柏”“龙池金鱼”等。不仅赞美山、泉、池、洞的清幽，也通过这种景观载体传递了其背后对人文历史价值的肯定。“峪吼青牛”中的老子、“关林翠柏”中的关羽都反映了对古代圣人的崇拜和尊敬之情。

2. 观赏角度和作者认知变化，同一景观名称和观赏点前后不同

在前后七个版本的洛阳“八景”中，出现了同一景观观赏角度的变化。如北宋时确定的“马寺钟声”到了明成化年间《河南总志》中却变成了“白马昏钟”；“邙山晚眺”则被“香邙对峙”取代；

“金谷春晴”到了明代也因一个“寻”字，改成“金谷寻芳”而让景观更加灵动起来。这两个时期景观的变化：“钟声”到“昏钟”“晚眺”到“对峙”“春晴”到“寻芳”，几字之别，从对景观的客观描述到注入主观感情，可见随着历史发展，地域“八景”的人文因素越来越多。明朝到清朝“八景”中的景观名称变化更进一步。“香邙对峙”到了张美含笔下则变成了“邙坂云林”，不仅用邙山的另一个别称来替代此山，而且对山中的云雾进行了突出描写。“金谷寻芳”在张美含的笔下也不再仅仅形容园中的某一处、某一时间段美景，干脆肯定这里一切都很美而更名为“金谷名园”。“金谷当年景，山青碧水长。楼台悬万状，珠翠列千行。”① 这种描写对园中的建筑、植物都大加赞赏和认可。而因城中著名的铜驼巷而成的“铜驼暮雨”在张美含笔下也变得美好明朗起来，变成了“铜驼丽景”。“挥金侠士境，结客少年场。歌舞青楼艳，轮蹄紫陌芳。千秋佳地在，游览醉壶觞。”② 张美含笔下的铜驼巷中到处都是挥金的侠士、少年，青楼中的歌舞吸引着四面八方的人们，怎能不是人间佳地、丽景呢？而明代八景中的“白马昏钟”也不再“昏”，张美含客观陈述了这件事情“白马驮经”。不用“昏”来描写寺院的钟声，而是用白马驮经这件事情指代了白马寺及佛教，从而修正了对白马寺及其佛教的看法。“暮雨”到“丽景”“寻芳”到“名园”“昏钟”到“驮经”，不仅是景观名称的变化，而且也是八景命名者对这些景观饱含感情的认可。

四、结语

洛阳“八景”作为洛阳历史景观的一种表现方式，尽管目前已经对其中的景观有一定的保护和规划，但相关研究工作仍需要进一步加强和深入。本文通过对洛阳“八景”及其相关史料的梳理，希冀引起注意，正视历史上评定的洛阳“八景”对现代城市发展的意义和作用，在合理利用遗存“八景”景观资源的基础上，新旧结合、推陈出新。在既保留传统文化，又能突出地方特色的原则下，使历史上曾经评定的“八景”及相关文化得到发扬并为城市发展所用，逐步建立和完善基于地域文化景观视角的“八景”文化保护和发展体系，更好地发挥历史价值，延续和张扬城市特色和标志性景观的生命力。

（作者为河南大学历史文化学院讲师）

①② （清）龚崧林修，汪坚纂：《（乾隆）洛阳县志》5册，卷二十艺文诗五律，清乾隆十年刊本影印，中国方志丛书，成文出版社有限公司印行，第1744页。

洛阳对中原文化的贡献与洛阳古都资源的旅游开发

叶骁军

摘要：本文提出洛阳在中原文化中具有根基和核心作用，是中华文化的主体。笔者认为中原是中华文明的摇篮，中原文化是中华文化的重要源头和核心组成部分。中原在古代不仅是中国政治经济中心，也是中华主流文化和主导文化的发源地。本文提出，在北方发生战乱，遭遇滑铁卢时，中原文化转移到南方，以南京为中心继续发展，因而很长时期南京成为中华文化的正朔。本文最后对洛阳的古迹遗址类旅游的开发利用和中原文化的研究提出了一些建议。

关键词：洛阳；中原文化；传承创新；旅游开发

一、中原和中原文化的界定

洛阳，是我国最重要的古都之一，中原文化的核心城市。中原文化是发端于我国中原地区的汉族政权的主体文化。

中原是个多元的概念。我们常说的少数民族入主中原，这里的中原指的是汉族地区。陆游诗句“王师北定中原日，家祭无忘告乃翁”，指的是北部中国。

中原，地处中国版图中心，通常是指以河洛地区为中心的黄河中下游地区。大体包括今河南、山西、河北，以及陕西的全部或部分地区。

中原地域随着华夏民族的大融合以及中原文明的扩展而蔓延至今，文化比较先进的华夏民族以别于四夷而自称中华，一些夏商时期尚属四夷的地区，随着中原文化的传播也被纳入中原文化区。

从夏朝到宋金时期的3000多年间，中原一直是中国政治、经济和文化的中心，先后有200多位帝王建都或迁都于此。自古就有“得中原者得天下”之说，逐鹿中原，方可鼎立天下，历代统治者皆认为把中原纳入版图的王朝才是中国的正统王朝，统称中原王朝。

“中原”这一概念现在依旧辉煌。2012年11月，国务院批复《中原经济区规划》，将当年的晋冀鲁豫边区及地方部队范围的大部分城市及周边城市为主的中原城市群上升为国家战略，有了建设的纲领性文件，“中原”也因此有了新的明确的范围。

中原文化是以中原为基础的物质文化和精神文化的总称，最早可追溯至公元前6000年至公元前3000年的中国新石器时代。中原文化以河南省为核心，以黄河中下游地区为腹地，逐层向外辐射，影响延及海外。中原是中华文明的摇篮，中原文化是中华文化的重要源头和核心组成部分。中原在古代不仅是中国政治经济中心，也是主流文化和主导文化的发源地。中国历史上先后有20多个朝代定都于中原，中国八大古都中河南省占据一半，包括洛阳、开封、安阳和郑州。中原地区以特殊的地理环境、历史地位和人文精神使中原文化在中国历史上长期居于正统主流地位。

二、中原文化是中华文化的根基，洛阳是中原文化的核心

中原文化是中华文化的源头和核心组成部分。

在中国历史上，中原自上古至唐宋，一直是中国的政治、经济、文化中心。而中原文化，在某种程度上就代表着中国传统文化。中原文化外文译名：China Central Plain Culture，直译就是：中国中央平原的文化，这个翻译名称从一定意义上也说明了中原文化的地位。

中原文化为后世中国的社会政治制度、文化礼仪典章提供了基本的范本。同时，中原文化之所以在中国文化的整体格局中占据重要地位，还在于它强大的辐射力。在中国历史上，它依托于生产方式的先进性、军事的扩张，甚至中央政权崩解导致的移民大批迁移，向四方传播。中原文化是中华文化之根，中原文化在整个中华文明体系中具有发端和母体的地位。

三皇五帝的传说以及所传建都地点，都发端于中原地区。

《通志·都邑略》录三皇之都："伏羲都陈（河南陈州），神农都鲁（曲阜）。或云始都陈，黄帝都有熊（河南新郑），又迁涿鹿。"①

五帝之都："少昊都穷桑（曲阜），颛帝都高阳（河南濮阳），帝喾都亳（偃师），亦谓之高辛；尧始封于唐（河北唐县），即帝位于平阳（临汾）。舜始封于虞（河南虞城县），即帝位都蒲坂（山西蒲州）。"②

对早期的裴李岗文化、仰韶文化、龙山文化和二里头文化的考古发掘中，河南省有大量遗址遗物。夏、商、周三代被视为中华文明的根源，同样发端于河南。作为东方文明轴心时代标志的儒道墨法等诸子思想，也正是在研究总结三代文明的基础上而生成于河南的。

夏都扑朔迷离，商都游移不定，王国维在《观堂集林》中说，"前八而后五"。"自盘庚迁殷，至纣之灭，二百七十三年更不徙都"。③ 但总的范围都在中原地区。平王东迁，东周的春秋战国时期，使洛阳成为思想文化迅速发展和定型的时期。

春秋时期，官学开始逐渐演变为民间私学。易学前后相因，递变发展，百家之学兴，易学乃随之发生分化。《周易》是中国传统思想文化中自然哲学与人文实践的理论根源，是古代汉民族思想、智慧的结晶，被誉为"大道之源"。内容极其丰富，对中国几千年来的政治、经济、文化等各个领域都产生了极其深刻的影响。《周易》被奉为儒门圣典，六经之首。

洛阳的风水是天下之中，龙势强健。刘小明在《中国风水术》一书中解释说，洛阳具有以下风水特点：第一，洛阳形局完整，龙脉砂水俱佳。第二，洛阳龙势强健，嵩岳秀气相望，故而洛阳少年英气勃发。洛阳自古闻名天下，曹植的《名都篇》曰："名都多妖女，京洛出少年。"唐代的《管氏地理指蒙·远势近形》则从风水的角度解释了洛阳出少年的原因：洛阳之龙起于嵩山，嵩山位于洛阳东南巽地，由于有涧瀍之水作为嵩山之源，因而山色葱郁，秀色相望。风水学认为，凡是龙之宗主强健的地方，其子孙后代必然英武俊秀，故"洛阳少年，势如云叶，随风翩翩"。第三，洛阳是文献中最早采用占卜式风水法进行选择的都邑。《易经》《道德经》对宇宙、社会、人生的独特发现，极大地影响了中国人的民族性格和民族文化心理。黄帝都"有熊"置百官和李斯提出的郡县制，确立了中国几千年封

①② 郑樵：《通志·都邑略》。

③ 《古本竹书纪年辑证》，上海古籍出版社 2015 年版，第 30 页。

建社会的基本制度模式；张仲景的《伤寒杂病论》、张衡的浑天仪，都在中国历史乃至世界历史上占据着举足轻重的地位。“河图洛书”也不能完全看作神话传说，有的学者①认为其流行的图形是组合数学中幻方的图形。②

龙文化起源于中原地区。龙图腾神龙是智慧、勇敢、吉祥、尊贵的象征。河南是龙的故里。被称为人文始祖的太昊伏羲，在今周口淮阳一带“以龙师而龙名”，首创龙图腾，实现了上古时期多个部族的第一次大融合，被称为又一人文始祖的黄帝，在统一黄河流域各部落之后，为凝聚各部族的思想和精神，在今新郑一带也用龙作为新部落的图腾，今天的中国人被称为炎黄子孙和龙的传人，就是因此而来。从发掘出土的文物来看，河南省发现的龙文物不但历史久远，而且最为正宗。濮阳蚌龙距今6400年，是中国最早的龙形象，被考古学界誉为中华第一龙；在偃师二里头遗址发现的大型绿松石龙形器，距今至少3700年，被学者命名为“中国龙”；等等。这些龙文化的遗存从夏、商、周到汉唐、明清一脉相承，都是中华民族龙图腾的源头，在形态上可以说都是北京故宫里各种龙形象的祖先。中原和全国各地的民俗也有不少与龙有关，如每逢喜庆之日舞龙灯，农历二月二祭龙王、吃龙须面，端午节赛龙舟，等等。这些文化除了在中华大地传播承继外，还被远渡海外的华人传播到世界各地，在世界各国的华人居住区或中国城内，最多和最引人注目的饰物就是龙。从中原大地产生并完善的龙形象，目前已成为中华民族的象征、中华文明的精神内核、中华民族团结的纽带和共同的精神支柱。

中国文字的产生和印刷术的发明是在中原地区。传说中黄帝时代的仓颉造字在河南。河南安阳发现的甲骨文是中国目前已发现的古代文字中时代最早、体系较为完整的文字。

出生于河南上蔡的秦代宰相李斯制定了钟鼎文的规范书写“小篆”，这是中国历史上第一个由国家规定的标准汉字形态。漯河人许慎编写了世界第一部字典《说文解字》，许慎在书中系统地阐述了汉字的造字规律——六书。洛阳龙门二十品奠定了隶书的基础。北宋时期宰相南京人秦桧在开封发明的宋体字因刻写方便，字体易于辨认，而被后世广泛采用。河南南召人王永明被称为“当代毕昇”，他发明的五笔字型输入法是全世界广泛应用的汉字编码输入技术，是中国文字史上的重大发明。

中原文化有着很强的辐射力和影响力。集中表现在：一是辐射各地。如岭南文化、闽台文化以及客家文化，其核心思想都来源于中原的河洛文化③。唐代的河南思想家文学家韩愈就极大地影响了潮汕文化。二是化民成俗。中原文化中的一些基本礼仪规范常常被统治者编成统一的范本，推广到社会及家庭教育的逐个环节，从而实现了万里同风的社会效果。三是远播异域。秦汉以来，中原文化主要通过陆路交通向东向西广泛传播，不仅影响了朝鲜、日本的古代文明，而且开辟了延续千年的丝绸之路。班超出使西域、玄奘西天取经、鉴真东渡扶桑等历史记载，都书写了中原文明传播的壮丽画卷。从北宋开始，中原文化凭借当时最发达的航海技术，远至南亚、非洲各国，也开辟了世界文明海路传播的新纪元。中原文化在中华文化系统中处于主体主干的地位。中原文化在与其他文化不断的融合交流中，自身的外延也在不断扩大，并由此催生了中华文化的形成。中原文化的核心思想，如大同、和合，都成为了中华文化的核心思想；中原文化的核心价值观，如礼义廉耻、仁爱忠信，都成为了中华民族的核心价值观；中原文化的重大民俗活动，如婚丧嫁娶、岁时节日等，都成为了中华民族的民俗活动。正如一名著名考古学家所说：中原以外的文化区都紧邻或围绕着中原文化，很像一个巨大的花朵。这些外围的文化区是花瓣，而中原文化是花心。正是花心的不断绽放，才形成了中华文化这朵绚烂的文明之花。

---

① 温一慧：《组合数学·前言》，甘肃文化出版社1994年版。

② 后来，祖冲之在建康（南京）计算出圆周率，洛阳、南京成为数学上两个重要的里程碑式地点。

③ 河洛文化应该只是中原文化的一部分，不是全部的中原文化。

三、洛阳是我国佛教的发源地

洛阳还是我国早期佛教活动的中心。东汉末年，佛教正式传入我国内地后，这里建造了中国第一古刹——白马寺。

白马寺，是佛教传入中国后兴建的第一座官办寺院，有中国佛教的“祖庭”和“释源”之称，距今已有1900多年的历史。

东汉永平十一年（68年），汉明帝敕令在洛阳西雍门外三里御道北兴建僧院。为纪念白马驮经，取名白马寺。“寺”字即源于印度高僧最初居住的“鸿胪寺”之“寺”字，后来“寺”字便成了中国寺院的一种泛称。印度高僧摄摩腾和竺法兰在此译出《四十二章经》，为现存中国第一部汉译佛典。

在摄摩腾和竺法兰之后，又有多位西方高僧来到白马寺译经，在公元68年以后的150多年时间里，有192部，合计395卷佛经在这里译出，白马寺成为当之无愧的中国第一译经道场。

佛教在中国扎根、传播的最初200年，整个过程都与白马寺息息相关。这里是中国第一次西天求法的产物，是最早来中国传教弘法的僧人的居所；这里诞生了第一部中文佛经和中文戒律，产生了第一个中国汉地僧人……总之，白马寺是与中国佛教的许许多多个“第一”紧紧联在一起的，这让它成为名副其实的中国佛教的祖庭和释源。

北魏杨衒之《洛阳伽蓝记》说北魏洛京：“寺有一千三百六十七所。”①

洛阳龙门石窟开凿于北魏孝文帝年间，之后历经东魏、西魏、北齐、隋、唐、五代、宋等朝代连续大规模营造达400余年之久。其中《龙门二十品》是书法魏碑精华，褚遂良所书的“伊阙佛龛之碑”则是初唐楷书艺术的典范。

龙门石窟延续时间长，跨越朝代多，以大量的实物形象和文字资料从不同侧面反映了中国古代政治、经济、宗教、文化等许多领域的发展变化，对中国石窟艺术的创新与发展做出了重大贡献。

郑州的少林寺和塔林影响深远。宝塔是佛教的重要标志性建筑。塔林有宝塔230多座，整个郑州有宝塔270座②，郑州是名副其实的宝塔之都。

今天，白马寺景区国际佛殿苑有仿建的印度、缅甸、泰国风格的佛殿。这是洛阳佛教国际影响的见证。

四、洛阳是中国古代的人才高地

夏商周三代人才辈出。不但有文王、武王这样的历史英豪，也有夏桀、商纣这样的昏君，但都在历史上起了重要作用。可以说春秋战国之前，名人都出在中原。春秋战国开始，南方人才崭露头角。秦汉至隋唐，中原是英雄豪杰鏖战的战场。魏晋隋唐以后，中原人才不再独占鳌头，而是呈现南北共同繁荣的局面。可以说，中国历史的早期和中期，中原人物是影响历史进程的主要因素。今天，中原的经济文化发展不能说令人满意。因此，总结经验，汲取营养，实现中原复兴是必要的。

① 杨衒之：《洛阳伽蓝记》。

② 汪培梓：《古都郑州塔文化综论》，《嵩山文明与中国早期王都》，科学出版社2016年版。

五、洛阳城市发展对我国民族融合的贡献

我国众多的少数民族在与汉民族的交往中，在城市规划建设中学习和模仿中原是必定不移的规律。北方少数民族南下中原建立的都城最南到达开封洛阳西安一线。其中最典型的就是北魏洛阳城，当时的正式名称是洛京。

据《洛阳伽蓝记》记载与考古勘测资料，以及北京大学宿白教授的研究，北魏洛阳主要部分仍然是汉魏旧城，但进行了大规模的扩展规划建设。①

北魏在汉魏旧城之外，新加一重外廓。外廓城东西二十里，南北十五里。又据文献记载，当时宣扬门外，永桥之南，圜丘以北，伊洛之间，夹御路东西有四夷馆、四夷里，洛水之南还有四通市、白象坊与狮子坊。② 这样看来，最初也许是计划建成一座东西、南北各二十里的方城，其规模是空前的。北魏洛阳城时至今天仍然隐隐约约尚可踏访寻觅。

北魏洛阳城大部分沿用了魏晋时期的街道，但也建设了一些新街，城门名称也做了更改。有关文献记载说，北魏洛阳城是仿照南朝建康规划建设的。太和十七年（493 年）冬十月，孝文帝元宏："诏司空穆亮、将作董迩缮洛阳宫室。"③

在此之前，太和十五年（491 年），北魏就派李道固为正史，蒋少游为副使，赴南齐都城建康，"密令观京师（建康）宫殿模式"。所以，南齐认为："虏宫室制度皆从其出。"④ 蒋少游在建设平城时，就曾经到洛阳"量准魏晋基础"，以为建设平城的参考。据陈寅恪先生考证，洛都计划布局，还受平城与河西的影响。⑤

隋唐时期洛阳的发展进入鼎盛期，当时的洛阳城，宫殿巍峨，经济繁荣，文化发达，白居易、韩愈、吴道子等都在此创作了不朽的作品。洛阳在历史上相当长的时期内，曾经是我国政治、经济、文化的中心，亦是道路四通八达的交通枢纽。以洛阳为中心的河洛文化和河洛文明，成为华夏文明的重要组成部分。中原文化进一步扩张和融合，始终是中华文化的主流。

中原文化是五千年中华文明的缩影，反映了中华文明发展的轨迹，折射着中国历史发展的脉络。

长期以来，中原文化以其文化理想引领着东方文明的进程。近古以来，中原文化的文化理想甚至远播西方文明而绽放出瑰丽的文化魅力。中原文化具有对中华民族共同精神的维系、智慧成果的传承功能。中原文化固有的向心力在促进民族的伟大复兴中发挥着聚合作用。

中原文化产生的新思想、新知识、新技术有力地推动了中国经济社会的发展。

中原文化的滑铁卢：虽然中原文化始终占据着中华文化的主导地位，但中原文化曾经遭遇过多次危机，也可以说是遭遇了多次滑铁卢。这时中原文化重心南移，既是东山再起，也是又一次的发展扩张。

六、中原文化在南京的传承和发扬

西晋末年遭遇"八王之乱"，其后多个少数民族南侵，演绎成东晋南渡。大批北方士族随之南迁，

① 宿白：《北魏洛阳城与北邙陵墓》，《文物》1978 年第 7 期。

② 杨衒之《洛阳伽蓝记》卷三。

③④⑤《南齐书·魏虏传》。

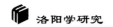

在南方建立了大批侨置州郡和属县。如南豫州、南徐州、南兖州等。匈奴刘曜攻破洛阳，苍生殄灭，百不遗一。河洛丘墟，阡陌夷灭。

安史之乱以后，东都残破，皇帝和百官不再巡游东都，东都实际已废。除后唐都洛十余年，长安、洛阳此后不复为都。以洛阳为中心形成的中原文化，亦随着南下，在长江流域繁荣和发展。

1. 西晋南迁，汉族政权的政治经济文化重心南移

东晋开始，中原士族南迁，推动了江南的繁荣。南宋之后，战乱致使中原文化等进一步南移，中原文化才逐渐没落。当然，我们这里所说的是“大文化”，其包括政治经济文化等各个方面。中原文化在黄河流域衰败以后，并没有全面没落。其发展中心转到了南京（为了行文方便，我们不用当时的城市名称，统一称为南京）。

南京是中华文化的发源地之一，长江文明的发源地。它承载的更多的是文明肇始、救亡图存、繁荣文化、走向复兴的责任和使命，黄河文明和长江文明在此融合交流和继续发展。南京是中华文化的避难所。北方遭遇“五胡乱华”后的数百年，一直是南京接受、捍卫和滋养以汉文化为主体的中原华夏文明。南京是中华文明史上的文化名城、佛教之都（“南朝四百八十寺”）、英雄之城、胜利之都①。推翻清王朝，建立共和制度，是在南京完成的。中华民国的建立，是名副其实的历史里程碑。骄横跋扈的日寇，是在南京投降的。②

一般来说，一个城市的发展总是越来越好、越来越大，但是南京这座古都的命运往往不由自己掌握。中国古代大王朝的都城大都在北方。南方的历史使命，唐朝以后就是给北方输送财富。贯通南北的大运河，就是一根输血管，输送江南的财富与物资。

南北分裂时，南京是南方最适宜建都的地方，所以南京可谓成也“金陵王气”，败也“金陵王气”。因为有“金陵王气”，所以南京贵为九朝古都③、十朝都会，但是“金陵王气”比不上、压不住北方的王气，所以这里的王朝最终因为北方军事政治形势的强大而被北方政权统一居多。我们说南京是一个沧桑的城市，原因就在这里。梁启超在《中国地理大势论》里说：“历代帝王定鼎，其在黄河流域者最占多数。而其据于此者，为外界之现象所风动、所薰染，其规模常宏远，其局势常壮阔，其气魄常磅礴英鸷，有隽鹘盘云，横绝朔漠之慨。建都于扬子江流域者，除明太祖外，大率皆创业未就……其规模常绮丽，其局势常清隐，其气魄常文弱，有月明画舫缓歌曼舞之观。”

但是我们要注意的是，比较南北，军事上北胜南，而文化上南胜北。这是很有意思的现象，也是人类社会的普遍规律。文明程度递进的狩猎民族、游牧民族、农耕民族，军事方面是前者胜过后者，文化方面则是后者征服前者，也就是说，军事上的征服者总是文化上的被征服者，你打败了我，占领了我的地方，但多少年后，你却变成了我，你消失了，我壮大了。现在我们看看南京在中国历史上所担负的使命。

罗马的伟大在于军事的征服，南京的伟大则在文化的传承。东晋南朝时，北方被五胡十六国占领，草原民族刚刚入主中原时，对农业文明进行了破坏，他们觉得诗书礼乐是没有用的东西，南京就成了传统文化的避难所，这个过程被称作衣冠南渡。华夏传统的农耕文化在南京保存下来了，等到北方少数民族政权感到也要按照汉人农业制度来运作时，南京就提供了一个样板。农耕经济下怎么建王朝，国家的礼仪制度怎么建设？建都于南京的汉族政权就是样板。这就是中国历史上经常说的“汉化”。

① 叶皓：《重读南京》，南京出版社 2011 年版。

② 刘晓宁：《国府还都》，南京出版社 2005 年版。

③ 唐朝人称南京为“六朝古都”：东吴、东晋、宋、齐、梁、陈，其后又有南唐、明朝、太平天国和中华民国建都南京。民国是现代政权，而太平天国正式定都天京（南京）十余年，施政达南方大部分地区，并在南京修建了太阳宫（天王府）等，至今尚存，故应列为南京的建都朝代。

清朝兴起于东北，把奉天奉为陪都。但在文化上，除北京贡院，却特在南京设立江南贡院。清代江南贡院产生状元58名，占到整个清朝的52%。江南贡院始设于南宋，至清末共产生状元800多名，占全国1300多年科举制度共1000余名状元的八成左右。由此可见南京在中国文化史上的地位。①

所以我们说，南京是一座坚韧、光荣、伟大的城市。它的坚韧，在于多次遭受毁城，而又屡仆屡起；它的光荣，在于华夏传统文化的薪火相传乃至发扬光大；它的伟大，在于军事的被征服和文化的反征服。被征服，使南京成为沧桑、起伏、使人怀古之城，反征服，又使南京成为一座深刻的让人思考之城。直至近代以来，先进的思想文化从西方传入，也就首先发端于南方。

1929年4月，国民政府首先强调南京是孙中山制定的首都，又阐发南京作为“民族复兴之纪念地”的意义，并将北京界定为“中华民族衰落的中心场”。总而言之，整个民国时期，部分革命党人和后来的南京国民政府，从种族革命和政治革命的立场，将建都南京的主张和选择加以合法化，南京被视为革命的中心、民族复兴的纪念地。

与之形成对比的是，在当时的国民政府看来，北京则成了“胡虏”盘踞的腥膻之地，是落后的封建势力和官僚政治的象征，自然没有作首都的资格。而主张建都北京的人士，大多正是从国防的角度，强调北京的地位。当然，北京的龙庭，主要是少数民族首领坐的。在蒙元时期，皇后是与皇帝并坐龙廷的，也是唯一体现男女平等的龙庭。汉族，只有明朝的13个皇帝坐过，其中一个还做了俘虏。

所以我们说，东晋南迁以后，南京延续、保护和发展了中原文化，南京在很多时期是中原文化的正朔。这个“正朔”，就是以洛阳为中心的中原文化。我们再以“语言”的发展和传承进一步阐释一下这个论断。

2. 中原雅言到金陵雅言——千年国语的形成

中原官话是中原大部分地区共同的语言。历史上，北方官话区长期以来以中原官话规范自己的语汇和语法系统。以洛阳话为标准音的华夏语后来成为东周通用全国的雅言，进而发展成为扬雄《方言》提及的通语、凡语。汉朝的汉语标准语称正音、雅言，也称通语，后来的“天下通语”则用来严格指汉语标准语。扬雄著有《輶轩使者绝代语释别国方言》，方言即与通语相对。汉代的国语为洛语，洛语承袭先秦时代的雅言。

西晋承袭汉代，以洛语为国语。永嘉之乱，洛京倾覆，东晋迁都建康（南京），洛语与中古吴语结合形成金陵雅音，又称吴音，为南朝沿袭。

隋朝统一中国，编《切韵》，以金陵雅音和洛阳雅音为基础正音，南北朝官音融合形成长安官音（秦音）。唐承隋制，隋唐都长安，并以洛阳为东都，此时中原及关中汉音在与各民族交融后已有所演变。

宋代国语称正音、正语、雅音。元代法定蒙古语为国语（主要为蒙古族所使用），后以元大都（北平）汉语语音为标准音，称为“天下通语”。

南京话在历史上长期是中国的官方语言，金陵雅言以古中原雅言正统嫡传的身份被确立为中国汉语的标准音，并深远地影响到直至今天的中国语言形态，加之六朝以来汉人文化上的优越意识，清代中叶之前历朝的中国官方标准语均以南京官话为标准。周边国家如日本、朝鲜、越南所传授和使用的中国语也是南京官话。明清时期来华的西方传教士所流行的是以南京官话为标准的中国话，民国初年西方传教士主持的“华语正音会”，也以南京音为标准。长久以来，南京话以其清雅流畅、抑扬顿错的特点以及独特的地位而受到推崇。

明清时期国语称为“官话”，字面意思是官方语言，明代官话基础为南京官话，不过民间仍使用方

① 见南京中国科举博物馆。

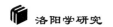

言。明以中原雅音为正，明前中原地区经多个北方民族融入，江淮地区的“中原之音”相对纯正，官话遂以南京音为基础，南京官话为汉语标准语。永乐年间迁都北京，从各地移民北京，其中南京移民约40万人，占北京人口一半，南京音成为当时北京语音的基础，而南京官话则通行于整个明朝。根据利玛窦的记载，各省官府办理公务和审理案件都使用官话，不过民间仍使用方言。鲁国尧根据《利玛窦中国札记》中的内容提出明代官话基础是南京官话①。

清定都北京，初满语为国语（主要是满族使用），直到清代灭亡。清朝以来，北京官话逐渐分化出来，作为汉语标准音的官话从而逐渐分为南京官话和北京官话两支。清代早期，南京官话仍为汉语主流标准语。雍正八年（1730年）清设立正音馆，推广以北京音为标准的北京官话。北京音是在元朝时旧北平话与南京官话（明都北迁时北京城内南京移民过半）相融的基础上，融入满族语音的一些要素而成。到清代中后期，北京官话逐渐取代南京官话取得国语的地位。1909年，清正式设立“国语编审委员会”，此即清末的国语。

形成于清朝早中期的《红楼梦》所用语言，就以南京方言为基础，也部分使用了北京方言和吴方言。据不完全统计，书中使用的南京方言达1200余处。《红楼梦》的背景是南京、北京、苏州等地，所以使用了三地的语言。《红楼梦》就是语言融合的典范，也是现代汉民族共同语形成过程的一个标本。

民国元年（1912年）以后，中华民国建立了法定的“国语”体系，最初拟“以北京话为主，兼顾南北差异”，此即民国初年的国语。民国七年（1918年），公布了第一套国家认可的国音《注音字母》，力持华语雅音正统，以“折中南北牵合古今”为原则，包括保持入声特征，主要由北京官话和南京官话混合提取创造。此时发生“京国之争”，以北京话作为国语标准基础的意见得到当时多数人的支持，最后决定国语仅以北京话为基础。

中华人民共和国成立以后，继续沿用民国大陆时期“国语”的称法，1955年改称“普通话”。大陆民间有时也将“国语”一词作为普通话的别称（例如，中国大陆卡拉OK厅里的“国语歌曲”）。中华民国则沿用国语这一名称，而学术界则称其为“现代标准汉语”。现在普通话最为接近的自然是清代的语音。北京话的底韵应是中原和河北的官话。清朝进京以后把原住民赶到了外城，旗人住内城。因此今天北京话是东北旗人话和北京老话合起来的，东北味很重，东北话声调就比天津话还更近北京些。官话不同于北京土话、旗人话，后来这三种话以官话为中心结合起来，成为普通话语音的基础。

由此我们可以看到，今天国语的发展轨迹是：洛阳中原雅音南下传至南京，在南京与吴语混合形成金陵雅音。以金陵雅韵为基础形成明朝南京官话，北上至北京。清代早期，南京官话仍为汉语主流标准语。清中期推行北京官话（北京音系是在元朝时旧北平话与南京官话相融的基础上融入满蒙语音素形成的）。民国七年（1918年），公布第一套国家认可的国音《注音字母》，力持华语雅音正统，以“折中南北牵合古今”为原则，包括保持入声特征，主要由北京官话和南京官话混合提取创造，称为国语。中华人民共和国成立后，经进一步整理，取消入声，改称普通话。

七、关于洛阳古迹遗址旅游资源的开发

洛阳古迹遗址类旅游资源丰富。洛阳的旅游资源开发已有一定基础，洛阳旅游业在全国也有一定地位。全国开发成功的旅游资源不乏成功的范例。2014年，在郑州召开的中国古都学会上，笔者与苏州

① 鲁国尧：《明代官话及其基础方言问题——读〈利玛窦中国札记〉》，《南京大学学报》（哲学人文科学版）1985年第4期。

大学研究生提交的论文《中国古都旅游开发利用原则与模式试析》①，对古都遗址根据遗存情况进行了分类，分析了开发现状，将洛阳王城公园列为“公园占压式”的范本。西安大明宫遗址的原貌保留展示也很成功。开封根据古画开发的“清明上河园”以及相关水上演出，充满了艺术性。南京新建的“佛顶宫”，用以展示南京近年出土的阿育王塔中发现的释迦牟尼佛顶骨舍利，名震天下。

我们认为，对于有重大意义的古建筑，适当移位复建是必要的、可行的。武汉黄鹤楼与南昌滕王阁复建、南京阅江楼的新建是成功的。但洛阳的汉魏古城和永宁寺遗址还没有被充分利用。隋唐洛阳城的皇宫遗址，20 世纪 50 年代被破坏建了工厂，至今没有完全收回。当时文化部副部长郑振铎的反对声音遭到高层粗暴否决。欣喜的是，现在隋唐洛阳城遗址已经列入国家大遗址保护工程。已经建设的隋唐洛阳城遗址公园，只是很小的一部分。南京在 20 世纪 80 年代花巨资从南京军区收回明故宫遗址（军区教练场），或许是非常正确的决策。但东西宫遗址仍然被占。南京明故宫是北京故宫的范本。《明实录·太宗实录》记载：“宫殿、门阙规制，悉如南京。而高敞壮丽过之。”② 所以，明故宫遗址的收回和开发利用具有重要的意义。

但是，杭州复建的雷峰塔和南京复建的大报恩寺塔（原为琉璃塔，中世纪世界七大奇观之一），因为使用了现代轻型材料和电梯，却反映不佳。浙江某影视基地克隆的故宫和复建的圆明园，只是影视拍摄的布景道具，与原件不可同日而语。如故宫天安门前的华表，北京是汉白玉雕刻，而浙江是石膏的。材料和工艺不复存在，历史也不可完全复制。

所以，古迹遗址类旅游资源的开发利用必须慎之又慎，免得留下遗憾。

八、几点建议

综上所述，提出如下建议：

第一，建议编纂出版《中原人物志》。

第二，编辑出版《中原文化丛书》和研究型的杂志《中原文化研究》。

第三，将洛阳扩大改造成为“中原文化博物馆”。

第四，聘请河南省内外专家、洛阳市领导与专业人员，组成临时性的古迹遗址类旅游资源开发利用咨询委员会。

（作者为苏州科技大学旅游系教授）

① 叶骁军、吴瑞：《中国古都旅游开发利用原则与模式试析》，科学出版社 2016 年版，第 198 页。

② 《明实录·太宗实录》。

“一带一路”视域下洛阳历史文化资源的保护利用

唐金培

摘要：“一带一路”倡议为区域历史文化资源的保护与开发利用带来新的发展机遇。近些年来，洛阳虽然在历史文化资源保护与开发利用方面取得了不少成绩，但仍然存在认识方面缺乏高度、规划方面缺乏亮度、内涵方面缺乏深度、投入方面缺乏力度等问题。为此，要进一步优化环境，加强文化交流合作；优先开发特色项目，展示厚重的历史文化；打造特色文化品牌，推广有竞争力的文化产品；深化基础理论研究，为叫响洛阳提供理论支撑；挖掘宗教文化内涵，突出洛阳宗教文化特色；继续办好节会活动，展示洛阳在国际、国内的形象。

关键词：“一带一路”；洛阳；历史文化资源；保护利用

2015年3月，国家发展改革委、外交部、商务部联合发布的《推动共建丝绸之路经济带和21世纪海上丝绸之路的愿景与行动》明确指出：“支持沿线国家地方、民间挖掘‘一带一路’历史文化遗产，联合举办专项投资、贸易、文化交流活动。”① 作为陆上丝绸之路中国段起点，② 十三朝古都洛阳的历史文化资源的保护与开发利用赶上了千载难逢的机遇。本文在分析这些机遇以及当前洛阳历史文化资源保护利用现状的基础上，从“一带一路”建设的视角，就如何保护和开发利用洛阳历史文化资源提出几点对策建议。

一、“一带一路”建设为洛阳历史文化资源的保护与开发利用带来新机遇

建设横贯亚欧大陆的丝绸之路经济带，不仅对沟通东西文化、促进商贸往来具有不可替代的作用，而且为保护和开发利用丝绸之路经济带沿线国家和地区的历史文化资源提供了良好的契机。

1. “一带一路”倡议为洛阳历史文化资源保护与开发利用提供更多开放发展的空间

经济大贯通的同时，必然会伴随着文化的大融合。作为千年古都和中原城市群的副中心，洛阳在“一带一路”建设过程中，无论是扩大中国传统文化影响力，还是增强中华民族凝聚力和国家文化软实力、实现不同国家和地区文化交流繁荣，都将扮演比较重要的角色。作为古老丝绸之路的重生和拓展，“一带一路”倡议不仅为洛阳历史文化资源的保护提出了更高的要求，而且为洛阳历史文化资源的开发

① 《推动共建丝绸之路经济带和21世纪海上丝绸之路的愿景与行动》，《海峡都市报》2015年3月28日。

② 2006年8月上旬，联合国教科文组织世界遗产中心和中国国家文物局在新疆召开丝绸之路申报世界文化遗产国际协调会通过的《未来共同行动纲领》，明确洛阳是丝绸之路中国段起点。

利用提供了新的发展机遇。通过"一带一路"建设，可以将具有洛阳地方特色的文化符号产品沿着国际大通道迅速产业化，并与"一带一路"沿线国家和地区的相关城市合作，逐步形成集国粹、旅游、演艺等为一体的国际性文化产业链。

2. "一带一路"倡议为洛阳历史文化资源保护与开发利用提供更多开展国际交流合作的机会

"一带一路"倡议安排的相关合作框架和协议为"一带一路"沿线国家和地区的历史文化资源的保护和开发利用发展提供了难得的发展机遇。当前，不仅中国面临着经济发展方式转型升级的挑战，俄罗斯、哈萨克斯坦等"一带一路"沿线国家因国际能源和原材料价格的下滑，也正在寻求经济发展方式的转变路径。哈萨克斯坦甚至宣布名为"光明大道"的新经济计划，明确提出文化领域的优先发展方向，推动本国文化产品服务市场的发展。近些年来，中国文化部等有关部门和相关国家签订的一系列文化合作计划、合作协议，既为中国文化"走出去"提供了重要动力，也为相关国家的文化机构进入中国打通了关节，特别是《外商投资产业目录》在2015年做了修订以后，一方面，外商在中国投资文化教育的市场空间得到进一步拓展；另一方面，为国内历史文化资源的保护与开发利用提供了更多的发展机遇。总投资5亿元（人民币）的隋唐城天堂、明堂遗址保护展示工程已经全面完工，投资2亿元（人民币）的九洲池遗址保护展示工程已全面开工建设，应天门和宁人坊遗址保护展示工程进展顺利，汉魏洛阳城保护展示工程顺利推进，二里头遗址和偃师商城遗址保护展示工程正在紧锣密鼓推进。①

3. "一带一路"倡议为洛阳历史文化资源保护与开发利用提供更多的发展平台

洛阳的历史文化资源不仅延续了中国历史的发展脉络，而且浓缩了中华民族五千年的文明史，在"一带一路"文化交流中将处于十分重要的地位。2016年1月26日，"一带一路·文化点亮世界"系列活动发布会提出，将在四年时间内，走遍国内外24个"一带一路"节点城市，让中国文化真正走进"一带一路"沿线国家，促进中国与沿线国家的文化交流与文化产业发展。洛阳历史文化资源非常丰富。这里既有夏朝二里头遗址、商都遗址、东周王城遗址、汉魏故城遗址、隋唐东都城遗址等古都遗址，也有周王陵、东汉皇陵、曹魏皇陵、西晋皇陵、北魏皇陵、唐恭陵、后梁宣陵、后晋显陵、烧沟汉墓、西周贵族墓群、东汉刑徒墓、伊尹墓、关林、狄仁杰墓、白居易墓、颜真卿墓、范仲淹墓、劭雍墓、二程墓、王铎墓等陵墓；既有白马寺、香山寺、灵山寺、龙马负图寺、上清宫、吕祖庵、洞真观、伊尹祠、周公庙、光武庙、府文庙、狄仁杰故居、邵雍故居、山陕会馆、潞泽会馆等古建筑，也是玄奘、李贺、"二程"等古代名人的故里；这里除了被列为世界文化遗产名录并享有"中国三大佛教艺术宝库之一"之名的龙门石窟外，还有偃师水泉石窟、新安西沃石窟、宜阳虎头寺石窟、嵩县铺沟石窟、伊川石佛寺古窟、吕寨石窟、孟津谢家庄石窟和吉利万佛山石窟等古代摩崖石窟。这里不仅诞生了《河图》《洛书》《周礼》《诗经》等中国最古老、最权威的文化经典，而且是中国儒教起源、道教创始、佛教首传、理学光大的圣地；这里不仅有非常丰富的历史传说、民间故事、民谣谚语、民歌民乐、民间舞蹈、杂技等民俗文化资源，而且有洛阳水席为代表的地方特色饮食；等等。截至2014年，洛阳拥有龙门石窟、汉魏洛阳城遗址、隋唐洛阳城定鼎门遗址、新安汉函谷关遗址、含嘉仓遗址、回洛仓遗址六处世界文化遗产，成为国内少有的文化遗产大市之一（仅次于北京）。② 截至2013年，洛阳拥有二里头遗址、白马寺、潞泽会馆、邙山陵墓群等43处45项全国重点文物保护单位，是国内拥有国家重点文物保护单位最多的城市之一（全国排名第16位）。③ 截至2017年上半年，洛阳共拥有洛阳博物馆、洛阳古墓博物馆、洛阳民俗博物馆、洛阳都城博物馆、天子驾六博物馆等16家国有博物馆，洛阳古代石刻艺

① 刘福兴、陈启明主编：《洛阳文化发展报告（2016）》，社会科学文献出版社2016年版，第6页。

② 《洛阳目前已有六处世界文化遗产》，http://luoyang.rexian.cn/news/，2015-01-09。

③ 《第七批全国重点文物保护单位名单公布：洛阳市22处单位入选》，河南省人民政府门户网站，http://www.henan.gov.cn/zw，2013-05-06。

术、洛阳日记博物馆、洛阳警察博物馆三家行业博物馆，围棋、石文化、唐三彩陶艺、牡丹瓷、金石文字、洛阳铲、汉画艺术、华夏酒文化等47家非国有博物馆，共计66处，已经成为名副其实的“博物馆之都”。[①] 此外，洛阳的各大小博物馆共拥有馆藏文物40多万件。[②] 保护好、开发利用好洛阳历史文化资源，充分彰显洛阳历史文化资源在东西方文化交流中的独特地位，不仅有助于提高洛阳的知名度，而且有助于扩大洛阳在国内外的影响力和洛阳在“一带一路”建设中的文化示范效应。

二、当前洛阳历史文化资源的保护与开发利用面临的挑战

1. 在历史文化资源保护与开发利用的重要性认识方面缺乏高度

历史文化资源是地方经济社会发展不可多得的宝贵财富，但从近年洛阳社会经济发展的实践来看，洛阳历史文化资源的保护力度和开发利用水平与实施旅游强市发展战略和做强做大旅游产业的要求还不相适应。究其原因，一是对历史文化资源开发的前景及历史资源对城市经济发展的重要作用缺乏足够的认识，居历史文化“资源大市”之大，满足现状，盲目乐观，在历史文化资源对提升城市形象、展示城市魅力、推动旅游经济的作用方面还没有完全形成共识。二是虽然地方政府有关部门对有形的历史文化资源的保护和开发利用工作比较重视，但对丰富的无形文化遗产的保护和开发利用工作的重视不够。正如有的学者所指出的那样：“作为一个具有典型古城特色的洛阳，却在GDP挂帅的理念下，长期片面做大做强自身的工业，特别是传统重工业，并一直以打造经济意义上的郑州中原都市圈副中心城市为核心定位。同时，重工业为主的经济结构，长期主导了洛阳的城市发展主线”，以致“其古都文化意象却在逐渐消逝”“历史上的辉煌早已经越来越模糊”“文化的根，也越来越枯萎”。[③]

2. 在历史文化资源保护与开发利用的总体规划方面缺乏亮度

近年来，洛阳市在历史文化资源的保护与开发利用方面虽然做了大量有益的积极探索，并取得了一些可喜的成绩。例如，成功修建了“天子驾六”车马坑博物馆、上阳宫文化园等大型文化工程。然而，洛阳几千年来形成的历史文化资源还缺乏比较系统的深入研究和精准开发，作为中华文化基因的洛阳学研究落后于其他城市。西安学（最初叫长安学）、杭州学、北京学等城市学品牌早就耳熟能详，而作为千年古都的洛阳却迟迟没有叫响洛阳学，而正式提出构建洛阳学的，既不是洛阳的，也并不是省内、国内的学者，反而是日本学者。与此同时，洛阳在历史文化资源向有形化转化方面也明显落后于西安、北京等地区。特别是在历史文化资源保护和开发利用方面缺乏中长期发展规划，对如何实现文化资源的保护利用，即如何将资源优势转化为产业优势等方面也滞后于西安、郑州等城市。

3. 在历史文化资源保护与开发利用的内涵挖掘方面缺乏深度

改革开放以来，洛阳在历史文化资源的保护与开发利用方面虽然做了不少工作，洛阳主要旅游景点景区的基础设施建设和旅游环境也有了比较明显的改善，但从总体上看还存在一些不尽如人意的地方。一是有的遗址遗迹的保护工作做得还不到位。比如一些名人墓还没有很好地得到保护或虽然采取了一些保护措施和宣传方式，但还不完善。比如，无论是巩义的杜甫故里还是偃师的杜甫墓，都很少有人问津，而杜甫仅待过三四年的成都杜甫草堂却搞得有声有色。[④] 二是有的已经开发的历史文化资源旅游项目，还没有完全挖掘和充分彰显出其应有的历史文化内涵和价值。如老城仿古一条街，置身街中，冷冷

---

① 《洛阳：博物馆之都建设迎来厚积薄发时刻》，洛阳网新闻频道，http：//news. lyd. com. cn/system/2017/09/15/030321434. shtml。

② 《河南洛阳博物馆新馆开馆展出1.1万件文物》，新浪网，http：//collection. sina. com. cn/yjjj/20110403/103122218. shtml。

③ 胡小武：《辉煌与落寞：洛阳城市文化形象战略批判》，《中国名城》2012年第11期。

④ 刘福兴、陈启明主编：《洛阳文化发展报告（2016）》，社会科学文献出版社2016年版，第23页。

清清，体验不到当时历史氛围中古代大都市的喧嚣和风土民情。三是有的历史文化资源的开发利用项目的可视性、娱乐性和参与性比较差，以致游客稀少，不能很好地发挥其应有的经济效益和社会效益。

4. 在历史文化资源保护与开发利用的投入方面缺乏力度

目前，洛阳开发的一些历史文化资源项目特色还不是很鲜明，包装策划档次还有待于进一步提升。有的景点因资源比较单一，规模比较小，投入资金量不多，开发视角缺少美誉度，以致相关文化资源要素得不到市场确认，加上与相关的项目之间关联度低，资源整合起来相对比较困难。还有的粗制滥造，严重影响洛阳“千年古都”“世界文化名城”的称号。比如，有人在隋唐城遗址植物园南大门和西门道路两边的灯柱上题写的唐诗中，将诗人“韩偓”和“杨巨源”的名字分别写成“韩屋”和“韩世源”。① 此外，从近些年洛阳历史文化资源保护与开发利用的现状来看，无论从人力、物力和财力的投入上，还是对历史文化资源的开发起点和力度上还缺少像广西“刘三姐印象”、西安“大唐芙蓉园”、开封“清明上河园”、杭州“西湖印象”那样的魄力和大手笔。

三、“一带一路”视域下保护与开发利用洛阳历史文化资源的思路对策

1. 优化洛阳历史文化资源保护与开发利用环境，更好地加强文化交流与合作

一要树立历史文化资源保护与开发利用协调发展理念，在坚持“保护第一”的基础上兼顾历史文化资源开发利用的经济价值和社会价值，确保历史文化遗产旅游资源的可持续发展。二要改革管理机制，构建统一的历史文化资源产业发展布局，降低市场准入门槛；避免管理部门之间职能交叉，形成健康有序的市场开发格局。三要加强对历史文化资源项目开发的规划和可行性研究，逐步建立历史文化资源保护与开发利用的运转机制。四要充分调动多元投资主体的积极性。通过政府投入带动民间投入，鼓励国内各种经济成分主体和外商投资洛阳历史文化资源的保护与开发利用项目，建立产业投资融资担保服务中介机构，逐步完善多渠道投入机制。五要健全地方法规和政策保障体系。在发挥市场作用的同时，通过法治化、规范化的管理服务和监督引导，为洛阳历史文化资源的保护与开发利用营造良好的发展环境。六要加强国际、国内在历史文化资源保护与开发利用方面的交流与合作。要在充分发挥洛阳历史文化资源丰富、底蕴深厚这一优势的基础上，通过“走出去”“请进来”等多种形式，与“一带一路”沿线国家和地区共同推动“一带一路”文化建设，实现优秀文化资源在更多领域、更广泛空间的互助、共建与共享。

2. 优先开发一些特色项目，更好地展示洛阳厚重的历史文化

一是全面启动大遗址保护展示工程。加快建设定鼎门遗址、隋唐城考古遗址公园、汉魏故城考古遗址公园、汉函谷关文化产业园等国家遗址公园。同时，在汉魏故城遗址内选址修建客家文化展示工程。内设客家人南迁纪念碑、客家名人馆、客家会馆、客家祖祠等建筑。在汉魏故城附近修建丝绸之路起点主题公园和雕塑群。在永宁寺塔原址重建仿木结构永宁寺塔。通过将部分古代建筑、古代园林、汉魏故城等与白马寺等进行综合开发，形成一定的规模，再现昔日国际大都会的繁华景象。

二是有选择性地恢复部分隋唐建筑。隋唐洛阳城兴建于隋炀帝大业元年（605 年），先后在这里建都的有隋、唐、后梁、后唐，加上作为陪都的后晋、后汉、后周、北宋等朝代，共计 530 多年。借助国

① 刘福兴、陈启明主编：《洛阳文化发展报告（2016）》，社会科学文献出版社 2016 年版，第 24 页。

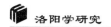

家大遗址保护的东风，分阶段对部分隋唐故城主要建筑和里坊建筑进行复原展示，再现市中心和隋唐故城遗址中轴线上的标志性建筑应天门、天堂、天枢等工程，开发西苑部分景区，再现隋唐洛阳城的繁华景象，以解决洛阳城"古都不古"的问题。

三是结合汉魏、隋唐故城遗址开发，恢复建设反映汉、隋唐、宋、明清时代特点的街道，展示不同历史时期的建筑特点与服饰、饮食等民俗风情特色，再现中国古代历史上各个时期历史文化发展的脉络，重点解决老城仿古街区"历史文化品位不高"的问题。

四是在"双申遗"成功的基础上，进一步做好世界文化遗产保护管理和再申报工作。按照世界文化遗产保护的要求，做好大运河、丝绸之路申遗后的文化遗产保护和管理工作，并进一步深化洛阳历史文化特别是世界文化遗产点的学术研究、保护展示和环境整治等方面的工作，争取使更多的文化遗产点进入申遗扩张项目。

五是构建洛阳名人文化展示区。从洛阳众多的历史人物中遴选出有代表性的人物，按照时间顺序和一定专题，在城市适当位置建立历史人物雕像或塑像群。如在王城广场中心位置修建洛阳城市之父——周公雕像，并附建"制礼作乐"展示长廊；在城市广场或街心公园适当位置修建洛神雕像，并附建"建安七子"展廊，重点介绍曹植及《洛神赋》图及书法碑刻；在洛浦公园或隋唐遗址公园修建以孔子、老子、关公、苏秦、吕不韦、王充、狄仁杰、玄奘、范仲淹等为代表的古代历史文化名人长廊，以北魏孝文帝、汉光武帝刘秀、汉明帝刘庄、武则天、宋太祖、宋太宗等为代表的帝王将相长廊，以张衡、蔡伦为主的洛阳古代科技文化长廊，以竹林七贤为代表的"玄学"专题长廊，以韩愈、白居易、杜甫、杜牧、李贺、元稹为代表的唐诗专题长廊，以张旭、颜真卿、杨凝式、王铎等为代表的古代书法艺术长廊，以程颐、程颢、邵雍等为主题的理学专题长廊，以欧阳修、苏辙等为代表的宋词专题长廊，以班固、司马光为主的古代史学专题文化长廊，等等。

3. 打造具有地方特色的文化品牌，更好地推出有竞争力的文化产品

一是培育和扶持特色餐饮文化。洛阳水席是洛阳最具风味的传统名吃，迄今已有1000多年的历史。让广大游客品尝到原汁原味的洛阳水席，不仅是洛阳餐饮人士所应思考的问题，而且是保护与开发利用洛阳历史文化资源的一个重要着力点。除洛阳水席之外，洛阳各式各样的汤以及其他小吃不仅风味独特，而且经济实惠。然而，一些散落于背街小巷的店铺自生自灭，一直没有引起有关部门的关注。为此，建议每年组织一两次以洛阳水席为代表的特色小吃厨艺大赛，评出洛阳的招牌菜，在报纸、电视等媒体上公布；制定水席的行业标准，按照水席文化、传统工艺、各道菜的质量（色、香、味）评出洛阳水席的名宴和名菜；同时在仿古街道集中规划特色小吃一条街，对外集中展示洛阳餐饮文化特色。

二是传承创新民俗文化和传统工艺项目。开发洛阳手工业娱乐活动项目，让游客在工匠的指导下，自己动手制作唐三彩、仿制青铜器、复制文物；让游客自己操作古代印刷机械，体验传统印刷工作的乐趣。并在巩固和提升唐三彩、洛绣、戏装、民间玩具、印染、金属、花灯、梅花玉、澄泥砚、竹编、麦秸画等工艺品品牌的基础上，引导生产企业和民间艺人向"专、精、特、新"方向发展。

三是传承创新洛阳民间休闲娱乐项目。开展经常性的民间歌舞、龙灯狮子、高跷、花灯、说书、戏剧等表演活动，并在提高舞剧《河洛风》《十万宫廷乐舞》《龙门乐舞》及河洛大鼓、洛阳曲剧、豫剧名家名段等文化品位的基础上，不断挖掘和创作出新的艺术精品。

四是采取有效措施，让富有洛阳地方特色的文化产品走出洛阳、走出河南、走出国门。鼓励国有龙头文化企业提高跨国经营管理能力，支持更多有实力的民营企业从事文化贸易，引导文化骨干企业到中亚、西亚、南亚、东欧等发展中国家拓展文化贸易空间，推动双边和多边国际文化贸易发展。要广泛集聚对外贸易资源，加强文化出口平台和渠道建设，进一步拓展国际、国内营销网络，完善海内外网点布局，推动洛阳自主文化产品更多地进入国际市场。

4. 深化基础理论研究工作，更好地为叫响洛阳提供理论支撑

一要加强洛阳学及河洛文化等基础研究工作，叫响洛阳“中华文化圣地”“中国千年古都”等品牌。河洛文化是中华民族的核心文化和根文化。独一无二的历史地位使洛阳有条件成为中华民族与华夏文明的圣地。早在2005年，中国香港凤凰卫视在制作大型系列电视专题片《纵横中国·洛阳篇》时，就将中华民族的“圣地”“圣都”作为其制作节目的基本思路，节目播出后，引起强烈反响。通过创意策划华夏根文化论坛、筹划客家人恳亲大会和寻根祭祖游，打造和叫响洛阳“文化圣地”“千年古都”品牌，不仅有助于提升洛阳历史文化的影响力和辐射力，而且有助于提高洛阳历史文化产品的旅游目的地的软实力和竞争力。然而，无论是在洛阳学还是河洛文化研究方面都还缺乏应有的影响力。为此，要采取措施，加强河南省社会科学院与洛阳市相关单位的合作，整合河南科技大学、洛阳师范学院、洛阳理工学院等相关高校的研究力量，通过政府及相关部门直接提供研究经费或通过重点课题立项或向社会公开招标等举措，组织相关专家进行专项研究，不仅在洛阳学与河洛文化研究上，而且在洛阳历史文化资源的保护与开发利用上求得突破。

二要做好洛阳学与河洛文化的宣传推广工作。有关部门在抓好历史文化资源开发利用相关项目的同时，应加大洛阳历史文化的研究和宣传力度。一方面，在报纸、电视等相关媒体开辟洛阳历史文化专栏或专题，或出版发行中文版、英文版、日文版、韩文版等多种语言的介绍洛阳历史文化资源等方面的通俗读物；另一方面，通过建立相关网站、微信等网络信息平台，宣传丰富多彩的洛阳历史文化及其保护与开发利用进展情况，如介绍偃师二里头遗址博物馆建设情况等。要在全市中小学开设有关洛阳历史文化资源保护和开发利用等方面的乡土教育课程，让子孙后代从小了解洛阳历史的辉煌和今天的发展变化，从小培养他们关心洛阳、热爱洛阳、振兴洛阳的潜在思想和意识。

5. 挖掘宗教文化内涵，更好地突出洛阳宗教文化特色

儒教起源于洛阳，道教创始于洛阳，佛教首传于洛阳。洛阳的宗教文化特色非常鲜明。重点突出洛阳佛教祖庭的独特地位，做好“唐僧”的文章。要围绕400多年来人们敬佛、造佛、礼佛以及各个朝代所发生的众多人文故事进行深度发掘，使龙门石窟不仅成为专家学者研究雕刻艺术和宗教文化的最佳选择，而且成为佛教徒朝拜的圣地和普通游客旅游观光、欣赏佛教文化的目的地。作为中国佛教祖庭的白马寺，要紧紧依托其汉传佛教起源地的至尊地位，建立更高级别、更高档次的以佛教研究和佛学教育为主的高等宗教学府，进一步完善佛教旅游文化产业链，从香烛、香台、香鼎、参拜服饰、素餐、佛学院、佛学典籍的研究和出版、禅修院、养老院等方面，进行深度开发与营运。① 使之成为世界级的集佛教观光、朝拜、修学和旅游为一体的佛教圣地。

此外，还可以集中打造集玄奘故居、唐僧寺、唐僧墓等于一体的唐僧寺区。借助唐僧西天取经的传说故事打造“西游记主题公园”微缩景观和唐僧师徒擒妖除魔的体验游等。要重点突出洛阳道教发源地的地位，再现洛阳上清宫作为唐代第一家官办道观的风采。由上清宫、下清宫及吕祖庵等组成的上清宫区在完善基础设施的基础上，要进一步加大对道教学院的规划设计和周围环境的治理力度。与此同时，为满足“一带一路”沿线地区客商的风俗习惯和宗教信仰，应根据全市现有城市空间布局和功能区划分，进一步优化宗教场所功能布局，新建或提档升级清真寺等一批重要的宗教活动场所，以满足客商宗教生活、民族餐饮和文化交流等方面的需求。

6. 借力“互联网+”，更好地展示洛阳在国际、国内的形象

中国洛阳牡丹文化节（最初叫洛阳国际牡丹花会）已经成为“洛阳对外开放的窗口、对外交流合作的盛会、吸引境内外资本投资融资的平台，既引进了资金，又引来了先进的技术、先进的管理理念和

---

① 胡小武：《辉煌与落寞：洛阳城市文化形象战略批判》，《中国名城》2012年第11期。

优秀的科技人才，为洛阳经济社会的持续健康发展注入了源源不断的动力"[①]。其不仅取得了较好的经济效益和社会效益，而且已经成为洛阳的一块金字招牌。在继续办好一年一度的中国洛阳牡丹文化节的同时，进一步策划好中国河洛文化节暨关林国际朝圣大典、栾川滑雪节及汝阳岘山庙会、宜阳灵山庙会等节庆活动。进一步挖掘洛阳节庆文化资源的潜力，不断创新办会形式，丰富节会文化内涵，推出一些新的节会品牌。这不仅有助于带动洛阳历史文化旅游项目的升温，而且有助于推动洛阳经济的快速发展。在海外炎黄子孙心目中，关羽既是"忠""义""仁""勇"等中华传统美德的化身，也是中国财神和保护神的化身。明清以来，关羽崇拜已成为一种普遍的信仰文化现象。在"一带一路"建设过程中，要充分利用洛阳博大精深的历史文化遗产，进一步挖掘洛阳学、河洛文化、佛教文化、关公文化等科学内涵，在节会形式和内容上寻求突破，并把中国洛阳牡丹文化节、河洛文化节暨洛阳关林国际朝圣大典等重要节会办成海内外华人联系的纽带和开展经济贸易活动的桥梁。为此，要通过网络营运与大数据分析在相关门户网站、搜索引擎、特色网站、电子商城上做好洛阳国际牡丹节、中国河洛文化节暨关林国际朝圣大典以及洛阳文化遗址、博物馆等历史文化资源的虚拟版块建设，推出更多更精彩的虚拟版块，通过网络平台更好地展示洛阳"千年古都""文化圣地""牡丹王国"等光辉形象。

（作者为河南省社会科学院历史与考古研究所副所长、副研究员）

① 刘福兴、陈启明主编：《洛阳文化发展报告（2015）》，社会科学文献出版社2015年版，第129页。

“一带一路”背景下洛阳运河遗产廊道的开发与利用

尤晓娟

摘要：洛阳运河遗产廊道具有重要的历史价值、现代价值，以及丰富的文化资源，如运河遗迹、风俗人情、历史文化等。运河遗产廊道景观的开发利用要把握几个原则：特色定位；旅游开发与生态资源保护相结合；市场化与企业化运作相结合；多层次、多样化开发旅游产品；等等。本文立足洛阳的文化资源和自然景观，阐释了运河遗产廊道景观的开发利用，如构建主题公园、建立文化活动场馆、开展各类水上娱乐活动等。以期用现代化的包装设计，推动洛阳文化遗产的传承开发，为地方经济做贡献。

关键词：“一带一路”；洛阳；运河遗产廊道；开发利用

一、洛阳运河遗产廊道的价值与文化资源

公元605年，隋炀帝下令开凿以洛阳为中心的运河。运河工程分为通济渠、邗沟、永济渠和江南河共四段，沟通海河、黄河、淮河、长江、钱塘江五大水系。这一伟大工程不论在历史上，还是当今都有重要意义。

1. 洛阳运河遗产廊道的价值

从历史上讲，运河的开凿对于隋唐时期南北经济、文化交流，维护全国统一和中央集权制的加强，发挥了不可估量的历史作用。运河的开凿促进了南北经济的发展，导致了一批运河城市的兴起，如洛阳、开封、商丘等，这些城市商业繁荣、经济发达。大运河促进了东西方文化的交流和发展。如作为丝绸之路的起点和大运河中心的洛阳，吸引了大批的外国使团和商队，东西方文化在此交汇。隋唐大运河还为元代的京杭大运河打下了坚实基础，不少河段在元明清三代仍然发挥着重要作用。

当今价值：一是复兴运河城市的历史文化。洛阳的历史名城有深厚的人文底蕴、历史悠久的遗址古迹、丰富多样的人文活动（如民风民俗、地方戏曲歌舞等文艺形式）、引人入胜的传统科学艺术，对这些内容加以挖掘、整理、打造，是申遗成功后的大势所趋。二是保护生态环境。大运河贯通南北，沟通五大水系流域，目前还担当着南水北调的重任，大运河对水土资源的保护和生态环境的保护起着无可替代的作用。三是促进经济发展。洛阳作为有着隋唐大运河文化符号的城市，整理开发运河文化遗产，让那些已埋没的遗迹、文化，再现昔日容颜，吸引游客观光旅游，是促进地方经济发展的一条重要途径。

2. 洛阳运河遗产廊道的资源

洛阳运河遗产廊道有丰富的资源，如运河遗存、传统民俗与工艺、历史文化资源等。

宋代以后洛阳逐渐失去了中国政治中心的地位，但隋唐大运河的遗存、历史文化历经沧桑却得以保留。主要有：①运河遗存。通济渠洛阳段（即洛河）一直使用到20世纪中叶，其遗存如通济渠、含嘉

仓、回洛仓、天津桥、南关码头、山陕会馆等，让我们有机会一睹昔日运河的风采。其中，回洛仓遗址、含嘉仓遗址160号仓窖遗址等成功列入《世界遗产名录》。②传统民俗与工艺。洛阳被列为国家级非物质文化遗产项目的就有河洛大鼓、洛阳宫灯、洛阳水席、关公信俗、唐三彩、洛阳牡丹花会等，仅一年一度的牡丹花会就促进了牡丹产业的发展，为洛阳的腾飞做出了很大贡献。③历史资源。洛阳是千年帝都、华夏圣城、文明之源、丝路起点、运河中枢、牡丹花都，中国传统文化儒、佛、道的产生和发展都与洛阳密切相关。从洛阳一地就可看出，河洛地区运河遗产廊道资源丰富，是旅游开发和经济建设的文化保障。

二、洛阳运河遗产廊道景观构建原则

洛阳运河遗产廊道景观构造，要注意以下几个方面：

1. 特色定位、主题鲜明

当前，旅游市场上的旅游产品日益丰富，市场竞争也日益激烈，旅游者的旅行经验也日益丰富。在此情况下，特色成为旅游产品生命力之所在。要在旅游项目设计中注入和提升历史文化因素，突出旅游产品的垄断性和独有性。如洛阳就要把"千年帝都、牡丹花城、丝路起点"作为城市品牌，彰显独特的人文价值。

2. 旅游开发与生态资源保护并重

在当今钢筋水泥建筑林立、生活节奏加快的时代，生态旅游逐渐成为旅游发展的主流趋势。运河沿岸自然风光优美，是人们休闲度假的上乘之选。保护好运河的生态资源、生态环境，运河遗产廊道的旅游开发才有广阔的市场前景。要积极开发自然生态型旅游项目和旅游产品，迎合旅游者越来越高的生态环境要求，进而产生良好的生态效益和社会效益。在旅游产品开发中贯彻绿色化、生态化理念，推广并普及绿色旅游、绿色饮食、绿色酒店、绿色装修、绿色消费等，使旅游者的身心得以放松，从而促进运河旅游的发展。

3. 市场化与企业化运作相结合

旅游业发展于市场经济环境下，其产品开发就必须牢固树立市场化理念，以旅游市场需求作为旅游产品开发的出发点。旅游产品的开发不仅要立足本身资源，更要着眼于市场的需求。要在市场调研与分析的基础上，进行科学定位，确定目标市场的主体和重点，并针对市场需求，对各类预设产品进行筛选、加工或再造，从而设计、开发和组合成适销对路的旅游项目和产品。如开发哪些重点产品或项目、重点策划哪些活动、打造哪些品牌、树立什么样的旅游形象等，由此完成旅游规划与开发的核心内容。

旅游企业是旅游产品开发工作的主体，必须树立旅游产品企业化开发理念。旅游企业在开发旅游项目和产品时，会以盈利为目标，投入大量的人力、物力、财力，规划设计旅游产品、旅游项目，满足旅游者的需求，吸引游客的目光，而这些是保证旅游产品开发成功的重要条件。

4. 多层次、多样化开发旅游产品

旅游产品可以划分为基础型产品、提高型产品和发展型产品三个层次。①基础层次：为陈列式观览。内容为自然与人文景观，属于最基本的旅游形式，是旅游规模与特色的基础。②提高层次：为表演式展示。内容为民俗风情与购物，满足旅游者由静到动的多样化心理需求，通过旅游文化内涵的动态展示，吸引旅游者消费向纵深发展。③发展层次：为参与式互动。内容为亲身体验与娱乐，满足旅游者自主择项、投身其中的个性需求，是形成旅游品牌特色与吸引旅游者持久重复消费的重要方面。

因为旅游者需求（如年龄、收入、职业、偏好、学历等）的差异，旅游消费也越来越多样化。旅

游产品既要有“观光型产品”这样的基础层次，也要有“表演式、参与式、体验式旅游产品”这样的提高层次和发展层次，还要有高、中、低档不同消费档次，通过多样化、多功能、多档次的旅游产品，全面提升旅游收益。

三、运河遗产廊道的景观打造方法

运河遗产廊道的景观打造，可以依托运河的文化资源和自然景观，从建立主题公园、建立文化活动场馆、开展各类水上娱乐活动等方面入手。

1. 建立主题公园

可以沿洛河建立各种主题公园，如特色花卉主题公园、运河遗址公园、历史文化公园、民俗风情园等，宣传运河文明和历史文化。

花卉主题公园可以怡情养性，是深受人们欢迎的休闲方式，各地可以建立特色花卉公园，如洛阳以牡丹闻名天下，可以建造牡丹主题公园。洛阳牡丹栽培始于隋，鼎盛于唐，宋时甲于天下。洛阳牡丹花会更是大大提高了它的知名度。牡丹主题公园内应广植各类牡丹，通过现代科学技术，让游客在夏秋冬三季也可看到牡丹，避免错过花期的遗憾。牡丹主题公园应设有供人拍照的和牡丹相关的雕塑，雕塑的内容可以是民间传说，也可以是小说故事，也可以以风骨气节为题，也可以以爱情为题，增强牡丹观赏的文化性。公园内应精选有关牡丹的诗文，体现国人对牡丹的喜爱。园区内还应有以牡丹为主题的文艺演出，如《丝路花开》等，让游客劳逸结合，在欣赏歌舞的同时再次加强对牡丹文化的认知。此外，园区内可设置牡丹纪念品，如牡丹瓷、牡丹食品、牡丹饰品等，满足游客的消费需要。

运河遗址公园是人们吊古思今和展示运河文化的重要组成部分。建立遗址公园可精选地址，如洛阳可以建在天津桥附近，因为天津桥曾是隋唐大运河地标性建筑。遗址公园设计思路如下：①对遗址进行保护和展示。如建设天津桥遗址水上保护展厅，恢复天津桥的历史面貌。让游客在桥上可以观光、购物、品尝美食等。②4D电影展示繁华历史。洛阳可以再现隋唐时期商业的繁荣和中外文化的交融，让游客穿越历史时空，梦回大唐盛世。③建造拍照景点。如建造西域商人铜雕、遣唐使铜雕等反映隋唐时期洛阳的兴盛；用古船的形象表现隋唐时期洛阳城水运交通的发达等，凸显运河的历史作用。

历史文化公园主要展示洛阳厚重的文化底蕴，可以设计如下内容：①建立成语典故公园。洛阳是千年帝都，成语典故俯拾皆是，它们是洛阳历史的缩影，是传统文化思想的宝库。②建立洛阳历史名人雕塑园。洛阳自古名人辈出，通过历代名人雕塑，展现洛阳辉煌的历史，激励后人为社会做出贡献。名人雕塑可以分为文化根脉区雕塑、文学名人雕塑、科技名人雕塑、政治名人雕塑、道德教育名人雕塑等类别。

历史文化公园策划思路如下：①按朝代分段展示。采用仿古建筑，按历史年代分段展示历史人物和历史故事，便于游客记忆。②精选故事与人物。择其精华、诠释内涵、赋予新意，通过碑刻、壁画、园雕等艺术手法，配以小桥流水、亭台楼榭，使其具有艺术性、观赏性。③注重娱乐和体验。可将故事性、趣味性强的历史故事，白天安排话剧演出，晚上依托运河廊道安排水幕演出。演出时可以让游客作为群众演员一起参演，甚至不必拘泥于真实的历史事件，如玄奘是洛阳人，他的故事可以根据《西游记》加以杜撰，相信唐僧师徒四人西天取经的故事比真实的历史故事更受游客欢迎。体验式演出一定会给游客留下独特、深刻的记忆。

民俗风情园主要展示洛阳丰富的民俗文化，如传统体育游戏、武术、节庆民俗表演等。

传统体育游戏如抽陀螺、弹弓、老鹰捉小鸡、跳绳、抓子儿、滚铁环、跳马、跳方格等。体育游戏可以用雕塑的形式凝固下来，便于拍照；也可以提供实物，让游客在玩乐中获得运动的喜悦。为了提高兴趣，还可以组织游客比赛，给予奖励。

洛阳节庆民俗表演很多，如河洛大鼓、跑旱船、抬花轿、骑毛驴、大里王狮舞、曹屯排鼓等。表演要注意以下几个方面：①精选内容，取其精华，去其糟粕。②形式新颖，生动活泼，恰当融入流行时尚因素，做到“人无我有，人有我新”。③加强互动，让游客参与节目演出，体验民俗表演的魅力。

中华武术，博大精深，得到世界上越来越多人群的青睐。仅洛阳知名的武术就有宋氏通背拳、心意六合拳、南无拳等。武术表演应该组建集武术、灯光、音乐为一体的演出团队，以策划及承接大型武术演出活动。通过表演，打响地区武术知名度，使其成为另一张城市名片。

2. 建立文化活动场馆

文化活动场馆不仅要向游人介绍当地的历史文化，更要注重体验与游乐，要玩中长知识。本着这一目的，可设置以下项目：

一是设置“穿越时空”游乐项目。设置“穿越时空”项目的目的在于让游客在玩乐中了解洛阳的历史文化。如洛阳可以建立悬空式球幕影院，倾力打造电影场景，形成极具震撼力、冲击力和视听享受的效果。在巨型球幕的包围下，在奇幻的座椅升腾中，游客将插上翅膀，像飞翔的神鹰般穿越洛阳历史时空，从“河图洛书”到夏都斟寻、商都西亳、周代洛邑、汉魏古城、隋唐洛阳城……亲历酣畅淋漓的飞翔与尖叫，畅享痛快至极的玩乐与释放，观众在看电影的同时会了解洛阳为何是“千年帝都，文明之源”。

二是设立手工制作创意园。洛阳唐三彩烧制技艺、洛阳宫灯是国家级非物质文化遗产，洛阳黄河澄泥砚是河南省非物质文化遗产，对普通人来说，它们一向高高在上，遥远而神秘。它们是如何制作的？我能不能亲身体验制作过程？大概是很多人都渴望的事情。

游客如能自己参与制作、雕刻，比买工艺品更有成就感。创意园的环境要安静舒适，使游客既能参与制作也能坐下歇歇，喝喝咖啡、听听音乐，在放松解压的同时，还能增进亲情友情，体会创造的乐趣。

三是打造歌舞盛会。旅游不仅要有自然风光，有游客的体验式娱乐，还要有视觉盛宴，有大型表演观看。如洛阳历史资源丰富，在“一带一路”背景下，可以抓住这一优势打造一台歌舞盛会。比如说“武皇十万宫廷乐”，为唐代的武则天时期的汉族乐舞，内容主要是歌颂太平盛世、赞美大好河山等，可以对其挖掘整理，反映丝绸之路上的盛世景象。此外，还可以设计“礼乐周公”“忠义关公”“隋唐百戏”等演出。

3. 开展各类水上娱乐活动

人类活动与水息息相关，水带给万物生命和快乐，水上娱乐项目在旅游中是浓墨重彩的一笔。

一是湿地生态游。湿地可以保护改善环境，被称作“地球之肾”，是重要的生态系统。湿地拥有众多野生动植物资源，也是旅游休闲的好去处。湿地生态游要将自然风光、人工建筑风光、娱乐科普结合起来。可以设置水上垂钓、水边烧烤、自行车观光、湿地科普馆等项目，但不管哪种，务必以保护湿地环境为前提。

二是画舫昼夜游。画舫昼夜游应以欣赏沿河风光为主，顺便加入文化因素。运河遗产廊道要打造一段观光河段，这一河段要恢复古风古貌，使人能够遥想九朝古都洛阳昔时城郭巍峨、宫阙壮丽的画面。要让游客在古色古香的河道上观水、赏景，体会清幽、静谧、闲适的古城风情。

三是画舫表演。游客囿于地域、知识的局限，对其他城市的河流知之甚少，比如洛河，周公曾在洛水之滨举办过“洛水流觞”，曹植曾在此写下千古名赋《洛神赋》，隋炀帝的龙舟曾在此处流连忘返，白居易等诸多历史名人于上巳节这天曾在这里诗文唱和等。洛阳可以依托这些文化资源，进行艺术创作，举办画舫表演，带给游客视听盛宴，让他们了解、传播当地的历史文化。

大运河申遗的成功使我们开始重新审视运河遗产廊道文化的保护和传承，重新思考如何把河洛地区悠久的历史文明与运河文化结合在一起，用现代化的包装设计，推动河洛地区文化遗产的传承，提高它的知名度，并让它为经济发展做出贡献。河洛地区资源丰富，要借助“一带一路”倡议契机，把悠久的运河文化用现代化的设计加以展示，推动河洛文化遗产的传承开发，为地方经济做贡献。

（作者为洛阳理工学院中文系副教授）

建设洛阳国际文化旅游名城路径策略探析

崔　腾

摘要：洛阳历史悠久、文化底蕴深厚，要把洛阳旅游发展的诉求提高到一个更高的层次。国际文化旅游名城这个概念中，旅游是目的中心词，文化是内涵词，国际是范围词，文化内涵在建设国际文化旅游名城中占据首要地位，决定着旅游文化的品位和厚度，更重要的是其在国际上的认同度和传播度。洛阳的“国际旅游文化”面临着遴选和定位。洛阳作为中国佛教“释源”和“祖庭”，在世界历史文化中影响深远。以佛教文化为主线，全域化恢复洛阳作为佛教圣城的原有风貌，匡正洛阳在国际佛教文化上的宗主地位，同时营造世界级的文化旅游氛围，着力打造洛阳国际文化旅游名城。

关键词：洛阳旅游；国际；文化；路径；策略

洛阳居天下之中，具有4000多年历史，不仅是“丝绸之路”起始点之一，而且是中国历史上唯一被命名为“神都”的城市。洛阳历史悠久、底蕴深厚，是华夏文明的重要发祥地，佛经学兴于洛阳，佛教传于洛阳，理学渊源于洛阳，中国文化史上之三大学术主流，无一不发源于洛阳。以“河图洛书”为代表的河洛文化是海内外炎黄子孙的祖根文源。依托丰富的历史文化、优美的自然山水资源，近年来，洛阳打造了都城遗址游、生态休闲游、自然风光游等十多个旅游产品，形成了丝路文化、帝都文化、牡丹文化、山水文化、工业文化五大文化品牌以及春季牡丹文化节、夏季小浪底观瀑节、秋季河洛文化旅游节、冬季伏牛山滑雪节四季节会品牌。2016年，全市接待游客总人数1.142亿人次，同比增长9.5%；其中，接待入境游客115万人次，同比增长14.5%。2016年，全市旅游总收入905亿元，同比增长16%；旅游总收入达780亿元，呈现良好的发展态势。洛阳提出在“十三五”期间，“打造全域旅游新模式，打造洛阳旅游国际品牌，以国际化思维、国际化标准规划，建设国际文化旅游名城”，把洛阳旅游发展的诉求提高到一个更高的层次，国际文化旅游名城这个概念，旅游是目的中心词，文化是内涵词，国际是范围词，文化内涵在建设国际文化旅游名城中占据首要地位，决定着旅游文化的品位和厚度，更重要的是其在国际上的认同度和传播度。

一、洛阳国际文化旅游的困局

广义上说，“文化是我们的日常生活和行为的总和。文化是我们的主观自我与我们的共同生活、我们的社会和经济阶层、我们的娱乐、我们的政治和经济的形式与内容。文化是我们观念的表现方式”。①文化是由表达、交流、表现、影像、声音和故事构成的。作为古都洛阳，其文化可以表述为历史文化、牡丹文化、佛教文化和宋理文化等，这些已构成我们日常生活和行为的总和，九朝古都、天下牡丹等概

① ［美］罗伯特·考克尔：《电影的形式与文化》，郭青春译，北京大学出版社2004年版，第6－7页。

念可能已深入洛阳人的潜意识层面。但是繁则易浅，古都文化不过是历代王朝更迭的家族史，一朝一朝残酷的取代，多是对前朝的批判和毁迹。董卓火烧洛阳，“黑烟铺地，二三百里”，并无鸡犬人烟；魏孝静帝发洛迁邺，几次战争下来洛阳就衰落了，“京城内外，凡有一千余寺，今日寥廓，钟声罕闻”①；安史之乱也给洛阳带来严重破坏；北宋末年，洛阳曾经兴盛的园林也渐渐荒废。战争几乎将洛阳作为古都的痕迹抹平殆尽，只留下名不副实的“称号”。作为王朝历史的见证，我们还能看到什么？只有邙山的王侯遗骨能给洛阳历史一点安慰。或许我们可以在钢筋水泥间不经意地瞥见“大曌国际”“开元壹号”等历史符号，或许我们可以在纵横交错的道路边找到“隋唐遗址”“周公定鼎”等历史坐标，但洛阳的古都情节多是凝固并停留在纸上了，成为了故事、影像或表达，无法与故宫、颐和园等实景历史相提并论了，甚至不能与日本的“左宫洛阳”，也就是京都相比，京都仍保有几百间完好的千年古刹，至今还有很多日本人习惯把京都称为“洛阳”或“洛城”，走在京都，街头三步一寺庙，七步一神社。我们再也无从见证京都羡慕崇拜的古洛阳，大多数古建筑早已不见踪影，“空有古都之名，却无古都之风”，这句话由洛阳人道出，无异于沦肌浃髓，令人痛彻心扉。但是只要这种无奈和思考还在，就证明洛阳的魂还在，她一直还徜徉于洛水伊阙、龙门邙山，驻足在每个洛阳人的心中。

洛阳牡丹栽培历史始于隋代，于唐代开始鼎盛，至宋代，有“洛阳牡丹甲天下”之誉，“洛阳地脉花最宜，牡丹尤为天下奇”“洛阳之俗，大抵好花，春时城中无贵贱，皆插花，虽负担者亦然”“花开花落二十日，一城之人皆若狂”“劝君披取渔蓑去，走看姚黄拼湿衣”，这些诗词足见当年盛况。上层权贵对牡丹的嗜好带动民间趋之若鹜，如果说牡丹是文化，倒不如说是权贵、清高阶层傲视民间的象征，大有孔乙己的长衫之妙，如果楚王不好细腰，民间就少饿死之人。酸楚的文人墨客吟咏牡丹或许也是为了一块敲门砖，这让人想起16世纪荷兰的郁金香，当时量少价高，被上层阶级视为荣耀和财富的象征。但荷兰因郁金香事件见证了历史上第一次有记载的泡沫经济，间接导致了欧洲金融中心的转移，见证了资本主义的发展。牡丹、郁金香等生于自然的花草，岁岁枯荣，其文化价值仍然是人的生活方式在它们身上的叠加，牡丹文化仍然是帝王历史的更替。当然就牡丹本身的观赏，其富贵雍容的自然秉性仍然承载着人们对美、对天地造化的寄托，也正符合现代旅游崇尚自然、融入自然的理念。但是作为文化旅游的标的，牡丹文化稍显单薄了一点。

旅游活动的本质也是一种文化活动。人均收入达到3000美元以后，人们的生理需求达到满足后就必然有高层次的心理需求。其实旅游原来是贵族们的专利，有闲有钱，思想追求理性，势必需要旅游来体验世界的多样性和自身性，用以参照主体与客体。当然不乏一些探险者也以旅游为乐。旅游作为人的日常生活的组成自然也成了一种文化体现，只是目的呈现更加多元性。观光、休闲、旅居逐渐地由表面深及事物本身，人们更注重旅游目的地文化的原真、完整。体验和思考成为旅游的深层次要求，因为体验需要更多的触发性才会进入由表象到意象的转变。“90后”“00后”习惯了网页化的信息模式，就更需要在其思维结构层面能尽快触发才能让其关注下去，所以旅游的标的就更加重要。而可连续、可观瞻、可体验就成了对旅游目的地的最大诉求，而文化作为一种旅游消费品，其原真性、触发性是其对旅游需求的重要元素，对旅游来说，听不如看、看不如做，只能听的文化，或许对当地人是一种回味、一种享受，而对异地客却是一种虚无、一种说教。

历史上“三武一宗”对佛教实体的毁灭，捣庙、焚经、砸碑、掘坟，只是没有想到如今独树一帜、特色鲜明的文化却成了宝贵资源，历史不能重来，就像俄国当年愚蠢地把冰天雪地的阿拉斯加出售给美国一样。一旦文化表现为旅游，洛阳就像徜徉于洛水、伊河的帝国公主，满腹委屈无处诉说。

旅游扩大到国际范围就又是另一层天地。“只有民族的才是世界的”，强调的是尊重本民族的文化，

---

① 杨衒之:《洛阳伽蓝记》序。

保持自己文化的独特性，以使本民族立于不败之地。这从本土文化的角度很令人鼓舞，但从文化旅游的角度，却不尽如此。因为文化是日常生活的总和，有相同交集的异族文化可能比生疏的异族文化更令旅游者有认同感，继而更快地融入。当然，多彩的异域风情同样能冲击旅游者，并给旅游者带来崭新的体验，激起旅游者的探密和好奇心理。中华文化博大精深，民族精神几经锤炼，农耕又融入了游牧，既不信神又独尊天帝，想窥其一二，需九牛之力，更不用说九朝帝都洛阳，中华文化的发源地之一，深邃莫测，境外旅游者实难理解帝都文化，恐怕还容易出现审美疲劳。旅游者可能更愿移情于与自己民族文化相通之处，用自己的文化方式去理解异域文化。

如果把国际、文化和旅游并列在一起，其外延就缩小了许多，其内涵也绝不仅限于来过多少外国游客，其灵魂之处决定于城市的文化与世界的文化交集定位。根据《2013 年 APEC 经济体旅游及其与中国内地的关系表》，来中国内地旅游的人数达上百万的有中国香港 2607.59 万人次、中国台湾 457.32 万人次、日本 287.75 万人次、韩国 396.90 万人次、马来西亚 120.65 万人次、越南 136.54 万人次、俄罗斯 218.63 万人次、美国 208.53 万人次。① 从以上数据可以看出，来中国旅游的人数前几位的国家或地区都与中国有着相当深的文化渊源，不只是距离近的原因。所以要打造国际旅游文化名城意味着什么？我们应该从更深层次去思考，目前开封、敦煌、泰安、郑州等多城明确提出建设国际文化旅游名城，单从文化的角度就是个不小的挑战。“一带一路”发展战略布局亚洲、欧洲，丝绸之路所传递的不只是经济，更多的是文化，民间经济往来会拓展更多的文化契合点，文化的相融会更密集。如果说当年丝绸由贸易的连接变成了文化的符号，变成了中西方往来沟通的交集点，那么由丝绸波展开来的文化相交、变异、重生的过程，实际上已是世界层面的共通文化。西方的基督教、佛教，中国的道教相互交融可能是比历史更具有文化特质的融合了。如果说是寻梦，世界上的基督徒、佛教徒来旅游时，面对上千年来已在中国扎根的宗教可能会找到更多的文化象征，更多地引起文化共鸣。

“明月见古寺，林外登高楼，南风开长廊，夏日凉如秋。”这是王昌龄笔下的白马寺。洛东白马寺，创建于公元 68 年，迄今将近 2000 年。摄摩腾和竺法兰首先在此译出了第一部汉文佛经《四十二章经》，天竺僧人昙柯伽罗译出了第一部汉文佛律《僧祇戒心》，奠定了白马寺佛教“释源”的鼻祖之位，以后虽派系繁多，刹庙林立，白马寺始终卓然而立。“断文碑”乃宋太宗重修白马寺所立，《洛京白马寺祖庭记》石碑为元太祖诏建白马寺时所立，明嘉靖年间又重修山门，明清两代均重修天王殿。这与历朝统治者竞相毁灭前朝印记相反，均大力重修白马寺。佛教文化恐怕是洛阳遗存下来的最完整的历史文化。佛寺、佛经依然是那么清晰，白马寺的钟声依然能让徜徉的帝都灵魂找到归宿，一座古寺，千年佛法。曹魏年间，西方佛教已开始和汉地文化融合，祖籍西域而生于汉地的僧人们已能自由地运用老子的思想去表达佛义，西晋时已有《老子化胡经》，汉地的道教已经开始和佛法争夺话语权。北魏宣武帝时永明寺共住外门沙门千余人，与西方的交流盛极一时。历朝以来，上至皇帝、皇后、太子、亲王、公主，下至朝廷显贵纷纷出资镌刻佛像，寄托企盼，佛教与中国传统文化相互影响发展成为中国的民族宗教之一，不但浸润了中国的封建文化，而且对历史、哲学、文学艺术等文化形态都影响至深。这一点，我们从王阳明哲学发展路径就能理解到佛教对中国人的性格影响有多深。冯友兰曾说，只有懂得入世又懂得出世的人，才是真正的中国人。

而深藏于伊阙的龙门石窟更是洛阳贡献给世界佛教的又一经典。在其所有的洞窟中，北魏年间的占 30%，大唐年间的占 60%，其他朝代的占 10% 左右。现存佛龛 2345 个，佛塔 70 余座。大唐高宗年间营造了上万尊佛像，整个洞窟弥漫着佛陀法力的宏大无尽和供养者虔诚供奉的宗教主题，也象征着皇帝即佛的创作意图。龙门石窟也是中国古碑刻最多的一处，有古碑之林之称，碑刻题记达 2860 多块。有意

① 王兴斌：《从 APEC 盛会看区域旅游一体化》，《中国旅游报》2015 年 1 月 2 日。

思的是，北魏与唐代的造像反映出迥然不同的时代风格，北魏风格粗犷、威严、雄健，唐代风格丰润、浑圆、流畅。不同时代的审美把佛教转化为自己现实生活的模样，历代不停地更迭，正是洛阳文化厚重的原因。

洛阳历史文化中保存最好的应该是绵延近2000年的佛教文化。魏小安谈到洛阳旅游时说："洛阳文化很丰富，但是现在一个感觉，文化体现在口头上，展现在博物馆中，真正在城市里就日前看，只是一些孤岛式的文化遗存，体现不出历史文化名城，缺乏应有的环境氛围。"又有学者提出"'优中生特'的最大希望则在洛阳"①。洛阳文化主线应该是佛教文化。佛教依人文，佛教依山水，佛教依牡丹，佛教依历史，总得有其灵魂，有其特色，有其发展，才可以成为旅游标的的理念，毕竟旅游本身也是游者心灵与当地文化交融而产生的一种文化活动。佛教文化既拥有国际性又满足旅游的各个要素需求，更能彰显洛阳作为中华民族性格特质养成的宗主地位，足以支撑洛阳国际文化旅游的大框架。

但是宗教活动现在已淡出我们的生活，佛教文化多存在于民间，佛教文化交流也仅存于小群体，佛教已失去鼎盛时所需要的生存土壤。如果只是为了旅游而兴，势必毛与皮不相符，不能形成一种文化标的物。反观现在洛阳的旅游产品多、模式旧，建设却很猛，游客人均消费2013年时才518元，远不如西安、杭州。洛阳文化并没有成为旅游文化，同时又缺少文化的参与、参悟，如何能留住游客？而来参观中国古代历史的外国游客更没有什么理由舍去西安、北京而驻足洛阳。旅游既然是经济活动，那么市场需求就当仁不让地把弄着旅游供给，洛阳旅游要满足国际文化的需求势必要大有特色。洛阳"更应紧紧抓住国家'一带一路'发展战略的机遇，着力建设佛教文化圣城，为世界文化圣城建设注入强劲动力，让世界重回洛阳"。②

二、洛阳建设国际文化旅游名城路径探索

1. 申请设立洛阳佛教文化特区

把洛阳作为局部实验特区，允许把佛教文化作为洛阳的主流文化。因为涉及意识形态，设立一个试验特区非常必要，目的也很明确，就是打造世界性的文化旅游名城，让洛阳成为"佛教中国化"的圣都。其功能就是可以大张旗鼓地对历史文化、佛教文化进行复原，承载世界佛教文化与中国文化的交流融合，其规划需要顶层设计，从历史文化传统的高度统筹安排，其相关制度应该有利于引进外资、吸引民间资本、佛教文化交流等，具有相当大的弹性。深圳特区设立之初，于1985年修建了弘法寺，1990年8月深圳市人民政府批准其作为宗教活动场所对公众开放，从此成为深圳香火最为鼎盛、规模及影响最大的佛教寺庙。弘法寺不同于国内任何维修和重建的寺庙，是一座全新的寺庙，近年来，水陆法会、祈福盛典不断举行，联合国教科文组织和平大使阿姆兰·阿明诺夫曾经到访。弘法寺成为在国内很有影响力的佛教文化交流场所，也成为深圳重要的文化旅游胜地。深圳原本无佛强说佛，而洛阳作为"释源""祖庭"圣地，理应打造国际化佛教文化旅游名城。缅甸的蓝毗尼曾经诞生过伟大的佛陀，20世纪70年代才从破落的村庄渐渐恢复，尤其是圣园的建设，使得越来越多的佛教信徒组团来朝圣，为当地带来丰富的旅游资源。其中还有作为中国佛教象征的"中华寺"。2017年，蓝毗尼将点亮百万心灯，为世界各地佛教徒祈福，这也从另一个侧面说明洛阳建设佛教圣地的可行性。

以旅游作为目的，建设既便于观瞻，又便于体验的佛学院，由望重的法师讲经，学院是随时、随性

① 孙自豪、姜春晖、戚帅华：《用旅游激活城市　以激情创造明天》，《洛阳日报》2013年4月4日。
② 杨柳青：《建佛教文化圣城　让世界重回洛阳》，《洛阳日报》2015年7月10日。

的，来者可以是潜心向佛的佛家弟子，也可以是参悟省身、暂窥佛机的游客。佛学院可以提供禅房住宿、禅服斋饭等服务，让游客陶然忘记俗世，做三天的佛家弟子，接受心灵的洗礼。建立佛教图书馆，图书除佛经梵呗以外，编撰洛阳各个朝代的详细历史，形成人文百科的系列，让游客坐在图书馆里能静下来，窥探洛阳的历史文化。

建立佛教交流中心。交流中心更多地增加可观摩、可互动性活动。利用白马寺的建筑和龙门石窟的雕刻艺术和中药药方传承，举办佛殿建筑研讨会、舍利塔研讨会、中药药方传承研究、白居易与佛学研究。利用广化寺、奉先寺的影响开展亚洲密教传承研究，提前向国内外发布佛教交流内容，形成开放性的佛事活动，全世界的佛家子弟和普通游客均可参加交流，形成世界上独一无二的佛事游历圣地。打造洛阳“玄奘印象”，偃师为玄奘故里，唐静土寺是玄奘剃度出家之地，洛阳又是唐之神都。玄奘不但是中华盛唐的图腾，也是华人几千年来挥之不去的万邦来朝的大国情结，通过影像记录玄奘的洛阳情结，通过实景形成玄奘文化游的线路，让游客在真实和虚拟之间感知佛性，了解历史，达到文化旅游的目的。

2. 恢复洛阳作为中国佛教祖庭的宗主地位

我们于现代文化中不时地发现朝宗洛阳的端倪，金庸可以说是塑造20世纪70年代国人武侠情节的文化大师，其《天龙八部》的主旨八部《四十二章经》，其实就是诞生于洛阳白马寺的中国第一部汉文佛经。周杰伦也应该是探索西洋音乐和中国传统相融合的行者，一曲《烟花易冷》，残破帝都，伽蓝古寺，贞女香魂，梦回千年。更有徐克的“狄仁杰系列”。关照中国人文，就永远也避不开洛阳在华夏特质中的宗主地位。从“永平求法”开始，汉文佛经、汉文佛律博大精深，首开佛学之门。中国的传统文化不时与外来文化交融，演绎成更适合中国华夏性格的经典，发展出净土宗、禅宗、天台宗、唯识宗等八大流派，这些流派又随来隋唐觐见的各国僧侣，传播到亚洲各地。日本供奉的天台宗，韩国供奉的唯识宗，散落于中国各地的东林寺、华严寺、慈恩寺等各宗“祖庭”，无不与洛阳有着千丝万缕的联系，千寺林立，万佛朝宗，洛阳白马寺是历代公认的佛教“祖庭”和“释源”。

以白马寺为依托，打造洛阳“释源”文化区。参照汉、北魏、隋、唐历代对白马寺历史的记载，复原“永平求法”，复原白马入洛线路、摄摩腾和竺法兰雕像、明帝参佛等历史过程。用雕像演绎、VR虚拟等重现“佛临洛阳”的历史时刻。复原昙柯伽罗、竺法护、昙摩流支等曾在洛阳驻足、为洛阳佛教做出重要贡献的各国法师雕像，刊印《四十二章经》《僧祇戒心》等佛家经典。复原历朝历代洛阳佛教历史风情，建设各朝代佛教文化博物馆。在园内微缩集中模拟洛阳本土散落于各县的现存寺庙，使洛阳佛教文化完整且连续，打造洛阳伽蓝印象，以《洛阳伽蓝记》为蓝本，复原微缩化的洛阳古城，复原当年伽蓝盛象。“释源”文化区以寺院寺庙、佛龛、佛经为主，格局上，寺院和神社星罗棋布，从原始风貌上再现洛阳作为“释源”的庄严和鼎盛。

以龙门石窟为依托，打造佛教“朝圣”文化区。龙门石窟融合印度石窟、大同石窟、云冈石窟风格，与中原汉族文化融合，是华夏文化以自己的方式祈求平安的图腾，是皇权与佛法的完美结合，历时近2000年，浩荡绵延，已超出了纯粹的石窟艺术，理应受到向佛之人的供奉朝拜，也是洛阳英名留世的见证和参照，洛阳人也理应心存敬畏、祈福祷颂。尝试恢复龙门石窟佛事盛典，让来石窟旅游的人从观光变为一种祈福体验。铙钹齐鸣，香烟缭绕，龙门石窟方能体现其千年沧桑而依然存在的庄严和肃穆。卢舍那大佛庄严典雅、表情温和、居高临下，俯视万物苍生，可亲可近，旁侧八尊大佛护法，宛若西天道场，世界各国游客顶礼膜拜，参佛诵经，岂非是对中华文化的崇敬和体验?

以龙门作为起点，打造佛窟敬奉专线。以线路拉长距离，中间融入更多当年相关的历史背景，唐街、寺院、民居呈线性排列其间，增加历史的厚重感。配合洛阳周边的生态游，把伊滨区水泉石窟、吉利万佛山石像、宜阳虎头寺石窟，还有孟津、嵩县、新安等各处的石窟或造像连成一线，既解决了当地旅游资源少、独木不成林的弊端，又有利于当地群众脱贫致富，因为这些古迹多地处偏僻，难以保护，如果成为能创收的旅游资源，群众就会主动地保护和传承。

以历代佛塔遗址为依托，恢复原有的佛塔、舍利塔。庙、塔、寺、窟是佛教文化的精华和参拜之处，而塔又犹显佛教文化的独特性，是佛家对重大事体或得道高僧的纪念，也是独特的旅游标的物。设想如果西安失去大燕塔、小燕塔、仙游寺塔等六大著名建筑，其历史文化名城的称谓将大打折扣。洛阳广化寺的善无畏塔、香山寺的圆测塔、玄奘寺的玄奘塔等都历史悠久，声名远播，应该依据相关记载复原，同时恢复其佛事。和分布民间的石窟一样，分布于洛阳各区县的古塔也很多，从保护的角度应该对其加以修缮，加之佛塔也多处于生态旅游的黄金地点，山水倚佛寺，能增加旅游体验和景区的历史文化厚重感。

禅宗是在河南孕育发展而成的，少林寺当年也属于洛阳。禅宗最贴近普通百姓的心性，“参悟成佛”演绎了无数的经典。让无数的经典故事活起来，建设佛教经典演绎广场，除了专业演绎以外，打造游客版的悟禅舞台，游客可扮演六主慧能，体验“菩提本无树”的传奇，可扮演德山和尚，领悟“当头棒喝”的智慧，把洛阳圣城旅游变成亦佛亦俗的文化中心，毕竟佛祖有训“人皆可以成佛”。

打造圣城寻根的文化游。洛阳是世界上独一无二的文化圣城，有着文化厚重的历史渊源，对于知识精英来说，洛神出没的洛水、白居易身心交付的香山寺、“栏杆拍遍”的天津桥、《皇极经世》的诞生地安乐窝、程门立雪的两程故里，这些与中华文化同在的文化渊源，是访学问道的圣地，都要一一修缮，作为访学的重要节点。

三、营造洛阳良好的文化旅游环境

世界级的文化旅游名城，需要有世界级的文化旅游氛围，也即文化熏陶之下的公民道德水准也需达到相应的标准。这一点恰恰是我们的短板。天价消费、殴打顾客、强行购物，使许多地区和景区的形象受损；乱丢垃圾、随处照相、乱刻乱画，使中国人的旅游形象不佳。旅游环境陷入了景区短期行为和游客自私心理的叠加，博弈的后果是公民旅游道德水准的沦丧，不讲规则，只讲利害，令人厌恶，也彼此厌恶。旅游诚信和公德岌岌可危。习近平总书记也多次提到国人旅游中的一些不文明行为，可见国内游客道德水平已经成为一种影响大国形象的不良因素。洛阳作为十三朝古都，作为宋理之学的发端，文明沉积的厚度远非原来的蛮荒之地可比，应该有世界一流的旅游环境。建设国际文化旅游名城，一是要自己的文化、文明程度与世界接轨；二是自己文化中的正能量与国际文化的正能量融合，否则历史文化再厚重，城市建设再优秀，仍然不能称其为国际文化旅游名城。程朱理学讲究心性、道德、天理，佛教讲究慈悲、福德、忏悔，这都不与文明、和谐、诚信、友善的社会主义核心价值观相左，去其糟粕、存其价值，均可以在国人的旅游道德水准提高上起一定的作用。

建设向上的旅游文化，强化社会主义核心价值观非常重要。核心价值观从意识形态、社会结构到处事原则几个方面指明了方向，如果全体国民自觉践行，我们的旅游道德水准整体上升就不再是问题。洛阳要建设国际文化旅游名城，洛阳人全面践行社会主义核心价值观势在必行。要让社会主义核心价值观深入人心，通过各种文化活动，用文化的力量达到润物无声，让人们知道、了解、遵守、践行。要注意榜样的力量。道德水准实际体现于日常交往，所谓近朱者赤，近墨者黑，很难想象处于尔虞我诈、极度不安全的环境里，人能自觉观照自己的心灵道德。相反，如果每天与君子交、从君子行，当然潜移默化。所以，对那些为人师表、自恪自省、公德为先的君子们应该大加褒奖，影响周围的人，以成星火燎原之势。每个人的道德水准良好，建设世界级旅游文化名城就会水到渠成。

建设向上的旅游文化，要强化规则。管理学上有破窗理论，无人监督之下，人性之恶会蠢蠢欲动，没人管束难道可以成为放纵的理由？但是第一个破窗的人在一定程度上起到了负面引导。由此可以看到道德水准是一个社会系统，破坏者没有受惩或违规成本过低时，旅游环境将破窗。还有日常行为难以惩罚，我们日常会遇到自己没有公德却破口大骂别人的赖皮，甚至自己还表现出相当的自信。对待违规者应该强力回击，社会的大环境是法律，社会的小环境是公德，我们的法律无时无刻不在惩恶扬善，我们的公德氛围却不强烈。如果每个人心中有规则意识，同时出来谴责违规者，使其无处遁形、没有土壤，公德也就得到了维护。所谓公德，不只是享受，还必须维护，因此而产生的矛盾，执法者在处理上应该强化规则意识，严惩违规行为，那么维护者受到支持和褒奖，优良的风气才会形成。想想欧美的许多国家红绿灯下并不需要交通警察，就知道我们差得有多远。

建设向上的旅游文化，要弘扬自己的本土文化。伦敦和巴黎的历史也只有三四百年，但是游人在剑桥可以随处畅游，当地居民见到你，只是觉得你是剑桥一分子，小镇给人的感觉是包容和接纳。你大可悄悄地来，又悄悄地走，体验到旅游的最高境界：身处异境，却无陌生，你的旅游成了当地生活的组成部分。没有本土文化的城市，不过是日常生活的集聚地。世界上两大圣城耶路撒冷和麦加，正可谓应了中国人“天不变，道亦不变”的文化，千年以来，圣地本土文化只是如期地刻上厚重的年轮，像佳酿的味道越来越醇。洛阳作为十三朝古都，其中的“祖庭”情结、牡丹情结、帝都情结、宋理情结等，实际上已形成了洛阳本土的文化内核，特别是佛家与道家结合在河南产生了禅宗。禅宗的哲学是一种沉默的哲学，了解和认识了静默的意义，就是得道的禅师了。洛阳作为天下中土，也始终是一个静默的城市，虽然地下掩藏着无数的历史，洛阳文化也与产生于此的禅宗一样，静而不争、不偏不倚、守恒于道、几近中庸，中则平、平则静。洛水之阳，定鼎之处，包容外来、融合变化，无论是佛经，还是游牧，洛阳都以其波澜不惊的气度，融合于自己的血液中。明确洛阳的文化，明确洛阳的核心价值，弘扬文化价值内涵，也是旅游文化的依托。

综上所述，洛阳作为中国佛教的“释源”和“祖庭”，在世界历史文化中影响深远，而且现有保存最好、影响最大的白马寺和龙门石窟，都是佛教文化传承的见证。散布于洛阳全域的庙、塔、寺、窟，勾勒出一个广阔的旅游框架，伏牛山脉卓绝的自然资源提供了佛教文化的依托。以佛教文化为主线，全域化恢复洛阳作为佛教圣城的原有风貌，匡正洛阳在国际佛教文化上的宗主地位，同时营造世界级的文化旅游氛围，打造洛阳国际文化旅游名城！

（作者为河南科技大学人文学院讲师）

将洛阳打造成国际文化旅游名城的门户网站英文版建设

黄　瑞

摘要：以生态翻译学理论为指导，本文采用洛阳、北京、西安旅游门户网站英文版中的真实文本作为案例，分析其英译的可取与不恰当之处，探讨如何改善洛阳旅游门户网站英文版导航栏设置、提高网站上不同类型旅游文本的翻译质量、推动网站的建设与完善，从而使洛阳旅游门户网站英文版吸引更多潜在的国际游客，并使他们达成旅游意向、付诸旅游行动，推进洛阳旅游业国际化的进一步发展，将洛阳旅游门户网站打造成国际文化旅游名城的一张璀璨的名片。

关键词：外宣翻译；文本类型；翻译适应选择

随着对外开放和旅游业的拓展，越来越多的海外游客选择来到历史文化名城——洛阳观光旅游。建设“国际文化旅游名城”是省委赋予洛阳的战略定位之一。旅游网站是指旅游管理机构向公众提供多维度旅游相关信息、产品资讯和配套服务的开放性平台，是传播旅游形象、宣传旅游产品、提高旅游文化资源知名度的重要宣传媒介。城市旅游发展委员会官方网站的权威性使其成为受众获取旅游资讯的首选途径，其英文版外宣翻译质量，直接影响城市形象。因此，洛阳市旅游发展委员会官方网站英文版的建设，就是打造洛阳作为“国际旅游文化名城”的名片。

一、国家战略与洛阳旅游门户网站英文版建设

2013 年，习近平总书记提出建设“丝绸之路经济带”和“21 世纪海上丝绸之路”，即“一带一路”倡议的重大战略构想，为包括洛阳在内的“丝绸之路”沿线城市带来了新的历史性发展机遇。李克强总理在 2015 年《政府工作报告》中提出实施“互联网 +”战略，推动形成“大众创业、万众创新”的宏大局面。《国务院关于加快旅游业改革发展的若干意见》明确将旅游业与信息化融合发展，作为我国旅游业改革发展的重要方针。2016 年，全国旅游工作会议所确定的“515 战略”，将“让旅游业全面融入互联网时代，用信息技术武装中国旅游全行业”作为近三年的十大重点任务之一。

“华夏之源、丝路起点、千年帝都、牡丹花城”这四张亮丽的城市文化名片，让洛阳成为境内外游客向往的目的地。河南省十次党代会在洛阳四大战略定位中，赋予洛阳“建设国际文化旅游名城”的发展目标。在“中部崛起”“一带一路”等多重利好叠加的时代背景下，洛阳旅游迎来了前所未有的发展机遇，加强旅游门户网站英文版建设显得尤为重要。

旅游门户网站一般包含对旅游景点相关历史文化简介，周边交通、餐饮、住宿、购物等信息介绍，其文本质量优劣，关系到能否准确传递旅游景区各方面信息，能否促使受众达成旅游意向、付诸旅游行动。而许多地方网站英文版的建设明显滞后于中文版，英译文本存在诸多不足，未能起到应有的旅游文

化外宣作用，提高其外宣翻译质量和效果迫在眉睫。近年来，学术界该方面研究主要包括从功能翻译理论视角研究旅游宣传资料英译、基于不同旅游文本类型的应用翻译研究、文化负载词的翻译研究、政府门户网站外宣翻译的传播学研究、网站英译规范性研究、外宣翻译过程中的变通、生态翻译学视角下的旅游宣传语翻译等。从生态翻译学视角剖析旅游门户网站外宣翻译的研究凤毛麟角。

二、文本类型划分及生态翻译适应选择论

德国功能翻译理论代表人物赖斯在总结了前人文本类型的基础上，将“语言工具论模式”移植于翻译，建立了一个新的文本类型模式，并提出了不同文本的翻译原则和评价标准。即以内容为中心的信息功能文本，以形式为中心的表达型／表情功能文本，以呼吁为中心的操作／祈使型功能文本以及非语言类、作为辅助的、靠声音或图像传递信息的视听型文本。正确判断文本类型是选择恰当翻译策略的前提。旅游网站英文版的文本内容，一方面，具有将景点信息传递给受众的直接作用，从这个角度来看属于信息型文本；另一方面，还有激发受众兴趣，吸引其付诸旅游行动的目的，因此应归类于“信息＋操作／祈使”类型文本。因此，旅游英译文本应以信息性和召唤性为主要目的，充分考虑受众接受能力和文化差异，翻译策略的选择应做到具体文本具体分析，以期达到预期的对外宣传效果。

根据胡庚申教授提出的生态翻译适应选择论，其翻译原则定义为在翻译生态环境的不同层面上力求多维度的适应，继而做出适应性的选择转换。其翻译方法归结为语言维、交际维、文化维“三维”之间的转换。其转换顺序并非一成不变，而是依据不同文本类型做出最佳适应与选择。根据胡庚申教授的归纳，表情类的文本类型进行翻译三维转换的优先顺序为“语言→文化→交际”；信息类为“语言→交际→文化”；操作／祈使类为“交际→文化→语言”。旅游外宣英译的文本特征要求翻译过程首先要关注原文的交际意图在译文中能否呈现。交际维的转换由文化维和语言维的转换来体现。文化维的转换指“译者在翻译过程中关注双语文化内涵的传递与阐释”。由于风俗习惯、社会背景、审美和认知差异，多数外国受众缺乏中国文化背景知识，若仅阅读拘泥于网站中文版的字面翻译，无法理解隐含的历史人物事件等文化元素。因此需要译者充分考虑译文受众的认知语境，选择合理的文化维适应性转换策略。语言维的转换，即语言形式的适应性选择转换，要求译者尽可能使译文的语言形式，包括逻辑、语法、用词及语体等符合译语规范和表达习惯。例如，旅游外宣英译中的“祈使类”文本，应首先从交际/语用层面确定翻译总体目标；其次进入文化层面，根据翻译目标对语篇常规、特定文化信息进行处理；最后才是语言层面处理。这样旅游网站的英译就不再是与中文版的简单转换，而是一种突破原文桎梏的语篇重构甚至是改写。译者需要充分发挥能动作用，多维度权衡各种因素，如景点对外宣传目标、文化历史信息以及受众的文化背景、游览期待和认知习惯等。

三、生态翻译学视域下洛阳与北京、西安旅游网站英文版比较分析

一是网站导航栏设置应考虑受众的信息诉求。在北京旅游网英文版中，导航栏的设置构思巧妙，结构合理，体现了旅游文化传播的目的——以宣传为主导。导航栏文字不多，却是受众最感兴趣的搜索关键词汇集阵地，其翻译三维转换的优先顺序应根据信息类文本为“语言→交际→文化”，充分考虑到受众的信息诉求。

例1：北京旅游网英文版主页面（http：//english. visitbeijing. com. cn/）与洛阳旅游网英文版主页面（http：//english. cri. cn/08travel/events/luoyang/index. htm）。

主页面导航栏的栏目围绕着国外受众的兴趣取向，从而实现信息传递功能的最大化。栏目名称以他们熟悉的分类展开，不同于该网站中文版"查询""咨询""互动"三大栏目之下各十几个小分类，英文版导航栏设置了如About Beijing（关于北京）、Discovering Beijing（发现北京）、Things to Do（打算做的事）、Accommodation（住宿）、Bulletin Board（公告栏）、Latest Blogs（最近博文）这些栏目，简单明了却又各具代表性。例如，Discovering Beijing一栏，包括Legends of Beijing（北京传说）、Top Things in Beijing（北京之最）、Around Beijing（在北京），其中Top Things in Beijing栏目，以"Top…"作为标题，意即"……之最"，信息类别丰富，吸引眼球，目标明确，和伦敦旅游官网栏目类似，因此对于外国受众来说很有认同感。此栏目包罗了吃喝玩乐购等多种活动推荐，独具特色，如Bulletin Board一栏，醒目位置是Basic Information栏目，其中有Frequently Asked Questions（常见问题），包括最近购票信息、护照丢了怎么办之类与国外受众需求息息相关的文章，贴合受众实际，凸显了旅游门户网站英文版的实用性。北京旅游网英文版作为首都形象的窗口，发展较为成熟，尤其是在实现网站英译文本的信息性、召唤性、时效性等方面尤为突出，可以作为洛阳旅游门户网站英文版效仿的典范。

洛阳旅游网更新速度相对较慢，导航栏设置较简易，涵盖范围较狭窄。包括"About Luoyang"（关于洛阳）、"Destinations"（目的地）、"Things to Do"（打算做的事）、"Festivals"（节日）、"Recommended Trips"（推荐线路）、"Accommodation"（住宿）。网站未设置有效的读者反馈专栏或读编互动区，网页编辑没办法得到读者对翻译质量的评价和建议，从而无法及时改进，因此增设反馈互动栏目很有必要。如果洛阳旅游门户网站中能够增添一些类似于北京旅游网中的Basic Information（信息公告）、Top Things in Luoyang（洛阳之最）、Latest Blogs（最近博文）栏目，将会比现有内容单薄的导航栏菜单更吸引受众兴趣。博文可采用游记形式，以旅游攻略的视角，介绍景区内的吃喝玩乐购，以及传统习俗和历史文化，在语言维和交际维方面有效地整合适应。

二是城市概况介绍英译文本需体现展现性、全息性、可接受性。偏重信息型的文本，目的在于对旅游景点概况的有效宣传，需注重语言维度的转换。由于汉英两种语言思维和表达方式不同，译者应善于把握中英语言差异和特点，兼顾翻译整体生态环境，对词汇进行筛选，对语言形式进行转换，忠实传递语言信息。具体到外宣翻译材料，胡庚申还提出了其应具备展现性、全息性、可接受性三个主要特性。其中的展现性是指在处理对外传播翻译材料时要把握好信息的特征，全息性是指要从全息的角度充分控制好信息的方向。

例2：以下是西安旅游官方网站关于西安简介的英译和中文版本。

Xi' an Introduction（西安市旅游局官方网站英文版）

（http：//en1. xian－tourism. com：81/html/overviews/Introduction/）

Xi' an, the eternal city, records the great changes of the Chinese nation just like a living history book. Called Chang' an in ancient times, Xi' an is one of the birthplaces of the ancient civilization in the Yellow River Basin area of the country. During Xi' an' s 3100 year development, 13 dynasties such as Western Zhou (11th century BC－771 BC), Qin (221 BC－206 BC), Western Han (206 BC－24 AD) and Tang (618－907) placed their capitals here. So far, Xi' an enjoys equal fame with Athens, Cairo, and Rome as one of the four major ancient civilization capitals.

The cultural and historical significance of the area, as well as the abundant relics and sites, help Xian enjoy the laudatory title of "Natural History Museum". The Museum of Terra Cotta Warriors and Horses is praised as, "the eighth major miracle of the world", Mausoleum of Emperor Qin Shi Huang is listed on the World Heritage

List, and the City Wall of the Ming Dynasty (1368 – 1644) is the largest and most intact Ming Dynasty castle in the world.

西安，古称长安、京兆，举世闻名的世界四大古都之一，是中华文明的发祥地，中华民族的摇篮……在中国历史上建都时间最长，居中国古都之首，历史上最为强盛的周、秦、汉、隋、唐等13个朝代均建都于此。西安是世界著名旅游胜地，被誉为“天然历史博物馆”，文物古迹种类之多，数量之大，价值之高，在全国首屈一指……

西安，在《史记》中被誉为“金城千里，天府之国”，是中华民族的发祥之地，1981年联合国教科文组织把西安确定为“世界历史名城”……唐长安城是中国古代乃至世界古代史上最大的都城，在其发展的极盛阶段，一直占据着世界中心的地位，吸引了大批的外国使节与朝拜者的到来，“西罗马，东长安”是其在世界古代历史地位中的写照……

由以上翻译实例可以看出，西安旅游网站中关于西安简介的英译文本与中文版在内容上不是一一对应的，而是译者综合考虑原文和译文的生态环境，平衡了原文作者、翻译发起者、译文读者等翻译主体的要求与需求，充分考虑译入语受众的信息需求、思维习惯、认知水平、接受心理等，对中文文本进行了增补、删减、调整、变通甚至改写，以简洁明了、清晰易懂的语言向受众传递中国古城西安的信息。

中文介绍用了一系列辞藻华丽、气势磅礴的文字来形容西安：“是中华文明的发祥地，中华民族的摇篮，中华文化的杰出代表……居中国古都之首”，而在音译文本中仅用“Xi'an is one of the birthplaces of the ancient civilization in the Yellow River Basin area of the country”一句话带过，运用了减译法；接着使用“During Xi'an's 3100 year development, 13 dynasties such as Western Zhou…”这样的客观描述介绍其历史之悠久，是译者充分考虑英语国家受众客观的描述习惯、注重理性的思维习惯以及对景点的信息需求，做出的适应性选择。中文介绍中“历史上最为强盛的周、秦、汉、隋、唐等十三个朝代均建都于此”一句对应的英语译文为“13 dynasties such as Western Zhou (11th century BC – 771 BC) … and Tang (618 – 907) placed their capitals here”。其中几个典型朝代名增加了具体的年份标注，是考虑到译入语受众的文化背景，为他们不熟悉的中国朝代名称增译了精确的公元纪年年代区间，达到了告知信息、宣传呼吁的功能，使译文生态环境达到了平衡。中文介绍中“举世闻名的世界四大古都之一”对应的网站英文版用“Xi'an enjoys equal fame with Athens, Cairo, and Rome as one of the four major ancient civilization capitals”一句，提及世界上其他三大古都，拉近了与外国受众的距离，提高了译文的可接受性。

第二段的英译文本中，首句表达了西安在文化历史上的重要性以及“天然历史博物馆”的美誉，而汉语文本中直接罗列了西安的一系列至高荣誉和盛名，这一细节反映出译者考虑到了汉、英语生态环境中在语言维度方面的差异，即英语常用朴实无华、简洁凝练、事实性和理性的描述，而汉语却多用华丽抒情的辞藻，铺陈排比。接着，英译文本又增译了外国受众非常感兴趣的一些内容，如秦始皇陵是最早列入世界遗产名录的中国遗迹，明代城墙是现今世界上规模最宏大、保存最完整的城墙等信息。译者站在英语国家受众的立场，充分考虑受众的认知需求和接受心理，甄选内容，用理性而富有逻辑的语言，简洁明了地传递了原文的主要信息，充分发挥了外宣翻译材料的展现性、全息性和可接受性，使译文在新的目的语翻译生态环境中得以生存。

例3：该例为洛阳市旅游局官方网站英文版中的洛阳概况介绍。

City Introduction

(http://english.cri.cn/6566/more/11073/more11073.htm)

Located in the west of Henan Province in central China, Luoyang occupies quite an important geographic location. It is in the middle reaches of the Yellow River and is encircled by mountains and plains. Luoyang is one of the cradles of Chinese civilization, and is one of the Four Great Ancient Capitals of China.

Luoyang was the capital of thirteen dynasties in Chinese history. It was the birthplace of three of the four great inventions of ancient China—the compass, papermaking and printing. Luoyang is also home to several famous world heritage sites including the Longmen Grottoes, the White Horse Temple and the Shaolin Temple.

该网站中文版中的洛阳概况介绍如下（http：//www. lyta. com. cn/news/getContentDetail/4028808b55f1aa6a01566e84b25808de/LM00519）：

洛阳地势西高东低。境内山川丘陵交错，地形复杂多样……由于洛阳地处中原，山川纵横，西依秦岭……南望伏牛，有宛叶之饶，“河山拱戴，形势甲于天下”。洛阳旅游资源得天独厚，文化遗存灿烂丰厚、自然风光多姿多彩。现有5A级景区5家……洛阳市先后荣膺中国优秀旅游城市等一系列荣誉称号……

都城遗址游。世界文化遗产龙门石窟是中国三大石刻艺术宝库之一。白马寺是中国第一座官办寺院。关林是“武圣”关羽葬首之所……众多文物遗址星罗棋布，不胜枚举。

博物馆游。洛阳现已建成……等各类博物馆12家……墓葬碑碣游。……等历代名人墓地，千百年来为世人所景仰……

自然风光游。众多山水美景，无不引人入胜。

牡丹游。洛阳牡丹雍容华贵、国色天香，种植始于隋，盛于唐，甲天下于宋……洛阳牡丹文化节，已连续成功举办了33届，被列为国家非物质文化遗产，跻身全国四大节会之列……

洛阳旅游节庆活动精彩纷呈，春有牡丹文化节、夏有黄河小浪底观瀑节、秋有河洛文化旅游节、冬有伏牛山滑雪节，风格迥异，各具特色。

洛阳美食众多，洛阳水席是从宫廷保留下来至今最完整、最古老、最具特色、最有风味的名宴之一……

上述洛阳概况英译文本，属于偏重信息型的文本，其三维转换优先顺序应为“语言→交际→文化”。在语言维方面，跟辞藻华丽、内容丰富的中文版相比，篇幅只有短短几行，形式单一，语言风格多为平铺直叙，内容不够丰富，逻辑稍显混乱，未能给受众以充足信息。在交际维层面，只介绍了洛阳市的地理位置、古都头衔和代表性历史遗迹名称，难以使受众留下深刻的印象，缺乏召唤性，无法满足受众想要对这座旅游文化资源丰富的古都深入了解的心理期待，难以激发受众的游览兴趣，未能产生应有的祈使功能。在文化维方面，历史文化信息缺乏进一步解释，比如“Luoyang occupies quite an important geographic location”（洛阳市的地理位置重要），并未解释为何重要，对于不了解中国历史文化的外国受众来说难以理解，需进一步增译和解释。根据生态翻译适应性选择理论，在英译中可选择改写策略，利用译者的“翻译权利”，充分地结合翻译生态环境，对原文进行科学、合理的“调整”与“裁剪”，并适当添枝加叶，最终达到“留强汰弱”的效果。

以上两个城市概况介绍文本当中，显然西安概况英译文本相对较好地实现了语言维、交际维、文化维“三维”之间的转换。洛阳旅游门户网站中的洛阳介绍文本在诸多方面还存在着不足。现将例3中的洛阳介绍英译文本试改译如下：

改译1：Luoyang, one of the four great ancient capitals of China, served as the capital of more than a dozen ancient dynasties and created Heluo civilization—one of the cradles of Chinese civilization. Luoyang is located in central China' s Henan Province. Surrounded by rivers and mountains, the geographical location of Luoyang has been regarded as most advantaged in view of military defense, which is one important reason in choosing the site for a capital in ancient China.

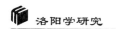

Luoyang was the birthplace of three of the four great inventions of ancient China—the compass, papermaking and printing. Luoyang is also home to several famous world heritage sites. Numerous historical relics, museums, and natural scenery make it an excellent tourist resort.

Longmen Grottoes, a UNESCO World Heritage Site, is one of the three most notable grottoes in China, represents the outstanding stone carving art in ancient China. White Horse Temple is recognized as the first officially built Buddhist temple in China. Guanlin Temple is the place where Guan Yu's head was buried with full honors. (Guan Yu, a general of the Kingdom of Shu during the Three Kingdoms Period, has been respected as an epitome of loyalty, righteousness, benevolence and courage)

Reputed as a "city of peonies", Luoyang is also celebrated for the cultivation of peonies. Peony is the city flower of Luoyang, which symbolizes peace, fortune and prosperity. Peony Flower Festival held in springtime has been listed as a non – material cultural heritage, ranking among one of the biggest festival nationwide.

Peony Flower Festival in spring, Xiaolangdi Waterfall Festival in summer, Luoyang Heluo Culture and Tourism Festival in autumn are held annually for decades, attracting swarming tourists from home and abroad.

Luoyang boasts a set of dishes named Water Banquet, which consists of 8 cold and 16 warm dishes, transmitted completely from the ancient royal court and noted for its distinctive flavor. It is one of the famous existent Chinese banquets, reputed as a treasure of this ancient capital.

改译文本中的"Surrounded by rivers and mountains, the geographical position of Luoyang has been regarded as most advantaged in view of military defense"实际上对于"河山拱戴，形势甲于天下"，增译了文化背景信息，即从军事防御层面考虑，古代在选择都城时，洛阳的地理位置被认为得天独厚。"西依秦岭……"等地理位置描述牵涉地名过多，洛阳获得的诸多荣誉罗列显得冗繁，对于多数想了解洛阳旅游概况的受众没有实用价值，若一一翻译，可读性降低，因此省译。随后的关林庙介绍，对于不熟悉中国历史的国外受众来说，仅能了解关羽这个名字，对其何许人也、代表的精神、海内外的声誉毫不知晓，旅游英译文本的表达和呼唤功能未能充分体现，因此需照顾到译语受众的文化接受力。改译文本增译了对这位武圣人的介绍，补充了关羽备受人推崇的"忠、义、仁、勇"精神，忠实传递源语信息的同时，兼顾了译语文本的生态环境，增强了感染力。关于洛阳牡丹花会的介绍，考虑到受众的背景知识，对原文进行了合理调整，包括删减具体数据，补充牡丹花在中国文化中所代表的含义等，以期达到双语文化内涵的传递，做出既与源文本相对应，又契合英语国家受众需求的译文选择。另外，改译文本并未照搬原文，因为中文版信息量太大，若全都照搬翻译，篇幅过长，难以吸引受众长时间关注，因此筛选有效内容，使之达到良好的交际效果。

三是景点介绍文本需体现信息性、召唤性。以北京旅游网英文版对故宫博物院的介绍页面为例：

例4：The Palace Museum

(http://r.visitbeijing.com.cn/html/2013/Attractions_ 0810/1.html)

在网页布局方面：页面最上方先展示了国家旅游局颁布的旅游级别：5A级景区；关键词：世界文化遗产，以及一句话简介："The Forbidden City was the seat of Imperial power for 500 years, and it is now one of China's major tourist attractions."意即故宫作为（明清时期）皇权所在地已有500年（的沧桑历史），是中国重要旅游景点之一。辅以故宫图片，并把旅游小提示放在图片下显著位置，包括Admission（门票价格）、Opening Hours（开放时间）、Phone（联系电话）、Best Time to Visit（最佳旅游季节）、Recommended Time for a Visit（建议停留时间）等游客比较关心的信息都以列表形式清晰展现。随后有几段详细介绍，紧接着有Map（地图）、Address（地址）、Transportation（交通路线），尤其是最后的Nearby Attractions（周边推荐）这一项，介绍了附近的著名旅游目的地供游客选择，距离精确到0.01公里，并可以点击超链接跳转入该景区页面，非常人性化。总体来说，北京旅游网故宫介绍页面的文本内容言简意赅，基本涵盖了潜在游客最关心的内容，把握住了受众的心理需求，值得洛阳旅游网英文版借鉴。试想，该网页的受众群体多是通过其他渠道（比如电视、广告、杂志、朋友介绍等）或多或少地了解到了一些该旅游景点的信息，产生了对该景点的兴趣，于是到权威的官方旅游网页查询更多的信息。因此，旅游网页英译文本的信息应当足够充分，从而满足受众的需要。

成功的旅游网页英译文本应当文情并茂，对旅游景点的宣传效果相当于广告。目前多数外国受众对我国的旅游资源还相当缺乏了解，他们对旅游景点的了解常常从便捷的网络查询开始，旅游官网的内容很可能会使其对旅游目的地形成初始印象，因此旅游景点介绍英译文本产生的效果不容小觑。高质量的宣传语言能够树立和传播极具魅力的旅游胜地形象，在语言上，应符合国外受众的文化期待，采用第一、第二人称，以朋友般的温馨话语讲述周到细致的游玩攻略，用热情洋溢的祈使句深情呼唤，定能吸引海外受众的兴趣，对景区心驰神往，使之成为潜在游客，产生一定要到此地亲身体验一番的想法。

例如，该页面上故宫博物院景区介绍中的一段文字：

例5：If you not part of a tour group, we suggest you rent a multi lingual guide record at Meridian Gate (Wumen) and return it when you arrive at the Gate of Divine Prowess (Shenwumen). After you visit the Imperial Palace, you should go out of the Gate of Divine Prowess (Shenwumen), enter Jingshan Park and take in the panorama of the Imperial Palace. In addition, we suggest that on cool nights in the summer you visit the front－street of Jingshan Park by pedi－cab. The shining lights are bright and the Forbidden City is brilliant. Colored lights from all directions lighten Meridian Gate (Wumen), the Gate of Divine Prowess (Shenwumen) turret, the palace wall and other main palaces.

首句中的“you”后面漏掉了“are”，属于旅游门户网站中不应出现的错误。但总体来说该段瑕不掩瑜，通过使用第一和第二人称，缩短了与受众之间的距离，详细阐述了租用多语言自动讲解器的攻略，并建议夏夜乘坐三轮出租车欣赏灯火辉煌的故宫美景，体现了翻译处处为译文读者着想、提供准确信息、文本的可读性强的特点，将潜在游客的利益放在首位，容易唤起受众的心理共鸣。

在洛阳市旅游网英文版中，世界文化遗产龙门石窟的介绍文本如下：

例6：Longmen Grottoes

(http://english.cri.cn/6566/2014/11/04/44s850849.htm)

Longmen Grottoes, one of the grotto treasures of China, is a National AAAA level scenic spots. It is located on Longmen Mountain and Xiang Mountain enclosing the Yi River to the south of Luoyang City. First sculptured during the Northern Wei Dynasty, it was chiseled on a large scale continuously thereafter for more than 400 years in the dynasties of Eastern Wei, Western Wei, Northern Qi, the Sui and Tang, Five Dynasties Period and the Song. Today, there exist 2354 grottoes, around 2800 stone inscriptions, and 100000－plus Buddhist statues. In 2000, it was recognized by UNESCO as a world cultural heritage site.

首先，这篇文本里提到的4A—level scenic spots（4A景区），已是过去的标准，2007年龙门石窟已成为5A级，虽然文章标题下显示文章是出自2014年11月，但该项由联合国教科文组织所认定的等级早在几年前已经变动，文章信息滞后，其内容时效性和时代格格不入。其次，与故宫网页介绍相比，这段介绍的内容过于简略，受众得到的信息较少，仅有Opening Hours（开放时间），Location（地点）仅用“Luolong District”（洛龙区）这一泛泛描述，Transportation（交通）这项重要信息，只用一句“Take Bus 53, 60, 67or 81”，没有照顾到潜在游客的信息需求，使其需要花费精力再去查询乘车地点。因此，有必要参考北京旅游网的做法，辅以详细的交通路线地图。再次，该文本主要内容是修建朝代、佛像数量和规模数据，内容枯燥、平铺直叙，难以使受众对该景区的魅力产生充分认知，无法激发受众亲自游览该景点的向往，几乎不具备旅游英译文本应有的呼唤功能。建议增译“龙门”这一名称的解释，辅以相应文化知识介绍，并阐明龙门石窟作为中国三大石窟之一的地位。最后，笼统的介绍难以使文本达到较强的呼唤功能，奉先寺作为龙门石窟中规模最大的露天佛龛，栩栩如生的造像代表了盛唐雕塑艺术的高度成就，是石雕艺术史上的高峰，因此，本文建议增译对卢舍那大佛的具体描述，再发挥网站的多媒体优势，添加3D图像或录像介绍的视频等，增强文本呼唤功能，吸引潜在游客。笔者将此文本改译如下：

改译2：The world – famous Longmen Grottoes are located 12km south of downtown Luoyang. What does "Longmen" mean? Here two mountains, namely, East Hill (Mt. Xiangshan) and West Hill (Mt. Longmen), confronting each other with the Yi River—a north flowing tributary of the Luo River, which flows northward between them, look like a pair of Chinese gate towers in the distance. So it was called "Yi Que" (Gate of Yi River) during the Zhou and Qin dynasties. Later, when the Sui Dynasty established its capital city in Luoyang, the palace gate was set just facing Yi Que, hence the name "Longmen", which literally means "Dragon Gate", since Long (Dragon) can be compared to the monarch who lived in the palace.

The caves were dug and carved from a stretch of over 1 kilometre limestone cliffs running along both banks of the river. This complex is one of the three notable grottoes in China. The other two grottoes are the Yungang Caves near Datong in Shanxi Province, and the Mogao Caves near Dunhuang in Gansu Province in west China. In 2000 the site was inscribed upon the UNESCO World Heritage List as "an outstanding manifestation of human artistic creativity", for its perfection of an art form, and for its encapsulation of the cultural sophistication of Tang China.

Feng Xian Temple is the largest of all caves carved on the west hill, built between 672 and 676AD, over 1300 years ago. Of the nine huge carved statues, the highly impressive image of Vairocana Buddha is 17. 14m high and has 2m long ears carved at the orders of Empress Wu Zetian, and are considered uniquely representative of the Tang dynasty' s "vigorous, elegant and realistic style" . The huge Vairocana statue are claimed to be the quintessence of Buddhist sculpture in China.

偏重祈使类型的文本，应侧重使用交际翻译策略，促使交际意图在译文中得到体现，要做到重点突出，逻辑清晰，语言风格合乎目的语表达习惯，内容符合受众心理期待，使其留下深刻印象，产生相应的祈使功能，激发其对该旅游景点的兴趣，乃至付诸旅游行动。

例7：以下是洛阳旅游局官网英文版关于2016年河洛文化旅游节的一则文本。

Luoyang Heluo Cultural and Tourism Festival Kicks off

(http://english. cri. cn/6566/2016/09/22/2461s940947. htm)

The 2016 Luoyang Heluo Cultural and Tourism Festival kicks off on September 17 at Luoyang Sport Center Square.

The theme of this year' s event is "Enjoy Amazing Heluo Scenery, Feel Charm of Thousands of Years History" . It includes six main activities and eleven theme activities. Luoyang expects to present its beautiful, open and dynamic perspective.

The opening ceremony includes a carnival tour following three theme routines, namely "the open city", "the industrial city" and "the root of Heluo culture" .

The festival will last will October 7. During this period, Luoyang main scenery spots and hotels will offer beneficial discounts to local people and tourists.

以下为相对应的该网站中文版本：

2016洛阳河洛文化旅游节隆重开幕（http://www. lyta. com. cn/news/getContentDetail/4028808b56db80ab015737a913a9080d/LM00535）

9月17日上午，2016洛阳河洛文化旅游节开幕式在洛阳体育中心广场隆重举行。开幕式上，来自……为观众奉上了一场中外文化交流融合的精美文化旅游盛宴。

今年河洛文化旅游节由……政府主办……以“畅游河洛灵动山水，领略千年帝都风情”为主题。河南省人民政府副省长……出席开幕式……刘宛康在致辞中说……共谋发展大计。

今年的河洛文化旅游节……精心准备了开幕花车巡游、河洛文化研讨会等6项主体活动及11项专项活动，节会内容丰富，突出以节惠民，努力向中外游客全景展示一个美丽祥和的洛阳、一个文明开放的洛阳、一个活力迸发的洛阳。

开幕式现场，国外民间歌舞表演团体带来了精彩的异域风情节目……花车巡游活动将首次亮相洛城。根据安排，花车巡游将分3条线路：9月17日15时至18时30分，以“开放之城，时尚之都”为主题的巡游线路将从……到高铁龙门站广场；9月19日9时至11时30分，以“工业之城，科技之光”为主题的巡游线路将从……到……门前广场；9月20日9时至11时30分，以“河洛之根，华夏之源”为主题的巡游线路将……到青年宫广场。6个国外文艺表演团体将乘坐13辆花车行驶在洛阳市民和游客身边，带来精彩的表演。

此外，今年河洛文化旅游节期间，洛阳市各主要景区、星级酒店等旅游行业单位还将推出形式多样的旅游让利优惠措施，为市民和游客带来更多实惠。

例7中2016河洛文化旅游节隆重开幕这篇英译文本，和相应的中文文本相比，内容有大幅缩减，将国外受众未必感兴趣的主办方、领导致辞中的政治术语和数据进行了“裁剪”。从交际维的角度看，改译符合译文的生态环境，对原文进行了合理的调整，使得英译文本保留了原文核心内容，即国外受众所关心、所感兴趣的内容，简明扼要，重点突出，具有目的语交流语境下的较大交际价值，符合国外受众的心理期待。

上述文本几乎未涉及文化层面，这里暂不讨论。但从语言维的角度看，上述译文有以下不足：一个词汇错误是“sport center”用词不当，应改为“sports center”。文化旅游节主题“Enjoy Amazing Heluo Scenery, Feel Charm of Thousands of Years History”一句显得不够准确，没有传达出汉语文本中涉及的所有信息，也有语法上的纰漏。还有“Luoyang expects to present its beautiful, open and dynamic perspective”这句显得不够妥当，因为原文“节会内容丰富……努力向中外游客全景展示一个美丽祥和……文明开放……活力迸发的洛阳”是强调节会的丰富活动能够展示出洛阳的风貌，而英译文本中以“Luoyang”作为主语，搭配“expect”作谓语很不恰当，是汉语思维模式，用汉语中拟人化的主动句生搬硬套英语句子，不符合重视客观陈述的英语语言环境，在语言结构上需要做出修改，即以“The various activities”作主语，搭配“are expected to”，更符合外国受众的语言习惯。“The opening ceremony includes a carnival tour following three theme routines”当中，“routines”一词作例行公事、常规之义，而原文意为“路线”，应改为“routes”。另外，花车巡游线路若能在网页中搭配英文地图，并标上具体时间，则能起到更好的效果。

试将上述英译文本改译如下：

改译3：The 2016 Luoyang Heluo Cultural and Tourism Festival kicks off on September 17 on the Square of Luoyang Sports Center. The theme of this year' s event is“Enjoy the magnificent landscape in Luoyang, and appreciate the resplendent history of thousand years”. The planning of the festival this year includes six main activities and eleven themed activities. The various activities are expected to exhibit the new image of Luoyang—open and civilized, peaceful and prosperous, brisk and dynamic.

On the opening ceremony, International performing arts groups put on fantastic performances of folk song and dance with exotic flavor. A float parade will appear in this year' s carnival tour from Sep 17th to 20th for the first time, which will follow three themed routes, namely "The vibrant ancient capital, the modern open city"; "The industrial city, the brilliancy of science and technology"; "The root of Heluo civilization, the cradle of Chinese civilization". Six International performing arts groups will display road shows on 13 floats parading through the main street. The festival will last till October 7th. During this period, major scenic spots and hotels in Luoyang will offer various sales promotions or preferential prices to both local people and tourists.

四、结语

洛阳旅游门户网站英文版在语言上存在着拼写错误、词汇错误、中式英语、句法生硬等不足；内容上与北京、西安旅游门户网站相比，存在着导航栏设置不合理，网站信息量匮乏，文章时效性较差，展现性、全息性、可接受性不足，景点介绍文本的信息性、召唤性不足，缺乏反馈与互动模块等短板。在旅游网站外宣翻译中，需要针对译语生态中的某些欠缺，在各种翻译策略之间做出与翻译生态环境相适应的选择、建构、修复和调适。只有这样才能使译文最大限度地保持信息的有效传播，充分发挥其表达和祈使功能，增加对国外受众的吸引力，激发其对景点的旅游消费期待，使得旅游门户网站英文版达到较好的旅游外宣传播目的，更好地打造国际文化旅游名城的名片。

（作者为洛阳理工学院外国语学院讲师）

洛阳关林祭祀空间的可参观性生产

程安霞

摘要：民间祭祀空间在遗产旅游、产业化、文化消费等一些现代经济因素的刺激下正在从传统的地方性公共信仰空间朝着全球性、全民性的文化展示空间、文化消费空间转变。本文以洛阳关林庙为例，考察了民间祭祀空间的可参观性生产以地方文化差异性作为生产前提，其生产过程运用了真实性原则、意义感原则、可读性原则三种策略性原则。同时，游客目光对可参观性生产也产生了重要作用力。

关键词：关林祭祀空间；可参观性生产；文化展示

民间祭祀空间在遗产旅游、产业化、文化消费等一些现代经济因素的刺激下呈现出一些新特征。其中，一个突出的新特征就是民间祭祀空间正在从传统的地方性公共信仰空间朝着全球性、全民性的文化展示空间、文化消费空间转变。地方文化实践者有意识地推动着这一转变过程，他们通过对民间祭祀空间可参观性生产使越来越多的神灵栖居空间被生产或被转化成可视的和可参观的。所谓可参观性生产，是指在这些背景当中（如公共空间、文化空间等）可以用文化来吸引游客目光的方式。① 这一个定义强调了两点：一是文化是可参观性生产的核心，文化的特定呈现方式及其蕴含的意义可以使一个传统文化空间成为一处可被观赏的场所；二是游客目光对祭祀空间的可参观性生产具有重要作用力。本文以洛阳关林庙为例，对民间祭祀空间可参观性生产的基础、可参观性生产的策略和特点以及游客目光对可参观性生产的作用力等问题进行考察。

一、可参观性生产的基础：关林庙祭祀空间的文化吸引力

在旅游语境中，传统祭祀空间是否具有文化吸引力是通过文化差异性原则和意义丰富性原则被建构起来的。关林庙是在特定的自然历史条件下建立的，具有独特的社会文化意义，其丰富的文化吸引力不仅体现于作为一个具体实物存在的真实物质空间中，更体现于作为一个充满意义的文化想象空间中。具体表现在以下几个方面：

1. 关林庙在全国关帝庙中地位尊崇

关林庙位于河南省洛阳市，是埋葬三国名将关羽首级的场所。民间有关羽“头枕洛阳，身卧当阳，魂归故乡”的说法，头是身体中最尊贵的部位，关林作为埋葬关羽首级的地方，地位自然高出一等。关林也是海内外唯一“林”“庙”合祀关公的经典建筑遗存，是中国封建级别称谓最高的关庙。洛阳关林的称呼也是随着历代皇帝对关羽的加封而逐步升级的。宋元时期，封号以“王”“侯”称之，关林此时被叫作“关王冢庙”。清朝前期，顺治五年谥封关羽为“忠义神武关圣大帝”，“关王冢庙”易名为“关

① ［英］贝拉·迪克斯：《被展示的文化：当代“可参观性”的生产》，冯悦译，北京大学出版社2012年版，第210页。

帝庙”，民间俗称“关陵”。康熙五年时封洛阳关帝冢为“忠义神武关圣大帝林”，立碑建奉敕碑亭，与山东曲阜孔林并肩而立。

2. 关林建庙时间比较早

《三国志·魏书·武帝纪》记载曹操于建安“二十五年春正月，至洛阳。权击斩关羽，传其首”。曹操识破孙权嫁祸伎俩，刻沉香木续为身躯，以王侯之礼葬于洛阳城南。据庙碑记载，“洛阳县南门外离城十里，有关王大冢，内葬灵首，汉时有庙，及今年久毁坏……”①“历晋唐宋元数百祀于兹……”②关林汉时就有庙，后历朝历代均有祭祀，距今已有1700余年。关林现存建筑建于明朝万历二十年（1592年），洛阳乡民发愿添建洛阳关庙，至万历四十八年（1620年）关林中轴线建筑业已形成。清代至近代以来，多次对关林添建和修葺。

3. 关林庙空间环境优美且碑怪柏奇

旅游空间的美、异、奇、稀更能够迎合现代人的旅游审美需求。关林中保留碑刻70余通，记载了明清以来400余年间官僚、士绅、民众捐资舍财、出工修庙的举动。庙中碑刻既多又怪，如康熙五年所立敕封碑，碑阴刻有康熙五年董笃行撰写的关羽生平事迹及封号建庙情况，碑阳却屡有变化。康熙五年立碑时碑阳为“忠义神武关圣大帝林”；乾隆三十三年谥封“灵佑”，碑阳磨石重刻；嘉庆十八年追封“仁勇”，碑阳再次磨石重刻；道光八年追封“威显”，碑阳三次磨石重刻，即是现在看到的“忠义神武灵佑仁勇威显关圣大帝林”字样，俗称“道光的脸，康熙的背”。此外，关林中古柏成林，奇柏众多，自古就有“关林翠柏”的美誉，被誉为“洛阳八小景”之一。如在平安殿月台两侧就有两株奇柏，西为龙首柏（因一枯枝向下勾曲，形如龙首得名），东为凤尾柏（树根裸露，成扇面形，状似凤凰尾），形成“龙凤呈祥”的奇观；春秋殿前两株古柏造型奇特，为旋生柏和结义柏，旋生柏因其干枝螺旋式生长而得名，传说关公在此乘气升天降妖伏魔；结义柏干分三枝，大小相若，相传刘备、张飞死后魂归洛阳与关羽聚首而形成。

4. 关林关公信俗活动独特而丰富

关林自汉代开始就为关羽修庙建祠，作为神灵膜拜，形成了浓厚的关公信仰氛围。关林的关公祭祀仪典是最为重要的一个信俗载体，自明清以来，关林关公崇祀活动可以分为官方祭祀和民间祭祀。作为在官方祭祀基础上发展而来的中国洛阳关林国际朝圣大典，它的祭祀礼仪、规格、程序都继承了古代祭祀制度，力图再现古代皇家对关羽祭祀的庄重场景。而民间祭祀更具地方文化韵味，如关林正月十三春祭期间的“领羊”习俗③、“唱经”习俗④、“唱关公戏酬神”习俗、村社“朝冢”习俗以及农历五月十三关林夏季期间各村社和信众给关老爷“送纸马”“送桥布”习俗都由普通民众自发举行，表现出民间传统的特征。此外，关林翠柏也是关公信俗的一个特别载体，存在众多与柏树相关的神话传说和习俗活动（如“求子”“认柏亲”“祈福”习俗⑤等），这些都是其他地方关帝庙所没有的。

洛阳关林自古就是人们朝拜关羽、寄托民众象征情感的公共信仰空间，同时也是一种具有鲜明文化

---

① 明万历二十四年庙碑《重建关王冢庙记》。

② 明万历二十四年庙碑《洛阳县康家庄等里施地立碑记》。

③ 每年正月十三日，各村关帝社选送一只白羊，羊脖子下挂一个木牌，上写“神羊”字样，羊头及全身以红绿绸布花。由民间古乐班“十万”（又称社盘）吹奏导引，社首沐手捧香步后，社众拥“神羊”紧随，在大殿“关圣帝君”像前行九叩礼。然后焚香献酒，斟酒敬羊（用酒洒羊头），如羊受酒摇头，则表示关帝神灵附于羊，并赐福于社众人等；若羊头不摇，则说明该社奉神不诚，不仅福祈不到，可能灾至祸临，还会受到诸神社的嘲弄。这时社首即用烫酒浇羊头，羊遇烫酒必摇头，也算是躲“祸”一法。这些神社的“神羊”附灵之后，社众“得兹灵佑”，深信一年平安。回社后，多大摆宴席，社众及家属参加，以示庆祝（洛阳市地方史忠编纂委员会编：《洛阳市志·第十七卷·民俗志》，中州古籍出版社，第251页）。

④ 唱经是女性信众祭祀关公的特殊祭拜形式。所唱经文以称颂关帝恩德事迹、做人向善的基本道理和传统孝道等为主要内容。

⑤ 当地民众认为，把孩子认到柏树下，身体结实好成人。凡是男孩，都到“龙首柏”下认亲；凡是女孩，都到“凤尾柏”下磕头。不认柏亲单来祈福，可向任何一棵柏树磕头，这是关林独有的祈福风俗。

边界的地方性知识，而正是这种强烈的地域性和文化的丰富性使其可参观性生产具备了充分的条件。那么，在已有条件的基础上，地方文化实践者是如何进行可参观性生产的呢？

二、可参观性生产的策略及特点

地方文化实践者通过可参观性生产使处于自在状态下的传统祭祀空间转换成旅游文化展示空间。以关林庙祭祀空间的可参观性生产为例，在这一过程中地方文化实践者运用了三种策略性原则：真实性原则、意义感原则、可读性原则。

1. 真实性原则

真实性原则即通过真实感空间的建构以满足游客对真实性的渴望。祭祀空间的可参观性生产首先要满足游客对真实性体验的渴望，因为游客对“真实性”的无尽却无望的追寻正是旅游文化展示的根基。迪安·麦坎内尔指出，社会的程式化和机械化、日常生活的复制和单调、人性的异化和冷漠使人产生了对现代社会的“疏离感”，为了逃避或摆脱这种“疏离感”，现代人渴望远离都市，远离自己的日常生活，像一个现代朝圣者到“过去”的时代和别的“地方”寻求一种真实性体验。[①] 也就是说，在游客的眼中，真实感的旅游空间不仅能够唤起他们对“过去时光的记忆”，还能够契合对“地方（他者）异质文化”的憧憬。在此两项旅游动机的导引下，祭祀空间的真实感营造和维持需要以下三个要素：历史感的祭祀场所、地方感的文化符号、神圣感的祭祀氛围。以关林为例：

首先，真实感空间被营造为一个充满历史记忆和集体记忆的祭祀场所。历史记忆承载着一个祭祀空间源远流长的地方性祭祀文化，没有历史记忆的祭祀空间是一个缺乏文化含量的空间，而且祭祀空间承载的历史记忆越久远，其旅游文化吸引力越强。关林号称“千年关庙”，但实际上关林兴建的确切记载是在万历二十年（1592 年），如果由此来计算的话，显然不够历史悠久。于是，关林的文化实践者在具体操作中借助明万历二十四年的《重建关王冢庙记》中记载“汉时有庙”将其历史直接追溯到汉朝，这样关林就承载了1700 余年的历史，“千年关庙，圣域灵地”的美称就有了支撑。“集体记忆即一个具有自己特定文化内聚性和同一性的群体对自己过去的记忆”[②]，是该群体自我认同和文化身份建构的基础，其内涵和韧性构成了该群体的精神素质和文化源泉。一个祭祀空间的兴衰与集体记忆密切关联，集体记忆遗失了，祭祀空间也将失去延续的动力，而“人的记忆是利用空间参考点表达的”[③]，集体记忆常常物化、凝聚于特定的场所、建筑、街道、实物等景观之上。作为文化展示的关林，庙宇中每一座殿、每一通碑、每一尊塑像、每一条通道、每一棵树、每一个物件都被赋予承载当地民众丰富集体记忆的重任，如关林所独有的石狮御道不仅烙印着乾隆、慈禧、光绪谒拜关帝的龙骧虎步，也见证了朝官、士绅、商贾和普通百姓膜拜关公的至诚至信。在可参观性生产实践中，文化实践者不仅重修大量的旧有景观遗址、遗存以承载、延续固有的集体记忆，还兴建了许多新景观以创造新的集体记忆，如关林新建了刀亭、马亭，摆放关公的青龙偃月刀、赤兔马，以增强人们对关公坐骑和武器的记忆。无论是重修还是新建，其目的在于营造一个充满文化记忆的场所，因为记忆是文化展示空间存在的根由和持续的动力之源。

---

① 参见 Mac Cannell Dena，*Staged Authenticity*：*Arrangements of Social Space in Tourist Settings*，“The American Journal of Sociology”，1973，79（3）：589 - 603.

② 蒋大椿、陈启能：《史学理论大辞典》，安徽教育出版社 2000 年版，第 1127 - 1128 页。

③ 杰罗姆·特鲁克：《对场所的记忆和记忆的场所：集体记忆的哈布瓦赫式社会——民族志学研究》，《国际社会科学杂志》2012 年第 4 期。

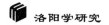

其次，以地方化的文化符号作为真实感空间的重要支撑。文化是“指从历史沿袭下来的体现于象征符号中的意义模式，是由象征符号体系表达的概念体系，人们以此进行沟通、延存和发展他们对生活的知识和态度”。[①] 在旅游语境中，“大部分游客更关心去寻找某一文化吸引物或活动所代表的符号或印象，而不是去了解它本身的意义和作用。也就是说，‘原真性’变成了某种符号，而旅游活动，不再是对真实的寻找，而是对符号的寻找”。[②] 充当旅游展示的祭祀空间是地方特色传统文化符号的集中展示，地方自然环境、人造环境、地方物产、地方精神产品都可以体现为文化符号，因而需要从祭祀空间中提取那些具有文化独特性的某种象征物或意象。根据功能和地位的不同，文化符号的提取可以分为“支配性象征符号”和“工具性象征符号”[③] 两个层次。支配性象征符号即核心象征符号能够体现祭祀文化的精髓，通过它可以把握该文化的基本内容，如“关林”“关公祭典”，对这类符号要对其“能指”形式的物质实体或物质载体加以美化包装，对“所指”内容的文化信息进行充实完善[④]。工具性象征符号是地方文化的精华沉淀（如“关林翠柏”“关公戏”“破鼓得福”等）和现代文化的时髦符号（如关公文化闽台巡游活动、关公文化论坛等），对这些符号应该进行挑选、挖掘，围绕核心象征符号，根据文化内涵和旅游需求精心设计。

最后，以神秘感、神圣感的文化氛围来维持空间的真实感。民间祭祀空间之所以能够成为文化展示空间在于其对过去文化传统与场景的真实再现，这就需要生活于该空间的特定群体要定期地在特定时间按照特定习俗惯制举行能够集中展现该群体的传统习俗、价值观、信仰、艺术等文化特性的活动，营造一种可以感受到而又难以表达的“氛围”，来满足旅游者对过去的怀念和对真实的寻找。关林在可参观性生产过程中真实再现了许多祭祀活动场景来烘托神圣氛围，如正月春祭期间的除夕祈福法会、“领羊”娱神活动、各村关帝社“朝冢”社火表演、安太岁法会、迎财神法会等，清明节关氏后裔祭林活动，关公诞祭“送纸马”“送桥布”活动，关公秋祭中的朝圣大典。此外，当地民众初一、十五的上香祭拜活动、法师开光仪式、祈愿求神、还愿酬神仪式、柏树求子、认亲习俗等日常崇祀信俗也渲染了关林祭祀空间的神秘感、神圣感。

在以上三方面的真实性建构中可以看到，传统的神灵栖居空间一旦成为旅游文化展示空间，便从其生存的文化环境中脱离出来，所谓的真实感只是被生产、被建构出来的。在这一过程中，真实性内涵包括客观性真实和建构性真实两个层面，客观性真实是指祭祀空间中原生性符号及其原始文化属性；建构性真实是指祭祀空间中经过旅游开发后改造而来的新型文化符号及其所赋予的新意义[⑤]。真实感空间的营造实质上就是从客观性真实性到建构性真实性的转变过程。建构出来的真实性“既不是‘完全真实’，也不是‘完全虚假’，而是‘部分真实’”[⑥]，是地方文化实践者根据游客的旅游动机的期待、想象和偏好生产、设计、构建出来的意象中的真实。

2. 意义感原则

意义感原则即通过“阐释”技巧赋予展示空间以象征意义。祭祀空间的可参观性生产过程实质上是通过阐释技巧赋予展示空间以象征意义的过程。后现代语境下，人们已经从对“物”的消费转向了对其“符号”的消费，[⑦] 人们的消费更多地关注消费品的使用价值以外的东西即消费品的符号价值，消

---

① ［美］格尔茨：《文化的解释》，纳日碧力戈等译，上海人民出版社1999年版，第103页。

② J. Culler, *The Semiotics of Tourism*, “American Journal of Semiotics”, 1981 (1): 127-140. 转引自张朝枝、马凌：《符号化的“原真”与遗产地商业化——基于乌镇、周庄的案例研究》，《旅游科学》2008年第5期。

③ ［英］维克多·特纳：《象征之林——恩登布人仪式散论》，赵玉燕、欧阳敏译，商务印书馆2006年版，第30-31页。

④ 陈雅：《地方文化符号系统的建构与创新》，《青海社会科学》2008年第3期。

⑤ 李玲：《后现代语境下遗产旅游的发展路径》，《求索》2011年第5期。

⑥ 彭兆荣：《民族志视野中真实性的多种样态》，《中国社会科学》2006年第2期。

⑦ ［法］让·鲍德里亚：《消费社会》，刘成富、全志钢译，南京大学出版社2008年版，第76页。

费的是物品背后深厚的象征意义。“在渴求参观者的环境下，要运用‘阐释’的技巧小心翼翼地创造意义”，“阐释的目的在于让环境不仅具有审美上的吸引力，同时呈现大量参观者日常生活当中已经非常熟悉的意义”。① 编织神话传说、编制故事、点缀诗画、强调“在地化”、赋予主题都是常用的阐释技巧。

一是编织神话传说。为事物和场所编织神话传说，使之从平凡转化为非凡，成为具有神秘性、精神性的事物和场所。关林编织的关公神话传说运用丰富的想象力对空间加以改造，从而增添空间的神圣性，并用这种特性来提供娱乐、消遣、教育，使游客得到一种文学幻象般的体验②。如“关冢出家什”“黄鹂鸟衔松子献祭”的传说圣化了祭祀空间，“关帝送风雨”“关帝降服蟒精”“刘、关、张降服黑袍怪”等关公显圣传说则使关公神格、神权得到圣化。

二是编制故事。编制的故事分为两类：一类人物是历史真实存在而事件是虚构的，如“康熙游关林”“乾隆关林遇仙获赠治病香囊”“慈禧关林题字”等，这类故事的主要功能是用古代封建帝王与关林之间发生的故事来抬升关林的崇高地位。另一类人物、事件均是虚构的，如“白来福破鼓得福故事”“张狗剩祈愿百病娘娘”“龙首凤尾柏故事”等，这类故事的主要功能是用来说明某一个殿宇、某一器物或某一景观之来历，通过故事简约质朴的叙述、趣味夸张的情节，使空间形象更丰满、更生动，游客不仅获得愉悦更能加深记忆。

三是点缀诗画。诗画是历代文人墨客自我表征的重要文化手段，而诗人、画师对相关祭祀空间的吟咏或者描绘的或诗词壁画能够增加整个空间环境的人文气息，对空间形象的塑造、环境气氛的渲染起着锦上添花的作用。所以，在关林可参观性生产中，文化实践者十分重视对历代诗词吟咏、殿宇壁画的搜集、整理、重绘，如关林搜集、整理“关林诗抄”，收录明清以来文人学士来关林拜谒，吟诵关公精神和关林翠柏高冢的诗词；重绘各殿宇关羽出巡降福、降魔回宫、神奇托生、行侠仗义等壁画，尤其是关林石刻中歌颂清代洛阳贞妇桃女的诗词和仪门下右壁上的著名“风雨竹”石刻画，蕴含着丰富的历史文化信息和文学观赏价值，无疑为关林符号增值不少。

四是强调“在地化”。人类文化既遵循一定的共同结构、普遍规律，又表现出一些“在地化”特征。在旅游语境下，那些彰显自我风格、地方感觉的“在地化”特征更能够满足游客对文化差异性的渴望，为此，文化实践者会竭力强调空间与地方风物、地方历史、地方信仰、地方艺术等地域文化传统的关联，突出空间的“土生土长”“地方质感”，使祭祀空间地方化、异域化、他者化，以满足游客对异文化的想象。如在关林祭祀朝圣的过程中通过融入大里王村狮舞、曹屯排鼓、“花供”面塑、十万宫廷乐、海神乐、背装等独具洛阳地方特色的民间艺术表演来彰显地方文化特质，为祭祀朝圣增添丰厚的附加价值。值得一提的是，以“过去向度”“地方性”为基调的非物质文化遗产的展示也是文化空间意义增值的一条重要途径。“非物质文化遗产凝聚着地方文化记忆的点点滴滴，既能契合旅游者的审美追求，也能唤起现代人对‘过去时光’的记忆，而且它所蕴藏的意义体系和象征符号，能够赋予旅游更多的文化内涵和符号意义”③。

五是赋予主题。在旅游文化展示空间建设和文化展示过程中发展出一套能够对空间的文化身份和特征进行独特定位的理念或价值观念。在具体实践操作中，根据空间的文化特色、资源状况和游客需求进行明确的主题定位和提炼，并以此为基点，把空间环境的各个方面都编织进与此相关的主题之内。被赋予的主题越具原创性精神、个性色彩，越能够吸引游客目光。在关林朝圣大典的文化生产中，“拜武圣

① ［英］贝拉·迪克斯：《被展示的文化：当代“可参观性”的生产》，冯悦译，北京大学出版社2012年版，第12页。

② 赵红梅、李庆雷：《象征人类学与景观符号化》，载叶舒宪：《文化与符号经济》，广东人民出版社2012年版，第192页。

③ 邓小艳：《符号消费背景下非物质文化遗产旅游开发的路径选择》，《广西社会科学》2010年第4期。

关公 叙同胞亲情”这一主题得到确立和传播，“关林”“关帝”“朝圣”“同胞情”“根在河洛”“寻根拜祖”这些文化元素成为关林空间象征性的指涉和导向性的预期旅游体验，每年吸引了大量中国香港、台湾、澳门和内地的朝拜团和游客前来。这种富有“地方感”的主题打造，不仅确保了地方特色文化的展现与再造，更是创造、发明出关公祭典的时代新价值，即把关公信仰视为中华民族认同的象征符号，以“同宗同祖”理念凝聚中华民族的向心力。

3. 可读性原则

可读性原则即通过精心设计与安排提高游客的接受度。祭祀空间的可参观性生产要遵循可读性原则。可读性是指空间系统内各个文化元素及其元素耦合中所蕴含的文化意象是否被游客乐于接受、易于记忆的程度。可读性可以影响游客的旅游感受或评价以及重游的兴趣，文化实践者将可读性原则作为一种实际操作方法来对空间精心布局、创造个性生动的意象以唤起或者维持游客的接受态度。

可读性原则的操作方法有以下三种：

一是可感知化。可感知化是文化展示空间可读性的基础。可感知化要求空间内的文化元素要能够通过感觉器官被具体感知得到。展示空间的可感知化表达有两种：其一是通过理性思维的表达，为空间内“物质景观”建立秩序；其二是以形象思维来表现，通过感官媒介的置换，使空间内“非物质景观”变得具体形象。前者主要通过各类标识系统（如路标、导览、标志牌、服务设施、景点分区、游客中心等）设立一个有序的、清晰的、可控制的空间模式，“其理念就是建造‘整体性’环境，使每一处都得到精心设计与安排，并被标示清楚，以避免混乱”。① 后者比较复杂，非物质景观种类众多如信仰观念、仪式表演、口头表述、知识技能等，针对这类景观应该根据其被感知特性进行恰当的可感知化转换。例如，口头表述类可以通过文本化呈现为看得见的文字符号，可以通过导游的讲解呈现为听得见的声音符号，也可以通过视觉化的壁画呈现为图像符号，更可以通过数字化手段呈现为形、文、声、像兼备的多媒介符号。

二是参与体验。阿尔文·托夫勒在《未来的冲击》中指出，人类社会在经历了农业经济、工业经济、服务经济后，下一步将走向体验经济。在体验经济时代，人们的消费主要是为了获得一种差异性的生活，常常试图以一种他者的身份去体验他者的生活经验，从而获得一种全新的刺激和新鲜感的生活体验②。互动参与是游客获得体验的重要途径，参与可以缩小游客与展示空间之间的心理距离，游客既可以切身地去感受和体验，又能够从互动中得到回应和反馈，“观看”之旅变成了“发现”之旅，从而获得极大的精神满足。参与体验方式很多，针对祭祀空间而言比较有效的互动方式有两种：其一是“情境设置”。关林文化实践者在各主要大殿内设立了请香处、平安光明灯、平安塔灯、聚宝财神灯等拜神祈福之处，其目的是引导游客在景观参观之余进行一种宗教性体验。其二是“场景参与”。在举行祭祀活动时，完全开放空间，游客可以和当地民众、其他游客一起参与到活动场景中。例如，2013 年农历五月十三日，关林再现“关公磨刀”场景，游客和关林庙周边香客共同参与到“送纸马”“送桥布”的活动中。游客身临其境地切身感受到祭祀氛围的热闹、信众的沉迷以及祭祀器物的神圣，而这些因素可以促使其在旅游经历中受到强烈的刺激，引发深刻的内心感受，从而留下难忘的记忆。

三是文化拼图。在后现代旅游语境下，“提供易接近性和现成意义的潮流并非受到一致追捧”③，文化拼贴、混搭也往往成为刺激游客想象的重要技巧。这些技巧采用后现代主义视角，将不同时代、不同特质、不同品格的知识和信息并置在一起，这种并置就像“杂乱的拼图”，不是寻求一种完整的、固化的意义，而是一种文化碎片化、混乱化、游戏化的呈现，通过新鲜感、独特感、奇异感来唤起游客的另

---

①③ ［英］贝拉·迪克斯：《被展示的文化：当代“可参观性”的生产》，冯悦译，北京大学出版社 2012 年版，第 13 页。

② 李玲：《后现代语境下遗产旅游的发展路径》，《求索》2011 年第 5 期。

类审美体验。例如，在祭祀活动中一方面恢复了古老的“八佾舞”，另一方面将现代时髦的街舞杂糅其中，庄重与戏谑、传统与现代并置拼贴在一起，构成一连串不规则的意义特征，反而更能够满足游客求新、求奇、求异的心理体验。

三、可参观性生产的作用力：“游客凝视”目光为导向下的文化展示

约翰·厄里在《游客凝视》一书借鉴福柯的医学凝视理论，赋予凝视以特殊的命题，并构建了“游客凝视”的新概念。这一概念因其强大的解释力迅速成为旅游文化研究的一种重要理论分析工具。旅游者凝视蕴含着渴望与被吸引的旅游消费关系的隐喻，它代表着旅游者对“地方”（Place）的一种作用力①。这种作用力在民间祭祀空间的可参观性生产过程中体现在两个方面：第一，游客凝视的前提是“离开”，即游客离开均质的、连续性的现代生活而前往“地方”去获取逆转性体验，游客对“地方”的消费欲望刺激了地方传统祭祀空间向旅游文化展示空间的转变。第二，游客凝视包含一种权力关系，即主体（游客）对客体（旅游地）在旅游文化展示场域中拥有的支配力量。旅游地会以旅客求新求知、体验差异、娱乐参与的凝视偏好为导向来建构旅游吸引物。

然而，游客凝视中的主体与客体之间的“主导—屈从”关系也并不是绝对的，随着旅游地的成熟，主体和客体之间的关系会趋于平衡互动，甚至会反客为主②。一方面，地方文化实践者可以利用标识系统和各种媒介宣传手段如导游的讲解、旅行手册、路标、标识牌、明信片、电视广告片等，来暗示、启发与引导游客凝视的目光，在无形中控制游客的凝视行为；另一方面，在对景观符号建构的过程中，文化意义的赋予往往基于迎合和创造两条思路：“一是基于游客对异文化的期待、判断、解读或意义赋予，二是基于东道主文化的呈现、重建与再造，二者共同建构起符号的象征意义。”③

四、余论

将传统文化空间与旅游经济关联，通过经济手段重塑文化生命力的民间祭祀空间的可参观性生产正逐渐成为现代社会和文化实践过程中一个十分突出的现象。可参观性生产实现了祭祀空间从传统地方性神灵栖居空间向现代社会的文化展示空间的演变，是一条既能够保持其文化价值，又能够顺应现代消费模式发挥其经济价值的发展路径，可谓其文化发展的“第二次生命”。同时，在这一演变过程中，其原有的文化系统结构必然也会发生一系列的裂变，诸如，经历可参观性生产之后，关林关公信仰的文化属性发生了哪些迁移？关公信仰状态是否有所改变？有怎样的改变？祭祀空间的文化产权属性如何划定？旅游带来的经济利益如何分配？地方民众、地方政府、文化旅游公司之间的权力关系、利益关系如何理顺？等等。

（作者为河南科技大学人文学院讲师）

① 刘丹萍：《旅游凝视：从福柯到厄里》，《旅游学刊》2007年第6期。

②③赵红梅、李庆雷：《象征人类学与景观符号化》，载叶舒宪：《文化与符号经济》，广东人民出版社2012年版，第188页。

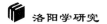

“一带一路”背景下洛阳装备制造业转型升级路径

梁　明

摘要：“一带一路”倡议对促进我国经济发展，推动我国企业“走出去”具有重要意义。洛阳作为河南省的第二大城市，重要的中西部老工业基地，“一带一路”倡议不仅为中部河南的崛起提供了重要机遇，同时自贸区建设也为洛阳这个老工业基地装备制造业创新升级提供了重要平台。如何利用“一带一路”倡议机遇，促进洛阳装备制造业产业转型升级？除通过加强科技创新驱动，培育主导产业，形成合理规模的产业集群外，还需要利用丝路沿线国家资源坚持节能降耗，淘汰落后产能；促进工业化与信息化、先进制造业与服务业融合发展。

关键词：转型升级；“一带一路”倡议；洛阳装备制造业

“一带一路”是“丝绸之路经济带”和“21世纪海上丝绸之路”的简称。习总书记提出通过“一带一路”建设，带动我国经济新发展。河南作为丝绸之路的重要节点，地处丝绸之路的路桥通道的战略腹地，在“一带一路”中承担着连接东西的枢纽功能。自古以来，在“一带一路”沿线国家、地区的对外贸易中占据重要地位。

洛阳作为河南省的第二大城市，重要的中西部老工业基地，也是丝绸之路上重要贸易交流中心。“一带一路”倡议不仅为中部河南的崛起提供了重要机遇，同时自贸区建设也为洛阳这个老工业基地装备制造业创新升级提供了重要平台。

一、“一带一路”背景下洛阳装备制造业转型升级面临的机遇与挑战

1. 有利于发展与丝路沿线国家贸易，实现贸易优势互补，合作共赢

洛阳装备制造业继续坚持扩大对外开放战略，积极参与全球产业、分工格局重构，不断完善价值链；发展高附加值、高技术装备制造业。随着“一带一路”倡议的实施，郑州航空港、郑欧班列、国际陆港、自贸区等对外平台的建设为洛阳装备制造业的“走出去”提供重要平台。

有利于实现装备制造业的对外出口，密切与丝路沿线国家的贸易合作，促进基础设施互联互通。深化能源、经贸合作。随着自贸区、航空港的建设，不断提升洛阳装备制造业便利化水平。通过建设“一站式”大通关体系及自贸区，为洛阳装备制造业“走出去”营造国际化、法治化经营环境，推动一拖、洛轴、洛矿等一批老装备制造企业不断扩大与丝绸之路沿线国家、地区的贸易合作，积极建立海外研发基地、全球营销网络与战略资源渠道。形成以技术、品牌、质量、服务为核心的出口竞争新优势，推动优势企业“走出去”，形成对外贸易新格局。

2. 有利于利用丝路沿线国家资源，实现产业转型升级

“一带一路”连接中亚、东南亚、西亚乃至欧洲部分区域，包括40多个国家和地区，经济资源包括21万亿美元。非洲有着丰富的矿藏及自然资源、广阔的市场。欧洲则有着高精尖的科技产品及成熟的市场。洛阳作为老装备制造业基地，可以利用丝路沿线国家资源、市场，加强同丝路沿线国家、地区的交通、能源合作，实现能源、贸易优势互补、合作共赢。如中信重机与巴基斯坦先锋水泥、紫金矿业等的合作项目；利用丝路沿线丰富的油气资源发展石油加工、大化纤等深加工项目。“一带一路”地区石油、天然气采储量占全球大半，中亚和北非地区油气储量也非常丰富，土库曼斯坦天然气储量占全球储量的9.4%。哈萨克斯坦石油储量占全球储量的2.9%，俄罗斯油气储量位于全球前列。在全球原煤储量最多的国家排名中，“一带一路”沿线国家占六个，包括俄罗斯、中国、印度等国家，2013年六个国家的煤炭储量占全球总量的48%。

洛阳可以利用“一带一路”沿线国家丰富的油气资源，带动上下游产业及相关装备制造企业发展相关服务业，加快技术转移，将产业升级与技术进步融为一体，提升石油资源加工企业在全球价值链中的地位，通过资源合作带动节能降耗、提高产业附加值。

3. 有利于开拓广阔市场，提高洛阳装备制造企业对外开放水平

“一带一路”倡议为洛阳装备制造业走出国门提供广阔国际市场。“一带一路”横跨亚欧大陆，东接亚太经济体，西接欧洲经济国，包括40多个国家，30亿人口，经济总量达21亿美元。

非洲大陆拥有丰富的矿藏、自然资源，还有广阔的市场，欧洲大陆有着完善的市场和资金技术。随着洛阳与“一带一路”国家对外开放程度的不断提高，有利于促进洛阳装备制造业占领“一带一路”沿线国家市场。由于“一带一路”沿线国家和区域与洛阳产业机构能够实现资源、贸易优势互补，因此“一带一路”倡议实施有助于洛阳装备制造业占领国际市场。

二、目前洛阳装备制造业转型升级面临的问题

1. 高新科技企业发展缓慢，企业科技创新能力不强

洛阳是我国的老工业基地，洛阳装备制造业仍然存在着二元经济结构突出、主导产业不明显；经济增长方式粗放，资源型、粗加工比重高，社会化分工水平低；产业配套能力弱，产业链条短；企业自主创新能力不强，高新技术产业发展缓慢，科技创新能力不强，缺乏高新科技企业拉动的问题。

洛阳装备制造业虽然为洛阳的支柱产业，但是以农业机械加工生产、工程机械等零部件及整套装备制造为主，整机产品生产能力较弱，基础部件和配套产品的集群化程度低，规模效益未能达到最大化。与全国同类产品相比，存在生产分散，生产能力参差不齐，低端产品、低附加值产品比重大等问题。此外，规模、投入、技术等各方面的不足，不仅限制了装备制造业的发展，也影响了汽车制造、新型装备制造及高科技行业的发展。

洛阳技术实力比较雄厚，拥有科研院所等科技企业超过600家，其中各类企业技术人员达12万人，科技人员比重在河南省乃至全国都比较高，拥有一批国家研发中心。但高新技术产业比重较低，高新技术产业增加值远低于全国平均水平，全市高新技术产业增加值仅为2.3%。科技创新能力的落后使得传统装备制造业改造步伐缓慢，工业优化升级缓慢，严重影响洛阳市新型工业化的推进。

2. 产业结构单一，产品结构不合理

尽管洛阳已经形成先进制造业、光电、铝加工、石油化工“四大产业基地”，然而洛阳产业结构长期存在着“二三一”的趋势，经济增加值长期依赖第二产业，工业经济对全市经济贡献率高达74%，

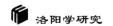

长期存在农轻重发展不均衡的问题。2010 年，重工业比重高达 79.8%，新安、伊川县产业多以资源开发型为主，其财政收入 80% 以上依赖煤电铝等资源开采及相关产业发展。较重的工业结构导致高耗能、资源消耗型企业居多，导致洛阳能源、消耗严重，能源资源紧张。

3. 产业结构单一，以重工业为主，第三产业比重较低

第三产业（服务业）比重较低，在经济中比重仅为 33%，低于全国平均水平 43.4%。第三产业主要以旅游为主，兼营批发、零售、运输等服务业。而旅游业层次不高，创汇收入低，2010 年旅游总收入为 302 亿元，创汇收入 1.35 亿美元。由于游客在洛阳消费低，逗留时间短，在六大古都旅游收入中排名倒数第二。

三、利用"一带一路"机遇，开展洛阳装备制造业转型升级路径研究

目前全球产业结构调整，各国实施再工业化战略，大力发展先进制造业。面对"一带一路"倡议的机遇，洛阳装备制造业应优化产业结构，不断转型升级；大力发展高端装备制造业及新型材料等新兴产业，走信息化与工业化融合的道路，淘汰落后产能，以"互联网 +"与自贸区建设为平台为传统制造业转型升级找到新的突破点。

1. 加强科技创新驱动，带动产业转型升级

从国际产业结构调整升级的演变方向上看，不管是遵循由传统劳动密集型→资本密集型→技术密集型的发展道路，或者全球价值链的劳动密集型→价值链前端的技术和资本要素的高附加值环节攀升的过程，都离不开通过加强科技创新驱动带动传统产业链转型升级。

需要大力发展高新技术企业，发展新型新兴产业。如根据洛阳实际情况可大力培育以硅光伏及锂电为动力的新能源企业，发展以金属材料为基础的新材料基地，建立以高新科技为引导的高端装备制造业。

加大对高新技术投入与研发力度，通过科技创新带动传统装备制造业转型升级。洛阳工业技术装备很大一部分是 20 世纪五六十年代的水平，需要用高新技术对传统生产工艺、技术流程进行升级改造。大量推动和应用先进成熟的电子信息技术、先进制造技术、生物工程技术、节能降耗技术对传统主导产业优化升级。

首先，需要大力培育扶持高新技术及主导产业，优化其创新投资环境，增加科技投入，推动产学研融合，促进科研创新转化。各级政府应加大财政、税收对科技投入的支持，鼓励全社会对科技的投入与重视，加大从政策、税收上扶植高新技术企业力度。

其次，引导企业与科研院所开展多渠道、多方位的交流合作。通过科研院所在企业中建立研发中心，推动洛阳传统制造业转型升级。如大力推动洛阳轴研所和河南科技大学轴承实验室与轴承厂战略对接，加大对其科技研发的资金、政策方面的扶持，探索产学研一体的研发机制及科研创新平台。

最后，通过推进科研创新平台建设为企业提供管理有效的创新技术扶持保障体制，通过一定的资金、人事优惠政策支持，大力引进优秀科技人才，并建立以企业为主体，科研院所广泛参与的科研创新合作机制，通过一定的资金制度保障为各类人才在科研创新平台中发挥作用提供良好的环境保障。

2. 培育主导产业，形成合理规模的产业集群

洛阳产业结构长期存在着产业结构不协调、第二产业比重过高、第三产业比重偏低的局面。洛阳第二产业多以能源、资源消耗型企业为主，如石化、钢铁、机械行业，耗能指数较高。

随着洛阳工业结构调整，新兴产业与传统产业并存，既有具有国际先进技术的微电子、光电信息、生物工程等新兴产业，又存在传统工业中的生产技术落后的传统装备制造业。除此之外，不发达的第三产业及服务业与现代发展的重工业并存。既有传统的小商品生产，又有比较现代化的加工贸易型商品生产。

尽管洛阳市政府提出努力建设先进制造业基地，用“项目带动产业升级”，同时投入一定资金，给高新技术产业政策扶植，以促进传统装备制造业产业结构转型升级，但是由于缺乏明确的主导型企业，经常存在投入大量的人力、物力而没有形成合理的产业集群的情况。

随着“一带一路”倡议的提出及老工业基地的改造，洛阳坚持以传统结构调整为主线，深化国企改革，利用“一带一路”沿线国家的资源优势，除大力发展先进制造业、冶金铝工业、石油化工和电力能源等传统主导工业外，还积极发展生物制药、新一代信息技术、高端装备制造业、能源、新材料、新能源汽车等主导产业。

通过培育高端装备制造业、新材料、新能源、生物工程等主导产业，促进传统产业转型升级，推动产业结构的高层次增长，形成合理规模的产业集群。按照竞争力最强、成长性最好、关联度最高的原则，发展壮大特色主导产业，培育产业链条健全、专业协作机制完善、形成合理规模的产业集群，加快价值链升级、要素禀赋升级、载体升级、服务功能升级，构建现代产业发展新体系，加快形成三次产业协调、创新驱动主导、绿色低碳发展的合理的主导产业结构。

3. 利用丝路沿线国家资源坚持节能降耗，淘汰落后产能

洛阳传统支柱产业多以高耗能、资源消耗型企业为主，洛阳销售收入超过百亿元的企业有洛阳石化、万基控股、伊电集团、一拖集团、洛阳供电公司、洛钼集团和中信重工等企业。这些企业多以煤电铝等资源开发型为主，高耗能、高污染。

受国家节能减排等政策及供给侧结构性改革的影响，这些高耗能、高资源消耗型企业面临节能减排、供给侧市场波动和成本上升的双重挤压。例如，受到资源枯竭的影响，河南的铝矾土只有16年生产储量，煤炭储量也有限。受国际市场的影响，在2008年国际金融危机中，铝锭价格下跌70%，作为主要成本构成要素的铝矾土、煤炭、电力价格都呈上升趋势。受到市场波动与成本上升的双重挤压，洛阳传统产业面临转型升级、节能降耗、淘汰落后产能的主要矛盾。借助“一带一路”倡议及供给侧结构性改革，洛阳应在节能环保、提升技术含量等方面加大资金、人力、物力投入。关停并转一批高污染、高耗能、高排放行业。加大“一带一路”沿线国家与地区的资源合作，利用当地丰富油气、矿产资源节能降耗、降低成本。对高耗能及一些落后技术、产品实行淘汰制度，实行资源能源利用效率和最低技术水平准入标准。制定环保与节能降耗的激励机制，运用资金积极扶持、鼓励、引导、支持企业节能降耗，开发利用新能源。在节能降耗的基础上推动企业转型升级发展。

同时，根据洛阳基础与优势，实现传统装备制造业转型升级，大力发展高端装备制造业、硅光伏与光电为主导的新能源及新材料产品。通过承接转移、优势产业嫁接等多种方式，推动企业兼并重组，加快技术改造，淘汰落后产能，改造提升传统产业。如加快对冶金、玻璃、水泥等基础性产业的调整，从产能合作中实现优化和结构升级。

4. 促进工业化与信息化、先进制造业与服务业融合发展

坚持以信息化带动工业化，以信息技术改造传统制造业。提升传统制造业的技术含量，大力发展信息化技术，利用信息化平台及大数据、互联网推动生产型制造业向服务型制造业转变。在企业生产、销售、管理中利用电子商务及信息化平台，提高生产效率，降低生产成本，把握市场信息，加速技术创新，完善传统制造业供应链与销售网络，推动传统制造业转型升级。

加大产业结构优化和积极调整战略，实现先进制造业与服务业融合发展、装备制造业与服务业协同

发展。加快产业转移承接、服务配套设施与能源建设。利用"互联网+"建立跨境贸易平台，利用电商平台服务高端制造业及新材料、新能源产业。加大出口贸易，打造保税区、物流中心建设，健全海关通关一体化。构建横贯东西、连接南北的对外经贸走廊，打造航空港国际贸易通道，实现洛阳及周边出口货物的"一站式"报关，降低运输成本。

（作者为洛阳理工学院马克思主义学院讲师）

洛阳市住宅小区业主委员会的发展困境与对策

成 曦

摘要：近年来，随着住宅商品化的发展与深入，洛阳市住宅小区物业与业主之间矛盾频发、纠纷不断，为了更好地化解纠纷，小区居民对业主委员会的呼声越来越强烈，一些小区业主委员会迅速涌现并日益发展，为处理社区公共事务和解决小区物业纠纷起到了一定的作用。然而，在业主委员会的发展过程中，我们也看到洛阳市业主委员会数量少、成立难、居民参与度低、维权意识薄弱，相当多的业委会形同虚设，不能发挥作用，部分业委会与物业公司之间冲突不断。这些问题的存在，不但不利于小区纠纷的解决，也会影响小区居民的日常生活，因此，解决洛阳市业主委员会发展过程中面临的各种问题，不但有利于化解社区矛盾，也有利于中国梦在基层的实现。

关键词：业主委员会；住宅小区；纠纷

一、洛阳市业主委员会的发展现状及主要成就

1. 发展现状

近年来，洛阳市的业主委员会数量有了显著的提高，但在实践中仍遇到过不少问题，为解决这一现状，洛阳市在2002年初步制定了《业主委员会组建规定》，并于2009年颁布施行新的《洛阳市业主大会和业主委员会指导规则》（有效期五年），对业主委员会的成立及工作职责等做了进一步的具体规定与指导，为洛阳市业主委员会的成立与发展提供了制度保障。随着时间的推移，2009年颁布的《洛阳市业主大会和业主委员会指导规则》部分条款已经不适用于洛阳业主委员会建设的实际，目前洛阳市房管局正会同有关部门制定新的《洛阳市业主大会和业主委员会指导规则》。

目前，洛阳市的住宅小区主要由以下四种类型构成：第一类：单位后勤进行管理的小区，此类小区成立业主委员会的不多，小区管理工作在很大程度上依靠单位，多数业主对成立业主委员会的要求并不强烈。第二类：破产单位的小区及没有物业的小区。此类小区的管理可分为两种：一种是成立业主委员会；另一种是由热心业主组成自治小组进行管理，适合自治小组管理模式的小区多为人数少且邻里间较熟的小区。第三类：由社区或办事处代管的小区。一般来说该类小区多数业主对小区管理工作不热心，又无物业公司进驻，只能由社区或办事处提供基本的物业服务。第四类：由专业物业管理的商住小区。此类小区业主维权意识较高，成立业主委员会的呼声也较高，但由于业主彼此不熟悉及对成立业主委员会程序不了解等原因，成立业主委员会的较少。[①]

① 李岚：《小区业委会“难产率”为啥这么高》，《洛阳晚报》2012年12月19日。

随着政府的推动，加之业主的自身需求，洛阳市部分小区走上了筹建业主委员会的自治道路，如涧西区的中原人家小区、恒泰苑小区，西工区的上阳花园小区，老城区的万兴小区，洛龙区的公务员小区、中泰华庭小区等均在热心业主、社区及办事处工作人员的努力下，陆续成立了业主委员会。截至2013年，洛阳市共有1828个住宅小区，除722个由专业物业公司管理的小区外，还有660个由单位后勤管理、266个由街道社区代管、180个由业主实行自我管理。全市专业物业服务公司管理的小区中共成立业主委员会55个，业主委员会占专业物业服务公司管理的小区比例不到7.62%，按照洛阳市最佳生活宜居地的规划建设要求，到2019年洛阳业主委员会的建成比例应为100%，与这个标准相比，单纯从数量上来看我们还有很多工作要做①。

2. 主要成就

（1）建设机制日益完善。通过创新社区管理模式，以社区为基础建立起了街道办事处、房地产开发公司、物业公司、业主委员会之间的良性沟通平台，通过定期交流沟通，促进了业主委员会建设，多数业主委员会做到了主动向居委会汇报，听取居委会意见，接受居民区党组织领导，接受居委会的指导监督。勤政苑等小区业主委员会就是通过这种机制，顺利地召开了业主大会，组建了业主委员会。

（2）运作方式日益规范。通过培训和大力宣传，广大业主对物业管理的政策法规了解程度越来越高，特别是对业主委员会的职能、权利、义务越来越清楚，按照物业管理相关法规和业主大会授予的权力行使自身的权利，尽好自身的义务。业主们也很好地通过业主委员会监督物业服务公司，并维护自身权益。如涧西区天舟名苑小区多次通过业主委员会为小区成功申请到房屋专项维修资金。

（3）基层矛盾有效缓解。业主委员会的作用进一步凸显，基层纠纷明显减少。业主委员会一方面督促物业管理公司提高服务品质、规范资金账目、改善经营模式；另一方面及时了解业主、物业使用人的意见和建议，督促小区业主认真履行业主公约。通过这种方式，小区的问题及时得到反映，矛盾也得到了及时的解决。如上阳花园小区，在业主委员会成立前因为停车难、供电线路改造、私搭线路偷电问题导致了多场“风波”，甚至上访闹事，严重影响了小区业主的日常生活。后来在征询广大业主意见的基础上，召开业主大会，成立了业主委员会，换届后的业主委员会赢得了小区广大业主的认同和支持。

二、洛阳市业主委员会的发展困境

1. 业主委员会责权不清，业主自律意识不强

我国现有的法律法规对业主委员会的有关规定不尽完善，加之多数小区尚未建立完善的自治制度，对其权利和义务尚未做出明确的规定。小区业主委员会的成员本是一些热心人，当在管理过程中出现纠纷时，由于责权不清，难免会引发一些不必要的矛盾，加之业主委员会并非独立法人，向谁索赔，如何索赔成了业主与业主委员会间解不开的结。小区业主普遍缺乏民主参与的意识，强调权利的多，强调义务的少，自治有余而自律不足，因此经常出现对业主委员会形成的决议不配合，自行其是，为所欲为，毫不顾忌其他业主的权益。

2. 社区居委会角色错位，自治程度受限

社区居委会的管理行为对业主委员会造成了一定的影响，由于现阶段我国社会管理体制尚不完善，居委会总把自己放在一个“管理者”的位置，不能妥善处理与小区业主委员会之间的关系，更多的是将其放在自己的管辖范围之内，没有意识到双方是平等的居民自治性组织，甚至担心业主委员会的过快

① 数据来源于对房管局物业管理科相关负责人的访谈。

发展会对其自身工作造成潜在的威胁，专门安排社区工作人员负责该小区业主自治工作，对小区内部事务进行干预，间接上导致社区居委会与业主委员会之间形成了领导与被领导的关系，这种变相的行政渗透妨碍了业主自治的发展空间，干扰了业主委员会的正常工作，也引起了部分业主的不满①。

3. 专业知识匮乏，资金来源无法保障

现有业主委员会成员大多是一些小区的热心人士，不具备物业管理的专业知识背景，小区管理并非易事，涉及多学科知识，小区的自身情况和业主委员会的工作特点，决定了作为业主委员会的成员，不仅要有较强的责任心、组织能力和协调能力，还要有一定的物业政策水平、政治智慧、任劳任怨的品德和顽强的韧劲，由于专业技能的匮乏，不利于业主委员会成员履行自身职责；此外，洛阳市目前缺乏对业委会运作资金的明确规定，业主委员会的日常运作很难开展，加之各小区普遍缺乏对业委会成员的补贴，很难吸引到年富力强、善于管理的优秀业主加入到业主委员会中，这种人才及资金严重匮乏的情况很难在短时期内得到解决，也使业主委员会形同虚设。

4. 缺乏规范机制，无法实现真正的自治

作为业主大会的执行机构，如何使业主大会的决议和规定得以实施，保证业主委员会的工作效果是实践中的普遍性难题。业主委员会是否建立规范的运作机制直接影响到业主委员会自治效果。部分小区业主委员会对物业管理公司或共用设施监管不力，未建立听取和反馈业主意见的机制，业主委员会成员没有固定的工作时间，不向业主公开联系电话，业主委员会决定事项随意性大，相关沟通解释工作不到位，使业主与业主委员会，甚至业主委员会内部由于意见不统一经常发生矛盾，很难实现真正意义上的业主自治。

三、洛阳市业主委员会的发展对策

1. 完善法律法规，强化自治监督

我国业主自治相关法律法规的不完善是造成目前业主委员会发展困境的主要原因，与业主自治有关的法规比较模糊，对业主委员会的责、权、利等缺乏明确的规定，特别是在如何监督和制约业委会方面，缺乏细致的规定，引发了很多不必要的矛盾和纠纷。因此，需要尽快完善现有法规有关业主委员会的相关条文，同时扩大司法救济途径，保护业主的合法权益，同时各个地方可以根据自身的发展实际，制定符合本地实际的规章制度，以更好地完善业主自治制度，保护广大业主的合法权益。在完善法律法规的同时，要注重对自治组织进行监督，发挥业主和政府的积极作用，建立完善的监督机制和罢免机制，使业主委员会能够得到良好的发展。

2. 加大政策宣传，提高维权意识

要实现业主的自我管理，提高业主的民主参与意识，需要增强业主对自身权益的认知度，关键就是要加大相关政策法规的宣传力度，通过开展多种形式的宣传，使尽可能多的业主了解政策法规，知晓自身权益，改变错误认识，在小区事务中变被动服从为主动参与，自觉参与小区建设，从而达到强化自治功能、实现小区善治的目的。同时，业主委员会还应通过各种手段提高业主的维权意识，对生活中出现的单个业主的权益受到侵害的事件，业主委员会应当扮演好协调者的角色，帮助业主通过各种途径维护自身的合法权益，有效制止各种违法行为；同时，业主自身也要强化维权意识，这样自治过程才能被更好地监督，业主委员会本身才能得到更好的发展。

---

① 石发勇：《业主委员会、准派系政治与基层治理》，《社会学研究》2010 年第 5 期。

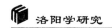

3. 减少行政干预，找准自身定位

在业主自治过程中，政府要减少对业主委员会的过多干预，通过监督、引导、帮扶更好地发挥业主委员会在公民社会中的积极作用。通过制定规则，使业主委员会能够按照一定的条件、程序在符合社会主义法制的前提下有序、健康地发展，在一定的规则下实现政府、业主、物业服务企业的良性互动。在业主自治发展初期，政府应当对业主委员会的成立提供必要的帮助，指导业主委员会依法组建，通过大力宣传培育业主的自治意识，同时引导物业服务企业转变管理理念，摆正自身位置，树立服务意识，与业主委员会建立和谐共荣的关系，共同实现小区的健康发展。

4. 落实民主参与，自治依托自律

围绕业主自治的整个环节，业主委员会应当更新观念，减少“科层制”对业主委员会民主管理的影响，科学决策，落实民主参与、民主监督的渠道，在小区内部事务的决策中做到公平、公正、公开，真正地实现业主的自治管理，推进基层民主建设，把全心全意为业主谋福利作为自治工作的出发点和落脚点，做好业主利益的代表，在落实业主自治的民主参与中，要注重倾听不同利益诉求群体的需求，强化民主监督，加强自身建设，实现小区自治的良性发展；业主自治离不开业主自律意识的提高，可以通过宣传教育，完善《业主公约》，建立小区内的业主信用评价体系，规范业主行为，提高业主的自律意识，进而实现业主自治的良性发展。

（作者为洛阳理工学院人文与社会科学学院讲师）

洛阳市城乡居民收入状况分析与对策建议

卢守亭

摘要：洛阳市城镇居民人均可支配收入位居全省前列，但农村居民人均纯收入相对较低。针对洛阳当前城乡居民收入方面存在的主要问题，既要建立和完善企业职工工资正常增长和保障机制、积极推进新型农村社区建设，又要进一步完善社会保障体系、建立健全收入分配监测预警机制。

关键词：洛阳市；城乡居民；收入状况

创新社会治理体制，改进社会治理方式，推进国家治理体系和治理能力现代化，是中共十八届三中全会《中共中央关于全面深化改革若干重大问题的决定》中提出的一项重要任务和目标。而社会的公平正义程度是一个社会治理状况好坏的重要标志，国家治理体系和治理能力的现代化离不开社会公平正义的推进。

社会公平是一个复合型概念，包括权利公平、机会公平、效率公平、分配公平、人道主义公平等多层次、多维度的内容。但是，在现代社会特别是在处于转型期的中国，人们对社会公平问题的评判，突出体现在收入分配是否合理上。也就是说，居民收入状况通常是现实中人们对社会公平程度做出判断的直接依据，同时，它也是一个容易引发和衍生一系列其他社会问题的敏感点。因此，本文以城乡居民收入状况为切入点来探讨洛阳的社会公平和社会治理问题。①

一、洛阳城市居民收入状况及特征

2012 年，洛阳市城镇居民家庭人均可支配收入为 22636 元，农村居民家庭人均纯收入为 7777 元，城乡居民家庭人均收入综合水平为 15206 元，高于全省平均水平（13984 元）1222 元，位居郑州、济源之后，排第三位。

2008 ~ 2012 年，洛阳城乡居民家庭人均收入综合水平稳步提高，从 9635 元提高到 15206 元，增加 5571 元，增长 57.83%；同 2011 年相比，增加 1714 元，增长 12.7%。但是，其增长速度明显偏低，在全省 18 个地区市中居第 14 位。

1. 基本状况

洛阳市城镇居民人均可支配收入位居全省前列，2012 年时为 22636 元，高于全省 18 地市平均水平（19650 元）2986 元，继郑州（24246 元）之后，位居全省第二位。

---

① 本文基础数据除有特别说明外均来源于河南省统计局等编、中国统计出版社出版的《河南统计年鉴（2009 ~ 2013）》和洛阳市统计局编、中国统计出版社出版的《洛阳统计年鉴（2006，2013）》。

2. 主要特征

一是城镇居民人均可支配收入持续增长，但是其增速相对较慢。与2011年相比，2012年洛阳城镇居民人均可支配收入增加2472元，增长12.26%；与2008年相比增加7963元，增长54.28%；与2005年相比增加12916元，增长132.89%。其增长速度在全省18个地市中分别处于第13位、第13位和第17位。同期，全省平均水平分别增加2188元、6971元和11560元，分别增长12.53%、54.98%和142.9%。洛阳城镇居民人均可支配收入增长速度低于全省平均水平。

二是城镇居民收入差距总体呈现下降趋势，但仍然较大。洛阳城镇居民内部收入不平等程度很高，收入差距很大。在城镇居民家庭平均每人全年可支配收入七分组（最低收入户、低收入户、较低收入户、中间收入户、较高收入户、高收入户和最高收入户）中，最高收入户和最低收入户的收入比始终在5倍以上，2009年最高，达到7.03倍，在济源（8.92倍）、鹤壁（8.01倍）之后，位居全省第三位。随后几年尽管一直呈下降态势，但截至2012年仍然达到5.45倍，高于2008年的5.31倍，在全省排第八位。

三是城市各区城镇居民收入持续增长，但绝对差距不断拉大。2005~2012年，洛阳市西工、吉利、瀍河、洛龙、涧西和老城（因数据缺失，高新区除外）各区城镇住户人均可支配收入持续增长，其中增长幅度最大的是洛龙区，达到137.39%，其次是涧西区，为137.20%，瀍河区最小，但也达到121.23%。与此同时，各区之间的绝对差距也在不断拉大，居民收入最高的吉利区和最低的老城区，2005年仅相差2018.09元，到2012年扩大到4699.1元，翻了一番多。

二、洛阳农村居民收入状况及特征

1. 基本状况

洛阳市农村居民人均纯收入相对较低，2012年时只有7777元，低于郑州4754元，低于济源和焦作2872元和2336元，低于全省18地市平均水平（8337元）560元，位居全省第10位。

从收入来源构成看，洛阳市农村居民家庭平均每人全年纯收入以“工资性收入”为主，占58.65%，其次是家庭经营收入，占34.44%，而财产性收入和转移性收入则比重很小，合计占6.92%。

2. 主要特征

一是农村居民人均纯收入稳步增加，其增长速度有加快的倾向。2012年，洛阳市农村居民人均纯收入同2011年相比，增加955元，增长14%；与2008年相比，增加3180元，增长69.17%；与2005年相比，增加4874元，增长167.88%。其增长幅度在全省18地市中分别处于第8位、第11位、第11位。同期，全省平均增长幅度分别为13.9%、68.87%和169.42%，从近四年看，洛阳农村居民人均纯收入增长快于全省平均水平。

二是农村居民收入差距极大，且发展迅速。2012年，按五分法（低收入户、中低收入户、中等收入户、中高收入户和高收入户）划分的农村居民家庭平均每人全年纯收入分组中，高收入户与低收入户的收入比为9.04，仅低于济源（14.45）和漯河（12.99），列居全省第三位。农村居民之间收入不平等程度远高于城市。

从发展的视角看，2009年洛阳农村居民高低收入户收入比为6.49，居全省第四位，2010年有所下降，为6.47，退居全省第五位，此后则迅速攀升，两年升至9.04，农村居民收入差距迅速拉大。

三是收入来源结构严重失衡，呈畸形发展态势。首先，洛阳农村居民家庭人均纯收入的来源结构严重失衡，最突出的表现为工资性收入所占比重过高，高达58.65%，居全省第一位，而经营性收入所占比重偏低，仅为34.44%，位属全省最低。其次，还出现了工资性收入所占比重快速提高，经营性收入、财产性收入和转移性收入所占比重全面下降的畸形发展趋势，具体表现为2012年同2011年相比，前者升高了2.13个百分点，后者则依次下降了0.81个、0.92个和0.41个百分点。

四是各县区农民人均收入快速增长，但增速相差悬殊，且收入绝对差距也在拉大。2005～2012年，洛阳市各县农村居民人均纯收入均得到快速增长，但是，增长速度却相差悬殊，增幅最大的是新安和孟津，分别达到188.84%和188.77%，增长最慢的是汝阳和宜阳，只有142.11%和150.41%，不过，也大大超过同期城市居民收入的增长幅度（洛龙区增长最快，为137.39%）。

另外，人均纯收入最高的县和最低的县，收入的绝对差距也在扩大，2005年收入最高的偃师市和最低的洛宁县之间相差2087元，到2012年时，收入最高的偃师市和最低的汝阳县之间的差距已经达到5259元，差额翻了一番多。

三、城乡居民收入差距及特征

1. 基本状况

2012年，洛阳城乡居民家庭人均收入绝对差距为14859元，在全省18个地市中居第一位，与第二名平顶山相差1767元；收入比为2.91，仍居全省第一位。

2. 主要特征

一是城乡居民家庭人均收入绝对差距呈扩大趋势。2005年，洛阳城乡居民家庭人均收入绝对差距为6817元，到2012年时扩大到14859元，增加了8042元，增长117.99%。总体看，洛阳城乡居民家庭人均收入绝对差距呈扩大趋势。

二是城乡居民家庭人均收入之比逐步缩小。2005年，洛阳城镇居民家庭人均可支配收入与农村居民家庭人均纯收入之比为3.35，此后几年，整体呈下降态势，到2012年时降至2.91，下降了0.44，降低幅度在全省排第2位（平顶山第一，下降了0.5），这表明，洛阳城乡居民人均收入相对差距呈缩小趋势，收入不平等程度在逐步下降。

四、研究结论与建议

1. 成绩、问题与趋势

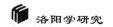

通过以上洛阳市城乡居民收入状况的多维度分析，我们对洛阳居民收入分配领域取得的成绩、问题及其变化趋势做以下归纳和总结：一是洛阳市城乡居民家庭人均收入综合水平高于全省平均水平，位居郑州、济源之后，排第3位。但是，其增长速度明显放缓，在全省18个地区市中位居第14位。居民收入增速递减趋势近期内难有根本改观，2013年12月30日召开的“洛阳市委经济工作会议”中的最新信息“2013年前三个季度，洛阳城镇居民人均可支配收入、农民人均现金收入分别增长9.3%和12.6%，增速低于上年同期2.5个和3.6个百分点”也充分证实了这一点。二是洛阳市城镇居民人均可支配收入位居全省前列（第2位），农村居民人均纯收入则相对较低（居全省第10位）。但是，城镇居民人均可支配收入的增长较缓慢，低于全省平均水平；而农村居民人均纯收入的增长有加快的倾向，高于全省平均水平。三是农村居民内部收入不平等程度过高，居全省第三位，且增长迅速；而城市则相对较低（第8位），并呈现下降趋势。四是不论城市还是农村，各区县之间居民收入的绝对差距都在持续拉大。特别是农村，各县之间居民人均纯收入的增长幅度相差悬殊。五是洛阳农村居民家庭人均纯收入的来源结构严重失衡，工资性收入所占比重过高，居全省第1位，而经营性收入所占比重则严重偏低，位属全省最低，并出现了经营性收入、财产性收入和转移性收入所占比重全面下降的畸形发展态势。六是洛阳城乡之间居民家庭人均收入差距极大，高居全省第1位，且其绝对差距仍呈扩大趋势。不过，其收入比（相对差距）一直处于缩小状态。

综合比较来看，洛阳城乡居民收入方面存在的主要问题可简单概括为：全市居民收入增速放缓；农村居民收入较低，不平衡问题突出；城乡居民收入差距依然很大。

2. 基于公平的收入分配政策调整

收入是人们评价社会公平的重要依据。以改善民生、增加收入、缩小差距为重点，构建基于社会公平的收入分配政策体系，是一项重要而又迫切和艰巨的任务。针对洛阳当前城乡居民收入方面存在的主要问题，我们要注意做好以下方面的工作：

一是建立企业职工工资正常增长和保障机制。在充分发挥市场机制对工资分配决定作用的基础上，要加强政府对社会工资分配的调控，引导各类企业职工工资合理增长。首先，要将现行的企业工资指导线制度化，强化工资指导线对提高企业职工工资的作用。对于企业工资指导线，要通过建立调查制度的方法，做到数据的及时、准确。其次，在企业中要逐步建立、健全工资集体协商制度，保证企业职工在工资形成制度中的平等地位，从而形成公平、公正的企业工资形成机制。各级政府，特别是各级工会组织，要有具体措施和相关的法规，支持企业工资集体谈判。对于不进行工资集体谈判的企业，各级政府，特别是各级工会组织必须出面干预，给予相应的经济制裁。① 再次，各级政府，特别是工会组织，要对企业内部的分配制度加强监督和管理，依法纠正并处罚用人单位在劳动时间、劳动条件、安全保障、伤亡事故等方面的违法行为，完善《劳动法》，确保劳动者收入随着经济增长而稳步提高。最后，要注意建立利润分享制，使劳动者根据工作年限和贡献大小获得一定股份，实现"按劳分红"，并且股东分红后的剩余部分再以工资外附加形式分得，包括与劳动贡献挂钩的奖金、退休金、住房、养老医疗、旅游度假等福利。

二是积极推进新型农村社区建设，千方百计增加农民收入。大力推进新型农村社区建设，促进县域经济发展，加快城乡一体化进程，使农民能够转移就业，逐步降低农村人口占总人口的比重，进一步增加农民工资性收入占总收入的比例，继而降低农产品价格波动对农民收入的影响，减小农民收入波动幅度，从而保证农民收入的稳定增长。此外，还要注意进一步落实"多予、少取、放活"的方针，加大对农村的财政和金融支持力度；加快农业科技进步，调整优化农村经济结构，推进农业现代化，发展农业产业化，进而促进农业不断增效和农村加快发展；增加对农村义务教育、医疗卫生等社会事业的投入，并加大农村扶贫开发力度，推进农村的经济、社会和谐、快速发展与进步。

三是完善社会保障体系，切实保障低收入群体的基本生活。进一步完善社会保障体系，切实保证生活困难群体的基本生活，让全体社会成员共享经济发展的成果，不仅直接关系到社会的安全和稳定，还是缩小收入差距的重要途径。完善的社会保障体系，既要满足社会成员的公共福利供给，又要照顾到贫困弱势群体的生活救济。目前，围绕完善社会保障体系，要注意切实做好以下两方面的工作：一方面，加快最低工资立法，将医疗费用和教育等人力资本投资费用纳入最低工资保障的标准范围，职工最低工资要依据家庭人口、生活费用、价格变动、医疗与教育费用、经济发展水平等因素确定；另一方面，政府要在加大社会保障方面转移支付的同时，增加公共基础教育和公共卫生保健方面的消费支出，以更好地改善低收入者的贫困状况，进而缩小贫富差距。此外，还要注意加大对劳资关系管理的检查力度，兼

① 张东生等：《中国居民收入分配年度报告（2009）》，经济科学出版社2009年版，第96页。

顾劳资双方的利益。

四是建立健全收入分配监测预警机制。现有的城乡住户收入分配状况统计调查制度，存在着一些弊端：其一是抽样样本框没有覆盖全部居民，比如农民工群体收入的反映就非常不充分；其二是高收入阶层一般不愿意接受调查，因此，对其收入的反映也很不充分；其三是调查对象出于避税、怕露富等原因常常低报其收入。上述弊端导致现有调查得到的居民收入状况的数据存在着系统的低估，必须改进和完善现有收入分配统计调查制度。具体讲：①尽快建立一个能够覆盖各类居民的统一的样本框；②加大样本轮换频率和力度，切实反映高收入阶层的收入状况；③加强宣传教育和检查监督力度，以打消调查对象的思想顾虑，使其能如实填报其收入，提高数据质量。以上述调查统计数据为基础，建立健全居民收入状况监测预警机制，特别是加强对城乡生活困难群体、农民工群体以及行政性垄断行业和国家公务人员等群体收入状况的监测，为政府决策提供科学依据。

（作者为洛阳理工学院人文与社会科学学院副教授）

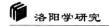

后 记

2017年9月25~27日，由河南省社会科学院、洛阳市社会科学界联合会、河南科技大学、洛阳师范学院、洛阳理工学院、河南省华夏历史文明传承创新基金会共同主办，河南省社会科学院历史与考古研究所、洛阳市社会科学院、河南省社会科学院洛阳分院、洛阳师范学院河洛文化研究中心、河南科技大学人文学院共同承办的“洛阳学国际学术研讨会”在千年古都洛阳隆重召开。来自日本、韩国、英国等国家以及北京、陕西、湖北、江苏、辽宁、山东、内蒙古自治区等省（市、自治区）的数十家高校、科研机构、文博单位、新闻媒体的180余位专家学者与会。与会专家学者紧紧围绕洛阳大古都与洛阳历史文化遗产的价值、洛阳历史名人与洛阳历史文化的传承、洛阳学构建与洛阳国际文化旅游名城的建设等议题展开了深入而激烈的讨论，并就如何传承发展辉煌灿烂的洛阳历史文化以及如何规划洛阳经济社会的发展等提出了不少真知灼见。

早在2014年，河南省社会科学院历史与考古研究所所长张新斌就提出“开展洛阳学研究”以及组织召开“洛阳学国际学术研讨会”的倡议。2016年3月，张新斌撰写的题为《华夏历史文明传承创新要旗帜鲜明地叫响“洛阳学”》的呈阅件，经时任河南省社会科学院党委书记魏一明、院长张占仓的联名推荐后，得到中共河南省委常委、洛阳市委书记李亚的肯定性批示。2016年初，组织开展洛阳学研究以及召开洛阳学国际学术研讨会被列为河南省社会科学院2016年重大研究专项，并由历史与考古研究所于当年4月提出《洛阳学国际学术研讨会实施方案》《洛阳学国际学术研讨会拟邀请人员名单》《洛阳学国际学术研讨会邀请函》等。2016年底，在张占仓院长的组织策划下，《中州学刊》第12期刊发了《千年帝都洛阳人文地理环境变迁与洛阳学研究》《河洛文化和洛阳学》《洛阳学与地方学研究》《洛阳学研究的文献基础与思路》等一组洛阳学研究文章。首批洛阳学研究成果的正式推出，在学术界引起较大反响。

2017年初，河南省社会科学院再次将洛阳学研究作为该院2017年的三项重大研究专项之一，并正式启动“洛阳学国际学术研讨会”筹备工作。在会议筹备的过程中，河南省社会科学院院长张占仓、副院长袁凯声以及中共洛阳市委常委、宣传部长杨炳旭等领导多次出席由河南省社会科学院、洛阳市社会科学界联合会等有关部门组织召开的协调会。张新斌所长还带领唐金培、田冰等同志专程赴陕西师范大学拜访并邀请在西安学（长安学）研究方面颇有造诣的朱士光、侯甬坚等教授。在侯甬坚教授的引荐下，张新斌一行又拜访了正在西北大学访学的洛阳学研究的主要发起人——日本明治大学东亚石刻文物研究所所长气贺泽保规教授，并对他及他的研究团队发出参会邀请。

这次研讨会由河南省社会科学院和洛阳市社会科学界联合会发起后，很快得到洛阳师范学院、洛阳理工学院、河南科技大学以及河南省华夏历史文明传承创新基金会等单位的大力支持和积极参与。河南社会科学院历史与考古研究所所长张新斌、副所长唐金培，洛阳市社会科学界联合会原主席刘红旗，洛阳师范学院河洛文化研究中心副主任毛阳光等，为联系和邀请相关专家以及研讨会的一些前期工作付出了大量心血。河南科技大学、洛阳师范学院、洛阳理工学院等高校及其相关部门为研讨会的分组讨论做了周到的安排和热情的服务。中共洛阳市委、市人民政府以及河南省华夏历史文明传承创新基金会为这次会议的成功举办提供了经费等方面的保障。

研讨会得到日本、韩国、英国及国内相关高校、研究机构的专家学者的积极响应和大力支持。中国区域经济学会副会长、河南省社会科学院院长张占仓研究员，中国古都学会原会长、陕西师范大学朱士光教授，日本明治大学东亚石刻文物研究所所长气贺泽保规教授，陕西师范大学西北历史环境与经济社会发展研究中心原主任、《中国历史地理论丛》主编侯甬坚教授，中国社会科学院学部委员、中国殷商文化研究会会长王震中研究员，中国秦汉史学会原会长、中国人民大学出土文献与中国古代文明研究协同创新中心王子今教授，河南省特聘研究员、英国纽卡斯尔大学王学峰教授，中国先秦史学会副会长、河南省社会科学院历史与考古研究所所长张新斌研究员，中国考古学会原理事长、中国社会科学院学部委员、历史学部主任、郑州大学历史学院院长刘庆柱教授，韩国东北亚历史财团禹成旼研究员，以及辽宁大学历史文化学院原院长丁海斌教授等国内外洛阳学研究方面的专家学者均提交参会论文，并先后在大会上做主题报告。

会议主办单位的领导对本次会议高度重视。河南省社会科学院副院长袁凯声主持大会开幕式，院长张占仓致开幕词，中共洛阳市委常委、宣传部长杨炳旭致欢迎词。河南科技大学校长孔留安出席研讨会，党委副书记李漪主持 2017 年 9 月 26 日上午大会发言。洛阳理工学院党委书记苟义伦出席研讨会，副校长王晓峰主持 2017 年 9 月 27 日上半场大会发言。洛阳师范学院副校长宋文献主持 2017 年 9 月 27 日下半场大会发言。河南省华夏历史文明传承创新基金会负责人赵保佑主持大会闭幕式，河南省社会科学院副院长王承哲做学术总结，洛阳市社会科学界联合会主席王亚伟致闭幕词。

河南省社会科学院历史与考古研究所张新斌、唐金培、李乔、李龙、师永伟、张佐良、李玲玲、田冰、魏淑民、王建华、徐春燕、张玉霞等，以及科研处王玲杰处长、李钰靖，办公室毛兵主任、郑海燕副主任等，都参与了这次学术研讨会的相关会务工作。唐金培、师永伟、李龙等在张新斌所长的带领和指导下为联系专家以及征集和编辑论文集付出了大量心血。洛阳市社会科学界联合会的王亚伟主席，蔡幼鹏、刘占斌副主席，李民超、宋红伟、阎会宾等同志也为会议的成功举办付出了辛勤劳动。

本次研讨会共收到参会论文 100 多篇。我们从中挑选出 101 篇参会论文结集成册，由经济管理出版社出版。在此，谨对所有为本次研讨会付出辛勤劳动，以及对论文集论文撰写、编辑和出版做出贡献的各位领导、专家学者、编辑以及相关工作人员，一并表示衷心的感谢。

由于水平有限，论文集难免存在错误纰漏之处，敬请批评指正。

洛阳学国际学术研讨会论文集编辑委员会
2018 年 2 月